Handbuch Literatur & Musik

Handbücher zur kulturwissenschaftlichen Philologie

―

Herausgegeben von Claudia Benthien,
Ethel Matala de Mazza und Uwe Wirth

Band 2

Handbuch
Literatur & Musik

Herausgegeben von
Nicola Gess und Alexander Honold

unter Mitarbeit von
Sina Dell' Anno

DE GRUYTER

ISBN 978-3-11-068287-8
e-ISBN (PDF) 978-3-11-030142-7
e-ISBN (EPUB) 978-3-11-038111-5
ISSN 2197-1692

Library of Congress Cataloging-in-Publication Data
A CIP catalog record for this book has been applied for at the Library of Congress.

Bibliografische Information der Deutschen Nationalbibliothek
Die Deutsche Nationalbibliothek verzeichnet diese Publikation in der Deutschen
Nationalbibliografie; detaillierte bibliografische Angaben sind im Internet über
http://dnb.dnb.de abrufbar.

© 2018 Walter de Gruyter GmbH, Berlin/Boston
Dieser Band ist text- und seitenidentisch mit der 2017 erschienenen
gebundenen Ausgabe.
Satz: fidus Publikations-Service GmbH, Nördlingen
Druck und Bindung: Hubert & Co. GmbH & Co. KG, Göttingen
♾ Gedruckt auf säurefreiem Papier
Printed in Germany

www.degruyter.com

Inhaltsverzeichnis

I.	Einleitung – *Nicola Gess und Alexander Honold* —— 1	

II. Gegenstandsbereiche und Konzepte

II.1. Grundfragen und Ausgangspunkte

II.1.1. Sprache und Musik – *Gunnar Hindrichs* —— 19

II.1.2. Klanglichkeit und Textlichkeit von Musik und Literatur – *Boris Previšić* —— 39

II.2. Systematik: Kombinationen – Transformationen

II.2.1. Kombination von Literatur und Musik – *Arne Stollberg* —— 57

II.2.2. Musik in Literatur: *Telling* – *Christine Lubkoll* —— 78

II.2.3. Musik in Literatur: *Showing* – *Werner Wolf* —— 95

II.2.4. Literatur in (Instrumental-)Musik – *Matthias Schmidt* —— 114

II.3. Aktuelle Forschungsfragen

II.3.1. Medientransformationen und Formtransfers. Kunstvergleichende Studien im Horizont wechselnder Paradigmen – *Monika Schmitz-Emans* —— 131

II.3.2. Musik als Metapher. Theorieansätze zwischen Sprache, Zeichen und Kognition – *Christian Thorau* —— 159

II.3.3. Literarische Wissensgeschichte des Hörens – *Uwe C. Steiner* —— 176

II.3.4. Jenseits des Textes: Die Leitfunktion des Klangs im musikästhetischen Diskurs und in musikalischer Prosa – *Andreas Käuser* —— 197

III. Exemplarische Analysen im historischen Kontext

III.1. Der Dichter-Sänger: Antikes Modell und spätere Adaptionen – *Manfred Koch* —— 217

III.2.	Antike Musikerzählungen und ihr literarisches Nachleben. Orpheus, die Sirenen und Pan – *Caroline Welsh* —— **246**
III.3.	Mündlichkeit und Schriftlichkeit im Mittelalter – *Max Haas und Matteo Nanni* —— **273**
III.4.	Text und Musik in der Vokalmusik der Renaissance: Positionen zur Gestaltung eines Verhältnisses – *Susanne Rupp* —— **285**
III.5.	Musik als Sprache: Musikalische Rhetorik vom 16. bis 18. Jahrhundert – *Hartmut Krones* —— **296**
III.6.	Librettoformen des 17. und 18. Jahrhunderts – *Bernhard Jahn* —— **314**
III.7.	Musik als Sprache der Leidenschaften. Literatur und Musikästhetik zwischen 1740 und 1800 – *Caroline Torra-Mattenklott* —— **324**
III.8.	Lyrik als akustische Kunst – *Claudia Hillebrandt* —— **338**
III.9.	Harmonie, Ton und Stimmung: Musikalische Metaphern in Poetik und Literatur des 18. Jahrhunderts – *Boris Previšić* —— **350**
III.10.	Theorie und Praxis der Deklamation um 1800 – *Mary Helen Dupree* —— **362**
III.11.	‚Musikalisierung' von Literatur in der Romantik – *Barbara Naumann* —— **374**
III.12.	Das Kunstlied als musikalische Lyrik – *Hans-Joachim Hinrichsen* —— **386**
III.13.	Die Rezeption des romantischen Musikparadigmas bei Honoré de Balzac – *John T. Hamilton* —— **402**
III.14.	Musikphilosophie im 19. Jahrhundert. Unsagbarkeit und Sprache der Musik – *Edgar Pankow* —— **419**
III.15.	Das Gesamtkunstwerk von der Antike bis ins 20. Jahrhundert – *Martin Schneider* —— **435**
III.16.	Richard Wagner, Friedrich Nietzsche und die Folgen. Zu einem intermedialen Paradigma der Rezeption zwischen Musik und Philosophie – *Friederike Wißmann* —— **450**
III.17.	Klangwelten literarischer Avantgarden – Virginia Woolf, T. S. Eliot und Samuel Beckett – *Claudia Olk* —— **470**

III.18.	Bertolt Brecht und die Musik – *Joachim Lucchesi* —— **482**
III.19.	Das Rauschen modernistischer Form: John Dos Passos, Zora Neale Hurston und die Soundscapes der Moderne und frühen Postmoderne – *Philipp Schweighauser* —— **495**
III.20.	Kontrapunkt. Zur Geschichte musikalischer und literarischer Stimmführung bis in die Gegenwart – *Alexander Honold* —— **508**
III.21.	Von Jazz und Rock/Pop zur Literatur – *Frieder von Ammon* —— **535**
III.22.	Das (französische) Chanson: Eine Mischgattung *par excellence* – *Ursula Mathis-Moser* —— **546**
III.23.	Rap, orale Dichtung und Flow – *Fernand Hörner* —— **566**
III.24.	Experimentelles Musiktheater mit Literatur – *Lore Knapp* —— **577**

IV. **Glossar** —— **589**

V. **Auswahlbibliographie** —— **619**

VI. **Register**

      Personenregister —— **649**

      Sachregister —— **662**

VII. **Autorinnen und Autoren** —— **679**

I. Einleitung

Nicola Gess und Alexander Honold

1. Literatur & Musik: Zum Profil des Handbuchs

Indem es eine spezifische Dimension künstlerischer und medialer Beziehungen in den Fokus rückt, trägt das *Handbuch Literatur & Musik*, wie die anderen Bände der Reihe *Handbücher zur Kulturwissenschaftlichen Philologie*, der gegenständlichen und methodischen Erweiterung literaturwissenschaftlicher Phänomene und Fragestellungen Rechnung. Die wechselseitigen Austausch- und Kommentierungsvorgänge zwischen Literatur und Musik sind so alt wie die Formen und Betätigungsweisen beider Künste selbst, sie reichen bis in die Antike und darüber hinaus in frühgeschichtliche Kulturen zurück. Zugleich aber spiegeln sich im Zusammenspiel literarischer und musikalischer Gestaltungen aktuelle Tendenzen intermedialer Transformationen und Kooperationen, in welchen die Überschreitung eines gattungs- oder medienspezifisch begrenzten Kunstverständnisses längst zur ästhetischen Praxis gehört.

Die allgemeine und vergleichende Betrachtung von Literatur und ihrer europäischen Formengeschichte hat in den vergangenen Jahrzehnten nicht nur an theoretischer Profilierung gewonnen, sie hat zunehmend auch die medienästhetische Vielfalt von Darstellungs- und Darbietungsweisen sowie die aisthetischen Perzeptions- und Verbreitungswege künstlerischer Formen als produktive methodische Herausforderungen aufgenommen. Die dabei emergierenden Gegenstandsfelder und Forschungsfragen einer literarischen Ästhetik beziehen sich sowohl auf die Ausdifferenzierung wie das ‚konzertante' Zusammenwirken von Sinnen, Künsten und Medien. Im semiotisch-ästhetischen Zusammenspiel von Auge und Ohr ist das für Literatur konstitutive Verhältnis von Schrift und Sprache ebenso schon mit angelegt wie das von Bild und Text, nicht zuletzt aber auch dasjenige von Literatur und Musik.

Der umfangreiche und vielgestaltige Bereich der Beziehungen von Literatur und Musik ist in der literaturwissenschaftlichen Forschungstradition bislang vorwiegend in einfluss- und wirkungsgeschichtlichen Modellen ausgewertet und beschrieben worden: Das betraf dann einerseits (und meist unter motivgeschichtlicher Dominante) die Thematisierung musikalischer Werke, Aufführungen und Akteure in literarischen Texten, andererseits (und mit eher formalästhetischem Interesse) die wechselseitige Adaption formgebender Verfahren, d. h. sowohl die literarische Übernahme musikalischer Verfahren (so z. B. Wiederholung, Kontrafaktur) als auch die umgekehrte Transformation literarischer Strukturen in musikdramatische Genres und lyrische Ausdrucksformen. Dabei ist die Perspektive einer wechselseitigen Differenzierung und Bereicherung des ästhetischen Formenrepertoires beider Künste bislang vorwiegend anhand punktueller Phänomene wie etwa der ‚Leitmotiv'-Technik erörtert oder in metaphorischer Analogiebildung (mit Kategorien wie ‚Ton', ‚Stimmung' etc.) behandelt worden.

An der Zeit scheint deshalb eine umfassend angelegte Bestandsaufnahme der Geschichte und Systematik der Beziehungen zwischen Literatur und Musik, die drei Aufgaben miteinander verbindet: a) eine an sinnes- und medienästhetischen Paradigmen orientierte systematische Entfaltung des komplementären Zeichenhandelns von akustisch-musikalischen und sprachlich-textuellen Artikulationen; b) einen für Lehre und Forschung anregenden Überblick über Gegenstandsgebiete und Methodenfragen der musikalisch-literarischen Formentransfers; und c) eine ästhetikgeschichtliche Darstellung der wichtigsten Schauplätze, Problemfelder und Kooperationsbeziehungen, die sich seit der Antike und bis in die Gegenwart zwischen literarischer und musikalischer künstlerischer Praxis in je wechselnden historisch-kulturellen Konstellationen ergeben haben.

Das *Handbuch Literatur & Musik* setzt sich zum Ziel, die systematischen und historischen Aspekte dieser Wechselbeziehungen anhand der Literatur und ihrer musikalischen Dimension bzw. ihrer musikalischen Referenzmöglichkeiten zu rekonstruieren. Zu welcher Zeit, auf welchen Feldern, in welcher Weise sind literarische Texte nach musikalischen Vorgaben gestaltet, auf musikalisch-akustische Sinnlichkeit und Formgesetze hin ausgerichtet? Wie können Begriffe und Instrumente musikhistorischer und musikwissenschaftlicher Materialanalysen für die Interpretation literarischer Werke und die Entwicklung neuer literaturwissenschaftlicher Modelle fruchtbar gemacht werden? Wo ergeben sich aber auch umgekehrt innovative Beschreibungsmöglichkeiten musikalischer Ereignisse und Strukturen mithilfe literaturwissenschaftlicher Herangehensweisen? Ausgehend von diesen Leitfragen erschließt das Handbuch einerseits die Übertragungen musikalischer Phänomene, Formen und Verfahrensweisen in literarische Texte und die am Musikalischen geschulte Analyse und Interpretation von Literatur; ergänzend hierzu werden andererseits (wenngleich in geringerem Maße) auch die umgekehrten Transfers einer ‚Literarisierung' von Musik in den Blick genommen sowie die vielfältigen, häufig auf beide Verfahren rekurrierenden Mischformen beider Künste.

Der Aufbau des Bandes ist von der Abfolge eines systematischen Teils und eines historischen Durchgangs bestimmt (vgl. dazu auch die Abschnitte 2 und 3 dieser Einleitung). Der systematische Teil („Gegenstandsbereiche und Konzepte") eröffnet mit einem die „Grundfragen und Ausgangspunkte" reflektierenden Aufriss, der in allgemeiner Perspektive das Gegenstands- und Methodenrepertoire des Forschungsfeldes entfaltet. In weiteren Schritten skizziert dieser Teil die ‚Beziehungsgeschichte' von Literatur und Musik im Hinblick auf die von den beiden Künsten eingegangenen „Kombinationen und Transformationen" sowie durch die Akzentuierung ausgewählter aktueller Forschungsfragen. Hieran schließt sich ein historisch orientierter Durchgang an („Exemplarische Analysen im historischen Kontext"), in dem folgenreiche Phasen, Stationen, Verschiebungen und Umbrüche im Verhältnis beider Künste und ihrer Medien anhand exemplarischer Problemstellungen skizziert werden.

Die einzelnen Teile und Beiträge des Handbuchs verfolgen durchweg einen problemorientierten Zugriff, der seine Produktivität daraus bezieht, dass die jeweils historisch in einer der betrachteten Künste respektive Gattungen etablierten Konzepte auf die hierzu komplementäre Gattung oder Kunstform übertragen werden. Dabei wird etwa die Reichweite narratologischer Kategorien für musikalische Erzählformen erörtert (II.2.2 LUBKOLL, II.2.3 WOLF, II.2.4 SCHMIDT, III.20 HONOLD), die Entstehung und Karriere bimedialer Gattungen verfolgt (II.2.1 STOLLBERG, III.1 KOCH, III.4 RUPP, III.15 SCHNEIDER, III.6 JAHN, III.7 TORRA-MATTENKLOTT, III.8 HILLEBRANDT, III.12 HINRICHSEN, III.16 WISSMANN, III.22 MATHIS-MOSER, III.23 HÖRNER, III.24 KNAPP), die Frage nach der anthropologisch-somatischen Fundierung (Affekt, Emotion, Kognition) musikästhetischer und literarischer Praktiken aufgeworfen (II.1.1 HINDRICHS, II.3.2 THORAU, III.7 TORRA-MATTENKLOTT, III.9 PREVIŠIĆ) und die Wirkungsweise rhetorischer Verfahren in beiden Künsten vergleichend betrachtet (II.3.1 SCHMITZ-EMANS, III.5 KRONES, III.9 PREVIŠIĆ). Weitgehendes Neuland betreten aus ästhetikgeschichtlicher Sicht Überlegungen zum musikalischen Stellenwert realistischer bzw. repräsentationsorientierter Darstellungskonventionen (z. B. Mimesis, Fiktionalität) und zum expressiven Leistungsangebot von Musik, Literatur und ‚musikaler' Literatur (III.6 JAHN , III.11 NAUMANN, III.13 HAMILTON, III.14 PANKOW) sowie zu den literarhistorischen Stationen einer Geschichte des Hörens und der Klanglichkeit (II.3.3 STEINER, II.3.4 KÄUSER).

Ein abschließendes Glossar wichtiger, die beiden Kunst- und Medien-Dimensionen verbindender Scharnier-Begriffe eröffnet einen raschen Zugang zu den konzeptionellen Schnittstellen sowohl zum geschichtlichen wie systematischen Themenprofil.

Konzeption und Anlage des Bandes erfolgen aus primär literaturwissenschaftlicher Sichtweise und sind im Rahmen der Reihe *Handbücher zur kulturwissenschaftlichen Philologie* hauptsächlich auf ein an literaturwissenschaftlicher Praxis interessiertes Publikum zugeschnitten. Insofern können die Wechselbeziehungen beider Künste nicht vollständig aus gleichberechtigt komplementärer Sicht von Musik- und Literaturwissenschaft behandelt werden. Der Gebrauchswert und Innovationscharakter des Bandes verdankt sich jedoch wesentlich auch den musikologischen Arbeiten und Impulsen für das Gebiet der literarischen

Analysen; hier ist das methodische Konzept des Bandes der Idee verpflichtet, durch die Integration musikästhetischer Gegenstände und Parameter in eine vergleichende Literaturbetrachtung eine Anreicherung durch Differenz zu gewinnen.

2. Zur systematischen Dimension des Verhältnisses von Literatur und Musik

Die systematische Perspektive auf das Verhältnis von Literatur und Musik, die im Teil II.2 des Handbuchs entfaltet wird, hat ihren literaturwissenschaftlichen Ort im angestammten komparatistischen Forschungsfeld des Künstevergleichs, in dem die Interdependenzen zwischen den Künsten erforscht werden und das jüngst in Form der ‚Interart Studies' eine Neubelebung erfahren hat, um ästhetische Kategorien für Phänomene der zeitgenössischen Kunst zu entwickeln, die die Grenzen zwischen den Künsten aufheben.

Grundlegend für die systematische Erforschung des Verhältnisses von Literatur und Musik war lange Zeit der von Steven Paul Scher herausgegebene Band *Literatur und Musik. Ein Handbuch zur Theorie und Praxis eines komparatistischen Grenzgebiets* (1984). In der Einleitung entwirft Scher eine Systematik, an der sich alle Nachfolgenden abarbeiten mussten. Er unterscheidet zwischen ‚Literatur und Musik', worunter er im wesentlichen Vokalmusik versteht, ‚Literatur in der Musik', worunter er vor allem Programmmusik fasst, und ‚Musik in der Literatur'. Die letzte Kategorie unterteilt er noch einmal in die Subkategorien ‚Wortmusik', ‚musikalische Form- und Strukturparallelen' und ‚verbal music', auf die unten zurückzukommen sein wird.

Auf den ersten Blick unstrittig scheint der erste Hauptbereich ‚Literatur und Musik' zu sein, der „Kombinationen von musikalischer Komposition und literarischem Text" untersucht und darunter „Kunstwerke" versteht, in denen „beide Künste in irgendwelcher Form [...] gemeinsam und gleichzeitig gegenwärtig sind" (Scher 1984, 11). Indem Scher hierbei jedoch vor allem an ‚Vokalmusik' denkt und außerdem das Verhältnis von Literatur und Musik als ‚Symbiose' beschreibt, wirft sein Verständnis der *Kombination* Fragen auf (vgl. dazu ausführlich II.2.1 STOLLBERG). Zum einen muss darauf hingewiesen werden, dass das Feld der auf Literatur oder Sprache bezogenen Musik viele Gattungen umfasst, die nicht in den Bereich der Vokalmusik gehören, seien dies das Melodram, das auf die gesprochene Deklamation rekurriert, oder avantgardistische Sprachkompositionen, die keine Texte vertonen, sondern die Laute der Sprache als kompositorisches Material nutzen. Zum anderen ist es ebenso notwendig, auf mehreren

Ebenen verschiedene Typen der *Kombination* zu differenzieren. Denn es ist zu unterscheiden zwischen einer auf Symbiose angelegten Konzeption und einer solchen, in der Literatur und Musik als distinkte Dispositive erkennbar bleiben. Diese Unterscheidung betrifft zum Beispiel ganz grundsätzlich die von Aufführungssituation – in der häufig die Symbiose im Zentrum stehen wird – und Lektüre, die, etwa im Fall der Oper, Partitur und Libretto durchaus auch unabhängig voneinander bzw. in Bezogenheit aufeinander rezipieren kann. Sie betrifft zweitens unterschiedliche historische und ästhetische Konzeptionen des Verhältnisses von Musik und Literatur in kombinatorischen Gattungen. So ist etwa im Fall der Oper zu unterscheiden zwischen der bei Gluck vorherrschenden Auffassung, die Musik solle sich dem (literarischen) Drama unterordnen (III.6 JAHN), dem Wagner'schen Ideal einer Verschmelzung der beiden aus dem ‚Geist der Musik' heraus (III.15 SCHNEIDER; III.16 WISSMANN) und Brechts Verständnis der epischen Oper, in der Musik mit dem Ziel der Unterbrechung und Kommentierung der Bühnenhandlung eingesetzt wird (III.18 LUCCHESI). Auch die Versuche, unterschiedliche Typen von Vertonungen zu systematisieren, zeigen die Breite des Spektrums der *Kombinationen*. So unterscheidet, wie Stollberg ausführlich kommentiert (II.2.1 STOLLBERG), Kramer (1999) für das Verhältnis der musikalischen Komposition zum literarischen Text im Fall des romantischen Klavierlieds die Möglichkeiten der ‚assimilation', der ‚appropriation', der ‚deconstruction' und der ‚relative independence', oder Scher (1984) für den Fall der Mozart-Opern die Möglichkeiten der ‚Analogie', der ‚Subversion' und der ‚Transzendenz'. Mit solchen Unterscheidungen, denen in der Filmmusikforschung die der ‚Paraphrasierung', ‚Polarisierung' und ‚Kontrapunktierung' entsprechen, lässt sich zum Beispiel das erzählerische Potential von Opern näher fassen: Die größte Nähe zur Erzählung, verstanden als Verknüpfung von *discours* und *histoire*, weist die Oper dann auf, wenn sich der musikalische Part ‚polarisierend' oder ‚kontrapunktierend', ‚subversiv' oder ‚dekonstruktiv' zum Bühnengeschehen verhält, weil er dann ganz deutlich als eine der Geschichte externe Vermittlungsinstanz (analog zu einem heterodiegetischen Erzähler) fungiert.

In den letzten zwei Jahrzehnten ist das komparatistische Forschungsfeld des Künstevergleichs zunehmend der Intermedialitätsforschung angeglichen bzw. von ihr ersetzt worden. Für die systematische Erforschung des Verhältnisses von Literatur und Musik waren in der Intermedialitätsforschung u. a. die Arbeiten von Werner Wolf wegweisend, der im Handbuch ebenfalls mit einem Artikel (II.2.3 WOLF) vertreten ist. Wolf (2013, 344) versteht unter einem Medium ein „konventionell als distinkt angesehenes Ausdrucks- oder Kommunikationsdispositiv" und Intermedialität entsprechend als Mediengrenzen überschreitende Phänomene, die mindestens zwei solche Medien involvieren. Innovativ hat die musik-literarische Intermedialitätsforschung weniger im Bereich der *Kombination* von Literatur und Musik als in den von Scher als ‚Literatur in der Musik' und ‚Musik in der Literatur' bezeichneten Bereichen gewirkt. Um diese Übergänge und Bezüge des einen aufs andere Medium zu fassen, ist u. a. mit den Begriffen des Wechsels, der Transposition, der Transformation und der Referenz gearbeitet worden. So unterscheidet Wolf in seiner aktuellsten, u. a. auf Rajewsky zurückgreifenden Systematik (II.2.3 WOLF) etwa die ‚intermediale Transposition', in der inhaltliche oder formale Konzepte von einem Medium in ein anderes ‚übersetzt' werden und die sich nicht werkintern, sondern nur im Vergleich mit dem anderen Medium erschließen lässt, von einem *in* einem Werk oder einer Aufführung selbst angedeuteten Bezug zu einem anderen Medium, bei dem die Oberfläche des betreffenden Werkteils medial homogen bleibt und den er ‚intermediale Referenz' nennt. Bei Rajewsky (2002) entspricht das den Typen des ‚Medienwechsels' einerseits, dem ‚intermedialen Bezug' andererseits. Als plakative Beispiele können hier die ‚Veroperung' eines Romans oder eines Dramas auf der einen Seite – die sogenannte Literaturoper, z. B. Bergs *Wozzek*, der auf Büchners *Woyzeck* zurückgeht – und die inhaltliche oder formale Bezugnahme auf Musik innerhalb eines Romans gelten, z. B. in Thomas Manns *Doktor Faustus* (vgl. III.20 HONOLD).

Der Terminus des ‚Medienwechsels', der in der Intermedialitätsforschung sehr häufig gebraucht wird, ist jedoch nicht unproblematisch (vgl. zum Folgenden Gess 2010, 141–144). Impliziert ist mit diesem Terminus, dass *etwas* das Medium wechselt, nämlich ein vom ersten Medium trenn- und in ein anderes Medium überführbares, oft als „Inhalt" verstandenes Substrat (Paech 1998, 15). Bogner definiert den Medienwechsel als „Übertragung von Thema, Handlung oder argumentativer Struktur eines Textes von einem Medium mit seinen spezifischen medialen Voraussetzungen und Bedingungen in ein anderes Medium" (1998, 355). Schwierig an diesem Begriff ist jedoch, dass er nur auf Medien anwendbar ist, denen ein solches Substrat vermeintlich zugeschrieben werden kann. Entsprechend dient er häufig zur Beschreibung des Wechsels von Literatur in Film, d. h. für die Untersuchung von Verfilmungen. Doch schon der Übergang vom literarischen Text zur musikalischen Komposition lässt sich allenfalls fehlerhaft als Medienwechsel bestimmen. Diese Bestimmung betrifft typischerweise die Programmmusik, z. B. bei Scher, der Programmmusik als den intermedialen Typus eines Wechsels von „Literatur in Musik" (Scher 1984, 11) fasst, oder auch bei Brown (1984, 34–35), der sie als den Typus der „Ersetzung" von Literatur durch Musik begreift. Sie ist problematisch, weil das literarische ‚Programm' in der Musik nicht mehr als ein identifizierbarer Inhalt zu entdecken ist, so dass sein medienunabhängiger Status und damit auch die Annahme seines Wechsels in Frage gestellt werden muss. Vor allem aber lässt sich der Begriff des Medienwechsels nicht mehr sinnvoll auf den umgekehrten Vorgang, also den Übergang von musikalischer Komposition in literarischen Text, anwenden, weil musikalischen Kompositionen keine medienunabhängigen inhaltlichen Substrate zugewiesen werden können, die man aus ihnen herauslösen und in ein anderes Medium ‚wechseln' lassen könnte. Mit Gess (2010) hält es das Handbuch daher für angebrachter, nicht vom Medienwechsel, sondern von ‚Medientransformation' zu sprechen: Es geht bei musik-literarischer Intermedialität nicht um den Wechsel eines medienunabhängigen Etwas von einem Medium ins andere, sondern um die doppelte Transformation medienspezifischer Eigenschaften und Verfahren. Dabei stellt die Medientransformation einen notwendigen Bestandteil ‚intermedialer Bezüge' (Rajewsky 2002) bzw. bei Wolf ‚intermedialer Referenzen' literarischer Texte auf Musikstücke oder auf das fremdmediale System Musik ‚als solches' dar. Das heißt: Der literarische Text transformiert sich in Bezug auf das andere Medium, indem er dieses bzw. eines seiner zentralen Charakteristika oder Verfahren übernimmt und zugleich transformiert. Die Untersuchung dieser doppelten ‚Transformationen' ist kein primär genealogisches Unterfangen. Im Zentrum stehen vielmehr Fragen nach der Veränderung, die die transformierten Elemente als nunmehr literarische auszeichnen, sowie nach der Funktion dieser Elemente und ihres fremdmedialen Bezugs für den literarischen Text.

Das Handbuch unterscheidet also – nach der Thematisierung wesentlicher Grundfragen z. B. zum Verhältnis von Musik und Sprache (II.1.1 HINDRICHS) sowie zum Verhältnis von Textlichkeit und Klanglichkeit von Musik und Literatur (II.1.2 PREVIŠIĆ) – in Bezug auf eine dann anschließende Systematik der Beziehungen von Literatur und Musik grundsätzlich zwischen der *Kombination* von Literatur und Musik (II.2.1 STOLLBERG) und ‚intermedialen Bezügen' zwischen Literatur und Musik, die auf Medientransformationen im oben beschriebenen Sinne zurückgreifen (II.3.1 SCHMITZ-EMANS). Dabei können mehrere Subtypen differenziert werden. Im Hinblick auf die Bezugnahme von Musik auf Literatur (II.2.4 SCHMIDT), die in diesem Handbuch nur am Rande gestreift werden kann, ist erstens die Transformation eines literarischen ‚Inhalts' bei seinem Transfer in Musik zu erwähnen, in der dieser, wie gesagt, nicht mehr als solcher zu identifizieren ist (Stichwort ‚Programmmusik'). Zweitens können literarische Verfahren in Musik transformiert werden. Dabei kann es sich um spezifische, z. B. einem bestimmten Autor zugeschriebene Verfahren oder um literarische Verfahren ‚im Allgemeinen' handeln, die für Literatur insgesamt typisch sind (z. B. Metaphorizität, vgl. dazu II.3.2 THORAU) oder dem Medium traditionell zugeordnet werden, ohne im engeren Sinne medienspezifisch zu sein (zum Beispiel Narrativität; vgl. dazu II.2.4 SCHMIDT).

Im Hinblick auf die Bezugnahme von Literatur auf Musik, die im Fokus des Handbuchs steht, gilt es, zwischen Bezügen im Modus des *telling* (II.2.2 LUBKOLL) und im Modus des *showing* (II.2.3 WOLF) zu differenzieren. Diese Unterscheidung, die auf die antike Differenzierung von Diegesis und Mimesis zurückgeht, stammt aus der englischsprachigen Narratologie und wurde von Wolf auf die Beziehungen von Literatur und Musik übertragen (Wolf 1998, 133). Unter den Modus des *telling* fallen demnach Beschreibungen von Musik und Musikwerken. Unter den Modus des *showing* fallen literarische Phänomene, die die literarische Sprache ‚musikalisieren' oder auf die Vergegenwärtigung eines (fiktiven) Klangeindrucks zielen. Rajewsky bietet hierfür die Termini der „Evozierung" und der „Simulierung" (Rajewsky 2002, 83–103) an. Literatur würde sich demnach evozierend verhalten, wenn sie zum Beispiel mit Tropen arbeitet, die eine Ähnlichkeitsbeziehung zur Musik herstellen und sie auf diese Weise aufrufen (das betrifft auch noch die lexikalisierten Metaphern der ‚Stimmung' oder auch der ‚Harmonie', vgl. III.9 PREVIŠIĆ). Simulierend verhielte sie sich dann, wenn sie eine Mimesis an Musik versucht, die sich entweder auf deren Klanglichkeit richten kann (III.8 HILLEBRANDT, III.11 NAUMANN, III.17 OLK, III.22 MATHIS-MOSER) oder auf musikalische Formen, also etwa Fugen oder Sonatensätze als Modelle für literarische Formgebungen nutzt (III.20 HONOLD).

Zweifelsohne kranken alle vorgestellten Systematiken daran, dass sich die einzelnen Typen in der analytischen Praxis nie klar voneinander absondern lassen, dass also ein Text, der von Musik ‚erzählt', diese in aller Regel auch ‚zeigen', d. h. formal, klanglich oder über seine Metaphern vergegenwärtigen wird (vgl. zu dieser Problematik grundsätzlich II.2.2 LUBKOLL). Dennoch hilft die Systematik, den Blick zu schärfen für die unterschiedlichen Dimensionen der intermedialen Bezüge von Literatur auf Musik qua Medientransformation. Mit dem Terminus der Medientransformation ist außerdem die Hoffnung verbunden, die in der Intermedialitätsforschung häufige Annahme einer Stabilität der Medien, zwischen denen variable Inhalte oder Verfahren migrieren, durch eine Perspektive auf die Variabilität der Medien zu ergänzen, der die Stabilität bestimmter grundlegender Verfahren gegenübersteht (II.3.1 SCHMITZ-EMANS).

3. Zur geschichtlichen Dimension des Verhältnisses von Literatur und Musik

Auf Grundfragen, Systematik und ausgewählte aktuelle Forschungsfragen folgt im Handbuch ein historischer Durchgang in exemplarischen Stationen, von den Musik-Mythen (III.2 WELSH) und Dichter-Sängern (III.1 KOCH) der Antike bis zu Chanson (III.22 MATHIS-MOSER), Rap (III.23 HÖRNER) und experimentellem Musiktheater (III.24 KNAPP) der Gegenwart. Da dieser Durchgang hier nicht in Gänze wiederholt werden kann, sei nur auf einige, auch theoretisch ergiebige Perioden dieser wechselvollen Beziehungsgeschichte hingewiesen.

In das Verhältnis von Wort und Ton, Literatur und Musik ist immer schon ein Moment agonaler Konkurrenz eingeschrieben. Die Griechen unterteilten die Instrumente in solche, die mit der menschlichen Stimme und ihren Sprachlauten kombinierbar waren, wie Lyra und Kitharis als genuin hellenische Erfindungen, und solche, die als Blasinstrumente das menschliche Artikulationsvermögen ersetzten, wie der Aulos oder die Syrinx, denen eine wilde Herkunft aus Asien und eine gefährliche, betörende Wirkungsweise nachgesagt wurde. Der apollinische Gott mit der Leier und der dionysische Chorführer der rasenden Mänaden verkörpern in mythologischer Pointierung den Widerstreit zwischen rational überformter und sinnlich ungezügelter *mousiké*. Stellvertretend für die dithyrambische, körperbetonte Tanzmusik der Flöte wird der Satyr Marsyas im Wettstreit von Apoll besiegt und qualvoll bestraft, da seine Kunst des Flötenspiels nicht zugleich vom menschlichen Wort des Sängers begleitet und domestiziert werden kann. Von Apoll wiederum wird die archaische Kraft des Python bezwungen und in vernünftige Sprachform gebracht, indem der Lichtgott aus dem Panzer des Drachen den Resonanzkörper seines Saiteninstruments formt, auf dem eine Bogensehne noch an den blutigen Ursprung dieser Kulturpraxis erinnert. Zähmung und Führung der Musen aber, wie sie Apoll obliegen, sind im hellenischen Verständnis keine einmalige heroische Gründertat, sondern Figurationen eines permanenten Spannungsverhältnisses zwischen Sinn und Sinnlichkeit (vgl. III.1 KOCH, III.2 WELSH).

Indem Friedrich Nietzsche die Austreibung der Musik aus dem literarischen Formenkreis als Gewaltakt abendländischer Rationalität interpretierte, wies er in programmatischer Absicht auf die kultischen Ursprünge des Theaters und des Tanzes zurück, die er in Richard Wagners Neufassung der Oper, dem Gesamtkunstwerk, wiederbelebt fand (III.16 WISSMANN). An die Stelle des seit der Spätantike verstummten tragödischen Kultus war in der Spätrenaissance als eine ähnlich umfassend angelegte soziale Repräsentationsfigur die multimediale Kunstform der Oper getreten, in der Theaterhandlung und szenische Verkörperung, Orchestermusik und menschlicher Gesang eine gesellschaftlich formative Verbindung von ungeahnter wirkungsgeschichtlicher Tragweite eingegangen waren (III.15 SCHNEIDER). Mit den aus zahlreichen Einzel-Kontroversen bestehenden Debatten um die Hierarchie von Musik und Wort initiierte die Oper eine über viele Jahrhunderte hin (von der Geschichte des Rezitativs bis hin zu Wagners Leitmotiv-Semantik) virulente Reflexion der Konkurrenz- und Austauschbeziehungen zwischen den Künsten, aus der wiederum vielfältige Innovationen und wichtige Konzepte der bi-, multi- und intermedialen Ästhetik hervorgingen (III.15 SCHNEIDER, III.6 JAHN, III.16 WISSMANN, III.24 KNAPP). Aber auch andere bimediale Gattungen (z. B. Lieder, Melodramen; II.2.1 STOLLBERG), ferner die indirekten wechselseitigen Adaptionen formgebender Verfahren wie Wiederholung und Variation, Antithese und Dialog, Zitat und Kontrafaktur (III.20 HONOLD) oder auch die Bemühungen um eine Angleichung an die Stärken des Anderen (etwa an die klangliche Präsenz der Musik oder an die rhetorische Kraft der Literatur; III.11 Naumann, III.5 Krones) machten Musik und Literatur immer wieder zu korrespondierenden Partnerkünsten, wenngleich elementare Unterschiede (etwa zwischen literarischer Darstellung/Repräsentation und musikalischer Aufführung/Performanz) durch die kooperative Nähe beider Künste eher noch geschärft wurden.

Was die theoretische Aufarbeitung des historischen und systematischen Verhältnisses von Musik und Literatur anbelangt, so gewann diese (nach dem jahrhundertelangen, eher fruchtlosen Nebeneinander deduktiver und induktiver Formgesetze) durch die Differenzdynamik der Kontroversen-Kultur seit dem 18. Jahrhundert an begrifflicher Prägnanz. Philosophisch-ästhetische Modelle des tönenden Sprachursprungs (Rousseau, Herder), der geschichtlichen Abfolge und Wertigkeit der Künste (Hegel), des linearen Formungsprozesses als Ausdrucksmanifestation menschlichen Willens (Schopenhauer), nicht zuletzt aber auch die auf intrinsische Formkonzepte wie den Sonatenhauptsatz zurückgreifende Herausbildung eines Begriffes von ästhetisch autonomer Instrumentalmusik (der sogenannten ‚absoluten' Musik) führten dazu, dass dem Feld artistischer Selbstverständigung in den Phänomenen der Musik ein starkes Konzept des sinnlich Anderen erwuchs. Zugleich wurden indes mit der begrifflich klarer gefassten Distinktion auch die darauf antwortenden ästhetischen Integrations- bzw. Übersetzungsbemühungen bedeutsamer (III.11 Naumann; III.14 Pankow). Zu den vielfältigen Formen literarischer Adaption und Explikation musikalischer Strukturen und Phänomene rechnen z. B. die im 19. Jahrhundert sich etablierenden Formen der Programmmusik, der mimetischen und ekphrastischen Spielarten von ‚verbal music' (Scher 1984) sowie der Hervorhebung der intrinsischen Musikalität der Wortkunst durch rhythmische und onomatopoetische Effekte (III.8 Hillebrandt). All diese Tendenzen erweiterten und veränderten unter den Rahmenbedingungen der Moderne nochmals das alte Spannungsverhältnis von Wort- und Tonkunst in die verschiedensten, auch medienästhetisch und gattungspoetisch ausdifferenzierten Richtungen, ohne es dabei in seiner grundsätzlichen agonalen Polarität außer Kraft zu setzen. Man denke etwa an die Klangkunst der literarischen Avantgarden (III.17 Olk), an kontrapunktisches Erzählen bei Thomas Mann (III.20 Honold), an die Literarisierung des Rauschens im modernen und postmodernen Roman (III.19 Schweighauser) oder auch in jüngerer Zeit an Phänomene wie das Aufleben des rhythmisierten Sprechens im Rap (III.23 Hörner) oder an musikalische Sprachexperimente des gegenwärtigen Musiktheaters (III.24 Knapp).

Die schon in den Anfangsgründen komparatistischer Analyse geforderte „wechselseitige Erhellung der Künste" (Oskar Walzel) kann die Vielfalt literarisch-musikalischer Beziehungen nicht nur *historisch* aus dem Konkurrenzverhältnis des Paragone rekonstruieren, sondern auch *systematisch* aus einem ästhetischen Komplementärverhältnis beider Künste und ihrer medialen Aggregatformen heraus nachzeichnen, das sich sowohl für die Künste selbst wie auch für Interpretationen und Analysen als immens produktiv erwiesen hat (II.1.1 HINDRICHS, II.1.2 PREVIŠIĆ). Denn es scheint in diesem Zusammenspiel der Sinneswelten von Ohr und Auge, von Ton und Schrift das grundlegende Defizit jeweils einer der beiden Perzeptionsweisen geradezu das Leistungsangebot der je anderen positiv zu beschreiben. Spätestens seit den materialästhetischen Reflexionen der Aufklärung und den dialogisch-supplementären Gattungs- und Kunstformen der Romantik hat sich eine Art von literarisch-musikalischer Komplementärbeziehung beider Künste gleichsam in deren mediale Identität fest eingeprägt (III.7 TORRA-MATTENKLOTT, III.9 PREVIŠIĆ, III.11 NAUMANN, III.14 PANKOW). An die stimmungsvolle, bewegende Präsenz körperlicher Klangerfahrungen, an die flüchtige Intensität eines musikalischen Aufführungsgeschehens können die zeilenweise gereihten Schriftzeichen bedruckten Papiers nicht einmal annähernd heranreichen. Die sinnliche „Gewalt der Musik" (Gess 2011) wird von literarischer Ekphrasis, zumal in der Romantik, zwar vielfach beschworen oder auch mit erheblichem rhetorisch-poetischem Aufwand evoziert, doch bleibt dabei das Verhältnis zwischen Klang- und Wortkunst in grundsätzlicher Weise antagonistisch bestimmt: Weist die Musik aus literarischer Perspektive einen Mangel an referentieller Verbindlichkeit und semantischer Explikationskraft auf, so ist sie im Gegenzug durch einen Überschuss an sinnlicher Unmittelbarkeit und vorwärtsdrängendem Fließen ausgestattet, der sie sowohl von der arbiträren Distanziertheit wie der gestalthaften Dauer schriftbasierter Zeichen fundamental unterscheidet. Musik erfüllt Zeit und Raum mit der Darbietung ‚tönend bewegter Formen' (Eduard Hanslick), die *bedeutend* sind, ohne ihren Sinn zu verstehen zu geben. Dass Musik aus ihrer semantischen Unterbestimmtheit her zur Sprache dränge, ist jedoch nur eine (zur Hochphase literarischer Hermeneutik besonders gepflegte) unter den möglichen Auffassungen des Komplementärverhältnisses beider Künste. Gerade umgekehrt nämlich kann auch die performative Dimension musikalischen Geschehens als ein Fluchtpunkt des Sprach- und Klangpotentials literarischer Gestaltungen betrachtet und angesteuert werden, womit dann auch der ‚Sinn' der Dichtung letztlich in nichts anderem als in ihrer stimmlichen Verlebendigung (III.8 HILLEBRANDT, III.10 DUPREE) bestünde.

4. (Inter)Disziplinäre Verortung

Die Erforschung der Interferenzen von Literatur und Musik sprengt die traditionellen Disziplinengrenzen. Zwar hat sich in der Literaturwissenschaft seit langem eine Librettoforschung etabliert, zwar beschäftigt sich die Musikwissenschaft intensiv mit allen Gattungen der Vokalmusik, jedoch geraten Medientransformationen dabei selten in den Blick. Noch stärker als für die Kombination von Literatur und Musik gilt das für die intermedialen Bezüge in mono-medialen Gattungen. Die Transformation von Literatur durch die Bezugnahme auf Musik findet in der Literaturwissenschaft immer noch relativ wenig Beachtung, gleiches gilt für die Transformation von Musik durch die Bezugnahme auf Literatur in der Musikwissenschaft. Denn deren Analyse erfordert eine Doppelqualifikation, die nicht nur wenige Forscher mitbringen, sondern die auch innerhalb der Disziplinen keinen angestammten Ort hat, sieht man einmal vom ‚Künstevergleich' in der Komparatistik ab.

Daher ist es umso wichtiger, dass sich mit der Intermedialitätsforschung ein interdisziplinäres Forschungsfeld etablieren konnte, das sich diesen Fragen mit besonderer Aufmerksamkeit widmet. Ähnlich produktiv für die musik-literarische Forschung hat seit der Jahrtausendwende die Entwicklung der Performance Studies gewirkt, die nicht nur den Blick für das Zusammenwirken von Literatur und Musik im Aufführungszusammenhang geschärft, sondern auch dazu beigetragen haben, sowohl Musik als auch Literatur im verstärkten Maße wieder in ihrer performativen Dimension zu betrachten. Das hat in Bezug auf Literatur z. B. dazu geführt, die Deklamationspraxis des späten 18. Jahrhunderts wieder stärker zu beleuchten (III.10 DUPREE). Positiv hat sich außerdem die Etablierung der Sound Studies ausgewirkt. So unklar deren Selbstverständnis gegenwärtig noch sein mag, so sehr haben sie doch zum einen die Aufmerksamkeit für die klangliche Dimension von Musik und Literatur erhöht und dabei ein besonderes Interesse an deren nicht-kodifizierten (Neben-)Geräuschen herausgefordert (III.19 SCHWEIGHAUSER) und zum anderen die Aufmerksamkeit für Phänomenologie, Geschichte und ästhetische Praktiken des Hörens gesteigert, das von beiden Künsten adressiert wird.

Vom wissens-, medien- und technikgeschichtlichen Zweig der Sound Studies angeregt, beschäftigt sich die musik-literarische Forschung zudem stärker mit gemeinsamen epistemischen, wissenschaftlichen, medialen und technischen Voraussetzungen der beiden Künste (II.3.3 STEINER). Nicht nur kann Literatur als Generator oder Speicher solcher Voraussetzungen gelesen werden – so thematisieren literarische Texte um 1800 etwa das physiologische Hör-Wissen der Zeit, das seinerseits auch die musikästhetischen Vorstellungen beeinflusst, oder sie phantasieren Aufnahmetechniken, die erst knapp 100 Jahre später Wirklichkeit werden. Zugleich sind Literatur und Musik in vielerlei Hinsicht auch von den gleichen Entwicklungen betroffen bzw. reagieren auf diese mit verwandten Medientransformationen, seien diese Entwicklungen Erkenntnisse über die Physiologie des Hörens (Welsh 2003), neue philosophische/psychologische Vorstellungen über das Funktionieren der Einbildungskraft bzw. die Struktur des Bewusstseins (Gess 2010), Entdeckungen der physikalischen Akustik und mehr noch der Psycho-, Elektro- und Raumakustik (Hui 2013) oder auch Revolutionen der „Aufschreibesysteme" (Kittler 1985). Auf diesem Weg gelingt der musik-literarischen Forschung auch der Anschluss an aktuelle geisteswissenschaftliche Forschungszweige, etwa an die historische Anthropologie, die Wissens-/Wissenschaftsgeschichte, die Medien- und Technikgeschichte oder auch an die Emotionsforschung, weil die Geschichte der Emotionen, ihrer Erregung und Darstellung, unmittelbar mit der Geschichte der beiden Künste verbunden ist. Nicht zuletzt ist die musik-literarische Forschung auch darauf angewiesen, auf dem Feld der Philosophie zu wildern, insofern die Musikästhetik einen zentralen Gegenstand ihres interdisziplinären Forschungsinteresses darstellt (II.1.1 HINDRICHS). Zudem wird die Beschäftigung mit der Geschichte der Musikästhetik in der Philosophie eher vernachlässigt, bedarf es für sie doch nicht nur musikwissenschaftlichen, sondern auch literaturwissenschaftlichen Fachwissens, weil viele Musikästhetiken – am prominentesten die der ‚Romantik' – in literarischen Werken formuliert wurden (III.11 NAUMANN, III.14 PANKOW)

Das zeigt einmal mehr, dass genuin musik- und literaturwissenschaftliche Kompetenzen für das Forschungsfeld unentbehrlich bleiben. Ihr interdisziplinärer Einsatz ist gleichwohl geboten. Zur künftigen Erforschung der intermedialen Bezüge zwischen Literatur und Musik wird es vielfach erforderlich sein, Konzepte oder Verfahren der einen Wissenschaft auf das Feld der anderen zu übertragen, etwa mit narratologischen Konzepten an die Analyse von Sinfonien oder Opern heranzugehen (II.2.4 SCHMIDT), mit Metapherntheorien an die Analyse von Musiktheorien (II.3.2 THORAU) oder mit harmonie- oder rhythmustheoretischem Wissen an poetologische Konzepte des späten 18. Jahrhunderts (III.8 HILLEBRANDT, III.9 PREVIŠIĆ, III.14 PANKOW, III.20 HONOLD). Als Auftakt für diesen Brückenschlag versteht sich das vorliegende Handbuch.

Herzlich danken möchten die Herausgeberin und der Herausgeber einer ganzen Reihe von Personen, ohne deren tatkräftige Mithilfe das Handbuch wohl nicht erschienen wäre: allen voran Sina Dell'Anno, deren unermüdlicher Einsatz über die normale Hilfskrafttätigkeit weit hinausging und deren Mitarbeit darum auch gesondert vermerkt wird, sowie den weiteren Hilfskräften Lucas Knierzinger, Dinah Suter, Johannes Hapig und Julia Beier; für das umfangreiche Lektorat sind wir Simone Sumpf und Verena Stössinger zu großem Dank verpflichtet. Bedanken möchten wir uns ferner bei den Studierenden eines Basler Forschungsseminars, das die Entstehung des Handbuchs ein Semester lang begleitet hat und aus dem einige Texte zum Glossar hervorgegangen sind. Schließlich möchten wir auch der Freiwilligen Akademischen Gesellschaft (Basel) herzlich danken, die es uns ermöglicht hat, in der Konzeptionsphase einen Workshop für alle Autorinnen und Autoren des Handbuchs in Basel auszurichten, sowie dem Musikwissenschaftlichen Institut der Universität Basel, das uns seine Räume für diesen Workshop zur Verfügung gestellt hat.

II. Gegenstandsbereiche und Konzepte

II.1. Grundfragen und Ausgangspunkte

II.1.1. Sprache und Musik
Gunnar Hindrichs

Sprache und Musik in ein Verhältnis zu setzen, bedeutet, über die Beziehung zweier Größen nachzudenken. Eine Möglichkeit dieser Beziehung ist ihre Einheit. Einheit als Beziehung zweier Größen setzt allerdings die Ausdifferenzierung der Beziehungsglieder voraus. Die Bedingung der Möglichkeit, über das Verhältnis von Sprache und Musik nachzudenken, ist daher ihre Ausdifferenzierung. Differenz setzt Abgrenzung voraus. Demnach erfolgt die Ausdifferenzierung in Gestalt von Grenzziehungen. Dieser Sachverhalt legt fest, dass auch das Verhältnis ausdifferenzierter Größen vermittels der Untersuchung ihrer Grenzziehungen bestimmt werden kann. Der Eintrag ihrer Scheidelinien konstituiert ihren Zusammenhang. Das Verhältnis von Sprache und Musik lässt sich folglich durch die Untersuchung ihrer Abgrenzungen artikulieren. Das ist die Absicht dieses Artikels. Er geht dem Verhältnis von Sprache und Musik durch eine Reihe idealtypischer Abgrenzungen nach. Hierbei beschränkt er sich auf die Abgrenzungen, die seitens der Musik erfolgen. Ihre Reihe lautet: Musik ist keine Sprache; Musik ist eine vorbegriffliche Sprache; Musik ist eine überbegriffliche Sprache; Musik ist eine unbegriffliche Sprache. Diese Abgrenzungen werden im Folgenden an exemplarischen Modellen dargelegt.

1. Musik ist keine Sprache

Die schärfste Ausdifferenzierung von Sprache und Musik erfolgt durch die Abgrenzung der Musik von Sprache schlechthin. Musik ist hier nicht eine besondere Form von Sprache, die sich von anderen Sprachformen unterscheidet; sie ist überhaupt keine Sprache. Sprache und Musik stehen als solche in Opposition. Diese Sichtweise lässt sich auf verschiedene Weise begründen.

1.1. Die sieben freien Künste

Eine erste Möglichkeit besteht in der wissenschaftstheoretischen Zuordnung von Musik, die im Rahmen der sieben freien Künste (*artes liberales*) vorgenommen wurde. Die *artes liberales* ordneten das spätantike und mittelalterliche Wissen, das eines freien Mannes würdig war, zu einem Bildungsgang durch Disziplinen (Koch 1976). Diese Ordnung gliedert sich in zwei Gruppen. Die erste Gruppe bildet das Trivium aus Grammatik, Logik (Dialektik) und Rhetorik; die zweite Gruppe bildet das Quadrivium aus Musik, Arithmetik, Geometrie und Astronomie. Der Sinn dieser Gliederung ergibt sich aus der augustinischen Auffassung, dass die Vernunft sich einerseits im Bezeichnen (*in significando*) und anderseits im Zählen (*in numerando*) verwirkliche. Im Bezeichnen ist die Vernunft sprachlich; das Trivium umfasst daher die drei sprachlichen Disziplinen (*artes sermonicales*). In den Disziplinen des Quadriviums hingegen kommt die zählende Seite der Vernunft zur Geltung. Zu den sie verwirklichenden Disziplinen gehört die Musik. Denn die Ordnungen von Tonhöhen und Tondauern stellen durch Zahlen bestimmte Proportionen dar. Mit ihnen hat es die Musik zu tun. Sie reicht daher über die Töne der Instrumente und Stimmen hinaus in die Proportionen des Kosmos und seiner Harmonie.

Das in der quadrivialen Bestimmung der Musik eingefangene Wissen ist pythagoreischen Ursprungs. Pythagoras und seine Anhänger vertraten eine Auffassung des Kosmos, die diesen als eine auf Zahlenkombinationen und Proportionen beruhende Harmonie versteht (Becker 1954). Das ordnungsbildende Prinzip der Welt bildet ihnen zufolge die Zahl: Alles Seiende ist Zahl. Unter ‚Zahlen' (ἀριθμοί) sind hierbei nicht Zahlen im modernen Sinne zu verstehen, sondern diskrete, geordnete Mannigfaltigkeiten. Das heißt, pythagoreische Zahlen sind mit dem Gezählten identisch. Zu dieser Identifizierung von Zahl und Seiendem, die jene zum Prinzip der Weltordnung werden ließ, wurden die Pythagoreer aber durch die Einsicht in musikalische Harmonien und deren Proportionen gebracht. Weil nur zahlenmäßig bestimmte Töne überhaupt Töne sind, konnte man anhand ihrer das Sein von Zahlen und das Sein von Dingen identifizieren. Angesichts solcher Identifikation ließ sich dann auch die Struktur der gesamten Welt in Zahlenverhältnissen und Harmonien verstehen. Pythagoras und seine Anhänger erhoben mithin die Struktur der Musik geradewegs zur Grundstruktur der Ordnung des Seienden. Das betrifft nicht zuletzt auch die Ordnung der menschlichen Seele. Sie wurde ebenfalls als eine auf verschiedene Weise gestimmte Harmonie begriffen. Die zahlenmäßige Ordnung der Musik bestimmt so das All des Seienden im Großen wie im Kleinen. Über Platon und andere ist dieses Denken vermittelt worden und hat bis in die frühneuzeitlichen Konzeptionen einer Sphärenmusik gewirkt, die sich in Keplers astronomischen *Harmonices mundi libri V* (Fünf Bücher zur Harmonie der Welt, 1619), aber auch bei Shakespeare (1600) zeigen:

> Sit, Jessica. Look how the floor of heaven
> Is thick inlaid with patines of bright gold:
> There's not the smallest orb which thou behold'st
> But in his motion like an angel sings.
> (The Merchant of Venice V, 1, 67–70)

Auf dieser Grundlage lässt sich Musik klar und deutlich von Sprache abgrenzen. Die quadrivial begriffene Musik stellt einen Komplex von Zahlenproportionen dar. Anders als die sprachlichen Disziplinen Grammatik, Logik und Rhetorik, die die Vernunft *in significando* behandeln, gehört sie daher zu den Disziplinen, die die Vernunft *in numerando* verwirklichen. Die Ausdifferenzierung von Sprache und Musik bildet somit die Ausdifferenzierung der Vernunft in sprachliches Bedeuten und numerisches Zählen ab.

1.2. Der Serialismus

Eine zweite Möglichkeit, Sprache und Musik einander entgegenzustellen, wurde im kompositorischen Denken des 20. Jahrhunderts artikuliert. Eine seiner Gestalten, der Serialismus, will Klänge nicht in ihrer Funktion, sondern in ihrem Eigensein komponieren. Hierzu konstruiert er die Parameter von Klängen mittels einer Tonhöhen-Dauern-Reihe (‚integrale Reihentechnik'). Er befreit Musik dadurch von allen Eigenschaften, die über die Höhe, Dauer und Farbe eines Klanges hinausgehen.

Die Grundfrage seriellen Komponierens lautet: Wie können in der Grundschicht eines Werkes Raumfunktionen und Zeitfunktionen miteinander verknüpft werden (Eimert 1954, 27)? Raumfunktionen der Musik bestehen in der Bestimmung ihrer Tonhöhen; Zeitfunktionen der Musik bestehen in der Bestimmung ihrer Tondauern. Die Grundfrage seriellen Komponierens richtet sich also darauf, wie eine Grundschicht des musikalischen Werks Tonhöhen und Tondauern zugleich definieren kann. Die Antwort lautet auf die Entwicklung der Tonhöhen-Dauern-Reihe. In ihr findet das Werk die Bestimmtheit seiner Einheit, weil sie seine Raumfunktionen und seine Zeitfunktionen seriell einander zuordnet. Das bedeutet, dass die musikalische Reihentechnik den Ton als Schnittpunkt von Höhe und Dauer begreift. Sie kann darum seine Bestimmtheit in geometrischer Darstellung erfassen: in einem Gitternetz, dem ‚Tonraumquadrat', in das sich die räumliche und zeitliche Lage des Tons eintragen lässt. Der einzelne Ton ist ein Schnittpunkt in diesem Raum. Die Entwicklung der integralen Reihentechnik hat dieses Tonraumquadrat noch um eine dritte Dimension erweitert und auch die Klangfarbe in die serielle Zuordnung einbezogen.

Eine so aufgefasste Musik hat mit Sprache nichts zu tun. Ihre Verfassung ist ganz durch die Zuordnungsfunktion der Tonhöhen-Dauern-Reihe bestimmt. Nicht einmal eine von der Zuordnungsfunktion unabhängige Syntax von Klängen gibt es. Im Grunde tritt das serielle Kompositionsverfahren das Erbe des quadrivialen Musikdenkens an. Es versteht Musik aus der Konstruktion klanglichen Eigenseins, dessen Parameter sich im Tonraumquadrat geometrisch abbilden lassen, und orientiert sich somit an der Zahl. Ob dieses Selbstverständnis des Serialismus den überragenden ästhetischen Rang seiner Kompositionen angemessen zu artikulieren vermag, ist freilich eine andere Sache.

1.3. Umgangsmusik

In eine ganz andere Richtung, aus der heraus Musik nicht als Sprache verstanden werden kann, weist ein drittes Modell: Heinrich Besselers Konzeption der „Umgangsmusik" (Besseler 1978, 32–50; 110–113; 301–331). Umgangsmusik ist durch ihren Gebrauch in Fest und Kult, Arbeit und Geselligkeit bestimmt. Die hiermit gemeinten Phänomene umfassen so ungleiche Dinge wie Minnesang, Collegium musicum, Männerchor, Singbewegung, Arbeitsgesänge, Tanz, Kabarettlied, Jazz oder Populärmusik. In all diesen Fällen nimmt der Hörer keine distanzierte Einstellung zur Musik ein, sondern geht mit ihr um, so wie er mit anderen Dingen seines Alltags umgeht. Solcher Umgangsmusik gegenüber steht die ‚Darbietungsmusik'. Mit Darbietungsmusik geht man nicht um; vielmehr wird sie, zumal im Konzert, in distanzierter Einstellung dargeboten und gehört.

Im Hintergrund dieser Auffassung steht Martin Heideggers Gedanke, dass Welt im Umgang mit dem Seienden erschlossen wird. Heidegger zufolge besteht das In-der-Welt-Sein im ‚Besorgen'. Darunter versteht er exemplarisch „zutunhaben mit etwas, herstellen von etwas, bestellen und pflegen von etwas, unternehmen, durchsetzen, erkunden, befragen, betrachten, besprechen, bestimmen" (Heidegger 1986 [1927], 56). Von dieser primären Welterschließung sind andere Weltverständnisse, insbesondere die distanzierte Ausrichtung eines Subjekts auf ein Objekt, nur abkünftig. Dementsprechend sind die innerweltlichen Dinge zunächst und zumeist das, womit man es im besorgenden Umgang zu tun hat und was einem in solchem Besorgen zuhanden ist. Sie sind das Zuhandene (Heidegger 1986 [1927], 68; 71). Besselers Begriff der Umgangsmusik überträgt Heideggers Gedanken auf die Musik. Er kennzeichnet all die musikalischen Phänomene, die sich im besorgenden Umgang zeigen. Anders gesagt: Umgangsmusik ist etwas Zuhandenes. Sie ist der musikalische Bereich der primär erschlossenen Welt. Parallel gilt für ihr Gegenüber, die Darbietungsmusik, dass in ihrem Falle Musikhören nicht als Umgang mit Zuhandenem erfolgt, sondern als die Ausrichtung eines Subjekts auf ein ästhetisches Objekt. Entsprechend ist sie der sekundäre Modus des musikalischen Hörens.

Nun erhält in Heideggers Analytik des In-der-Welt-Seins die Sprache eine eigentümliche Bestimmtheit. Die im besorgenden Umgang erschlossene Welt ist eine verstandene Welt. Verständlichkeit wiederum ist artikuliert: Etwas wird als etwas verstanden. Eben solche Artikulation der Verständlichkeit begreift Heidegger als Sprache (Heidegger 1986 [1927], 165–166). Sprache stellt daher keinen Inhalt der erschlossenen Welt dar, sondern gehört zum In-der-Welt-Sein selbst. Das heißt, die im besorgenden Umgang mit den Dingen erschlossene Welt steht im Horizont der Sprache. Wenn aber die im Umgang erschlossene Welt im Horizont der Sprache steht, dann steht auch die im Umgang erschlossene Musik im Horizont der Sprache. Hieraus folgt, dass Musik selber keine Sprache ist. Sie gelangt zwar in der Sprache, nämlich im artikulierten Weltverständnis des Umgangs mit ihr, zur Erscheinung und ist insofern etwas Sprachliches – so wie die Dinge, mit denen wir zu tun haben, insgesamt etwas Sprachliches sind, weil wir sie in der Artikuliertheit des ‚etwas als etwas' verstehen. Als etwas Sprachliches bildet sie selbst jedoch keine Sprache, sondern einen Inhalt der Sprache. Der Umgang mit Musik stellt diese somit in eine Analogie zu den Dingen, mit denen wir umgehen, nicht aber zu der Sprache, die die Artikuliertheit dieses Umgangs darstellt.

2. Musik ist eine vorbegriffliche Sprache

Die drei exemplarischen Möglichkeiten, Musik und Sprache einander entgegenzustellen, beruhen auf einer Ausdifferenzierung von Vernunft, einer kompositorischen Verfahrensweise und einer Analytik unseres In-der-Welt-Seins. Ihnen widersprechen Konzeptionen, die Musik statt als Nicht-Sprache als eine besondere Art von Sprache begreifen. Hier wird das Verhältnis von Musik und Sprache zum Verhältnis von Tonsprache und Begriffssprache. Seine Bestimmtheit erhält es entsprechend durch die Bestimmung dessen, wie der Ton im Unterschied zum Begriffswort zu sprechen vermag. Eine mögliche Bestimmung lautet auf die Vorbegrifflichkeit der Tonsprache. ‚Vorbegrifflich' bedeutet, dass die Tonsprache nicht die Artikuliertheit des Begriffs aufweist und dennoch Gehalte vermittelt, die auch in der Begriffssprache thematisch werden. Unter dem Gesichtspunkt der Artikuliertheit hält sich die Sprache der Musik gleichsam im Vorhof des Begriffs auf. Zugleich freilich reicht sie in eine andere Dimension als der Begriff: Sie besitzt statt scharfer Artikuliertheit eine besondere Intensität. Diese Intensität der Tonsprache lässt sich auf verschiedene Weise entwerfen.

2.1. Individueller Ausdruck

Der einflussreichste Weg, Musik als eine vorbegriffliche Sprache von besonderer Intensität zu verstehen, sieht Musik als den Ausdruck von Gefühlen an. Im Alltagsverständnis dürfte die Auffassung, Musik sei eine Sprache der Gefühle, weit verbreitet sein. Ihre Begründung erfordert indessen einen größeren Ausgriff. Für ihn stehen verschiedene Namen ein. Hier soll er exemplarisch durch die Philosophie Herders angezeigt werden.

Herder führt Wortsprache und Tonsprache auf eine gemeinsame Wurzel zurück: die Sprache der Leidenschaften. Grundlage hierfür ist eine anthropologische Annahme über die Entstehung der Sprache (Herder W 2, 361–366). Die ersten Bedürfnisse des Menschen treten als schmerzhafte Empfindungen auf. Sie drücken sich in einem Geschrei unartikulierter Töne aus. Werden diese Bedürfnisse befriedigt, so entsteht Freude. Auch sie drückt sich in einem Geschrei unartikulierter Töne aus. Dementsprechend ist die erste Sprache des Menschen eine Sprache des Schmerzes und der Freude im Geschrei unartikulierter Töne. Das bedeutet, dass die Basis der menschlichen Sprache aus Akzenten der Empfindung besteht. Diese elementare Sprache ist demnach eine Folge rauer, hoher, starker, lang angehaltener Akzente von Empfindungen. Mit anderen Worten: Sie ist roher Gesang – die Sprache der Leidenschaften ist eine singende Sprache. Aus dem rohen Gesang der Leidenschaften entsteht nun einerseits die Begriffssprache, wenn die Sprache der unartikulierten Töne zu einer Sprache artikulierter Worte wird, und anderseits die Musiksprache, wenn jene Töne als Töne und nicht mehr als Bezeichnungen von Empfindungen kultiviert werden. Auf diese Weise wird Musik „aus der Sprache der Leidenschaften geboren" (Herder W 2, 365). Diese anthropologische Erklärung ermöglicht es Herder, der Musik einen besonderen Status zuzuschreiben. Da aus Akzenten von Leidenschaften geboren, wirkt der Ton durch das „innere Gefühl" auf die Seele, während alle Gegenstände des Auges nur von außen auf uns einwirken: „Das Auge [...] sieht viele Gegenstände, klar deutlich, aber kalt und wie von außen. [...] Das Gehör allein ist der innigste, der tiefste der Sinne. [...] Die Natur selbst hat diese Nahheit bestätigt, da sie keinen Weg zur Seele besser wusste als durch Ohr und – Sprache." (Herder W 2, 357) Zugleich verleiht seine Auffassung der Musik nicht nur einen besonders innerlichen Status unter den Künsten. Sie trifft auch eine Entscheidung darüber, was als Grundelement der musikalischen Sprache anzusehen sei. Wenn nämlich die Tonakzente der Leidenschaft die Basis der Musiksprache bilden, dann ist es die „Tonwollust" (Herder W 2, 359) der Melodie und nicht die in Regeln verständliche, durch proportionale Verhältnisse bestimmte Harmonie, die jenes Grundelement darstellt. Herder variiert hier den Streit, den Rousseau (1781) und Rameau (1754) über den Primat von Harmonie und Melodie führten, und schlägt sich auf der Grundlage seiner anthropologischen Erklärung auf Rousseaus Seite. Musik als Sprache der Leidenschaften ist primär Melodie.

Hiernach trennen sich Musik und Sprache durch die Ausdifferenzierung der Ursprache in Töne und Worte. Die aus der Sprache der Leidenschaften geborene Musik ist der vorbegriffliche Ausdruck inniger Gefühle. Ihre Intensität grenzt sie von anderen Kunstformen ab; ihre Vorbegrifflichkeit verlangt, dass die begrifflich darlegbare Harmonie nicht als Grundelement des Musikalischen auftreten darf. Aber eine Sprache bleibt sie, weil sie das Kind der Sprache der Leidenschaften darstellt.

2.2. Ontologischer Ausdruck

Der Ausdruck der Leidenschaften, auf dem die melodischen Tonakzente der Musik nach Herder beruhen, ist ein Ausdruck der Leidenschaften von Individuen. Seine vorbegriffliche Intensität kann jedoch auch zu einer ontologischen Bestimmung erweitert werden. Die anthropologische Grundlage muss dann einer metaphysischen Grundlage weichen. Das ist der Fall im Musikdenken Ernst Blochs.

Bloch versteht Musik als „intensitätsreichste Menschenwelt", die das Bestehende überschreitet in den Ausdruck dessen, was noch nicht ist (Bloch G 5, 1243–1297). Bereits in seinem Frühwerk *Geist der Utopie* sieht Bloch die Intensität des Utopischen in der Musik gegeben. Weil wir in der Musik blind für das Äußere werden, hören wir uns. Diese Rückwendung auf das Innerliche überschreitet das Vorhandene zugunsten eines Menschseins, das im Äußeren noch nicht verwirklicht ist. Musik bietet dadurch eine Transzendenz im Menschen zum Noch-Nicht. Das macht sie dem heute unmöglichen Hellsehen verwandt: „Sollte aber nicht ein Hellhören, ein neues Sehen von innen im Anzug sein, das nun, wo die sichtbare Welt zu unkräftig geworden ist, die hörbare Welt, die Zuflucht des Lichts, den Primat des Entbrennens statt des bisherigen Primats des Schauens herbeiruft [...]?" (Bloch G 3, 207) Musik wird hier zur Sprache der Utopie durch die in ihr präsente Intensität der Innerlichkeit, die sich gegen die Extension des vorhandenen Äußeren wendet. Dieser Gedanke wird in Blochs Hauptwerk *Das Prinzip Hoffnung* in einer Ontologie des Noch-nicht-Seins weiter ausgeführt. Deren Kern besteht in der Ausrichtung alles Seienden auf das, was noch nicht ist, aber im Seienden ‚vorscheint'. Wenn man die menschlichen Verhältnisse in Natur, Geschichte, Politik und Kunst richtig liest, dann sprechen sie von diesem Vorschein. Auch Musik ist eine solche Sprache der Utopie in der Intensität des Inwendigen. „Etwas fehlt, dies Fehlen mindestens sagt der Klang deutlich aus." (Bloch G 5, 1246) Und das von ihm ausgesagte Fehlen ist das metaphysische Prinzip des auf das Noch-Nicht ausgerichteten Weltganzen: Das Seiende als Seiendes ist dadurch gekennzeichnet, dass etwas fehlt. Musik als Sprache des Vorscheins erweist sich somit als intensiver Ausdruck der ontologischen Verfassung.

Blochs Philosophie deutet die Intensität der musikalischen Sprache um. Sie beruht nicht auf dem Akzent individueller Leidenschaften, sondern kündet von der Unfertigkeit der äußeren Welt, über die die Innerlichkeit des Tons hinausragt. Dadurch kann Musik auf ihre Weise vom Noch-Nicht sprechen. Freilich erfolgt Blochs Konzeption selbst im Gestus intensiven Ausdrucks. Sein expressionistisches Denken setzt auf die Eindringlichkeit seiner Bilder statt auf argumentative Artikuliertheit. Es ist daher nur folgerichtig, dass es die vorbegriffliche Sprache der Musik geradewegs dort verortet, wohin es selber zielt: an den „Grenzen der Menschheit, aber an jenen, wo die Menschheit, mit neuer Sprache und der *Ruf-Aura um getroffene Intensität, erlangte Wir-Welt*, sich erst bildet" (Bloch G 5, 1297). Musik lässt die Front zum Eschaton in unserem Inneren erklingen.

2.3. Musikalische Rhetorik

Sehr viel gemäßigter tritt eine dritte Möglichkeit auf, Musik als eine vorbegriffliche Sprache zu verstehen. Die musikalische Rhetorik versteht Musik als Rede, die unter Regeln Affekte vermittelt. Das Gefälle der Artikuliertheit verändert sich hier. Die vorbegriffliche Rede der Musik erfolgt nicht in bloßen Akzenten der Leidenschaft, sondern in musikalischen Gestalten, die in bestimmter Ordnung stehen. Freilich bleibt die formale Artikuliertheit der musikalischen Rhetorik insoweit noch vorbegrifflich, als sie zur Bezeichnung ihrer geregelten Wendungen am Ende des sie identifizierenden Begriffswortes bedarf.

Diese Artikuliertheit der musikalischen Rhetorik kann gut an der Figurenlehre eingesehen werden, die die evangelische Kantorentradition im mittel- und norddeutschen Raum vom 16. bis zur ersten Hälfte des 18. Jahrhunderts prägt (Eggebrecht 1970). Diese Tradition greift zum einen auf die oben erwähnte Musik des Quadriviums zurück, die sie als *musica theorica* weiterführt. Zum anderen aber ergänzt sie die durch die Zahl bestimmte Musik durch eine *musica practica*, die sich in die Kunst des Gesangs (*ars cantus*) und die Kunst der Komposition (*ars compositionis* oder *musica poetica*) untergliedert und den sprachlichen Künsten des Triviums, zumal der Rhetorik, zugeordnet ist. Anders gesagt: Sie ist eine Erscheinungsform der Vernunft *in significando*. Was ihre Töne aber bedeuten, sind Affekte. Sie deklamieren Zorn, Erbarmen, Furcht, Freude und so weiter. Dies tun sie in bestimmten lehrbaren Figuren. Sie bezeichnen die Affekte (Leidenschaften) und sind gleichzeitig ein Strukturmittel, indem ihre festgelegten Formen zur Struktur eines Stückes beitragen. Musikalische Figuren dienen so dem Aufbau einer besonderen Affektensprache. In der Kantorentradition soll diese Sprache zum Gemüt des Menschen sprechen und sein Herz im Sinne des reformatorischen Glaubens erneuern. Und schließlich lassen sich solche Figuren besonders gut mit den Affekten bestimmter Textstellen verbinden. Dadurch konnte die musikalische Rhetorik in Form einer Figurenlehre insbesondere die Auslegung des Wortes, die im Zentrum des evangelischen Gottesdienstes steht, vollziehen.

Auf diese Weise vermag Musik als rhetorische Affektensprache den Ausdruck von Leidenschaften mit artikulierten Formen unter Regeln verbinden. Gegenüber der Begriffssprache ist sie intensiver, weil ihre Figuren die Affekte des Gemüts ausdrücken und dadurch direkt zu Herzen gehen. Zugleich bleibt sie im Vorhof des Begriffs, weil ihre Figuren – wie der gesamte Aufbau rhetorischer Musik, ihre *dispositio* und *elaboratio* – auf Begriffe gebracht werden können und sich dadurch zur Textauslegung verwenden lassen. Eine bestimmte Figur bedeutet auf musikalische Weise begrifflich Bestimmtes. Insofern bleibt musikalische Rhetorik eine vorbegriffliche Sprache, deren affektive Intensität mit Strukturform einhergeht.

3. Musik ist eine überbegriffliche Sprache

Freilich kann die besondere Sprache der Musik auch aus dem Vorhof des Begriffes herausgeholt werden, gemäß Rilkes Vers an die Musik: „du Sprache wo Sprachen / enden" (Rilke SW 2, 111). Ein Weg dazu besteht in ihrer Erhöhung über den Begriff. Was Musik sagt, ist dann nicht nur intensiver als die Begriffssprache, sondern besitzt ihren Gehalt gerade darin, dass er alles Begriffliche hinter sich lässt. Ein solcher Gehalt besteht ersichtlich nicht mehr in Gefühlen, die sich auch begrifflich bezeichnen lassen, und er besteht auch nicht mehr in dem Noch-Nicht der Utopie, das sich als metaphysisches Prinzip der unfertigen Welt auf den Begriff bringen lässt. Vielmehr besteht er in der Überwindung des Begriffs – und damit potentiell auch in der Überwindung von dessen Organ, der Vernunft.

3.1. Das Unsagbare sagen

Eine erste Möglichkeit, den Begriff musikalisch zu überwinden, denkt die romantische Musikästhetik. Sie kreist um den Gedanken, dass die Begriffssprache unfähig ist, den Sinn und den Grund des Seienden auszusagen. Den Sinn und den Grund des Seienden begrifflich auszusagen, ist das Geschäft der Metaphysik. Entsprechend bildet die romantische Musikästhetik eine Ästhetik nach der Metaphysik. Deren Sinnstiftung und Begründung des Seienden aus Begriffen ist in den romantischen Augen gescheitert. Zugleich aber betrachtet sie es als unmöglich, sich im Zeichen der Nachmetaphysik einzurichten. Vielmehr ist das nachmetaphysische Zeitalter ein Zeitalter des Verlustes. Seine Institutionen, Lebensformen und Gedankenwelten erweisen sich nach dem Scheitern der Metaphysik als bloß faktische, leere Gehäuse. In solchen Gehäusen kann man nicht sinnvoll leben. Sie zeigen daher die Notwendigkeit eines Überstiegs an: Die Rationalität, von der die nachmetaphysischen Gehäuse bestimmt sind, entpuppt sich als Problem statt als Lösung der Lebensführung. Das bedeutet, dass die entzauberte, durchrationalisierte Welt, die keinen Grund und Sinn mehr aufzuweisen vermag, zugunsten einer neuen Sinnstiftung überwunden werden muss, ohne dass dieser Sinn von metaphysischen Begriffssystemen noch geliefert werden könnte.

Musik verspricht die Erfüllung dieser Forderung, indem man sie als überbegriffliche Sprache deutet. Überbegrifflich ist Musik, weil ihre eigentümliche Tonsprache sich auf keine Begriffe bringen lässt. Hierdurch kann sie die Sehnsucht nach dem Überstieg über die nachmetaphysische Rationalität verwirklichen: Musik spricht von dem Grund der Welt, den die Begriffe der Metaphysik nicht mehr aussagen können und den die Begriffe der Nachmetaphysik vergessen haben. Besonders eindringlich wird diese Idee in den *Herzensergießungen eines kunstliebenden Klosterbruders* (1796) durchgeführt, die Wackenroder und Tieck zunächst anonym veröffentlichen. Schon der Titel setzt sie der entzaubernden Rationalität der Nachmetaphysik entgegen. Das Buch, so behaupten die ersten Sätze, ist „in der Einsamkeit eines klösterlichen Lebens", also im sinnerfüllten Raum der Abgeschiedenheit entstanden und „nicht im Ton der heutigen Welt abgefaßt" (Wackenroder SW 1, 53). Die in ihm festgehaltenen Herzensergießungen des fiktiven Mönches meditieren über die wunderbare Sprache der Kunst, die die Begriffssprache übersteigt: „Durch Worte herrschen wir über den ganzen Erdkreis; durch Worte erhandeln wir uns mit leichter Mühe alle Schätze der Erde. Nur das *Unsichtbare, das über uns schwebt*, ziehen Worte nicht in unser Gemüt herab." (Wackenroder SW 1, 97; meine Hervorhebung, G. H.) Die für dieses Unsichtbare – den Sinn und Grund des Seienden – nötige Sprache legt der kunstliebende Klosterbruder an den bildenden Werken der älteren Kunst frei. Wo es aber um die Gegenwart geht, so kommt nur noch die Musik in Frage. Sie bewirkt, dass man „mit einer gewissen erhabenen und ruhigen Wehmut auf die ganze wimmelnde Welt herabs[ieht]", und hebt das prosaische Leben der begriffenen Welt in einen „poetischen Taumel" auf, vor dem man denkt: „[...] dein ganzes Leben muß *eine* Musik sein". (Wackenroder SW 1, 131; meine Hervorhebung, G. H.) In solcher Erschütterung der rationalen Gehäuse besteht die „wunderbare Gabe der Musik – welche Kunst wohl überhaupt um so mächtiger auf uns wirkt und alle Kräfte unseres Wesens um so allgemeiner in Aufruhr setzt, je dunkler und geheimnisvoller ihre Sprache ist" (Wackenroder SW 1, 134). Die romantische Philosophie der Musik formuliert so die Sprache der Musik als den Überstieg in ein unsagbares Absolutes. Um mit E. T. A. Hoffmanns berühmten Worten aus seiner Rezension der fünften Symphonie Beethovens zu sprechen: „Die Musik schließt dem Menschen ein unbekanntes Reich auf; eine Welt, [...] in der er alle durch Begriffe bestimmbaren Gefühle zurücklässt, um sich dem Unaussprechlichen hinzugeben." (Hoffmann SW 1, 532)

In diesem Rahmen bahnt die überbegriffliche Sprache der Musik den Weg, den Bannkreis des Begriffs zugunsten eines vom nachmetaphysischen Denken unsagbaren Sinnes des Seienden zu durchbrechen. Sie besitzt somit eine begriffskritische Funktion. Freilich erfolgt dies um den Preis, dass Musik für die Gestaltung des Lebens wirkungslos bleibt. Denn die entzauberte Welt vermag die Sprache der Musik nicht zu hören – diese Sprache spricht ja von gar nichts anderem als dem für jene unsichtbaren Schattenbild. Musikalische Begriffskritik schließt sich unverwendbar in ihr eigenes Reich ein.

3.2. Das An-sich der Welt sagen

Verstärkung ins Irrationale erfährt die romantische Kritik der nachmetaphysischen Begriffssprache durch Schopenhauers Konzeption von der Welt als Wille und Vorstellung. Die Welt als Vorstellung: Das ist die Welt als Objekt eines erkennenden oder handelnden Subjekts – die Welt als Ding für uns. Die Welt als Wille hingegen: Das ist die Welt in ihrem für uns dunklen Kern – die Welt als Ding an sich. ‚Wille' darf dieser Kern deshalb heißen, weil wir hinter unserem Vorstellen eine wollende Tätigkeit spüren, die als Grund des Vorstellens selber kein Objekt des Vorstellens bildet. Hinter der vorgestellten Welt regt sich demnach das blinde Tun des Willens.

Musik spricht nicht über die Bestandteile der Welt. „[D]ennoch ist sie eine so große und überaus herrliche Kunst, wirkt so mächtig auf das Innere des Menschen, wird dort so ganz und so tief von ihm verstanden, als eine ganz allgemeine Sprache, deren Deutlichkeit sogar die der anschaulichen Welt selbst übertrifft" (Schopenhauer W 1, 339), dass sie uns Auskunft über die Welt erteilt. Diese Auskunft geht aufs Ganze. Denn weil Musik das tiefe Innerste unseres Wesens zur Sprache bringt, muss sich ihre Sprache auf das tiefe Innerste der Welt und unseres Selbst beziehen. Und gemäß der Identifikation der Welt an sich mit dem Willen erfolgt dies dadurch, dass Musik unmittelbar den Willen selbst ausdrückt. Eben deshalb ist Musik so eindringlich: Sie spricht vom Willen, dem Prinzip des Seins und Denkens. Da freilich der Wille *per definitionem* niemals Vorstellung sein kann, ist diese Aufgabe der Musik nicht vorstellbar. Hieraus folgt, dass Schopenhauers Musikphilosophie nicht in rationalen Argumentationen, die immer Vorstellbares zum Thema haben, begründet werden kann (Schopenhauer W 1, 340). Stattdessen entfaltet sie sich mittels Analogien zu der Manifestation des Willens im Aufbau der Welt. Die unterste Schicht der Musik, der ‚Grundbass', entspricht der untersten Manifestation des Willens in der Welt: der rohen Masse des Planeten, auf der alles ruht. Die oberste Schicht der Musik, die ‚Melodie', entspricht der obersten Manifestation des Willens: dem besonnenen Leben, Regen und Streben der Menschen. Die musikalischen Schichten zwischen Grundbass und Melodie entsprechen den Körpern, Pflanzen und Tieren zwischen der rohen Masse des Planeten und den bewussten Regungen des Menschen; die Intervalle gleichen den Spezies und ihre Abweichungen in Stimmung oder Tonart deren Missgeburten. Auf diese Weise vermag die Musik unmittelbar vom Prinzip der Welt zu sprechen. Hierin gründet die Allgemeinheit ihrer Sprache: Sie ist im höchsten Grade allgemein, also allgemeiner noch als die Begriffe, weil sie vom allgemeinen Wesen der Welt spricht, das allem Vorstellbaren und Begreifbaren zugrunde liegt. Mit Hilfe der scholastischen Unterscheidung zwischen den vor den Dingen bestehenden Allgemeinheiten (*universalia ante rem*) und den aus den Dingen gewonnenen Allgemeinheiten (*universalia post rem*) zieht Schopenhauer die Grenze zwischen Begriffssprache und Tonsprache so: Während Begriffe nur von der abgezogenen äußeren Schale der Dinge sprechen können, indem sie von diesen auf Allgemeinbestimmungen abstrahieren und also *universalia post rem* darstellen, zielt die Musik in das Herz der Dinge, indem sie vom Wesen der Welt spricht, und bietet also die *universalia ante rem* dar (Schopenhauer W 1, 348). Musik kündet vom dunklen Grund des Seienden.

In Schopenhauers Denken spricht Musik eine metaphysische Sprache. Sie ist, wie seine Parodie eines Leibniz'schen Satzes lautet, das „exercitium metaphysices occultum nescientis se philosophari animi", die verborgene Ausübung von Metaphysik eines Geistes, der nicht weiß, dass er philosophiert (Schopenhauer W 1, 350). „Der Begriff ist hier [...] unfruchtbar: der Komponist offenbart das innerste Wesen der Welt und spricht die tiefste Weisheit aus, in einer Sprache, die seine Vernunft nicht versteht; wie eine magnetische Somnambule Aufschlüsse giebt über Dinge, von denen sie wachend keinen Begriff hat." (Schopenhauer W 1, 344) Der Schlaf der Vernunft gebiert die Musik als traumwandlerische Sprache des Weltwesens.

4. Musik ist eine unbegriffliche Sprache

Angesichts der Sehnsucht der Romantik nach Überwindung des Begriffs und angesichts Schopenhauers somnambuler Kunde vom Wesen der Welt wirkt ein dritter Weg, Begriffssprache und Tonsprache voneinander zu unterscheiden, nüchterner. Dieser Weg versteht Musik als eine „Sprache eigener Art" (Katz 2009), die sich weder vor noch über den Begriff stellt, sondern schlicht sprachliche Merkmale auf eine Weise verwirklicht, die ohne Begriffe auskommt. Musik ist eine unbegriffliche Sprache.

4.1. Musikalische Logik

Um Musik derart aufzufassen, kann man die syntaktischen und inferentiellen Merkmale von Sprache aufgreifen und das Konzept einer musikalischen Logik einführen. Ein logischer Zusammenhang ist ein gegliederter Zusammenhang mit Folgerichtigkeit. Musikalische Logik gestaltet solch folgerichtige Gliederung unter musikalischen Regeln. Hierin besteht ihre eigentümliche Sprachlichkeit. Mit dem Musikästhetiker Hanslick zu sprechen: „In der Musik ist Sinn und Folge, aber musikalische; sie ist eine Sprache, die wir sprechen und verstehen, jedoch zu übersetzen nicht im Stande sind." (Hanslick 1854, 35; dazu Kivy 2002, 62–63) Die musikalische Logik begreift den musikalischen Zusammenhang als musikalische Schlussfolgerung und leitet aus dieser inferentiell-syntaktischen Struktur seinen Sprachcharakter her.

Ihre Idee lässt sich folgendermaßen zusammenfassen (Becker und Vogel 2007, 10–12). Erstens: Weil man nicht erläutern kann, was eine Folgerung ist, ohne auf sprachliche Gehalte zurückzugreifen, begreift das Konzept der musikalischen Logik Musik als eine Sprache. Zweitens: Da man sich in der Logik auf Struktur und Form beschränkt, erfolgt in der musikalischen Logik keine Bezugnahme auf etwas Außermusikalisches. Drittens: Weil es sich um eine musikalische Logik handelt, unterliegt sie eigenen, das heißt musikalischen Regeln. Viertens: Die musikalische Logik ist keine Privatangelegenheit der Komponisten oder Hörer, sondern eine objektive Struktur der Musikstücke. Fünftens: Ihre Regeln lassen sich explizit machen, man versteht Musik aber auch ohne ihre Explikation, so wie man die Logik einer Sprache versteht, ohne einen Logikkurs durchlaufen zu haben. Und sechstens ist die musikalische Logik, wie alle Logik, keine Ansammlung von Naturgesetzen, sondern ein geistiges Erzeugnis. Nach alledem stellt Musik eine Sprache eigener Art dar, weil sie einer Logik eigener Art folgt. Sie weist syntaktische und inferentielle Merkmale der Sprache auf, ohne eine Begriffssprache zu sein, und verzichtet auf Semantik.

Wie der zentrale Begriff der Folgerichtigkeit zeigt, macht Logik generell die Struktur von Argumenten explizit. Nun kann man im Rückgriff auf Aristoteles zwei Klassen von Argumenten unterscheiden: analytische und topische Argumente. In einem analytischen Argument folgt der Schluss aus den Prämissen unabhängig von dem Bereich, auf den das Argument angewendet wird; in einem topischen Argument hingegen folgt der Schluss unter Prämissen, die nur in einem bestimmten Bereich einleuchten. Diese Unterscheidung ermöglicht es, den Begriff der musikalischen Logik genauer zu bestimmen (Hindrichs 2014, 193–197). Schlussfolgerungen in der Musik sind nicht nach Art analytischer Argumente zu verstehen. Denn musikalische Klänge folgen deshalb aufeinander, weil sie in bestimmten Kontexten unter bestimmten Voraussetzungen einen überzeugenden Schluss vollziehen. Die Folge von Klängen, die in einer Sonate Schuberts überzeugt, überzeugt nicht in einer Motette Machauts. Musikalische Schlussfolgerungen sind daher bereichsabhängig. Zwar weisen sie Elemente auf, die eine relative Bereichsunabhängigkeit erlangen. Bestimmte kontrapunktische Regeln bestimmen die Folgerichtigkeit einer Fuge von Bach genauso wie die Folgerichtigkeit gewisser Passagen bei Bruckner. Aber letztlich gewinnen auch die bereichsunabhängigen Elemente musikalischer Schlussfolgerungen ihre Anwendung nur unter der Bedingung des besonderen Bereiches, in dem sie eine bestimmte Folge von Klängen regeln. Die von ihnen geregelten Klänge müssen einleuchten, und das können sie nur in dem partikularen Kontext, in dem sie erklingen. Folglich gleichen musikalische Schlussfolgerungen topischen Argumenten. Dementsprechend ähnelt auch die Notwendigkeit dieser Schlussfolgerungen der rhetorischen Notwendigkeit, die topische Argumente bestimmt. Rhetorische Notwendigkeit besteht darin, dass der argumentative Schluss sich dadurch geltend macht, dass er Widerstand gegen einen bestimmten Satz durch die Anführung seiner Gründe auflöst. Gleiches gilt für die musikalische Schlussfolgerung. Wenn sie keine Probleme bereitete, würde sie billig. Wenn sie hingegen Widerstand auslöst und dennoch das Urteil ‚So und nicht anders muss es sein' hervorruft, dann stimmt sie. Das heißt: Erst im Widerstand des Hörens gegen eine bestimmte Ordnung von Klängen kann sich deren Folgerichtigkeit artikulieren.

Hierin besteht somit die topische Eigenart der musikalischen Logik: Sie umfasst bereichsabhängige Regeln, die überzeugende musikalische Schlussfolgerungen gegen den Widerstand des Hörens bestimmen. Helmut Lachenmann spricht in anderem Zusammenhang von der Verstörung des „ästhetischen Apparats" durch Musik (Lachenmann 1996, 107–110). Dieser Verstörung bedarf die musikalische Logik, weil ohne sie der Widerstand des Hörens sich nicht einstellen würde und ohne den Widerstand die Folgerichtigkeit der Klänge nicht zur Erscheinung käme.

4.2. Musik als Satellit der Sprache

Trotz der Bedeutung der musikalischen Logik für das musikalische Denken ist die Artikulation sprachlicher Merkmale in Musik immer wieder problematisiert worden (etwa Scruton 1997, 171–210). Wenn man die Problematik anerkennt und dennoch an der Sprachähnlichkeit der Musik festzuhalten sucht, dann liegt es nahe, mit Brian Ferneyhough Musik einen „Satelliten der Sprache" zu nennen (Ferneyhough 1995, 454.). Diesem Wort zufolge hat Musik die Sprache zum Mittelpunkt ihrer Umlaufbahn, ohne darum selber eine sprachliche Erscheinungsform zu bilden. Das ermöglicht einen vorsichtigen Umgang mit ihrem Sprachcharakter.

Für diesen stehen Albrecht Wellmers Überlegungen zu Musik und Sprache ein. Wellmer unterscheidet mehrere Gesichtspunkte, unter denen Musik als Satellit der Sprache begriffen werden kann: Ausdruck, Darstellung (Semantik), gegliederter Zusammenhang (Syntax), Schrift (Notation), Interpretation (Wellmer 2009, 15–52). Mit Ausnahme des ersten Gesichtspunktes, unter dem sie als Sprach*laut* erscheint, wirkt Musik jeweils wie ein Sprach*zeichen*. Sie bedeutet etwas, weist einen bestimmten Aufbau auf, ist notiert und will interpretiert werden. Die Gesichtspunkte stehen keineswegs in einem spannungsfreien Verhältnis zueinander. So verliert etwa die semantische Dimension mit ihrem Interesse für das Dargestellte die musikalische Syntax aus dem Blick, während die musikalische Syntax sich zu weltbezuglosen Zusammenhängen zu verselbständigen scheint. Die Schriftlichkeit der Notation wiederum kann nicht der Ort sein, in dem die expressive, semantische und syntaktische Dimension zu ihrer Darstellung kommen. Denn nicht nur legt sie Musik meist auf nur zwei Parameter fest, Tonhöhe und Tondauer; sie hat diese Reduktion auch niemals zur praktischen Realität gemacht, noch hat sie die klangliche Verwirklichung des Notentextes determiniert. In solcher Spannung kann Musik Sprachähnlichkeit zugesprochen werden.

Vor allem der letzte Gesichtspunkt, die Interpretation, bietet Wellmer den Ansatz zu einer Musikästhetik. Zwischen der Interpretation von Sprachtexten und der Interpretation von Notentexten herrscht eine strukturelle Entsprechung. Jene nimmt einen „Vorgriff auf Vollkommenheit" (mithin auf Wahrheit) vor, diese einen „Vorgriff auf die mögliche ästhetische Gelungenheit des in einer Partitur angelegten Werkes" (Wellmer 2009, 86–92). Der Gedanke ist der folgende: Im Falle eines sprachlichen Textes öffnet die Vermutung, dass der Text wahr sei, seiner Interpretation überhaupt erst die Augen. Auf diese Weise wird der Text zur Norm der Interpretation, die seine Wahrheit herauslegen will. Zugleich zeigt sich diese Norm nur im Gelingen einer Wahrheit vermutenden Interpretation. Dadurch wird die Interpretation zum Dokument der Wahrheit, die außerhalb der Interpretation nirgends bezeugt ist. Diese an Gadamer (1990, 298–300) orientierte

Beschreibung sagt aus, dass die Norm eines Textes nur als interpretierte fassbar sei. Für den Notentext heißt dies einerseits, dass er zur Norm seiner Interpretation wird, insofern die Interpretation dem in ihm angelegten Werk ästhetische Gelungenheit unterstellt; und es heißt anderseits, dass die Interpretation der Partitur die ästhetische Gelungenheit des Werkes erst dokumentiert. Man kann den Notentext deshalb nicht von seinen Interpretationen trennen. Von hierher vermag Wellmer das musikalische Werk als Kunstwerk zu bestimmen. Das musikalische Kunstwerk ist der Notentext als ein im Vorgriff auf ästhetische Gelungenheit zu interpretierender und immer schon interpretierter Text (Wellmer 2009, 88). Das bedeutet, dass das Musikwerk in den Interpretationen des Textes konstituiert wird, die die ästhetische Gelungenheit des in ihm Angelegten zu verwirklichen suchen. So ist das Werk nicht abgeschlossen, nicht vollendbar, nicht an sich da. Stattdessen entfaltet es sich in der Interpretationspraxis, verändert sich in ihr und kann sogar in dieser absterben. Mit andern Worten: Sein „Sein ist ein Werden" (Wellmer 2009, 92).

Dieses Ergebnis, mit dem Wellmer an Adorno (Adorno GS 16, 263) anknüpft, legt fest, dass der Ort der Musik zwischen Objekt und Subjekt liegt (Wellmer 2009, 125). Das interpretierende Subjekt und das zu interpretierende Objekt sind nur Momente des Zusammenhanges, der die Musik als Kunstwerk ausmacht: des zu interpretierenden und immer schon interpretierten Texts. Musik bildet so ein ‚Signifikanzfeld', das nach außen hin, in seinen Weltbezügen und seinem Bezug auf andere Texte, durchlässig und zugleich als ästhetischer Zusammenhang in sich geschlossen ist. Als solches Signifikanzfeld stellt sie einen Satelliten der Sprache dar.

4.3. Musik nennt den göttlichen Namen

Während die musikalische Logik Musik nach Art argumentativer Rede begreift, bildet Musik als Sprachsatellit ein Signifikanzfeld der Interpretation. Sie gerät zum Zeichen. Der Zeichencharakter der Musik führt indessen zu der Frage, ob sie tatsächlich etwas bezeichnet. Gewiss, sie „sagt" nicht etwas, sondern „zeigt" etwas, „führt etwas vor", „stellt etwas dar", „exponiert", „inszeniert" (Wellmer 2009, 156). Aber geht sie hierin auf?

Die stärkste Verneinung dieser Frage bietet Adornos Theorie, Musik nenne den Gottesnamen: „Was sie sagt, ist als Erscheinendes bestimmt zugleich und verborgen. Ihre Idee ist die Gestalt des göttlichen Namens. Sie ist […] der wie immer auch vergebliche menschliche Versuch, den Namen selber zu nennen, nicht Bedeutungen mitzuteilen." (Adorno GS 16, 252) Der hier eröffnete Horizont ist der Horizont des göttlichen Namens. Ihn zu nennen ist Selbstzweck, während die meinende Sprache darauf abzielt, mit ihren Zeichen etwas anderes zu bedeuten. Das Zeichen des Gottesnamens bezeichnet folglich nichts, teilt auch nichts mit, sondern will schlicht genannt werden. Adorno führt diesen Horizont nicht weiter aus. Aber man darf als Orientierungspunkt die jüdische Mystik ansetzen, die um die Frage nach dem göttlichen Namen geradezu kreist. Ihre Positionen sind nicht auf einen Nenner zu bringen. Dennoch lässt sich folgender Zusammenhang rekonstruieren (Scholem 1970): Das Problem der Normalsprache besteht für die Mystik darin, dass sie etwas Mitteilbares mitteilt. Dieses Mitteilbare ist der Sinn normalsprachlicher Sätze. Als endlicher Sinn versiegelt und verknotet er die Seele gegen das Unendliche, zu dem die mystische Versenkung gelangen will. Diese Knoten gilt es aufzulösen, um Gottes Offenbarung nahezukommen. Das kann dadurch erfolgen, dass man über etwas meditiert, das selber keinen Sinn in sich trägt und dennoch das Zentrum aller Dinge bildet. Dieser zentrale Gegenstand ohne Sinn ist der Name Gottes: das Tetragramm JHWH. Indem man es als Kombination von Buchstaben betrachtet, zieht es sich auf eine reine Buchstabenfolge zusammen und löst sich von allem endlichen Sinn ab. Zugleich sind Gottes Name und sein schöpferisches Wort miteinander gleichgesetzt. Die Elemente des Namens bilden daher das, woraus Himmel und Erde erschaffen wurden, sodass die Meditation über die Buchstaben des Gottesnamens zugleich eine Meditation über die Ordnung der Dinge ist. Alle sinnvolle Sprache, deren Sätze von den endlichen Dingen handeln, lässt sich folglich zurückführen auf den Namen, der selber keinen Sinn mitteilt, sondern eine reine Buchstabenkombination darstellt. Er ist das Sinnlose im Zentrum des Sinnvollen. Das heißt, dass alles Mitteilbare, Kommunizierbare, Sinnvolle von der Nennung eines Nicht-Mitteilbaren, Nicht-Kommunizierbaren, Sinnlosen abhängt. Für die jüdische Mystik besitzt die Sprache so eine sinnlose Innenseite, die in Kommunikation und Bedeutung nicht aufgeht. Diese sinnlose Innenseite bildet den Möglichkeitsgrund des Sinnes, weil dieser nichts anderes vollzieht als die Entfaltung der Buchstabenkombination des Gottesnamens, der als Wort die Welt erschaffen hat. Die Dinge bestehen darum durch ihren Anteil an dem sinnlosen Namen. Sinn erzeugt nur die Tradition, die den Namen Gottes in kombinatorischer Auslegung interpretiert.

Wenn Musik der Versuch ist, den göttlichen Namen zu nennen, dann ist sie folglich der Versuch, das sinnlose Zeichen im Zentrum sinnvoller Zeichen zu nennen. Die Bestimmung des Sinnes sinnvoller Zeichen wiederum erfolgt musikalisch in deren Interpretation durch Musikpraxis und Musikkritik. Die musikalische Interpretation arbeitet sich demnach an dem ab, was sinnlos im Zentrum ihrer Auslegung steht und diese begründet. Anders gesagt: Das Signifikanzfeld der Musik ist nur die Leiter zum sinnlosen Namen. Musik als Sprache des Gottesnamens transzendiert somit alle Interpretation ihres Sinnes und erscheint als Zeichen ohne Sinn, um das ihre Auslegung kreist.

5. Ausblick

Das Verhältnis von Sprache und Musik hat seine Bestimmtheit in ungleichen Grenzziehungen gewonnen. Überschaut man diese Grenzziehungen im Zusammenhang, erweist es sich als Spannung zwischen Eigensein und Zeichencharakter. Das Eigensein der Musik besteht in einer bestimmten klanglichen Konfiguration; ihr Zeichencharakter besteht in der Aufgabe ihrer Interpretation. Die exemplarischen Modelle lassen sich diesen beiden Polen zuordnen, und zwar unabhängig davon, ob sie Musik als eine Sprache betrachten oder nicht. Quadriviale Musik, Klangkonstruktion, musikalische Logik zielen mit unterschiedlichen Akzenten auf das Eigensein der Musik; Umgangsmusik, Gefühlsausdruck, Rhetorik, utopischer Gehalt, Sagen des Unsagbaren, Signifikanzfeld zielen mit unterschiedlichen Akzenten auf ihren Zeichencharakter. Musik als Sprache des Gottesnamens schließlich benennt den Überstieg über das bezeichnende Zeichen in ein Zeichen, das sich selbst genügt und insofern Eigensein und Zeichencharakter verschmelzen lässt.

Wenn man das Verhältnis von Sprache und Musik derart um die Pole Eigensein und Zeichencharakter gruppiert, dann liegt es nahe, nach einer Konzeption zu fragen, die die Intentionen der Modelle in einer einheitlichen Ordnung zu rekonstruieren vermag. Ich sehe diese Ordnung in einer Konzeption musikalischen Sinnes erfüllt, die sich am vierfachen Sinn der Schrift orientiert (Hindrichs 2014, 217–224). Damit ist Folgendes gemeint: Musik verlangt nach ihrer Interpretation in Aufführung und Kritik. Das umfasst auch das musikalische Eigensein: Musik will in Aufführungen erklingen, und hierzu bedarf sie ihrer Interpretation. So besitzt auf einer grundlegenden Ebene das Eigensein der Musik bereits Zeichencharakter. Zwar nimmt es auf nichts Bezug, aber es ist zumal in seiner Logik auszulegen. Diese grundlegende Ebene eines in seiner Logik auszulegenden Zeichens bildet den *buchstäblichen* Sinn von Musik. Auf ihm erhebt sich der *allegorische* Sinn von Musik, der unter impliziten Prämissen etwas vorführt, inszeniert oder zeigt, zum Beispiel Gefühle oder gewisse Gehalte. Neben diesen allegorischen Sinn der Musik tritt ihr *tropologischer* Sinn. Er benennt die Anwendung des Verstandenen auf uns selbst, etwa indem wir Musik wie die Romantiker als Kritik der uns beherrschenden Rationalität hören oder im Umgang mit ihr unser In-der-Welt-Sein auf bestimmte Weise auslegen. Und schließlich macht sich ein *anagogischer* Sinn von Musik geltend, der anzeigt, worauf man hoffen kann. Er greift auf das utopische Moment der Musik aus, das in der Figuration von Klängen ein Noch-Nicht zur Geltung bringt.

Das Eigensein des Klanges und das musikalische Signifikanzfeld lassen sich so in den vierfachen Sinn von Buchstäblichkeit, Allegorie, Tropologie und Anagogie artikulieren. Zuletzt freilich wird der vierfache Sinn überstiegen in das sinnlose Zeichen, das Musik nach Art des Gottesnamens darstellt. Hierdurch entzieht Musik sich dem Interpretationsgeschehen, dessen sie zugleich zu ihrer Auslegung bedarf, und erweist sich als Transzendenz. Mit diesem Modell lässt sich Musik als Sprache verstehen, weil sie in ihrem klanglichen Eigensein ein Zeichensystem mit vierfachem Sinn bildet, das sich selbst zu einem sinnlosen Zeichen zusammenschließt.

Literatur

Adorno, Theodor W. *Gesammelte Schriften 7: Ästhetische Theorie* (=GS 7). Hrsg. von Rolf Tiedemann unter Mitwirkung von Gretel Adorno, Susan Buck-Morss und Klaus Schultz. Frankfurt am Main: Suhrkamp, 1973.

Adorno, Theodor W. „Fragment über Musik und Sprache". *Gesammelte Schriften 16: Musikalische Schriften I–III* (=GS 16). Hrsg. von Rolf Tiedemann unter Mitwirkung von Gretel Adorno, Susan Buck-Morss und Klaus Schultz. Frankfurt am Main: Suhrkamp, 1978. 251–256.

Becker, Alexander und Matthias Vogel. „Einleitung". *Musikalischer Sinn*. Hrsg. von dens. Frankfurt am Main: Suhrkamp, 2007. 7–24.

Becker, Oskar. „Frühgriechische Mathematik und Musiklehre". *Archiv für Musikwissenschaft* 14 (1957): 156–164.

Besseler, Heinrich. *Aufsätze zur Musikgeschichte und Musikästhetik*. Leipzig: Reclam, 1978.

Bloch, Ernst. *Gesamtausgabe 3: Geist der Utopie* (=G 3). Bearbeitete Neuaufl. der zweiten Fassung 1923. Frankfurt am Main: Suhrkamp, 1964.

Bloch, Ernst. *Gesamtausgabe 5: Das Prinzip Hoffnung* (=G 5). Frankfurt am Main: Suhrkamp, 1959.

Eggebrecht, Hans Heinrich. „Über Bachs geschichtlichen Ort". *Johann Sebastian Bach. Wege der Forschung* 170. Hrsg. von Walter Blankenburg. Darmstadt: Wissenschaftliche Buchgesellschaft, 1970. 247–289.

Eimert, Herbert. *Grundlagen der musikalischen Reihentechnik*. Wien: Universal Edition, 1964.

Ferneyhough, Brian. *Collected Writings*. Amsterdam: Haarwood, 1995.

Gadamer, Hans-Georg. *Gesammelte Werke 1: Wahrheit und Methode. Grundzüge einer philosophischen Hermeneutik*. Tübingen: Mohr Siebeck, 1990.

Hanslick, Eduard. *Vom Musikalisch-Schönen. Ein Beitrag zur Revision der Aesthetik der Tonkunst*. Leipzig: Weigel, 1854.

Heidegger, Martin. *Sein und Zeit*. 16. Aufl. Tübingen: Niemeyer, 1986.

Herder, Johann Gottfried. „Viertes Wäldchen über Riedels Theorie der schönen Künste" [1769]. *Werke 2: Schriften zur Ästhetik und Literatur 1767–1781* (=W 2). Hrsg. von Gunter E. Grimm. Frankfurt am Main: Deutscher Klassiker Verlag, 1993. 247–442.

Hindrichs, Gunnar. *Die Autonomie des Klangs. Eine Philosophie der Musik*. Berlin: Suhrkamp, 2014.

Hoffmann, E. T. A. „Beethoven: 5. Sinfonie" [1810]. *Sämtliche Werke 1: Frühe Prosa, Briefe, Tagebücher, Libretti, Juristische Schriften. Werke 1794–1813* (=SW 1). Hrsg. von Gerhard Allroggen, Friedhelm Auhuber, Hartmut Mangold, Jörg Petzel und Hartmut Steinecke. Frankfurt am Main: Deutscher Klassiker Verlag, 2003. 532–552.

Katz, Ruth. *A Language of Its Own. Sense and Meaning in the Making of Western Music*. Chicago: Chicago University Press, 2009.
Kivy, Peter. *Introduction to a Philosophy of Music*. Oxford: Oxford University Press, 2002.
Koch, Josef (Hrsg.). *Artes liberales. Von der antiken Bildung zur Wissenschaft des Mittelalters*. Leiden: Brill, 1976.
Lachenmann, Helmut. „Zum Problem des musikalisch Schönen heute". *Musik als existenzielle Erfahrung. Schriften 1966–1995*. Hrsg. von Josef Häusler. Wiesbaden: Bärenreiter, 1996. 104–110.
Rameau, Jean-Philippe. *Observations sur notre instinct pour la musique, et sur son principe*. Paris: Prault, 1754.
Rilke, Rainer Maria. „An die Musik" [1918]. *Sämtliche Werke 2* (=SW 2). Hrsg. vom Rilke-Archiv in Verbindung mit Ruth Sieber-Rilke, besorgt durch Ernst Zinn. Wiesbaden: Insel, 1957. 111.
Rousseau, Jean-Jacques. *Œuvres complètes 3: Essai sur l'origine des langues où il est parlé de la mélodie et de l'imitation musicale*. Paris: Gallimard, 1995.
Scholem, Gershom. „Der Name Gottes und die Sprachtheorie der Kabbala". *Judaica 3*. Frankfurt am Main: Suhrkamp, 1970. 7–70.
Schopenhauer, Arthur. *Werke in fünf Bänden nach Ausgaben letzter Hand 1: Die Welt als Wille und Vorstellung* [1819] (=W 1). Hrsg. von Lüdger Lütkehaus. Zürich: Haffmanns, 1994.
Scruton, Roger. *The Aesthetics of Music*. Oxford: Oxford University Press, 1997.
Wackenroder, Wilhelm Heinrich. „Herzensergießungen eines kunstliebenden Klosterbruders" [1796]. *Historisch-kritische Ausgabe. Sämtliche Werke und Briefe 1: Werke* (=SW 1). Hrsg. von Silvio Vietta. Heidelberg: Winter, 1991. 51–145.
Wellmer, Albrecht. *Versuch über Musik und Sprache*. München: Hanser, 2009.

II.1.2. Klanglichkeit und Textlichkeit von Musik und Literatur
Boris Previšić

Klang und Text zielen auf zwei verschiedene Sinneskanäle ab: zum einen auf den akustischen, zum anderen auf den visuellen. Die Dichotomie lässt sich im klassischen Paragone der beiden Künste Musik und Malerei relativ einfach anwenden: Wie die Musik als Klangkunst dem Ohr gilt, so die Malerei dem Auge. Spätestens jedoch mit der Frage, ob Literatur akustisch zu hören oder visuell zu lesen sei, wird die scheinbar scharfe Trennlinie zwischen den Sinnen, den eigentlichen Voraussetzungen ästhetischer Rezeption, verwischt. Wird beim Lesen nicht das ‚Notat' in eine akustische Dimension gebracht, auch wenn das Phonem der sprachlichen Lautung bzw. das Morphem der sprachlichen Bedeutung ‚nur' innerlich gehört wird (Weimar 2010)? Oder aktualisiert das Lesen den ‚Text' nicht auf beiden Kanälen, sowohl in akustischer als auch in visueller Hinsicht, indem das ‚Notat' sowohl auf ein klangliches als auch auf ein visuelles Ereignis verweist? Diese Fragen können und müssen nicht eindeutig beantwortet werden. Es ist hingegen festzuhalten, dass beide Künste, Musik wie Literatur, die Frage nach der akustischen bzw. visuellen Dimension produktions- wie rezeptionsästhetisch zuspitzen: Musik ist nicht nur Klang, Literatur nicht nur Text.

Zur Systematisierung soll zuerst die Frage nach Klanglichkeit und Textlichkeit in den Dichotomien musikalischer Notation vs. literarischer Schrift skizziert werden (1.1), bevor nach deren Übertragungsleistungen vom einen ins andere (Verschriftlichung und akustische Realisierung) gefragt wird (1.2). So schnell die Systematisierung an ihre Grenzen stößt, so deutlich wird auch, dass je nach Funktionalisierung und historischer Kontextualisierung der beiden Künste das Verhältnis zwischen Klanglichkeit und Textlichkeit völlig unterschiedlich ausfällt. In Bezug auf die Musik werden – unter weiteren möglichen – drei Ansätze ausgewählt, welche naheliegend sind: Musik als Resultat eines auf die Partitur fixierten Werkbegriffs einer Genieästhetik des ausgehenden 18. Jahrhunderts (2.1); Musik aus der Perspektive historischer Aufführungspraxis (2.2); Musik als (a)semantische Kunstform (2.3). Die Literatur generiert in der Spannung zwischen Klanglichkeit und Textlichkeit wiederum mindestens drei mögliche Realisationsfelder, welche genauer zu untersuchen sind: Literatur als akustische Zeitkunst (3.1); Literatur als polyphones Geflecht (3.2); Literatur als (a)semantischer Klang (3.3). Für neue Forschungsperspektiven in Literatur- und Musikwissenschaften könnte sich darum ein kombinierter Einsatz von ‚Cross-Reading' und ‚Cross-Listening' als fruchtbar erweisen, bei dem die Musikwissenschaft die Klanglichkeit von Literatur und die Literaturwissenschaft die Textlichkeit von Musik sichtet (4).

1. Systematisierung

Ganz im Bewusstsein darum, dass das Abhängigkeitsverhältnis zwischen Musik und Literatur die musikalische Notation und spezifische literarische Schreibverfahren beeinflusst, geht der erste Ansatz von den zwei vorgegebenen statischen Größen, von musikalischem Notat und literarischem Text in ihrer Differenz aus. In einer zweiten Systematisierung stehen Verschriftlichung und ‚Verklanglichung' in der medialen Prozessualität beider Künste und in ihrer Übersetzungsleistung vom Akustischen ins Visuelle und umgekehrt im Fokus.

1.1. Musik und Literatur zwischen Notat und Text, zwischen Klang und Sprache

Die in sich differenzierten ‚Aufschreibesysteme' von Musik und Literatur lassen sich nicht ohne Reibungen zwischen Klanglichkeit und Textlichkeit voneinander unterscheiden, da die Verschriftlichung des musikalischen bzw. des sprachlichen Materials in intermedialer Interaktion steht: Ist die musikalische Notation oftmals textgeleitet, rekurriert die sprachliche Fixierung auf ein reduktionistisches Prinzip von Klanglichkeit einzelner Laute. Dieser Sachverhalt ist jedoch immer historisch zu belegen, so dass ein Gesamtüberblick jeglichen Rahmen sprengen würde. Im Sinne einer Übersicht kann darauf verwiesen werden, dass die musikalische Notation im Mittelalter sprachlich bedingt ist (siehe III.3 HAAS/ NANNI). So ist sie ab dem 9./10. Jahrhundert noch weitgehend textgeleitet, denn es gilt, „einen Text musikalisch auszudrücken" (Ruhnke 1955, 132). Auch wenn dem musikalisierten Text im christlichen Ritus nur noch symbolische und keine kommunikativ-semantische Bedeutung zukommt und die Musik in ihrer Sakralisierung absolut gesetzt ist, wird die syntaktische Einheit bewahrt (Georgiades 1954). Ein eigenständiger rhetorischer Anspruch der Musik auf affektive Persuasion wird 1416 mit der Wiederentdeckung von Quintilians *Institutio oratoria* hörbar. Erst in der zweiten Hälfte des 18. Jahrhunderts setzt sich die Instrumentalmusik von der Wortvertonung und auch einer formalisierten Rhetorizität ab (siehe III.5 KRONES) und emanzipiert sich so wiederum vom ihr zugrundeliegenden rhetorischen Prinzip (Schering 1938, 15).

Interessanterweise entzieht sich die Verschriftlichung von Literatur weitgehend dem intermedialen Zusammenspiel, indem sie der Textilmetapher des

Textes folgt. Aus dem Wenden des Webschiffchens oder des Pflugs entsteht der Vers, die römische Göttin für die leichte Geburt wiederum repräsentiert den etymologischen Ursprung der Prosa (Meschonnic 1990, 391). Die sprachliche Unterweisung und Alphabetisierung des Kinds durch die Mutter folgt in der Imagination um 1800 der Automatik von Silbenkombinationen. Obwohl ‚Stimme' artikuliert und weitergegeben wird, bleibt sie hinter der literarischen bzw. philosophischen Autorschaft im propädeutischen Stadium zurück (Kittler 2003, 63). Die akustische Realisierung der Stimme im ‚Muttermund' legitimiert noch kein eigenes, sinnhaftes Sprechen und bleibt daher sonderbar abgetrennt von der Schrift, obwohl sich das automatische Sprechen an der äußerst reduzierten Silbenanzahl auszurichten hat. Der Text behält aus der Perspektive der Erziehung um 1800 seine Autorität, unabhängig von seiner klanglichen Realisierung durch die mütterliche Stimme. Um 1900 verstummt der ‚Muttermund' in Morgensterns *Galgenliedern:* „Keine Stimme [...] kann (wie im *Großen Lalulā*) Klammern aussprechen, die ein Semikolon oder gar – um ein für allemal zu demonstrieren, was Medien sind – eine Leere umschließen. Den Unsinn mit System, weil er unmenschliche Speicherkapazitäten fordert, gibt es nur in Schrift." (Kittler 2003, 256)

Die Literatur stellt – wie z. B. in Goethes *Werther* – den Anspruch, das akustisch Wahrgenommene ohne jeglichen Widerstand in Schrift zu setzen, die bei der Lektüre als „diaphane ‚Seelensprache'" reaktiviert wird: „Doch immer stellt sich etwas Fremdes, Materielles zwischen Herz und Herz: das Zeichen. [...] Zwischen Eindruck und Ausdruck, Zeichen und Bedeutung [...] steht die Melancholie der Schrift." (Löffler 2005, 48) Der literarische Text ist nicht Notat der stimmlichen Realisierung, eines akustischen Phänomens. Text, der sich auf Sprache – welcher Art auch immer – bezieht, bildet nicht nur einen Überschuss (über das Akustische hinaus), sondern streicht das Akustische (selbst als Klang der Sprache) wiederum durch.

Musiknotation und literarische Verschriftlichung verhalten sich asymmetrisch zueinander: Suchen die Ausgestaltung und die Notation von Musik ihre Anleihen in der Sprache, greift die Literatur weniger auf musikalische Kompositionsprinzipien und Notationen zurück als vielmehr auf visuelle Metaphern. Die Musik wird mehr im Hinblick auf ihre Interpretation und akustische Realisierung festgehalten als die Literatur, welche in ihrer visuellen Festschreibung sich selbst wieder zu genügen scheint – auch wenn von Platon über Herder und Hölderlin bis in die Gegenwart die Fixierung im toten Buchstaben immer wieder einer fundamentalen Kritik unterzogen wird (vgl. 3.1).

Die klangliche Realisierung von Musik und Literatur unterliegt wiederum unterschiedlichen Prämissen: Zielt die Interpretation von Musik auf eine möglichst akkurate, (historisch) informierte akustische Ausgestaltung, hat die (philologische) Interpretation von Literatur mit weniger bzw. mehr auszukommen. Entweder verharrt die Interpretation bei der ‚stillen Lektüre' und den gemeinten Signifikaten oder sie bezieht sich auf eine bereits akustisch realisierte, auf eine ‚deklamierte' Umsetzung, woraus auch wieder – beispielsweise aus dem Klopstock'schen ‚Mitausdruck' bestimmter rhythmischer Muster (3.1) – eine neue Semantik gewonnen wird. Dass der ‚Mitausdruck' semantisch durchweg allomorph zum ‚gemeinten' Referens stehen kann, zeigt sich in der Dichtung Hölderlins. Musikalische Signifikate hingegen werden meist aus einem imaginären oder realisierten Klangergebnis gewonnen. Die Musikwissenschaft unterscheidet zwischen performativer und hermeneutischer Interpretation (Danuser 1996, 1054). Im Kontext dieses Handbuchs ist es wohl sinnvoller, von einer philologischen Interpretation der Musik als Interpretation der (performativen) Interpretation zu sprechen. Dennoch ‚meint' Musik nicht immer das, was sich klanglich realisieren, sondern manchmal auch das, was sich in den Noten lesen lässt.

1.2. Verschriftlichung und akustische Realisierung

Wird Klang notiert und das entsprechende Notat wiederum als Klang realisiert, sind in die mediale Reflexion sowohl produktions- als auch rezeptionsästhetische Überlegungen einzubeziehen. Die Grundkompetenzen von literarischem Schreiben und Lesen überwinden immer die visuell-akustische mediale Differenz. Dasselbe gilt für die Notation und die Interpretation von Musik. So sind Literatur und Musik – entgegen ihren jeweils eigenen Verschriftlichungs- und Interpretationstraditionen – in ihrer kommunikationstheoretischen Funktion homolog. Werden die Notate akustisch ‚realisiert', entsteht daraus Sprach- bzw. Musikklang. So fokussiert weder Musik nur aufs Akustische noch das Literarische nur aufs Visuelle. Die Trennung zwischen für die Malerei prototypischer objektreferentieller Repräsentation und selbstreferentieller Repräsentation in der Musik (Goodman 1997) ist neu auszurichten. Semantisierungsprozesse situieren sich vielmehr in der Übersetzungsleistung vom akustischen ins visuelle Medium (Verschriftlichung) und umgekehrt (akustische Realisierung).

Auch wenn es sich zunächst um ein marginales Phänomen zu handeln scheint: Musik kann als ‚Augenmusik' auch in der Verschriftlichung semantisieren. Das in der klassischen Musiktradition als Kreuzmotiv bekannte B-A-C-H wird erst in der deutschen Solmisation als Reminiszenz an den Barockmeister lesbar. Das Symbol verweist zudem auf die religiöse Haltung Johann Sebastian Bachs. Nachträglich kann zwar auf die Gleittönigkeit und die Chromatik der vier Töne verwiesen werden, welche die rhetorische Figur hörbar macht. Und der gemeinsame Ursprung von Musik und Sprache (Georgiades 1958) legitimiert ihre rhetorische Verklammerung (vgl. 2.3). Doch sie ist erstaunlicherweise nicht immer hörbar, was besonders prägnant in den rhetorischen Figuren der Hyper- bzw. Hypobolé zum Ausdruck kommt, die sich zwar auf den Tonraum beziehen, aber in der barocken Lehre von Joachim Burmeister eine graphische Besonderheit bezeichnen, „nämlich das Verlassen des Notensystems nach oben oder nach unten" (Unger 1941, 80). Bei diesen „bildlich ‚nachahmenden' Konnotationen" (Krones 2001, Sp. 1540) ist also wie im Literarischen, prägnant im Figurengedicht, von einer visuellen Semantisierung zu sprechen.

Umgekehrt impliziert die rhetorische Codierung von Musik eine Sprachähnlichkeit, welche in der akustischen Realisierung, in der Interpretation Bedeutung generiert. In der (historischen) Aufführungspraxis sind für die Musik als ‚Klangsprache' (Harnoncourt) sprachliche Parameter wie Artikulation und Phrasierung entscheidend. Ebenso ist die Sprache auf musikalische Parameter wie Rhythmus und Metrum angewiesen. Literarisches Sprechen ist vor allem in der Poesie darauf angelegt, in der akustischen Realisierung Widerstände und Verfremdungseffekte durch ‚Entautomatisierung der Sprache' zu erzeugen. Die Botschaft muss nochmals gelesen werden, weil sie ambivalent organisiert ist: „[D]er ästhetische Rhythmus besteht in einer Verletzung des prosaischen Rhythmus. [...] Es handelt sich nicht um einen komplizierten Rhythmus, sondern um eine Verletzung des Rhythmus, und zwar um eine solche Verletzung, daß man sie nicht vorhersehen kann [...]." (Šklovsky 1917 in Eco 1972, 164) Akustischen Widerstand überhaupt hörbar und lesbar zu machen, setzt eine literaturhistorische Kontextualisierung voraus. Jakobson macht klar, dass die poetische Funktion in der literarischen Kommunikation nicht akustischer Natur zu sein hat. Im Unterschied zu allen anderen (emotiven, referentiellen, phatischen, meta-sprachlichen und konativen) Funktionen bezieht sich die poetische Funktion auf die literarische Botschaft (*message*) selbst (Jakobson 1964).

Geht man davon aus, dass sich auch die literarische Kommunikation in einer akustisch realisierten oder wenigstens in einer akustisch imaginierten Botschaft sedimentiert, so trifft man in ihrer Verdoppelung auf eine Rahmung des Erzählten (in Form des Erzählrahmens) oder auf eine Exposition des akustischen Materials auf der Ebene des *signifié* und des *signifiant*. Jegliche Kommunikation braucht als Quelle ein Rauschen (*noise*). Ob dieses Rauschen nur metaphorisch oder physikalisch akustisch gebraucht wird, sei dahingestellt. Doch in beiden Fällen hat die Literatur auf diese Grundbedingung literarischer Kommunikation zurückzugreifen und sie explizit oder implizit zu thematisieren.

Mit anderen Worten: Der Widerstand der Verschriftlichung ist der Literatur selbst eingeschrieben als akustische Realisierung – wenn auch nur fiktiv oder als Spur der Schrift. In jedem Fall impliziert die Alphabetschrift, dass sie in ihrer phonetischen Dimension wenigstens ansatzweise Notation von Klang ist, während umgekehrt die Notenschrift kaum mehr an die Sprachähnlichkeit und an ihren Ursprung als Neumen erinnert. Dennoch nennt die Musikfachsprache das ursprüngliche Notenmaterial (je nach Quellenlage: Manuskripte oder erste Drucke) Urtext. Die akustische Realisierung, die Interpretation des Notentexts basiert wie einst die Übersetzung der Reformatoren auf dem Prinzip der Texttreue.

2. Musik zwischen Klanglichkeit und Textlichkeit

Der Reduktion der Musik auf ihre Notation ist somit ein schriftbasiertes Textverständnis inhärent. Der Schritt zu einem schriftfixierten Werkbegriff liegt daher nahe, obwohl ihm ein spezifisches Datum eingeschrieben ist. Dass dadurch sämtliche Parameter der klanglichen Realisierung (Instrumentenbau, Saalakustik, Stimmung etc.) für die Werkinterpretation wegfallen, ist die Kehrseite ein und derselben Medaille. So paradox es zunächst formuliert werden muss: Der Rückgriff auf eine rhetorisch verstandene Musik als Sprache hat sich von ihrer Schriftbasis zu lösen und historisches Kontextwissen einzubauen. Erst dadurch erhält man akustisch realisiertes ‚Material', welches wiederum interpretier- und anschlussfähig ist.

2.1. Musik als Resultat eines auf die Partitur fixierten Werkbegriffs der Genieästhetik

In dem als ‚Legende' bezeichneten Text *Die heilige Cäcilie oder die Gewalt der Musik* erzählt Heinrich von Kleist die Episode einer durch die Musik verhinderten Bilderstürmerei im ausgehenden 16. Jahrhundert an Fronleichnam in einem Frauenkloster in der Nähe von Aachen. Vier Brüder führen die Schar der Ikonoklasten an, die die Kirche infiltrieren. Just in dem Moment, in dem sie mit der Zerstörung loslegen wollen, setzt die Musik ein. Der Erzähler spricht zunächst von einer „uralten, italienischen Messe" (Kleist SWB 3, 293), gleich darauf von einem „Oratorium" (Kleist SWB 3, 291), das die Nonnen als reine Instrumentalmusik aufführen. Es wird zwar offengelassen, welche Art von Musik von wem aufgeführt wird – denn Antonia, die Dirigentin und Organistin, ist „krank, bewußtlos" (Kleist SWB 3, 311). Doch die Gewalt der Musik manifestiert sich unweigerlich: Die vier Brüder nehmen vor Ehrfurcht ihre Hüte ab, werden verklärt und landen im Irrenhaus.

Die Mutter gelangt auf der Suche nach ihren Söhnen schließlich ins Kloster. Bei der Äbtissin wirft sie „einen Blick auf die nachlässig über dem Pult aufgeschlagene Partitur", angeblich das „Musikwerk", das damals „aufgeführt worden sei". Die Mutter betrachtet „die unbekannten zauberischen Zeichen" und versinkt fast im Erdboden, „da sie grade das *gloria in excelsis* aufgeschlagen fand". Ihr ist, „als ob das ganze Schrecken der Tonkunst, das ihre Söhne verderbt hatte, über ihrem Haupte rauschend daherzöge; sie glaubte, bei dem bloßen Anblick ihre Sinne zu verlieren" (Kleist SWB 3, 311). Die narrative Mehrdeutigkeit und Ambivalenz (Rettung vs. Verderben durch die Musik, Erzählweisen, Instrumental- vs. Vokalmusik) überträgt sich auf das Medium der Partitur selbst, welche ihre Wirkung bereits in ihrer Visualität ohne akustische Realisierung der „unbekannten zauberischen Zeichen" entfaltet. Kleist erweist sich als Autor eines historisch informierten Erzählens sowohl im Rückgriff auf die Reformationszeit als auch in seiner impliziten Bezugnahme auf die Genieästhetik um 1800 (Gess 2011, 341–354).

In dieser Zeit gerinnt ‚absolute Musik' in der Instrumentalmusik Beethovens (Hoffmann SW 2.1, 52–61), welche alle Ingredienzien musikalischer Aufführung in Absetzung zur früheren Musik möglichst ins Notenbild zu integrieren versucht. Die postulierte Einmaligkeit der absoluten Musik geht somit Hand in Hand mit einer immer genaueren Fixierung nicht nur von Tonhöhe, Tempo, Metrum und Rhythmus, sondern auch von Dynamik, Artikulation und Temposchwankungen (*rubati*). Die neue Kompositionspraxis, welche möglichst alle Parameter zu bestimmen versucht, akzentuiert sich im Laufe des 19. und 20. Jahrhunderts bis hin zur seriellen und postseriellen Musik beispielsweise eines Brian Ferneyhough. Eine solche Praxis schriftlicher Fixierung, die nichts mehr dem interpretatorischen Zufall überlassen möchte, weist die Tendenz auf, die Musikaufführung *per se* obsolet werden zu lassen – da der Klang als Endergebnis scheinbar in der Partitur bereits vorhanden ist. Darum erstaunt es kaum, wenn die Musikwissenschaft parallel dazu partiturfixiert arbeitet, der Geschichte der Werkinterpretation und der Interpretationsbedingungen, aber auch der akustischen Realisierung höchstens am Rande Beachtung schenkt.

Es ist hier nicht der Ort, die partiturfixierte Musikwissenschaft zu kritisieren. Im Gegenteil: Gerade diese Art von Beschäftigung mit Musik hat zu einem abstrakten Form- und Funktionsbezeichnungsvermögen geführt, das als beispielhaft für andere Kunstwissenschaften gelten kann. Dennoch ist darauf zu verweisen, dass gleichzeitig zur Genieästhetik des ausgehenden 18. Jahrhunderts aleatorische Kompositionstechniken erprobt werden, welche dem Zufall immer mehr Platz einräumen. Dazu sind exemplarisch Kirnbergers *Der allezeit fertige Polonoisen- und Menuettencomponist* (1767) und Carl Philipp Emanuel Bachs *Einfall einen doppelten Contrapunct in der Octave von sechs Tacten zu machen, ohne die Regeln davon zu wissen* aus dem Jahre 1757 (Ottenberg 1984) zu zählen. Analog zum phonetisch normierten Spracherwerb durch den ‚Muttermund' in der Imagination um 1800 wird in direkter Reaktion auf das Aufkommen der Genieästhetik eine gegenläufige Kompositionspraxis entworfen. Der Einbruch des Zufalls in die Musik erfährt im 20. Jahrhundert eine massive Expansion bei Komponisten wie Eric Satie und vor allem in der Konzeptmusik eines La Monte Young, Christian Wolff oder John Cage (Previšić 2015).

2.2. Musik aus der Perspektive der historischen Aufführungspraxis

Die ‚Ungenauigkeit' musikalischer Notation entspringt nicht einem Unvermögen. Vielmehr ist von einer Strategie auszugehen, die zum einen den äußeren akustischen Bedingungen ihren Platz einräumt, zum anderen insbesondere den Interpretationsmöglichkeiten und somit der Improvisation trotz schriftlicher Fixierung bzw. schriftlich notierten Anhaltspunkten Raum lässt. Obwohl sich selbst die so genannte historisch informierte Musikpraxis eingestehen muss, dass im Versuch der ‚Rekonstruktion' eines angeblich historischen Klangbildes das Ideal der zeitgenössischen Ästhetik ein nicht zu vernachlässigender Faktor ist (exemplarisch das Non-vibrato-Credo), rückt die Musik als Klangereignis ins Zentrum. Dieses Ereignis ist in der Zeit vor den ersten Tonaufnahmen (vor dem Phonographen und den Musikwalzen) jedoch nur über einen schriftlich fixierten Träger erschließbar. Dazu gehören neben gedruckten Partituren und vor allem – editionskritisch am relevantesten – neben Manuskripten mit Skizzen und Varianten auch kontextualisierende Materialien: in erster Linie Musiktraktate und Musikbeschreibungen (beispielsweise in Reiseberichten).

Gerade Musiktraktate bergen aber die Gefahr in sich, keine Anleitung zur Rekonstruktion des historischen Klangs (wie es ‚wirklich' geklungen haben könnte) zu sein. Im Gegenteil sedimentiert sich in diesen Abhandlungen eine Verlustgeschichte, die einer alten Praxis nachhängt oder eine gewisse Musikinterpretation idealisiert, die der damals zeitgenössischen Praxis durchweg diametral entgegenlaufen kann. Aus diesem Grund verschiebt sich die Forschung und Rekonstruktion des historischen Klangs zusehends auf noch weiter ausgreifende Kontextualisierungen, insbesondere auf den Instrumentenbau (und dessen Dokumentation in Visualisierungen, Beschreibungen oder gar in Abrechnungslisten). Dabei werden beispielsweise Stimmungssysteme rekonstruiert, welche den Rahmen der gleichstufigen Temperierung bei Weitem sprengen und ein neues Denken und Hören einfordern, das bisher für unmöglich erachtet worden war (Kirnbauer 2013).

Das Verhältnis zwischen Musiknotation und Musikpraxis ist somit äußerst vielschichtig: Der Anspruch der Genieästhetik, das Einmalige möglichst genau in der Partitur zu fixieren, und der Anspruch ihres Gegenspielers, möglichst viel dem Zufall und den Voraussetzungen der Interpretation zu überlassen, haben vielleicht weniger mit der Subjektzentrierung in der Moderne zu tun, als dies die Epistemgeschichte vorgibt – trifft man doch auch in der Musikgeschichte der frühen Neuzeit immer wieder auf Phasen möglichst genauer Fixierung, deren klangliche Umsetzung die interpretatorischen Möglichkeiten (z. B. in der *ars subtilior*) bei Weitem überfordert, aber auch auf Phasen interpretatorischer Freiheiten (z. B. im italienischen Barock).

2.3. Musik als (a)semantische Kunstform

Eine partiturfixierte Beschäftigung mit Musik führte zu einer grundlegend anderen Rezeption als die Auseinandersetzung mit dem klanglichen ‚Resultat'. Während die visuelle Wahrnehmung der Musiknotation zum einen auf praktisch unhörbare mikroformale Details (Tonsymbolik, Akronymik etc.), zum anderen auf die makroformale Anlage (Großformen, Taktzahl(symbolik)en, Modulationen, Tonarten etc.) zielt, bewegt sich die akustische Wahrnehmung auf einer Mesoebene zeitlich erinnerbarer Einheiten wie besonderer harmonischer Wendungen, Melodie- und Akkordfolgen, melodischer Motive. Diese zwei Rezeptionstypen sind nicht unabhängig voneinander und können in ihrer Verschränkung gewinnbringend eingesetzt werden. Dennoch lenkt die visuelle Wahrnehmung der in der Partitur notierten Musik von der Sprachlichkeit, von der Musik als „Klangrede" (Mattheson 1739) ab. Die *musica poetica* erfordert einen *musicus poeticus*, wie Mattheson ergänzt, und ergibt sich aus der Nachbarschaft der Musik zu den *artes dicendi* in den *septem artes liberales*.

Dass eine so verstandene Musik als *imitatio* der menschlichen Sprache eine rhetorisch fundierte Semantik produziert (Eggebrecht 1961, 80), ist zwar nicht von der Hand zu weisen. Dennoch ist ihr nicht *per se* eine referenzierbare Sprache inhärent. Die Tonsprache kann auch referenzlos für sich selbst sprechen. Nichtsdestotrotz erregt die Klangrede gewisse Affekte (Rösing 1977, 109) – zumindest in der stark formalisierten Tonsprache in der ersten Hälfte des 18. Jahrhunderts (siehe III.5 Krones). So ist davon auszugehen, dass Johann Sebastian Bach die *Institutio oratoria* bekannt war und er bis ins letzte Detail Quintilians Anweisungen für sein rein instrumentales Werk, das *Musikalische Opfer* (BWV 1070), übernommen hat (Kirkendale 1980). Dass die akustische Wahrnehmung auf einer Mesoebene die Musikinterpretation ‚(re-)rhetorifiziert', die Musik also wieder ‚sprechender' macht, ist nicht von der Hand zu weisen. Man vergleiche nur die Interpretation des Kopfsatzes des *Dritten Brandenburgischen Konzerts* im Zweiten Weltkrieg in ihrer totalitären Erstarrung und Desemantisierung mit einer solchen, die sich ganz der historischen Aufführungspraxis verschreibt: Eklatanter könnte der Unterschied nicht sein.

3. Literatur zwischen Textlichkeit und Klanglichkeit

Literatur ist wiederum mit der Musik vergleichbar, wenn die Frage nach dem Rezeptionskanal gestellt wird: Sowohl die Makro- als auch die Mikroanalyse sind aufgrund einer visuellen Rezeption möglich. Der Text in seiner verschriftlichten Form wird als ‚Partitur' überblickbar (photographische Memorierung); die ‚Lektüre' kann nicht nur linear entlang der Tonspur, sondern im vergleichenden Hin-und-Her erfolgen. Der komparatistische Blick ist ebenso auf die Mikrolektüre anwendbar. Die akustische Rezeption ist hingegen an die Zeitlichkeit, an die Geschwindigkeit der lautlichen Realisierung des Texts gebunden. Vergleichbarkeit ist nur als mnemotechnisches Unterfangen zu bewerkstelligen. Die Differenz zwischen Textlichkeit und Klanglichkeit ist demnach in der Bildung von literaturwissenschaftlichen Reflexionen ein zentrales Paradigma.

3.1. Literatur als akustische Zeitkunst

Umso interessanter ist es, unterschiedliche Auffassungen über Literatur anhand der Text-Klang-Differenz historisch zu systematisieren. So definiert Lessing die Literatur in Absetzung von der Malerei durchwegs als Zeitkunst. Damit wird sie mit der Musik vergleichbar. Abgesehen von der Onomatopoesie sind ihre Zeichen „willkührlich"; eine ‚natürliche', selbst indexikalische Beziehung zwischen bezeichnender Lautlichkeit und bezeichnetem Gegenstand entfällt (Lessing W 6, 96). Der ‚Ton', wie es in derselben Zeit bei Herder heißt, ist der eigentliche Garant für eine direkte ästhetische Erfahrung und Erzeugung ganzer Affektcluster (Trabant 1998). Dabei spielt die Diskussion über das Erhabene als ästhetische Kategorie, eine Diskussion, welche sich bereits in der Auseinandersetzung zwischen den beiden Zürchern Johann Jakob Breitinger und Johann Jakob Bodmer einerseits und dem Berliner Johann Christoph Gottsched andererseits angebahnt hatte, eine zentrale Rolle (Lütteken 2000).

Je nach Anforderung an die Literatur wird entweder mehr auf ihre textliche Visualität oder auf ihre Klanglichkeit Bezug genommen: Anschaulichkeit in der literarischen Darstellung impliziert meist – obwohl nicht absolut notwendig – akustische Zurückhaltung und damit einen relativ normierten Umgang mit der Klanglichkeit literarischen Sprechens (unabhängig davon, ob man nun von den

‚klassischen' Formen eines Racine, Brockes, Gottsched oder Goethe spricht). Dargestellte Bewegung oder Handlung wiederum, aber auch erhabene Unanschaulichkeit zielen vermehrt auf einen sprachlichen Eigenrhythmus bzw. ‚Mitausdruck' (Klopstock). Oralität ist *die* Grundkonstituante von Sprachursprungstheorien des 18. Jahrhunderts (Condillac, Süßmilch, Rousseau, Herder). An diesen Ursprung zurück geht der Eigenrhythmus der großen Gesänge Hölderlins. Hier führt das Akustische im Rhythmus der Dichtung geradezu ein Eigenleben in der „Zeit als Logos" (Georgiades 1985) – im Sinne einer akustisch gewendeten *différance*, die im Unterschied zu Derridas Neologismus visuell als Notat gerade nicht erkennbar ist. So gerät bereits im platonischen Dekadenznarrativ die Schrift als Schatten des ‚lebendigen' Worts in Verruf. Im *Phaidros* wird die Bevorzugung der mündlichen Rede deutlich unterstrichen: „Du meinst die lebende und beseelte Rede des wahrhaft Wissenden, deren Schattenbild man die geschriebene mit Recht nennen könnte." (Platon SW 2, 605) Um 1800 erreicht diese Bevorzugung des Mündlichen einen konjunkturellen Höhepunkt, wie er in Hölderlins „Nachtgesang" *Hälfte des Lebens* in der ersten Gedichthälfte in Form der Oralität gefeiert („Und trunken von Küssen") und im zweiten Teil mit der Schrift parallelisiert und verglichen wird: „Und Schatten der Erde". (Hölderlin SW 1, 445) Es handelt sich um platonische „Schatten", die in ihrer totgestellten Visualität zum bloßen Schriftzeichen erstarrt sind (Previšić 2008, 131).

3.2. Literatur als Partitur der Polyphonie

Einen Gegenpol zu diesem akusmatisch-oralen Zentrismus bildet Stéphane Mallarmés Buchideal, das sich zwar visuell-räumlich versteht, aber dennoch die musikalische Notation in der Partitur aufgreift. Wenn Mallarmé im Großgedicht *Un Coup de Dés* (1897) immer wieder Flächen aus der Schifffahrt wie Segel, Meer usw. erwähnt, so geht es um die Korrespondenz zwischen beschriebener Buchseite und ihrer Metaphorizität. Es bedarf eines gewissen Maßes an Ironie, wenn der Autor bereits im Vorwort zu seinem Gedicht den Leser, die Leserin anleitet, den Text als musikalische Partitur zu lesen. Die Verschränkung von akustischer Linearität mit einer visuellen Räumlichkeit hat nur ein Ziel: die temporale Simultaneität verschiedener Stimmen – in der Literatur eigentlich ein Ding der Unmöglichkeit, da sich die Stimmen rein akustisch gegenseitig auslöschen würden. Die Übertragung in die Musik erfolgt nur, um die Literatur auch wirklich polyphon werden zu lassen – wenigstens idealiter, setzt doch das Lesen von Mallarmés Gedicht ein explizit stilles inneres Lesen voraus, um der Räumlichkeit gerecht zu werden. Das musikalische Desiderat bringt somit die Dichtung zum Schweigen.

Die textliche Verräumlichung, das „espacement de la lecture", wie es in Mallarmés Vorwort zu seinem Gedicht heißt (Mallarmé 1979, 455) und von Derrida wiederum als Motto zu seiner Monographie *L'écriture et la différence* (1967) zitiert wird, kommt nicht durch die musikalische Interpretation, sondern durch eine stille Partiturlektüre zustande. So sehr aber Mallarmé sein Desiderat wörtlich im Hinblick auf den ‚Raum', den ‚Gedichtraum' über die jeweilige Doppelseite und das Buch, formuliert, so sehr wird die Partiturlektüre metaphorisiert, um der Vielstimmigkeit des literarischen Texts auf verschiedenen Sinnebenen gerecht zu werden – auch wenn die Analogie zunächst direkter formuliert wird: „L'espace du texte (lisible) est en tout point comparable à une partition musicale (classique). Le découpage du syntagme (dans son mouvement progressif) correspond au découpage du flot sonore en mesures [...]." [Der Raum des [lesbaren] Textes ist in jeglicher Hinsicht vergleichbar mit einer [klassischen] Musikpartitur. Die Einteilung der Satzstruktur [in ihrer fortlaufenden Bewegung] entspricht der Einteilung des Klangflusses in Takte.] (Barthes 1970, 35–36) Zeitlich-akustische Kontinuität wird durchbrochen und metrisiert; dadurch wird eine Vertikale bisher darunter liegender Strukturen lesbar. Dabei geht es weniger um eine klangliche oder stimmliche Polyphonie, sondern um eine strukturelle Vielschichtigkeit der Bedeutungsebenen, die sich nicht in der syntagmatischen Abfolge, sondern in der paradigmatischen Gleichzeitigkeit realisieren. Die fünf ‚Codes' (der semische, kulturelle, symbolische, hermeneutische und proaïretische Code) machen den Text polyphon: „Les cinq codes repérés, entendus simultanément, assurent en effet au texte une certaine qualité plurielle (le texte est bien polyphonique) [...]." [Die fünf aufgefundenen Codes, gleichzeitig verteilt, garantieren dem Text eine gewisse plurale Qualität [der Text ist sehr wohl polyphon].] (Barthes 1970, 37)

Damit ist Barthes' Partitur-Konzeption analog zu strukturalistischen Ansätzen in Claude Lévi-Strauss' Mythosverständnis und Roman Jakobsons linguistischer Poetik zu verstehen. Sinnhaftigkeit gewinnt Ersterer aus dem Mythos erst aus der Vertikalität, aus der Harmonie der Erzählung in den „paquets de relations" [Verbindungseinheiten]: „[U]ne partition d'orchestre n'a de sens que lue diachroniquement selon un temps, synchroniquement selon l'autre axe, de haut en bas. Autrement dit, toutes les notes placées sur la même ligne verticale forment une grosse unité constitutive, un paquet de relations." [Eine Orchesterpartitur macht nur Sinn, wenn sie entlang der Zeitachse diachron und synchron auf der anderen Achse, von oben nach unten, gelesen wird. Anders gesagt: Alle Noten auf derselben Vertikalen bilden eine einzige große konstitutive Einheit, eine Verbindungseinheit.] (Lévi-Strauss 1958, 234) Roman Jakobson wiederum gewinnt aus dem spezifischen Verhältnis zwischen Syntagmatik der Vertikale („axis of combination") und Paradigmatik der Horizontale („axis of selection") die poetische Funktion: „The poetic function projects the principle of equivalence from the axis of selection into the axis of combination." (Jakobson 1964, 358) Somit figuriert der literarische Text in der syntagmatischen Sukzession von Wort zu Wort seine spezifische akustische Textur in Form von Assonanz, Paronomasie, Paromoiosis, Onomatopoetik, Polyptoton, Variatio. Die Literatur kippt damit aber wieder in die akustische Einstimmigkeit zurück. Polyphon ist Literatur aus den genannten Perspektiven in ihrer pluralen Sinnhaftigkeit und Mehrdeutigkeit. Als klanglich realisierte Partitur bleibt sie aber einstimmig.

3.3. Literatur als (a)semantischer Klang

Entfernt sich die Literatur von ihrer sprachlich-referentiellen Funktion, etwas bezeichnen und sich so auf eine Welt außerhalb ihrer selbst beziehen zu müssen, und konzentriert sie sich auf ihre eigene Gemachtheit in autopoetischer Rückbezüglichkeit, werden visuelle Lesbarkeit (wie im Figurengedicht) und akustische Hörbarkeit (wie in der konkreten Poesie) miteinander verbunden. Die Befreiung von der sprachlichen Referenzfunktion, die immer auf etwas außerhalb der Dichtung Liegendes verweist, erlaubt der Dichtung, sich selbst als ‚innere Welt' darzustellen – symptomatisch im inneren Monolog, in dem sich um 1900 die äußere Welt als innere zu artikulieren beginnt. Gleichzeitig gestaltet sich der Übergang vom Klang des Erzählten, der Gespräche und Dialoge, der Umwelt etc. nahtlos zum inneren Klang. Die Stimmen erklingen ‚wirklich' in ihrer Vielstimmigkeit in der Literatur. Auch im *Phantasus* (1898/1899/1915/1916/1924) von Arno Holz ist nicht mehr zu unterscheiden zwischen artikulierender Erzählinstanz der Innenwelt und artikuliertem Monolog der Außenwelt. Die Distanznahme erfolgt durch die Visualisierung der Schriftlichkeit, durch den Einsatz prägnanter Schrifttypen, die den Medienwechsel inszenieren.

Doch realisiert sich das Akustische nicht nur in Form von Stimmen, sondern ebenso von Geräuschkulissen der Moderne, der Straßenbahn, der Fabrik, der aufkommenden Jazz-Musik. Rhythmisierte Sprache ist nicht mehr als Verweis auf architextuelle Strukturen zu bewerten, sondern als onomatopoetischer Resonanzraum der neuen Arbeits- und Lebenswelt – wie in Döblins *Berlin Alexanderplatz* (1929). Die literarische Stimme ist gleichzeitig Geräuschkulisse, ist immer auch das Andere. Durch diese Reibung zwischen Sprachlichkeit und *musique concrète* der Literatur, zwischen Information und Rauschen, entsteht das ‚Körnige' der literarischen Stimme, ‚le grain de la voix' (Barthes 1981).

4. Symbiosen: Cross-Reading, Cross-Listening

Was bedeuten die skizzierten Felder von Musik und Literatur im Spannungsfeld zwischen Klanglichkeit und Textlichkeit für neue Forschungsansätze im intermedialen Grenzbereich? Die Antwort fällt nicht einfach aus, weil sich beide Künste über beide Parameter definieren, aber auch voneinander abgrenzen. Literarischer Klang ist nie musikalischer Klang. Literarische Stimme ist nie musikalische Stimme, literarische Struktur als Partitur nie Musikpartitur. Die systemische Abgrenzung und jeweils spezifische Funktion ist nie außer Acht zu lassen. Selbst *Der Untergeher* (1983) von Thomas Bernhard ist keine Sonatensatzform und auch kein Variationensatz, obwohl Annäherungen an musikalische Formen erkennbar sind.

Doch weder ist die Musik einfach der Klanglichkeit als Hauptparadigma noch die Literatur der Textlichkeit zuzuordnen. Der Interferenzbereich zwischen Literatur und Musik im zeitlichen akustischen Kontinuum ist breit. Darum sind die Anschlussstellen relevant, bei denen unter umgekehrten Vorzeichen die jeweilige ‚andere' Kunst untersucht wird – die Musik unter dem Vorzeichen von Textlichkeit, Texttreue und Partiturfixierung; die Literatur unter dem Vorzeichen von Sprachklang, Rhythmus und Stimmlichkeit: Weder Hölderlins noch Robert Walsers ‚Textlandschaften' sind rein visuell zu verstehen, sondern werden durch strenge klangliche Gesetze, durch Metrum, Rhythmus, Assonanz etc. strukturiert. Die kritische Textedition hat daraus ihre Schlüsse zu ziehen und auch der ‚Tonspur' der Texte zu folgen. Ebenso sind weder Johann Sebastian Bachs noch John Cages Musik einfach Klang, sondern primär Notate und Texte, die philologisch-editionskritisch zu sichten und als Diskurse zu lesen sind. So, wie Texte auf ihrem Klang basieren, sind Partituren stets auch diskursive Kreuzungspunkte und Exemplifizierungen theoretischer Überlegungen und Auseinandersetzungen. Damit ist immer das eine aus der Perspektive des andern zu untersuchen: ‚Cross-Reading' und ‚Cross-Listening' als jeweils genuin musik- bzw. literaturwissenschaftliche Methoden.

Sowohl Textlichkeit als auch Klanglichkeit sind zurückzubinden an ihre ästhetische Erfahrung, an visuelle und akustische Wahrnehmung. Wie dem Haptischen ist dem Visuellen der Textlichkeit wie auch dem Akustischen der Klanglichkeit das ‚Materiale' als Schrift und Partitur, als Stimme und Klang eingeschrieben. Es ist nicht das Abstrakte der Materialität, sondern das Konkrete des medialen Trägers, welcher Widerstand leistet und damit einen Überschuss produziert, der nie gänzlich theoretisch zu bewältigen ist und somit nie vollständig in Theorie aufgehen kann. Darum ist stets die direkte Auseinandersetzung mit Musik und Literatur, ihre Immersion und das Ihr-ausgesetzt-Sein für weiteren Erkenntnisgewinn entscheidend.

Literatur

Barthes, Roland. *S/Z*. Paris: Seuil, 1970.
Barthes, Roland. „Le grain de la voix" [1972]. *Œuvres complètes II*. Paris: Gallimard 1994, 1436–1441.
Danuser, Hermann. „Interpretation". *Musik in Geschichte und Gegenwart. Allgemeine Enzyklopädie der Musik 4*. Begr. von Friedrich Blume. Hrsg. von Ludwig Finscher. 2., neubearb. Aufl. Kassel: Bärenreiter, 1996. 1053–1060.
Derrida Jacques. *L'écriture et la difference*. Paris: Seuil, 2009 [1967].
Döblin, Alfred. *Berlin Alexanderplatz. Die Geschichte vom Franz Biberkopf*. Olten, Freiburg im Breisgau: Walter Verlag, 1961 [1929].
Eco, Umberto. *Einführung in die Semiotik*. Autorisierte deutsche Ausgabe von Jürgen Trabant. München: Fink, 1972.
Eggebrecht, Hans Heinrich. „Musik als Tonsprache". *Archiv für Musikwissenschaft* 18 (1961): 73–100.
Georgiades, Thrasybulos G. *Musik und Sprache. Das Werden der abendländischen Musik dargestellt an der Vertonung der Messe. Mit zahlreichen Notenbeispielen*. Berlin, Göttingen, Heidelberg: Springer, 1954.
Georgiades, Thrasybulos G. *Musik und Rhythmus bei den Griechen. Zum Ursprung der abendländischen Musik*. Reinbek bei Hamburg: Rowohlt, 1958.
Georgiades, Thrasybulos G. *Nennen und Erklingen. Die Zeit als Logos*. Göttingen: Vandenhoeck & Ruprecht, 1985.
Gess, Nicola. *Gewalt der Musik. Literatur und Musikkritik um 1800*. 2., verbesserte Aufl. Freiburg im Breisgau: Rombach, 2011.
Goodman, Nelson. *Sprachen der Kunst*. Frankfurt am Main: Suhrkamp, 1997.
Herder, Johann Gottfried. „Viertes Wäldchen über Riedels Theorie der schönen Künste" [1769]. *Werke 2: Schriften zur Ästhetik und Literatur 1767–1781*. Hrsg. von Gunter E. Grimm. Frankfurt am Main: Deutscher Klassiker Verlag, 1993. 247–442.
Hölderlin, Friedrich. „Hälfte des Lebens" [1804]. *Sämtliche Werke und Briefe 1* (=SW 1). Hrsg. von Michael Knaupp. 3 Bde. München: Hanser, 1992. 445.
Hoffmann, Ernst Theodor Amadeus. „Beethovens Instrumentalmusik". *Sämtliche Werke 2.1: Fantasiestücke in Callot's Manier. Werke 1814* (=SW 2.1). Hrsg. von Hartmut Steinecke unter Mitarbeit von Gerhard Allroggen und Wulf Segebrecht. Frankfurt am Main: Deutscher Klassiker Verlag, 1993. 52–61.
Holz, Arno: „Phantasus". *Werke 1–3*. Hrsg. von Wilhelm Emrich und Anita Holz. Neuwied, Berlin: Luchterhand, 1961–1962.
Jakobson, Roman. „Closing Statement. Linguistics and Poetics" [1960]. *Style in Language*. Hrsg. von Thomas Sebeok. 2. Aufl. Cambridge: Massachusetts Institute of Technology, 1964. 350–377.
Kirkendale, Ursula. „The Source for Bach's Musical Offering. The Institutio oratoria of Quintilian". *Journal of American Musicological Society* 33 (1980): 88–141.
Kirnbauer, Martin. *Vieltönige Musik. Spielarten chromatischer und enharmonischer Musik in Rom in der ersten Hälfte des 17. Jahrhunderts*. Basel: Schwabe, 2013.
Kittler, Friedrich A. *Aufschreibesysteme 1800–1900*. 4., vollständig überarbeitete Neuaufl. München: Fink, 2003 [1985].
Kleist, Heinrich von. „Die heilige Cäcilie oder die Gewalt der Musik. Eine Legende" [1810]. *Sämtliche Werke und Briefe 3: Erzählungen. Anekdoten, Gedichte, Schriften* (=SWB 3).

Hrsg. von Klaus Müller-Salget. Frankfurt am Main: Deutscher Klassiker Verlag, 1990. 285–313.

Krones, Hartmut. „Musik". *Historisches Wörterbuch der Rhetorik 5*. Hrsg. von Gert Ueding. Tübingen: Niemeyer, 2001.

Lessing, Gotthold Ephraim. „Laokoon oder über die Grenzen der Malerei und Poesie" [1766]. *Werke 6: Kunsttheoretische und kunsthistorische Schriften* (=W 6). Hrsg. von Herbert G. Göpfert. München: Hanser, 1974. 7–187.

Lévi-Strauss, Claude. *Anthropologie structurale*. Paris: Plon, 1958.

Löffler, Jörg. *Unlesbarkeit. Melancholie und Schrift bei Goethe*. Berlin: Schmidt, 2005.

Lütteken, Laurenz. „,Die Tichter, die Fideler, und die Singer'. Zur Rolle Bodmers und Breitingers in der musikalischen Debatte des 18. Jahrhunderts". *Schweizer Jahrbuch für Musikwissenschaft* N. F. 20 (2000): 39–61.

Mallarmé, Stéphane. „Préface à ,Un coup de Dés'". *Œuvres complètes*. Hrsg. von G. Jean-Aubry und Henri Mondor. Paris: Gallimard, 1979. 455.

Meschonnic, Henri. *Critique du rythme. Anthropologie historique de la langue*. Verdier: Lagrasse, 1990.

Ottenberg, Hans-Günter. „Aufklärung – auch durch Musik". *Der critische Musicus an der Spree. Berliner Schrifttum von 1748 bis 1799. Eine Dokumentation*. Hrsg. von Hans-Günter Ottenberg. Leipzig: Reclam, 1984. 5–54.

Platon. *Phaidros. Sämtliche Werke 2* (=SW 2). Übers. von Friedrich Schleiermacher. Hrsg. von Ursula Wolf. Reinbek bei Hamburg: Rowohlt, 1994.

Previšić, Boris. *Hölderlins Rhythmus. Ein Handbuch*. Frankfurt am Main: Stroemfeld, 2008.

Previšić, Boris. „1975 – Der Zufall improvisiert. John Cages ,botanical music'". *Improvisation und Invention. Momente, Modelle, Medien*. Hrsg. von Sandro Zanetti. Zürich: Diaphanes, 2015. 161–168.

Rösing, Helmut. „Musik als Klangrede. Die französische Nachahmungsästhetik und ihre Auswirkungen bis hin zur Musique concrète". *Musicologica Austriaca* 1 (1977): 108–120.

Ruhnke, Martin. *J. Burmeister. Ein Beitrag zur Musiklehre um 1600*. Kassel: Bärenreiter, 1955.

Schering, Arnold. „C. Ph. E. Bach und das ,redende' Prinzip in der Musik". *Jahrbuch der Musikbibliothek Peters* 45 (1938): 13–29.

Trabant, Jürgen. *Artikulationen. Historische Anthropologie der Sprache*. Frankfurt am Main: Suhrkamp, 1998.

Unger, Hans-Heinrich. *Die Beziehungen zwischen Musik und Rhetorik im 16.–18. Jahrhundert*. Würzburg: Konrad Triltsch, 1941.

Weimar, Klaus. „Lesen: zu sich selbst sprechen in fremdem Namen". *Literaturwissenschaft. Einführung in ein Sprachspiel*. Hrsg. von Heinrich Bosse und Ursula Renner. 2., überarbeitete Auflage. Freiburg: Rombach, 2010 [1999].

II.2. **Systematik: Kombinationen – Transformationen**

II.2.1. Kombination von Literatur und Musik
Arne Stollberg

1. Theoretische und terminologische Prämissen

1.1. Intermedialität: Kombination – Synthese – Fusion

Eine Medienkombination, wie sie nachfolgend hinsichtlich verschiedener Ausprägungen des Verhältnisses zwischen „Musik und Literatur" (vgl. Scher 1984, 10–14) bzw. zwischen Musik und wortsprachlichem Text thematisiert werden soll, entsteht nach Rajewsky (2002, 15) aus der Addition „mindestens zweier, konventionell als distinkt wahrgenommener Medien, die in ihrer Materialität präsent sind und jeweils auf ihre eigene, medienspezifische Weise zur (Bedeutungs-)Konstitution des Gesamtprodukts beitragen". Wolf (2001, 284) spricht diesbezüglich von „manifester" Intermedialität („,overt' intermediality"; Wolf 1999a, 42), und zwar dahingehend, dass die beteiligten „components of the intermedial mixture" deutlich unterscheidbar, wenn auch – wie er 2002 gegenüber früheren Definitionen (vgl. Wolf 1999b, 40) ausdrücklich betonte – keineswegs zwingend separat ‚zitierbar' („quotable") seien (Wolf 2002, 22).

Die letztgenannte Differenzierung mag spitzfindig anmuten. Sie rührt jedoch an die grundsätzliche Frage, ob die Möglichkeit, einen künstlerisch planvoll zusammengefügten Medienverbund alchimistisch in seine Ingredienzen zu zerlegen und diese getrennt voneinander zu analysieren, der ästhetischen, vor allem performativen Gesamtwirkung adäquat ist. Clüver (2000/2001, 25; 40) schlug daher vor, innerhalb der Kategorie „overt intermediality" zwischen „Multimedia-Texten" und „Mixed-Media-Texten" zu unterscheiden: „Multimedia" würde demnach bedeuten, dass die den Gesamttext konstituierenden Bestandteile jeweils „in sich zusammenhängend" und daher prinzipiell vom Rest abtrennbar seien, während sie bei „Mixed-Media" außerhalb des integralen Gebildes „weder kohärent noch selbstgenügsam" erscheinen würden. Kennzeichnend hierfür ist, wie Clüver hervorhebt, etwa die doppelte Existenzform der Oper: einerseits als schriftlich niedergelegter Text im engeren Sinne (Libretto, Partitur), der „multimedialen" Charakter trage, da Dichtung und Musik wie zwei prinzipiell eigenständige, wenn auch nicht voneinander unabhängige Bedeutungsschichten rezipiert werden könnten, und andererseits als Aufführung, bei der Komponenten hinzukämen, die nicht in der Lage seien, „für sich [zu] bestehen", zum Beispiel die „Choreographie der gesamten Inszenierung" (Clüver 2000/2001, 25).

Jenseits der Frage, ob diese These durch die Methoden semiotischer Inszenierungsanalyse, die das Bühnengeschehen ebenfalls als potentiell lesbaren Text begreift, nicht konterkariert wird, und jenseits des Einwandes, dass sich Opernmusik, außer bei Ouvertüren, Orchesterzwischenspielen und Spezialfällen wie einer rein instrumentalen Darbietung von „Isoldes Liebestod", kaum des Textes entledigen kann, ist der von Wolf aufgegriffene Einwand Clüvers weiter zuzuspitzen: zum Hinweis darauf nämlich, dass die Medienkombination im Augenblick der Live-Performance eher den Charakter einer Synthese annimmt, einer wie auch immer gearteten Fusion, die das Additive und Hybride des Resultats hinter der „creation of a new syncretistic medium" verschwinden lässt (Wolf 2002, 22–23). Pauschale Urteile sind in diesem Punkt freilich problematisch: Erst ein geschichtlicher Aufriss kann zur Darstellung bringen, dass sich die ästhetische Bewertung und intentionale Gestaltung allein des Zusammenwirkens von Text und Musik, von Wort und Ton, zwischen den Polen totaler Verschmelzung und möglichst weitgehender Independenz bewegt, bis hin zur Idee einer die Rezeption herausfordernden, gezielt nicht-synkretistischen Widerspruchsrelation (etwa bei Bertolt Brecht und Hanns Eisler, siehe 3.1).

Auch der Aspekt der „Dominanzbildung" (Wolf 2001, 284), historisch in hohem Maße variabel, lässt sich nur an konkreten Einzelfällen erörtern, wenngleich es zu den Gemeinplätzen der Erforschung des Wort-Ton-Verhältnisses zu gehören scheint – je nach Perspektive auch zu den am häufigsten formulierten Klagen –, dass „music always wins" (Daniel Leech-Wilkinson, nach Agawu 1992, 30). Ob hier wirklich von einer wahrnehmungspsychologischen Konstante gesprochen werden kann, in der sich die „Gewalt der Musik" (vgl. Gess 2011) als überzeitliches Faktum dokumentiert, sei dahingestellt, ebenso die Behauptung Browns (1987 [1948], 51), dass wir uns nach dem Hören eines Liedes das vertonte Gedicht nie mehr, selbst beim Lesen nicht, ohne entsprechende Musik vorstellen könnten, wie wenn die Töne die Worte gleichsam erobert und für immer kolonialisiert hätten. Auf diesen topischen Rangstreit der Künste, den werkimmanenten Paragone als Leitmotiv multimedialer Gattungen, wird zurückzukommen sein (4.1). Entscheidend ist vorläufig, dass sich sowohl die hypostasierte Dominanz der Musik in von ihr mitgetragenen Medienkombinationen als auch das Moment der Verschmelzung und Fusion jeweils an performative Akte knüpfen, also an die Aufführung oder das Live-Ereignis sowie deren Rezeption, nicht aber an den stumm gelesenen Text (bzw. Notentext). Daher hat es seine Berechtigung, die „Zeichenzusammenhänge im Sprech- und Musiktheater" (Hiß 1988), aber auch im Lied (Hiß 1992), aus der Wahrnehmungsperspektive des Hörers oder Zuschauers zu betrachten und mit „Tiefenäquivalenzen" zu erklären, also mit Korrespondenzbeziehungen jenseits der Zweidimensionalität des bedruckten Papiers, die erst bei der Aufführung im Bewusstsein des Rezipienten entstehen und verschiedene hör- und sichtbare Codes „auf der Grundlage einer [...] einheitlichen Bedeutungsmechanik" zum Gesamteindruck synthetisieren (Hiß 1992, 246; 243), im Sinne dessen, was neuere kognitionswissenschaftliche Theorien als „conceptual blending" beschrieben haben (Zbikowski 2002, 243–286; vgl. auch Thorau 2012, 217–256). Inwieweit allerdings das Erzeugen und Verstehen von Bedeutung im multimedialen Aufführungsereignis ‚Oper' ohnehin hinter dasjenige zurücktritt, was Lindenberger (1984, 76; Hervorhebungen original) als genuin „*operatic*" bezeichnete und mit Kategorien wie „*histrionic, extravagant, gestural, ceremonial*, and *performative*" assoziierte, um es gegen das meistens einseitig hervorgehobene „dramatic principle" abzugrenzen (vgl. Lindenberger 1984, 56–65), sei später erörtert.

1.2. Vokalmusik – Textmusik – Sprachkomposition

Eine „Kombination [...] von musikalischer Komposition und literarischem Text", und zwar dergestalt, dass beide „gemeinsam und gleichzeitig gegenwärtig sind", firmiert gewöhnlich unter der „Sammelbezeichnung ‚Vokalmusik'" (Scher 1984, 11). Traditionelle Gattungen wie Oper, Lied, Kantate oder Oratorium werden mit diesem Label im allgemeinen Sprachgebrauch sicher zur Genüge charakterisiert, sofern es hier auf die Abgrenzung von rein instrumentalen Genres wie Symphonie, Sonate oder Streichquartett ankommt. Gleichwohl wurde der Einwand erhoben, dass der Terminus die Tonkunst einseitig favorisiere, da er – als expliziter Gegenbegriff zu ‚Instrumentalmusik' – aus deren ästhetischem Gebiet stamme, während ein adäquates „Etikett" wirklich „kunstübergreifend" und „neutral" sein müsse (Mathis 1987, 272). Der Vorschlag, stattdessen von „Textmusik" zu sprechen (Mathis 1987, 272), fand im Diskurs freilich nur wenig Gehör (vgl. Gier 1995, 69), was am Traditionsgewicht der Formel ‚Vokalmusik' gelegen haben dürfte, vor allem aber daran, dass der fachsprachliche Neologismus eher unglücklich ausfiel: Da auch notierte Musik als Text aufgefasst werden kann (vgl. Dahlhaus 1979), taugt der Begriff nicht dazu, die verbale Komponente einer „Wort-Ton-Einheit" (Scher 1984, 11) zwangsläufig besser zur Geltung zu bringen, sondern er trägt im Zweifelsfall, wenn es um schriftlich fixierte Partituren geht, sogar die Züge einer bloßen Tautologie.

Davon unberührt bleibt freilich, dass sich das „komplexe Feld sprachbezogener Musik [...] in gar keiner Weise mit dem Bereich der Vokalmusik" deckt (Gruhn 1978, 10). Einerseits wäre hier an Mischgattungen wie das Melodram zu erinnern, das durch seinen Rekurs auf (gesprochene) Deklamation (vgl. III.10 Dupree) außerhalb dessen liegt, was die stets mit Gesang, bestenfalls mit Sprechgesang assoziierte Kategorie ‚Vokalmusik' einbegreift. Vor allem aber haben die Entwicklungen der zweiten Hälfte des 20. Jahrhunderts im Bereich der Avantgarde Werke hervorgebracht, die weder als ‚Vokalmusik' noch überhaupt als eine Medienkombination im oben beschriebenen Sinne klassifizierbar sind. Zu denken ist dabei an Kompositionen, in denen die Wortsprache nicht mehr als Träger einer Aussage, sondern als phonetisches Material, als „entsemantisierte Lautgestik" (Gruhn 1978, 10) und reiner Klangfaktor Verwendung findet: Sei es, dass – wie etwa bei Luigi Nono (*Prometeo*, 1984) oder Helmut Lachenmann (*Das Mädchen mit den Schwefelhölzern*, 1997) – in sich bedeutungstragende (literarische) Texte auf diese Weise verarbeitet, quasi ‚dekomponiert' werden; sei es, dass Instrumentalstimmen und asemantische „Lautkomposition" zusammentreten (György Ligetis *Aventures & Nouvelles Aventures*, 1966; Gruhn 1978, 24); sei es, dass eine Musik zwar bestimmte Gedichte strukturell aufgreift, aber als eigene Textschicht aus dem entstehenden Klanggebilde verschwinden lässt (so beispielsweise in den Instrumentalteilen von Pierre Boulez' *Le Marteau sans maître*, 1955). Wo entweder die Sprache bzw. das Sprachmaterial (nach Dieter Schnebel: Phoneme, Morpheme, Expresseme, Kontureme; vgl. Gruhn 1978, 152) oder die an das Hervorbringen von Sprache geknüpfte vokale Artikulation zum Gegenstand kompositorischer Gestaltung gemacht wird, entfällt die für eine Medienkombination definitorisch essentielle Trennbarkeit der Komponenten, also die Handhabe dafür, im Werk selbst zwischen der Art der ‚Vertonung' und dem ‚Vertonten' zu unterscheiden. Solche Formen der „Sprachkomposition" (Gruhn 1978, 152–165) können – inmitten fließender Grenzen – der Lyrik oder der Musik zugeschlagen werden (natürlich auch der Performance, dem Theater usw.) und sind möglicherweise ebenso mit dem Terminus ‚Textmusik' kompatibel, aber weder sinnvoll als ‚Vokalmusik' zu bezeichnen noch als ‚Intermedia' oder ‚Mixed-Media' im Verständnis Clüvers (siehe oben).

2. Die Trennung des Tones vom Wort: Geschichtliche Voraussetzungen

Auch von der anderen Seite des geschichtlichen Spektrums, also von den antiken Anfängen her lässt sich konstatieren, dass ‚Vertonungen' (als Medienkombination oder -synthese) nur möglich sind, wenn Sprache und Musik potentiell separierbare Bedeutungsebenen ausprägen. Grundlegend ist spätestens seit dem 18. Jahrhundert die geschichtsmächtige und bis heute virulente These vom „Zerfall" der antiken *mousikē* (vgl. Zaminer 1989, 193–200). Dieser Zerfall wurde zwar immer wieder – prominent etwa bei Rousseau, Herder und Wagner – zivilisationskritisch beklagt, aber auch als notwendige Basis für die Entwicklung und Autonomisierung der einzelnen Künste aufgefasst. Mit den Worten von Thrasybulos Georgiades, dessen Überlegungen zum Thema weithin prägend waren (vgl. Zaminer 1989, 115): „Unsere abendländische Kunst setzt das Spannungsfeld, das sich zwischen […] Sprache und Musik bildet, voraus." (Georgiades 2008 [1954], 141) Da das Altgriechische die „musikalisch-rhythmische Struktur […] schon durch die Sprache restlos" festlegte, so dass „nichts hinzugefügt oder abgeändert werden" konnte (Georgiades 2008 [1954], 4), war es nach Georgiades undenkbar, innerhalb der antiken *mousikē* eine genuin musikalische Komponente (im modernen Verständnis) zu isolieren, demgemäß auch nicht, einen Text auf variable Art zu ‚vertonen'. Dies änderte sich zwar in der christlichen Liturgie, deren Prosa die Einheit der *mousikē* zur „Zweiheit" auflöste (Georgiades 2008 [1954], 7), doch blieb das Melos dem Wort zunächst noch untrennbar verbunden: als gehobenes kultisches Sprechen im einstimmigen Choral. Mag der melismatische *jubilus* zum Ausdruck einer Freude, die das Begriffliche übersteigt (nach Augustinus; vgl. Wiora 1962), auch textlosen Klängen Eingang verschafft haben, mit weitreichenden Konsequenzen für das Verhältnis von Sinn und Sinnlichkeit sowie daran anknüpfende kirchenmusikalische Grundsatzdebatten, die hier nicht weiter verfolgt seien, so spricht doch vieles dafür, die Emanzipation der Musik fernerhin als Folge der Entstehung der Notenschrift zu begreifen (Walter 1992; vgl. auch II.1.1 HINDRICHS). Während eine nur oral oder mnemotechnisch tradierte Vokalmusik das gesungene Wort als Ganzheit festhielt, trat mit den Neumen und dann vor allem mit dem durch Guido von Arezzo entwickelten Liniensystem zur Fixierung der Tonhöhen im Schriftbild eine „visuelle Differenz" zwischen Notation und Buchstabentext hervor, die langfristig die „Trennung von Sprache und Musik und die Verselbständigung von Musik" bedingte oder mindestens zu befördern half (Walter 1992, 11; 29; vgl. III.3 HAAS/NANNI).

Die Stadien, in denen sich die Musik eigene Mittel zu syntaktischer und formaler Selbstorganisation sowie zur Hervorbringung von Signifikanz eroberte, können hier nicht detailliert nachvollzogen werden. Summarisch sei nur festgehalten, dass sich Musik allein dann zu einem (Wort-)Text unterstützend, ausdeutend, verstärkend, illustrierend oder auch widersprechend, kommentierend in Beziehung zu setzen vermag, wenn sie selbst „bedeutungstragend" erscheint (Gruhn 1978, 11), also über autonome Möglichkeiten der Gliederung, der Zäsurbildung, der Affektdarstellung, der Tonsymbolik usw. verfügt. Nur dann auch kann sie, was etwa für die Oper maßgebend ist, eine eigene Zeitstruktur ausprägen, die sich von derjenigen des Textes unterscheidet, sich ihr anzugleichen, aber auch selbständig wirksam zu werden und die Dichtung zu absorbieren vermag (vgl. Scheit 1995, 95–96).

Eine aufschlussreiche Kehrseite dieses Prozesses bilden die wohl seit Mitte der 1760er Jahre erstmals durch Heinrich Wilhelm von Gerstenberg anhand der

Klaviermusik Carl Philipp Emanuel Bachs praktizierten Versuche, reine Instrumentalstücke zu textieren. Das Spektrum umschloss dabei die Verfahren, einen Gesangspart hinzuzufügen (Franz Wegeler im Fall des Adagio-Satzes aus Beethovens *f-Moll-Klaviersonate* op. 2/1), einzelne Stimmen zu Trägern dialogischer Repliken zu machen (Jérôme-Joseph de Momigny im Fall des ersten Satzes aus Mozarts *d-Moll-Streichquartett* KV 421/417b) oder den musikalischen Gesamtablauf frei in eine zusammenhängende Dichtung zu übersetzen (Johann August Apel im Fall von Mozarts *Es-Dur-Symphonie* KV 543). Allen drei Spielarten war gemeinsam, dass es keineswegs um die Kompensation semantischer Defizienz ging (vgl. Stollberg 2014a, 77–84). Das Ziel bestand vielmehr darin, die empfundene ‚Deutlichkeit' der Instrumentalmusik – wenn man so will: ihre Sprachfähigkeit – durch eine ‚Vertextung' zu dokumentieren, die als Pendant zur Technik der ‚Vertonung' beide Künste in potentieller Autonomie einander begegnen ließ. Erst hieraus aber entfaltete sich das hochgradig differenzierte Arsenal an Möglichkeiten, die Medien von Wort und Ton, von Dichtung und Musik, semantisch, syntaktisch und formal wieder aufeinander zu beziehen und aus der Kombination etwas hervorzubringen, das qualitativ mehr darstellt als die Summe seiner Teile (vgl. Mathis 1987, 275).

3. Prinzipien der Textvertonung

3.1. Rede und ‚Klangrede'

Auf der ersten Ebene der Vertonung (vgl. auch Fecker 1984) geht es für die Musik darum, sich der prosodischen, grammatischen, metrischen und syntaktischen Schicht des Textes anzunehmen, also dessen Betonungen, Satz- oder Versgliederungen, „Einschnitte und Abschnitte" sowie den Sprachduktus mitzuvollziehen, etwa die Diktion von Fragen, Ausrufen usw., wie sie sich im „Steigen und Fallen der Stimme" manifestiert (Sulzer 1994 [1794], 8). Der Ort, wo dies am direktesten geschieht, ist traditionell das Rezitativ bzw. das ‚gebundene Melodram', das den Rhythmus der Deklamation sowie den ungefähren Tonhöhenverlauf der Stimme mit spezieller Notation in einem schwer definierbaren Bereich zwischen Sprechen und Singen festhält, nach Vorläufern wie Carl Maria von Webers *Preciosa* (1821) erstmals konsequent erprobt in der Urfassung von Engelbert Humperdincks *Königskindern* (1897) sowie später bei Arnold Schönberg (*Pierrot lunaire*, 1912) und Alban Berg (*Wozzeck*, 1925; *Lulu*, 1937) (vgl. Kühn 2001). Begibt sich die Musik hier in maximale Nähe zur Sprache, so reicht die „Melodisierung" eines Textes, beispielsweise in Lied und Arie, von einfacher „Rezitationsmelodik" über

„musikalisch autonome syllabische" und „melismatische Melodik" (Gruhn 1978, 127–128) bzw. – nach der Terminologie Feckers (1989, 45) – von „Rezitieren" („Parlando") über „Deklamieren" („rezitativische und ariose Melodik") bis zu exuberanten Koloraturen, die den Wortlaut der Dichtung buchstäblich „ersäufe[n]" (Hoffmann GW 4, 98).

Dadurch, dass die Musik in Form von Kadenzen, Halbschlüssen, versähnlichen Mustern der Phrasengliederung usw. über ein sprachanaloges System verfügt, kann sie sich bereits auf dieser Stufe, die prinzipiell noch ohne tonsymbolische Zutaten auskommt, mit dem Text zu Korrespondenz und produktivem Widerspruch zusammenschließen, nämlich dann, wenn ihre eigene ‚Klangrede' sich zur Rede im wortsprachlichen Bereich teils homolog, teils aber auch nichthomolog verhält. Als Beispiel hierfür sei Hanns Eislers Brecht-Vertonung „Wie die Krähe" aus dem 1932 uraufgeführten Lehrstück *Die Mutter* genannt. Der Refrain lautet dort: „Was immer du tust / Es wird nicht genügen. / Deine Lage ist schlecht / Sie wird schlechter. / So geht es nicht weiter / Aber was ist der Ausweg?" (Brecht GBA 3, 264) Würde der daktylische Zweiheber des vorletzten Verses wiederholt, hätte es nahegelegen, den Wortlaut in die Syntax einer achttaktigen Periode mit viertaktigem Vorder- und viertaktigem Nachsatz zu übertragen. Tatsächlich bringt Eisler diese Möglichkeit ins Spiel: Der Vordersatz umfasst genau vier Takte, mit einem Takt (plus Auftakt) pro Vers. Der Nachsatz knüpft bei „So geht es nicht weiter" melodisch an den Beginn des Vordersatzes an, suggeriert also eine periodentypische Symmetrie, die durchaus gewaltsam gebrochen wird, wenn der auf syntaktische Balance zielende (bzw. die Erwartung syntaktischer Balance erzeugende) zweite Viertakter gleichsam ‚zu früh', nämlich schon nach drei Takten abkadenziert. Gemäß der Theaterästhetik Brechts und der daran geschulten musikalischen Ästhetik Eislers wird die Gefahr, dass sich das Publikum (bzw. der Sänger) von einer wiegenden Syntax einlullen lassen könnte, ins Gegenteil verkehrt: zur Forderung nach gesteigerter Aufmerksamkeit und Wachheit.

Treffen Musik und Text in diesem Punkt genau zusammen, so fällt desto stärker ins Gewicht, dass Eisler die Aussage, die am Ende des Vordersatzes steht („Sie wird schlechter"), als Halbschluss mit aufsteigendem Intervallschritt, das heißt als *interrogatio* vertont, als musikalisches Analogon einer Frage, während die eigentliche Frage „Aber was ist der Ausweg?" paradoxerweise dem Ganzschluss korrespondiert (authentische Kadenz zur Tonika mit absteigendem Intervallschritt). Vertontes (Wortsprache) und Vertonung (‚Klangrede') klaffen hier planvoll auseinander, konstituieren einen musikalisch-literarischen Verfremdungseffekt, der darauf hinausläuft, die „schlechte Lage" (des Proletariats) zur antwortheischenden Frage, die eigentliche Frage („Aber was ist der Ausweg?") zur Suggestion einer Antwort umzuprägen: Das – laut Vortragsanweisung – „energische Marschtempo" und der straffe rhythmische Gestus der Ballade evozieren den organisierten Kampf der Arbeiterschaft als dasjenige, was allein den „Ausweg" aus der „schlechten Lage" bringen kann.

3.2. Semantik: Typologien

Mit dem Marschcharakter von Eislers Komposition ist freilich bereits das weite Feld der musikalischen Semantik berührt, die, wie im Fall der Syntax, zur Semantik des vertonten Textes auf differenzierte Weise hinzuzutreten, sie zu verstärken, zu illustrieren, zu kommentieren oder ihr zu widersprechen vermag. Dabei kann nach Fecker (1989, 45) grob zwischen zwei Verfahren unterschieden werden, nämlich zwischen (1) „Ikonisieren", definiert als „Verschlüsselung realer (konkreter) Vorstellungen" durch „Einsatz tonmalerischer Materialien", und (2) „Symbolisieren", definiert als „Verschlüsselung ideeller (abstrakter) Vorstellungen" durch „Einsatz verabredeter bzw. konventionalisierter Materialien". Vielfältige Mittel stehen der Musik hierfür zur Verfügung: die mimetische Nachbildung von Intonationen der Sprache ebenso wie von körperlichen Ausdrucksgebärden und Bewegungsmustern oder sonstigen (auch nicht-menschlichen) Phänomenen bis hin zu illustrativer Mimikry; Klangfarben, die visuelle Assoziationen (Dunkelheit, Helligkeit, *chiaroscuro*) hervorrufen; die „konnotative Besetzung" von „Strukturen" mit emotionalem Gehalt (Gruhn 1978, 145), etwa im Bereich der Harmonik und Melodik (Dur vs. Moll, Konsonanz vs. Dissonanz, Diatonik vs. Chromatik); die Abbildhaftigkeit bestimmter Satztechniken (Fuge als Symbol für Flucht usw.); dazu ein ganzes Arsenal an Topoi oder Vokabeln, denen durch entsprechenden Gebrauch die Qualität eines Codes zugewachsen ist. Dabei spielen auch intertextuelle Techniken eine Rolle, wenn zum Beispiel Ernest Chausson in seiner Oper *Le Roi Arthus* (1903) beim Liebesduett des ersten Aktes überdeutlich die korrespondierende Szene aus Wagners *Tristan und Isolde* (1865) anklingen lässt.

In welches Verhältnis zueinander können nun Musik und Text vor diesem Hintergrund treten? Für die Gattung des Liedes wurden – aus der Perspektive der Musik und ihrer potentiellen Zugriffsmöglichkeiten auf die Gedichtvorlage – die Optionen (1) „assimiliation", (2) „appropriation", (3) „deconstruction" und (4) „relative independence" unterschieden (Kramer 1999, 305). Maßgebend hierbei ist zunächst die Frage, ob sich der Komponist der Dichtung überhaupt ‚interpretierend' nähert, oder ob er, etwa nach der Ästhetik der Berliner Liederschulen, gar nicht den „Anspruch" erhebt, seiner Vertonung die Rolle „eines eigenständigen Sinnträgers" zuzuweisen (Georgiades 1979, 34). Ebenso mag es denkbar sein, die Musik gleichsam unabhängig vom Text ablaufen zu lassen (vgl. Bernhart 1988) oder eine „tektonisch gesteuerte", hinsichtlich des Tonmaterials und der rhythmischen Werte beispielsweise streng seriell kontrollierte „Sprachbehandlung" anzuwenden (Fecker 1989, 46). Wo hingegen ‚Interpretation' vorliegt, bleibt nach der Typologie Kramers zu klären, ob wirklich von ‚Inbesitznahme' gesprochen werden kann. Dies wäre die These Susanne Langers: „When words and music come together in song, music swallows words [...]; song is music." (Langer 1953, 152) In ähnlicher Weise haben auch Eggebrecht und Cone der Musik das wirkungsästhetische Primat eingeräumt: Die Vertonung bringe zwar nur eine der im Gedicht angelegten (latenten) Möglichkeiten des – formalen und inhaltlichen – Verständnisses zur Geltung, artikuliere diese jedoch durch das Medium des Klanges derart intensiv und unmittelbar, dass gleichsam kein Spielraum mehr bleibe (vgl. Cone 1989, 119). „Wenn wir ein solches Lied hören [„Nebensonnen" aus Franz Schuberts *Winterreise*], so haben wir den Eindruck, daß die Musik [...] künstlerisch stärker ist als das Gedicht, nicht künstlerisch besser [...], sondern ästhetisch stärker." (Eggebrecht 1979, 40) Georgiades sprach diesbezüglich, ebenfalls mit Blick auf Schubert, von einer „Tilgung" des Gedichtes durch die musikalische Struktur (vgl. Georgiades 1979, 34) – ein Standpunkt, den Kramer im Zeichen der ‚New Musicology' durch das „incorporation model" zu revidieren suchte: „A poem is never really assimilated into a composition; [...] it retains its own life, its own ‚body', within the body of the music." (Kramer 1984, 127; vgl. Lodato 1999, 99)

Wie sich Musik und Text in der Oper zueinander verhalten können, hat Scher (1994, 130–133) exemplarisch für Mozarts *Don Giovanni* (1787) gezeigt und dabei eine Typologie entworfen, die drei grundsätzliche Möglichkeiten benennt (nicht erschöpfend zweifellos, da man zum Beispiel noch die Kategorien der ironischen Distanzierung oder der regelrechten – quasi theologischen – Exegese [vgl. Schmitz 1950, 80–82] aufwerfen könnte, aber doch mit weitreichender Geltung). Scher unterscheidet zwischen (1) „Analogie", etwa bei Leporellos Arie „Madamina, il catalogo è questo", wo die Musik den einzelnen Aussagen des Librettos klangliche Plastizität verleiht, (2) „Subversion", etwa bei Masettos Arie „Ho capito, signor sì!", wo die Musik die Worte dementiert bzw. die dahinter verborgene Haltung des Protagonisten, hier die von unterwürfigen Floskeln überdeckte, aufrührerische Wut Masettos zum Ausdruck bringt, und (3) „Transzendenz". Letztere sei, so Scher, besonders für die Gestalt des Komturs charakteristisch, dem die Musik bereits mit den ersten Takten der Ouvertüre zu „überlebensgroße[r] Bühnenpräsenz" verhelfe (Scher 1994, 133).

Der *locus classicus* für die Option, in der Musik etwas zum Vorschein zu bringen, das der simultan deklamierte Text nicht verrät, ja sogar der Figur, die den Text spricht (bzw. singt), nicht bewusst ist, stellt die Arie des Oreste „Le calme rentre dans mon cœur!" aus Glucks *Iphigénie en Tauride* (1779) dar. Wie Gluck selbst, einer vielfach überlieferten Anekdote zufolge, gesagt haben soll, wird dort die vom Protagonisten artikulierte Behauptung, wieder Ruhe zu finden, durch die Ruhelosigkeit des begleitenden Orchesters buchstäblich der Unwahrheit überführt: „Er [Oreste] lügt [...]; er hält für Ruhe, was blosse Erschöpfung seiner Organe ist" (so Glucks angeblicher Wortlaut, gemäß der Leipziger *Allgemeinen Musikalischen Zeitung* vom 23. September 1812, Sp. 636). Die Idee, das Orchester solchermaßen zum Träger einer (unbewussten) ‚Wahrheit' zu machen, basiert auf der – tatsächlich nahezu ausnahmslosen – Regel, dass beim Zusammentreten von Text und Musik sehr wohl das Wort, aber niemals der Ton ‚lügen' könne (vgl. Noske 1994, 45). Sofern dies doch geschieht und sich das Verhältnis gerade in sein Gegenteil verkehrt, prominent in der Szene zwischen Siegfried und Mime im zweiten Aufzug von Wagners *Siegfried* (1876), wo das Orchester ‚heuchelt', der Text aber die Hintergedanken Mimes verrät, handelt es sich offensichtlich um eine Abweichung von der Norm. Bezeichnenderweise lassen jene nach der Wende zum 20. Jahrhundert entstandenen Opern, die das Unbewusste, psychoanalytisch inspiriert, zum Thema musiktheatraler Gestaltung machen, etwa Richard Strauss' *Elektra* (1909), Franz Schrekers *Der ferne Klang* (1912) oder Erich Wolfgang Korngolds *Die tote Stadt* (1920), das verborgene Seelenleben der Figuren im Orchester zu Klang werden, nicht – oder zumindest nicht offen – auf der Ebene des Librettos (vgl. Stollberg 2004). Im Schatten der Sprachkrise bilden die Worte hier nur eine Oberfläche, unter der sich Abgründe auftun, die allein für die Musik darstellbar sind.

4. Das Zusammenspiel der Medien im Musiktheater

4.1. Paragone: Der Dichter und der Komponist

Der letztgenannte Punkt führt ins Zentrum einer poetologischen Frage, die für die Gattungen des Musiktheaters seit der Entstehung der Oper (bzw. der *favola drammatica*) um 1600 als konstitutiv gelten kann: der Frage nämlich nach dem hierarchischen Verhältnis zwischen Text (Dichtung, Libretto) und Musik. Jenseits der nicht unbedingt glücklichen, vor allem mit Blick auf die schiefe Zuordnung der einzelnen Optionen zu Epochenbegriffen (‚klassisch', ‚romantisch') eher missverständlichen Nomenklatur umfasst die von Weisstein (1982, 24–25) aufgestellte Typologie hierbei alle wesentlichen Varianten: (1) „the ‚neo classical' view", worunter nach Weisstein alle Theorien und künstlerischen Resultate fallen, in denen die Oper als primär literarisches Genre erscheint und die Musik – gemäß einer vielfach gebrauchten Metapher – zur Dienerin des Textes (bzw. des Dramas) gestempelt wird; (2) „the ‚Romantic' view", genau auf die gegenteilige Relation zielend, darauf also, dass die „Poesie der Musick gehorsame Tochter seyn" müsse (Brief

Mozarts an seinen Vater vom 13. Oktober 1781; Mozart 1987, 270) – eine bereits im 17. Jahrhundert sich abzeichnende Tendenz, für die der Terminus ‚romantisch' besonders unglücklich gewählt ist; (3) „the ‚Wagnerian' view", verstanden als regelrechte ‚Vermählung' von Wort und Ton im Sinne eines Geschlechtsaktes zwischen ‚männlicher' (zeugender) Dichtkunst und ‚weiblicher' (gebärender) Musik (vgl. Grey 1995, 130–180); (4) „the ‚anti-Wagnerian' notion of Epic Opera", welche sich mit dem Postulat, dass die Musik gegenüber dem Text nicht nur ihre Unabhängigkeit bewahren, sondern sich zum Zweck der ‚Verfremdung' (Brecht) sogar daran reiben solle, denkbar weit vom Ideal des Bayreuther ‚Gesamtkunstwerks' entfernt; (5) „the ‚Baroque' (seventeenth-century) view, according to which opera is primarily spectacle".

In den Grundzügen zweifellos triftig, verlangt dieses Schema doch nach Differenzierung. Bezüglich der ersten Kategorie macht es beispielsweise einen wesentlichen Unterschied, ob die Musik als Dienerin des *Textes* (bzw. der Dichtung) oder des *Dramas* aufgefasst wird. Die vielzitierte Formulierung Giulio Cesare Monteverdis im Vorwort zu den 1607 publizierten *Scherzi musicali* seines Bruders Claudio Monteverdi, laut der „l'oratione sia padrona del armonia è non serva" [der Textvortrag Herrin des musikalischen Satzes sei und nicht Dienerin] (nach Ehrmann-Herfort 1989, 131), zielt tatsächlich auf die ‚Rede' im engeren Sinne, während das häufig in einem Atemzug damit genannte Diktum Glucks, es sei die Aufgabe der Musik, „di servire alla Poesia per l'espressione, e per le situazioni della Favola, senza interromper l'Azione" [der Dichtung in ihrem Ausdruck der Empfindungen und dem Reiz der Situationen zu dienen, ohne die Handlung zu unterbrechen] (Gluck 2005 [1769]), eben mehr einbegreift als die ‚Poesie', nämlich auch ‚Situationen' und ‚Handlung'. Entscheidend ist hierbei, wie unter 4.2 dargestellt wird, dass das Drama in der Oper, einschließlich seiner optischen Dimension und als ein wesentlich durch die Musik konstituiertes Gebilde, nicht zwangsläufig dem Libretto entspricht, weshalb es beispielsweise verfehlt wäre, einer Vertonung, die den Wortlaut unverständlich macht, *per se* mangelnde ‚Dramatik' zu attestieren.

Was den zweiten Punkt der von Weisstein vorgeschlagenen Typologie betrifft, so muss die – allgemein gesprochen – metaphysische Auffassung der Musik im Gefolge der Romantik von rein formalen Aspekten abgegrenzt werden. Letztere wären etwa zu finden in dem folgenden Diktum von Paul Dukas (nach Favre 1970, 76), auf seine eigene Oper *Ariane et Barbe-Bleue* (1907) dahingehend anwendbar, dass der Komponist den Textdichter Maurice Maeterlinck zu einer Überarbeitung des Librettos bewog, durch die es gewissermaßen als Sonatenform vertont werden konnte (1. Akt = Exposition, 2. Akt = Durchführung, 3. Akt = Reprise; vgl. Stollberg 2014b): „Ce n'est pas le poème qui se fait musique, mais bien plutôt la musique qui se fait poème." [Nicht das Gedicht macht die Musik, sondern es ist vielmehr die Musik, die das Gedicht macht.] Die von Schopenhauers Philosophie abgeleitete, bei Wagner erstmals formulierte und in Nietzsches frühen Schriften zur Tragödienästhetik ausgebaute Idee, dass die Handlung des Dramas, ebenso wie der Text eines Liedes, die allumfassende (metaphysische bzw. dionysische) Musik nur mit einem – im Grunde austauschbaren – (objektivierenden bzw. apollinischen) Gleichnis versehe, scheint hier in die Konkretion musikalischer Architektur übersetzt. In Schopenhauers, Wagners und Nietzsches Entwürfen wiederum schreibt sich fort, was E. T. A. Hoffmann bereits 1810 formuliert hatte: dass die „hinzutretende Poesie" beim „Gesange" die „Affekte" zwar „andeutet", um die Musik darauf beziehbar zu machen, aber nur, damit Letztere „wie das Wunder-Elixier der Weisen [...] uns hinaus aus dem Leben in das Reich des Unendlichen" tragen könne (Hoffmann SW 1, 532–533).

Hoffmann war es auch, der die wohl bekannteste künstlerische Selbstreflexion des gattungsimmanenten Paragone lieferte, neben Antonio Salieris *Prima la musica e poi le parole* (1786) und Richard Strauss' *Capriccio* (1942): den zuerst 1813 in der Leipziger *Allgemeinen Musikalischen Zeitung* erschienenen Dialog *Der Dichter und der Komponist*, hinsichtlich der dort vorgetragenen Standpunkte für die Operntheorie tatsächlich „von archetypischer Überzeitlichkeit" (Gräwe 1982, 237). Wenn der Dichter beklagt, dass die Komponisten nicht nur permanent auf „Kürze" pochen, sondern auch die Verse „mißhandel[n]", durch Umstellungen, Streichungen usw. der Musik gefügig machen oder sie gleich ganz „im Gesange ersäufe[n]" würden; und wenn der Komponist die Forderung dagegenhält, der Dichter solle nur für die „richtige Zeichnung in starken, kräftigen Zügen" sorgen, damit der „Zuschauer sich [...] einen Begriff von der Handlung machen" könne, „beinahe ohne ein Wort zu verstehen" (Hoffmann GW 4, 98; 111–112), so sind dramaturgische Kernmotive angesprochen, die in der Korrespondenz zwischen Giuseppe Verdi und seinen Librettisten oder zwischen Richard Strauss und Hugo von Hofmannsthal auf Schritt und Tritt wieder begegnen. Bei allen historischen Differenzierungen scheint es nicht unstatthaft zu sein, eine Operntheorie aus systematischer Perspektive zu skizzieren, zumal selbst das Genre der sogenannten „Literaturoper", mit Dahlhaus (1982) verstanden als Musikalisierung eines zwar gekürzten, ansonsten aber unveränderten Schauspieltextes, in neuerer Forschung eher dahingehend interpretiert wird, dass „keine grundlegenden Unterschiede" zu „älteren Libretti" bzw. traditionellen Opernformen bestehen (Gier 2000, 19; vgl. auch Rentsch 2011).

4.2. Theorie(n) des Opernlibrettos

In mindestens partieller Übereinstimmung mit anderen Autoren (Koebner 1982, Fricke 1985) gibt Gier (2000, 33) als „wesentliche Merkmale des Librettos" an: „(1)

Kürze; (2) diskontinuierliche Zeitstruktur; (3) Selbständigkeit der Teile; (4) Kontraststruktur; (5) Primat des Wahrnehmbaren". Die Punkte (1) und (2) referieren auf jene grundlegend vom gesprochenen Text abweichende Art musikalischer Zeitorganisation, deren offensichtlichste Ausprägung der Unterschied zwischen Rezitativ und Arie darstellt, der „Wechsel zwischen fließender und stockender Handlung" (Dahlhaus 1989, 29), bis hin zur irrealen Einfrierung des Augenblicks im *pezzo concertato* eines Finaltableaus oder der ebenso irrealen, das Nacheinander zur Simultaneität kontrahierenden Dialogschichtung im Ensemble. (3) und (4) bringen – nach Gier (2000, passim) – die Dominanz paradigmatischer gegenüber syntagmatischer Strukturen zur Sprache, die Akzentuierung von Konstellationen gegenüber linearen Entwicklungen, häufig in Oppositionspaaren gruppiert, wobei die Charaktere und ihre Stellung zueinander wichtiger anmuten als die Entfaltung eines Handlungsverlaufs, so dass sich insgesamt eine (antiaristotelische) Tendenz zur Episierung sowie zur offenen Dramenform ergibt.

Punkt (5) bildet die vorsichtige Formulierung eines Grundsatzes, der mit größerer Drastik seit dem 18. Jahrhundert auch immer wieder so gefasst wurde, dass die Opernhandlung – die szenische Konfiguration der Tableaus – als Pantomime allein für die Augen nachvollziehbar sein müsse (vgl. Jahrmärker 2006), und zwar in der Weise, dass selbst „der Taube [...] die Oper verstehen" kann (Herder SW 4, 484). Hierin schlägt sich die simple Tatsache nieder, dass die Textverständlichkeit beim Gesang stark reduziert ist, und dies mit der wachsenden Größe und dem zunehmenden symphonischen Eigengewicht des Orchesters seit Wagner umso mehr. Man kann bis zu der Folgerung gehen, dass für die Oper überhaupt nur zähle, was auf der Bühne stattfindet, während dasjenige, was lediglich berichtet wird und also das Wort als Informationsträger benötigt – etwa die Vorgeschichte der Handlung – wirkungsästhetisch irrelevant bleibe (Dahlhaus 1989, 31–33): „Das dichterische Detail ist im Libretto eine Privatsache des Autors." (Dahlhaus 1989, 13) Dies dürfte überspitzt sein und sich durch Gegenbeispiele sowie durch die Wichtigkeit des Versmaßes für die Vertonung widerlegen lassen (vgl. Gerhard 2013), weshalb Giers Formel vom „Primat des Wahrnehmbaren" insgesamt treffender und ausgewogener erscheint. Zudem kommt hier ein zweiter Grundsatz zum Tragen: dass die Handlungssituation durch „Schlagworte" (Richard Strauss an den Schriftsteller Joseph Gregor, 16. Juli 1935; Strauss/Gregor 1955, 30) bzw. durch eine „parola scenica" (Giuseppe Verdi an seinen Librettisten Antonio Ghislanzoni, 14. und 17. August 1870; nach Zoppelli 2013, 195–196) knapp charakterisiert werden müsse, um dann der Musik Raum zur Entfaltung zu geben.

Letzteres verweist aber wiederum auf einen Aspekt, den die frühe „librettology" geradezu kämpferisch bestritten hat (vgl. Weisstein 1982, 38; Weisstein 1984, 49), gerichtet gegen die These der unbedingten Priorität des Komponisten („the dramatist is the composer"; Kerman 1988, 91): auf den Aspekt nämlich, dass der Komponist ein Libretto nicht eigentlich ‚vertont', sondern die dort vorgezeichneten Situationen zum Anlass nimmt, seine Musik selbst ‚handelnd' werden zu lassen und die gesamte Aktion in ihr so auszuformen, dass sie als „eine dramatische Sprache [...] das musikalische *Theater*" erst generiert (Georgiades 2008 [1954], 116). Indessen ist es müßig, den Rangstreit der Künste wieder aufnehmen zu wollen. Da die zitierte Aussage von Georgiades gerade die Innovationen der Instrumentalmusik seit dem mittleren 18. Jahrhundert betrifft, kurz gesagt: das Sonatenprinzip, das – in sich selbst bereits ‚dramatisch' (vgl. Stollberg 2014a, 48–77) – der Musik auch für die Oper neue Gestaltungsräume erschloss, spricht nichts gegen die These, dass dieser Prozess umgekehrt durch die turbulentbeweglichen Abläufe der *opera buffa* oder des *dramma giocoso* und damit durch Librettisten wie Lorenzo da Ponte auch enorm befördert wurde.

Kermans Formel *Opera as Drama* (Kerman 1988) sollte freilich nicht darüber hinwegtäuschen, dass die Oper – und dies keineswegs erst seit Wagner – enge Berührungspunkte mit der Form des Romans aufweist: „Opera is more musical novel than musical drama." (Conrad 1977, 1) Lässt sich bereits die „Technik der Dehnung oder Zusammenziehung von Zeitabläufen" im Kern als „romanhaft" verstehen (Dahlhaus 1989, 33), so kommt mit dem Orchester eine Instanz ins Spiel, die leicht derjenigen des ‚allwissenden Erzählers' gleichgestellt werden kann. Ist dies bei einigen Anwendungsmodi von Wagners Leitmotivik, speziell im *Ring des Nibelungen*, geradezu offensichtlich (etwa im ersten Aufzug der *Walküre*, wenn das Orchester den namenlosen „Greis", von dem Sieglinde berichtet, durch das entsprechende Motiv als Wotan identifiziert), so bildet das Prinzip nach Halliwell (1999) ein Konstituens der Gattung schlechthin. Die Instrumente im Graben würden demnach nicht ausdrücken, was die Personen auf der Bühne fühlen oder denken, sondern deren Repliken hätten den Status der wörtlichen Rede im Roman, wären gewissermaßen immer mit doppelten Anführungszeichen zu imaginieren, eingebettet in die ‚Erzählung' des Orchesters (nicht in diejenige des Librettos): „Rather than characters ‚thinking' their accompaniment into existence [...], characters are ‚thought' into existence by the orchestra-narrator." (Halliwell 1999, 142) Aus dieser narratologischen Perspektive müsste der Komponist definitiv als eigentlicher Autor einer szenisch-musikalischen ‚Erzählung' angesehen werden, für die der Dichter nur noch die Figurenrede liefert.

Von entgegengesetzter Seite könnte aber auch die Beobachtung des Literaturkritikers Northrop Frye aufgegriffen werden, der Zuschauer einer Oper sei „exalted by the music above the reach of tragedy and comedy, and, though as profoundly moved as ever, is not emotionally involved with the discovery of plot or characters" (nach Lindenberger 1984, 49). Lindenberger spinnt den hier ausgelegten Faden weiter, mit Reflexionen, die die Oper (aus heutiger Perspektive) geradezu als Prototyp postdramatischen Theaters erscheinen lassen. Ohne das

„dramatic principle", also die immer wieder geforderte oder diagnostizierte Anbindung der Musik an Text und Handlung, gänzlich abzustreiten, relativiert er es doch mit Nachdruck (vgl. Lindenberger 1984, 62), um im Gegenzug das von Musik und sängerischer Darbietung herkommende Moment des Nicht-Mimetischen, Nicht-Referentiellen und Performativen sowie die Fokussierung der Operndramaturgie auf standardisierte, inhaltlich austauschbare Rituale und Zeremonien anstatt auf narrative Logik zu betonen: „From the performative standpoint, vocal brilliance or orchestral sumptuousness must take precedence over a composer's or a performer's fidelity to the text or to the external world that the text claims to represent [...]. The physical production of opera [...] becomes an expression and extension of musical possibilities [...]." (Lindenberger 1984, 113) Wie Lindenberger selbst einräumt (Lindenberger 1984, 131–132), kann dieser Standpunkt, der die Musik buchstäblich, aber eben ohne die polemische Tendenz von Wagners Meyerbeer-Kritik, zur „Wirkung ohne Ursache" (Wagner GSD 3, 301) und das Libretto zum bloßen Sprungbrett für musikalisch bzw. sängerisch hergestellte Affekterregungen stempelt, zu einer bloßen „Ermöglichungsstruktur" (Gumbrecht 1986, 18), mit dem Vorwurf der Einseitigkeit bedacht werden. Aber er hilft daran zu erinnern, dass sich das Zusammenwirken von Musik und Text auf der Bühne im Moment der Live-Performance anders darstellt als auf dem Papier. Es gehört zu den größten Herausforderungen der Analyse multimedialer Kunstformen im Bereich des Musiktheaters, die Implikationen dieses Sachverhalts stets mitzubedenken.

5. Sonderfall Melodram

Das Melodram erlebte seine ebenso kurze wie intensive Blütezeit vor dem Hintergrund des oben skizzierten Paragone, der unter den Auspizien aufklärerischer Poetik im 18. Jahrhundert zu einem Verdikt gegen die Unnatürlichkeit des Gesangs in der Oper eskaliert war und entsprechende Ansätze einer Gattungsreform nach sich gezogen hatte. Initiiert von Jean-Jacques Rousseaus „scène lyrique" *Pygmalion* (entstanden 1762, uraufgeführt 1770 in der Vertonung Horace Coignets), aber eigentlich erst begründet durch Georg Anton Bendas Sensationserfolge *Ariadne auf Naxos* und *Medea* (beide 1775), ließ dieses Genre große Hoffnungen aufkeimen: Mit der meistens sukzessiv entfalteten, zuweilen aber auch simultanen Verquickung von gesprochener Deklamation und orchestraler Musik sei endlich eine Form gefunden, Dichtung und Tonkunst, „jede ihrer eigenen Natur gemäß", gleichberechtigt miteinander zu verbinden, so der Musikforscher Johann Nikolaus Forkel, während ansonsten die „Poesie" nur „als die Leinwand angesehen" werde, „worauf der Musiker malt" (Forkel 1779, 251–252). Abweichend von Rousseaus ursprünglichen Ideen entlehnte Benda die Ausdrucksmittel und formalen Gestaltungsmerkmale wesentlich dem Accompagnato-Rezitativ, bezog aber auch geschlossene ‚Nummern' in seine Stücke ein (vgl. etwa die c-Moll-‚Arie' der Titelfigur in *Medea*, T. 696–725: „Peitscht ihn her, den Verbrecher!").

Das Potential des Genres wurde zeitweise als enorm angesehen, bis hin zu Mozarts Idee, „man solle die meisten Recitativ auf solche art in der opera tractiren" (Brief an den Vater vom 12. November 1778; Mozart 1987, 161) – ein Plan, den der Komponist zwar nur in zwei ‚Melologen' seines Fragment gebliebenen Singspiels *Zaide* (1779) realisierte, der aber noch in den (gesungenen) Accompagnato-Rezitativen des *Idomeneo* (1781) deutlich nachwirkt. Mochte die Melodram-Mode des späten 18. Jahrhunderts auch rasch wieder verglimmen, was zum einen der stereotypen Machart der reihenweise neu komponierten Werke geschuldet war, zum anderen der Tatsache, dass die „Verbindung von gesprochener Rede und Musik" für längere Szenenkomplexe doch als untauglich gescholten wurde (Schimpf 1988, 64; vgl. auch Küster 1994, 150–151), so lebte die neu gewonnene Expressionsfähigkeit jenes geschmeidig-flexiblen Orchestersatzes, den die Gattung erfordert hatte, in der Oper gewissermaßen weiter. Davon zeugen nicht zuletzt melodramatische ‚Einsprengsel' wie etwa der Dialog zwischen Leonore und Rocco in der Kerkerszene von Beethovens *Fidelio*, die Nr. 12 (Melodram und Duett) der dritten Fassung von 1814.

Ab der Mitte des 19. Jahrhunderts kehrte das (Konzert-)Melodram, geknüpft an einen pathosgesättigten Deklamationsstil, auf die Agenda zurück und brachte es im wilhelminischen Deutschland sogar zu bemerkenswerter Hochkonjunktur (vgl. Nöther 2008). Nach dem Ersten und verstärkt nach dem Zweiten Weltkrieg indessen löste sich mit dem Verlust der für das Genre konstitutiven, nunmehr als manieriert empfundenen, ins Pseudo-Gesangliche hinübergleitenden Rezitationskunst die tragende Voraussetzung des Melodrams auf. Die Gattung verschwand weitgehend, nicht aber das Bestreben, die Dimensionen der Zusammenfügung von gesprochenem Text und Musik weiter auszuloten – prominent im Tonfilm, wo die Technik des ‚underscoring', also der instrumentalen Untermalung des Dialogs, den Reiz einer auf der Bühne vielfach erprobten Medienkombination immer wieder aufs Neue dokumentiert.

6. Ausblick: ‚Composed Theatre'

Die Erforschung der Kombination von Literatur und Musik bleibt an die Entwicklung ihres Gegenstandes gebunden: Eine Ontologie zu behaupten, ginge angesichts der disparaten Phänomene an den Realitäten vorbei. Zunehmend muss vor allem in Rechnung gestellt werden, dass neuere künstlerische Hervorbringungen die einzelnen Parameter kaum noch distinkt zur Erscheinung kommen lassen. Wurde oben schon erwähnt (1.2.), dass bestimmte Spielarten der ‚Sprachkomposition', etwa bei Schnebel und Ligeti, keine Trennung der Komponenten in dem Sinne erlauben, dass es angemessen wäre, von einem ‚Text' und seiner ‚Vertonung' zu reden, so gilt dies erst recht für solche Theaterarbeiten, die auf allen Ebenen nach ‚musikalischen' Prinzipien durchgestaltet sind, ohne die Musik zwingend als eigenständiges Bedeutungssystem isolierbar zu machen (vgl. Roesner 2003). Ob solche Formen des ‚composed theatre' (Roesner/Rebstock 2012) überhaupt noch unter die Kategorie einer Medienkombination fallen und nicht bereits dem Feld intermedialer Bezüge angehören, also der Adaption musikalischer Strukturen durch ein anderes Medium (das Medium des Theaters; vgl. III.24 KNAPP), ist durchaus fraglich. Das Prinzip umfassender ‚Komposition' hat hier, wenn man so will, dasjenige der ‚Kombination' abgelöst, ohne den multimedialen Charakter dessen, was am Ende entsteht, zu suspendieren. Dass die grundlegenden Begriffe von Autorschaft, Text, Partitur, Werk und Aufführung sowie ihr Verhältnis zueinander unter diesen Auspizien neu zur Debatte stehen, hält für die zukünftige Theoriebildung keine geringen Herausforderungen bereit.

Literatur

Agawu, Kofi. „Theory and Practice in the Analysis of the Nineteenth-Century *Lied*". *Music Analysis* 11.1 (1992): 3–36.

Bernhart, Walter. „Setting a Poem: The Composer's Choice For or Against Interpretation". *Yearbook of Comparative and General Literature* 37 (1988): 32–46.

Brecht, Bertolt. „Die Mutter [Fassung 1933]". *Große Kommentierte Berliner und Frankfurter Ausgabe 3: Stücke 3* (=GBA 3). Hrsg. von Werner Hecht, Jan Knopf, Werner Mittenzwei und Klaus-Detlef Müller. Berlin i. a.: Aufbau und Suhrkamp, 1988. 261–324.

Brown, Calvin S. *Music and Literature. A Comparison of the Arts*. Hanover und London: University Press of New England, 1987 [1948].

Clüver, Claus. „Inter textus / Inter artes / Inter media". *Komparatistik. Jahrbuch der Deutschen Gesellschaft für Allgemeine und Vergleichende Literaturwissenschaft* (2000/2001): 14–50.

Cone, Edward T. *Music: A View from Delft. Selected Essays*. Hrsg. von Robert P. Morgan. Chicago und London: The University of Chicago Press, 1989.

Conrad, Peter. *Romantic Opera and Literary Form*. Berkeley, Los Angeles und London: University of California Press, 1977.

Dahlhaus, Carl. „Musik als Text". *Dichtung und Musik. Kaleidoskop ihrer Beziehungen*. Hrsg. von Günter Schnitzler. Stuttgart: Klett-Cotta, 1979. 11–28.

Dahlhaus, Carl. „Zur Dramaturgie der Literaturoper". *Für und Wider die Literaturoper. Zur Situation nach 1945*. Hrsg. von Sigrid Wiesmann. Laaber: Laaber, 1982. 147–163.

Dahlhaus, Carl. *Vom Musikdrama zur Literaturoper. Aufsätze zur neueren Operngeschichte*. Überarbeitete Neuausgabe. München und Mainz: Piper und Schott, 1989.
Eggebrecht, Hans Heinrich. „Vertontes Gedicht. Über das Verstehen von Kunst durch Kunst". *Dichtung und Musik. Kaleidoskop ihrer Beziehungen*. Hrsg. von Günter Schnitzler. Stuttgart: Klett-Cotta, 1979. 36–69.
Ehrmann-Herfort, Sabine. *Claudio Monteverdi. Die Grundbegriffe seines musiktheoretischen Denkens*. Pfaffenweiler: Centaurus, 1989.
Favre, Georges. „Les Débuts de Paul Dukas dans la critique musicale. Les Représentations Wagnériennes à Londres en 1892". *Revue de Musicologie* 56.1 (1970): 54–85.
Fecker, Adolf. *Sprache und Musik 1: Phänomenologie der Deklamation in Oper und Lied des 19. Jahrhunderts*. Hamburg: Wagner, 1984.
Fecker, Adolf. *Sprache und Musik 2: Systematik der Vokalmusik*. Hamburg: Wagner, 1989.
Forkel, Johann Nikolaus. *Musikalisch-kritische Bibliothek 3*. Gotha: Ettinger, 1779.
Fricke, Harald. „Schiller und Verdi. Das Libretto als Textgattung zwischen Schauspiel und Literaturoper". *Oper und Operntext*. Hrsg. von Jens Malte Fischer. Heidelberg: Winter, 1985. 95–115.
Georgiades, Thrasybulos G. *Schubert. Musik und Lyrik*. 2. Aufl. Göttingen: Vandenhoeck & Ruprecht, 1979 [1967].
Georgiades, Thrasybulos G. *Musik und Sprache. Das Werden der abendländischen Musik dargestellt an der Vertonung der Messe*. Berlin i. a.: Springer, 1954. Neuausgabe der 2. Aufl. (1974) mit einem Vorwort von Hans-Joachim Hinrichsen. Hrsg. von Irmgard Bengen. Darmstadt: Wissenschaftliche Buchgesellschaft, 2008.
Gerhard, Anselm. „Der Vers als Voraussetzung der Vertonung". *Verdi-Handbuch*. Hrsg. von Anselm Gerhard und Uwe Schweikert. 2., überarbeitete und erweiterte Aufl. Stuttgart und Weimar: Metzler, 2013. 201–222.
Gess, Nicola. *Gewalt der Musik. Literatur und Musikkritik um 1800*. 2., verbesserte Aufl. Freiburg im Breisgau: Rombach, 2011.
Gier, Albert. „Musik in der Literatur. Einflüsse und Analogien". *Literatur intermedial. Musik – Malerei – Photographie – Film*. Hrsg. von Peter V. Zima. Darmstadt: Wissenschaftliche Buchgesellschaft, 1995. 61–92.
Gier, Albert. *Das Libretto – Theorie und Geschichte einer musikoliterarischen Gattung*. Frankfurt am Main und Leipzig: Insel, 2000.
Gluck, Christoph Willibald. [„Vorwort zu *Alceste* im Partiturdruck von 1769"]. *Sämtliche Werke I/3b*. Hrsg. von Gerhard Croll in Zusammenarbeit mit Renate Croll. Kassel i. a.: Bärenreiter, 2005. LVII.
Gräwe, Karl Dietrich. „Halbgestaltete dichterische Materie". *Für und Wider die Literaturoper. Zur Situation nach 1945*. Hrsg. von Sigrid Wiesmann. Laaber: Laaber, 1982. 233–243.
Grey, Thomas S. *Wagner's Musical Prose. Texts and Contexts*. Cambridge: Cambridge University Press, 1995.
Gruhn, Wilfried. *Musiksprache – Sprachmusik – Textvertonung. Aspekte des Verhältnisses von Musik, Sprache und Text*. Frankfurt am Main i. a.: Diesterweg, 1978.
Gumbrecht, Hans Ulrich. „Musikpragmatik – Gestrichelte Linie zur Konstitution eines Objektbereichs". *Oper als Text. Romanistische Beiträge zur Libretto-Forschung*. Hrsg. von Albert Gier. Heidelberg: Winter, 1986. 15–23.
Halliwell, Michael. „Narrative Elements in Opera". *Word and Music Studies. Defining the Field. Proceedings of the First International Conference on Word and Music Studies at Graz, 1997*. Hrsg. von Walter Bernhart et al. Amsterdam und Atlanta: Rodopi, 1999. 135–153.

Herder, Johann Gottfried. „Einzelne Blätter zum ‚Journal der Reise'" [1769]. *Sämmtliche Werke 4* (=SW 4). Hrsg. von Bernhard Suphan. Berlin: Weidmannsche Buchhandlung, 1878. Reprint Hildesheim: Olms, 1967. 462–486.

Hiß, Guido. *Korrespondenzen. Zeichenzusammenhänge im Sprech- und Musiktheater. Mit einer Analyse des „Wozzeck" von Alban Berg*. Tübingen: Niemeyer, 1988.

Hiß, Guido. „Lied als Beispiel. Bausteine für eine multimediale Semantik". *Text und Musik. Neue Perspektiven der Theorie*. Hrsg. von Michael Walter. München: Fink, 1992. 243–252.

Hoffmann, E. T. A. *Gesammelte Werke in Einzelausgaben 4: Die Serapionsbrüder 1* [1819–1821]. Textrevision von Hans-Joachim Kruse. Redaktion: Rudolf Mingau. Berlin und Weimar: Aufbau, 1994.

Hoffmann, E. T. A. „Beethoven: 5. Sinfonie" [1810]. *Sämtliche Werke 1: Frühe Prosa, Briefe, Tagebücher, Libretti, Juristische Schrift. Werke 1794–1813* (=SW 1). Hrsg. von Gerhard Allroggen, Friedhelm Auhuber, Hartmut Mangold, Jörg Petzel und Hartmut Steinecke. Frankfurt am Main: Deutscher Klassiker Verlag, 2003. 532–552.

Jahrmärker, Manuela. *Comprendre par les yeux. Zu Werkkonzeption und Werkrezeption in der Epoche der Grand opéra*. Laaber: Laaber, 2006.

Kerman, Joseph. *Opera as Drama*. New and Revised Edition. Berkeley und Los Angeles: University of California Press, 1988 [1955].

Koebner, Thomas. „Vom Arbeitsverhältnis zwischen Drama, Musik und Szene (und ein Plädoyer für eine ‚Opera impura')". *Für und Wider die Literaturoper. Zur Situation nach 1945*. Hrsg. von Sigrid Wiesmann. Laaber: Laaber, 1982. 65–81.

Kramer, Lawrence. *Music and Poetry: The Nineteenth Century and After*. Berkeley i. a.: University of California Press, 1984.

Kramer, Lawrence. „Beyond Words and Music. An Essay on Songfulness". *Word and Music Studies. Defining the Field. Proceedings of the First International Conference on Word and Music Studies at Graz, 1997*. Hrsg. von Walter Bernhart, Steven Paul Scher und Werner Wolf. Amsterdam und Atlanta: Rodopi, 1999. 303–319.

Kühn, Ulrich. *Sprech-Ton-Kunst. Musikalisches Sprechen und Formen des Melodrams im Schauspiel- und Musiktheater (1770–1933)*. Tübingen: Niemeyer, 2001.

Küster, Ulrike. *Das Melodrama. Zum ästhetikgeschichtlichen Zusammenhang von Dichtung und Musik im 18. Jahrhundert*. Frankfurt am Main i. a.: Peter Lang, 1994.

Langer, Susanne K. *Feeling and Form. A Theory of Art Developed from „Philosophy in a New Key"*. New York: Scribner, 1953.

Lindenberger, Herbert. *Opera. The Extravagant Art*. Ithaca und London: Cornell University Press, 1984.

Lodato, Suzanne M. „Recent Approaches to Text/Music Analysis in the *Lied*. A Musicological Perspective". *Word and Music Studies. Defining the Field. Proceedings of the First International Conference on Word and Music Studies at Graz, 1997*. Hrsg. von Walter Bernhart, Steven Paul Scher und Werner Wolf. Amsterdam und Atlanta: Rodopi, 1999. 95–112.

Mathis, Ursula. „Text + Musik = Textmusik? Theoretisches und Praktisches zu einem neuen Forschungsbereich". *Sprachkunst. Beiträge zur Literaturwissenschaft* 18.2 (1987): 265–275.

Mozart, Wolfgang Amadeus. *Briefe*. Ausgewählt und hrsg. von Stefan Kunze. Stuttgart: Reclam, 1987.

Nöther, Matthias. *Als Bürger leben, als Halbgott sprechen. Melodram, Deklamation und Sprechgesang im wilhelminischen Reich*. Köln i. a.: Böhlau, 2008.

Noske, Frits. "Verbal and Musical Semantics in Opera: Denotation and Connotation". *Die Semantik der musiko-literarischen Gattungen. Methodik und Analyse. Eine Festgabe für Ulrich Weisstein zum 65. Geburtstag*. Hrsg. von Walter Bernhart. Tübingen: Narr, 1994. 35–50.

Rajewsky, Irina O. *Intermedialität*. Tübingen und Basel: Francke, 2002.

Rentsch, Ivana. "Literaturoper – ‚veroperte' Literatur: Dahlhaus' Erklärungsmodell für das Musiktheater nach 1900 und seine analytischen Perspektiven". *Carl Dahlhaus und die Musikwissenschaft. Werk – Wirkung – Aktualität*. Hrsg. von Hermann Danuser, Peter Gülke und Nobert Miller. Schliengen: Edition Argus, 2011. 88–99.

Roesner, David. *Theater als Musik. Verfahren der Musikalisierung in chorischen Theaterformen bei Christoph Marthaler, Einar Schleef und Robert Wilson*. Tübingen: Narr, 2003.

Roesner, David und Matthias Rebstock (Hrsg.). *Composed Theatre. Aesthetics, Practices, Processes*. Bristol: Intellect, 2012.

Scheit, Gerhard. "Die Oper als Gesamtkunstwerk". *Literatur intermedial. Musik – Malerei – Photographie – Film*. Hrsg. von Peter V. Zima. Darmstadt: Wissenschaftliche Buchgesellschaft, 1995. 93–125.

Scher, Steven Paul. "Einleitung: Literatur und Musik – Entwicklung und Stand der Forschung". *Literatur und Musik. Ein Handbuch zur Theorie und Praxis eines komparatistischen Grenzgebietes*. Hrsg. von Steven Paul Scher. Berlin: Schmidt, 1984. 9–25.

Scher, Steven Paul. "Da Ponte und Mozart: Wort und Ton in *Don Giovanni*". *Zwischen Opera buffa und Melodramma. Italienische Oper im 18. und 19. Jahrhundert*. Hrsg. von Jürgen Maehder und Jürg Stenzl. Frankfurt am Main i. a.: Peter Lang, 1994. 119–134.

Schimpf, Wolfgang. *Lyrisches Theater. Das Melodrama des 18. Jahrhunderts*. Göttingen: Vandenhoeck & Ruprecht, 1988.

Schmitz, Arnold. *Die Bildlichkeit der wortgebundenen Musik Johann Sebastian Bachs*. Mainz: Schott, 1950.

Stollberg, Arne. *Durch den Traum zum Leben. Erich Wolfgang Korngolds Oper "Die tote Stadt"*. 2. Aufl. Mainz: Are Musik Verlag, 2004 [2003].

Stollberg, Arne. *Tönend bewegte Dramen. Die Idee des Tragischen in der Orchestermusik vom späten 18. bis zum frühen 20. Jahrhundert*. München: Edition Text + Kritik, 2014.

Stollberg, Arne. "‚Tut lieber nicht die Fenster auf'. Paul Dukas' Maeterlinck-Vertonung *Ariane et Barbe-Bleue* (1907) und die Selbstbefragung symbolistischer Poetik". *Die Tonkunst* 8.3 (2014): 363–372.

Strauss, Richard und Joseph Gregor. *Briefwechsel 1934–1949*. Im Auftrag der Wiener Philharmoniker hrsg. von Roland Tenschert. Salzburg: Müller, 1955.

Sulzer, Johann Georg. *Allgemeine Theorie der schönen Künste 4*. 2. Aufl. Leipzig: Weidmannsche Buchhandlung, 1794. Reprint Hildesheim i. a.: Olms, 1994.

Thorau, Christian. *Vom Klang zur Metapher. Perspektiven der musikalischen Analyse*. Hildesheim: Olms, 2012.

Wagner, Richard. "Oper und Drama. Zweiter und dritter Teil" [1852]. *Gesammelte Schriften und Dichtungen 4* (=GSD 4). Hrsg. und kommentiert von Wolfgang Golther. Berlin: Bong, 1914. 1–229.

Walter, Michael. "Musik und Sprache: Voraussetzungen ihrer Dichotomisierung". *Text und Musik. Neue Perspektiven der Theorie*. Hrsg. von Michael Walter. München: Fink, 1992. 9–31.

Weisstein, Ulrich. "Librettology: The Fine Art of Coping with a Chinese Twin". *Literatur und die anderen Künste*. Bayreuth: Lorenz Ellwanger, 1982. 23–42.

Weisstein, Ulrich. „Die wechselseitige Erhellung von Literatur und Musik: Ein Arbeitsgebiet der Komparatistik?" *Literatur und Musik. Ein Handbuch zur Theorie und Praxis eines komparatistischen Grenzgebietes*. Hrsg. von Steven Paul Scher. Berlin: Schmidt, 1984. 40–60.
Wiora, Walter. „Jubilare sine verbis". *In memoriam Jacques Handschin*. Hrsg. von Higinio Anglés et al. Argentorati: Heitz, 1962. 39–65.
Wolf, Werner. „Musicalized Fiction and Intermediality. Theoretical Aspects of Word and Music Studies". *Word and Music Studies. Defining the Field. Proceedings of the First International Conference on Word and Music Studies at Graz, 1997*. Hrsg. von Walter Bernhart, Steven Paul Scher und Werner Wolf. Amsterdam und Atlanta: Rodopi, 1999. 37–58.
Wolf, Werner. *The Musicalization of Fiction. A Study in the Theory and History of Intermediality*. Amsterdam und Atlanta: Rodopi, 1999.
Wolf, Werner. „Intermedialität". *Metzler Lexikon Literatur- und Kulturtheorie. Ansätze – Personen – Grundbegriffe*. Hrsg. von Ansgar Nünning. 2., überarbeitete und erweiterte Aufl. Stuttgart und Weimar: Metzler, 2001. 284–285.
Wolf, Werner. „Intermediality Revisited. Reflections on Word and Music Relations in the Context of a General Typology of Intermediality". *Word and Music Studies. Essays in Honor of Steven Paul Scher and on Cultural Identity and the Musical Stage*. Hrsg. von Suzanne M. Lodato, Suzanne Aspden und Walter Bernhart. Amsterdam und New York: Rodopi, 2002. 13–34.
Zaminer, Frieder. „Musik im archaischen und klassischen Griechenland". *Die Musik des Altertums*. Hrsg. von Albrecht Riethmüller und Frieder Zaminer. Laaber: Laaber, 1989. 113–206.
Zbikowski, Lawrence. *Conceptualizing Music. Cognitive Structure, Theory, and Analysis*. Oxford: Oxford University Press, 2002.
Zoppelli, Luca. „Die Genese der Opern (I): Komponist und Librettist". *Verdi-Handbuch*. Hrsg. von Anselm Gerhard und Uwe Schweikert. 2., überarbeitete und erweiterte Aufl. Stuttgart und Weimar: Metzler, 2013. 183–200.

II.2.2. Musik in Literatur: *Telling*
Christine Lubkoll

Forschungen zum komparatistischen Grenzgebiet ‚Musik und Literatur' sind seit langem darum bemüht, die verschiedenen Arten von Beziehungen zwischen beiden Künsten systematisch zu differenzieren. So unterscheidet schon Steven Paul Scher (1994, 14) drei Felder: „Literatur in der Musik" (Programm-Musik; Übernahme literarischer Darstellungsformen); „Musik und Literatur" (alle Arten von Vokalmusik: Oper, Lied, Melodram, Popsongs etc.); „Musik in der Literatur" (Wortmusik, musikalische Form- und Strukturparallelen; ‚verbal music'; Anspielungen auf Musik, musikalische Werke und Musiker). Die komparatistische Literaturwissenschaft widmet sich vornehmlich dem dritten Bereich und versucht hier seit den 1990er Jahren – unter Bezugnahme auf neuere Theorieansätze – eine weitere Ausleuchtung und Binnendifferenzierung. So wurde vor allem von Werner Wolf (u. a.: 1998; 1999) der Brückenschlag zur Intermedialitätsforschung hergestellt. Irina O. Rajewsky (vgl. II.2.3 WOLF) baut in ihrer einschlägigen Systematik darauf auf und unterscheidet zwischen drei Arten medialer Bezüge: Intramedialität (Bezüge innerhalb eines Mediums), Intermedialität („Mediengrenzen überschreitende Phänomene, die mindestens zwei konventionell als distinkt wahrgenommene Medien involvieren") und Transmedialität („medienunspezifische Phänomene, die in verschiedensten Medien [...] ausgetragen werden können"; Rajewsky 2002, 13). Für den Bereich der Intermedialität nennt Rajewsky wiederum drei Unterformen, nämlich: Medienwechsel („Transformationen eines medienspezifisch fixierten Produkts [...] in ein anderes, konventionell als distinkt wahrgenommenes Medium"); Medienkombination („punktuelle oder durchgehende Kombination mindestens zweier, konventionell als distinkt wahrgenommener Medien"); intermediale Bezüge („Verfahren der Bedeutungskonstitution eines medialen Produkts durch Bezugnahme auf ein Produkt (=Einzelreferenz) oder das semiotische System (=Systemreferenz) eines konventionell als distinkt wahrgenommenen Mediums mit den dem kontaktnehmenden Medium eigenen Mitteln"; Rajewsky 2002, 157).

Nicola Gess (2010, 144 ff.) hat in ihrer „kleine[n] Typologie musik-literarischer Intermedialität" zu Recht darauf hingewiesen, dass die Bezeichnung ‚Medienwechsel' für den Bereich ‚Musik und Literatur' nicht zutrifft, „weil Musik keine medienunabhängigen, inhaltlichen Substrate zugewiesen werden können, die man aus ihr herauslösen und in ein anderes Medium wechseln lassen könnte" (Gess 2010, 142). Stattdessen schlägt sie vor, von ‚Medientransformation' zu sprechen, und zwar dann, wenn „medienspezifische Eigenschaften und Verfahren" von einer Kunst in die andere übertragen und zugleich transformiert werden

(Gess 2010, 142). Da es sich aber in einem solchen Fall um einen „fremdmedialen Bezug" handelt (Gess 2010, 143), werden Medientransformationen bei Gess unter den Begriff der ‚intermedialen Bezüge' subsumiert.

Bisher ergibt sich also aus der intermedialitätstheoretischen Fundierung des Forschungsgebiets ‚Musik und Literatur' folgende Systematik und Terminologie: Erstens fallen alle Erscheinungsformen musikliterarischer Bezüge in den Bereich der Intermedialität im Sinne der Kategorien Rajewskys. Zweitens sind nur zwei der drei bei Rajewsky genannten Unterformen der Intermedialität für eine Systematisierung der Relationen zwischen beiden Künsten relevant, nämlich ‚Medienkombination' (vgl. II.2.1 STOLLBERG) und ‚Intermediale Bezüge'.

Im großen Feld der intermedialen Bezüge muss noch einmal differenziert werden. Hier geht es zum einem um Bezugnahmen von Musik auf Literatur, um die Übertragung literarischer Inhalte oder auch um die Transformation literarischer Verfahren (etwa: narrativer Elemente) in das Zeichensystem der Musik (vgl. II.2.4 SCHMIDT). Im umgekehrten Fall der intermedialen Bezugnahmen von Literatur auf Musik müssen angesichts der vielfältigen Möglichkeiten nochmals Untergruppen gebildet werden. Nicola Gess (2010) schlägt hierfür – in Anlehnung an Werner Wolf (1998) und dessen Fruchtbarmachung narratologischer Begriffe für die Intermedialitätsforschung – die Unterscheidung zwischen *telling* und *showing* vor, die auf die seit der Antike etablierte Differenzierung zwischen Diegesis und Mimesis zurückgeht. Unter *telling* fallen „Beschreibungen von Musik und Musikwerken inklusive des von Scher als ‚verbal music' bezeichneten Phänomens der Beschreibung fiktiver Musikwerke", außerdem alle weiteren Arten der Thematisierung von Musik, die „nicht auf Transformation ziel[en]" (Gess 2010, 143). Unter dem Begriff *showing* werden alle literarischen Phänomene subsumiert, die Musik evozieren, simulieren oder (teil)reproduzieren, die also auf eine Musikalisierung von Sprache oder die fiktive Vergegenwärtigung eines Klangeindrucks zielen (Gess 2010, 143).

In der Praxis der Literaturanalyse erweist sich die heuristische Trennung zwischen *telling* und *showing* nicht immer als präzise umsetzbar, wie auch der Beitrag von Werner Wolf in diesem Band zeigt (vgl. II.2.3 WOLF). Während die Begriffe ‚(Teil)Reproduktion' und ‚formale Imitation' klar auf die im Text dingfest zu machende Anverwandlung musikalischer Ausdrucksformen bezogen sind (Wortmusik, Klangkunstwerk; aber auch: Übernahme musikalischer Strukturen in den literarischen Text), bewegt sich der Terminus ‚Evokation' eher in einem Grenzbereich: Denn um den Klangeindruck eines Musikwerks im Rezipienten zu evozieren (etwa: Schuberts *Winterreise*, vgl. II.2.3 WOLF), muss das Werk zugleich – im Akt des *telling* – narrativ vergegenwärtigt werden. Es fragt sich dann aber, ob nicht jede Narration – in welchem Medium auch immer – letztlich wirkungsästhetisch auf Evokation ausgerichtet ist. Hinzu kommt, dass in literarischen Texten oftmals die hier systematisch unterschiedenen Unterformen intermedialer Bezüge in Kombination auftreten. So geht in Thomas Manns Novelle *Tristan* die formale Imitation der Leitmotivtechnik mit der Thematisierung des Komponisten Wagner, seiner Oper Tristan und seiner Musikästhetik einher; außerdem wird Musik als Kunstform reflektiert, aber in der Beschreibung des Klavierspiels natürlich auch evoziert. Dennoch dient die heuristische Trennung von *telling* und *showing* der notwendigen systematischen Differenzierung.

1. Forschungsüberblick zum Bereich ‚Literatur und Musik': *Telling*

Im Bereich *telling* zeichneten sich schon früh spezifische inhaltliche und ebenso historische Schwerpunktsetzungen ab. So wurden zunächst motivgeschichtliche Arbeiten vorgelegt, etwa zu Musikerfiguren in der Literatur (Menck 1931; Hilzinger 1984, Prümm 1986) oder zum Musikverständnis einzelner Autoren (Riedel 1959; Nahrebecky 1979; Schmidt-Garre 1979). Seit den 1980er Jahren traten vor allem thematologisch-problemorientierte, kulturhistorisch-kontextualisierende und ästhetikgeschichtliche bzw. poetologisch interessierte Untersuchungen in den Vordergrund. So wurden etwa Studien zum Verhältnis von Künstlertum und Melancholie bzw. von Musik und Wahnsinn in der Romantik (Loquai 1984), zu Musik und Religion (Bollacher 1980) und zum Zusammenhang zwischen musikliterarischen Texten und der Entstehung der Nationalmusik um 1800 vorgelegt (Theilacker 1988). Einen weiteren Schwerpunkt bilden Arbeiten zum Konnex von Musikästhetik und Literatur, die durch die musikologische Forschung angeregt wurden, namentlich von Hans Heinrich Eggebrecht und Carl Dahlhaus (1984). Auf dieser Grundlage untersuchte Ruth E. Müller (1989) die Entfaltung musikästhetischer Reflexionen in der Literatur der Empfindsamkeit. Den Übergang von der empfindsamen Ausdrucksästhetik zur romantischen Musikästhetik beschrieb in Anknüpfung daran Barbara Naumann (1990). Christine Lubkoll (1995) fragte nach der poetologischen Funktion von Musikthematisierungen und musikästhetischen Implikationen in der Literatur um 1800 und beschrieb den *Mythos Musik* in der Literatur als Antwort auf die vielfältigen Krisenphänomene der beginnenden Moderne. Nicola Gess (2006) nahm in ihrer ebenfalls poetologisch orientierten Untersuchung vor allem die *Gewalt der Musik* in den Blick und analysierte diesen Topos in der Literatur sowie in musikkritischen und philosophischen Texten der Zeit. Neben diesen Fokussierungen auf Musik in der Literatur um 1800 lieferte Käuser (1999) einen wichtigen Beitrag zur Moderne und hier vor allem zur Impulsfunktion Wagners und Nietzsches. Thorsten Valk (2008) spannt den

Bogen einer ‚Diskursgeschichte der Musikästhetik von 1800–1950'. Martin Huber (1992) untersuchte das Erzählen über Musik im 20. Jahrhundert unter narrativen und ideologischen Gesichtspunkten. Für die Literatur der 2. Hälfte des 20. Jahrhunderts ist vor allem die Dissertation von Corina Caduff (1998) über die Funktion des Musikalischen im Werk Ingeborg Bachmanns zu nennen.

2. Erzählen über Musik

Wie oben erläutert, sind die Arten intermedialer Bezugnahmen von Literatur und Musik im Bereich des *telling* vielfältig, wobei die Referenzebenen oftmals in Kombination auftreten und dabei auch die Übergänge vom *telling* zum *showing* fließend sind. Dennoch sollen sie im Folgenden aus heuristischen Gründen gesondert behandelt werden, wobei zugleich eine historische Perspektivierung vorgenommen wird: Die Thematisierung von Musikerfiguren wird mit einem Schwerpunkt auf die erste Hochkonjunktur musikliterarischen Schreibens um 1800 reflektiert (am Beispiel E. T. A. Hoffmanns); die Beschreibung von Musikstücken (‚verbal music') soll sodann – im Horizont der Moderne – exemplarisch anhand von Thomas Manns *Doktor Faustus* erörtert werden; die Funktion von Notenzitaten wird am Beispiel von Ingeborg Bachmanns Roman *Malina* behandelt; schließlich werden die musikästhetische und die poetologische Reflexionsebene historisch perspektiviert: mit der Trias E. T. A. Hoffmann – Thomas Mann – Ingeborg Bachmann werden die Paradigmen musikliterarischen Schreibens nochmals – mit Blick auf die in den Texten unterschiedlich gewichteten Anspielungshorizonte von klassischer bzw. romantischer und moderner Ästhetik – konturiert.

2.1. Musikerfiguren in der Literatur – Komponisten, Instrumentalisten, Sängerinnen (am Beispiel von E. T. A. Hoffmann)

Die Hochkonjunktur des Musikthemas in der Literatur um 1800 beruht nicht zuletzt auf der Ausdifferenzierung der gesellschaftlichen Teilsysteme (Luhmann) und auf der Ausprägung der Leitdifferenzen ‚Kunst' und ‚Ökonomie', aber auch ‚Künstlertum' und ‚bürgerliches (Alltags)Leben'. Auffallend ist, dass die Musikerexistenz in der Literatur zumeist im Gegensatz zur gesellschaftlichen Realität steht – Antibürgerlichkeit, Wahnsinn, Krankheit und Tod werden immer wieder mit der Faszinationskraft des Musikalischen in Verbindung gebracht.

a) Komponisten: Während in Wilhelm Heinses Musikerroman *Hildegard von Hohenthal* (vgl. Lubkoll 1995, 83–117) eine Vielzahl real existierender, zeitgenössischer Komponisten vor allem im Hinblick auf ihre musikgeschichtliche Bedeutung gewürdigt werden, rücken in der Literatur der Empfindsamkeit und der Romantik zunehmend fiktive Tonkünstler in den Blick. Diese Komponisten leiden an der Banalität und dem Banausentum der sich etablierenden bürgerlichen Musikkultur, sie sind exzentrisch, krank bis zum Wahnsinn, scheiternde Existenzen (vgl. Wackenroders *Berglinger* oder Hoffmanns *Ritter Gluck* und Johannes Kreisler). Besonders ausgeprägt wird dieses Narrativ im Werk E. T. A. Hoffmanns entfaltet, der als Jurist und Komponist selbst der diskursiven Dichotomisierung von Kunst und Leben unterlag. Mit seinem *Ritter Gluck* (Hoffmann SW 2.1, 19–31) greift er zum einen auf eine historische Komponistenfigur zurück, die aber als Wiedergänger nicht nur anachronistisch, sondern in seinen Attitüden auch so „sonderbar" (Hoffmann SW 2.1, 31) gezeichnet wird, dass er letztlich als gesellschaftlicher Außenseiter und Ausnahmeexistenz erscheint. Die Exklusivität des Musikers zeigt sich dabei zunächst in seiner geradezu esoterischen, außergewöhnlichen und übersinnlichen Empfänglichkeit für Klänge und Töne („der Euphon fing an zu klingen", Hoffmann SW 2.1, 26), sodann in seiner Unabhängigkeit von jeglichen Konventionen – nicht zuletzt der Konvention der (Noten-)Schrift: Von „rastrierte[n] Blätter[n], aber mit keiner Note beschrieben" spielt der Komponist am Klavier die Ouvertüre seiner *Armida*, mit etlichen „neue[n] geniale[n] Wendungen" (Hoffmann SW 2.1, 29–30). Die Spannung von Kreativität und Konvention, Genie und System wird auch am Beispiel des Komponisten Johannes Kreisler vor Augen geführt. Er leidet an der Schwierigkeit, die augenblickliche Begeisterung des Schöpfungsakts in die Dauer des Werks zu überführen: „[I]n der exaltiertesten Stimmung" komponiert Kreisler zwar eine geniale Musik – „aber den andern Tag – lag die herrliche Komposition im Feuer." (Hoffmann SW 2.1, 33) Bei E. T. A. Hoffmann ist es (paradoxerweise) gerade der Aspekt der Flüchtigkeit der Musik als Zeitkunst, die diese zur „romantischste[n] aller Künste" erhebt (Hoffmann SW 2.1, 52). In der in die *Kreisleriana* eingefügten Besprechung der 5. Symphonie Beethovens lässt Hoffmann Kreisler die permanente Dynamik (als Ausdruck romantischer Sehnsucht) in der Tonkunst preisen: „Wie führt diese wundervolle Komposition in einem fort und fort steigenden Klimax den Zuhörer unwiderstehlich fort in das Geisterreich des Unendlichen." (Hoffmann SW 2.1, 55) In der Figur des Komponisten wird dieses musikalische Prinzip in mehrfacher Weise verkörpert. Er wird als rastlose Existenz gezeichnet, ist nicht zu greifen und verschwindet schließlich, „man wußte nicht wie und warum" (Hoffmann SW 2.1, 33). Außerdem bezeichnet er sich selbst als „basso ostinato" und verkörpert damit *in nuce* das Prinzip einer hartnäckigen Fortschreibung: „[...] aber fort muß ich bald auf irgendeine Weise." (Hoffmann SW 2.1, 418) Komponisten in der Literatur spiegeln also – von Berglinger bis zu Werfels Verdi, von Kreisler bis zu Leverkühn – nicht nur die Problematik der Künstlerexistenz im Kontext des bürgerlichen Kulturbetriebs, sie sind auch diejenigen Figuren, die eine mediale und zeichentheoretische Kunstreflexion verkörpern und in der Narration lebendig werden lassen.

b) Instrumentalisten und Sänger: In zahlreichen Musikerzählungen erscheinen darüber hinaus auch Instrumentalisten und Sänger als Protagonisten. Den Hintergrund für diese Unterscheidung bildet die im 18. und frühen 19. Jahrhundert vehement geführte Kontroverse um den Primat von Gesang oder Instrumentalmusik (vgl. Lubkoll 1995, 64 ff.), wobei die Befürworter der Instrumentalmusik (der Musikwissenschaftler Nikolaus Forkel etwa, aber auch Christian Friedrich Daniel Schubart, Tieck, Novalis, E. T. A. Hoffmann) vor allem die abstrakte Struktur der Musik hervorheben und zeichentheoretisch die „Idee der absoluten Musik" favorisieren (Dahlhaus 1984). Die Verfechter des Gesangsideals (allen voran der französische Philosoph Jean Jacques Rousseau und in seiner Folge der Kunsttheoretiker Johann Georg Sulzer, aber auch Wilhelm Heinse, Brentano sowie ebenfalls E. T. A. Hoffmann) rücken das Postulat der Natürlichkeit in den Vordergrund. Insofern verwundert es nicht, dass vorwiegend Sänger*innen* die Literatur bevölkern – wird doch im Geschlechterdiskurs um 1800 der Frau die größere Nähe zur Natur zugesprochen. Kommen einmal männliche Sänger zum Tragen, dann handelt es sich entweder um Kastraten – mit ihrer Nähe zur weiblichen Stimme (vgl. Heinse: *Hildegard von Hohenthal*; Balzac: *Sarrasine*) – oder um männliche Künstler mit ausgesprochen weiblichen Anteilen (etwa Brentano: *Der Sänger*). Im Werk E. T. A. Hoffmanns wird die Debatte um Instrumentalmusik und Gesang auf zwei Ebenen geführt. Zum einen sind seine Musikerzählungen voll von Beschreibungen erbaulicher Hausmusikabende, in denen beide – höhere Töchter mit schräger Stimme oder unfähige Instrumentalisten, die den Takt nicht halten – als Beispiele für eine dilettantische Musikpraxis auftreten und beißend persifliert werden. Der scharfe Gegensatz zwischen der bürgerlichen Musikkultur und dem wahren Ideal der „romantischsten aller Künste" (Hoffmann SW 2.1, 52) dient Hoffmann aber dazu, letzteres umso mehr emporheben zu können. Dabei spielt zum einen die Idee der Instrumentalmusik als einem losgelösten, von den Konventionen der Sprache befreiten Zeichenmodell eine Rolle – davon handelt etwa die Besprechung von *Beethovens Instrumentalmusik* in den *Kreisleriana* (Hoffmann SW 2.1, 52–61; vgl. III.14 Pankow). Zum anderen erscheint aber auch der praktizierende Instrumentalist als Repräsentant der absoluten Musik. Vornehmlich der Pianist – Kreisler oder der Ritter Gluck etwa – beherrscht die abstrakten Regeln des Kontrapunkts und versteht die komplizierte Struktur musikalischer Werke. Aber auch der Geiger und Geigenbauer Rat Krespel (Hoffmann SW 4, 39–64) steht, wenn auch als eine „splenische" Variante des Instrumentalisten (Hoffmann SW 4, 64), für die Musik als Konstruktionskunst, wobei er einerseits – beim Zerlegen der Geigen – das geheime Gesetz des Klangs erforscht, andererseits mit seiner ganzen Person quer liegt zu jeglicher Regelhaftigkeit und Konvention. Hoffmanns Sängerinnen repräsentieren dagegen das Geheimnis der Bannkraft des Musikalischen selbst und eben die Natur: Dies gilt für Krespels Tochter Antonia ebenso wie für die beiden Sängerinnen Lauretta und Teresina in *Die Fermate* von 1816 (deren Erzähler übrigens wiederum Pianist ist). Auch sie bilden einen Gegenpart zur alltäglichen Musikpraxis, die Macht des Gesangs wirkt so stark, dass der Erzähler beschwört: „[...] ich hatte ja zum ersten Mal in meinem Leben Musik gehört." (Hoffmann SW 4, 77) Neben der weiblichen Stimme ist dafür im Übrigen auch die „Chitarra" verantwortlich, die von Teresina gespielt wird, aber aufgrund ihres „dumpfe[n] geheimnisvolle[n] Klang[s]" dem Naturlaut des Gesangs besonders nahe erscheint (Hoffmann SW 4, 77). Allerdings wird auch in der *Fermate*, wie in den *Kreisleriana*, das Thema der Exklusivität des musikalischen Augenblicks und seiner Vergänglichkeit angesprochen. Denn während der Erzähler das Wunder des weiblichen Gesangs zu einer „inneren Idee" erhöht, trägt doch am Ende das Realitätsprinzip der „nicht eben erfreulichen Wirklichkeit" den Sieg davon (Hoffmann SW 4, 91). Bei einem zweiten Treffen haben die Stimmen der beiden Meisen „an Stärke und Höhe [...] merklich verloren" (Hoffmann SW 4, 77), und der Erzähler malt in satirisch gefärbten Bildern aus, wie aus einem Ideal banale Alltagsrealität wird: „Der Zauber ist vernichtet und die innere Melodie, sonst herrlich verkündet, wird zur Klage über eine zerbrochene Suppenschüssel oder einen Tintenfleck in neuer Wäsche." (Hoffmann SW 4, 92)

Abgesehen von diesem temporalen Aspekt (der nicht zuletzt auch mit Kreislers Reflexion über Dynamik und Vergänglichkeit korrespondiert) ist nochmals hervorzuheben, dass alle bei Hoffmann auftretenden Musikerfiguren als Außenseiter und als höchst gefährdete Existenzen dargestellt werden: So sind die Sängerinnen – von Donna Anna im *Don Juan* bis Antonia in *Rat Krespel* – zumeist esoterisch, nervlich sensibel und todgeweiht. Männlichen Künstlern wie dem Ritter Gluck, Kreisler oder auch Rat Krespel werden dagegen Attribute des Wahnsinns und eine subversive Anti-Bürgerlichkeit zugeschrieben. Insgesamt dient damit die Thematisierung von Musikern (und ihrer Musik bzw. Musikauffassung) einer diskursiven Grenzziehung und gleichzeitig Grenzüberschreitung: zwischen Normalität und Wahnsinn, Bürgerlichkeit und Kunst, Realitätsprinzip und romantischer Sehnsucht. Die Musik gilt in diesen Spannungsfeldern als Prüfstand für die Authentizität und die Ausdrucksmöglichkeiten des Subjekts schlechthin. Dabei wird sie zum einen als Zeichenstruktur bzw. als spezifisches (Ausdrucks-)Medium ernst genommen und als ‚das Andere der Sprache' reflektiert (vgl. II.1.1 HINDRICHS). Zum anderen dient sie aber als Projektionsfläche und wird zum Mythos narrativiert (vgl. 1995): Sie wird zum Träger eines Geheimnisses und zum Medium der „unnennbare[n] ahnungsvolle[n] Sehnsucht" erhoben (Hoffmann SW 2.1, 57). Sie wird dort als Lösungsmodell eingesetzt, wo die Dichotomien der realen Welt als aporetisch und unüberwindbar erscheinen, wo mithin der Musiker als Künstler sich zu behaupten hat oder untergeht.

2.2. *Verbal music* – Beschreibungen existierender und fiktiver Musikwerke in der Literatur (am Beispiel von Thomas Mann)

Ging es bei der Thematisierung von Musikerfiguren letztlich um eine Reflexion der Musik als Sprache (bzw. als Alternative zur Sprache), von der sich das Subjekt authentischen Ausdruck erhofft, so finden sich in der Literatur umgekehrt zahlreiche Passagen, in denen die Probe aufs Exempel der Darstellbarkeit des Musikalischen im Medium der Sprache erfolgt. Dabei geht es zunächst – von Wilhelm Heinse über Hoffmann bis zu Thomas Mann – um musikologisch gebildete Beschreibungen real existierender Musikwerke, um deren Strukturen und Kompositionsprinzipien. Eine zentrale Rolle spielt dabei aber auch die wirkungsästhetische Dimension; die Frage nämlich, wie das Subjekt das musikalische Kunstwerk wahrnimmt und was es in ihm auslöst. Wo auch diese Dimension zur Sprache gebracht wird, ist der Übergang von *telling* zu *showing*, vom Erzählen zur Evokation fließend (vgl. III.1 KOCH). Ein höchst interessantes Phänomen bei Darstellungen von Musikwerken in der Literatur ist eine Art doppelte Intermedialität, denn häufig wird beschrieben, wie beim Musikhören Bilder im Inneren der Seele aufsteigen und sich so – im Sinne einer synästhetischen Rezeption – der gewaltige Eindruck der Macht der Musik (vgl. Gess 2006) überhaupt fassen lässt. Schon Berglingers Hörerlebnisse in Wackenroders gleichnamiger Musikernovelle werden als solch ein „inwendiges Sehen" gezeichnet (vgl. Lubkoll 1995, 133 ff.). Auch in E. T. A. Hoffmanns ‚verbal music', etwa in der erwähnten Beethoven-Rezension, spielen Bildvorstellungen als Möglichkeiten der Übersetzung musikalischer Eindrücke eine wichtige Rolle: So führen, wie der Erzähler meint, Haydns Sinfonien „in unabsehbar grüne Haine, in ein lustiges buntes Gewühl glücklicher Menschen", was dann im Einzelnen noch ausgemalt wird (Hoffmann SW 2.1, 53). Mozarts Kompositionen dagegen leiten die Phantasie „in die Tiefen des Geisterreichs", Gestalten fliegen „winkend in ewigem Sphärentanze durch die Wolken" (Hoffmann SW 2.1, 53). Sogar Beethovens *absolute Musik* wird noch in Bildern vor Augen geführt, wenn auch nicht mehr ganz so konkret wie zuvor: Der Hörer wird „Riesenschatten gewahr", die Bewegungen im „Reich der Ungeheuern und Unermeßlichen" werden durch personifizierte Töne bewerkstelligt (Hoffmann SW 2.1, 54).

Ein Meister der ‚verbal music' ist Thomas Mann. In dessen zahlreichen Musikerzählungen finden sich etliche Beschreibungen musikalischer Kompositionen. Einen besonderen Reichtum bietet sein Musikroman *Doktor Faustus* (Mann FA

10.1), in dem sowohl real existierende Werke als auch fiktive Musik (Kompositionen des Tonsetzers Leverkühn) zur Darstellung gebracht werden. Ein bekanntes und einprägsames Beispiel für die Narrativierung eines Musikstücks ist die Besprechung des zweiten Satzes von Beethovens Klaviersonate op. 111 (Mann FA 10.1, 78–85). Dass der Musiktheoretiker Theodor W. Adorno hier Pate gestanden hat, wurde von Seiten der Forschung hinlänglich thematisiert (vgl. zuletzt Lubkoll 2014). Seine Kategorien („harmonische Subjektivität", „polyphonische Objektivität"; „Verhältnis zum Konventionellen" etc.) stellen die Grundlage für die vom Erzähler angebotene Strukturanalyse und Gattungsreflexion dar (Mann FA 10.1, 81). Darüber hinaus werden aber vor allem Bildvorstellungen erzeugt, und zwar auf zwei Ebenen. Auf der Ebene der Charakterisierung des Werks wird zunächst an E. T. A. Hoffmann angeknüpft: Auch bei Thomas Mann ist von „schwindelnden Höhen", von einem „einsame[n] Fürst eines Geisterreichs" (Mann FA 10.1, 81) und von einem „schwindelnd klaffenden Abgrund" die Rede (Mann FA 10.1, 84), vor allem aber wird der zweite Satz, namentlich das Arietta-Thema, mit einer ‚Abschieds'-Dramatik assoziiert: „Nach einem anlautendenden c nimmt es [das zuvor schon behandelte *Abschieds*-Motiv d-g-g; C. L.] vor dem d ein cis auf, so dass es nun nicht mehr ‚Himmelsblau' oder ‚Wie-sengrund', sondern ‚O-du Himmelsblau', ‚Grü-ner Wiesengrund', ‚Leb'-mir ewig wohl' skandiert; und dieses hinzukommende cis ist die rührendste, tröstlichste, wehmütig versöhnlichste Handlung von der Welt." (Mann FA 10.1, 84–85)

Dieser Narrativierung, die eine deutliche Anspielung auf Leverkühns Lebensgeschichte enthält (das Streifen seiner Wange durch Hetaera Esmeralda), wird die ebenfalls bildhafte Beschreibung des Vortragenden Wendell Kretzschmars selbst zur Seite gestellt: „Mit dem Munde ahmte er nach, was die Hände spielten. Bum, bum – wum, wum – schrum, schrum, machte er bei den grimmig auffahrenden Anfangsakzenten des ersten Satzes und sang in der hohen Fistel die Passagen melodischer Lieblichkeit mit [...]." (Mann FA 10.1, 83)

Die doppelte Bildhaftigkeit der Darstellung verknüpft damit die inhaltliche Dramatik der Klaviersonate unmittelbar mit dem Drama des Künstlers.

Auch die Darstellung fiktiver Musikwerke im Roman Thomas Manns folgt diesem Muster. Eine besonders eindringliche Auseinandersetzung mit den fingierten Kompositionen Leverkühns findet am Ende des Romans statt, anlässlich des „Monstre-Werk[s] der Klage" (Mann FA 10.1, 704), des Oratoriums *D. Fausti Weheklag*. Hier liefert der Erzähler Zeitblom eine ausführliche Beschreibung, die im Wesentlichen auf einer Charakterisierung der musikalischen Mittel (Instrumentation; Struktur) beruht und zugleich durch Textzitate aus der Faust-Kantate veranschaulicht wird. Daneben aber werden starke Bilder evoziert, die wiederum das musikalische Werk mit der Lebensgeschichte der Komponisten narrativ verknüpfen: Zu nennen sind hier vor allem die „schmerzhafteste Ecce homo-Gebärde" (Mann FA 10.1, 703; die Biographie Leverkühns ist mit der Friedrich Nietzsches eng assoziiert), der Verweis auf die Hetaera-Esmeralda-Figur im Zusammenhang mit der Tonfolge h e a e es (Mann FA 10.1, 704), vor allem aber die vielen Bilder des Grauens und der Klage, die auf die Leiden des Künstlers, aber auch auf die Fatalität seines Teufelspaktes verweisen. Besonders eindringlich erfolgt die Bebilderung am Ende: mit der tröstenden Vorstellung vom „Licht in der Nacht" (Mann FA 10.1, 711), mit der der Erzähler Zeitblom die von Leverkühn im Oratorium vollzogene Rücknahme der 9. Symphonie Beethovens in eine Gnadenhoffnung umschlagen lässt.

2.3. Notenzitate und musikhistorische Anspielungen (am Beispiel von Ingeborg Bachmann)

Eine weitere Möglichkeit, ein musikalisches Werk im Text zu vergegenwärtigen, ist das Notenzitat. Man könnte geneigt sein, diese Form der Verbindung von Musik und Literatur unter dem Begriff der ‚Medienkombination' zu fassen; da aber das musikalische Werk nicht akustisch erklingt, sondern nur qua Notation im Medium der Schrift zitiert wird, sollte auch hier von einem intermedialen Bezug gesprochen werden (vgl. Gess 2010, 156–157).

Neben einem der berühmtesten Beispiele für eine solche Verfahrensweise, Schnitzlers *Fräulein Else* (vgl. Gess 2010), ist hier Ingeborg Bachmanns Roman *Malina* anzuführen, in dem an zwei Stellen Passagen aus Arnold Schönbergs Komposition *Pierrot lunaire* eingefügt sind. Zu Beginn handelt es sich um nur drei Takte aus dem 21. Lied des Zyklus; Melodie und der dazugehörige Text werden zitiert (Bachmann W 3, 15):

park spaziert. Aber in diesen Stadtpark, über dem für mich ein kalkweißer Pierrot mit überschnappender Stimme angetönt hat,

kommen wir höchstens zehnmal im Jahr, weil man ja in fünf Minuten dort sein kann; und Ivan, der prinzipiell

Abb. 1: Lubkoll „Malina1"

Gegen Ende des Romans wird dann zunächst dieser Ausschnitt noch einmal zitiert (allerdings diesmal ohne Text); es folgt nach wenigen Zeilen eine die Melodie variierende Passage; wiederum einige Zeilen später erscheinen die letzten 10 Takte aus *Pierrot lunaire*, hier nun wieder mit Text (Bachmann W 3, 319).

mich zu tun. Aber dann gehe ich selber zum Flügel und fange ungeschickt an, ein paar Töne zusammenzusuchen, im Stehen.

Malina rührt sich nicht, zumindest tut er, als sähe er sich die Bilder an, ein Porträt von Kokoschka, das Barbaras Großmutter zeigen soll, ein paar Zeichnungen von Swoboda, die zwei kleinen Plastiken von Wantschura, die er längst kennt.

Malina dreht sich nun doch um, kommt zu mir, drängt mich weg und setzt sich auf den Hocker. Ich stelle mich wieder hinter ihn, wie damals. Er spielt wirklich und spricht halb und singt halb und nur hörbar für mich:

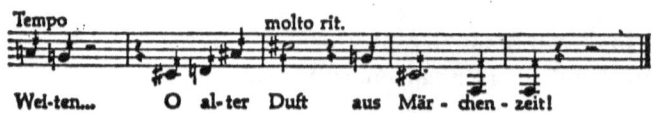

Abb. 2: Lubkoll „Malina2"

Um die Funktion dieses für den Roman signifikanten Musikzitats zu verstehen, ist ein Blick auf die Gesamtkonstellation des Romans nötig. *Malina* verhandelt die Existenzproblematik der Ich-Erzählerin, einer Schriftstellerin, die sich im Spannungsfeld zweier Männerbeziehungen zuspitzt, welche jeweils mit konkurrierenden ästhetischen Konzepten assoziiert werden. Mit der Figur Ivan verbindet sich die Begeisterung der Erzählerin für Mozarts Motette *Exsultate jubilate*; die Wiener Klassik ist dem Geliebten auch topographisch zugeordnet: Er wohnt in der Wiener Ungargasse, einige Hausnummern entfernt von jenem Wohnhaus, in dem Ludwig van Beethoven seine 9. Symphonie komponierte. Malina dagegen steht für die ästhetische Moderne: Im Kontext der Beziehung zu ihm (der von der Autorin als Doppelgänger des weiblichen Ich bezeichnet wird) finden sich die über den Roman verstreuten Schönberg-Zitate, und auch diese Verbindung wird topographisch untermauert (Bachmann W 3, 15; vgl. Achberger 1984; Caduff 1999). Mozarts *Exsultate jubilate* wird in Form von ‚verbal music' vergegenwärtigt, allerdings sehr subjektiv gefärbt (Bachmann W 3, 55). Die Komposition fungiert zugleich als poetologisches Ideal: Denn das Buch, welches das Ich schreibt, soll sein „wie EXSULTATE JUBILATE" (Bachmann W 3, 54). Dieses Projekt gelingt nicht, wie der Verlauf des Romans zeigt. Markant wird demgegenüber die Schönberg-Komposition über die Notenzitate eingespielt und trägt am Ende gewissermaßen den Sieg davon. Allerdings wird im Roman selbst der Traum des Harmonischen aufbewahrt, als ein im Verschwinden begriffener. Denn so wie die *Pierrot*-Zitate im Zwischenraum der Schrift markiert werden, finden sich in vergleichbaren Textbruchstellen – im Kursivdruck – auch Fragmente aus dem „Schönen Buch" der Erzählerin, das sein soll wie *Exsultate jubilate*; sie heben an mit der Formel „Ein Tag wird kommen" (vgl. Bachmann W 3, 121; 136; 138; 140). Am Ende des Romans werden diese utopischen Versuche – nicht mehr im Zwischenraum, sondern *recte* im laufenden Text – zurückgenommen: „Kein Tag wird kommen." (Bachmann W 3, 303)

Das Notenzitat in Ingeborg Bachmanns *Malina*-Roman hat also strukturbildende Funktion, es markiert die entscheidende ästhetisch-poetologische Implikation des Romans in einer Konfrontation der ästhetischen Konzepte der Klassik und der Moderne. Der Roman lässt die alte Zeit (‚o alter Duft aus Märchenzeit', wie es bei Schönberg heißt) gewissermaßen durch die Fragmente des *Exsultate*-Buchs in sich ein, führt aber dann zur zunehmenden Dominanz der (dissonantischen) Moderne. Die Modernität des Romans besteht aber gerade in der Poetik des Zwischenraums, in der das Anachronistische als Ausgelöschtes noch aufgehoben ist.

2.4. Ästhetische Reflexionen und poetologische Implikationen

Wie am Beispiel Bachmanns deutlich wurde, gehen intermediale Bezüge in der Literatur oftmals einher mit ästhetischen Reflexionen und poetologischen Standortbestimmungen. Mehr noch: Es sind gerade die markierten Referenzen auf das andere Medium, hier die Thematisierungen von Musik, die als zentraler Angelpunkt solcher Auseinandersetzungen fungieren. Dies bedeutet, dass kulturhistorisches Wissen zur Ästhetik-Geschichte im Feld der intermedialen Bezüge zumeist präsent ist; immer wieder wird musikhistorischen Kontexten eine eigene bedeutungsstiftende Funktion zugeschrieben, wie im Falle Bachmanns. Überschaut man die Geschichte des musikliterarischen Schrifttums insgesamt, so lassen sich in dieser Hinsicht durchaus intertextuelle Netze finden; musikästhetische Kontexte, die in der Literatur immer wieder aufgegriffen werden, bilden eine Art Systemreferenz (vgl. Broich und Pfister 1985). Abschließend soll dieses Feld intertextueller Referenzen noch anhand der Trias E. T. A. Hoffmann – Thomas Mann – Ingeborg Bachmann verdeutlicht werden.

E. T. A. Hoffmanns Musiktexte hatten einen entscheidenden Anteil an der Ausprägung der romantischen Musikästhetik (Dahlhaus 1984, vgl. Kap. 1; III.11 NAUMANN). Sein Musikideal begründet er einerseits mit der semantischen Losgelöstheit musikalischer Zeichen (absolute Musik), andererseits mit den Strukturen der Polyphonie und der permanenten Dynamik (im Sinne der progressiven Universalpoesie). Interessant ist, dass Hoffmann die Grundzüge seiner Ästhetik nicht an romantischen Komponisten, sondern an den Vertretern der Wiener Klassik (Haydn, Mozart, Beethoven), ja sogar an Johann Sebastian Bach festmacht (Hoffmann SW 2.1, 34 ff.; 57). Über die literarische Umsetzung des ästhetischen Programms in den *Kreisleriana* ist an anderer Stelle ausführlich reflektiert worden (vgl. Lubkoll 1995; Gess 2006). Hier interessiert vor allem die diskursivitätsbegründende Rolle Hoffmanns im Hinblick auf die Tradierung der romantischen Musikästhetik und seines damit verbundenen Beethoven-Bildes. Denn der ‚Mythos Beethoven' durchzieht die Literatur bis ins 20. Jahrhundert (vgl. Corbineau-Hoffmann 2000; Lubkoll 2014). Einen besonders großen Stellenwert erhält Beethoven (als Repräsentant der klassisch-romantischen Musikästhetik) in Thomas Manns *Doktor Faustus*, wo neben der Klaviersonate op. 111 und der *Missa solemnis* (Mann FA 10.1, 82ff; 86 ff.) vor allem der 9. Symphonie eine strukturbildende Funktion zukommt. Deren „Zurücknahme" betreibt Leverkühn, der moderne Komponist und Erfinder der Zwölftontechnik, ebenso verzweifelt wie programmatisch: „‚Ich habe gefunden', sagte er, ‚*es soll nicht sein.* [...] Das Gute und Edle', antwortet er mir, ‚was man das Menschliche nennt, obwohl es gut ist und edel. [...] Es wird zurückgenommen. Ich will es zurücknehmen. [...] Die Neunte Symphonie.'" (Mann FA 10.1, 692–693) Diese Zurücknahme Beethovens, des Humanitätsideals ebenso wie der romantischen Sehnsuchtsästhetik, wird im Roman nicht allein musikgeschichtlich begründet, sondern zugleich kulturhistorisch und politisch. Die Erfindung der Zwölftontechnik wird bekanntlich im Roman mit der historischen Katastrophe des 20. Jahrhunderts, mit der Barbarei des Faschismus zusammengedacht. Das am Ende stehende „Monstre-Werk der Klage", *D. Fausti Weheklag*, bezieht sich damit nicht nur biographisch auf die Figur Leverkühn, sondern zieht zugleich die Summe der kulturhistorischen Entwicklung der Neuzeit und entbindet daraus eine moderne Ästhetik des Schreckens. Diese wird allenfalls auf der Ebene der Narration entschärft: durch Zeitbloms „Transzendenz der Verzweiflung" (Mann FA 10.1, 711) und sein Gnadengesuch als eines der letzten Worte des Romans (Mann FA 10.1, 738).

Auf diese Konstellation rekurriert der Roman *Malina*, in dem Ingeborg Bachmann ebenfalls das Trauma des Faschismus mit einer ästhetischen Reflexion verbindet. Wie bei Thomas Mann werden die musikhistorischen Marksteine Beethoven (hier zusammen mit Mozart) und Schönberg miteinander konfrontiert. Wie bei Thomas Mann wird am Ende das harmonische Modell verworfen. Der intermediale Bezug auf Musik dient einer generellen Standortbestimmung der Ästhetik in der Moderne in Verbindung mit entschiedener Zeitkritik und einer historischen Diagnose. Neu erscheint hier der Versuch einer Ästhetik des Zwischenraums, in der die moderne Schmerzpoetik einen Nachhall der romantischen Sehnsuchtsästhetik in sich einlässt. Eine komplexe Polyphonie ästhetischer Konzepte bestimmt so letztlich die Poetologie des Romans.

3. Desiderata und Perspektiven

Die musikliterarische Forschung hat in jüngster Zeit eine differenzierte Begrifflichkeit entwickelt, die es erlaubt, die intermedialen Bezüge von Literatur auf Musik systematisch zu erfassen und eine Typologie von Beziehungsarten zu entwickeln (siehe oben unter 1). Dies hat zu einer Klärung beigetragen und ermöglicht es, musikalische Anspielungen in literarischen Texten nicht motivgeschichtlich zu deuten, sondern funktional einzuordnen und ästhetisch zu bewerten. Wie bei jeder Typologie werden dabei heuristische Unterscheidungen vorgenommen, die in der Realität der Texte so trennscharf nicht immer vorzufinden sind. So existieren vor allem dort immer wieder Überschneidungen zwischen *telling* und *showing*, wo es um die Evokation musikalischer Werke und Hörerlebnisse geht. In konkreten Analysen muss daher in Zukunft vermehrt das gesamte Register musikliterarischer Bezüge und ihrer vielfältigen Kombinationen in den Blick genommen werden. Die fruchtbare Verbindung von intermedialitätstheoretischen und narratologischen Kategorien (vgl. II.2.3 WOLF) kann überdies noch fortgeführt werden. So stellt sich die Frage, ob nicht neben den Begriff des Erzählens die Kategorie des Beschreibens – im Sinne einer Deskriptologie – stärker systematisch in den Blick rücken sollte (wie dies übrigens auch für die Narratologie fruchtbar wäre). Gerade das Beschreiben von Musikwerken (,verbal music') stellt einen Bereich dar, in dem *telling* und *showing* eine bisher systematisch nicht erfasste Schnittmenge bilden. Im Übrigen können auch intertextualitätstheoretische Ansätze weiterführen, wenn es darum geht, die in musikliterarischen

Analysen herausgearbeiteten Befunde problemorientiert zu reflektieren und ihre bedeutungskonstituierende Funktion präzise zu bestimmen, d. h. den semantischen (Mehr)Wert des Zusammenstoßes von Prä- und Folgetext zu ermitteln. Dies – die Einbeziehung einer Deskriptologie und der Intertextualitätstheorie – würde weitere Ausdifferenzierungen und methodische Präzisierungen mit sich bringen in einem Forschungsfeld, das sich bereits auf einem guten Weg befindet.

Literatur

Bachmann, Ingeborg. „Malina" [1971]. *Werke 3: Todesarten: Malina und unvollendete Romane* (=W 3). Hrsg. von Christine Koschel, Inge von Weidenbaum und Clemens Münster. München und Zürich: Piper, 1978. 9–337.
Bollacher, Martin. „Wackenroders Kunst-Religion. Überlegungen zur Genesis der frühromantischen Kunstanschauung". *Germanisch-romanische Monatsschrift* 30.4 (1980): 377–394.
Broich, Ulrich und Manfred Pfister (Hrsg.). *Intertextualität*. Tübingen: Niemeyer, 1985.
Caduff, Corina. „dadim dadam" – Figuren der Musik in der Literatur Ingeborg Bachmanns. Köln i. a.: Böhlau, 1998.
Corbineau-Hoffmann, Angelika. *Testament und Totenmaske: Der literarische Mythos Ludwig van Beethoven*. Hildesheim: Weidmann, 2000.
Dahlhaus, Carl. *Die Idee der absoluten Musik*. Kassel i. a.: Bärenreiter, 1978.
Dahlhaus, Carl. *Geschichte der Musiktheorie 10: Die Musiktheorie im 18. und 19. Jahrhundert. Erster Teil: Grundzüge einer Systematik*. Darmstadt: Wissenschaftliche Buchgesellschaft, 1984.
Gess, Nicola. *Gewalt der Musik. Literatur und Musikkritik um 1800*. Freiburg im Breisgau und Berlin: Rombach, 2006.
Gess, Nicola. „Intermedialität Reconsidered. Vom Paragone bei Hoffmann bis zum Inneren Monolog bei Schnitzler". *Poetica* 42 (2010): 139–168.
Gier, Albert. „Musik in der Literatur. Einflüsse und Analogien". *Literatur intermedial. Musik – Malerei – Photographie – Film*. Hrsg. von Peter V. Zima. Darmstadt: Wissenschaftliche Buchgesellschaft, 1995. 61–92.
Gier, Albert und Gerold Gruber (Hrsg.). *Musik und Literatur. Komparatistische Studien zur Strukturverwandtschaft*. 2., veränd. Aufl. Frankfurt am Main i. a.: Peter Lang, 1997.
Grage, Joachim (Hrsg.). *Literatur und Musik in der klassischen Moderne: Mediale Konzeptionen und intermediale Poetologien*. Würzburg: Ergon, 2006.
Hilzinger, Klaus Harro. „Die Leiden der Kapellmeister. Der Beginn einer literarischen Reihe im 18. Jahrhundert". *Euphorion* 78 (1984): 95–110.
Hoffmann, E. T. A. „Fantasiestücke in Callots Manier" [1814–1815]. *Sämtliche Werke 2.1: Werke 1814* (=SW 2.1). Hrsg. von Wulf Segebrecht, Hartmut Steinecke et al. Frankfurt am Main: Deutscher Klassiker Verlag, 1993.
Hoffmann, E. T. A. *Sämtliche Werke 4: Die Serapionsbrüder* [1819–1821] (=SW 4). Hrsg. von Wulf Segebrecht, Hartmut Steinecke et al. Frankfurt am Main: Deutscher Klassiker Verlag, 2001.

Huber, Martin. *Text und Musik. Musikalische Zeichen im narrativen und ideologischen Funktionszusammenhang ausgewählter Erzähltexte des 20. Jahrhunderts*. Frankfurt am Main i. a.: Peter Lang, 1992.
Käuser, Andreas. *Schreiben über Musik. Studien zum anthropologischen und musiktheoretischen Diskurs sowie zur literarischen Gattungstheorie*. München: Fink, 1999.
Loquai, Franz. *Künstler und Melancholie in der Romantik*. Frankfurt am Main: Peter Lang, 1984.
Lubkoll, Christine. *Mythos Musik. Poetische Entwürfe des Musikalischen in der Literatur um 1800*. Freiburg im Breisgau: Rombach, 1995.
Lubkoll, Christine. „Kontexte: Musik". *Handbuch Literaturwissenschaft 1: Gegenstände und Grundbegriffe*. Hrsg. von Thomas Anz. Stuttgart und Weimar: Metzler, 2007. 378–382.
Lubkoll, Christine. „Beethovens ‚Spätstil' und seine Mythisierung bei Adorno und Thomas Mann". *Altersstile im 19. Jahrhundert*. Hrsg. von Gerhard Neumann und Günter Oesterle. Würzburg: Königshausen & Neumann, 2014. 125–139.
Mann, Thomas. „Doktor Faustus. Das Leben des deutschen Tonsetzers Adrian Leverkühn, erzählt von einem Freunde" [1947]. *Werke – Briefe – Tagebücher. Große kommentierte Frankfurter Ausgabe 10.1* (=FA 10.1). Hrsg. von Heinrich Detering. Frankfurt am Main: Fischer, 2007.
Menck, Hans Friedrich. *Der Musiker im Roman. Ein Beitrag zur Geschichte der vorromantischen Erzählliteratur*. Heidelberg: Carl Winters Universitätsbuchhandlung, 1931.
Müller, Ruth E. *Erzählte Töne. Studien zur Musikästhetik im späten 18. Jahrhundert*. Stuttgart: Steiner, 1989.
Nahrebecky, Roman. *Wackenroder, Tieck, E. T. A. Hoffmann, Bettina von Arnim. Ihre Beziehung zur Musik und zum musikalischen Erlebnis*. Bonn: Bouvier, 1979.
Naumann, Barbara. *Musikalisches Ideen-Instrument. Das Musikalische in Poetik und Sprachtheorie der Frühromantik*. Stuttgart: Metzler, 1990.
Prümm, Karl. „Berglinger und seine Schüler. Musikernovellen von Wackenroder bis Wagner". *Zeitschrift für Deutsche Philologie* 105 (1986): 186–212.
Rajewsky, Irina O. *Intermedialität*. Tübingen und Basel: Francke, 2002.
Riedel, Herbert. *Die Darstellung von Musik und Musikerlebnis in der erzählenden deutschen Dichtung*. Bonn: Bouvier, 1959.
Scher, Steven Paul. *Verbal music in german literature*. New Haven und London: Yale University Press, 1968.
Scher, Steven Paul (Hrsg.). *Literatur und Musik. Ein Handbuch zur Theorie und Praxis eines komparatistischen Grenzgebietes*. Berlin: Schmidt, 1984.
Schmidt-Garre, Helmut. *Von Shakespeare bis Brecht. Dichter und ihre Beziehungen zur Musik*. Wilhelmshaven: Heinrichshofen, 1979.
Theilacker, Jörg. *Der erzählende Musiker. Untersuchungen von Musikerzählungen des 19. Jahrhunderts und ihrer Bezüge zur Entstehung der deutschen Nationalmusik*. Frankfurt am Main i. a.: Peter Lang, 1988.
Valk, Thorsten. *Literarische Musikästhetik. Eine Diskursgeschichte von 1800–1950*. Frankfurt am Main: Klostermann, 2008.
Wolf, Werner. „The musicalization of fiction. Versuche intermedialer Grenzüberschreitung zwischen Musik und Literatur im englischen Erzählen des 19. und 20. Jahrhunderts". *Intermedialität. Theorie und Praxis eines interdisziplinären Forschungsgebiets*. Hrsg. von Jörg Helbig. Berlin: Schmidt, 1998. 133–164.

Wolf, Werner. „Musicalized Fiction and Intermediality. Theoretical Aspects of Word and Music Studies". *Word and Music Studies. Defining the Field. Proceedings of the First International Conference on Word and Music Studies at Graz, 1997.* Hrsg. von Walter Bernhart, Steven Paul Scher und Werner Wolf. Amsterdam und Atlanta: Rodopi, 1999. 37–58.

II.2.3. Musik in Literatur: *Showing*
Werner Wolf

1. Zum heuristischen Wert der Erforschung musik-literarischer intermedialer Bezüge

Wie jedes Medium und jede Kunst ist auch die Literatur immer schon eingespannt in ‚intermediale' Wechselwirkungen mit anderen Medien und Künsten. Daher leistet Intermedialitätsforschung, also Forschung, welche die Beziehungen bzw. Grenzüberschreitungen zwischen konventionell als distinkt angesehenen Medien untersucht, einen wichtigen Beitrag zu Literaturgeschichte und -wissenschaft (vgl. Gess 2010, 168). Intermediale Perspektiven, insbesondere die ‚wechselseitige Erhellung' der Medien bzw. Künste, wie es einst bei Oskar Walzel (1917) hieß, bringen nicht nur einen historischen, sondern auch einen systematischen Erkenntnisgewinn, wenn es darum geht, sich des Profils einzelner Künste und Medien bewusst zu werden: Das Eigene wird in seinen Konturen erst im Vergleich mit einem Anderen erkennbar, zu dem Ähnlichkeits- und Kontrastrelationen bestehen. So ist es auch mit der Literatur. Ihr wesentliches Profil zeigt sich in vergleichenden Fremd-Perspektiven, wenn die Wortkunst mit Blick auf parallele Phänomene als eine Kunst und ein Medium neben anderen betrachtet wird, aber auch, wenn ihre Potentiale und Grenzen, z. B. mit anderen Medien Kombinationen einzugehen oder sie zu imitieren, erhellt werden, wie dies in ‚literaturzentrierter Intermedialitätsforschung' (vgl. Wolf 1996) geschieht.

Diesem Erkenntnisinteresse soll hier anhand eines besonders ungewöhnlichen und darum auch interessanten Teilbereichs der musik-literarischen Bezüge nachgegangen werden. Im Fokus dieses Beitrages steht die intermediale Referenz durch altermediale Imitation, oder auch kürzer das *showing* von Musik in der Literatur (der ursprünglich narratologische Begriff des *showing*, wie er von Lubbock 1921 als „scenic presentation" im Gegensatz zum *telling* als „panoramic presentation of a story" (Lubbock 1954 [1921], 67) eingeführt und seither immer wieder verwendet wurde, soll hier im Sinne imitativer Inszenierung eines anderen Mediums im Gegensatz zu bloßer altermedialer Thematisierung verstanden werden). Das Profil dieses *showing* erhellt sich – gemäß der evozierten komparativen Perspektive – erst eigentlich, wenn man diese Form in den Kontext anderer möglicher Relationen stellt. Dies soll im ersten, theoretisch-typologisch ausgerichteten Hauptkapitel geschehen, und zwar unter Bezugnahme v. a. auf die Typologien, die Irina Rajewsky (2002), Nicola Gess (2010) und ich selbst vorgelegt haben (u. a. Wolf 1999, 2002a, 2008; siehe unten, Abb. 1). Danach sollen an konkreten Fallbeispielen (vornehmlich aus deutscher und englischer Erzählkunst) Formen und Funktionen dieses *showing* diskutiert werden. Es geht also im Folgenden v. a. um ‚musikalisierte Literatur', d. h. um literarische Texte, die einen Teil ihres Sinngehaltes daraus beziehen, dass sie durch ihre Inhalte und/oder Form eine imaginäre Präsenz von Musik suggerieren (siehe Wolf 1999, 52).

2. *Showing* theoretisch-typologisch: die literarische Imitation von Musik im Rahmen einer Typologie intermedialer Bezüge

Was ist unter dem *showing* von Musik in der Literatur genau zu verstehen? Dieses *showing* ist zunächst einmal eine werkinterne Form der Intermedialität – im Gegensatz zu den werkexternen Formen ‚intermediale Transposition' und ‚Transmedialität'. Während bei werkinterner Intermedialität das Vorliegen von mehr als einem Medium bereits aus der Betrachtung eines gegebenen Artefakts selbst erkennbar wird, ist bei den werkexternen Formen Intermedialität nicht in einem Einzelwerk (‚Werk' umfasst auch eine Aufführung) ersichtlich, sondern erst aus dem Vergleich eines Werkes mit altermedialen anderen: Ein solcher Vergleich kann zum einen unter dem Gesichtspunkt geschehen, dass verschiedene Medien ähnliche Phänomene vermitteln können, ohne dass diese für ein Medium spezifisch wären. Das wäre z. B. die Betrachtung von Deskriptivität, Narrativität oder Metareferentialität als ‚transmedialen' Phänomenen (vgl. Wolf und Bernhart, 2007; Wolf 2002b; Wolf 2009 und 2011). Wie die Literatur kann die Musik an all den genannten Facetten solcher Transmedialität partizipieren.

Zum anderen kann werkexterne Intermedialität auch in der Form der sogenannten ‚intermedialen Transposition' (bzw. in anderen Terminologien dem ‚Medienwechsel' oder der ‚Medientransformation', siehe Gess 2010, 141) auftreten, d. h. in der Übertragung formaler und v. a. inhaltlicher Phänomene von einem Medium in ein anderes. Was die musik-literarische Intermedialität betrifft, so liegt eine solche intermediale Transposition z. B. vor, wenn ein Roman wie Gaston Leroux' *Le Fantôme de l'opéra* (1910) zu einem Film oder einem Musical umgeformt wird.

Die Gattung Musical ist selbst ein Beispiel für eine der beiden großen Formen werkinterner Intermedialität, in diesem Fall der ‚Plurimedialität' (bzw. ‚Medienkombination', Gess 2010, 141, oder auch ‚Multimodalität'). Plurimedialität liegt immer dort vor, wo Kompositmedien aus Teilen von zumindest ursprünglich konventionell als distinkt angesehenen Medien zusammengesetzt erscheinen, im Fall des Musicals aus Drama und Musik. Ähnliches gilt auch für die Vokalmusik allgemein, also auch für das Lied als Zusammenspiel von Text und Musik oder auch für das Notenzitat in einem Erzählwerk.

Die zweite Großform werkinterner Intermedialität, d. h. einer Intermedialität, die innerhalb eines Werks selbst erkennbar wird, ist für unseren Zusammenhang besonders wichtig: Ich nenne sie mit Irina Rajewsky die ‚intermediale Referenz'. Objekt solch altermedialen Verweisens kann dabei – ähnlich wie bei der Intertextualität – ein anderes Medium allgemein oder ein bestimmtes altermediales Werk sein. Im ersteren Fall würde es sich um intermediale ‚Systemreferenz', im letzteren Fall um ‚Einzelreferenz' handeln. In beiden Fällen kann intermediale Referenz wiederum in zwei Varianten auftreten: im Modus ‚expliziter' Referenz bzw. – bei verbalen Medien – des *telling*, oder im Modus ‚impliziter' Referenz; bei verbalen Medien wäre dies jenes imitative *showing*, um das es in der Folge hauptsächlich gehen wird.

Zuvor noch ein Wort zur ‚expliziten intermedialen Referenz': Sie liegt immer dann vor, wenn mit dem Zeichensystem eines Mediums in konventioneller, denotativer Verwendung auf ein anderes Medium gewissermaßen zitierbar verwiesen wird. Beispiele hierfür wären im Roman Titelnennungen musikalischer Werke oder die Diskussion von Musikästhetik wie in Thomas Manns *Doktor Faustus* (1947). Da Musik kein Zeichensystem hat, mit Hilfe dessen in systematischer Weise denotativ auf Außermusikalisches verwiesen werden kann, versteht es sich, dass es in der Instrumentalmusik keine explizite, sondern nur implizite intermediale Referenz geben kann.

Das weite Gebiet der ‚impliziten intermedialen Referenz' hat im Bereich von literarischen Bezügen auf Musik in letzter Zeit viel Beachtung gefunden (siehe z. B. Prieto 2002; Vuong 2003; Sichelstiel 2004; Smyth 2008; Shockley 2009; Diller 2011; Petermann 2014). Gemeinsamer Nenner aller hierunter fallender Formen ist, dass sie altermediale Referenz mehr oder weniger klar durch ikonische Ähnlichkeiten oder, mit anderen Worten, durch ‚Imitation' ausdrücken. Wie in allen Formen der intermedialen Referenz (und im Gegensatz zur Plurimedialität) bleibt hier allerdings die mediale Oberfläche des betreffenden Werkes zumindest auf den ersten Blick von der intermedialen Bezugnahme kategorial unangetastet: Ein Roman, der Musik imitiert und somit eine *musicalization of fiction* aufweist, bleibt immer noch ein Roman, genauso wie der zumindest teilweise programm-musikalische zweite Satz von Beethovens *Pastorale* Instrumentalmusik bleibt und kein Genregemälde wird. Die Intermedialität ist in diesen Fällen, semiotisch gesehen, ‚verdeckt' (implizite wie explizite Referenz sind damit werkinterne Formen von *covert intermediality* im Gegensatz zur Plurimedialität als offensichtlicher, *overt intermediality*). Gleichwohl kann es bei der intermedialen Imitation zu ungewöhnlichen Werkoberflächen kommen, so dass auch das Medium, auf das referiert wird, dabei ‚verändert' erscheint. In diesem Sinne ist auch die im Sektionstitel des vorliegenden Bandes gewählte Bezeichnung Medien-‚Transformation' gerechtfertigt.

Die drei Hauptformen der intermedialen Imitation bzw. des altermedialen *showing* (vgl. Rajewsky 2002, Kap. 5.1.2) sind (I) ‚Teilreproduktion', (II) ‚Evokation' und (III) ‚formale Imitation' (bzw., in manchmal verwendeter alternativer Terminologie, ‚Simulation' genannt) – siehe hierzu Abb. 1. In der Folge seien diese drei Formen anhand von Fallbeispielen erläutert. Anzumerken ist zuvor, dass die genannten Formen theoretische Abstraktionen sind, die in der Praxis Grenzfälle und Kombinationen untereinander erlauben; so kann die intermediale Imitation einer Symphonie wie Beethovens *Eroica* in Anthony Burgess' Roman *Napoleon Symphony* (1974) so systematisch erfolgen, dass damit auch Anklänge an eine intermediale Transposition entstehen.

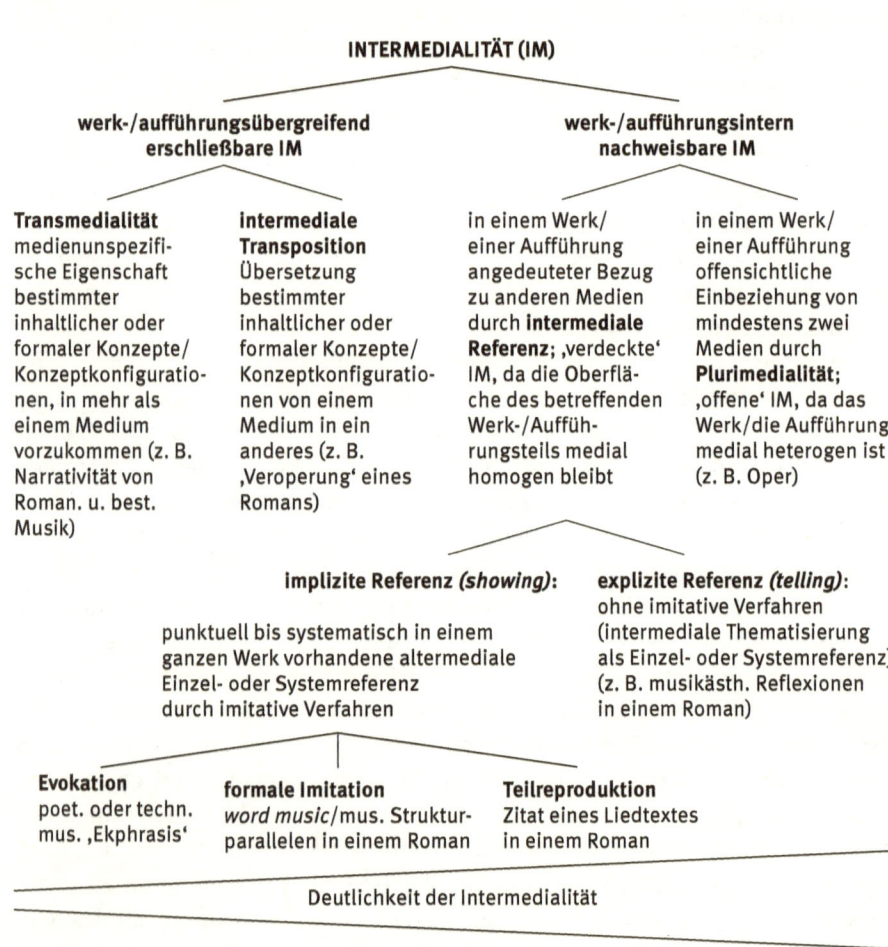

Abb. 1: System intermedialer Beziehungen mit Beispielen meist aus dem Bereich Roman – Musik (z. T. nach Rajewsky 2002 und Wolf 2002a, 178)

3. Showing (I): Teilreproduktion (eines Liedes durch assoziatives Liedtextzitat) – Th. Mann, *Doktor Faustus* / Schubert, *Winterreise*

Die technisch einfachste Form des musikalischen *showing* in der Literatur, die ‚altermediale Teilreproduktion', ist ein Grenzfall der Imitation. Sie funktioniert nur bei Elementen oder Merkmalen eines altermedialen Werks oder anderen Mediums, die klar mit diesem anderen Medium bzw. Werk assoziiert werden können.

Eine solche Teilreproduktion kann sich, wie Gess (2010) gezeigt hat, z. B. auf eine starke emotionale Appellqualität beziehen. Diese ist zwar grundsätzlich ein transmediales Phänomen, wird aber zumal in der Romantik als typische Musikqualität angesehen, so dass, wie Gess erläutert, die Affektivität eines literarischen Werks wie E. T. A. Hoffmanns Erzählung *Don Juan* (1813) unter bestimmten Umständen als quasi mit der Musik rivalisierende Teilreproduktion einer musikalisch konnotierten Qualität aufgefasst werden kann. Die Bedingung für solche altermedialen Assoziationen ist natürlich, dass – wie oft bei der impliziten intermedialen Referenz erforderlich – eine explizite referentielle Stützung der intermedialen Lesart vorliegt, etwa durch metareferentielle Diskussionen über die musikalische Wirkung einer bestimmten Komposition. Denn andernfalls könnte der Leser die literarische Emotionsauslösung einfach als medienunspezifisches transmediales Phänomen verstehen und nicht als musikanzeigende Systemreferenz – und den Leser gilt es stets mitzubedenken, denn in seinem Bewusstsein muss die Bezugnahme auf Musik schließlich registriert werden (vgl. hierzu, im Anschluss an Wolfgang Isers Rezeptionsästhetik, Sichelstiel 2004, 18).

Eine häufigere Form der intermedialen Teilreproduktion kommt bei der Referenz auf plurimediale Werke vor, mit denen das referierende Werk zumindest ein Teilmedium gemeinsam hat. In der Wortkunst wären dies z. B. Bezüge auf andere Medien, an denen ebenfalls Sprache partizipiert, also etwa die Referenz auf Vokalmusik als Kombination aus Wort und Musik. In diesem Fall kann nämlich ein literarischer Text ganz einfach auf Musik verweisen: indem er den verbalen Teil des betreffenden musikalischen Werkes (an)zitiert und somit teilreproduziert. Durch diese partielle Reproduktion als Extremfall der Imitation wird in der Regel – sofern dem Leser das Vokalwerk (die Oper, das Oratorium, das Lied) bekannt ist – per Assoziation der musikalische Anteil (Melodie mit Begleitung) in das literarische Werk mit aufgenommen. Die Präsenz von Musik wird damit durch „associative quotation" suggeriert (Wolf 1999, 67).

Ein Beispiel aus dem Bereich einer literarischen Referenz auf ein klassisches Lied findet sich in Thomas Manns *Doktor Faustus* an der folgend zitierten Stelle, in der sich der Erzähler Serenus Zeitblom an Gespräche mit dem jungen Adrian Leverkühn über das deutsche Kunstlied, insbesondere Schuberts, erinnert:

> „Schuberts [...] vom Tode berührtes Genie [...] suchte er dort mit Vorliebe auf, wo es einem gewissen, nur halb definierten, aber unabwendbaren Einsamkeitsverhältnis zu höchstem Ausdruck verhilft, wie in [...] jenem ‚Was vermeid ich denn die Wege, wo die andren Wandrer gehn' aus der ‚Winterreise', mit dem allerdings ins Herz schneidenden Strophenbeginn:
> Daß ich Menschen sollte scheu'n –
> Diese Worte habe ich ihn, nebst den anschließenden:
> Welch ein törichtes Verlangen
> Treibt mich in die Wüstenei'n?,
> die melodische Diktion andeutend, vor sich hinsprechen hören und dabei, zu meiner unvergessenen Bestürzung, Tränen in seine Augen treten sehen." (Mann GW 6, 106–107)

Manns Text rechnet hier offenbar damit, dass der Leser die Musik Schuberts durch das Zitat vergegenwärtigen kann, denn allein vom Textinhalt her wäre es schwer verständlich, den Beginn der zweiten Strophe von Nr. 20 der *Winterreise* (*Der Wegweiser*) als „ins Herz schneidend" anzusprechen. „Schneidend" wird das Suggerierte erst, wenn man innerlich hört, dass auch *Der Wegweiser*, wie so viele Lieder der *Winterreise*, in Moll beginnt, aber in der zweiten Strophe ungewöhnlicherweise nach Dur moduliert – und damit die Ungerechtigkeit, die dem lyrischen Ich durch seine untreue Geliebte widerfahren ist, nur umso anschaulicher durch die ‚unschuldige Klarheit' des Dur-Tongeschlechtes andeutet.

Auch die weitere Bedeutung der Passage, nämlich als *mise en abyme* auf Adrians eigenes Schicksal zu verweisen, wird so erst eigentlich zum ‚Tönen' gebracht: Denn Adrian ist zu diesem Zeitpunkt ebenfalls noch einer, der nichts begangen hat, und doch scheint sein Lebensweg, sein Verlangen nach musikalischem Ruhm, ihn unbewusst bereits in die ‚Wüsteneien' eines unheiligen Paktes zu treiben.

Dieses in der assoziativen Teilreproduktion eines Vokalwerkes bestehende Verfahren impliziter intermedialer Referenz (die hier auch durch explizite Referenz auf Schubert gestützt wird) ist natürlich nicht grundsätzlich auf Bezüge zu klassischen Werken beschränkt. Vielmehr kann es, wie Claus-Ulrich Viol (2006) zu entdecken vermeinte, auch ein Mittel sein, im Gegenwartsroman z. B. Popmusik zu evozieren (wobei Viol indes übersieht, dass das Verfahren selbst in der einschlägigen Forschung längst bekannt war). Allerdings bestätigt Caduff implizit meine (in Wolf 1999, 228) gemachte Beobachtung, dass bei Musikreferenzen auch in neuester Literatur eine auffällige Tendenz besteht, „sich nicht auf zeitgenössische Kunst und Künstler, sondern auf ältere Kunstformen vor allem des 19. und 18. Jahrhunderts" zu beziehen (Caduff 2003, 15).

4. *Showing* (II): Evokation von Musik durch anschauliche, ‚ekphrastische' technische und/oder poetische Beschreibung in der Literatur (E. M. Forster, *Howards End*)

Eine weitere Möglichkeit, in der Literatur durch Verfahren jenseits der einfachen expliziten Benennung Musik in der Imagination des Lesers präsent zu machen, ist die ‚Evokation'. Wie die Teilreproduktion und die noch zu besprechende formale Imitation kommt auch diese Form, um als musikalische Referenz überhaupt wahrgenommen zu werden, nicht ohne explizite Thematisierung aus. Sie geht jedoch über diese hinaus, indem sie nicht nur durch Denotation und rationales Verstehen intermedial referiert, sondern indem sie die Vorstellungskraft des Rezipienten durch ‚technische' Beschreibung mit Hilfe von musikalischer Terminologie und/oder – häufiger – durch literarische Mittel, vor allem poetische Bilder, aktiviert. In jedem Fall entsteht so ein anschauliches Korrelat zur Wirkung der Musik oder eines bestimmten Werkes, und dadurch wird eine musikalische Komposition durch „eine Ähnlichkeitsbeziehung [...] auf[ge]rufen" (Gess 2010, 144). Evokation von Musik in der Literatur ist damit das musikalische Gegenstück zur Ekphrasis als dem anschaulichen Vor-Augen-Führen von Werken der bildenden Kunst durch Literatur und ist weitgehend identisch mit der von Steven Paul Scher so genannten ‚verbal music' (Scher 1968 und 1970; zu einer ausführlicheren Diskussion des Verhältnisses dieser musik-evozierenden „imaginary content analogies" zu Schers Konzept der ‚verbal music' siehe Wolf 1999, 63–64).

Ein häufig genanntes Beispiel (siehe z. B. Alder und Hauck 2005, 110–120, und zuletzt z. B. Bernhart 2013) aus der englischen Literatur ist die poetisch bildhafte Evokation von Teilen von Beethovens *Fünfter Symphonie* in E. M. Forsters Roman *Howards End* (1910). Im fünften Kapitel befindet sich eine kleine Gesellschaft, darunter die deutsch-englischen Geschwister Margaret, Helen und Tibby nebst deren Tante Mrs. Munt, unter einem Publikum, das in der Londoner Queen's Hall einem Konzert lauscht. Einige dieser Hörer sind am Kapitelanfang in ihren unterschiedlichen Zugängen zur Musik z. T. ironisch charakterisiert worden: die Tante neigt zu körperlichen Reaktionen auf musikalische Rhythmen durch heimliches Fußwippen, „Helen [...] can see heroes and shipwrecks in the music's flood", „Margaret [...] can only see the music", „Tibby [...] is profoundly versed in counterpoint, and holds the full score open on his knee" (Forster 1973 [1910], alle folgenden Zitate 44–47). Bereits am Kapitelanfang ist das referierte Werk ironisch thematisiert worden: „It will be generally admitted that Beethoven's Fifth symphony is the most sublime noise that has ever penetrated into the ear of man." Inzwischen hat der dritte Satz dieses ‚erhabenen Lärms' begonnen, und wir lesen aus Helens Perspektive:

„[...] the music started with a goblin walking quietly over the universe, from end to end. Others followed him. They were not aggressive creatures; it was that that made them so terrible to Helen. They merely observed in passing that there was no such thing as splendour or heroes in the world. After the interlude of elephants dancing, they returned and made the observation for the second time. Helen could not contradict them, for, once at all events, she had felt the same, and had seen the reliable walls of youth collapse. Panic and emptiness! Panic and emptiness! The goblins were right.

Her brother raised his finger: it was the transitional passage on the drum.

For, as if things were going too far, Beethoven took hold of the goblins and made them do what he wanted. He appeared in person. He gave them a little push, and they began to walk in a major key, instead of in a minor, and then – he blew with his mouth and they were scattered! Gusts of splendour, gods and demigods contending with vast swords, colour and fragrance broadcast on the field of battle, magnificent victory, magnificent death!" (ebd., 46–47)

Gerahmt von expliziten musikalischen Referenzen geschieht in dieser Passage etwas scheinbar rein Literarisches: In einer Art *stream of consciousness* werden die Reaktionen der phantasievollen Helen auf die gehörte Musik innenperspektivisch wiedergegeben. Interessanterweise werden wir als Leser jedoch dadurch nicht nur in eine ästhetisch-illusionistische Nähe zu Helen gebracht, sondern die wiedergegebenen poetischen Bilder vom heimlichen Laufen von Kobolden, von tanzenden Elefanten und kämpfenden Göttern sollen uns auch die Musik vergegenwärtigen: Sie lassen in der Tat eine zwar subjektive, aber doch nachvollziehbare Ähnlichkeitsrelation zu bestimmten Teilen der Komposition erkennen. Besonders zeigt sich eine Ähnlichkeit für jene Leser, denen der großartige Übergang vom dritten zum vierten Satz der Symphonie vertraut ist („the transitional passage on the drum"), denn gerade hier sind die inneren Bilder Helens, die sich ein Eingreifen des Komponisten vorstellt, eine gute Hilfe für die Evokation der Beethoven'schen Musik.

Die poetische Vergegenwärtigung dieser Musik ist in ein vielschichtiges Geflecht von Sinnbezügen des Romans eingebunden, von denen hier nur einige angedeutet werden können. Nicht von ungefähr treffen wir in diesem Roman auf jenen Bezug zwischen Musik und dem inneren Monolog bzw. *stream of consciousness*, den Gess mit Blick auf Arthur Schnitzler und die Kommentare des Begründers dieser Erzähltechnik, Édouard Dujardin, erhellt hat (Gess 2010, 159–160). Denn *Howards End* ist zu jener Zeit entstanden, in der die Musik noch als „Sprache des Unbewußten" (Caduff 2003, 29), d. h. als Korrelat zum Unbewussten und zu vorbewussten Emotionen, angesehen wurde und damit auch als besonderer Ausdruck von Subjektivität. Die sich entwickelnde Individualität Helens ist denn auch eines der Themen des Romans.

Für diese Funktion hätte jedoch irgendeine klassische Musik genügt – was immerhin einem wichtigen Anliegen des Romans, der Opposition der neuen, materialistisch-technischen Welt im Gegensatz zu einer untergehenden idealistischen, kunstliebenden entsprochen hätte. Dass Forster ausgerechnet den Deutschen Beethoven und einen für das Bildungsbürgertum herausragenden Komponisten wählt, stiftet zusätzliche Beziehungen: nämlich zu den Themen der Klassengegensätze sowie der deutsch-britischen nationalen Gegensätze, welche den Roman durchziehen. Dass von der heroischen und pompösen Fassade „panic and emptiness" nur ungenügend verborgen werden, ist eine weitere Funktionalisierung dieser Musik-Evokation, die das im Roman implizierte Weltbild betrifft: Die Kobolde wirken als Negation Beethoven'scher Heroik, die am Ende gleichwohl restituiert wird. Und schließlich ist der Umstand, dass diese Musik Teil eines Konzertes, also einer gemeinschaftlichen Rezeption von Musik durch Menschen unterschiedlicher Nationalitäten und Klassen ist, ebenfalls bedeutsam: Denn dies unterstreicht ein normatives Anliegen des impliziten Autors, das bereits als Epigraph auf der Titelseite erscheint und ein wunderbares Gegenmittel gegen die heraufziehende Weltkriegskatastrophe gewesen wäre: „Only connect ..." (Forster 1973 [1910]). Für solches zwischenmenschliches, ja sogar nationenübergreifendes Verbinden scheint jene starke Emotionalität verantwortlich, die der Musik seit der Romantik immer wieder zugeschrieben wurde. Allerdings ist der Konzertbesuch auch Anlass zu einer skeptischen intermedial-metareferentiellen Überlegung Margarets: „What is the good of the arts if they're interchangeable? [...] Helen's one aim is to translate tunes into the language of painting, and pictures into the language of music. [...] Now, this very symphony that we've just been having – she won't let it alone. She labels it with meanings from start to finish; turns it into literature. I wonder if the day will ever return when music will be treated as music." (Forster 1973 [1910], 52)

Forster scheint mit Hilfe der kritischen Margaret hier selbstironisch seine eigene intermediale Praxis der evozierenden ‚Übersetzung' von Musik in Literatur zu relativieren und dabei – in Vorwegnahme der Ästhetik Greenbergs (1940) – das Eigenständige der Künste zu betonen, aber dies eben aus jenem eingangs genannten intermedialen Vergleich heraus, der erst eigentlich ein Erkennen von medialen Differenzen ermöglicht.

5. *Showing* (III): Formale Imitation von Musik durch *word music* und musikalische Strukturanalogien (Schwitters, *Ursonate*; Doderer, *Sonatine*)

Die dritte Form des *showing* von Musik in der Literatur, die formale Imitation, verändert das literarische Medium am meisten, wenn es auch ein homogen literarisches bleibt. Denn es geht bei dieser dritten Form um das Verweisen auf Musik, indem das literarische Medium durch die Struktur der *signifiés* wie der *signifiants* selbst musikähnlich gemacht wird, soweit das eben möglich ist. Zwei untereinander kombinierbare Varianten von solchem *showing* sind geläufig: die ‚Wortmusik' („word music"; Scher 1968, 3–5 und 1970, 152) und die Strukturanalogien bzw. -parallelen zur Musik.

In der Wortmusik wird die lautlich-rhythmische Oberfläche der Sprache affiziert. Freilich setzt dies eine zumindest imaginäre akustische Realisierung des Gelesenen voraus. In der Wortmusik wird also auf die Akustik des literarischen Mediums statt auf die Semantik abgezielt, was den Text zunächst in Lyriknähe bringt. Damit der Leser quasi auf die richtige Fährte gesetzt wird, ist auch hier in der Regel eine Stützung der Musikreferenz durch explizite Thematisierung nötig, sei es in den Paratexten, sei es im Haupttext.

Ein berühmtes Beispiel für eine radikale Wortmusik ist Kurt Schwitters' (1887–1948) *Ursonate* (entstanden 1929–1932), bei der die Sprache um ihre Sinn- und Referenzdimension gebracht wird, sodass Raum für die ausschließliche Rezeption der lautlichen Oberfläche entsteht. Ein Ausschnitt aus dem Beginn des dritten Teils, „Scherzo", mag hier zur Illustration dienen (zur *Ursonate* siehe auch Sichelstiel 2004, 147):

Scherzo
(die themen sind karakteristisch [sic] verschieden vorzutragen)

Lanke trr gll (*munter*)
    Pe pe pe pe pe
        Ooka ooka ooka ooka
....
Lanke trr gll
    Pii pii pii pii pii
        Züüka züüka züüka züüka
....
Lanke trr gll
    Rrrmmp
Rrnnf
....

Lanke trr gll
    Ziiuu lenn trill?
Lümfpp trümpff trll
[...]
(Schwitters, Ursonate)

Diese extreme Deviation von allen literarischen Konventionen ist natürlich Teil des ikonoklastischen und spielerischen Programms des Dadaismus. Dass hier eine musikalische Referenz (genauer: eine Systemreferenz auf die Musik insgesamt und daselbst auch auf eine bestimmte Gattung) und nicht einfach nur *nonsense poetry* vorliegt, ergibt sich aus dem Titel. Musik, die Kunst mit dem geringsten referentiellen Bedeutungspotential, wird hier in der Weise verwendet, dass nicht, wie zumeist, nur einzelne Teile eines literarischen Werks imitativ auf Musik verweisen, sondern dass eine gewissermaßen totale Musikalisierung von Literatur vorliegt. Die damit erreichte intermediale Totalität korreliert mit der Totalität der Sinnverweigerung, mit der sich dadaistische Kunst charakteristischerweise vom bürgerlichen Literaturbetrieb in seiner bedeutungszelebrierenden Attitüde absetzt – wobei sie letzteren aber gleichwohl noch als Folie braucht, damit ihr Verweigerungsgestus als negativer metareferentieller Kommentar zur bisherigen Literatur überhaupt erkennbar wird. Musikreferenz fungiert hier also auch als Index einer geglaubten Erschöpfung überkommener literarischer Mittel und gleichzeitig als Ausweg in eine neue Richtung. Dieser Ausweg hält immerhin noch am Kunstanspruch fest – denn es zeigt sich, dass hier eben nicht einfach Nonsens vorliegt, sondern ein musikalisch und damit künstlerisch geformter Text.

Die zweite Spielart formaler Imitation von Musik ist die Formatierung des literarischen Materials dergestalt, dass Strukturanalogien bzw. -parallelen zu musikalischen Kompositionsformen und Gattungen entstehen (Sichelstiel 2004, 149, unterscheidet zwischen „Formparallelen", wenn Musik und Literatur an denselben Formelementen partizipieren, und „Formanalogien", wenn dies nicht der Fall ist und Literatur sich nur an musikalische Formen annähert; in der Folge verzichte ich der Einfachheit halber auf diese Differenzierung). Zu einer musikähnlichen Strukturierung kann sowohl die lautliche Oberfläche als auch die Semantik eines Textes beitragen (etwa durch die Wiederholung von Motiven). Wortmusik kann also innerhalb von Strukturparallelen eingesetzt werden, diese können aber auch unabhängig von ihr geformt werden. Auch bei den Strukturparallelen entsteht wie bei der Wortmusik in der Regel der Eindruck einer mehr oder weniger großen Abweichung von literarischen Konventionen, nämlich dann, wenn in der Erzählkunst z. B. das Organisations- und Kohärenzprinzip erkennbar nicht mehr ein narratives ist, und wenn wie in der Wortmusik ein Text ähnlich dereferentialisiert und zugleich markant selbstreferentiell und formbetont wirkt wie Musik. Devianz von literarischen Kohärenzprinzipien und Dereferentialisierung sind denn auch wesentliche Markierungen von formal-imitativen literarischen Musikalisierungsexperimenten – wenn diese Markierungen auch selten hinreichen, um die Referenz auf Musik klarzustellen.

Ein Beispiel, in dem erst eigentlich der Titel eine musikalische Lektüre und die Suche nach Strukturparallelen zur musikalischen Komposition auslöst, ist die zwischen 1959 und 1961 entstandene *Sonatine* von Heimito von Doderer (zur *Sonatine* und zur besonderen Affinität Doderers zur Musik siehe Sichelstiel 2004, 155). Der erste ‚Satz' sei hier zitiert:

SONATINE
I

Ein Maler oder Maurer (sei's wie's sei, eins von beiden eben) in weißem Zwilch fuhr auf seinem Motorrade bei Sommerhitze mit gespenstischer Schnelligkeit dahin und ohne irgendwelche Vorsicht auf eine größere Menschenansammlung zu, die sich über den Weg zog. Die Ersten sprangen beiseite, die Zweiten (da der Maurer nun doch bremsen mußte) rissen ihn vom Rade, die Dritten droschen ihn dumm und taub, und des weiteren ward er von vielen hocherhobenen Händen über die Köpfe der Versammlung befördert bis zu den Letzten, die am Rand einer Mist- und Jauchegrube standen. In diese ließen sie den Mann im Zwillich abrollen,
der aber nicht lang in Sudel saß, sondern sich dem Mist und der Jauche entraffte und alsbald zum nahen Flusse hinablief. Hier warf er sich ins Wasser und schwamm an's andere Ufer. Dort aber blieb er noch lange bis zum Halse eingetaucht, um die Fäkalien abzuspülen. Als ihm dies dennoch nicht recht gelang, zog er alles aus, wusch und schwemmte es im Flusse und sich selbst noch dazu, hing die Wäsche in die Weiden und streckte sich in die Sonne am Rasen aus (Zeit schien er genügend zu haben), wo er alsbald einschlief.
Inzwischen hatten einige Burschen sein Motorrad über die Brücke gebracht und es neben den Schlafenden hingestellt; so daß dieser, nachdem er aufgewacht war und seine schon beinahe trockenen Sachen wieder angelegt hatte, alsbald mit gespenstischer Schnelligkeit davonrasen konnte, und ohne auf irgend jemand oder irgend etwas die geringste Rücksicht zu nehmen. Doch ist ihm diesmal eine größere Menschenansammlung nicht begegnet. (Doderer 1972 [1959–1961], 327–328 [Absatzeinteilung von mir])

Beim ersten Lesen fällt an diesem Text mehreres auf: die extreme Kürze der Erzählung, das scheinbare Desinteresse des Erzählers an der Identität seines Helden, der eben „Maler oder Maurer" sei, und vor allem der mangelnde Mitteilungswert der Geschichte. Am Anfang scheint es sich zwar noch um den klassischen Fall einer erzählenswerten ‚unerhörten Begebenheit' zu handeln nach dem Schema der Bestrafung eines allzu eiligen Rücksichtslosen. Beim weiteren Lesen ergeben sich bei einer solchen Lektüre jedoch wesentliche Inkonsistenzen: Die aufgebrachte Menge des Eingangs, die den Motorradfahrer fast lyncht, passt nicht zur narrativ unmotivierten Hilfsbereitschaft der Burschen, die dem ‚Helden' sein Motorrad ans andere Ufer bringen. Die Eile, die der Held am Schluss mit seiner „gespenstischen Schnelligkeit" an den Tag legt, passt nicht zu seiner behaglichen Ruhe im Mittelteil, die der Erzähler denn auch so kommentiert: „Zeit schien er genügend zu haben." (Doderer 1972 [1959–1961], 327) Die offenbar vom Vorfall völlig unberührte, weiterhin rücksichtslose Raserei des Helden am Ende widerspricht der unangenehmen Erfahrung, die er zuvor machen musste. Und die poetische Gerechtigkeit, die ihn nach der anfänglichen Raserei ereilte, steht im Gegensatz zu deren Ausfall am Ende: Der Held hat nichts dazugelernt, und doch wird ihm und der Welt offenbar eine erneute schmerzhafte Begegnung einfach erspart.

Die Frage stellt sich: Was soll diese Verweigerung von zentralen narrativen Bauformen, Kausalität und Teleologie? Wenn die ursprüngliche Fassung 1961 noch mit dem Titel *Vergebliche Maßnahmen* ironisch auf die Wirkungslosigkeit der strafenden Menschenmenge hinzudeuten scheint, tilgte Doderer dieses Sinnangebot, indem er diesen Kurztext mit zwei anderen (ursprünglich *Daphnis* und *Die Ohren* betitelt) unter dem Titel *Sonatine* vereinte (zur Entstehungsgeschichte siehe den Kommentar des Herausgebers Schmidt-Dengler in der verwendeten Ausgabe: Doderer 1972 [1959–1961], 510). Es scheint also um pointierte Sinnverweigerung und – im Verhältnis der nunmehr drei Teile des Gesamttextes zueinander – auch um pointierte Kohärenzlosigkeit zu gehen, denn die beiden anderen Teile haben weder untereinander noch mit dem Eingangsteil thematisch oder auf *histoire*-Ebene etwas zu tun.

Wenn auch in einer traditionellen narrativen Lektüre Sinn und Kohärenz weitgehend ausfallen, so ‚klingt' der Text doch anders, sobald man das Referenzangebot des Titels ernst nimmt und in ihm eine lose Folge von drei kurzen Sätzen einer Sonatine sieht (nicht, wie Lech Kolago, einen einzigen Satz [Kolago 1997, 161–164]). Damit wird bereits die narrative Zusammenhanglosigkeit der Textteile untereinander verständlich, und an die Stelle eines erzählerisch-semantischen, also inhaltlichen Konkatenationsprinzips rückt ein ästhetisch-formales: das Prinzip von Kontrast und Ähnlichkeit. Die Hektik der rahmenden Geschehnisse im ersten Teil (von Treml 1997, 124, als „Molto allegro" bezeichnet) kontrastiert im zweiten Teil (nach Treml 1997, 124, ein „Adagio") mit dem Setting einer Begegnung mit einer „unbekannten Geliebten" im Zeichen einer „langsamer vergehenden Zeit", womit zugleich eine Korrespondenz zur reichlich vorhandenen Zeit, die im Mittelteil des ersten ‚Satzes' thematisch wird, erscheint. Und der dritte ‚Satz' (Treml, 1997, 124: „Scherzo/Allegro") variiert das Motiv des elegisch-frustrierten erotischen Interesses des zweiten, indem es ins Grotesk-Pubertäre verwandelt wird: Hier geht es um einen Ich-Erzähler, dessen Ohren nicht nur häufig ‚Anhaltspunkt' für die Züchtigungen durch seinen Onkel sind, sondern auch wie Pinocchios Nase gleichzeitig unredliche Gedanken durch Abstehen anzeigen. Dieser Erzähler nun ließ als junger Bursche einmal unter des Onkels Ehebett einen Kanonenschlag detonieren, während oben kopuliert wurde, woraufhin er wieder u. a. an den Ohren Schmerz zu spüren bekam, aber „von da an" – eigentlich wieder unmotiviert – den „Weg des angeblich besseren zu nehmen beg[ann]" (Doderer 1972 [1959–1961], 329). Unmotiviert ist dieser Wandel zur Tugend insofern, als die Detonation für den Knaben, der den Umtrieben von Onkel und schöner Tante „mehr begierig als eifersüchtig" lauschte, „eigentlich zur Unzeit" kam (Doderer 1972 [1959–1961], 329). Überdies bildet die Züchtigung des Knaben am Ende des Textes einen selbstreferentiellen Verweis auf die Tätigkeit jenes Teils der Menschenmenge aus dem ersten Satz, welche den rücksichtslosen Raser „dumm und taub [drosch]" (Doderer 1972 [1959–1961], 327).

Auch innerhalb des ersten ‚Satzes' erweist sich die strukturelle Musikreferenz als ein formales Organisationsprinzip, das die oben genannten Abweichungen von einer narrativen Folgelogik erklärlich macht. Denn der Satz folgt einer klaren ABA-Form (die auch Kolago 1997, 163, und Treml 1997, 124 f., sehen) – und dasselbe gilt für die beiden folgenden ‚Sätze'. Hierbei ist es unerheblich, dass dadurch eher eine Nähe zur dreiteiligen Liedform als zur naheliegenden Sonatenhauptsatzform entsteht (wie Treml 1997, 125 f., meint); entscheidend ist, dass gerade eine ausgeführte (und nicht nur wie in einem narrativen Restitutionsschema angedeutete) ABA-Form durch die Wiederholung des A-Teils denkbar unerzählerisch ist, denn sie ist die Negation einer Entwicklung. Gerade das aber fällt bei der inhaltlichen Analyse des ersten Satzes auf. Am Ende rast der Held auf seinem Motorrad genauso wie vorher, nur die Menschenmenge als Opfer fehlt, wird aber als abwesende immerhin noch erwähnt, sodass sich folgende Korrespondenzen zwischen den symmetrischen A-Teilen ergeben:

A (I): Rasen, Rücksichtslosigkeit, Menschenmenge als Opfer
A (II) Rasen, Rücksichtslosigkeit, fehlende Menschenmenge als Opfer

Das ist *musicalization of fiction* mit den Mitteln der Strukturanalogie und zugleich eine Exemplifikation jener „Priorität der Form vor den Inhalten", die Doderer programmatisch in seinem Essay *Grundlagen und Funktion des Romans* (1959) als notwendig für die ‚Einholung' der „epischen Schwester" des Romans, nämlich der „große[n] Symphonie", bezeichnet hat (Doderer 1959, 33). (Interessanterweise setzt sich Doderer in diesem Essay auch mit E. M. Forster und dessen Eintreten für die Musik als Vorbild für den Roman auseinander, Doderer 1959, 19; 47; zur Musik in der Ästhetik Doderers siehe Lampart 2006.)

Bleibt die Frage nach den Funktionen der Musikalisierung: Wie die (Anti-)Kunstproduktion des Dadaismus, des Modernismus und später des Postmodernismus ist Doderers Erzählen weithin eines, das sich von überkommenen Traditionen zu lösen versucht und diese allenfalls noch ironisch zitiert (wie im vorliegenden Fall in der hochtrabenden, antiquierten Diktion, die mit dem ausgedrückten Gegenstand seltsam kontrastiert; z. B. „des weiteren *ward* er [...] befördert" oder „der [...] sich dem Mist und der Jauche *entraffte* [...]" (meine Hervorhebungen). Als ironisches Zitat wirken im ersten Teil auch der Fäkalien-Realismus sowie die scheinbar funktionslosen und zumal in einer derartigen ‚Kürzestgeschichte' (dies ist die vom Herausgeber Schmidt-Dengler im Inhaltsverzeichnis der verwendeten Ausgabe benutzte Bezeichnung) bzw. *short short story* unangemessenen Details (z. B. dass der Mann seine Kleider an „Weiden" hängt). Insgesamt wirkt angesichts solcher Distanznahme vom traditionellen Erzählen die Musikalisierung – wie z. B. auch bei Woolf, Joyce und Huxley – als willkommene Alternative, weil sie gleichzeitig Abweichung vom Narrativen und Beibehaltung einer ästhetischen, formal anspruchsvollen Struktur erlaubt, wenn Doderer damit auch nicht zugleich ästhetische Erhabenheit anstrebt. Wie so oft, kann aus der Annäherung an ein von der Literatur so entferntes Medium wie die Musik aber auch ein Potential an impliziter metareferentieller Selbstreflexion über Möglichkeiten und Grenzen der Erzählkunst aktiviert werden (siehe Lagerroth 1999, Rippl 2006; zu weiteren grundsätzlich möglichen Funktionen einer *musicalization of fiction* siehe Wolf 1999, 269).

6. Zur intermedialen Flexibilität der Literatur und zu einigen Forschungsperspektiven auf die altermediale literarische Imitation (*showing*) von Musik

Die eben vorgestellten Formen der Musikalisierung von Literatur sind nur *eine* Spielart des altermedialen *showing*, zu dem neben Lyrik und Drama gerade der Roman fähig ist. Vielleicht ist, was den Roman betrifft, Virginia Woolfs Optimismus, den sie am Ende ihres Essays *Modern Fiction* (1925) zeigt, überzogen: Vielleicht ist es übertrieben, für die Erzählkunst zu behaupten, „the infinite possibilities of the art [...] remind us that there is no limit to the horizon, and that nothing – no ‚method', no ‚experiment' even of the wildest is forbidden" (Woolf 1962 [1925], 194). Aber immerhin hat der Roman seit der Romantik mit einer ganzen Reihe von Annäherungen an andere Künste und Medien experimentiert: Er hat sich an die Malerei und die Photographie bzw. Daguerrotypie, an den Film und neuerdings sogar an das Medium der E-Mail-Kommunikation imitativ herangewagt. Nicht überall geschah dies mit dem Ziel, den Wettbewerb der Künste und Medien in einem neuen Paragone für sich zu entscheiden, aber jedes Mal bewies der Roman dabei eine erstaunliche Flexibilität, die von kaum einem anderen Medium erreicht worden ist. Die Erforschung der vielfältigen Fähigkeiten der

Literatur, im Modus des *showing* auf andere Medien imitierend zu verweisen, ist eine interessante Möglichkeit, diese weiten Horizonte der Wortkunst und insbesondere des Romans auszuleuchten. Es wäre sicher für die Literaturwissenschaft lohnend, sich deren Erhellung im Kontext einer literaturzentrierten Intermedialitätsforschung intensiver als bisher zu widmen.

In diesem Zusammenhang könnten als konkrete neue oder weiter zu verfolgende Forschungsperspektiven auf das *showing* als eine Form von ‚Musik in der Literatur' u. a. folgende genannt werden: Innerhalb der formalen Imitation von Musik ist das Textkorpus in Richtung sowohl auf relevante Nationalliteraturen wie auch auf die Einbeziehung älterer sowie insbesondere neuerer und neuester Literatur und Musikformen, inkl. des Jazz und der diversen Formen der Popmusik, immer noch erweiterbar (siehe hierzu neben oben genannten Untersuchungen auch einige Beiträge zu Meyer 2002, ferner Vratz 2002, Caduff 2003, Alder/Hauck 2005, Viol 2006 und Gess 2006 bzw. in zweiter Aufl. 2011, sowie III.22 MATHIS-MOSER). Des Weiteren ist neben Erzählkunst und Lyrik (siehe hierzu Cooper 2000 und Fekadu 2013) auch das Drama (vgl. Roesner 2003) in die Erforschung der Imitation von Musik in der Literatur einzubeziehen. Von aktuellem Interesse wäre auch eine kognitive Perspektive auf das, was bei solcher Imitation im Rezipienten geschieht, etwa im Sinne eines *blending*, d. h. eines Überlagerns zweier medialer ‚Felder' (siehe hierzu Arroyas 2001), und schließlich wäre auch von empirischen Erforschungen dieses rezeptionsästhetischen Phänomens (wie sie für andere literarische Phänomene von Miall/Kuiken z. B. 1998 vorgenommen wurden) einiges zu erwarten.

Literatur

Alder, Erik und Dietmar Hauck. *Music and Literature: Music in the Works of Anthony Burgess and E. M. Forster. An Interdisciplinary Study*. Tübingen und Basel: Francke, 2005.

Arroyas, Frédérique. „When Is a Text Like Music?" *Proceedings of the Second International Conference on Word and Music Studies at Ann Arbor, 1999*. Hrsg. von Walter Bernhart, David Mosley und Werner Wolf. Amsterdam: Rodopi, 2001. 81–99.

Bernhart, Walter. „Aesthetic Illusion in Instrumental Music?" *Immersion and Distance: Aesthetic Illusion in Literature and Other Media*. Hrsg. von Werner Wolf, Walter Bernhart und Andreas Mahler. Amsterdam: Rodopi, 2013. 365–380.

Caduff, Corina. *Die Literarisierung von Musik und bildender Kunst um 1800*. München: Fink, 2003.

Cooper, John Xiros (Hrsg.). *T. S. Eliot's Orchestra: Critical Essays on Poetry and Music*. New York und London: Garland, 2000.

Diller, Alex. *„Ein literarischer Komponist?" Musikalische Strukturen in der späten Prosa Thomas Bernhards*. Heidelberg: Winter, 2011.

Doderer, Heimito von. „Sonatine" [1959–1961]. *Die Erzählungen*. Hrsg. von Wendelin Schmidt-Dengler. München: Biedermann, 1972. 327–329.

Doderer, Heimito von. *Grundlagen und Funktion des Romans*. Nürnberg: Glock und Lutz, 1959.

Fekadu, Sarah. *Musik in Literatur und Poetik des Modernismus: Lowell, Pound, Woolf*. München: Fink, 2013.

Forster, E. M. *Howards End*. Hrsg. von Oliver Stallybrass. Harmondsworth: Penguin, 1973 [1910].

Gess, Nicola. *Gewalt der Musik: Literatur und Musikkritik um 1800*. Freiburg im Breisgau: Rombach, 2011 [2006].

Gess, Nicola. „Intermedialität *reconsidered*: Vom Paragone bei Hoffmann bis zum Inneren Monolog bei Schnitzler". *Poetica* 42.1–2 (2010): 139–168.

Greenberg, Clement. „Towards a Newer Laocoon" [1940]. *The Collected Essays and Criticism 1: Perceptions and Judgments*. Hrsg. von John O'Brian. Chicago und London: University of Chicago Press, 1986. 23–38.

Kolago, Lech. *Musikalische Formen und Strukturen in der deutschsprachigen Literatur des 20. Jahrhunderts*. Anif und Salzburg: Müller-Speiser, 1997.

Lagerroth, Ulla-Britta. „Reading Musicalized Texts as Self-Reflexive Texts: Some Aspects of Interart Discourse". *Word and Music Studies: Defining the Field. Proceedings of the First International Conference on Word and Music Studies at Graz, 1997*. Hrsg. von Walter Bernhart, Steven Paul Scher und Werner Wolf. Amsterdam: Rodopi, 1999. 205–220.

Lampart, Fabian. „Statik und ‚Fatologie': Zur Kontamination musikalischer und narrativer Strukturen in Heimito von Doderers Romantheorie". *Literatur und Musik in der klassischen Moderne: Mediale Konzeptionen und intermediale Poetologien*. Hrsg. von Joachim Grage. Würzburg: Ergon, 2006. 207–226.

Lubbock, Percy. *The Craft of Fiction*. London: Jonathan Cape, 1954 [1921].

Mann, Thomas. *Gesammelte Werke 6: Doktor Faustus. Das Leben des deutschen Tonsetzers Adrian Leverkühn, erzählt von einem Freunde* [1947] (=GW 6). Frankfurt am Main: Fischer, 1960.

Meyer, Michael J. (Hrsg.). *Literature and Music*. Amsterdam und New York: Rodopi (Rodopi Perspectives on Modern Literature 25), 2002.

Miall, David S. und Don Kuiken. „The Form of Reading: Empirical Studies of Literariness". *Poetics* 25 (1989): 327–341.

Petermann, Emily. *The Musical Novel*. Rochester: Camden House, 2014.
Prieto, Eric. *Listening In: Music, Mind and the Modernist Narrative*. Lincoln und London: University of Nebraska Press, 2002.
Rajewsky, Irina O. *Intermedialität*. Tübingen und Basel: Francke, 2002.
Rippl, Gabriele. „,If we want pure sound, we want music' (Ezra Pound): Zur intermedialen Ästhetik der angloamerikanischen klassischen Moderne". *Literatur und Musik in der klassischen Moderne: Mediale Konzeptionen und intermediale Poetologien*. Hrsg. von Joachim Grage. Würzburg: Ergon, 2006. 87–105.
Roesner, David. *Musikalisierung des Theaters: Entwicklungen, Ausprägungen, Analysen*. Tübingen: Narr, 2003.
Scher, Steven Paul. *Verbal Music in German Literature*. New Haven und London: Yale University Press, 1968.
Scher, Steven Paul. „Notes Toward a Theory of Verbal Music". *Comparative Literature* 22 (1970): 147–156.
Schwitters, Kurt. „Ursonate". http://www.uni-saarland.de/fak4/fr41/Engel/ME/Vorlesungen/Moderne%20Lyrik3/09Schwitters_Ursonate.htm (9. Juni 2016).
Shockley, Alan. *Music in the Words: Musical Form and Counterpoint in the Twentieth-Century Novel*. Farnham und London: Ashgate, 2009.
Sichelstiel, Andreas. *Musikalische Kompositionstechniken in der Literatur: Möglichkeiten der Intermedialität und ihrer Funktion bei österreichischen Gegenwartsautoren*. Essen: Die Blaue Eule, 2004.
Smyth, Gerry. *Music in Contemporary British Fiction: Listening to the Novel*. Houndmills und New York: Palgrave Macmillan, 2008.
Treml, Reinhold. „Doderers *Sonatine*: ,List' des Erzählers und Tiefe der Jahre". *„Erst bricht man Fenster. Dann wird man selbst eines." Zum 100. Geburtstag von Heimito von Doderer*. Hrsg. von Gerald Sommer und Wendelin Schmidt-Dengler. Riverside: Ariadne Press, 1997. 121–135.
Viol, Claus-Ulrich. *Jukebooks: Contemporary British Fiction, Popular Music, and Cultural Value*. Heidelberg: Winter, 2006.
Vratz, Christoph. *Die Partitur als Wortgefüge: Sprachliches Musizieren in literarischen Texten zwischen Romantik und Gegenwart*. Würzburg: Königshausen & Neumann, 2002.
Vuong, Hoa Hoï. *Musiques de roman: Proust, Mann, Joyce*. Bruxelles: P. I. E. – Peter Lang, 2003.
Walzel, Oskar. *Wechselseitige Erhellung der Künste: Ein Beitrag zur Würdigung kunstgeschichtlicher Begriffe*. Vortrag vom 3.1.1917 in der Berliner Abteilung der Kantgesellschaft. Berlin: Reuther & Richard, 1917.
Wolf, Werner. „Intermedialität als neues Paradigma der Literaturwissenschaft? Plädoyer für eine literaturzentrierte Erforschung der Grenzüberschreitungen zwischen Wortkunst und anderen Medien am Beispiel von Virginia Woolfs ,The String Quartet'". *Arbeiten aus Anglistik und Amerikanistik* 21 (1996): 85–116.
Wolf, Werner. *The Musicalization of Fiction: A Study in the Theory and History of Intermediality*. Amsterdam und Atlanta: Rodopi, 1999.
Wolf, Werner. „Intermedialität – ein weites Feld und eine Herausforderung für die Literaturwissenschaft". *Literaturwissenschaft – intermedial, interdisziplinär*. Hrsg. von Herbert Foltinek und Christoph Leitgeb. Wien: Verlag der Österreichischen Akademie der Wissenschaften, 2002a. 163–192.

Wolf, Werner. „Das Problem der Narrativität in Literatur, Musik, und bildender Kunst". *Erzähltheorie transgenerisch, intermedial, interdisziplinär*. Hrsg. von Ansgar und Vera Nünning. Trier: Wissenschaftlicher Verlag Trier, 2002b. 23–104.

Wolf, Werner. „Relations between Literature and Music in the Context of a General Typology of Intermediality". *Comparative Literature: Sharing Knowledge for Preserving Cultural Diversity. Encyclopedia of Life Support Systems (EOLSS)*. Hrsg. von Lisa Block de Behar, Paola Mildonian, Jean-Michel Dijan, Djelal Kadir, Alfons Knauth, Dolores Romero Lopez und Márcio Seligmann Silva. Oxford, UK: Eolss Publishers, 2008 [http://www.eolss.net].

Wolf, Werner (Hrsg.), in Zusammenarbeit mit Katharina Bantleon und Jeff Thoss. *Metareference across Media: Theory and Case Studies – Dedicated to Walter Bernhart on the Occasion of his Retirement*. Amsterdam: Rodopi, 2009.

Wolf, Werner (Hrsg.), in Zusammenarbeit mit Katharina Bantleon und Jeff Thoss. *The Metareferential Turn in Contemporary Arts and Media: Forms, Functions, Attempts at Explanation*. Amsterdam: Rodopi, 2011.

Wolf, Werner und Walter Bernhart (Hrsg.). *Description in Literature and Other Media*. Amsterdam: Rodopi, 2007.

Woolf, Virginia. „Modern Fiction" [1925]. *The Common Reader. First Series*. London: Hogarth Press, 1962. 184–195.

II.2.4. Literatur in (Instrumental-)Musik
Matthias Schmidt

1. Sprache oder Medium?

Sprache und Musik: Wie lassen sich zwei Medien angemessen aufeinander beziehen, deren eines mit einem semantisch und grammatikalisch geregelten Zeichensystem operiert, während das andere wesentlich nicht-repräsentational und in seiner Funktion vergleichsweise diskommunikativ agiert? In den letzten gut zweihundert Jahren hat die Frage nur wenig befriedigende Antworten hervorgebracht, ob es sich bei Musik selbst um eine kunstvoll geformte Sprache handelt oder nicht (vgl. II.1.1 HINDRICHS), und dies, obwohl Musikkünstler zwischen den unterschiedlichsten Erklärungsmodellen – von einer poetisch allusiven bis zur Programmmusik – zumeist wie selbstverständlich von einem sprachähnlichen Charakter des Musikalischen ausgegangen sind (Riethmüller 1999). Musik, die ausdrücklich literarische Verfahren reflektiert oder deren Inhalte interpretiert, wird spätestens im Zuge der Musiktheorie der Spätaufklärung im 18. Jahrhundert – und von hier an mit zunehmender Dringlichkeit – als Kunstform aufgefasst, die intellektuell verstanden werden will. Daraus resultiert letztlich der methodische Anspruch, dass die oftmals auf den Transport kulturell geprägter Emotionen verkürzten Gestaltungsabsichten der Musik intersubjektiv erklärbar sind und etwa nach denselben strukturalistisch-semiologischen Kriterien analysiert werden können wie bei einem Worttext (vgl. II.2.2 LUBKOLL).

Deutlich darüber hinausgehend hat wiederum die frühromantische Ästhetik um 1800 der Musik die Fähigkeit zuerkannt, tiefere Einsichten in die Zusammenhänge der Welt vermitteln zu können – Einsichten, welche der begrenzten Rationalität der Wortsprache verwehrt zu bleiben schienen. Es war vor allem die Instrumentalmusik, die dabei (erheblich dringlicher als vokale oder im weitesten Sinne theatrale Musikkunst von der Oper über das Lied bis zum Melodram; vgl. auch II.2.1 STOLLBERG) in solchem Spannungsfeld die Frage nach ihrer Literarizität neu aufwarf. Diese Frage ist bis heute virulent, wie ein Blick auf aktuelle Forschungsdiskussionen zeigt: Es besteht zwar weitgehender Konsens darüber, dass Klänge keine verallgemeinerbare Bedeutung oder spezifische Signifikanz besitzen – dass es Musik mithin nicht möglich ist, Sprache zu imitieren, Denken zu repräsentieren, Handlungen zu erzählen, logische Relationen auszudrücken oder ihre mimetischen Fähigkeiten jenseits auratischer Imitation zur Geltung zu bringen (wie im berühmten Vogelgesang bzw. dem Bachrauschen in Beethovens *Sechster Symphonie*; Rabinowitz 2004). Der Referenzartikel zur Musiknarratologie in der maßgeblichen aktuellen Musikenzyklopädie schließt entsprechend mit den Worten: „The exploration of instrumental music as narrative remains a tantalizing, confusing, problematic area of inquiry." (siehe Maus 2001, 643) Die Behauptung, dass Musik etwa „höchstens ansatzweise" dazu in der Lage sei, eine literarisch vorgeformte Geschichte „nachzuzeichnen" (Wolf 2002, 94), verkennt gleichwohl die kompositorische Zielstellung zahlreicher Instrumentalmusikwerke, die sich an literarischen Vorlagen orientieren. Selten geht es ihnen um deren redundante Verdoppelung mit anderen Mitteln, zumeist hingegen um eine Transformation in eine genuin eigene Form des Erzählerischen, welche gerade die Unbestimmtheit von Referenzbildungen wahrnehmungsästhetisch bewusst fruchtbar zu machen sucht. So vermag Instrumentalmusik eine Projektionsfläche für solche Hörwahrnehmungen zu erzeugen, mit denen das aktive Zeiterlebnis sinnkonstituierend aufgefüllt werden kann. Als „kognitiver Rahmen" verstanden, der vom Hörer auf entsprechende Stimuli hin jeweils aktualisiert werde, als eine „Hohlform" etwa des Narrativen also, in welche der Hörende variable Inhalte „gießt" (Wolf 2008, 28), könnte Instrumentalmusik in diesem Sinne nutzbringender definiert werden.

Ein solchermaßen weit gefasster Ansatz muss freilich konkretisiert werden, um angemessene Aussagen machen zu können: Er hat Instrumentalmusik in den Blick zu nehmen, die bereits von ihren Komponisten in einen engen Kontext zur medialen Vermittlungsform der Literatur gestellt wurde. Die Analyse solcher Musik setzt dabei eine möglichst genaue Beschreibung ihres historischen Standorts voraus. Erst dann sollte es möglich werden, alternative Perspektiven zur analogiebildenden Behauptung einer Sprachähnlichkeit der Musik oder etwa zum Versuch einer Adaption strukturalistischer Vorgaben der Literaturtheorie auf Musik aufzuzeigen. Neuerdings hat hierzu die Intermedialitätsforschung mit Überlegungen zur ‚Medientransformation' vorgeschlagen, die Übernahme und Übertragung jeweils medienspezifischer Eigenschaften, Verfahren oder Inhalte (Rajewsky 2002; Gess 2010) zu analysieren. Die Voraussetzungen und Bedingungen von Instrumentalmusik als Darstellungsmedium etwa innerhalb von Programmmusik können so im Übertragungsprozess aus Literatur in seinen wesentlichen Veränderungen anschaulich werden und beispielsweise die Differenzierung verschiedener „degrees of narrativity" (Micznik 2001, 198) in der Musik begründbar machen.

2. Bedingungen intermedialen Erzählens in Musik

Eine auf medienspezifische Eigenheiten Rücksicht nehmende Erschließung der Adaptionsprozesse von Literatur in Musik kann mithilfe der (möglichst weitgefassten) Darstellung von erzähltheoretischen Zusammenhängen gelingen. Denn einerseits verbindet die Narratologie die in Frage stehenden Gemeinsamkeiten beider Medien (von der kognitiven Rahmung bis zum Vollzug in der Zeit), und andererseits wird die Auseinandersetzung mit der Frage nach Literatur in Instrumentalmusik aktuell am facettenreichsten und differenziertesten innerhalb des musiknarratologischen Forschungsdiskurses behandelt.

Die musikwissenschaftliche Erzählforschung, welche sich erst vergleichsweise spät als Teil des fachinternen Wissenschaftskanons etabliert hat, adaptierte seit den 1980er Jahren zunächst bereits in den Literaturwissenschaften oder der Philosophie diskutierte einschlägige Erkenntnisse (Almén 2008; Rösch 2012). Wesentlich für die meisten dieser Zugangsweisen der 1980er und 1990er Jahre ist die Überzeugung, dass Musik – ähnlich wie die Wortsprache – ein Zeichensystem sei, welches auf der Basis derselben Grundkriterien analysiert werden könne wie diese. Entsprechend wurde auch die Diskussion darüber, ob Instrumentalmusik überhaupt zu erzählen vermöge, an Defiziten festgemacht, die im Vergleich zu den Möglichkeiten der Wortsprache beobachtbar waren: so an der vermeintlich erzählfernen Praxis von ‚extensive repetition of events' (Kivy 1993), der fehlenden Erzählerinstanz, einem nicht vorhandenen ‚past tense' (Abbate 1991) oder der mangelnden syntaktischen Strukturierbarkeit von ‚subject and predicate' (Nattiez 1990).

Ungeachtet der Bedenken aber, dass Musik keine Differenz von Gegenwart und Vergangenheit ausdrücklich machen könne und daher auch nicht als weitläufige gliederbare Zeitstruktur zu erfassen sei (Abbate 1991, 52), dürfte eine Grundbedingung der Transformation von Literatur in Musik sein, dass sie zeitliche und/oder kausale Folgeverhältnisse vermitteln kann (Levinson 2006, 130). Die spezifische Zeitlichkeit der Musik, die doch ganz konkret Erwartungen, Spannung, Entwicklung, Hindernisse und deren Überwindung hervorzurufen vermag, kann so trotz einer grundlegenden referentiellen Unbestimmtheit „sequences of events" (Abbate 1991, 45) – als wichtigstes Narrem überhaupt – und eine Form der „narrative trajectory" suggerieren: Musik ist somit „a marking of experienced time" (Abbate 1991, 31) und ermöglicht eine grundsätzliche Isomorphie zwischen zeitlicher Erfahrung und Musik, die keine ausführlichen Handlungsabläufe verlangt, sondern beispielsweise lediglich die komprimierte Gleichzeitigkeit konkurrierender bzw. miteinander harmonierender Ereignisse koordiniert. Musik vermag so im Hörer Aufmerksamkeitskontrolle, Erwartungsaufbau, Spannung und Überraschung zu generieren. Allerdings zeigt Musik hierbei nicht das Vergehen von Zeit durch ihre Auswirkung auf konkret Existierendes, sondern nur auf ihre nach innermusikalischen Kriterien generierte Form, etwa mit der Ahnung von etwas Kommendem oder einem Spannungsverhältnis, das auf Lösung drängt. Ebenso suggerieren formale Wiederholungen die Wiederherstellung eines Gleichgewichts nach einem Konflikt. So ließe sich immerhin feststellen, dass „though instrumental music is incapable of *narrating*, it can enact *stories*: it can *show* even if it cannot *tell*, it can suggest *plots* [...]. Its most common verbal and rhetorical metaphor, namely *voice*, suggests that it can also enact metaphoric dialogues between instruments." (Neubauer 1997, 119)

Einerseits erscheint Musik also uneindeutig, hochgradig abstrakt und damit übertragbar auf unterschiedlichste repräsentationale Szenarien. Andrerseits kann gerade Instrumentalmusik als Kunst verstanden werden, die „ohne Erzähltes erzähle" (Adorno GS 13, 225): Ihre Erlebnisqualitäten sind durch die in der Zeit sich entfaltende Sinnhaftigkeit dieses Erlebens gegeben; ihre Form entfaltet sich in der Zeit. Instrumentalmusik beinhaltet narrative Elemente, obwohl sie nicht narrativ ist. Musik erscheint als „medium with narrative possibilities", das Wissen in Erzählen übersetzen kann (Micznik 2001, 244). Und sie ermöglicht, „to explore the puzzle of how [...] narratives communicate" (Kafalenos 2004, 280). „Strategies that can unlock pieces of the puzzle of what and how music communicates" (Kafalenos 2004, 280) zu entwickeln, erfordert von der musikwissenschaftlichen Forschung zugleich, „to be steeped as deeply as possible in questions specific to our discipline, that is, they must translate inspiring questions from other disciplines into questions that only we can ask and answer" (Micznik 2001, 198). Da Musik Literatur „mit den eigenen, medienspezifischen Mitteln thematisiert, simuliert oder, soweit möglich, reproduziert" (wobei die „Differenz und/oder Äquivalenz" des gebenden Mediums „mitrezipiert" wird), ist entsprechend auch das Analyseinstrumentarium an die Leistungsmöglichkeiten des eigenen Mediums anzupassen (Mahne 2007, 17). Dies aber bedeutet auch, dass solche Übertragung keine Eigenbedeutung besitzt, sondern erst im Rezipienten entsteht, in ihm aber zu einer klanglich verkörperten neuartigen Wirklichkeit (gegenüber etwa der vorgängigen literarischen) gestaltet wird.

Solche Beobachtungen lassen eine intermediale Perspektive auf die Übergangsprozesse von Literatur in Musik erkennbar werden: Bereits zu Beginn der 1990er Jahre wurde erstmals ein konsequent rezipientenabhängiges Modell der Musiknarratologie als ‚rhetorical narrative theory' (Rabinowitz 1992) diskutiert, dessen Schwerpunkt folgerichtig auf der Diskursebene lag und der Interpretation von Einzelwerken stärkeres Gewicht verlieh als der Entwicklung einer übergreifend anwendbaren Theorie. Und wenn in jüngerer Zeit dennoch theoretische Zusammenhänge Entfaltung fanden, dann im Rahmen kognitiver Erzählmodelle wie der ‚frame theory' (Herman 2002, Fludernik 2006), die medienunabhängig nach globalen mentalen Repräsentatiosmechanismen suchte. In diesem Zusammenhang zeigte sich auch die interdisziplinäre Relevanz des Narrativen gestärkt, aus der sich eine Forderung nach der Entwicklung einer pluri-, inter- und transgenerischen Erzähltheorie ableitete (Nünning 2002, Grishakova und Ryan 2010). Ausgehend hiervon wurde ein intermediales Modell entwickelt (Wolf 2002; 2008), das die Produzenten von Geschichten, diese Geschichten selbst, deren Rezipienten und kulturelle sowie historische Kontexte zu umfassen beabsichtigte. Die Idee einer Instrumentalmusik als „Hohlform" des Narrativen und der semiologisch orientierten Arbeit mit Narremen entwirft auf Grundlage eines solchen Modells eine Typologie von intermedialen Beziehungen, die vom Nebeneinanderauftreten (Kontiguität) bis zum Verschmelzen (Integration) der aktiven Kommunikationsmedien reicht (Wolf 1999, 35–36). Sie fasst Musik zwar weiterhin als Zeichensystem auf und stellt daher die narrativen Möglichkeiten von Musik mit dem Argument in Frage, dass keine musikalischen Äquivalenzen für die syntaktische, phonologische, morphologische und semantische Sprachebene bzw. keine Progression und Kohärenz eines kausalen Erzählens durch syntaktische Narreme zu finden seien. Und ein solches Modell blendet genuin musikalische Gestaltungsmöglichkeiten wie die simultane Darstellbarkeit eigentlich gegensätzlicher Aussagen in der Musik aus. Doch obwohl es an der Prototypik des erzählervermittelten Erzählens festhält, öffnet es so immerhin (auch gegenüber den Beengungen einer Tradition der ‚Word & Music Studies') das Untersuchungsfeld für intermediale Zugangsweisen (Wolf 2008; vgl. II.2.3 WOLF).

Eine wesentliche Rolle kommt in solchen Erklärungsmodellen also den Hörenden zu: Geschichten werden ihnen zufolge grundlegend eher in die Musik hinein- denn aus ihr herausgelesen (Wolf 2005, 324–329). Ähnlich wie Leser beständig auf das verbale Erzählen reagieren, indem sie eine kausale Folge von Ereignissen interpretieren und reinterpretieren, so konstruieren und rekonstruieren Hörer im Akt der Wahrnehmung eine ursächlich entwickelte Ereigniskette (wenngleich diese repräsentational unspezifisch bleibt). Im Sinne dessen, was Roland Barthes über den Leser annimmt, kann auch der Hörer nicht nur als Konsument, sondern auch Produzent von Texten bzw. Klängen aufgefasst werden (Barthes 1987, 4): Nicht der Musikkünstler komponiert eine Geschichte, sondern er bereitet deren Rahmenbedingungen strategisch so vor, dass sich der Hörende selbst eine Geschichte erzählen kann. Zugespitzt formuliert: „Listening is do-it-yourself composing. Composing is speculative listening." (Boretz 1989, 107)

3. Diskurs- und gattungsspezifische Referentialität

Mit den Beobachtungen zur Wirkung von Literatur in Musik rücken die Sinngebungs-, Repräsentations- und Kommunikationsfunktionen des Musikalischen, kurz: Fragen nach dessen Bedeutung für die Wahrnehmenden in den Mittelpunkt des Interesses. In den einschlägigen Ansätzen der aktuelleren Forschung geht es daher nicht mehr um Wechselbeziehungen zwischen fest umrissenen Artefakten der Literatur hier, der Musik dort und deren konzeptuelles Miteinander, sondern vielmehr um das Ergebnis medialer ‚Transformationen' zwischen ihnen – als formalästhetischen ‚Prozess' und als klangliches ‚Ereignis' (Scott 2007). So müssen etwa in poetisch oder programmatisch geprägter Instrumentalmusik des 19. Jahrhunderts in den Umwandlungsverfahren von Literatur und Musik neue Formqualitäten identifiziert werden, die aus der Differenz der unterschiedlichen medialen Voraussetzungen literarischer bzw. musikalischer Gestaltausprägungen hervorgehen.

In den letzten Jahren hat sich eine Forschungsrichtung etabliert, die Verfahren der Narrationstheorie auf Lyrik anzuwenden bemüht ist (Hühn 2007). Dies mag auch für musikalische Zusammenhänge Möglichkeiten zur Erweiterung des methodischen Spektrums bieten: Kommen doch den spezifischen musikalischen Voraussetzungen der Formbildung und -darstellung Kriterien des Lyrischen mitunter besser als solche des Literarisch-Epischen entgegen. Ähnlich wie die musikalische verweigert sich die lyrische Form oftmals dem Referentiellen; verglichen mit dem epischen Diskurs sperren beide sich zumindest gegenüber einer ausgeprägteren Heteroreferentialität. Und wenn überhaupt von handlungsbildenden Strategien im Musikalischen gesprochen werden kann, dann lassen sich diese als Strukturbildungsprozesse wohl eher zwischen Musik und Lyrik als zwischen Musik und Epik fruchtbar vergleichen. Insbesondere nämlich der Umgang mit dem Faktor Zeit verbindet beide Gestaltungsformen: In der Lyrik konstituiert sich Handlung in einem „kognitiven Akt", „der eine Differenzierung zwischen dem *status ante* und dem *status post festum* zulässt" (Müller-Zettelmann 2002, 137). Diese Unterscheidungsmöglichkeit könnte die – auch für die Musik – wenig taugliche erzähltheoretische Differenz von *histoire* und *discours* durch eine solche zwischen *enunciation* und *enounced* (Müller-Zettelmann 2002, 137) ersetzen: als dem zeitlich gebundenen einmaligen Akt der Äußerung und dem im Nachhinein reflektierbaren verbalen Resultat dieses Aktes. Mitentscheidend für die Übertragung lyrikbezogener Narrationstheorien auf musikalische Sachverhalte ist zudem der Umstand, dass das lyrische Ich nicht als „realer Ursprung" eines poetischen Diskurses, sondern als dessen „fiktionales Produkt" zu betrachten ist, das selbst nur eine Ich-Illusion hervorruft und lediglich innertextuell relevant ist (vgl. Müller-Zettelmann 2002, 142). Musik als eine weitgehend nicht-mimetische, nicht-repräsentierende Kunst vermag in solchem Sinne wie Lyrik eine Wirklichkeit eigenen Rechts zu gestalten.

In ähnlicher Zielrichtung könnte auch das sprachbezogene Denkmodell der Metapher methodisch nutzbringend auf musikalische Zusammenhänge übertragen werden (Eggers 2008): Die sprachliche Metapher zeichnet sich durch ein Spannungsverhältnis zwischen der vergleichsweise unpräzisen Bezeichnung eines Wortes und dem Bedeutungszusammenhang seiner Aussage aus. Die hierdurch erzeugte Inkonsistenz lässt einen lebendigen Dissens entstehen, der eine Suche nach poetischem Sinn in Gang setzt. Dabei wird der unmittelbare Gegenstandsbezug, der mit der Metapher benannt ist (und in der Musik ohnedies fehlt), suspendiert. Die Idee einer solchen „metaphorischen Exemplifikation" (Goodman 1997) bemüht sich entsprechend, die Kluft zwischen strukturellem Phänomen und metaphorischer Beschreibung in einem Medienwechsel zu schliessen. In der Wechselwirkung entsteht ein Verhältnis der ‚Prozessualität' (Mahrenholz 2000), welches gerade in ihrer beständigen Dynamik eine Strukturähnlichkeit zwischen sprachlicher Metaphern- und musikalischer Gestaltbildung nahelegt.

Wesentlich hierbei erscheint Paul Ricœurs Beobachtung, dass die vermeintlich eindeutig fixierbaren Eigentümlichkeiten eines Erzählzusammenhangs oder eines Erzähler-Ichs nicht vom Prozess ihrer in beständiger Bewegung befindlichen narrativen Konfiguration unabhängig zu machen sind (Ricœur 2004 [1985], 225). Im unvorhersehbaren, als diskontinuierlich und wandlungsreich empfundenen Zeitverlauf einer Erzählung werden beständig Zweifel an nur einer Verstehensmöglichkeit des Erzählten und nur einer Identität des Erzählenden aktiviert. Dies trifft auch auf die strategischen Gestaltungsansprüche von Musik zu. Was Musik vermag, ist, Fiktives und Historisches selbst in einer hypothetischen und einer quasi realen Referentialität sinnlich erfahrbar ineinander zu überblenden. So operiert etwa Franz Liszt in der sinfonischen Dichtung *Tasso* mit einem melodischen Hauptgedanken, der zu seiner Zeit als tradiertes venezianisches Volkslied im Bewusstsein war und von den örtlichen Gondolieri, versehen mit Versen des Dichterheros Tasso, für zahlende Besucher gesungen wurde. Liszt nutzt diese Melodie in seinem Orchesterwerk, um den Mythos Tasso durch die Suggestion einer weit zurückreichenden Rezeptionsgeschichte und zugleich deren realtouristische Gegenwartsnähe zu verbürgen. Damit konnte er die nachhaltige Wirkmacht von Tassos Dichtung gerade durch die Musik behaupten (Schmidt 2011). Ricœurs Annahme einer ‚narrativen Identität' denkt die personale Identität eines Erzähler-Ichs so, dass nicht hinter der Vielfalt der Erscheinungsweisen einer Person ein selbstidentisches Etwas angenommen werden muss, sondern dass dieses Etwas auf einer Zeitstruktur beruht, welche in die stets veränderliche narrative Struktur eines Textes miteinbezogen wird. So ergibt sich eine beständige Refiguration des einmal Gestalteten, ein strategisch sich entfaltendes Gewebe facettenreicher Erzähler-Zusammenhänge, das zwischen Wirklichkeitsallusion und eigengesetzlich funktionierender Fiktion changiert (Ricœur 1991, 396) und darin Vergleichsmöglichkeiten mit den polyvalenten Suggestionsstrukturen des Musikalischen eröffnet.

4. Programmmusik und Publikum

Die wesentliche Rolle der Hörenden in den Strategien der auf Performanz angewiesenen Kunstform Musik sei an dieser Stelle historisch vertieft: Das 19. Jahrhundert kennt eine überwältigende Anzahl von Versuchen, literarische Vorlagen instrumentalmusikalisch umzusetzen und vermeintlich narratives Komponieren in Worttexten nachvollziehbar zu machen. Ästhetisch legitimiert findet sich eine solche Vorstellung in der deutschen literarischen Romantik, die der Musik einen singulären Stellenwert innerhalb der Künste zumaß. Bereits bei E. T. A. Hoffmann, Ludwig Tieck und Wilhelm Heinrich Wackenroder finden sich Begriffe wie ‚musikalische Dichtung' oder ‚Tondichter', die Instrumentalmusik gilt als höchste Kunstgattung, der Topos von der Musik als dem Ausdruck des Unaussprechlichen und Unendlichen verdichtete sich zu einer „Metaphysik der Instrumentalmusik" (Dahlhaus 1978), die wiederum deutlichen Einfluss noch auf Richard Wagners Vorstellung hatte, dass „da, wo die menschliche Sprache aufhört, [...] die Musik an[fange]" (Wagner GS 7, 148). Die Kategorie des ‚Poetischen' avancierte in einer von synästhetischen Ideen faszinierten Ästhetik zur „gemeinsamen Substanz sämtlicher Künste" (Dahlhaus 1978, 69).

Aus dieser Gemengelage heraus entstand wenig später eine rein instrumentale Musikgattung, die durch ihre ausdrückliche Verbindung zu (meist) literarischen Vorlagen als ‚Symphonische Dichtung' bezeichnet wurde. Sie verband ihre weitläufig entworfene orchestrale Ambition mit der Vorstellung einer „Dichtung in Tönen", mithin ein musikalisches Formprinzip mit einer poetischen Idee (Dahlhaus 1988, 385 ff.). Das Symphonische sollte in der Lage sein, sich das Innere der vorgängigen Sprachtexte anzueignen und selbst zu Dichtung zu werden, nicht diese zu repräsentieren (Dahlhaus 1988, 390–391): dies verstanden im Sinne Johann Gottfried Herders (Herder W 4, 633–677), der als ‚Dichtung' weniger Kunsttexte denn vielmehr eine Einbildungskraft subsumierte, welche Bilder und Mythen als Manifestationen eines kollektiven Geistes hervorzubringen imstande war. Dass Worte lediglich als Träger solcher Kräfte anzusehen waren, deren poetische Substanz noch eindringlicher in Musik als in Texten gestaltet werden kann, trug die Signatur jener tönenden Metaphysik des Musikalischen in der Nachfolge der frühromantischen Ästhetik, von der Arthur Schopenhauer sagen sollte, dass sie fähig sei, nicht nur „vom Schatten", sondern „vom Wesen" zu reden (Schopenhauer SW 2, 304).

Die Entstehung eines Bewusstseins für poetische, spezifisch literarisch vermittelte Musik wurde durch die Tendenz des frühen 19. Jahrhunderts zum musikbezogenen Hermeneutisieren gestärkt (Dahlhaus 1975, 199): dem im Musikschrifttum weit verbreiteten Usus, poetische Ideen in Musik nachzuweisen. So legitimiert jedenfalls Schumanns Zeitgenosse Franz Liszt seine neuartigen symphonischen Versuche 1855 mit der seit „etwa fünfzehn Jahren" beobachtbaren Tendenz zur poetischen Kommentierung von Werken Beethovens. Mithilfe dieses über alle Zweifel erhabenen Kronzeugen gibt er zu bedenken, „wie gross das Bedürfnis ist, den leitenden Gedanken grosser Instrumentalwerke genau bezeichnet zu sehen" (Liszt GS 4, 25). Einen wichtigen Ausgangspunkt für Liszt bildet seine „aus Erfahrung abgeleitete Erkenntnis, dass Musik im Allgemeinen und Instrumentalmusik im Besonderen vom Publikum weniger verstanden wird als Werke anderer Kunstdisziplinen" (Altenburg 1977, 10). Apperzeptionsanreize bei Kunstformen wie der Literatur suchte Liszt, weil er dem durchschnittlichen Hörer einen leichteren Zugang zur ephemeren und nur begrenzt intersubjektiv vermittelbaren Musik ermöglichen wollte.

Die im 19. Jahrhundert rasch wachsende Diskrepanz zwischen einem zunehmend professionalisierten Konzertbetrieb und dem Bedürfnis eines breiter werdenden Laienpublikums nach künstlerischer Orientierung (Botstein 1992, 138) brachte eine Fülle von Führern, Programmheften oder Handbüchern hervor. Die limitierte Reproduktionsfähigkeit orchestraler Verläufe auf dem Klavier wurde durch Leitmotivtafeln und Programmnotizen als Mixtur aus technischen und metaphorischen Begrifflichkeiten ersetzt. Hermann Kretzschmars äußerst populärer *Führer durch den Konzertsaal* (Kretzschmar 1887–1890) folgt durchwegs einem in Metaphorik und narrativer Beschreibungsstrategie literarisierten Ansatz der Musikdarstellung. Doch gerade solche Programme standen einer Rezeption auf breiter Ebene im Wege, da sie nämlich für das volle Verständnis einer Komposition eine gewisse Anteilnahme am Bildungskanon der Zeit, voraussetzten (Gärtner 2005, 106). Solche „Bildungsforderungen" hintertrieben denn auch eine veritable „Allgemeinwirkung" (Bekker 1918, 46), und das Programm verhinderte hier geradezu das klassenübergreifende musikalische Erlebnis (Gärtner 2005, 106–107).

Trotz der noch einmal besonders aktiven literarischen Orientierung der Musik um 1900 (Richard Strauss, *Macbeth*; Hugo Wolf, *Penthesilea*; Arnold Schönberg, *Verklärte Nacht* etc.) schwand in jener Zeit insgesamt das Vertrauen der Komponisten in die Tragfähigkeit von Konzepten programmatischer Symphonik – als vermeintlich unerheblich für das musikalische Verstehen wurden Programme zurückgezogen oder verschwiegen. Zwar war der Einbezug von Literatur in Musik auch im Verlauf des 20. Jahrhunderts von wesentlicher Bedeutung, zunehmend aber ging es dabei nicht mehr um das Für und Wider erzählfähiger Handlungen, sondern um systematische Konzepte im Zeichen einer Entgrenzung der Künste. Das Aufbrechen einer Linearität der Darstellung und der Orientierung an formalen Konventionen setzte sich im Zuge des wachsenden generellen Misstrauens gegenüber einer geradlinigen Erzählbarkeit der Welt auch in der Literatur selbst durch.

5. Beispiel: Liszt und das literaturbezogene Musikhören

Franz Liszt, der musikästhetisch wie -politisch einflussreichste Vertreter der Symphonischen Dichtung, wählt deren Stoffe kaum zufällig aus Mythos und Geschichte, die er als ‚Epopöe' kennzeichnet. Damit meint er exemplarisch weiterlebende ‚Ideale' (so auch der Titel eines seiner Orchesterstücke), verarbeitete Volkssagen, dramatische Gestalten und historische Helden von allgemeiner Bekanntheit, die dem Hörenden eine Orientierungshilfe ohne wesentliches Detailwissen ermöglichen sollen. Sein Ziel ist nicht, das gelehrte Bildungserlebnis des Einzelnen zu bedienen, sondern einen größeren Publikumskreis ohne vertiefte Vorkenntnisse zu erreichen. Liszt fordert den Komponisten dazu auf, „*Ideen*" zu entwickeln, „*um die Saiten seiner Lyra mit der Tonhöhe der Zeiten in Übereinstimmung zu bringen*, um die Kundgebungen seiner Kunst in Bilder zu gruppiren, die durch einen poetischen oder philosophischen Faden untereinander verbunden sind"; die „Massen" seien dann „empfänglicher für die Musik, selbst wenn sie sich über das Warum der Gefühlserregungen, die sie hervorruft", keinen klaren Begriff machten (Liszt GS 5, 204–205).

„Die Musik", so Liszt 1855 zurückblickend, „hatte sich eine Sprache zu bilden. Sie musste die Harmonie gestalten, damit die Melodie aufhöre eine rein instinktive Ausdrucksweise [...] zu sein, damit sie zum klar ausgeprägten Gedanken und Gefühl werden könne." (Liszt GS 4, 161) Liszt schreibt der aktuellen musikalischen Technik die Möglichkeit zu präzisester Charakterisierung zu: in der Melodiebildung etwa durch die „unbegrenzte Anzahl verschiedener Idiome" (Liszt GS 4, 161). Er sieht die „Prägnanz" und „grosse und sprechende Bestimmtheit" der Musik Richard Wagners (Liszt GS 5, 195) zudem mittels häufig intermittierend eingesetzter instrumentaler Rezitativpartien und freier Tempo- und Taktwechsel verwirklicht, die das ‚sprechende' Prinzip hervorheben und den Formverlauf als weitläufigeren Zusammenhang gestalten sollen. Wichtiger als Themen und Motive waren für Liszt dabei die „Wandlungen" und die „Relationen" dieser Motive zueinander (Dahlhaus 1975, 202): „[...] gerade aus den unbegrenzten Veränderungen, die ein Motiv durch Rhythmus, Modulation, Zeitmaß, Begleitung, Instrumentation, Umwandlung usf. erleiden kann, besteht die Sprache, vermittels welcher wir dieses Motiv Gedanken und gleichsam dramatische Handlung aussprechen lassen können." (Liszt GS 5, 172) Erst also durch seine ‚Geschichte' wird auch ein musikalisches Thema beredt: eine Geschichte, die durch allmähliche Transformation (etwa in Gestalt kontrastierender Ableitungen) entfaltet wird. Die Gesamtbedeutung eines poetisch-programmatischen Gedankens wird so nicht etwa durch die fixe Identität einander gegenüberstehender thematischer Gestalten, sondern vorrangig durch deren dynamische Bedeutungsverlagerungen und -veränderungen untereinander erfassbar.

In solchem Sinne hat Liszt seine „Vorworte" zu sinfonischen Partituren auch selbst nie als „Programme" bezeichnet, sondern sie vor allem als Form der „instrumentalen Lyrik" (Altenburg 1997, 19) aufgefasst. Die strategische Bezugsetzung zwischen Lyrik und Musik bestätigt sich in allen genannten Faktoren: dem fehlenden Handlungs- und Referenzverhältnis, einem grundsätzlich nichtmimetischen Weltbezug sowie dem Zugleich verschiedener möglicher Perspektiven des Verstehens. Was Liszt an der „moderne[n] Epopöe" fasziniert, deren dichterische Profilierung er dem lyrischen Denken Johann Wolfgang von Goethes, Lord Byrons und Victor Hugos zuschreibt, ist, dass sie als „Erzählung innerer Vorgänge" die „geheimen Beziehungen" der Natur „zu unserer Seele enträthselt" (Liszt GS 4, 54–56). „[D]en Gesetzen der Wahrscheinlichkeit gänzlich entzogen, zusammengedrängt, modificirt gewinnt die Handlung symbolischen Schimmer, mythische Unterlage." (Liszt GS 4, 54) Es lässt sich so in Liszts Programmen der „Anknüpfungspunct für die Vorstellung" erkennen, um eine „umherschweifende Phantasie" auf ein „bestimmtes Object" zu lenken, das jenseits der „prosaischen Ausdeutungen" eines „Materialismus" entstehe (Brendel 1859, 11).

Literarische Programme sollen lediglich „Geburtshelfer" (Gärtner 2005, 107) eines musikalischen Verständnisses sein, das nicht etwa nach „sinnreiche[r] Konstruktion, [...] Kunst des Gewebes und der verwickelten Faktur" sucht (Liszt GS 4, 45–46), sondern das Formhören stützen und vor allem den Hörer fesseln soll, um ihm eine möglichst konkret nachvollziehbare Darstellung von Gedanken und Gefühlen zu bieten. Ziel ist es für Liszt mithin nicht, „die Musik zu den Menschen" zu bringen, sondern „die Menschen zur Musik" (Gärtner 2005, 107). Und das Programm ist hierbei vor allem musikpädagogisch wesentlich: Es ist als „Rückhalt für das Formhören gemeint, von dem Liszt nicht grundlos argwöhnte, dass es im Publikum unentwickelt und selten sei" (Dahlhaus 1979, 139). Es soll „als ästhetisches Korrelat eines technischen Sachverhaltes" „das Verständnis der Form nicht überflüssig machen", sondern fördern (Dahlhaus 1979, 139).

Liszts Anspruch ist es, in seinen Symphonischen Dichtungen „neue Formen für neue Gedanken" (Liszt GS 4, 60) zu schaffen: Ein mediales Transformieren impliziert für ihn kein Wiederholen von bereits Gestaltetem, sondern dessen ‚Weiterdichten' in einem anderen Medium. Liszt verändert und variiert so durch einen literarischen Zusammenhang angeregte Formentscheidungen mit den Wirkungsweisen seines eigenen Mediums. Die Verstehbarkeit seiner Musik soll durch Programme optimiert werden, indem die Auffassungsmöglichkeit der Hörenden gleichsam ‚vorselektiert' wird: Musikalische Komplexität wird durch die Reduktion auf einen außenreferentiellen Gegenstand eingeschränkt, die Informationsdichte über diesen speziellen Teilbereich dadurch aber auch erheblich erhöht. Mit dem Komplexitätsgewinn gleichsam durch Komplexitätsreduktion versucht Liszt, die Herausforderung einer derartigen „doppelten Kontingenz" zu meistern (Gärtner 2005, 149).

Solcher Anspruch, den Liszt letztlich an die musikalische Technik stellt, hat in seiner pointierten Emphase auch einen ernstzunehmenden musikpolitischen Aspekt: Vor seinen Zeitgenossen legitimiert sich Liszt Mitte des 19. Jahrhunderts damit, dass er „das gegenwärtige Streben" einer „*Verschmelzung*" von „Musik und literarischen oder *quasi*-literarischen Werken", die „eine innigere zu werden" verspreche als je zuvor, auch mit der Zugehörigkeit solcher Werke zu einer „modernen Gefühlsweise" verband (Liszt GS 4, 58). In der Literatur sieht Liszt ein „Element, das die freie Bewegung des Gefühls durch bestimmte der Vorstellung im voraus gegebene Objekte beschränkt, den Komponisten zu einer poetisch zu formulierenden Konception, die er literarisch zu vertreten hat, zwingt und die Aufmerksamkeit des Hörers [...] auch auf die durch seine Konturen und Reihenfolge ausgesprochenen Ideen lenkt" (Liszt GS 4, 63). Georg Wilhelm Friedrich Hegels deutlich früher geäußerter Argwohn, dass Musik dazu tendiere, „sich bloss in einem in sich abgeschlossenen Verlauf von Zusammenstellungen, Veränderungen, Gegensätzen und Vermittelungen zu befriedigen" und so „leer, bedeutungslos" sei (Hegel SW 14, 142–143), wenn sie nicht in der Dichtung aufgehoben würde, stellt Liszt die Vorstellung entgegen, dass „[d]ie Meisterwerke der Musik [...] mehr und mehr die Meisterwerke der Literatur" in sich aufnehmen könnten (Liszt GS 4, 58) – als „Fortsetzung der Dichtung mit anderen Mitteln" (Dahlhaus 1975, 200). Die Musik erklärt und legitimiert sich für Liszt nicht nur mithilfe der Literatur, sondern findet durch sie erst wesentlich zu sich selbst.

Literatur

Abbate, Carolyn. *Unsung Voices: Opera and Musical Narrative in the Nineteenth Century*. Princeton, N. J.: Princeton University Press, 1991.

Adorno, Theodor W. „Mahler – eine musikalische Physiognomik" [1960]. *Gesammelte Schriften 13: Die musikalischen Monographien* (=GS 13). Hrsg. von Gretel Adorno und Rolf Tiedemann. Frankfurt am Main: Suhrkamp, 1971. 149–319.

Almén, Byron. *A Theory of Musical Narrative*. Bloomington: Indiana University Press, 2008.

Altenburg, Detlef. „Eine Theorie der Musik der Zukunft. Zur Funktion des Programms im symphonischen Werk von Franz Liszt". *Kongress-Bericht Eisenstadt 1975*. (Liszt-Studien 1). Hrsg. von Wolfgang Suppan. Graz: Akademische Druck- und Verlagsanstalt, 1977. 9–25.

Altenburg, Detlef. „Franz Liszt und das Erbe der Klassik". *Liszt und die Weimarer Klassik*. Hrsg. von Detlef Altenburg. Laaber: Laaber, 1997. 9–32.

Barthes, Roland. *S/Z*. Frankfurt am Main: Suhrkamp, 1987.

Bekker, Paul. *Die Sinfonie von Beethoven bis Mahler*. Berlin: Schuster & Loeffler, 1918.

Boretz, Benjamin. „The Logic of what?" *Journal of Music Theory* 33 (1989): 107–116.

Botstein, Leon. „Listening through reading: Musical Literacy and the Concert Audience". *19th-century Music* 16.2 (1992): 129–145.

Brendel, Franz. *Franz Liszt als Symphoniker*. Leipzig: Merseburger, 1859.

Dahlhaus, Carl. „Liszts Faustssymphonie und die Krise der symphonischen Form". *Über Symphonien. Beiträge zu einer musikalischen Gattung. Festschrift für Walter Wiora zum 70. Geburtstag*. Hrsg. von Christoph Hellmut Mahling. Tutzing: Schneider, 1979. 129–139.

Dahlhaus, Carl. *Die Idee der absoluten Musik*. Kassel, Basel i. a.: Bärenreiter, 1978.

Dahlhaus, Carl. „Thesen über Programmusik". *Beiträge zur musikalischen Hermeneutik*. Hrsg. von Carl Dahlhaus. Regensburg: Bosse, 1975. 187–204.

Eggers, Katrin. „Musik als Medium. Metapher, Symbol und ‚narratographic effect'". *Der Komponist als Erzähler. Narrativität in Dimitri Schostakowitschs Instrumentalmusik*. Hrsg. von Melanie Unseld und Stefan Weiss. Hildesheim: Olms, 2008. 117–132.

Fludernik, Monika. *Einführung in die Erzähltheorie*. Darmstadt: Wissenschaftliche Buchgesellschaft, 2006.

Gärtner, Markus. *Eduard Hanslick versus Franz Liszt. Aspekte einer grundlegenden Kontroverse*. Hildesheim: Olms, 2005.

Gess, Nicola. „Intermedialität *reconsidered*. Vom Paragone bei Hoffmann bis zum Inneren Monolog bei Schnitzler". *Poetica. Zeitschrift für Sprach- und Literaturwissenschaft* 42 (2010): 139–168.

Goodman, Nelson. *Sprachen der Kunst*. Frankfurt am Main: Suhrkamp, 1997.

Grishakova, Marina und Marie-Laure Ryan (Hrsg.). *Intermediality and storytelling*. Berlin und New York: De Gruyter, 2010.

Hegel, Georg Wilhelm Friedrich. „Vorlesungen über die Ästhetik III" [1835]. *Sämtliche Werke. Jubiläumsausgabe 14* (=SW 14). Hrsg. von Hermann Glockner. Stuttgart: F. Frommann, 1954.

Herder, Johann Gottfried. „Über Bild, Dichtung und Fabel" [1787]. *Werke 4: Schriften zu Philosophie, Literatur, Kunst und Altertum 1774–1787* (=W 4). Hrsg. von Jürgen Brummack und Martin Bollacher. Frankfurt am Main: Deutscher Klassiker Verlag, 1994. 633–677.

Herman, David. *Story logic. Problems and possibilities of narrative*. Lincoln: University of Nebraska Press, 2002.

Kafalenos, Emma. „Overview of the Music and Narrative Field". *Narrative across Media. The Languages of Storytelling*. Hrsg. von Marie-Laure Ryan. Lincoln: University of Nebraska Press, 2004. 275–282.

Kivy, Peter „A New Music Criticism?" *The Fine Art of Repetition. Essays in the Philosophy of Music*. Cambridge i. a.: Cambridge University Press, 1993. 296–323.

Kretzschmar, Hermann. *Führer durch den Concertsaal.* Leipzig: A. G. Liebeskind, 1887–1890.
Levinson, Jerrold. „Music as Narrative and Music as Drama". *Contemplating Art. Essays in Aesthetics.* Oxford: Clarendon Press, 2006. 129–142.
Liszt, Franz. „Berlioz und seine Haroldsymphonie" [1855]. *Gesammelte Schriften 4: Aus den Annalen des Fortschritts: konzert- und kammermusikalische Essays* (=GS 4). Hrsg. von Lina Ramann. Leipzig: Breitkopf & Härtel, 1882. 1–102.
Liszt, Franz. „Robert Schumann" [1855]. *Gesammelte Schriften 4: Aus den Annalen des Fortschritts: konzert- und kammermusikalische Essays* (=GS 4). Hrsg. von Lina Ramann. Leipzig: Breitkopf & Härtel, 1882. 103–185.
Liszt, Franz. „Marx und sein Buch: ‚Die Musik des neunzehnten Jahrhunderts und ihre Pflege'" [1855]. *Gesammelte Schriften 5: Streifzüge. Kritische, polemische und zeithistorische Essays* (=GS 5). Hrsg. von Lina Ramann. Leipzig: Breitkopf & Härtel, 1882. 183–217.
Mahne, Nicole. *Transmediale Erzähltheorie. Eine Einführung.* Göttingen: Vandenhoeck & Ruprecht, 2007.
Mahrenholz, Simone. „Musik-Verstehen jenseits der Sprache. Zum Metaphorischen in der Musik". *Klang – Struktur – Metapher. Musikalische Analyse zwischen Phänomen und Begriff.* Hrsg. von Michael Polth, Oliver Schwab-Felisch und Christian Thorau. Stuttgart und Weimar: Metzler, 2000. 219–236.
Marx, Adolf Bernhard. *Die Musik des 19. Jahrhunderts und ihre Pflege.* Leipzig: Breitkopf & Härtel, 1854.
Maus, Fred Everett. „Narratology, Narrativity". *The New Grove Dictionary of Music and Musicians 17: Monnet to Nirvana.* Hrsg. von Stanley Sadie. 2. Aufl. London und New York: Macmillan, 2001. 641–643.
Micznik, Vera. „Music and Narrative Revisited: Degrees of Narrativity in Beethoven and Mahler". *Journal of the Royal Musical Association* 126 (2001): 193–249.
Müller-Zettelmann, Eva. „Lyrik und Narratologie". *Erzähltheorie transgenerisch, intermedial, interdisziplinär.* Hrsg. von Vera und Ansgar Nünning. Trier: Wissenschaftlicher Verlag Trier, 2002. 129–153.
Nattiez, Jean-Jacques. „Can one Speak of Narrativity in Music?" *Journal of the Royal Musical Association* 115 (1990): 240–257.
Neubauer, John. „Tales of Hoffmann and Others on Narrativization of Instrumental Music". *Interart Poetics: Essays on the Interrelations of the Arts and Media.* Amsterdam i. a.: Rodopi, 1997. 117–136.
Nünning, Vera und Ansgar Nünning (Hrsg.). *Erzähltheorie transgenerisch, intermedial, interdisziplinär.* Trier: Wissenschaftlicher Verlag Trier, 2002.
Rabinowitz, Peter. „Music, Genre, and Narrative Theory". *Narrative across Media: The Languages of Storytelling.* Hrsg. von Marie-Laure Ryan. Lincoln i. a.: University of Nebraska Press, 2004. 305–328.
Rajewsky, Irina O. *Intermedialität.* Tübingen und Basel: Francke, 2002.
Ricœur, Paul. *Die lebendige Metapher.* Übers. von Rainer Rochlitz. 3. Aufl. München: Fink, 2004 [1975].
Ricœur, Paul. *Zeit und Erzählung 3.* Übers. von Andreas Knop. München: Fink, 1991 [1985].
Riethmüller, Albrecht (Hrsg.). *Sprache und Musik. Perspektiven einer Beziehung.* Laaber: Laaber, 1999.
Rösch, Nicole. „Theorien ohne Ende? Grenzen, Möglichkeiten und Perspektiven musikalischer Narratologie". *Musiktheorie* 27 (2012): 5–18.

Schmidt, Matthias. „Aspekte narrativer Identität in Liszts ‚Tasso'". *Musiktheorie* 27 (2012): 43–67.
Schönert, Jörg, Peter Hühn und Malte Stein (Hrsg.). *Lyrik und Narratologie. Text-Analysen zu deutschsprachigen Gedichten vom 16. bis zum 20. Jahrhundert*. Berlin: De Gruyter, 2007.
Schopenhauer, Arthur: *Sämtliche Werke 2: Die Welt als Wille und Vorstellung 1* [1819] (=SW 2). Hrsg. von Arthur Hübscher. Mannheim: F. A. Brockhaus, 1988.
Scott, Calvin. *„Ich löse mich in tönen…" Zur Intermedialität bei Stefan George und der Zweiten Wiener Schule*. Berlin: Frank & Timme, 2007.
Wagner, Richard. „Ein glücklicher Abend" [1841]. *Gesammelte Schriften und Briefe 7: Aufsätze zur Musikgeschichte I* (=GS 7). Hrsg. von Julius Kapp. Leipzig: Hesse & Becker, 1914. 144–156.
Wolf, Werner. *The Musicalization of Fiction: A Study in the Theory and History of Intermediality*. Amsterdam und Atlanta: Rodopi, 1999.
Wolf, Werner. „Das Problem der Narrativität in Literatur, bildender Kunst und Musik: Ein Beitrag zu einer intermedialen Erzähltheorie". *Erzähltheorie transgenerisch, intermedial, interdisziplinär*. Hrsg. von Ansgar und Vera Nünning. Trier: Wissenschaftlicher Verlag Trier, 2002. 23–104.
Wolf, Werner. „Music and Narrative". *Routledge Encyclopedia of Narrative Theory*. Hrsg. von David Herman, Manfred Jahn und Marie-Laure Ryan. London: Routledge, 2005. 324–329.
Wolf, Werner. „Erzählende Musik? Zum erzähltheoretischen Konzept der Narrativität und dessen Anwendbarkeit auf Instrumentalmusik". *Der Komponist als Erzähler. Narrativität in Dimitri Schostakowitschs Instrumentalmusik*. Hrsg. von Melanie Unseld und Stefan Weiss. Hildesheim: Olms, 2008. 17–44.

II.3. Aktuelle Forschungsfragen

II.3.1. Medientransformationen und Formtransfers. Kunstvergleichende Studien im Horizont wechselnder Paradigmen

Monika Schmitz-Emans

Für den Vergleich der verschiedenen Künste sowie entsprechender Einzelwerke untereinander sind in den letzten Jahrzehnten die Begriffe ‚Interart Studies' und ‚Comparative Art Studies' geprägt worden (vgl. Clüver 2000/2001). Als Vorläufer moderner ‚Interart Studies' gelten Batteux' Schrift *Les beaux-arts reduits à un même principe* (1746), die Diskussion über die Vergleichbarkeit von bildender Kunst und Dichtung, wie sie in Lessings *Laokoon* (1766) geführt wurde, letztlich aber bereits vergleichende Bemerkungen von Simonides und Horaz zu differenten Künsten, wenngleich diese im Lauf ihrer Rezeptionsgeschichte manchmal überinterpretiert wurden. Oskar Walzels Programmschrift über die *Wechselseitige Erhellung der Künste* von 1917 hat in der Genealogie des modernen Künstevergleichs eine wichtige Rolle gespielt. Der Maler Wassily Kandinsky widmet sich 1926 mit seiner Schrift *Punkt und Linie zu Fläche* den Elementen und Grundstrukturen, die seiner Auffassung zufolge in allen Künsten beobachtbar sind; er bezieht sich auf graphische, architektonische und musikalische Werke ebenso wie auf Beispiele aus der Tanzkunst. Literaturwissenschaftliche Forschungen im Zeichen der Frage nach den Beziehungen zwischen den verschiedenen Künsten sind schon vor Jahrzehnten als Arbeitsfeld einer methodisch entsprechend erweiterten und ausdifferenzierten Komparatistik verstanden worden. 1979 galt dem Themenfeld „Literature and the Other Arts" eine komparatistische Innsbrucker Tagung (Konstantinovič/Scher/Weisstein 1981). Steven P. Scher, zuständig für die Sektion „Comparing Literature and Music", lancierte insbesondere den Begriff der ‚verbal music' zur Charakteristik von Texten, welche sich der Darstellung musikalischer Kompositionen widmen. Neue Impulse erhoffte man sich insbesondere von der modernen Semiotik als dem gegen Ende der 70er Jahre transdisziplinär prägenden wissenschaftlichen Paradigma (Scher in Konstantinovič/Scher/Weisstein 1981, 220; Gier 1995). Medien- und kulturwissenschaftliche Theorien haben später die Semiotik in dieser Paradigmen-Rolle überlagert oder verdrängt; die jeweiligen methodischen Prämissen beeinflussten dabei stets Untersuchungsgegenstände, -methoden und -befunde und führten zu durchaus unterschiedlichen Konzeptualisierungen der verglichenen Künste selbst.

1. Ebenen und Aspekte von Transfer und Transformation

Das Gegenstandsfeld, innerhalb dessen sich zwischen den Künsten Musik und Literatur ‚Transfers' und ‚Transformationen' (zu diesen Bezeichnungen siehe unten) beobachten lassen, ist weit und disparat. Die Übergänge zwischen verschiedenen Formen der Bezugnahme sind fließend: Am einen Ende des gedachten Spektrums stehen Versuche, mit musikalischen bzw. literarischen Mitteln ein (wonach auch immer beurteiltes) ‚Äquivalent' zu Phänomenen der jeweils anderen Kunst zu schaffen – am anderen Ende die eher unbestimmte Anspielung auf von der jeweils anderen Kunst erzeugte Eindrücke, auf bloße Genres oder auf gedachte Vorlagen. In einem ersten Zugang könnte man im Wesentlichen die folgenden Spielformen der wechselseitigen Bezugnahme aufeinander unterscheiden:

(1) Musik, die sich auf Literarisches bezieht, also eine literarische Vorlage in eine musikalische Komposition ‚verwandelt' oder ‚transferiert': (1.1) im Bereich Instrumentalmusik: (1.1.1) musikalische Rekurse auf bestimmte literarische Texte (z. B. Franz Schuberts Streichquartettsatz *Der Tod und das Mädchen*, komponiert nach einem – zuvor als Lied vertonten – Gedicht von Matthias Claudius); (1.1.2) musikalische Rekurse auf literarische Sujets, Stoffe oder Motive (z. B. durch Richard Wagners *Tristan*-Vorspiel, das wortlos zur Interpretation des Tristanstoffes beiträgt); (1.1.3) musikalische Rekurse auf literarische Formen oder Gattungen (z. B. Skrjabins Kompositionen, die er ‚Poesien' nennt; hier wird zumindest ein auf Lektüren basierendes Konzept des ‚Poetischen' ins Musikalische übertragen).

(1.2) im Bereich Vokalmusik: (1.2.1) Vertonungen von literarischen Texten (wie z. B. die zahlreichen Lieder zu Goethe-Texten); die Kunst der Liedvertonung liegt, allgemein gesagt, gerade in ihren interpretierenden Umsetzungen von Textinhalten, vollziehe sich der Transfer ins Musikalische nun auf der Ebene konkreter figural umgesetzter Motive, auf der von Rhythmus und Dynamik oder auf der evozierter Assoziationen und Stimmungen; (1.2.2) Vertonungen von Texten, die auf der Basis anderer literarischer Texte für das musikalische Werk selbst entstanden sind (z. B. von Libretti als Transformationen von Dramen, wie z. B. Verdis *Otello*); hier liegt ein doppelter Transferprozess zugrunde, ein innerliterarischer und ein transliterarischer, wobei ersterer in der Regel durch Fragen der musikalischen Umsetzbarkeit, d. h. durch eine antizipatorische Berücksichtigung des zweiten Transferprozesses geprägt sein wird; (1.2.3) Kompositionen zu spezifischen literarischen Figuren oder Motiven (wie z. B. Peter Tschaikowskis *Nussknacker*-Suite, die an die Hauptfigur in E. T. A. Hoffmanns *Nussknacker und Mausekönig* erinnert). Weitere Spielformen und Ebenen musikalischer Bezugnahme auf Literarisches wären hier nennbar; die Frage, wann man überhaupt von einer entsprechenden Transferleistung sprechen möchte, ist ebenso wenig verbindlich zu beantworten wie die nach notwendigen Indikatoren von Text-Bezügen. Titel und andere Paratexte der musikalischen Werke sind hier aber gerade in der Instrumentalmusik stark rezeptionsrelevant.

(2) Literatur, die sich auf Musik bezieht: (2.1) Hier ergibt sich erstens ein Spektrum differenter Bezugsrelate: (2.1.1) Texte über einzelne Kompositionen (beschreibende, kommentierende, interpretierende; wie etwa E. T. A. Hoffmanns Bemerkungen über Werke Beethovens); zu berücksichtigen sind hier auch Texte über imaginäre Kompositionen wie die Beschreibungen der Werke fiktiver Komponisten, die selbst in unterschiedlichen Bezügen zu realen Werken oder Kompositionsstilen stehen können (Erfindet ein Schriftsteller die in seinem Roman beschriebenen Werke eines Musikers in Anlehnung an reale Werke, so kann von einer doppelten Transferleistung gesprochen werden: von Musik-Wissen in eine Fiktion sowie von der Funktion eines Musikwerks in dessen Beschreibung.); (2.1.2) Texte über bestimmte Gattungen, Stile, Kompositionsweisen; für letzteres bietet Manns *Doktor Faustus* viele Beispiele, etwa anlässlich der Kommentare von Romanfiguren zu Beethovens Stilistik oder zur Zwölftontechnik – und wiederum ist die Möglichkeit zu konzedieren, dass fingierte Stile, Gattungen etc. im Spiel sein könnten; (2.1.3) Texte über ‚Musik' im Allgemeinen bzw. über generelle Aspekte von Musik; hierzu ist etwa in der Romantik eine Fülle von lyrischen und narrativen Texten entstanden, begonnen bei einzelnen Beiträgen aus Wackenroders und Tiecks *Herzensergießungen eines kunstliebenden Klosterbruders*; auf dieser Ebene sind es neben konkreten musikalischen Erfahrungen der Autoren vor allem Elemente eines verfügbaren Musik-Wissens, das in den Text ‚transferiert' wird, eines sprachlich verfassten Wissens, das zu musikalischen Erfahrungen in unterschiedlichen Beziehungen stehen kann und jedenfalls den Transferprozess maßgeblich prägt; (2.1.4) Texte, die erkennbar für eine Vertonung verfasst wurden (wie Libretti oder Lied-Dichtungen).

(2.2) Zu unterscheiden sind hier differente sprachliche Formen der Thematisierung von Musik: (2.2.1) musikalische bzw. musikanaloge Gestaltungsweisen der sprachklanglichen Textebene (etwa durch Lautimitation oder Rhythmik), auch als ‚word music' bezeichnet; fließend ist hier der Übergang zu Spielformen der Lautpoesie und des poetischen Spiels mit Klängen insgesamt; (2.2.2) strukturell am Musikalischen orientierte Textgestaltungsformen (etwa in Gestalt sprachlicher ‚Fugen' oder ‚Sonaten'); (2.2.3) Beschreibungen musikalischer Werke oder Ereignisse, sei es primär zum Zweck ekphrastischer Evokation (darauf bezieht sich der etablierte Begriff ‚verbal music' in erster Linie), sei es im Zeichen der Reflexion und Kommentierung (vgl. zu diesen Phänomenen II.2.3 WOLF); (2.2.4) Reflexionen über Musik in Form diskursiver Partien, Dialoge oder anderer Schreibweisen (etwa unter der Leitfrage nach der Beziehung zwischen Musik und Emotion, Musik und Sprache, Musik und Gesellschaft etc.).

Für Schreibweisen, die Musik explizit thematisieren, sie beschreiben oder kommentieren, hat sich der Begriff des *telling* eingebürgert (vgl. II.2.2 LUBKOLL), während für Schreibweisen, bei denen sich der Text der Musik auf klanglicher oder struktureller Ebene anzunähern sucht, der Begriff des *showing* verwendet wird (vgl. auch Wolf 1998, 133); ‚Lautmusik' bzw. ‚word music' fallen in den Bereich des *showing*, und für solche Phänomene, die er als „Inszenierung von Musik in der Literatur" charakterisiert, möchte Wolf den Ausdruck „Musikalisierung" verwendet wissen (Wolf 1998, 133). In der Regel wird den konkreten Beispielen für diese Spielformen des Text-Musik-Bezugs ein komplexer, auf mehr als einer Ebene stattfindender Transferprozess zugrunde liegen. Neben dem direkten Bezugsrelat eines Werks aus der jeweils anderen Kunst macht sich ja etwa auch ein jeweiliges Wissen über dessen historische und gattungstheoretische Kontexte geltend (z. B. ein Wissen über Gattungsgeschichte und Ästhetik der ‚Fuge'), ferner eine Orientierung an bereits vorliegenden Transferleistungen (z. B. eine Kenntnis bereits bestehender Gedichtvertonungen) sowie ein Wissen um die ästhetischen Konzeptualisierungen von Text-Musik-Bezügen im Allgemeinen und im Besonderen (was z. B. erwartet man von einer literarischen Musik-Beschreibung? Und welche Konventionen sind bei der Komposition literaturbasierter Opern zu berücksichtigen?).

Für mehrere der genannten Typen von Text-Musik-Beziehungen gilt, dass es dort, wo eine musikalische Vorlage in die Literatur ‚transferiert' oder ‚transformiert' wird, sowohl um real existierende als auch um imaginäre Vorlagen gehen kann; die Resultate sind im Prinzip im Hinblick auf diese Differenz der Quellen nicht unterscheidbar (ebenso wenig wie literarische Darstellungen realer und imaginärer Bilder). Allenfalls das Vorwissen des Lesers gestattet ihm eine entsprechende Differenzierung. Imaginäre musikalische Kompositionen sind nicht nur in analoger Weise beschreibbar wie existierende, manchmal sind auch die Übergänge fließend. (In Prousts *À la recherche du temps perdu* und in Thomas Manns *Doktor Faustus* wird auf erfundene wie auf reale Werke Bezug genommen.) Erscheint es demgegenüber zunächst fraglich, ob sich umgekehrt auch musikalische Werke auf imaginäre Texte beziehen können, so deuten doch Bezeichnungen wie ‚Romanze' (für instrumentalmusikalische Werke) oder ‚Lied ohne Worte' in eben diese Richtung: Dem musikalischen Werk ‚unterlegt' ist hier die Reminiszenz an bestimmte Textgenres oder Schreibweisen, ohne dass sie auf konkrete reale Werke Bezug nehmen müssten.

Neben den genannten Phänomenen und Aspekten sind aber auch Spielformen der Kombination von Sprachlichem und Musikalischem wichtige Beobachtungsobjekte, wo es um Transfer und Transformation zwischen Musik und Literatur geht, da gerade hier die Frage nach der Orientierung an gemeinsamen Prinzipien sowie nach der Übernahme klanglich-sinnlicher oder formaler

Bestandteile von der einen in die andere Kunstform besonders relevant ist. Die für die Vertonung vorgegebener Texte lange Zeit maßgebliche musikalische Rhetorik (vgl. III.5 KRONES) ist beispielsweise in vielerlei Hinsicht mit Sprachbildern verknüpft, deren metaphorische Dimension sie nutzt (so, wenn es um ‚Aufstiege' und ‚Abstiege', ‚Hohes' und ‚Niedriges' geht, um ‚Kreisbewegungen', um das ‚Kreuz', um ‚Wellen', ‚Strahlen' etc.). Im Bereich der Vokalmusik, die in besonders evidenter Weise auf Transferleistungen beruht, wären grobe Unterscheidungen zwischen verschiedenen Gattungen und Phänomentypen zu treffen; hier sind vor allem die Textgattungen auch für den musikalischen Arbeitsprozess und sein Resultat ausschlaggebend. Geistliche Musik wie Messen und Oratorien unterliegt anderen Genrekonventionen als säkulare Großformen wie Oper, Operette, Singspiel, Musical etc.; Kleinformen wie Lieder (vgl. III.12 HINRICHSEN), Chanson (vgl. III.22 MATHIS-MOSER), Balladen entwickeln ihre eigene Ästhetik; Übergangsphänomene wie Sprechgesänge, Rezitationen etc. situieren sich in einem breiten Spektrum zwischen generischen Konventionen und innovatorischen Experimenten. Transferprozesse vollziehen sich auch bei der Entstehung solcher Werke bzw. Performanzen nicht einfach nur zwischen Text- und Musik-Ebene, sondern auch hinsichtlich des sprachlichen und musikalischen Vorwissens, das den Produktionsprozess beeinflusst. Viele musikbezogene Texte setzen beim Leser spezifische musikbezogene Kenntnisse voraus bzw. modellieren Musik auf eine implizite oder explizite Weise so, dass sie an ein solches Vorwissen anschließen. So ist für das Verständnis von Romanen, die man der Pop-Literatur zuzurechnen pflegt, meistens ein Vorwissen über die entsprechende Musikszene unabdingbar (z. B. für Benjamin von Stuckrad-Barres *Soloalbum*). Romane über die Welt des Jazz (etwa Tony Morrisons *Jazz*) knüpfen an Kenntnisse über die Geschichte des Jazz und seine historisch-kulturellen Voraussetzungen an (vgl. dazu auch III.21 VON AMMON). Hier erfolgen bei der Rezeption komplexe Transferleistungen, die von der Sprache (dem Text über Musikalisches) über die dargestellte Musik zurück in den Raum des Verbalen (der Diskurse, des sprachlich verfassten Wissens) führen.

2. Diskursive Horizonte der Beobachtung und der Produktion von Literatur-Musik-Transformationen

Insgesamt ist der jeweils dominierende ästhetische Diskurs (bzw. das jeweils als Bezugshorizont gewählte ästhetische Paradigma) erstens entscheidend dafür, auf welchen Ebenen und unter welchem Vorzeichen Text-Musik-Bezüge wahrgenommen werden – gerade solche des Transfers und der Transformation –, zweitens aber auch dafür, was an musikalisch-literarischen Transfer- und Transformationsprozessen in einem bestimmten historisch-kulturellen Umfeld überhaupt zustande kommt. Die Theorie und ihre jeweilige Sprache inspirieren und stimulieren die künstlerische Praxis (vgl. dazu Käuser 1999). Zur Theoriesprache mit ihrer (vielfach unhintergehbaren) Metaphorik gehören dabei auch die Begriffe ‚Transfer' und ‚Transformation' selbst samt ihrem Suggestionspotential. Unterscheiden könnte man mit Blick auf produktions- und rezeptionsästhetische Ansätze zur Erkundung von Text-Musik-Beziehungen zwischen den folgenden musiktheoretischen Diskursen und ihnen korrespondierenden Wissensparadigmen: einem anthropologisch fundierten Diskurs, der in den (tendenziell analogisierenden) romantischen Künstevergleich sowie in zahlreiche Ansätze musikalisierender Dichtung einmündet (3.1); einem zeichen- und medientheoretischen (3.2); und einem primär an ästhetischen Formprinzipien orientierten (3.3).

2.1. Das anthropologisch fundierte ‚romantische' Paradigma: Einheitsphantasien und Musikalisierungspostulate

2.1.1. *ut musica poesis*

Im ausgehenden 18. Jahrhundert wird die Malerei in ihrer Rolle als Vorbild der Dichtung durch die Musik abgelöst. Dafür ist u. a. das zunehmende Interesse an den Ursprüngen sprachlich-poetischer Artikulation wichtig: Als Wurzel von Sprache und Dichtung gilt dabei vielfach der Gesang, sodass die akustische Dimension der Poesie aufgewertet wird. In diesem Sinn argumentiert Johann Gottfried Herder in den *Fragmenten einer Abhandlung über die Ode* (1764/1765). Hugh Blair leitet 1783 die Poesie aus der Musik ab, indem er die ursprüngliche Verbindung (‚original union') beider im Gesang betont (*Lectures on Rhetoric and Belles lettres*). Der Versuch, das Wesen der Dichtkunst durch die Orientierung an der Musik zu erhellen, prägt auch dichtungs- und kunsttheoretische Abhandlungen von Daniel Webb (*Remarks in the Beauties of Poetry*, 1762; *Observations on the Correspondance between Poetry and Music*, 1769) und Sir William Jones (*Essay in the Arts commonly Called Imitative*, 1772). John Brown legt dar, dass Musik und Dichtung im Urzustand eine Einheit bildeten und nur durch die Zivilisation auseinandergerissen worden seien (*Dissertation on the Rise, Union and Power, the Progressions, Separations, and Corruption of Poetry and Music*, 1763). William Jones unterscheidet zwischen ‚nachahmenden' und ‚Ausdrucks'-Künsten, wobei er im Ausdruck von ‚passions' die höchste und maßgebliche Aufgabe der Künste, in der ‚Nachahmung' nur eine inferiore Funktion sieht. Diese Differenzierung findet sich auch in Johann Georg Sulzers *Allgemeine[r] Theorie der schönen Künste* (1771–1774). Sulzer begreift die bildenden Künste als nachahmend, verpflichtet die Poesie aber wie die Musik auf den Ausdruck von Empfindungen.

Schiller betont in seiner Abhandlung *Über naive und sentimentalische Dichtkunst* (1795/96) „die doppelte Verwandtschaft der Poesie mit der Tonkunst und der bildenden Kunst" (Schiller WB 8, 756). Friedrich Schlegel variiert dann das alte Simonides-Diktum über die Verwandtschaft von Dichtung und Malerei, indem er den Schauplatz des poetischen Prozesses ins menschliche Innere verlegt (Athenäum I, 1798, Fragment 174, KFSA 2, 193). Im *Monolog* des Novalis ist die Rede vom „musikalischen Geist[...]" der Sprache (Novalis SuB 2, 672). Goethe spricht von der „Tonkunst" als dem „wahren Element, woher alle Dichtungen entspringen und wohin sie zurückkehren" (Goethe HA 10, 488).

Die künstlerische Herstellung von Relationen zwischen Sprachlich-Poetischem und Musikalischem sowie die Tendenz, entsprechende Bezüge rezipierend zu entdecken, steht vom späten 18. Jahrhundert bis ins 20. Jahrhundert hinein oftmals im Zeichen des Konzepts einer ursprünglichen Einheit der Künste und der künstlerischen Ausdrucksformen, die letztlich anthropologisch fundiert ist – eben in der verlorenen, aber wiedererringbaren Einheit von Poesie und Musik im Gesang. Dem stehen andere Tendenzen gegenüber, wie z. B. die ästhetische Aufwertung der Instrumentalmusik in der Romantik (vgl. dazu E. T. A. Hoffmann SW 2.1, 52–61), aber diese motivieren die Dichter gleichfalls dazu, sich mit dem Musikalischen sprachlich-literarisch zu vergleichen, zu analogisieren und bezogen auf ‚ästhetische Leistungen' zu messen. Die Künste erfinden sich dabei oft wechselseitig – durch Modellierungen und Bespiegelungen, wie sie etwa in der Formel *ut musica poesis* (vgl. Vajda 2001) zum programmatischen Ausdruck kommen. Postuliert wird gleichsam eine Transformation, die nicht ausschließlich bzw. nicht in erster Linie einzelne Artefakte betrifft, sondern die Künste insgesamt; eine Wiederannäherung der Poesie an die Musik und umgekehrt. Zuschreibungen von Eigenschaften an die Einzelkünste resultieren stets aus Aushandlungen, performativen Ausdifferenzierungen oder Analogisierungen. Die *ut-musica-poesis*-Formel katalysiert Schreibexperimente, die als ‚Musikalisierung' im Sinne Wolfs (1998) gelten können. Musikalische Strukturen lassen sich in Texten vieler Autoren seit der Romantik entdecken, so in George Sands Novelle *Le Contrebandier* (1837), in Thomas Manns Erzählung *Tonio Kröger* (1903; der Text wurde mit der Sonatenhauptsatzform in Verbindung gebracht; vgl. Wolf 1998), im Sirenenkapitel von James Joyces *Ulysses* (1918/1922), bei Virginia Woolf in *The Waves* (1931) und *The String Quartet* (1921), bei Aldous Huxley in *Point Counter Point* (1928), bei Gunnar Ekelöf (1937) in dessen *Sonate*. Als musikanaloge Komposition interpretiert Wolf (1998) auch Gabriel Josipovicis Short Story *Fuga* in dem Band *In the Fertile Land* (1987). Es gibt insgesamt eine Vielzahl von Texten, die der Idee verpflichtet sind, sich von den Formvorgaben der Musik inspirieren zu lassen, Texte, die etwa schon durch ihren Titel oder durch andere Mittel zu erkennen geben, dass sie in Anlehnung an eine musikalische Gestaltungsform verfasst wurden, dass sie etwa einem Gattungsmuster verpflichtet sind – wie dem der ‚Sonate' oder der ‚Fuge'. Dass der Terminus ‚Sonate' musikgeschichtlich unterschiedliche Bedeutungen hat, ist angesichts der Tatsache, dass alle Analogisierungen zwischen Texten und Musikwerken ohnehin von begrenzter Tragfähigkeit sind, nicht so signifikant. Maßgeblich für die ‚musikalisch' komponierten Texte ist nicht, was beispielsweise die Sonatenform ‚ist', sondern als was sie jeweils verstanden bzw. konstruiert – ‚erfunden' – wird.

Dem Konzept einer ‚urspünglichen' Einheit von Poesie und Musik sowie dem daraus abgeleiteten *ut-musica-poesis*-Postulat verpflichtet sind letztlich auch noch die lautpoetischen Experimente der Avantgarden des 20. Jahrhunderts, wenngleich unweigerlich zitathaft und dadurch gebrochen; die Beispiele sind in einem Spektrum zwischen wiederholender Affirmation und ironischer Brechung situiert.

2.1.2. Anknüpfungen und Modifikationen in den Avantgarden

Spät- und nachromantische Ansätze der Transformation von Sprache im Zeichen des *ut-musica-poesis*-Gedankens sowie der Idee des Transfers poetischer Rede ins Musikalisch-Klangliche finden sich in den Avantgarden ganz Europas, in deren ästhetischen Programmen Konzepte von Universalismus und Spontaneität, die Suche nach dem Elementaren und Ursprünglichen sowie die Idee einer Erneuerung der Künste im Rekurs auf ihre verlorene Einheit eine wichtige Rolle spielen. Raoul Hausmann geht es um die Suggestion spontaner, von Reflexion und Kalkül möglichst unbelasteter physisch-konkreter Artikulation. Aleksej Krutschonychs *Deklaration der sa-umnitischen Sprache* (vgl. Scholz/Engeler 2002, 158) weist u. a. Anklänge an Hoffmanns Verknüpfungen zwischen der Musik und einem Geisterreich auf; Hugo Ball, Hans Arp, Wassily Kandinsky widmen dem ‚klingenden' Wort ihre Aufmerksamkeit; Ball bezieht sich dabei u. a. auf Novalis' kritische Diagnose vom ‚enttönten' Wort der Gegenwart, das nach einer Re-Musikalisierung verlange. Kandinsky beschreibt das Wort als ‚inneren Klang' und suggeriert, eine Preisgabe der benennenden Funktion der Wörter biete neue ästhetische Möglichkeiten; ursprünglich wohl dem benannten Ding nachtönend, verfalle das Wort späterhin einer Abstraktion, welche es rückgängig zu machen gelte. Das klingende Wort sei das „reine Material" der Dichtung; als „reiner Klang" versetze es die Seele in Schwingungen (Kandinsky, *Über das Geistige in der Kunst*, 1910, zuerst publ. 1952, 45–47). Anknüpfend an Ideen zur ‚Musikalisierung' der poetischen Sprache als Freilegung von Ursprünglichem, Authentischem, Elementarem verstehen die Lautdichter der späten Avantgarden in der zweiten Hälfte des 20. Jahrhunderts die klangliche Poesie dann u. a. als ‚Befreiung' des Körpers, vor allem mittels der Stimme, aber auch mittels anderer Körpergeräusche oder ihrer

Simulation. Reminiszenzen an einen romantischen Universalismus, der gerade Musik und Poesie als in einem ständigen Austausch befindlich begreift, klingen auch in den spätavantgardistischen Programmen noch an. Ernst Jandls Lautgedichte sind einerseits ein Echo der Suche Balls nach einer klingenden neuen Sprache, andererseits zitathaft-reflektierte Auseinandersetzungen mit dem Ursprünglichen. Onomatopoetische Texte wirken gelegentlich ironisch (so das Tierstimmen-Gedicht *auf dem land*), und Jandl betont in seiner Poetikvorlesung *Das Öffnen und Schließen des Mundes* – im Gegenzug zum romantischen Konzept ‚universaler' Verständlichkeit des Klanglichen, die Bedeutung normalsprachlicher Titel für Lautgedichte und ihre Interpretation (Jandl 1985, 23 f.). Gerade Jandl hat eine Reihe musikbezogener Gedichte verfasst, die – zwischen Klangexperiment und reflektiertem Spiel mit ästhetischen Konzepten changierend – ein ganzes Spektrum von Transfer- und Transformationsmöglichkeiten zwischen Sprache und Musik nutzen.

Mit der (Selbst-)Interpretation der Klangpoesie im Dadaismus und in der phonetischen Poesie der Nachkriegszeit als Hinwendung zum ‚Elementaren', zum Körperlich-Konkreten, zur unmittelbaren Realität von Atem und Stimme, ist eine Spur gelegt, die konzeptionell bis in die Romantik und zu Rousseau zurückweist: Indem die aus der Normalsprache nicht ableitbaren Sprachklänge zu Poesie deklariert werden und ein Akzent auf die Ausdruckshaftigkeit ihrer Erzeugung gelegt wird, nehmen sich die Lautdichtungen wie Elementarformen des Poetischen im Zeichen der angeblichen einstigen Einheit von Dichtung und Gesang aus. Im Namen der *Ursonate* klingt diese Akzentuierung des sogenannten Elementaren explizit an: Suggeriert werden Ursprünglichkeit und atavistische Dynamik. In der akustischen Spielform konkreter Kunst sind es zunächst die menschlichen Sprechorgane und das von ihnen erzeugte Lautmaterial, mit denen experimentiert wird. Diese Experimente verstehen sich mindestens ebenso als musikalische wie als „poetische" (Scholz 1998, 12). Je mehr dabei die konventionelle Grammatik und Semantik an Bedeutung für die Textorganisation verlieren, desto mehr gewinnen andere Strukturierungsprinzipien an Bedeutung, unter ihnen der Rhythmus, der als formal organisierendes Prinzip gleichsam ersatzweise die Rolle syntaktisch-grammatischer Regeln übernimmt. Die Substitution semantischer Codes durch den Rhythmus illustriert programmatisch ein Text von Bob Cobbing, der aus einigen Wörtern einer südamerikanischen Indianersprache (die er vorfand, ohne sie zu verstehen) durch Unterlegung mit einem rhythmischen Schema ein Gedicht machte – womit er unter anderem demonstrierte, dass man Gedichte auch in einer Sprache schreiben kann, die man nicht beherrscht. Neben Experimenten mit der akustischen Dimension der menschlichen Sprache stehen schon seit den 50er Jahren Arrangements mit mehr oder weniger konventionellen Instrumenten sowie mit technischen Medien. Anregend wirkt dabei Öyvind Fahlströms Manifest (*Manifest für konkrete Poesie*, 1953; vgl. Cobbing 1971), der die konkrete Poesie, wie Bob Cobbing in seiner Würdigung des Programm-Textes von 1953 betont, eher der ‚Konkreten Musik' als der Konkreten Kunst an die Seite stellte, indem er den Rhythmus als elementares Mittel zur Erzeugung ästhetischer Effekte begriff. Fahlström selbst verweist zur Erläuterung dessen, was er unter exemplarisch ‚konkreter' Gestaltung versteht, auf Pierre Schaeffer, dessen maßgeblicher Beitrag zur Konkreten Musik in der Isolation und Variation von Einzeltönen bestanden hatte. Cobbing hat dies rückblickend als Antizipation der elektronischen Spielart der Konkreten Musik gedeutet. Er, Cobbing, sieht zu Beginn der 1970er Jahre die Konkrete Lautpoesie einerseits auf der Suche nach dem Elementaren, andererseits auf dem Weg ins elektronische Zeitalter, dabei aber in jedem Fall dem Körperlichen nachspürend, und in Zusammenhang damit auch dem Rhythmischen.

2.2. Das ‚Medien'-Paradigma – Präzisierungsversuche und analytische Leistung, Probleme und offene Fragen

2.2.1. Medien

Infolge der zentralen Stellung, die das medienwissenschaftlich-medientheoretische Paradigma in der Diskursgeschichte der vergangenen Jahrzehnte eingenommen hat, sind auch die Beziehungen zwischen der Literatur und den anderen Künsten bevorzugt in medientheoretischer Begrifflichkeit beschrieben und klassifiziert worden. Wurde das mit dem Terminus ‚Interart Studies' bezeichnete Arbeitsgebiet, dieser Tendenz folgend, als Teilbereich des Feldes der Inter- bzw. der Transmedialitätsstudien aufgefasst, so rückte damit der Kunstcharakter literarischer Werke und anderer Artefakte gegenüber medialen Aspekten gelegentlich eher in den Hintergrund. Doch zu bedenken ist, dass Studien zur differenten Medialität kultureller bzw. ästhetischer Phänomene zwar eng verbunden, aber keineswegs identisch mit solchen Untersuchungen sind, die dem Vergleich unterschiedlicher Künste, ihrer Formen, Gattungskonventionen und Werke gelten. Denn der Medien-Begriff ist ja als solcher anders konnotiert und zielt auf einen weitläufigeren Phänomenbereich als der der Kunst – auch wenn es sich eingebürgert hat, von ‚Medien' zu sprechen, wenn man ‚Künste' oder ‚Kunstformen' meint. 1998 diagnostiziert Joachim Paech kritisch, in gängigen Konzepten von Intermedialität werde die „Unterscheidung von Kunst und Medium verwischt" (Paech 1998, 17).

Sollen demgegenüber die Beziehungen zwischen der Literatur und den anderen Künsten (also auch der Musik) auf einer methodischen Basis erörtert werden, welche dem Kunstcharakter der untersuchten Phänomene Rechnung trägt, so erscheint eine Orientierung an ästhetischen Theorien, Modellen und

Diskursen sinnvoll, die spezifisch diesen Kunstcharakter beleuchten. Insbesondere bezogen auf das Beobachtungsfeld der Literatur-Musik-Beziehungen liegen hier Betrachtungen formaler Eigenschaften und formbezogener Aspekte nahe – in Anknüpfung an ein ästhetisches Paradigma, das Kunst und Form als korrelierende Begriffe versteht (vgl. Schwinger 1972). Als Ahnherr medienästhetisch fundierten Vergleichens zwischen den Künsten gilt Lessing, der Literatur und bildende Kunst in seiner Schrift *Laokoon* unter medienästhetischem Aspekt vergleicht und dabei die ‚Zeichen' der Dichter und die der Maler gegeneinander abgrenzt. Auch die jüngere Intermedialitätsforschung geht weitgehend davon aus, dass die Differenzen zwischen Medien auf der Verwendung unterschiedlicher Arten von Zeichen und unterschiedlicher Codes beruhen. Mittels des Zeichenbegriffs soll der Terminus ‚Medium' präzisiert werden, dessen Polyvalenz aus seiner Metaphorizität resultiert. Unter ‚Medien' versteht man also nicht allein verschiedene Kommunikationskanäle, sondern auch und vor allem verschiedene semiotische Systeme. In diesem Sinn optiert Werner Wolf für einen weitgefassten Medienbegriff („a broad concept of medium"), „as a conventionally distinct means of communication or expression characterized not only by particular channels (or one channel) for the sending and receiving of messages but also by the use of one or more semiotic system" (Wolf 1999, 40). Als semiotische Systeme in diesem Sinne gelten demnach ‚die Sprache', ‚die Bilder', ‚die Töne'; allerdings wirft die These von deren jeweiliger Zeichenhaftigkeit wie auch die Frage nach ihrem Systemcharakter weitläufige Anschlussfragen auf.

2.2.2. Intermedialität

Am Konzept der ‚konventionellen' Unterscheidung zwischen differenten ‚Medien' orientiert sich auch Irina Rajewsky, die zwischen ‚intramedialen' und ‚intermedialen' Bezügen unterscheidet und ‚intermediale Bezüge' gegen ‚Medienwechsel' und ‚Medienkombination' abgrenzt. Rajewskys Lehrbuch zur *Intermedialität* (2002) bietet einen systematisierenden Überblick über die Begrifflichkeiten, die rezent im Zeichen des Medialitätsparadigmas den Bezugsrahmen für viele vergleichende Studien zu ästhetischen Darstellungsformen gebildet haben. Die drei Begriffe ‚Trans-', ‚Intra-' und ‚Intermedialität' bezeichnen diesem Ansatz zufolge verschiedene Grundformen von Medialität. Von ihnen abgegrenzt werden die diversen Gegenstandsbereiche ‚intermedialer Forschung'. ‚Intermediale Phänomene' sind „Mediengrenzen überschreitende Phänomene, die mindestens zwei konventionell als distinkt wahrgenommene Medien involvieren"; ‚intramediale Phänomene' sind demgegenüber „Phänomene, die nur ein Medium involvieren" (Rajewsky 2002, 13). Dass ‚Medien' als distinkt identifiziert werden, wird dabei wiederum vorausgesetzt. Zu unterscheiden wären nach Rajewsky „drei Phänomenbereiche des Intermedialen": Erstens die ‚Medienkombination' (als Synonyme dafür genannt werden die Ausdrücke „mediales Zusammenspiel, Multi-, Pluri- oder Polymedialität, Medienfusion"; als Beispiele angeführt werden u. a. „die Multimedia-Show", das „Varieté", das Lied, die Oper, die „Klangkunst"; Rajewsky 2002, 15); mit ‚Medienkombinationen' gemeint ist „die Kombination bzw. das Resultat der Kombination mindestens zweier, konventionell als distinkt wahrgenommener Medien [a], die in ihrer Materialität präsent sind [b] und jeweils auf ihre eigene, medienspezifische Weise zur (Bedeutungs-)Konstitution des Gesamtprodukts beitragen [c]" (Rajewsky 2002, 15). Die Rede von der ‚Materialität' der Medien impliziert dabei komplexe theoretische Vorannahmen, insofern sie im Bereich visueller und haptischer Erfahrung auf anderes verweist als in dem des Akustischen, und der Begriff der ‚Präsenz' ist zumindest problematisch: Ein Lied mag als ‚Medienkombination' aus Worten und Tönen beschrieben werden, auch wenn es niemals gesungen wird. Was überhaupt, sei es auf ‚medienspezifische' oder ‚-unspezifische' Weise (eine ihrerseits problematische Unterscheidung) zur Bedeutungskonstitution eines Artefakts beiträgt, lässt sich zudem kaum verbindlich bestimmen.

Von ‚Medienkombinationen' unterschieden werden zweitens Erscheinungsformen des ‚Medienwechsels'; als Synonyme hierfür gelten ‚Medientransfer' und ‚Medientransformation'. In den Blick rücke bei der Untersuchung von Medienwechseln, so Rajewsky, der „Produktionsprozeß des medialen Produkts" als „Prozeß der Transformation eines medienspezifisch fixierten ‚Prätextes' bzw. ‚Text'substrats in ein anderes Medium, d. h. aus einem semiotischen System in ein anderes" (Rajewsky 2002, 16). Was dieses ‚etwas' ist, das da ‚wechselt', ist keineswegs evident. Ist es ein ‚Inhalt'? Ist es eine ‚Bedeutung'? Vor allem mit Blick auf musikalische Werke ergeben sich hier Probleme, die letztlich aus der ästhetikgeschichtlich so signifikanten impliziten Trennung von Inhalt und Form selbst resultieren. Aber auch bezogen auf literarische und bildkünstlerische Werke ist das Konzept eines aus seiner Form lösbaren Inhalts erörterungsbedürftig. Die Vorstellung eines solchen Hinüberwechselns ist im Kern metaphorisch, inspiriert vom Bild des Übersetzens qua Hinübersetzen oder von dem der neuen Verpackung, des Kleiderwechsels.

Ein ‚intermedialer Bezug' schließlich bezeichnet, als dritter eigenständiger Phänomenbereich, im Intermedialitätsdiskurs den „Bezug eines literarischen Textes, eines Films oder Gemäldes auf ein bestimmtes Produkt eines anderen Mediums oder auf das andere Medium qua semiotisches System bzw. auf bestimmte Subsysteme desselben"; als Beispiele nennt Rajewsky „die sog. ‚filmische Schreibweise'", „die ‚Musikalisierung literarischer Texte'", die „Narrativisierung der Musik" (Rajewsky 2002, 17). Nicht um Beziehungen auf inhaltlicher Ebene geht es hier, sondern um Analogien zwischen den Kunstformen selbst und ihren Darstellungsverfahren. Hierunter fallen beispielsweise solche literarischen Texte, bei deren Lektüre man zwar das ‚kontaktgebende Medium' Musik nicht physisch hört, es aber in Gedanken mitrezipiert: Die zweite Kunst verbindet sich nicht physisch mit der ersten, sondern sie ahmt sie (in welcher Weise auch immer) nach, passt sich ihr an. Vorausgesetzt ist wiederum eine Vorverständigung über Medien-Differenzen: „[Es] werden Elemente und/oder Strukturen eines anderen, konventionell als distinkt wahrgenommenen Mediums mit den eigenen, medienspezifischen Mitteln thematisiert, simuliert oder, soweit möglich, reproduziert." (Rajewsky 2002, 17)

2.2.3. Transmedialität

Der Bedarf nach weiterer begrifflicher Differenzierung führte im Horizont des Medialitätsparadigmas u. a. zur Etablierung des Begriffs „Transmedialität" (vgl. Rajewsky 2002, 206). Dieser verweist auf ästhetische Gegenstände, die nicht an ein einzelnes Medium gebunden sind, sondern in differenten Medien auftreten (und diese dadurch in Beziehungen zueinander treten lassen). Die Idee der ‚Verschiebung' von einem Medium in ein anderes impliziert wiederum, dass das jeweils Verschobene von seinem Ausgangs- und seinem Endzustand unterschieden wird. Rajewsky spricht von „[m]edienunspezifische[n] Phänomene[n], die in verschiedensten Medien mit den dem Medium eigenen Mitteln ausgetragen werden können, ohne dass hierbei die Annahme eines kontaktgebenden Ursprungsmediums wichtig oder möglich ist" (Rajewsky 2002, 11); von „medienunspezifische[n] ‚Wanderphänomene[n]'" (Rajewsky 2002, 10) also, wie etwa „das Auftreten desselben Stoffes oder die Umsetzung einer bestimmten Ästhetik bzw. eines bestimmten Diskurstyps in verschiedenen Medien" (Rajewsky 2002, 13). Zu erörtern wäre, ob ‚Stoffe' je als unabhängig von ihrer ursprünglichen textuellen Gestalt existent betrachtet werden können. Gleichwohl bietet der Begriff der ‚Transmedialität' ein brauchbares Werkzeug. Er bezieht sich auf etwas, das als unabhängig von der Konkretisierung in einem bestimmten Medium gedacht wird, sei es als ‚Stoff' oder als Verfahren – und das man sich als alternativ in verschiedenen Medien konkretisiert vorstellen kann. Neben Stoffen und Verfahrensweisen (wie der Parodie) können auch bestimmte Strukturmuster gemeint sein (wie etwa das der Fuge oder Sonate).

Die von der Inter- und Transmedialitätstheorie vorgeschlagenen Bestimmungen sind gut operationalisierbar, und es fällt nicht schwer, aus dem Bereich ästhetischer Phänomene illustrierende Beispiele zu benennen. Der Kernbegriff der ‚Medialität' selbst sowie die an ihn geknüpften Ausdifferenzierungen bleiben allerdings Interpretations- bzw. Aushandlungssache. Spielen konventionelle Auffassungen in Begriffsbestimmungen eine tragende Rolle, so können Untersuchungen über mediale und intermediale Phänomene unter recht verschiedenen Voraussetzungen stattfinden (vgl. Paech 1998, 18 f.). Zu konzedieren ist dabei, dass als Bezugsrahmen auch für Wissenschaftssprachen letztlich immer nur die Alltagssprache fungiert.

2.2.4. Systemreferenzen

Eine stärkere Akzentuierung formaler Aspekte künstlerischer Werke bahnt sich innerhalb des medientheoretischen Diskurses an, wo es um ‚Systemreferenzen' geht, die dabei von ‚Einzelreferenzen' unterschieden werden. Letztere werden dort konstatiert, wo ein ästhetisches Gebilde auf ein bestimmtes anderes ästhetisches Artefakt anspielt oder ausdrücklich Bezug nimmt – etwa, wenn ein Text einen anderen besonderen Text erwähnt oder wenn ein Musikstück ein anderes Stück zitiert. Eine ‚Systemreferenz' liegt hingegen vor, wenn in einem Text ein ganzes künstlerisches ‚System' – also etwa das ‚System' Literatur – erwähnt, reflektiert oder thematisiert wird, wenn es in einem Text also etwa um ‚die Musik' geht. Eine weitere Differenzierung schließt hier an: Von „intermedialen Einzelreferenzen" spricht Rajewsky, wenn ein Text sich auf ‚ein bestimmtes Produkt eines anderen Mediums' bezieht (also auf ein einzelnes Artefakt), von „intermedialen Systemreferenzen" dann, wenn es im Text einen „Rekurs" auf andere Mediensysteme gibt – sei es ein „Rekurs auf medienspezifische Subsysteme" oder ein „Rekurs auf das mediale System als solches" (Rajewsky 2002, 74). Jede ‚Einzelreferenz', so Rajewsky, impliziert dabei stets eine ‚Systemreferenz'; wenn ein Text ein bestimmtes musikalisches Werk thematisiere, dann gehe es indirekt stets um ‚Musik' insgesamt.

Franz Penzenstadler wiederum unterscheidet zwei Arten von ‚Systemreferenzen': Eine „Systemaktualisierung" liegt vor, wo die Anwendung und „Einhaltung" von systemspezifischen Regeln beobachtet werden kann, indem also beispielsweise „ein Textproduzent bei der Erzeugung eines Textes ein semiotisches System benutzt" und dabei durch solche Orientierung an Regeln über die einfache Wiedergabe „von Elementen und Strukturen des Systems" hinausgeht (Penzenstadler 1993, 82). Von „Systemerwähnung" soll hingegen dann die Rede sein, wenn „das entsprechende System nicht für die Textkonstitution verwendet wird, sondern lediglich Elemente und/oder Strukturen dieses Systems erwähnt werden" – und zwar „entweder dadurch, dass über das System und dessen Regeln geredet oder reflektiert wird" (Beispiel: in einem Text spricht jemand über Sonaten), „oder dadurch, dass Elemente und Strukturen des Systems reproduziert werden, ohne dessen Regeln zu befolgen" (Beispiel: ein Text weist Analogien zu einer musikalischen Gattung auf, entspricht deren Form aber nicht genau); in den letzteren Fällen werden, so Penzenstadler, „die Regeln [...] in ihrer Konventionalität – und damit in ihrer Gültigkeit oder Ungültigkeit, Notwendigkeit oder Absurdität – bewusst gemacht" (Penzenstadler 1993, 82).

2.2.5. Unschärfen und offene Fragen
Der dem Begriffsfeld um ‚Intermedialität' zugrunde liegende Begriff des ‚Mediums' selbst ist nicht eindeutig definiert; er ist insbesondere nicht deckungsgleich mit einem technologisch-kommunikationstheoretischen Medienbegriff. Die grundsätzliche Problematik einer Bestimmung dessen, was ein Medium ausmacht, hat u. a. Dietrich Kerlen verdeutlicht (Kerlen 2003, 9). Bezogen auf Literatur und Musik wurden sowohl diese selbst – und damit zwei jeder Definition widerständige Sammelbegriffe – als ‚Medien' interpretiert, aber auch die Elemente, aus denen entsprechende Werke bestehen, wobei diese Elemente selbst unterschiedlich bestimmt wurden. Erscheint die Interpretation von Wörtern als Medien noch naheliegend, so ist dies bei Tönen schon weniger selbstverständlich, denn: was vermitteln Töne?

3. Literarische Sonaten, Fugen, Symphonien, Konzerte, Opern: Suggestionen eines Formtransfers zwischen Musik und Literatur

Die Frage nach Transformationen und Transfers zwischen Musik und Literatur rückt vor allem Korrespondenzen auf formal-kompositorischer Ebene in den Blick. Formen und Gattungsmuster bestimmen hier die Ebene des Austauschs bzw. der Analogisierung.

3.1. ‚Kompositionen'

Einen ersten Ansatz zur Betrachtung von Literatur-Musik-Beziehungen auf der Ebene formaler Aspekte stellen letztlich bereits alle Diskurse über literarische Texte dar, die diese als ‚Kompositionen' interpretieren und damit musikalischen Kompositionen zumindest hinsichtlich ihrer Beschreibbarkeit als Produkte der formenden Gestaltung analogisieren. Schon in der Romantik zeichnet sich eine Tendenz ab, die Orientierung der Literatur an der Musik zumindest auch, wenn nicht gar vorrangig, auf die Form ästhetischer Gebilde zu beziehen. Reflexionen des Novalis wie auch Friedrich Schlegels akzentuieren die kompositorische Dimension dichterischer Arbeit. „Man muß schriftstellern, wie Componiren", so

Novalis (Novalis SuB 3, 562). „Jede K[unst] hat μουσ [musikalische] Princ[ipien] und wird vollendet selbst Musik. Dies gilt sogar von der φσ [Philosophie] und also auch wohl von der π [Poesie], vielleicht auch vom Leben", so Friedrich Schlegel (Schlegel KFSA 16, 213), dessen Notizen allerdings vielfach stark interpretationsbedürftig sind, so auch sein *Fragment 88*: „Die innerste Form des R[omans] ist [...] [mathematisch], [...] [rhetorisch], [...] [musikalisch]. Das Potenziren, Progr[essive], Irrationale; ferner die [...] rhetorischen Figuren. Mit der [...] Musik versteht sichs von selbst." (Schlegel KFSA 16, 261)

Transfers musikalischer Gattungsbegriffe (wie ‚Fantasie' oder ‚Capriccio') in die Literatur verheißen, dass jeweils auch ein Form-Transfer stattgefunden hat. Die Verwendung formgebundener Gattungsbegriffe wie ‚Fuge' oder ‚Kanon' für literarische Texte zwingt den jeweiligen Autor allerdings nicht dazu, sich Formkonventionen rigide anzupassen. Der Interpret solcher Texte sollte insofern zwar nach formalen Korrespondenzen suchen, aber auch den konnotativen Horizont in Betracht ziehen, den die entsprechenden Begriffe eröffnen. In der literaturwissenschaftlichen Forschung werden entsprechende Transfer-Ansätze an verschiedenen Beispielen untersucht. Christoph Vratz erörtert, „auf welche Arten die Literatur musikalische Werke nachzubilden versucht", und unterscheidet dabei „zwischen einer musikalisch-technischen und einer abstrakt-assoziativen Komponente" (Vratz 2002, 13): Dem „musikalisch-technischen" Bereich zuzurechnen seien die durch Partituren festgelegten Eigenschaften musikalischer Werke „(Instrumentation, Rhythmus, Harmonik, Melodie etc.)", die „in ihrer Gleichzeitigkeit nicht wiedergegeben werden können", weswegen der literarische Autor bei seinem Versuch der stilistischen Annäherung an die Musik auf Auswahl angewiesen sei – und darauf, „dass verschiedene Ersatzmöglichkeiten diese Gleichzeitigkeit suggerieren" (Vratz 2002, 13). Schriftsteller und Textinterpreten sind hier etwa mit der Frage konfrontiert, wie sich Melodieverläufe sprachlich möglichst präzise darstellen lassen und ob es beispielsweise sprachliche „Figuren" gibt, welche „Sechzehntelläufe oder punktierte Rhythmen [...] nachahmen" (Vratz 2002, 14). Anders als im Bereich der Mikrostrukturierung musikalischer und literarischer Kompositionen gelagerte Fragen stellen sich dort, wo durch die Verwendung von Gattungsnamen Makrostrukturen ins Spiel kommen – etwa wenn ein Text als ‚Fuge', ‚Sonate' oder mit einem anderen für spezifische musikalische Gattungen gebräuchlichen Terminus bezeichnet und damit zumindest eine Analogie zu einer musikalischen Form suggeriert wird.

3.2. Nach musikalischen Gattungen benannte Texte

Ein programmatisches Beispiel für Analogien auf der Ebene des konkret sichtbaren oder hörbaren Textes in seiner Laut- bzw. Klanggestalt bietet Kurt Schwitters' *Ursonate*. Diese Lautdichtung ist durch die Sonatenform geprägt. Wie Schwitters selbst erläutert, besteht seine Sonate „aus vier sätzen, einer einleitung, einem schluß, und einer kadenz im vierten satz. der erste satz ist ein rondo mit vier hauptthemen, die in diesem text der sonate besonders bezeichnet sind." (Schwitters LW 1, 214–242 [*ursonate*, 1927, 1932], 312 [=*erklärungen zu meiner ursonate*, 1927, 1932]) Sein Werkkommentar orientiert sich an der Beschreibung von Sonaten, spricht von „wörtlichen wiederholungen der schon variierten themen vor jeder neuen variation", von Charakter und Entwicklung der ‚Themen' und von Schlussformeln. Zugleich erfolgt eine Annäherung des Sprachlich-Artikulatorischen ans Klanglich-Musikalische, die zur Revision tradierter Vorstellungen über sprachliche Texte provoziert.

Anders steht es mit Texten, die durch ihren Titel an musikalische Gattungen anknüpfen, ohne dass dies durch ihre Struktur auf direkt evidente Weise motiviert wäre (vgl. etwa André Gides *Symphonie pastorale*). Vielfach wird durch Werktitel auf Gattungen der Instrumentalmusik (also der ‚wortlosen' Musik) angespielt, gleichzeitig aber eine Geschichte erzählt (vgl. Tolstojs *Die Kreutzersonate*); dies legt zumindest nahe, nach Musikanalogien auf kompositorischer wie auf thematischer Ebene zu suchen. Scher betont anlässlich von „Dichtungsexperimente[n] mit musikalischen Form- und Strukturparallelen [...], die auf der grundlegenden Affinität der Gestaltungsprinzipien beider Künste beruhen", den ästhetischen Reiz solcher „Übernahme[n] spezifischer musikalischer Strukturen und Techniken in die Literatur", welche „über die bloße Konstatierung musikalischer Formelemente und äußerer Übereinstimmungen zwischen musikalischen und literarischen Gebilden" hinausgehen und des Weiteren den Rezipienten „innere, werkbezogene Zusammenhänge und interpretatorisch aufschlussreiche Korrespondenzen" bieten (Scher 1984, 12).

Texte, die durch ihren Titel andeuten oder suggerieren, sie seien durch Formvorgaben musikalischer Gattungen oder Formen geprägt – wie etwa der ‚Sonate' oder der ‚Fuge' –, deklarieren damit die entsprechenden musikalischen Genres zu ihrem eigenen Gattungsmuster, und dies erscheint selbst dann deutungsrelevant, wenn die Bedeutung der jeweiligen Form an ihrer Struktur kaum ablesbar ist, der Titel also eine problematische Fährte legt. Die Suche nach ‚fugenartigen' Strukturen in Texten wird sich allerdings anders gestalten als die nach Äquivalenzen zur ‚Sonate', und im Fall der ‚Fantasie' sind aufgrund des Fehlens strikter Gattungskriterien die möglichen Analogiebildungen ebenso zahlreich wie undeterminiert. Nicht nur die Orientierung am Formrepertoire musikalischer Gattungen, sondern auch gattungsindifferente kompositorische Verfahrensweisen können die Gestaltung literarischer Texte beeinflussen – oft in Abstimmung auf inhaltlich thematische Dimensionen. Scher verweist auf „Wiederholungen und Variationen, Ausgleichs- und Kontrastwirkungen" als strukturelle Gegebenheiten, die in musikalischen wie in literarischen Kompositionen gleichermaßen fundiert sind; sogar für das „Leitmotiv" gelte dies (Scher 1984, 12). Demgegenüber sei der Kontrapunkt „ein rein musikalisches Phänomen, dessen literarische Verwirklichung zwar letzten Endes unmöglich, doch immer wieder versucht worden ist" – was laut Scher E. T. A. Hoffmanns *Lebensansichten des Katers Murr* und Joyces *Ulysses* bezeugen (Scher 1984, 12–13). Wie „die Eigenheiten der Fuge in einen literarischen Prosatext umzusetzen" wären, erörtert Gudrun Budde: Ihre These beruht darauf, das musikalische „Thema" und die Darstellung eines Themas im textbezogenen Sinn analog zu setzen (Budde 1995, 197); sie analogisiert tendenziell die „Personen" eines Textes mit den „Stimmen" der musikalischen Fuge – allerdings als nur eine mögliche Form der Umsetzung differenter Stimmen (Budde 1995, 198).

Titel literarischer Werke, die zugleich als Titel musikalischer Kompositionen in Frage kommen (wie etwa „Capriccio"), legen es zumindest nahe, auf kompositorischer Ebene nach Musik-Analogien zu suchen; Titel, die eindeutig der musikalisch-musikologischen Fachterminologie entnommen sind, haben regelrechten Aufforderungscharakter, wie etwa Tiecks *Symphonien* oder Thomas de Quinceys *Dream Fugue* (vgl. dazu u. a. Wolf 1998). Dieser 1840 entstandene Traumtext suggeriert wiederholt Analogie zu musikalischen Strukturen. Sein Vorspann trägt die Vortragsbezeichnung „Tumultuosissisamente"; einzelne Elemente der dargestellten Traumsequenz werden als „music" bezeichnet – oder auch als „mighty fugue"; das Erzählen interpretiert sich selbst als analog zu einer „musical fugue" (dazu Wolf 1998, 138). Allerdings hat Calvin Brown diagnostiziert, dass von einer durchgearbeiteten Fugenform des Textes nicht die Rede sein könne (Brown 1987 [1948], 151–160). Wolf hält die Suche nach fugalen Strukturen dennoch für sinnvoll. Gesucht wäre demnach vor allem das Fugenthema. Schon Brown hat dieses Thema nicht auf der Ebene der konkreten Wortgestalten gesucht, sondern auf der der Bedeutungen; Wolf stimmt dem prinzipiell zu; er möchte aber entgegen Browns Identifikation des ‚Themas' im Bereich konkreter Handlungselemente lieber das Thema auf abstrakterer Ebene verorten: auf der einer spezifischen Dynamik.

3.3. Musikalische Strukturen in Texten

Musikalische Strukturen hat die Forschung in Erzähltexten vieler Autoren seit der Romantik entdeckt (vgl. Wolf 1998, 142), oft auch ohne dass deren Titel dies bereits verhießen, so in George Sands Novelle *Le Contrebandier*, in Thomas Manns Erzählung *Tonio Kröger*, im Sirenenkapitel von James Joyces *Ulysses*, in Virginia Woolfs Texten *The Waves* und *The String Quartet* (vgl. auch III.17 OLK), in Aldous Huxleys *Point Counter Point*, in Gunnar Ekelöfs *Sonate*, in Gabriel Josipovicis Short Story *Fuga* (dazu Scher 1984, 12–13), ferner bei Heimito von Doderer, Hans Henny Jahnn, Josef Weinheber und vielen anderen Autoren der Moderne. Neben erzählenden und beschreibenden Texten scheinen vor allem lyrische Texte zum Rekurs auf musikalische Formen einzuladen; stets verbindet sich damit auch eine Referenz auf die Semantik dieser Formen (z. B. in Paul Celans *Todesfuge*, für deren Interpretation wohl auch die Polyvalenz des Ausdrucks ‚Fuge' relevant ist). Ernst Jandls „Sprechoper" *Aus der Fremde* knüpft an die Gattung Oper insofern an, als ein Text zum Vortrag kommt, der nicht auf konventionelle Weise gesprochen, sondern in einer Art Sprechgesang artikuliert werden soll. Inwiefern man über diese Ähnlichkeit mit dem Musiktheater die Reminiszenz an das Gesamtkunstwerk Oper als ironisch verstehen möchte, ist Einschätzungssache.

Theoretiker der ‚Musikalisierung' von Texten haben zur Erweiterung des Rahmens, in dem nach ‚Fugen'-, ‚Sonaten'- oder sonstigen Form-Analogien gesucht werden kann, im Rekurs auf die Terminologie de Saussures zwischen der *Signifiant*- und der *Signifié*-Ebene von Texten unterschieden. Diesem Ansatz zufolge kann von musikalischen Strukturen auf der einen oder auf der anderen Ebene die Rede sein – natürlich auch auf beiden gleichzeitig, aber dies wäre eben nicht zwingend. Eine gattungsspezifische Struktur der *Signifiant*-Ebene wäre jedenfalls nicht unbedingt zu fordern, um ein Werk dennoch etwa als ‚Fuge' oder ‚Sonate' wahrzunehmen. Ein solcher Ansatz erlaubt ästhetisch-vergleichende Lektüren von Texten, die sich ‚Fuge', ‚Sonate' etc. nennen und doch auf den ersten Blick (auf der *Signifiant*-Ebene) der Fugen- oder Sonatenform nicht verpflichtet erscheinen. Der heuristische Vorteil der Suche nach ‚musikalischen' Formen auch und gerade auf der *Signifié*-Ebene ist vor allem mit Blick auf ein Problem evident, das sich beim Versuch der Analogisierung literarischer Texte mit polyphonen musikalischen Kompositionen stellt. Geschriebene Texte sind materialiter linear und einstimmig – es sei denn, man lese sie als ‚flächige' Phänomene, die eine (partituranaloge) vertikale Schichtung oder ein Durcheinander von Stimmen darstellen (wie das lautpoetische Simultangedicht). Bezieht man hingegen die Ebene der *Signifiés* mit ein, so lässt sich auch bezogen auf entsprechend arrangierte geschriebene Texte oder Textpassagen durchaus behaupten, in diesen seien mehrere Vorstellungsbilder (*Signifiés*) gleichzeitig präsent. Dass sich bezogen auf die *Signifié*-Ebene von der Simultanität mehrerer Vorstellungsbilder sprechen lässt, zeigen exemplarisch Metaphern, Allegorien und andere Formen der sogenannten ‚unausdrücklichen' Rede: Hier werden ja zwei (oder mehr) Vorstellungskomplexe gleichzeitig aufgerufen. Wo Parallelismen, Analogien, Korrespondenzen oder auch Kontraste den Text semantisch prägen, da besitzt ein Wort oder Satz oft mehrere Relate, die gleichzeitig ‚anklingen'. Wenn mit Blick auf Thomas Mann und andere Erzähler von einer Leitmotiv-Technik die Rede ist, so bezieht sich diese Ausdrucksweise nicht allein auf Wörter (*Signifiants*), sondern auch, ja sogar vorrangig auf Vorstellungsinhalte. Allerdings impliziert die Differenzierung zwischen *Signifiant* und *Signifié*, so nützlich sie als heuristisches Hilfsmittel ist, die Orientierung an einem Zeichenmodell, das zu den Musikkonzepten und Musikdarstellungen romantischer Literatur in einem Spannungsverhältnis steht. In Brentanos Erzählung über *BOGS den Uhrmacher*, so konstatiert Christine Lubkoll, werde „ein radikal ‚losgelöstes', ein seinem Selbstlauf unterliegendes Zeichensystem präsentiert" (Lubkoll 1995, 286). Im *BOGS* gehe es „um ein ‚losgelöstes' (und kritisches) Jonglieren mit Diskurselementen", also um eine gegenüber jeder voraussetzbaren Ordnung der *Signifiés* subversiven Form des Spiels; die Schilderung der Hörerlebnisse des Uhrmachers folge den „Prinzipien der Wiederholung und der Variation"; so entstehe „ein Netz von Motivbeziehungen, die sozusagen ‚fluktuierenden Signifikanten' einer vielstimmigen Phantasie" (Lubkoll 1995, 287).

Daran, dass musikalische Formen und Gattungskonventionen selbst ebenso wie die sie bezeichnenden Begriffe ihrerseits immer schon kontingent und historisch semantisiert sind, können gerade die literarischen Verwendungen musikästhetischer Begriffe erinnern. Ein Beispiel dafür bietet der Terminus ‚Fuge': als musikalischer Formbegriff eine Metapher, die an den ursprünglichen Wortsinn von lat. *fuga*, Flucht, erinnert. Thomas de Quinceys *Dream Fugue* beispielsweise illustriert, wie sich das Motiv der ‚Flucht' zu Vorstellungen von Angst, Leid, Tod, Gefahr in Beziehung setzen lässt, wie es zugleich die Idee einer Interaktion zwischen antagonistischen Instanzen impliziert: zwischen einem, der flieht, und einem oder etwas, vor dem geflohen wird.

3.4. Konzert

Der Begriff des ‚Konzerts' schließlich, der das Miteinander-Wetteifern und damit eine Form sozialer Praxis assoziieren lässt, eröffnet Assoziationsräume, in denen sich das ‚mehrstimmige Komponieren' von Texten und die Idee inhaltlich-thematischer Diversität (von Gegenständen, Figuren und Ideen) miteinander verbinden lassen; Alejo Carpentiers *Barockkonzert* schildert Konzertantes und ist zugleich selbst als ein Konzert beschreibbar – mit allen metaphorischen und konnotativen Implikationen, die an diesem Begriff haften. *Barockkonzert* (*Concierto barroco*, 1974) ist ein Roman über konzertante musikalische Ereignisse und zugleich selbst ein ‚Konzert': Als Text steht der Roman ebenso im Zeichen einer innovatorischen

Verschmelzung von kulturell und historisch Heterogenem wie die Musik, die er beschreibt; Barockmusik geht in Jazz über, mexikanische und europäische Kultureinflüsse durchdringen einander. Wenn hier gegenüber dem älteren Carpentier-Roman *Die verlorenen Spuren* (*Los pasos perdidos*), in dem es ebenfalls um Musik und Musikkulturen geht, eine Abwendung vom Leitkonzept des ‚Ursprünglichen' erfolgt, deutet schon der Titel des Romans an: ‚Barock' bedeutet bei Carpentier vor allem Stilgemisch, kreatives Mit- und Gegeneinander des Verschiedenartigen. Darauf ist sein *Concierto barroco* angelegt – und nicht auf eine konkretere musikalische Kompositionsform oder gar ein bestimmtes ‚Barockkonzert'.

4. Zwischen musikalischen und literarischen Kompositionen vermittelnde Form-Konzepte: Rhythmus und Variation

Als wichtige Konzepte (eher als definitorisch präzise Begriffe), die auf formale Korrespondenzen zwischen Musik und Literatur verweisen, können ‚Rhythmus' und ‚Variation' gelten. Sie lenken jeweils den Blick auf formale Eigenschaften, ohne ihn auf deren Wahrnehmung zu begrenzen, ja sie stimulieren die Auseinandersetzung mit der Semantik entsprechender Formen.

4.1. Rhythmus

Im Rhythmus haben Dichtungstheoretiker und Dichter den gemeinsamen Nenner literarisch-poetischer und musikalischer Produktivität gesehen – Octavio Paz, Peter Rühmkorf, Seamus Heaney, Michel Serres, Raoul Schrott, um nur einige wenige zu nennen (vgl. Schmitz-Emans 2002). Rühmkorf, Heaney und Paz betonen die Nähe des lyrischen Sprechens zum magischen Sprachgebrauch – und deren verbindende Prägung durch das Rhythmische; die Grenze zum Musikalisch-Gesanglichen ist hier offen. Schon Hugo Ball hatte seinen lautpoetischen Vortrag ja in Analogie zu magisch-musikalischen Performances arrangiert. Ist die Kategorie des ‚Rhythmischen' bei Hugo Ball nur ein Begriff unter verschiedenen anderen, welche dazu dienen, die Idee einer neuen Dichtung zu konturieren, die zu Dingen und Menschen in eine intensivere, an atavistische Rituale erinnernde Beziehung treten soll, so wird das Rhythmische bei Kurt Schwitters zur zentralen ästhetischen Kategorie. Schwitters zielt auf eine Entgrenzung der Künste und die Synthetisierung künstlerischer Ausdrucksmittel. Als Theoretiker betont er immer wieder die Analogien und vielfachen Anschlussstellen zwischen den Künsten und die Kombinierbarkeit ihrer materiell-medialen Grundlagen. Die Vision des Merz-

Gesamtkunstwerks ist die eines durch und durch polyrhythmischen Geschehens. Schwitters tendiert sogar dazu, ‚Kunst' und ‚Rhythmus' als Synonyme zu betrachten. Als rhythmische Gebilde betrachtet, sind visuelle, akustische, sprachliche Ereignisse sowie Bilder, Texte, Architekturen und musikalisch-akustische Kompositionen einander analog, und sie können in vielfältige Spiegelungsbeziehungen treten. Schwitters' Hinwendung zur abstrakten Kunst ist zweifellos primär dadurch motiviert, dass sich hier vielfältige rhythmische Gestaltungsmöglichkeiten eröffnen. Auch seine *Ursonate* beschreibt Schwitters explizit als ein rhythmisches Ereignis. Ernst Jandl, der sich auf Schwitters als einen Vorläufer beruft – signifikanterweise unter Hinweis auf das Lautpoem *Kleines Gedicht für große Stotterer* – knüpft als Ästhetiker wie als Dichter an den Verfasser der *Ursonate* an (wobei für ihn zwischen Dichtung und Theorie erklärtermaßen ohnehin keine Trennlinie verläuft). Auch für Jandl sind Gedichte primär durch ihren Rhythmus charakterisiert; sein eigenes Werk bietet dazu viele konkrete Ausgestaltungen. Gedichte entstehen seinen eigenen Berichten zufolge im Gedanken an musikalische Rhythmen. Über sein Gedicht *my own song* etwa schreibt Jandl, man könne an den vielfältigen Wiederholungen und Variationen kleinster Elemente schon merken, „dass beim Schreiben der Gedanke an Musik mit am Werk war": Wer es laut spricht, wird bald seinen Rhythmus entdecken, einen festen Rhythmus, in dem trotzdem Veränderungen geschehen." (Jandl GW 3, 609)

Die prägende Bedeutung des Jazz und seiner Rhythmen für seine poetische Produktion hat Jandl selbst ausdrücklich betont. Eine ganze Reihe seiner Poeme sind geschriebener Jazz. Ähnlich wie bei Schwitters geht es hierbei allerdings nicht allein um eine Verknüpfung von Musik und Sprache, sondern auch um visuelle Formen, welche Musikalisch-Sprachliches darstellen und zugleich den Status autonomer Artefakte besitzen. Jandls Komposition *devil trap* (auf der Basis von bei John Furnivals gleichnamiger Text-Plastik entliehenem Material) besteht aus Silben, die auf dem Papier wie rhythmisch-bewegt wirken. In einer poetologischen Abhandlung (*Mitteilungen aus der literarischen Praxis*, Jandl GW 3, 551) hat Jandl hierzu dann eine kleine Geschichte imaginiert: Der Leser oder Hörer soll beobachten, wie sich die Poesie ins Gelände der Musik bewegt, zunächst im Entengang, dann beschwingt: „Es ist Poesie unterwegs zur Musik und schließlich, den einen Fuß hier, den anderen drüben, auf der Grenze zwischen beiden verharrend." Jandls *stanzen*-Gedichte basieren auf einem vorgefundenen Rhythmus und erinnern an eine volkstümliche Form der Gesangsdarbietung.

4.2. Variation

Das Gestaltungsprinzip der Variation gestattet es, die inhaltlich-thematische und die strukturell-kompositorische Dimension literarischer Texte in eine Beziehung zu setzen (vgl. Picard 1995, 35–60). So präsentieren sich Hoffmanns *Kreisleriana* als eine Folge von Texten über den Kapellmeister Johannes Kreisler, die katalog- oder kompendienartig die wichtigsten Topoi romantischer Musikästhetik demonstrieren, und sind damit als literarische Variationen über das Thema Musik beschreibbar. Die *Kreisleriana* bilden eine Komposition aus Geschichten und musikästhetischen Ideen bzw. Theoremen, in der bestimmte Bilder und Topoi leitmotivartig eingesetzt werden. Kreislers Überzeugungen werden nicht als Thesen präsentiert, sondern als Zitate, einkomponiert in ein Gefüge einander widerstreitender Modellierungen der Musik. In *Kreislers musikalisch-poetischer Klub* wird das Prinzip des Variierens selbst zum Thema; alle Handlung erscheint wie aufgelöst in Klänge, und wie in den genannten Akkorden die lineare Ordnung des Nacheinander aufgelöst oder doch in einen Schwebezustand versetzt wird, so lassen sich auch die Textbestandteile nicht allein als Glieder einer linearen Sequenz lesen, sondern auch als akkordisches Gefüge. Kreisler moduliert sich durch die verschiedensten Gefühlslagen.

Michel Butors *Dialogue avec 33 variations de Ludwig van Beethoven sur une valse de Diabelli* ist ein prägnantes Beispiel dafür, wie eine Sequenz musikalischer Variationen ein Schreibexperiment im Zeichen der Variationsidee angeregt hat (dazu Zenck 1995), ohne dass dabei die musikalische Vorlage im engeren Sinn beschrieben würde. Butors Interpretation der musikalischen Vorlage besteht im Wesentlichen darin, die Sequenz der *Diabelli*-Variationen benennend zu gliedern, um im Ausgang davon ein sprachliches Strukturmuster in verschiedenen Variationen zu entwickeln; er schreibt selbst über die Benennungen, er habe jeder *Diabelli*-Variation absichtlich mehrere Namen gegeben, um dem inneren Beziehungsreichtum der musikalischen Vorlage gerecht zu werden. Auf Anregung des Komponisten Henri Pousseur wurden 1971 bei einem Konzert die Darbietung der *Diabelli*-Variationen und Butors Kommentierung miteinander verknüpft.

4.3. Notationen

Auch die Verschriftung von Musik als eine spezifische – in vielen Fällen vor allem avantgardistischer und experimenteller Kunst zur autonomen Kunstübung tendierende – ästhetische Praxis verdient im Kontext der Frage nach Transfer- und Transformationsprozessen zwischen Literatur und Musik Beachtung, verwandelt sich (reale oder gedachte) Musik hier doch in ein graphisches Gebilde. Dieses (das keineswegs immer nur aus Noten-‚Text' besteht, wobei auch Notentexte Formen der Graphie sind) wird entweder zum Hilfsmittel kompositorischer Prozesse (konkretisiert etwa in Kompositionspartituren) oder zum Speichermedium musikalischer Werke. Gerade im Bereich musikalischer Werke, deren Perzeption an Formen der Realisierung gebunden ist, sind Notationstechniken, Codes, graphische Arrangements sowie andere Aspekte materieller Graphie von prägender Bedeutung. Zwischen geschriebener und gehörter Musik vollziehen sich komplexe Transformations- und Transferprozesse; der Kompositions-‚Text' (zu dem oft auch wortsprachliche Elemente gehören) vermittelt zwischen kompositorischen Konzepten (Ideen, Einfällen), musikalischen Werken, deren Aufführung und deren Rezeption.

Nicht alle historischen Musikkulturen nutzen graphische Fixierungsverfahren, und auch in der abendländischen Musikkultur kommen diese eher spät auf (vgl. III.3 HAAS/NANNI), um sich von da an auf vielfältige Weise auszudifferenzieren. Dass das ‚Schreiben' von Musik, die Verwandlung musikalischer Prozesse in einen sichtbaren Text eine signifikante und folgenreiche Transferleistung ist, wird wohl vor allem dort sinnfällig, wo neue Notationsformen erfunden werden oder mit etablierten Formen gespielt wird.

Schon die Vertreter der frühen Avantgarden experimentieren mit schriftsprachlichen Visualisierungsformen akustischer Ereignisse und lassen diese ästhetische Praxis zur eigenständigen Kunstform werden; innovatorische ‚Musiktexte' können hier als Pendants der ebenfalls experimentell erkundeten ‚Wortmusik' (Lautpoesie, rhythmische Poesie etc.) betrachtet werden. So werden etwa unterschiedliche Schriftfonts in semantisch relevanter Weise verwendet (z. B. in Hugo Balls *Karawane*) oder Simultangedichte in Partiturform fixiert: Unter dem Titel *L'amiral cherche une maison à louer* präsentierten Richard Huelsenbeck, Marcel Janco und Tristan Tzara 1916 ein Simultangedicht; die simultan tönenden Stimmen werden jeweils zu Beginn der Zeile genannt. Ein Text und zugleich ein (als unvernehmbar suggeriertes) musikalisches Ereignis ist *Fisches Nachtgesang* von Morgenstern. Futuristische Textbilder (so etwa Marinettis *Zang Tumb Tumb*) repräsentieren akustische Ereignisse mit schriftlichen Mitteln, wobei diese graphisch stark verfremdet werden. Schwitters notiert lautpoetische Ereignisse vorwiegend mittels des geläufigen Alphabets, nutzt aber textstrukturelle Mittel, um Phrasierung und Dynamiken zu vermitteln. Um Kompositionen in den verschiedenen Künsten mittels einer verbindenden Notation darstellbar zu machen, entwickelt Kandinsky eine neue grafische Zeichensprache.

Die Nachkriegsavantgarden schließen an diese Praktiken der Verschriftung von Klanglichem an und differenzieren sie aus. Bei ihren Versuchen, für die Darstellung neuer Klang- oder Geräuschereignisse neue Verschriftungsformen zu entwickeln, bewegen sich die neueren Lautpoeten unter anderem in den Spuren von Kalligraphen und Kryptographen. In Isidore Isous Manifest *Qu'est-ce que le lettrisme?* (1947) werden neue Buchstaben präsentiert und kommentiert. In der Nachfolge Isous hat es verschiedene Ansätze zu einer tiefergreifenden Verwandlung oder Ersetzung der konventionellen Alphabetschrift gegeben. Valeri Scherstjanois *lautländische partitur skribentisch* von 1994 erinnert an einen hieroglyphisch-verschlüsselten Text von ausgeprägt handschriftlichem Duktus. Joseph Anton Riedls *Optische Lautgedichte* sind abstrakte graphische Kompositionen aus gebogenen und verschlungenen Linien und flächigen Elementen. Auch Dieter Schnebel experimentiert mit Musik-Verschriftungen. Jandls Notate zu musikalisch-klanglichen Prozessen sind als autonome graphische Artefakte zu betrachten: Sie beziehen sich simultan auf die Sphäre des Sprachlich-Literarischen, des Musikalischen und des Visuellen.

Das Schreiben *über* Partituren, ihre Herstellung und ihre Lektüre konstituiert einen weiteren Bereich ästhetischer Phänomene, bei denen Transferprozesse zwischen Literatur und Musik konstitutiv sind. Wiederum gilt es zu differenzieren: In literarischen Texten kann von den graphischen Darstellungen realer wie auch imaginärer Musikwerke die Rede sein, und der Akzent kann auf der Produktion solcher Musik-‚Texte' als Bestandteil des kompositorischen Arbeitsprozesses liegen, aber auch auf ihrer Bedeutung für den Leser. Marcel Proust beschreibt die Notenschrift des fiktiven Komponisten Vinteuil eher unter letzterer Akzentuierung und macht deren Lektüre zur Metonymie von Erinnerungsprozessen. In Manns *Doktor Faustus* werden unter produktionsästhetischer Akzentuierung Bezüge zwischen der Klarheit einer musikalischen Komposition und ihrer graphischen Vermittlung hergestellt. Ingeborg Bachmann widmet den Partituren in ihrer Textsequenz *Die wunderliche Musik* eigene Reflexionen, die deren ästhetischen Eigenwert unterstreichen. Und wenn Butor über Musik schreibt, so nicht, um sie zu beschreiben, sondern um literarisch-sprachliche Pendants zu musikalischen Strukturen zu schaffen – in Analogie zur Qualität der Partitur als visuelles Pendant. Die genannten und andere Beispiele verdeutlichen unter anderem, dass das Schreiben über Partituren und andere Spielformen geschriebener Musik als eine Form des autoreflexiven literarischen Schreibens konzipiert sein kann: Produkt eines komplexen Transfers nicht nur zwischen einzelnen (realen und imaginären) Werken, sondern zwischen Darstellungspraktiken – hier: dem der Graphie – , die Musik und Literatur einerseits verbinden, andererseits trennen, in jedem Fall aber zu Transformationsexperimenten einladen.

Literatur

Blair, Hugh. *Lectures on rhetoric and belles lettres*. 3 Bde. Edinburgh: W. Creech, 1787–1811.
Brown, Calvin S. *Music and Literature. A Comparison of the Arts*. Hanover und London: University Press of New England, 1987 [1948].
Budde, Gudrun. „Fuge als literarische Form? Zum Sirenen-Kapitel aus ‚Ulysses' von James Joyce". *Musik und Literatur*. Hrsg. von Albert Gier und Gerold W. Gruber. Frankfurt am Main, Bern i. a.: Peter Lang, 1995. 195–213.
Clüver, Claus. „Inter textus / Inter artes / Inter media". *Komparatistik. Jahrbuch der Deutschen Gesellschaft für Allgemeine und Vergleichende Literaturwissenschaft 2000/2001*. Heidelberg: Synchron Wissenschaftsverlag der Autoren, 2001. 14–50.
Cobbing, Bob. „Konkrete Klankpoëzie 1950–1970. Concrete sound poetry 1950–1970. Konkrete Lautdichtung 1950–1970". *Klankteksten. Konkrete poëzie? Vizuele Teksten. Sound Texts. Concrete Poetry? Visual Texts. Akustische texte. Konkrete Poesie? Visuelle Texte*. Hrsg. von Wim Crouwel. Ausstellungskatalog des Amsterdamer Stedelijk Museum. Amsterdam: [s. n.], 1971. 25–34.
Fahlström, Öyvind. „Mätila Ragulpr Pä Fätskliaben/Manifesto för (sic) concrete poetry", 1953, zit. nach: Mary Ellen Solt (Hrsg.). *Concrete Poetry. A World View*. 3. Aufl. Bloomington und London: Indiana University Press, 1971 [1968]. 30.
Foltinek, Herbert und Christoph Leitgeb. *Literaturwissenschaft: intermedial – interdisziplinär*. Wien: Verlag der Österreichischen Akademie der Wissenschaften, 2002.
Gier, Albert: „Musik in der Literatur. Einflüsse und Analogien". *Literatur intermedial. Musik – Malerei – Photographie*. Hrsg. von Peter V. Zima. Darmstadt: Wissenschaftliche Buchgesellschaft, 1995. 61–92.
Gier, Albert und Gerold W. Gruber (Hrsg.). *Musik und Literatur. Komparatistische Studien zur Strukturverwandtschaft*. Frankfurt am Main, Bern i. a.: Peter Lang, 1995.
Goethe, Johann Wolfgang. „Tag- und Jahreshefte" [1830]. *Goethes Werke. Hamburger Ausgabe 10: Autobiographische Schriften 2* (=HA 10). Hrsg. von Erich Trunz. München: Beck, 1981. 429–528.
Helbig, Jörg (Hrsg.). *Intermedialität: Theorie und Praxis eines interdisziplinären Forschungsgebiets*. Berlin: Schmidt, 1998.
Hoffmann, E. T. A. „Beethovens Instrumental-Musik" [1813]. *Sämtliche Werke 2.1: Fantasiestücke in Callots Manier. Werke 1814* (=SW 2.1). Hrsg. von Hartmut Steinecke unter Mitarbeit von Gerhard Allroggen und Wulf Segebrecht. Frankfurt am Main: Deutscher Klassiker Verlag, 1993. 52–61.
Jandl, Ernst. *Das Öffnen und Schließen des Mundes*. Frankfurter Poetik-Vorlesungen. Darmstadt und Neuwied: Luchterhand, 1985.
Jandl, Ernst. „Zur Entstehung des Gedichts ‚my own song'" [1977]. *Gesammelte Werke 3: Stücke und Prosa* (=GW 3). Hrsg. von Klaus Siblewski. Darmstadt und Neuwied: Luchterhand, 1985. 609–610.
Käuser, Andreas. *Schreiben über Musik. Studien zum anthropologischen und musiktheoretischen Diskurs sowie zur literarischen Gattungstheorie*. München: Fink, 1999.
Kandinsky, Wassily. *Über das Geistige in der Kunst*. Mit einer Einf. von Max Bill. 10. Aufl. Bern: Benteli, 1952.
Kerlen, Dietrich. *Einführung in die Medienkunde*. Stuttgart: Reclam jun., 2003.
Konstantinovič, Zoran, Steven P. Scher und Ulrich Weisstein (Hrsg.). *Literature and the Other Arts / La littérature et les autres arts / Literatur und die anderen Künste. Proceedings of the*

IXth Congress of the International Comparative Literature Association. Innsbruck: Institut für Sprachwissenschaft, 1981.
Lubkoll, Christine. *Mythos Musik. Poetische Entwürfe des Musikalischen in der Literatur um 1800*. Freiburg im Breisgau: Rombach, 1995.
Novalis. „Monolog" [1846]. *Schriften 2: Das philosophische Werk 1* (=SuB 2). Hrsg. von Richard Samuel in Zusammenarbeit mit Hans-Joachim Mähl und Gerhard Schulz. Darmstadt: Wissenschaftliche Buchgesellschaft, 1981. 672–673.
Novalis. „Fragmente und Studien 1799–1800" [1929]. *Schriften 3: Das philosophische Werk 2* (=SuB 3). Hrsg. von Richard Samuel in Zusammenarbeit mit Hans-Joachim Mähl und Gerhard Schulz. Darmstadt: Wissenschaftliche Buchgesellschaft, 1968. 527–693.
Penzenstadler, Franz. „Elegie und Petrarkismus. Alternativität der literarischen Referenzsysteme in Luigi Alamannis Lyrik". *Der Petrarkistische Diskurs. Spielräume und Grenzen. Akten des Kolloquiums an der Freien Universität Berlin, 23.10.–27.10.1991*. Hrsg. von Klaus W. Hempfer und Gerhard Regn. Stuttgart: Steiner, 1993. 77–114.
Picard, Hans Rudolf. „Die Variation als kompositorisches Prinzip in der Literatur". *Musik und Literatur. Komparatistische Studien zur Strukturverwandtschaft*. Hrsg. von Albert Gier und Gerold W. Gruber. Frankfurt am Main, Bern i. a.: Peter Lang, 1995. 35–60.
Rajewsky, Irina O. *Intermedialität*. Tübingen und Basel: Francke, 2002.
Scher, Steven Paul (Hrsg.). *Literatur und Musik. Ein Handbuch zur Theorie und Praxis eines komparatistischen Grenzgebietes*. Berlin: Schmidt, 1984.
Scher, Steven Paul. „Einleitung: Literatur und Musik – Entwicklung und Stand der Forschung". *Literatur und Musik. Ein Handbuch zur Theorie und Praxis eines komparatistischen Grenzgebietes*. Hrsg. von Steven Paul Scher. Berlin: Schmidt, 1984. 9–25.
Schiller, Friedrich. „Über naive und sentimentalische Dichtkunst" [1795]. *Werke und Briefe 8: Theoretische Schriften* (=WB 8). Hrsg. von Rolf-Peter Jand unter Mitarbeit von Hans Richard Brittnacher, Gerd Kleiner und Fabian Strömer. Frankfurt am Main: Deutscher Klassiker Verlag, 1992. 706–810.
Schlegel, Friedrich. „Die Athenäums-Fragmente" [1798]. *Kritische Friedrich-Schlegel-Ausgabe 2: Charakteristiken und Kritiken 1 (1796–1801)* (=KFSA 2). Hrsg. von Hans Eichner. München, Paderborn, Wien: Verlag Ferdinand Schöningh und Zürich: Thomas-Verlag, 1967. 165–255.
Schlegel, Friedrich. *Kritische Friedrich-Schlegel-Ausgabe 16: Fragmente zur Poesie und Literatur 1* (=KFSA 16). Hrsg. von Hans Eichner. München, Paderborn, Wien: Verlag Ferdinand Schöningh und Zürich: Thomas-Verlag, 1981.
Schmitz-Emans, Monika. „Rhythmisierung als Musikalisierung: Zu Selbstbeschreibungen und ästhetischer Praxis in der experimentellen Dichtung des 20. Jahrhunderts". *Rhythmus. Schweizer Hefte für allgemeine und vergleichende Literaturwissenschaft* 32 (2002): 243–287.
Scholz, Christian. „Anfänge der deutschen Lautpoesie". *Neue Zeitschrift für Musik* 5 (1998): 12.
Scholz, Christian und Urs Engeler (Hrsg.). *Fümms bö wö tää zää Uu. Stimmen und Klänge der Lautpoesie*. Basel, Weil am Rhein und Wien: Engeler, 2002.
Schwinger, R. „Form und Inhalt". *Historisches Wörterbuch der Philosophie 2: (D-F)*. Hrsg. von Joachim Ritter und Karlfried Gründer. Basel: Schwabe, 1972. Sp. 975–977.
Schwitters, Kurt. *Die literarischen Werke 1: Lyrik* (=LW 1). Hrsg. von Friedhelm Lach. Köln: DuMont, 1998.

Sulzer, Johann Georg. *Allgemeine Theorie der schönen Künste. In einzeln, nach alphabetischer Ordnung der Kunstwörter auf einander folgenden, Artikeln abgehandelt.* Leipzig: bey M. G. Weidemanns Erben und Reich, 1771–1774.

Vajda, György M. „Ut pictura poesis – ut musica poesis". *Die Wende von der Aufklärung zur Romantik 1760–1820. Epoche im Überblick.* Hrsg. von Horst Albert Glaser und György M. Vajda. Amsterdam und Philadelphia: John Benjamins, 2001. 475–488.

Vratz, Christoph. *Die Partitur als Wortgefüge. Sprachliches Musizieren in literarischen Texten zwischen Romantik und Gegenwart.* Würzburg: Königshausen & Neumann, 2002.

Walzel, Oskar. *Wechselseitige Erhellung der Künste. Ein Beitrag zur Würdigung kunstgeschichtlicher Begriffe.* Vortrag vom 3.1.1917 in der Berliner Abteilung der Kantgesellschaft. Berlin: Reuther & Reichard, 1917.

Wolf, Werner. „'The musicalization of fiction': Versuche intermedialer Grenzüberschreitung zwischen Musik und Literatur im englischen Erzählen des 19. und 20. Jahrhunderts". *Intermedialität. Theorie und Praxis eines interdisziplinären Forschungsgebiets.* Hrsg. von Jörg Helbig. Berlin: Schmidt, 1998. 133–164.

Wolf, Werner. *The Musicalization of Fiction. A Study in the Theory and History of Intermediality.* Amsterdam und Atlanta: Rodopi, 1999.

Wolf, Werner. „Intermediality Revisited: Reflections on Word and Music Relations in the Context of a General Typology of Intermediality". *Word and Music Studies. Essays in Honor of Steven Paul Scher and on Cultural Identity and the Musical Stage.* Hrsg. von Suzanne M. Lodato, Suzanne Aspden und Walter Bernhart. Amsterdam und New York: Rodopi, 2002. 13–34.

Zenck, Martin. „Musik über Musik in Michel Butors ‚Dialogue avec 33 variations de Ludwig van Beethoven sur une valse de Diabelli'". *Musik und Literatur. Komparatistische Studien zur Strukturverwandtschaft.* Hrsg. von Albert Gier und Gerold W. Gruber. Frankfurt am Main, Bern i. a.: Peter Lang, 1995. 283–291.

II.3.2. Musik als Metapher. Theorieansätze zwischen Sprache, Zeichen und Kognition

Christian Thorau

Literatur und Musik können sich in gemeinsamen, wechselseitig anwendbaren bzw. übertragbaren Begriffen begegnen. Die Metapher ist ein solcher Fall: als Phänomen, als Zeichenpraxis und als Konzept. Die Reflexion über metaphorisches Denken, Beschreiben, Dichten, Komponieren, Musizieren und Hören ist in den vergangenen zwei Jahrzehnten zum Schauplatz des Austausches zwischen Literatur-, Sprach-, Kognitions- und Musikwissenschaft geworden. Für die Bestimmung des Verhältnisses von Literatur und Musik sind Metapherntheorie und Metaphernanalyse nicht nur wissenschaftlich reizvoll und erkenntnisreich, sie haben zugleich grundlegenden und exemplarischen Charakter. Die Metapher hat sich zu einem Begriff mit starker ästhetischer und kunstphilosophischer Relevanz entwickelt (Koppe 1995; Johnson et al. 1998; Willer 2002, Haverkamp 2007) und hat eine lange Tradition als poetologischer und epistemologischer Grundbegriff, die von Aristoteles über Nietzsche bis zum Problem des verkörperten Denkens reicht (Johnson 1987; Haverkamp 1996). Exemplarisch ist die Begegnung über die Metapher, weil darin deutlich wird, welch fruchtbare Dynamik im Übergangsbereich von Sprach-, Literatur- und Musikanalyse entstehen kann, aber auch an welche Grenzen die Diskussion stößt. Fokussiert lässt sich diese Begegnung anhand einer Fragestellung darstellen, die seit etwa 1995 verstärkt in der Musikwissenschaft und Musiktheorie verfolgt wurde: Wie können ein rhetorisch, linguistisch und literaturwissenschaftlich definierter Begriff und sein epistemologisches Potential auf Musik und musikanalytische Fragestellungen übertragen werden?

1. Polyphonie der Metapherntheorien

Im Begriff der Metapher spiegelt sich geisteswissenschaftliche Theoriebildung mit ihren vielfältigen Paradigmenwechseln. Denn die Forschung zur Metapher ist durch eine bemerkenswerte Gleichzeitigkeit von verschiedenen Theorien,

---

Anmerkung: Dieser Text ist eine überarbeitete Fassung meines Beitrages „Sounding Mappings, klingende Projektionen – Metapherntheorie als musikologisches Reflexionsmodell". *Die Metapher als ‚Medium' des Musikverstehens.* Hrsg. von Bernd Enders, Jürgen Oberschmidt und Gerhard Schmitt. Osnabrück: Epos, 2013. 271–284.

Denkrichtungen und Paradigmen gekennzeichnet. Ein Grund für diese Vielstimmigkeit mag darin liegen, dass auf die Metapher als sprachlich-kognitives Phänomen von vielen Seiten her reflektierend zugegriffen wurde: epistemologisch, sprachanalytisch, linguistisch, literaturwissenschaftlich und semiotisch ebenso wie auch pädagogisch, psychologisch, hermeneutisch, ästhetisch und anthropologisch. Das Ergebnis dieser metapherntheoretischen Polyphonie am Beginn des 21. Jahrhunderts ist keine umfassende, uneingeschränkt gültige Theorie, sondern ein Nebeneinander unterschiedlicher Optionen mit unterschiedlichen Theorieangeboten für verschiedene Fragestellungen (Rolf 2005; Kohl 2007; Goschler 2012). Ein Paradigma ersetzt nicht das andere oder macht es ungültig. Eine solche pluralistische Sichtweise auf die Diskurslandschaft zur Metapher steht allerdings im Widerspruch zu der durch die kognitionstheoretische Richtung nach Lakoff und Johnson geprägten Vorstellung, Metaphernforschung lasse sich auf eine dominante ‚contemporary theory of metaphor' reduzieren (Lakoff und Johnson 2003) oder sei durch weitergehende kognitionstheoretische Konzepte wie das ‚conceptual blending' in einer neuen Theorie aufgegangen, die den rhetorisch geprägten Traditionsbegriff obsolet mache.

Die gegenwärtige Polyphonie ergibt sich auch aus dem zeitlich differierenden Engagement der beteiligten Disziplinen und der sukzessiven Rezeption in den jeweiligen nationalen Wissenschaftssprachen. Ein zusätzliches Delay entstand durch den Abstand zwischen klassischen, sprachbezogenen Ansätzen und musikbezogenen Übernahmen. Als die Diskussion Mitte der 1990er Jahre im deutschsprachigen Raum wieder Fahrt aufnahm, lag das auch an der Übersetzung von metapherntheoretischer Literatur ins Deutsche. 1996 erschien Anselm Haverkamps Sammelband *Theorie der Metapher* in einer zweiten Auflage und präsentierte damit eine 1981 abgeschlossene Textsammlung von Theorie-Klassikern erneut. Zwei Jahre später kam die deutsche Übersetzung des in Nordamerika einflussreichen, allerdings bereits 1980 erstmals erschienenen *Metaphors we live by* von Mark Johnson und George Lakoff heraus. Im gleichen Jahr 1998 setzte Haverkamp seine Theorievermittlung mit der Sammlung *Die paradoxe Metapher* fort, die postanalytische und dekonstruktivistische Ansätze der 1970er und 1980er Jahre für die deutschsprachige Diskussion greifbar machte. Zugleich brachten die 1990er Jahre einen Zuwachs an neuen metapherntheoretischen Ansätzen im deutschsprachigen Bereich, die klassische Ansätze wieder aufgriffen, systematisierten und weiterentwickelten (Neswald 1998; Debatin 1995; Strub 1991). Nelson Goodmans *Languages of Art* erschien 1995 in einer Neuübersetzung und gab der Diskussion in Deutschland neuen Auftrieb. Sein Ansatz gehörte zu denjenigen, die die nonverbale Verkörperungsfunktion von Metaphern hervorhoben und sich damit als direkt anschlussfähig an musikalische Fragen erwies. Wiederum fast gleichzeitig begann Ende der 1990er die Diskussion der Metaphernproblematik in der nordamerikanischen Musiktheorie, die sich auf Lakoff/Johnsons Ansatz berief und ausschließlich kognitionstheoretisch orientiert war.

Im Folgenden diskutiere ich vier Theorieoptionen, an denen diese Vielstimmigkeit stellvertretend deutlich wird (Hatten 1995 und 2004; Zbikowski 2002; Spitzer 2004; Thorau 2003/2012). Die vier Optionen verbindet, dass sie im Wesentlichen zwischen 1995 und 2005 entstanden und mehr oder weniger unbeeinflusst voneinander unterschiedliche Lösungen für das Problem der Übertragung von Metapherntheorie auf musiktheoretische und musikanalytische Fragestellungen entwickelten. Beim Vergleich dieser Ansätze zeichnen sich nicht nur verschiedene Tendenzen und Intentionen ab, sondern auch die Einsicht, dass die Verschiebungen und Überlagerungen, die zwischen der musikbezogenen Metapherntheorie und der ‚originären', mit Sprache und Literatur befassten Metaphernforschung entstehen, als äußerst fruchtbare Ungleichzeitigkeiten angesehen werden können. Metapherntheorien insgesamt und in ihrer Anwendung auf Musik lassen sich wohl weder zu einer Synthese zusammenführen noch irgendwie synchronisieren. Dieser Umstand darf gerade für den musikologischen Zugang grundsätzlich als Vorteil bewertet werden, da er von der Heterogenität und Pluralität der Theorien profitieren kann. Während im angelsächsischen Raum die Diskussion mit den Büchern von Lawrence Zbikowski und Michael Spitzer bereits ihren Zenit überschritten hat, zeigen die Untersuchungen von Gerhard Schmitt (2010) und Jürgen Oberschmidt (2011), dass sich das Thema unabhängig von wissenschaftlichen Trends und Moden weiterentwickelt. Dort wird der Zusammenhang multidisziplinär aufgearbeitet und in Bereiche wie zeitgenössische Musik, musikalische Emotion und Musikpädagogik hineingetragen, die in englisch-amerikanischen Publikationen gar keine oder nur eine geringe Rolle spielen.

2. Die übertragene Metapher

Metaphern, Metaphernbegriffe oder Metapherntheorien in musikwissenschaftliche Fragestellungen einzuführen und für ihre Diskussion fruchtbar zu machen, berührt ein grundsätzliches Problem, zu dem man sich je nach Intention und gewählter Theorie unterschiedlich verhalten kann: die Übertragbarkeit metapherntheoretischer Ansätze auf musikalische, nichtsprachliche Zeichenformen und -konstellationen. Es macht einen großen Unterschied, ob man Metaphern als sprachliche Beschreibungsform über Musik ansieht oder versucht – wie Robert Hatten bereits 1995 –, Metaphern *in der* Musik zu beschreiben. Aus der sprach- und literaturorientierten Perspektive wird die Metapher als eine Funktion der Sprache angesehen, als ein Phänomen der Zeichenverwendung, das nur in verbalen bzw. begrifflichen Zeichensystemen möglich wird. Das Wort ‚Metapher' bezeichnet im engeren Sinne verbale Aussagen, die in einer bestimmten Weise strukturiert sind und in einer spezifischen Weise verstanden werden. Metaphern in Bezug auf Musik entstehen also nur, wenn sprachliche Beschreibungen zu Musik und zur Musikerfahrung hinzutreten.

So gesehen hat Musik selbst nichts mit Metaphern zu tun, Metaphern werden *in der* und *durch die* Sprache erzeugt. Während eine solche Position einen engeren, quasi buchstäblichen Metaphernbegriff zugrunde legt, ist die Rede von Metaphern in der Musik, von ‚musikalischen Metaphern', technisch gesprochen von ‚sounding mappings' und ‚klingenden Projektionen', immer bis zu einem gewissen Grade metaphorisch. Doch es gehört bereits zu den zentralen Einsichten der Metapherntheorien, dass die Vorstellung eines buchstäblichen Begriffs der Metapher als solche problematisch ist. Die Metaphernbegrifflichkeit begleitet von ihren Anfängen her das Problem, selbst metaphorisch basiert zu sein (*metaphérein* heißt ‚hinübertragen'). Das Problem verdoppelt sich also, wenn es aus dem Sprachbereich in andere Felder hinübergetragen wird. Es wirft die Frage auf, ob Metaphern als bildlich-unbegriffliche Funktion von Sprache und Literatur mit metaphernähnlichen Relationen in Musik korrespondieren und auf sie reagieren. Der buchstäbliche und der übertragene Metaphernbegriff wären dann über diese Nonverbalität eng verbunden. Auf diese Weise können sich Musik und poetische Sprache über den metaphorischen Modus begegnen, wenn man bedenkt, dass eine metaphorische Beschreibung ein Sprechakt ist, der ein Stück Musik verändern kann, indem er das Gehörte metaphorisiert, und umgekehrt eine Musik mit starker interner metaphorischer bzw. metaphernähnlicher Struktur die Metaphorik einer literarischen Sprache provozieren kann.

3. Tropologischer Ansatz

Robert Hattens Ansatz lässt sich als tropologische Theorie der musikalischen Metapher charakterisieren (Hatten 1995). Sie bewegt sich auf dem Terrain der Zeichentheorien von Charles Sanders Peirce und Umberto Eco einerseits und auf dem einer Theorie musikalischer Bedeutung andererseits, die Hatten 1994 um das aus der Linguistik übernommene Konzept der markierten Opposition zentriert hatte. 2004 fügte er den tropologischen Ansatz in einen erweiterten Entwurf ein, als dessen zentraler Begriff die musikalische Geste fungiert. Hattens Semantik-Konzept bildet die Voraussetzung für die Beantwortung einer Grundfrage der Übertragungsproblematik: Wenn metaphernähnliche Strukturen in Musik gefunden werden, wie ist dann der Bereich der konventionellen, buchstäblichen

Bedeutung zu fassen, der für verbale Metaphern wesentlich ist? Hattens Antwort bestimmt zugleich den Charakter und die Architektur seines Theorieentwurfes: Metaphern in der Musik sind möglich, wenn Musik relativ stabile Korrelationen von Ausdrucksbedeutungen ausprägt (*expressive meanings*), die mit buchstäblichen Bedeutungen in der Sprache vergleichbar sind. Ausdrucksbedeutungen wie ‚traurig' oder ‚fröhlich' in Bezug auf Musik oder eine Melodie haben nach Hatten keine metaphorische Qualität mehr, sondern sind Zuordnungen, die im Zuge einer Stilkompetenz semantisch verwendet und verstanden werden. Diese sind in der Kohärenz eines musikalischen Stils als *cultural units* kodiert (*encoded*) und können dann wiederum nach Art einer Metapher zusammengefügt werden. Auf diese Weise entsteht eine figurative Bedeutung in und durch Musik, die mit dem alten rhetorischen Terminus der Trope bzw. des Tropierens (*troping*) beschrieben werden kann.

So lassen sich in Beethovens Spätwerk Kombinationen von Ausdrucksbedeutungen beobachten, die zu einer thematischen Einheit von acht Takten verknüpft werden, z. B. im Finale-Thema der Klaviersonate op. 101. Dort bilden die ersten vier Takte eine Trope aus heroischem und gelehrtem Stil und werden ab Takt 5 mit einem stark kontrastierenden, pastoralen Motiv verbunden, das für einen ländlichen Tanz, die Musette, typisch ist. Alle *expressive meanings* lassen sich typischen satztechnischen Merkmalen zuordnen (z. B. die Fanfare dem Heroischen und die Dissonanzkette dem Gelehrten) und semantisch als musikalische Topoi bzw. *topics* ansprechen. Durch die Kopplung vieler Ausdrucksbedeutungen an musikalische Topoi des 18. Jahrhunderts ist die tropologische Analyse Hattens also direkt mit topologischen Ansätzen verknüpft, wie sie in der deutschsprachigen und englisch-amerikanischen Musiktheorie seit Mitte der 1970er Jahre entwickelt wurden (vgl. Aerts 2007 und McKay 2007).

Abb. 1: Beethoven Klaviersonate op. 101, Thema des Finalsatzes (vgl. Hatten 1995, 382)

Hatten findet Grundelemente sprachlicher Metaphern direkt in exponierten musikalischen Themenstrukturen Beethovens wieder und konkretisiert sie hermeneutisch als verbale Charakterisierungen. Für die Metapher dieses Themas ergäbe sich dann die Vorstellung eines pastoral beeinflussten Sieges („a pastorally infected victory"), im Kontext der gesamten Sonate op. 101 die Idee eines nach innen gekehrten, geistigen Sieges (Hatten 1995, 383).

Der Ansatz bleibt damit im traditionellen Rahmen, denn er hält am Modell der Metapher als einer herausgehobenen rhetorisch-figurativen Zeichenverbindung fest und geht nicht den kognitionstheoretischen Weg von George Lakoff und Mark Johnson, die Metapher als Grundmodus des Denkens auf alle Bereiche auszudehnen. Allerdings gelingt es Hatten gerade mit dieser eher orthodoxen und sprachorientierten Übertragung in den Begriff einer musikalischen Trope, die Defizite einer Relativierung des Figurcharakters der Metapher zu vermeiden. Der restriktive Charakter seiner Übertragung betrifft auch die Beschränkung auf einen kompositorisch-individualisierten Stil innerhalb einer bestimmten historischen Epoche und arbeitet damit einer universalistischen Anwendung entgegen.

4. Kognitionstheoretischer Ansatz

Lawrence Zbikowski legte mit *Conceptualizing Music* (2002) einen Theorieentwurf vor, dessen metaphernrelevante Anteile sich ganz dem kognitionstheoretischen Ansatz von George Lakoff und Mark Johnson verdanken. Metapherntheorie wird in ein Theoriegebäude eingefügt, mit dem nicht weniger als ein Neuentwurf von Musiktheorie über die Kognitionswissenschaft intendiert ist. Zu Hattens Ansatz verhält sich derjenige Zbikowskis fast komplementär. Während Hatten das Problem der Übertragung der Metapher auf Musik auf jenen Bereich zu begrenzen versucht, in dem man begründet von metaphernähnlichen Strukturen in der Musik sprechen kann, und ihm dies gelingt, weil er gleichzeitig einen starken Semantikbegriff hat, erfasst Zbikowski mit dem Paradigmenwechsel zum Kognitionsbegriff alle Bereiche musikalischer Wahrnehmung und Kategorisierung.

Metapherntheorie geht damit völlig in einer neuen Begrifflichkeit auf, die keine Beschreibung von allein sprachlichen Phänomenen, sondern eine Analyse der kognitiven Operationen unter der verbalen Oberfläche anstrebt. Metaphorisches Denken entsteht nicht nur im Falle einer rhetorischen Figur, sondern strukturiert das begriffliche Denken insgesamt. Metaphern wirken konzeptuell, sie steuern als ‚conceptual metaphors' die gesamte menschliche Kognition. Die in der westlich-europäischen Kultur dominante Vorstellung von ‚Tonhöhen', nach der sich Töne (z. B. einer Tonleiter) ‚aufwärts' und ‚abwärts' bewegen, beruht auf einer grundlegenden konzeptuellen Metapher wie ‚Tonhöhenverhältnisse sind Verhältnisse im vertikalen Raum' (im Englischen markieren Großbuchstaben den konzeptuellen Status der Übertragung: „PITCH RELATIONSSHIPS ARE RELATIONSSHIPS IN VERTICAL SPACE"; Zbikowski 2002, 60). Übertragung wird im Begriff des ‚cross-domain mapping' gefasst, das sich als ein Abbilden von Eigenschaften von einem Bereich zu einem anderen übersetzen lässt, wobei sich Quell- und Zielbereich (‚source and target') klar unterscheiden lassen, die Übertragung also immer in eine Richtung (unidirektional) verläuft. Zbikowski folgt aber zugleich Gilles Fauconniers und Mark Turners Erweiterung des kognitiven Ansatzes zu einer Theorie des ‚conceptual blending', die einen Austausch in beide Richtungen zulässt. Es entsteht ein visualisiertes Modell der kognitiven Operationen, das Conceptual Integration Network (CIN), in dem der Quell- und Zielbereich durch zwei Input-Bereiche ersetzt wird, die durch einen ‚generic space' gesteuert und koordiniert werden und in einen ‚blended space' zusammenfließen, der einen neuen Bereich der Begriffsmischung darstellt. Auf diese Weise lässt sich jedes Phänomen musikalisch-metaphorischen Denkens in einem CIN modellieren, wie z. B. die Raumvorstellung via Tonhöhen in der musikalisch-rhetorischen Textdarstellung in der Renaissance-Musik. Eine Passage aus Giovanni Palestrinas *Missa Pape Marcelli*, die im *Credo* zum Text „descendit de caelis" abwärts schreitende melodische Themen vorführt, liest sich im CIN analysiert dann wie folgt:

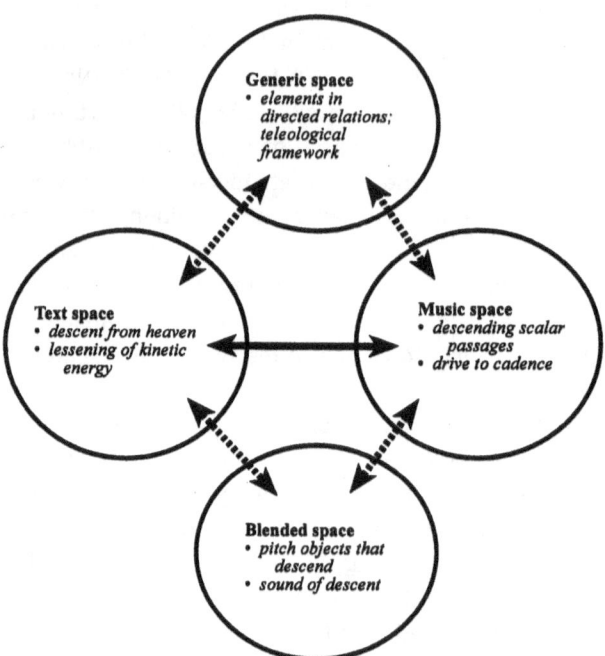

Abb 2: Conceptual Integration network (CIN) zur musikalischen Textausdeutung von „descendit de caelis" (zit. nach Zbikowski 2002, 83)

Hinter dieser Absorption der Metapherntheorie durch einen neuen übergreifenden Ansatz steht der Paradigmenwechsel vom Sprach- bzw. Zeichenbegriff zur Kognition. Konsequenterweise verschwindet damit auch das Problem der Übertragung einer metaphernspezifischen Theorie auf Musik. Die grundlegende Bedeutung von Zbikowskis Ansatz besteht gerade darin, dass Musik in das Kognitionsparadigma eingefügt wird. Das Ziel dieser Integration ist es, musikalische Theoriebildung auf ein Fundament zu setzen, das nicht nur Musik trägt, sondern auch alle anderen kognitiven Operationen, Prozesse und Konstrukte, zu denen Menschen fähig und begabt sind. Weil Zbikowski zeigt, dass musikalische Konzeptualisierung (jedenfalls nach dem Kognitionsparadigma) sich in ihren Grundphänomenen nicht von jenen Konzeptualisierungen alltäglicher wie pragmatischer Art unterscheidet, liefert dieser Ansatz wenig musikspezifische und im herkömmlichen Sinne musikanalytische Ergebnisse. Musikanalyse wird ein Teilgebiet der Kognitionswissenschaft und die Differenz zwischen Sprache und Musik, zwischen verbal-begrifflichen und non-verbal-unbegrifflichen Zeichen, die das Übertragungsproblem am Leben erhielt, wird hinfällig, oder sie wird zumindest theoretisch nicht mehr fruchtbar, da auch Musik durch ‚musical concepts' wahrgenommen und als *conceptualizing music* selbst konzeptualisierend arbeitet und auf diese Weise verstanden wird. Damit werden semiotische und mediale Differenzierungen zwischen Kunstformen tendenziell aufgelöst. Bemerkenswert ist, dass Zbikowski in einem jüngeren Beitrag zur musiktheoretischen Metapherndiskussion (eine Rezension des Ansatzes von Michael Spitzer, der im folgenden Abschnitt dargestellt wird; vgl. Zbikowski 2009) die Bedeutung der medialen Differenzierung wieder in den Vordergrund rückt.

5. Systemisch-metaphorologischer Ansatz

Auch Michael Spitzers *Music and Metaphorical Thought* (2004) ist als Neuentwurf von Musiktheorie auf der Basis der kognitionswissenschaftlichen Metapherntheorie angelegt. Kernstück seiner Übertragung bzw. Erweiterung von Metapherntheorie ist die Kombination des Lakoff/Johnson-Ansatzes mit der älteren Theorie von Paul Ricœur (1975). Spitzer gelingt es, beide Theorien als gegenläufige, spiegelsymmetrische Matrix aufeinander zu beziehen:

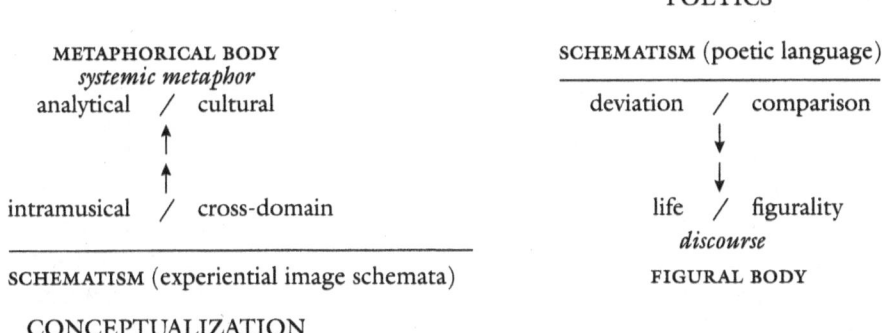

Abb. 3: Bidirektionales Modell der musikalischen Metapher (zit. nach Spitzer 2004, 100)

In dieser Matrix wird einerseits deutlich, wie aus den durch elementare körperliche Erfahrung bestimmten Schemata („experiential image schemata") über „intramusical" und analytische sowie über „cross-domain" und kulturell gesteuerte Metaphorisierungen die Musik als ein „metaphorical body" konzeptualisiert wird (linke Seite). Diese Richtung führt, so Spitzer, vom Leben bzw. von seinen durch Konzeptualisierungen ermöglichten Zugriffen in die Musik, während die Gegenrichtung von den poetischen Texten („poetics"), sei es Literatur, Musik oder Kunst, in das Leben führt. Die Theorie Paul Ricœurs kann dazu dienen, diese Gegenrichtung zu verstehen: den Einfluss der Kunst auf das metaphorische Denken, also von der Seite des Textes, der poetischen Figur und des Werkes auf die Konzeptualisierungen. Für Ricœur haben wirkungsvolle, ‚lebendige' Metaphern der Sprache eine ästhetische Qualität, insofern sie sich durch interne Spannung (*tension*) auszeichnen (dem für Metaphern typischen Widerspruch zwischen ‚ist' und ‚ist nicht') und dadurch selbst eine eigenständige Körperlichkeit erzeugen. Diese Qualitäten begründen einen ähnlichen Bereich vorbegrifflicher Erfahrung wie die in der Körpererfahrung verwurzelten ‚image schematas' (nach Lakoff und Johnson) und bringen einen ‚figural body' hervor.

Mit dieser Übertragung und der bidirektionalen Anlage überwindet Spitzer die Einseitigkeit und Unidirektionalität des kognitionswissenschaftlichen Ansatzes, der davon ausgeht, dass die Übertragungen (*mappings*) grundsätzlich von den ‚conceptual metaphors' auf die Musik laufen, dass also Denken Musik organisiert und nicht umgekehrt. Spitzer dreht das Theoriemodell um 180 Grad: „Music becomes a source, rather than a target, for mapping." (Spitzer 2004, 78) Das Ergebnis ist ein Modell der wechselseitigen Projektion, wie sie für ästhetische Wahrnehmung und Erfahrung im Hören und Sehen typisch ist: „‚Seeing as' and ‚hearing as' effects are as active in poetics as they are in conceptualization, but in opposite directions. Whereas conceptual metaphor redescribes music, the poetic metaphors of art music redescribe the world." (Spitzer 2004, 100)

Die bidirektionale Disposition seines Ansatzes versetzt Spitzer in die Lage, Musik wechselweise als Ziel- und/oder Quellbereich von Metaphorik anzusehen und somit sowohl Grundlagentheorie und Metaphorologie zu betreiben als auch analytisch von musikalischen Strukturphänomenen auszugehen. Das Defizit an ästhetischer Relevanz, das für die konzeptuelle Metapherntheorie charakteristisch ist, gleicht er durch die rhetorisch-hermeneutische Metapherntheorie Ricœurs aus. Damit wird, um der musikologischen Anwendung willen, die Gleichzeitigkeit von Theorieoptionen selbst zur Grundstruktur für einen neuen Ansatz.

Spitzer entwickelt eine komplexe musikhistorische Matrix des Zusammenhangs von intra-musikalischen, analytischen, *cross-domain* und kulturellen Konzeptualisierungen zu ‚systemic metaphors', die für den Wandel des Musikverständnisses grundlegend sind. Danach lassen sich in einer historischen Metaphorologie zunächst die drei Grundebenen tonaler Musik – Harmonik, Rhythmus und Melodie – den kulturellen, systemischen Metaphern ‚Musik ist Malerei', ‚Musik ist Sprache' und ‚Musik ist Leben' (im Sinne der Organismus-Metapher eines lebendigen Ganzen) zuordnen. Diese sind wiederum mit musikgeschichtlichen Epochen zu verbinden: Harmonik-Malerei bestimmt das kompositorische Denken im Barock, Rhythmus-Sprache die Musik der Klassik und die organistische Melodie-Leben-Metapher ist in der Romantik systemisch (Spitzer 2004,

54–60). An diesen Zuordnungen, die sehr plausibel erscheinen, fällt jedoch auf, dass die Priorisierung einzelner Dimensionen die Relevanz weiterer, ebenso relevanter systemischer Metaphern begrenzt, die im 19. und 20. Jahrhundert konzeptuell prägend werden. ‚Musik ist Literatur' fehlt ebenso wie ‚Musik ist Lyrik', ‚Musik ist Drama' oder ‚Musik ist Narration'.

6. Semiotisch-heuristischer Ansatz

Eine Heuristik musikalischer Metaphorizität stellt der Ansatz dar, den ich in den vergangenen zehn Jahren entwickelt habe. Dieser Zugang hält, ähnlich wie der von Robert Hatten, am Paradigma des Zeichens fest und strebt auch keine Neuformulierung von Musiktheorie an. Seine Ausrichtung ist semiotisch-musikanalytisch und kann, da er eine Theorieübertragung auf alle nicht-sprachlichen Zeichenformen vornimmt, für verschiedene musikanalytische und interästhetische Fragestellungen als Reflexionsmodell dienen. Ähnlich wie Michael Spitzer auf Ricœur zurückgreift, werden klassische Theorien der Metapher erneut zum Ausgangspunkt. Über eine Kombination von Max Blacks Interaktionstheorie mit Nelson Goodmans Symboltheorie entsteht eine weitere musikorientierte Theorieoption. Methodische Kernstücke sind der sprachkritische Zugang über eine Analyse von Musikbeschreibungen und die Grundlegung musikalischer Metaphorizität durch eine Analyse interner Spannungs- und Referenzverhältnisse zwischen einem instrumentalen Thema und seinen Variationen (Thorau 2003). Theoretische Kernstücke bilden die Kategorien Blacks verbunden mit Goodmans Weisen der Bezugnahme (Exemplifikation und Denotation). Daraus lässt sich eine Definition von Metaphorizität destillieren, die eine heuristische Funktion hat und besonders auf die Beschreibung von nichtsprachlicher und ästhetisch relevanter Metaphorizität zielt: „Metaphorizität entsteht durch ein Aufeinanderbeziehen von zwei Zeichen bzw. Zeichenkomplexen, das eine Interaktion zwischen Implikationssystemen bewirkt und durch einen Konflikt zwischen gemeinsamen und nicht gemeinsamen Merkmalen in Bewegung gehalten wird." (Thorau 2012, 64)

Eine solche Formulierung geht in der Übertragungsproblematik einen Mittelweg: Einerseits hält sie am traditionellen, zweiseitigen Metaphernbegriff fest und nutzt damit den kreativen Effekt einer Selbstübertragung des Prinzips inklusive einer weiteren metaphorisch-verbildlichenden Visualisierung des Metaphernmodells (siehe Abb. 4), andererseits abstrahiert sie von dem buchstäblichen Begriff, indem ein Ensemble von Charakteristika versammelt wird, das nicht unbedingt auf verbale Sprachen beschränkt und trotzdem für Metaphern typisch ist.

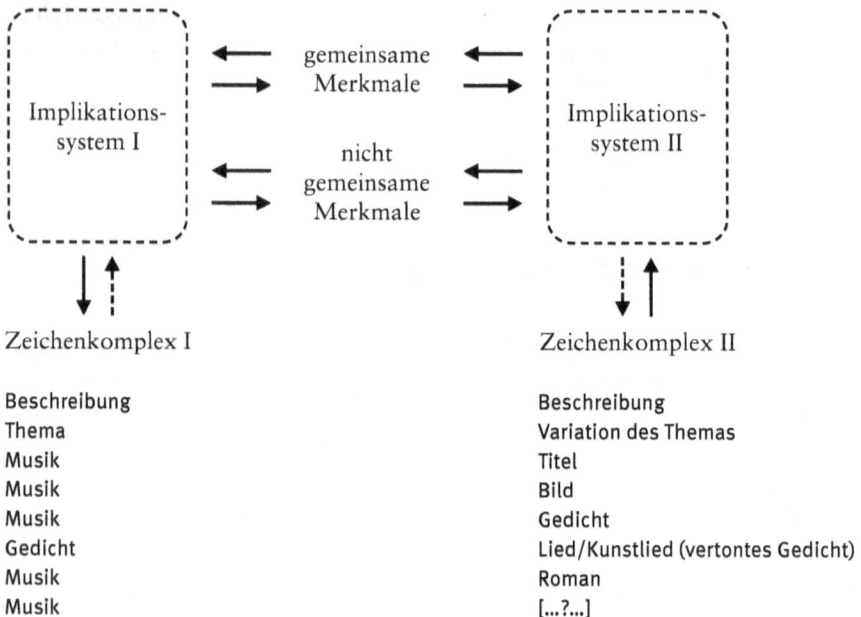

Abb. 4: Heuristisches Modell musikalischer Metaphorizität und Zeichenverbindungen mit Metaphorizität (vgl. Thorau 2012, 116)

In diese Definition fließen mit der Rede von der ‚Interaktion zwischen Implikationssystemen' zentrale Kategorien Max Blacks ein. Er entwarf 1954 im Anschluss an I. A. Richards eine Interaktionstheorie, welche die Bedeutungsverschiebung nicht als Übertragen einer Wortbedeutung, sondern als Interagieren zwischen den assoziierten Implikationssystemen beschreibt. Er betonte damit den Aspekt der wechselseitigen Umorganisation, die sich als Interaktion zwischen den durch die Metapher zusammengebundenen Implikationssystemen gestaltet und für die Black das instruktive Sprachbild eines optischen Filters einführte. Die Aussage ‚Der Mensch ist ein Wolf' reizt den Hörer bzw. Leser dazu, aus dem Implikationssystem ‚Wolf' diejenigen Aspekte auszuwählen, die auf den Menschen anwendbar erscheinen, und filtert dabei gleichzeitig das Menschenbild auf seine wolfartigen Züge hin.

Im Blick auf einen übertragenen bzw. übertragbaren Metaphernbegriff gehen die anderen Elemente der heuristischen Definition über den Rahmen der Interaktionstheorie hinaus. Die Formulierung ‚aufeinander beziehen' lässt offen, auf welche Weise die Verknüpfung von zwei Zeichenkomplexen zustande kommt, betont aber, dass sie notwendig ist, und zwar im Sinne einer wechselseitigen Bezugnahme und eines aktiven Momentes des Herstellens einer Beziehung.

Ob diese Verknüpfung durch eine Behauptung (wie in den prädikativen Metaphern der Verbalsprachen) oder durch eine andere syntaktische Verbindung in der Darstellung, Präsentation und Exemplifikation entsteht (z. B. wie in performativen Metaphern des Theaters, des Tanzes oder der Musik), ist dann eine Fallsache. Ebenso lässt die Formulierung ‚zwei Zeichen bzw. Zeichenkomplexe' offen, welche Zeichenformen in das Aufeinanderbeziehen involviert sind. Eine Zeichenkonstellation mit Metaphorizität kann zwei gleiche oder zwei heterogene Zeichenformen verknüpfen. Ob Musik mit Formen poetischer Sprache oder mit Bildern Verbindungen eingeht oder intern Metaphorizität erzeugt (wie in der Relation Thema und Variation oder in Hattens Beispiel, dem achttaktigen Thema aus Beethovens op. 101): In das heuristische Modell fügen sich solche Zeichenkonstellationen ein, sobald ‚dahinter' Implikationssysteme in einer Weise miteinander agieren oder kooperieren, die angestoßen und befördert wird durch einen Konflikt.

Im Aspekt des Konflikts wird der innere Motor von Metaphorizität charakterisiert, jene Dynamik, die das Aufeinander-Beziehen von zwei Zeichenkomplexen motiviert. Ausgangspunkt des Konflikt-Begriffs in der heuristischen Definition ist jene paradox erscheinende Bedingung, die Goodman im Blick auf Variation in der Musik und in anderen Künsten formulierte: dass metaphorische Bezugnahme eine Bezugnahme der ‚kontrastiven Exemplifikation' ist, eine anschauliche bzw. sinnliche Bezugnahme sowohl über gemeinsame als auch über nicht-gemeinsame Merkmale. Im Unterschied zum Ansatz von Lakoff und Johnson, der grundsätzlich die gemeinsamen, übertragbaren Merkmale fokussiert, liegt der Akzent hier besonders auf der Beleuchtung der Gleichzeitigkeit von Ähnlichkeit und Differenz, auf der spannungsvollen (und labilen) Balance zwischen Anziehung und Widerstand – vor allem deshalb, weil damit die spezifisch ästhetische Relevanz der Metapher besser für musikanalytische und interästhetische Fragestellungen genutzt werden kann. Die semiotische Perspektive bewahrt hier eine Sensibilität dafür, dass heterogene Zeichenkonstellationen (z. B. Bild und Musik, aber auch Musik und verbale Titel) bereits durch die differierenden Zeichenformen ein Moment des Konfliktes erzeugen, unabhängig davon, wie stark die semantischen Kongruenzen oder Divergenzen sind. Dieser Konflikt im semiotischen Modus lässt sich als ‚cross-modale' Metaphorik untersuchen. Modus wird hier nicht im Sinne von Sinnes- bzw. Wahrnehmungsmodalität (wie in der kognitiven Metapherntheorie, wo mit dem Begriff multimodal gearbeitet wird; vgl. Forceville und Urios-Aparisi 2009) oder Medium verstanden, sondern semiotisch im Sinne der unterschiedlichen Weisen der Bezugnahme von Exemplifikation und Denotation.

In Blacks Einsicht, dass eine Metapher auch im Quellbereich (source) Veränderungen bewirken kann, ist auch der Aspekt der Bidirektionalität bereits angelegt. Zwar legen die linguistisch und kognitionstheoretisch orientierten

Positionen auf die Unidirektionalität von Metaphern größten Wert und betonen die Eindeutigkeit der Unterscheidung von Ziel- und Quellbereich (vgl. Forceville 2002). Doch gerade die Abweichung vom unidirektionalen Modell, in der die Asymmetrie von metaphorischen Zeichenkonstellationen relativiert wird, ist typisch für die emphatischen Metaphern der Kunst. Der sinnliche Gegenstand ist nicht nur Ziel einer metaphorischen Beschreibung, sondern kann selbst als Quellbereich fungieren, aus dem interpretatorisch geschöpft werden kann. Diese Form von ‚interpretatorischer Bidirektionalität' (die Spitzer durch Ricœur als Gegenmodell zu Lakoff/Johnson erhält) wird hier sowohl aus dem Interaktionsgedanken bei Black (siehe bereits Hausmann 1989) als auch aus der Exemplifikationsfunktion bei Goodman abgeleitet. Musik ist ein aktives, exemplifizierendes Zeichengebilde, das auch auf die Bereiche zurückwirkt, die projiziert werden, sei es der Titel eines Klavierstücks, der Gedichttext einer Liedkomposition oder das literarische Programm einer symphonischen Dichtung. Dies gilt umso mehr, wenn man Musik und andere ästhetische Zeichengebilde im Ganzen als offene, verkörperte Metapher auffasst, deren ‚rechte Seite' unbesetzt ist und deren neue sinnliche Vorstellungen bzw. Expositionen unser Selbst- und Weltverstehen verändern (siehe die Abbildung oben und vgl. Koppe 1995). Simone Mahrenholz hat diesen Aspekt im Anschluss an Goodman als ‚neues Label' beschrieben, das wir – visuell, klanglich oder beschreibend – aus einem Konzert, einem Ausstellungs- oder Kinobesuch oder dem Lesen eines Romans mitnehmen, auf unsere Eindrücke projizieren und damit die Weisen verändern, wie wir unsere Umgebung sehen und hören (vgl. Mahrenholz 1998).

Eine metaphorische bzw. metaphorisierende Zeichenrelation zwischen Literatur und Musik kann also dann entstehen, wenn ein Gedicht oder ein Roman direkt auf ein Stück Musik bezogen wird und damit wechselseitige Projektionen in Gang gesetzt werden. Eine Komposition lässt sich als musikalische Metapher eines Gedichtes hören oder umgekehrt, ein Roman sich als narrative Metapher einer Musik lesen. Eine intentionale metaphorische Verbindung kommt dann zustande, wenn eine literarische bzw. musikalische Form explizit zur Vorlage gemacht wird. Hier ist in signifikanter Weise das Prinzip der cross-modalen Variation beteiligt, als musikalische Variation eines literarischen ‚Themas' oder umgekehrt. So ist beispielsweise die Musik *falten und fallen* für Streichquartett und Hammerflügel der Komponistin Isabel Mundry (geb. 1963) ein Stück ‚über' ein langes Gedicht von Durs Grünbein, das mit *Variation auf kein Thema* betitelt ist. Der Bezug zum Gedicht ging über eine initiale poetische Inspiration hinaus; während des Kompositionsprozesses blieb die Komponistin mit der Vorlage in einer kontinuierlichen Interaktion, die cross-modale Übertragungs-, Projektions- und Filterprozesse erzeugte. So waren aus musikalischer Sicht polare Verhältnisse der zeitlich-räumlichen Wahrnehmung in der Narration von größerem Interesse als konkrete Bildebenen des Textes und – wiederum charakteristisch für ästhetisch-aktive Metaphorizität – erwiesen sich nicht-übertragbare, der musikalischen Imagination ‚fremde' Elemente des dichterischen Gebildes als genauso wichtig wie die auf Analogien beruhenden Korrespondenzen (Thorau 2011). Auch Irene Disches Roman *Ein fremdes Gefühl oder Veränderungen über einen Deutschen* (1993) in der Form von Beethovens *Diabelli-Variationen (33 Veränderungen über einen Walzer von Anton Diabelli)* ist ein exemplarischer Fall für eine crossmodale Metaphorizität. Er zeigt, wie ein musikalischer Variationszyklus und seine außergewöhnliche künstlerisch-praktische Interpretation (durch den Pianisten Anatol Ugorski) eine literarisch-narrative Variationsstruktur inspiriert und dadurch starke metaphorische, bidirektionale Hör- und Leseweisen beider an der Konstellation beteiligten Künste ermöglicht.

Die interpretatorische Bidirektionalität weist schließlich auf den zentralen Aspekt der Bewegung. Damit wird das kreative, nicht fixierbare und nicht ersetzbare Element von Metaphern bzw. Metaphorizität markiert. Kreativ bzw. emergent kann eine Metapher sein, weil sie semiotische Prozesse anstößt und, worauf Max Black bereits früh hinwies, „manche Metaphern uns in die Lage versetzen, bestimmte Aspekte der Wirklichkeit zu sehen, zu deren Konstitution die Herstellung der Metapher beiträgt" (Black 1996 [1977], 409). Nicht fixierbar sind diese Prozesse insoweit, als sie häufig eben keine Festlegung auf eine neue, dritte Gesamtbedeutung zulassen, die sich als Resultat aus der Interaktion der beiden Implikationssysteme ergäbe (wie in Hattens neuen, zusammengesetzten Bedeutungen oder im *blended space* eines CIN). Die ‚Drittheit' von Metaphorizität sollte eher als eine Interpretationsbewegung charakterisiert werden, die durch Paraphrase und Analyse wiederum nur temporär fixiert wird. Verknüpfungen zwischen Musik und Literatur als eine metaphorische Beziehung herauszuarbeiten, wäre dann genau so lange fruchtbar, wie man dieses Aufeinander-Beziehen als Anstoß für einen offenen, nicht abschließbaren Interpretationsprozess versteht, in dem die semiotische Bewegung wichtiger ist als eine semantische Fixierung.

Literatur

Aerts, Hans. „‚Modell' und ‚Topos' in der deutschsprachigen Musiktheorie seit Riemann". *Zeitschrift der Gesellschaft für Musiktheorie* 4 (2007): 143–158.
Black, Max. „Die Metapher" [1954]. *Theorie der Metapher*. Hrsg. von Anselm Haverkamp. 2. Aufl. Darmstadt: Wissenschaftliche Buchgesellschaft, 1996. 55–79.
Black, Max. „Mehr über die Metapher" [1977]. *Theorie der Metapher*. Hrsg. von Anselm Haverkamp. 2. Aufl. Darmstadt: Wissenschaftliche Buchgesellschaft, 1996. 379–413.
Debatin, Bernhard. *Die Rationalität der Metapher. Eine sprachphilosophische und kommunikationstheoretische Untersuchung*. Berlin: De Gruyter, 1995.

Forceville, Charles. „The Identification of Target and Source in Pictorial Metaphors". *Journal of Pragmatics* 34 (2002): 1–14.

Forceville, Charles und Eduardo Urios-Aparisi [Hrsg.]. *Multimodal metaphor. Applications of cognitive linguistics 11*. Berlin: Mouton de Gruyter, 2009.

Goodman, Nelson. *Sprachen der Kunst: Entwurf einer Symboltheorie*. 2. Aufl. Frankfurt am Main: Suhrkamp, 1995.

Goschler, Juliana. *Metaphern*. Tübingen: Groos, 2012.

Hatten, Robert. „Metaphor ‚in' Music". *Musical Signification: Essays in the Semiotic Theory and Analysis*. Hrsg. von Eero Tarasti. Berlin: Mouton de Gruyer, 1995. 373–391.

Hatten, Robert. *Interpreting musical gestures, topics, and tropes: Mozart, Beethoven, Schubert*. Bloomington: Indiana University Press, 2004.

Hausmann, Carl. *Metaphor and Art. Interactionism and Reference in the Verbal and Nonverbal Arts*. Cambridge: Cambridge University Press, 1989.

Haverkamp, Anselm (Hrsg.). *Theorie der Metapher*. 2. Aufl. Darmstadt: Wissenschaftliche Buchgesellschaft, 1996 [1989].

Haverkamp, Anselm (Hrsg.). *Die paradoxe Metapher*. Frankfurt am Main: Suhrkamp, 1998.

Haverkamp, Anselm. *Metapher: Die Ästhetik in der Rhetorik. Bilanz eines exemplarischen Begriffs*. München: Fink, 2007.

Johnson, Mark. *The Body in the Mind: The Bodily Basis of Meaning, Imagination, and Reason*. Chicago: Chicago University Press, 1987.

Johnson, Mark, Josef Stern, Carl R. Hausman, David Summers und Samuel C. Wheeler III. „Metaphor". *Encyclopedia of Aesthetics 3*. New York i. a.: Oxford University Press, 1998. 208–224.

Kohl, Katrin. *Metapher*. Stuttgart i. a.: Metzler, 2007.

Koppe, Franz. „Die verkörperte Metapher. Eine kunstphilosophische Perspektive im Anschluß an Nelson Goodman". *Deutsche Zeitschrift für Philosophie* 43 (1995): 743–749.

Lakoff, George und Mark Johnson. *Metaphors We Live By*. Chicago: Chicago University Press, 1980.

Lakoff, George und Mark Johnson. „Afterword, 2003". *Metaphors We Live By*. Hrsg. von George Lakoff und Mark Johnson. Chicago: Chicago University Press, 2003. 243–276.

Mahrenholz, Simone. *Musik und Erkenntnis. Eine Studie im Ausgang von Nelson Goodmans Symboltheorie*. Stuttgart und Weimar: Metzler, 1998.

McKay, Nicholas. „On Topics Today". *Zeitschrift der Gesellschaft für Musiktheorie* 4 (2007): 159–183.

Neswald, Elisabeth. „Und noch mehr über Metaphern? Zur Metaphernforschung der 90er Jahre". *Allgemeine Zeitschrift für Philosophie* 23 (1998): 259–277.

Oberschmidt, Jürgen. *Mit Metaphern Wissen schaffen: Erkenntnispotentiale metaphorischen Sprachgebrauchs im Umgang mit Musik*. Augsburg: Wißner-Verlag, 2011.

Ricœur, Paul. *La métaphore vive*. Paris: Seuil, 1975.

Rolf, Eckard. *Metaphertheorien: Typologie, Darstellung, Bibliographie*. Berlin i. a.: De Gruyter, 2005.

Schmitt, Gerhard. *Musikalische Analyse und Wahrnehmung: Grundlegung einer interdisziplinären Systematik zur semantischen Analyse von Musik und Sprache, dargestellt an ausgewählten Beispielen zeitgenössischer Klangkunst*. Osnabrück: Universität Osnabrück, 2010.

Spitzer, Michael. *Music and Metaphorical Thought*. Chicago: Chicago University Press, 2004.

Strub, Christian. *Kalkulierte Absurditäten. Versuch einer historisch reflektierten sprachanalytischen Metaphorologie.* Freiburg: Alber, 1991.
Thorau, Christan. „Metapher und Variation. Referenztheoretische Grundlagen musikalischer Metaphorizität". *Zeitschrift für Semiotik* 25, Heft 1–2 (2003): 109–124.
Thorau, Christian. „‚falten und fallen'. Metaphorisches Denken und Hören in der Musik Isabel Mundrys". *Isabel Mundry.* Hrsg. von Ulrich Tadday. München: Edition Text + Kritik, 2011. 37–50.
Thorau, Christian. *Vom Klang zur Metapher: Perspektiven der musikalischen Analyse.* Hildesheim: Olms, 2012.
Thorau, Christian. „Sounding Mappings, klingende Projektionen – Metapherntheorie als musikologisches Reflexionsmodell". *Die Metapher als ‚Medium' des Musikverstehens.* Hrsg. von Bernd Enders, Jürgen Oberschmidt und Gerhard Schmitt. Osnabrück: Epos, 2013. 271–284.
Willer, Stefan. „Metapher/metaphorisch". *Ästhetische Grundbegriffe. Historisches Wörterbuch in sieben Bänden 4.* Stuttgart: Metzler, 2002. 89–148.
Zbikowski, Lawrence. *Conceptualizing Music. Cognitive Structure, Theory, and Analysis.* Oxford: Oxford University Press, 2002.
Zbikowski, Lawrence. „Musicology, Cognitive Science, and Metaphor: Reflections on Michael Spitzer's Metaphor and Musical Thought". *Musica Humana* 1 (2009): 81–104.

II.3.3. Literarische Wissensgeschichte des Hörens
Uwe C. Steiner

Wie sich die historische Anthropologie der Sinne mit der medienkulturellen Evolution verschränkt, davon legt Literatur seit je Zeugnis ab. Scheint ihr doch schon in ihrem medialen Substrat, in der Synästhesie der phonetischen Schrift, ein spezifisches heuristisches Potential mitgegeben: Das Alphabet hatte, der medienanthropologischen These Marshall McLuhans zufolge, ein Auge für ein Ohr substituiert (McLuhan 1992, 100–101). Ihre rhetorischen und zumal materialreflexiven Züge bewahren Literatur freilich vor einer Hegemonie des Gesichtssinns, wie man sie mit dem Wandel von der oralen zur skripturalen Kultur so häufig diagnostiziert hat. Ihre immer auch auditive Dimension, sei es die der oralen Performanz, der von der Fokalisierung sich abhebenden Stimme des Erzählers, oder die der inneren Stimme des Lesers, dient nicht nur der metatextuellen Reflexion auf an- oder abwesende Stimmen (Menke 2000). Sie disponiert Literatur zu einem wahrnehmungsgeschichtlichen Archiv, in dem die historischen Akzentuierungen und Formatierungen des Hörens mitschwingen. Um jedoch transzendentale bzw. anthropozentrische Verzerrungen zu vermeiden, bedarf die wahrnehmungs- und anthropologiegeschichtliche Perspektive der Ergänzung durch die Vernahme des Gehörten selbst. Das Hören und seine Geschichte lassen sich nur anhand ihrer Gegenstände rekonstruieren. Was man literarisch darüber weiß, zeigt sich am Gehörten, an den Arten und Weisen, wie Musik, Klänge, Geräusche und sonische Umwelten in Literatur eingegangen sind. Es zeigt sich auch an den Dingen, Apparaten und Technologien des Hörens. Methodisch müssen daher Klanggeschichte oder Sound History (Sterne 2003; Schweighauser 2006), Sound Studies (Schulze 2008) und Medienwissenschaften das Untersuchungsdesign flankieren (Morat 2011), zählt doch ihr Gegenstandsinteresse seit je auch zum impliziten und expliziten literarischen Wissen vom historischen Wandel der Sonosphären, der Klang- und Geräuschumwelten, an den gemeinschaftsbildenden Wirkungen des Akustischen.

Literatur begegnet aber nicht allein als Ohrenzeugin oder als Archiv, aus dem Wissen über historische Formationen des Hörens und der Klänge geschöpft werden kann. Literatur formuliert selber ein Wissen über das Hören. Auffällig häufig erkundet sie an der Grenze zwischen Rauschen und artikuliertem Schall die Genese von sprachlicher und schriftlicher Bedeutung zusammen mit ihrem Anderen (Stopka 2005). Ein literarisches „Hören des Hörens" (Jean Paul SW 1.6, 244) distanziert in einer Art ästhetischer *Epoché* die alltäglich selbstvergessenen Modi des Hörens, das kausale, auf die Ursache des akustischen Ereignisses gerichtete Hören und das semantische Hören, das das akustische Substrat auf Bedeutungen oder Codierungen transzendiert. An ihre Stelle tritt das (gleichsam phänomenologisch) reduzierte Hören, in dem das akustische Ereignis, Klang oder Geräusch selbst thematisch werden (Chion 1994).

1. Mythen des Hörens und der Musik

In zahlreichen Mythen klingen phylogenetische Erfahrungen mit den formierenden Kräften des Hörens und seinen Gegenständen nach. Zugleich formulieren sie Grundfiguren des Wissens um Natur und Kultur des Musikalischen. Das Hören ist der ontogenetisch älteste und phylogenetisch mächtigste Sinn. Schon der Fötus vernimmt Stimme und Körper der Mutter. Als Voraussetzung für Sprache und Verstehen ist das Hören der „soziale Sinn" genannt worden (Wulf 1997, 459). Auch weil das Ohr nicht verschlossen werden kann, wie u. a. Jean Paul, Helmuth Plessner oder Jacques Lacan bemerkten, etabliert sich das Hören als Sinn mit größtmöglichem Kontakt zum Ereignischarakter des Realen selbst. Zumal das Gehörte sich akustisch nicht als perspektivisch limitierte Erscheinung gibt, wie der Augenschein, sondern als umwölbende Sphäre (Ong 1982, 72).

Gleichwohl lässt sich das Potential des Akustischen, kulturell geformt, auch zu Täuschungszwecken instrumentalisieren. Im hundertäugigen Riesen Argos bekundet sich *ex contrario* die direktional oder perspektivisch limitierte Natur des Sehens. Aufgrund seiner Allsicht wurde Argos auch *Panoptes* genannt und von Hera zum Wächter der in eine Kuh verwandelten Io, einer Geliebten des Zeus, bestellt. Hermes jedoch tötet ihn, nachdem er ihn durch Flötenmusik eingeschläfert hat (Serres 1993, 43).

Auch als Substrat des sprachlich sich vollziehenden Sozialen, als hörende Einvernahme der anderen, als Sinn des Gehörens und der Hörigkeit, impliziert das Akustische den Doppelcharakter des ereignishaft Realen und zugleich des Trügerischen: Ovids *Metamorphosen* schildern den Palast der Fama als einen Ort, an dem „jede Stimme [...] an das lauschende Ohr (dringt)". „Ganz aus tönendem Erz (*ex aere sonanti*)" gebaut, herrscht in ihm „keine Ruhe, nirgends Stille, doch auch kein Lärm, nur leises Murmeln", weil es dort von allem je Gesagten widerhallt (*Metamorphosen* XII, 39–42). Als Substrat des Sozialen impliziert das Akustische das Vexierverhältnis zwischen Rauschen und Information (Serres 1981).

Mythisch artikuliert sich mit dem Übergang zu einer skripturalen Kultur ein Streit der Sinne: Der Mythos von Narziss und der Nymphe Echo, die sich ob ihrer ungehörten Klagen zur körperlosen Stimme exkarniert, zeugt davon (McLuhan

1992, 57–60); ebenso der Mythos vom Satyr Marsyas, dessen Spiel auf der Doppelflöte sein Gesicht entstellt und der im Wettstreit mit Apolls Leier unterliegt. Man hat diesen Mythos auch im Sinne einer Überlegenheit der Vokal- über die Instrumentalmusik interpretiert. Oft hat man den Sirenenmythos als Grundmythos der Rationalität und der Individuierung gedeutet, so etwa in Horkheimers und Adornos *Dialektik der Aufklärung*: Odysseus genießt den Gesang der Sirenen, der Personifikationen der Musik (Menke 2000), nicht mehr partizipativ, sondern rein ästhetisch. Noch für Peter Sloterdijk bezeugt der Mythos die Realität eines archaisch ich-bildenden Stadiums, in dem das Selbstverhältnis nicht optisch-spekular geformt ist, sondern in einem sonoren Einschwingen in Klangumwelten gründet (Sloterdijk 1998, 487). Die Eigenart des Hörens, das ein Höchstmaß an affektivem Potential mit dem quasi mathematisch fundierten Vermögen, Intervalle zu erkennen, kombiniert, kommt in der mythischen Reflexion der Doppelnatur der Musik zum Ausdruck. Pindars zwölfte pythische Ode führt die Erfindung des Aulos, des zumeist paarig gespielten Holzblasinstruments, auf Athene zurück. Sie erfindet die Kunst des Aulos-Spiels als Reaktion auf die Klagen der Gorgonen um ihre von Perseus enthauptete Schwester Medusa. Einen zweiten Ursprungsmythos erzählt die homerische Hymne an Hermes, der den Panzer einer Schildkröte zum Resonanzkasten einer Leier umfunktioniert, die er mit den Därmen jener Rinder bespannt, die er dem Gott Apoll stiehlt. Murray Schafer zufolge werden hier die Eckpfeiler aller abendländischen Theorien der Musik gesetzt: Dort geht es um ihren Ursprung in der Mimesis von Affekt und Klage, bis hin zum rauschhaften Außer-sich-Sein. In der Leier des Hermes nimmt dagegen die Vorstellung vom harmonisch tönenden Universum Gestalt an, der das pythagoreische Modell von den tönenden, Musik und Mathematik vereinenden *logoi* folgen wird (Schafer 1994, 6). Analog umkreisen zahlreiche mythische und literarische Zeugnisse die Polarität der Musik zwischen ihren Heilungskräften und der orphischen Macht, die wilde Natur zu zähmen, einerseits, und andererseits ihrem dionysischen Potential, welche das Kollektive ebenso stark zu binden wie zu entfesseln vermag. Dieselbe Macht offenbart aber auch ihre Dämonie, wenn sie wie in der Sage vom Rattenfänger die die Gemeinschaft bedrohenden Parasiten, die Ratten, zu bannen, dabei aber auch die gesellschaftssprengende Macht der Musik zu entfesseln weiß.

2. Vom äußeren und inneren Hören

Das Alphabet, so wurde oft beklagt, zersplittert und hierarchisiert die Sinne. Spätestens mit Platon glaubt man das Auge an der Spitze der Sinnespyramide, die

Grundpfeiler der Rationalität, vorstellendes, ideierendes und logisch-sequentielles Denken repräsentierend. Tatsächlich gerät das Hören aber nie aus dem Fokus der Aufmerksamkeit. Schon in der platonischen Schriftkritik bekundet sich ein gleichsam sentimentalisches Eingedenken der verlorenen akroamatischen Kultur (Riedel 1984), eines akustischen Logos immersiver oder dialogischer Hörkulturen. Jedoch lässt sich in Ansätzen schon bei den Pythagoreern eine auf den Gesichtssinn gerichtete Zentralisierung des Erlebens in einer personalen Sphäre beobachten – wenngleich um den Preis der Suspendierung atmosphärischen und sonosphärischen ‚Umwölbtseins' (Schmitz 1998, 9–16). Auch die Helden der homerischen *Ilias* verorten ihr Erleben noch in keiner subjektiven Innenwelt. Sie erfahren ihre Affekte als leibliche Regungen und ihre Antriebe zu handeln als akustische Präsenz göttlicher Stimmen (Jaynes 1988). Auf der anderen Seite der Schwelle kennt der Held der *Odyssee* ein introspektives Bewusstsein. Es zeichnet sich etwa in der Sirenenepisode ab, in der Odysseus sich selbst vom Gehörten und seinem Trieb, mit ihm zu verschmelzen, abzugrenzen vermag.

Welchen fundamentalen Wandel das Hören und mit ihm die Konzeption von Subjektivität durchgemacht hat, erhellt vor allem ein höchst signifikantes akustisches Phänomen, der Tinnitus und seine Geschichte. Das rätselhafte Phänomen eines Klangs scheinbar ohne äußere Referenz erklingt in archaischen Zeiten noch nicht in einem subjektiven Innenraum, sondern als theophane Macht: Der Prophet Elia erlebt den Gott Israels als „stilles, sanftes Sausen" (1 Kön 19, 12), der wiederum Abtrünnige mit Ohrengellen heimsucht (1 Sam 3, 11; Jer 5, 3). Die numinose Dimension des Akustischen erhellt auch aus einem pythagoreischen Fragment: „Das Echo, das mitunter unsere Ohren befällt", so lautet der Lehrsatz, „sei die Stimme der Besseren", der Götter. Mit „Echo", ἦχος, wird noch das zwischen 450 und 350 v. Chr. entstandene *Corpus Hippocraticum* den Tinnitus bezeichnen, um ihn nun aber gleichsam mechanisch-hydraulisch zu erklären, als Folge eines Überdrucks in den Gefäßen. Die hier begründete Tradition der Säftemedizin sollte bis weit ins 18. Jahrhundert prägend bleiben und auch das Verständnis des Hörens und seiner Pathologien prägen (Steiner 2012, 41–54).

Trotz aller Entzauberung wird das Band zwischen dem Akustischen und dem Numinosen nie gänzlich gekappt. Im Christentum avanciert das Ohr zum Organ der Seele, das für die Wahrheit der göttlichen Stimme empfänglich gemacht werden muss. In den *Confessiones* beschreibt Augustinus seine Konversion als Geschichte einer Abkehr von den gleichsam wahnhaften körperlichen Bildern, die seines „Herzens Gehör umrauschten" („corporalia figmenta obstrepentia cordis mei auribus", *Confessiones* IV, 15), hin zur Stimme Gottes als der allein diesem inneren Ohr zugänglichen Wahrheit: „Possumne audire abs te, qui veritas es, et admovere aurem cordis mei ori tuo [...]?" [Darf ich von dir vernehmen, der du die Wahrheit bist, und das Ohr meines Herzens deinem Mund nähern [...]?";

Confessiones IV, 5; eigene Übers.] Wenn sich das Hören jedoch nicht auf die innerlich vernehmbare göttliche Stimme richtet, sondern an die Welt und an das Sinnliche verfällt, zieht es moraltheologisch motivierte Kritik auf sich. So noch im Barock: Als der Titelheld im dritten Buch von Grimmelshausens *Simplicissimus* auf einem Gipfel äußerlichen, zumal materiellen Erfolgs, und zugleich auf dem Tiefpunkt moralischer Korruption anlangt, bekundet sich das auch darin, dass er der technischen *curiositas* frönt und moralisch fragwürdige Artefakte produziert, unter denen ein akustisches Perspektiv besonders heraussticht. Entwürfe vergleichbarer akustischer Abhöranlagen gibt es in Harsdörffers *Delitiae mathematicae et physicae* (1651), in Athanasius Kirchers *Musurgia universalis* (1650) und bei Leibniz.

Ein technologisch perspektivierter Blick auf das Akustische beginnt aber nicht erst mit der Produktion technischer Artefakte. So wie man das Genre der Lyrik als skripturales Archiv oraler und auditiver Technologien der Affektsteuerung und der Mnemonik – Rhythmus, Reim usw. –, verstehen kann, tradiert auch die antike Rhetorik das Wissen um die emotiven Dimensionen und psychagogischen Wirkungspotentiale des Akustischen. Obwohl schon eine genuin der Schriftkultur zugehörige Disziplin, ist für sie der Bezug auf den Hörer oder das hörende Kollektiv maßgeblich. In der Lehre von der *actio* bzw. *pronuntiatio* widmen sich die antiken Traktate darum immer auch der akustischen Redewirkung, der Stimme, Lautqualität oder dem Tonfall des Redners (Usener 1996, Sp. 1562–1564). Der Traktat des Pseudo-Longinos über das Erhabene (*Peri hypsous*) aus dem ersten nachchristlichen Jahrhundert evoziert die dionysischen Ekstasen der Flötenmusik im Kontrast zur rationalen Harmonie der Saitenmusik, um ein Programm der rhetorischen Überwältigung zu formulieren, in dem die rechte Fügung der Worte gleichsam in einer mimetischen Einvernahme die musikalischen Energien in die Gewalt der Rede überführen soll (Pseudo-Longinos 1938, 113).

3. Subjektivierung und Transzendentalisierung des Hörens

Im 17. Jahrhundert ereignet sich eine ohrenmedizinische Revolution. 1683 erkennt der französische Arzt und Anatom Guichard Joseph Duverney im *Traité de l'organe de l'oiue*, dass es sich beim Tinnitus in den allermeisten Fällen nicht um reale Geräusche handelt, sondern um solche, die erst in der Wahrnehmung entstehen (Feldmann 1998, 11). Er lehnt die geläufigen säftemedizinischen Modelle, denen zufolge der Ohrenton durch stockende Körpersäfte oder blähende Luft entstünde, ab und beschreibt ihn als vom sensorischen Apparat selbst erzeugte Phantomwahrnehmung. Es mache keinen grundsätzlichen Unterschied, ob die vom Ohr zum Hirn führenden Nerven durch externe Schallreize erregt würden, oder ob diese Reize auf pathologische Weise im Hörorgan oder in den Nerven selbst entstünden (Duverney 1683, 195–196). Zwar bleiben säftemedizinische Modelle bis weit ins 19. Jahrhundert hinein geläufig. Dennoch entsteht im 18. Jahrhundert ein Diskurs über das Hören, in dem sich das medizinische Wissen mit literarischen, anthropologischen und philosophischen Modellen und Reflexionen überlagert. Daher lässt sich am Tinnitus, wie an einem Leitfossil, ein neues Verständnis des Hörens und nachfolgend eine Neukonfiguration von Subjektivität paradigmatisch wahrnehmen: Analog zum Ohrenton, der erst jetzt gänzlich als inneres Geschehen verstanden wird, etablieren sich Diskurse, die vom akustisch-innerlichen Phänomen die Brücke zum Phänomen der Innerlichkeit überhaupt schlagen.

Erklärte Zedlers *Universallexikon* das „Ohrklingen" um die Mitte des 18. Jahrhunderts durch eine Verstopfung durch Ohrenschmalz oder aber durch „sich in die Hohligkeit der Ohren einschleichende" Ohrenwürmer (Zedler 1732–1754, XXV, Sp. 1063–1069), so begreift ihn Barthold Heinrich Brockes in seinem monumentalen Lehrgedicht *Die fünf Sinne* (1727) als ein vom Gehör als inneres, durch die Seele selbst erzeugtes Phänomen: „Daß die Töne, die wir spühren, / Durch die Seel' in unserm Ohr, / Und nicht auswärts, sich formiren, / Stellet dieses deutlich vor [...]." (Brockes 1965 [1729], Str. 90) Weder die Mathematik noch die Physik des Schalls, aber auch nicht die Anatomie des Ohres können laut Herder das Hören erklären. Letztere dient lediglich dazu, die „bloße Luftundulation" des Schalls zu „reinigen, zu verstärken, zu modificieren"; Sinn und Klang entstehen erst in der Seele, mit der der Hörsinn zutiefst verbunden ist (Herder W 2, 342). Vor allem beschreibt Herder das Hören als mittleren Sinn in mehrfacher Bedeutung, insofern es überhaupt die Sinne als Einheit zusammenbringt: Es hält die Mitte zwischen Außen und Innen, dem der Nähe verhafteten und in sich beschlossenen Tastsinn (‚Gefühl') und dem das Subjekt aus sich heraus werfenden Sehsinn, die Mitte also zwischen Distanz und Nähe, gegenständlicher Fülle und Distinktion und – qua Sprache – zwischen Individuum und Gemeinschaft. Daher gilt ihm das Ohr als „Verbindungsband der übrigen Sinne" und als „die eigentliche Tür zur Seele" (Herder W 1, 746–747).

Einer höchst erfolgreichen These von Jacques Derrida zufolge hatte die abendländische Tradition das Subjekt sich selbst nur in einer medialen Innerlichkeit präsent wähnen lassen, in einem internen akustischen Raum, in dem es sich beim lautlosen Sprechen selbst zuhört (Derrida 1967). Seine historisch-anthropologische Konkretion erlangt dieser – von Derrida kritisch bedachte – Befund in der Formation der Empfindsamkeit.

An erster Stelle wäre hier Herder zu nennen, aber auch Sulzers Ästhetik konstatiert „eine ganz unmittelbare Verbindung zwischen dem Gehör und dem Herzen [...]; jede Leidenschaft kündiget sich durch eigene Töne an, und eben diese Töne erweken in dem Herzen dessen, der sie vernimmt, die leidenschaftliche Empfindung, aus welcher sie entstanden sind" (Sulzer 1774, 781). Dass die akustische Innerlichkeit der empfindsamen Gefühlskultur als Kommunikationsereignis und diskursives Produkt verstanden werden muss, bestätigt sich in der literarischen Rhetorik und den zeitgenössischen Poetiken, die das Publikum von Dichtung mit dem Publikum von Reden gleichsetzen und entgegen der jetzt dominanten Rezeptionsform der stillen, nach innen gewendeten Lektüre das laute Lesen propagieren (Usener 1996, Sp. 1566).

Auf das innere Hören und damit auch auf pathologische Ohrenklänge stößt verstärkt eine Mentalität, die gehalten ist, die feinsten Regungen der Seele zu registrieren und diaristisch, epistolarisch oder autobiographisch zu protokollieren: Der Leipziger Prediger Adam Bernd oder Jean-Jacques Rousseau verzeichnen einschlägige Tinnitus-Erfahrungen (vgl. Steiner 2012, 66; 77). Die fortschreitende Internalisierung des Seelischen geht im 18. Jahrhundert einher mit der Entdeckung von Zivilisationskrankheiten und kultureller Nervosität. Die Entdeckung der nervösen Leiden und der Gemütsstimmungen als affektive Grunddisposition (Welsh 2008, 117–118) hatte inzwischen Humoralpathologie und Affektenlehre abgelöst und die Internalisierung des Seelischen vorangetrieben. In den Nerven glaubt man jetzt die sinnliche Wahrnehmung mit dem Seelischen nach dem resonatorischen Modell der Saiteninstrumente verknüpft (Welsh 2008; Gess 2006, 14–15). Der Erzähler in Jean Pauls *Hesperus* (1795) konstatiert, im Zuge des Fortschritts habe man „nicht viel weniger als alles vonnöten, um glücklich, und nicht viel mehr als nichts, um unglücklich zu sein" (Jean Paul SW 1.1, 961), um neben nervösen Magen- und Hautleiden auch im Selbst gegründete Ohrgeräusche und Augentrübungen aufzuführen: „unsere selber klingende Ohren – unsere Selberzünder von Augen [...]" (Jean Paul SW 1.1, 962). Im *Titan* (1803) gibt es die einschlägig pathologisch empfindsame Figur der Liane, die innere Flötentöne vernimmt und zu der eine Fußnote anmerkt, „dieses Selbst-Erklingen [...sei] in Migräne und andern Krankheiten der Schwäche häufig" (Jean Paul SW 1.3, 342). Noch 1835 wird in Gaetano Donizettis *Lucia di Lammermoor* die Titelheldin, eine der einschlägig traumatisierten romantischen Heroinen, in ihrer mit den Worten „il dolce suono" anhebenden Wahnsinnsarie von einer obligaten Glasharmonika begleitet, die schon bei Jean Paul mit dem empfindsamen Tinnitus in Verbindung gebracht wurde. Für die Epistemologie des Hörens im späten 18. Jahrhundert sind zumal die Selbstversuche Lichtenbergs einschlägig. In zahlreichen Einträgen der *Sudelbücher* protokolliert der Schriftsteller und Physiker die Versuche, der Natur seines Tinnitus auf die Spur zu kommen. Indem er sich des subjektiven Charakters seines Ohrenleidens vergewissert, gewöhnt er sich gleichsam eine hypochondrische Empfindsamkeit ab.

In der Folge scheint die Innerlichkeit des Hörens ausgemachte Sache, die Seele zeichnet nicht mehr nur im Tinnitus, sondern im Hören überhaupt als Erzeugerin des Gehörten verantwortlich: So beschreibt Karl Philipp Moritz das Hören als einen Vorgang, in dem die Seele das Gehörte einem inneren Bild gleich perzipiert: „[...] die Seele denkt sich eine Größe, sie denkt sich einen Ton. [...] sie bringt einen Ton hervor und hört ihn." (Moritz 1791, 46) Im Zuge des gesteigerten Interesses am Hören häufen sich die Versuche, das Akustische sprachlich auszuloten. Lichtenberg versucht mitunter, ganze Kataloge von auditiven Ausdrücken, Onomatopoesen und Geräuschbezeichnungen zu erstellen, von Worten, die er nicht als „bloße Zeichen, sondern (als) eine Art von Bilderschrift für das Ohr begreift" (Lichtenberg SB 1, 39).

Hingegen beklagt Jean Paul in seiner *Vorschule der Ästhetik* (1804) eine sprachliche und poetische Hegemonie des Visuellen: „Unsere poetische Phantasie wird schwer eine hörende, Auge und Ohr stehen in abgekehrten Winkel-Richtungen in die Welt. Daher muss man musikalische Metaphern, um mit ihnen etwas auszurichten, vorher in optische verkörpern [...]." (Jean Paul SW 1.5, 278–279) Aufgrund der im Optischen befangenen Sprache bleibe das Denken gleichsam einer statischen Ontologie verhaftet, wie er in seiner *Clavis Fichtiana seu Leibgeberiana* (1800) formuliert: „Wäre nur die Sprache z. B. mehr von der hörbaren als von der sichtbaren Welt entlehnt: so hätten wir eine ganz andere Philosophie und wahrscheinlich mehr eine dynamische als atomistische." (Jean Paul SW 1.3, 1024)

Überhaupt ficht die Ästhetik des 18. Jahrhunderts einen Konkurrenzkampf der Sinne aus, in dem auch das Potential des Gehörs neu bemessen wird (Utz 1990). Herder stellt den „Pallast der Ästhetik des Gehörs" der „Philosophie des Sichtbarschönen" voran (Herder W 2, 336). „Wie ist doch meine Seele zwischen Auge / und Ohr getheilt", sagt der Tempelherr in Lessings *Nathan der Weise* (Lessing WB 9, 545). In seinen ästhetischen Reflexionen erkennt Lessing im akustischen Kanal das Medium, das aufgrund seiner affektiven Besetzung die größten wirkungsästhetischen Potentiale birgt und Poesie und Musik den Vorzug vor der Malerei verleihe: „Der Sinn des Gehörs [...] sei der pathetischste, was uns durch ihn in die Seele komme, würke weit geschwinder und stärker auf unsere Leidenschaften, als das, was durch den Sinn des Gesichts, oder Geschmacks, oder Gefühls." (Lessing WB 10, 571) Entsprechend wird die Tragödie der *Emilia Galotti* zwar auch von dem Porträt der Titelheldin und seiner Wirkung auf den Prinzen ausgelöst. Zum tragischen Opfer wird Emilia aber aufgrund der Verführbarkeit ihres Gehörs (Utz 1990, 47). Auch in der *Laokoon*-Abhandlung fundiert der physiologische Gegensatz von Auge und Ohr den medialen Gegensatz von Malerei und Poesie (Utz 1990, 44). Für Schiller (*Über naive und sentimentalische Dichtung*, 1795) hingegen umgreift Poesie den Gegensatz zwischen Auge und Ohr, die

Poesie könne bildend oder plastisch genannt werden, wenn sie wie die bildenden Künste Gegenstände nachahmt oder aber musikalisch, wenn sie, „wie die Tonkunst, bloß einen bestimmten Zustand des Gemüts hervorbringt" (Schiller SW 5, 734–735).

Die empfindsamen und klassizistischen Aufwertungen des Hörens erfahren in der Romantik noch einmal eine Potenzierung. Der Philosoph Adam Müller widmet 1816 in seinen *Zwölf Reden über die Beredsamkeit und deren Verfall in Deutschland* der „Kunst des Hörens" eine eigene Rede, in der er das Hören nicht mehr nur als passives Rezipieren, sondern in seiner Aktivität als „Manier des Antwortens" begreift (Usener 1996, Sp. 1566–1567), ganz ähnlich wie Kleist, mit dem Müller befreundet war, in seiner Abhandlung *Über die allmähliche Verfertigung der Gedanken beim Reden*.

Damit rückt das Hören gleichsam in eine transzendentale, das gesamte Feld der Sinne organisierende Position. Schiller hatte bereits den „Gegenstand des Auges" als auch den „des Ohrs" als „eine Form, die wir erzeugen", begriffen (Schiller SW 5, 657). Schelling beschreibt nun die „Sinnesorgane" als „beständig zeugungslustig. Das Ohr will immer hören, wie man daraus sieht, daß manche ohne Schall oder Ton und Wort gleichsam nicht leben können, die sich daher selbst erregen, wenn es außer ihnen stille ist." (Schelling 1946 [1811], 56) In Friedrich Schlegels Gedicht *Die Gebüsche* (1802) ist die Rede von einem „leise[n] Ton", der „durch alle Töne tönet": ein transzendentaler Tinnitus lässt gleichsam die Einheit von Natur und Geist, Welt und Dichtung insgesamt im akustischen Selbstbezug gründen (Schlegel KFSA 5, 191). Von den Klangfiguren des Physikers Ernst Florens Chladni beeinflusst, den Visualisierungen von Tönen auf mit Sand bestreuten und in Schwingung versetzten Glasplatten, begreift der Naturphilosoph Johann Wilhelm Ritter „das Hören" als ein „Sehen von innen, das innerstinnerste Bewußtseyn", der „Gehörsinn" ist ihm „der höchste, größte, umfassendste, ja es ist der *einzige* allgemeine, der universelle Sinn" (Ritter 1810, 1, 224). Vergleichbar imaginiert Novalis in den *Lehrlingen zu Sais* (1802) eine utopische, die Entfremdung zwischen Mensch und Natur kurierende Vereinigung aller Sinne, in der das Hören an erster Stelle steht (vgl. Utz 1990, 224). Stets aufs Neue beschreiben die literarischen Imaginationen von Musik in der Romantik ein Hören, das Bilder hervorbringt. Sie begreifen das Hören als ein phantasierendes inneres Sehen, als Spiel arabesker Formen und innerer Gemütsströme (vgl. Lubkoll 1995; Gess 2006). „Die Musik durchdrang seine Nerven", heißt es in Wackenroders *Herzensergießungen eines kunstliebenden Klosterbruders* vom fiktiven Komponisten Joseph Berglinger, „und ließ, so wie sie wechselte, mannigfache Bilder vor ihm aufsteigen." (Wackenroder SW 1, 132) Folgerichtig begreift man Musik als „die romantischste aller Künste" (Hoffmann SW 2.1, 49), als eine Kunst, die „alle Kräfte unsers Wesens um so allgemeiner in Aufruhr setzt, je dunkler und geheimnißvoller ihre Sprache ist" (Wackenroder SW 1, 134). In ihren Gewalten entdeckt romantische Literatur wirkungsästhetische Modelle für literarische Texte, um zugleich die Gefahren der Musik und des Hörens für die Integrität des Subjekts zu beschwören (Gess 2006). Als das Auge und Ohr umgreifende Medium entbindet die Schrift in den Texten Tiecks (z. B. *Der Runenberg*), Brentanos (Brentano SW 12, 819: „Durch die Nacht, die mich umfangen / Blickt zu mir der Töne Licht") oder Hoffmanns (z. B. *Der goldene Topf*) synästhetische Potentiale, in denen inneres Hören und Sehen einander arabesk durchdringen. Der wahre Künstler kennzeichnet sich für Hoffmann nicht nur durch ein „Hörorgan so geschärft" (Hoffmann SW 2.1, 448), dass es selbst dem Sehen zugrunde liegt. Denn „so wie nach dem Ausspruch eines geistreichen Physikers" – Hoffmann zitiert Ritter – „Hören ein Sehen von innen ist, so wird dem Musiker das Sehen ein Hören von innen" (Hoffmann SW 2.1, 453). Dergestalt darf sich der Künstler im Einklang mit einer sympathetischen Totalität wähnen: „Der Musiker, das heißt der, in dessen Innerem die Musik sich zum deutlichen klaren Bewußtsein entwickelt, ist überall von Melodie und Harmonie umflossen." (Hoffmann SW 2.1, 453)

4. Realistische Hörwelten und Klangschaften

Außerliterarisch ereignet sich in der Epistemologie des Hörens kein harter Bruch zwischen romantischer und realistischer Formation. So steht noch die Sinnesphysiologie des Hörens von Johannes Müller bis Hermann von Helmholtz, wenn sie den Hörer selbst fokussiert, in der von Duverney begründeten neuzeitlichen Tradition. Ihr Blick richtet sich auf die physiologischen Realien der Reizverarbeitung im Hörorgan. Es geht daher um eine Objektivierung der Verfahren, durch die das Hören seinerseits objektiviert. Noch Müller zeigt sich von den galvanischen Experimenten Ritters fasziniert und widmet sich den „subjectiven Tön[en]" und ihren noch wenig ausgeloteten „Gehörwahrheiten"; so erklärt er hypochondrische Tonempfindungen als Folge einer „Sympathie mit anderen kranken Organen" und einer „Energie der Hörnerven", die in der Selbsttätigkeit des Hörorgans begründet liege (Müller 1826, 453). Der Hörende erscheint jetzt als aktiv und passiv zugleich (Steege 2012, 44): Helmholtz' *Lehre von den Tonempfindungen* (1862) formuliert die erste kohärente physiologische Theorie des Hörens unter Einbeziehung des avancierten Wissens aus Anatomie, Mechanik, Mathematik, Linguistik und Musik (Kursell 2008, 29). Er begreift das Ohr als eine Zusammensetzung von Resonatoren, die die „an sich einfache Luftwelle" in eine Vielzahl von Unterschwingungen übersetzt (Helmholtz 1913 [1863], 210). Diese akustische Spektralanalyse des Hörens widerlegt quasi den Einwand, mit dem Jean Paul ein halbes Jahrhundert zuvor, in seinen *Mutmaßungen über einige Wunder des organischen Magnetismus*, die mechanistische Wellenlehre attackiert hatte, als er bestritt, dass etwa die breitbandigen Klänge eines Orchesters das Nadelöhr von Luftschwingungen durchdringen könnten (Jean Paul SW 2.2, 888).

Indem Helmholtz das Ohr mit Telegraphendrähten vergleicht, von denen jeder „immer nur dieselbe Art elektrischen Stromes" leitet, „der bald stärker, bald schwächer oder auch entgegengesetzt gerichtet sein kann, aber sonst keine qualitativen Unterschiede zeigt" (Helmholtz 1913 [1863], 245), situiert er das Hören in einem audiotaktilen Resonanzraum, in dem Schall elektrizitätsgleich Nervenleiter in Schwingungen versetzt. Wenn er das Hörbare als Gemisch von einfachen und komplexen Sinusschwingungen mitsamt Geräuschanteil beschreibt, bedeutet das endgültig die Abkehr vom pythagoreischen Modell einer in mathematischen Proportionen begründeten Konvergenz von musikalischer und kosmischer Harmonie.

Realistische Literatur wiederum objektiviert die Spielarten des Hörbaren und die akustischen Spektren des Wirklichen in einer Weise, die sich von subjektiven Hörwelten tendenziell abwendet. In Grillparzers *Der arme Spielmann* korrespondiert dem musikalischen Phantasieren der Titelfigur nur in dessen Wahn eine sphärenkosmische Ordnung. In der Realität erklingen lediglich die dissonanten Geräusche eines Dilettanten. Bei aller Zugehörigkeit zur späten Romantik wenden sich schon die akustischen Landschaften Eichendorffs von subjektiven Klanginnenräumen ab. Vernimmt ein positiv besetztes Hören im Klang der Posthörner oder im Rauschen der Wälder subjekttranszendente, gleichsam umwölbende Soundscapes, so kennt seine Literatur aber auch ein Hören, in dem sich synästhetische Interferenzen und spekulare Konfusionen bedrohlich verdichten, z. B. „ein verworrener Schwall von Musik und Lichtern" (Eichendorff W 2, 318): Menschenerzeugte Sonosphären symbolisieren die verworfene urbane Moderne (Stopka 2005). Mit Eichendorffs Hörwelten verbindet sich immer auch eine poesieinterne Kritik transzendentalpoetischer Immanenz im Zeichen einer emphatischen Poetik des Außen (Steiner 2009). Insofern präludieren sie der realistischen Aufmerksamkeit auf Klangräume und -landschaften des Realen. Diese begegnen etwa in den akustischen Spektrogrammen von C. F. Meyers Gedicht *Nachtgeräusche* oder in der Eisregen-Schilderung aus Stifters *Die Mappe meines Urgroßvaters*. Eine pädagogische Schreibszene erschließt in Stifters Erzählung *Der Waldgänger* eine akustische Topographie, in der das Zeichenhafte von Literatur hinter die immersive Realität des Hörbaren zurücktritt: Als der Protagonist einen Knaben das Lesen lehrt, hallen dessen Lautierungen in „das ganz schwache und wohlstimmende Sausen, das selbst an den windstillen Tagen in Nadelwäldern hörbar ist", in die nichtdirektionale „Unbestimmtheit des Tones" und in das Rauschen der Moldau hinein (Stifter WB 3.1, 127–128). Als trachtete er, die im Zeichenprozess ausgeschlossene klangliche Substanz wieder in sich hineinzuholen, entwickelt dieser Text ein exemplarisches Interesse an der vorsemantischen Materialität des Hörbaren. Schon Raabe zeigt sich fasziniert vom Vexierverhältnis zwischen Information und Rauschen. In *Stopfkuchen* bringt die Aufklärung eines vermeintlichen Mordes die Reden zum Schweigen, die einen Unschuldigen zum Täter stigmatisiert hatten. Das Zentrum der üblen Nachrede, eine Bierkneipe, heißt wohl in Anspielung auf den Palast der Fama „Brummersumm". In ihr erklingt das „Rollen und Rauschen der Vergangenheit" (Raabe SW 18, 25). Parallel zur arbeitsmedizinischen Problematisierung industrieller Lärmwelten beschreiben zahlreiche realistische und naturalistische Texte die akustischen Signaturen des Maschinen- und Verkehrszeitalters (vgl. Henkel 1996). In *Unruhige Gäste* kontrastiert Raabe nicht nur das Naturrauschen der rückständigen Harzlandschaft mit der zivilisatorischen Moderne, wie sie sich akustisch in der Betriebsamkeit eines nahe gelegenen mondänen Kurbades in „Badeblechmusik" oder in Geschwätzigkeit äußert (Raabe SW 16, 258). In den akustischen Landschaften des Romans ertönt auch ein Ohrensausen, das die Typhus-Infektion des Protagonisten begleitet und zugleich die pathologische Konstellation des zivilisatorischen Konflikts symptomatisiert. Der klanglichen Signatur der Großstadt lauschen z. B. Karl Bleibtreus naturalistischer Roman *Größenwahn* oder Richard Dehmels Gedichtzyklus *Zwei Menschen* nach. Letzterer evoziert das Horchen in technisch und medial aufgerüsteten Geräuschumwelten, das ‚Rauschen' von Verkehr und Kommunikation (Dehmel 1908).

Der Theaterrevolutionär Richard Wagner kritisiert, die herkömmliche Oper depotenziere das Gehör zugunsten des Gesichts, und strebt dagegen eine Musik an, die „das Gesicht in der Weise depotenzirt [...], daß es die Gegenstände nicht mehr intensiv wahrnehme" (Wagner SD 9, 110). Das Hören gebiert gleichsam das Drama „als sichtbar gewordenes Gegenbild der Musik" aus sich heraus (Wagner SD 9, 112). Deshalb zählt es regelmäßig selbst zu den Plotelementen, ja, mitunter treibt es die Handlung an. So beginnen alle drei Akte von *Tristan und Isolde* ausdrücklich mit Hörereignissen: mit der Stimme eines nicht sichtbaren Seemanns, dem Lauschen auf sich entfernende Klänge und schließlich einem Englischhorn *offstage*. Immer wieder schlägt sich im gesungenen Text die kompositorische Faktur nieder: Das Prinzip der enharmonischen Verwechslung, in der ein Ton vorgibt, ein anderer zu sein, als er ist, spiegelt sich auf der Bühne in Homonymien und sprachlichen Täuschungen wider. Der *Tristan* lotet das Illusionspotential des Akustischen aus, wie es sich in Wagners Musikdramaturgie als Medienästhetik bekundet. Bei aller Verhaftung in der romantischen Musikästhetik trägt Wagners Ästhetik, auch in der Wahrnehmung der Zeitgenossen, markante realistische Züge. In ihrer stofflichen Komponente wirke Wagners Musik, ohne den Umweg über ein formales Kunstideal zu nehmen, direkt auf Psyche, Nerven und den Körper (Geck 2001, 106; 156). Von Wagners Medienästhetik (Kittler 1987) nicht unbeeinflusst, operiert auch Nietzsches Projekt, mit den Ohren zu philosophieren, auf medienreflexiver Basis (vgl. III.16 WISSMANN). Ihm offenbart sich in der Rhetorik der philosophischen Sprache die vorsemantische Medialität des Gedachten nicht minder als im Sinnesfeld des Akustischen überhaupt: „Hier einmal mit dem *Hammer* Fragen stellen und, vielleicht, als Antwort jenen berühmten hohlen Ton hören, der von geblähten Eingeweiden redet – welches Entzücken für einen, der Ohren noch hinter den Ohren hat [...]." (Nietzsche KGW 6.3, 51f.) Ein Aphorismus aus der *Fröhlichen Wissenschaft* über die Militarisierung der Sprache erkennt, wie sehr „die Gewohnheit an bestimmte Klänge" den Worten und Gedanken vorausgeht und einen Nationalcharakter zu formen vermag (Nietzsche KGW 5.2, 136–138).

5. Hören im technisch-audiotaktilen Zeitalter

Rauschen und Kommunikation definieren zumal im 20. Jahrhundert eminente kulturelle Kräftevektoren: In ihrer Differenz, erst recht aber in ihrer schwer verständlichen Einheit, als Lärm, den Kommunikation veranstaltet. Abermals symptomatisiert der Tinnitus, wie der Bezug des inneren auf den zunehmenden äußeren Lärm zum Problem gerät. Wie sich im Hören Natur- und Kulturlaute in eins blenden, davon erzählt Peter Altenbergs Prosaminiatur *Geräusche* (Altenberg 1924, 102–105). Ein akustisch höchst sensibler Autor, Franz Kafka, verzeichnet das Ohrgeräusch prominent im *Proceß* (1914–1915) und in der späten Erzählung *Der Bau* (1923–1924). In einem Brief an Felice Bauer bezeichnet er sich einmal als „Behorcher alles Lärms" (Kafka KA B 3, 176). Gegenüber dem Realismus haben sich die akustischen Frequenzschriebe der Literatur noch einmal verschoben: Überlappend mit den Diskursen über kulturelle Nervosität und zivilisatorischen Lärm (vgl. Dommann 2006; Encke 2006, 152–162) verzeichnet Kafka die Frequenzbänder der modernen Großstadt (wie ähnlich auch Joyce, Proust, Woolf oder Musil, vgl. Ackermann 2003). Wenn Kafka in Briefen, im *Verschollenen* oder im *Proceß* zudem auch Kommunikationstechnologien, Telephone, Phonographen oder Grammophone adressiert (Kittler und Neumann 1990), tritt neben dem Akzent auf Medientechnologien noch ein weiterer Aspekt hinzu: die akustisch sich manifestierende Macht. *Der Proceß* ist auch eine Geschichte der Hörigkeit K.s, des „Angerufene[n]" (Kafka KA Pr, 287), dem Gericht, seinen Medien und seinen Stimmen gegenüber. Mit den neuen akustischen Technologien usurpieren erstmals von ihren Quellen abgelöste, „schizophone" (Schafer 1994, 90) Schälle und Klänge private und öffentliche Räume. Thomas Mann lässt im *Zauberberg* seinen Protagonisten in einer technologisch aufgerüsteten romantischen Hörhaltung der „elektrischen Grammophon-Musik" (Mann FA 5.1, 990) lauschen und den Erzähler über den Realismus der akustischen Phantome staunen. „Elektrisch" fällt zwar einzig der Plattentellerantrieb aus, während die Abtastung noch rein mechanisch geschieht (Mertens 2003). Gleichwohl schwingt in Manns leitmotivischer Hervorhebung des Elektrischen ein Grundzug des Zeitalters mit, das Marshall McLuhan als ‚audiotaktil' beschreiben sollte: Der visuelle Raum der Schriftkultur weicht einem akustischen Raum, in dem Resonanzen und Schwingungen agieren (Marchand 1999, 180). Dem korrespondieren in der ersten Hälfte des 20. Jahrhunderts signifikante Poetiken der Resonanz, etwa wenn der expressionistische Döblin die Stimme der Dinge oder der Straßen selber verlauten lässt (*Die Ermordung einer Butterblume*, *Wang-lun*) und in *Unser Dasein* eine förmliche Metaphysik der Resonanz formuliert (Keil 2005). Eine resonatorische Poetik durchdringt auch das Werk Rilkes. Dinge und Menschen sind in einem gemeinsamen Feld vereint, in dem Resonanzen Energien von Menschen auf Dinge und von Dingen auf Menschen übertragen. „Die Dinge singen hör ich so gern", bekennt das lyrische Ich schon in einem frühen Gedicht (Rilke SW 1, 195), ein früher Essay spricht von der *Melodie der Dinge*. Im späten Gedicht *Gong* erzeugt der titelgebende Gegenstand einen audiotaktilen Raum, in dem der Hörende seinerseits gehört wird (Steiner 2010). Im vielrezipierten Aufsatz *Ur-Geräusch* entwickelt Rilke eine von der Grammophonie motivierte „Sinnespoetik", die die separierten „Ordnung[en] der Sinnlichkeit", darunter das „unaufmerksame Gehör" (Rilke SW 6, 1092; 1090), auf nicht mehr synästhetische Weise in Bezug setzt (Pasewalck 2002). Technologisch bedingt, wird zudem die Kulturkatastrophe des Ersten Weltkriegs nicht als Aufstand der Technik überhaupt erfahren, sondern zumal als akustischer Ausnahmezustand, wie Autoren wie Ernst Jünger oder Bernhard Kellermann bezeugen. Im permanenten akustischen Alarmzustand des Weltkriegs mutiert das Hören mehr denn je zum technisch aufgerüsteten Horchen, unterstützt durch ein exponentiell sich vermehrendes Wissen um das Gehör (Encke 2006, 113–193).

6. Sonosphären nach 1945

In den Sonosphären nach 1945 durchdringen einander idiosynkratische Hörwelten und posthumane Soundscapes. Während der Tinnitus spätestens in den 1980er Jahren eine erneute literarische Konjunktur erfährt und zur Symptomkrankheit der neuronalen Konstruktion, aber auch der gegenwärtigen Soundkulturen avanciert (Steiner 2012, 178), evolviert komplementär ein Wissen um posthumane Soundscapes, in denen der Klang der Dinge selbst, der Technologien, Maschinen, Apparate, Dispositive und Umwelten in einer vom hörenden Subjekt nicht mehr verantworteten Weise agieren.

Während in Wolfgang Koeppens *Tod in Rom* eine Figur „das Suchen eines Klangs" als „Annäherung an die Wahrheit der Dinge" begreift (Koeppen 1986, 394), kommt in Thomas Bernhards *Das Kalkwerk* die geplante Studie des Protagonisten über das Hören nie zustande. Immer wieder verzeichnen Koeppens Romane in Geräuschen, Klängen oder Akustiktechnologien wie Mikrophonen, Lautsprechern, Radio kultur- und sozialphysiognomische Züge Nachkriegsdeutschlands (Treichel 1987), die, wie in *Tauben im Gras*, mit der alphabetisch-literarischen Kultur konfligieren. Als wahrheitserschließender Sinn erscheint das Hören auf idiosynkratische Weise auch in Thomas Hettches *Nox*. Im Hören erlebt der tote Ich-Erzähler das Atmen und das Sein der Dinge selbst (Hettche 1995, 30–31). In zahlreichen Texten Peter Handkes spielt das Hören eine zentrale Rolle in einer Poetik der Entrückung zur Wirklichkeit, exemplarisch etwa im *Versuch über den stillen Ort* oder im *Versuch über den Pilznarren*. Hier vermag die Hauptfigur „sich einzuhören", um nachgerade „vom Schauen und Hören [...] ins Sinnen" überzugehen, um selbst „Stimme" zu werden (Handke 2013, 20–21).

Zahlreiche literarische Texte vernehmen in den Geräuschen der Unterhaltung, z. B. der Populärmusik und ihrer Geräte, die an die Stelle des Maschinen- oder Waffenlärms tretende akustische Leitsignatur der Epoche (z. B. Ralf Rothmann zu Beginn von *Stier* oder Don DeLillo in *White Noise*). Der Lärm des Krieges weicht gleichsam dem Lärm als Krieg, z. B. in Gestalt sonischer Guerillataktiken. Noch bevor Kulturwissenschaftler Ontologien der vibrationalen Kräfte und Allianzen zwischen Akustik, Musik und Macht in den real statthabenden ‚politics of frequency' beschreiben (Goodman 2010, 81–84), setzen literarische Texte Geräuschumwelten, Soundscapes, Klangarchitekturen und „Anarchitekturen" (Goodman 2010, 82) in einer von der Zentrierung aufs erlebende Subjekt losgelösten Weise ins Werk. Dazu zählen materialreflexiv auf die Stimme und das Hören bezogene Poesien (Thomas Kling) oder Poetiken gleichsam technischer Oralität (Rainald Goetz: *Rave*). Dazu zählt auch das Panakustikum der bewegten, tönenden und lärmenden Dinge in Ingo Schramms Roman *Aprilmechanik* (Steiner 2012, 200), ferner Marcel Beyers von der Medientheorie Friedrich Kittlers inspirierte literarisch-akustische Spektrographie des Nationalsozialismus in *Flughunde*, in der die akustischen Aufzeichnungstechnologien prägende Rollen einnehmen. „Die Echsen kriechen aus den Stereoboxen", heißt es in *Kalldewey Farce* von Botho Strauß (Strauß T 2, 24). In zahlreichen Werken adressiert Strauß im Kommunikations- und Unterhaltungslärm, im „sozial[en] Geräusch" (Strauß 1987, 152), nicht nur eine akustische Leitsignatur der Gegenwart, sondern auch eine Rückkehr mythischer Mächte im Herzen der Moderne (Steiner 2004). Eine Korrespondenz zwischen akustischen Medien und Opferkulten, Politik und Mythos steht auch im Kern von Rainer Fabians Roman *Das Rauschen der Welt*.

7. Ausblick

Ob wir unter der Ägide der AV-Medien und unter dem Vorzeichen eines *iconic* oder *pictorial turn* in einem mehr denn je visuellen Zeitalter leben, oder ob sich nicht vielmehr ein *acoustic* oder *sonic turn* kulturprägend ausgewirkt hat, dieser Streit ist nach wie vor nicht entschieden.

Werden die einstigen Utopien, die im „gehörte[n] Ton" einen Heilsweg von der in sich selbst verschlossenen Innerlichkeit zur Allianz mit der Inwendigkeit der stofflichen Welt (Bloch G 3, 49) oder im Hören eine Befreiung von der rationalistischen Okulartyrannis (Sonnemann 1987) wähnten, nicht durch die gegenwärtigen kulturindustriellen Eskalationen des Akustischen ins Zwielicht gerückt? Zumindest erkennt man in der neueren Forschung eine Distanz gegenüber der „audiovisual litany" (Sterne 2003, 15), in der das direktionale Sehen einem als alternativer Gegenpol imaginierten sphärischen Hören plan entgegengesetzt wird. Hören wird nicht mehr nur phänomenologisch oder anthropologisch verstanden, sondern als historische Kulturtechnik rekonstruiert und in den Zusammenhang der Genese von Modernität integriert (Erlmann 2004). Daher weicht die „great divide theory" (Smith 2007, 8) einer Hegemonie des Sehens über das Hören zunehmend einer Sichtweise, in der das Verhältnis der Sinne nicht mehr als Nullsummenspiel gehandelt wird (Morat 2011, 712). Nach wie vor virulent bleibt eine Diskrepanz: Einerseits betonen Forscher die kulturelle Diversität von Hörformationen, um gerne auch das *self-fashioning* von Subjekten durch akustisches Branding oder andere Kulturtechniken hervorzuheben. Andererseits beschreibt man, wie sich nicht mehr ausschließlich auf menschliche Wesen beschränkte Kollektive im akustischen Raum, in seinen Medien und Technologien konstituieren und verkörpern. So denkt z. B. Peter Sloterdijk das Kollektiv als psychoakustisch/imaginäre Institution, die in Gestalt von Individual- und Kollektiv-Phonotopen akustische Weltaußen- und Weltinnenräume hervorbringt (Sloterdijk 2004, 377). Nach wie vor nicht ausreichend geklärt, trotz zahlreicher Studien etwa zur *oral poetry* unter medientechnologischen Bedingungen (Morris 1997), sind auch die Konsequenzen eines allfälligen *acoustic turn* (Meyer 2008) nicht nur für literarische Schreibweisen, sondern auch für die Positionierung der Literatur im Feld des Wissens vom Hören. Ein Desiderat bleibt daher eine Literaturgeschichte des Hörens, die die Bedingungszusammenhänge zwischen historischer Anthropologie und den Poetiken der Sinne auf eine Theorie der akustisch-auditiven Dimensionen des Kollektivs und seiner Hörigkeiten hin erweitert oder überschreitet.

Literatur

Ackermann, Max. *Die Kultur des Hörens. Wahrnehmung und Fiktion. Texte vom Beginn des 20. Jahrhunderts*. Nürnberg: Falkenberg, 2003.
Altenberg, Peter. *Märchen des Lebens*. 7.–8. Aufl. Berlin: Fischer, 1924.
Augustinus, Aurelius. *Confessiones/Bekenntnisse*. Übers. von Joseph Bernhart. Frankfurt am Main: Insel, 1987.
Bloch, Ernst. *Gesamtausgabe 3: Geist der Utopie* (=G 3). Bearbeitete Neuaufl. der zweiten Fassung 1923. Frankfurt am Main: Suhrkamp, 1964.
Brentano, Clemens. „Die lustigen Musikanten" [1803]. *Sämtliche Werke und Briefe 12: Dramen I. Prosa zu den Dramen* (=SWB 12). Hrsg. von Hartwig Schultz. Stuttgart: Kohlhammer, 1982. 797–878.
Brockes, Barthold Heinrich. „Das Gehör". *Auszug der vornehmsten Gedichte aus dem Irdischen Vergnügen in Gott*. Faksimiledruck nach der Ausgabe von 1738. Stuttgart: Metzler, 1965.
Chion, Michel. „The Three Listening Modes". *Audio-Vision. Sound on Screen*. New York: Columbia University Press, 1994. 25–34.
Dehmel, Richard. *Zwei Menschen. Roman in Romanzen*. Berlin: Fischer, 1908.
Derrida, Jacques. *La voix et le phénomène*. Paris: Presses Universitaires de France, 1967.
Dommann, Monika. „Antiphon. Zu Resonanz des Lärms in der Geschichte". *Historische Anthropologie* 14.1 (2006): 133–146.
Duverney, Joseph Guichard. *Traité De L'Organe De L'Ouie. Contenant La Structure, les Usages et les Maladies de toutes les parties de l'Oreille*. Paris, 1683.
Eichendorff, Joseph von. „Ahnung und Gegenwart" [1815]. *Werke in fünf Bänden 2: Erzählungen 1. Ahnung und Gegenwart* (=W 2). Hrsg. von Wolfgang Frühwald und Brigitte Schillbach. Frankfurt am Main: Deutscher Klassiker Verlag, 1985. 53–382.
Encke, Julia. *Augenblicke der Gefahr. Der Krieg und die Sinne. 1914–1934*. München: Fink, 2006.
Erlmann, Veit (Hrsg.). *Hearing Cultures. Essays on Sound, Listening and Modernity*. Oxford, New York: Berg Publishers, 2004.
Erlmann, Veit. *Reason and Resonance. A History of Modern Aurality*. New York: Zone Books, 2010.
Feldmann, Harald. „Medizinhistorisches und Kulturhistorisches zum Tinnitus". *Tinnitus. Grundlagen einer rationalen Diagnostik und Therapie*. Hrsg. von Harald Feldmann, Thomas Lenarz und Hasso von Wedel. Stuttgart und New York: Thieme, 1998. 1–34.
Geck, Martin. *Zwischen Romantik und Restauration. Musik im Realismus-Diskurs der Jahre 1848–1871*. Stuttgart: Metzler, 2001.
Gess, Nicola. *Gewalt der Musik. Literatur und Musikkritik um 1800*. Freiburg im Breisgau und Berlin: Rombach, 2006.
Goodman, Steve. „The Ontology of Vibrational Force". *Sonic Warfare: Sound, Affect and the Ecology of Fear*. Cambridge: MIT Press, 2010. 81–84.
Handke, Peter. *Versuch über den Pilznarren*. Berlin: Suhrkamp, 2013.

Helmholtz, Hermann von. *Die Lehre von den Tonempfindungen als physiologische Grundlage für die Theorie der Musik.* 6. Ausgabe. Braunschweig: Vieweg, 1913.
Henkel, Gabriele. *Geräuschwelten im deutschen Zeitroman.* Wiesbaden: Harrassowitz, 1996.
Herder, Johann Gottfried. „Abhandlung über den Ursprung der Sprache" [1772]. *Werke 1: Frühe Schriften 1764–1772* (=W 1). Hrsg. von Ulrich Gaier. Frankfurt am Main: Deutscher Klassiker Verlag, 1985. 695–810.
Herder, Johann Gottfried. „Viertes Wäldchen über Riedels Theorie der schönen Künste" [1769]. *Werke 2: Schriften zur Ästhetik und Literatur 1767–1781* (=W 2). Hrsg. von Gunter E. Grimm. Frankfurt am Main: Deutscher Klassiker Verlag, 1993. 247–442.
Hettche, Thomas. *Nox. Roman.* Frankfurt am Main: Suhrkamp, 1995.
Hoffmann, E. T. A. „Kreisleriana" [1814]. *Sämtliche Werke 2.1: Fantasiestücke in Callot's Manier. Werke 1814* (=SW 2.1). Hrsg. von Hartmut Steinecke unter Mitarbeit von Gerhard Allroggen und Wulf Segebrecht. Frankfurt am Main: Deutscher Klassiker Verlag, 1993. 32–82 u. 360–455.
Jaynes, Julian. *Der Ursprung des Bewußtseins durch den Zusammenbruch der bikameralen Psyche.* Reinbek bei Hamburg: Rowohlt, 1988.
Jean Paul. „Hesperus" [1795]. *Sämtliche Werke 1.1: Die unsichtbare Loge. Hesperus* (=SW 1.1). Hrsg. von Norbert Miller. München: Hanser, 1960. 471–1236.
Jean Paul. „Titan" [1803]. *Sämtliche Werke 1.3: Titan. Komischer Anhang zum Titan. Clavis Fichtiana seu Leibgeberiana* (=SW 1.3). Hrsg. von Norbert Miller. München: Hanser, 1966. 7–830.
Jean Paul. „Vorschule der Ästhetik" [1804]. *Sämtliche Werke 1.5: Vorschule der Ästhetik. Levana oder Erziehlehre. Politische Schriften* (=SW 1.5). Hrsg. von Norbert Miller. München: Hanser, 1963. 7–514.
Jean Paul. „Dr. Katzenbergers Badereise" [1809]. *Sämtliche Werke 1.6: Schmelzles Reise nach Flätz. Dr. Katzenbergers Badereise. Leben Fibels. Der Komet. Selberlebensbeschreibung. Selina* (=SW 1.6). Hrsg. von Norbert Miller. München: Hanser, 1963. 77–364.
Jean Paul. „Museum" [1814]. *Sämtliche Werke 2.2: Jugendwerke 2 (1789–1792). Vermischte Schriften 1* (=SW 2.2). Hrsg. von Norbert Miller und Wilhelm Schmidt-Biggemann. München: Hanser, 1976. 877–1048.
Kafka, Franz. „Brief an Felice Bauer" [15.9.1916]. *Schriften, Tagebücher, Briefe. Kritische Ausgabe: Briefe April 1914–1917* (=KA B 3). Hrsg. von Hans-Gerd Koch. Frankfurt am Main: Fischer, 2005. 176.
Kafka, Franz. *Schriften, Tagebücher, Briefe. Kritische Ausgabe: Der Proceß* (=KA Pr). Hrsg. von Malcolm Pasley. Frankfurt am Main: Fischer, 1990.
Keil, Thomas. *Alfred Döblins „Unser Dasein": Quellenphilologische Untersuchungen.* Würzburg: Königshausen & Neumann, 2005.
Kittler, Friedrich. „Weltatem. Über Wagners Medientechnologie". *Diskursanalysen 1. Medien.* Hrsg. von Friedrich Kittler, Manfred Schneider und Samuel Weber. Opladen: Westdt. Verl., 1987. 94–107.
Kittler, Wolf und Gerhard Neumann (Hrsg.). *Franz Kafka. Schriftverkehr.* Freiburg: Rombach, 1990.
Koeppen, Wolfgang. *Gesammelte Werke 2: Romane 2.* Hrsg. von Marcel Reich-Ranicki et al. Frankfurt am Main: Suhrkamp, 1986.
Kursell, Julia. „Sound Objects". *Sounds of Science – Schall im Labor (1800–1930).* Hrsg. von Julia Kursell. Berlin: Max-Planck-Institut, 2008. 29–39.

Lacey, Kate. *Listening Publics. The Politics and Experience of Listening in the Media Age*. New York: John Wiley and Sons, 2013.
Lessing, Gotthold Ephraim. „Nathan der Weise" [1789]. *Werke und Briefe 9: Werke 1778–1780* (=WB 9). Hrsg. von Klaus Bohnen und Arno Schilson. Frankfurt am Main: Deutscher Klassiker Verlag, 1993. 483–666.
Lessing, Gotthold Ephraim. „Collectaneen" [1790]. *Werke und Briefe 10: Werke 1778–1781* (=WB 10). Hrsg. von Arno Schilson und Axel Schmitt. Frankfurt am Main: Deutscher Klassiker Verlag, 2001. 461–660.
Lichtenberg, Georg Christoph. *Schriften und Briefe 1: Sudelbücher* (=SB 1). Hrsg. und kommentiert von Wolfgang Promies. München: Hanser, 1968–1992.
Lubkoll, Christine. *Mythos Musik. Poetische Entwürfe des Musikalischen in der Literatur um 1800*. Freiburg im Breisgau: Rombach, 1995.
Maier, Robert (Hrsg.). *Akustisches Gedächtnis und Zweiter Weltkrieg*. Göttingen: V&R Unipress, 2011.
Mann, Thomas. *Werke – Briefe – Tagebücher. Große kommentierte Frankfurter Ausgabe 5.1: Der Zauberberg* [1924] (=FA 5.1). Hrsg. textkritisch durchgesehen von Michael Neumann. Frankfurt am Main: Fischer, 2002.
Marchand, Philipp. *Marshall McLuhan. Botschafter der Medien*. Stuttgart: Dt. Verl.-Anst., 1999.
McLuhan, Marshall. *Die magischen Kanäle*. Übers. von Meinrad Amann. Düsseldorf, Wien i. a.: ECON, 1992.
Menke, Bettine. *Prosopopoiia. Stimme und Text bei Brentano, Hoffmann, Kleist und Kafka*. München: Fink, 2000.
Mertens, Volker. „Elektrische Grammophonmusik im *Zauberberg* Thomas Manns". *Der Zauberberg. Die Welt der Wissenschaften in Thomas Manns Roman*. Hrsg. von Dietrich von Engelhardt und Hans Wißkirchen. Stuttgart und New York: Schattauer, 2003. 174–202.
Meyer, Petra Maria (Hrsg.). *Acoustic turn*. Paderborn: Fink, 2007.
Morat, Daniel. „Zur Geschichte des Hörens. Ein Forschungsbericht". *Archiv für Sozialgeschichte* 51 (2011): 697–716.
Moritz, Karl Philipp. „Die Wirkungen der äußern Sinne in psychologischer Rücksicht. Ueber das musikalische Gehör". *Magazin zur Erfahrungsseelenkunde* 8.2 (1791): 45–51.
Morris, Adalaide (Hrsg.). *Sound States. Innovative Poetics and Acoustical Technologies*. Chapel Hill: University of North Carolina Press, 1997.
Müller, Johannes. *Zur vergleichenden Physiologie des Gesichtssinns des Menschen und der Thiere*. Leipzig: C. Cnobloch, 1826.
Nietzsche, Friedrich. „Die fröhliche Wissenschaft" [1882]. *Werke. Kritische Gesamtausgabe 5.2* (=KGW 5.2). Hrsg. von Giorgio Colli und Mazzino Montinari. Berlin: De Gruyter: Berlin, 1973. 11–335.
Nietzsche, Friedrich. „Götzen-Dämmerung" [1889]. *Werke. Kritische Gesamtausgabe 6.3* (=KGW 6.3). Hrsg. von Giorgio Colli und Mazzino Montinari. Berlin: De Gruyter, 1969. 48–156.
Ong, Walter J. *Orality and Literacy. The Technologizing of the Word*. London und New York: Methuen, 1982.
Ovid. *Metamorphosen*. Hrsg. von Michael von Albrecht. Stuttgart: Reclam, 1994.
Pasewalck, Silke. *Die fünffingrige Hand. Die Bedeutung der sinnlichen Wahrnehmung beim späten Rilke*. Berlin und New York: De Gruyter, 2002.
Pseudo-Longinus. *Die Schrift vom Erhabenen*. Hrsg. und übers. von Renata von Scheliha. Berlin: Bondi, 1938.

Raabe, Wilhelm. „Unruhige Gäste" [1886]. *Sämtliche Werke. Braunschweiger Ausgabe 16: Pfisters Mühle. Unruhige Gäste. Im alten Eisen* (=SW 16). Hrsg. von Karl Hoppe und Jost Schillemeit. Bearbeitet von Hans Oppermann. Göttingen: Vandenhoeck & Ruprecht, 1961. 179–338.

Raabe, Wilhelm. „Stopfkuchen" [1891]. *Sämtliche Werke. Braunschweiger Ausgabe 18: Stopfkuchen, Gutmanns Reisen* (=SW 18). Hrsg. und bearbeitet von Karl Hoppe. Göttingen: Vandenhoeck & Ruprecht, 1963. 5–208.

Riedel, Manfred. „Logik und Akroamatik. Vom zweifachen Anfang der Philosophie". *Philosophisches Jahrbuch* 91 (1984): 225–237.

Rilke, Rainer Maria. „Die frühen Gedichte" [1898]. *Sämtliche Werke 1: Gedichte. Erster Teil* (=SW 1). Hrsg. vom Rilke-Archiv in Verbindung mit Ruth Sieber-Rilke, besorgt durch Ernst Zinn. Frankfurt am Main: Insel, 1962. 143–200.

Rilke, Rainer Maria. „Ur-Geräusch" [1919]. *Sämtliche Werke 6: Malte Laurids Brigge. Prosa 1906–1926* (=SW 6). Hrsg. vom Rilke-Archiv in Verbindung mit Ruth Sieber-Rilke, besorgt durch Ernst Zinn. Frankfurt am Main: Insel, 1966. 1085–1093.

Ritter, Johann Wilhelm. *Fragmente aus dem Nachlasse eines jungen Physikers. Ein Taschenbuch für Freunde der Natur*. Zwei Bände. Heidelberg: Mohr und Zimmer [s. n.], 1810.

Schafer, R. Murray. *The Soundscape. Our Sonic Environment and the Tuning of the World*. Rochester: Inner Traditions, 1994.

Schelling, Friedrich Wilhelm Joseph von. *Werke. Nachlassband: Die Weltalter*. Hrsg. von Manfred Schroeter. München: Beck, 1946.

Schiller, Friedrich. „Über die ästhetische Erziehung des Menschen in einer Reihe von Briefen" [1795a]; „Über naive und sentimentalische Dichtung" [1795b]. *Sämtliche Werke 5 Erzählungen, Theoretische Schriften* (=SW 5). Hrsg. von Wolfgang Riedel. München: Hanser, 2004. 570–669; 694–780.

Schlegel, Friedrich. „Abendröte" [1802]. *Kritische Friedrich-Schlegel-Ausgabe 5.1: Dichtungen* (=KFSA 5.1). Hrsg. und eingeleitet von Hans Eichner. Kritische Neuausgabe. München, Paderborn, Wien: Verlag Ferdinand Schöningh und Zürich: Thomas-Verlag, 1962. 177–192.

Schmitz, Hermann. *Der Leib, der Raum und die Gefühle*. Ostfildern vor Stuttgart: Edition Tertium, 1998.

Schulze, Holger. *Sound studies. Traditionen – Methoden – Desiderate. Eine Einführung*. Bielefeld: transcript, 2008.

Schweighauser, Philipp. *The Noises of American Literature 1890–1985. Toward a History of Literary Acoustics*. Gainsville: University Press of Florida, 2006.

Serres, Michel. *Der Parasit*. Frankfurt am Main: Suhrkamp, 1981.

Serres, Michel. *Die fünf Sinne. Eine Philosophie der Gemenge und Gemische*. Frankfurt am Main: Suhrkamp, 1993.

Sloterdijk, Peter. *Sphären I. Blasen*. Frankfurt am Main: Suhrkamp, 1998.

Sloterdijk, Peter. *Sphären III. Schäume*. Frankfurt am Main: Suhrkamp, 2004.

Smith, Mark M. *Sensing the Past. Seeing, Hearing, Smelling, Tasting, and Touching in History*. Berkeley und Los Angeles: University of California Press, 2007.

Sonnemann, Ulrich. „Zeit ist Anhörungsform. Über Wesen und Wirkung einer kantischen Verkennung des Ohrs". *Tunnelstiche. Reden, Aufzeichnungen und Essays*. Frankfurt am Main: Athenäum, 1987.

Steege, Benjamin. *Helmholtz and the Modern Listener*. Cambridge: Cambridge University Press, 2012.

Steiner, Uwe C. „Die schwache Stimme in der Höhle unter dem Lärm. Botho Strauß und der Mythos der Kommunikation". *Akzente* 5 (2004): 388–402.

Steiner, Uwe C. „Soundscapes und Spiegelfluchten. Eichendorffs Dinge und Nichtdinge". *Du kritische Seele. Eichendorffs Epistemologien des Dichtens*. Hrsg. von Daniel Müller-Nielaba. Würzburg: Königshausen & Neumann, 2009. 109–125.

Steiner, Uwe C. „Des Dingseins leise Erlösung. Rilkes Ding-Poetik als Kontrafaktur zum Fetischismus-Diskurs". *Der Code der Leidenschaften. Fetischismus in den Künsten*. Hrsg. von Hartmut Böhme und Johannes Endres. München: Fink, 2010. 362–381.

Steiner, Uwe C. *Ohrenrausch und Götterstimmen. Eine Kulturgeschichte des Tinnitus*. München: Fink, 2012.

Sterne, Jonathan. *The Audible Past. Cultural Origins of Sound Reproduction*. London: Duke University Press, 2003.

Stifter, Adalbert. „Der Waldgänger" [1847]. *Werke und Briefe 3.1: Erzählungen 1* (=WB 3.1). Hrsg. von Johannes John und Sibylle von Steinsdorff. Stuttgart: Kohlhammer, 2002. 93–202.

Stopka, Katja. *Semantik des Rauschens. Über ein akustisches Phänomen in der deutschsprachigen Literatur*. München: M Press, 2005.

Strauß, Botho. *Niemand Anderes*. München: Hanser, 1987.

Strauß, Botho. „Kalldewey. Farce" [1982]. *Theaterstücke 2* (=T 2). München: Hanser, 1991. 7–72.

Sulzer, Johann Georg. „Musik". *Allgemeine Theorie der Schönen Künste. In einzeln, nach alphabetischer Ordnung der Kunstwörter auf einander folgenden Artikeln abgehandelt*. Leipzig: Weidemanns Erben und Reich, 1771–1774. 780–793.

Trabant, Jürgen. „Vom Ohr zur Stimme. Bemerkungen zum Phonozentrismus zwischen 1770 und 1830". *Materialität der Kommunikation*. Hrsg. von Hans Ulrich Gumbrecht und Karl Ludwig Pfeiffer. Frankfurt am Main: Suhrkamp, 1988. 63–79.

Treichel, Hans-Ulrich. „Das Geräusch und das Vergessen. Realitäts- und Geschichtserfahrung in der Nachkriegstrilogie Wolfgang Koeppens". *Wolfgang Koeppen*. Hrsg. von Eckhard Oehlenschläger. Frankfurt am Main: Suhrkamp, 1987. 47–74.

Usener, Sylvia. „Hörer". *Historisches Wörterbuch der Rhetorik 3*. Hrsg. von Gert Ueding. Darmstadt: Wissenschaftliche Buchgesellschaft, 1996. Sp. 1561–1570.

Utz, Peter. *Das Auge und das Ohr im Text. Literarische Sinneswahrnehmung in der Goethezeit*. München: Fink, 1990.

Wackenroder, Wilhelm Heinrich. „Herzensergießungen eines kunstliebenden Klosterbruders" [1796]. *Historisch-kritische Ausgabe. Sämtliche Werke und Briefe 1: Werke* (=SW 1). Hrsg. von Silvio Vietta. Heidelberg: Winter, 1991. 51–146.

Wagner, Richard. „Beethoven" [1870]. *Sämtliche Schriften und Dichtungen 9* (=SD 9). 6. Auflage. Leipzig: Breitkopf & Härtel, 1912. 61–126.

Welsh, Caroline. „Nerven – Saiten – Stimmung. Zum Wandel einer Denkfigur zwischen Musik und Wissenschaft 1750–1850". *Berichte zur Wissenschaftsgeschichte* 2 (2008): 113–129.

Wulf, Christoph. „Ohr". *Vom Menschen. Handbuch Historische Anthropologie*. Hrsg. von Christoph Wulf. Weinheim: Beltz, 1997. 459–464.

Zedler, Johann Heinrich. *Großes vollständiges Universal-Lexicon aller Wissenschafften und Künste, Welche bißhero durch menschlichen Verstand und Witz erfunden und verbessert worden*. 64 Bände und 4 Supplementbände. Graz: Akad. Druck- und Verlagsanstalt, 1961–1964 [Halle, 1732–1754].

II.3.4. Jenseits des Textes: Die Leitfunktion des Klangs im musikästhetischen Diskurs und in musikalischer Prosa

Andreas Käuser

1. Klang und Körper

Musik wesentlich als Klang, Ton oder Resonanz zu bestimmen, dereguliert das traditionelle Verhältnis von Musik und Sprache in moderner Weise. Der Vorgang ist im späten 18. Jahrhundert an die Aufwertung der Instrumentalmusik als ‚absolute Musik' (Dahlhaus 1978) in der Wiener Klassik sowie an die Aufwertung der „Polyphonie" als „Medium der neuen Musik" (Adorno GS 12, 26) in der Zweiten Wiener Schule nach 1900 gekoppelt. Dieser musikhistorische Prozess hat sich theoretisch in der Formel von Musik als ‚tönend bewegter Form' (Eduard Hanslick) im 19. Jahrhundert epistemologisch festgeschrieben. Regelte die bis ins 18. Jahrhundert gültige rhetorische Klangrede auch die Aufzeichnung im ‚Aufschreibesystem' (Friedrich Kittler) der Notation (vgl. III.5 KRONES), so entsteht eine sprachliche und visuelle Leerstelle dann, wenn Musik radikal als Klang verstanden und praktiziert wird und wenn diese Verklanglichung verabsolutiert wird zur Nichtsprachlichkeit. Deren Zeichenreferent ist der ‚Körper der Musik' (Roland Barthes), also die vokale Umsetzung der Musik in der Stimme sowie die Verkörperung der Musik in der Geste, so dass Klang und Körper ein semiotisches Verhältnis eingehen, etwa in „Kult und Tanz" (Adorno GS 12, 26) oder der Gestik des Dirigenten. Modern ist dabei insbesondere, dass Musik als Klang wesentlich der Wirkung durch das Hören bedarf, also der Aufführung und Reproduktion des Werks in der konzertanten Realisierung der Partitur. Adorno betont, dass „der äußersten Strenge der Interpretation [...] ein *prinzipiell* der Notation enthobenes *gestisches* Element – das Moment des Idiomatischen" (Adorno NS 1.2, 74) eigen ist, welches in literarischen Musikergestalten wie Hoffmanns Kreisler verkörpert werde. Hatte die graphische Notation auch die Sichtbarkeit der Musik gewährleistet, so bedarf der absolute Klang einer anderen Form der visuellen Referenz. Die Aufwertung des Tons hat zudem epistemologische Konsequenzen, die sich bereits in Herders fragmentarischer „Philosophie der Töne" (Herder W 2, 293) als Kern einer Sprach- und Musiktheorie und Goethes ebenfalls fragmentarischer *Tonlehre* (korrespondierend zur *Farbenlehre*) ankündigen.

2. Forschungsstand

Das semiotische Verhältnis von Klang und Geste wird mit dieser Hinwendung zum Körper zu einer Denkfigur, welche den Forschungsstand bestimmt. Seit der romantischen Musikästhetik um 1800, die die Nichtsprachlichkeit des Klangs metaphysisch überhöht (vgl. III.11 NAUMANN), werden diverse interästhetische Diskursformen relevant (Valk 2008), und Literarisierungen der Musik avancieren zu einem erheblichen Bestandteil der deutschen Literatur- und Kulturgeschichte (Caduff 2003). So wird der Roman als paradigmatische Gattung der Moderne seit der Romantik bis ins 20. Jahrhundert durch eine an der Musik orientierte Poetik bestimmt, von Jean Paul und E. T. A. Hoffmann bis zu Franz Kafka, Alfred Döblin, Hermann Broch in der literarischen Moderne oder der Popliteratur um 2000 (Käuser 1999; vgl. III.14 PANKOW; III.21 VON AMMON). Im alten Wettstreit der Künste erlebt die Musik im synästhetischen Verhältnis von Musik und Malerei eine Aufwertung in den verschiedenen Moderne-Schüben um 1800 und um 1900 (Eckel 2015). So unterscheidet Nelson Goodman im ,Klang der Bilder' den selbstreferentiellen Ausdruck von der objektreferentiellen Repräsentation und ordnet jenen der nonverbalen Musik, diesen der Malerei zu. Die fehlende Objektreferenz wird im Musikklang ersetzt durch die Modi des Gefühlsausdrucks in Gesichtern und Gesten (Goodman 1997, 53–57) beim Tanzen oder Dirigieren. Die besondere Form der Symbolisierung dieser gestischen Verkörperung nennt Goodman ,Exemplifikation' oder ,Etikettierung' (Goodman 1997, 57–72) im Unterschied zur Denotation. Programmschriften der kulturellen Moderne wie Kandinskys *Über das Geistige in der Kunst* von 1912 profilieren diese nonverbale Synästhesie von Ton und Farbe, Klang und Gestalt als theoretischen Zusammenhang. Wird Musik als Klang zum Leitmedium der Moderne, so verändern sich hierdurch die intermedialen Verhältnisse zu anderen Künsten sowie zu Sprache und Diskurs. Diese Denkfigur regte Forschungstendenzen an, welche den mythischen Anteil (Lubkoll 1995) bzw. die Gewalt (Gess 2006) der Musik, die antik-rhetorische Figur der Prosopopoiia (Menke 2000) sowie das sprachtheoretische Verhältnis von Musik und Mathematik als *Geburt des Vokalalphabets aus dem Geist der Poesie* (Ernst/Kittler 2006) betonen oder philosophische Erkundungen zur Stimme (Kolesch/Krämer 2006) unternehmen. Die Emanzipation des Klangs stellt das Verhältnis von Musik und Sprache vor neue Anforderungen bezüglich der wechselseitigen Abgrenzung von „Musik-" oder „Sprachähnlichkeit" (Wellmer 2009, 13). Dabei wird nach den Bedingungen einer Wiederkehr archaischer Vermögen wie Stimme, Geste und Klang gefragt (Leroi-Gourhan 1995). Der nonverbale akustische Ausdruck erfährt dort eine Aufwertung, wo sich Sprachtheorie zur Kultursemiotik erweitert und „nichtsprachliche Zeichensysteme" wie „Film, Musik, Malerei" (Jakobson 1992, 249) reflektiert. Dabei verbindet sich die methodische Vorrangstellung der „hörbaren Sprache" (Jakobson 1992, 287) als Referenz von „Laut" und „Ton" mit der gegenstandslosen „abstrakten" Autonomie von moderner Kunst und Musik (Jakobson 1992, 281). Lévi-Strauss und Benjamin wiederum reflektieren das Verhältnis von Musik und Sprache aus anthropologischer Perspektive und gehen von der Nichtsprachlichkeit der Musik aus, deren Referenz Sinne und Körper sind (Lévi-Strauss 2004). Die Differenz von mimetischen Sprachzeichen zu mimischen Lautgebärden ist zentral für die Zeichenrelation von Ton und Geste, Phonem und Lautgebärde sowie die soziale Bedeutung des Klangs in Musik und Sprache (Benjamin GS 3, 452–480). Herder als Urheber einer hör- und tonzentrierten Musiktheorie (Trabant 1998) ist wie seine Nachfolger Nietzsche (Schlaffer 2007) und Adorno (Wellmer 2009) zwar als Diskursbeiträger gewürdigt worden, doch konnten sich weder eine kulturanthropologische Hör- und Sprachtheorie (Riedel 1990) noch die anthropologischen Forschungen Plessners zur Semantik des akustischen Modus (Käuser 1999) im akademischen Betrieb etablieren.

3. Verklanglichung und Versprachlichung

Der epochale Wandel von der Textualität zum Klang der Musik konterkariert traditionelle ästhetische Zuordnungen in der Kooperation von Musik und Sprache. Zum einen betrifft dies die Lyrik (vgl. III.8 HILLEBRANDT), deren metrische Ordnung sowohl die lyrische Sprache wie deren musikalische Vertonung etwa im Lied beherrschte (vgl. III.12 HINRICHSEN). Höhe- und Endpunkt dieser paradigmatischen Klangrede sind die vokalen Kompositionen Johann Sebastian Bachs oder die Lyrik Klopstocks. Demgegenüber findet in den Gedichten Ludwig Tiecks eine prosaische Rhythmisierung der Sprache statt, der eine Verklanglichung durch die Vertonungen von Johannes Brahms entspricht mit dem Ergebnis einer Entsemantisierung des lyrischen Gehalts und der Auflösung lyrischer Einheit. Die dadaistische Klangpoesie und Brechts *Reimlose Lyrik mit unregelmäßigen Rhythmen* radikalisieren diese ironische Freisetzung des Sprachklangs vom Sprachinhalt (Frank 1989). Die Oper ist das andere paradigmatische Kunstwerk eines rhetorisch geregelten Verhältnisses von Sprache und Musik – als barocke Klangrede von Emotionen (vgl. II.2.1 STOLLBERG). Auch die Oper erfährt spätestens seit Wagner (zumindest in der Rezeption Nietzsches) eine Reformierung (vgl. III.16 WISSMANN), die mit der Aufwertung des Klangs zugleich die semiotische Referenz auf Körper und Geste realisiert: „Bei Wagner steht am Anfang die Hallucination: nicht von Tönen, sondern von Gebärden. Zu ihnen sucht er erst die Ton-Semiotik." (Nietzsche KSA 6, 27–28) Er gibt „jeden dramatischen Vorgang in einer dreifachen Verdeutlichung, durch Wort, Gebärde und Musik: und zwar überträgt die Musik die Grundregungen im Innern der darstellenden Person des Dramas unmittelbar auf die Seelen der Zuhörer [...]" (Nietzsche KGW 4.1, 60). Diese Operndefinition des adäquaten Verhältnisses von Klang und Geste gilt noch für das Gesamtkunstwerk (vgl. III.15 SCHNEIDER) von Reinhardt, Hofmannsthal und Brecht. Die Entdifferenzierung von Musik und Sprache durch die Aufwertung des Klangs betrifft den Diskurs der Musik, so dass Musik und Theorie seit Wagner und Nietzsche in ein signifikantes Verhältnis zueinander treten. Die Verklanglichung der Musik wird seit ca. 1750 bis ins 21. Jahrhundert durch theoretische Reflexion flankiert, um den Klang und seine gestische Referenz wiederum zu versprachlichen. Insofern tritt neben das Verhältnis von Klang und Körper dasjenige von produktionsästhetischem Klang und analytischem Diskurs; beide durchkreuzen sich derart, dass der Diskurs zum Sachverhalt selbst gehört und eine musikanaloge Qualität erhält.

Theorien des Musikklangs seit Rousseau und Herder tragen in ihrer fragmentarischen Textgestalt selbst zu einer Verklanglichung des Diskurses bei. Friedrich Schlegel stellt eine „gewisse Tendenz aller reinen Instrumentalmusik zur Philosophie [...]" (Schlegel KFSA 2, 444. Athenäums-Fragment, 254) fest und leitet daraus den besonderen Textstatus des Musikdiskurses ab: „Muß die reine Instrumentalmusik sich nicht selbst einen Text erschaffen? und wird das Thema in ihr nicht so variiert und kontrastiert, wie der Gegenstand der Meditation in einer philosophischen Ideenreihe?" (Schlegel KFSA 2, 444. Athenäums-Fragment, 254). In der Textform des Fragments wird deutlich, dass in der Moderne das „Verhältnis von Sprache und Musik kritisch geworden" ist (Adorno GS 16, 73); die semiotische Problematik setzt sich fort in der formalen Besonderheit des Musikdiskurses. Wilhelm von Humboldt, Schlegel und Herder sehen um 1800 diese neuen Anforderungen an den Diskurs und konzipieren eine „Philosophie der Töne" (Herder W 2, 293) aufgrund von Reflexionen über das Verhältnis von Klang und Theorie: „Es bedürfte eines neuen Laokoon, um die Grenzen der Musik und der Philosophie zu bestimmen. Zur richtigen Ansicht mancher Schriften fehlt es noch an einer Theorie der grammatischen Tonkunst." (Schlegel KFSA 2, 64. Lyceums-Fragment, 155)

Entsteht die Notwendigkeit, das Verhältnis von Musik und Sprache neu zu bestimmen, so insbesondere wegen des gestiegenen Werts der musikalischen Wirkung. Denn das hermeneutische Modell von Sprache und Musik ist durch die Freisetzung des Klangs different geworden. Konnte im älteren rhetorischen Modell der Klangrede Musik wie Sprache über das Verständnis des Notentextes gelesen werden, so findet sich im modernen Modell nur noch eine prekäre diskursive Form der Beziehung zur Sprache, weil die Musik in der Verkörperung des Klangs eine hör- und sichtbare Wirkung in der Aufführung erhält: „Sprache interpretieren heißt: Sprache verstehen; Musik interpretieren: Musik machen."

(Adorno GS 16, 73) Bereits Herder und Wilhelm von Humboldt bemerkten, dass der Diskurs nicht nur die populäre Wirkung der Musik reflektiert und thematisiert, sondern dass der Diskurs selbst eine akustische Struktur durch geeignete textuelle Mittel einer „musikalische[n] Poesie" erlangt (Herder W 2, 366; Käuser 1999, 151).

4. Sprachtheorie und Semiotik

In der modernen Sprachtheorie wurden Fragen des Sprachklangs als ‚Lautgebärde' und ‚Resonanzphänomen' in der Konstellation von Ausdruck und Darstellung, von Sprecher und Hörer untersucht (Bühler 1976 [1933]). Wittgenstein beginnt die Begründung seiner Sprachphilosophie mit Untersuchungen zum „Rhythmus von Sprache und Musik" (Illies 2012, 81). Insofern sind zwei einflussreiche Sprachtheorien des 20. Jahrhunderts motiviert von der Reflexion über den Sprachklang oder die Sprachmusik. Beide Erneuerungsbewegungen sind selbst Phänomene der Resonanz auf die radikale Emanzipation des Musikklangs in der Zwölftonmusik Schönbergs innerhalb der intellektuellen Szenerie der Wiener Moderne, der Wittgenstein, Adorno und Bühler entstammen. Hervorzuheben ist die Andersheit der Theorie der musikalisierten Sprache zu einer Theorie der grammatikalischen Schriftsprache, so dass die diskursive Differenzqualität von schrift- versus lautbasiertem Sprachsystem zum methodischen Konzept etwa einer Analyse der Relation von Sprache und Leib hinzugehört (Schwering 2010). Denn wenn um 1800 eine Verschriftlichung der Kultur festzustellen ist, die die bisherige dominante mündliche Kommunikation ersetzt, so bewahren die Sprachursprungsschriften von Rousseau, Herder und Humboldt das Ideal natürlicher Authentizität der gesprochenen Rede, obwohl diese medienkulturell durch Schrift und Text verdrängt wird. Herder rückt Hören und Ohr in eine „semantisch-kognitive Dimension" (Trabant 1998, 102), welche zum einen zur Mensch- und Sprachwerdung durch „Besonnenheit" als Reflexion (Trabant 1998, 103) führt. Zum anderen begründet er auf dem Klanghören den Zusammenhang von Sprache und Musik, der sich textuell in „Lautgebärden" und vokalen Gesten wie Interjektionen und Onomatopoesie niederschlägt (Trabant 1998, 124). Die verdrängte Oralität der Stimme wird im Klang der Musik idealisiert, die zum Kommunikationsideal stilisiert wird an Stelle der durch Schrift verdrängten Mündlichkeit der Sprache. Die Idealität der Stimme als klangliche Ausgestaltung der Sprache erfährt im 20. Jahrhundert eine medientechnische Umsetzung durch die sekundäre Oralität von Radio und Hörbuch (Meyer-Kalkus 2001; Kolesch/Krämer 2006).

5. Musikalische Prosa

Die Diskursform der musikalischen Prosa soll den Klang der Sprache und Musik nicht nur beschreiben und reflektieren, sondern als Darstellung selbst musikanaloge Form gewinnen, etwa in Adornos Essays *Noten zur Literatur*. Bereits Herder und Wilhelm von Humboldt forderten eine mündliche, dialogische Philosophie, die die populäre Wirkung auf den Zuhörer fördern solle, um eine gleichsam unentfremdete Kommunikationssituation zu etablieren. Nietzsche und Adorno perfektionieren diese musikanaloge Oralisierung der Theorie in der mündlichen Rede des Vortrags oder im Radioessay. Beide haben dabei die Korrekturfunktion im Blick, die ein räsonierender musikanaloger Text gegenüber dem autonomen Klang der Musik einnimmt, der das passive Hören bei Wagner oder in der Popmusik fördert. Bühler behandelt die Aufhebung des lautlich-körperlichen Ausdrucks in der sprachlichen Darstellung und deren kommunikative Wirkung auf den Hörer in der Appellfunktion der Sprache (Bühler 1976 [1933], 102–104). Ebenso verwirklicht Nietzsche die „Forderung, die Schrift auf die lebendige Rede zu gründen […] in der Gegenwart als Wechsel der Medien: von der lesbaren Schrift zum hör- und sichtbaren Auftritt des Schriftstellers" (Schlaffer 2007, 77). Die ‚Eventisierung' der Literatur als Replik auf den digitalen Medienumbruch mit Lesungen und Hörbüchern, die mit dem gedruckten Buch konkurrieren, entspricht noch diesem Befund. Eine Ambivalenz zur Moderne kennzeichnet die Installierung des Genres der musikalischen Prosa bei Nietzsche in seiner Auseinandersetzung mit Wagner. Denn zum einen begründet er eine Musikalisierung der Prosa, die für die kulturelle Moderne seit 1900 deswegen kennzeichnend ist, weil sie sich mit der antimimetischen Abstraktion als deren Leitidee verbindet. Den Zusammenhang bezeichnen Plessner und Adorno als Musikalisierung, die zugleich Reflexion und damit Theorie fördert. Zum anderen ist der Vorgang modernekritisch, indem die Schrift als Leitmedium der Moderne durch diese Reoralisierung oder Remusikalisierung kulturkonservativ überboten werden soll (vgl. III.1 Koch). Die Wiederherstellung von klanglicher Archaik oder mündlicher Ursprünglichkeit in moderner Prosa wird in den künstlerischen und „intellektuellen Bewegungen des 20. Jahrhunderts" (Schlaffer 2007, 23) angestrebt. Die Wirkung des Formats zeigt sich in der Episierung des Musiktheaters bei Bertolt Brecht oder der Musikalisierung der Erzählpoetik Kafkas. Dabei entfremdet musikalische Prosa das Verhältnis zwischen Musik und Literatur von den traditionellen Zuschreibungen, die in metrischer Sprache eine lyrische oder opernhafte Realisierung fanden, insofern Metrik der Sprache und Harmonik der Musik sich entsprachen. An die Stelle von Metrik als mathematisch fundiertem Ordnungsprinzip des Verhältnisses von Sprache und Musik tritt die ‚Deduction des Rhythmus' (Friedrich Schlegel). Diese Opposition wird kultur- und modernekritisch verstanden; denn ist der Takt des Metrums nach Max Weber (1921) Ergebnis der Rationalisierung der Moderne, so repräsentiert der ‚unregelmäßige' prosaische Rhythmus ein ‚primitives' Ordnungsprinzip, welches im Ausdruck (Klages 2000) der körperlichen Sinnlichkeit des Lebens zu fundieren ist. Allerdings wird erst in der Ambivalenz der kulturellen Moderne seit 1900 der Rhythmus zur dominanten Denk- und Kunstfigur, wenn anthropologische und ethnologische Erkundungen das modernitätskritische Potential des Rhythmus erschließen und importieren. So behandelt Georg Simmel die ethnologische Fremdheit des Rhythmus als Grundlage von Tänzen, Riten, Gesten etc. (Simmel 1882). In den populären Musikkulturen der Rock- und Jazzmusik setzt sich Rhythmus dementsprechend als Grundprinzip durch. Während der Takt als Zeichen eine mathematische Ordnung in der Notation oder der Metrik der traditionellen Lyrik repräsentiert (vgl. Kittler 2005), ist der Rhythmus körperlich und findet in Prosa Ausdruck.

6. Geste und Rhythmus; Fragment und Montage

Musikalisch kann Prosa dadurch werden, dass sie rhythmisch und gestisch strukturiert ist. Gestisches Denken und Schreiben meint dabei die Handbewegung des Schreibens als individuellen Stil. Dabei ist die Schreibgeste eine modernistische Verkürzung der ursprünglichen Einheit von Körper und Geist, die im Tanzen, Singen, Reden, in der Gebärde und Geste Ausdruck fand. Sieht Klages im Schlaf eine Realisierung des von der Moderne verdrängten und nur unbewusst zurückgeholten Rhythmus (Klages 2000 [1933], 41–46), so erfindet die kulturelle Moderne im inneren Monolog als Hörbarmachung des Inneren Formen der Prosaisierung dieser ursprünglichen Musikalität. Das „unerhörte, das noch nie gehörte Wort" (Schlaffer 2007, 15) verweist auf die ursprüngliche „Leiblichkeit des Ausdruckes" (Schlaffer 2007, 61), die aber als musikalische Prosa doch nur eine modernistisch verkürzte „Ablagerung vorsprachlicher, mimischer Tätigkeiten, des Tanzens und Singens" (Schlaffer 2007, 59) ist. Insofern müssen Romanciers wie Hermann Broch diese Musikalität der Sprache als *Schlafwandler* hervorbringen und diese Wiederherstellung dem Leser so mitteilen, dass er sie imaginativ nachstellt. Die formalen Mittel sind z. B. Satzzeichen als kürzeste sprachlich-gestische Einheit, die den inneren Monolog kennzeichnet. Satzzeichen erinnern dabei an die musikalische Notation, überantworten aber der Imagination des Lesers deren Ausdeutung. Sie sind darüber hinaus gestische Ausdrucksträger des Prosarhythmus; in musikalischer Prosa kann der Klang der erzählenden Stimme nur imitiert werden oder den Imaginationen des Lesers überantwortet werden. Herder wird für Cassirer zu einem Begründer der Kulturwissenschaften, weil er den elementaren Ursprung von Sprache und Musik entdeckt und dafür eine entsprechende Denk- und Darstellungsart entwickelt, die durch keinen „regelmäßigen Rhythmus" und „Gang" wie in Hegels Dialektik zu bestimmen ist (Cassirer 1980, 12) und insofern eine Differenz der ästhetischen Diskurse und ihrer Methodik erforderlich macht. Von Herder und Schlegel über Nietzsche bis zu Wittgenstein und Adorno findet die Musikalisierung der Prosa eine Gestalt in fragmentarischen Texten, zu denen der Essay als musikanaloge Form gehört. Der fragmentarischen Zerlegung korrespondiert dabei die Zusammenfügung der Teile durch Verfahren der Montage, die dem Film entlehnt werden und dem musikalischen Komponieren entsprechen (Käuser 2006). „Das konkrete Einheitsmoment von Musik und Film liegt in der Gestik", konstatiert Adorno (Adorno GS 15, 77) mit Blick auf Brechts episches Theater, das als reformiertes Gesamtkunstwerk ein besonderes Verhältnis von Prosa und Musik erprobt. Fordern Brecht, Hanns Eisler sowie Kurt Weill eine „gestische Musik", die mit dem Mittel der Verfremdung mehr auf „Verhaltensweisen als auf Stimmung geht" (Adorno GS 15, 77; vgl. III.18 Lucchesi), so sehen Benjamin und Adorno aus dieser Konstellation ein gestisches Denken und Schreiben entstehen. Für das epische Theater ist die Fragmentform zentral als Unterbrechung durch populäre Songs und Gesten des Verhaltens wie Zeigen sowie Masken oder stimmliche Gebärden des Fragens oder Staunens und deren montageartige Zusammenfügung. Die Trennung der Elemente von Bild, Ton, Geste und Sprache dekretiert Brecht als Grundprinzip für sein episches Operntheater im *Dreigroschenprozess*. Der Regisseur Sergej Eisenstein hält in der Montage die Einzelelemente getrennt voneinander, verfugt sie indessen im musikalischen Rhythmus. Thomas Mann bestätigt diese disruptive Konstellation beider Künste und überführt sie in die Prosaform des *Doktor Faustus*.

7. Gestalt und Typisierung

Der Emanzipation des Klangs in der Musik korrespondiert der Aufstieg des Romans im System der Künste seit 1800. Den Roman als ‚romantisches Buch' (Helmut Schanze) kennzeichnet so eine Affinität zur absoluten Musik. Hierbei wird die semiotische Konstellation von Klang und Geste umgewendet in die personifizierende Gestalt. Seit Diderots *Neveu de Rameau,* Hoffmanns *Kreisler* oder *Ritter Gluck* entfalten und verkörpern sich in modernen Romanen pantomimisch tanzende und gestikulierende Musikanten (vgl. II.2.2 Lubkoll), deren expressiver Körperlichkeit Thomas Manns Adrian Leverkühn ein Ende setzt, indem seine Komposition ohne gestischen Ausdruck bleibt. Manns musiktheoretischer Ratgeber Adorno sieht die Notwendigkeit, dass die Musiktheorie solche Gestaltwerdungen reflektieren und integrieren muss. In der *Philosophie der neuen Musik* koinzidieren die „Ausdruckstypen" der musikalischen „Reihengestalten" (Adorno GS 12, 27) mit der Personifikation im progressiven Schönberg einerseits und dem regressiven Strawinsky andererseits als methodischem Verfahren der Musiktheorie. Auch die *Einleitung in die Musiksoziologie* folgt diesem Vorgehen, insofern der Vortragstext musikalische Typisierungen und Verhaltensweisen entwickelt und als soziologische Methode vorschlägt. Die Popularisierung der Musik durch den Klang wird in der Diskursform der Musiksoziologie aufgehoben, die das musikalische Verhalten mit einem typologischen Verfahren untersucht. Adorno hebt insofern die musikanaloge Textualität einer Untersuchung über eine „Typologie musikalischen Hörens" sowie von „Klangfiguren" hervor, die im mündlichen Vortragscharakter besteht und im Text „fragmentarisch" (Adorno GS 14, 171–173) bewahrt werden soll; ihr Material entstammt dem noch in den USA im Exil begonnenen „Princeton Radio Research Project On Popular Music". Adorno sieht die theorietechnischen Probleme der Koinzidenz eines doppelten entweder konzentrierten oder dekonzentrierten Hörens und Klangs in der Empirie der Hör- und Klangtypen sowie in deren reflektierender Gestalt im Vortragstext: „Systematik ist nicht angestrebt; vielmehr sind die Reflexionen um Nervenpunkte zentriert." (Adorno GS 14, 174) Diese Probleme eines Zusammenhangs von „Theorie und fact finding" beginnen beim „Verbalisierungsproblem" der „Übersetzungsarbeit" (Adorno GS 14, 174–176), wie Hören und Klang als Dominanten der modernen populären oder seriellen Musikkultur zu bewältigen sind. Dies erfolgt in der analogen Übersetzung des musikalischen Klangs in den Klang der musiktheoretischen Prosa, die fragmentarisch Prinzipien der Zwölftontechnik nachahmt und dadurch der Theorie eine akustisch erzeugte Wirkung ermöglicht, die trotz der Schwierigkeit der Texte stimmlich und radiophon gelingt. Indem musikalisches Verhalten während der Aufführung untersucht wird, besteht auch hier die Grundlage in der gestischen Verkörperung, deren zentrale Figuren wie Dirigent, Tänzer, Experte und Virtuose eine Gestaltenreihe ausprägen. Eher als die Werke selbst rückt so die Sphäre der „Reproduktion" und „Vermittlung" (Adorno GS 14, 395–426) in den Fokus der Analyse. Dem zunächst amorphen schriftlosen und nur hörbaren Klang eine sichtbare Gestalt zu geben, hat im 20. Jahrhundert insbesondere die Gestalttheorie beschäftigt, ob nun als Gestalt des Rhythmus (Simmel, Klages), als Einheit der Sinne (Helmuth Plessner), als symbolische Form (Ernst Cassirer) oder Toncharakter (Jacques Handschin). Dabei stehen die diversen Varianten der „Synästhesie" (Handschin 1995, 413) als Klangfarbe oder im Gesamtkunstwerk Oper im Mittelpunkt. Ist die im 20. Jahrhundert sich ausbreitende akustische Kultur wesentlich eine von Medien wie Radio und Grammophon, so setzt der dort freigesetzte Sound durch die Distanzierungsleistung der Medien einen Prozess der Entkörperung frei, dem ein Prozess der Verkörperung korrespondiert: Angesichts der akustischen Stimm- und Klangkultur des Radios oder von Hörbüchern wird dieser Prozess des *disembodiment* theoretisch reflektiert, indem die Autonomie des Tons eine Gestaltung in der physiognomischen Ausdruckswahrnehmung einfordert, deren Visualität imaginär in der Vorstellung des Hörers erzeugt wird. Der autonome Klang des Radios und der Musik bedarf der koexpressiven Verkörperung, die die Entkörperung durch den Klang ergänzt (Meyer-Kalkus 2001).

8. Verkörperung in der Schrift

Verkörperung (in der musikalischen/akroamatischen Rezeption) ist ein kreativer Vorgang und kein mimetischer; es werden nicht Gestalten vorgefunden und lautmalerisch als Klangfarbe, Charakter oder Emotion in Relation zum Klang gesetzt, sondern der Akt des Musizierens in Analogie zum Akt des Schreibens steht im Mittelpunkt als körperliche Geste der *écriture*. Konstruktivistisch wird die Gestaltung durch den kreativen und nicht mimetischen Akt des Komponierens, Musizierens und Versprachlichens in den Blick genommen. Symbolisierung durch Gestaltung findet im kreativen Akt des Schreibens von Texten oder von Musik statt noch vor jeder Bezugnahme auf Gegenstände. Dieses gestische und körperanaloge Schreiben und Denken entspringt als emergenter Akt dem Verhältnis von Geste, Wort und Musik:

„Das Verstehen eines Satzes der Sprache ist dem Verstehen eines Themas in der Musik viel verwandter [...]. Man könnte sich Menschen denken, die etwas einer Sprache nicht ganz Unähnliches besäßen: Lautgebärden, ohne Wortschatz oder Grammatik. [...] ‚Was wäre aber hier die Bedeutung der Laute?' – Was ist sie in der Musik?" (Wittgenstein 1971, 226–227)

Roland Barthes stellt den Prozess heraus, in dem Stimme zum Text wird und in dem Lautgebärden eine textuelle Form erhalten; etwa in den kleinen Formen des Essay (Barthes 2002), der so eine musikähnliche Textur erhält durch die gestische Performanz des Schreibens als Analogon von Sprechen, Musizieren und Singen. Insofern ist das Verhältnis von Musik und Sprache eines der Schrift oder „Écriture" (Adorno GS 12, 634), und es dominiert dergestalt die Relationen von Musik und Malerei. Deren Intermedialität ist eine der Konvergenz, die die Trennung der Elemente Ton, Bild, Sprache und Geste voraussetzt. Avantgardistische Künste bewahren die ursprüngliche Mimik des Hervorbringens als Geste des Schreibens und Sprechens. Mimisch ist die avantgardistische Musik, aber nicht mimetisch, denn sie konstruiert autonome Klangfiguren ohne Ab-, Vor- oder Nachbild. Malerei und Musik konvergieren im ‚konstruktiven Prinzip' der Abstraktion, die vom gestischen Akt des Schreibens hervorgebracht wird. Diese Geste ist „expressiv", aber nicht mehr subjektiver „Ausdruck" (Adorno GS 16, 635). Der Geste des Schreibens entspricht die Geste des Musizierens, die den Klang in der Aufführung realisiert. Zum einen reproduziert die musikalische Avantgarde archaische Vermögen wie die körperliche Geste als basale Kulturtechnik des Komponierens, Musizierens und Schreibens. Zum anderen wird in der Polyphonie der Klang absolut und benötigt zu seiner Realisierung geeignete Techniken des Aufführens und Reproduzierens mit den entsprechenden Verhaltensweisen und Typisierungen des Dirigenten, Interpreten oder Hörers. Kultur- und kunstkritisches Paradigma für ästhetische Qualität ist die angemessene Relation von Archaik und Moderne, Mimesis und Konstruktion, so dass Strawinsky oder Hindemith im Unterschied zu Schönberg eine Regression in die Archaik primitiver Mythen vorgeworfen wird (Adorno GS 16, 636–645).

9. Mimesis und Reproduktion

Ist die Freisetzung des Klangs von anderen Medien wie Sprache und Malerei als „Polyphonie das notwendige Medium der neuen Musik", so entspringt diese Musik gleichwohl den archaischen Vermögen und körperlichen Kulturtechniken „kollektiver Übungen von Kult und Tanz" (Adorno GS 12, 26). In der populären Kulturindustrie des Radios und Grammophons, die die Reproduktion der archaischen Gestik und Rhythmik perfektioniert, verkommt deren Authentizität zum Kitsch als Regression. Insofern befinden sich „Kitsch und Avantgarde" (Adorno GS 12, 19) in gegenläufiger Parallelität der „Konvergenz" (Adorno GS 16, 635). So wird die Zwölftonmusik latent zum Massenmedium, insofern sie die kultischen Ursprünge der Musik reproduziert und eine „ideale Kollektivität" anstrebt, etwa durch ihren polyphonen Klangcharakter, der „wir" sagt (Adorno GS 12, 26). Auch wenn Schönberg im *Verein für musikalische Privataufführungen* diese Popularisierung anstrebt oder seine Schüler Eisler, Weill, Korngold, Berg u. a. durch ihre Mitarbeit am Gesamtkunstwerk Brechts oder am Film ähnliche Zwecke verfolgen, bleibt der Widerspruch der Avantgarde zum dekonzentrierten Hören der Kulturindustrie bestehen. Insofern wird die ideale Kollektivität der Musik fiktiv und imaginär, sei es im isolierten Arbeiten des Komponisten, sei es in den Vorstellungen der Hörer. „Das Vernommenwerden durch viele liegt auf dem Grunde der musikalischen Objektivation selber, und wo es ausgeschlossen, wird diese notwendig fast zu einem Fiktiven herabgesetzt, zur Arroganz des ästhetischen Subjekts, das Wir sagt, während es nur Ich ist, und das doch überhaupt nichts sagen kann, ohne das Wir mitzusetzen." (Adorno GS 12, 26) Diese Antinomie wird gemildert durch die Diskursivierung der Musik, welche die Kollektivität der Musik durch den Text fiktiv wiederherstellt. So geht es um die Frage der Verwandlung des musikalischen Hörens in Lesen mit exakter Vorstellung:

„Es liegt keinerlei Grund dafür vor, den sinnlichen Klang von Musik für diese für wesentlicher zu halten als den sinnlichen Klang der Worte für die Sprache. [... So] kann die wirkliche präzise Vorstellung beim Lesen das Ideal der Aufführung geben [...]. [D]ie Realisierung der Musik in der Imagination [würde] das Werk selbst rein darstellen, ohne dem Wirkungszusammenhang das leiseste Zugeständnis zu machen. [...] Die überholte Scheidung von Werk und Reproduktion wäre liquidiert." (Adorno NS 1.2, 210–211)

Auf diese Weise führt Adorno die zeichentheoretische Übersetzung von Klang in Geste als Visualisierung und Verschriftlichung des Klangs weiter: „Überhaupt ist das Fragment über Musik und Sprache in die Reproduktionstheorie zu verarbeiten." (Adorno NS 1.2, 118–119) War die Emanzipation des autonomen Klangs in der Instrumentalmusik um 1800 gekoppelt an die Semantik der Gefühle, so stellt Adorno eine Differenz in der neuen Musik seit 1900 fest, indem der Ausdruck dort vom Subjekt losgelöst und ans musikalische Material und seine Konstruktion in „Reihengestalten" und „Ausdruckstypen" (Adorno GS 12, 27) übergeben wird. Dabei wird der Ausdruck zur Geste und die Koppelung des Klangs an subjektiven Ausdruck entfällt. Zwar bleibt die körperliche Basis bestehen, doch verändert sich die Art der Verkörperung. Ist der Ausdruck ans mimetische Prinzip der musikalischen Nachahmung von Gefühlen gekoppelt – Adorno spricht von der „[m]imetische[n] Wurzel aller Musik" (Adorno NS 1.2, 13) –, so profiliert die Geste das konstruktive Prinzip des mimischen Herstellens (der Poiesis). „Der ‚Ausdruck' von Musik ist keine Intention sondern mimisch-nachahmend. [...] Musik interpretieren heißt nicht umsonst Musik *machen* – nachahmende Leistungen vollbringen." (Adorno NS 1.2, 13)

So nähert sich das musikalische Hervorbringen im Akt des Komponierens, Musizierens und Dirigierens der sprachlichen Darstellung an. Adornos Texte werden zur musikähnlichen Komposition durch die Notatform der Fragmente im Akt des Schreibens und Darstellens. Wie Wittgenstein sieht Adorno die Affinität zwischen der Verstellung und Maskierung des Schauspielers zur Darstellung des Schreibens und Musizierens: „Nur wer es nachzuahmen vermag versteht den Sinn des Werkes und nur wer diesen versteht vermag nachzuahmen. Alle Sprachen wenden den Begriff des Spiels auf Musik an." (Adorno NS 1.2, 10)

10. Resümee und Forschungsperspektiven

Im Diskurs über Musik besteht ein musikanaloges Verhältnis „unsinnlicher Ähnlichkeit" (Benjamin GS 2.1, 208) zwischen Methode und Gegenstand. Dadurch werden der „Darstellungsmodus" (Zaminer 1985, 6) einer *Geschichte der Musiktheorie* und deren eigentümlicher Diskurs- und Textstatus als „explizite und implizite Theorie" (Dahlhaus/Zaminer 1985, 8) hervorgehoben. Die Denkfigur und deren Konstellationen behaupten eine eigenständige Dignität gegenüber dem musikalischen Gegenstand und seiner Immanenz und Materialität und fügen so zentrale Autoren wie Adorno oder Nietzsche in eine historische Formation sowie eine neue Sichtweise ein. Die Eigenständigkeit des reflektierenden ästhetischen Diskurses wird offenkundig dann, wenn die gleichen Diskurselemente auf ganz verschiedene Musikformen angewendet werden. Nietzsche bestimmt mit Blick auf Wagner das „Verhältniß der Sprache zur Musik [... als ...] Verhältniß des *Mimus* zur *Musik*" (Nietzsche KGW 3.3, 377); fast identisch formuliert Adorno über das Verhältnis von Musik und Sprache, dass „der Gestus von Musik der Stimme entlehnt" sei (Adorno GS 16, 251), aber Adorno hat die Zwölftonmusik im Blick.

So prägt die Denkfigur einer (sprach-)mimetischen Darstellung des Klanglichen eine eigentümliche Serialität und musikähnliche Reproduktion aus, die seit Herder und Rousseau über Schopenhauer, Schleiermacher bis zu Nietzsche und Adorno reicht und diesen Diskurs mit musikähnlichen Leitmotiven ausstattet: „Die Beziehung von Mimik und Musik, zentral, wird offenbar in der Sphäre der *Reproduktion*. Musizieren und schauspielen sind nächstverwandt [...]." (Adorno NS 1.2, 206) Generiert wird ein „mimetisches Vermögen und Verhalten" (Benjamin GS 2.1, 204–205) im Verhältnis von Musik und Diskurs. Hieraus resultieren Forschungsdesiderata zur Geste, zum Hören, zu Klang und Körper sowie zur Medienanthropologie.

Insofern die Denkfigur von der nonverbalen (körperlichen) Emanzipation des Klangs anthropologisch ausgewiesen ist, wird die Rekonstruktion oder Archäologie der archaischen Bestände von Musik ambivalent (Käuser 2016). Zielt die Denkfigur auf die populäre Realisierung der Musik in der konzertanten Aufführung, so wird der Hörer zentral. Dabei kann die Aufwertung des Hörens diskurskritisch einer etablierten Sprachtheorie entgegengesetzt werden wie bei Herder oder Benjamin in der Entgegensetzung von semiotischer und mimetischer Sprachtheorie (Benjamin GS 2.1, 208) oder medien- und kulturkritisch als Verfall des konzentrierten „adäquaten Hören[s]" (Adorno GS 12, 19) gesehen werden. Das regressive Hören, das die Kulturindustrie befördert, ist einer geschichtsphilosophischen Denkfigur eingebettet, die die archaisch ausgewiesene Authentizität der Musik exploriert. Insofern Archaik und Moderne kollaborieren, ergeben sich die kulturkritischen Implikationen, die Modernisierung als radikale Avantgarde seit 1900 entweder als Regression oder als Progression bestimmen. Wird der Untersuchungszeitraum eingeschränkt auf die Moderne seit dem späten 18. Jahrhundert, so finden sich Parallelen und Kontinuitäten trotz aller Unterschiedlichkeit der Beiträger. Bereits die im späten 18. Jahrhundert berühmten Klangfiguren von E. F. Chladni widmen sich der Frage, wie der Klang zu visualisieren sei, was dann Adornos *Klangfiguren* in ganz anderer Weise unternehmen. Insofern diese Kohärenz der Diskursform zur Typologisierung von Gestalten neigt, zitiert Adorno zustimmend Hegels antinomische Typen des „Dilettanten" und des „Kenners", welche die absolute Instrumentalmusik hervorgebracht hat (Adorno GS 12, 30) und die im Genre der musikalischen Prosa wiederkehren. Um den autonomen Klang angesichts der Dissonanzen der Zwölftonmusik zu plausibilisieren, ohne das kulturindustriell geförderte regressive Hören zu affirmieren, wird der Vortragscharakter der im Rundfunk gesendeten musiktheoretischen Texte betont. Der Text soll den Unterschied zwischen einer „vorab an der Sache und vorab an der Lehre orientierten Darstellung" aufrechterhalten, so dass er weder die „Spuren der Vortragsform getilgt [hat], noch versucht, die Sprache der des rein Geschriebenen gleichzumachen" (Adorno GS 15, 160). Dies dient der „Erkenntnis, wie neue Musik richtig zu hören und richtig darzustellen, wie die neuen technischen Medien richtig zu verwenden wären" (Adorno GS 15, 159). Ziel sind „Anweisungen zum Hören neuer Musik", die soziologisch das Hören als soziales Verhalten begreifen und die „Rezeption neuer Musik in der Breite der Gesellschaft" (Adorno GS 15, 188) fördern wollen. Dabei leitet der musik- oder höranaloge Text die „schweigende, imaginative, schließlich hörende Aktivität, Leistung dessen, was Kierkegaard das spekulative Ohr nannte" (Adorno GS 15, 190), an. Das Lesen der Theorie nähert sich dem Hören an, indem der Klang im Text imitiert und vom Leser imaginiert wird.

Literatur

Adorno, Theodor W. *Gesammelte Schriften 12: Philosophie der neuen Musik* [1949] (=GS 12). Hrsg. von Rolf Tiedemann unter Mitwirkung von Gretel Adorno, Susan Buck-Moss und Klaus Schultz. Frankfurt am Main: Suhrkamp, 1975.
Adorno, Theodor W. „Einleitung in die Musiksoziologie. Zwölf theoretische Vorlesungen" [1962/1968]. *Gesammelte Schriften 14: Dissonanzen, Einleitung in die Musiksoziologie* (=GS 14). Hrsg. von Rolf Tiedemann unter Mitwirkung von Gretel Adorno, Susan Buck-Moss und Klaus Schultz. Frankfurt am Main: Suhrkamp, 1973. 169–433.
Adorno, Theodor W. und Hanns Eisler. „Komposition für den Film" [1944/1969]. *Gesammelte Schriften 15: Komposition für den Film. Der getreue Korrepetitor* (=GS 15). Hrsg. von Rolf Tiedemann unter Mitwirkung von Gretel Adorno, Susan Buck-Moss und Klaus Schultz. Frankfurt am Main: Suhrkamp, 1976/1997. 7–155.

Adorno, Theodor W. „Der getreue Korrepetitor. Lehrschriften zur musikalischen Praxis" [1963]. *Gesammelte Schriften 15: Komposition für den Film. Der getreue Korrepetitor* (=GS 15). Hrsg. von Rolf Tiedemann unter Mitwirkung von Gretel Adorno, Susan Buck-Moss und Klaus Schultz. Frankfurt am Main: Suhrkamp, 1976/1997. 157–402.

Adorno, Theodor W. „Fragment über Musik und Sprache" [1956/1957]. *Gesammelte Schriften 16: Musikalische Schriften I–III. Klangfiguren, Quasi una fantasia, Musikalische Schriften III* (=GS 16). Hrsg. von Rolf Tiedemann unter Mitwirkung von Gretel Adorno, Susan Buck-Moss und Klaus Schultz. Frankfurt am Main: Suhrkamp, 1978. 251–256.

Adorno, Theodor W. „Über einige Relationen zwischen Musik und Malerei" [1965]. *Gesammelte Schriften 16: Musikalische Schriften I–III. Klangfiguren, Quasi una fantasia, Musikalische Schriften III* (=GS 16). Hrsg. von Rolf Tiedemann unter Mitwirkung von Gretel Adorno, Susan Buck-Moss und Klaus Schultz. Frankfurt am Main: Suhrkamp, 1978. 628–642.

Adorno, Theodor W. *Nachgelassene Schriften 1.2: Zu einer Theorie der musikalischen Reproduktion* (=NS 1.2). Hrsg. vom Theodor-W.-Adorno-Archiv. Frankfurt am Main: Suhrkamp, 2001.

Barthes, Roland. *Die Körnung der Stimme. Interviews 1962–1980*. Frankfurt am Main: Suhrkamp, 2002 [1981].

Benjamin, Walter. „Lehre vom Ähnlichen" [1933]. *Gesammelte Schriften 2: Aufsätze, Essays, Vorträge 1* (=GS 2.1). Hrsg. von Rolf Tiedemann und Hermann Schweppenhäuser. Frankfurt am Main: Suhrkamp, 1977. 204–210.

Benjamin, Walter. „Probleme der Sprachsoziologie. Ein Sammelreferat" [1935]. *Gesammelte Schriften 3: Kritiken und Rezensionen* (=GS 3). Hrsg. von Hella Tiedemann-Bartels. Frankfurt am Main: Suhrkamp, 1972. 452–480.

Bühler, Karl. *Die Axiomatik der Sprachwissenschaften*. Frankfurt am Main: Klostermann, 1976 [1933].

Caduff, Corina. *Die Literarisierung von Musik und bildender Kunst um 1800*. München: Fink, 2003.

Cassirer, Ernst. *Zur Logik der Kulturwissenschaften: 5 Studien*. Darmstadt: Wissenschaftliche Buchgesellschaft, 1980 [1942].

Dahlhaus, Carl. *Die Idee der absoluten Musik*. Kassel, Basel i. a.: Bärenreiter, 1978.

Eckel, Winfried. *Ut musica poesis. Die Literatur der Moderne aus dem Geist der Musik*. München: Fink, 2015.

Ernst, Wolfgang und Friedrich Kittler (Hrsg.). *Die Geburt des Vokalalphabets aus dem Geist der Poesie. Schrift, Zahl und Ton im Medienverbund*. München: Fink, 2006.

Frank, Manfred. *Einführung in die frühromantische Ästhetik. Vorlesungen*. Frankfurt am Main: Suhrkamp, 1989.

Gess, Nicola. *Gewalt der Musik. Literatur und Musikkritik um 1800*. Freiburg im Breisgau und Berlin: Rombach, 2006.

Goodman, Nelson. *Sprachen der Kunst. Entwurf einer Symboltheorie*. Frankfurt am Main: Suhrkamp, 1997.

Handschin, Jacques. *Der Toncharakter. Eine Einführung in die Tonpsychologie*. Darmstadt: Wissenschaftliche Buchgesellschaft, 1995 [1948].

Herder, Johann Gottfried. „Kritische Wälder oder Betrachtungen über die Wissenschaft und Kunst des Schönen. Viertes Wäldchen" [1769]. *Werke 2: Schriften zur Ästhetik und Literatur 1767–1781* (=W 2). Hrsg. von Gunter E. Grimm. Frankfurt am Main: Deutscher Klassiker Verlag, 1993. 247–442.

Illies, Florian. *1913. Der Sommer des Jahrhunderts*. Frankfurt am Main: Fischer, 2012.

Jakobson, Roman. *Semiotik. Ausgewählte Texte 1919–1982*. Hrsg. von Elmar Holenstein. Frankfurt am Main: Suhrkamp, 1992.
Käuser, Andreas. *Schreiben über Musik. Studien zum anthropologischen und musiktheoretischen Diskurs sowie zur literarischen Gattungstheorie*. München: Fink, 1999.
Käuser, Andreas. „Medium – Musik – Text. Montage als Darstellungsform". *Zeitschrift für Literaturwissenschaft und Linguistik* 141 (2006): 159–173.
Käuser, Andreas. „Historische Anthropologie der Musik". *Kompendium Musiksoziologie*. Hrsg. von Volker Kalisch. Laaber: Laaber, 2016. 29–40.
Kittler, Friedrich. *Musik und Mathematik I. Hellas I: Aphrodite*. München: Fink, 2005.
Klages, Ludwig. *Vom Wesen des Rhythmus*. Bonn: Bouvier, 2000 [1933].
Kolesch, Doris und Sibylle Krämer (Hrsg.). *Stimme*. Frankfurt am Main: Suhrkamp, 2006.
Leroi-Gourhan, André. *Hand und Wort. Die Evolution von Technik, Sprache und Kunst*. Frankfurt am Main: Suhrkamp, 1995 [1965].
Lévi-Strauss, Claude. *Sehen, Hören, Lesen*. Frankfurt am Main: Suhrkamp, 2004.
Lubkoll, Christine. *Mythos Musik. Poetische Entwürfe des Musikalischen in der Literatur um 1800*. Freiburg im Breisgau: Rombach, 1995.
Menke, Bettine. *Prosopopoiia. Stimme und Text bei Brentano, Hoffmann, Kleist und Kafka*. München: Fink, 2000.
Meyer-Kalkus, Reinhart. *Stimme und Sprechkünste im 20. Jahrhundert*. Berlin: Akademie, 2001.
Nietzsche, Friedrich. „Über Musik und Wort" [1871]. *Werke. Kritische Gesamtausgabe 3.3: Nachgelassene Fragmente Herbst 1869–1872* (=KGW 3.3). Hrsg. von Giorgio Colli und Mazzino Montinari. Berlin und New York: De Gruyter, 1978. 375–387.
Nietzsche, Friedrich. „Unzeitgemäße Betrachtungen. 4. Stück: Richard Wagner in Bayreuth" [1876]. *Werke. Kritische Gesamtausgabe 4.1: Richard Wagner in Bayreuth (Unzeitgemäße Betrachtungen IV). Nachgelassene Fragmente Anfang 1875 bis Frühling 1876* (=KGW 4.1). Hrsg. von Giorgio Colli und Mazzino Montinari. Berlin: De Gruyter, 1967. 1–82.
Nietzsche, Friedrich. „Der Fall Wagner. Ein Musikanten-Problem" [1888]. *Kritische Studienausgabe 6* (=KSA 6). Hrsg. von Giorgio Colli und Mazzino Montinari. München: dtv, 1988. 9–53.
Riedel, Manfred. *Hören auf die Sprache. Die akroamatische Dimension der Hermeneutik*. Frankfurt am Main: Suhrkamp, 1990.
Schlaffer, Heinz. *Das entfesselte Wort. Nietzsches Stil und seine Folgen*. München: Hanser, 2007.
Schlegel, Friedrich. *Literarische Notizen 1797–1801. Literary Notebooks*. Hrsg. von Hans Eichner. Frankfurt, Berlin, Wien: Ullstein, 1980 [1957].
Schlegel, Friedrich. „Athenäums-Fragmente" [1798]. *Kritische Friedrich-Schlegel-Ausgabe 2: Charakteristiken und Kritiken 1 (1796–1801)* (=KFSA 2). Hrsg. von Hans Eichner. München, Paderborn, Wien: Verlag Ferdinand Schöningh und Zürich: Thomas-Verlag, 1967. 165–255.
Schlegel, Friedrich. „Lyceums-Fragmente" [1797]. *Kritische Friedrich-Schlegel-Ausgabe 2: Charakteristiken und Kritiken 1 (1796–1801)* (=KFSA 2). Hrsg. von Hans Eichner. München, Paderborn, Wien: Verlag Ferdinand Schöningh und Zürich: Thomas-Verlag, 1967. 147–163.
Schwering, Gregor. *Sprachliches Gespür. Rousseau – Novalis – Nietzsche*. München: Fink, 2010.
Simmel, Georg. *Gesamtausgabe in 24 Bänden 1: Psychologische und ethnologische Studien über Musik* [1882]. Hrsg. von Klaus Christian Köhnke. Frankfurt am Main: Suhrkamp, 2000.
Trabant, Jürgen. *Artikulationen. Historische Anthropologie der Sprache*. Frankfurt am Main: Suhrkamp, 1998.

Valk, Thorsten. *Literarische Musikästhetik. Eine Diskursgeschichte von 1800 bis 1950*. Frankfurt am Main: Klostermann, 2008.
Weber, Max. *Die rationalen und soziologischen Grundlagen der Musik*. Tübingen: UTB, 1972 [1921].
Wellmer, Albrecht. *Versuch über Musik und Sprache*. München: Hanser, 2009.
Wittgenstein, Ludwig. *Philosophische Untersuchungen*. Frankfurt am Main: Suhrkamp, 1971.
Zaminer, Frieder (Hrsg.). *Ideen zu einer Geschichte der Musiktheorie. Einleitung in das Gesamtwerk*. Darmstadt: Wissenschaftliche Buchgesellschaft, 1985.

III. Exemplarische Analysen im historischen Kontext

III.1. Der Dichter-Sänger: Antikes Modell und spätere Adaptionen
Manfred Koch

„Nehmen wir jetzt das wichtigste Phänomen der ganzen antiken Lyrik hinzu, die überall als natürlich geltende Vereinigung, ja Identität des Lyrikers mit dem Musiker." (Nietzsche KSA 1, 43) Die Dichter waren, wie Nietzsche in der *Geburt der Tragödie* festhält, am Anfang der abendländischen Literaturgeschichte Sänger. Nietzsche ergänzend muss hinzugefügt werden: Jeder feierliche Vortrag von Texten, auch der des Epikers und über weite Strecken auch derjenige von Dramenfiguren, war ursprünglich von Instrumenten begleiteter Gesang. Zudem vollzog solch dichterisches Singen sich vielfach in Tanzbewegungen. Die ‚Versfüße' des Altertums waren noch wirkliche Schrittfolgen; das ist der Grund für die außerordentliche Vielgestaltigkeit der antiken Metrik. Um die griechische Dreieinigkeit von Sprache, Musik und Tanz war es mit dem Sieg des Christentums endgültig geschehen, Augustinus sah im musischen Tanzen eine Verherrlichung des sündigen Leibs. Zwar blieb die Lyrik, als musikalischste Gattung, gerade in der christlichen Tradition bis auf den heutigen Tag mit Gesang vermählt (Kirchenlied; vgl. auch III.8 HILLEBRANDT), ein Großteil der neuzeitlichen Gedichte ist indessen reine Wortkunst. Im Bereich der Epik und des Dramas hat sich die Scheidung von Wort und Musik noch deutlicher vollzogen. Antike und mittelalterliche Versepen wurden in einer Art rezitativischem Sprechgesang öffentlich vorgetragen, der im Hellenismus aufkommende und in der Neuzeit zur dominierenden Gattung aufsteigende Roman ist Gegenstand einsamer, stiller Lektüre. Während das antike Schauspiel in jeder seiner Formen immer Musiktheater war, kommt es in der Neuzeit zur Ausdifferenzierung verschiedener Aufführungsformen, deren Pole das reine Sprechdrama auf der einen und die durchgängig gesungene Oper auf der anderen Seite bilden.

In Nietzsches Basler Vorlesungsnotizen findet sich der wichtige Hinweis, dass die moderne Vertonung von geschriebener, für die Lektüre bestimmter Poesie etwas kategorial anderes ist als das einheitliche Wort-Musik-Gebilde, das antike Hörer vernahmen: „Die Griechen lernten ein Lied gar nicht anders kennen als durch den Gesang. Und zwar empfand man hier die strengste Zusammengehörigkeit. Wenn uns das Lied eines Dichters mit den Tönen eines Componisten vorgeführt wird, so kommen wir fast nie mehr zum Gesammtgefühl, sondern genießen das Musikalische für sich und das Dichterische für sich." (Nietzsche KGW 2.2, 108) Versmetrum und musikalischer Takt gehören in der Neuzeit verschiedenen

Ordnungen an, sie gehorchen je eigenen Gesetzen (der wichtigste Grund für die Schwierigkeiten beim Vertonen von Gedichten).

Nietzsche formuliert diese Überlegungen im Kontext seiner Auseinandersetzung mit Richard Wagners ‚Gesamtkunstwerk' (vgl. III.15 SCHNEIDER). Der Rekurs auf die Dichter-Sänger der Antike hat seinen besonderen Stellenwert im Rahmen eines kulturrevolutionären Projekts zur Wiedervereinigung von Sprache, Musik und szenischer Darstellung, das an die romantischen Theorien zur Stiftung einer ‚Neuen Mythologie' anschließt (vgl. Frank 1982 u. 1988). Poesie soll im Zusammengehen mit der Musik wieder zum Zentrum gesellschaftlicher Sinngebung werden, dem Wagner'schen ‚Bühnenweihefestspiel' traut Nietzsche zu, wie einst die chorische Dichtung der Alten Kunstwerk und gemüterverschmelzender ‚dionysischer' Gottesdienst in einem zu sein.

Weit mehr als nur eine altphilologische Abhandlung ist Nietzsches *Geburt der Tragödie* eine kulturkritische Kampfschrift, die die vereinigte Macht von Poesie und Musik als Heilmittel gegen die Pathologien der Moderne – sozialer Atomismus, Sinnleere nach dem Tod Gottes – beschwört. Der Text steht damit in einer spezifisch deutschen Traditionslinie, in der seit dem 18. Jahrhundert Schriftsteller und Philosophen unter ständiger Berufung auf die Antike das Bild eines neuen, dichterischen ‚Gesangs' entwerfen, der die Partikularisierung der Künste und ihre Degradierung zur privaten Unterhaltung überwinden soll. In Bezug auf diese Profilierung eines heiligen Dichter-Sängers, die mit Klopstock einsetzt und sich über Goethe, Hölderlin, Novalis bis hin zu George und Rilke verfolgen lässt, hat Bertolt Brecht einmal, unüberhörbar spöttisch, von der „pontifikalen Linie" der deutschen Literatur gesprochen (Brecht GBA 26, 416). Teil 2 dieses Artikels ist der Versuch, diese Linie in der gebotenen Kürze nachzuzeichnen. Es wird sich zeigen, dass die modernen Ansätze einer Re-Musikalisierung der Dichtung überwiegend – entgegen dem Wagner/Nietzsche-Modell – auf ‚fingierte Oralität' setzen, also eine Gestaltung von Schriftsprache, die im Akt des Lesens den Eindruck von Mündlichkeit, ‚Gesang', erweckt. Teil 1 gibt zuvor einen Überblick über die wichtigsten Formen originär gesungener Dichtung in Antike und Mittelalter; dabei werden besonders die wirkungsgeschichtlich relevanten Aspekte hervorgehoben. Teil 3 präsentiert abschließend einige Überlegungen zum Verhältnis von Lyrik, mündlichem Vortrag und Gesang im Zeitalter der durch die Massenmedien bewirkten Wiederkehr der Oralität (‚sekundäre Oralität').

1. Stationen oraler Dichtung

1.1. Antike

Homer war ein Dichter-Sänger, mit hoher Wahrscheinlichkeit gehörte der Autor der *Ilias* dem Berufsstand der sogenannten Aoiden an. Aoiden waren umherziehende oder an Adelshöfen fest angestellte Spezialisten für den improvisierenden mündlichen Vortrag der überkommenen Götter- und Heldengeschichten. Über ihre gesellschaftliche Stellung und ihre konkrete Tätigkeit gewinnt man, mangels anderer Zeugnisse, am ehesten ein Bild in den Epen selbst. Viermal erscheint in der *Odyssee* ein Aoide, jedesmal am Hof eines mächtigen Fürsten. Durchweg handelt es sich um hochgeachtete Männer, die, deutlich abgehoben vom übrigen Gesinde, sogar enge Vertraute des Herrschers sein können. Die aufschlussreichste Figur ist der blinde Sänger Demodokos im 8. Buch der *Odyssee* (an ihn schließt offenbar die Legende vom blinden Sänger Homer an). Odysseus ist Gast des Phaiakenkönigs Alkinoos, der zu seinen Ehren ein Festmahl veranstaltet. Als „die Begierde des Tranks und der Speise gestillt" (8, 72) ist, erhebt sich der „göttliche Sänger" (*theios aoidos*, 8, 87) und trägt eine Geschichte aus dem trojanischen Sagenkreis vor. Demodokos verfügt über ein breites Repertoire; mühelos stimmt er im Fortgang des 8. Buchs auf Geheiß des Königs ein Tanzlied an und berichtet dann, einem Wunsch Odysseus' entsprechend, vom Untergang Trojas durch die List mit dem Hölzernen Pferd. Odysseus gibt sich daraufhin als der Held dieser Geschichte zu erkennen (Beginn 9. Buch), nicht ohne seinerseits den Sänger zu rühmen, der seine Taten im Gedächtnis bewahrt und in die Welt getragen hat.

Die Forschung geht heute überwiegend davon aus, dass *Ilias* und *Odyssee* von zwei verschiedenen, als Personen nicht fassbaren Autoren stammen. Die Datierung ist umstritten, die Vorschläge für die *Ilias* reichen von ca. 730 v. Chr. bis 670 v. Chr. (manche setzen eine noch spätere Entstehung an), die *Odyssee* dürfte etwa 30 Jahre jünger sein. In der Figur des Demodokos preist der *Odyssee*-Dichter die hohe Kunst der Aoiden-Zunft, zu der er selbst wie sein Vorbild, der *Ilias*-Dichter, gehörte.

Im Unterschied zu Demodokos waren die Autoren von *Ilias* und *Odyssee* jedoch mit ziemlicher Sicherheit Aoiden, die ihren Gesang schriftlich konzipierten. Mit der Übernahme und Perfektionierung der phönizischen Alphabetschrift im 8. Jahrhundert war in Griechenland erstmals die Möglichkeit gegeben, zusammenhängende Erzählungen von einer solchen Länge und einer solchen kompositorischen Stimmigkeit zu verfassen. Die homerischen Epen, mit denen man gemeinhin die ‚Geburt der abendländischen Dichtung' verbindet, sind unter diesem Aspekt Werke des Übergangs von einer rein mündlichen zur Schriftkultur. Oral geprägt blieb die griechische Kultur freilich auch nach Homer noch

Jahrhunderte lang. Dichtung war und blieb mündlicher und überwiegend tatsächlich gesungener Vortrag bei öffentlichen Anlässen, vor einem hörenden Publikum, das den Text meist auch nur bei dieser einen Gelegenheit vernahm. Für die Antike-Rezeption moderner Autoren und ihre Modellierung der Figur des Dichter-Sängers wird dieser öffentlich-festliche Charakter der griechischen Dichtung von ausschlaggebender Bedeutung sein. Anzeichen für die Etablierung von ‚Literatur' im wörtlichen Sinn – das Zirkulieren von Büchern für die individuelle Lektüre – gibt es erst ab dem Ende des 5. Jahrhunderts. Ein berühmter Beleg ist die Aussage des Gottes Dionysos in den *Fröschen* des Aristophanes (405 v. Chr.), er habe während einer Seefahrt „für sich" eine Tragödie gelesen (I. Szene, 51). Im Hellenismus hat sich die Schriftlichkeit dann definitiv durchgesetzt.

Wollte man sich vom „vorhomerischen Zustand des Gesangs [...] eine Vorstellung machen", schreibt Jacob Burckhardt in seiner *Griechischen Kulturgeschichte*, „so kommen uns am besten die Lieder der poetisch hochbegabten Serben zu Hilfe [...]; wir haben in ihnen eine Ilias ante Homerum" (Burckhardt 1982, 3, 68). Dies war tatsächlich der Weg, den die Oral-Poetry-Forschung des frühen 20. Jahrhunderts (Milman Parry, Albert Lord) einschlug. Bei dem Versuch, ein plastischeres Bild der antiken Aoiden zu gewinnen, orientierte man sich an der damals noch lebendigen Improvisationskunst slawischer Volkssänger, den sogenannten Guslaren, die in Wirtshäusern, bei Festen oder regelrechten Sängerwettbewerben nationale Heldenlieder vortrugen. Die Musik, in der diese Dichtungen gesungen wurden, „war normalerweise keine echte, regelmäßige Melodie, sondern eine monotone Folge von Tönen, wobei der Sänger oft ganze Textzeilen auf einer einzigen Note sang" (Bowra 1964, 41). Dabei begleitete er sich selbst auf einem einfachen Saiteninstrument, der serbischen Gusle. In vergleichbarer Weise dürften die griechischen Aoiden erfahrene Wander- oder Hofdichter gewesen sein, die zu Festen und Symposien eingeladen wurden und auf Verlangen aus ihrem Repertoire von Sagenstoffen Verserzählungen darboten. Ihr Begleitinstrument war die Phorminx. Die Improvisationskunst der Aoiden beruhte auf der Verwendung von – modern gesprochen – Textbausteinen, die sich in die vorgegebene Form des Hexameterverses fügten. Ausgehend von den Grundzügen eines Mythos verfertigte der Sänger seine konkrete Erzählung unter dauerndem Rückgriff auf feste Formeln, die er an metrisch passenden Stellen einfügte. Das Spektrum reichte dabei von bestimmten Wortformen und Wortverbindungen (wie den berühmten stehenden Epitheta der Helden und Götter: der ‚blonde Menelaos', der ‚schnellfüßige Achilleus') bis hin zu ganzen Versen und Versgruppen. Die Fähigkeit, solche Versatzstücke im Vortrag aus dem Gedächtnis abzurufen und an den passenden Stellen einzufügen, war wesentlicher Bestandteil des Aoiden-Handwerks. Dass die frühe Epik Verserzählung ist, geht auf mnemotechnische Erfordernisse zurück. Was rhythmisch gleichmäßig gegliedert und zudem tonal verstärkt wird, kann besser memoriert werden. Das Einüben der tradierten Sagenstoffe und der epischen Kunstsprache mit ihrem Formelbestand war wohl Teil einer schon in der Jugend begonnenen Ausbildung. Insgesamt lässt sich diese Dichtung als permanente Hin-und-her-Bewegung zwischen konstanter Überlieferung und momentaner Improvisation charakterisieren.

Wie weit die Tradition hexametrischer Heldendichtung zurückreicht, ist ungewiss. Manche setzen ihre Anfänge schon in mykenischer Zeit an (2. Hälfte zweites Jahrtausend v. Chr.), andere verlegen ihre Entstehung in die sogenannten ‚dunklen Jahrhunderte' (12.–8. Jahrhundert), auch ein sehr später Einsatz erst im 8. Jahrhundert wird für möglich gehalten. Einig ist man sich in der Bewertung des kulturellen Umbruchs, für den der Name Homer steht. Der Übergang von Mündlichkeit zu Schriftlichkeit schuf die Voraussetzungen nicht nur für neue Formen großangelegter, kalkuliert komponierter Dichtung, sondern auch für die Entstehung griechischer Philosophie, Rhetorik, Geschichtsschreibung und Naturwissenschaft. In einem nicht mehr rekonstruierbaren Ausleseprozess avancierten *Ilias* und *Odyssee* zu den zwei Werken, die mehrfach abgeschrieben wurden und sehr bald kanonischen Rang erlangten. Auch hier dominierte indes noch länger die Oralität. Wie bisher die vielen Geschichten um Troja und andere Heldensagen wurden die homerischen Erzählungen weiter mündlich vorgetragen, nun aber, als Nationalepen, nach dem Wortlaut der Schrift. Damit änderte sich das Berufsbild der Erzähler: „Der Sänger wird vom Improvisator zum Rezitator, griechisch: aus dem ‚Aoiden' wird der ‚Rhapsode'; an die Stelle des freien Formens tritt das Repetieren." (Latacz 1997, 88) Ob Rhapsoden noch mit Instrumentalbegleitung gesungen haben, lässt sich nicht mehr eruieren. Die in der Forschung häufig begegnende Behauptung, sie hätten die Verse mit einem Stab rhythmisch skandierend gesprochen, geht auf eine nicht unumstrittene Etymologie zurück (Stab, griech. *rabdos*, daher ‚Rhapsode').

In Bezug auf die Tradition des lyrischen Gesangs gibt es eine kulturgeschichtlich aufschlussreiche Stelle bei Platon. In den *Nomoi* (ca. 350 v. Chr.) kritisiert der Philosoph als „geschmacklose" Entwicklung der Dichtung seiner Zeit die Trennung von Musik und Wort: Die neueren Dichter, heißt es, „reißen den Rhythmus und die Tonweisen auseinander, indem sie einerseits bloße Worte in Versmaße bringen, andererseits Melodie und Rhythmus ohne Worte zu Gehör bringen, indem sie sich auf das bloße Kithara- oder Aulosspiel beschränken" (Nom., 669 c). Damit entschwindet, was *mousiké* im klassischen Griechenland eigentlich bedeutete: die Einheit von Sprache, Vers, Musik und Tanz, wie sie am eindrucksvollsten wohl in den Chorliedern Pindars hervortrat, bei dem das Wort *mousiké* zuerst belegt ist (vgl. Georgiades 1958, 41; 80 sowie II.1.1 HINDRICHS). Da griechische Verse, von sehr wenigen Ausnahmen abgesehen, ohne Musiknotation auf uns gekommen sind (die Notationen, die überdies späteren Zeiten entstammen, sind nicht ins neuzeitliche Tonsystem übertragbar), bleibt nur die resignierte Feststellung, dass das Klang- und Bewegungsbild der altgriechischen Lyrik unwiderruflich verloren ist. Die Wirkung der sinnfreien Sprachmusik des damaligen Vortrags, das Tönen der kurzen und langen Silben, kann von unserer heutigen, an der Semantik der Wörter orientierten Lektüre nicht mehr nachvollzogen werden. So lässt sich nur allgemein festhalten, dass diese Dichtung in weit höherem Maß Musik gewesen sein muss, als wir angesichts der erhaltenen Texte auch nur erahnen können.

Die Überlieferung der archaischen und klassischen Lyrik als reiner Lesepoesie geht auf die Philologen von Alexandria zurück; unter ihnen entstand auch jener Begriff *lyrikos*, der an die alte Einheit erinnert: Dichtung, zur Begleitung eines Saiteninstruments (*lyra*) gesungen. Der alexandrinische Kanon der griechischen Lyriker umfasst drei Meister (genauer: zwei Meister und eine Meisterin) des Einzellieds (*monodia*) – Alkaios, Sappho und Anakreon – neben sechs Koryphäen des Chorlieds (*chorikos melos*): Alkman, Stesichoros, Ibykos, Simonides, Bakchylides und Pindar.

Wie alle Lyriker der Frühzeit waren Sappho und Pindar – um die zwei berühmtesten herauszugreifen – Texter, Komponisten und Choreographen der getanzten Aufführung ihrer Chorlieder. Beim monodischen Gesang hat Sappho sich nach eigenem Zeugnis auf ihrer „helltönenden Harfe" selbst begleitet (P. Köln col. I,7); nicht auszuschließen ist, dass dazu ihr Mädchenchor tanzte (vgl. Bierl 2008). Sappho (um 620–570 v. Chr.) war Leiterin einer den Göttinnen Aphrodite und Hera geweihten Kultgemeinschaft (*thiasos*), in der junge Frauen bis zum heiratsfähigen Alter eine musische Ausbildung erhielten, zu der wesentlich auch die Schulung in anmutigem Tanz und Gesang gehörte. Verfertigt wurden diese Gesänge zu besonderen Anlässen, in erster Linie Hochzeitsfeiern und Festen zu Ehren der zwei Schutzgöttinnen. In einem neuentwickelten Versmaß, der sapphischen Odenstrophe, entfaltet die Dichterin eine Poetik des Eros, die plakativ die Verherrlichung mädchenhafter Schönheit den kriegerischen Werten des Epos entgegensetzt. Wenn Sappho das „leuchtende Antlitz", den grazilen Schritt, die duftenden Haare und Gewänder ihrer Zöglinge rühmt und sie auffordert, zum „Klang der liedfrohen Leier" (P. Köln col. I, 10) zu singen und zu tanzen, lässt sich imaginieren, in welchem Maß diese Lyrik nicht nur durch das Wort wirkte, sondern ein alle Sinne erregendes szenisches Gesamtkunstwerk war.

Allein durch ihre Herkunft von der Insel Lesbos war Sappho bereits in der antiken Rezeption einbezogen in einen Kreis mythisch überhöhter Ur-Sänger. Lesbos war der Legende zufolge die Grabstätte des Orpheus, Lesbos war Geburtsort des Dichters Terpander, der die siebensaitige Leier erfunden haben soll. Aus Lesbos stammte der Dichter Arion, den nach einer Erzählung Herodots der Musengott Apollo durch einen Delphin retten lässt, nachdem ihn Seeräuber ins

Meer geworfen haben. Tatsächlich dürfte die Vorreiterrolle von Lesbos u. a. auf die Musikalität des dort gesprochenen äolischen Dialekts zurückzuführen sein, die zu einer frühen Emanzipation vom ionischen Hexameter-Epos motivierte.

Pindar (ca. 522–442 v. Chr.) war bereits in der Antike der höchstgeachtete Dichter-Sänger, als Aoide der Chorlyrik eine Homer fast ebenbürtige Gestalt. Die sogenannte *Pindar-Ode* des Horaz, der Schlüsseltext der Wirkungsgeschichte, spricht ihm die Gewalt eines Sturzbaches und das Rauschen des Flügelschlags aufsteigender Schwäne zu (carm. 4.2), deutet freilich auch die Absturzgefahr solchen Höhenflugs an.

Die erhaltenen Reste von Pindars Dithyramben (Dionysos-Lieder) und Paianen (Apollo-Lieder) verweisen auf den kultischen Ursprung der archaischen Lyrik: Wiederholt begegnet die Formel „ieie paian", der herkömmliche Gottesanruf des Apollokultes; nach ihm „heißt das Lied, das Seuchen vertreibt und den Sieg feiert, aber auch der Gott selbst, der sich so manifestiert" (Burkert 1977, 127). Das Lied ist magische Beschwörung und auf seiner höchsten Stufe Epiphanie des Gottes. Der kultische Sänger wird eins mit der göttlichen Kraft, die über ihn sich der Gemeinde mitteilt. Diese Konzeption des Sängers, der die göttlichen Energien ‚ins Lied gehüllt' dem ‚Volk' vermittelt, liegt noch Hölderlins erstem pindarisierenden Gedicht, dem hymnischen Entwurf *Wie wenn am Feiertage*, zu Grunde.

In einem religiösen Kontext stehen aber nicht nur die Götterhymnen Pindars, sondern auch seine Epinikien, auf denen in erster Linie sein Nachruhm beruht. Epinikien sind Preislieder auf die Sieger der sportlichen und musischen Wettbewerbe bei den Panhellenischen Spielen des alten Griechenlands. Sie sind bei Pindar, ein besonderer Glücksfall, in vier Büchern praktisch vollständig überliefert. Neuere Untersuchungen haben gezeigt, dass viele dieser Lieder wahrscheinlich bei religiösen Polisfesten vorgetragen wurden (vgl. Krummen 1990; Mann 2001; Bradley-Wells 2009). Pindar war Auftragsdichter mit einem weiten Aktionsradius. Die Familie oder die Heimatstadt des siegreichen Mannes bestellten das Preislied, das der Dichter daraufhin schrieb, komponierte und vielfach selbst vor Ort mit dem jeweiligen Chor einstudierte. Angesichts der Komplexität von Pindars langen Gedichten kann man erahnen, wie hochqualifiziert diese Chöre gewesen sein müssen, wenn es ihnen gelang, die schwierigen Texte zugleich mit der zwar einstimmigen, aber gewiss anspruchsvollen Melodieführung und den entsprechenden Tanzschritten aufzuführen. Begleitinstrumente waren Kithara (oder ein anderes Saiteninstrument) und Aulos (meist übersetzt mit Flöte, eher eine Art Doppeloboe). In der 3. *Olympischen Ode* Pindars betont der Dichter, es komme ihm darauf an, „dass ich den bunten Ton der Leier, den Klang der Flöten und der Wörter Fügung [...] in gehöriger Weise mische" (III, V. 7–10). Seine Lyrik ist in einem bis dahin nicht gekannten Maß selbstreflexive, das Dichten und die Rolle des Dichters thematisierende Poesie. Die Texte preisen zum einen den Augenblick des Siegs, den der Athlet sich durch sein natürliches Talent (*phya*) und seine leidensbereite Anstrengung (*ponos*) verdient hat, wobei der Erfolg in letzter Instanz aber Gabe eines Gottes ist. Daneben steht ebenbürtig der Augenblick der dichterischen Rühmung des sportlichen Triumphes; er macht den Sieger erst unsterblich. Und auch beim Dichter ist das Gelingen des Lieds ein göttliches Geschenk, das zu seinem Talent und handwerklichen Können hinzukommen muss. Die Epinikien sind so zugleich auch Preislieder auf den Gesang: seine göttliche Abkunft und seine Fähigkeit, sterblichen Menschen ewigen Ruhm zu verleihen.

In anderer Weise war das griechische Theater ein musikalisches Ereignis. „Ein Drama des 5. Jahrhunderts weist Sprache, Rezitations- und Gesangspartien auf und ist eher einer Oper des 17. und 18. Jahrhunderts als einem modernen Theaterstück vergleichbar." (Zimmermann 2000, 51) Das musikalischste Element der Tragödie waren die Chorlieder, die sich auch sprachlich durch den dorischen Kunstdialekt von den attischen Dialogen unterschieden. Begleitinstrument war der Aulos. Die ‚Flöte' ist ein weiteres Indiz für die Herkunft der Tragödie aus dem Dithyrambos, dem dionysischen Kultlied. Das dunkeltönende Blasinstrument wurde schon in vorgeschichtlicher Zeit bei den ekstatischen Begängnissen zu Ehren des populären Bauern- und Weingottes gespielt. Der griechischen Aristokratie galt es als verächtlich; im Mythos weigert sich Pallas Athene, den Aulos zu spielen, weil er die Gesichtszüge verzerrt. Topisch ist in der griechischen Literatur die Entgegensetzung von Leier als vornehmem und Flöte als niedrigem Instrument. Wer wie der Satyr Marsyas mit der Flöte den leierspielenden Gott Apollo herausfordert, wird schrecklich gestraft (vgl. zu diesen mythologischen Musikerzählungen III.2 WELSH). In den sozialen Auseinandersetzungen des 6. Jahrhunderts verliert jedoch der alte Adel seine Vorherrschaft, Ausdruck des Vordringens der unteren Bevölkerungsschichten ist die Institutionalisierung dionysischer Festspiele für die ganze Polis, zuerst unter den Tyrannen, dann in der attischen Demokratie, die bei den Großen Dionysien neben den Tragödien- und Komödienwettbewerben auch Dithyrambenagone für Männer- und Knabenchöre veranstaltete. Die Tragödienchöre waren insofern ‚demokratischer', als sie – im Vergleich zur älteren Chorlyrik – leichter erlernbar waren. Die Chorlieder des Aischylos sind weniger komplex, weniger artifiziell als diejenigen seines Zeitgenossen Pindar. „[...] unser Verständnis dieser Dichtung hat darin eine besonders schmerzliche Lücke, daß wir als Folge des totalen Verlusts der dazugehörigen Musik nur noch in ganz wenigen Ausnahmefällen das Ethos, den Stimmungsgehalt, der einzelnen Versformen nachempfinden können." (Dihle 1967, 149)

Auch der Tragödiendichter war Autor, Komponist und praktischer Chorleiter in einer Person; er hatte mit den 12 (später 15) für den Chor eingeteilten Bürgern deren Gesang und Tanz einzustudieren. „Die dominierende Rolle fiel ohne Zweifel dem Wort zu." (Zimmermann 2000, 52) Bereits Mitte des 5. Jahrhunderts zeichnet sich eine Separierung der Bereiche ab. Die instrumentale Begleitmusik beginnt sich zu verselbständigen; im sogenannten Pratinas-Fragment beklagt sich ein traditioneller Chor über einen Aulos-Spieler, der nicht mehr ‚nur Diener' sein, sondern in langen Soli glänzen will. Beim späten Euripides verlieren die Chorlieder ihre Einbindung in die Dramenhandlung, sie schrumpfen teilweise auf das Maß kurzer Einschübe zwischen den Akten zusammen. Dafür nimmt die Bedeutung von Soloarien mit effektvollen Koloraturpartien zu. Gegen Ende des Jahrhunderts zeichnet sich damit eine Auflösung auch der dramatischen *mousiké* ab: ein musikalischer Aufführungsbetrieb, der auf professionelle Instrumental- und Gesangsvirtuosen setzt, auf der einen Seite, die – v. a. durch Aristoteles bezeugte – zunehmend verbreitete Praxis, die Dramen nur noch zu lesen, auf der anderen Seite. Der Siegeszug der Schrift steht hinter der auffälligen Vernachlässigung der Oralität des Dramas in Aristoteles' *Poetik*. Aristoteles spricht zwar noch von der Wichtigkeit der Tonkunst (*melopoiia*), für das Verständnis des Dramas spielt sie in seinen Augen aber keine Rolle: „Denn die Wirkung der Tragödie zeigt sich auch ohne Aufführung und Schauspieler." (1450b) Den Chor, heißt es im Anschluss (1456a), müsse man nach Art des Sophokles „behandeln wie einen der Schauspieler", sprich: als einen in die Handlung verwickelten Text-Sprecher.

Wie lange die Tradition der altgriechischen *mousiké* andauerte, lässt sich nicht präzise bestimmen. Hermann Kollers grobe Datierung dürfte aber zutreffen: „Schon gegen Ende des 4. vorchristlichen Jahrhunderts ist die Entwicklung zu einer wortfreien Musik und einer musikfreien Sprache praktisch abgeschlossen. Musik und Sprache entwickeln sich fortan unabhängig voneinander und folgen eigenen Gesetzen." (Koller 1963, 177) Über das Musikleben im Hellenismus ist wenig bekannt, die musiktheoretischen Schriften dieser Zeit beziehen sich auffälligerweise allein auf die vorbildliche alte Musik. Es gibt Hinweise, dass auch ältere Lyrik – z. B. von Sappho – neu vertont und gesungen vorgetragen wurde; dies ist dann aber bereits das neuzeitliche Verfahren der nachträglichen Textvertonung ohne – mit Nietzsche zu sprechen – das alte ‚Gesamtgefühl' (vgl. auch III.4 Rupp; III.8 Hillebrandt).

Seit langem umstritten ist die Frage nach dem Gesangscharakter der römischen Lyrik. Der Tübinger Latinist Günther Wille hat in mehreren Arbeiten nachzuweisen versucht, dass es sich bei den *Carmina* des Horaz „um Liedertexte handelt, die gesungen werden sollten und auch gesungen worden sind" (Wille 1977, 128; von Albrecht 2012, 227). Römische Inschriften belegen nach Wille, dass Horaz auch Komponist der jeweiligen Melodien war. Horaz' Selbstdarstellung als Dichter-Sänger mit Saiteninstrument kann freilich auch die Aufnahme eines damals schon geläufigen Topos sein. Dass die altgriechischen Lyriker wirkliche Dichter-Sänger-Komponisten waren, wussten ihre römischen Bewunderer.

Horaz' Topik wäre demnach ein Beleg für die mythisierende Inanspruchnahme einer Rolle, die er als ‚bloßer' Dichter-Schreiber realiter nicht mehr ausfüllte.

1.2. Mittelalter

Die Mündlichkeit mittelalterlicher Dichtung ist von der neueren Forschung dank des gestiegenen Interesses an ‚literarischer Performativität' zuletzt stark betont worden (vgl. Herberichs 2008). Der Befund ist eigentlich trivial: Auch die volkssprachlichen Texte, die aus dieser Epoche überliefert sind, konnten in einer großteils illiteraten Gesellschaft – in Deutschland waren die unteren Stände und der weltliche Adel bis ans Ende des 13. Jahrhunderts überwiegend des Schreibens und Lesens unkundig – nur über das Hören aufgenommen werden (einer der prominentesten Autoren, Wolfram von Eschenbach, bezeichnete sich selbst als Analphabeten; *Parzival* 115, 27; zu Mündlichkeit und Schriftlichkeit in der höfischen Gesellschaft vgl. Bumke 2008, Kap. VII). Da aber kaum Quellen existieren, aus denen sich die Aufführungspraxis mittelalterlicher Dichtung hinlänglich rekonstruieren lässt, entstand in Literaturgeschichten oft der irreführende Eindruck einer verbreiteten Schriftkultur.

Orale Dichtung war und blieb zum einen die Heldenepik. Die drei berühmtesten Versepen Westeuropas gehen auf längere mündliche Überlieferungen zurück, bevor sie im Hochmittelalter Schriftgestalt erhielten: das altenglische *Beowulf*-Epos um 1000, das französische *Rolandslied* um 1100, das deutsche *Nibelungenlied* um 1200. Für alle drei gibt es, der Gattungskonvention entsprechend, keine Verfasserangabe. Die strophische Heldenepik (Beispiel: Nibelungenstrophe) wurde an Höfen von Berufserzählern vorgetragen, vermutlich gesungen in der für das Genre charakteristischen anspruchslosen Weise. Die höfische Epik in Reimpaaren hingegen (z. B. Wolframs *Parzival*) wurde wohl nur deklamiert.

Dichter-Sänger, die ihre Texte selbst verfassten, ihre Melodien selbst komponierten und ihre Lieder persönlich vortrugen, waren die provenzalischen Trobadors und die deutschen Minnesänger des 12./13. Jahrhunderts. Gedichtbezeichnungen wie *chant, chanson, liet* sind wörtlich zu verstehen, für ‚die Wörter und die Melodie' (*los motz e'l so, wise unde wort*) verantwortlich zu sein, gehörte, wie viele Texte bezeugen, zum Selbstverständnis der Sänger. Insofern handelt es sich um eine orale Kultur, die allerdings stark von Schriftlichkeit durchdrungen war. Die hohe Artifizialität der Verse und die nicht unkomplizierte Melodieführung lassen auf eine schriftliche Ausarbeitung der Lieder schließen.

Gesungene Dichtung fürs Volk war die Trobadorlyrik in dem elementaren Sinn, dass sie nicht in der Gelehrtensprache Latein, sondern in der Volkssprache abgefasst war. Allerdings war das Provenzalisch der Trobadors von der alltäglichen Umgangssprache, dem okzitanischen Dialekt der Provence, weit entfernt. Es handelte sich um „eine Koiné, eine literarische Gemeinsprache" (Rieger 1983, 203), die sich im Rahmen der höfischen Kultur dieser Jahrhunderte entwickelte. Die Dichtung der Trobadors war Standeslyrik, ihr Publikum im Vergleich zu dem der antiken Dichter-Sänger eingeschränkter. Der Trobador war Hofdichter, der sein Selbstbewusstsein aus der Beherrschung jener Höfischkeit (*cortezia*) bezog, die er ihrerseits mit seiner Kunst verfeinerte. Seine Aufgabe war die gekonnt vorgetragene Darstellung der höfischen Liebe (*amour courtois*), jenes paradoxen Liebeskonzepts, nach dem ein inferiorer Vasall sich in aussichtsloser Leidenschaft für eine hohe verheiratete Adelsdame verzehrt, im Besingen ihrer Unerreichbarkeit aber einen Adel des Geistes an den Tag legt, der ihn der Angebeteten in anderer Hinsicht ebenbürtig erscheinen lässt. Dies erklärt, warum auch Mitglieder der Hocharistokratie wie König Alfons II. von Aragon, Wilhelm, Herzog von Aquitanien, oder Raimbaut, Graf von Orange, als Trobadors auftraten, und warum überhaupt das Durchspielen solchen Minnedienstes zum Repräsentationsmodell der höfischen Gesellschaft des 12. Jahrhunderts wurde. Sozialgeschichtlich wird die Trobadorlyrik zurückgeführt auf Gruppen des niederen Rittertums (‚Joven'), die gerade durch künstlerisch vollendete Verzichterklärung auf Gleichrangigkeit höheren Rang in den fürstlichen Machtzentren erlangen konnten.

Es waren die großen Hoffeste des 12. Jahrhunderts, durch die die Trobadorlyrik zum europäischen Phänomen wurden. Der deutsche Minnesang entstand vermutlich durch Begegnungen von Dichtern verschiedener Sprache bei solchen Anlässen. Am Mainzer Hoffest 1184 nahmen nachweislich die französischen Trouvères Guiot de Provins und Doetes de Troyes sowie aus Deutschland Heinrich von Veldeke und (wahrscheinlich) Friedrich von Hausen teil (Schweikle 1989, 47).

Die deutschen Minnesänger waren, wie die Trobadors, überwiegend professionelle Liedermacher, die entweder von Hof zu Hof zogen oder ein festes Dienstverhältnis bei einem Adelsherrn eingingen. Ihre Auftritte waren Bestandteil des Unterhaltungsprogramms in diesen Häusern, zugleich kam ihnen aber auch eine hohe ethisch-pädagogische Bedeutung zu. Minnedienst und Minnesang lassen sich verstehen als institutionalisiertes Sprach-und-Musik-Ritual, das der Einübung neuer Formen der Emotionalität und des konkreten gesellschaftlichen Umgangs in der höfischen Welt diente. Aufgrund der zunehmenden Konzentration von Angehörigen verschiedenster Adelsstände an den Machtzentren bedurfte es einer subtileren Regulierung der Rivalitäts- und Freundschaftsbeziehungen: durch vermehrte Affektkontrolle, Profilierung durch rhetorisches Können, ästhetisches Sensorium, intellektuelle Beweglichkeit. Der Sänger führte Modelle der Triebsublimierung vor. Die Paradoxa der höfischen Minne demonstrieren, dass Verzicht idealer Gewinn, dass das Leiden an der immerdar versagten Befriedigung der Quell kreativer Freude sein kann. An der Einprägsamkeit dieser ‚Botschaft' hatte die musikalische Darbietung mit Sicherheit einigen Anteil. Einen genaueren Eindruck von der Vortragswirklichkeit können wir uns heute aber nicht mehr verschaffen. Zwar sind in einigen Handschriften auch die Melodien zu den Texten überliefert (in den deutschen Quellen deutlich weniger als in den Trobador-Sammlungen); wie sie *in actu* geklungen haben, lässt sich aber nur sehr vage rekonstruieren. Die mittelalterliche, aus der christlichen Liturgie stammende Musiknotation – zuerst linienlose Neumen, dann römische Quadrat- oder gotische Hufnagelnotation auf Linien – vermittelt zwar ein Bild des Melodieverlaufs, gibt aber keine Tonwerte für den Rhythmus, so dass eine adäquate Übersetzung in neuzeitliche Notation kaum möglich ist (vgl. auch III.3 HAAS/NANNI). Dass der einstimmige Gesang instrumental begleitet wurde, lässt sich aus zahlreichen Abbildungen – z. B. in der Manessischen Liederhandschrift – erschließen.

In mittelalterlichen Quellen finden sich Hinweise auf das musikalische Können der Dichter; die bekannteste Stelle ist Gottfrieds von Straßburg Lob der Gesangs- und Instrumentalkunst Walthers: „Ei, wie die über die Heide hinschallt mit ihrer lauten Stimme! Welche Wunder sie vollbringt! Wie kunstreich sie musiziert! Wie sie ihren Gesang variiert." (*Tristan*, 4800–4804) Solche Passagen haben Mediävisten vermuten lassen, die Musik sei der wichtigere Teil dieser lyrischen Form gewesen (vgl. Schweikle 1989, 54). Die heutige Forschung hält die Frage nach einer Prävalenz von Sprache oder Musik eher für irreführend und betont den unhintergehbaren Performanzcharakter des Minnesangs (vgl. Holznagel 2013, 10–17).

Die Ausnahmestellung Walthers von der Vogelweide beruht zum einen auf seiner Erweiterung des minnelyrischen Rollenspiels (‚niedere Minne': Preisung der *herzeliebe* zu einer Frau, die nicht durch hohen Stand, sondern durch innere Qualitäten ausgezeichnet ist), zum anderen auf seiner gleichgewichtigen Produktivität in der Gattung der volkstümlichen Spruchdichtung, die bis dahin eine Domäne der Fahrenden und der Spielleute war. Auch Spruchdichtung, die ein breites Spektrum von Themen – Herrscherlob, Gönnerpreis, Weisheitslehren, religiöse Ermahnung – umfasste, wurde an den Höfen gesungen vorgetragen (deshalb auch die Bezeichnung ‚Sangspruchdichtung'). Walther hat die beiden Gattungen „formal einander angenähert [...], indem er die Spruchstrophe auf das künstlerische Niveau der Liedstrophe hob" (Bumke 2008, 691). Diese Äquivalenz ging nach seinem Tod verloren. Die Tradition der Spruchdichtung wird fortgeführt im Meistersang, diejenige der Minnelyrik lebt weiter im Volkslied.

Mit Francesco Petrarca kann man die Wendung zum Gedichtbuch ansetzen: Seine Gedichte sollten nach dem Willen des Autors als „liber" gebunden werden (vgl. Stierle 2003, 523) und durch Lektüre ihre kulturelle Wirkung entfalten. Petrarcas Sammlung *Rerum vulgarium fragmenta* wurde tatsächlich zum Grundbuch der europäischen Lyrik der Neuzeit; den heute üblichen Titel *Canzoniere* erhielt es allerdings erst im 19. Jahrhundert. Der Zyklus wirft mehrfach die Frage nach dem Gesangscharakter der Texte auf. Zum einen verweist Petrarca auf die Minnesangtradition, in der auch sein Schreiben steht. Die Kanzone 70 zitiert eingangs den provenzalischen Trobador Arnaut Daniel, gleichsam als Ausgangspunkt einer hochpoetischen Kunst der Anbetung unerreichbarer *donne*, für deren italienische Linie in den folgenden Strophen Guido Cavalcanti, Dante und Cino da Pistoia angeführt werden. Damit markiert Petrarca in der trobadoresken Gedichtform schlechthin, der Kanzone, sich selbst als Endpunkt eines kulturellen Transfers, der, wie er wohl wusste, gerade in Bezug auf das Singen erhebliche Veränderungen mit sich gebracht hatte. Die sizilianische Dichterschule am Hof Kaiser Friedrichs II. hatte die Trobadorlyrik nach Italien gebracht; schon hier kam es aber mit der Abkoppelung von der originären Aufführungspraxis zu einer Reduktion des musikalischen Anteils. Der für die französischen Höfe charakteristische Kontakt zu Spielleuten und umherziehenden Sängern war in Friedrichs moderner, von Juristen geprägter Administration nicht mehr gegeben. Friedrichs Dichter waren in erster Linie Verwaltungsbeamte. Die umstrittene Frage, ob am sizilianischen Kaiserhof Dichtung gesungen wurde, der literarisch ambitionierte Herrscher womöglich selbst gesungen hat, wird zwar von einzelnen Forschern bejaht. Plausibler scheint aber die Vermutung, dass die Intensivierung rein sprachlicher Klangmittel eher auf eine Verdrängung der Musik deutet. Ein Indiz wäre die Erfindung des Sonetts: Aus der Kanzone-Strophe entwickeln die sizilianischen Dichter diese kürzere, in ihrer klaren Architektonik rationalere Gedichtform, die auf klanglicher Ebene vor allem die Kunst des Reims potenziert. Das Sonett, wörtlich das ‚Klinggedicht', wäre so der sprachakustische Ersatz der verabschiedeten Musik. In ähnlicher Weise steht im *dolce stil novo* Dantes und seiner toskanischen Dichterfreunde das *dolce* auch für eine neue Dimension lautlichen Wohlklangs.

Das erste Reimwort in Petrarcas *Canzoniere* ist „suono", es begegnet gleich im ersten von insgesamt 317 Sonetten. Das lyrische Ich präsentiert sich zwar durchgängig als Sänger – es handelt sich indessen um einen Sänger, der mit Tinte und Papier arbeitet (vgl. Kanz. 23, V. 99). Die große Kanzone 23 beginnt mit einer Beschwörung jenes Gesangs, der den Schmerz ‚entbittert' („cantando il duol si disacerba"), und entwickelt sich dann zu einer mythologisch ausgeschmückten Reflexion seiner Bestimmung, das persönliche Liebesleid („pena") mit der Feder („penna") zu bewältigen. Petrarcas Lyrik demonstriert damit im Vokabular des *cantare* den definitiven Übergang zum modernen Dichter-Schreiber, der allein auf den Klang der gelesenen Wörter und das semantische ‚Musizieren' mit Konnotationen, Mehrdeutigkeiten und Metaphern setzt.

2. Der heilige Dichter-Sänger in der deutschen Lyrik von Klopstock bis Rilke

Die Wiederentdeckung der griechischen Lyrik ging in Deutschland einher mit einem weitgehenden Vergessen des mittelalterlichen Minnesangs. Nur ein sehr geringer Teil der Handschriften wurde ins neue Medium des Buchdrucks überführt; vor Bodmers Edition der Manessischen Liederhandschrift (1758) bestand so gut wie kein Bewusstsein dieser Tradition. Das ist einer der Gründe, warum die neuzeitliche Modellierung einer archetypischen Dichter-Sänger-Figur und einer entsprechenden Poetik des Gesangs sich ganz überwiegend an der Antike orientierte. Exemplarisch lässt sich dies an der Pindar-Rezeption veranschaulichen.

Auf die venezianische Erstausgabe der erhaltenen Pindartexte (1513) folgten schnell weitere Editionen, Kommentare und Übersetzungen, die eine erste europäische Mode auslösten. Das Dichten im erhabenen Pindar-Stil wurde als ‚pindarisen', ‚to pindarize' und ‚pindarisieren' zum eigenen Gattungsbegriff. Schon bei Erasmus von Rotterdam figurieren Homer, Pindar und Sappho als Dreigestirn einer Festdichtung von sakraler Qualität (Vöhler 2005, 18). Als vierter Ur-Sänger wird ihnen spätestens im 17. Jahrhundert David, der mythische Autor der biblischen Psalmen, zur Seite gestellt (wohl auch, um die Glorifizierung der antiken Heiden christlich abzusichern). Topisch ist seit Cowleys *Pindarique Odes* (1656) die Parallelisierung von Pindar und König David als den Maxima des Erhabenen („the most exalted Pieces of Poetry") in der griechischen und der hebräischen Poesie (Vöhler 2005, 60). Topisch ist die Beschwörung des pindarischen ‚Flugs' oder ‚Strömens', der ‚Pfeile' seines Gesangs, der kühnen Sprünge seiner Gedankenführung, der faszinierenden Dunkelheit seiner Texte. Die wichtigsten Elemente der Pindarbegeisterung des 18. Jahrhunderts waren demnach in der frühneuzeitlichen Rezeption bereits versammelt. Ihre Schlagkraft erhielten sie indessen erst durch die Verbindung mit Rousseaus Kulturkritik. Erst das Phantasma einer ursprünglichen Gesundheit am Anfang der Geschichte, jener ungebrochenen Lebensfülle in archaischen Gesellschaften, die durch den Zivilisationsprozess geschwächt, ja zerstört worden sei, erklärt die enthusiastische Zuwendung zu Gesang und Mythos mitten im bücherversessenen Zeitalter der Aufklärung.

Charakteristischerweise erhielt die Sehnsucht nach einer Erneuerung des Mythos kräftige Impulse von der wissenschaftlichen Mythenforschung und der Bibelphilologie. Die Untersuchungen der Briten Blackwell (1735) und Wood (1769) zu Homer sowie Warburton (1738) und Lowth (1753) zum Alten Testament (speziell den Psalmen) hoben bei ihren Versuchen, den ‚Sitz im Leben' dieser kanonischen Texte zu rekonstruieren, entschieden deren ursprüngliche Oralität hervor. Poesie war demnach in der Frühzeit ‚Ode' im umfassenden Wortsinn von griechisch *aoidé* – Gesang; darauf beruhte ihre heftige Wirkung. Der Begriff Ode wird im 18. Jahrhundert zur übergreifenden Bezeichnung für die erhabene Sprache des modernen Dichter-Sängers (vereinzelte Versuche, einen eigenen Gattungsbegriff ‚Gesang' zu etablieren, blieben erfolglos; die Bezeichnung ‚Hymne' setzte sich erst nach 1800 durch). Gegen die hohe Odendichtung werden leichtere, gefälligere Arten von Lyrik gattungsmetaphorisch als ‚Lied' abgegrenzt, eine Unterscheidung, die prägend für die deutsche Literaturgeschichte blieb.

Mit der Rolle des Oden-Dichters verband sich zunehmend ein enormer existentieller Anspruch. Der moderne Sänger kann nicht einfach mehr Pindar nachahmen; er muss ein Genie eigenen Zuschnitts sein. Die elementaren Energien des Ursprungs, die dithyrambischen Erregungen der Alten müssen als ‚Natur'-Kräfte in ihm wirken und ihn aus den Bedingungen seiner Zeit heraus ein neues, ursprüngliches Kunstwerk erschaffen lassen. Die Genie-Ästhetik des 18. Jahrhunderts akzentuiert an der Figur des Dichter-Sängers seine exzentrische Position in einem mythischen Raum zwischen Göttern und Menschen. Sie befähigt ihn zu unerhörten Schöpfungen, macht aber zugleich seine Gefährdung aus. Der potentielle Heilsbringer, der dem himmlischen Feuer naht, ist stets auch vom Absturz bedroht.

Als der „große Wiederhersteller des lyrisches Gesanges", ein „deutscher Pindar", galt schon den Zeitgenossen F. G. Klopstock (vgl. Hamann SW 2, 215). Sein Werk mobilisierte in den sogenannten ‚Bardieten' die Tradition des nordischen Heldengesangs, im *Messias* bemühte er sich, dem angeschlagenen Christentum mit den Mitteln des griechischen Heldenlieds frische Kraft zu verleihen. Der *Messias* ist ein Hexameterepos in 20 ‚Gesängen', das – wenn nicht auf rezitativisches Singen – zumindest auf lautes, rhythmisches Lesen angelegt ist. Dieses erhabene Sprechen sollte die Seelen und die Körper unmittelbar ergreifen, Lektüre auf diese Weise zu einer anderen, durchaus ekstatischen Art von Gottesdienst werden. Der Stil des *Messias* ist oratorisch, der Leser soll vergessen, dass er liest, er soll Stimme vernehmen, im Gesang aufgehen. Die ersten Bücher des *Messias* wurden offenbar tatsächlich so aufgenommen. Der Erfolg führte freilich zu einem unmerklichen Platztausch von Religion und Poesie. Trat Klopstock nach außen hin als Anwalt des Christentums auf, so war bald klar, dass die erlösende Wirkung nicht von der christlichen Botschaft, sondern von der Macht seiner Sprache ausging: Der eigentliche Messias war Klopstock selbst.

Noch folgenreicher war die Neuerung, die Klopstock in der Lyrik einführte: die Odendichtung in freien Rhythmen. Der Verzicht auf feste Metren ermöglichte eine erhebliche rhythmische Dynamisierung der Verse. Auch hier arbeitete Klopstock mit Techniken, die in der Schrift die Illusion von Mündlichkeit erzeugen sollen: Interjektionen, Anreden, emphatische deiktische Ausdrücke. Wie im *Messias* gibt solches Singen sich am Ende nicht mehr nur als Stimme eines Einzelnen, sondern als chorischer Gesang. *Frühlingsfeier*, Klopstocks berühmtestes freirhythmisches Gedicht, präsentiert sich in seinem erregten Sprachgestus als kultisches Begängnis, an dem der Leser-Hörer, öffnet er nur die Pforten seines Herzens, teilhaben kann. Das Gedicht beschreibt keine Feier, es ist die Feier, die der Titel ankündigt. Dieser paradigmatische Wechsel von gegenständlicher Darstellung zu szenischem Vollzug ist das auszeichnende Charakteristikum von Klopstocks ‚Gesang'; Hölderlin folgt ihm darin in seiner *Friedensfeier* aufs Genaueste.

Klopstocks Ruhm erreichte seinen Höhepunkt in den 50er und frühen 60er Jahren des 18. Jahrhunderts. Er wurde zuletzt verstärkt durch den europaweiten Erfolg der *Ossian*-Gesänge von James Macpherson (1765). Mit dem sagenhaften Barden Ossian, dessen Texte Macpherson teils aus authentischen Quellen, teils aus Nachdichtungen, teils aus eigenen freien Erfindungen verfertigt hatte, wurde das Spektrum der mythischen Dichter-Sänger um eine weitere Vorbildfigur bereichert. Die rhythmische Prosa der Macpherson-Texte mit ihrer Evokation melancholischer Stimmungen in wilden Naturlandschaften bildete ein nordisches Gegengewicht gegen die Dominanz des klassisch-hexametrischen Sängertums. In den siebziger Jahren flaute die Bardenmode allerdings bereits wieder ab.

Eine weitere Überhöhung erfuhr das Bild vom Dichter-Sänger durch die Schriften J. G. Herders. Einschlägig ist der Aufsatz *Über die Wirkung der Dichtkunst auf die Sitten der Völker in alten und neuen Zeiten* (1777). Die Poesie war in den frühen Hochkulturen „Bildnerin der Sitten" (Herder W 4, 169), der Dichter ein Stifter kollektiver Einheit: „Dichter sind allemal Schöpfer des Volks gewesen. [...] Der wahre Dichter ist ein Gott auf der Erde, hat wie Wasserbäche das Herz des Volks in Händen und leitet's wohin er will." (Herder W 4, 942) Die Archetypen solch göttlichen Dichtertums sind auch hier Homer, Pindar und David (ergänzt um Moses). Die Einheit von Musik und Sprache im öffentlich-festlichen Vortrag bewirkte, dass ihre Botschaft unmittelbar die Gemüter ergriff. Was der Dichter sprach, wurde der Gemeinde „mit Nägeln des Gesanges in die Seele geheftet", wie Herder mit einem Zitat aus dem *Buch Kohelet* formuliert (Herder W 4, 171). Diese Dichtung war – Herder wird nicht müde, es zu betonen – am wirkmächtigsten, solange sie rein oral war, „da noch keine Buchstaben, viel weniger geschriebene Regeln da waren" (Herder W 4, 171). Im Mittelalter wiederholt sich, so Herder weiter, der antike Gang von Poesie/Gesang zu Prosa/Literatur, nun steht am Ende aber die noch abstraktere Kultur des Buchdrucks: „Einst tönten die Gedichte im lebendigen Kreise, zur Harfe, von Stimme, Mut und Herz des Sängers oder Dichters belebet; jetzt standen sie da schwarz auf weiß, schön gedruckt auf Blätter von Lumpen." (Herder W 4, 200) Folgerichtig äußert Herder sich skeptisch hinsichtlich der Versuche, pindarischen Gesang in der Moderne zu erneuern. „Deutsche Dithyramben sind ein Unding", hatte er schon 1767 dekretiert (Herder W 1, 332); Klopstock ist für ihn kein Hoffnungsträger mehr. Im Schlussteil des Aufsatzes von 1777 kommt es allerdings zu einer emphatischen Eloge auf die Sprachgewalt des jungen Goethe. Sie habe sogar einen reinen Lesetext, den *Werther*-Roman, „wie Feuer" in den Gemütern zünden lassen (Herder W 4, 941). Goethes Frühwerk begriff Herder offenbar doch als Zeichen einer möglichen dithyrambischen Verjüngung der deutschen Literatur.

Goethe hat in der Zeit des Sturm und Drang mehrere ‚Oden' im erläuterten Sinn geschrieben, die berühmteste, *Wanderers Sturmlied* (Goethe, FA 1.1, 142–145), entstammt einer Phase intensiver Beschäftigung mit Pindar in den Jahren 1772–1774. Da die komplizierte metrische Feinstruktur der Pindar-Verse damals noch nicht erschlossen war, las Goethe ihn wie seine Vorgänger und Zeitgenossen als freirhythmischen Dichter. Schon Horaz hatte Pindars Hymnen für metrisch ungebundene Formen gehalten und damit das irrtümliche, aber gerade deswegen umso folgenreichere Bild vom wilden, ‚gesetzlosen' Gesang begründet (vgl. Zimmermann 2000, 179–187). Mit ‚pindarischen' Techniken machte Goethe sich daran, die Klopstock'sche Formvorgabe zu radikalisieren. Affektive Anrufungen göttlicher Instanzen, wuchtig alliterierende Wort- und Satzgliedwiederholungen, inhaltliche Sprünge und syntaktische Brüche prägen den religiös-enthusiastischen Gestus dieses Gedichts, das Goethe rückblickend in *Dichtung und Wahrheit* als spontan entstandenen „Halbunsinn" (FA 1.14, 567) abqualifizierte. Dabei ist der Text sehr wohl kalkuliert gebaut, gehorcht – wenn auch nicht sofort erkennbar – dem triadischen Grundschema von Pindars Gedichten, arbeitet mit zahlreichen Anspielungen aus der literarischen Tradition und praktiziert durch rhythmisch raffinierten Einsatz von Neologismen, pathetischen ‚Machtwörtern' und kühnen Bildern eine regelrechte Psychagogik der Ekstase. Das Gedicht präsentiert sich selbst als Frucht der erschütternden Begegnung mit einer „sturmatmenden Gottheit" (Goethe FA 1.1, 145), dem Regen- und Gewittergott Jupiter Pluvius. Die Abgrenzung gegen tändelnde Dichtung im Stil Anakreons und weichliche Lyrik in der Nachfolge des Idyllendichters Theokrit unterstreicht noch einmal den sakralen Anspruch der Gattung Ode/Hymne/Gesang gegenüber ‚Liedern' im konventionellen Sinn (Goethe FA 1.1, 145).

Dichterischer Gesang als Vereinigungsmedium der Menschen untereinander und der Menschen mit den Göttern – das ist der von Klopstock, Herder und Goethe eröffnete Horizont, in dem auch Friedrich Hölderlins Konzept hymnischer Lyrik steht. Hölderlin hat allerdings nur seine frühen, gereimten Großgedichte (bis 1796) selbst als Hymnen bezeichnet. Die in der Forschung überwiegend ‚Hymnen' genannten freirhythmischen Dichtungen nach 1800 – berühmte Texte wie *Der Rhein*, *Friedensfeier*, *Patmos* – wurden von ihm nie mit diesem Gattungsbegriff belegt. Auch der Titel „Vaterländische Gesänge", unter dem die Stuttgarter Hölderlin-Ausgabe diese Texte versammelt, ist problematisch. Hölderlin spricht Ende 1803 zwar in einem Brief an seinen Verleger vom „hohen und reinen Frohlocken vaterländischer Gesänge" (die auch hier schlichten „Liebesliedern" entgegengesetzt werden; Hölderlin SWB 3, 470) als einer Perspektive seiner Dichtung. Die Texte, die er dem Verleger schicken will, bezeichnet er aber nur als „einzelne lyrische größere Gedichte", deren „Inhalt unmittelbar das Vaterland angehen soll oder die Zeit" (Hölderlin SWB 3, 470). Der Grund für Hölderlins Zurückhaltung dürfte darin liegen, dass seine Gedichte sich zwar auf Gesang als Fernziel hin entwerfen, von einem durchgängigen „hohen und reinen Frohlocken" darin aber keine Rede sein kann. Hölderlins späte Lyrik ist, wie Karlheinz Stierle es formuliert, eine Vision des Gesangs, die selbst „unsingbar" ist, ein „Vorgriff" auf jene höchste Form chorischer Gemeinschaft und zugleich deren beständiger „Aufschub" (Stierle 1989, 500). Die häufige Apostrophierung des Gesangs in Hölderlins Spätwerk hat deshalb immer die Konnotation von (noch) einsamem Vor-Gesang: „Statt offner Gemeine sing' ich Gesang." (Hölderlin SWB 1, 377)

Der konkrete Hintergrund von Hölderlins Hoffnung auf eine Erneuerung solidarischen gesellschaftlichen Lebens war die Französische Revolution. In der alkäischen Ode *Der Tod fürs Vaterland* handelt Hölderlin erstmals von „Vaterlandsgesängen", die eine ungeheuer beseligende Wirkung auf ein Kollektiv ausüben. Damit ist aktuell die Marseillaise gemeint. *Chants patriotiques* waren ein konstitutiver Bestandteil der politischen Feste im revolutionären Frankreich. In Hölderlins Lyrik ist Gesang ebenfalls fest verknüpft mit dem Komplex ‚Fest/Feiertag/kultisches Gastmahl'. Den Bezug auf die eigene Gegenwart bettet Hölderlin nun aber ein in eine umfassende geschichtsphilosophische Reflexion, die auf die griechischen Götterfeste rekurriert. Weit entfernt von der Simplizität der französischen Vaterlandslieder orientiert sich Hölderlin, was die Form seiner Gedichte angeht, an Pindar. Die für Pindars Epinikien charakteristische „Korrelation von Tat und Lied" (Seifert 1982, 99) nimmt er so auf, dass es statt der sportlichen nun die geschichtlichen Taten, die (wett)streitenden Kräfte seiner Gegenwart sind, die im Gesang angesprochen und gedeutet werden. Und zwar „gut / Gedeutet" (Hölderlin SWB 1, 356), d. h. bei Hölderlin ‚göttlich' gedeutet, derart, dass das Versöhnungspotential eines geschichtlichen Ereignisses greifbar wird. In diesem Sinn versteht sich *Friedensfeier* als gesangliche Verkündigung des Friedens von Lunéville (Feb. 1801), die ein wahres, umfassendes Friedensbewusstsein erst stiften soll.

Hölderlins Konzeption des Gesangs in den späten Gedichten steht in Verbindung mit einer intrikaten musikalischen Poetik, die er in seinen theoretischen Schriften entwirft: der Fragment gebliebenen Lehre vom *Wechsel der Töne*. Sie geht vermutlich zurück auf Diskussionen Hölderlins mit seinem Freund Wilhelm Heinse über dessen Musikroman *Hildegard von Hohenthal* (Herbst 1796). Zentral ist, wie schon bei Herder, die Frage, wie Schrifttexte gleich der Musik unmittelbar auf die Seele wirken können. Hölderlin versteht unter ‚Tönen' nicht die konkreten Einzeltöne der Musik, sondern – eher im Sinn von Tonarten – verschiedene Modi des Bewusstseins im Verhältnis zur Außenwelt. Je nachdem, ob das Subjekt sich ‚naiv' empfindend, ‚heroisch' tatkräftig oder ‚idealisch' betrachtend auf die Gegenstände seiner Erfahrung bezieht, werden diese gleichsam in unterschiedliches Licht getaucht, erscheinen – musikalisch gesprochen – anders gestimmt (vgl. auch III.9 PREVIŠIĆ). Da immer eine Gemütskraft die anderen dominiert (die freilich als Gegenkräfte spürbar bleiben und damit in jedes Gestimmtsein eine Spannung – lat. *tonus* – einziehen), ist der Mensch sich niemals instantan in seiner Ganzheit gegeben. Was wir totaliter sind, erfahren wir nur im Durchgang durch den beständigen Wechsel unserer – in sich schon spannungsreichen – Bewusstseinslagen.

Die Tönelehre entsteht zu einer Zeit, in der Hölderlin sein bisheriges Werk selbst als zu ein-tönig kritisiert, als zu gleichbleibend einem hochfahrend-euphorischen Sprechen verpflichtet. Die griechische Chorlyrik und speziell Pindar werden ihm zum Vorbild für seine eigenen Großgedichte in der Tradition von Klopstocks freirhythmischen Versen. Hölderlin entdeckt in Pindars langen Chorliedern einen auf Mehrstimmigkeit angelegten Bauplan. Die Bewegung der Epinikien zwischen Götteranruf, Preis des Siegers, Mythenerzählung, Selbstdarstellung des Dichters, philosophischer Reflexion und gnomischer Apodiktik, von modernen Pindar-Kritikern häufig als sinnlose Verworrenheit angeprangert, ist für ihn kalkuliertes Vorgehen. Parallel zur Ausarbeitung der Tönelehre beginnt er mit der Übersetzung griechischer Chorlyrik, zuerst, in der Zeit der Diskussionen mit Heinse, eines Standlieds aus Sophokles' *Ödipus auf Kolonos*, dann, um 1800, mehrerer Epinikien Pindars. Ohne Rücksicht auf die Regeln der deutschen Syntax halten diese Pindar-Übertragungen sich eng an die Wortstellung des griechischen Originals und zeigen damit, dass es Hölderlin vor allem um eine Einübung in Pindars Rhythmus ging. Seine eigene, ebenfalls um 1800 einsetzende Gesangs-Dichtung zeichnet sich denn auch durch einen extrem dynamischen, spannungsgeladenen Rhythmus aus. Hölderlins Technik, „lineare Abfolgen [...] aufzulösen zugunsten geradezu montierter rhythmischer und semantischer Blöcke" (Kurz 1982/83, 40), von Norbert von Hellingrath mit einem Terminus der antiken Rhetorik als „harte Fügung" (Hellingrath 1911, 1) bezeichnet, verlangt statt einer gleichmäßig voranschreitenden Lektüre ein Lesen in plötzlichen Wendungen, Momenten des Innehaltens in ‚Zäsuren', Passagen des verlangsamten und dann wieder schlagartig beschleunigten Vorstellungsgangs. So versucht Hölderlin das Pindarische Programm der ‚Pfeile' des Gesangs, die unmittelbar ins Herz treffen, mit den Mitteln eines im Deutschen bis dato unerhörten Rhythmus auch unter Bedingungen der modernen Reflexionskultur zu verwirklichen (Previšić 2008).

In der krisenhaften Zeit vor dem endgültigen Durchbruch seiner Krankheit betont Hölderlin immer entschiedener die Schriftlichkeit des Gesangs. Zu Beginn des Jahres 1800 war der Sänger noch die exponierte Gestalt, die „mit entblößtem Haupte" unter „Gottes Gewittern" (Hölderlin SWB 1, 240) steht. Der Sänger ist so der befugte Deuter jener ungeheuren geschichtlichen Gewalten („Gewitter"), die Europa seit der Französischen Revolution erschüttern. In *Patmos* (etwa 1803/04) heißt es dagegen von den Dichter-Sängern: „Nicht wollen / Am scharfen Strahle sie blühn". Ausgestattet sind sie in diesem Gedicht nicht mehr mit dem traditionellen Saitenspiel, sondern mit einem „Stab / Des Gesanges", und die Schlussverse fordern, „daß gepfleget werde / Der feste Buchstab" (Hölderlin SWB 1, 356). Auf dieser letzten Stufe ist der Gesang auch nicht mehr Vor-Gesang für eine Gemeinde, der Chor als Perspektive ist verschwunden. Der Gesang ist, mit einem anderen Hölderlin-Bild, nur noch „Asyl" (Hölderlin SWB 1, 223) für ein einsames Ich, das Halt sucht gegen die Kräfte, die es von der Erde zu reißen drohen.

Exakt zu der Zeit – Winter 1799/1800 –, in der Hölderlin mit dem hymnischen Entwurf *Wie wenn am Feiertage* sein neues Konzept freirhythmischen Gesangs erstmals in der Praxis erprobt, entwirft Novalis in seinen *Hymnen an die Nacht* die prominenteste Dichter-Sänger-Figur der deutschen Romantik. Die 5. Hymne, die längste des Zyklus, handelt von der Geburt Christi als entscheidendem Wendepunkt der Kulturgeschichte. Der Eingang schildert das Glück der Antike – „ein ewig buntes Fest der Himmelskinder und der Erdbewohner" (Novalis W, 46) –, um dann, in scharfem Kontrast, die furchtbare Todesangst der Alten vor Augen zu rücken. Die euphemistische Darstellung des Todes als ‚Schlafes Bruder' in antiken Kunstwerken war demnach nur ein verzweifelter Versuch, ästhetisch zu bewältigen, was realiter eine entsetzliche Drohung blieb. Erst Christi Auferstehung mit der daran geknüpften Verheißung ewigen Lebens nimmt dem Tod seinen Schrecken.

Diese Deutung vom weltgeschichtlichen Auftrag des Gottessohns verkündet bei Novalis ein „Sänger", der von Griechenland nach Palästina zu Jesus, dem „Wunderkind", reist (Novalis W, 48). Über die Identität dieses von Novalis erfundenen Sängers wird in der Forschung seit jeher gerätselt. Wichtig ist, dass er der eigentliche Religionsbegründer zu sein scheint. Er verkündet die frohe Todesbotschaft des Christentums, und er stiftet hernach am Ort des Ursprungs, in Indien, eine Universalreligion, die Orient und Abendland vereint. Wieder ist es die Macht des Gesangs, der sich die Allversöhnungskraft der Religion verdankt. Die 5. Hymne zeigt das auch in ihrer Form. Bis zum Auftritt des Sängers wird in rhythmischer Prosa von der Alten Welt erzählt, dann – vergleichbar einem Wechsel von Rezitativ zu Arie – folgt sein Christuslied. Novalis wählt dafür die Gedichtform der Stanze, eine Kreation der italienischen Renaissance. Auch hierin hat sich also der griechische Sänger zum Christentum und zur Welt der europäischen Neuzeit bekehrt. Am Ende geht die 5. Hymne über zum Gemeindegesang, die Form ist jetzt die des deutschen Kirchenlieds. Verkündet wird – gegen die soziale Kälte der

Moderne – die Botschaft der christlichen Liebesreligion. Sie erscheint bei Novalis allerdings so deutlich verwandelt in eine Religion des Eros, dass der Leser/Hörer den Status des Textes schnell begreift: es handelt sich um ein Stück neue Mythologie, vom modernen Dichter geschaffen und in sinnlich-sinnkräftigen Bildern dem Publikum des Aufklärungszeitalters vorgestellt. Insofern lässt sich auch die Frage nach der Gestalt des Sängers plausibel beantworten – „Sie ist Novalis selbst" (Kommerell 1985, 454) –, allerdings nicht als Autorperson, sondern als Vollzug dieses Gesangs, der *Hymnen an die Nacht*.

Dagegen ist der Orpheus Rainer Maria Rilkes wieder ein Dichter-Sänger der Menschheitsfrühe; die *Sonette an Orpheus* schließen an die Beschwörung dionysisch-ekstatischen Gesangs bei Hölderlin und Nietzsche an. Schon vor der Jahrhundertwende hatte Rilke Nietzsches *Geburt der Tragödie* gelesen, in der die dionysische Musik als Medium des Eingehens in den Grund des Seins, das ‚Ur-Eine', behandelt wird. In seinen *Marginalien zu Friedrich Nietzsche* (1900) notiert er, es gelte, die Musik „als freie, strömende, unangewandte Kraft" hinter den Erscheinungen zu erfassen (Rilke SW 6, 1163). Musik ist demnach ein anderes Wort für die unbändige Lebensenergie (dionysisch), die alles Gestalthafte (apollinisch) durchpulst, metaphorisch gesprochen: das „Lebenslied" (Rilke SW 5, 421) in allen Dingen.

An dieser monistischen Ontologie hielt Rilke sein Leben lang fest; Dichtung bleibt in seiner Poetik ein Vernehmbar-Machen des tönenden Ur-Grunds. Was sich vom *Stundenbuch* bis zum Spätgedicht *Gong* ändert, sind die sprachlichen Verfahren, mit denen er die alles durchdringende dionysische Kraft zu vergegenwärtigen sucht. Am Ende steht das orphische Projekt der Verwandlung der sichtbaren Welt in Klang. Aber schon in den *Neuen Gedichten* lässt sich eine energetische Aufladung und Entgrenzung der ‚Dinge' beobachten, die man auch, trotz der Ausrichtung auf den Sehsinn, als deren Musikalisierung bezeichnen könnte. Ein gutes Beispiel ist das Sonett *Archaïscher Torso Apollos*. Ein toter Steinklumpen wird hier durch raffinierte sprachliche Kunstgriffe sukzessiv so lange mit inwendigem Licht erfüllt (der Torso „glüht [...] glänzt [...] blendet [...] flimmert"), bis er zuletzt in einer wahren Lichtexplosion auf den Betrachter niederkommt und ihm seine existentielle Botschaft („Du musst dein Leben ändern"; Rilke SW 1, 557) wie Feuer vom Himmel einbrennt. Statische Körper in Schwingung zu versetzen (worauf der Betrachter mit Schwindel reagiert), ist eine Grundtechnik der *Neuen Gedichte*. Diese energetische Entgrenzung des Körpers ist aber auf der Ebene des sprachlichen Materials ein Zum-Tönen-Bringen. Das optische Er-strahlen des Torsos vollzieht sich über die Semantik der Lichtmetaphern, sein akustisches Ertönen über die Lautlichkeit der zunehmenden Alliterationen, Assonanzen und Binnenreime sowie die Rhythmik der virtuos gehandhabten Enjambements, die den Eindruck von Rotation des Objekts erzeugen. Der Gott, der am Ende spricht, die Lichtepiphanie mit einer mündlichen Offenbarung verbindet, ist gewiss der Sonnengott Apollo, es ist aber auch Apollo, der Gott der Dichtung und der Musik.

Was Rilke nach der Zeit der *Neuen Gedichte* immer deutlicher anstrebt, könnte man in Anlehnung an Benjamin und Adorno die Wiederbelegung des ‚mimetischen Vermögens' nennen. Es handelt sich um eine „organische Anschmiegung" (Horkheimer/Adorno GS 3, 205) des Ichs an Naturvorgänge, die motorisch-seelisch mitvollzogen statt begrifflich fixiert werden sollen: „Es winkt zu Fühlung fast aus allen Dingen." (Rilke SW 2, 92) Der späte Rilke ist beständig auf der Suche nach Auslösern eines mimetischen Eingehens in den Schwingungsraum der Natur, in dem die gewöhnliche Subjekt-Objekt-Trennung nicht mehr existiert (darauf zielt die Wortbildung ‚Weltinnenraum'). Erfahrungen dieser Art ergeben sich bei Rilke an bestimmten herausragenden Naturphänomenen, am häufigsten in seinem Werk stehen dafür fliegende Vögel sowie Bäume, deren Aufragen sich zugleich als seelischer Aufschwung im Ich ereignet.

Ein solcher mimetischer Akt steht am Anfang der *Sonette an Orpheus*. „Da stieg ein Baum" – so beginnt unvermittelt das erste Sonett, sprachgestisch ein Auf-Bäumen vor dem Auge des Lesers. Was hier geschieht, wird sodann als höherer, kosmischer Vorgang („reine Übersteigung") qualifiziert. Die sprachmagische Identifizierung von „Orpheus" und „Ohr" suggeriert weiterhin, dass dieses Geschehen nur im hörenden Vollzug zu begreifen ist: „Da stieg ein Baum. *O* reine Übersteigung! / *O* Orpheus singt! *O hoher* Baum im *Ohr!*" (Rilke SW 1, 731, Hervorhebung M. K.) Es ist keineswegs der legendäre Sänger Orpheus, der hier *in persona* auftritt und die in der folgenden Strophe genannten „Tiere aus Stille" um sich versammelt. Orpheus ist vielmehr dieser Akt des innig steigenden Baums; ereignet sich solches, ist er präsent, ‚singt' die Natur die Ur-Musik des Seins. Für den Leser wird der Vorgang einzig beglaubigt durch die Levitationskraft des Gedichts. Rilkes Orpheus ist unsichtbar, er ist jene Sprachgewalt der *Sonette*, die ein Universum schwingender Dinge evoziert. Schlüsselwörter des Zyklus, die häufig wiederkehren und mit dafür sorgen, dass alle 55 Sonette einen einzigen großen Resonanzraum bilden, werden hier eingeführt: „Wink und Wandlung", im Stabreim vorausweisend auf die späteren Zentralbegriffe „Weg", „Wendung", „Weite", „Welt", „Wurzel", „Wahrheit", „Wind", „Wolken", „Wehn", „Wissen", „Wille", „Werbung", „Wein". Die ersten 15 Sonette versammeln die dazu passenden Fragewörter „wo", „wie", „wann", „wer", „was", die Rilke, immer im Bezug auf das menschheitliche „wir", mit unvergleichlichem existentiellem Pathos einzusetzen versteht („Wann aber sind wir?"). Die „Wandlung", die im ersten Sonett die dem orphischen Gesang lauschenden Tiere ergreift, vollzieht sich sprachlich als Übergang von Konkretem zu Abstraktem („stieg [...] Übersteigung"), Profanem zu Heiligem („Hütte [...] Tempel"), vokalisch düsterer Abwärtsbewegung („Unterschlupf [...] dunkel") zu hellem Aufstieg („stieg [...] singt [...] Wink"). Der „Tempel im Gehör" des letzten Verses ist Selbstdarstellung des Sonetts als dynamisches, zum Himmel strebendes Klanggebäude.

Man schmälert Rilkes Kunstleistung nicht, wenn man festhält, dass die *Sonette* über weite Strecken ernste, mit hohem Anspruch vorgetragene Wortspiele sind. Inhaltlich kreisen die Gedichte um die großen Themen der Anthropologie: die Stellung des Menschen im Kosmos; sein Bedürfnis nach Sinn (bzw. Sinn-„Figuren"; vgl. Sonett I,11); sein Verhältnis zum Tod; den Dualismus seines Bewusstseins; die Interaktion seiner Sinnesorgane; seine Erlösung durch Kunst. Die 55 ‚Antworten' auf die grundlegenden Menschheitsfragen, die Rilke mit den *Sonetten* gibt, gewinnen ihre Plausibilität einzig durch ästhetische ‚Stimmigkeit': der Leser wird förmlich hineingezogen in einen mächtigen Sprachstrom, der je und je, mit jedem einzelnen Sonett, fragile, gleichsam vibrierende Sinnfiguren aus sich entlässt. Gestalthafter, verstehbarer Sinn zeichnet sich für einen Moment in der Architektonik der Sonettform ab und verschwindet wieder im Rauschen der sprachlichen Identifikations- und Vertauschungsprozeduren (zum Begriff des ästhetischen Rauschens als „Gestaltung einer Gestaltungslosigkeit" vgl. Seel 2000, 223–253). Rilkes Orpheus ist dieses Rauschen der Sprache als permanentes Oszillieren zwischen überbordendem Klang und kaum mehr fasslicher Bedeutung.

3. Poetischer Sound im Zeitalter der Massenmedien

1923, im Erscheinungsjahr der *Sonette an Orpheus*, wurde in Deutschland die erste Rundfunksendung ausgestrahlt. Rilke, der 1926 starb, hat selbst nicht mehr im Radio gelesen (reizvoll die Vorstellung, seine *Sonette* mit ihrer Metaphorik des hörenden ‚Empfangens' (Rilke SW 1, I.1), der „Antennen" (Rilke SW 1, I.12), der „Schwingung" (Rilke SW 1, II.13), der „Welle" (Rilke SW 1, II.1) von ihm selbst gesprochen über den Äther zu vernehmen). Bereits um 1930 war er jedoch im neuen Medium omnipräsent. Lyrik galt aufgrund ihrer Kürze und der nur im lauten Vortrag erfahrbaren Klangqualität bald als die Radiogattung schlechthin. Zunehmend traten nun auch die lebenden Dichter vor die Mikrophone (vgl. Wittenbrink 1997). Gottfried Benn, um ein prominentes Beispiel zu nennen, begann seine erste Rundfunkkarriere 1927 (sie dauerte bis 1934); von 1948 bis zu seinem Tod war Benn, in dessen später Poetik die Radiostimme und das Radiorauschen eine nicht unwichtige Rolle spielen, dann erneut ständiger Gast in den Kulturprogrammen der öffentlich-rechtlichen Sender.

Die ‚sekundäre Oralität' (Walter Ong 2002) des Medienzeitalters hat die Dichterstimme zu einem bedeutenden literarischen Wirkungsfaktor gemacht.

Allgemein wird Poesie – auch die von Sprechern rezitierte – im Radio auf völlig neue Weise zum Klangereignis. Durch die „Reduktion aller Sinneserfahrungen auf das Hören" ergibt sich „eine nie zuvor gekannte Apotheose der menschlichen Stimme" (Meyer-Kalkus 2001, 363), die beim Vortrag von Gedichten dem nur in diesem Augenblick präsenten, flüchtigen und deshalb umso kostbareren Werk eine besondere Aura verleiht. Dieser medial bedingte Weiheeffekt verstärkt sich, wenn die authentische Dichterstimme ertönt. In den rund 30 Jahren bis zum Aufkommen des Fernsehens, in denen das Radio das konkurrenzlose Leitmedium war, wurden die Dichterlesungen zusätzlich durch ehrfürchtige Kommentierung und meditative Sendeplätze (spät nachts oder sonntagmorgens) ins Sakrale überhöht. Unter diesen Umständen entwickelten sich neue, medial gestützte (Hör-) Bilder erhabenen Dichter-Gesangs. Exemplarisch lässt sich das an der öffentlichen Wirkung Ingeborg Bachmanns veranschaulichen. Zum ‚Mythos Bachmann' gehörte, wie ein neuerer Sammelband zeigt, ganz wesentlich die Stimme der Dichterin (vgl. Schweiger 2011).

Ausschlaggebend für Bachmanns Ausstrahlung war zunächst natürlich die Qualität ihrer Verse, deren unvergleichliche rhythmisch-melodische Kraft auch Leser erfahren können, die weiter nichts von der Autorin wissen. Bachmanns Texte thematisieren vielfach das Verhältnis von Dichtung und Musik, oft als verzweifelte Reflexion über die Möglichkeit sprachlichen Wohlklangs nach dem nationalsozialistischen Zivilisationsbruch. Nur ein einziges ihrer Gedichte – *Dunkles zu sagen* – nennt den Namen Orpheus; wo die Musikalität der Poesie in Frage steht, wird jedoch immer wieder auf den Orpheus der literarischen Überlieferung angespielt. Der Zyklus *Lieder auf der Flucht* lässt sich als Antwort auf Rilkes *Sonette an Orpheus* lesen. In *Dunkles zu sagen* geht es um ein „tönendes Herz", das, der „Saite des Schweigens" überantwortet, von gänzlichem Verstummen bedroht ist (Bachmann W 1, 32). Folgerichtig wird in den *Liedern auf der Flucht* aus Rilkes orphischem „Lied überm Land" (Rilke SW 1, I.19) ein „Lied überm Staub" (Bachmann W 1, 147). Aus dieser Gebrochenheit erklärt sich die Verweigerung des hohen Tons in der Gedichtdeklamation. Ein ‚singender' Vortrag, wie er beispielsweise im Georgekreis – in Anlehnung an das Responsorium der katholischen Liturgie – gepflegt wurde, war unmöglich geworden. Aus Bachmanns Distanzierung von der Tradition des Sprechgesangs ging nun aber eine Stimme hervor, die durch ein bis dahin ungekanntes Pathos der Sprödigkeit und der Scheu in Bann schlug.

Zur Ikone eines neuen, spezifisch ‚weiblichen' Schreibens wurde Bachmann durch ihre halböffentlichen (Gruppe 47) und öffentlichen Lesungen in den 50er Jahren, in denen sie das anschauliche Bild der hypersensiblen Dichterin abgab: die schöne, großäugige, blonde Frau, vor Aufregung der Ohnmacht nahe, die ihre Texte flüsternd, nahezu unverständlich vortrug, und dennoch – oder gerade deshalb – einer höheren Sphäre anzugehören schien. Eine „steinerne Sappho" nannte sie der Schauspieler Ernst Schröder (Schardt 1994, 288); wohl nicht nur wegen der Sappho-Anspielungen in den Texten: „Ich aber liege allein / im Eisverhau voller Wunden." (Bachmann W 1, 139) Auch die Rundfunkaufnahmen bewahren das eigentümlich Hauchende, Stockende einer Stimme, die gleichwohl Entschiedenheit, ja Unerbittlichkeit ausstrahlt. Bis auf den heutigen Tag versucht man, das Geheimnis dieser Stimme zu ergründen, die Tonlage, den kärntnerischen Akzent, den Sprechrhythmus genauer zu bestimmen. Ein Ende dieser Faszination ist nicht abzusehen, die Stimme scheint so unendlich reflektierbar wie das Werk.

Im Diskurs der Literaturkritik und zunehmend auch dem der Literaturwissenschaft ist die Rede vom Rilke-, Benn-, Bachmann-‚Sound' usw. selbstverständlich geworden, auch wenn nur von den Lesetexten gehandelt wird. Das Phänomen verweist auf die Allgegenwart der Tonaufzeichnungen, die mittlerweile als Hörbücher (vgl. die Anthologie *Lyrikstimmen* von 2009 mit Gedichtlesungen von 122 deutschen Autor(inn)en aus fast 100 Jahren) oder im Internet jederzeit verfügbar sind. Der saloppe Sprachgebrauch verdeckt, dass die alte Trennung von erhabenem ‚Gesang' und eingängigem ‚Lied' sich im neuen Medium lange hielt. Für anspruchsvolle Lyrik sind traditionell im Radio, welches für die Literaturvermittlung das wichtigste elektronische Medium blieb, die Kulturprogramme zuständig; die wirklich gesungene Lyrik der Liedermacher, der Rock- und Pop-Bands (und natürlich auch der Schlagersänger) wird auf den Unterhaltungskanälen gesendet. Seit den 1990er Jahren verändert sich allerdings der gesamte Literaturbetrieb in eine Richtung, die die alten Grenzziehungen vielfach hinfällig werden lässt. Der Siegeszug des Internets und die allgemeine Entwicklung hin zu einer Gesellschaft des permanenten gegenseitigen Sich-zur-Schau-Stellens führte auch zu einer Konjunktur neuer Arten von audiovisueller Vortragskunst. Die amerikanische Spoken-Word-Bewegung betrieb schon ab den 1950er Jahren die Umgestaltung der Literatur – besonders der Lyrik – zur Performance; aus diesen Initiativen entstanden in den achtziger Jahren die Poetry Slams, die spätestens nach 2000 auch in Europa zu einer populären Veranstaltungsform wurden. Dass nun wahre Massen von Dichtern poetische Performancewettbewerbe austragen, in denen die Qualität der Texte gegenüber der Publikumswirksamkeit ihrer Darbietung kaum mehr ins Gewicht fällt, ist in den Augen vieler Kritiker ein betrübliches Zeichen für die unaufhaltsame ‚Eventisierung' der Literatur. Unbestreitbar bezieht die deutsche Gegenwartslyrik – exemplarisch sei nur Nora Gomringer genannt – aber wichtige Impulse aus dieser Szene, die vom klassischen ‚ernsten' Gedicht über Kabarett- und Comedy-Couplets bis hin zum Rap verschiedenste Formen umfasst (vgl. III.23 HÖRNER). Die Ausrichtung auf Performance generiert auch neue poetische Sprache.

Allgemein sind Autoren heute in ungleich höherem Maß als noch zu Zeiten Bachmanns angehalten, ihr Werk in öffentlichen Lesungen – Literaturhäusern, Buchhandlungen, Schulen – vorzustellen. Sie werden, was viele als irritierend empfinden, zu Selbstdarstellern, die im Dialog mit Moderatoren vor einem fordernden Publikum ihre Texte, die eigentlich für sich sprechen sollten, auslegen. Sie werden durch die steigende Zahl der Lesungen (oder des Einlesens im Hörbuch) auch vermehrt zu Hörern ihrer selbst. Welche Rückwirkungen diese intensivierte Wahrnehmung der Klanglichkeit des eigenen Texts auf das kreative Schreiben hat, welche rhythmisch-melodischen Veränderungen Poesie und Prosa generell durch die jüngste Oralisierung der Literatur erfahren haben, ist eine der interessantesten Fragestellungen für die künftige Forschung.

Literatur

Albrecht, Michael von. *Geschichte der römischen Literatur von Andronicus bis Boethius und ihr Fortwirken*. Berlin und Boston: De Gruyter, 2012.
Bachmann, Ingeborg. „Gedichte". *Werke 1: Gedichte, Hörspiele, Libretti, Übersetzungen* (=W 1). Hrsg. von Christine Koschel, Inge von Weidenbaum und Clemens Münster. München und Zürich: Piper, 1978. 9–176.
Bierl, Anton. *Der neue Sappho-Papyrus aus Köln und Sapphos Erneuerung: Virtuelle Choralität, Eros, Tod, Orpheus und Musik*. Harvard: Center for Hellenic Studies, 2008.
Bowra, Maurice. *Heldendichtung*. Stuttgart: Metzler, 1964.
Brecht, Bertolt. „Finnland. 17.4.40–13.5.41". *Werke. Große kommentierte Berliner und Frankfurter Ausgabe 26: Journale 1. 1913–1941* (=GBA 26). Hrsg. von Werner Hecht, Jan Knopf, Werner Mittenzwei und Klaus-Detlev Müller. Frankfurt am Main: Suhrkamp, 1994. 369–486.
Bumke, Joachim. *Höfische Kultur. Literatur und Gesellschaft im hohen Mittelalter*. 12. Aufl. München: dtv, 2008.
Burckhardt, Jacob. *Griechische Kulturgeschichte*. 4 Bde. 2. Aufl. München: dtv, 1982.
Burkert, Walter. *Griechische Religion der archaischen und klassischen Epoche*. Stuttgart i. a.: Kohlhammer, 1977.
Collorio, Christiane et al. (Hrsg.). *Lyrikstimmen. Die Bibliothek der Poeten*. München: Der Hörverlag, 2009.
Dihle, Albrecht. *Griechische Literaturgeschichte*. Stuttgart: Kröner, 1967.
Frank, Manfred. *Der kommende Gott*. Frankfurt am Main: Suhrkamp, 1982.
Frank, Manfred. *Gott im Exil*. Frankfurt am Main: Suhrkamp, 1988.
Georgiades, Thrasybulos. *Musik und Rhythmus bei den Griechen. Zum Ursprung der abendländischen Musik*. Reinbek bei Hamburg: Rowohlt, 1958.
Goethe, Johann Wolfgang. „Wandrers Sturmlied" [1815]. *Sämtliche Werke. Briefe, Tagebücher und Gespräche 1.1: Gedichte 1756–1799* (=FA 1.1). Hrsg. von Karl Eibl. Frankfurt am Main: Deutscher Klassiker Verlag, 1987. 142–145.

Goethe, Johann Wolfgang. *Sämtliche Werke. Briefe, Tagebücher und Gespräche 1.14: Aus meinem Leben. Dichtung und Wahrheit* [1811–1833] (=FA 1.14). Hrsg. von Klaus-Detlef Müller. Frankfurt am Main: Deutscher Klassiker Verlag, 1986.

Hamann, Johann Georg. „Kreuzzüge des Philologen" [1762]. *Sämtliche Werke 2: Schriften über Philosophie/Philologie/Kritik 1758–1763* (=SW 2). Hrsg. von Josef Nadler. Wien: Herder, 1950. 113–246

Hellingrath, Norbert von. *Pindarübertragungen von Hölderlin. Prolegomena zu einer Erstausgabe.* Jena: Diederichs, 1911.

Herberichs, Cornelia et al. (Hrsg.). *Literarische Performativität. Lektüren vormoderner Texte.* Zürich: Chronos, 2008.

Herder, Johann Gottfried. „Über die neuere deutsche Literatur. Zwote Sammlung von Fragmenten. Eine Beilage zu den Briefen, die neuste Literatur betreffend. 1767". *Werke 1: Frühe Schriften 1764–1772* (=W 1). Hrsg. von Ulrich Gaier. Frankfurt am Main: Deutscher Klassiker Verlag, 1985. 261–366.

Herder, Johann Gottfried. „Über die Wirkung der Dichtkunst auf die Sitten der Völker in alten und neuen Zeiten" [1777]. *Werke 4: Schriften zu Philosophie, Literatur, Kunst und Altertum 1774–1787* (=W 4). Hrsg. von Jürgen Brummack und Martin Bollacher. Frankfurt am Main: Deutscher Klassiker Verlag, 1994. 149–214.

Hölderlin, Friedrich. *Sämtliche Werke und Briefe 1: Gedichte* [1784–1805] (=SWB 1). Hrsg. von Jochen Schmidt. Frankfurt am Main: Deutscher Klassiker Verlag, 1992.

Hölderlin, Friedrich. „Briefe" [1784–1843]. *Sämtliche Werke und Briefe 3: Die Briefe. Briefe an Hölderlin, Dokumente* (=SWB 3). Hrsg. von Jochen Schmidt. Frankfurt am Main: Deutscher Klassiker Verlag, 1992. 9–506.

Holznagel, Franz-Josef. *Geschichte der deutschen Lyrik 1: Mittelalter.* Stuttgart: Reclam, 2013.

Horkheimer, Max und Theodor W. Adorno. Theodor W. Adorno. *Gesammelte Schriften 3: Dialektik der Aufklärung. Philosophische Fragmente* (=GS 3). Hrsg. von Rolf Tiedemann unter Mitwirkung von Gretel Adorno, Susan Buck-Morss und Klaus Schultz. Frankfurt am Main: Suhrkamp, 2003.

Koller, Hermann. *Musik und Dichtung im alten Griechenland.* Bern und München: Francke, 1963.

Kommerell, Max. *Gedanken über Gedichte.* 4. Aufl. Frankfurt am Main: Klostermann, 1985.

Krummen, Eveline. *Pyrsos Hymnon. Festliche Gegenwart und mythisch-rituelle Tradition als Voraussetzung einer Pindarinterpretation.* Berlin und New York: De Gruyter, 1990.

Kurz, Gerhard. „Hölderlins poetische Sprache". *Hölderlin-Jahrbuch* 23 (1982/83): 34–53.

Latacz, Joachim. *Homer, der erste Dichter des Abendlands.* 3. Aufl. München und Zürich: Artemis und Winkler, 1997.

Mann, Christian. *Athlet und Polis im archaischen und frühklassischen Griechenland.* Göttingen: Vandenhoeck & Ruprecht, 2001. 40–59.

Meyer-Kalkus, Reinhart. *Stimme und Sprechkünste im 20. Jahrhundert.* Berlin: Akademie, 2001.

Nietzsche, Friedrich. „Die griechischen Lyriker". Werke. *Kritische Gesamtausgabe 2.2: Vorlesungsaufzeichnungen (SS 1869–WS 1869/70). Anhang: Nachschriften von Vorlesungen Nietzsches* (=KGW 2.2). Hrsg. von Fritz Bornmann. Berlin und New York: De Gruyter, 1993. 105–182.

Nietzsche, Friedrich. „Die Geburt der Tragödie" [1886]. *Sämtliche Werke. Kritische Studienausgabe 1: Die Geburt der Tragödie. Unzeitgemässe Betrachtungen I–IV. Nachgelassene Schriften 1870–1873* (=KSA 1). Hrsg. von Giorgio Colli und Mazzino Montinari. 3. Aufl. München, Berlin und New York: dtv und De Gruyter, 1999. 9–156.

Novalis. „Hymnen an die Nacht" [1800]. *Werke* (=W). Hrsg. von Gerhard Schulz. 2. Aufl. München: Beck, 1981. 41–53; 46–51.
Ong, Walter J. *Orality and Literacy. The Technologizing of the World*. London und New York: Routledge, 2002.
Petrarca, Francesco. *Canzoniere*. Zweisprachige Gesamtausgabe. Deutsch von Ernst-Jürgen Dreyer. München: dtv, 1993.
Previšić, Boris. *Hölderlins Rhythmus. Ein Handbuch*. Frankfurt am Main: Stroemfeld, 2008.
Rieger, Dietmar. „Die altprovenzalische Lyrik". *Lyrik des Mittelalters: Probleme und Interpretationen 1*. Hrsg. von Heinz Bergner. Stuttgart: Reclam, 1983. 197–390.
Rilke, Rainer Maria. *Sämtliche Werke 1: Gedichte. Erster Teil* (=SW 1). Hrsg. vom Rilke-Archiv in Verbindung mit Ruth Sieber-Rilke, besorgt durch Ernst Zinn. Wiesbaden: Insel, 1955.
Rilke, Rainer Maria. *Sämtliche Werke 2: Gedichte. Zweiter Teil. Sammlung der verstreuten und nachgelassenen Gedichte aus den Jahren 1906 bis 1926* (=SW 2). Hrsg. vom Rilke-Archiv in Verbindung mit Ruth Sieber-Rilke, besorgt durch Ernst Zinn. Frankfurt am Main: Insel, 1965.
Rilke, Rainer Maria. „Notitzen zur Melodie der Dinge" [1898]. *Sämtliche Werke 5: Worpswede. Rodin. Aufsätze*. Hrsg. vom Rilke-Archiv in Verbindung mit Ruth Sieber-Rilke, besorgt durch Ernst Zinn. Frankfurt am Main: Insel, 1965. 412–425.
Rilke, Rainer Maria. „Marginalien zu Friedrich Nietzsche" [1900]. *Sämtliche Werke 6: Malte Laurids Brigge. Prosa 1906–1926* (=SW 6). Hrsg. vom Rilke-Archiv in Verbindung mit Ruth Sieber-Rilke, besorgt durch Ernst Zinn. Frankfurt am Main: Insel, 1966. 1163–1177.
Schardt, Michael Matthias (Hrsg.). *Über Ingeborg Bachmann. Rezensionen – Portraits – Würdigungen (1952–1992)*. Paderborn: Igel Verlag, 1994.
Schweiger, Hannes. „Anwesende Abwesenheit. Ingeborg Bachmanns Stimme im Rauschen der biographischen Diskurse". *Mythos Bachmann. Zwischen Inszenierung und Selbstinszenierung*. Hrsg. von Wilhelm Hemecker et al. Wien: Paul Zsolnay Verlag, 2011. 185–202.
Schweikle, Günther. *Minnesang*. 2. Aufl. Stuttgart: Metzler, 1989.
Seel, Martin. *Ästhetik des Erscheinens*. München: Hanser, 2000.
Seifert, Albrecht. *Untersuchungen zu Hölderlins Pindar-Rezeption*. München: Fink, 1982.
Stierle, Karlheinz. „Die Friedensfeier – Sprache und Fest im revolutionären und nachrevolutionären Frankreich und bei Hölderlin". *Das Fest*. Hrsg. von Walter Haug und Rainer Warning. München: Fink, 1989. 481–525 (Poetik und Hermeneutik XIV).
Stierle, Karlheinz. *Francesco Petrarca. Ein Intellektueller im Europa des 14. Jahrhunderts*. München: Hanser, 2003.
Vöhler, Martin. *Pindarrezeptionen. Sechs Studien zum Wandel des Pindarverständnisses von Erasmus bis Herder*. Heidelberg: Winter, 2005.
Wells, James Bradley. *Pindar's Verbal Art. An Ethnographic Study of Epinician Style*. Cambridge: Harvard University Press, 2009.
Wille, Günther. *Einführung in das römische Musikleben*. Darmstadt: Wissenschaftliche Buchgesellschaft, 1977.
Wittenbrink, Theresia. „Rundfunk und literarische Tradition". *Programmgeschichte des Hörfunks in der Weimarer Republik 2*. Hrsg. von Joachim-Felix Leonhard. München: dtv, 1997. 996–1097.
Wittenbrink, Theresia. „Zeitgenössische Dichter im Rundfunk". *Programmgeschichte des Hörfunks in der Weimarer Republik 2*. Hrsg. von Joachim-Felix Leonhard. München: dtv, 1997. 1098–1195.

Zimmermann, Bernhard. *Europa und die griechische Tragödie. Vom kultischen Spiel zum Theater der Gegenwart*. Frankfurt am Main: Fischer Taschenbuch Verlag, 2000.

III.2. Antike Musikerzählungen und ihr literarisches Nachleben. Orpheus, die Sirenen und Pan

Caroline Welsh

Die Legenden, Mythen und Erzählungen von der magischen Musik des Dichtersängers Orpheus, vom betörenden Sirenengesang und vom flötenden Hirtengott Pan gehören zu den in der abendländischen Literatur bis heute wirkmächtigsten Musikerzählungen des antiken Griechenlands. Mit Hans Blumenberg (1979) gesprochen, sind es Geschichten, die in einer kontinuierlichen ‚Arbeit am Mythos' und mit Blick auf die eigene Zeit fort- und umgeschrieben werden, ohne dass sie jemals ganz zu Ende gebracht werden können. Den Musikerzählungen gemeinsam ist, dass sie im Medium der Sprache vom unwiderstehlichen Zauber und von der überwältigenden Macht der Musik berichten. Sie unterscheiden sich in ihrer Darstellung jeweils spezifischer Formen musikalischer Macht. Orpheus, der ehrwürdige Dichtersänger, bezaubert, belebt und bezähmt seit den frühesten Zeugnissen der Dichter Ibykos (6. Jahrhundert v. Chr.) und Simonides (556–468 v. Chr.) mit seinem Gesang und Lyraspiel Götter, Menschen, Tiere, Pflanzen und sogar die unbelebte Natur. Seine Musik hat eine zivilisierende, kulturfördernde Wirkung. Geradezu entgegengesetzt verhält es sich mit dem unwiderstehlichen Sirenengesang, der an der Insel der Sirenen vorbeifahrende Seefahrer ins Verderben lockt. Der Gesang dieser Fabelwesen scheint, zumindest auf den ersten Blick, dem Bereich der Natur in ihrer für die Kultur bedrohlichen, triebhaften Qualität zuzugehören. Zwischen diesen Extremen finden wir den einzigen Gott in diesem Trio, den aus dem Olymp ausgeschlossenen Hirtengott Pan. Mit seiner siebenröhrigen, mit Honigwachs verklebten Flöte – geschnitzt aus dem Körper der in ‚panischer' Flucht vor dem Gott in ein Schilfrohr verwandelten Nymphe Syrinx – repräsentiert Pan Sinnlich-Erotisches in sublimierter, musikalischer Form.

Die verschiedenen Formen musikalischer Macht korrelieren mit den mythologischen Herkunftserzählungen der Instrumente sowie mit der Art der Klangerzeugung. Indem der Mythos von Pans Erfindung und Herstellung der Pan-Flöte aus dem Schilf-Körper der begehrten Syrinx erzählt, reflektiert er zugleich die Substitution erotisch-geschlechtlichen Begehrens durch Musik und Tanz. Orpheus' Lyra geht hingegen auf die Erfindung des Götterboten Hermes zurück, der sie aus einem mit Darmsaiten bespannten Schildkrötenpanzer hergestellt und Apollon geschenkt hat. Steht Pan den Kulten des Dionysos nahe, so dominiert hier das ‚apollinische', rationale Element der Musik, was durch die Transformation der Lyra in ein Sternbild nach Orpheus' Tod noch verstärkt wird. Orpheus' Lyra-Spiel wird damit direkt mit der Sphärenharmonie in Beziehung gesetzt. Hinzu kommt mit dem Gesang des Orpheus noch die Stimme als Instrument und mit ihr die Sprache. Zeichnet sich die Orpheus-Musik durch eine zugleich musikalisch-akustische und sprachliche Artikulationsweise aus, so stehen dieser Verbindung von Instrumentenklang und Sprache auf der einen Seite das Flötenspiel des Pan, auf der anderen der Gesang zumeist weiblicher Sirenenstimmen gegenüber. In der antiken Musiktheorie wird die Lyra gegenüber der Syrinx, werden die Instrumente des Apollon gegenüber denen des Marsyas (bzw. Pan) bevorzugt (Platon SW 2, 294–295; Ovid W 69.3, 11, 1–31; vgl. demgegenüber Nietzsche KGW 3.1, § 4, 34).

An den bildlichen Darstellungen musikalischer Performanz auf antiken Vasen und Fresken wird eine weitere Differenz der drei Musikerfiguren deutlich: Orpheus, der Mensch, findet sich umgeben von einer bezähmten, seiner Musik andächtig lauschenden Natur. Pan und die Sirenen erscheinen hingegen als mythologische Mischwesen. Die antiken Sirenen wurden meist mit Menschenkopf und Vogelkörper dargestellt. Erst christliche Transformationen des Mythos versetzten sie ins Wasser und verwandelten sie in betörende Frauenkörper mit trügerischem Fischschwanz. Der Flöte spielende Gott Pan befindet sich meist am Rande des Gefolges von Dionysos und ist an seiner Mischgestalt aus Mann mit Hörnern und Ziegenbockunterleib erkennbar.

An diesen drei paradigmatischen Figuren soll im Folgenden, nach einer ausführlichen Darstellung der im Kontext des Handbuchs wichtigsten Aspekte der antiken Musikerzählungen selbst, deren Tragweite bis in die gegenwärtige Zeit skizziert werden. Ein besonderer Fokus liegt dabei auf den Konkurrenzverhältnissen und Wechselbeziehungen zwischen diesen Musikerzählungen: bereits in der Antike, vor allem aber in den späteren literarischen Bearbeitungen.

1. Antike Musikerzählungen

1.1. Orpheus

Für die Griechen war Orpheus vor allem Sänger und Lautenspieler, als Mystiker und Schamane ein Grenzgänger und Vermittler zwischen Diesseits und Jenseits und Autor der nur fragmentarisch überlieferten orphischen Schriften. Als historische Figur und bedeutendster Nationaldichter wird er bei Aristophanes ebenso wie von Sokrates noch vor Homer und Hesiod erwähnt (Robbins 1982, 4–6). Durch seine Beteiligung an der Argonautenfahrt ist er zudem untrennbar mit dem ältesten, wirkmächtigsten Mythos der griechischen Literatur und über diesen auch mit dem Sirenen-Mythos verbunden. In dem, bezogen auf die Entstehungszeit des Argonauten-Mythos in vorhomerischer Zeit relativ spät entstandenen, ältesten heute erhaltenen Epos, den *Argonautika* des Apollonius von Rhodos (3. Jahrhundert v. Chr.), steht Orpheus als Musiker in diversen Episoden im Mittelpunkt, die jeweils eine spezifische Funktion von Musik beleuchten (Dräger 2001, 105–107). Er wird zunächst als lyrischer Sänger eingeführt, der durch seinen Gesang einen Streit zwischen Iason und Idmon schlichtet (Apoll. Rhod. 1, 493–519). Der Inhalt des Lieds verweist die beiden Argonauten auf ihre Stellung in der Ordnung des Kosmos und ist ebenso bedeutsam wie die harmonisierenden Instrumentalklänge (Marchenkov 2009, 6). Sodann erscheint er als Taktgeber, der mit seiner Musik den Rhythmus für den Ruderschlag vorgibt (Apoll. Rhod. 1, 536–541). Hervorgehoben wird hier die musikalisch-rhythmische Dimension der Musik, ihre Funktion bei der Koordination und Disziplinierung der Ruderer. Der zentrale Topos von der bezähmenden, Mensch und Natur harmonisierenden Wirkung des Orpheus-Gesangs wird in der Beschreibung der bezaubert der Musik lauschenden Fische (Apoll. Rhod. 1, 568–579) ausgeführt. Auch die kultische Funktion der Musik wird an mehreren Stellen hervorgehoben, u. a. in der von Orpheus angeordneten Opferfeier zu Ehren Apollons (Apoll. Rhod. 2, 685–719). Schließlich tritt auf der Rückfahrt der Argonauten die Musik des Orpheus in Konkurrenz zum unwiderstehlichen Sirenengesang (Apoll. Rhod. 4, 891–911): Als Reaktion auf den anhebenden Sirenengesang stimmt Orpheus auf seiner bistonischen Leier eine Melodie an, die, mächtiger noch als der Sirenengesang, die Aufmerksamkeit der Gefährten vom Sirenengesang abzieht.

Allen heute erhaltenen antiken Argonauten-Epen gemeinsam ist, dass sie den Sieg des Orpheus über die Sirenen als Sieg einer männlichen über eine weibliche Musik inszenieren, wobei letztere über die Stimme ausschließlich an den Körper gebunden ist, die männliche Musik hingegen über das (apollinische) Saiteninstrument auf die Beherrschung komplexerer Kulturtechniken von Instrumentenherstellung, -stimmung und Spielkunst verweist. Interessant ist allerdings, dass Apollonius an die Stelle des für frühere Versionen vermuteten Sängerwettstreits zwischen Orpheus und den Sirenen den Sieg des Orpheus als akustische Überlagerung, als ein Übertönen des weiblichen Sirenengesangs durch die Leier inszeniert (Danek 1998, 252–253). Die Sirenen singen weiter, werden aber nicht mehr gehört. Demgegenüber betonen die deutlich späteren *Orphischen Argonautica* (AO, 1268–1290, 4./5. Jahrhundert n. Chr.) die Qualität seines lyrischen Gesangs im Vergleich zum künstlerisch minderwertigen Sirenengesang (Schelske 2011, 40–42). Die Sirenen lauschen nun, ihrerseits verzaubert, dem Orpheus-Gesang und stürzen sich dann in Anerkennung ihrer Niederlage ins Meer, wo sie zu Stein erstarren (AO, 1284–1290).

Die Indienstnahme von Orpheus' lyrisch-instrumentaler Musik zur Hervorhebung unterschiedlicher, für ihre besondere Wirkmacht verantwortlicher Aspekte wird in den nachantiken Texten aufgegriffen und auf die Konkurrenz zwischen den Künsten ausgeweitet. So unterscheidet der Renaissancephilosoph Marcilio Ficino zwei Formen der Nachahmung der Himmelsmusik: einmal durch Stimmen und Instrumente, sodann eine bedeutendere durch Vers und Metrum (Vicari 1982, 217). John Milton schreibt der Lyrik, nicht der Lyra, die Wirkmacht der Musik des Orpheus zu, „who with his song, not his lyre, held rivers in check and conferred ears upon oak trees, and with his singing moved lifeless ghosts to tears" (Milton 2014 [1634/1637], 195). Entscheidend sei die Kombination von Inhalt und Metrum: „In short what will the hollow modulation of the voice avail – devoid of words, feeling and rhythm of speech? That type of song befits woodland choristers, but not Orpheus who with his song, not his lyre, held rivers in check and conferred ears upon oak trees, and with his singing moved lifeless ghosts to tears [...]." (Milton 2014 1634/1637], 195)

Das für spätere literarische Werke, insbesondere aber für die Oper zentrale Motiv des liebenden Orpheus, der die Götter der Unterwelt mit seinem Klagelied zur Rückgabe Eurydikes aus dem Totenreich bewegt, kam deutlich später zum Orpheus-Mythos hinzu (zuletzt ausführlich bei Klodt 2004). Zunächst diente Orpheus' Abstieg in den Hades zur Illustration der Wirkmacht seiner Musik. Die frühesten Motivierungen des Abstiegs durch Eurydikes Tod finden sich in der *Alcestis* des Euripides (438 v. Chr.) sowie auf einem aus der gleichen Zeit stammenden attischen Relief. Orpheus scheint Eurydike in hellenistischer Zeit grundsätzlich erfolgreich ins Leben zurückgeholt zu haben. Die tragische Liebesgeschichte – Orpheus' Blick zurück zu der hinter ihm aus dem Totenreich aufsteigenden Eurydike, mit dem er das Gebot der Götter bricht und Eurydike endgültig an die Unterwelt verliert – ist eine Erfindung Vergils (Robbins 1982, 16). Der tragische Ausgang der Hadesfahrt ist jedoch keine Infragestellung der Wirkmacht seiner Musik. Orpheus scheitert in Vergils *Georgica* nicht an der Kunst, sondern an der Leidenschaft (*furor*), die allerdings zugleich die Voraussetzung seiner Kunst ist (Griffin 2008, 241). Auch Ovid hebt in den Orpheus gewidmeten Passagen der *Metamorphosen* die überwältigende Wirkung seiner Klage auf Persephone hervor, lässt Orpheus dann aber im Unterschied zu und in direkter Auseinandersetzung mit Vergil nicht an Leidenschaft, sondern an mitfühlender Gattenliebe zu einer an seinem Verhalten verzweifelnden Eurydike scheitern. Der ältere Topos des Dichter-Sängers, die bezaubernd-harmonisierende Wirkung der Musik auf die Natur, wird bei Ovid erst im Anschluss an den erfolglosen Abstieg in das Totenreich als Klagelied über den endgültigen Verlust nach Eurydikes zweitem, von Orpheus selbst verschuldeten Tod ausgeführt. Die für die nach-antiken Transformationen des Mythos zentrale Erfahrung des (doppelten) Verlusts der Geliebten als Voraussetzung für die überwältigende Macht seines Gesangs entstammt somit selbst einer antiken (römischen) Bearbeitung des griechischen Mythos.

Orpheus' Tod ist gleichfalls älter als das tragische Liebesmotiv und wird zunächst auf seine Missachtung älterer Gottheiten zurückgeführt. In den *Bassarides*, einem verlorenen Drama des Aischylos, das wahrscheinlich im 5. Jahrhundert v. Chr. geschrieben wurde, lässt Dionysos, einem späteren Bericht des alexandrinischen Autors Ps.-Eratosthenes zufolge (*Carasterismi*, Verstirnungen), Orpheus von den Bassariden in Stücke reißen, aus Wut darüber, dass dieser nicht ihn, sondern den als Apollon adressierten Helios verehrt (Robbins 1982, 13). Die Musen sammeln seine Leichenteile, begraben sie in Leibethra und bitten Zeus, seine Lyra als Sternbild ans Firmament zu versetzen. Nach späteren Überlieferungen zerreißen Mänaden, Bacchantinnen oder thrakische Frauen Orpheus aus Wut darüber, dass er ihre Männer die Knabenliebe lehrt, und werfen sein abgeschlagenes, aber weitersingendes Haupt, an dem sie Leier und Plektrum befestigen, in den Fluss. An der Insel Lesbos angespült, wird es dort in einem Tempel des Apollon begraben und begründet den Ruhm der Insel für seine lyrischen Dichter Terpander, Sappho und Alkaios.

1.2. Die Sirenen

1.2.1. Odyssee

Der für das literarische Nachleben des Sirenen-Mythos wichtigste antike Bericht über die Sirenen findet sich im XII. Gesang der homerischen *Odyssee* (ca. 8. Jahrhundert v. Chr.). Nicht Orpheus, sondern Odysseus ist es als erstem Sterblichen vergönnt, von seinen Gefährten an den Mastbaum des Schiffes gefesselt, den Gesang der Sirenen zu vernehmen und als Überlebender von deren wundersamen Verführungskräften zu erzählen. Odysseus gibt in seinem Bericht am Hofe der Phäaken sowohl Kirkes Voraussage des Sirenenabenteuers (Od. 12, 39–54) als auch den Sirenengesang selbst wörtlich wieder (Od. 12, 184–191). Kirke zufolge geht die unwiderstehliche Wirkung von der musikalisch-klanglichen Ebene des Sirenengesangs aus: vom magisch hellen Klang ihrer Stimmen und der Melodie. Der Sirenenklang, so Kirkes Schilderung, bedrohe die soziale Ordnung der Familie, indem er den Wunsch nach Heimkehr in die Familie vergessen mache. In der einzigen visuellen Beschreibung der auf das Akustische ausgerichteten Sirenenepisode veranschaulicht sie mit dem Bild der am Strande unterhalb der blumigen Sirenenwiese unbegraben vermodernden Menschen die tödliche, kulturzerstörende Wirkmacht des Sirenengesangs (Rachewiltz 1987, 20–21). Odysseus hingegen konzentriert sich, indem er das Sirenenlied wörtlich wiedergibt, stärker auf den Inhalt des Liedes: Das Versprechen von Wissen und Weisheit aus dem Munde der sich selbst als allwissend präsentierenden Sirenen scheint hauptverantwortlich für sein „heißes Verlangen [...], weiter zu hören" (Od. 12, 192–193).

Zwei sirenische Gefahren, die auch spätere Interpretationen und literarische Bearbeitungen des Sirenen-Mythos bestimmen, werden in diesem doppelten Bericht über die Wirkung des Sirenengesangs sichtbar. Die eine Gefahr geht von der Stimme als Medium, d. h. von den präsemantisch-klanglichen Elementen der Sprache aus – die euphonische Qualität des griechischen Originaltexts hebt diesen klanglichen Aspekt deutlich hervor (Stanford 1954, 412). Die andere Gefahr hat ihren Ursprung im versprochenen Wissen, bezieht sich also auf die begrifflich-rationale Ebene der Sprache. Auf beiden Ebenen erscheint der Sirenengesang als ein bestrickend-fesselnder, der Weiterfahrt hinderlicher und tödlicher Gesang. Auf der präsemantischen Ebene steht er im Kontrast zu den harmonischen Instrumentalklängen des Orpheus und den narrativen Gesängen der Barden (Rachewiltz 1987, 10–12). Die von der (weiblichen) Stimme ausgehende Bedrohung haben die Sirenen mit Kirke gemein, die, selbst eine „hehre melodische Göttin" (Od. 12, 150) und Zauberin, Odysseus' Gefährten mit süßem Gesang und Weben herbeilockt (Od. 10, 220–222), um sie dann in Tiere zu verwandeln (Stuby 1985, 71–72). Die zweite Gefahr geht von dem Wissen aus, das die Sirenen Odysseus für den Fall seiner Landung auf ihrer Insel versprechen. Für den von allen Nachrichtenkanälen abgeschnittenen Odysseus dürfte ihre Ankündigung, ihn mit einem ihm selbst vorteilhaften Bericht über den trojanischen Krieg zu beglücken, verführerisch gewesen sein. Doch der versprochene Troja-Bericht birgt eine Gefahr. Relevantes Wissen, sei es als Prophezeiung oder als Anweisung, ist für Odysseus mit Blick auf die Heimkehr grundsätzlich zukunfts- und handlungsorientiert. Das Wissen, das die Sirenen versprechen, lenkt den Blick hingegen in die Vergangenheit, verführt zu eitler Selbstbespiegelung, anstatt mit Hinweisen für die Weiterfahrt die Heimkehr in der Zukunft zu sichern (Rachewiltz 1987, 29). Eine weitere Form der Selbstbespiegelung ist die Selbstreflexivität des Sirenengesangs: die Sirenen singen ein Lied, das vor allem über die eigene fingierende Rede Auskunft gibt (Todorov 1977, 58). In der Fortführung dieser zweiten sirenischen Gefährdung durch die Verführung zum Wissen wird Cicero den Konflikt des Odysseus angesichts der Sirenen in *De Finibus* (V 18, 48–49) als einen zwischen theoretischer Begierde, die er als natürliche Eigenschaft des Menschen ansieht, und der alltäglichen Pflichterfüllung im Dienste des Vaterlands interpretieren (Blumenberg 1973, 65–68). Der Kirchenvater Augustinus wird eine solche *curiositas* insbesondere im Bereich weltlicher Wissenschaften in seinen *Confessiones* als zweckentfremdeten Selbstgenuss des Erkenntnistriebs verstehen und wegen seiner Unvereinbarkeit mit der *vita beata* in den Lasterkatalog aufnehmen (Blumenberg 1973, 110–121).

In der Sirenenepisode spiegeln sich auch Konkurrenzverhältnisse zwischen den antiken Epen. Neben den direkten Anspielungen auf die Troja-Epik (Danek 1998, 254) bzw. auf die *Ilias* (Pucci 1979, 121–132) setzt Kirkes intermythologischer Verweis auf die Argo (Od. 12, 66–72) als das bisher einzige Schiff, das die Meerenge zwischen Skylla und Charybdis erfolgreich durchquerte, die Vorbeifahrt des listigen Kriegshelden und beredten Geschichtenerzählers Odysseus an den Sirenen explizit in Konkurrenz zu deren Bezwingung durch den Dichtersänger Orpheus in früheren Argonautensagen (Danek 1998, 252). Entscheidend ist, dass es erst der *Odyssee* gelingt, mit dem Bericht des Odysseus die Faszinationskraft des Sirenengesangs in die eigene Erzählung zu integrieren – unabhängig davon, ob man Odysseus' Entwendung ihres Lieds als Textraub (Stuby 1985) bezeichnet oder die Bedeutung der Integration ihres Gesangs in seinen Bericht als Voraussetzung ihres Weiterlebens in der Kunst hervorhebt (Rachewiltz 1987, 32). Der intertextuelle Bezug des Sirenenlieds auf die in einem Konkurrenzverhältnis zur *Odyssee* stehenden Troja-Epen begründet zudem die mittelalterliche Praxis der Diffamierung anderer (häretischer) Texte als ‚sirenisch' (Rachewiltz 1987, 69–80).

1.2.2. Sirenen der Sphärenharmonie

Die platonisch-pythagoreischen Sirenen der Sphärenharmonie stellen eine weitere Traditionslinie des Sirenen-Mythos dar, deren Verbindung zu den homerischen Sirenen (Plutarch, *Moralia*, IX, 14, 745–746) aber auch zur orphischen Tradition erklärungsbedürftig und wenig erforscht ist. Die Sphärenharmonie versinnbildlicht die Verbindung zwischen Mathematik und Musik und geht auf die naturphilosophischen und kosmischen Lehren der Pythagoreer zurück (vgl. II.1.1 HINDRICHS). Ebenso wie Pythagoras führt Platon die Sirenen mit der Harmonie der Sphären zusammen (Marchenkov 2009, 29–42). Sie erscheinen im Schlussmythos des *Er* an dem Ort, der Himmel und Erde zusammenhält (Platon SW 2, 531–532). Es ist das Zentrum, von dem aus alle Himmelssphären in Umdrehung gebracht werden, und zugleich der Ort, an dem die Seelen der Verstorbenen die Gestalt ihrer nächsten Reinkarnation auswählen. Die Harmonie der Sirenen entsteht dadurch, dass jeder Himmelssphäre eine jeweils einen Ton singende Sirene zugeordnet ist. Die entscheidende Qualität der Sirenen der Sphärenharmonie besteht darin, dass ihr Zusammenklang hörbarer Ausdruck der Ordnung des Kosmos ist. Diese Sphärenharmonie versuchte Pythagoras in der irdischen Musik nachzuahmen, indem er die pythagoreische Tonleiter aus den konsonanten Intervallen der Oktave, Quinte und Quarte zusammensetzte. In den einfachen Zahlenproportionen der Intervallverhältnisse spiegelt sich die Bedeutung der heiligen Zahlen (1–4), die zusammen 10 ergeben und in der pythagoreischen Zahlenmystik als *tetraktys* die Quelle der Vollkommenheit darstellen (van Waerden

1979, 100–115). Sie enthält den Schlüssel zu Prophetie und Allwissenheit, welche auch die homerischen Sirenen für sich in Anspruch nahmen. Umgedeutet in den himmlischen Gesang der Engel, konnte die Sphärenharmonie und mit ihr die kosmische Musiktheorie der Pythagoreer bis in die frühe Neuzeit hinein ein vereinigendes Bild zwischen Musik, Mathematik und Astrologie zeichnen und die Harmonie zwischen Mensch, Musik und Kosmos garantieren. Erst die Korrektur des pythagoreischen Kommas durch die Einführung der musikalischen Temperatur zu Beginn des 18. Jahrhunderts führte zu einem allmählichen Verlust der kosmischen Sphärenharmonie als Bezugssystem für die irdische Musik (Lubkoll 1995, 27–41).

1.3. Pan

Pan, der bocksfüßige und gehörnte Gott der Wildnis und der Hirten, war zunächst ein lokaler Gott Arkadiens, bevor er im 5. Jahrhundert auch in Athen bekannter wurde. Die Athener verehrten Pan als Dank für seine Unterstützung in der Schlacht bei Marathon (490 v. Chr.) während des Perserkriegs (Herodot 6.105; dazu Jung 2006, 38–53). Pan scheint seine Feinde mit Vorliebe durch visuelle Trugbilder und akustische Täuschungen in die Irre geführt zu haben (Longus, Daph., 2.25–2.26). So wird erzählt, dass er einst im Gefolge des Dionysos die Feinde über die Größe des eigenen Heeres täuschte, indem er das von den Bergen widerhallende Echo zur Verstärkung und Vervielfältigung ihres Kriegsgeschreis einsetzte (Roscher 1902, 1388; Adami 2000, 13). In seinem Hirtenroman lässt Longus Chloë berichten, wie Pan sie und ihre Herden aus der Schiffsgefangenschaft befreite, indem er seine Syrinx auf eine „zweifache Weise" erklingen ließ: kriegerisch und laut, aus dem Nichts auftauchend zum Schrecken der Gegner, sodann friedlich und beruhigend bei der Heimführung der befreiten Herden (Longus, Daph., 2.26–30).

Neben diesen Funktionen der Hirtenflöte zur Abschreckung von Feinden und zur Lenkung der Herden hebt eine dritte Weise, die Flöte zu spielen, die sinnlich-erotische Seite des Gottes hervor. In dem vermutlich im 5. Jahrhundert vor Chr. in Athen entstandenen *Homerischen Hymnus* an Pan (Hom. Hymn. 19.14–25) wird dieser für die Athener neu hinzugekommene Gott als Flöte spielender Gefährte hell singender Nymphen sowie als Choreograph und ekstatisch jauchzender Tänzer ihrer Reigen vorgestellt (Schwabl 1969, 5–14). Tanz und Flötenspiel verweisen hier ebenso wie die Herkunft der Syrinx aus der auf der Flucht vor Pan in Schilfrohr verwandelten Nymphe (Ovid, Buch 1, Zeilen 5–39; Longus, Daph. Buch 2. Zeilen 34) auf Pans Doppelnatur als Mischwesen. Halb Ziege, halb Mensch, steht er sowohl für tierische Sexualität als auch für deren Sublimierung durch Musik, Tanz und Gesang (zur Geschlechterproblematik vgl. Caduff 2003, 227–

230). Zum Repertoire der von den Nymphen gesungenen Hymnen gehört auch die Geschichte von Pans Geburt und Namensgebung. Seine Eltern reagieren auf sein wunderliches Aussehen unterschiedlich – die sterbliche Mutter betrachtet das Mischwesen mit Entsetzen und flieht, Hermes hingegen bringt ihn mit unbändiger Freude zu den Göttern, die ihrerseits, besonders jedoch Dionysos, bei seinem Anblick von Herzen froh und vergnügt werden. „Pan aber nannten sie ihn, weil er alle [pásin] vergnügte." (Hom. Hymn. 19.47) In der stoischen Philosophie und der orphischen Tradition wird sein Name irrtümlich, aber für sein weiteres Nachleben folgenreich, mit ‚to pan' (das All) verbunden (Der Neue Pauly, s. v. ‚Pan', 9, 223), was zu späteren Vorstellungen von Pan als einem pantheistischen All-Gott beiträgt – vgl. den Chor der Nymphen in Goethes *Faust II*, v. 5873–5897; Victor Hugos „Pan" im Gedichtzyklus *Les Feuilles d'Automne* (1972 [1831], 314; vgl. allg. Assmann 1983, 180–182).

Mit der Entstehung bukolischer Dichtung im 3. vorchristlichen Jahrhundert erreicht der Pan-Mythos eine seiner musikalisch-literarisch produktivsten Phasen. Pan erscheint, wie auch Vergil in seinen *Eklogen* (ca. 42–35 v. Chr.) später ausführen wird, als mythischer Begründer der Hirtengesänge, ja als Urvater und treibende Kraft bukolischer Dichtung. Bereits in den Gründungstexten europäischer Bukolik, den *Idyllen* Theokrits, spielt die Syrinx als Attribut des Gottes, für dessen Musik und Hirtendichtung sie metonymisch steht, eine zentrale Rolle. Syrinxspiel und Gesang dienen der Linderung unstillbarer Liebessehnsucht (Idylle 10, 21–36), ja als „Heilmittel gegen die Liebe" (Id. 11, 1). Die erste *Idylle* steht ganz im Zeichen Pans. Sie beginnt mit dem Verweis des Dichtersängers Thyrsis auf die Nähe der Syrinx zu den Naturlauten (und über Pans Liebe zu der in eine Pinie verwandelten Pitys auch zu diesem selbst) und seinem Kompliment an ihren Spieler: „Süß lässt ihr Wispern die Pinie dort, Ziegenhirt, bei den Quellen erklingen; süß spielst auch du auf der Syrinx; nach Pan wirst Du den zweiten Preis davontragen." (Id. 1, 1–3) Sie endet mit der Übergabe eines geschnitzten Kelches an den Dichtersänger Thyrsis, mit dem der Ziegenhirt sich für die vorausgehende Aufführung eines preisgekrönten Lieds bedankt. Die Ekphrasis des reich verzierten Kelchs reflektiert als Emblem bukolischer Dichtung auch das Verhältnis dieser neuen Gattung zur epischen Tradition (Halperin 1983, 177–178): An die Stelle des heroischen Helden, repräsentiert durch das in der *Ilias* beschriebene Schild des Achill, tritt der amouröse Schäfer-Dichter, der seinen Ruhm nicht mit Waffen, sondern in Sängerwettkämpfen erlangt. Im Zentrum der ersten *Idylle* erklingt Thyrsis' Lied über den an übergroßer Sehnsucht und unerfüllbarer Liebe sterbenden Daphnis. Bedenkt man, dass erst die achte *Idylle* Daphnis als berühmtesten bukolischen Dichter feiern wird (Hunter 1999, 61), so beschwört das Lied des Thyrsis eine bukolische Tradition, die in den folgenden *Idyllen* erst begründet wird. Das Lied des Thyrsis ist das akustische Komplement zur Ekphrasis des Kelchs. Verlassen von den durch sein Pathos vertriebenen Nymphen, ruft Daphnis darin kurz vor seinem Tode Pan an, um ihm seine Syrinx zu überreichen: „Pan, ach Pan [...] / Komm, Herr, und empfange diese Syrinx, honigsüß duftend von verfestigtem Wachs, an der schönen Lippe umwickelt! Denn ich werde von Eros in den Hades gezogen – es ist so weit." (Id. 1, 23; 28–30) Die zentrale Stellung Pans in der ersten Idylle stellt die bukolische Dichtung gleich zu Beginn unter die Herrschaft des Syrinx spielenden Gottes. Orpheus und seine Lyra und Pan und seine Syrinx werden damit implizit den jeweiligen Gattungen des Epos und der Bukolik zugeordnet.

Werden bereits bei Theokrit Fragen des poetischen Einflusses, dichterischer Nachfolge und Abgrenzung von der Tradition u. a. an der Weitergabe der Syrinx verhandelt, so dient Pans Syrinx in der Folge (Vergil, ecl.; Longos, Daph. 2, 34–38; Boccaccio, *Bucolicum carmen* 12, 38–45) als Insignum poetischer Nachfolge im Rahmen eines oft homoerotisch gefärbten Lehrer-Schüler-Verhältnisses (Borgeaud 1988, 74–87). So bezieht sich Vergil in seiner zweiten Ekloge der *Bucolica* in allusiver Intertextualität gleich auf mehrere *Idyllen* Theokrits, um sich durch Anspielungen auf die bukolische Tradition zugleich von ihr abzusetzen (Hubbard 2001, 54–68). In der für unseren Zusammenhang interessantesten Stelle (Vergil, ecl. 2, 31–40) wird Pans Funktion als Erfinder der Syrinx und Urvater bukolischer Gesänge durch eine Anspielung auf sein Interesse an „Schaf[en] und ihren Hüter[n]" explizit erotisiert (Hubbard 2001, 63). Die Werbung Corydons um die Liebe eines Schülers beginnt als Anregung zur Nachahmung Pans und schließt mit Corydons Verweis auf seine eigene Stellung in der bukolischen Tradition als Schüler des Damoetas. Als Zeichen dichterischer Nachfolge reicht ihm Damoetas seine Syrinx mit den Worten „Ihr zweiter Besitzer bist du und Spieler" weiter (Vergil W, 20). Erst nach den bukolischen *Eklogen* wird Vergil sich in der *Georgica* mit Orpheus auseinandersetzen. Der tragische Ausgang der Hades-Episode, mit der Orpheus Eurydike in der *Georgica* endgültig verliert, wird vor dem Hintergrund bukolischer Tradition erkenntlich als Einschreiben eines bukolischen Topos in den Orpheus-Mythos.

Die weitere Rezeptionsgeschichte Pans entspricht der Vieldeutigkeit seiner Gestalt als Mischwesen und Verbindungsglied zwischen Natur und Kultur. Als Hüter der Herden deuteten frühchristliche Allegoriker ihn ebenso wie Orpheus als „typologische Präfiguration Christi", wohingegen er im Mittelalter aufgrund seiner Bocksgestalt und Verbindung mit der ‚wilden' Natur mit dem Teufel assoziiert wird (Assmann 1983, 181). Als All-Gott wurde er in der Renaissance im Kontext der Naturphilosophie auch für die Philosophen interessant (Berns 1991, 47–65). Nach Francis Bacon (*De sapienta veterum*, 1609) liegt in den mythologischen Geschichten um Pan das Wissen um die Naturgeheimnisse verborgen (Berns 1991, 47–65). Bacons Schrift und die in die Antike zurückreichende Verbindung Pans mit der Nymphe Echo prägten die Poetologie und onomatopoetischen Sprachspiele der Pegnitzschäfer um Harsdörffer, Schottelius und von Birken (Berns 1991, 45–81). In expliziter Anknüpfung an die bukolische Tradition im Zeichen Pans wird die Panflöte zum Ordensemblem ihres Pegnesischen Blumenordens. Als „Pfeifenwerk mit sieben Röhren" deutet es „der sieben Planeten Wirkung" an (Berns 1991, 61) und findet sich sowohl auf dem Titelblatt zum II. Teil des Pegnesischen Schäfergedichts als auch im Text selbst als Bildgedicht abgebildet (Berns 1991, 55).

2. Das Nachleben der antiken Musikerzählungen in der neueren Literatur

Die immense Produktivität der Überlieferungs- und Rezeptionsgeschichte antiker Musikmythen in der Literatur seit der Aufklärung erfordert, selbst hinsichtlich ihrer expliziten Bezugnahme auf das Verhältnis von Literatur und Musik, eine deutliche Beschränkung. Von der Forschung sind die Fort- und Umschreibungen der einzelnen Musik-Mythen ausführlich analysiert und auf ihre poetologischen Implikationen hin ausgeleuchtet worden (vgl. exemplarisch zu den Sirenen: Rachewiltz 1987, Menke 2000; zu Orpheus: Speiser 1992, Waerden 1982; zu Pan: Adami 2000). Neben der Darstellung einiger zentraler Texte konzentrieren sich die folgenden Ausführungen daher auf ein Forschungsdesiderat, das erst in der Zusammenschau der drei Musikmythen sichtbar wird. Stärker als bisher wahrgenommen, verschieben sich in der neueren Literatur die in der Antike noch klaren Grenzen zwischen den drei antiken Musikerzählungen und den mit ihnen verbundenen spezifischen Formen musikalisch-dichterischer Wirkmacht. Dort, wo poetologische Konzepte verhandelt werden, ist die Begegnung des Dichtersängers Orpheus mit den Sirenen ebenso zentral wie die bekanntere Erzählung von der Vorbeifahrt des Odysseus an der Sireneninsel. Durch diese Grenzverschiebungen und Grenzauflösungen zwischen den Musikerzählungen scheint es zunehmend schwierig, klar zwischen dem betörend-bezaubernden Gesang der Sirenen, der kultivierend-bezähmenden Musik des Orpheus und der sinnlich-orgiastisch gefärbten Musik Pans zu unterscheiden. Hinzu kommt, dass mit den Anpassungen der Musikerzählungen an zeitgenössische medientechnische Veränderungen das Verhältnis von Musik und Dichtung, Klang und Schrift in radikalen Umformungen der mythischen Vorlagen thematisiert wird. Die folgende Auswahl konzentriert sich daher auf literarische Texte, in denen diese Aspekte im Zentrum stehen.

2.1. Die Ambivalenz der Musik in frühromantischen Mythenvermischungen

Für die romantischen Bearbeitungen antiker Musikerzählungen ist charakteristisch, dass sie einzelne Motive aus verschiedenen Mythen herauslösen, um sie neu miteinander zu kombinieren. Dabei werden die Grenzen zwischen der jeweils spezifischen Wirkmacht der Orpheus-Musik und des Sirenengesangs ebenso wie zwischen den platonisch-pythagoreischen Sirenen der Sphärenharmonie und den Sirenen der beiden antiken Epen verwischt, sodass sich eindeutige Zuschreibungen der Musik als entweder kultivierend oder ‚betörend sirenisch' auflösen. So verknüpft Novalis in seinem Entwurf einer musikalischen Poetik im *Heinrich von Ofterdingen* den Orpheus-Mythos sowohl mit der Arion-Sage als auch mit dem Sirenen-Mythos (Janz 2004, 193–194), um das für die Frühromantik charakteristische sprachutopische Ideal einer Einheit von Musik und Sprache (Lubkoll 1995, 9–14; vgl. III.11 NAUMANN) zu veranschaulichen. Unerwähnt, aber allgegenwärtig erscheint hier in zwei an den zukünftigen Dichter Heinrich gerichteten Erzählungen der Kaufleute, in der Arion-Sage und im direkt daran anschließenden Atlantis-Märchen, Orpheus als Urdichter eines goldenen Zeitalters der Dichtkunst. Durch den „seltsamen Klang wunderbarer Werkzeuge" (Novalis WTB 1, 256) hätten die damaligen Dichtersänger „grausame Thiere gezähmt und verwilderte Menschen zu Ordnung und Sitte gewöhnt, sanfte Neigungen und Künste des Friedens in ihnen rege gemacht" (Novalis WTB 1, 257). Als Beispiel für die friedensstiftende, harmonisierende Wirkmacht des von der Leier begleiteten Gesangs wählen die Kaufleute die (im Unterschied zu den Bearbeitungen des Orpheus-Stoffs seit Vergil) grundsätzlich positiv endende Arion-Sage: Bevor dieser Kaufmann und Dichtersänger seiner Schätze wegen von den habsüchtigen ‚Schiffern' über Bord geworfen wurde, durfte er ein letztes Lied anstimmen. Ein Delphin, durch das Lied herbeigelockt, geleitete ihn nach seinem Sprung ins Meer sicher an Land. Neu sind in Novalis' Variante die der Sirenenepisode der *Odyssee* entnommenen Vorkehrungen der Schiffer und deren in der *Odyssee* nicht verzeichnete verheerende Folgen: Um durch den herzerweichenden ‚Zaubergesang' nicht von ihrem Vorhaben abgebracht zu werden, verstopfen sich die Schiffer die Ohren mit Wachs. Das schützt sie zwar vor der harmonisierenden und besänftigenden Wirkung des Liedes – sie erwarten sein Ende „feindselig allein, mit festverstopften Ohren" (Novalis WTB 1, 258), während Arion sich selbst und die ihn umgebende Natur in eine harmonische Ordnung versetzt und von einem gezähmten, „dankbaren Unthier" (Novalis WTB 1, 258) gerettet wird. Außerhalb dieser harmonischen Ordnung stehend, geraten die Schiffer jedoch über die Aufteilung des Schatzes in Streit, sodass Arion später vom „dankbaren Meerthier" (Novalis WTB 1, 259) auch seine Schätze aus dem gekenterten Schiff zurückerhält. Die Kombination des Motivs der besänftigenden Musik aus dem Orpheus-Mythos mit dem homerischen Wachs als Schutz vor der tödlich-betörenden Wirkmacht des Sirenengesangs verweist auf die grundsätzliche Ambivalenz *aller* Musik, die den antiken Musikerzählungen fremd war: Auch die harmonisierende Musik des Orpheus kann als sirenische Gefahr, als „Überwältigung des Hörers" (Gess 2011, 9), empfunden werden, wenngleich nur von jenen, die nicht zum Guten verführt werden wollen.

Diesen Gedanken einer den Hörer auch gegen seinen Willen bekehrenden, überwältigenden Macht der (heiligen) Musik entwickelt Heinrich von Kleist in seiner Novelle *Die heilige Cäcilie oder die Gewalt der Musik* weiter. Ohne Wachs in den Ohren, das sie vor der fatalen Wirkung der katholischen Messe schützen könnte, unternehmen vier protestantische Brüder an Fronleichnam einen bilderstürmerischen Anschlag auf ein Kloster, werden jedoch in der Kathedrale vom *Gloria in excelsis* wie von einer „Gegengewalt" (Janz 2004, 194) buchstäblich in die Knie gezwungen. Man findet sie nach der Messe „mit gefalteten Händen, den Boden mit Brust und Scheiteln küssend, als ob sie zu Stein erstarrt wären, heißer Inbrunst voll vor dem Altar der Kirche daniedergestreckt" (Kleist SWB 3, 301). Im Unterschied zu den Nonnen, deren Seelen von der heiligen Musik „wie auf Schwingen, durch alle Himmel des Wohlklangs" geführt werden (Kleist SWB 3, 293), führt die ‚Bekehrung' der Brüder durch die „Schrecken der Tonkunst" (Kleist SWB 3, 311) in den religiösen Wahnsinn. Hatte Novalis das antike Motiv der Zähmung wilder Tiere und der Besserung böser Menschen durch die Orpheus-Musik ins Zentrum gestellt, so erzählt Kleists radikale Revision des Orpheus-Mythos von der Verwandlung von Menschen in wilde Tiere (Janz 2004, 195). Die dem Wahnsinn verfallenen Brüder singen seit ihrer musikalischen ‚Bekehrung' in der Kathedrale bis an ihr Lebensende beim Schlag der Mitternachtsglocke „mit einer entsetzlichen und gräßlichen Stimme" wie die von „Leoparden und Wölfe[n]" das „Gloria in excelsis" in einer solchen Disharmonie, dass davon die Fenster zu zerbrechen drohen und andere Menschen „besinnungslos, mit sträubenden Haaren" auseinanderstürzen (Kleist SWB 3, 303). Wie bereits der Titel der Novelle impliziert, wirkt hier – und das ist das entscheidend Neue an Kleists Variante – dieselbe Musik je nach der Disposition des Hörers entweder erhebend und also heilig-erhaben oder als Gewalt gemütszerstörend. Die bis dahin unhinterfragt positive, kultivierende Qualität der Orpheus-Musik, ihre Fähigkeit, verstimmte und verwilderte Gemüter zu harmonisieren, wird bei Kleist als eine von außen herbeigeführte Umstimmung des Gemüts umgedeutet und auf ihre Gewalt hin durchsichtig.

2.2. Sirenen der Instrumentalmusik in der Literatur der Romantik

Eine interessante Neugewichtung erfährt der Sirenen-Mythos um 1800 bei Ludwig Tieck und E. T. A. Hoffmann im Kontext der Aufwertung der Instrumentalmusik zu einer durch musikalische Formprinzipien geprägten ‚absolute[n] Musik' (Dahlhaus 1978) und zum zentralen Paradigma frühromantischer Poetik (Lubkoll 1995, 159). Als visuelles Pendant zur selbstreferentiellen, amimetischen Struktur der Instrumentalmusik erscheinen Sirenen dem Hörer nicht nur in halluzinatorisch-phantasmatischen Bildern, sondern stehen zugleich für die durch die Musik ausgelösten ‚Hör-Bilder' ein. Mit diesen Bildern einer selbsttätigen Einbildungskraft antwortet die romantische Autonomieästhetik auf Immanuel Kants Assoziierung der „Musik ohne Text" mit den „Zeichnungen à la grecque" in seiner Klassifizierung beider als freie Schönheiten (Kant W 5, § 16, 310). Kant hatte, trotz dieser Einsicht in die amimetische Qualität musikalischer Form, der Musik in der Hierarchie der Künste aufgrund ihrer unmittelbaren Wirkung auf die Affekte den untersten Platz zugewiesen (Kant W 5, § 53, 431–433). In den *Phantasien über die Kunst* entwickeln Heinrich Wackenroder und Ludwig Tieck demgegenüber eine Theorie des Hörens von Instrumentalkompositionen, die sich von den für die Vokalmusik weiterhin gültigen Prämissen der musikalischen Gefühlsästhetik löst. Instrumentalmusik wird vorgestellt als eine amimetische, „rein-poetische" (Tieck SW 1, 244), „abgesonderte Welt für sich selbst" (Tieck SW 1, 236). Sie wirkt nicht mehr unmittelbar auf die Nerven und über diese auf die Affekte, sondern regt die von den Gesetzen des Verstandes befreite Einbildungskraft zur selbsttätigen und autonomen Produktion individueller, ephemerer Bilder an, die es ihrerseits der Dichtung als Medium der Darstellung dieser Bilder ermöglichen, an der rein poetischen Welt der Instrumentalmusik teilzuhaben (Welsh 2003, 200; Gess 2006 bzw. 2011, 208–209). Friedrich Nietzsche wird diese musikalische Poetologie später aufgreifen, um in der Nachahmung der Musik durch die Lyrik die Verbindung des dionysisch-musikalischen mit der apollinischen Bilderwelt zu feiern (Nietzsche KGW 3.1, § 6; siehe unten 2.4).

In der Forschung sind die Sirenen der Instrumentalmusik unterschiedlich kontextualisiert worden. Bettine Menke (2000, 575–609) betont den ephemeren, arabesk-grotesken Charakter der halluzinatorisch-phantasmatischen Sirenen, ihr „Aufgegebensein an eine Bewegung, in der Bilder sich bilden und auflösen" (Menke 2000, 584). Von diesen durch die Musik ausgelösten „Trugbildern der Bildlichkeit" (Menke 2000, 576), für die die Sirenen emblematisch stünden, würde auch das Subjekt des Sehens erfasst und vergäße sich in der Betrachtung einer in arabesken Schnörkeln aufgelösten Gegenständlichkeit (Menke 2000, 606–609). Während Menke die Sirenen der Instrumentalmusik an die homerischen Sirenen der *Odyssee* zurückbindet, betont Welsh die „Doppelkodierung des Sirenenmotivs, das zum einen auf die platonisch-pythagoreischen Sirenen der Sphärenharmonie, zum anderen auf die homerischen Sirenen verweist" (Welsh 2003, 194) und somit Reflexionen über die Ambivalenz einer dem Paradigma der Instrumentalmusik verpflichteten Autonomieästhetik ermögliche. Nur wenn man die „in süßesten Tönen zu Dir hinsingen[den]" „Syrenen" in Tiecks Aufsatz *Symphonien* (Tieck SW 1, 244) und die „holden Sirenenstimmen", mit denen E. T. A. Hoffmann die „in bunter Mannigfaltigkeit prangenden Sätze" (Hoffmann GW 1, 55) von Beethovens Instrumentalmusik preist, zur Sphärenharmonie in Beziehung setzt, wird die Verwendung des Sirenenmotivs zur ästhetischen Aufwertung der Instrumentalmusik verständlich. Mit Blick auf den Entstehungsmythos der Dichtung aus der Verschriftlichung der Hör-Bilder hebt Gess u. a. anhand der Texte E. T. A. Hoffmanns und Heinrich von Kleists die erschütternde Gewalt des musikalisch Erhabenen (Gess 2011, 313–334) hervor, die zum Vorbild für eine Literatur wird, welche „mit ihrer Wirkung auf den Leser die der Musik noch übertrumpfen will" (Gess 2006 bzw. 2011, 334–341; 336).

2.3. Sirenen der Moderne und ihre Medien: Vom Schweigen der Sirenen in der Schrift

Vielfach ist in der Forschungsliteratur auf das Schweigen der Sirenen in der Literatur der Moderne hingewiesen worden. Dabei wird zumeist auf Franz Kafkas kurzen Prosatext *Das Schweigen der Sirenen* (1917) und Bertolt Brechts explizit auf Kafka Bezug nehmenden Zweifel am Mythos in *Odysseus und die Sirenen* (1933) verwiesen (Honold 2005; Lersch 1994). Interpretierte die ältere Forschung das Schweigen der Sirenen als poetologische Metareflexion über den Verlust eines transzendentalen Sinns in der Literatur der Moderne (Politzer 1968), so hat sich inzwischen, neben der auf Maurice Blanchot zurückgehenden Betonung der Bedeutung des Imaginären (Blanchot 1962), ein medientheoretisch ausgerichteter Ansatz durchgesetzt. Die Transformationen des Sirenen-Mythos in der Moderne werden hier mit Blick auf ihre Reflexionen über künstlerische Darstellungsmedien im Kontext historischer Medientransformationen analysiert. So liest Wolf Kittler Kafkas *Schweigen der Sirenen* als Reflexion über „die Verlockung, der sie [die Kunst] ausgesetzt ist, die Verlockung durch das Schweigen, die in dem Augenblick an die Stelle der Verlockung durch den Klang der Stimme tritt, in dem die Kunst zur Schrift gerinnt" (Kittler 1985, 155). Damit verbunden sei eine Reflexion über die veränderten Rezeptionsbedingungen, welche sich aus der schriftlichen Tradierungsgeschichte des der antiken mündlichen Erzählkultur zugehörigen Textes ergäben (Kittler 1985, 145). Darauf aufbauend ergänzt Alexander Honold Blumenbergs These von der narrativen Verfasstheit des Mythos, indem er die ikonische Ebene als Kernbestandteil narrativer Mythentransformationen hervorhebt. Die Vorüberfahrt des Odysseus an den Sirenen sei ein solcher „Augenblick prägnanter Bildhaftigkeit" (Honold 2005, 319). Kafkas Odysseus-Adaption hebe diese ikonische Dimension des homerischen Mythos in der Übersetzung der Sirenen-Episode aus dem Akustischen ins Visuelle und betone damit zugleich den „Übergang von der lebendigen Stimme zur Dauer der Schrift" (Honold 2005, 328).

Diese Entwicklung lässt sich bis in die Romantik zurückverfolgen. Bereits Clemens Brentano thematisiert in seiner um 1805 entstandenen *Chronika des Fahrenden Schülers* anhand des Sirenen-Mythos die dem Medium Schrift inhärenten Gefahren (Schmidt 1991). Die der *Chronika* eingegliederte Binnenerzählung vom „Traurigen Untergang zeitlicher Liebe", zugleich eine Allegorie romantischer Dichtung, erzählt von den Verführungskünsten einer Buchsirene und Mutter eines jungen Dichters. Ebenso wie Novalis kombiniert auch Brentano beide antiken Vorlagen des Sirenen-Mythos: In Anspielung auf die Argonautensage ist der als „Schöne[r] Bettler" bezeichnete junge Dichter als Orpheus-Figur gegen den Gesang der Mutter-Sirene gewappnet – er schützt sich und andere entweder durch Beten oder zersingt „mit unaussprechlicher Kunst die lockenden Lieder der Sirene" (Brentano W 2, 590) zum „Saitenspiel, dass er sich selbst über eine Muschel gespannt hat" (Brentano W 2, 586). Der Orpheus-Musik und mit ihr der mündlich vorgetragenen Dichtung wird dabei die Fähigkeit zugeschrieben, auch diejenigen „zum Guten zu verführen", die nicht von sich aus „das Rechte zu erwählen" fähig sind (Brentano W 2, 590). Das der homerischen *Odyssee* spezifische Versprechen der Wissensvermittlung wird hingegen auf das Medium der Schrift als neues Medium sirenischer Verführung übertragen.

Das „Sirens"-Kapitel des *Ulysses* (1922) von James Joyce transformiert die Sirenenepisode der *Argonautika* in eine dem Großstadtleben der Moderne adäquate Version. Auch hier dient die Kombination der Sirenen-Episoden der *Argonautika* und der *Odyssee* der Reflexion über die unterschiedliche Wirkmacht verschiedener Medien und Wahrnehmungsmodalitäten (Strub 1993). Die Sirenen, zwei *barmaids* des Ormund, bezaubern nicht durch betörenden Gesang, sondern verführen durch visuelle körperlich-erotische Reize. Als Orpheus-Figur erscheint Simon Dedalus, bester Sänger und Vater von Stephan Dedalus, der Dichterfigur des Romans. Sein Gesang „like no voice of strings of reeds" (Joyce 1993 [1922], 262) verführt durch den Klang der Stimme ebenso wie durch den (weltlich profanen) Inhalt zu sehnsüchtig melancholischer Liebeserinnerung: „[...] touching their still ears with words, still hearts of their each his remembered lives." (Joyce 1993 [1922], 262) Der männliche (Orpheus-)Gesang *über* Frauen erweist sich als mächtiger als die visuell-erotische Präsenz der Bar-Sirenen (Strub 1993, 326). Er lässt nicht nur die Argonauten deren erotischen Reize vergessen, sondern zieht sogar die ‚Sirenen' selbst in den Strudel individueller Liebeserinnerungen. Leopold

Bloom, der moderne Odysseus des *Ulysses*, reflektiert aus der Distanz über Musik und ihre Wirkmacht, ohne sich ihr allerdings gänzlich entziehen zu können. Er hat zwei Möglichkeiten, sich der betörenden Wirkung des Argonautengesangs sowie der lockenden Frauenkörper zu entziehen. Die eine besteht in der Verschiebung erotischen Begehrens auf den sinnlichen Genuss der Speisen, symbolisiert durch Blooms Fesselung seiner Finger an das Besteck: „Bloom wound a skein round four forkfingers [...] and wound it round his troubled double, fourfold, in octave, gyved them fast." (Joyce 1993 [1922], 263) So gewappnet kann er trotz seiner durch den Gesang des Dedalus ausgelösten körperlichen Reaktionen („slow, swelling [...] a pulsing proud erect") aus kritischer Distanz über die Musik als trügerische Sprache der Liebe („cheat [...] language of love") reflektieren (Joyce 1993 [1922], 263). Unmittelbar nachdem diese Fessel gerissen ist, rettet sich Bloom vor der doppelten sinnlichen Verführung, indem er einen erotischen Brief an Martha Clifford beginnt. Das durch die Musik ausgelöste Begehren wird nun auf den Schreibprozess übertragen, der Rhythmus der Musik geht als erotisierte „language of flow" (Joyce 1993 [1922], 253) in den Schreibstil ein und die Tinte fließt im Namen seines für diese Korrespondenz gewählten Pseudonyms ‚Henry Flower'. An Stelle des Gesangs über verlorene Liebe tritt die schriftliche Kommunikation mit dem anderen Geschlecht, eine Kommunikationsform, die nun ihrerseits in die Nähe sirenischer Verführungen rückt: „But Bloom sang dumb." (Joyce 1993 [1922], 265) Auf einer Metaebene reflektiert diese Transformation von Musik in Schrift den Stil des Sirenen-Kapitels, das im Modus des *showing* (vgl. II.2.3 WOLF) die erotisch aufgeladene Musik in Schrift transformiert.

Bei Brentano, Kafka und Joyce wird somit eine Traditionslinie moderner Mythentransformation sichtbar, in welcher der Sirenen-Mythos in eine der Schriftkultur adäquate Version umgeschrieben wird, um die Gefahren und Möglichkeiten der Schrift zu thematisieren (Welsh 1992). In der Folge wird diese medienkritische Traditionslinie auch auf andere medientechnische Umwälzungen, etwa bezüglich der Gefahren sekundärer Mündlichkeit fernsprachlicher Kommunikation (Dieter Wellershoff, *Die Sirene*, 1980) ausgedehnt. Mit explizitem Bezug auf Kafka und in Anspielung auf dessen intensiven Briefverkehr mit Felice Bauer führt die spanische Gegenwartsautorin Adelaida García Morales in *El Silencio de las sirenas* (1985) die Verlockungen des Imaginären im Medium schriftlicher Kommunikation aus der Perspektive der Sirene aus. In der weiblichen Telefonstimme (Wellershoff) und der musikhörenden Sirene (García Morales) bleibt die betörende und tödliche Wirkmacht des antiken Sirenen-Mythos den Texten dennoch eingeschrieben als ein das Subjekt gefährdender Imaginationsraum.

2.4. Intermedialität und Intertextualität im Zeichen Pans um 1900

Die Fort- und Umschreibungen der Pan-Figur und seiner Artgenossen – Faune und Satyrn aus dem Gefolge des Dionysos – in der ästhetischen Moderne kennzeichnet ein ungewöhnlich ausgeprägter intertextueller und intermedialer Verweisungszusammenhang. Stéphane Mallarmés symbolistisches Gedicht *L'Après-midi d' un faune*. Ekloge (1876) präsentiert sich als literarische Phantasie zu einem Gemälde François Bouchers (*Pan und Syrinx*, 1759) und bezieht sich im Untertitel zugleich auf die ihrerseits bereits intertextuell ausgerichtete bukolische Tradition. Das Gedicht wird von Claude Debussy in *Prélude à l'après-midi d'un faune* (Uraufführung 1894), einem Schlüsselwerk des musikalischen Impressionismus, vertont, das dann seinerseits 1912 von Vaslav Nijinsky choreographisch umgesetzt wird. Für die Rezeption von Mallarmés *Faune* in der deutschsprachigen Literatur des Fin de Siècle lieferte Hugo von Hofmannsthals lyrischer Einakter *Der Tod des Tizian* (1892) entscheidende Impulse (Kühlmann 2002, 365–371). Hier, besonders in der nächtlichen Vision Gianinos, finden sich neben Zitaten aus Mallarmés *Faune* und Stefan Georges Pan-Gedicht *Gesicht II* (Hofmannsthal 1982, 334) Anspielungen auf Bilder Tizians (Streim 1996, 149), auf Böcklins *Idylle (Pan zwischen Säulen)* von 1875 und *Frühlingsabend* von 1879 (Böschenstein 1975, 158–170) sowie auf das pythagoreisch-platonische Konzept der Sphärenharmonie (Jacobs 2006), wodurch Pan als pantheistischer All-Gott in Erinnerung gerufen wird. Mallarmés Gedicht und Hofmannsthals lyrischer Einakter reflektieren das Verhältnis von Musik, Text und Bild ebenso wie den Zusammenhang von Kunst und Leben (Streim 1996, 141–163). Deutlicher als Mallarmés *Faune* stellt Hofmannsthal im *Tizian* die Bedeutung von Pan als dionysischem „Gott, / Der das Geheimnis ist von allem Leben" (Hofmannsthal GW 1, 258) auch in seiner Ambivalenz als Personifikation des „Sehnsüchtigen, des drohenden, des berauschenden, des tödlichen Daseins" heraus (Hofmannsthal GW 1, 547; dazu Kühlmann 2002, 365–371). Als Flöte spielender Faun steht er am Anfang von Gianinos nächtlicher Vision, als verschleierte Puppe fungiert er im letzten (fiktiven) Bild des sterbenden Tizian als Allegorie des Kunstwerks (Streim 1996, 147).

Die Bedeutung Pans als poetologische Reflexionsfigur einer am Musikalischen orientierten literarischen Moderne kann nur vor dem Hintergrund von Richard Wagners Musikdramen und kunsttheoretischen Schriften, Friedrich Nietzsches Neubewertung des Verhältnisses zwischen dem Apollinischen und dem Dionysischen (vgl. III.14 PANKOW, III.16 WISSMANN) und der in die Texte beider eingehenden Willensphilosophie Arthur Schopenhauers (*Die Welt als Wille und Vorstellung*, 1819) erfasst werden. Wenn Mallarmé nicht Orpheus, sondern einen flötenden Faun zur Reflexionsfigur symbolistisch-musikalischer Dichtung erwählt und damit den Weg bereitet für die Popularität Pans und seiner Artgenossen um 1900 (Kühlmann 2002), so ist dafür Nietzsches Aufwertung des Dionysischen, der rauschhaft-orgiastischen Selbstentgrenzung und Verschmelzung mit dem Ur-Einen in der *Geburt der Tragödie aus dem Geiste der Musik* (1872), ausschlaggebend. Als verlorene Naturgottheit und „Ausgeburt einer auf das Ursprüngliche und Natürliche gerichteten Sehnsucht" (Nietzsche KGW 3.1, 53–54) wird der Satyr, dieses „fingierte Naturwesen" (Nietzsche KGW 3.1, 51), mit Nietzsche in starker Anlehnung an Schopenhauer zum ästhetisch reflektierten „Sinnbild der geschlechtlichen Allgewalt der Natur" (Nietzsche KGW 3.1, 54; umfassender zu Pan bei Nietzsche: Schlechta 1954, 344–77). Nietzsche versteht bereits den Satyrchor, aus dem er die antike Tragödie entstehen lässt, als poetische Utopie, als im Schiller'schen Sinne sentimentalen Ausdruck einer nicht mehr unmittelbar erfahrbaren Naturwahrheit, die sich in der bocksfüßigen Gestalt des Satyrs offenbart und im Moment ästhetischer Identifikation den ‚Willen zum Leben' im Sinne Schopenhauers erfahrbar macht (Riedel 1996, 142–155).

Schopenhauer hatte der Musik in Anlehnung an die deutsche Frühromantik als „ganz allgemeine Sprache" (Schopenhauer W 1, § 52, 339), welche „die Ideen übergeht" (Schopenhauer W 1, § 52, 341), innerhalb der Künste eine Sonderstellung zugewiesen. Vergegenwärtigen die anderen Künste den ‚Willen' mittelbar über die Ideen, so erklärt sich die Wirkmacht der Musik dadurch, dass sie „*unmittelbare* Objektivation und Abbild des ganzen *Willens*" (Schopenhauer W 1, § 52, 341) ist. Musik wird damit „zum Nachbild eines Vorbildes, welches selbst nie unmittelbar vorgestellt werden kann" (Schopenhauer W 1, § 52, 340). Als künstlerischer Ausdruck grundsätzlich leibgebundener Willensaffektionen jenseits der Welt der Vorstellungen wird ihr ein besonderer Ort an der Quelle unbewussten Lebens zugewiesen (Riedel 1996, 51–78). Daran anschließend definiert Nietzsche die lyrische Dichtung als „Bilderrede", als Verbindung des „*dionysischen* Inhalt[s] der Musik" mit der „stillen Meeresruhe der apollinischen Betrachtung" durch die „nachahmende Effulguration der Musik in Bildern und Begriffen" (Nietzsche KGW 3.1, 46–47), präsentiert Hofmannsthal Tizians Bilder mythologischer Figuren im *Tod des Tizian* als „symbolische Visualisierungen des nicht-sichtbaren ‚Lebens'" (Streim 1996, 146) in der Kunst. Der Flöte spielende Pan wird so (u. a. im *Tod des Tizian*) zur „Sinnfigur des in der Kunst zu sich selbst kommenden, sonst sprachlosen Lebens und Erlebens" (Kühlmann 2002, 374).

Mit seiner Vorstellung, dass der Dramentext der allgemeinen Sprache der Musik als Ergänzung bedarf, um das ‚Unaussprechliche' jenseits konkreter Vorstellungsbilder zu evozieren, knüpft auch Wagner an Schopenhauer an. Im Zusammenspiel zwischen Musik und Libretto ist es Aufgabe der Musik, der Handlung „ein latentes Bedeutungsmuster zu unterlegen" (Streim 1996, 45). Damit funktionalisiert Wagner nicht nur die Musik im Dienst der Handlung, sondern grenzt auch die Aussagekraft poetischer Sprache ein. Der französische Symbolismus reagiert darauf mit einer Zurücknahme der Musik in den Wortklang, um „der Musik einen Besitz zu entreißen, der zu Recht und eigens der Dichtung zugehört habe" (Hirsbrunner 1979, 152–154, Zitat 153). Mallarmé führt zu diesem Zwecke die Unterscheidung zwischen *musique de vers* (Wortmusik) und *La Musique* (musikalische Vernetzung) ein, um in Anlehnung an Wagners Musikdrama, nun aber mit Worten allein, über die präsemantischen Elemente der Sprache Bedeutungsmuster einzuarbeiten und begrifflich nicht fassbare, der bewussten Wahrnehmung vorgängige Stimmungen und Seelenzustände zu evozieren (Lees 2007, 152). In *L'Après-midi d'un faune* werden die klanglich-musikalische (*musique de vers*) und symbolisch-bildhafte Ebene der Sprache über solche sprachmusikalische Verweisungsstrukturen (*La Musique*) zusammengeführt (Lees 2007, 150–159). So folgt der Aufforderung zur Reflexion ab Vers 10 über mehrere Verszeilen hinweg eine Verknüpfung und Hervorhebung von Alliterationen auf den weichen Konsonanten ‚f', dessen Aussprache das Anblasen der Flöte imitiert – „femmes [...] figurent [...] sense fabuleux! Faune [...] flute" (Mallarmé 1984, 76). Diese klanglich-semantischen Resonanzen deuten bereits zu Beginn des Gedichts darauf hin, dass die Dichtung den Anspruch erhebt, allein für die Vision der Nymphen ebenso wie für die Evokation des Flötenklangs zuständig zu sein.

Pan erscheint, wenngleich scherzhaft versteckt und von der Joyce-Forschung meines Wissens nicht gewürdigt, auch im „Sirens"-Kapitel des *Ulysses*. In der ‚Arbeit am Mythos', die der Text hier betreibt, finden sich alle drei hier vorgestellten Musik-Mythen in einer in die Lebenswelt des beginnenden 20. Jahrhunderts transformierten Version. Dabei gerät mit der Versetzung der Sirenen-Episode aus dem Argonauten-Epos in einen irischen Pub, der Sublimierung geschlechtlich-erotischen Begehrens durch Gesang sowie durch den beträchtlichen Alkoholgenuss der ‚Argonauten' (Strub 1993, 328) die für die Moderne adaptierte Sirenen-Episode in die Nähe der zu Ehren Pans veranstalteten dionysisch-musikalischen Feste. Der Text unterstützt diese Grenzverwischung zwischen den antiken Musikerzählungen und ihren Protagonisten durch Anspielungen und Wortspiele auf Pans Flöte. Das engl. Homonym *pipe* kann sowohl Pan-Flöte (engl. *pan-pipe*) als auch Tabakpfeife (engl. *pipe*) bedeuten. Ebenso wie der Gesang der Männer, dient die in eine Tabakpfeife transformierte Pan-Flöte der Substitution erotisch-geschlechtlichen Begehrens. So mutiert der musikalische Akkord (*chord*) zu einer mit Tabak gefüllten „chord pipe" (Joyce 1993 [1922], 257), auf der ihr Besitzer, Simon Dedalus, „puffed a pungent plumy blast" (Joyce 1993 [1922], 258). Auch erinnert der Vergleich der Frau mit einer bespielbaren Flöte an die Ursprungslegende der Pan-Flöte, ihre Entstehung aus dem Körper der Frau. Schließlich weist auch die Verbindung von Musik und Krieg – „Dollard bassooned attack, booming over bombarding chords"– auf Pan und seinen akustischen Beistand in der Schlacht („War! War! cried Father Cowley. You're the warrior") (Joyce 1993 [1922], 259).

2.5. Metamorphosen des Orpheus in der Literatur des 20. Jahrhunderts

Angesichts der Bedeutung Nietzsches und Schopenhauers für die Literatur der Moderne ist es nicht überraschend, dass der apollinische Orpheus als poetologische Reflexionsfigur um 1900 vom dem Dionysischen näher stehenden Pan in den Hintergrund gedrängt wird. Das könnte ein Grund für die Emphatisierung des Orpheus-Mythos für die moderne Lyrik in Rainer Maria Rilkes Sonett-Zyklus *Die Sonette an Orpheus* (1923) sein (vgl. III.1 KOCH). „Ein für alle Male / ists Orpheus, wenn es singt" (Rilke SW 1, I.5, 733), heißt es dort im Metamorphosen-Sonett, eines der in unserem Zusammenhang wichtigsten Sonette des Zyklus. Rilkes „orphische Poetik der Rezeptivität und des Hörens" (Mattenklott 2010, 137) reflektiert über die Bedingungen lyrischer Dichtung und ihrer Wirkmacht in der Moderne, deren Maschinenlärm „kein Hören heil" lässt (Rilke SW 1, I.18, 742) und in der die „uralte Freundschaft" zu den Göttern bedroht ist (Rilke SW 1, I.24, 746). Zentrales Thema des Gedichts ist „die durch die ‚hörende' Aufnahme von Orpheus' Singen bewirkte Wandlung" (Engel 2013, 409). An diesem Gedichtzyklus lassen sich zwei Verschiebungen in der Bezugnahme auf den Orpheus-Mythos aufzeigen, die auch die literarischen Bearbeitungen der antiken Musikerzählung nach 1945 kennzeichnen werden. Das Sonett fokussiert weder den griechischen Urdichter und Musiker des Argonauten-Mythos, noch den Liebenden, der mit seinem Klagegesang die Götter der Unterwelt zur Herausgabe Eurydikes erweicht, dann aber am Verbot der Götter scheitert (dieses Motiv hatte Rilke 1904 im Gedicht *Orpheus. Eurydike. Hermes* bearbeitet). Kunst entsteht in Rilkes Sonett-Zyklus erst aus der Klage um den zweiten, endgültigen Verlust der Geliebten (Rilke SW 1, I.2, 731–732; dazu Sprengel 2011 [1983], 245–252). Rilke folgt darin Ovid, der den griechischen Topos von der bezaubernd-harmonisierenden Wirkung des Orpheus-Gesangs erst im Anschluss an den endgültigen Verlust Eurydikes einfügte. Diese erste Verschiebung des Interesses am Orpheus-Mythos findet sich, wie Sigrid Weigel gezeigt hat, auch im späteren Orpheus-Gedicht Ingeborg Bachmanns *Dunkles zu sagen* (1952): „Dunkles zu sagen situiert Dichtung damit *nach* einer Enttäuschung des Glaubens, dass der Gesang die Geliebte wiedererwecken könne." (Weigel 1999, 140)

Wichtiger noch für die Transformation des Orpheus-Mythos in Rilkes Sonett-Zyklus aber ist das Wissen um den Tod des mythischen Dichters. Wie später Heiner Müller in seinem kurzen Prosatext (*Orpheus gepflügt*, 1975; dazu Janz 2004, 202–204) und nach ihm Dieter Gräf in einem Gedicht aus dem gleichnamigen Gedichtband (*Treibender Kopf*, 1997), knüpft Rilke an die antike Überlieferung von Orpheus' Ermordung und Zerstückelung durch die (dionysischen) Mänaden und das Fortsingen des den Fluss hinabtreibenden Kopfes an (Speiser 1992, 127–130). „O du verlorener Gott! Du unendliche Spur! / Nur weil dich reißend zuletzt die Feindschaft verteilte, / sind wir die Hörenden jetzt und ein Mund der Natur." (Rilke SW 1, I.26, 748) Orpheus' Tod und seine Zerstückelung wird damit zur Voraussetzung orphischer Weltverwandlung in der Kunst. Rilke erwähnt den treibend-fortsingenden Kopf im Unterschied zu Dieter Gräf nicht. Orpheus' Gesang verweilt stattdessen bei seinen Zuhörern, den Bäumen, Vögeln, Löwen und Felsen („Dort singst Du noch / jetzt"; Rilke SW 1, I.26, 748).

3. Forschungsperspektiven

Die literaturwissenschaftliche Forschung hat sich bisher zumeist auf die Untersuchung einer der drei hier untersuchten Figuren konzentriert. Die Zusammenschau literarischer Texte zu Orpheus, den Sirenen und Pan hat jedoch gezeigt, dass diese stärker als bisher erforscht aufeinander bezogen sind. Das gilt sowohl für die antiken Musikerzählungen selbst als auch für ihr literarisches Nachleben. Während in den antiken Texten den einzelnen Figuren in Verbindung mit ihren Instrumenten jeweils spezifische, klar voneinander unterscheidbare Funktionen musikalischer Wirkmacht zugeordnet werden, tendieren spätere Bearbeitungen dazu, einzelne Elemente aus verschiedenen antiken Musikerzählungen derselben, aber auch anderer mythologischer Figuren neu miteinander zu kombinieren. Hinsichtlich solcher Grenzüberschreitungen besteht ein erhebliches Forschungsdesiderat. Der vorliegende Beitrag deutet darauf hin, dass solche Mythenvermischungen besonders dazu geeignet sind, a) historisch spezifische Veränderungen in der Vorstellung der Wirkmacht der Musik einschließlich ihrer ethischen und ästhetischen Wertung zu reflektieren, b) verschiedenen Konzeptionen des Zusammenhangs zwischen Musik und Sprache nachzugehen und schließlich c) den Wandel neuer Praktiken des Musikhörens ebenso wie der medialen Rezeption von Literatur zu kommentieren.

Doch auch dort, wo keine expliziten Mythenvermischungen vorliegen, wie in Rilkes *Sonetten an Orpheus*, scheint es geboten, die anderen Figuren – und dazu würde neben den hier behandelten auch der im vorliegenden Beitrag kaum berücksichtigte Marsyas gehören – als potentielle, explizit ausgeschlossene Gegenspieler im Blick zu behalten. Stehen doch die mythologischen Figuren zusammen mit ihren Instrumenten bereits in der Antike über Sängerwettbewerbe (Orpheus und die Sirenen) und Instrumenten-Wettbewerbe (Lyra und Flöte) in einem Konkurrenzverhältnis zueinander. Auch für das Nachleben der Musikerzählungen gilt: Es ist keineswegs immer „Orpheus, wenn es singt" (Rilke SW 1, 733). Vielmehr muss, nachdem die in den antiken Musikerzählungen gegebene klare Zuordnung von mythologischer Figur, Instrument, Funktion und Wirkmacht einmal aufgebrochen ist, die Frage, welche poetologischen und musikästhetischen Fragen anhand welcher Elemente und Figuren verhandelt werden, immer wieder neu gestellt werden.

Literatur

Adami, Martina. *Der große Pan ist tot!? Studien zur Pan-Rezeption in der Literatur des 19. und 20. Jahrhunderts.* Innsbruck: Institut für Germanistik, 2000.

Apollonius von Rhodos. *Das Argonautenepos. Argonautika.* Hrsg., übers. und erl. von Reinhold Glei und Stephanie Natzel-Glei. Darmstadt: Wissenschaftliche Buchgesellschaft, 1996. 2 Bde. 1: Erstes und zweites Buch. 2: Drittes und viertes Buch.

Assmann, Aleida. „Pan, Paganismus und Jugendstil". *Antike Tradition und neuere Philologien. Symposium zu Ehren des 75. Geburtstags von Rudolf Sühnel.* Hrsg. von Hans-Joachim Zimmermann. Heidelberg: Winter, 1984. 177–195.

Bauerle, Ruth. „Hodgart and Worthington: From Silence to Song". *Reviewing Classics of Joyce Criticism.* Hrsg. von Janet Egleson Dunleavy. Urbana und Chicago: University of Illinois Press, 1991. 200–215.

Berns, Jörg Jochen. „Gott und Götter. Harsdorfers Mythenkritik und der Pan-Theismus der Pegnitzschäfer unter dem Einfluß Francis Bacons". *Georg Philipp Harsdörffer. Ein deutscher Dichter und europäischer Gelehrter.* Hrsg. von Italo Michele Battafarano. Bern und Berlin: Peter Lang, 1991. 23–81.

Blanchot, Maurice. „Der Gesang der Sirenen". *Der Gesang der Sirenen. Essays zur modernen Literatur.* München: Hanser, 1962. 11–40.

Blanchot, Maurice. *Der Blick des Orpheus.* Berlin: Potlatch Books, 2009.

Blumenberg, Hans. *Der Prozeß der theoretischen Neugierde.* Frankfurt am Main: Suhrkamp, 1973.

Blumenberg, Hans. *Arbeit am Mythos.* Frankfurt am Main: Suhrkamp, 1979.

Böschenstein, Bernhard. „Hofmannsthal und die französischen Symbolisten". *Arcadia – Internationale Zeitschrift für Literaturwissenschaft* 10. 1 (1975): 158–170.

Borgeaud, Philippe. „The Death of the great Pan: The Problem of Interpretation". *History of Religions* 22 (1982): 254–283.

Borgeaud, Philippe. *The Cult of Pan in ancient Greece.* Chicago: University Press, 1988.

Brentano, Clemens. „Chronika eines Fahrenden Schülers (Urfassung)" [1818]. *Werke 2: Godwi, Erzählungen, Abhandlungen* (=W 2). Hrsg. von Wolfgang Frühwald und Friedhelm Kemp. 3. Aufl. München: Hanser, 1980. 518–596.

Caduff, Corina. *Die Literarisierung von Musik und bildender Kunst um 1800.* München: Fink, 2003.

Danek, Georg. *Epos und Zitat. Studien zu den Quellen der Odyssee.* Wien: Verlag der Österreichischen Akademie der Wissenschaften, 1998.

Dräger, Paul. *Die Argonautika des Apollonios Rhodos: das zweite Zorn-Epos der griechischen Literatur*. München: Saur, 2001.
Eberhardt, Joachim. *„Es gibt für mich keine Zitate". Intertextualität im dichterischen Werk Ingeborg Bachmanns*. Tübingen: Niemeyer, 2002.
Engel, Manfred (Hrsg.). *Rilke-Handbuch. Leben, Werk, Wirkung*. Stuttgart: Metzler 2013 [2004].
Fischer, Andreas. „Strange Words, Strange Music: the Verbal Music of the Sirens Episode in Joyce's *Ulysses*". *On Strangeness*. Hrsg. von Margaret Bridges. Tübingen: Narr, 1990. 39–55.
García Morales, Adelaida. *El Silencio de las sirenas*. Barcelona: Anagrama, 1985.
George, Stefan. *Sämtliche Werke in 18 Bänden 2: Hymnen, Pilgerfahrten*. Stuttgart: Klett-Cotta, 1987.
Gess, Nicola. *Gewalt der Musik. Literatur und Musik um 1800*. Freiburg im Breisgau: Rombach, 2006.
Gräf, Dieter. *Treibender Kopf*. Frankfurt am Main: Suhrkamp, 1997.
Griffin, Jaspar. „The Fourth *Georgic*, Vergil and Rome". *Vergil's Georgics*. Hrsg. von Katharina Volk. Oxford: Oxford University Press, 2008. 225–265.
Groddeck, Wolfram. „Nachwort". Rainer Maria Rilke. *Duineser Elegien. Die Sonette an Orpheus*. Stuttgart: Reclam, 1996. 137–155.
Halperin, David. *Before pastoral. Theocritus and the ancient tradition of bucolic poetry*. London: Yale University Press, 1983.
Hilmes, Carola. „Orpheus schweigt. Dramatische Bearbeitungen des Mythos im 20. Jahrhundert". *Komparatistik als Arbeit am Mythos*. Hrsg. von Monika Schmitz-Emans und Uwe Lindemann. Heidelberg: Synchron Wissenschaftsverlag der Autoren, 2004. 223–236.
Hirsbrunner, Theo. „Musik und Dichtung im französischen Fin de Siècle am Beispiel der *Proses Lyriques* von Debussy". *Dichtung und Musik. Kaleidoskop ihrer Beziehungen*. Hrsg. von Günther Schnitzler. Stuttgart: Klett-Cotta, 1979. 152–174.
Hoffmann, E. T. A. „Beethovens Instrumentalmusik" [1815]. *Gesammelte Werke in Einzelausgaben 1: Fantasiestücke in Callots Manier* (=GW 1). Berlin und Weimar: Aufbau, 1982. 546–552.
Hofmannsthal, Hugo von. [„Erläuterungen zum Tod des Tizian".] *Sämtliche Werke. Kritische Ausgabe 3: Dramen 1*. Hrsg. v. Götz E. Hübner, Klaus G. Pott und Christoph Michel. Frankfurt am Main: Fischer, 1982. 331–408.
Hofmannsthal, Hugo von. „Der Tod des Tizian" [1892]. *Gesammelte Werke 1: Gedichte. Dramen 1. 1891–1898* (=GW 1). Hrsg. von Bernd Schoeller. Frankfurt am Main: Fischer, 1979. 245–259.
Honold, Alexander. „Odysseus in korrigierter Haltung. Einstellungen des Mythos bei Kafka, Brecht, Benjamin und Adorno/Horkheimer". *Mythenkorrekturen: Zu einer paradoxalen Form der Mythenrezeption*. Hrsg. von Martin Vöhler und Bernd Seidensticker. Berlin: De Gruyter, 2005. 317–330.
Horkheimer, Max und Theodor W. Adorno. *Dialektik der Aufklärung. Philosophische Fragmente*. Theodor W. Adorno. *Gesammelte Schriften 3* (=GS 3). Hrsg. von Rolf Tiedemann unter Mitwirkung von Gretel Adorno, Susan Buck-Morss und Klaus Schultz. Frankfurt am Main: Suhrkamp, 2003.
Hubbard, Thomas. *The Pipes of Pan. Intertextuality and Literary Filiation in the Pastoral Tradition from Theocritus to Milton*. Ann Arbor: University of Michigan Press, 2001 [1998].

Hugo, Victor. „Les Feuilles d'Automne ‚Pan'". *Poésie I*. Préface de Jean Gaulmier. Présentation et notes de Bernard Leuilliot. Paris: Seuil, 1972. 314.

Hunter, Richard. „Commentary". *Theocritus. A Selection*. Cambridge: University Press, 1999. 60–289.

Jacobs, Angelika. „Den ‚Geist der Nacht' sehen. Stimmungskunst in Hofmannsthals lyrischen Dramen". *Literatur und Musik in der klassischen Moderne. Mediale Konzeptionen und intermediale Poetologien*. Hrsg. von Joachim Grage. Würzburg: Ergon, 2006. 107–133.

Janz, Rolf-Peter. „Umdeutungen des Orpheus-Mythos in der Literatur: Rilke, Bachmann, Heiner Müller". *Der Orpheus-Mythos von der Antike bis zur Gegenwart*. Hrsg. von Claudia Maurer Zenck. Frankfurt am Main: Peter Lang, 2004. 193–204.

Joyce, James. *Ulysses*. Hrsg. von Jeri Johnson. Oxford: University Press, 1993 [1922].

Jung, Michael. *Marathon und Pathaiai: zwei Perserschlachten als „lieux de memoire" im antiken Griechenland*. Göttingen: Vandenhoeck & Ruprecht, 2006.

Kant, Immanuel. „Kritik der Urteilskraft und Schriften zur Naturphilosophie" [1790]. *Werke 5* (=W 5). Hrsg. von Wilhelm Weischedel. Darmstadt: Wissenschaftliche Buchgesellschaft, 1998. 173–620.

Kittler, Wolf. *Der Turmbau zu Babel und das Schweigen der Sirenen. Über das Reden, das Schweigen, die Stimme und die Schrift in vier Texten von Franz Kafka*. Erlangen: Palm und Enke, 1985.

Kleist, Heinrich von. „Die heilige Cäcilie oder die Gewalt der Musik" [1811]. *Sämtliche Werke und Briefe 3: Erzählungen, Anekdoten, Gedichte, Schriften* (=SWB 3). Hrsg. von Klaus Müller-Salget. Frankfurt am Main: Deutscher Klassiker Verlag, 1990. 285–313.

Klodt, Claudia. „Der Orpheus-Mythos in der Antike". *Der Orpheus-Mythos von der Antike bis zur Gegenwart*. Hrsg. von Claudia Maurer Zenck. Frankfurt am Main: Peter Lang, 2004. 37–98.

Kühlmann, Wilhelm. „Der Mythos des ganzen Lebens. Zum Pan-Kult in der Versdichtung des Fin de Siècle". *„Mehr Dionysos als Apoll". Antiklassizistische Antike-Rezeption um 1900*. Hrsg. von Achim Aurnhammer und Thomas Pittrof. Frankfurt am Main: Klostermann, 2002. 363–400.

Lees, Heath. *Mallarmé and Wagner: Music and Poetic Language*. Aldershot: Ashgate Publ., 2007.

Lersch, Walter. „Kafkas ‚Schweigen der Sirenen'. Literarische und philosophische Lesarten eines verfremdeten Mythos". *Lange Irrfahrt – große Heimkehr. Odysseus als Archetyp – zur Aktualität des Mythos*. Hrsg. von Gotthard Fuchs. Frankfurt am Main: Knecht, 1994. 123–156.

Longos. *Daphnis und Chloe*. Übersetzung, Anmerkungen und Nachwort von Otto Schönberger. Stuttgart: Reclam, 2006.

Lubkoll, Christine. *Mythos Musik. Poetische Entwürfe des Musikalischen in der Literatur um 1800*. Freiburg im Breisgau: Rombach, 1995.

Mallarmé, Stephane. „L'Après-midi d'un Faune" [1876]. *Sämtliche Gedichte. Französisch und Deutsch*. Hrsg. und übertragen von Carl Fischer. Heidelberg: Lambert Schneider, 1984. 75–153.

Marchenkov, Vladimir. *The Orpheus Myth and the Powers of Music*. New York: Pendragon Press, 2009.

Mattenklott, Gert. „It's Orpheus When There's Singing. Die Rilke-Lektüre des Bildhauers Richard Deacon". *Die Erfahrung des Orpheus*. Hrsg. von Armen Avanessian, Gabriele Brandstetter und Franck Hofmann. München: Fink, 2010. 129–145.

Menke, Bettine. *Prosopopoiia. Stimme und Text bei Brentano, Hoffmann, Kleist und Kafka.* München: Fink, 2000.
Milton, John. „Ad patrem/To Father" [1634 o. 1637]. *The Complete Works of John Milton 3: Shorter Poems.* Hrsg. und mit Einleitung und Kommentar versehen von Barbara Kiefer Lewalski und Estelle Haan. Oxford: University Press, 2014. 192–199.
Der Neue Pauly. Enzyklopädie der Antike. Stuttgart: Metzler, 1996.
Nietzsche, Friedrich. „Die Geburt der Tragödie aus dem Geist der Musik" [1872]. *Werke. Kritische Gesamtausgabe 3.1: Die Geburt der Tragödie. Unzeitgemässe Betrachtungen I–III (1872–1874)* (=KGW 3.1). Hrsg. von Giorgio Colli und Mazzino Montinari. Berlin und New York: De Gruyter, 1972. 5–152.
Novalis. „Heinrich von Ofterdingen" [1802]. *Werke, Tagebücher und Briefe Friedrich von Hardenbergs 1: Das dichterische Werk, Tagebücher und Briefe* (=WTB 1). Hrsg. von Hans-Joachim Mähl und Richard Samuel. Darmstadt: Wissenschaftliche Buchgesellschaft, 1999. 237–413.
Orphische Argonautika (AO). Griechischer Text mit neuer deutscher Übersetzung. Oliver Schelske. *Orpheus in der Spätantike. Studien und Kommentar zu den „Argonautika" des Orpheus; ein literarisches, religiöses und philosophisches Zeugnis.* Berlin: De Gruyter, 2011. 117–185.
Publius Ovidius Naso. *Metamorphosen. Metamorphosis.* Hrsg. von Gerhard Fink. Düsseldorf: Artemis & Winkler, 2004.
Platon. *Politeia. Sämtliche Werke,* übers. von Friedrich Schleiermacher, 2 (=SW 2). Neu hrsg. von Ursula Wolf. Reinbek bei Hamburg: Rowohlt, 1994.
Politzer, Heinz. *Das Schweigen der Sirenen.* Stuttgart: Metzler, 1968.
Pucci, Pietro. „The Song of the Sirens". *Arethusa* 12.2 (1979): 121–132.
Rachewiltz, Siegfried Walter. *De Sirenibus: An Inquiry into the Sirens from Homer to Shakespeare.* New York und London: Garland Publishing, 1987.
Riedel, Wolfgang. *Homo Natura. Literarische Anthropologie um 1900.* Würzburg: Königshausen & Neumann, 1996.
Rilke, Rainer Maria. „Die Sonette an Orpheus" [1922]. *Sämtliche Werke 1* (=SW 1). Hrsg. vom Rilke-Archiv in Verbindung mit Ruth Sieber-Rilke, besorgt durch Ernst Zinn. Wiesbaden: Insel, 1955. 731–773.
Robbins, Emmet. „Famous Orpheus". *Orpheus. The Metamorphosis of a Myth.* Hrsg. von John Waerden. Toronto: University Press, 1982. 3–24.
Schelske, Oliver. *Orpheus in der Spätantike. Studien und Kommentar zu den „Argonautika" des Orpheus; ein literarisches, religiöses und philosophisches Zeugnis.* Berlin: De Gruyter, 2011.
Schlechta, Karl. *Nietzsches großer Mittag.* Frankfurt am Main: Klostermann, 1954.
Schmidt, Hans-Walter. *Erlösung der Schrift: zum Buchmotiv im Werk Clemens Brentanos.* Wien: Passagenverlag, 1991.
Schopenhauer, Arthur. *Werke 1: Die Welt als Wille und Vorstellung 1* [1819] (=W 1). Hrsg. von Ludger Lütkehaus. Zürich: Haffmans, 1988.
Schwabl, Hans. „Der homerische Hymnus auf Pan". *Wiener Schriften* 3 (1969): 5–14.
Speiser, Manuela. *Orpheusdarstellungen im Kontext poetologischer Programme.* Innsbruck: Institut für Germanistik Universität Innsbruck, 1992.
Sprengel, Peter. „Orphische Dialektik. Zu Rilkes Sonett ‚Sei allem Abschied voran' (Sonett an Orpheus II, 13)". *Gedichte und Interpretationen. Vom Naturalismus bis zur Mitte des 20. Jahrhunderts.* Hrsg. von Harald Hartung. Stuttgart: Reclam, 2011 [1983]. 245–252.

Stanford, William. *The Ulysses Theme*. Oxford: Blackwell, 1954.
Streim, Gregor. *Das ‚Leben' in der ‚Kunst'. Untersuchungen zur Ästhetik des frühen Hofmannsthal*. Würzburg: Königshausen & Neumann, 1996.
Strub, Christian. „Odysseus hört die Argonautenmusik oder: Warum die Sirenen nicht singen". *Zeitschrift für Anglistik und Amerikanistik* 41.4 (1993): 319–330.
Stuart, Allen. „Thinking Strictly Prohibited: Music, Language and Thought in ‚Sirens'". *Twentieth Century Literature* 53.4 (2007): 442–459.
Stuby, Anna-Maria. „Sirenen und ihre Gesänge. Variationen über das Motiv des Textraubs". *Frauen: Erfahrungen, Mythen, Projekte*. Hrsg. von Anna Maria Stuby. Berlin: Argument-Verlag, 1985. 69–87.
Theokrit. *Gedichte. Griechisch – deutsch*. Hrsg. von Bernd Effe. 2., überarbeitete Aufl. Berlin: Akademie, 2013.
Tieck, Ludwig und Wilhelm Heinrich Wackenroder. „Phantasien über die Kunst, für Freunde der Kunst" [1799]. *Sämtliche Werke und Briefe. Werke 1* (=SW 1). Hrsg. von Silvio Vietta und Richard Littlejohns. Heidelberg: Winter, 1991. 147–252.
Vergil. *Hirtengedichte. Gedicht vom Landbau. Aeneis. Werke in einem Band* (=W). Hrsg. und aus dem Lateinischen übers. von Dietrich Ebener. Berlin und Weimar: Aufbau, 1987.
Vicari, Patricia. „The Triumph of Death: Orpheus in Spenser and Milton". *Orpheus. The Metamorphoses of a Myth*. Hrsg. von John Warden. Toronto: University Press, 1982. 207–230.
Voß, Oliver. *Gesänge der Stille. Musik in der Literatur*. Norderstedt: Books on Demand, 2009.
Waerden, Bartel Leendert von. *Die Pythagoreer: Religiöse Bruderschaft und Schule der Wissenschaft*. Zürich und München: Artemis, 1979.
Weigel, Sigrid. *Ingeborg Bachmann. Hinterlassenschaften unter Wahrung des Briefgeheimnisses*. Wien: Paul Zsolnay, 1999.
Weiher, Anton (Hrsg.): *Homerische Hymnen. Deutsch und griechisch*. 2. Aufl. München: Ernst Heimeran, 1961.
Wellershoff, Dieter. *Die Sirene*. Köln: Kiepenheuer & Witsch, 1980.
Welsh, Caroline. *Sirenen der Schrift. Transformationen eines Mythos*. Manuskript. 1992.
Welsh, Caroline. *Hirnhöhlenpoetiken. Theorien zur Wahrnehmung in Wissenschaft, Ästhetik und Literatur um 1800*. Freiburg: Rombach, 2003.
Wernicke, Konrad. „Pan". *Ausführliches Lexikon der griechischen und römischen Mythologie 3*. Hrsg. von Wilhelm Heinrich Roscher. Leipzig: Teubner, 1897–1902. Sp. 1347–1481.

III.3. Mündlichkeit und Schriftlichkeit im Mittelalter

Max Haas und Matteo Nanni

1. Einleitung

Wer aufgrund von Zeugnissen der Vergangenheit über mündliche Tradition berichten will, muss irgendwann darlegen, wie aus schriftlichen Zeugnissen deren – ehemaliger oder noch andauernder – mündlicher Transport abzulesen ist. Das Problem ist auch in der Musikwissenschaft kontrovers diskutiert worden (vgl. die umfassende Aufsatzsammlung Treitler 2003 sowie Hucke 1980 und 1981; Haug 1990; Haas 1997; Levy 1998; Karp 1998; Möller 2002; Cattin und Gallo 2002; Lindmayr-Brandl 2005; Dobszay 2007; Huck 2008; Kelly 2009). Die Vorstellung, im Bereich unserer westlichen Kultur habe Schriftlichkeit seit mehreren Jahrhunderten die Praxis der mündlichen Überlieferung verdrängt, ist falsch. In unserer frühen Kindheit lernen wir Märchen und Lieder nicht durchs Lesen, sondern durchs Hören kennen und wiederholen diese Praxis immer dann, wenn wir diese unseren Kindern mündlich weitergeben. Bereits historisch lässt sich keine teleologische Entwicklung ausmachen, die von einer schriftlosen mündlichen Tradierung musikalischer Repertoires hin zu deren Verschriftlichung führte und mit der ein Gewinn an Eindeutigkeit und ein Verlust an Differenziertheit vermeintlich einhergeht (vgl. Haug 2008). Vielmehr sind Mündlichkeit und Schriftlichkeit vom Mittelalter bis heute stets dialektisch ineinander verwoben: Schriftlichkeit existiert nicht ohne Mündlichkeit, so wie Mündlichkeit wiederum eine Form mentaler Schematisierung impliziert, die im Grunde ebenfalls als eine Form von Schriftlichkeit sui generis verstanden werden kann. Historisch betrachtet gründet die Überlieferung der mittelalterlichen Musik auf der Koexistenz dieser beiden medialen Formen.

Als Paradigma dieses Wechselverhältnisses kann der liturgische Choral gelten, und zwar vor allem die als sogenannter ‚gregorianischer Choral' bekannte Version. Damit wird zwar nicht die ganze Musikgeschichte des Mittelalters berücksichtigt, aber ein Aspekt von mehreren Seiten beleuchtet. Vom Choral liegen seit dem 9. Jahrhundert erste schriftliche Versionen vor; seit dem 11. Jahrhundert gibt es Fassungen, bei denen der Tonhöhenverlauf eindeutig abgelesen werden kann. Nun ist aufgrund der liturgiehistorischen Zeugnisse klar, dass der Choral nicht erst im 9. Jahrhundert, sondern lange Zeit vorher – vielleicht im 7. Jahrhundert oder noch früher – entstand. Es gilt dabei als völlig unwahrscheinlich, dass man im Zuge der schriftlichen Niederlegung alle Anzeichen mündlichen Tradierens beseitigte. Denn erstens weist nichts auf eine solche Redaktion hin und zweitens ist die Unterscheidung ‚schriftlich/mündlich' ein vergleichsweise neuartiges Kriterium. In Folge der karolingischen Liturgiereform breitete sich im Bereich der liturgischen Musik ein Kernrepertoire aus Gebeten, Lesungen und Gesängen aus, das den Grundbestand des römisch-fränkischen Chorals, des ‚gregorianischen Chorals', bildete. Die dazugehörigen Melodien entstanden dabei als Überarbeitungen des präexistierenden römischen Chorals im Territorium des neuen fränkischen Reiches. Die Herausbildung dieses Gesang-Repertoires fand ausschließlich im Medium der Oralität statt. Nach seiner Etablierung blieb sowohl der Kernbestand des ‚neueren' gregorianischen Chorals als auch das Repertoire des ‚älteren' römischen Chorals in der später entstandenen handschriftlichen Überlieferung der mittelalterlichen Codices über Jahrhunderte hinweg erhalten.

Im Folgenden sollen anhand dreier Beispiele die zwei verschiedenen Repertoires verglichen werden.

2. ‚Wortwörtliches' vs. ‚stoffliches' Kopieren

Eine erste Arbeitshypothese lautet, dass die schriftlich vorliegenden Versionen noch Anzeichen für die seinerzeit ausschließlich mündlich bewerkstellige Überlieferung zeigen. Solche Anzeichen sind natürlich nicht objektiv gegeben, sondern je schon Bestandteile eines entsprechenden interpretativen Verständnisses. Wonach also wird gesucht? Wir machen aufgrund der weit über die Musikwissenschaft hinausgehenden Forschung zunächst drei Vorschläge. Der Germanist Franz H. Bäuml unterscheidet im Bereich einer Untersuchung zur mündlichen Dichtung zwischen ‚wortwörtlich' und ‚stofflich' (Bäuml 1968). Dahinter steht die einfache Idee, dass eine getreuliche Kopie eines Textes die Befähigung eines Schreibers zum wortwörtlichen Kopieren voraussetzt. Und wortwörtliches Kopieren setzt natürlich die Schreibfähigkeit voraus, die wiederum zur Auffassung einzelner Wörter anleitet. Anders gesagt: Unsere grammatikalischen Kenntnisse sind maßgeblich schriftgebunden. Der Gegenpol zu solcher Wortwörtlichkeit wäre der stoffliche Transport von Material. ‚Stofflich' meint dann, dass etwas inhaltlich einigermaßen gleich, aber nicht wortwörtlich gleich kopiert wird.

Die Idee sei verdeutlicht. Auf den folgenden Zeilen sieht man das mehrmalige Auftreten eines Choralsegmentes.

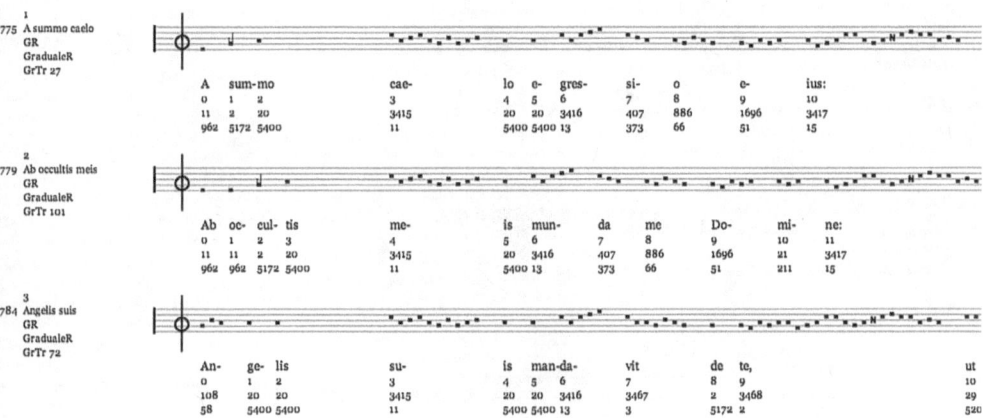

Abb. 1

Die unter dem Text sich befindenden Ziffern – wie beispielsweise hier die Zahl 3415 – beziehen sich auf das Analyseprogramm *ChantDigger* (http://www.oralhistoryofchant.ch), mit dem drei Choraldialekte – altrömisch, gregorianisch und ambrosianisch – verglichen werden können. Eine der Arbeitshypothesen besteht in der Annahme, dass sogenannte Silbenstrecken – darunter ist das durch die Töne über einer Silbe gebildete Segment zu verstehen – von zentraler Bedeutung sind. In dem genannten Programm nummerieren sich die Silbenstrecken automatisch, so dass auf den folgenden Zeilen die Zahlen in der ersten Zeile die Silbennummerierung wiedergeben (beginnend bei 0, nicht bei 1), dann folgen die Nummern der Silbenstrecken, von denen in der dritten Zeile angezeigt wird, wie oft sie vorkommen.

Beispiel 1 zeigt drei der insgesamt 11 Erscheinungsformen des Segmentes 3415. In den verschiedenen Gesängen hat dieses Segment immer die gleiche Funktion: die betonte Silbe des ersten abhängigen Wortes wird durch das wellenförmige Melisma markiert: „A summo *cae*-lo", „Ab occultis *me*-is", „Angelis *su*-is". Hier liegt eindeutig ein Beispiel für wortwörtliches Kopieren vor. Aus dem stofflichen Kopieren wiederum ergibt sich eine andere Problematik. Das nächste Beispiel zeigt fünf weitere, nahezu gleiche Silbenstrecken (Nr. 5477, 5581, 5587, 5831 und 6110).

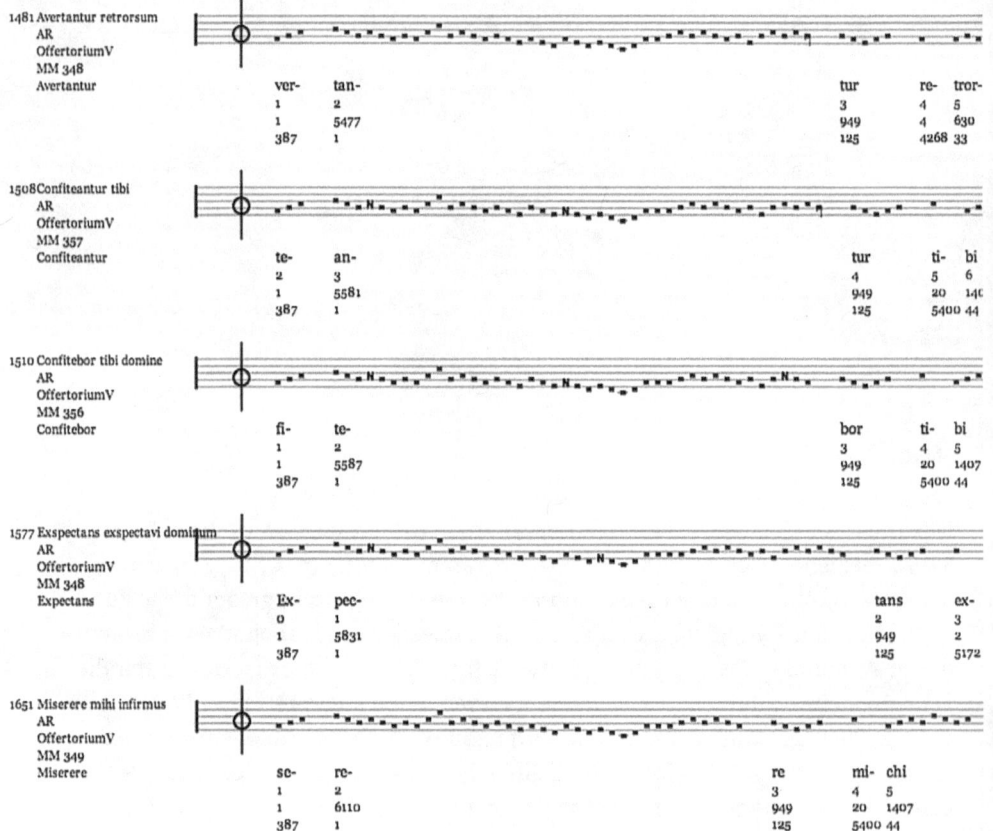

Abb. 2

Sie scheinen auf den ersten Blick gleich zu sein, zeigen aber bei genauerer Betrachtung kleine Abweichungen. Während man im Beispiel 1 eine schriftliche Redaktion vermuten könnte – das Mündliche wäre dort vom kundigen Schreiber zum wortwörtlich Gleichen transformiert –, so wäre der Fall im zweiten Beispiel eher einer stofflichen Überlieferung zuzuordnen. Der Schreiber hat das Gleiche nicht zum wortwörtlich Gleichen zurechtredigiert, sondern stofflich übernommen.

3. Mnemotechnische Aspekte

Was beiden Beispielen eigen ist, wurde von der Choralforschung bislang mit der Etikette versehen, es handle sich um Floskeln, Wendungen und Formeln (vgl. Treitler 2003, 186–201; Hucke 1980, 450–453; Karp 1998). Die Formulierungen verraten die Schwierigkeit, eine passende Terminologie zu finden, wenn der zu benennende Gegenstand unklar ist. Zu beobachten ist sicherlich, dass in allen Choralidiomen mehr oder weniger lange Segmente mehrfach auftauchen. Für die Geschichte der Choralforschung ist es bezeichnend, dass ein Graduale-Typus, in dem sich gerade mehrfach solches Formelgut findet, als Paradigma vorgestellt wurde, benannt nach dem Graduale *Iustus ut palma*. Die Annahme, dass musikalische ‚Floskeln, Wendungen und Formeln' Gedächtnishilfen seien, ist zu korrigieren. Aus der Gedächtnisforschung ist bekannt (Carruthers 1990; Rubin 1995), dass das Gedächtnis nicht als ein bloßer Speicher von Informationen anzusehen ist. Was gespeichert wird, sind höchstens Momente sehr unterschiedlicher Art, die dann, wenn sie aktualisiert werden, einen rekonstruktiven Prozess in Gang bringen. Damit der Prozess gelingt, benötigt ein Sänger so etwas wie einen Plan, ein Schema, um sein musikalisches Vokabular zu organisieren. Man kann äußere Anzeichen dafür wiederum gut an einer etwas breiter gefassten Darstellung unseres ersten Beispiels ablesen. Man betrachte zunächst die Folge der Formelteile (Silbenstrecken) 3415, 3416, 886, 1696, 3417 und 308, deren Funktion sich – wie immer beim Choral – leicht ablesen lässt, wenn man die textlichen Korrespondenzen betrachtet.

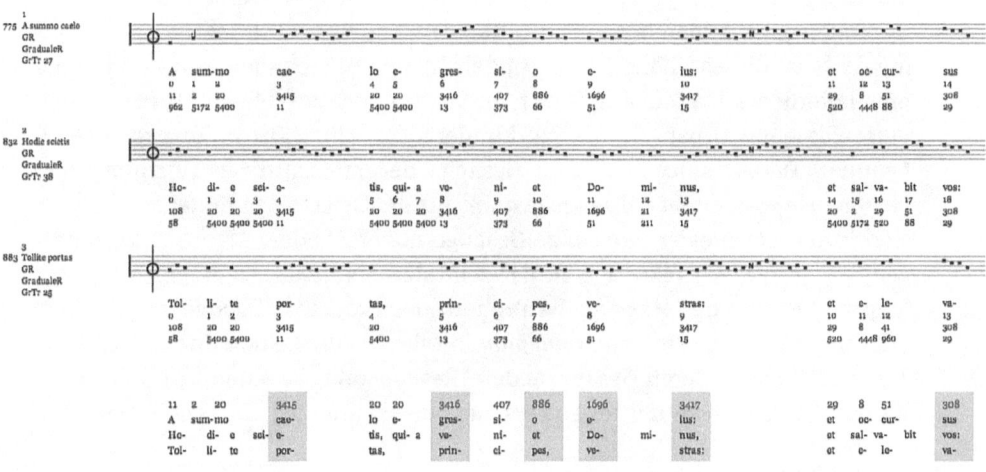

Abb. 3

Die Frage, zu welchem Plan der Prozess mit dieser Sechserfolge von Formeln gehört, lässt sich besser angehen, wenn man die folgende Wiedergabe betrachtet:

775 A summo caelo
GR
GradualeR
GrTr 27

	A	sum- mo	cae-	lo	e-	gres-	si-	o	e-	ius:	et	oc-	cur-	sus	e-	ius
	0	1	2	3	4	5	6	7	8	9	10	11	12	13	14	15	16
	11	2	20	3415	20	20	3416	407	886	1696	3417	29	8	51	308	3418	3419
	962	5172	5400	11	5400	5400	13	373	66	51	15	520	4448	88	29	2	7

Abb. 4

Die zwei häufigsten Töne – *c'* und *a* – sind als hohle bzw. rote Note markiert. Sie bilden, wie der Vergleich mit weiteren Gradualia zeigen würde, Achsen, anhand derer sich der Sänger auditiv orientiert. Eine auditive Orientierung ist eine ‚Raum'-Orientierung. Gemeint ist ein Tonraum, der oft eine Halbtonlage enthält. An ihm kann sich durch die Wiederholung der Elemente – *a, h (b), c'* – ein Bezugspunkt konstituieren, der auch dann erhalten bleibt, wenn der Raum unterschritten – (*e*), *f, g* – oder überschritten wird (*d', e,' f'*). (Der Hypothese liegt die Vermutung zugrunde, dass die Wiederholung der Achse *c'-a* samt ihrem Binnenton *h (b)* eine gehörsmäßige Orientierung leistet, wobei ‚Orientierung' in diesem Falle heißt, dass Bezugspunkte geschaffen werden.)

Aus dem Vergleich der melodischen Struktur von Choral-Gesängen kann die Differenz von mündlicher und schriftlicher Überlieferung näher bestimmt werden. Auch die musikalischen Handschriften tragen oft Spuren der mündlichen Überlieferungstradition in sich. So paradox es klingen mag, können auch musikpraktische Handschriften, indem sie genau an der Schwelle zwischen Oralität und Schriftlichkeit situiert sind, von der mündlichen Überlieferung zeugen.

Im hier abgebildeten Manuskriptfragment aus einem Brevier des 13./14. Jahrhunderts ist dieses Phänomen besonders evident. Es handelt sich hier um ein mittelalterliches Fragment, das sich im Staatsarchiv Basel-Stadt als Pergamentumschlag eines Urbars des 16. Jahrhunderts (St. Alban DD 1, Corpora 1572–73) befindet. Darauf sind Texte und Gesänge des monastischen Offiziums zum *Commune Apostolorum et Evangelistarum* aus der Osterzeit zu finden. Wie üblich sind in diesem Brevier nur einige Gesänge notiert, andere Manuskripte hingegen weisen nur die Texte auf. In der zentralen Spalte dieses Fragments waren ursprünglich nur das *Magnificat* Antiphon *Sancti et justi in Domino* und das Invitatorium *Regem apostolorum dominum* in feiner Hufnagelnotation aufgeschrieben. Sämtliche anderen Gesangstexte – Responsoria, Verse und Antiphonen – waren zunächst nicht mit Noten versehen, da sie offenbar auswendig gesungen wurden.

An verschiedenen Stellen dieses Fragments (weiß eingerahmt) wie etwa zu Beginn der Responsoria *Lux perpetua lucebit* und *Letitia sempiterna* hat ein Cantor zu einem späteren Zeitpunkt linienlose Neumen hinzugefügt, um die Reproduktion der Melodie zu erleichtern. Es handelt sich hier ausschließlich um Punctum und Virga-Zeichen, die sich paläographisch aufgrund ihrer Gestalt und ihrer späten Datierung – zwischen dem 14. und dem 16. Jahrhundert – schlecht einer spezifischen Neumenfamilie eindeutig zuordnen lassen. Offenbar bezeugt dieses Manuskript einen Mangel in der mündlichen Wiedergabe dieser *Responsoria breves*, welcher hier durch Schrift behoben wurde. Man muss also nach dem Grund dieser nachträglichen Verschriftlichung fragen. Es ist unwahrscheinlich, dass die doch sehr einfachen, konventionalisierten Melodiestrukturen der psalmodisch gehaltenen *Responsoria breves* von den Cantores der späteren Jahrhunderte nicht mehr in Erinnerung gerufen werden konnten. Eher dürfte die Verschriftlichung bei diesem Beispiel eine didaktische Funktion einnehmen, indem sie junge Sänger beim Erlernen der konventionellen Responsorium-Melodien durch eine nachträgliche Neumierung unterstützte.

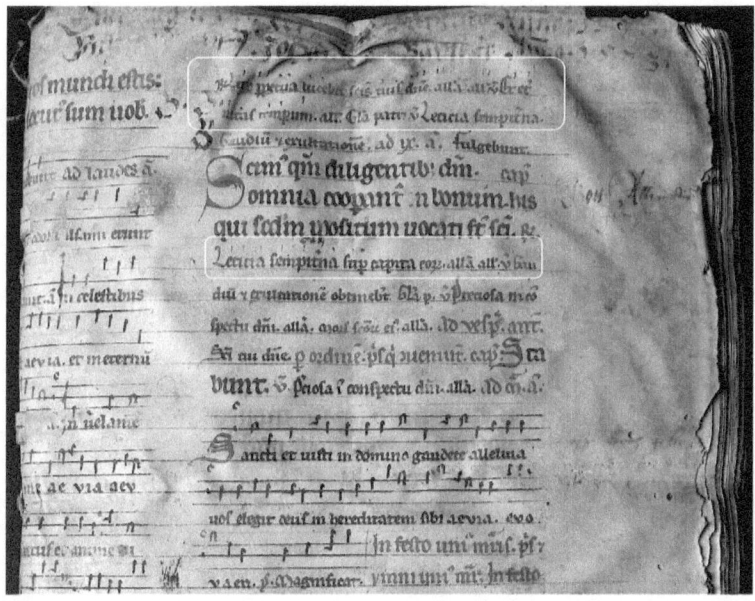

Abb. 5

Indem hier die Schwelle zwischen Mündlichkeit und Schriftlichkeit markiert wird, lässt dieses Beispiel die Gleichzeitigkeit zweier sich gegenseitig ergänzender Praktiken sichtbar werden. Was Anna Maria Busse Berger bezüglich der Relation von Oralität, Mnemotechnik und Notation in der mittelalterlichen Musikgeschichte hervorgehoben hat, lässt sich auch hier festhalten, nämlich dass „[t]he fact that something was written down does not have to mean that it was no longer transmitted orally as well, for written texts and oral transmission may well coexist" (Busse Berger 2005, 45). Memorierung und visuelle Verschriftlichung erweisen sich nicht als sich ausschließende Phänomene, sie sind vielmehr komplementär. Dass die nachträgliche Neumierung in diesem Dokument nicht im Sinne eines Ausschaltens von Oralität, sondern als eine visuelle Integration zur mündlich tradierten Melodie zu verstehen ist, zeigt sich nicht zuletzt in der Tatsache, dass das Responsorium *Letitia sempiterna* nur teilweise mit Neumen versehen wurde.

Dieses Handschriftfragment zeugt aber nicht nur von der Koexistenz von Oralität und Schriftlichkeit. Die nach dem alten Usus des musikalischen Notierens später eingefügte Notenschrift lässt eine auffällige Koexistenz zweier unterschiedlicher Notationssysteme erkennen – Neumen und Hufnagelnotation –, die trotz ihrer historischen Distanz im mitteleuropäischen Spätmittelalter parallel präsent waren. Das Besondere dabei ist, dass die linienlosen Neumen als eine Notationsweise, die bekanntlich nicht ohne die Vorkenntnis der Melodie überhaupt gelesen werden kann, hier also eine Form von Schriftlichkeit darstellen, die geradezu auf mündliche Überlieferung angewiesen ist. Diese Art von Notenschrift visualisiert die Melodie aufgrund ihrer abwesenden Diastematik nicht im ‚wortwörtlichen' Sinn, sie könnte demzufolge hier als ‚stoffliche' Visualisierung definiert werden.

4. Sprachphilosophische Perspektive / Philosophischer Exkurs

Die bisherigen Beobachtungen leiten sich aus einem Bündel von Hypothesen her, deren implizite Voraussetzungen nun noch genauer zu betrachten sind. Da ist zunächst ein dreifacher philosophischer Aspekt, genauer: Überlegungen, die sich aus Arbeiten von Ludwig Wittgenstein, John L. Austin und David Lewis herleiten, die hier in gebotener Kürze dargelegt seien. Des Weiteren wird es um die musikhistorische Einordnung der Befunde gehen, wodurch die kulturellen Implikationen des mündlichen Transports musikalischer Materialien sichtbar werden.

Wer der Sprache zugesteht, dass mit ihr Meinungen und Bedeutungen ausgedrückt werden können, mag dazu neigen, entsprechende Erwartungen an die Musik heranzutragen. Geht man vom *locus classicus* einer semantischen Problemstellung aus, so gewinnt man aus der Gegenüberstellung der Bezeichnungen

‚Morgenstern' bzw. ‚Abendstern' (Frege 1892) als distinkten Bedeutungen desselben Planeten und dem Gegenstandsbezug von ‚Venus', bezogen auf das physikalische Objekt dieses Namens, die Unterscheidung zwischen Konnotation und Denotation. Vor diesem Hintergrund scheint es naheliegend, der Musik das Potential einer unendlichen Konnotation zuzugestehen, ihr jedoch die Fähigkeit zur Denotation abzusprechen: Musik bezieht sich nicht auf Objekte der Aussenwelt. Weiterführend ist hier die Überlegung Wittgensteins, der unter einer „Lebensform" „die Gesamtheit der Praktiken einer Sprachgemeinschaft" (Schulte 1989, 146) versteht. Was wir heute ‚Musik' nennen (und was hier neutraler und plastischer als ‚Klangorganisation' beschrieben sei), ist, so könnte man unter Anwendung von Wittgensteins Gedanken (2001 [1953], § 43) sagen, keine metaphysische Größe, die ‚an sich' untersucht werden kann. So wie sich die Bedeutung von Wörtern aus deren Gebrauch herleitet, sind Klangorganisationen in ihrer Bedeutung von der Lebensform abhängig, in der sie gebraucht werden (Wittgenstein 2001, § 43).

Hier wird eine nützliche Gegenposition sichtbar zu Darstellungen, in denen von *der* Kunst oder *der* Musik die Rede ist. Den Begriff der Lebensform aufzunehmen bedeutet, Sprachgemeinschaften anzuerkennen, in denen das, was wir (nicht nur akademisch) ‚Musik' nennen, in ganz eigenen Bezügen relevant wird. Konkret meint das beispielsweise, dass arabische Gelehrte zu mittelalterlicher Zeit von Klangorganisationen anders sprechen als jene, die *cantus* als Oberbegriff verwenden. Und schließlich bedeutet die methodische Berücksichtigung der jeweiligen Lebensform, den Umstand anzuerkennen, dass deren Mitglieder miteinander sprechen und auf diese Weise voneinander auch lernen. Was sie sprachlich im Hinblick auf die von ihnen erlebten und hergestellten Klangorganisationen erkunden und aushandeln, muss keineswegs immer einen Unterfall dessen darstellen, was wir heute unter ‚Musik' verstehen.

Eine zweite Überlegung kommt hinzu: John Austin hat gezeigt, dass Sätze nicht einfach Lautgebilde sind, sondern Handlungen darstellen. Im Falle der Taufe meint der Satz ‚Ich taufe Dich' den Vollzug der ‚Taufe' genannten Handlung. Mit der Äußerung des Satzes ist etwas passiert, es wurde etwas vollzogen. Analog dazu wird mit dem liturgischen Gesang etwas vollzogen, wie sich auch an den Liturgiekommentaren ablesen lässt. Wenn wir dabei Austin folgen, kann eine Sprechhandlung glücken oder missglücken, was natürlich auch dann möglich ist, wenn es um die Performanz eines bestimmten liturgischen Gesanges geht. In Analogie zu bestehenden Sprachregelungen kann mit dem Begriff der *singing community* bzw. *chant community* (Treitler 2003, 21–23; 113; 231; 338; Haas 1997 und 2005) jener gesellschaftliche Rahmen des Gesangs bezeichnet werden, in dem über das Glücken und Missglücken einer Aufführung entschieden wird.

Worum es dabei geht, lässt sich in einem letzten Schritt mit David Lewis weiterdenken: Musikalische Produktionen sind keine Naturereignisse, sondern bündeln Konventionen. Konventionen lassen sich, wie Lewis gezeigt hat, im Rahmen von Koordinationsbemühungen innerhalb von Sozietäten diskutieren. Er hat darin in einem ersten (und für unsere Zwecke ausreichenden) Versuch festgehalten: „Eine Verhaltensregularität R von Mitgliedern einer Gruppe G, die an einer wiederholt auftretenden Situation S beteiligt sind, ist genau dann eine Konvention, wenn bei jedem Auftreten von S unter Mitgliedern von G (1) jeder R folgt; (2) jeder von jedem anderen erwartet, dass er R folgt; (3) jeder es vorzieht, R zu folgen, sofern auch die andern es tun, weil S ein Koordinationsproblem ist und die allseitige Befolgung von R in S ein koordinatives Gleichgewicht ergibt." (Lewis 1973, 43)

An dieser Stelle sei an Bäumls Unterscheidung zwischen ‚wortwörtlich' und ‚stofflich' erinnert. Werden die sogenannten Floskeln, Wendungen und Formeln als Konventionen aufgefasst, dann wäre, wie wir gesehen haben, deren wortwörtliche Version gefragt. Nehmen wir aber die Tatsache, dass es um *Konventionen* geht, ernst, dann müssen wir uns fragen, welche Bandbreite einer bestimmten Konvention – einer bestimmten Wendung, Floskel oder Formel – eigen ist, damit sie von der *chant community* immer noch als das Gleiche verstanden wird. Mit Austin wäre das die Frage danach, wann genau für die *chant community* eine Aufführung als geglückt oder missglückt gilt.

5. Musikgeschichtlicher Ausblick

Im Hinblick auf die Musikgeschichte wäre nun am Corpus des Chorals – zum gregorianischen Choral wäre sicher auch das altrömische und das mailändische (ambrosianische) Gegenstück hinzuzunehmen – zu prüfen, inwieweit noch redundante Spuren der ehemals mündlichen Tradierung vorhanden sind. Die Technik der musikalischen Überlieferung ohne Notation ist seit dem 4. Jahrhundert bezeugt. Man hat die viele hundert Hymnen umfassende Produktion des Heiligen Ephraem (Syrus) durch die Zeiten transportiert, indem bei jeder Hymne das Modell (*qōlō*) notiert wurde (Brock 1985). Man konnte so an die 700 Hymnen ‚auswendig' lernen, indem man die Modelle einstudierte, einige Dutzend an der Zahl. Diese orale Praxis findet sich wieder in der byzantinischen Hymnographie, wofür die *termini technici* von *automelon* (Gesang, der auf Modellmelodien basiert), *idiomelon* (Gesang, der auf eigenen Melodien basiert) und *proshomoion* (Kontrafaktur, die auf fremden Melodien basiert) entwickelt wurden (Strunk 1977, 303). Es ist nicht unwahrscheinlich, dass diese Art von Überlieferungsmodalitäten des oströmischen Reiches den Sängern im weströmischen Imperium des Mittelalters bekannt war.

Damit schließt sich ein Kreis. Das oben erwähnte Graduale *Iustus ut palma* ist ein Modell, und der hier unterbreiteten Lesart nach bewahrt es in sich eine sehr alte Tradition. Ebenso zeugen die Responsoria *Lux perpetua lucebit* und *Letitia sempiterna* von einer lang andauernden parallelen Präsenz von Mündlichkeit und Schriftlichkeit in der Musikgeschichte des Mittelalters. Je mehr aber das geschriebene Buch auch für Sänger zum Bezugspunkt wurde, verdrängten die Möglichkeiten der schriftlichen Weitergabe von Melodien tendenziell die ehemals ans mündliche Tradieren gebundenen Usancen. Festzuhalten ist, dass schriftliche Überlieferungsträger während langer Zeit unterschiedlichste Spuren des ehemals ausschließlich mündlichen Transports von Melodien erahnen lassen.

Literatur

Batany, Jean. „Écrit/oral". *Dictionnaire raisonné de l'Occident médiéval*. Hrsg. von Jacques Le Goff und Jean-Claude Schmitt. Paris: Fayard, 1999. 309–321.
Bäuml, Franz H. „Der Übergang mündlicher zur artes-bestimmten Literatur des Mittelalters". *Fachliteratur des Mittelalters. Festschrift für Gerhard Eis*. Hrsg. von Gundolf Keil, Rainer Rudolf, Wolfram Schmitt und Hans J. Vermeer. Stuttgart: Metzler, 1968. 1–10.
Brock, Sebastian P. „Syriac and Greek Hymnography: Problems of Origin". *Papers Presented to the Seventh International Conference on Patristic Studies Held in Oxford 1975 II: Monastica et Ascetica, Orientalia, E Saeculo Secundo, Origen, Athanasius, Cappadocian Fathers, Chrysostom, Augustine*. Hrsg. von Elizabeth A. Livingstone. Berlin: Akademie, 1985. 77–81.
Busse Berger, Anna Maria. *Medieval Music and the Art of Memory*. Berkeley: University of California Press, 2005.
Carruthers, Mary. *The Book of Memory: A Study of Memory in Medieval Culture*. Cambridge: Cambridge University Press, 1990.
Cattin, Giulio und F. Alberto Gallo (Hrsg.). *Un millennio di polifonia liturgica tra oralità e scrittura*. Bologna: Il Mulino, 2002.
Dobszay, László. „Two paradigms of orality: the office and the mass". *Music in Medieval Europe. Studies in Honour of Bryan Gillingham*. Hrsg. von Terence Bailey und Alma Colk Santosuosso. Aldershot: Ashgate, 2007. 1–10.
Frege, Gottlob. „Über Sinn und Bedeutung". *Zeitschrift für Philosophie und philosophische Kritik*, N. F. 100 (1892): 25–50.
Haas, Max. *Mündliche Überlieferung und altrömischer Choral. Historische und analytische computergestützte Untersuchungen*. Bern: Peter Lang, 1997.
Haas, Max. *Musikalisches Denken im Mittelalter. Eine Einführung*. Bern: Peter Lang, 2005.
Haug, Andreas. „Zum Wechselspiel von Schrift und Gedächtnis im Zeitalter der Neumen". *Cantus planus. Papers Read at the Third Meeting. Tihany, Hungary, 19–24 September 1988*. Budapest: Hungarian Academy of Sciences/Institute for Musicology, 1990. 33–47.
Haug, Andreas. „Gewinn und Verlust in der Musikgeschichte". *Vom Preis des Fortschritts. Gewinn und Verlust in der Musikgeschichte*. Hrsg. von Andreas Haug und Andreas Dorschel. Wien: Universal Edition, 2008. 11–32.

Havelock, Eric A. *The Muse Learns to Write. Reflections on Orality and Literacy from Antiquity to the Present.* New Haven: Yale University Press, 1986.
Hiley, David. *Gregorian Chant.* Cambridge: University Press, 2009.
Hornby, Emma. *Gregorian and Old-Roman Eighth-Mode Tracts: A Case Study in the Transmission of Western Chant.* Aldershot: Ashgate, 2002.
Huck, Oliver. „Schriftlichkeit, Mündlichkeit und Gedächtnis als Narrative und Denkfiguren einer Geschichte der Musik des Trecento". *Die Tonkunst* 2 (2008): 304–313.
Hucke, Helmut. „Toward a New Historical View of Gregorian Chant". *Journal of the American Musicological Society* 33.3 (1980): 437–467.
Hucke, Helmut. „Der Übergang von mündlicher zu schriftlicher Musiküberlieferung im Mittelalter". *Report of the Twelfth Congress Berkeley 1977.* Hrsg. von Daniel Heartz und Bonnie Wade. Kassel: Bärenreiter, 1981. 180–191.
Karp, Theodore. *Aspects of Orality and Formularity in Gregorian Chant.* Evanston: Northwestern University Press, 1998.
Kelly, Thomas Forrest (Hrsg.). *Oral and Written Transmission in Chant.* Aldershot: Ashgate, 2009.
Levy, Kenneth. *Gregorian Chant and the Carolingians.* Princeton: Princeton University Press, 1998.
Lewis, David K. *Konventionen. Eine sprachphilosophische Abhandlung.* Übers. von Roland Posner und Detlef Wenzel. Berlin: De Gruyter, 1975.
Lindmayr-Brandl, Andrea (Hrsg.). *Oralität, klingende Überlieferung und mediale Fixierung: Eine Herausforderung für die Musikwissenschaft.* Wien: Praesens, 2005.
Möller, Hartmut. „Die Schriftlichkeit der Musik und ihre Folgen". *Europäische Musikgeschichte 1.* Hrsg. von Sabine Ehrmann-Herfort, Ludwig Finscher und Giselher Schubert. Kassel: Bärenreiter, 2002. 109–144.
Ong, Walter J. *Orality and Literacy. The Technologizing of the Word.* London und New York: Methuen, 1982.
Rubin, David C. *Memory in Oral Traditions. The Cognitive Psychology of Epic, Ballads, and Counting-out Rhymes.* Oxford: Oxford University Press, 1995.
Schulte, Joachim. *Wittgenstein. Eine Einführung.* Stuttgart: Reclam, 1989.
Stock, Brian. *The Implications of Literacy: Written Language and Models of Interpretation in the Eleventh and Twelfth Centuries.* Princeton: Princeton University Press, 1983.
Strunk, Oliver. „Chants of the Byzantine-Greek Liturgy". *Essays on Music in the Byzantine World.* Hrsg. von Kenneth Levy, New York: W. W. Norton, 1977. 297–330.
Treitler, Leo. „Mündliche und schriftliche Überlieferung: Anfänge der musikalischen Notation". *Neues Handbuch der Musikwissenschaft 2: Die Musik des Mittelalters.* Hrsg. von Hartmut Möller und Rudolf Stephan. Laaber: Laaber, 1991. 54–93.
Treitler, Leo. *With Voice and Pen. Coming to Know Medieval Song and How It Was Made.* Oxford: Oxford University Press, 2003.
Voorwinden, Norbert und Max de Haan (Hrsg.). *Oral Poetry. Das Problem der Mündlichkeit mittelalterlicher epischer Dichtung.* Darmstadt: Wissenschaftliche Buchgesellschaft, 1979.
Wittgenstein, Ludwig. *Philosophische Untersuchungen.* Hrsg. von Joachim Schulte. Frankfurt am Main: Suhrkamp, 2001.
Zumthor, Paul. *Die Stimme und die Poesie in der mittelalterlichen Gesellschaft.* Übers. von Klaus Thieme. München: Fink, 1994 [1972].

III.4. Text und Musik in der Vokalmusik der Renaissance: Positionen zur Gestaltung eines Verhältnisses

Susanne Rupp

1. Einführung in das Thema und Forschungsüberblick

Das Verhältnis von Musik und Text kann in der Vokalmusik der Renaissance (spätes 15. bis frühes 17. Jahrhundert) – wie in anderen Epochen auch – auf sehr unterschiedliche Art und Weise ausgestaltet werden. Gerade die überlieferte Vokalmusik aus dieser Zeit ist diesbezüglich nicht einer einheitlichen Praxis verpflichtet, sondern weist einen breiten Gestaltungsspielraum auf. An den Polen dieses Spektrums sind zum einen das Primat des Wortes, zum anderen das Primat der Musik zu denken. Ersteres geht in der Regel Hand in Hand mit dem Wunsch nach Textverständlichkeit und nach einer musikalischen Faktur, die sich vor allem an den Bedürfnissen des Wortes bzw. des dichterischen Textes orientiert. Das Primat der Musik wiederum erlaubt es dem Komponisten, weitestgehend autonom und unabhängig vom Text zu komponieren. Die Positionen zwischen den beiden Extremen sind im Sinne gradueller Unterschiede zu denken, wobei die Grenzen und Übergänge nicht immer klar bestimmbar sind. Im Folgenden soll das Augenmerk vor allem der recht gut dokumentierten Ausgestaltung des Wort-Ton-Verhältnisses in der Kunstmusik sowie in der Musik der höheren Stände gelten. Populäre Traditionen werden – aufgrund der prekären Quellenlage – nicht eigens thematisiert.

In der Forschung wird diesem pluralistischen Feld, das durch die Gleichzeitigkeit unterschiedlicher Praktiken geprägt ist, nicht immer Rechnung getragen. In der Tendenz folgen zahlreiche Studien einem *grand récit*, welcher eine diachrone Abfolge konstruiert und die These formuliert, dass das Wort-Ton-Verhältnis in der Renaissance grundsätzlich neu gedacht wird (grundlegend hierzu Hollander 1961). Durch die Loslösung der Musik aus dem Quadrivium und deren stärkere Einbindung in das Trivium kämen ihr demnach neue Aufgaben zu, die sich im Ideal einer engen Wort-Ton-Verbindung niederschlagen. Diese Entwicklung wird in der Forschung häufig als ‚Rhetorisierung der Musik' (Toft 1993; Butler 1980) beschrieben, um die besondere Engführung von musikalischer und textlicher Gestaltung sowie die zunehmende ‚Versprachlichung' von Musik zu beschreiben. Allerdings wurde seitens der Wissenschaft immer wieder darauf hingewiesen, dass der rhetorische Diskurs vor allem im Sinne einer Beschreibungssprache und nicht im Sinne einer produktionsästhetischen Kategorie verstanden werden sollte (u. a. Dahlhaus 1966; 1986; Bose 1996). So argumentiert beispielsweise Carl Dahlhaus (Dahlhaus 1966), dass der Versuch, musikalische Rhetorik zu systematisieren, dazu geführt habe, der Theoriefreude der frühen Neuzeit selbst aufzusitzen: Es waren vor allem deutsche protestantische Kantoren, bemüht um einen akademischen Habitus, welche ein deskriptives System rhetorisch-musikalischer Bezüge entwickelten, um die eigene Kunst zu nobilitieren.

Im Gegensatz zur ‚Versprachlichungs-' und ‚Rhetorisierungsthese' steht der musikhistorische Befund, denn die Vielfalt der musikalischen Gestaltungsmöglichkeiten lässt sich nicht allein mit den oben genannten Begriffen fassen. Während es in der Renaissance Werkgattungen gab, die sich durch eine differenzierte und enge Beziehung von Text und Musik auszeichnen, die auch für Musiker und Hörer der Gegenwart noch nachvollziehbar scheint – z. B. das Madrigal –, so waren in anderen Zusammenhängen Text und Musik so wenig konkret aufeinander bezogen, dass beide Elemente auch unabhängig voneinander Bestand haben oder sogar ausgetauscht werden konnten. Die Musik eines Liedes (vgl. auch III.12 HINRICHSEN) konnte ohne den beigegebenen Text für sich bestehen, und umgekehrt konnte ein vertonter Text auch als Gedicht sinnvoll rezipiert werden. In der Praxis der Kontrafaktur wird dieses Prinzip besonders sinnfällig. Die musikalische Struktur ist unverbindlich und greift lediglich die Strophenform des Textes auf. Auf eine musikalische Ausgestaltung des Textinhalts wird verzichtet, eine neutrale Ausdruckshaltung dominiert, so dass der Text – insofern er demselben formalen Muster folgt – nach Belieben ausgetauscht werden kann.

Texte konnten jedoch nicht nur ersetzt werden, man konnte auch ganz auf sie verzichten, denn bei Mangel an geeigneten Sängern wurden diese durch Instrumentalisten ersetzt. Diese Praxis ist in den Besetzungshinweisen in Sammlungen von Vokalmusik gut dokumentiert (z. B. bei Madrigalen), in denen eine alternative instrumentale Besetzung explizit vorgeschlagen wird. Der Verzicht auf den Text blieb in der Regel unkommentiert und schien keine nennenswerten ästhetischen Probleme nach sich zu ziehen – von gelegentlichen Klagen über textfreies Singen wie etwa in Thomas Morleys Kompositionslehre abgesehen (Morley 1597, 293). Man ging gelegentlich sogar einen Schritt weiter, indem bei der Drucklegung von Vokalmusik ganz auf deren Texte verzichtet wurde, so zum Beispiel in der Sammlung *Trium vocum carmina* (Nürnberg 1538): Vokalmusik wird hier als mehrstimmige Instrumentalmusik wiedergegeben, und es wird deutlich, dass der musikalischen Substanz eine ästhetische Autonomie zugesprochen und in erster Linie die vom Text losgelöste Musik einer schriftlichen Tradierung für wert befunden wurde.

2. Darstellung

Um der Vielfalt, welche den Gestaltungsspielraum von Wort und Ton in der Renaissance kennzeichnet, gerecht zu werden, sollen im Folgenden zwei repräsentative Diskurse thematisiert werden: 1) Im Bereich sowohl der katholischen als auch der protestantischen geistlichen Musik lässt sich eine breite Diskussion um das Wort-Ton-Verhältnis ausmachen, in deren Mittelpunkt das Bemühen um Textverständlichkeit und Textausdeutung steht. 2) In der weltlichen Vokalmusik ist ein erstarkender Wunsch nach einer erneuten Einheit der Künste (im Sinne der Antike) zu beobachten, welche vor dem Hintergrund der zunehmenden Spezialisierung und Professionalisierung der dichterischen und musikalischen Künste zu sehen ist. Dem Lautenlied kommt in diesem Zusammenhang besondere Bedeutung zu, da in dieser Gattung die Einheit von Dichter und Musiker besonders greifbar scheint.

Die beschriebenen Tendenzen müssen im Kontext der musikhistorischen Entwicklung gesehen werden: Im 15. Jahrhundert setzte sich polyphone Vokalmusik in der Kunstmusik durch; Monophonie galt als obsolet und war allenfalls im populären Repertoire noch vorherrschend. Bekanntlich sind die Bedingungen polyphoner Musik wenig dazu angetan, den Text in den Vordergrund treten zu lassen, sodass dieser zunehmend an Bedeutung einbüßte. Verstärkt wurde diese Entwicklung im 15. Jahrhundert durch einen Professionalisierungsschub seitens der Musiker, der sich u. a. darin äußerte, dass die Nennung von Komponistennamen zunehmend selbstverständlich wurde, wie etwa im englischen *Old Hall Manuscript* (um 1420), in dem erstmals einzelne Komponisten namentlich erwähnt werden. Wort- und Musikkunst gingen zunehmend getrennte Wege. Die musikalische Emanzipation erreichte ihren ersten Höhepunkt in der musikalischen Komplexität der manieristischen *ars subtilior* (spätes 14. Jahrhundert bis ca. 1420), in deren Werken die Bedeutung des Textes zugunsten musikalischer Virtuosität (z. B. durch den Gebrauch neuer Notenwerte, komplexer Rhythmik bis hin zur Polyrhythmik, häufige Mensurwechsel, Verwendung von neuem Tonmaterial) deutlich in den Hintergrund trat. Diese hohe musikalische Komplexität erschloss sich vor allem im Modus der Lektüre und war in Aufführungskontexten vermutlich kaum vermittelbar.

Im 16. Jahrhundert verhielt man sich zunehmend kritisch zu dieser Tradition und schenkte einem ausgewogenen Wort-Ton-Verhältnis nunmehr gesteigerte Aufmerksamkeit. Impulse für diese Entwicklung gingen vor allem vom Humanismus und der Reformation bzw. der Gegenreformation aus. Im Kontext des Humanismus erfuhr der Text eine starke Aufwertung, da dieser für den ethischen Gehalt der Vokalmusik bürgte und damit die Legitimität musikalischen Schaffens sicherte. Zum Inbegriff dieser neuen Vorstellung wurde der ‚neue Orpheus' (Hollander 1961, 166; Schwindt 2004; Plett 1983, 69–74; Strohm 1993, 548–549), der Dichtersänger, in dessen Werken die verlorengegangene Einheit von Musik und Dichtung wiederhergestellt und damit die Wirkkraft antiker Musik zurückgewonnen werden sollte (vgl. III.1 Koch).

Im Kontext der geistlichen Musik waren es vor allem die Vertreter der Reformation, die das biblische Wort ins Zentrum der Aufmerksamkeit rückten und forderten, dass sich die Musik dem Text gegenüber dienend zu verhalten habe. Seitens der Gegenreformation wurde diese Position als wegweisend anerkannt, aufgegriffen und vor allem im Bemühen um die Komplexitätsreduktion der liturgischen Musik (z. B. quantitative Reduktion des Repertoires, Bevorzugung einfacher Musik) wirksam.

Gemeinsam war allen diesen Bestrebungen, dass sie an einer Neujustierung des Wort-Ton-Verhältnisses interessiert waren. Theoretiker und Künstler fragten gleichermaßen nach den Gestaltungsbedingungen, die es ermöglichen sollten, den Text in idealer Weise zur Geltung und Wirkung kommen zu lassen. Typische Überlegungen hierzu finden sich beispielsweise in *Le istitutioni harmoniche* (1558/1573), einer einflussreichen Schrift des Komponisten und Musiktheoretikers Gioseffo Zarlino. Ganz der humanistischen Tradition verpflichtet, hält auch er den Text für ausschlaggebend hinsichtlich der sittlichen Wirkung von Musik: Die Musik soll dem Prinzip der Angemessenheit (*decorum*) folgend den Text verstärken. Von dieser Annahme ausgehend ergeben sich für Zarlino für die Produktion und Aufführung von Musik weitreichende Konsequenzen: So ist einstimmiger Musik der Vorzug zu geben, da diese dem Text grundsätzlich dienlicher ist als komplizierte mehrstimmige Musik. Die Aufführungspraxis wiederum soll den Intentionen des Komponisten folgen, indem auf gestalterische Freiheiten (z. B. Ersetzungen oder Verzierungen) verzichtet wird, da diese einer guten Textverständlichkeit in der Regel abträglich sind. Außerdem soll der Artikulation von Vokalen, die für die Textverständlichkeit besonders relevant sind, besondere Aufmerksamkeit geschenkt werden.

2.1. Kirchenmusik

Im Bereich der Kirchenmusik wurden sowohl in der katholischen als auch in der protestantischen Kirche Diskussionen über die ideale Kirchenmusik geführt. Wesentlich neue Impulse gingen zunächst von lutherischer Seite aus. Während im calvinistischen Kontext Kirchenmusik generell kritisch gesehen wurde, gestand Martin Luther der Musik im Zusammenhang mit der Reform der Gottesdienstkultur und Frömmigkeitspraxis eine zentrale Rolle im Sinne einer *praxis pietatis* zu, die er im Rückgriff auf biblische Vorbilder legitimierte (Krummacher 1994; Leaver

2007). Die Musik galt ihm – mehr noch als die anderen Künste – als hervorragend geeignet für den Zweck der Verkündigung durch ‚Singen und Sagen'. Die immense Wirkmacht der Musik rechtfertigte deren Klassifikation als *optima ars* und zeichnete sie als den anderen Künsten weit überlegen aus. Ihren Niederschlag fand diese Haltung vor allem im Gemeindegesang, zu dessen wachsendem Repertoire Luther maßgeblich beigetragen hat (Luthers Rolle im Kompositionsprozess ist jedoch unklar). Das in der Regel syllabisch vertonte protestantische Kirchenlied, der Choral, setzt auf Textverständlichkeit, denn das Lied ist ein Medium, das die Aneignung und das Verständnis des biblischen Textes durch den Einzelnen ermöglichen soll. Dabei sollte nicht übersehen werden, dass das Kirchenlied – entgegen der heutigen gottesdienstlichen Praxis – nicht ausschließlich einstimmig gesungen wurde. Es gab Gesangsbücher, z. B. das *Wittemberger Gesangbuch* von 1524, in denen mehrstimmige Sätze gedruckt wurden. Diese Satzweise hatte eine didaktische Funktion: Sie sollte vor allem für die Jugend attraktiv sein, diese vom Singen weltlicher Lieder abhalten und den individuellen Glauben vertiefen (vgl. Vorwort zum *Wittemberger Gesangbuch* 1524). In den Reihen der Reformierten (Calvin, Zwingli) begegnete man dieser Position jedoch mit starken Vorbehalten: Während Luther betonte, dass das Verstehen des biblischen Wortes durch das ‚Herz' geschähe, betonte Calvin den Verstand als maßgebliche Erkenntnisinstanz. Das Wort Gottes könne nur über diesen erfahren werden, und Erbauung sei, so Calvin, nur da möglich, wo etwas gelehrt und verstanden werde (vgl. *Genfer Psalter* 1542, Brief an den Leser, in: Treitler 1998, 364–367). Die Musik galt ihm als der Konzentration auf das Wort eher abträglich, denn ihr manipulatives Potential war auch durch die Zusammenführung mit dem Text kaum zu kontrollieren.

Seitens der Katholiken unternahm man während des Konzils von Trient (1545–1563) den Versuch einer Kirchenmusikreform, in deren Zentrum auch die Frage nach der Textverständlichkeit stand. In der 22. Sitzung des Konzils hatte Kardinal Borromeo die Frage nach der Textverständlichkeit aufgegriffen, die er in der Vokalpolyphonie der frankoflämischen Schule und deren zunehmender Komplexität des musikalischen Satzes als nicht mehr gegeben ansah. Neben der Verbesserung der Textverständlichkeit wurden jedoch auch weiter ausgreifende Reformen angestrebt, die darauf zielten, den Gebrauch von Parodiemessen (diese greifen auf vollständige Sätze aus weltlichen Vorlagen zurück) und Tenormessen (Gebrauch teils weltlicher Liedmelodien als *cantus firmi*) einzuschränken. In diesen Gattungen konnte es zu einer Spannung zwischen dem semantischen Potential des entlehnten musikalischen Materials und dem gottesdienstlichen Kontext kommen. Entscheidungen für bestimmte musikalische Vorlagen wurden wohl vorwiegend aufgrund musikalischer Überlegungen getroffen, so dass sich aus Sicht der Kritiker eine zunehmende und unerwünschte Emanzipation der Kirchenmusik einzustellen begann. Derlei Entwicklungen wurden flankiert von ersten theoretischen Überlegungen zu einem frühneuzeitlichen ‚Werkbegriff', etwa bei Nicolaus Listenius in seinen Ausführungen zum *opus perfectum et absolutum* 1537. Aus Sicht der Kirche sollte dieser Entwicklung durch eine Reform der Kirchenmusik gegengesteuert werden, indem man die Komplexität der Musik deutlich reduzierte. In diesem Zusammenhang gerieten auch die zahlreichen Sequenzen in den kritischen Blick der Reformer. Zwar leisteten sie durch die dichterische Vertextung von rein musikalischem Material (Melismen) einer verstärkten Emanzipation der Musik keinen Vorschub, aber der großzügige Einsatz von Sequenzen in den Messen drohte auf Kosten der Liturgie zu gehen, deren kanonischer Kernbestand zunehmend in den Hintergrund gedrängt wurde. Um eine Rückbesinnung auf die Messliturgie zu ermöglichen (eine Position, die im übrigen auch von Erasmus geteilt wurde), wurde die Zahl der zulässigen Sequenzen stark reduziert.

Ihre ideale musikalische Verkörperung fand die neue kirchenmusikalische Einfachheit in den textsynchronen und homophonen Messen des Vincenzo Ruffo aus den 1570er Jahren oder in den *Preces speziales*, den Gebetsstücken (1562) des Jacobus de Kerle. Häufig wurden die Messen Palestrinas als Verkörperung der im Umfeld des Tridentinischen Konzils angestellten Reformüberlegungen beschrieben. Inwiefern allerdings Palestrinas Kompositionen durch das Konzil motiviert wurden, ist umstritten. Unumstritten ist, dass in einer Messe wie Palestrinas *Missa Papeae Marcelli* (um 1562) die Aussagekraft des Wortes im Vordergrund zu stehen scheint. Zwar verzichtet Palestrina nicht gänzlich auf polyphone Elemente, aber er beschränkt diese auf kurze Passagen. Die durch Tonschritte – im Gegensatz zu Sprüngen – gekennzeichneten Stimmverläufe begünstigen die Textverständlichkeit maßgeblich.

2.2. Weltliche Vokalmusik

Auch die weltliche Vokalmusik der Renaissance bewegte sich in einem Feld von Möglichkeiten, das auf der einen Seite durch die zunehmende Emanzipation der einzelnen Künste, auf der anderen Seite durch die vor allem von Humanisten geforderte Rückgewinnung der Einheit von Dichtung und Musik unter Federführung der Dichtung markiert war (Hollander 1961, 13).

Die Trennung der Künste im späten Mittelalter wurde – wie bereits angedeutet – durch die Entwicklung des jeweiligen künstlerischen Materials begünstigt. 1) In der Musik war ein Komplexitätszuwachs zu registrieren, der es den Kompositionen ermöglichte, für sich selbst zu bestehen und für die Stiftung von Zusammenhang und Form nicht zwangsläufig auf Text angewiesen zu sein. 2) In der Literatur wurden ebenfalls Anstrengungen unternommen, die Leistungskraft und Legitimität der Dichtung unter Beweis zu stellen (dies galt auch zunehmend für die landessprachige Dichtung; Preminger 1993) und sie – vor allem unter Rückgriff auf antike Modelle – zu nobilitieren und aus der traditionellen Verbindung mit der Musik zu lösen. Diese Entwicklung wurde befördert durch die seit dem Mittelalter voranschreitenden Veränderungen in der Rezeptionspraxis vom Hören der Texte hin zur individuellen Lektüre (Rieger 2005, 71). Das *objet auditif* (Zumthor 1972/1994), das in der mittelalterlichen Lieddichtung noch gegeben war, wandelte sich zum *objet visuel* und beförderte die Verselbständigung des ‚literarischen' Textes. Hinsichtlich des Strebens nach Gestaltungskomplexität stand die Dichtkunst der Musik in nichts nach: Das Raffinement und die sprachliche Virtuosität etwa der französischen *rhétoriqueurs* des 15. Jahrhunderts erforderten ein hohes Maß an Expertise. In ihrer Kunst war eine Komplexität erreicht, die für einen *auteur-compositeur* kaum realisierbar war. Als einer der letzten *auteur-compositeurs* kann Guillaume de Machaut (1300–1377) gelten: Er zeichnete sowohl für die Texte als auch für die Musik verantwortlich (allerdings waren seine Stücke nicht mehr durch einen einzelnen ‚Barden' aufführbar; hierzu bedurfte es in der Regel mehrerer Personen). Die Personalunion von Musiker und Dichter wurde schließlich durch Machauts Schüler Eustache Deschamps (1345–1404) in dessen Poetik *L'art de dictier et de fere chançons, ballades, virelais et rondeaux* (1392) aufgekündigt. In dieser Schrift plädierte Deschamps für eine Trennung der Künste in *musique artificiele* (Instrumental- und Vokalmusik) und *musique naturele* (Musik der dichterischen Sprache) und stellte sich selbst auf die Seite der *auteurs*, die nun nicht mehr der Unterstützung durch Musiker und ihrer *musique artificiele* bedurften, um Werke von hohem Rang zu schaffen. Besonders ausgeprägte Züge nahm das Streben nach einer autonomen ‚Kunstlyrik' im Italien des ausgehenden 16. Jahrhunderts an (z. B. bei Gabriello Chiabrera). Die italienischen Lyriksammlungen dieser Zeit enthielten kaum noch Texte aus dem musikalischen Repertoire, umgekehrt fanden literarische Texte selten Aufnahme in die Musik.

Die zunehmende Ausdifferenzierung der Künste wurde jedoch nicht von allen Seiten begrüßt, und es wurde nach Möglichkeiten gesucht, die neuerliche Trennung zu überwinden. Dies führte zu der paradoxen Situation, dass die Emanzipation der Künste mit dem Ziel ihrer Autonomie auch weiterhin vorangetrieben wurde, dieses Vorhaben jedoch zugleich von Versuchen flankiert war, die Trennung zu überwinden. In diesem Zusammenhang waren vor allem Vertreter des Humanismus in ihrem Wunsch nach der Wiederbelebung antiker Praktiken federführend. Die Musik sollte eine ‚Versprachlichung' erfahren, welche die ethische Wirkung des Wortes unterstützen sollte. Hierfür wurde die enge Verbindung oder gar Personalunion von Dichter und Musiker als ausgesprochen förderlich angesehen (Walker 1985 [1941], 6). Versuche, die antike Tradition, wie man sie etwa in den Werken Platons, Aristoteles', Plutarchs oder Boethius' dokumentiert sah (Winn 1981, 163–178), wiederzubeleben, wurden auf unterschiedlichen Ebenen unternommen. So beschäftigten sich zum Beispiel Musiktheoretiker mit der antiken Tonlehre und stellten Überlegungen zur Umsetzung antiker Tonarten oder antiker Intonation an. In der Dichtung gab es Experimente mit quantifizierenden Versmaßen (z. B. in der französischen Pléiade oder in England bei Thomas Campion). Die folgenreichste Unternehmung war sicherlich der Versuch der Florentiner Camerata, die antike Tragödie wiederzubeleben und damit die Grundlagen für die neue Gattung der Oper zu legen. Allen Bestrebungen war gemeinsam, dass sie vor allem in gebildeten Kreisen verfolgt wurden, da sie eine gute Kenntnis der antiken Kultur voraussetzten.

Eine besonders weit verbreitete und populäre Praxis, die dem antikisierenden Habitus durchaus entgegenkam, war der Gesang zur Laute, der überall in Europa Fuß fasste. Der Musizierende konnte sich als ‚neuer Orpheus' in Szene setzen, indem er seinen Gesang selbst begleitete (oder begleiten ließ). Besonders sinnfällig wird diese Praxis im Titelblatt von Luis Miláns *Libro de música de vihuela de mano intitulado El Maestro* (Valencia 1535), einer Sammlung von Kompositionen für die Vihuela (ein spanisches Zupfinstrument), auf dem Orpheus eine solche spielend zu sehen ist. Orpheus, der archetypische Sänger und Musiker, stand sowohl für die Macht der Musik als auch für die Beredsamkeit, und in zeitgenössischen Quellen wurden Sänger häufig als Orpheus beschrieben (vgl. Strohm 1993, 548–549). Das Bemühen um ein enges, differenziertes Wort-Ton-Verhältnis galt als Voraussetzung für die Wiederbelebung der Wirkmacht antiken Singens zur Laute/Leier. Elemente der Struktur und/oder des Inhalts der Textvorlage wurden aufgegriffen, mit dem Ziel, die Balance zwischen Wort und Ton ins Werk zu setzen. In der Forschung (Toft 1993) schenkte man diesem Gestaltungsprinzip besondere Aufmerksamkeit als Zeichen einer neuen, dem Renaissancehumanismus verpflichteten musikalischen Kultur. Tatsächlich lässt sich in vielen Lautenliedern ein enger Bezug zwischen Wort und Ton konstatieren, allerdings sollte nicht übersehen werden, dass sich diese Form der differenzierten Ausgestaltung meist auf die erste Strophe beschränkt. Wird in der ersten Strophe ein bestimmter Begriff oder ein Affekt musikalisch aufgegriffen und umgesetzt, dann tritt in den Folgestrophen häufig das Problem auf, dass die Musik nicht mehr zum Text ‚passt' und die Einheit von Musik und Text, wie sie in der ersten Strophe noch gegeben war, nun aufgehoben scheint. Darüber hinaus gilt es im Blick zu behalten, dass die meisten Lautenlieder zwar primär als Sololieder konzipiert waren, es jedoch auch mehrstimmige – in der Regel vierstimmige – Fassungen dieses Repertoires gab, in denen vor allem die Mittelstimmen nicht immer textnah gestaltet werden konnten.

Die zweite bedeutende weltliche Vokalmusikgattung der Renaissance ist das Madrigal, für das ein differenziertes Verhältnis von Musik und Text ebenfalls

Programm war. In dieser mehrstimmig durchkomponierten Gattung konnten die Gesetze des Kontrapunkts außer Kraft gesetzt werden, um dem Komponisten eine flexible musikalische Umsetzung des Textes und seines affektiven Gehalts zu erlauben. Die Musik konnte dann den Text performativ ausagieren, indem sie das tat, wovon der Text sprach, z. B. der Traurigkeit oder Freude Ausdruck verleihen oder die innere Zerrissenheit eines Sprechers mit musikalischen Mitteln darstellen. Derart am Text entlang komponierte Stücke, in denen die musikalische Logik in unmittelbarer Abhängigkeit zum Text steht, waren primär für eine vokale Aufführung konzipiert. Allerdings sind auch rein instrumentale Aufführungen dieses Repertoires historisch belegt, was für ein breites Spektrum an Rezeptionsmöglichkeiten spricht. Bei einer rein instrumentalen Realisierung gingen die Feinheiten der Wort-Ton-Beziehung zwangsläufig verloren. Aber auch hinsichtlich der tatsächlichen Textvertonungspraxis im Madrigal sollte man Vorsicht walten lassen: Wenn etwa der englische Komponist Thomas Morley in seiner Kompositionslehre vorführt, wie ein Madrigal zu verfertigen sei, dann tut er dies ohne jeglichen Bezug auf eine Textvorlage und stellt damit die sinnstiftende Bedeutung des Wortes als primäres Kriterium für das Madrigal in Frage. In diesem Fall wird besonders deutlich, dass die Vorstellung vom Primat des Wortes und der zunehmenden Rhetorisierung der Musik zwar das Reden über Musik prägt, jedoch kein Bestandteil der Kompositionslehre im engeren Sinne ist. In Kompositionslehren wurden vor allem Themen behandelt, die technischer Natur waren (Kontrapunkt, Proportionen etc.), sich an einen sachkundigen Leserkreis richteten und wenig für den humanistischen Bildungsdiskurs geeignet waren.

3. Zusammenfassung und Eröffnung neuer Forschungsperspektiven

Vor dem Hintergrund der vielfältigen Möglichkeiten der Ausgestaltung des Wort-Ton-Verhältnisses in der Vokalmusik der Renaissance lässt sich das Paradigma der ‚Versprachlichung' nicht uneingeschränkt aufrechterhalten. Das musikopoetische Schaffen der Renaissance ist durch das Nebeneinander von unterschiedlichen Positionen und Praktiken gekennzeichnet, deren wechselseitige Verhältnisse von Indifferenz, Pluralismus oder Konkurrenz und den damit einhergehenden Aushandlungsprozessen charakterisiert sind. In der historischen Gesamtschau lassen sich immer wieder Konjunkturen bestimmter Positionen (z. B. die Besinnung auf Textverständlichkeit) beobachten, allerdings sollte berücksichtigt werden, dass einige Positionen und Diskurse besser dokumentiert sind als andere – in der Regel handelt es sich bei ersteren um die gelehrten

Diskurse –, und diese somit dazu tendieren, die Kulturgeschichtsschreibung zu dominieren.

In jüngerer Zeit sind Fragen, die das engere Wort-Ton-Verhältnis betreffen, in der Forschung jedoch eher in den Hintergrund getreten, zugunsten von Fragestellungen, die weniger werkimmanente Parameter als sozial- und kulturhistorische Kontexte der Vokalmusik thematisieren. Im Hinblick auf die damit verbundene Methodik kann eine Ablösung bzw. Erweiterung komparatistischer Arbeit durch ein kulturwissenschaftliches Paradigma beobachtet werden.

Beispielhaft für eine sozialhistorisch angelegte Perspektive ist die Studie Marshs (Marsh 2010), der den Versuch unternimmt, die volkstümliche musikalische Welt der frühen Neuzeit zu erschließen und das Verhältnis zwischen den musikalischen Welten der höheren und der niederen Stände im Sinne eines Austauschprozesses zu beschreiben. Diese Austauschprozesse lassen sich anhand der Dynamik des Repertoires verdeutlichen: So können beispielsweise Lieder zwischen den sozialen und kulturellen Milieus hin- und herwechseln. Dieses Modell ist insofern zukunftsweisend, als es versucht, Peter Burkes (Burke 1978) einflussreiche dichotome Beschreibung frühneuzeitlicher Kultur – gelehrte versus ungelehrte Kultur – aufzubrechen und zu dynamisieren.

Neben der Dynamisierung des Kulturbegriffs im Sinne von Austausch- und Aushandlungsprozessen liefert auch das Paradigma der Performativität neue Zugänge zur Vokalmusik der frühen Neuzeit (Rupp 2005), denn es erweitert die Auseinandersetzung mit den Texten um die Dimension der Aufführung, die immer auch Spiel- und Deutungsräume jenseits des schriftlich Fixierten eröffnet. So kann eine Aufführung von Vokalmusik stärker die Musik oder den Text in den Vordergrund rücken, so dass sich die Relationen der Beziehung zwischen Text und Musik, wie sie im musikalischen Text schriftlich fixiert sind, verschieben oder neu akzentuiert werden können.

Literatur

Bose, Mishtooni. „Humanism, English Music and the Rhetoric of Criticism". *Music & Letters* 77 (1996): 1–21.

Burke, Peter. *Popular Culture in Early Modern Europe*. Aldershot: Wildwood House, 1978.

Butler, Gregory G. „Music and Rhetoric in Seventeenth-Century English Sources". *The Musical Quarterly* 66 (1980): 53–64.

Dahlhaus, Carl. „Musica poetica und musikalische Poesie". *Archiv für Musikwissenschaft* 23 (1966): 110–124.

Dahlhaus, Carl. „Zur Geschichtlichkeit der musikalischen Figurenlehre". *Festschrift Martin Ruhnke zum 65. Geburtstag*. Hrsg. von Mitarbeitern des Instituts für Musikwissenschaft der Universität Erlangen-Nürnberg. Neuhausen-Stuttgart: Hänssler, 1986. 83–93.

Fellerer, Karl Gustav (Hrsg.). *Geschichte der katholischen Kirchenmusik 2: Von den Anfängen bis zum Tridentinum*. Kassel: Bärenreiter, 1976.
Hollander, John. *The Untuning of the Sky. Ideas of Music in English Poetry, 1500–1700*. Princeton: Princeton University Press, 1961.
Krummacher, Christoph. *Musik als praxis pietatis: Zum Selbstverständnis evangelischer Kirchenmusik*. Göttingen: Vandenhoeck & Ruprecht, 1994.
Leaver, Robin A. *Luther's Liturgical Music: Principles and Implications*. Grand Rapids, Michigan: Eerdmans, 2007.
Marsh, Chris. *Music and Society in Early Modern England*. Cambridge: Cambridge University Press, 2010.
Morley, Thomas. *A Plain & Easy Introduction to Practical Music*. Hrsg. von Alec Harman. London und New York: Dent, 1952 [1597].
Plett, Heinrich. „Poeta Musicus – musikästhetische Konzepte in der elisabethanischen Literaturtheorie". *Musik in Humanismus und Renaissance*. Hrsg. von Walter Rüegg und Annegrit Schmitt. Weinheim: Acta Humaniora, 1983. 55–75.
Preminger, Alex und T. V. F. Brogan (Hrsg.). *The New Princeton Encyclopedia of Poetry and Poetics*. Princeton: Princeton University Press, 1993. (Vernon Hall, Jr., Arthur F. Kinney und O. B. Harrison, Jr. „Renaissance Poetics". 1024–1030).
Rieger, Dietmar. *Von der Minne zum Kommerz: Eine Geschichte des französischen Chansons bis zum Ausgang des 19. Jahrhunderts*. Tübingen: Narr, 2005.
Rupp, Susanne. *Die Macht der Lieder: Kulturwissenschaftliche Studien zur Performativität weltlicher Vokalmusik der Tudorzeit*. Trier: Wissenschaftlicher Verlag Trier, 2005.
Schwindt, Nicole. „Musikalische Lyrik in der Renaissance". *Handbuch der musikalischen Gattungen 8.1: Musikalische Lyrik. Von der Antike bis zum 18. Jahrhundert*. Hrsg. von Hermann Danuser. Laaber: Laaber, 2004. 137–254.
Strohm, Reinhard. *The Rise of European Music, 1380–1500*. Cambridge: Cambridge University Press, 1993.
Toft, Robert. ‚*Tune Thy Musicke To Thy Hart': The Art of Eloquent Singing in England 1597–1622*. Toronto: Toronto University Press, 1993.
Treitler, Leo (Hrsg.). *Source Readings in Music History*. New York: Norton, 1998. 364–367.
Walker, D. P. „Musical Humanism in the 16th and early 17th Centuries". *Music, Spirit and Language in the Renaissance*. Hrsg. von Penelope Gouk. London: Variorum, 1985 [1941]. 1–14.
Winn, James Anderson. *Unsuspected Eloquence: A History of the Relations between Poetry and Music*. New Haven: Yale University Press, 1981.
Zarlino, Gioseffo. *Le istitutioni harmoniche*. Venedig, 1573.
Zumthor, Paul. *Die Stimme und die Poesie in der mittelalterlichen Gesellschaft*. Übers. von Klaus Thieme. München: Fink, 1994 [1972].

III.5. Musik als Sprache: Musikalische Rhetorik vom 16. bis 18. Jahrhundert

Hartmut Krones

1. Musik als ‚Sprache'

Da auch textlose Musik seit jeher ‚Mitteilungsfunktion' besaß, galt sie bereits in der Antike als sprachverwandte Kunst. Insbesondere in ihrer Aufgabe, die Menschen zu Moral und Gottesfurcht anzuhalten (Plutarch, *Perì mousikēs*, 26), spiegelte sich die Überzeugung, Musik könne Affekte sowohl darstellen als auch hervorrufen und somit wie eine Sprache „Wirkungen" erzielen (Krones 2001a, Sp. 1532–1534).

Die Verwandtschaft von Musik und Sprache basiert auf einem Zusammenfügen von (zum Teil semantisch aufgeladenen) Bausteinen (‚Vokabeln') sowie auf deren ‚artikulierter' Darbietung. Zudem basieren Sprache und Musik gleichermaßen auf einer „Idee", einem „Gedanken" (Neidhardt 1724, Bogen A, 2v) oder einem „Thema". Das ‚Verstehen' der ‚Vokabel' war vor allem dann möglich, wenn durch bekannte Zuordnungen bzw. durch „kulturelle Einheit" (Eco 1972, 74–75) eine gleiche Rezeptionshaltung vorlag. Diese beruhte seit der Zeit des Humanismus auf der ‚musikalischen Rhetorik', welche zwischen ca. 1550 und ca. 1830 einen Symbolfundus darstellte, der bis weit ins 19. Jahrhundert hinein allgemein bekannt war und noch bis in die Gegenwart seine Nachwirkungen zeitigt.

Auch im Mittelalter galt die Musik als ‚Sprache' mit Mitteilungs- und ‚Wirkungs'-Funktion. Zu dieser Meinung trugen die durch Boethius vermittelte Rezeption antiker Autoren sowie die Andachtshaltung des Kirchengesanges bei: Isidor von Sevilla betonte diese Sprach-Ähnlichkeit (*Etymologiae sive origines*, um 630) ebenso wie die Musiktheoretiker Jacobus Leodiensis (*Speculum musicae*, um 1330) und Johannes Tinctoris (*Complexus effectuum musices*, um 1470), dem die Benennung von zwanzig *effectus* der Musik zuzuschreiben ist.

Endgültig setzte sich die Überzeugung, dass Musik und Sprache im Prinzip wesensgleich seien, im 16. Jahrhundert durch. In Italien betonten dies Nicola Vicentino als Exponent der musikalischen Renaissance (*L'antica musica ridotta alla moderna prattica*, Rom 1555) ebenso wie Gioseffo Zarlino, der in seinen *Istitutioni harmoniche* (Venedig 1558, 339–340) zudem für die Vokalmusik die Affekteinheit von Text, Komposition und musikalischem Vortrag forderte: Die Musik habe sowohl in ihrem ‚artikulatorischen' Verlauf als auch in Bezug auf ihren ‚Ausdruck' der *oratione* zu folgen, könne diese aber wesentlich verdeutlichen oder auch mit zusätzlichem Sinn versehen (vgl. auch III.4 RUPP). In England sprach der Schriftsteller Henry Peacham the Younger (*The Compleat Gentleman*, London 1622, 96) die Musik als „sister to Poetrie" an, um zu fragen: „hath not Musicke her figures, the same which Rhetorique?" (Peacham 1622, 103), und in Frankreich findet sich für eine Sammlung von Lautenkompositionen Denis Gaultiers (ca. 1650) der sprechende Titel *La Rhétorique des dieux*.

2. Musik und Sprache (Vertonung von Text)

Eine bewusste *explicatio textus*, eine Ausdeutung des Textes durch musikalische Mittel, gab es schon im gregorianischen Choral sowie in der frühen Mehrstimmigkeit: Im Notre-Dame-Repertoire lassen sich Elemente der musikalischen Rhetorik feststellen, wenn der Modus (die Tonart) bewusst nach Textinhalt und Affekt ausgewählt wurde und der formale Bereich sich von rhetorisch-dynamischen Vorstellungen geprägt zeigte (Reckow 1986). In einem noch höheren Maße sah man das Ausdeuten der Texte im 14. Jahrhundert (der Zeit des beginnenden Humanismus) sowie im 15. und 16. Jahrhundert als Aufgabe der Musik an, was in der Forderung des mailändischen Kapellmeisters Franchinus Gaffurius (*Practica Musicae*, Mailand 1496–XV, 122) gipfelte, die Musik müsse sich voll und ganz dem Text und seinem Sinn anpassen. Dies sei vor allem wegen der angestrebten Wirkung der Musik notwendig, die zudem auch ethischen Maßstäben verpflichtet sei, wie etwa Agrippa von Nettesheim (*De vanitate et incertitudine scientiarum*, Antwerpen 1532) betonte.

Die verstärkte Bindung der Musik an den Text führte zu einer Blüte frei deklamierender Kompositionen, während man sich andererseits um einen rhythmischen Nachvollzug der Prosodie bemühte: In Deutschland gab es Ende des 15. Jahrhunderts im lateinischen Schuldrama ‚sprechende' Chorgesänge an den Aktschlüssen, und Petrus Tritonius vertonte Horazische Oden (Augsburg 1507) homophon-‚metrisch', indem er Längen und Kürzen genau im Verhältnis von 2:1 ‚rhythmisierte'. An die musikalisch-metrische Horaz-Rezeption anschließend, gab Claude Goudimel 1555 in Frankreich *Horatii Flacci poetae Lyrici odae omnes quotquot carminum generibus differunt ad rhythmos musicos redactae* heraus; eine zweite Linie führte im Rahmen der „Académie de Poésie et de Musique" zu *vers mesurés*. In Italien wiederum schrieb man (zum Teil improvisierte) ‚deklamatorische' Frottolen sowie Musterformen von Sonett oder Terzine, denen dann jeder einschlägige Text unterlegt werden konnte (*Modo de cantar sonetti* oder *Modus dicendi capitula*). Und im humanistischen Kreis der Florentiner Camerata entstand der ‚Sprechgesang' der Monodie bzw. der Oper.

War die Musik im Mittelalter im Rahmen der *septem artes liberales* fester Bestandteil des die vier *artes mathematicae* zusammenfassenden Quadriviums, so setzte sich schließlich unter dem Einfluss des Humanismus ab dem späten 15. Jahrhundert immer mehr die Ansicht durch, die Musik gehöre in ihrer Verwandtschaft mit Poetik und Rhetorik zu den *artes dicendi*, den ‚redenden Künsten' (Grammatik, Dialektik und Rhetorik), also in den Verband des Triviums. Diese *artes dicendi* stellten seit dem Ende des 16. Jahrhunderts die Hauptdisziplinen insbesondere der protestantischen Lateinschulen Deutschlands dar, wurden aber auch im Elisabethanischen England sowie im katholischen Süden in ähnlicher Form gepflegt, wodurch der Musik eine durchaus bedeutende Stellung im von der Rhetorik geprägten humanistischen Bildungskanon zuwuchs (Niemöller 1969).

Auch englische und französische Autoren (vor allem Dichter) beschäftigten sich im Zuge philosophischer oder ästhetischer Abhandlungen mit der Verwandtschaft von Musik und Rhetorik, in Italien stellten Autoren wie Athanasius Kircher (1650, Lib. VIII, 145) oder Angelo Berardi (1690, 22) insbesondere die Fuge (*fuga*) unter rhetorische Gesichtspunkte. Die theoretische Verbindung der *seconda prattica*, in ihrer neuen Emphase auf Textverständlichkeit, mit der Figurenlehre fand allerdings nicht bei italienischen Autoren, sondern bei dem deutschen Komponisten und Musiktheoretiker Christoph Bernhard (*Tractatus compositionis augmentatus*, 1648/49) statt. Allen Schriften gemeinsam ist einerseits die Bestrebung, „to couple Words and Notes lovingly together" (Thomas Campion, Vorwort zu *The First Book of Ayres*, London ca. 1613), andererseits die Grundansicht, „daß die Musik mit der Dichtkunst und Redekunst sehr genau verbunden ist" (Johann Adolph Scheibe, *Critischer Musicus*, Leipzig 1745, 654).

3. Ebenen der musikalischen Rhetorik

3.1. Gesamtsicht

Sah man die Wesensverwandtschaft von Musik und Rhetorik zunächst primär im semantischen Bereich angesiedelt, so richtete sich der Blick nach und nach (zusätzlich) sowohl auf die ebenfalls als ‚sprachähnlich' erkannten (gleichsam ‚grammatikalischen') Aspekte musikalischer Einzelphänomene als auch auf Elemente der (autonom musikalischen) Prosodie (bzw. Artikulation), des Stils (der Stilhöhe), der Form (und Gattung) sowie des Vortrags, wobei auch der Schaffensvorgang selbst unter rhetorische Gesetzmäßigkeiten gestellt wurde. Dabei betrachteten einige Autoren primär ein einziges (jeweils anderes) Teilgebiet der

‚musikalischen Rhetorik'; andere wiederum versuchten, mehrere Ebenen darzustellen und bisweilen sogar – in Parallele zur sprachlichen Rhetorik – zu einem Gesamtgebäude zu verbinden.

Die erste systematische Gesamtsicht der musikalischen Rhetorik verdanken wir dann, nicht zuletzt auf Grund seiner Kenntnis der historischen Literatur, dem Göttinger Universitäts-Musikdirektor und Organisten Johann Nicolaus Forkel. Dessen Hauptwerk, die *Allgemeine Geschichte der Musik*, setzt die „musikalische Rhetorik" zunächst deutlich von der „musikalischen Grammatik" ab, verstanden als „Zusammensetzung einzelner Gedanken aus Tönen und Accorden [und] einzelner, dann mehrerer musikalischen Wörter zu einem Satze" (Forkel 1788, 36–68, hier 36). Die „Verbindung ganzer Gedanken" hingegen galt Forkel als „die musikalische Rhetorik", die „in der Musik von eben dem Umfang als in der Sprache" ist und folgendes System besitzt: „1) Die musikalische Periodologie. 2) Die Schreibarten [Stil]. 3) Die Musikgattungen. 4) Die Anordnung musikalischer Gedanken [...] nebst der Lehre von den Figuren. 5) Den Vortrag oder die Declamation der Tonstücke. 6) Die musikalische Kritik." Die „Lehre von den Figuren" umfasst Forkel zufolge sämtliche „Hülfsmittel des Ausdrucks", seien sie nun von der „Absicht auf Empfindung" getragen, „für den Verstand" gedacht oder „für die Einbildungskraft" angewendet, also auch „alle sogenannte musikalische Malereyen" (Forkel 1788, 37; 39; 53; 55).

3.2. Grammatik und Rhetorik

Zur ‚Musikalischen Grammatik' zählten innerhalb der von Forkel skizzierten Systematik: Tonarten, Harmonie, „Prosodie (Rhythmopöie)", Akustik, „Eintheilungslehre der Klänge" und „Zeichenlehre (Semeiographie)" (Forkel 1788, 30; 36). Bereits im Mittelalter hatte man Metrik und Moduslehre unter dem Gesichtspunkt der Grammatik gesehen, der Komponist und Musiktheoretiker Joachim Burmeister nannte das Zusammensetzen von Konsonanzen und Akkorden dann „Syntax" (Burmeister 1606, 17). Auch der Theologe und Philosoph Johannes Lippius ordnete in seiner *Disputatio musica tertia* (Wittenberg 1610) die Grammatik der einfachen Rede zu, die Rhetorik hingegen der geschmückten Rede mit Aufgaben im affektiven Bereich. Der Traktat *A Compleat Melody or the Harmony of Sion* (London 1734) des Hymnenkomponisten William Tansur erschien bald als *A New Musical Grammar*, und noch 1806 wurde in London John Wall Callcotts Musiklehre als *A Musical Grammar* bezeichnet. Friedrich August Kanne (1820, 587; 589) wertete hingegen den „blossen Grammatiker" als „blossen Schulmeister in der Setzkunst", der nur das „Gerippe" sehe, das „Mittel zum Zweck", das auch schon die vorherige Generation als „das Todtengerippe der Musik" (Schubart 1806 [1784], 1) bezeichnet hatte.

3.3. Komposition als ‚Unterredung' – Periodik, Form und Gattung in rhetorischer Perspektive

Kleinste, zumeist viertaktige Einheit der musikalischen ‚Unterredung' war der ‚Satz', die Kadenzen wurden schon von Johannes Galliculus (*Isagoge de compositione Cantus*, Leipzig 1520) als Punkt oder Komma empfunden. Johannes Lippius (*Synopsis Musicae Novae*, Straßburg 1612, H2r+v) stellte dann jenen von zahlreichen Autoren übernommenen Lehrsatz auf: „Item velut Oratio Commatis, Colis & Periodis debitis, ita Cantilena Harmonica pro naturâ Textus compta distinguitur Pausis minoribus & majoribus, atque Clausulis [...]." [So wie die Rede durch Kommata, Kola und notwendige Periodisierungen unterteilt wird, so erfährt auch die Melodie gemäß der geschmückten Natur ihres Verlaufs ihre Gliederung durch kleinere und größere Pausen sowie durch Kadenzen [...].]

Die Lehre „von den Ab- und Einschnitten der Klang-Rede" war auch für den „sprechenden" (sprachlich artikulierten) musikalischen Vortrag der „Klangrede" (Mattheson 1739, 180–181) von Bedeutung. Daneben prägte die rhetorische Sicht der Musik den Bau der Formen und Gattungen. Die Sonate galt als „musikalische Conversation, oder Nachäffung des Menschengesprächs" (Schubart 1806 [1784], 360), die Sonatenhauptsatzform als „Drama" über ein (einziges!) Thema (auch im inhaltlichen Sinne) mit einem Aufbau gemäß der Dramentheorie (Reicha 1826, 298); eine Fuge hatte wie die Symphonie die „Empfindung einer versammelten Volksmenge [...] auszudrücken", ein „Concert" wurde als „leidenschaftliche Unterhaltung des Concertspielers mit dem ihn begleitenden Orchester" charakterisiert (Koch 1802, Sp. 610; 354).

3.4. Semantische Möglichkeiten der Musik

Parallel zur Funktion der Musik bei einer vertieften Textausdeutung schärfte sich das Bewusstsein für die aus der Rhetorik übernommenen semantischen Möglichkeiten. Der Komponist und Musiktheoretiker Marchettus von Padua verglich in seiner Schrift *Pomerium in arte musicae mensuratae* (um 1325) die „colores ad pulchritudinem consonantiarum" in der Musik mit den „colores rhetorici ad pulchritudinem sententiarum" (Marchettus, Pomerium, hrsg. von Giuseppe Vecchi, 1961, 71) in der Grammatik und verstand sie als Mittel des Textausdrucks, die sich sogar kompositionstechnisch ‚falscher' Wendungen bedienen dürften.

Darüber hinaus sind sie – laut Jacobus Leodiensis – *varietas* und haben dem Affekt zu folgen. Schließlich stellen sie Mittel für den (textabhängigen) *ornatus* der ‚musikalischen Rede' dar, wie auch der Kartäuser und Choraltheoretiker Heinrich Eger von Kalkar (1952 [ca. 1380]) postulierte: „Ornatus etiam habet musica proprios sicut rhetorica." (Eger von Kalkar, Cantuagium I, hrsg. von Heinrich Hüschen, 1952, 39 und 57) Der Kirchenreformer Gobelinus Person erlaubte 1417 in seinem *Tractatus musicae scientiae* einen „cantus irregularis" als „color rhetoricus" (Hermann Müller, Der tractatus musicae scientiae des Gobelinus Person, 1907, 195), und schließlich wandte Johannes Tinctoris 1477 in seinem *Liber de arte contrapuncti* (1975 [1477], 140) für solche Lizenzen in Anlehnung an Quintilian den Begriff „figura" an.

Eine Reihe dieser Figuren wurden erstmals von Joachim Burmeister (*Hypomnematum Musicae Poeticae*, Rostock 1599, und *Musica autoschediastikē*, Rostock 1601) systematisch dargestellt, im Laufe der nächsten beiden Jahrhunderte erfuhren dann – in Anlehnung an die sprachliche Rhetorik – über 100 musikalisch-rhetorische Figuren eine Nennung. Sie stellen emotional oder rational zu erfassende sowie bildlich ‚nachahmende' Semantisierungen dar (Krones 1997, Sp. 826–832; 2001b, Sp. 1567–1590; Bartel 2007).

3.5. Deklamation und Vortrag

Bereits Zarlino sah den „accento Rhetorico" als höchste Tugend der ausführenden Interpreten an und stellte ihn über den „accento Grammatico", der nicht den Gesamtsinn einer Komposition beachte (Zarlino 1588, 325). Im 18. Jahrhundert wurden alle Instrumentalisten dazu angehalten, „wortgemäß" zu artikulieren sowie die „musikalische Interpunktion" (Türk 1789, 340) nachzuempfinden, und noch Carl Czerny verglich in seiner Pianoforteschule von 1842 die Notenwerte mit Silben und sprach von „sprechendem Vortrag" (Czerny 1842, 45; 57; 81) und von „deklamatorischem Ausdruck: mehr Sprache als Gesang" (Czerny 1842, 103). Zu den speziell von der Rhetorik geprägten Vortragselementen zählte auch die ‚sprechende Pause', die u. a. für Beethoven dokumentiert ist, von dessen „Redekunst am Pianoforte" Anton Schindler (1860, 237) emphatisch berichtet.

Auch die Kenntnis aller symbolsprachlichen Mittel, insbesondere der Figuren, wurde für die Interpreten als notwendig erachtet, da diese, wie es C. Ph. E. Bach (1753, 117) formuliert, „musikalische Gedancken nach ihrem wahren Inhalte und Affekt singend oder spielend dem Gehöre empfindlich zu machen" hätten. Denn die Figuren brächten uns in den Worten des Organisten, Komponisten und Lexikographen Johann Gottfried Walther die „gantze Meinung" (1955 [1708], 158) der Musik nahe.

4. Die Kompositionslehre der musikalischen Rhetorik

4.1. Allgemeines

Wie in den Lateinschulen, in denen die *artes dicendi* nach den Prinzipien von Regel (*praeceptum*), Beispiel (*exemplum*) und Nachahmung (*imitatio*) gelehrt wurden, ging auch die musikalische Unterweisung vor sich. Gelehrt wurden die verschiedenen Genera (Stile) der ‚musikalischen' Rede, die Arbeitsstufen der Rhetorik sowie die *virtutes elocutionis*. Die Begegnung mit der musikalischen Rhetorik setzte nach der satztechnischen Unterweisung (der ‚Musica poetica') ein, also nach dem Studium der musikalischen Grammatik. Durch die Rhetorik lernte der Schüler „die Mittel kennen, mit denen er eine Komposition kunstvoller gestalten und einen Text musikalisch ausdrücken konnte" (Ruhnke 1955, 132).

4.2. Arbeitsstufen der musikalischen Rhetorik

Das voll ausgeprägte Schema ist fünf- bzw. sechsstufig und umfasst *inventio, dispositio, elocutio (elaboratio), decoratio, memoria* sowie *executio* (bzw. *actio* oder *pronuntiatio*); Kurzfolgen lauten *inventio–dispositio–elocutio* oder *inventio–elaboratio–executio*. Eine weitere Systematisierung ergab sich durch das Zusammenfassen von *inventio* und *dispositio* (als Teilen, die den Inhalt, die ‚Sachen' der Rede planen) zur Kategorie der *res* sowie durch die Abhebung der *elocutio* (der musikalischen, die ‚musiksprachliche' Semantik einbedenkenden Ausführung, ‚Formulierung' der *res*) als Kategorie der *verba*, wobei man deutlich auf die Rhetorik Ciceros (*Partitiones oratoriae*, 3) und Quintilians (*Institutionis Oratoriae* Lib. VIII, prooemium 18–33) zurückgriff. Im 18. und 19. Jahrhundert wurden die Bezeichnungen *inventio, dispositio* und *elaboratio* von den Begriffen „Anlage", „Ausführung" und „Ausarbeitung" (u. a. Koch 1802, Sp. 146–148) abgelöst, die aber ebenfalls unter rhetorischen Aspekten gesehen wurden.

Inventio. Auch in der Musik bildete die ‚Topik' ein ‚Vorratsmagazin', in dem man Gedanken an gewissen „Örtern" (*loci*; Lausberg 1979, 24) ‚fand'. Diese *loci topici* basierten auf Quintilians *loci communes* bzw. *loci argumentorum* und gaben „ziemlich artige Hülffs=Mittel zum Erfinden […] an die Hand" (Mattheson 1739, 123). Das Prinzip der *inventio* wurde erstmals vom Basler Humanisten Heinrich Glarean in seinem *DODEKACHORDON* (1547) angesprochen und dann im 17. und 18. Jahrhundert zu einer umfangreichen Lehre darüber ausgebaut, wie Komponisten zu Einfällen gelangen könnten. Der Thomaskantor Johann Kuhnau z. B. schlug 1709 in den *Texte[n] zur Leipziger Kirchen-Music* vor, bei der Vertonung von Bibeltexten deren *versiones* in den drei ‚heiligen Sprachen' Latein, Griechisch und Hebräisch zur Hand zu nehmen, wenn der deutsche Text zu keinen *inventiones* führe – ein Verfahren, das uns auch schon von Heinrich Schütz überliefert ist. Der vor allem in Dresden wirkende Komponist Johann David Heinichen (1728, 30–31) zeigte in seiner Generalbass-Lehre am Beispiel „etlicher seichter Texte", wie sich durch „*Antecedentia, Concomitantia, & Consequentia Textus*", also durch das Einbedenken der Ursache und Intention (Konsequenz) des Textes sowie durch seine inhaltliche Ausdeutung, selbst hier eine akzeptable Vertonung finden lasse. Mattheson (1739, 123–125 ff.) legte die umfangreichste Lehre von der Erlernbarkeit der *inventio* vor: Er listete systematisch 15 ‚Erfindungsquellen' (u.a „locus notationis", „locus descriptionis") auf, wobei der Nachdruck auf eine „inventio ex abrupto, inopinato, quasi ex enthusiasmo musico", aber auch schon auf die Naturgabe des *ingenium* weist. J. S. Bach schließlich sah seine als *Inventionen* bezeichneten Cembalowerke laut ihrem Titel als „Anleitung gute Inventiones nicht alleine zu bekommen, sondern auch selbige wohl durchzuführen" (BWV (Nr. 772), 601).

Auch die *dispositio* wurde analog zur Rhetorik betrachtet. Der Kantor und Komponist Gallus Dressler (1563, Cap. XII) sah die Abschnitte *exordium*, *medium* und *finis* als Teile der „musikalischen Rede", Joachim Burmeister (1601, L4rv) wies die rhetorische *dispositio* einer Motette Orlando di Lassos nach. Am Beispiel des Fugenaufbaus exemplifizierte der Kapellmeister, Komponist und Musiktheoretiker Angelo Berardi (1689, 179) eine Elemente der Logik und der Rhetorik koppelnde *dispositio*, und Mattheson bestätigte, die *dispositio* habe „eben diejenigen sechs Stücke zu beobachten, die einem Redner vorgeschrieben werden, nemlich den Eingang, Bericht, Antrag, die Bekräfftigung, Wiederlegung und den Schluß. Exordium, Narratio, Propositio, Confirmatio, Confutatio & Peroratio" (Mattheson 1739, 235). Im *exordium* werde „die ganze Absicht angezeiget", die *narratio* sei ein „Bericht", der „die Meinung und Beschaffenheit des instehenden Vortrages" andeutet, die *propositio* „enthält kürtzlich den Inhalt oder Zweck der Klang=Rede", die *confutatio* „ist eine Auflösung der Einwürffe", die *confirmatio* „eine künstliche Bekräfftigung des Vortrages" und die *peroratio* „der Ausgang oder Beschluß unsrer Klang=Rede" (Mattheson 1739, 235). Analysen zeigen, dass etwa J. S. Bach tatsächlich genau so verfuhr (Budde 1997, 69–83; Peters 2005; 2010).

Die *elaboratio* (*elocutio*) operierte mit allen kompositionstechnischen Mitteln (einschließlich der Figuren) und war u. a. für den Schmuck (*ornatus*) der ‚musikalischen Rede' verantwortlich. Von Mattheson (1739, 235) wurde sie dementsprechend gemeinsam mit der *decoratio* als „Ausarbeitung und Zierde [der Melodien]" bezeichnet. Das Lernen (*memoria*) im Sinne des Auswendiglernens wird in der musikalischen Literatur nicht in Bezug zur sprachlichen Rhetorik gebracht, erscheint aber durch Hinweise auf die Notwendigkeit des Interpretierens bzw.

Wiedergebens der inhaltlichen Ebene einbedacht. Die Ausführung der Musik (*pronuntiatio, actio, executio*) schließlich hatte in besonderem Maße rhetorischen Gesetzen zu gehorchen; das affektiv geprägte Singen als ‚Mittelding' zwischen Gesang und Sprechen war für ein rhetorisches Verständnis geradezu prädestiniert.

4.3. *Virtutes elocutionis* (Tugenden der Rede): Tropen, musikalisch-rhetorische Figuren

Als *virtutes elocutionis*, als Prinzipien des guten, überzeugenden sprachlichen Ausdrucks, sah die antike Rhetorik neben dem zentralen *aptum* (Angemessenheit, Eignung) der Rede die ihn hervorrufenden ‚Tugenden' *puritas* bzw. *latinitas* (die idiomatische Korrektheit sowohl für die *verba singula* als auch für die *verba coniuncta*), weiter die *perspicuitas* (Verständlichkeit, Klarheit) sowie den *ornatus* (Schmuck, Schönheit), der durch *synonyma*, *tropi* und *figurae* hergestellt werden konnte (Lausberg 1963).

Synonyme, die Worte durch (weitgehend) gleichbedeutende andere ersetzen, sind in der Musik angesichts des Fehlens von (allgemeingültigen) eindeutigen semantischen Feldern der musikalischen Bausteine undenkbar; dementsprechend sind sie in der musiktheoretischen Literatur kein Thema.

Auch Tropen, in der Rhetorik Veränderungen eines Wortsinnes durch Metaphern, kann es in der Musik – zumindest im strengen Wortsinn – kaum geben. Dennoch verglich der Leipziger Thomaskantor (und Astronom) Sethus Calvisius (1611, 35) die Anwendung von Tropen und Figuren in der Rede mit dem Gebrauch verschiedener Intervalle, Zusammenklänge, Klauseln und Fugen in der Musik, und auch der Philosoph Francis Bacon (1627, 38) sprach von „certain Figures, or Tropes", „almost agreeing with the Figures of Rhetorike". Auf die Differenz zwischen den beiden *artes dicendi* im Hinblick auf deren semantisches Potential gingen die Autoren jedoch nicht ein.

Musikalisch-rhetorische Figuren: Ist eine *figura* bei Quintilian eine Abweichung von der allgemeinen Art zu sprechen, so gilt sie in der Musik laut Burmeister als „tractus musicus", der sich von der einfachen Art der Komposition unterscheidet (1601, I2r). Die Figuren leisten in der Musik laut Athanasius Kircher (1650, Lib. V, 366) „idem, quod colores, tropi, atque varij modi dicendi in Rhetorica". Wichtig für das Abweichen von den Gesetzen des Kontrapunktes durch als Lizenzen gesehene Figuren war vor allem die Rechtfertigung durch inhaltliche Gründe. Dieses Abweichen kann zunächst durch Ausschmückung (Verzierung) bewerkstelligt werden und ist in diesem Falle *ornatus*, bei Burmeister (1601, Dd1v) „poëticum decorum" der musikalischen Rede. Solche nur im Ausnahmefall ‚Inhalte' darstellende Figuren galten als *figurae principales* bzw. *figurae fundamentales*, weil sie laut Christoph Bernhard (1963 [ca. 1670]) dem polyphonen ‚alten stylo' (der Fundamentalkomposition) angehören. Auf der anderen Seite gab es die primär bedeutungstragenden, Affekte, Inhalte, Bilder, Gefühle und Emotionen transportierenden Figuren: die *figurae minus principales*. Sie wurden später auch *figurae superficiales* genannt, waren im ‚stylo moderno' zu Hause und betrafen insbesondere die Dissonanzbehandlung.

Die ‚Bedeutung' ergab sich durch Grad und Art der Abweichung vom ‚Gesetz', durch ‚Ähnlichkeit' des Dargestellten mit dem musikalischen Sachverhalt, durch etymologische Hinweise (durch den Namen der Figur, etwa bei der *kyklosis*), durch Analogien zwischen äußeren und inneren Gegebenheiten (z. B. ‚Hohes' – ‚Gutes') oder auch durch ‚selbstverständliche' Affektivität. Viele Figuren waren sowohl Satz-Schmuck als auch inhaltliche Verdeutlichung und dienten dem *delectare* wie dem *movere*; daher unternahm etwa Burmeister gar keinen diesbezüglichen Klassifizierungsversuch, sondern teilte die Figuren nach ihrer Phänomenologie in harmonische, melodische und melodisch-harmonische *ornamenta*.

4.3.1. Die Figuren im Einzelnen

Zu den *figurae principales* bzw. *fundamentales* zählen Klauseln, Stimmführungen oder Satztechniken. Der Komponist und Musiktheoretiker Johannes Nucius (1613) ordnete ihnen zu: *fuga* (sie galt auch als *mimesis*, Nachahmung), *commissura* (Durchgang; auch *symblema* oder *transitus*) und *repetitio* (Wiederholung). Der Theologe, *poeta laureatus* und Musiktheoretiker Joachim Thuringus (1624) nannte hier noch die *syncopatio* (später auch *ligatura*), andere führen verschiedene Formen der *fuga* an, darunter die *hypallage* (Gegenfuge mit Umkehrung des Themas); sie erschien bei Henry Peacham the Younger (1622, 103) als *antistrophe* („a revert"). Mattheson (1739, 367–368) sowie noch der Komponist und Musiktheoretiker Luigi Antonio Sabbatini (1802, 46) sahen die Fuge vollends als Dialog bzw. Diskussion. Auch im französischen Raum (Marin Mersenne, *Traité de l'Harmonie Universelle*, Paris 1627, oder La Voye-Mignot, *Traité de musique*, Paris 1656) nehmen Formen der Fuge einen hohen Stellenwert bei der Beschreibung der musikalischen Rhetorik ein.

Auch die Definitionen und Bedeutungen der *figurae minus principales* weisen bei den verschiedenen Autoren des 16.–19. Jahrhunderts immer eine große Ähnlichkeit auf. Melodische Figuren vertraten zunächst ein ‚bildhaftes Nachzeichnen' (im Sinne der [Überbegriffs-]Figur der *hypotyposis*). So stellt die *anábasis* (lat. *ascensus*) einen Aufstieg (auch ‚Gutes' oder Erfreuliches) dar, die *katábasis* (lat. *descensus*) einen Abstieg (bzw. ‚Schlechtes'), die melodische Drehbewegung der *kyklosis* (lat. *circulatio*) etwas ‚sich Drehendes', Kreisendes, aber auch ‚Umarmen',

‚Rundes' oder ‚Schönes'. Der schnelle Lauf der *tirata* steht für ‚schleudern', also für Blitze u. Ä., die kleinen Notenwerte der *fuga alio nempe sensu* deuten wörtlich ‚Flucht', ‚Eile', ‚laufen', aber auch ‚flüchtig' aus.

Andere melodische Figuren ahmen einen Sprachtonfall nach wie die *ekphónesis* (lat. *exclamatio*), ein durch ein großes Intervall (meist aufwärts) symbolisierter ‚Ausruf' (wobei konsonierende Intervalle Positives, dissonierende Negatives ‚malen'), oder die *interrogatio* (Frage; Aufwärtsbewegung am Ende einer Phrase). Der *passus duriusculus* (chromatische[r] Schritt[e], insbesondere als besonders schmerzhafter ‚chromatischer Quartfall' oder als ‚flehentlich bittender' Aufstieg), ist einem ‚weinenden' Sprechen nachempfunden.

Melodische Wiederholungsfiguren sind *epízeuxis* (‚Verbindung', Wiederholung, primär am Phrasenbeginn), *replica* (Themenwiederholung der Fuge), *palillogía* (unmittelbare Wiederholung der gleichen Melodie), *epanálepsis* (Wiederholung eines Eröffnungs-Gedankens am Ende der Periode: Rahmenbildung) und *anadiplosis* (Wiederholung eines Phrasen-Schlusstones [Motivs] zu Beginn des nächsten Abschnittes). Eine variierte Wiederholung ist die *traductio* (Henry Peacham the Elder, *The Garden of Eloquence*, London 1593, 49), eine „mit einem neuen, besondern und nachdrücklichen Zusatz" (Scheibe 1745, 691) die *paronomasía* (‚Beinamengebung'); ein Abstieg der Melodie unter ihren ‚natürlichen' Ambitus hieß *hyperbolé*, eine Überschreitung *hypobolé*. Die *klimax* bzw. *gradatio*, die Wiederholung einer Phrase auf anderer, insbesondere höherer Stufe, wurde von Scheibe (1745, 688) auch *hyperbaton* genannt.

Sowohl Melodie- als auch Satzfigur sind *pathopoiia* (‚Erregung von Leidenschaften' oder Schmerz durch harmonie- bzw. tonartfremde Töne) und *parrhesia* (‚Redefreiheit'; chromatischer Querstand); bei letzterer ist wichtig, dass die „querständigen" Töne (z. B. c und cis) jeweils in einem konsonanten Akkord erklingen, die *parrhesia* also „keinen Übellaut verursachet" (Walther 1732, 463), was zu ihrer Verwendung vornehmlich bei ambivalenten Ereignissen bzw. Affekten führte.

Harmonische Figuren setzen satztechnische Gegebenheiten oder kontrapunktische Techniken zur Textverdeutlichung ein. Hinweischarakter besitzen *nóema* (‚Gedanke'; ein verdeutlichender homophoner Satz), *análepsis* (unmittelbare Wiederholung eines *noema*), *anaploké* (‚chorische' Wiederholung) und *mimesis* (Verdopplung eines *nóema* auf anderer Stufe); letztere ist später auch Synonym für *imitatio* und Fuge. Auch *antítheton* (‚Gegensatz' in der Textur), *synoikeíosis* (*conciliatio*, *contrapositum*, ‚Zusammenfügung' zweier Gegensätze; laut dem englischen Dichter John Hoskyns, *Direccions for Speech and Style*, ca. 1599, 150, eine „music made of cunning discords"), *polyptoton* (‚Vervielfältigung'; Wiederholen eines Themas in verschiedenen Stimmen) und *aúxesis* (aufsteigendes ‚Wachsen' der Harmonie bzw. mehrmaliges Ansteigen der Melodie) besitzen vor allem Hinweischarakter, während die *multiplicatio* (oftmaliges Anschlagen einer dissonanten Note) deutlich affekthaltig ist.

Dies gilt auch für den *fauxbourdon* (parallele Sextakkorde), der in erster Linie ‚Falsches' (*faux*) und Sündhaftes symbolisiert, den *pleonasmus*, eine Anreicherung der Kadenz durch Synkope und Durchgang, und die *katáchresis* (‚Missbrauch'), eine „ausserordentliche und harte Art" (Walther 1732, 148) einer Dissonanz-Fortführung; spezielle ‚Inhalte' vertreten hier der verminderte Septakkord (Zweifel, Unsicherheit), der Trugschluss (auch *inganno*; Hinweis auf Betrug oder Täuschung) oder der neapolitanische Sextakkord (Darstellung von Tod oder Todessehnsucht). Satzfiguren sind schließlich alle Fugen.

Als melodisch-harmonische Figuren nennt Burmeister *congeries* (*synathroismós*), eine ‚Häufung' von (durch eine synkopische Oberstimme gewonnenen) Terz-Quint- und Terz-Sext-Klängen, des Weiteren (erneut) *fauxbourdon* (*simul procedentia*, gleichzeitige Fortschreitung), *anaphorá* (eine Wiederholung insbesondere im Bass zur Darstellung von Leidenschaften) sowie die *fuga imaginaria* (‚scheinbare Fuge', Kanon).

Die ‚Pausenfiguren' stellen sich durch Schweigen bzw. Pausieren dar. Wichtig sind: *suspiratio* (*stenasmós*; ein ‚Seufzer', der durch kleine Pausenwerte Stöhnen, Seufzen oder auch Sehnsucht ausdrückt und sogar Worte zerteilen kann); *tmesis* (mehrfache ‚Zerschneidung' eines Satzes durch Pausen); *aposiópesis* (‚Verstummen', ‚Tod' oder ‚nichts' symbolisierende Generalpause); *apocopé*, ‚Abschneiden' einer Stimme in der Fuge, aber auch Verkürzen von Schlussnoten „bey solchen Worten, die solches zu erfordern scheinen" (Walther 1732, 41) oder *abruptio* (‚Abreißen' eines Satzes bzw. vorzeitiges Enden der Melodiestimme vor der Schluss-Auflösung).

4.3.2. Die Figurenlehre in der musikalischen Praxis (Interpretation)

Die Figurenlehre war auch im kompositorischen oder interpretatorischen Denken bedeutender ‚Praktiker' zentral. Der Leipziger Organist, Thomaskantor und Komponist Johann Kuhnau etwa rügte 1696 im Vorwort zu seiner Sammlung *Frische Clavier-Früchte* einige ältere Meister wegen ihrer Versuche, „die schlechte und natürliche Vermischung der Consonantien und Dissonantien gleichsam unter denen Oratorischen Figuren vernunfftmäßig zu verstecken", Georg Philipp Telemann war laut Vorwort (1731) zur *Fortsetzung des Harmonischen Gottesdienstes* in seinen Rezitativen bestrebt, „die Aussprache vernehmlich zu machen [...] und die Rhetorischen Figuren so anzubringen, dasz die in der Poesie befindlichen Regungen erwecket werden mögen". (Zit. nach: Georg Philipp Telemann, Singen ist das Fundament zur Music in allen Dingen. Eine Dokumentensammlung, hrsg. von Werner Rackwitz, Leipzig, 2. Aufl. 1985, 171) Und schließlich lobte der Leipziger

Rhetorik-Dozent Johann Abraham Birnbaum 1739 J. S. Bachs Kunst der musikalischen Rhetorik: „[...] die Theile und Vortheile, welche die Ausarbeitung eines musikalischen Stücks mit der Rednerkunst gemein hat, kennet er so vollkommen [...]." (nach Scheibe 1745, 997)

In der Mitte des 18. Jahrhundert legten die Instrumentalschulen den Interpreten nahe, Musik vor allem ‚sprechend' oder ‚kantabel' (sängerisch) wiederzugeben. So forderte der Cembalist, Komponist und Hamburger Musikdirektor C. Ph. E. Bach (1753, 122), die Ausführenden müssten für den Vortrag „singend dencken" lernen, der Flötist und Komponist Johann Joachim Quantz (1752, 100) verglich den musikalischen Vortrag „mit dem Vortrage eines Redners", und Ähnliches lesen wir bei dem Organisten und „Professor der Musik" in Halle, D. G. Türk (1789, 343), wenn er „ein ganzes Tonstück" als Rede sah.

Für Frankreich gilt Ähnliches; hier empfand man im Sinne der Nachahmungsästhetik, die Musik bedürfe wegen ihres reichen Vokabulars geradezu eines Wörterbuches (Rousseau 1782, 265); zudem sei ihre Wirkung auf die menschliche Psyche als Sprache der Empfindung enorm, wie insbesondere der Geiger und Musiktheoretiker Michel Paul Guy de Chabanon in seinen *Observations sur la musique et principalement sur la Métaphysique de l'art* hervorhob.

1810 sprach der Dichter und Komponist E. T. A. Hoffmann in seiner Rezension von Beethovens 5. Symphonie von einer das Geschehen steigernden „Klimax" (Hoffmann SW 1, 535) und fand zu einer aus bedeutungstragenden Bausteinen (zumeist ‚Figuren') gewonnenen semantischen Deutung. Ein besonders wichtiger ‚rhetorischer' Gewährsmann ist uns dann der Prager Kantor und Lehrer Jan Jakub Ryba, der in seiner Schrift *Počáteční a všeobecní základové ke všemu umní hudebnímu* (*Anfängliche und allgemeine Grundsätze zur gesamten Musikkunst*, Prag 1817) 31 Figuren aufzählte, die traditionelle rhetorische Figuren mit ‚musikalischen Malereien' koppeln. Und schließlich trat auch bei dem Komponisten und Musikschriftsteller Friedrich August Kanne (1818, 385–386) die „alte" Nachahmungsästhetik gleichberechtigt neben die „neue" Gefühlsästhetik (als „ob- und subjective Vermischung") und bildete ein enormes Kompendium von inhaltsausdeutenden Mitteln auf der Basis der musikalischen Rhetorik (vgl. Krones 1988).

5. Nachwirken der musikalischen Rhetorik bis ins 20. Jahrhundert

Die Überzeugung, dass die Musik eine Sprache sei, blieb im 19. und 20. Jahrhundert auch in Bezug auf damit verbundene semantische Implikationen erhalten. Georg Wilhelm Friedrich Hegel galten „die Interjektionen" als „Ausgangspunkt der Musik", ihm war „schon außerhalb der Kunst der Ton als Interjektion, als Schrei des Schmerzes, als Seufzen, Lachen die unmittelbare lebendige Äußerung von Seelenzuständen und Empfindungen" (Hegel W 15, 150); in ähnlicher Weise war für Arthur Schopenhauer die Musik „eine ganz allgemeine Sprache, deren Deutlichkeit sogar die anschauliche Welt übertrifft" (Schopenhauer SW 2, 302).

Das Weiterleben der Rhetorik in der Musik dokumentiert auch Carl Czerny, der im 3. und 4. Teil seiner *Vollständigen theoretisch-practischen Pianoforte-Schule* (Wien 1842) insbesondere die Ebene des Vortrags unter rhetorische Prämissen stellte. Komponisten, die der Gefühls- bzw. Ausdrucksästhetik verpflichtet waren, kannten zudem noch lange die Symbolsprache der rhetorischen Figuren: Richard Wagner (vgl. Krones 2013), Anton Bruckner, Johannes Brahms, Hugo Wolf, aber auch Franz Liszt oder Hector Berlioz, die von Anton Reicha ‚rhetorisch' unterwiesen wurden (vgl. Krones 1993). Liszt bezeichnete die Musik gar als „Zwillingsschwester der Sprache" und sprach vom „Gebären musikalischer Grammatik, Logik, Syntax und Rhetorik" (Liszt 1855, 179).

In besonderem Maße waren die drei Vertreter der Wiener Schule, Arnold Schönberg, Alban Berg und Anton Webern, von der Sprachlichkeit der Musik überzeugt. Webern meinte in seiner Vortragsreihe *Der Weg zur Neuen Musik* sogar, die Musik sei nur wegen der „Notwendigkeit" entwickelt worden, „einen Gedanken auszudrücken, der nicht anders auszudrücken ist als in Tönen. [...] Die Musik ist in diesem Sinne eine Sprache." (Webern 1960 [1933], 17) Zudem sind viele symbolsprachliche Mittel der Komponisten von musikalisch-rhetorischer Provenienz (vgl. Krones 1992).

Ähnliches gilt für viele Komponisten der Gegenwart, die eine betont ‚sprechende' Musik schreiben. Titel wie ‚Rufe', ‚Stimmen' oder ‚Abenteuer' (aus György Ligetis *Aventures*) dokumentieren dies ebenso wie Wiedergaben des Sprechaktes (etwa in der 1961 geschriebenen *Glossolalie* von Dieter Schnebel). Der Wiener Robert Schollum (1913–1987) wiederum arbeitete ganz bewusst mit musikalisch-rhetorischen Figuren, wenn er etwa in seiner *Markus-Passion* den chromatischen Quartfall als Versinnbildlichung des Leidens Christi einsetzt oder den *saltus duriusculus* des Tritonus als Symbol ‚teuflischer' Macht. Und gerade die jüngste Entwicklung zeigt, dass viele Komponisten in vermehrtem Maße auf (Satz-)Periodik, rezitativische Deklamationen, rhetorischen Gestus sowie auch – wie etwa Krzysztof Penderecki in seinen geistlichen Werken (Chłopicka 2006; Dissinger 2006) – auf den Fundus traditioneller Symbolik zurückgreifen, der in vielen Bereichen auf den musikalisch-rhetorischen Figuren basiert oder doch zumindest mit diesen gemeinsame Wurzeln besitzt.

Literatur

Agrippa von Nettesheim. *De incertitudine et vanitate scientiarum*. Antwerpen: Cornelius Grapheus, 1530.
Bach, Carl Philipp Emanuel. *Versuch über die wahre Art, das Clavier zu spielen. Erster Teil.* Berlin: Christian Freidrich Henning, 1753.
Bacon, Francis. *Sylva Sylvarum*. London: William Rawley, 1627.
Bartel, Dietrich. *Handbuch der musikalischen Figurenlehre*. 5. Aufl. Laaber: Laaber, 2007.
Berardi, Angelo. *Arcani musicali*. Bologna: Giacomo Monti, 1690.
Berardi, Angelo. *Miscellanea musicale*. Bologna: Giacomo Monti, 1689.
Bernhard, Christoph. „Tractatus compositionis augmentatus" [1648/1649]. *Die Kompositionslehre Heinrich Schützens in der Fassung seines Schülers Christoph Bernhard*. Hrsg. von Joseph Müller-Blattau. Kassel, Basel i. a.: Bärenreiter, 1963. 40–131.
Bernhard, Christoph. „Ausführlicher Bericht vom Gebrauche der Con- und Dissonantien" [ca. 1670]. *Die Kompositionslehre Heinrich Schützens in der Fassung seines Schülers Christoph Bernhard*. Hrsg. von Joseph Müller-Blattau. Kassel, Basel i. a.: Bärenreiter, 1963. 132–153.
Budde, Elmar. „Musikalische Form und rhetorische *dispositio*. Zum ersten Satz des dritten Brandenburgischen Konzertes". *Alte Musik und Musikpädagogik*. Hrsg. von Hartmut Krones. Wien, Köln und Weimar: Böhlau, 1997. 69–83.
Burmeister, Joachim. *Hypomnematum Musicae Poeticae*. Rostock: Myliander, 1599.
Burmeister, Joachim. *Musica autoschediastikē*. Rostock: Christoph Reusner, 1601.
Burmeister, Joachim. *Musica poetica*. Rostock: Myliander, 1606.
Callcott, John Wall. *A Musical Grammar*. London: Robert Birchall, 1806.
Calvisius, Sethus. *Exercitatio musica tertia*. Leipzig: Thomas Schürer, Michaël Lantzenberger, 1611.
Campion, Thomas. *The First Book of Ayres*. London: Printed by Tho. Snodham, for Matthew Lownes, and I. Browne, 1613 (?).
Chabanon, Michel Paul Guy de. *Observations sur la musique et principalement sur la Métaphysique de l'art*. Paris: Pissot, 1779.
Chłopicka, Regina. „Krzysztof Penderecki's St. Luke Passion, Polish Requiem and Credo in the Context of Polish History". *Krzysztof Penderecki. Musik im Kontext. Konferenzbericht Leipzig 2003*. Hrsg. von Helmut Loos und Stefan Keym. Leipzig: Gudrun Schröder Verlag, 2006. 41–63.
Cicero. *Partitiones oratoriae*. Zürich: Artemis & Winkler, 1994.
Czerny, Carl. *Die Kunst des Vortrags der ältern und neuen Claviercompositionen oder: Die Fortschritte bis zur neuesten Zeit*. Supplement (oder 4ter Theil) zur grossen Pianoforte-Schule von Carl Czerny Op. 500, in 4 Capiteln [Vollständige theoretisch-practische Pianoforte-Schule […], op. 500], Wien: A. Diabelli u. Comp. o. J. [1842].
Dissinger, Bettina. „Das musikalische Zitat bei Krzysztof Penderecki – Verwendung und Wirkung". *Krzysztof Penderecki. Musik im Kontext. Konferenzbericht Leipzig 2003*. Hrsg. von Helmut Loos und Stefan Keym. Leipzig: Gudrun Schröder Verlag, 2006. 136–146.
Dressler, Gallus. „Praecepta musicae poeticae" [1563]. *Geschichtsblätter für Stadt und Land Magdeburg* 49/50 (1914/1915): 213–250.
Eco, Umberto. *Einführung in die Semiotik*. Autorisierte deutsche Ausgabe von Jürgen Trabant. München: Fink, 1972.
Forkel, Johann Nikolaus. *Allgemeine Geschichte der Musik 1*. Leipzig: Schwickert, 1788–1801.
Gaffurius, Frachinus. *Practica Musicae*. Mailand: Gulielmus Signer Rothomagensis, 1496.

Galliculus, Johannes. *Isagoge de compositione Cantus*. Leipzig: V. Schumann, 1520.
Glarean, Heinrich. *Dodekachordon*. Basel: [Heinrich Petri], 1547.
Hegel, Georg Wilhelm Friedrich. *Werke in zwanzig Bänden 13–15: Vorlesungen über die Ästhetik* [1835–1838] (=W 13–15). Hrsg. von Eva Moldenhauer und Karl Markus Michel. Frankfurt am Main: Suhrkamp, 1977.
Heinichen, Johann David. *Der General-Bass in der Composition*. Dresden: Bey dem Autore, 1728.
Hoffmann, E. T. A. „Beethoven: 5. Sinfonie" [1810]. *Sämtliche Werke 1: Frühe Prosa, Briefe, Tagebücher, Libretti, Juristische Schrift. Werke 1794–1813* (=SW 1). Hrsg. von Gerhard Allroggen, Friedhelm Auhuber, Hartmut Mangold, Jörg Petzel und Hartmut Steinecke. Frankfurt am Main: Deutscher Klassiker Verlag, 2003. 532–552.
Hoskyns, John. „Directions for Speech and Style" [ca. 1599]. *The Life, Letters, and Writings of John Hoskyns 1566–1638*. Hrsg. von Louise Brown Osborn. New Haven und London: Yale University Press, 1937. 114–166.
Isidor von Sevilla. *Etymologiae sive origines*, um 630. Basel: Johann Amerbach, 1489. Hrsg. von W. M. Lindsay. Oxford: University Press, 1911.
Kalkar, Heinrich Eger von. *Das Cantuagium des Heinrich Eger von Kalkar 1328–1408*. Eingeleitet und hrsg. von Heinrich Hüschen. Köln: Staufen-Verlag, 1952.
Kanne, Friedrich August. „Über die musikalische Mahlerey". *Allgemeine musikalische Zeitung mit besonderer Rücksicht auf den Österreichischen Kaiserstaat* 2 (1818): Sp. 373–380; 385–391; 393–397.
Kanne, Friedrich August. „Über die Bildung eines Tonsetzers". *Allgemeine musikalische Zeitung mit besonderer Rücksicht auf den Österreichischen Kaiserstaat* 4 (1820): Sp. 585–590; 596–599; 601–603: 609–611.
Kircher, Athanasius. *Musurgia universalis*. Rom: Francesco Corbelletti, 1650.
Koch, Heinrich Christoph. *Musikalisches Lexikon*. Frankfurt am Main: August Hermann d. J., 1802.
Krones, Hartmut. „Rhetorik und rhetorische Symbolik in der Musik um 1800". *Musiktheorie* 3 (1988): 117–140.
Krones, Hartmut. „,Wiener' Symbolik? Zu musiksemantischen Traditionen in den beiden Wiener Schulen". *Beethoven und die Zweite Wiener Schule*. Hrsg. von Otto Kolleritsch. Wien und Graz: Universal Edition, 1992. 51–79.
Krones, Hartmut. „Das Fortwirken symbolhafter Traditionen im frühen Vokalschaffen Franz Liszts". *Der junge Liszt. Referate des 4. Europäischen Liszt-Symposions, Wien 1991*. Hrsg. von Gottfried Scholz. München und Salzburg: Musikverlag Emil Katzbichler, 1993. 43–57.
Krones, Hartmut. „Musik und Rhetorik". *Musik in Geschichte und Gegenwart. Allgemeine Enzyklopädie der Musik Sachteil 6*. Begr. von Friedrich Blume. Hrsg. von Ludwig Finscher. 2. Aufl. Kassel: Bärenreiter, 1997. Sp. 814–852.
Krones, Hartmut. „Musik". *Historisches Wörterbuch der Rhetorik 5*. Hrsg. von Gert Ueding. Tübingen: Niemeyer, 2001 [2001a]. Sp. 1533–1567.
Krones, Hartmut. „Musikalische Figurenlehre". *Historisches Wörterbuch der Rhetorik 5*. Hrsg. von Gert Ueding. Tübingen: Niemeyer, 2001 [2001b]. Sp. 1567–1590.
Krones, Hartmut. „Zum Weiterleben der Figurenlehre in Richard Wagners Musiksprache". *Richard Wagner. Persönlichkeit, Werk und Wirkung*. Hrsg. von Helmut Loos. Leipzig: Sax Verlag, 2013. 151–163.

Lausberg, Heinrich. *Elemente der literarischen Rhetorik. Eine Einführung für Studierende der klassischen, romanischen, englischen und deutschen Philologie*. 6. Aufl. München: Hueber Verlag, 1979.

La Voye-Mignot, Sieur de. *Traité de musique*. Paris: Robert Ballard, 1656.

Leodiensis, Jacobus. *Speculum musicae*, um 1330. Hrsg. von Roger Bragard. Rom: American Institute of Musicology 1955–1973 (Corpus scriptorum de musica 3.1–7).

Lippius, Johannes. *Disputatio musica tertia*. Wittenberg: Johann Gormann [Johannis Gormani], 1610.

Lippius, Johannes. *Synopsis Musicae novae*. Straßburg: Ledertz, 1612.

Liszt, Franz. „Robert Schumann". *Neue Zeitschrift für Musik* 42 (1855): No. 13; 14; 15; 17.

Marchettus von Padua. *Pomerium in arte musicae mensuratae* (um 1325). Hrsg. von Giuseppe Vecchi. Rom: American Institute of Musicology 1961 (Corpus scriptorum de musica 6). 31–210.

Mattheson, Johann. *Der vollkommene Capellmeister*. Hamburg: Herold, 1739.

Mersenne, Marin. *Traité de l'harmonie universelle*. Paris: Baudry, 1627.

Neidhardt, Johann Georg. *Sectio canonis harmonici*. Königsberg: Christ. Gottfr. Eckart, 1724.

Niemöller, Klaus Wolfgang. *Untersuchungen zu Musikpflege und Musikunterricht an den deutschen Lateinschulen vom ausgehenden Mittelalter bis um 1600*. Regensburg: Bosse, 1969.

Peacham, Henry. *The Garden of Eloquence*. Hrsg. von William G. Crane. 2. Aufl. Gainesville, FL: Scholars' Facsimiles & Reprints, 1954 [1593].

Peacham, Henry. *The Compleat Gentleman*. Hrsg. von Virgil B. Heltzel. Ithaka: Cornell University Press, 1962 [1622].

Person, Gobelinus. *Tractatus musicae scientiae* (1417). Hermann Müller. „Der tractatus musicae scientiae des Gobelinus Person". *Kirchenmusikalisches Jahrbuch* 20 (1907): 180–196.

Peters, Manfred. *Johann Sebastian Bach als Klang-Redner. Die Dispositio der römischen Oratorie als Beitrag zum Formverständnis ausgewählter Instrumentalfugen*. Saarbrücken: Pfau, 2005.

Peters, Manfred. *Johann Sebastian Bach als Klang-Redner (II). Die Instrumentalkonzerte*. Saarbrücken: Pfau, 2010.

Plutarch. „Perì mousikês, 26". Hrsg. und übers. in: Rudolph Westphal. *Plutarch. Über die Musik*. Breslau: F. E. C. Leuckart, 1865.

Quantz, Johann Joachim. *Versuch einer Anweisung, die Flöte traversière zu spielen*. Berlin: J. F. Voss, 1752.

Quintilianus, Marcus Fabius. *Institutionis Oratoriae Libri XII*. Hrsg. und übers. von Helmut Rahn. Darmstadt: Wissenschaftliche Buchgesellschaft, 1972–1975.

Reckow, Fritz. „processus und structura. Über Gattungstradition und Formverständnis im Mittelalter". *Musiktheorie* 1 (1986): 5–29.

Reicha, Anton. *Traité de haute composition musicale 2*. Paris: Richault, 1826.

Richter, Bernhard Friedrich. „Eine Abhandlung Johann Kuhnau's". *Monatshefte für Musikgeschichte* 34 (1902): 147–154.

Rousseau, Jean Jacques. „Essai sur l'origine des langues où il est parlé de la mélodie et de l'imitation musicale". *Collection complète des oeuvres 16*. Genf: Société Typographique, 1782.

Ruhnke, Martin. *Joachim Burmeister. Ein Beitrag zur Musiklehre um 1600*. Kassel und Basel: Bärenreiter, 1955.

Ryba, Jan Jakub. *Počáteční a všeobecní základové ke všemu umní hudebnímu*. Prag: V Karla Wilima Endersa, knihkupce [beim Buchhändler Karl Wilhelm Enders], 1817.
Sabbatini, Luigi Antonio. *Trattato sopra le fughe musicali*. Venedig: Sebastiano Valle, 1802.
Scheibe, Johann Adolph. *Critischer Musicus*. Leipzig, 1745.
Schindler, Anton. *Biographie von Ludwig van Beethoven*. 3. Aufl. Münster: Aschendorff, 1860.
Schmieder, Wolfgang (Hrsg.). *Thematisch-Systematisches Verzeichnis der musikalischen Werke von Johann Sebastian Bach. Bach-Werke-Verzeichnis* (=BWV). 2., überarbeitete und erweiterte Auflage. Wiesbaden: Breitkopf & Härtel 1990.
Schopenhauer, Arthur. *Sämtliche Werke 2: Die Welt als Wille und Vorstellung 1* [1819] (=SW 2). Hrsg. von Arthur Hübscher. Mannheim: F. A. Brockhaus, 1988.
Schubart, Christian Friedrich Daniel. *Ideen zu einer Ästhetik der Tonkunst*. Wien: Degen, 1806 [1784].
Tansur, William. *A Compleat Melody or the Harmony of Sion*. London: Robert Brown, 5. Aufl. 1743.
Thuringus, Joachim. *Opusculum bipartitum de primordiis musicis*. Berlin: C. Rungius, 1624.
Tinctoris, Johannes. „Complexus effectuum musices" [um 1470]. *Scriptorum de musica medii aevi IV*. Hrsg. von E. de Coussemaker. Paris: A. Durand et Pedone-Lauriel, 1876. Oeuvres Théorique de Jean Tinctoris (4–200): 191–200.
Tinctoris, Johannes. *Opera theoretica 2: Liber de arte contrapuncti*. Hrsg. von Albertus Seay. Rom: American Institue of Musicology, 1975 [1477].
Türk, Daniel Gottlob. *Klavierschule*. Auf Kosten des Verfassers; in Kommission bei Schwickert in Leipzig und bey Hemmerde und Schwetschke in Halle, 1789.
Vicentino, Nicola. *L'antica musica ridotta alla moderna prattica*. Rom: Antonio Barre, 1555.
Walther, Johann Gottfried. *Praecepta der musicalischen Composition*. Hrsg. von Peter Benary. Leipzig: Breitkopf & Härtel, 1955 [1708].
Walther, Johann Gottfried. *Musicalisches Lexicon*. Leipzig: Wolfgang Deer, 1732.
Webern, Anton. *Der Weg zur Neuen Musik*. Hrsg. von Willi Reich. Wien: Universal-Edition, 1960.
Zarlino, Gioseffo. *Istitutioni harmoniche*. Venedig: [Autore] 1558.
Zarlino, Gioseffo. *Sopplimenti musicali*. Venedig: Francesco dei Franceschi Senese, 1588.

III.6. Librettoformen des 17. und 18. Jahrhunderts
Bernhard Jahn

Der Versuch, das Text-Musik-Verhältnis in der Oper des 17. und 18. Jahrhunderts mit titelgebenden Schlagworten wie dem von Antonio Salieris *Divertimento teatrale* aus dem Jahre 1786 *Prima la musica, poi le parole* (‚Erst die Musik, dann die Worte') zu beschreiben, muss zwangsläufig in die Irre führen, da die Komplexität der Text-Musik-Beziehungen auf diese Weise nicht einmal ansatzweise deutlich wird. Die hier implizierte Behauptung, dass den Wettstreit um den Vorrang der Künste in der Oper nur ihrer zwei – Poesie und Musik – austragen, wird den historischen Gegebenheiten schon insofern nicht gerecht, als die Oper im 17. Jahrhundert vielfach über das Bühnenbild primär als visuelles Medium, eben als Theater verstanden wird, ja ihren Aufbau von topisch organisierten Szenen her gewinnt, sodass weder der Text noch die Musik den Primat beanspruchen können (Jahn 2005). Davon abgesehen ist schon seit der Entstehung der neuen Gattung um 1600 eine mediale Aufsplitterung charakteristisch, die die Hierarchisierung der Künste steuert. Denn eines ist es, ob die Rezipienten der Aufführung einer Oper im Theater beiwohnen, ein anderes, wenn sie zuhause das gedruckte Libretto lesen, eine Kupferstichserie der Aufführung betrachten oder *Arias for the Flute* mit den *favorite songs* einer Oper musizieren. Das Verhältnis von Text und Musik wird aufgrund der Eigenart der Medien dann jeweils neu perspektiviert. So sind die Opern Johann Adolf Hasses durchaus Prototypen einer sängerdominierten *Opera seria* (Mücke 2003), was jedoch nicht bedeutet, dass ihre Texte, die vor allem auf den Libretti Pietro Metastasios basieren, deswegen sekundär wären und niemanden unter den zeitgenössischen Opernbesuchern interessiert hätten. Dagegen sprechen die zahlreichen Metastasio-Gesamtausgaben, die im 18. Jahrhundert unabhängig von Aufführungen publiziert worden sind (Meyer 2012).

Doch auch, wenn man sich nur auf die Aufführung einer Oper beschränken wollte, entginge man den Ambivalenzen bei der Frage nach der Rangordnung von Text und Musik nicht. Die Text-Musik-Relation kann innerhalb einer Aufführung beständig wechseln und lässt sich für das Rezitativ anders bestimmen als für die Arien, und bei den Arien wiederum kann der Komponist den Text der einen Arie musikalisch subtil umzusetzen versuchen, während er über den Text der folgenden Arie hinwegkomponiert.

Auch von einem zeitlichen Primat des Textes vor der Musik beim Entstehungsprozess einer Oper kann gerade im 17. und 18. Jahrhundert nicht ausgegangen werden, finden sich hier doch zahlreiche Formen und Fälle, bei denen die Musik schon vorher existiert und der Text ihr, etwa im Fall der zahlreichen Parodieverfahren, angepasst wird. Beide Möglichkeiten können innerhalb eines Werkes angetroffen werden. So ist, wie Herbert Schneider für die *tragédie lyrique* Quinault/Lullys gezeigt hat (Schneider 1998), der Text Quinaults in den Handlungssequenzen zwar vorgängig, in den Divertissements der einzelnen Akte scheint jedoch der Dichter häufig den Text auf eine schon vorher komponierte Musik hin zu entwerfen.

Angesichts der Vielzahl der Parameter, die die Komplexität der Text-Musik-Relation regeln, kommt man nicht umhin, einzelne Aufführungen zu beschreiben, da das Text-Musik-Verhältnis in jedem Werk bzw. – da Werkkonzepte in der Oper des 17. und 18. Jahrhunderts noch keine große Rolle spielen – für jede Aufführung neu ausgehandelt wird.

Alle Versuche, über eine Rangordnung von Text und Musik eine epochale Gliederung der Operngeschichte in der Frühen Neuzeit zu gewinnen, wobei jeweils Reformen des Text-Musik-Verhältnisses eine neue Phase einleiten, verdecken diese immanente Dynamik und behaupten Brüche oder zumindest Änderungen, wo bei genauerer, d. h. auch aufgrund umfangreicherer Materialbasis gewonnener Betrachtung Kontinuitäten vorliegen.

Im Folgenden soll daher als Antwort auf die Frage nach der Text-Musik-Relation nicht eine Geschichte der Libretto- und Opernreformen skizziert, sondern die wie Regler funktionierenden Parameter benannt und mit historischen Beispielen unterfüttert werden, mit deren Hilfe die Zeitgenossen eine Skalierung des Text-Musik-Verhältnisses vorgenommen haben. Der Blickwinkel bei der Beschreibung geht dabei vom Text der Oper aus und betrachtet die Konsequenzen der poetischen Vorlage für die Musik. Diesen Blickwinkel einzunehmen ist historisch legitim, wenn man darüber nicht vergisst, dass die Oper auch aus der Perspektive der anderen an ihr mitwirkenden Künste stimmig beschrieben werden kann. Im Folgenden werden, ausgehend vom Libretto, vier Parameter vorgestellt, die die Beziehung von Text und Musik in der Oper im 17. und 18. Jahrhundert regeln: 1. Die Wahl der Sprache; 2. Die Festlegung und Strukturierung der zu vertonenden Textpassagen; 3. Die Wahl des Sujets; 4. Die Dosierung des tragischen Elements mit der Festlegung des Verhältnisses von ernsten und komischen Handlungsteilen.

1. Die Wahl der Sprache

Da sich das Konzept der Nationalliteratur im Europa der Frühen Neuzeit noch nicht vollständig durchgesetzt hatte, konnte es von dem konkurrierenden Konzept der nationenübergreifenden, an eine bestimmte Sprache gebundenen Gattungen überlagert werden. Die in Italien entstandene Oper ist (neben der französischsprachigen Komödie) ein Beispiel für eine solche sprachgebundene, transnationale Gattung. Bis zum Ende des 18. Jahrhunderts dürften wohl in jedem Land Europas Opern in italienischer Sprache aufgeführt worden sein (vgl. die Überblicke in Leopold 2004; Béhar 1999). Die zur Aufführung gedruckten Operntextbücher waren dabei meist zweisprachig und präsentierten den italienischen Text zusammen mit einer Übersetzung in die Landessprache.

Der Export der neuen Gattung in italienischer Sprache verlief freilich unterschiedlich erfolgreich. Während er im Heiligen Römischen Reich Deutscher Nation schon früh (ab den 1630er Jahren) einsetzte, bestimmend wurde und dann nicht mehr abbrach, scheiterte er in anderen Ländern wie Frankreich oder war nur in einer bestimmten Phase erfolgreich wie etwa in England oder Polen. In jenen Ländern, in denen sich die italienischsprachige Oper nicht durchzusetzen vermochte, begann sich zum Teil eine eigene nationalsprachliche Operntradition herauszubilden, die die italienischen Opern zumindest über weite Phasen verdrängte. Dies gilt vor allem für Frankreich, wo mit der *tragédie lyrique* und dem *Opéra ballet* neue Formen entwickelt wurden. Dem deutschen Sprachraum kam im Geflecht dieses Kulturtransfers eine Sonderstellung zu, da hier nicht nur italienische und französische Opern in der Originalsprache gespielt wurden, sondern sich ab dem letzten Drittel des 17. Jahrhunderts auch eine deutschsprachige Tradition herausbildete. Librettisten im deutschen Sprachraum bzw. deren Auftraggeber konnten zwischen drei Sprachen wählen oder auch sprachliche Mischformen herstellen, wollten sie ein Libretto verfassen. So enthält etwa der Text von Georg Philipp Telemanns Oper *Orpheus* (Hamburg 1726, 1736) Passagen in deutscher, italienischer und französischer Sprache. Auch in Frankreich finden sich gelegentlich in französischsprachigen Opern integrierte italienische Textteile (vgl. etwa Marc Antoine Charpentier, *Médée*, Paris 1693). Der mehrsprachige Text bot dem Komponisten die Möglichkeit, mit musikalischen Stilen zu experimentieren. So konnte er die französischen Textpassagen als Angebot begreifen, sie in französischem Stil vertonen, er konnte jedoch auch versuchen, dem Text einen anderen musikalischen Stil entgegenzusetzen.

2. Festlegung und Strukturierung der zu vertonenden Textpassagen

Im Theater der Frühen Neuzeit bildet die Musik einen essentiellen Bestandteil (Scheitler 2013), sodass sich kaum Formen reinen Sprechtheaters finden. Die

Wahl der theatralen Gattung durch den Textdichter bzw. seinen Auftraggeber impliziert in der Regel auch eine Vorentscheidung darüber, welche Anteile des Textes zu vertonen sind und welche gesprochen vorgetragen werden. Formen wie das *dramma per musica* oder die *tragédie lyrique* fordern eine vollständige Vertonung, andere Formen wie das deutsche Singspiel ab den 1740er Jahren (Krämer 1998), das *théatre de la foire*, das *Vaudeville* (Schneider 1996), die *Opéra comique*, die *Semi-Opera* oder die *Ballad-Opera* (White 1983) enthalten gesprochene Passagen. Während sich die Gattungskonventionen ab der zweiten Hälfte des 17. Jahrhunderts einigermaßen verfestigt haben, ist für das deutschsprachige Musiktheater vor 1660, das meist mit dem Terminus ‚Singe-Spiel' bezeichnet wird, nicht mit letzter Sicherheit auszumachen, ob es durchgängig vertont wurde oder nicht, weil die Partituren verloren gegangen sind. Nach neueren Untersuchungen (Scheitler 2011) am Beispiel der *Dafne* von Martin Opitz und Heinrich Schütz dürfte es sich wohl eher um Schauspiele mit einem erhöhten Musikanteil handeln. Im 17. Jahrhundert bildeten sich die Gattungskonventionen heraus, die die metrische Struktur für die zu vertonenden und nicht zu vertonenden Textteile festlegten. So sind etwa Prosadialoge (im Singspiel oder der *Ballad-Opera*) sichere Indikatoren, dass diese Passagen nicht vertont wurden. Auch bestimmte Versarten wie etwa der durchgängig eingesetzte Alexandriner im Französischen oder der Blankvers im Englischen wurden nicht vertont. Für die zu vertonenden Passagen wurden im 17. Jahrhundert spezifische metrische Strukturen entwickelt, etwa die unregelmäßig wechselnden Sieben- und Elfsilber in den rezitativischen Passagen der italienischen Libretti und die unregelmäßig wechselnden ein- bis sechshebigen Jamben in deutschen Textbüchern, die auch als madrigalische Verse bezeichnet werden (Aikin 2002). Für die Arien, die zunächst meist als Strophenlieder, später dann in zweiteiliger Form als Dacapo-Arien gestaltet wurden, galten eigene Regeln, die zum Teil den Affektgehalt des Textes berücksichtigten. Die metrische Struktur des Textes gibt also nicht nur starke Hinweise, ob der Text überhaupt vertont werden soll, sondern darüber hinaus, welche musikalischen Formen der Komponist zu wählen hat, d. h. ob eine Passage als Rezitativ, Arie oder ariose Mischform zu vertonen ist.

Die genannten metrischen Vorgaben mögen einen Primat des Wortes über die Musik nahelegen, doch die kompositorische Praxis zeigt, dass sich die Komponisten nicht strikt an die metrischen Vorgaben der Libretti gebunden fühlten. In den frühen deutschen ‚Singe-Spielen' liegen zwar madrigalische Verse vor, dennoch scheinen diese nicht durchgängig vertont worden zu sein, wohingegen Alexandriner im deutschen Sprachraum gelegentlich doch vertont wurden. Rezitative konnten vom Komponisten mit ariosen Passagen gemischt werden (häufig etwa in den Opern Francesco Cavallis), vom Text her als Strophenlieder angelegte Gebilde konnten zu zweiteiligen Arien oder Rondo-Formen umgearbeitet werden.

So lässt etwa der Beginn des zweiten Aktes von Johann Georg Conradis *Die schöne und getreue Ariadne* (Hamburg 1691) in den zeitgenössischen Librettodrucken ein Rezitativ erwarten. Der Komponist vertont die Verse jedoch im Gefüge einer großen, rondoartig aufgebauten Chaconne mit Variationen.

Noch komplexer wird die Situation durch die permanenten Experimente mit Gattungsmischungen. So sind etwa Pariser *théâtre-de-la-foire*-Stücke ab den 1720er Jahren in Hamburg auf die Bühne gelangt (Hirschmann 2009), wurden hier aber als italienische Opern mit deutschem Text präsentiert. Der Wechsel von gesprochenen und gesungenen Teilen weicht in Hamburg einer vollständigen Vertonung.

3. Wahl des Sujets

Die Frühphase der Oper bis etwa 1640 war durch die Wahl mythologischer Stoffe bestimmt (Leopold 2004, 71–93), wobei die Orientierung der neuen Gattung an Schäferspielen in der Art von Giambattista Guarinis *Pastor Fido* oder Torquato Tassos *Aminta* das Spektrum der möglichen Sujets zunächst noch weiter einschränkte. Der Orpheus-Mythos (Artsibacheva 2008) mag wegen der Möglichkeit zur selbstreferentiellen Thematisierung des Musikalischen als Stoff für die Oper naheliegen, doch ist auch der Daphne-Mythos von Anfang an und in etwa gleicher Beliebtheit präsent, sind mit ihm doch das Thema der Affektkontrolle und vor allem der für die Bühnenästhetik der Oper so zentrale Aspekt der Verwandlung verbunden.

Ab den 1620er Jahren treten dann Sujets hinzu, die aus Episoden von Ariosts *Orlando furioso* und Tassos *Gerusalemme Liberata* gewonnen wurden (Leopold 2004, 108–126). Die beiden Epen boten zum einen reiche Möglichkeiten für exotische Bühnenbilder, die der Entfaltung einer Poetik des Wunderbaren dienten, zum anderen aber vielfältige Liebesintrigen, die für den Plot der Libretti immer wichtiger wurden.

Mit Francesco Busenellos Libretto *L'incoronazione di Poppea* (in der Vertonung Monteverdis und weiterer Komponisten 1643 in Venedig aufgeführt) öffnete sich die Librettistik für das weite Feld der historischen Sujets, wobei zunächst die antiken Stoffe und hier wiederum die auf Tacitus basierenden aus dem kaiserlichen Rom dominierten (Manuwald 2013). Gerade die taciteischen Stoffe waren geeignet, die Oper noch stärker als bisher politischen Funktionen dienstbar zu machen, die von der Präsentation politischer Klugheitslehren bis hin zur Vorstellung zeremonieller Praktiken und Ordnungen reichten. Die als Verstellungskunst aufgefassten politischen Klugheitslehren konnten etwa im Kontext der zahlreichen Verkleidungsszenen (regelmäßig mit *gender-crossing*) aus der Handlung heraus entwickelt werden.

In den 1640er Jahren begann sich in der Librettistik unabhängig von den gewählten Sujets ein bestimmtes Verfahren durchzusetzen, mit dessen Hilfe die Handlung konstruiert wurde. Da die Opernhandlung dazu dienen sollte, die Affekte der handelnden Figuren zu entfalten und die Liebe als der für die Oper bestimmende Affekt betrachtet wurde (Jahn 2005, 275–351), erwies sich die Konstruktion einer doppelten Dreieckskonstellation für das Ensemble der Figuren als besonders effektiv, da sich, basierend auf diesem Schema, eine Vielzahl von Variationsmöglichkeiten ergab, um Figuren in affektive Extremlagen zu versetzen. Movens ist dabei der Liebesaffekt: A liebt B, B aber liebt C. D liebt E und F, F aber liebt A, während E C liebt usw. Der Einbau einer solchen doppelten Dreiecksgeschichte in das mythologische oder historische Sujet erforderte eine Erweiterung oder sogar weitgehende Abänderung der Vorlage, über die der Librettist meist in der Vorrede zum gedruckten Libretto Rechenschaft ablegte (Gier 2012). Blieb das doppelte Dreiecksschema für die italienischen Opern bis mindestens zur Mitte des 18. Jahrhunderts konstitutiv (noch Metastasio verwendete es), so ist die *tragédie lyrique* durch die Beschränkung auf eine einfache Dreieckskonstellation und den sich daraus ergebenden Konflikt gekennzeichnet. Das doppelte Dreiecksschema lässt sich zudem einsetzen, um eine Hierarchisierung der Sängerrollen zu gewinnen, erfordert es doch in der Regel drei männliche und drei weibliche Rollen, die sich als *Prima donna*, *Seconda donna* etc. hierarchisieren lassen. Der Komponist kann dieser im Text vorgeschlagenen Hierarchisierung folgen, muss dies aber nicht unbedingt, sondern kann die Gewichtung musikalisch umstrukturieren, so dass die musikalische Hierarchisierung mit der textlichen in ein dramatisch fruchtbares Spannungsverhältnis tritt.

Ab 1670 erweiterte sich, abermals ausgehend von Venedig, der historische Stoffkreis um die mittelalterlichen Stoffe (Seebald 2009), wobei vor allem das deutsche Mittelalter als Stoffgeber fungierte. Die Funktion der Mittelalteropern änderte sich gegenüber den Opern mit antiken historischen Sujets nicht, jedoch bot der Rückgriff auf die mittelalterliche Geschichte des Heiligen Römischen Reiches Deutscher Nation die besondere Möglichkeit, den zahlreichen opernbegeisterten deutschen Fürsten, die sich in Venedig aufhielten, eine genealogische Referenz zu erweisen, indem einer ihrer dynastischen Vorfahren oder gar der Begründer des jeweiligen Herrscherhauses auf die Opernbühne gebracht wurde.

Während die historischen Stoffe sich ab den 1640er Jahren in Italien und Deutschland durchsetzten, die mythologischen Sujets dabei aber nicht ganz verdrängten, schloss die französische *tragédie lyrique* historische Sujets bis weit ins 18. Jahrhundert hinein völlig aus. Noch Gluck hielt sich an dieses ungeschriebene Gesetz.

Zeitgeschichtliche Stoffe wurden von den Librettisten gemieden. Selbst eine Ausnahme wie Barthold Feinds *Masagniello Furioso* (Hamburg 1706), ein historisches Libretto, das den neapolitanischen Fischeraufstand aus den 1640er Jahren thematisiert, legt doch einen zeitlichen Abstand von über fünfzig Jahren zwischen die dargestellten Ereignisse und die Gegenwart. Im Falle von Johann Samuel Müllers *Miriways*-Libretto (Hamburg 1728), dessen Handlung in den 1720er Jahren spielt, wurde mit dem heutigen Afghanistan ein entfernter Schauplatz gewählt. Exotische Schauplätze (Peru, Mexiko, China) als Handlungsorte der Oper fanden sich ab den letzten Jahrzehnten des 17. Jahrhunderts vor allem in der französischen Oper häufiger, die Plots hierzu entstammten nun nicht mehr den italienischen Versepen des 16. Jahrhunderts.

Die Wahl mythologischer oder historischer Sujets schloss reichhaltige Anspielungen auf politische oder gesellschaftliche Ereignisse der Gegenwart freilich nicht aus. Metatheatrale Elemente wie Prologe oder die epilogischen *Licenze* konnten als explizite Aufforderungen eingesetzt werden, um einen Bezug zu den Geschehnissen der aktuellen Gegenwart herzustellen.

Bemerkenswerterweise zeitigte die eben skizzierte Bandbreite der verschiedenen Sujets in der Librettistik kaum Folgen für die Komposition, d. h. es gab keine spezifische *couleur locale* in der Musik etwa für Mittelalteropern oder historische Opern mit antiken Sujets. Die musikalischen Stile oder Kompositionstechniken änderten sich nicht, wenn in den Libretti neue Stoffe eingeführt wurden und umgekehrt: Musikalische Neuerungen waren unabhängig von den Librettosujets. Text und Musik sind bei der Frage der Sujets nicht in eine hierarchische Relation zu bringen, sondern weisen jeweils eine Eigendynamik auf. Eine gewisse Ausnahme bilden allenfalls Opern mit türkischen Stoffen oder exotischen Sujets, die dem Komponisten den Einsatz von Janitscharenmusik als musikalisches Lokalkolorit ermöglichte (Betzwieser 1993).

4. Dosierung des tragischen Elements. Das Verhältnis von komischen und ernsten Handlungselementen

Auch wenn es naheliegen mag, bestimmt die Wahl des Sujets keineswegs den Gehalt des Tragischen in der frühneuzeitlichen Oper. Schon Alessandro Striggios d. J. Libretto für Claudio Monteverdis *Orfeo* (Mantua 1607) liegt in zwei Fassungen vor, die sich im fünften Akt unterscheiden und einmal eine tragische Version präsentieren, in der die Bacchantinnen Orpheus den Tod androhen. In der anderen Version aber wird, abweichend vom Mythos, der Sänger von seinem Vater Apollo in den Himmel erhoben. Einen solchen für die Oper der Frühen

Neuzeit auch bei tragischen Sujets gattungskonstitutiven glücklichen Ausgang (*lieto fine*) behielt noch Gluck für seine Wiener und Pariser Fassung des *Orfeo* bzw. *Orphée* bei. Charakteristisch für den *lieto fine* ist die der Komödientradition entstammende (mehrfache) Hochzeit in der Schlussszene, die sich auch in Sujets findet, in denen sie der moderne Leser am wenigsten erwartet: So heiratet Dido in Francesco Busenellos Libretto *La Didone* (Venedig 1641) den afrikanischen Prinzen Iarba. Die in Vergils *Aeneis* beschriebene Selbsttötung entfällt (Jahn 2007). Der glückliche Ausgang muss dabei nicht immer die tragische Grundstimmung des Werks insgesamt aufheben, er stellt vielmehr eine überraschende, oft durch einen *deus ex machina* herbeigeführte Wendung dar, durch die der tragische Gehalt wenigsten am Schluss abgemildert wird. Dieser unbedingte Wille zum glücklichen Ausgang kann im Zusammenhang mit dem frühneuzeitlichen Zeremoniell gesehen werden, in dessen Rahmen die Opern meist aufgeführt wurden. Die ordnungsstiftende Funktion des Zeremoniells, wie sie sich in der räumlichen Ordnung der finalen Ensembleszene spiegelte (Jahn 2005, 389), wirkte inkludierend und versuchte alle handelnden Figuren in ein Tableau zu integrieren.

Die französische *tragédie lyrique* des 17. und 18. Jahrhunderts tendierte zwar zu einem weniger glücklichen Ende, ja war von der Tendenz her als Tragödie konzipiert. Sieht man einmal von Werken wie Thomas Corneilles *Médée* (Paris 1693) oder Antoine Danchets *Idomenée* (Paris 1712) ab, die vollkommen düster enden, so wurde in der Regel das tragische Ende durch die Apotheose des Helden oder der Heldin abgemildert. Atys etwa, in Quinault/Lullys gleichnamiger Oper (Paris 1676), der im Wahnsinn seine Geliebte getötet hat, wird von Jupiter in den Himmel erhoben, *gloire* siegt über *amour*.

Doch es ist nicht nur das mehr oder weniger glückliche Ende, das eine Abmilderung des tragischen Gehalts bewirkt. Seit den venezianischen Libretti der 1630er Jahre sorgen komische Figuren (meist Dienerrollen) in den *dramme per musica* für eine Auflockerung der ernsten Handlung. Die komischen Figuren können als Diener die Haupthandlung begleiten, sie können jedoch auch zu einer eigenständigen Nebenhandlung koordiniert werden. Während die *tragédie lyrique* von vornherein auf komische Figuren verzichtete, wurden in Italien im Zuge der Libretto-Reformen um 1700 (Freeman 1981) die komischen Figuren aus den Opern verbannt. Für die Opernaufführungen selbst hatte dies jedoch kaum Folgen, da mit dem gleichzeitigen Aufkommen der Intermezzi in Venedig (Troy 1979) die aus der Haupthandlung verbannten komischen Figuren mit den ihnen typischen Handlungssequenzen nun in den Zwischenakten eines *dramma per musica* wieder auftauchten.

Die Funktion der komischen Handlungssequenzen ist vielfältig und reicht, sieht man einmal von der sicherlich zentralen Unterhaltungswirkung ab, von ihrer Verwendung als Exempla, die *ex negativo* die Normen der Hauptfiguren bestärken, bis hin zur Möglichkeit, durch den Mund der komischen Figuren Kritik an Zeitphänomenen zu üben.

Schon am Beginn der Operngeschichte finden sich auch musikalische Komödien, obwohl hier zunächst keine eigene Gattungsterminologie verwendet wurde. Cicogninis Libretto *Giasone* (Venedig 1649), das einer Travestie des Medea-Mythos gleichkommt, firmiert im Librettodruck von 1649 als „Drama Musicale". Am Wiener Kaiserhof entwickelte sich ab den 1670er Jahren die Tradition, zur Karnevalszeit reine Komödienstoffe als Opernsujets zu wählen. Erst im Verlauf des 18. Jahrhunderts bildeten sich sowohl in Frankreich wie auch in Italien die *Opera buffa* und die *Opéra comique* als eigenständige Formen des komischen Musiktheaters heraus, wobei die *Opéra comique* von Anfang an mit der Wahl ernster Sujets diese Differenzierung wieder unterlief.

Auch wenn Komponisten schon früh zwischen den ernsten und komischen Passagen eines *dramma per musica* musikalisch zu differenzieren suchten, lag der Reiz wohl von Anfang an in einer musikalischen Vermischung von *Buffa*- und *Seria*-Elementen, einem Spiel, bei dem es nicht so sehr um eine Hierarchisierung der Künste ging, sondern um ihre gleichberechtigte Profilierung.

Literatur

Aikin, Judith P. *A Language for German Opera: The Development of Forms and Formulas for Recitative and Aria in Seventeenth-Century German Libretti*. Wiesbaden: Harrassowitz, 2002.

Artsibacheva, Olga. *Die Rezeption des Orpheus-Mythos in deutschen Musikdramen des 17. Jahrhunderts*. Tübingen: Niemeyer, 2008.

Béhar, Pierre und Helen Watanabe-O'Kelly (Hrsg.). *Spectaculum Europaeum. Theatre and Spectacle in Europe (1580–1750)*. Wiesbaden: Harrassowitz, 1999.

Betzwieser, Thomas. *Exotismus und „Türkenoper" in der französischen Musik des Ancien Régime. Studien zu einem ästhetischen Phänomen*. Laaber: Laaber, 1993.

Donington, Robert. *The Rise of Opera*. New York: C. Scribner's Sons, 1981.

Freeman, Robert S. *Opera without Drama. Currents of Change in Italian Opera, 1675–1725*. Ann Arbor: University of Michigan Research Press, 1981.

Gier, Albert. *Das Libretto. Theorie und Geschichte einer musikoliterarischen Gattung*. Darmstadt: Wissenschaftliche Buchgesellschaft, 1998.

Gier, Albert. *Werkstattberichte. Theorie und Typologie des Argomento im italienischen Opernlibretto des Barock*. Bamberg: University of Bamberg Press, 2012.

Gorce, Jérôme de la. *L'Opéra à Paris au temps de Louis XIV. Histoire d'un théâtre*. Paris: Diffusion, Presses Universitaires de France, 1992.

Haufe, Eberhard. *Die Behandlung der antiken Mythologie in den Textbüchern der Hamburger Oper 1678–1738*. Diss. Jena 1964. Frankfurt am Main i. a.: Peter Lang, 1994.

Hirschmann, Wolfgang. „Le monde renversé – Die verkehrte Welt. Zur Adaption und Transformation der Opéra comique auf deutschen Bühnen des frühen 18. Jahrhunderts".

Telemann und Frankreich / Frankreich und Telemann. Konferenzbericht Magdeburg 1998. Hrsg. von Carsten Lange et al. Hildesheim und New York: Olms, 2009. 238–266.
Hortschansky, Klaus (Hrsg.). *Opernheld und Opernheldin. Aspekte der Librettoforschung. Ein Tagungsbericht.* Hamburg und Eisenach: K. D. Wagner, 1991.
Jahn, Bernhard. *Die Sinne und die Oper. Sinnlichkeit und das Problem ihrer Versprachlichung im Musiktheater des nord- und mitteldeutschen Raumes (1680–1740).* Tübingen: Niemeyer, 2005.
Jahn, Bernhard. „Lieto fine – Überlegungen zur Funktion der Hochzeit in barocken Opern". *Morgen-Glantz* 17 (2007): 235–251.
Kintzler, Catherine. *Poétique de l'Opera Français de Corneille à Rousseau.* Paris: Editions Minerve, 1991.
Krämer, Jörg. *Deutschsprachiges Musiktheater im späten 18. Jahrhundert. Typologie, Dramaturgie und Anthropologie einer populären Gattung.* 2 Bde. Tübingen: Niemeyer, 1998.
Leopold, Silke. *Die Oper im 17. Jahrhundert.* Laaber: Laaber, 2004.
Manuwald, Gesine. *Nero in Opera. Librettos as Transformations of Ancient Sources.* Berlin und New York: De Gruyter, 2013.
Mehltretter, Florian. *Die unmögliche Tragödie. Karnevalisierung und Gattungsmischung im venezianischen Opernlibretto des siebzehnten Jahrhunderts.* Frankfurt am Main i. a.: Peter Lang, 1994.
Meyer, Reinhart. „Metastasio". *Reinhart Meyer. Schriften zur Theater- und Kulturgeschichte des 18. Jahrhunderts.* Hrsg. von Matthias J. Pernerstorfer. Wien: Don Juan Archiv, 2012. 507–597.
Mücke, Panja. *Johann Adolf Hasses Dresdner Opern im Kontext der Hofkultur.* Laaber: Laaber, 2003.
Rossand, Ellen. *Opera in Seventeenth-Century Venice. The Creation of a Genre.* Berkeley, Los Angeles und Oxford: University of California Press, 1991.
Scheitler, Irmgard. „Martin Opitz und Heinrich Schütz: Dafne – ein Schauspiel". *Archiv für Musikwissenschaft* 68 (2011): 205–226.
Scheitler Irmgard. *Schauspielmusik. Funktion und Ästhetik im deutschsprachigen Drama der Frühen Neuzeit. Materialteil.* Tutzing: Hans Schneider, 2013.
Schneider, Herbert (Hrsg.). *Das Vaudeville. Funktionen eines multimedialen Phänomens.* Hildesheim und New York: Olms, 1996.
Schneider, Herbert. „Die Parodie als Verfahren der Opernkomposition". *Beiträge zur Musik des Barock. Tanz – Musik – Oper. Bericht über die Symposien 1994 bis 1997.* Hrsg. von Hans Joachim Marx. Laaber: Laaber, 1998. 117–142.
Seebald, Christian. *Libretti vom „Mittelalter". Entdeckungen von Historie in der (nord)deutschen und europäischen Oper um 1700.* Tübingen: Niemeyer, 2009.
Troy, Charles E. *The Comic Intermezzo. A Study in the History of Eighteenth-Century Italian Opera.* Ann Arbor: University of Michigan Research Press, 1979.
White, Eric Walter. *A History of English Opera.* London: Faber and Faber, 1983.

III.7. Musik als Sprache der Leidenschaften. Literatur und Musikästhetik zwischen 1740 und 1800

Caroline Torra-Mattenklott

1. Einleitung: Terminologie und Forschungslinien

Dass Musik Emotionen ausdrücken bzw. erregen soll, ist in der zweiten Hälfte des 18. Jahrhunderts allgemeiner Konsens. Der im 17. und frühen 18. Jahrhundert gebräuchliche Begriff des Affekts (,Leidenschaft', frz. *passion*, engl. *passion*, *affection*) bleibt im musiktheoretischen und musikästhetischen Diskurs erhalten, wird aber von sinnverwandten Begriffen wie ,Gemütsbewegung' (frz. *émotion*, engl. *emotion*), ,Empfindung' (frz./engl. *sentiment*, *sensation*) und ,Gefühl' (frz./engl. *sentiment*, engl. *feeling*) flankiert und semantisch ausdifferenziert: Während der ältere Begriff ,Gemütsbewegung' die Affektdynamik betont, die musikalisch u. a. durch Tempo, Taktart, Melodik und harmonische Fortschreitung imitiert werden kann (vgl. Sulzer 1771/1774, Art. „Ausdruk", 1, 110), verweist der ab dem 17. Jahrhundert belegte, aber erst in der zweiten Hälfte des 18. Jahrhunderts *„recht in gang"* gekommene (Grimm DWB 3, Sp. 432) Begriff der Empfindung auf die sinnliche Wahrnehmung, ihr subjektives Affektpotential und ihre Beziehung zum sittlichen Handeln (vgl. Sulzer 1771/1774, Art. „Empfindung", 1, 311–316; Forkel 1788–1801, 1, 3 f., 8). Das Wort ,Gefühl' ist seit dem 17. Jahrhundert belegt, der Plural ,Gefühle' klingt aber noch im späten 18. Jahrhundert ungewöhnlich (vgl. Grimm DWB 5, Sp. 2167–2186; Adelung 2, Sp. 477). ,Gefühl' wird oft synonym mit ,Empfindung' gebraucht und ist besonders mit dem Tastsinn, der unmittelbaren inneren Wahrnehmung (,Selbstgefühl') und der Sympathie (,Mitgefühl') assoziiert; häufige Konnotationen sind die des Dunklen und Unbestimmten (vgl. z. B. Herder W 1, 747–749). Verglichen mit den barocken Affekten sind die ,Empfindungen' oder ,Gefühle' des mittleren und späten 18. Jahrhunderts weniger präzise benennbar sowie stärker individualisiert und verinnerlicht. Im Kontext der empfindsamen, auf bürgerliche Tugendideale ausgerichteten Affektkultur werden vor allem sanfte und ,zärtliche' Gefühlslagen als ,Empfindungen' bezeichnet; in dieselbe Richtung weist der wirkungsästhetische, u. a. in der Theorie des Mitleids favorisierte Begriff der Rührung. Das bevorzugte Instrument dieser intimen, sich musikalisch besonders in häuslicher Privatheit artikulierenden Form der „gesteigerte[n] Emotionalität" (Wegmann 1988, 27) ist das Clavichord (vgl. z. B. Schubart 1839, 70–71 sowie die literarischen Beispiele in Müller 1989, 107–110), die ihm kongeniale musikalische Form die improvisierte, metrisch ungebundene ‚freie Fantasie'.

Von Seiten der Forschung wurde das Verhältnis zwischen Musik und Emotion in der Musikästhetik des 18. Jahrhunderts zunächst vorwiegend unter dem Aspekt des Ausdrucks diskutiert: Musiklehrwerke, musikphilosophische Abhandlungen und Romane des 18. Jahrhunderts wurden als Dokumente einer sich ankündigenden romantischen Ästhetik des individuellen, subjektiven Gefühlsausdrucks gelesen, die zum Teil noch Mitte des 20. Jahrhunderts als gültig angesehen wurde (vgl. Schueller 1948, 563; Eggebrecht 1955, 109). Während dieses neue Ausdrucksprinzip in der Musik der Mannheimer Schule und der Wiener Klassik bereits realisiert erschien (vgl. Eggebrecht 1955, 69–73), ließen sich in den theoretischen Schriften derselben Zeit jedoch nur Ansätze dazu finden, die sich überdies als interpretationsbedürftig erwiesen. Für Hans Heinrich Eggebrecht ist z. B. Carl Philipp Emanuel Bachs *Versuch über die wahre Art, das Clavier zu spielen* (1753) ein repräsentatives Zeugnis des „neuen musikalischen Grunderleben[s] jener Jahrzehnte, daß der Mensch *sich selbst in der Musik ausdrücken* kann" (Eggebrecht 1955, 73). Carl Dahlhaus stellt Bachs Interpretationslehre dagegen in die rhetorische Tradition des *se vis me flere*, d. h. des in der Horaz'schen *Ars poetica* kanonisch formulierten Grundsatzes, dass ein Dichter selbst leiden müsse, um andere zu Tränen rühren zu können (Dahlhaus 1988, 28; vgl. auch Stenzel 1974). Bachs Satz, dass „ein Musickus nicht anders rühren kann, er sey dann selbst gerührt" (Bach 1753, 122), ist demnach nicht von einem Ausdrucksbedürfnis, sondern von einem Wirkungsziel her gedacht, das durch eine bewusst eingenommene affektive Haltung des Interpreten, nicht durch spontane Ergüsse seines persönlichen Gefühlslebens erreicht wird. Christian Friedrich Daniel Schubarts Rat an den Komponisten, das freie Fantasieren zu pflegen, um seine „Ichheit auch in der Musik herauszutreiben" (Schubart 1839, 73), fasst aus Eggebrechts Sicht das emphatisch-subjektive Erleben der Zeit exemplarisch in Worte, ist aber nach Dalhaus' Urteil „eine Ausnahme und ein Extrem" (Dahlhaus 1988, 30; vgl. zur Kritik an Eggebrecht auch Neubauer 1986, 157–159).

2. Ausdruck

2.1. Musikästhetik

Gegenstand der Untersuchungen zur Ausdrucksästhetik waren neben den Musiklehrwerken von Johann Mattheson (1739), Johann Joachim Quantz (1752) und C. Ph. E. Bach sowie den kritischen und musikästhetischen Schriften von Johann

Adolph Scheibe (1738), Christian Gottfried Krause (1752), Schubart u. a. vor allem die Abhandlungen britischer Musikschriftsteller und Philosophen wie James Harris (1744), Charles Avison (1752), James Beattie (1776) und Thomas Twining (1789), die in der Tradition des Paragone nach Gemeinsamkeiten und Unterschieden zwischen den Künsten und ihren Wirkungsweisen fragen. Der im Grundsatz nicht angezweifelte Ausgangspunkt dieser Abhandlungen ist das aristotelische Mimesis-Prinzip, das in Anwendung auf die Musik allerdings an seine Grenzen gerät: Es besteht Einigkeit darüber, dass die Nachahmung von Geräuschen und Bewegungen äußerer Gegenstände nur ein unwesentliches Teilgebiet der Musik ausmacht und dass ihr eigentliches Ziel in der Erregung von Affekten oder Empfindungen (*passions*, *affections* oder *sentiments*) besteht (vgl. z. B. Harris 1744, 95; Beattie 1776, 119–122). Diese affektive Wirksamkeit der Musik wird von einigen Theoretikern mit dem Begriff *expression* ('Ausdruck') umschrieben (vgl. z. B. Avison 1752; Beattie 1776, 125–130; Twining 1789, 46), wobei mit *expression* sowohl eine nicht näher bestimmte expressive Qualität der Komposition oder Interpretation gemeint sein kann (etwa im Sinne einer ausdrucksvollen Melodie oder eines ausdrucksvollen Spiels (vgl. z. B. Avison 1752; Twining 1789, 49, Anm. s) als auch die Darstellung bestimmter Affekte oder Gemütsbewegungen (vgl. z. B. Beattie 1776, 125–126; 133–134). Insgesamt bleibt der Begriff in den genannten Schriften vage und dient vor allem als Gegenbegriff zum Begriff der Nachahmung, von dem er allerdings nur unscharf abgegrenzt wird. Twinings These, dass *expression* bei Avison und Beattie genau das bedeute, was Aristoteles als *mimesis* bezeichne, nämlich eine affektive Wirkung auf der Basis einer Ähnlichkeitsrelation (Twining 1789, 46–48), entspricht im Großen und Ganzen dem übereinstimmenden Ergebnis der Forschung: Der Ausdrucksbegriff der britischen Musiktheoretiker geht kaum über den traditionellen Nachahmungsbegriff hinaus und darf insbesondere nicht im Sinne eines spontanen, individuellen Gefühlsausdrucks missverstanden werden (vgl. Schueller 1948, 563; Formigari 1962, 111–112; Neubauer 1986, 152–157; zur Verwendung der Begriffe ‚Nachahmung' und ‚Ausdruck' im Deutschen auch Forchert 1988, 44–46).

2.2. Roman

Deutlicher als in den theoretischen Schriften zur Musikästhetik zeichnet sich die Tendenz zur Individualisierung des Gefühlsausdrucks in den empfindsamen Romanen des späten 18. Jahrhunderts ab. Ruth Müller hat die Musikbeschreibungen in einer repräsentativen Auswahl literarisch eher zweitrangiger, aber breit rezipierter deutschsprachiger Romane analysiert und gezeigt, dass Musikszenen in den Romanen ab ca. 1770 zunehmend narrativ integriert sind und dazu dienen, die innere Entwicklung der Protagonisten darzustellen und voranzutreiben. Besonders in Situationen der Melancholie und des Verliebtseins tritt Musik – oft rein instrumentale Kammermusik – an die Stelle der Wortsprache, die sie als Medium des unmittelbaren Gefühlsausdrucks an Intensität und Authentizität übertrifft (vgl. Müller 1989, 111). In Johann Martin Millers wirkungsmächtigem Roman *Siegwart. Eine Klostergeschichte* von 1776 z. B. entwickelt und festigt sich die Freundschaft zwischen Siegwart und Kronhelm im zweisamen Violinspiel; ihre Seelenverwandtschaft offenbart sich im Gleichklang der Instrumente: „Sie sassen bey einander, bis die Dämmerung anbrach; dann spielten sie ein Duett, alle Töne schmolzen in einander, wie ihre Seelen, und wurden Eins." (Miller 1971 [1776], I, 208; vgl. Müller 1989, 41) In melancholischen Momenten phantasiert Siegwart einsam auf der Violine (Miller 1971 [1776], II, 565). Er kann in seiner Verliebtheit nur „eine wildschwärmerische Symphonie" des Mannheimer Komponisten Anton Filtz genießen, der „[s]eine besten Stücke [...] in der rasendsten Liebe gemacht" haben soll (II, 572–573, vgl. Müller 1989, 49), und sein Adagio-Spiel wird in Gegenwart der angebeteten Mariane „die rührendste Klage, und das wehmüthigste Selbstgespräch", das „sein eignes, liebeskrankes Herz [...] zu halten" scheint (Miller 1971 [1776], II, 627–628; vgl. Müller 1989, 50).

Mit der These, dass sich im späten 18. Jahrhundert „die grundstürzende Erneuerung der Auffassung von Musik" nicht in der ästhetischen Theorie, sondern „[i]n der literarischen Musikbeschreibung" ereigne (Müller 1989, 15), knüpft Müller an Beobachtungen von Carl Dahlhaus an: Wie Dahlhaus gezeigt hat, finden sich in Karl Philipp Moritz' *Andreas Hartknopf* (1785) und Jean Pauls *Hesperus* (1795) neben typischen Elementen der Empfindsamkeit auch Formulierungen, die auf die romantische Musikästhetik vorausweisen (vgl. Dahlhaus 1978, 62–67; Dahlhaus 1988, 30–32). Dahlhaus' Erkenntnisinteresse gilt hier allerdings nicht der Ausdrucksästhetik und ihrer Vorgeschichte, sondern der romantischen Werkästhetik und Kunst-Metaphysik, d. h. dem, was Dahlhaus mit einem von Richard Wagner geprägten Begriff als die Idee oder das Paradigma der absoluten Musik bezeichnet (vgl. Dahlhaus 1978). Die Herausbildung dieses Paradigmas um 1800 impliziert eine Aufwertung der Instrumentalmusik gegenüber der Vokalmusik und eine Abkehr von der traditionellen Vorstellung, Musik könne und solle ganz bestimmte Affekte erregen bzw. darstellen (vgl. in diesem Sinne z. B. noch Beattie 1776, 147–151 und Forkel 1788, 6–9; 13 u. ö.; dazu auch III.5 KRONES): „Was als Mangel empfunden worden war, die Unbestimmtheit der Instrumentalmusik, wurde zu einem Vorzug umgedeutet." (Dahlhaus 1978, 64) In Moritz' allegorischem Roman *Andreas Hartknopf* wird das Flötenspiel zunächst als kunstvolle „Sprache der Empfindungen" eingeführt, durch die Hartknopf aufgrund einer „Ähnlichkeit zwischen den Zeichen und der bezeichneten Sache" (Moritz 1785, 588) „auf die Leidenschaften zu wirken" vermag (Moritz 1785, 587).

Diesen Zusammenhängen versucht Hartknopf mit Beobachtungen zu den „Veränderungen des Pulsschlags bei den verschiedenen Veränderungen der Leidenschaften" auf die Spur zu kommen (Moritz 1785, 588–589). Neben solchen aufklärerisch-empfindsamen Überlegungen, die ein empirisch fundiertes „Alphabet der Empfindungssprache" in Aussicht stellen, deutet sich in derselben Textpassage aber auch eine Musikästhetik an, die den „wunderbaren Effekt" der Musik auf die Seele gerade mit dem Dunklen und Unbestimmten identifiziert und als „unbeschreibliche Wehmut" in die Sphäre des Unsagbaren erhebt (Moritz 1785, 589). Im „19. Hundsposttag" von Jean Pauls *Hesperus* wird die Aufführung einer Symphonie von Carl Stamitz beschrieben, deren Töne nicht nur „die drückenden Tränen von der vollen Seele" lösen, sondern auch eine namen- und gegenstandslose Sehnsucht aussprechen, die der Hörende „in jammerndem Entzücken" als die eigene erkennt (Jean Paul SW 1.1, 776; vgl. Dahlhaus 1978, 66 sowie ausführlicher Cloot 2001, 218–223).

2.3. Neuere Forschung: zwischen Rhetorik und Neurophysiologie

Während es in den bisher erwähnten Untersuchungen zur Musikästhetik des 18. Jahrhunderts vor allem darum ging, die Vorgeschichte romantischer Konzepte des Ausdrucks oder der ‚absoluten Musik' zu rekonstruieren, ist das Problem der Periodisierung in der jüngeren Forschung zugunsten sprachphilosophischer, anthropologischer, wissenschaftshistorischer und intermedialitätstheoretischer Fragestellungen in den Hintergrund gerückt. So fragt Barbara Naumann in ihrer kritischen Analyse der Ausdruckstheorie Johann Nikolaus Forkels und ihrer literarischen Verarbeitung in Wilhelm Heinrich Wackenroders und Ludwig Tiecks *Herzensergießungen eines kunstliebenden Klosterbruders* (1796) nicht nach dem Verhältnis des Ausdruckskonzepts zu alternativen ästhetischen Paradigmen, sondern nach den Aporien, in die das Streben nach unmittelbarem, individuellem Ausdruck gerät, sobald es mit dem „Käfig der Kunstgrammatik", d. h. mit der Allgemeinheit und Konventionalität des musikalischen Zeichensystems konfrontiert wird (Naumann 1990, 8–58). Andreas Käuser dagegen betrachtet die Theorien des musikalischen Ausdrucks von Tieck/Wackenroder, Johann Jakob Engel, Karl Philipp Moritz, Johann Gottfried Herder u. a. vor dem Hintergrund anthropologischer Diskurse des 18. Jahrhunderts und betont die synästhetische Verbindung von musikalischem und gestischem Ausdruck, die eine bruchlose Übersetzung akustischer in visuelle Zeichen ermögliche: In der „mediale[n], zeichentheoretische[n] Einheit von Geste und Klang" manifestiere sich „die anthropologische Einheit des Menschen" (Käuser 1999, 200).

Im Kontext diskursanalytischer und kulturwissenschaftlicher Forschungsparadigmen verlor das an einem emphatischen Subjektivitäts- und Autorbegriff haftende produktionsästhetische Konzept des musikalischen Ausdrucks an Bedeutung, so dass wirkungsästhetischen Konzepten des 18. und frühen 19. Jahrhunderts auch über die barocke Tradition der musikalischen Rhetorik hinaus neue Aufmerksamkeit zuteil wurde. Mit unterschiedlichen Schwerpunkten haben Caroline Torra-Mattenklott (2002), Caroline Welsh (2003) und Nicola Gess (2006) die ästhetischen, philosophischen, literarischen und medizinischen Diskurse analysiert, die zur Beschreibung, zur wissenschaftlichen Erklärung und zur rationalen Kontrolle der *Gewalt der Musik* (Gess) ins Werk gesetzt wurden. Neben Theorien, die den Sprachcharakter der Musik betonen, gerieten dabei auch mechanistische und neurophysiologische Denkmodelle in den Blick: Parallel zur rhetorischen Tradition kursieren während des gesamten 18. Jahrhunderts Theorien der Affekte, Empfindungen und Stimmungen, die in der Nachfolge Athanasius Kirchers und René Descartes' die Wirkungen der Musik auf Körper und Seele mit den sympathetischen Vibrationen von Körperflüssigkeiten und Nervenfasern erklären (vgl. Torra-Mattenklott 2002, 82–97; 349–356; Welsh 2006, 29–70). In einigen Abhandlungen zur Musikästhetik gelangen rhetorische, affektdynamische und physiologische Erklärungsmodelle kombiniert zur Anwendung (vgl. z. B. Levesque de Pouilly 1747; Krause 1752; Webb 1769). Metaphern und spekulative medizinische Theorien gehen dabei oft fließend ineinander über, so dient z. B. das Bild der Saite, die durch Luftvibrationen in sympathetische Schwingungen versetzt wird, als Modell für die Übertragung musikalischer Schwingungen auf die Blutgefäße im Ohr (Krause 1752, 79) bzw. auf die Nervenflüssigkeit (Boissier de Sauvages 1754, 25–26).

3. Ausgewählte Theorien

3.1. Rousseau

Die differenzierteste und umfassendste Theorie der Musik als Sprache der Leidenschaften findet sich in den Schriften Jean-Jacques Rousseaus und Johann Gottfried Herders zum Ursprung der Sprache (Rousseau ŒC 5 371–429; Herder W 1, 695–810). Rousseaus postum publizierter *Essai sur l'origine des langues* entstand als Seitenstück seines *Discours sur l'origine et les fondements de l'inégalité parmi les hommes* (1755); er verbindet Rousseaus Sprach- und Gesellschaftstheorie mit seiner Musikästhetik. In einer gegen Jean-Philippe Rameau und dessen Harmonielehre gerichteten Polemik setzt Rousseau der mechanistischen Theorie, nach der die emotionale Wirkung der Musik mit der Erschütterung der Nervenfibern durch akustische Schwingungen zu erklären ist, eine musikalische Semiotik entgegen (Rousseau ŒC 5, 417), die auf einer anthropologischen Theorie der Sprachentstehung basiert: Nach Rousseau waren die ersten Sprachen der Menschheit ein Produkt der Leidenschaften (*passions*), die den Menschen die ersten Laute entlockten und ihnen eine unsystematische, aber poetische, von bildhaften Wendungen und Redefiguren durchsetzte Ausdrucksweise diktierten. Diese hypothetische Sprache des Ursprungs ist zugleich Dichtung und Gesang; sie ist wie das Altgriechische oder Chinesische durch Tonhöhenakzente gekennzeichnet, die den natürlichen Stimmfall des Schreis oder der Klage imitieren und dadurch das Herz des Adressaten rühren: „[...] pour émouvoir un jeune cœur, pour repousser un agresseur injuste la nature dicte des accens, des cris, des plaintes: voila les plus anciens mots inventés, et voila pourquoi les premières langues furent chantantes et passionnées avant d'être simples et méthodiques." [[...] um ein junges Herz zu rühren, um einen ungerechten Angreifer zurückzustoßen, diktiert die Natur Akzente, Schreie, Klagen: So wurden die ersten Worte erfunden, und so erklärt sich, warum die ersten Sprachen singend und leidenschaftlich waren, bevor sie einfach und systematisch wurden.] (ŒC 5, 380–381; vgl. auch 390–393) Ihren Ausgang nahm die Sprachentwicklung Rousseau zufolge bei den nomadischen Hirtenvölkern des Südens, die sich zur Tränkung des Viehs am Brunnen versammelten, familiäre Gemeinschaften bildeten und von den Regungen der Liebe zu Versen und Gesängen angeregt wurden (400–407; 410). Migrationsbewegungen, klimatische Unterschiede, materielle Bedürfnisse und die Regulierung des Sprachsystems durch die Schrift führten laut Rousseau später zur Ausdifferenzierung der Sprachen und zur getrennten Entwicklung von Sprache, Dichtung und Musik, mit der Folge, dass die Sprachen sich von ihren expressiven Wurzeln entfernten und den Erfordernissen des Verstandes anpassten (384–388).

Einen analogen Verlust an expressiver Energie attestiert Rousseau der Musik: Die Ausbildung musikalischer Kunstregeln und die Emanzipation der Musik von der Sprache habe bereits in der griechischen und römischen Antike zu einer Degeneration ihrer Wirkkraft geführt, die durch die Völkerwanderungen der Spätantike und die damit einhergehende Verbreitung der konsonantenreichen, ‚unmusikalischen' germanischen Sprachen auf katastrophale Weise beschleunigt worden sei (424–426). Den Abschluss dieser Verfallsgeschichte sieht Rousseau in der neuzeitlichen Entwicklung der Mehrstimmigkeit und der Harmonik: In dem Maße, in dem die Melodik nicht mehr von der Sprache, sondern von der harmonischen Fortschreitung bestimmt werde, verliere sie die Verbindung zu ihrem expressiven Ursprung und somit auch die Voraussetzung ihrer emotionalen Wirkung (426–427). Rousseaus Gegenüberstellung der harmoniebetonten, von ungelenken, geräuschhaften und nasalen Stimmen artikulierten Musik des

Nordens und der ursprünglichen monodischen, vokalreichen Musiksprache des Südens reflektiert sowohl seine zivilisationskritische Geschichtsphilosophie als auch seine Position im Buffonistenstreit (*Querelle des Bouffons*). In der Auseinandersetzung zwischen den Anhängern der französischen *Tragédie lyrique* und den Bewunderern der neuen italienischen *Opera buffa* verfocht Rousseau vehement die Position der italienischen Oper, die sich in ihrer Schlichtheit und melodischen Expressivität seiner Ansicht nach dem Ideal des natürlichen Ausdrucks, d. h. der leidenschaftlichen Sprache des Ursprungs annäherte (vgl. Rousseau ŒC 5, 287–328).

Die argumentative Stärke des *Essai* liegt nicht zuletzt in der Virtuosität, mit der Rousseau verschiedene diskursive Traditionen neu interpretiert und in den Dienst seiner philosophischen Anthropologie, Zivilisationskritik und Musikästhetik stellt. Zahlreiche Elemente seiner Sprachtheorie sind in der antiken bzw. der klassischen französischen Rhetorik und Dichtungstheorie vorgeprägt. So geht die Theorie der ursprünglichen Einheit von Dichtung und Gesang sowie der Vorgängigkeit der Dichtung im Verhältnis zur Prosa auf den griechischen Geschichtsschreiber und Geographen Strabon zurück (*Geographika*, I 2, 6, p. 18C.). Die in der Schrift *Vom Erhabenen* (Περὶ ὕψους) des Pseudo-Longinos formulierte affekttheoretische Begründung der Tropen und Figuren fand in Frankreich durch Boileaus Longin-Übersetzung (1674) Verbreitung und nimmt u. a. in der Rhetorik des Oratorianers Bernard Lamy (1675) großen Raum ein, auf die auch Gottsched in seinem *Versuch einer critischen Dichtkunst* Bezug nimmt (vgl. zur frz. Tradition der Affektrhetorik Behrens 1982; weitere Quellen in Ulrich Gaiers Stellenkommentar zu Herder W 1, 1311; zu Gottsched und Lamy vgl. Till 2006, 295). Mit Bezug auf die sprachphilosophische Diskussion des 18. Jahrhunderts und ihre antiken Quellen hat der Sprachwissenschaftler und Semiologe Jürgen Trabant (1991, 2–3) vorgeschlagen, das „Sprachsingen" als Element einer „histoire sérielle" zu betrachten, zu der vor Rousseau und Herder auch schon Giambattista Vico (1725/1744) und Étienne Bonnot de Condillac (1746) beigetragen haben.

3.2. Herder

Während Rousseau die Entstehung der Sprache primär mit ihrer expressiven und pragmatischen Funktion begründet, steht im Zentrum von Herders *Abhandlung über den Ursprung der Sprache* ihre kognitive Funktion (vgl. Trabant 1991, 5). Was den Menschen als sprachschaffendes Wesen vom Tier unterscheidet, ist nach Herder die „Besonnenheit", die es ihm ermöglicht, aus der Fülle seiner Sinneswahrnehmungen ein Merkmal abzusondern und als „innerliches Merkwort" auf einen Gegenstand zu beziehen (Herder W 1, 722–724). In Herders hypothetischer Sprachursprungsszene ist dieses Merkmal ein akustisches, das Blöken des Schafs, das als *pars pro toto* für das Schaf als Ganzes steht (Herder W 1, 723; 734; 737). Die Sprache der Leidenschaften wird dagegen zu Beginn der *Abhandlung* als ein vorsprachliches, in der tierischen Natur des Menschen angelegtes ‚Tönen' eingeführt, das darauf ausgerichtet ist, bei Artgenossen sympathetische Reaktionen auszulösen, so wie eine klingende Saite eine andere, gleichgestimmte, in Schwingung versetzt (Herder W 1, 697–698). Der Anteil dieser unwillkürlichen, mechanischen Lautäußerungen an der Sprachschöpfung erschließt sich erst in einem späteren Argumentationsschritt. Sie kommen ins Spiel, wenn es um die Frage geht, wie der Mensch „eine Sprache, wo ihm kein Ton vortönte", erfinden konnte (Herder W 1, 743): „Da [...] *alles Gefühl* aber nach einem Empfindungsgesetz der tierischen Natur *unmittelbar* seinen *Laut hat*; so werde dieses Gefühl nur zum *Deutlichen eines* Merkmals erhöht: so ist das *Wort zur äußern Sprache* da." (Herder W 1, 746) Herder macht sich hier die unscharfe begriffliche Abgrenzung von Leidenschaft, Empfindung und Gefühl zunutze, um die Sprache der Leidenschaften durch das Spiel der Synonyme unmerklich in eine Sprache der Empfindungen und Gefühle zu verwandeln, so dass am Ende nicht nur jeder Schmerz und jede Gemütsbewegung, sondern jede innere oder äußere Sinneswahrnehmung unmittelbar oder durch synästhetische Übertragung einen Ton auslöst. In den Wortstämmen und Dichtungen der alten orientalischen Sprachen, so Herder, ist dieser affektive Ursprung noch wahrnehmbar (Herder W 1, 701; 751), und auf Personen mit empfindsamen Gemütern wirkt der „Ton der Empfindung" in einfachen Melodien und Romanzen auch in der Gegenwart noch stärker als Worte und Begriffe (Herder W 1, 707).

Ausführlichere Überlegungen zur Geschichte der musikalischen Wirkung, wie sie sich in Rousseaus *Essai* finden, hat Herder in früheren Texten angestellt, vor allem in den Fragmenten einer Abhandlung über die Ode (1764/1765) und im *Vierten Kritischen Wäldchen* (1769). Das *Vierte Kritische Wäldchen* entwirft eine Ästhetik des Tons, eine „Pathetik aller einfachen Musikalischen Akzente" (Herder W 2, 350), die auf der neurophysiologisch begründeten Klangqualität einzelner Töne (Herder W 2, 343) und ihrer Beziehung zu den Affekten basiert. Wie Rousseau, so bewertet auch Herder die mehrstimmige Musik als eine Verfallserscheinung, die auf eine progressive Schwächung und Vergröberung des Gefühls zurückzuführen ist: Während die Völker des Altertums „die wahren Akzente der Natur" gewohnt gewesen seien und deshalb „das Element des Schalles, den Ton", empfunden hätten, höre der moderne Mensch nur noch „das Aggregat der Töne, Schall" (Herder W 2, 352). Allein die „halbsingende Sprache der Italiener" vereinige sich in der Gegenwart „mit ihrer Natur zur *fühlbaren* Tonkunst": „Sie sprechen und hören und fühlen Silbertöne; wo andre rauhere Völker, die nur Schälle reden, auch nur Schälle hören können." (Herder W 2, 353)

Herders Fragmente einer Abhandlung über die Ode enthalten im Kontext dichtungstheoretischer Überlegungen auch Elemente einer Theorie und Geschichte des musikalischen Ausdrucks, die in engem Zusammenhang mit den semiotischen Thesen der Sprachursprungsabhandlung stehen. Unter den Begriff ‚Ode' fasst Herder neben den gemeinhin unter diese Gattungsbezeichnung fallenden antiken und neuzeitlichen Gedichten und Gesängen auch andere lyrische Formen, so dass seine Ausführungen zur Gattungstheorie der Ode sich immer wieder zu einer allgemeinen Theorie der Dichtkunst ausweiten. Den roten Faden, der sich durch die Dispositionen, Entwürfe und Fragmente zieht, bildet daher weniger die Form der Ode selbst als die Perspektive, unter der sie zum Thema wird, d. h. ihr Verhältnis zu den Empfindungen und Leidenschaften. Nach Herders Definition ist die Ode „eine Sprache der Empfindung:) [sic!] Entweder weil sie Empfindung ausdrückt, oder weil sie sie erregen will" (Herder W 1, 67), oder auch „[d]as erstgeborne Kind der Empfindung, der Ursprung der Dichtkunst, und der Keim ihres Lebens" (Herder W 1, 78). Die ursprüngliche „Ode der Natur", deren Entstehung Herder wie den Ursprung der Sprache im Orient lokalisiert, gleicht dem expressiven ‚Sprachsingen' der Völker des Südens in Rousseaus *Essai*; sie „bestürmt" den Menschen „in allen 3 Abmessungen der Schönheit, durch Tanz, und Musik, und Poesie" (Herder W 1, 72; 78–79; 73): „Ein rasender Naturmensch, wird hüpfen, unartikuliert tönen, deklamieren mit den natürlichen Akzenten, und eben durch dies Unregelmäßige rühren." (Herder W 1, 72) Ebenso wenig wie die Sprache des Ursprungs mit dem mechanischen Tönen des Affekts verwechselt werden darf, ist die „Naturode" (Herder W 1, 73) jedoch unmittelbarer Ausdruck der Empfindung. Als Gedicht ist sie, so Herder, vielmehr immer schon Kunst; sie fasst in Worte und vermittelt dem Publikum, was der Dichter empfunden hat, im Affekt selbst aber nicht hätte ausdrücken können (Herder W 1, 66–68; 90). Im Laufe der Menschheitsgeschichte erhöht sich die Distanz der Dichter zum Affekt; die eigene Empfindung wird zusehends durch Nachahmung, Phantasie, Kunstfertigkeit und theoretische Reflexion ersetzt, bis die Ode sich dem „kalte[n] Lehrgedicht" annähert (Herder W 1, 89).

3.3. Kant, Hanslick

An ein vorläufiges Ende gelangt die ästhetische Theorie der Musik als Sprache der Leidenschaften und Empfindungen mit Kants *Kritik der Urteilskraft*, die das Schöne als Gegenstand eines interesselosen Wohlgefallens definiert und „Reiz und Rührung" aus der Sphäre des Ästhetischen ausschließt (Kant WA 10, §§ 2–7; § 12; vgl. Forchert 1988 sowie Torra-Mattenklott 2002, 11–16). In Kants Urteil, der Geschmack sei „jederzeit noch barbarisch, wo er die Beimischung der *Reize* und

Rührungen zum Wohlgefallen bedarf" (WA 10, § 13, B 38), klingt allerdings – wenn auch unter veränderten Vorzeichen – ein Echo der anthropologischen Affekt-Theorien Rousseaus und Herders nach. Eine an Kant anknüpfende kritische Auseinandersetzung mit der „Gefühlsästhetik" des 18. Jahrhunderts sowie mit deren Fortsetzung durch Richard Wagner findet sich in Eduard Hanslicks Abhandlung *Vom Musikalisch-Schönen* (Hanslick 1980 [1854], 14), die auch eine Sammlung einschlägiger Definitionen aus musiktheoretischen Abhandlungen des 18. und frühen 19. Jahrhunderts enthält (Hanslick 1980 [1854], 16–19). Der ‚subjektiven', d. h. wirkungs- bzw. ausdrucksästhetischen Auffassung, dass Musik Affekte oder Empfindungen erregen oder darstellen solle, setzt Hanslick den Versuch entgegen, das Schöne ‚objektiv' als eine Eigenschaft der musikalischen Form zu bestimmen (2). Dabei werden die affektiven Wirkungen der Musik und die Möglichkeit, das „Dynamische" der Affekte in musikalische Strukturen zu übersetzen (Hanslick 1980 [1854], 26), keineswegs geleugnet. Was Hanslick kritisiert, ist vielmehr die „pathologische" Rezeptionshaltung derer, die „das Elementarische der Musik in passiver Empfänglichkeit auf sich wirken lassen", statt in einem bewussten Akt der ästhetischen Kontemplation die „eigentümliche künstlerische Gestaltung einer Komposition" zu erfassen (Hanslick 1980 [1854], 121). Gegenüber dieser „kontemplativen [...] Form des Hörens" fallen nach Hanslick „der rohe Affekt des Wilden und der schwärmende des Musik-Enthusiasten in Eine Klasse" (Hanslick 1980 [1854], 132). Das von Rousseau und Herder anthropologisch begründete Rezeptionsideal des 18. Jahrhunderts wird bei Hanslick in einen Hörertypus transformiert, der unter der Bezeichnung des „emotionalen Hörer[s]" noch in Theodor W. Adornos Musiksoziologie zu finden ist (Adorno GS 14, 185).

Literatur

Adelung, Johann Christoph. *Grammatisch-kritisches Wörterbuch der Hochdeutschen Mundart, mit beständiger Vergleichung der übrigen Mundarten, besonders aber der Oberdeutschen.* 4 Bde. Leipzig: Breitkopf, 1793–1801.
Adorno, Theodor W. „Einleitung in die Musiksoziologie. Zwölf theoretische Vorlesungen" [1962]. *Gesammelte Schriften 14: Dissonanzen. Einleitung in die Musiksoziologie* (=GS 14). Hrsg. von Rolf Tiedemann. Frankfurt am Main: Suhrkamp, 1973. 169–433.
Avison, Charles. *An Essay on musical expression.* London: C. Davis, 1752.
Bach, Carl Philipp Emanuel. *Versuch über die wahre Art, das Clavier zu spielen.* Erster und zweiter Teil. Faksimile-Nachdruck der 1. Aufl., Berlin 1753 u. 1762. Hrsg. von Lothar Hoffmann-Erbrecht. Wiesbaden: Breitkopf & Härtel, 1986 (Lizenzausgabe mit Genehmigung der Originalverlags Leipzig: VEB Breitkopf & Härtel Musikverlag).

Beattie, James. *Essays on poetry and music, as they affect the mind; on laughter, and ludicrous composition; on the usefullness of classical learning*. 3rd ed. London: printed for E. and C. Dilly, and W. Creech, 1779 [1776].

Behrens, Rudolf. *Problematische Rhetorik. Studien zur französischen Theoriebildung der Affektrhetorik zwischen Cartesianismus und Frühaufklärung*. München: Fink, 1982.

Boissier [de la Croix] de Sauvages, [François]. *Dissertation où l'on recherche comment l'air, suivant ses différentes qualités, agit sur le corps humain*. Bordeaux: chez la veuve de Pierre Brun, 1754.

Cloot, Julia. *Geheime Texte. Jean Paul und die Musik*. Berlin: De Gruyter, 2001.

Condillac, Etienne Bonnot de. *Essai sur l'origine des connaissances humaines*. Hrsg. von Jean-Claude Pariente und Martine Pécharman. Paris: Vrin, 2014 [1746].

Dahlhaus, Carl. *Klassische und romantische Musikästhetik*. Laaber: Laaber, 1988.

Eggebrecht, Hans Heinrich. „Das Ausdrucks-Prinzip im musikalischen Sturm und Drang" [1955]. *Musikalisches Denken: Aufsätze zur Theorie und Ästhetik der Musik*. Wilhelmshaven: Heinrichshofen, 1977. 69–111.

Forchert, Arno. „Vom ‚Ausdruck der Empfindung' in der Musik". *Das Musikalische Kunstwerk: Geschichte – Ästhetik – Theorie. FS Carl Dahlhaus zum 60. Geburtstag*. Hrsg. von Hermann Danuser. Laaber: Laaber, 1988. 39–50.

Forkel, Johann Nikolaus. *Allgemeine Geschichte der Musik*. 2 Bde. Leipzig: Schwickert, 1788–1801.

Formigari, Lia. „Sulla genesi del concetto di espressione. Il Settecento inglese". *Revue internationale de philosophie* 59 (1962): 101–115.

Gess, Nicola. *Gewalt der Musik. Literatur und Musikkritik um 1800*. Freiburg im Breisgau: Rombach, 2006.

Grimm, Jacob und Wilhelm. *Deutsches Wörterbuch*. 16 Bde in 32 Teilbänden. Leipzig: Hirzel, 1854–1961.

Hamilton, John T. *Music, Madness, and the Unworking of Language*. New York: Columbia University Press, 2008.

Hanslick, Eduard. *Vom Musikalisch-Schönen. Ein Beitrag zur Revision der Ästhetik der Tonkunst* [1854]. 20. Aufl. Wiesbaden: Breitkopf & Härtel, 1980.

Harris, James. *Three Treatises. The First Concerning Art. The Second Concerning Music, Painting, and Poetry. The Third Concerning Happiness*. London: H. Woodfall jun., 1744.

Herder, Johann Gottfried. „Von der Ode (Dispositionen, Entwürfe, Fragmente)" [1764/1765]. *Werke 1: Frühe Schriften 1764–1772* (=W 1). Hrsg. von Ulrich Gaier. Frankfurt am Main: Deutscher Klassiker Verlag, 1985. 57–99.

Herder, Johann Gottfried. „Abhandlung über den Ursprung der Sprache" [1772]. *Werke 1: Frühe Schriften 1764–1772* (=W 1). Hrsg. von Ulrich Gaier. Frankfurt am Main: Deutscher Klassiker Verlag, 1985. 695–810.

Herder, Johann Gottfried. „Kritische Wälder oder Betrachtungen über die Wissenschaft und Kunst des Schönen. Viertes Wäldchen über Riedels Theorie der schönen Künste" [1769]. *Werke 2: Schriften zur Ästhetik und Literatur 1767–1781* (=W 2). Hrsg. von Gunter E. Grimm. Frankfurt am Main: Deutscher Klassiker Verlag, 1993. 247–442.

Jean Paul. „Hesperus" [1795]. *Sämtliche Werke 1.1* (=SW 1.1). Hrsg. von Norbert Miller. Lizenz-Ausg. für die WBG. Darmstadt: Wissenschaftliche Buchgesellschaft, 2000. 471–1236.

Kant, Immanuel. *Werkausgabe 10: Kritik der Urteilskraft* [1790] (=WA 10). Hrsg. von Wilhelm Weischedel. 10. Aufl. Frankfurt am Main: Suhrkamp, 1989.

Käuser, Andreas. *Schreiben über Musik. Studien zum anthropologischen und musiktheoretischen Diskurs sowie zur literarischen Gattungstheorie*. München: Fink, 1999.
Krause, Christian Gottfried. *Von der musikalischen Poesie*. Berlin: Voß, 1752.
Lamy, Bernard. *La rhétorique ou l'art de parler* [1675/1715]. Edition critique avec introduction et notes de Christine Noille-Clauzade. Paris: Honoré Champion, 1998.
Levesque de Pouilly, [Jean-Louis]. *Théorie des sentimens agréables*. Genève: Barrillot & fils, 1747. Genève: Slatkine Reprints, 1971.
Mattheson, Johann. *Der vollkommene Capellmeister*. Faksimile-Nachdruck der Ausgabe Hamburg 1739. Hrsg. von Margarethe Reimann. 5. Aufl. Kassel i. a.: Bärenreiter, 1991.
Miller, Johann Martin. *Siegwart. Eine Klostergeschichte*. Faksimile-Druck nach der Ausgabe Leipzig 1776 mit einem Nachwort von Alain Faure. 2 Bde. Stuttgart: Metzler, 1971.
Moritz, Karl Philipp. „Andreas Hartknopf. Eine Allegorie" [1785]. *Werke in zwei Bänden 1: Dichtungen und Schriften zur Erfahrungsseelenkunde*. Hrsg. von Heide Hollmer und Albert Meier. Frankfurt am Main: Deutscher Klassiker Verlag, 1999. 519–666.
Müller, Ruth. *Erzählte Töne. Studien zur Musikästhetik im späten 18. Jahrhundert*. Stuttgart: Steiner, 1989.
Naumann, Barbara. *„Musikalisches Ideen-Instrument". Das Musikalische in Poetik und Sprachtheorie der Frühromantik*. Stuttgart: Metzler, 1990.
Neubauer, John. *The Emancipation of Music from Language. Departure from Mimesis in Eighteenth-Century Aesthetics*. New Haven und London: Yale University Press, 1986.
Quantz, Johann Joachim. *Versuch einer Anweisung die Flöte traversière zu spielen*. Reprint der Ausgabe Berlin 1752. Mit einem Vorwort von Hans-Peter Schmitz und einem Nachwort, Bemerkungen, Ergänzungen und Registern von Horst Augsbach. München: dtv; Kassel: Bärenreiter, 1992.
Rousseau, Jean-Jacques. „Lettre sur la musique françoise" [1753]. *Œuvres complètes 5: Écrits sur la musique, la langue et le théâtre* (=ŒC 5). Hrsg. von Bernard Gagnebin, Marcel Raymond et al. Paris: Gallimard, 1995. 287–328.
Rousseau, Jean-Jacques. „Essai sur l'origine des langues" [1761/1781]. *Œuvres complètes 5: Écrits sur la musique, la langue et le théâtre* (=ŒC 5). Hrsg. von Bernard Gagnebin, Marcel Raymond et al. Paris: Gallimard, 1995. 371–429.
Scheibe, Johann Adolph (Hrsg.). *Der critische Musicus*. 2 Bde. Hamburg: Beneke, 1738–1740.
Schubart, Christian Friedrich Daniel. *Gesammelte Schriften und Schicksale 6*. Stuttgart: Scheible, 1839 [postum erschienen].
Schueller, Herbert M. „,Imitation' and ,Expression' in British Music Criticism in the 18th Century". *Musical Quarterly* 34 (1948): 544–566.
Stenzel, Jürgen. „,Si vis me flere...' – ,Musa iocosa mea'. Zwei poetologische Argumente in der deutschen Diskussion des 17. und 18. Jahrhunderts". *Deutsche Vierteljahrsschrift für Literaturwissenschaft und Geistesgeschichte* 48 (1974): 650–671.
Strabon. *Geographika 1: Prolegomena, Buch I–IV: Text und Übersetzung*. Mit Übersetzung und Kommentar hrsg. von Stefan Radt. Göttingen: Vandenhoeck & Ruprecht, 2002.
Sulzer, Johann Georg. *Allgemeine Theorie der schönen Künste in einzeln, nach alphabetischer Ordnung der Kunstwörter auf einander folgenden, Artikeln*. 2 Bde. Leipzig: M. G. Weidemanns Erben und Reich, 1771–1774.
Till, Dietmar. *Das doppelte Erhabene. Eine Argumentationsfigur von der Antike bis zum Beginn des 19. Jahrhunderts*. Tübingen: Niemeyer, 2006.
Torra-Mattenklott, Caroline. *Metaphorologie der Rührung. Ästhetische Theorie und Mechanik im 18. Jahrhundert*. München: Fink, 2002.

Trabant, Jürgen. „*Parlare cantando*: Language singing in Vico and Herder". *New Vico Studies* 9 (1991): 1–16.
Twining, Thomas. *Aristotle's Treatise On Poetry, Translated: With Notes On The Translation, and On The Original, and Two Dissertations, On Poetical, and Musical, Imitation*. London: [s. n.], 1789.
Vico, Giambattista. *Opere 9: La scienza nuova* [1725/1744]. Hrsg. vom Consiglio Nationale delle Ricerce, Istituto per la storia del pensiero filosofico e scientifico moderno, Sezione di Napoli „Centro di Studi Vichiani" unter der Leitung von Manuela Sanna. Roma: Edizioni di storia e letteratura, 2013.
Webb, Daniel. *Observations on the Correspondence between Poetry and Music*. London: Dodsley, 1769.
Wegmann, Nikolaus. *Diskurse der Empfindsamkeit. Zur Geschichte eines Gefühls in der Literatur des 18. Jahrhunderts*. Stuttgart: Metzler, 1988.
Welsh, Caroline. *Hirnhöhlenpoetiken. Theorien zur Wahrnehmung in Wissenschaft, Ästhetik und Literatur um 1800*. Freiburg im Breisgau: Rombach, 2003.

III.8. Lyrik als akustische Kunst
Claudia Hillebrandt

Neben einigen musikliterarischen Mischgattungen wie z. B. dem Libretto oder dem Melodram (vgl. II.2.1 STOLLBERG) gehört die Lyrik wie auch das Versepos oder das Versdrama zu den im engeren Sinne literarischen Gattungen, in denen das Spektrum der Möglichkeiten der akustischen Sprachproduktion und -verarbeitung oft und in besonderer Weise genutzt wird. Dies hat verschiedene gattungshistorische und -systematische Gründe: So ist Lyrik über weite Strecken der Geschichte der Gattung v. a. mündlich tradiert und/oder akustisch rezipiert worden, in Gattungspoetik und -theorie wurden Lyrik und Musik immer wieder als eng miteinander verbundene Kunstformen angesehen, und die gattungstypischen Tendenzen zur Kürze und Konzision bedingen oftmals ein besonderes interpretationsrelevantes Gewicht der Analyse von akustisch wahrnehmbaren sprachlichen Merkmalen für das Verständnis lyrischer Texte.

Der folgende Artikel gibt einen kurzen methodischen (Abschnitt 2) und historisch-typologisierenden Überblick über Lyrik als akustische Kunst (Abschnitt 3). Eine umfassende literaturwissenschaftliche Erschließung des Themenfeldes ‚Lyrik und Akustik' – auch und gerade in komparatistischer Perspektive – steht trotz der hohen Relevanz für Lyriktheorie und -geschichtsschreibung bisher noch aus. Zu Beginn werden kurz einige Erläuterungen zu ‚Lyrik' als Gattungsbegriff und zur Bedeutsamkeit der Akustik für die Gattung gegeben (Abschnitt 1).

1. Zum Lyrikbegriff und zur Bedeutung der Akustik für die Gattung

Eine allgemein akzeptierte Begriffsbestimmung von ‚Lyrik' liegt in der Literaturwissenschaft bisher nicht vor. Mit Rüdiger Zymner kann im Gegenteil von einem „Lyrik-Problem" gesprochen werden, von einem „Mangel an begrifflicher, systematischer wie historischer Deutlichkeit der Gattung Lyrik" (Zymner 2009, 8), das trotz verschiedener theoretischer Bemühungen der letzten Jahre beharrlich fortbesteht (vgl. hierzu z. B. Lamping 2000, Müller-Zettelmann 2000, Zymner 2009). Weite Verbreitung hat allerdings eine Minimaldefinition gefunden, derzufolge Lyrik als diejenige literarische Gattung zu fassen ist, die alle Gedichte einschließt (vgl. Burdorf 2007, 506; Fricke und Stocker 2007, 498). Charakteristisch für Gedichte wiederum sind die mündliche oder schriftliche Versrede sowie die Tatsache, dass sie nicht als Rollenspiele zum Zweck der szenischen Aufführung oder als längere Erzählungen angelegt sind (vgl. Burdorf 2007, 506 und ders. 2015, 20–21).

Insbesondere das Kriterium der mündlichen oder schriftlichen Versrede begründet die besondere gattungssystematische Relevanz der akustisch wahrnehmbaren Anteile von Sprache für die Lyrik. Als akustisch wahrnehmbar gelten in diesem Zusammenhang prinzipiell erst einmal alle tatsächlichen oder potentiellen Schallvorkommnisse, die sich bei der Performanz des Gedichtes ereignen und die auf dessen Faktur im Sinne „aller kompositionellen Eigenschaften der graphischen oder phonischen Repräsentation von potentiell bedeutungsvermittelnder Sprache" (Zymner 2009, 56) zurückgeführt werden können (vgl. für einen allgemeinen Überblick über verschiedene Klangtheorien Casati und Dokic 2012). Aus dem Kriterium der Mündlichkeit folgt die besondere Bedeutung von Performativität, Prozessualität und Stimmlichkeit für das Verständnis des Gedichts innerhalb einer nicht-zerdehnten Sprachhandlungssituation (vgl. Zymner 2009, 55); das Kriterium der Versrede verweist auf die gebundene Sprachform des Gedichts, die sich in der Regel in dessen akustischer Faktur manifestiert. Die gattungsspezifischen Tendenzen zur relativen Kürze und zur Überstrukturierung der subsemantischen Strata (vgl. Müller-Zettelmann 2000, 73–96) wiederum tragen dazu bei, dass der Analyse der akustischen Faktur von Lyrik potentiell eine besonders große Relevanz im Rahmen von Gedichtinterpretationen zukommt (zur Analyse der akustischen Faktur von Lyrik vgl. unten Abschnitt 2).

Gattungsgeschichtlich ist zu bemerken, dass Lyrik häufig oral vermittelt wurde und trotz mediengeschichtlicher Umbrüche bis heute auch vermittelt wird – immer wieder auch in vertonter Form (zu akustikbezogenen Aspekten der Gattungsgeschichte vgl. unten Abschnitt 3, speziell zur musikalischen Lyrik vertiefend Danuser 2004). In der Gattungspoetik hat dies immer wieder Anlass gegeben, über die enge Verwandtschaft von Sprache und Musik zu reflektieren (vgl. dazu II.1.1 HINDRICHS), die sich nicht zuletzt im Gattungsnamen niederschlägt: ‚Lyrik' ist etymologisch von ‚Lyra' – einem antiken, lautenartigen Saiteninstrument – abgeleitet und meinte auch in der deutschsprachigen gattungspoetologischen Reflexion beispielsweise bei Martin Opitz zunächst „getichte die man zur Music sonderlich gebrauchen kann" (Opitz [1624] nach Völker 2000, 30). Selbst in Charles Batteux' wirkmächtiger, subjektivitätstheoretischer Bestimmung von Lyrik als Nachahmung von Empfindungen ist dieser Gedanke noch enthalten, wenn Lyrik dort als „Gesang" charakterisiert wird (Batteux [1746] nach Völker 2000, 47). Auch wenn die Reflexion über das Verhältnis von Lyrik und Musik im Rahmen gattungspoetologischer Überlegungen sehr unterschiedliche Konjunkturen durchlaufen hat, so hat die Analogiebildung sich doch immer wieder als fruchtbar für Gattungspoetik und -theorie erwiesen, indem sie die besondere Bedeutung des Sprachklangs für die Lyrik unterstreicht.

2. Zur akustischen Faktur von Lyrik

Um die akustische Dimension von Lyrik zu erfassen, gilt es, eine ganze Reihe von Faktoren zu beachten: rhetorische Klangfiguren, metrische Struktur und Rhythmus, paratextuelle Rahmung und Gattungsbezug, außerdem Kontextfaktoren wie Stimme, Medium, musikalische Begleitung und Aufführungssituation. Im Falle der Analyse von Lyrikperformanzen können neben dem schriftlich fixierten Wortmaterial auch Bild- und Tondokumente, introspektiv verfahrende phänomenologische Beobachtungen, Erhebungen zur Rezeption oder aus der physikalischen Akustik übernommene Messmethoden zur Beschreibung herangezogen werden (vgl. zu entsprechenden Modellierungen zum Beispiel von Ammon 2013, Ditschke 2007, Tsur 2006).

Die literaturwissenschaftliche Lyrikanalyse geht allerdings, auch bei der Erfassung der akustischen Faktur von Gedichten, typischerweise von der Beschaffenheit des schriftlich fixierten Wortmaterials aus (vgl. zum Verhältnis von Text und Klang aus diskursgeschichtlicher Sicht II.1.2 Previšić). Hierzu sind auch die bisher differenziertesten und/oder am breitesten akzeptierten Analyseverfahren in der Lyrikforschung entwickelt worden. Ungeklärt ist allerdings, wie aus den am Text gewonnenen Einzelbeobachtungen zu schriftlich fixierten akustischen Sprachmerkmalen Zuschreibungen von Wirkungsdispositionen und Gestalt- und Ausdrucksqualitäten gerechtfertigt werden können, die ubiquitäre Phänomene in Lyrikinterpretationen darstellen (vgl. für besonders prominente Fallstudien z. B. Alewyn 1974; Detering 2008; Menninghaus 1989). Ältere, phänomenologisch ausgerichtete Beiträge, die diesen Versuch unternehmen, sind in der gegenwärtigen Analysepraxis kaum noch verbreitet (vgl. Heusler 1956; Kayser 1999; Masson 1963; Sievers 1924). Neuerdings wird in der Lyrikanalyse aber auch vereinzelt mit Messmethoden der physikalischen Akustik operiert, welche mit gestaltpsychologischen Theoremen verbunden werden, um Annahmen über die akustische Gestalt eines lyrischen Textes empirisch zu untermauern (vgl. die verschiedenen Arbeiten von Reuven Tsur, z. B. Tsur 2006 und 1998, neuerdings auch Mellmann 2008).

Im Folgenden wird ein kurzer Überblick über die textzentrierten Analysemethoden gegeben, mit deren Hilfe die akustische Faktur lyrischer Texte in der Literaturwissenschaft traditionell beschrieben wird. Grundlegend ist zu bemerken, dass diese textanalytischen Verfahren auf der Prämisse basieren, dass das schriftlich fixierte Wortmaterial als eine Art Partitur zu verstehen ist, die Hinweise auf die (intendierte bzw. potentielle) orale Performanz des Textes in der Beschaffenheit der Schriftbildfläche enthält.

2.1. Rhetorik

In der antiken Rhetorik sind eine ganze Reihe von Klangfiguren beschrieben worden, die sich typischerweise in Gedichten finden. Als wichtigste sind die Figuren zu nennen, die den gleichen oder ähnlichen Klang von Wörtern bezeichnen: Assonanz (vgl. Lausberg 1990, 361–364), Alliteration (Lausberg 1990, 885) und Reim (als Stab-, Binnen- oder Endreim). Darüber hinaus findet sich eine ganze Reihe von Klangfiguren, die dadurch bestimmt sind, dass der gleiche oder ähnliche Klang zweier Wörter in Ergänzung oder im Kontrast zur Wortsemantik steht, wie etwa Diaphore (Lausberg 1990, 333–334), Paronomasie (Lausberg 1990, 322–325) oder Polyptoton (Lausberg 1990, 325–329). Einen nicht zu den Wiederholungs- oder Kola koordinierenden Figuren gehörenden Sonderfall stellt die Lautmalerei dar, die sogenannte Onomatopoesie (Lausberg 1990, 281).

2.2. Metrum und Rhythmus

Die Metrik untersucht und beschreibt die periodische Ordnung des phonetischen Materials eines Gedichtes – sei dieses nach Silben gezählt, nach Größen geordnet oder nach Reimen gebunden (vgl. Wagenknecht 2007, 14; 30). Insgesamt lassen sich so sieben verschiedene Metrik-Typen identifizieren, die in verschiedenen Sprach- und Kulturräumen unterschiedlich realisiert wurden (vgl. Wagenknecht 30–34). Die jeweilige metrisch bestimmbare Struktur eines versifizierten Textes baut auf der natürlichen Prosodie einer Sprache auf. Dabei sind grundlegend gewichts- und nicht-gewichtssensitive Sprachen zu unterscheiden, innerhalb der gewichtssensitiven wiederum Quantitätssprachen wie etwa das Griechische und Akzentsprachen wie z. B. das Deutsche (vgl. Mellmann 2007, 90–92). Zur Ermittlung des metrischen Schemas eines deutschsprachigen Gedichtes beispielsweise gilt es Akzente, Homöophonien (Alliteration, Assonanz, Reim), Kadenzen, Silbenzahl und Zäsuren zu beachten. Je nach Traditionsbezug des untersuchten Textes und Fragehorizont der Untersuchung (z. B. systematisch-linguistische oder historisch-intentionale Perspektive) bieten sich verschiedene metrische Notationsformen „zur symbolischen Kennzeichnung von Versmaßen" an wie die Versfuß- oder die (gradierbare) Silbenakzentnotation (Wagenknecht 2007, 26; vgl. auch Mellmann 2008, 81–85). Die taktorientierte Notation erscheint nur im Falle der Analyse von Lyrikperformanzen geeignet. Das notierte metrische Schema kann durch einen skandierenden Vortrag ‚ohrenfällig' verdeutlicht werden. ‚Skansion' bezeichnet einen das metrische Schema eines Textes besonders hervorhebenden, ‚leiernden' Vortragsstil. Das metrische Schema eines Gedichts gibt einerseits Aufschluss über einen möglichen Traditionsbezug (vgl. Frank 1993), andererseits liefern aber gerade auch auffällige Abweichungen vom Schema häufig wertvolle Anhaltspunkte für die Interpretation des Gedichts. Beobachtungen zur Erfüllung, Varianz oder Durchbrechung eines bestimmten metrischen Schemas in versifizierter Rede bilden darüber hinaus oftmals die Basis für die Zuschreibung von Wirkungs- oder Ausdrucksqualitäten zu lyrischen Texten. Allerdings ist der Status solcher metrischer Analysen zwischen Interpretations- und Rezeptionstheorie noch ungeklärt, ebenso die Frage, wie differenziert die metrische Regulierung eines Verstextes tatsächlich ‚erhört' werden kann.

Neben der Erfüllung eines metrischen Schemas kann ein Gedicht auch durch einen bestimmten, gegebenenfalls davon abweichenden oder auch ohne metrische Regulierung für sich stehenden Rhythmus gekennzeichnet sein. Dessen Beschreibung ist allerdings notorisch schwierig und nach derzeitigem Forschungsstand intersubjektiv nur schwer vermittelbar (vgl. Burdorf 1997, 69–73; Mellmann 2008, 88; für eine Modellierung im Anschluss an Henri Meschonnic Lösener 1999).

2.3. Paratext

Neben der textimmanenten Beschreibung von metrisch regulierten oder rhetorisch auffälligen Klangstrukturen gilt es auch, die paratextuelle Rahmung von Gedichten in Form von Anmerkungen, Bebilderungen, Motti, Noten, Titel etc. zu beachten. Diese kann oft wichtige Hinweise auf die intendierte Performanz des Textes geben – sei es durch beigegebene metrische Schemata, Angaben zur Gattungseinordnung des Gedichts, zu einer eventuell vorgesehenen musikalischen Begleitung, zur gesprochenen oder gesungenen Darbietung, zur gewünschten Stimmqualität des Vortragenden, zur vorgesehenen Aufführungssituation, zu intendierten Ausdrucksqualitäten des Vortrags etc.

2.4. Gattungsbezug

Im Zuge der Lyrikgeschichte haben sich z. T. ganze Subgattungen herausgebildet, die durch eine besonders auffällige akustische Faktur gekennzeichnet sind. Als Extremfall ist sicherlich die Lautpoesie anzuführen (vgl. Rühm 2008), aber auch das weite Formenspektrum der musikalischen Lyrik (zum Begriff ‚musikalische Lyrik' vgl. Danuser 2004, 11–16, sowie III.12 HINRICHSEN) oder historische Sonderformen wie z. B. der barocke Redeactus sind hier zu nennen (vgl. dazu z. B. Klaj 1965 [1644–1645]).

Die Funktionen, die der akustischen Faktur eines lyrischen Textes zukommen, können vielfältiger Art sein (vgl. allgemein zu Funktionen von Lyrik Zymner 2013, Kap. 4). Hier seien überblicksartig nur die wichtigsten genannt: So bilden spezifische Versifizierungstechniken oft Traditionen innerhalb der Gattung heraus oder können Ausgangspunkt von lyrikgeschichtlichen Innovationen sein. Weiterhin dienen sie der besseren Verständlichkeit, Memorier- und damit Tradierbarkeit (vgl. III.3 HAAS/NANNI) – insbesondere in oralen Kulturen, aber auch z. B. in Kinderlyrik oder in Werbetexten. Durch eine akustisch besonders auffällige Faktur kann aber auch gerade im Gegenteil das Verständnis erschwert oder sogar eine De-Semantisierung bewirkt werden, wenn der Sprachklang die Semantik konterkariert oder in der Sprachwahrnehmung überlagert (vgl. dazu etwa die Überlegungen von Winfried Menninghaus zu Klopstocks Poetik der schnellen Bewegung in Menninghaus 1989 sowie II.2.3 WOLF und III.11 NAUMANN). Die akustische Faktur kann der Betonung oder Verstärkung von Ausdrucksqualitäten, insbesondere des Emotionsausdrucks dienen (vgl. z. B. die Brentano-Analyse in Alewyn 1974 sowie allgemein Köppe 2012) oder auch der Imitation von Musik (vgl. allgemein zur Mimesis an Musik II.2.3 WOLF), die Vertonbarkeit eines Textes befördern wie z. B. in der Lieddichtung (vgl. III.12 HINRICHSEN) oder ganz einfach schmückende Funktion haben.

3. Aspekte einer Geschichte der Lyrik unter akustischen Gesichtspunkten

Auch wenn eine umfassende historische Abhandlung zur Gattung Lyrik unter akustischem Aspekt bisher nicht vorliegt (vgl. aber für die deutschsprachige Lyrik die Einzelstudien von Schenk 2000 oder Schneider 2004), so lassen sich doch einige wichtige ‚Eckpfeiler' einer solchen Geschichte benennen, die Medienwandlungsprozesse und unterschiedliche Rezeptionssituationen ebenso zu berücksichtigen hat wie gattungspoetologische Verschiebungen und – damit eng verbunden – die Herausbildung verschiedener Subgattungen und unterschiedlicher Formen der musikalischen Lyrik.

3.1. Medienbezug und -wandel

Zunächst ist festzuhalten, dass lyrische Dichtung von der Antike bis hinein ins Mittelalter überwiegend mündlich tradiert und in der Regel mit musikalischer Begleitung dargeboten wurde (vgl. III.3 HAAS/NANNI und Müller 1996 sowie zum

Dichter-Sänger III.1 KOCH). Mediengeschichtliche Umbrüche, wie sie der Buchdruck, die Audioaufzeichnung oder die Digitalisierung darstellen, prägen die Erscheinungsweise der Gattung mit und wirken auch auf Informationsgehalt und Faktur der Texte ein. Statt einer dichotomen Gegenüberstellung von Mündlichkeit und Schriftlichkeit bzw. oraler und skripturaler Kultur ist dabei von einem je nach Produzent, Kontext, Medium und Rezipientenkreis variierenden, komplexen Wechselverhältnis von gesprochener und geschriebener Sprache auszugehen (vgl. Finnegan 1977): Der Verschriftlichungsschub zwischen 1750 und 1800 etwa „fordert die Zeitgenossen dazu heraus, das Verhältnis von Schrift, gesprochener Sprache und Literatur intensiv zu durchdenken" (Schneider 2004, 15) – mit ganz unterschiedlichen Folgen auch für die Gattung Lyrik. So lässt sich zum Beispiel für den deutschsprachigen Raum zeigen, dass und wie die an Bedeutung gewinnende Praxis der stummen Lektüre insbesondere die gattungspoetologische Reflexion über die Lyrik als einer als ursprünglich klingend angesehenen Vortragskunst anregt: Herders Tonkonzept beispielsweise privilegiert die gesprochene Sprache; in Klopstocks Metriktheorie kommt der schnellen Bewegung der Worte im Gedichtvortrag die Funktion zu, den Eindruck einer tatsächlich nicht gegebenen natürlichen Verbindung von Zeichen und Bezeichnetem hervorzurufen und damit das sinnliche Erkenntnisvermögen der Rezipienten anzusprechen; in Karl Philipp Moritz' Ausführungen zur Metrik wird Sprachklang und Metrum ein relatives Eigengewicht gegenüber der Semantik der Worte zugesprochen; August Wilhelm Schlegel rückt im Anschluss an Herder und Moritz den Wortklang in den Mittelpunkt seiner Überlegungen zur anthropologischen Fundierung der Poesie (vgl. Schneider 2004, Kapitel 2). Diese poetologischen Positionen prägen die Erscheinungsweise der lyrischen Produktion der Zeit mit – und zwar insbesondere die Schriftsubstrate (vgl. Schneider 2004, Kapitel 4). Auch in späterer Zeit lassen sich in der Lyrikgeschichte immer wieder Versuche beobachten, parallel zur sich verfestigenden Schriftkultur Mündlichkeit, Klanglichkeit oder gar Musikalität in der lyrischen Rede zu beschwören oder mit den Mitteln der Schrift zu imitieren, etwa in der romantischen Lyrik Brentanos, in den symbolistischen Versen Verlaines oder im Dialektgedicht (vgl. Schneider 2004, 305–306). Daneben erlauben neue Aufzeichnungs- und Verbreitungswege seit der Erfindung des Phonographen 1877 die Archivierung und Distribution lyrischer Texte in nicht-schriftlicher Form. So können Lyrikperformances mittlerweile auch als Audio- oder Videoaufzeichnung, als Hörbuch, Poetry Film, über Radio, via Internet etc. gespeichert und zugänglich gemacht werden. Als Beispiele zu nennen wären hier etwa das Rilke-Projekt des Musiker- und Produzententeams Schönherz und Fleer oder die Internetseite „lyrikline.org", über die die Lyrik zeitgenössischer Autoren in Form einer virtuellen Dichterlesung auch als Audiodatei zur Verfügung gestellt wird.

3.2. Rezeptionssituation

Lyrik wird nach wie vor häufig in nicht-zerdehnten Sprachhandlungssituationen mündlich dargeboten. Veranstaltungsformate wie der Dichter- bzw. Sängerwettstreit (vgl. III.1 KOCH), der Meistersang oder der Poetry Slam begünstigen dabei die Herausbildung besonders auf die akustische Faktur abstellender lyrischer Formen (vgl. dazu III.23 HÖRNER). Im Falle der Slam Poetry beispielsweise lädt die unmittelbar an den Vortrag sich anschließende, spontane Publikumsbewertung dazu ein, besonders gut memorierbare bzw. von auffälligen akustischen Mustern geprägte Texte zu produzieren. Als Beispiel sei hier der erste Abschnitt von *Schatzkarte* des Slam-Poeten Bas Böttcher angeführt, das aus dem Gebrauch von Alliteration und Paronomasie seine Wirkung bezieht: „Willkommen im Labyrinth – von Wegen! / Von wegen findet man den richtigen von Wegen / Von Wegen gibt's nichts zu erzählen / Von wegen manche asphaltiert, manche blockiert." (Böttcher zitiert nach Anders 2011, 168)

3.3. Gattungspoetik

Die Annahme einer ursprünglichen Einheit von Sprache und Musik hat die Formgeschichte der Lyrik immer wieder befruchtet. Diese These war besonders wirkmächtig z. B. von Jean-Jacques Rousseau in seinem *Essai sur l'origine des langues où il est parlé de la mélodie et de l'imitation musicale* (1755/1781) vertreten worden und ließ sich gut mit prominenten lyrikpoetologischen Positionen verknüpfen, die ohnehin eine enge Verbindung zwischen Lyrik und Musik postulierten, wie es hier für die deutschsprachige Gattungspoetik verdeutlicht werden soll (vgl. Eckel 2011): Martin Opitz verwendet „Lyrica" noch nicht im Sinne des heutigen Lyrikbegriffs, sondern definiert diese formal als diejenige Gruppe dichterischer Kurzformen, die „man zur Music sonderlich gebrauchen kan [...]" (vgl. Opitz 1624 in Völker 2000, 30). Er verknüpft mit seiner anweisungspoetischen Gattungseinteilung also noch keine Sprachursprungstheorie, übernimmt aber die Vorstellung von Lyrik als einer eng auf die Anforderungen der Singbarkeit hin ausgerichteten Gattung aus der Antike. Johann Christoph Gottsched vertritt bereits ein Sprachursprungsmodell, in dem Sprache und Musik im Gesang zusammenfallen und das in Oden und Liedern weiter tradiert und verfeinert wird (vgl. Gottsched 1751 in Völker 2000, 38). Bei Johann Georg Sulzer treten Opitz' formales Kriterium der Singbarkeit und Batteux' Bestimmung der Lyrik als Ausdruck von Empfindung in enge Verbindung (vgl. Sulzer 1771–1774 in Völker 2000, 83–86). Herder schließlich betrachtet die Ode als ursprünglichste Form der Dichtkunst, als Empfindungskunst im Sinne Batteux' und als Kunstform, die ihrer Natur nach durch

„[e]infache musikalische Harmoniengänge" geprägt ist (vgl. Herder 1765 in Völker 2000, 69–76). Er verbindet auf diese Weise die formale Gattungsbestimmung mit der Vorstellung von der Einheit von Sprache und Musik im Lied als ursprünglicher und damit grundlegender Ausdrucksform menschlicher Empfindungen und als Urform lyrischen Sprechens. Diese Vorstellung wird im Verlauf der Gattungsgeschichte besonders wirkmächtig. Die Engführung von Sprachtheorie, Lyrik- und Musikreflexion hat immer wieder Anlass zu Formexperimenten gegeben, deren Ziel die Rückkehr zu oder die Herausbildung einer neuen ‚Wortmusik' bildete wie etwa in der Lyrik der Romantik (vgl. grundlegend zu Poetik und Sprachtheorie der Frühromantik Naumann 1990 und Naumann 1994, zur Musikthematisierung in der Literatur der Romantik Lubkoll 1995, zur gattungspoetologischen Reflexion der Sprachmusikalität vor der Romantik Erny 1984). Besonders konsequent haben diesen Weg die Dadaisten beschritten, die z. T. eine vollständig semantikfreie, auf den reinen Sprachklang abstellende Lyrikproduktion hervorgebracht und damit die Gattung der Lautpoesie begründet haben (vgl. dazu Lentz 2000, Rühm 2008 und III.19 SCHWEIGHAUSER).

3.4. Musikalische Lyrik

Neben diesen Bemühungen um eine Maximierung der lyrischen Klangwirkung lässt sich ein breites Spektrum an Formen ausmachen, das nicht darauf abzielt, musikähnlich zu wirken, sondern vielmehr durch Wechselwirkung mit der Musik geprägt wurde (vgl. für einen Überblick Danuser 2004 sowie für die hier besonders prominente Gattung des Kunstliedes III.12 HINRICHSEN und exemplarisch für den Einfluss der Metriktheorie auf die Gedichtvertonung die Fallstudie von Korten et al. 2011; zu literarischen Bezugnahmen auf musikalische Formen vgl. für die antike Lyrik III.1 KOCH, für Texte der Troubadours oder den Minne-, Meister- oder den Bänkelsang vgl. III.3 HAAS/NANNI, III.4 RUPP, für liedhafte Formen bis hin zum Kunstlied vgl. III.12 HINRICHSEN, zu Chanson, Schlager oder heutiger Popmusik vgl. III.21 VON AMMON, III.22 MATHIS-MOSER). Um die jeweilige prägende Richtung der Wechselwirkung von Lyrik und Musik zu beschreiben, bietet es sich an, zwischen Gedichten zu unterscheiden, die nachträglich vertont wurden (wie etwa Benjamin Brittens *Holy Sonnets of John Donne*), für die Vertonung geschrieben worden sind (wie z. B. viele Kirchenlieder; vgl. zum Verhältnis von Wort und Ton in der Messe allgemein auch III.4 RUPP) oder auf eine bereits vorhandene Melodie Bezug nehmend verfasst wurden (wie etwa Bertolt Brechts *Kälbermarsch*, der parodistisch auf das nationalsozialistische Horst-Wessel-Lied anspielt; vgl. zu Brecht auch III.18 LUCCHESI). Als Sonderfall anzusehen ist dabei der musikalische Verweis auf lyrische Texte ohne vertontes Textsubstrat (wie etwa in Claude Debussys *Prélude à l'après-midi d'une faune* nach Stéphane Mallarmés *L'après-midi d'une faune*).

4. Forschungsperspektiven

Die nur scheinbar triviale Feststellung, dass die Gattung Lyrik oft und in besonderer Weise von den Möglichkeiten der akustischen Sprachproduktion und -verarbeitung Gebrauch macht, eröffnet eine ganze Reihe von Forschungsperspektiven: So liegen bisher trotz einiger Einzelstudien keine literaturgeschichtlichen Überblicksdarstellungen vor, die diesem für die Gattungsgeschichte wichtigen Aspekt besonders Rechnung tragen (siehe Abschnitt 3). Ebenso steht die Erarbeitung von Analyseverfahren, die die Spezifik von Lyrikperformanzen oder akustisch gespeicherten lyrischen Gebilden erfassen können, am Anfang (siehe Abschnitt 2). Die Forschung zur musikalischen Lyrik gewinnt zum Beispiel mit dem Popsong oder dem Rap neue Untersuchungsgegenstände hinzu (vgl. III.22 MATHIS-MOSER und III.23 HÖRNER). Neuerdings wird außerdem wieder an einer rezeptionsbezogenen Erweiterung gängiger metrischer und rhetorischer Analyseverfahren für lyrische Texte gearbeitet (siehe Abschnitt 2). In diesem Zusammenhang ist auch die Rhythmusdebatte weitergeführt worden. Auf die neuere Lyriktheorie hat die Frage nach der Funktion der Gattung, die oftmals eng an Beobachtungen zur phonischen oder graphischen Formatierung lyrischer Gebilde geknüpft wird, befruchtend gewirkt (vgl. Eibl 2013, Schlaffer 2012, Zymner 2009 und 2013).

Literatur

Alewyn, Richard. „Clemens Brentano: ‚Der Spinnerin Lied'". *Probleme und Gestalten. Essays.* Frankfurt am Main: Insel, 1974. 198–202.
Ammon, Frieder von. *Fülle des Lauts. Aufführung und Musik in der deutschsprachigen Lyrik seit 1945: Das Werk Ernst Jandls in seinen Kontexten.* [Unveröffentlichtes Manuskript der Habilitationsschrift.] München: [s. n.], 2013.
Anders, Petra. *Poetry Slam. Unterricht, Workshops, Texte und Medien.* Baltmannsweiler: Schneider Verlag Hohengehren, 2011.
Burdorf, Dieter. „Lyrisch". *Reallexikon der deutschen Literaturwissenschaft 2.* Hrsg. von Klaus Weimar et al. Berlin: De Gruyter, 2007. 505–509.
Burdorf, Dieter. *Einführung in die Gedichtanalyse.* 3. Aufl. Stuttgart: Metzler, 2015.
Casati, Roberto und Jerome Dokic. „Sounds". *The Stanford Encyclopedia of Philosophy* (Fall 2014 Edition). Hrsg. von Edward N. Zalta. http://plato.stanford.edu/archives/fall2014/entries/sounds/ (7. April 2016).

Danuser, Hermann (Hrsg.). *Handbuch der musikalischen Gattungen 8: Musikalische Lyrik*. 2 Bde. Laaber: Laaber, 2004.
Detering, Heinrich. *Bertolt Brecht und Laotse*. Göttingen: Wallstein, 2008.
Ditschke, Stephan. „,Wenn Ihr jetzt alle ein bisschen klatscht...' Text-Performance-Zusammenhänge als Faktoren für Publikumswertungen bei Poetry Slams". *IASLonline* 2007. http://www.iaslonline.de/index.php?vorgang_id=2716 (7. April 2016).
Eckel, Winfried. „Lyrik und Musik". *Handbuch Lyrik. Theorie, Analyse, Geschichte*. Hrsg. von Dieter Lamping. Stuttgart: Metzler, 2011. 180–192.
Eibl, Karl. „Von der Unwahrscheinlichkeit der Lyrik und weshalb es sie trotzdem gibt". *KulturPoetik* 13.1/2 (2013): 5–25, 157–175.
Erny, Richard. „Lyrische Sprachmusikalität als ästhetisches Problem der Vorromantik". *Literatur und Musik. Ein Handbuch zur Theorie und Praxis eines komparatistischen Grenzgebietes*. Hrsg. von Steven Paul Scher. Berlin: Schmidt, 1984. 180–208.
Finnegan, Ruth. *Oral Poetry. Its nature, significance and social context*. Cambridge: Cambridge University Press, 1977.
Frank, Horst Joachim. *Handbuch der deutschen Strophenformen*. 2., durchgesehene Aufl. Tübingen: Francke, 1993.
Fricke, Harald und Peter Stocker. „Lyrik". *Reallexikon der deutschen Literaturwissenschaft 2*. Hrsg. von Klaus Weimar et al. Berlin: De Gruyter, 2007. 498–502.
Heusler, Andreas. *Deutsche Versgeschichte*. 2., unveränderte Aufl. Berlin: De Gruyter, 1956.
Kayser, Wolfgang. *Kleine deutsche Versschule*. 26. Aufl. Tübingen: Francke, 1999.
Klaj, Johann. *Redeoratorien und „Lobrede der Teutschen Poeterey"*. Hrsg. v. Conrad Wiedemann. Tübingen: Niemeyer, 1965.
Köppe, Tilmann. „Lyrik und Emotionen". *Zeitschrift für Germanistik* 22.2 (2012): 374–387.
Korten, Lars, Friederike Wißmann, Jan Stenger und Winfried Menninghaus. „Metrum, Rhythmus, Melodie. *Der Maiabend* von Johann Heinrich Voß und Fanny Hensel". *Poetica* 43 (2011): 81–102.
Lamping, Dieter. *Das lyrische Gedicht. Definitionen zu Theorie und Geschichte der Gattung*. 3. Aufl. Göttingen: Vandenhoeck & Ruprecht, 2000.
Lausberg, Heinrich. *Handbuch der literarischen Rhetorik. Eine Grundlegung der Literaturwissenschaft*. 3. Aufl. Stuttgart: Steiner, 1990.
Lentz, Michael. *Lautpoesie/-musik nach 1945. Eine kritisch-dokumentarische Bestandsaufnahme*. Wien: Edition Selene, 2000.
Lösener, Hans. *Der Rhythmus in der Rede. Linguistische und literaturwissenschaftliche Aspekte des Sprachrhythmus*. Tübingen: Niemeyer, 1999.
Lubkoll, Christine. *Mythos Musik. Poetische Entwürfe des Musikalischen in der Literatur um 1800*. Freiburg: Rombach, 1995.
Masson, David I. „Sound and Sense in a Line of Poetry". *British Journal of Aesthetics* 3 (1963): 70–72.
Mellmann, Katja. „Versanalyse". *Handbuch Literaturwissenschaft 2: Methoden und Theorien*. Hrsg. von Thomas Anz. Stuttgart und Weimar: Metzler, 2007. 81–97.
Mellmann, Katja. „Die metrische Gestalt. Mit Überlegungen zur Sinnfälligkeit des Viertakters". *Journal of Literary Theory* 2.2 (2008): 253–272.
Menninghaus, Winfried. „Klopstocks Poetik der schnellen ,Bewegung'". Klopstock, Friedrich Gottlieb. *Gedanken über die Natur der Poesie. Dichtungstheoretische Schriften*. Hrsg. von Winfried Menninghaus. Frankfurt am Main: Insel, 1989. 259–361.

Müller, Jan-Dirk (Hrsg.). ‚Aufführung' und ‚Schrift' in Mittelalter und Früher Neuzeit. Stuttgart: Metzler, 1996.
Müller-Zettelmann, Eva. *Lyrik und Metalyrik. Theorie einer Gattung und ihrer Selbstbespiegelung anhand von Beispielen aus der englisch- und deutschsprachigen Dichtkunst*. Heidelberg: Winter, 2000.
Naumann, Barbara. „Musikalisches Ideen-Instrument". *Das Musikalische in Poetik und Sprachtheorie der Frühromantik*. Stuttgart: Metzler, 1990.
Naumann, Barbara (Hrsg.). *Die Sehnsucht der Sprache nach der Musik. Texte zur musikalischen Poetik um 1800*. Stuttgart: Metzler, 1994.
Rühm, Gerhard. „Zur Geschichte und Typologie der Lautdichtung". *Acoustic Turn*. Hrsg. von Petra Maria Meyer. München: Fink, 2008. 215–247.
Schenk, Klaus. *Medienpoesie. Moderne Lyrik zwischen Stimme und Schrift*. Stuttgart: Metzler, 2000.
Schlaffer, Heinz. *Geistersprache. Zweck und Mittel der Lyrik*. München: Hanser, 2012.
Schneider, Joh. Nikolaus. *Ins Ohr geschrieben. Lyrik als akustische Kunst zwischen 1750 und 1800*. Göttingen: Wallstein, 2004.
Sievers, Eduard. *Ziele und Wege der Schallanalyse. Zwei Vorträge*. Heidelberg: Winter, 1924.
Tsur, Reuven. *Poetic Rhythm. Structure and Performance. An Empirical Study in Cognitive Poetics*. Bern: Peter Lang, 1998.
Tsur, Reuven. „Constraints of the Semiotic System. Onomatopoeia, Expressive Sound Patterns and Poetry Translation". *Heuristiken der Literaturwissenschaft. Disziplinexterne Perspektiven auf Literatur*. Hrsg. von Uta Klein, Katja Mellmann und Steffanie Metzger. Paderborn: mentis, 2006. 245–270.
Völker, Ludwig (Hrsg.). *Lyriktheorie. Texte vom Barock bis zur Gegenwart*. Durchges. und bibliographisch ergänzte Ausgabe. Stuttgart: Reclam, 2000.
Wagenknecht, Christian. *Deutsche Metrik. Eine historische Einführung*. 5., erweiterte Aufl. München: Beck, 2007.
Zymner, Rüdiger. *Lyrik. Umriss und Begriff*. Paderborn: mentis, 2009.
Zymner, Rüdiger. *Funktionen der Lyrik*. Münster: mentis, 2013.

III.9. Harmonie, Ton und Stimmung: Musikalische Metaphern in Poetik und Literatur des 18. Jahrhunderts

Boris Previšić

1. Lexikalische Begriffsverortung im 18. Jahrhundert

Die Musik als Bildspenderin der für die Literatur zentralen Begriffe wie Harmonie, Ton und Stimmung zu eruieren, liegt auf der Hand. Dennoch ist für ihre diskursive Anschlussstelle historisch auf die Epoche der Aufklärung zurückzugreifen, da später nur noch implizit auf die Musik Bezug genommen wird. Folgt man zunächst der lexikalischen Inventur des 19. Jahrhunderts, so erfahren die drei Begriffe im Laufe des 18. Jahrhunderts eine Übertragung aus dem akustisch-musikalischen Bereich in andere Disziplinen. So „erscheint" das Wort „harmonie" „recht eingebürgert seit der zweiten hälfte" des 18. Jahrhunderts; belegt wird Harmonie als „verbindung von einzelnen gleichzeitig angeschlagenen tönen zu einem wolklingenden ganzen" bei Klopstock und Schiller (Grimm DWB 10, Sp. 484), in Rekurrenz auf die Sphärenharmonie bereits bei Hagedorn (Grimm DWB 10, Sp. 485). Auch wenn der Begriff partiell metaphorisiert wird „in ästhetischem, philosophischem, mathematischem Sinne" (Grimm DWB 10, Sp. 485), steht der musikalische Kontext meist im Vordergrund. Komplexer gestaltet sich das Bedeutungsfeld von Ton: Zwar nimmt der Ton als Konzept in der Malerei, als „stimmung der farbe" (Grimm DWB 21, Sp. 749) bzw. als physiologischer Fachbegriff des *tónos* (Grimm DWB 21, Sp. 751) deutlich weniger Raum ein. Doch selbst als akustischer Begriff bleibt er ambivalent zwischen „unmusikalische[m] ‚geräusch'" und „kunstmäsziger ‚melodie', als ‚musikstück' und ‚lied' überhaupt" (Grimm DWB 21, Sp. 681). Spätestens in der Literatursprache des 18. Jahrhunderts tritt er „als der bestimmte ton in der musik, als musikalischer ‚sonus'" markant hervor (Grimm DWB 21, Sp. 687).

Die größte Metaphorisierung durchläuft im 18. Jahrhundert jedoch der Stimmungsbegriff, der als explizit musikalischer Terminus bereits im 16. Jahrhundert bezeugt ist (Becker 2012, 261). So sehr er sich im 19. und 20. Jahrhundert vom musikalischen Bildspender löst, so sehr ist er im ausgehenden 18. Jahrhundert mit der Musik verknüpft, in deren Bereich er drei semantische Felder bespielt und entsprechend metaphorisiert wird:
1. Stimmung als Prozess, als „ausführung des stimmens" an Musikinstrumenten (Stimmen der Saiten etc.), dessen Grundbedeutung in Musiktraktaten von

Johann Mattheson (1739) oder Carl Philipp Emanuel Bach (1759) und dessen Übertragung beispielsweise bei Voß und Goethe nachgewiesen wird (Grimm DWB 18, Sp. 3128);
2. Stimmung als Ergebnis „des stimmens", das „erst seit ende des 17. Jhs. bezeugt" ist und wiederum als „übertragung [...] meist auf innere kräfte des menschen" (Grimm DWB 18, Sp. 3129) bei Kant, Wilhelm von Humboldt oder Goethe anzutreffen ist (Grimm DWB 18, Sp. 3130, vgl. dazu auch Wellbery 2003, 705–712);
3. Stimmung als „haltung, disposition, anwandlung des gemüts, im gegensatz zur intellektuellen haltung". Dieser neue Stimmungsbegriff, dessen unvergleichliche Karriere um 1770 einsetzt und bis heute anhält, ist aber auf seine musikalischen Vorgaben von prozessualer Stimmung und von anschließender ‚Gestimmtheit' angewiesen (Grimm DWB 18, Sp. 3131).

2. Forschungseinblick

Während die Konzepte von Ton und Harmonie kaum nachhaltig und systematisch Gegenstand kulturwissenschaftlicher Forschungen waren, wird der Stimmungsbegriff gerade wegen seiner semantischen Polyvalenz im Deutschen (vgl. dazu David 2004) in unterschiedlichen disziplinären Kontexten untersucht (vgl. dazu Gisbertz 2011, von Arburg/Rickenbacher 2012, Meyer-Sickendiek/Reents 2013). Mehrheitlich werden meist einschlägige Stimmungsdebatten und -konzepte in der ersten Hälfte des 20. Jahrhunderts in Ästhetik (Riegl 1929), Literaturwissenschaft (Kommerell 1943 und Staiger 1946) und Philosophie (Heidegger 1926) wieder aufgegriffen. Ein erster Impuls, den Stimmungsbegriff wieder vom musikalischen Bildspender des 18. Jahrhunderts her zu bestimmen, geht von Leo Spitzer aus – der als Ausgangspunkt für Wellberys Überblicksartikel und als Gegenposition zu Heidegger und Staiger gewürdigt wird (von Arburg 2012). Exemplarisch wird in dieser Diskussion deutlich, wie sehr sich die Forschung zum Stimmungsbegriff des ideologischen Hintergrunds einer Einfühlungsästhetik bewusst sein muss, um sich davon wieder abzuheben und begriffssemantisch wie begriffshistorisch zu differenzieren.

3. Periodisierung des 18. Jahrhunderts in drei Phasen

Harmonie, Ton und Stimmung können in ihrer Gesamtheit als wirkungsmächtiger Metaphernfundus des 18. Jahrhunderts erst richtig gewürdigt werden, wenn sie als Begriffe zum einen als Ergänzung zueinander, zum anderen in ihrer musiktheoretischen Entwicklung genauer verortet werden. So kann das Jahrhundert der Aufklärung grob in drei Phasen periodisiert werden: Bis in die 1740er Jahre erfährt die Stimmung in der Fundierung der spezifischen Temperierungen und der entsprechenden Tonartencharakteristiken – d. h. im Spagat zwischen Modulierbarkeit der Tasten- und Bundinstrumente durch den ganzen Quintenzirkel (möglichst regelmäßige Verteilung des pythagoreischen Kommas) einerseits und möglichst reinen (d. h. ganzzahlig proportionalen) Intervallstrukturen andererseits – einen erheblichen theoretischen Schub (Phase 1). In den 1750er und 1760er Jahren wird die musikalische Terminologie auf andere Künste, namentlich auf die Malerei und die Literatur, Ästhetik und die Wissenschaften (vorab auf die Physiologie) übertragen (Phase 2) und löst sich bis 1800 und darüber hinaus zunehmend vom musikalischen Paradigma (Phase 3).

3.1. Phase 1: Musikalische Theoretisierung und literarische Absenz

Mit Andreas Werckmeister (1645–1706) trifft man im ausgehenden 17. Jahrhundert auf den wichtigsten Begründer einer temperierten Stimmung (Werckmeister 1691). Die 1707 posthum erschienenen *Musicalische[n] Paradoxal-Discourse* basieren auf einem christlichen Erklärungsmodell, das von einer göttlichen, reinen, nicht modulierbaren Sphärenharmonie die weltliche temperierte Stimmung ableitet. Die kohärente Argumentation – welche Werckmeister mit großer rhetorischer Finesse und mit einprägsamen Allegorien gestaltet – gelingt nur, weil das vollkommene System als Vorbild aus der Musikpraxis auslagert und die Temperierung als weltlich und unvollkommen apostrophiert wird: „Also ist die Temperatur ein unempfindlicher lieblicher Betrug unseres Gehöres in der Zusammenstimmung / wodurch uns GOtt unsere Unvollkommenheit will [...] zu verstehen geben." (Werckmeister 1707, 114–115) Dass seine musiktheoretische Begründung der temperierten Stimmung noch nicht Eingang in die Literatur findet und zunächst eine explizit offen gehaltene Leerstelle bildet (auch wenn Werckmeister von Heinrich Kleist ein Jahrhundert später rezipiert wird, vgl. dazu Lubkoll 1994, 340), versinnbildlicht der Musiker und Autor Johann Kuhnau, der mit Werckmeister in direktem Kontakt steht, in seinem Schelmenroman *Der musikalische Quack-Salber* (1700). Darin schweigt sich die Hauptfigur über das „Pythagoräische silentium" aus (Kuhnau 1700, 208), um mit dieser neologistischen Katachrese zu unterstreichen, dass in Bezug auf einen potentiellen Stimmungsdiskurs in der Literatur noch nichts zu erwarten ist (vgl. dazu Previšić 2012, 139). Spätestens mit Rameaus *Traité de l'harmonie* (1722) wird die Stimmung und ihre Temperierung auf einen Fundamentalbass und seine Obertöne zurückgeführt und als natürliches Prinzip cartesianischer Provenienz begründet.

Selbst das pandeistische Weltbild eines Brockes und die Parodierlust eines Hagedorn beziehen sich auf Descartes' Sinnenlehre (1649) und stellen im Kontext der akustischen Wahrnehmung die Frage nach dem Sitz der Seele. Durch Aufhebung einer reflektierten Mittelbarkeit kommt die wichtigste Aufgabe im Seelenhaushalt dem „rege[n] Ton" zu; er bestimmt direkt die „Leidenschaft" (Brockes 1738, 636/637). Selbst in seinem Heimat-Gedicht *Harvestehude* kann es der Brockes-Herausgeber Hagedorn nicht unterlassen, das akustische Vermittlungsorgan zwischen Körper und Seele zu parodieren: „Oft schallt hier bis zur Zirbeldrüse / Ein auserlesener Dudelsack." Damit nimmt er einerseits die cartesianische Schaltstelle zwischen Seele und Körper ins Visier, andererseits reifiziert er die Musik in ihrer unwürdigsten Form als volkstümlichen und überhaupt nicht mehr göttlich inspirierten „Dudelsack" (Hagedorn 1757, 119).

3.2. Phase 2: Physiologisierung

Nicht mehr nur die rhetorische Figur, sondern zusehends auch die musikalische Temperatur und die daraus resultierende Tonartencharakteristik bestimmen das Temperament und somit den Gefühlshaushalt des Rezipienten. Johann Sebastian Bachs *Wohltemperiertes Klavier* (Teil I: 1722, Teil II: 1740/1742) basiert nicht auf einer gleichstufigen Temperierung, in der alle Tonarten gleiche Mikrointervallstrukturen aufweisen; vielmehr sollen die tonartenspezifischen Intervalle und Akkorde zur ‚Wohltemperierung' der Seele ausgehört werden (Lindley 1997, Roch 2002). Wenn sich Rousseau in seinem *Dictionnaire de musique* (1768) von Rameau absetzt, so geht es zum einen um die Bevorzugung der Melodie vor der Harmonie – ganz im Sinne der populären *opera buffa* –, zum anderen um eine humoralpathologische Temperamentenlehre in der musikalischen Sprache. Exemplarisch lässt sich das dem Eintrag „tempérament" entnehmen: Rousseau unterscheidet in einem nicht-temperierten System zwischen einer rein gestimmten großen Terz im Verhältnis 4:5 (einer Terz, „qui nous excite naturellement à la joie", Sanguiniker) und einer zu weit gestimmten großen Terz (die „des idées de fureur" hinterlässt, Choleriker), zwischen einer rein gestimmten kleinen Terz im Verhältnis 5:6 (einer Terz, „qui nous porte à la tendresse & à la douceur", Phlegmatiker) und einer zu eng gestimmten kleinen Terz („qui nous attriste", Melancholiker) (Rousseau 1768, 503). Doch die durchwegs zu weit gestimmten großen Terzen des Rameau'schen Systems seien inakzeptabel, d. h. nur noch „dures et choquantes" (Rousseau 1768, 504; vgl. dazu Previšić 2012, 130–131). Die Übertragung auf poetologische oder literarische Konzepte erfolgt in den 1750er Jahren noch zögerlich.

Als eigentliche Bindeglieder zwischen Musik und Literatur figurieren zum einen physiologische, zum anderen ästhesiologische Überlegungen. In diesem Kontext sind die *Träume* (1754) des Arztes Johann Gottlieb Krüger (1715–1759) von zentraler Bedeutung. Die Figur des „Philosoph[en] durch die Töne" (Krüger 1785 [1754], 105. Traum, 423 f.) wird aufgefordert: „Phantasiret durch alle Töne [...]." (Krüger 1785 [1754], 425) Ganz im Sinne Rameaus erklärt er den Fundamentalbass, das Wechselspiel zwischen dissonanten und konsonanten Akkorden, um schließlich den „Ursprung des Uebels in der Welt aus der Temperatur begreiflich [zu] machen" (Krüger 1785 [1754], 431). Veranschaulicht wird dieses „Uebel" in einem späteren Traum, in dem die musikalisch-rhetorische Figur des *passus duriusculus* (des allzu harten Gangs), der nur dank einer nicht gleichstufigen Temperierung und somit einer ihrem Namen gerecht werdenden Chromatik mit ungleichmäßigen Halbtonabständen entstehen kann: „[D]ie Uebelklänge bleiben bey der besten Ehe nicht aus, und sollten sie auch durch das Geschrey der Kinder entstehen, welche gemeiniglich auf eine sehr unregelmässige Art durch die Semitonia gehen." (Krüger 1785 [1754], 575)

3.3. Phase 3: Übertragungsleistung

Die wesentliche Metaphorisierung kann man bei Herders Kritik an Rameaus *Traité de l'harmonie* ansetzen. Die Kritik richtet sich in erster Linie gegen die Proportionalität zwischen den harmonischen Tönen über dem Fundamentalbass (Herder W 2, 340) und zielt auf die emotive Funktion jedes einzelnen Tons. In der physiologischen Erklärung der Stimmung der „Gehörfibern" und in der Beschreibung ihrer unterschiedlichen Wirkungsweisen, welche auf dem Prinzip der Resonanz beruhen (Krüger 1748 und Hartley 1749), erfährt der Stimmungsbegriff seine Umwertung von einem innermusikalischen zu einem „transversale[n]" Theoriemodell (Welsh 2009, 144–147). Wenn nun Herder den ‚Ton' als Garant unverfälschter Empfindung heranzieht, weil die Direktheit und die Unmöglichkeit reflektierender Distanznahme in der akustischen Wahrnehmung zu suchen ist, so impliziert er zumindest noch die Spezifik der Tonartencharakteristik, in welcher der ‚Ton' nicht nur die Dur-Moll-Differenz kennzeichnet, sondern vor allem den unterschiedlichen „Charakter" beispielsweise von „C-Dur und As-Dur", „weil die Fortschreitungen ihrer Tonleitern am meisten unterschieden sind" (Engel 1780, 308). Da offenbar ein direkter Zusammenhang zwischen ‚Tonart' und ‚Physiologie' besteht, postuliert Herder nicht nur die Erfassung „aller einfachen Musikalischen Akzente", sondern auch die ‚Enträtselung' der „Physiologie" (Herder W 2, 351). Stimmung ist somit nicht Thema der Dichtung, sie wird nicht bezeichnet, sondern ist Rhema: Stimmung ist bestimmend im Ausdruck, in der Akzentuierung der Empfindungen, welche die Dichtung ihrerseits nur annähernd bezeichnen, nur ‚stammeln', aber nicht direkt ausdrücken kann: „Gedanken zu bezeichnen ist uns die Rede gegeben; Empfindungen stammelt sie nur, und drückt ihnen mehr aus durch das was sie nicht, als was sie saget. Eine schwätzende Empfindung wird unerträglich, indem dies Geschwätz sie eben ersetzen will und damit als unwahr zeiget." (Herder W 8, 817) ‚Sympathetik' versteht Herder aber nicht nur als Resonanz zwischen ästhetischer Außen- und Innenwelt, zwischen wahrgenommenem Objekt und wahrnehmendem Subjekt, sondern auch als intersubjektive Gleichstimmung. Damit leistet Herder bereits eine zweite Übertragung des Stimmungsbegriffs: Die Stimmung ist gemeinschaftsbildend innerhalb der einzelnen Kulturen. Was er später in der *Kalligone* als musikalische Differenzierung von Nationaltypen festmacht (Herder W 8, 704), formuliert er im *Vierten Wäldchen* grundsätzlicher: So sei die menschliche Natur in ihren Empfindungen je nach „Himmelstrich" anders, „ein andres Gewebe von Saiten der Empfindung; eine andere Welt von Gegenständen und Tönen". Die Kulturdifferenz begründet sich somit ästhesiologisch: „[W]ie sehr kann sie [die Natur] nicht ein Menschliches Wesen Heterogenisieren?" (Herder W 2, 902) Damit formuliert Herder bereits sein Interesse am unterschiedlichen Ton der ‚Volkslieder', welche erst sechs Jahre später erscheinen.

Ebenso lässt sich der Stimmungsbegriff, der im 19. und 20. Jahrhundert derart Karriere macht, auf diese Diskurslinie einer doppelten Sympathetik zwischen Innen- und Außenwelt zum einen und einer intersubjektiven zum anderen zurückführen. Sie basiert durchwegs auf dem präkognitiven Begriff, wie ihn auch das Grimm'sche Wörterbuch als drittes Bedeutungsfeld und Wellbery als ‚Disposition' bei Schiller und Humboldt festmachen. Die „mittlere Stimmung" in Schillers Schrift *Über die ästhetische Erziehung des Menschen* (1795) operiert noch durchwegs mit dem musikalischen Bildspender, der auf Bachs *Wohltemperierte[s] Klavier* zurückgeführt werden kann (Welsh 2009, 150 f.). In Wilhelm von Humboldts Abhandlung *Über Goethes Hermann und Dorothea* (1799) hingegen hat sich der Stimmungsbegriff endgültig aus der musikalischen Stimmungssemantik herausgelöst: So figuriert „die subjective Stimmung" als Voraussetzung einer wirksamen literarischen Produktion der Phantasie, welche vom Leser nachempfunden wird (Wellbery 2003, 711). Damit ist Humboldt zum einen wegweisend für die „Stimmung als radikale Innerlichkeit" von „Fichte bis Hofmannsthal" (Wellbery 2003, 712–718); zum anderen impliziert er die ‚Rezeptivität', wie sie bei Hölderlin noch eine zentrale Rolle spielen wird. Damit ist vorgezeichnet, wie sich der Stimmungsbegriff im ausgehenden 18. Jahrhundert von der musikalischen Vorgabe löst. Dennoch schwingt der musikalische Bezug latent mit: Während Hegel die Stimmung ins Innere des Subjekts ‚versenkt', interessiert sich Nietzsche für Stimmungen, weil an ihnen „die sonst durch Schematisierung zugedeckte Schicht unseres Seins zum Vorschein kommt" (Wellbery 2003, 713; 716). Daran lässt sich zwar selbst Heideggers Desiderat anschließen, Stimmung als wahrheitsvermittelndes ‚Existential' zu begreifen (Wellbery 2003, 725). In einer solchen Genealogie wird aber leicht übersehen, dass der Stimmung in Kombination mit dem musikalischen Konzept von ‚Harmonie' und ‚Ton' noch eine andere Bedeutung in der Poesie von Herder über Klopstock bis hin zu Hölderlin zukommt und sie somit zusätzlich auf das ausgehende 18. Jahrhundert zurückgebunden werden muss.

4. Horizontalisierung des Harmoniebegriffs: Sukzession von Tönen

Bei Herder wird deutlich, dass der Ton nicht mehr als Harmonie, als vertikale Simultanität verschiedener Töne betrachtet wird, sondern als horizontale Sukzession, die bereits – obwohl Herder diesen Sachverhalt nicht rezipiert – in Rameaus Harmonieauffassung angelegt ist, wenn dieser von der „progression des Dissonances" und von der „progression des Tierces & des Sixtes" spricht (Rameau 1722, 81–93). Zedlers *Universallexikon*, in dem die „Stimmung" ohne Vorsilbe in einem weiteren Feld vor allem von „Uebereinstimmung" lediglich als musikalische Stimmung unter dem Lemma „Quarte" als Intervall erfasst wird (Zedler 1741, Sp. 101), situiert den Harmoniebegriff nicht mehr unter dem religiösen Überbau eines Werckmeister, sondern wie bei Rameau auf dem Schnittpunkt zwischen vertikaler ‚Zusammenfügung' und horizontaler ‚Folge': So sei die „Harmonia" „ein geschicktes zusammenlassen, zusammenfügen; welches entstehet, wenn etliche oder viele ungleiche Klänge dergestallt miteinander vereiniget, und zugleich gehöret werden, daß auch die dabey befindlichen, aber recht angebrachten Dissonanzen dem Gehör nicht allein verdrießlich fallen, sondern auch die daran folgenden Consonanzen desto schöner und lieblicher machen" (Zedler 1735, Sp. 567). Der Harmoniebegriff fokussiert sich inzwischen vor allem auf den Zusammenklang von dissonanten, von „ungleiche[n] Klänge[n]" und für die daraus entstehende Dynamik, welche den Ton zwischen musikalischer Spannung und Entspannung, zwischen physiologischer Systole und Diastole, zwischen sprachlichem Akut und Gravis bestimmt.

Das gesamte Diskurskonglomerat wird spätestens in Rousseaus Sprachursprungsschrift in der Definition des ‚Akzents' zusammengedacht: „Les passions [...] ont leurs accents, et ces accents qui nous font tressaillir, ces accents auxquels on ne peut dérober son organe pénètrent par lui jusqu'au fond du cœur." (Rousseau 1755, 58) Im „Ton" manifestiert sich die „Pathetik" des dichterischen Akzents, der vom Stimmungsbegriff her gedacht ist (Herder 1769, 350). Seine vermeintlich antirameauistische Haltung unterstreicht Herder noch selbst um 1800: So sei es das „Amt des Gehörs", „uns *Sukzessionen*, nicht Koexistenzen, *Progressionen*, nicht Continua des Raums, Bewegung, nicht Stillstand zu geben" (Herder 1800, 902). Die Übertragung von der Musik auf die Dichtung erfolgt über den „gleichnatürliche[n] Ausdruck ihrer Energie [...], der Zeitmäßigen Schwingung, des Rhythmus" (Herder 1800, 915): So sei das „Wesen" der „Ton- und Dichtkunst" „das Maß [...], wie alle ihre Benennungen (metrum, modi, Modulation, Rhythmus, *mélos*, *drama*, u. f.) sagen" (Herder 1800, 904).

5. Sympathetik und Dynamik: Klopstock und Hölderlin

Der Ton, der als „Mitausdruck" bei Klopstock die Funktion des Wortfußes übernimmt und der sich präreflexiv auf den Zuhörer überträgt, schreibt sich in erster Linie in den Erhabenheitsdiskurs ein: Das Gehör werde „durch die Modulazion vergnügt; durch die Bewegung fortgerissen" (Klopstock 1767, 199). Durch rhythmische Muster, die im Grundmuster daktylisch seien – wobei sich Klopstock direkt auf *Peri hypsous* von Pseudo-Longinos bezieht –, lasse sich „Harmonie mit dem Erhabnen" erzeugen (Klopstock 1767, 205). Damit extrahiert der Dichter in seinen poetologischen Überlegungen die Sympathetik aus dem bisherigen Stimmungsdiskurs, wenn er präzisiert, es handle sich um „eine Harmonie, [...] die zugleich mit der Mischung und Abwechselung ihrer Töne die Leidenschaft des Redenden in die Herzen derer, die um ihn sind, ergießt, und sie zur Theilnehmung bringt" (Klopstock 1767, 205). Klopstocks Ausführungen reflektiert Hölderlin in seinen eigenen poetologischen Überlegungen *Wenn der Dichter einmal des Geistes mächtig* (1800). Die einstimmige Poesie gerät in ein Spiel verschiedener, auch entgegengesetzter Kräfte und Stimmen, die es in einer Harmonie zweiter Ordnung zu theoretisieren gilt. Auch wenn davon auszugehen ist, dass Hölderlin mit dem naiven, idealischen und heroischen Ton und einer Simultanität von Grundton und Ausdruckston operiert (Ryan 1960, 142), so kann man seine Dichtung weder auf diese Ton-Paradigmen beschränken, noch in eine vertikal-simultane oder horizontal-sukzessive Statik der genannten Töne einbinden.

Vielmehr fokussieren Hölderlins poetologische Überlegungen eine Sympathetik zweiter Ordnung: „[S]o kommt ihm [dem Dichter] alles an auf die Receptivität des Stoffs zum idealischen Gehalt und zur idealischen Form." (Hölderlin FHA 14, 305) Obwohl sich dieser Satz ans *Älteste Systemprogramm des deutschen Idealismus* anschließen ließe, als dessen Urheber Hölderlin neben Hegel und Schelling diskutiert wird, erscheint der Rückgriff auf Herders Sympathetikmodell im diskursiven Zusammenhang des Stimmungsbegriffs sinnvoller. Bindet man nämlich die drei durch Hölderlin festgelegten Stoffarten von ‚Begebenheiten', ‚Bestrebungen' und ‚Phantasien' ein, so kann man zum einen bei der ‚Receptivität' von Rezeptionsrealitäten, Rezeptionsbedingungen und Rezeptionsoptionen sprechen. Zum anderen wird auf einer zweiten Ebene die Reziprozität zwischen Subjektivität und Objektivität, zwischen dichterischer Produktion und Rezeption reflektiert. Wenn Hölderlin vom „Widerstreit" zwischen dem „Reinen" „als besondere[r] Stimmung" und dem „Fortstreben im Ganzen", wenn er von den „harmonischentgegengesetzten Stimmungen" spricht (Klopstock 1767, 309 f.), dann wird hier ein dynamisches und kontrapunktisches Prinzip von Polyphonie angedacht. Stimmung ist in diesem Fall weder eine statische Größe der Sphärenharmonie noch ein diffuser emotionaler Zustand, sondern ein Vorgang (wie ein Instrument gestimmt wird), in dem das Resultat des Stimmens als Verhältnisstruktur immer wieder neu zur Disposition steht. Damit werden die drei Kategorien von Stimmungen (als Vorgang, Resultat und Disposition) immer wieder neu miteinander verknüpft und selber zueinander in ein dynamisch-stimmiges Verhältnis gebracht.

6. Fazit und Forschungsperspektiven

Im Unterschied zu einer heute ‚dumm gewordenen' „Stimmungssemantik" (Wellbery 2003, 733) ist diese um 1800 hochkomplex angelegt, vereint sie doch im Laufe des 18. Jahrhunderts zusehends auch disziplinär unterschiedliche Diskurse, welche aber fast immer auf die musikalische Grundbedeutung zurückverfolgt werden können. Das weitere semantische Feld von Harmonie, Ton und Stimmung kann daher nicht auf einen Begriff reduziert werden, vielmehr können sie nur als differenzierende und miteinander konkurrierende Systeme pluraliter verstanden werden: erstens die temperierte Harmonie, welche sich von einem statischen Begriff der reinen Sphärenharmonie löst, modulierbar wird und somit auch aus Dissonanzen besteht, um eine horizontale Dynamik des Wechsels zwischen Spannung (Akut) und Entspannung (Gravis) zu entwickeln; zweitens der Ton, der durch die ungleiche musikalische Temperierung zum einen die Tonartencharakteristik bezeichnet, zum anderen als physiologische Resonanz die Sympathetik bestimmt und als dichterischer Akzent spezifische Leidenschaften transportiert; und drittens die Stimmung, die in der ersten Hälfte des 18. Jahrhunderts verschiedene Bedeutungsebenen ausbildet, welche alle bis um 1800 den poetologischen Diskurs bestimmen. Auf der Schwelle zur epistemischen Neuordnung der Moderne lassen sich die musikalischen Metaphern in Poetik und Literatur gerade nicht auf eine Dimension reduzieren, vielmehr manifestieren sich im

Stimmungsbegriff eine Reflexion und eine Metareflexion zugleich, welche sich auf die Simultanität wie auf die Sukzessivität als vektorielle Größen transversal beziehen und entscheidend für das Verständnis der Dichtung vor und um 1800 sind. Aus diesen Gründen können sich zwei Forschungsperspektiven als besonders fruchtbar erweisen: Zum einen sind die literatur- und kulturwissenschaftlichen Überlegungen an die historisch und musikalisch bestimmbaren Vorgaben – wie hier aufgezeigt – zurückzubinden; zum anderen könnte in Absetzung von einer psychologisierenden Einfühlungsästhetik zur interkulturellen Aktualisierung der musikalischen ‚Sympathetik' in Kombination mit einem ergänzenden pluralisierenden Polyphoniekonzept der Stimmungsbegriff neu als literarisches Analyseinstrument operationalisiert werden. Dazu scheint es vielversprechend zu sein, latente musikalische Konzepte beispielsweise in der Philosophie Heideggers herauszuarbeiten (Wallrup 2014) und auf der Basis einer performativen Aneignung und Einverleibung von Literatur (Gumbrecht 2011) zu reflektieren.

Literatur

Arburg, Hans-Georg von (Hrsg.). *Stimmung – Mood. Themenheft. Figurationen. Gender, Literatur, Kultur* 11.2 (2010).

Arburg, Hans-Georg von und Sergej Rickenbacher (Hrsg.). *Concordia discors. Ästhetiken der Stimmung zwischen Literaturen, Künsten und Wissenschaften*. Würzburg: Königshausen & Neumann, 2012.

Arburg, Hans-Georg von. „Stimmung und Methode? Überlegungen zur Staiger-Heidegger-Spitzer-Debatte (1950/51)". *Concordia discors. Ästhetiken der Stimmung zwischen Literaturen, Künsten und Wissenschaften*. Hrsg. von Hans-Georg von Arburg und Sergej Rickenbacher. Würzburg: Königshausen & Neumann, 2012. 245–260.

Becker, Alexander. „Die verlorene Harmonie der Harmonie. Musikphilosophische Überlegungen zum Stimmungsbegriff". *Concordia discors. Ästhetiken der Stimmung zwischen Literaturen, Künsten und Wissenschaften*. Hrsg. von Hans-Georg von Arburg und Sergej Rickenbacher. Würzburg: Königshausen & Neumann, 2012. 261–280.

Brockes, Barthold Heinrich. *Auszug der vornehmsten Gedichte aus dem Irdischen Vergnügen in Gott*. Hrsg. von Friedrich von Hagedorn. Hamburg: Christian Herold, 1738.

David, Pascal. „Stimmung". *Vocabulaire européen des philosophies. Dictionnaire des intraduisibles*. Hrsg. unter der Leitung von Barbara Cassin. Paris: Le Robert, 2004. 1217–1219.

Descartes, René. *Les passions de l'âme* [1649] / *Die Leidenschaften der Seele*. Französisch-Deutsch. Hrsg. und übers. von Klaus Hamacher. Hamburg: Meiner, 1984.

Engel, Johann Jacob. *Über die musikalische Malerei*. Berlin: Voss, 1780.

Gisbertz, Anna-Katharina (Hrsg.). *Stimmung. Zur Wiederkehr einer ästhetischen Kategorie*. München: Fink, 2011.

Grimm, Jacob und Wilhelm. *Deutsches Wörterbuch* (=DWB). 16 Bde. in 32 Teilbänden. Leipzig: Hirzel, 1854–1961.

Gumbrecht, Hans Ulrich. *Stimmungen lesen. Über eine verdeckte Wirklichkeit der Literatur.* München: Hanser, 2011.
Hagedorn, Friedrich von. *Sämmtliche Poetische Werke.* Dritter Teil. Hamburg: Bohn, 1757.
Hartley, David. *Observations on Man, his Frame, his Duty and his Expectations.* London: Richardson, 1749.
Heidegger, Martin. *Sein und Zeit.* Halle: Niemeyer, 1927.
Herder, Johann Gottfried. „Viertes Wäldchen über Riedels Theorie der schönen Künste" [1769]. *Werke 2: Schriften zur Ästhetik und Literatur 1767–1781* (=W 2). Hrsg. von Gunter E. Grimm. Frankfurt am Main: Suhrkamp, 1993. 247–442.
Herder, Johann Gottfried. „Kalligone" [1800]. *Werke 8: Schriften zu Literatur und Philosophie 1792–1800* (=W 8). Hrsg. von Hans-Dietrich Irmscher. Frankfurt am Main: Suhrkamp, 1998. 641–971.
Hölderlin, Friedrich. „Wenn der Dichter einmal des Geistes mächtig [Über die Verfahrensweise des poetischen Geistes]" [1800]. *Frankfurter Ausgabe. Historisch-kritische Ausgabe 14: Entwürfe zur Poetik* (=FHA 14). Hrsg. von Wolfram Groddeck und D. E. Sattler. Frankfurt am Main: Stroemfeld, 1979. 179–322.
Klopstock, Friedrich Gottlieb. „Vom deutschen Hexameter" [1767]. *Sämmtliche Werke 15: Klopstocks sämmtliche sprachwissenschaftliche und ästhetische Schriften III.* Hrsg. von A. L. Back und A. R. C. Spindler. Leipzig: Fleischer, 1830. 185–220.
Krüger, Johann Gottlob: *Naturlehre. Zweyter Theil.* Halle: Hemmerde, 1748.
Krüger, Johann Gottlob: *Träume.* Mit einer Vorrede von Johann August Eberhard. Neue, verbesserte Auflage. Halle: Hemmerde, 1785 [1754].
Kommerell, Max. *Gedanken über Gedichte.* Frankfurt am Main: Klostermann, 1943.
Kuhnau, Johann. *Der musikalische Quack-Salber.* Leipzig: Riedel, 1700.
Lindley, Mark. „A Quest for Bach's Ideal Style of Organ Temperament". *Stimmungen im 17. und 18. Jahrhundert. Vielfalt oder Konfusion?* Hrsg. von Günter Fleischhauer, Monika Lustig, Wolfgang Ruf und Frieder Zschoch. Michaelstein: Kloster Michaelstein, 1997. 45–67.
Lubkoll, Christine. „Die heilige Musik oder die Gewalt der Zeichen". *Heinrich von Kleist – Kriegsfall, Rechtsfall, Sündenfall.* Hrsg. von Gerhard Neumann. Freiburg im Breisgau: Rombach, 1994. 337–364.
Meyer-Sickendiek, Burkhard und Friederike Reents (Hrsg.). *Stimmung und Methode.* Tübingen: Mohr Siebeck, 2013.
Previšić, Boris. „Gleichschwebende Stimmung und affektive Wohltemperierung im Widerspruch. Literarisch-musikalische Querstände im 18. Jahrhundert". *Concordia discors. Ästhetiken der Stimmung zwischen Literaturen, Künsten und Wissenschaften.* Hrsg. von Hans-Georg von Arburg und Sergej Rickenbacher. Würzburg: Königshausen & Neumann, 2012. 127–142.
Rameau, Jean-Philippe. *Traité de l'harmonie réduite à ses principes naturels* [Paris 1722]. Hrsg. von Joseph-François Kremer. Bourg-la-Reine: Zurfluch, 2009.
Riegl, Alois. „Die Stimmung als Inhalt der modernen Kunst". *Gesammelte Aufsätze.* Hrsg. von Karl M. Swoboda. Augsburg und Wien: Benno Filser, 1929. 28–39.
Roch, Eckhard. „Temperatur und Charakter. Johann Sebastian Bachs Wohltemperiertes Klavier aus der Sicht seines Schülers Kirnberger". *Bachs „Wohltemperiertes Klavier" in Perspektiven.* Hrsg. von Volker Kalisch. Essen: Blaue Eule, 2002. 29–41.
Rousseau, Jean-Jacques. *Dictionnaire de musique.* Fac-similé de l'édition de 1768 augmenté des planches sur la lutherie tirées de l'Encyclopédie de Diderot. Edition préparée et présentée par Claude Dauphin. Paris: Actes Sud, 2007 [1768].

Rousseau, Jean-Jacques. *Essai sur l'origine des langues, où il est parlé de la mélodie et de l'imitation musicale*. Paris: Gallimard, 1993 [1755; posthum 1781].
Ryan, Lawrence J. *Hölderlins Lehre vom Wechsel der Töne*. Stuttgart: Kohlhammer, 1960.
Staiger, Emil. *Grundbegriffe der Poetik*. Zürich und Freiburg im Breisgau: Atlantis, 1946.
Wallrup, Erik. *Being Musically Attuned. The Act of Listening to Music*. Farnham: Ashgate, 2014.
Welsh, Caroline. *Hirnhöhlenpoetiken. Theorien zur Wahrnehmung in Wissenschaft, Ästhetik und Literatur um 1800*. Freiburg im Breisgau: Rombach, 2003.
Welsh, Caroline. „Die ‚Stimmung' im Spannungsfeld zwischen Natur- und Geisteswissenschaften. Ein Blick auf die Trennungsgeschichte aus der Perspektive einer Denkfigur". *NTM Zeitschrift für Geschichte der Wissenschaften, Technik und Medizin* 17 (2009): 135–169.
Wellbery, David E. „Stimmung". *Ästhetische Grundbegriffe. Historisches Wörterbuch in sieben Bänden 5*. Hrsg. von Karlheinz Barck et al. Stuttgart und Weimar: Metzler, 2003. 703–733.
Werckmeister, Andreas. *Musicalische Temperatur, oder Deutlicher und warer mathematischer Unterricht [...]*. Frankfurt und Leipzig: Riedel, 1691.
Werckmeister, Andreas. *Cribrum musicum, oder Musicalisches Sieb*. Frankfurt und Leipzig: Riedel, 1700.
Werckmeister, Andreas. *Musicalische Paradoxal-Discourse, oder Angemeine Vorstellungen, wie die Musica einen Hohen und Göttlichen Uhrsprung habe [...]*. Frankfurt und Leipzig: Riedel, 1707.
Zedler, Johann Heinrich (Hrsg.). *Grosses vollständiges Universallexikon 12: H–He*. Halle und Leipzig: [s. n.], 1735.
Zedler, Johann Heinrich (Hrsg.). *Grosses vollständiges Universallexikon 30: Q–Reh*. Halle und Leipzig: [s. n.], 1741.

III.10. Theorie und Praxis der Deklamation um 1800

Mary Helen Dupree

Im deutschen Sprachraum um 1800 ist die ‚Deklamation' als Dispositiv zu bezeichnen, das eine Vielfalt an Praktiken und Diskursen in der Literatur, im Theater, in der Religion, in der Politik, in der Jurisprudenz und in der Geselligkeitskultur umfasste. In diesem historischen Kontext wird das Wort ‚Deklamation' nicht mehr als rhetorische Improvisationspraxis im Sinne der klassischen *declamatio* verstanden (Kennedy 1994, 83–84), sondern als allgemeine Bezeichnung für die (nicht-musikalische) Inszenierung der Stimme, bei der vor allem die Affizierung des Publikums erzielt wird. So wurde die in den französischen Schauspieltheorien des 17. und 18. Jahrhunderts vielfach erörterte Theorie und Praxis der *déclamation* (Chaouche 2001, 14–16) im deutschen Sprachraum neu konzipiert und schrittweise in andere Räume außerhalb des Theaters, wie etwa die Kanzel, den Hörsaal und den Salon, eingeführt.

Wegbereitend für die neue Kultur der Deklamation waren einerseits die Theaterreformen von Lessing und seinen Zeitgenossen, andererseits eine neue *oral culture*, die in der zweiten Hälfte des 18. Jahrhunderts im deutschen Sprachgebiet neben der Druckkultur aufblühte. Im Zuge der Theaterreformbewegung des 18. Jahrhunderts wurde die barocke Affektenlehre (vgl. III.5 Krones) zugunsten eines neuen, auf „natürliche" Effekte zielenden deklamatorischen Stils abgelehnt (Košenina 1995, 17). Während im bürgerlichen Trauerspiel die Inszenierung der ‚natürlichen' deklamatorischen Stimme das Mitleid des Publikums erwecken sollte, fand die Inszenierung der Stimme in empfindsamen Lesegesellschaften, in Lesungen von Klopstocks *Messias* und Liedern von Ossian, eine begeisterte Zuhörerschaft (Birgfeld 2008, 101–105). So etablierte sich außerhalb des Theaters eine Kultur der literarischen Deklamation, die ebenso wie das Reformtheater des 18. Jahrhunderts das Ziel verfolgte, die ästhetischen und moralischen Werte des emanzipierten Bürgertums zu verbreiten.

Wie die theatralische Deklamation erzielte die literarische Deklamation auch die Affizierung des Publikums, aber dabei ging es weder um die Verkörperung einer Rolle noch um die Inszenierung einer Handlung. Der Deklamator nicht-dramatischer Texte stand – vielleicht paradoxerweise – vor dem Publikum gleichzeitig als Surrogat des Autors und als privilegierter Interpret seiner Texte. Obwohl es sich hier um keine Musikaufführung handelte, wurde die Musikalität der menschlichen Stimme in solchen Aufführungen – und damit die Affinität zwischen Musik und Poesie – besonders stark betont (vgl. auch III.8 Hillebrandt).

Für die Begegnung zwischen Literatur, Musik und Theater um 1800 sind drei kulturhistorische Entwicklungen im Rahmen der literarischen Deklamationspraxis besonders erwähnenswert: der Aufstieg der ‚Deklamatoren' als Berufsstand; die Erfindung des sogenannten ‚deklamatorischen Konzerts', in dem Texte mit musikalischen ‚Zwischensätzen' vorgelesen wurden; und die Entstehung einer regelrechten Flut an Texten („Deklamierbücher'), in denen versucht wurde, die Prinzipien der literarischen Deklamation einem breiten Publikum anschaulich zu machen.

1. Schochers ‚Sprechtonleiter' und die literarische Deklamation im späten 18. Jahrhundert

Als erster professioneller ‚Deklamator' gilt der Leipziger Pädagoge Christian Gotthold Schocher (1736–1810), ein Freund Gellerts, der ab den 1770er Jahren für seine öffentlichen Deklamationen beliebter Passagen aus Klopstocks *Messias* bekannt wurde (Schindler 1810; Grohmann 1810). Trotz seiner Vorliebe für Andachtsliteratur – er las auch gerne Auszüge aus Predigten vor – war Schocher, wie später Fichte bemerkte, „kein Prediger" (Fichte G III.1, 130), sondern ein „Deklamateur", dessen Repertoire ab etwa 1790 zunehmend profane Texte wie Theatermonologe, Fabeln und Balladen enthielt (Schindler 1810, 755). Neben diesen praktischen Tätigkeiten entwickelte Schocher ein anschauliches ‚System' der Deklamation, das zu seinen Lebzeiten viele Nachahmer fand. Seine Ideen resümierte er in einem 1791 veröffentlichten Essay, der folgende Frage zu beantworten versuchte: *Soll die Rede auf immer ein dunkler Gesang bleiben, und können ihre Arten, Gänge und Beugungen nicht anschaulich gemacht, und nach Art der Tonkunst gezeichnet werden?* In kurzen Kapiteln wird erklärt, dass die gesprochene Sprache, genau wie die Musik, aus ‚Tönen' bestehe, die der einzelne Deklamator sich merken und einsetzen könne, um emotionale Effekte zu erzielen. Ganz im Sinne der Aufklärung lehnt Schocher die „sklavische" Nachahmung antiker Rhapsoden und Rhetoren ab (1790, 4 f.); sein System der Deklamation sollte auf rationalen, aus der eigenen Erfahrung hergeleiteten Prinzipien beruhen.

Eine geplante Fortsetzung von Schochers Abhandlung mit visuellen Beispielen („Übersicht der Declamatorischen Melodienzeichnung") wurde nie veröffentlicht (Schocher 1790, 5 f.; 16 f.). Nichtsdestotrotz galten Schochers Theorien als musterhaft für mehrere Generationen von Deklamatoren um 1800. Schon zu seinen Lebzeiten erschien eine ganze Reihe von immer aufwendigeren ‚Deklamierbüchern', die neben praktischen Hinweisen und markierten Textbeispielen auch klangtheoretische und kulturhistorische Überlegungen darboten. Zu diesen zählten H. G. B. Frankes *Über Declamation* (1789/94), Heinrich August Kerndörffers *Handbuch der Deklamation* (1813), Johann C. Wötzels *Grundriß eines allgemeinen und faßlichen Lehrgebäudes oder Systems der Declamation* (1814), Gustav Anton von Seckendorffs *Vorlesungen über Deklamation und Mimik* (1815/1816) und sogar ein medizinisches Traktat, Georg Friedrich Ballhorns *Über Deklamation in medicinischer und diätetischer Hinsicht* (1802). In diesen Texten wird die Deklamation als humanistische Kunstform, als Maßstab für die verbale Kommunikation im bürgerlichen Alltag und gelegentlich auch als Hygienemittel verherrlicht. Es wird mehrfach versucht, Schochers Konzept einer ‚Sprechtonleiter' visuell zu realisieren, ob durch eine Aneinanderreihung von Vokalen, durch musikalische Notation oder durch komplexe Grafiken und Tabellen. Eine Skala der mündlichen Kommunikationsformen wird entwickelt (und gelegentlich der ‚Sprechtonleiter' überlagert), vom einfachen ‚Konversationston' bis hin zum Ton der gesteigerten Deklamation. Dabei wird die affektive Dimension immer stärker betont: Die Deklamation soll nicht nur die Herzen des Publikums bewegen, sondern auch die Innerlichkeit des einzelnen Deklamators zum Ausdruck bringen. Demzufolge müsse der Deklamator über ein hohes Maß an Selbstkenntnis und emotionale Flexibilität verfügen; laut Seckendorff besteht die Aufgabe des Deklamators darin, „[...] im Spiel jede Gemüthslage, mit dem Vorbehalt des Spieles und mit der Absicht lediglicher Analogie mit dem wirklichen Leben (hierunter ist nicht Nachäffung zu verstehen) sich zu geben" (Seckendorff 1815/1816, 1, 139). In dieser komplexen performativen Situation bleibt die Ratio des Sprechers trotzdem unentbehrlich; Franke zum Beispiel unterscheidet zwischen „Empfindungsdeklamation" und „Ideendeklamation", die einzelne „Gegenstände" wie in einem „Naturalienkabinett" zur Schau stellen solle (Franke 1794, 2, 113).

Die Deklamation wird also in den ‚Deklamierbüchern' als eine fast allumfassende humanistische Kunst dargestellt, die die Fähigkeiten des ‚ganzen Menschen' in Anspruch nimmt; gleichzeitig wird sie als *techne* behandelt, die durch wissenschaftliche, sogar quantitative Mittel perfektioniert werden kann. In ihrem Eifer, die ‚Töne' der Deklamation visuell darzustellen, produzierten die Autoren der frühen Deklamierbücher meistens krude Zeichnungen, markierte Originaltexte oder musikalische Notation, die das Erlernen deklamatorischer Methodik erleichtern sollten. Diese Versuche waren vermutlich von frühen wissenschaftlichen Visualisierungstechniken inspiriert, wie etwa den ‚Klangfiguren' Ernst Florens Friedrich Chladnis. Erst in der zweiten Hälfte des 19. Jahrhunderts kann man aber von einer wirklichen Visualisierung der gesprochenen Sprache durch Mess- und Aufnahmetechniken sprechen, wie etwa den Phonautographen (1857) von Édouard-Léon Scott de Martinville. Durch die Artikulation solch hoher künstlerischer und technischer Ansprüche sollte die Deklamation als legitime, autonome Kunstform etabliert werden, mit einem Gründungsmythos, einem literarischen Repertoire und erkennbaren Regeln für die Praxis ausgestattet.

2. Das deklamatorische Konzert

Ab den 1780er bis in die 1830er Jahre waren ,deklamatorische Konzerte', ,Deklamatorien' oder ,musikalisch-deklamatorische Akademien' ein fast unumgängliches Element des geselligen Lebens im deutschsprachigen Gebiet. Erwähnt werden solche Aufführungen unter anderem in Goethes *Wahlverwandtschaften* (1809), in parodistischen Schriften wie August Klingemanns Komödie *Schill, oder Das Deklamatorium in Krähwinkel* (1812) und in zahlreichen Periodika und Memoiren aus dieser Epoche. Es handelte sich dabei gewöhnlich um Auftritte von Laien oder professionellen Schauspielern mit musikalischen Kenntnissen in Theatern, Ballsälen oder Privathäusern. Das Programm eines typischen deklamatorischen Konzerts bestand aus Lesungen von literarischen Werken verschiedener Autoren mit musikalischer Untermalung (oder auch in Kombination mit musikalischen ,Zwischensätzen' oder Ouvertüren). In der Regel waren solche Aufführungen keine Autorenlesungen, obwohl manche Deklamatoren, wie die Dichterin Elise Bürger, auch selbst verfasste Texte deklamierten. Das Repertoire entsprach dem Geschmack eines gebildeten Publikums und umfasste eine Vielfalt an Registern, Genres und Stilrichtungen, von Anakreontik über Sturm und Drang bis hin zur Romantik; die populärsten Gedichte wurden in den Deklamierbüchern abgedruckt, oft mit Hinweisen für die korrekte Betonung. Besonders beliebt waren neben Ossian und Klopstock Balladen und Gedichte von Schiller, Bürger und August Wilhelm Schlegel; komische Gedichte und ,Lehr-Gedichte' von Pfeffel, Voß und Tiedge; Monologe aus Goethe und Schillers Dramen. Zu den aktivsten Deklamatoren zählten Schocher, Seckendorff, August Wilhelm Iffland, Henriette Hendel-Schütz, Elise Bürger, Friederike Brun und Karl Friedrich Solbrig.

Obwohl das deklamatorische Konzert sehr deutlich in der bürgerlichen Geselligkeits- und Unterhaltungskultur um 1800 verankert war, wäre es falsch, es als reine gesellige Unterhaltungsform zu betrachten. Es diente vielmehr als experimenteller Schauplatz zeitgenössischer Diskussionen über Deklamationstheorie, vor allem über die Grenze zwischen dem ,Sprechton' und dem ,Gesangton'. Über ein 1809 in Wien gegebenes Konzert von Gustav Anton von Seckendorff, bei dem der Deklamator sich selbst auf dem Klavier begleitete, schrieb der Komponist Johann Friedrich Reichardt: „Meine Begriffe von der gänzlichen Verschiedenheit der Natur der Rede und der des Gesanges sind dadurch erschüttert, und ich selbst bin auf neue Betrachtungen geleitet worden." (Reichardt 1809, 8 f.) In deklamatorischen Konzerten wurde außerdem Wissen über Literatur, Theater, Musik, nationale Identität und Religion inszeniert und verbreitet; an Orten, wo es kein stehendes Theater gab, diente das deklamatorische Konzert als ‚Ersatztheater' und somit als wichtige kulturelle Wissensquelle. Wie keine andere Kunstform vermittelte das Deklamatorium ein Gefühl von nationaler Einheit unter den um 1800 politisch noch nicht vereinigten ‚Teutschen', denn das Repertoire solcher Konzerte bestand fast ausschließlich aus den Werken deutschsprachiger Dichter. In den nach Schillers Tod im Mai 1805 inszenierten ‚Todtenfeiern Schillers' wurde die literarische Deklamation (oft in Kombination mit Musik von einem „unsichtbaren Chor") verstärkt zu nationalistischen Zwecken eingesetzt (Dupree 2015, 152). Insofern gehörte das deklamatorische Konzert zum Projekt der „Nationalisierung der Massen" durch ästhetische Mittel (Mosse 1974, 10–32). Gleichzeitig fanden manche Deklamatoren hier die Gelegenheit, ihre eigene individuelle Identität neu zu stilisieren. Seckendorff, der 1796 bis 1798 in Philadelphia gelebt hatte, verwendete zum Beispiel den pseudoamerikanischen *nom de guerre* „Patrik Peale" bei seinen Auftritten. Solche Möglichkeiten der Selbstinszenierung waren für Frauen besonders interessant: ‚Deklamatricen' wie Elise Bürger, Henriette Hendel-Schütz und Friederike Brun begrüßten das deklamatorische Konzert neben dem Melodrama und dem *tableau vivant* als eine Möglichkeit, ihre eigenen Auftritte selbständig zu gestalten.

Als neue, hybride Aufführungsform hatte das deklamatorische Konzert auch seine Kritiker, wie etwa Johann Wolfgang von Goethe, der in Weimar und Jena mehrere solche Aufführungen zu sehen bekam. Über ein Dresdner „Deklamatorium" von Karl Friedrich Solbrig schrieb er in einem Brief an Christiane Goethe von 17. April 1813: „Hohler, geist- und geschmackloser ist mir leicht nicht etwas vorgekommen [...]." (Goethe WA 4.23, 321) Goethe missfielen solche Aufführungen nicht nur wegen der etwas übersteigerten Dramatik, sondern auch wegen der scheinbar willkürlichen Vermischung von verschiedenen Registern und Ausdrucksformen. In den *Wahlverwandtschaften* verurteilt der Erzähler das missratene Deklamatorium der Figur Luciane aus genau diesen Gründen: Die Aufführung sei ein ästhetischer Fehlschlag, weil sie dabei „das was eigentlich episch und lyrisch ist, auf eine unangenehme Weise mit dem Dramatischen mehr verwirrt als verbindet" (Goethe WA 1.20, 251).

Mit den Jahren litt das deklamatorische Konzert an einem Imageverlust, nicht zuletzt weil die Annäherung vom Sprech- und Gesangton von manchen Zeitgenossen als „zwitterhaft" abgelehnt wurde (Weithase 1940, 134 f.) – ein Urteil, das eine mögliche Anspielung auf die zunehmende ‚Feminisierung' des Genres enthalten kann. Dennoch lebte die Deklamation bis ins späte 19. Jahrhundert weiter, vor allem in der Pädagogik (auf dem Lehrplan humanistischer Gymnasien) und im häuslichen Bereich, wo der Konsum von Gedichtanthologien (auch „Deklamatorien" genannt) und das Lautlesen von Trivialtexten zum Alltag gehörten (Häntzschel 1985, 207; 221–224).

3. Bisherige Forschung. Zwischen Positivismus und Performanz

Die Anzahl der wissenschaftlichen Publikationen, die sich ausschließlich dem Thema der deutschsprachigen Deklamation um 1800 widmen, ist relativ begrenzt. Im 18. und 19. Jahrhundert wurde die Deklamation nur vereinzelt in Literatur- und Theaterchroniken erwähnt. 1930 veröffentlichte die Sprechwissenschaftlerin Irmgard Weithase eine historische Monographie über die Deklamationskunst im 18. und 19. Jahrhunderts mit dem Titel *Anschauungen über das Wesen der Sprechkunst, von 1775–1825*; zwei Jahrzehnte später erschien der erste Band ihrer *Geschichte der gesprochenen deutschen Sprache*, in dem sie die Geschichte der ‚Sprechkünstler' des 18. und 19. Jahrhunderts ausführlich resümiert. Diese beiden Werke sind wegen der hohen Qualität und des Detailreichtums der historischen Forschung weiterhin von Interesse, auch wenn Weithases weitgehend positivistischer Ansatz aus heutiger Perspektive weniger überzeugend ist.

Im Zuge des *cultural turn* der 1970er Jahre sowie neuer Entwicklungen in der Medientheorie wurde die Deklamation für eine neue Generation von Literatur-, Kultur- und Theaterwissenschaftlern interessant. In Karl-Heinz Götterts Monographie *Geschichte der Stimme* (1998) und in der Einleitung zu Reinhart Meyer-Kalkus' *Stimme und Sprechkünste im 20. Jahrhundert* (2001) wird die Deklamation um 1800 als kultur- und mediengeschichtliches Phänomen neu ausgewertet; vor allem bei Meyer-Kalkus dienen die Sprechexperimente der Avantgarde des frühen 20. Jahrhunderts als Impuls für eine erneute Auseinandersetzung mit Theorien der Stimme und der ‚Physiognomik der Stimme' im 18. Jahrhundert (Meyer-Kalkus 2001, 4–13). Joh. Niklaus Schneiders *Ins Ohr geschrieben* (2004) wertet die Deklamationspraxis im 18. Jahrhundert vor allem im Rahmen der Experimentalpoetik Klopstocks aus. Klopstocks maßgeblichem Einfluss auf die Deklamationskultur des 18. Jahrhunderts (u. a. als Stifter einer ‚Lesegesellschaft') widmet sich auch ein herausragender Artikel von Johannes Birgfeld (2008) im *Journal for Eighteenth-Century Studies*.

Den Stellenwert der Deklamation in der Rhetorikgeschichte des 18. Jahrhunderts erörtert Dietmar Till in seiner Monographie *Transformationen der Rhetorik* (2008); hier wird die Verbreitung neuer Deklamationspraktiken im 18. Jahrhundert als symptomatisch für die Ablehnung der klassischen Rhetorik zugunsten einer neuen, auf Natürlichkeits- und Authentizitätskonzepten basierenden *actio* interpretiert. Neben Tills ausführlicher Studie macht Alexander Košeninas *Anthropologie und Schauspielkunst. Studien zur „Eloquentia Corporis" im 18. Jahrhundert* (1995) einen wertvollen Beitrag zur historischen Kontextualisierung der Deklamationskunst im Rahmen anthropologisch fundierter Diskurse der ‚körperlichen Beredsamkeit' im 18. Jahrhundert. Als Aspekt bürgerlicher Unterhaltungskultur dagegen wird die Deklamation in Karin Wursts *Fabricating Pleasure: Fashion, Entertainment, and Cultural Consumption in Germany, 1780–1830* aufgegriffen (Wurst 2005, 295–301).

In der Musikwissenschaft bleibt das Thema der deutschsprachigen Deklamation bzw. des deklamatorischen Konzerts weitgehend unberührt. Bemerkenswert sind allerdings einige Unternehmungen im Bereich der historischen Aufführungspraxis: Auf dem Utrecht Early Music Festival 2014 wurde das 1775 von dem weimarischen Hofkomponisten Georg Anton Benda vertonte Melodrama *Medea* von dem Regisseur und Musikwissenschaftler Jed Wentz mit professionellen Sängern in den Hauptrollen inszeniert. Für diese Aufführung wurde in Zusammenarbeit mit Theater- und Literaturwissenschaftlern eine deklamatorische Partitur hergestellt. Der Erfolg dieser Inszenierung (die während des Festivals drei Aufführungen erlebte) weist auf das große Potential der historischen Deklamation als Ort des produktiven Austausches zwischen Musikwissenschaft, Literaturwissenschaft und Performance hin.

4. Forschungsperspektiven I: Hybridität, Ko-Präsenz und die ‚Performanz des Wissens'

Als hybride künstlerische Praxis um 1800, in der sich die Bereiche von Literatur, Theater und Musik gleichermaßen überschneiden, stellt die Deklamation eine Herausforderung dar, die wohl erst durch die Entwicklung neuer, interdisziplinärer Herangehensweisen zu lösen wäre. Herausgefordert werden nicht nur die ästhetischen Leitbegriffe des 18. Jahrhunderts wie etwa die Lessing'sche Trennung der Gattungen, sondern auch die seit der Antike herrschenden Taxonomien der akustischen Wahrnehmung (wie etwa die Unterscheidung zwischen Rede und Gesang). Bei der Deklamationspraxis handelt es sich nicht um vereinzelte, isolierte Episoden in der Geschichte, sondern um ein Phänomen, das in seinen Umfängen einem frühen Massenmedium ähnelt. Zu fragen wäre, inwiefern die deklamatorische Praxis, die oft genug als Realisierung einer Theorie angesehen wurde, eine dauerhafte Rückwirkung auf die Theorie (in mehr als einem Bereich) hatte. Versteht man die Deklamation als Dispositiv, das um 1800 in mehreren Bereichen der Lebenswelt (Kunst, Religion, Ästhetik, Politik usw.) wirkte, dann müsste man die Art und Weise verfolgen, wie Wissen über und durch die Deklamation in jedem Bereich produziert wurde. Dabei wäre der theatrale, performative Charakter solcher Aufführungen nicht aus dem Auge zu verlieren: Erst durch die Inszenierung der Theorie entsteht die Möglichkeit ihrer Infragestellung und Neuformulierung. So darf die Deklamation auch als performativ im Sinne der sprechakttheoretischen Überlegungen Judith Butlers (1993) interpretiert werden: als konzentrierte Inszenierung der Stimme ist die Deklamation ja ein ‚Sprechakt' im wahrsten Sinne des Wortes.

Weiterhin stellt die Deklamation eine einzigartige performative Situation dar, in der der *logos* mit der Körperlichkeit der Stimme und der ‚Ko-Präsenz' von Sprechern und Zuhörern konfrontiert wird. Im deklamatorischen Konzert bleibt die individuelle, an der Körperlichkeit des einzelnen Deklamators haftende Stimme stets im Mittelpunkt. Es sind die nicht-verbalen oder paraverbalen Aspekte der Stimme, ihr Timbre, ihre Musikalität, ihr Flüstern und Schreien, die die affektive Wirkung des Ganzen ermöglichen. Dabei wird die Aufführung weder durch eine Institution (wie etwa das Theater) noch durch ein rhetorisches Programm legitimiert. Es geht hier weder um die politische Rhetorik, in der ein Redner für sich selbst oder im Namen des Volkes in der Öffentlichkeit spricht, noch um die theatrale Deklamation, in der ein Schauspieler sich in eine Rolle völlig hineinversetzt, sondern um einen Sprechakt, bei dem der Deklamator zwar die Stimmen anderer nachahmen darf, aber nie völlig aus seinem eigenen ‚Naturell' heraustreten soll. In diesem Sinn kann man einige Parallelen zwischen der Praxis der literarischen Deklamation um 1800 und der des postdramatischen Theaters bzw. der Performancekunst im 20. und 21. Jahrhundert ziehen. Damit erwiese sich die Goethe'sche Kritik der Deklamation um 1800 eigentlich als zutreffend: Hier ginge es tatsächlich um eine Aufhebung der Grenze zwischen dem Epischen und dem Dramatischen, die zwar aus der Perspektive der aufklärerischen Bühnenästhetik fatal wäre, die aber vielleicht auch eine neuartige Begegnung (nach Hans-Thies Lehmann eine ‚Ko-Präsenz') zwischen Publikum und Performer ermöglichen würde.

Im Kontext der Medien- und Kommunikationswissenschaften liefert die Geschichte der Deklamationskunst um 1800 eine wertvolle Gegenperspektive zu der These eines „Schriftmonopols" im späten 18. Jahrhundert (Kittler 1986, 17); hier wäre es allerdings wichtig zu betonen, dass die Deklamation sich zu diesem Zeitpunkt als Technik der Verlebendigung der Schrift eher komplementär als feindlich zur Druck- und Schriftkultur verhielt, wie andere „oral cultures" auch (Kennedy 1994, 27 f.).

Ferner ist die Deklamation auch aus wissenshistorischer Perspektive im Zeichen der ‚akustischen Wende' bzw. der Sound Studies interessant, denn die Theorie der Deklamation wurde – wie schon erwähnt – ab dem späten 18. Jahrhundert als neue praxisorientierte ‚Wissenschaft der Stimme' systematisiert und vermarktet. Dabei stand die Entwicklung einer anschaulichen Theorie der ‚Sprechtonleiter' im Mittelpunkt, mittels derer die einzelnen ‚Töne' der gesprochenen Sprache notiert werden konnten. Hier gilt es zunächst zu fragen, inwiefern solche Konzepte wirklich als ‚wissenschaftlich' einzustufen wären und welchen Stellenwert sie in der Geschichte des Klangs (zum Beispiel als mögliche Vorläufer von Hermann von Helmholtz' Lehre der Tonempfindungen) haben könnten. Kann man hier mit Rheinberger (1992) von ‚epistemischen Dingen' sprechen, die aus der Experimentation hervorgegangen sind und die weiterhin im wissenschaftlichen Bereich produktiv waren? Hier wäre der Stellenwert der Deklamation um 1800 sowohl diachron (als frühe, experimentell-spekulative Phase der Wissensgeschichte des Klangs vor der Erfindung akustischer Aufnahmetechniken) als auch synchron, als eines von vielen Beispielen der ‚Performanz des Wissens' um 1800, zu untersuchen.

5. Forschungsperspektiven II: Die Stimme der Deklamation

Wie Birgfeld u. a. konstatieren, ist die Geschichte der Deklamation im späten 18. und frühen 19. Jahrhundert noch nicht wirklich geschrieben worden. Dabei geht es nicht nur um die Wiederentdeckung eines vernachlässigten Kapitels in der Literatur- und Theatergeschichte um 1800, sondern möglicherweise auch um die Aufdeckung neuer Perspektiven über Körperlichkeit, Wahrnehmung und Identität in dieser Epoche. Denn die Deklamation eröffnete eine Vielfalt an neuen Perspektiven auf das Wesen der Stimme als Instrument, als Medium und als Körper. Oder vielmehr auf die Stimme als solche, denn die von Schocher und seinen Nachfolgern entwickelte Lehre der individualisierten ‚Grundtöne' der gesprochenen Sprache entspricht einem Verständnis von Stimmen als pluralen, heterogenen Resonanzphänomenen, die zwar körperlos sind, in denen aber die Identität und die Körperlichkeit des Sprechers unfehlbar zum Klingen kommen (Cavarero 2005, 5). In der Deklamation wird die Identität sowohl des Sprechers als auch des Zuhörers weiterhin performativ inszeniert und in manchen Fällen sogar neu konstruiert: Aus einem deutschen Adligen wird der amerikanische Revolutionär „Patrik Peale", aus einer alternden Schauspielerin wird eine Hohepriesterin des literarischen Kanons. Sowohl einzelne Menschen wie neu geformte Gruppierungen und Kollektive, etwa die politisch noch nicht existierende deutsche ‚Nation', konstituieren sich auch durch die Deklamation.

Um mit der deutschen Philosophin Petra Gehring zu sprechen, ist „[d]er kommunizierende Leib der Stimme [...] ein Sozialkörper. Er ist so sozial wie die Kommunikation selbst." (2006, 107) In der Hervorhebung der Stimme als ‚Physis' – die in der performativen Situation mit der metaphorischen Stimme der Literatur konfrontiert wird – und in der darauf folgenden Herstellung einer neuen Kunst-Sprache, die aus einer Kombination von verbalen und nicht-verbalen Zeichen besteht, wird die Deklamation um 1800 erst als Inszenierung einzelner und kollektiver Identitäten und schließlich auch als moderne, selbstreflexive, zwischen Literatur und Musik vermittelnde Kunstform erkennbar.

Literatur

Ballhorn, Georg Friedrich. *Über Declamation, in medicinischer und diätetischer Hinsicht.* Hannover: Helwing, 1802.
Birgfeld, Johannes. „Klopstock, the Art of Declamation and the Reading Revolution: An Inquiry into One Author's Remarkable Impact on the Changes and Counter-Changes in Reading Habits between 1750 and 1800". *Journal for Eighteenth-Century Studies* 31.1 (2008): 101–117.
Butler, Judith. *Bodies That Matter. On the Discursive Limits of „Sex".* New York: Routledge, 1993.
Cavarero, Adriana. *For More than One Voice. Toward a Philosophy of Vocal Expression.* Stanford: Stanford University Press, 2005.
Chaouche, Sabine (Hrsg.). *Sept traités sur le jeu du comédien et autres textes: de l'action oratoire à l'art dramatique* (1657–1750). Paris: Honoré Champion, 2001.
Dupree, Mary Helen. „From ‚Dark Singing' to a Science of the Voice: Gustav Anton von Seckendorff and the Declamatory Concert Around 1800". *Deutsche Vierteljahrsschrift für Literaturwissenschaft und Geistesgeschichte* 86.3 (2012): 365–396.
Dupree, Mary Helen. „Early Schiller Memorials (1805–1808) and the Performance of Literary Knowledge". *Performing Knowledge 1750–1850.* Hrsg. von Mary Helen Dupree und Sean Franzel. Berlin: De Gruyter, 2015. 137–165.
Fichte, Johann Gottlieb. *Gesamtausgabe der bayrischen Akademie der Wissenschaften III.1: Briefwechsel 1775–1793* (=G III.1). Hrsg. von Reinhard Lauth und Hans Jacob. Stuttgart und Bad Canstatt: Frommann, 1968.
Franke, Heinrich Gottfried Bernhard. *Über Declamation.* 2 Bde. Göttingen: Johann Christian Dieterich, 1789/94.
Gehring, Petra. „Die Wiederholungs-Stimme. Über die Strafe der Echo". *Stimme. Annäherung an ein Phänomen.* Hrsg. von Doris Kolesch und Sybille Krämer. Frankfurt am Main: Suhrkamp, 2006. 111–129.
Goethe, Johann Wolfgang von. *Goethes Werke Abtheilung I.20: Die Wahlverwandtschaften* (=WA 1.20). Hrsg. im Auftrag der Großherzogin Sophie von Sachsen. Weimar: Böhlau, 1892.
Goethe, Johann Wolfgang von. *Goethes Werke Abtheilung IV.23: Briefe Mai 1812–August 1813* (=WA 4.23). Herausgegeben im Auftrag der Großherzogin Sophie von Sachsen. Weimar: Böhlau, 1900.
Göttert, Karl-Heinz. *Geschichte der Stimme.* München: Fink, 1998.
Grohmann, Johann Christian August. „Erinnerung an meinen Freund Schocher". *Zeitung für die elegante Welt* 72 (10. April 1810): 569–575.

Häntzschel, Günter. „Die häusliche Deklamationspraxis. Ein Beitrag zur Sozialgeschichte der Lyrik in der zweiten Hälfte des 19. Jahrhunderts". *Zur Sozialgeschichte der deutschen Literatur von der Aufklärung bis zur Jahrhundertwende. Einzelstudien.* Hrsg. von Günter Häntzschel, John Ormrod und Karl N. Renner. Tübingen: Niemeyer, 1985. 203–233.

Helmholtz, Hermann von. *Gesammelte Schriften 2: Die Lehre von den Tonempfindungen als physiologische Grundlage für die Theorie der Musik* [1913]. Hrsg. von Jochen Brüning. Hildesheim: Olms, 2003.

Kennedy, George. *A New History of Classical Rhetoric.* Princeton: Princeton University Press, 1994.

Kerndörffer, Heinrich August. *Materialien für den ersten Unterricht in der Declamation zur Bildung eines guten, richtigen und schönen mündlichen Vortrages.* Leipzig: G. Fleischer, 1828.

Kerndörffer, Heinrich August. *Handbuch der Redekunst.* Quedlinburg: Ernst, 1839.

Kittler, Friedrich A. *Grammophon, Film, Typewriter.* Berlin: Brinkmann & Bose, 1986.

Klingemann, Ernst August Friedrich. *Schill, oder das Declamatorium in Krähwinkel.* Helmstädt: Fleckeisen, 1812.

Kolesch, Doris und Sybille Krämer (Hrsg.). *Stimme. Annäherung an ein Phänomen.* Frankfurt am Main: Suhrkamp, 2006.

Košenina, Alexander. *Anthropologie und Schauspielkunst. Studien zur „Eloquentia Corporis" im 18. Jahrhundert.* Tübingen: Niemeyer, 1995.

Lehmann, Hans-Thies. *Postdramatic Theatre.* Translated and with an introduction by Karen Jürs-Munby. London und New York: Routledge, 2006.

Medea. Reg. Jed Wentz. Oude Muziek Festival 2014.

Meyer-Kalkus, Reinhart. *Stimme und Sprechkünste im 20. Jahrhundert.* Berlin: Akademie, 2001.

Mosse, George. *Die Nationalisierung der Massen. Von den Befreiungskriegen bis zum Dritten Reich.* [Aus dem Englischen von Otto Weith.] Frankfurt am Main und New York: Campus, 1974.

Reichardt, Johann Friedrich. *Vertraute Briefe geschrieben auf einer Reise nach Wien und den Oesterreichischen Staaten zu Ende des Jahres 1808 und zu Anfang 1809.* Amsterdam: [s. n.], 1810.

Rheinberger, Hans-Jörg. „Experiment, Difference, and Writing: I. Tracing Protein Synthesis". *Studies in History and Philosophy of Science* 23 A.2 (1992): 305–331.

Schindler, Karl. „Christian Gotthold Schocher, als Mensch und Künstler". *Zeitung für die elegante Welt* 94 (11. Mai 1810): 745–748 und 95 (12. Mai 1810): 753–756.

Schneider, Joh. Nikolaus. *Ins Ohr geschrieben: Lyrik als akustische Kunst zwischen 1750 und 1800.* Göttingen: Wallstein, 2004.

Schocher, Christian Gotthold. *Soll die Rede auf immer ein dunkler Gesang bleiben, und können ihre Arten, Gänge und Beugungen nicht anschau[n]lich gemacht, und nach Art der Tonkunst gezeichnet werden?* Leipzig: Reinecke, 1791.

Seckendorff, Gustav Anton von. *Vorlesungen über Deklamation und Mimik.* 2 Bde. Braunschweig: [s. n.], 1816.

Till, Dietmar. *Transformationen der Rhetorik. Untersuchungen zum Wandel der Rhetoriktheorie im 17. und 18. Jahrhundert.* Berlin: De Gruyter, 2008.

Weithase, Irmgard. *Anschauungen über das Wesen der Sprechkunst von 1775–1825.* Berlin: Ebering, 1930.

Weithase, Irmgard. *Zur Geschichte der gesprochenen deutschen Sprache.* Tübingen: Niemeyer, 1961.

Wötzel, J. C. *Grundriß eines allgemeinen und faßlichen Lehrgebäudes oder Systems der Declamation nach Schocher's Ideen*. Wien: [s. n.], 1814.
Wurst, Karin. *Fabricating Pleasure: Fashion, Entertainment, and Cultural Consumption in Germany, 1780–1830*. Detroit: Wayne State University Press, 2005.

III.11. ‚Musikalisierung' von Literatur in der Romantik

Barbara Naumann

Der gegen Ende des 18. Jahrhunderts formulierte Vorschlag des Novalis, literarische Gattungen wie zum Beispiel Märchen oder Roman als „ganz musicalisch" oder als „musicalische Fantasie" (S 3, 454, Nr. 986) zu verstehen, kann als programmatischer Vorschlag für die Musikalisierung der Literatur in der Romantik gelten. Friedrich Schlegel argumentiert in ähnlich grundsätzlicher Absicht: „[...] Schönheit (Harmonie) ist das Wesen der Musik, der höchsten unter allen Künsten. Sie ist die *allgemeinste*. Jede Kunst hat [...] musikalische Prinzipien und wird vollendet selbst Musik." (Schlegel KFSA 16, 213, Nr. 120) Dies, so Schlegel, gelte außerdem für die Philosophie und „auch wohl von der π [Poesie], vielleicht auch vom Leben" (Schlegel KFSA 16, 213, Nr. 120).

Im *Wilhelm Meister*-Roman Goethes meinte Novalis „Accente" zu entdecken, die „metrisch und melodisch" seien, „wodurch eben jene wunderbare romantische Ordnung entsteht ..." (S 3, 326, Nr. 445). Literarische Formen erhalten für Novalis und F. Schlegel, die theoretisch und kritisch avanciertesten Denker um 1800, als genuin musikalisch bestimmte Formen ihren romantischen Akzent. Die Poesie, so folgern sie, solle sich aus einer musikalischen Disposition heraus entwickeln. Die meisten Autoren und Autorinnen der Romantik teilen die Wertschätzung der musikalischen Potentiale der Literatur, jedoch bestehen große Unterschiede in Bezug auf die theoretische Begründung und die Realisierung einer musikalischen Poetik.

1. Spätaufklärerische Reste

Zwar wurde die musiktheoretische Reflexion von Dichtung und Sprache schon in der Spätaufklärung prominent (etwa bei Diderot, Rameau, Rousseau, Abbé Dubos). Doch betreten Novalis und die Frühromantiker in vielerlei Hinsicht Neuland, denn sie rücken zwei im 18. Jahrhundert und weit darüber hinaus generell akzeptierte kunstmetaphysische Betrachtungsweisen der Musik in den Hintergrund: zum einen den Versuch, Musik auf das Paradigma einer sich historisch entwickelnden, sprachlichen Grammatik und Rhetorik zu reduzieren – wofür als bedeutende Beispiele Johann Nikolaus Forkels *Allgemeine Geschichte der Musik* (1788–1802) und C. F. D. Schubarts *Ästhetik der Tonkunst* (1777/78) genannt seien. Zum andern suchen sie die Reduktion der Musik auf ihren affektiven Gehalt zu überwinden (Rousseau und Reichardt; vgl. Dahlhaus 1986, 31). Die frühromantische Ausrichtung der literarischen Formen nach musikalischen Parametern ignoriert nicht deren affektive Kraft, aber sie stellt die Theorie der Musik und des Musikalischen auf eine neue, selbstreflexive Basis. Mehr noch: Musik – vor allem reine Instrumentalmusik – wird zu derjenigen Form, die *par excellence* die Selbstreflexivität verkörpert, deren Modi sinnlich anschaulich macht und so einen Darstellungsraum für das subjektkritische Denken der Selbstreflexivität um 1800 eröffnet. Dies geschieht im Anschluss an und zugleich in kritischer Wendung gegen Kants *Kritik der Urteilskraft*, die der Musik im Ensemble der Künste nur eine äußerst limitierte Rolle hinsichtlich ihrer Erkenntnisleistung zugesteht.

2. Friedrich Schlegels Auffassung der Musik als ‚allgemeinster Kunst'

Die neue Musikreflexion steht im Kontext einer allgemeinen und quer durch die Wissenschaften angelegten Suche nach Möglichkeiten, zwischen Künsten und Genres dynamische Verhältnisse zu etablieren, d. h. das Ineinander-Übergehen, die Übertragung und Transformation von Musik in literarische oder andere, z. B. bildliche Formen zu entwerfen. Letztlich impliziert dies eine Kritik an vorschneller Sinnzuweisung oder Semantisierung der Musik. Die Konzeption, der zufolge am Ende alles Poetische Musik werden könne, beruht auf dem universell gedachten Prinzip der Vermittlung und Transformation der Künste (und bei Novalis und F. Schlegel auch: der Naturwissenschaften). Dabei handelt es sich nicht einfach um einen Abgleich von strukturellen und semantischen Parallelen zwischen sprachlichen und musikalischen Zeichen, Formen und Syntagmen, sondern um die Vorstellung, dass sich Kunst und Poesie am besten selbst reflektieren können, wenn sie nach musikalischen Entwicklungsprinzipien verfahren. In der Konsequenz der Auffassung Schlegels von der Musik als *allgemeinster* Kunst liegt es deshalb, jede vollendete Kunst als „Musik" zu verstehen (Schlegel KFSA 16, 213, Nr. 120).

3. Novalis' Theorem des ‚dissonanten Keims'

Für Novalis ist die Musik in zweierlei Hinsicht von grundlegender Bedeutung: Zum einen entwickelt er im Rückgriff auf die Reflexionsphilosophie Fichtes Grundzüge einer musikalischen Poetik, die für seine eigenen literarischen Werke bedeutsam wird. Zum anderen geben die selbstreflexiven Züge, die Novalis an der Musik diagnostiziert, Impulse für die Neuorientierung der Literatur an musikalischen Paradigmen. Novalis fasst Sprache generell als musikalisch imprägniertes Phänomen auf. Ein grundlegendes musikalisches Prinzip zeigt sich für ihn im Zusammenhang literarischer Formen. Goethes *Wilhelm Meisters Lehrjahre* (1795) etwa liest er zunächst begeistert als einen Roman, den Goethe aus einem „dissonanten Keim" heraus entwickelt habe: „Jeder Keim ist eine Dissonanz – ein Mißverhältnis was sich nach gerade ausgleichen soll." (S 2, 581, Nr. 242) Der dissonante Keim bildet einen Ausgangspunkt, der als in sich gespaltene Einheit vorzustellen ist. Nicht zufällig macht Novalis in seiner elliptischen Strukturanalyse des Romans einen musikalischen Begriff – Dissonanz – zum zentralen Parameter. Es gelingt ihm damit, einen entzweiten, disharmonischen Klang zugleich als Einheit und Zusammenhang zu denken und daraus das dynamische Modell des Entwicklungsromans als musikalisches Modell zu begreifen. Entwicklung versteht Novalis als Streben nach Vereinigung, nach Konsonanz und Harmonie. Vor dem Hintergrund dieser Überlegungen erscheint ihm in dieser frühen Kritik von 1798 der Roman Goethes als ein genuin musikalischer Roman, und nach ähnlichen Prinzipien wird sein eigener, Fragment gebliebener Roman, *Heinrich von Ofterdingen* (Novalis S 1, 183–369), und darin ganz prominent *Klingsohrs Märchen*, verfahren. Nicht nur in Analogie zur Musik oder als deren Formimitation entwickelt sich Novalis' Märchen „ganz musicalisch", sondern aus einer musikalischen „Selbstbestimmung der Poesie" heraus (Naumann 1990, 217–240; v. a. 239–240).

4. Naturbezug und Übersetzbarkeit der Musik

Der Musik kommt für Novalis universale Geltungskraft und Übersetzbarkeit aus ihrem Naturbezug und ihrer mathematischen Fundierung zu. Das zeigen insbesondere seine die Künste thematisierenden Fragmente. Er spricht beispielsweise in *Das Allgemeine Brouillon* von 1798/99 von „musikalischer Physik" (S 3, 311, Nr. 378) oder „chemischer Musik" (S 3, 430, Nr. 826) und zieht von diesen Begriffen aus direkte Analogien zu Tonalität bzw. Harmonik, Rhythmus, aber auch zu Gefühl und Imagination. Dieser spekulative, transzendentale Hintergrund des Musikdenkens ist verantwortlich dafür, dass in der frühromantischen Theoriebildung einzelne musikalische Parameter wie Rhythmus und Harmonik noch vor konkreten musikalischen Formen wie Lied, Symphonie, Oper etc. rangieren. Über die allgemeinen und umfassenden Vorstellungen von der Leistungsfähigkeit der Musik hinaus sind es die einzelnen musikalischen Parameter, die eine tragende Rolle bei der angestrebten Musikalisierung der Künste und insbesondere der Literatur spielen. An erster Stelle ist aufgrund seiner zweifachen Affinität sowohl zur Mathematik als auch zur Gefühlsbewegung der Rhythmus zu nennen. Musikalische Parameter bilden für Novalis und auch für F. Schlegel gewissermaßen den mathematischen Hintergrund der transzendentalen ästhetischen Spekulation. Die klassisch-antike Auffassung der Musik als „tönende Mathematik" (Dahlhaus 1986, 29) steht im Denken der Romantiker nicht im Widerspruch zur historischen Gegenthese der rein affektiv wirkenden Musik (Dahlhaus 1986, 29). Das von der Musik ausgelöste und repräsentierte Gefühlsgeschehen stellen F. Schlegel und Novalis aber in einen neuen, nämlich subjektkritischen und poetologischen Rahmen und verwerfen eine rein „gegenständliche, objektivierende" (Dahlhaus 1986, 29) Auffassung musikalischer Wirkung.

Unter dem Stichwort „Encyclopaedistik" hat Novalis die dynamischen Austauschbeziehungen der Künste als immer neu sich entwickelnde Konstellationen entworfen: „Die Skulptur und die Musik sind sich, als entgegengsezte Härten, gegen über. Die Mahlerey macht schon den Übergang. Die Skulptur ist das Gebildete Starre. Die Musik, das (Gebildete) Flüssige. / Masken der Alten Schauspieler. / Über Härten /[sic]" (Novalis S 3, 259 f., Nr. 102).

Novalis findet insbesondere im *Allgemeinen Brouillon* noch zahlreiche weitere Stichwörter und Lemmata, mit denen er in Fragmentform eine fortlaufende experimentelle Reihe von wechselnden Konstellationen und Übergängen zwischen den Künsten durchspielt. Novalis erprobt und komponiert gewissermaßen das ganze Register von Möglichkeiten, in denen die Künste aufeinander Bezug nehmen können. Klang und Rhythmus sind dabei zugleich von naturwissenschaftlicher und zeichentheoretischer Bedeutung. Die pythagoreische Zahlenordnung der Musik und die akustische Schwingungslehre gelten ihm als Belege dafür, dass die Ordnung der Natur sich selbst darzustellen und zu reflektieren vermag: „Die musicalischen Verhältnisse scheinen mir recht eigentlich die Grundverhältnisse der Natur zu seyn." (Novalis S 3, 654) Bedeutsam ist, dass Novalis eine Leitfunktion der Musik aufgrund ihrer abstrakten Parameter, nämlich Form, Rhythmus und Klangqualität, als vorbildlich für andere Künste erkennt und darin zugleich Modi der Selbstdarstellung und -reflexion des Subjekts sieht.

Es ist das Zusammenspiel mit der philosophischen Ästhetik und der Ich-Philosophie insbesondere Fichtes, die Novalis' frühromantischen Musikreflexionen den typischen und für die Kunst des 19. Jahrhunderts so einflussreichen Zug vermittelt, die Musik als Kunst zu nobilitieren und in ihren Spielformen die Komplikationen des Subjekts, seiner Selbsterkenntnis und Identitätsproblematik zu verorten. Dies gilt ebenso für die musiko-poetologischen Überlegungen Friedrich Schlegels. Jedoch setzt Schlegel einen stärkeren Akzent auf die Gattungstheorie, wobei er sich zunächst u. a. auf die Semiotik Lessings bezieht. Ausgehend vom gemeinsamen Ursprung von Musik und Sprache als Zeichen befindet er: „[...] die Poesie hat Zeichen für weit mehr Dinge als die beyden andern Künste [Musik und Malerei, B. N.]. In der Musik finden nur successive, in der Plastik nur coexistente Mannichfaltigkeit Statt; in der Poesie beydes." (Schlegel KFSA 16, 29, Nr. 20) Die Musik ist für Schlegel in allen poetischen Darstellungsformen aufgehoben; sie ist konstitutiv, daher unverzichtbar und strukturiert den selbstreflexiven Charakter literarischer Formen. Ebenso wie zuvor Novalis entwickelt Schlegel in einem Kommentar zu Goethes *Wilhelm Meisters Lehrjahre* grundsätzliche Leitlinien zur Konzeption der musikalischen Poetik. Der Roman wird unter dem Gesichtspunkt seines musikalischen Gehalts betrachtet: „Das zweite Buch beginnt damit, die Resultate des ersten musikalisch zu wiederholen." (Schlegel KFSA 2, 129) Letztlich bezieht Schlegel die Poesie insgesamt auf die Musik: „Die Poesie ist eine unendliche Rhetorik und eine logische geistige Musik." (Schlegel KFSA 18, 141, Nr. 232) Als Prinzip und Idee der Dichtung wohnt die Musik der Poesie inne. In F. Schlegels Romanfragment *Lucinde* (1799) wird die Musik sowohl als Kunstform als auch als poetologische Funktion aufgefasst, die strukturbildend wirkt und sich vor allem im poetischen Prinzip der Variation zeigt. Demgegenüber taucht im nahezu gleichzeitig entstandenen Roman Dorothea Schlegels, *Florentin* (1801), die Musik vornehmlich thematisch-motivisch und nicht im Kontext von formalen oder musiktheoretischen Überlegungen auf.

5. Musik als romantische Zeitkunst

Die romantischen Philosophen um 1800 schätzen die Musik als selbstbezügliche Darstellung der „Einheit in der Vielheit" (Schelling 1980 [1802/1803], 135) und sehen in ihr einen privilegierten Modus zur Selbstdarstellung des Subjekts. Nach Novalis, Schlegel und Schelling charakterisiert auch K. W. F. Solger in seinem philosophisch-literarischen Gesprächswerk *Erwin* (1815) Musik als diejenige Kunst, die es erlaubt, gestaltlosen Emotionen „Maß und Ordnung" (Solger 1815, 65) zu verleihen. Musikalisches Mittel *par excellence* ist für Solger die zeitliche Organisation der Töne; sie repräsentiert gewissermaßen die Allgemeinheit in der akustischen Vielfalt des musikalischen Geschehens. Anders als Novalis und Schlegel greift Solger jedoch ganz auf den idealistisch-spekulativen Fundus des musikalischen Denkens zurück, wenn er an einer allgemeinen Idee der Musik festhält und daraus das zeitliche Maß, die Schönheit des Werks und sogar die Harmonie der Seele mit sich selbst ableitet. Insgesamt aber zeigt sich in diesen Denkfiguren, dass die Musik um 1800 als Zeitkunst auch außerhalb der Kompositionslehre und der praktischen Musikausübung etabliert und zum Leitparadigma für den Transfer zwischen den Künsten und für die Subjektkritik in Anspruch genommen wird.

6. Roman und Märchen als Beispiele musikalischer Poetik

Novalis' Denken über Musik ist keineswegs auf die lyrisch-musikalischen Texte und die Romane beschränkt. Verstreut über das ganze Werk lassen sich Gedanken zur musikalischen Poetik finden. Für deren Skizzierung sind vor allem die Fragmentsammlungen und die *Fichte-Studien* relevant. In kritischer Auseinandersetzung mit Fichtes reflexiver Bestimmung des Subjekts entwickelte Novalis eine reflexive Bestimmung der sich selbst darstellenden Musik. Dabei wird das Musikalische – vor allem durch die Parameter Ton bzw. Laut, Konsonanz und Dissonanz sowie Rhythmus – als ein Differenzsystem aufgefasst. Dieses Differenzsystem erlaubt es Novalis, das Musikalische als referenzloses, absolutes Konstruktionsprinzip der Sprache und als Grundlage der Poesie schlechthin zu verstehen.

Nach Novalis lassen sich die Künste insgesamt in Abhängigkeit von musikalischen Parametern darstellen, aber auch in Musik übersetzen: „Wer alles räumlich, figuriert und plastisch sieht, dessen Seele ist musikalisch – Formen erscheinen durch unbewußte Schwingungen. – Wer Töne, Bewegungen etc. in sich sieht, dessen Seele ist plastisch – denn Mannigfaltigkeit der Töne und Bewegungen entsteht nur durch Figuration." (S 3, 332, Nr. 454)

Die Musik übernimmt dabei aufgrund ihres allgemeinen und übergreifenden Charakters die Leitfunktion unter den Künsten. Sie gilt somit als universales Rezeptionsorgan. Ihr gelingt es, im Selbstbezug die Grundverhältnisse von Natur und Poesie zugleich zur Darstellung zu bringen. Novalis nahm mit dieser Auffassung erstaunlich früh Überlegungen vorweg, die für die Konzeption der ‚absoluten Musik', d. h. der reinen Instrumentalmusik in symphonischer Form, im 19. Jahrhundert entscheidend werden sollten.

Novalis' an Physik und Philosophie zugleich orientierten Theoreme nötigen zu einem Seitenblick auf vergleichbare musikaffine und spekulative physikalische Theorien der Zeit, die er zur Kenntnis nahm. Wie Novalis geht auch der romantische Physiker Johann Wilhelm Ritter von der Gleichursprünglichkeit sprachlicher Zeichen und Töne aus. Seine Theorie des Zusammenhangs von Musik und Sprache (1810) schreibt Tönen eine wesenhafte Beteiligung an den Darstellungen des menschlichen Geschicks und seiner Geschichte zu: „Töne sind Wesen, die einander verstehen, so wie wir den Ton. [...] Es muß schlechterdings keine menschliche Geschichte geben, die sich nicht durch Musik ausdrücken ließe." (Ritter 1969 [1810], I, 225–226, Nr. 360)

Ritter macht aus physikalischen Vorgängen empfindende, ja empfindsame Subjekte; er subjektiviert, anthropomorphisiert und ontologisiert gewissermaßen das musikalisch-physikalische Geschehen. Spekulativ und ins Grenzenlose und Absolute gewendet, verlässt das musikalische Paradigma den differenzlogischen und subjektkritischen Hintergrund, den es bei Novalis und Schlegel aufwies. Deshalb gehen von Ritter zwar bedeutsame Beobachtungen physikalisch-musikalischer Vorgänge aus, aber Poetik und Ästhetik finden kaum Anschlusspunkte, es sei denn dort, wo eine sprachmetaphysische oder gar messianische Sprachauffassung im Spiel ist, wie z. B. in Walter Benjamins Theorie der reinen Sprache, die sich u. a. auf Ritter bezieht (Strässle 2004, 36f.).

Es verhält sich also nicht – wie häufig angenommen – so, dass im Hintergrund musikalischer Poetiken der Romantik in erster Linie ein schwärmerisches Verhältnis zur Musik als reinem Gefühlsausdruck läge. Vielmehr eröffnet die philosophische und ästhetische Reflexion des Musikalischen, mit allen wissenschaftlichen und poetologischen Differenzierungen, das Reservoir für die Fülle der Darstellungsmöglichkeiten der Musik auch in fiktionalen Texten. Ohne die reflexiven Leistungen der Frühromantiker, ohne die Grenzgänge zwischen philosophischer Spekulation, Naturwissenschaft und Ästhetik, wären auch die erzählenden, zum Teil formexperimentellen Texte der Romantiker nicht denkbar. Zugleich lassen sich in den Transfers zwischen Musik und fiktionaler Literatur von heute aus aktuelle Aspekte verfolgen, wie etwa einen wahren Reigen von Proto-Medialitätsdiskussionen, wie etwa die Reflexionen zur ästhetischen Inszenierung von Zeitverhältnissen und das Erkunden der Grenzen von Semantisierbarkeit.

Hierfür sei eine kleine Auswahl bedeutender fiktionaler Beispiele genannt:

7. Tieck und Wackenroder

Der junge Ludwig Tieck und sein Freund Wilhelm Heinrich Wackenroder fragen in den *Herzensergießungen eines kunstliebenden Klosterbruders* (1796) und in den *Phantasien über die Kunst für Freunde der Kunst* (1799) nach Wegen, die Erfahrungen des Subjekts in verschiedenen Künsten und Medien zum Ausdruck zu bringen. Zunächst sind diese Schriften kunstreligiös orientiert; in ihnen wird die Kunst als Mitte und Medium des Göttlichen verhandelt. Gleichzeitig eröffnet die Absolutheit der Kunst die Möglichkeit, gewissermaßen hinter dem Rücken der metaphysischen Kunstauffassung, den Verweis auf Natur und Gott anders zu akzentuieren. Akut wird nun die „Frage nach der Übersetzbarkeit einer Sphäre des Ausdrucks in eine andere bzw. eines Mediums in ein anderes" (Naumann 1994, 253). Damit lösen sich auch die kunstreligiös gefärbten Texte Tiecks und Wackenroders von der Vorstellung einer metaphysischen Letztbegründung ab. In den *Herzensergießungen* akzentuieren sie ein Sprachmodell der Künste, das auf die Vermittlung von Mensch, Kunst und Welt hin angelegt ist und zum Instrument der theoretischen Auflösung von ästhetisch-metaphysischen Voraussetzungen eben dieser Sprachtheorie wird.

Tieck und Wackenroder legen es darauf an, die kurrente aufklärerische Musikauffassung zu überwinden, indem sie Musik zu einer universalen Variable aller Varianten von Zeichenhaftigkeit, zu einer universalen Form und Ausdrucksform erklären. Diesem Universalitätsanspruch am nächsten kommt in den Augen der Romantiker eine Musikform, die nicht zufällig als absolute Musik bezeichnet wird: die reine Instrumentalmusik. In jeder Kunst blühe „eine voll üppige Pracht", in der „alle einzelnen Empfindungen sich vereinigen und nach allen Seiten streben und drängen, und ein vereinigtes Leben [...] mit verschiednen Klängen darstellen"; und nichts scheint Tieck „in der Musik so diese Stelle auszufüllen, als die großen, aus mannigfachen Elementen zusammengesetzten Symphonien" (Wackenroder SW 1, 242). Neben der Antizipation der Symphonik des 19. Jahrhunderts, der ja auch E. T. A. Hoffmann seine musiktheoretischen Einsichten verdanken wird, eröffnet Tiecks und Wackenroders Verabsolutierung der Musik als Form und nicht nur als Sprache, wiewohl empfindsam geprägt, auch den Weg hin zu Eduard Hanslicks einflussreicher Konzeption der Musik als tönend bewegter Form (*Vom Musikalisch-Schönen*, 1854).

Im Roman *Franz Sternbalds Wanderungen* greift Tieck weitgehend auf die gemeinsam mit Wackenroder entwickelten musikästhetischen Positionen zurück. Der Roman erzählt von der Sehnsucht Sternbalds, durch die Kunst das Geheimnis der Natur zu ergründen. In zahlreichen musikalisch-lyrischen Einlagen agiert Sternbald als Sänger und Künstler. Tieck visiert in diesen lyrischen Passagen des *Sternbald* einen indefiniten Schwebezustand des Gefühls. In der Darstellung der nicht-referentiellen, eigengesetzlichen Sprache der Musik, die zugleich eine „allgemeine Form der Kunst" verkörpert und „immer poetisch strukturiert sein soll", kann man eine „partielle Vorformulierung der Theorie poststrukturaler Sprachbeschreibung" erkennen (Naumann 1994, 255). Gleichwohl bleibt der Roman grundsätzlich der Hoffnung auf eine erlösende Funktion transzendenter Kunst verpflichtet. Deshalb lauert in den schwebenden Gesangspassagen ebenso die Gefahr einer vollkommenen Entsemantisierung des Textes wie die vollkommene Unverständlichkeit des (singenden) Subjekts gegenüber sich selbst.

Solche Fallstricke der Unverständlichkeit und Sinnentleertheit liegen in der Konsequenz einer an Transzendenz orientierten Musik- und Kunstauffassung. Einen Ausweg aus dem Dilemma könnte die ironische Perspektive bieten. In *Sternbalds Wanderungen* sowie in Tiecks und Wackenroders gemeinsamen Texten fehlt sie jedoch gänzlich. Tiecks spätere Werke ebenso wie einige Texte Friedrich Schlegels oder auch die Romane und Erzählungen eines Jean Paul oder E. T. A. Hoffmann öffnen sich hingegen dem ironischen Register und vermeiden damit die Aporien einer metaphysisch sanktionierten musikalischen Poetik.

8. Jean Paul

Jean Paul weiß seinen digressiven Prosastil mit großer Sensibilität für die klangliche Dimension der Sprache zu verbinden; viele seiner Romane sind auf thematischer Ebene nach Gesichtspunkten des rhythmischen Wechsels und der modulierenden Motiventwicklung gestaltet. Mit den nahezu ununterscheidbaren Protagonisten der *Flegeljahre* (1804/1805), Walt und Vult, adaptiert Jean Paul ein Problem der Fichte'schen Identitätsphilosophie und entwickelt es entlang rhythmischer und kompositorischer Verfahren weiter. Walt und Vult bilden gewissermaßen den ‚dissonanten Keim' (Novalis) für die Dynamik und modulierende Gesamtkomposition des Romans. Extensive Schilderungen musikalischer Ereignisse bilden Glanzpunkte seiner musikalisch orientierten Prosa. Nicht selten setzt Jean Paul in der Nachfolge Tiecks und Wackenroders auf die ungeheure Wirkmächtigkeit der Musik. Im Roman *Hesperus* (1795) beschreibt er sie beispielsweise in Metaphern des Fließens und des sinnlichen Überschusses und überträgt die musikalische Energie in „synästhetische Metaphern" (Gess 2006, 127). Darüber hinaus versieht er Schilderungen des musikalischen Geschehens mit einer deutlich geschlechtsspezifischen Note: „weiblich kodierte Musik" steht „männlichem Hören" gegenüber (Gess 2006, 132).

In umgekehrter Richtung, von der Prosa in die Musik, transferiert Robert Schumann den Geist und Gestus selbstreflexiver romantischer Poesie. Dabei geht es darum, in der Form absoluter, d. h. textloser Musik den musikalischen Impuls romantischer Prosa einzufangen. Nicht allein möchte er durch die Musik den Dichter sprechen lassen, wie dies an Titeleien wie „Der Dichter spricht" oder „Kuriose Geschichte" in den *Kinderszenen* (op. 15, 1838) abzulesen ist. Im Klavierwerk *Papillons* (op. 2, 1829–1831) lässt er, gleichsam in Anlehnung an Jean Pauls *Flegeljahre*, den musikalischen Phrasen einen narrativen Gestus zukommen, der als poetische Selbstreflexion gehört werden will.

9. E. T. A. Hoffmann

Ebenfalls im direkten Dialog mit einem musikalischen Werk, nämlich in seiner Rezension der 5. Sinfonie Beethovens (op. 67, c-Moll), entwickelt E. T. A. Hoffmann einen umfassenden Begriff des romantischen Kunstwerks, der auch in seinen fiktionalen Prosawerken wirksam wird. Beethoven schließe mit rein instrumental-musikalischen Mitteln „ein unbekanntes Reich" auf (Hoffmann SW 1, 532). In einer Rückübertragung des Musikalischen in die Wortsprache sucht der Rezensent, selbst ein Wortkünstler, „die Grenzen der gewöhnlichen Beurteilung überschreitend, alles das in Worte zu fassen, was er bei jener Komposition tief im Gemüte empfand" (Hoffmann SW 1, 532), und stellt so die musikalische und die sprachliche Leistung als komplementär dar. Die Musik sei in der Lage, „durch innige Verwandtschaft der einzelnen Themas untereinander" jene Einheit zu erzeugen, „die des Zuhörers Gemüth in *einer* Stimmung festhält" (Hoffmann SW 1, 551). Die Wortwahl Hoffmanns verrät seine Nähe zu den ausdrucksästhetischen musikpoetischen Positionen Tiecks und Wackenroders, eine Nähe, die besonders auch in der Konzeption solcher Komponisten-Figuren wie der des Ritter Gluck in der gleichnamigen Erzählung (1809) und des Kapellmeisters Kreisler in den *Kreisleriana* (1814/15), einem Abschnitt der *Fantasiestücke in Callots Manier*, deutlich wird. In den *Lebens-Ansichten des Katers Murr nebst fragmentarischer Biographie des Kapellmeisters Johannes Kreisler in zufälligen Makulaturblättern* (1819 und 1821) taucht die Figur des genialen, aber weltverlorenen Komponisten Kreisler ein weiteres Mal auf, diesmal in einer höchst komplex strukturierten, mit Vielstimmigkeit und Abbrüchen spielenden Romanerzählung.

Die meisten Autoren der Romantik sehen in der Musik nicht nur affektiven Ausdruck, Sinnlichkeit und Verführungskraft am Werk, sondern eine Sprachähnlichkeit, die sich bis zur Darstellung mathematisch-kosmologischer und philosophischer Verhältnisse ausbilden lassen soll. Die Wertschätzung der Musik als wirkmächtigste aller Künste liegt darin begründet. Dieser Komplex bildet den Hintergrund der teils spekulativen, teils proto-strukturalistischen, teils mediologischen, teils psychologischen Reflexion des Musikalischen in der Romantik. Nicht selten wird die Wirkung der Musik als gewaltsam empfunden (Gess 2006). Kleist, Tieck, Wackenroder, Wilhelm Heinse, Jean Paul, E. T. A. Hoffmann und auch Franz Grillparzer haben diesem Aspekt bedeutende Erzählungen gewidmet und die Wirkmächtigkeit der Musik stets höher eingeschätzt als ihren semantisierbaren Gehalt. Ohnehin ist „Musik als Kommunikationsmedium, das einen semantisch bestimmbaren Inhalt transportiert, [...] ein historisch begrenztes Konzept" (Stegbauer 2006, 31, unter Bezug auf Dahlhaus 1966, 115). Von den Irritationen, die dann entstehen, wenn die Grenzen des Sprachparadigmas im Medium der Musik aufgezeigt werden, lassen sich die Autoren um 1800 gern und auf ganz unterschiedliche Weise affizieren: Nicht zuletzt ging es ihnen darum, das poetische Potential der Musik als ausgespannt zwischen dem Absolutheitsanspruch der Kunst und deren „practischer Idee" (Novalis S 4, 254) sinnfällig zu machen.

Literatur

Dahlhaus, Carl. „Musica poetica und musikalische Poesie". *Archiv für Musikwissenschaft* 23 (1966): 110–124.
Dahlhaus, Carl. *Musikästhetik*. Laaber: Laaber, 1986.
Forkel, Johann Nikolaus. *Allgemeine Geschichte der Musik*. 2 Bde. Reprint. Graz: Akademische Druck- und Verlagsanstalt, 1967 [1788–1802].
Gess, Nicola. *Die Gewalt der Musik. Literatur und Musikkritik um 1800*. Freiburg im Breisgau: Rombach, 2006.
Hanslick, Eduard. *Vom Musikalisch-Schönen*. Histor.-krit. Ausgabe. Mainz: Schott, 1990 [1854].
Hoffmann, E. T. A. *Sämtliche Werke 5: Lebens-Ansichten des Katers Murr nebst fragmentarischer Biographie des Kapellmeisters Johannes Kreisler in zufälligen Makulaturblättern* [1819 und 1821] (=SW 5). Hrsg. von Hartmut Steinecke unter Mitarbeit von G. Allroggen. Frankfurt am Main: Deutscher Klassiker Verlag, 1992. 9–458.
Hoffmann, E. T. A. „Kreisleriana" [1814/1815]. *Sämtliche Werke 2.1: Fantasiestücke in Callot's Manier* (=SW 2.1). Hrsg. von Hartmut Steinecke unter Mitarbeit von G. Allroggen und W. Segebrecht. Frankfurt am Main: Deutscher Klassiker Verlag, 1993. 360–456.
Hoffmann, E. T. A. „Beethoven: 5. Sinfonie" [1810]. *Sämtliche Werke 1: Frühe Prosa, Briefe, Tagebücher, Libretti, Juristische Schriften. Werke 1794–1813* (=SW 1). Hrsg. von Gerhard Allroggen, Friedhelm Auhuber, Hartmut Mangold, Jörg Petzel und Hartmut Steinecke. Frankfurt am Main: Deutscher Klassiker Verlag, 2003. 532–552.
Jean Paul. „Flegeljahre" [1804–1805]. *Sämtliche Werke 1.2: Siebenkäs. Flegeljahre* (=SW 1.2). Hrsg. von Norbert Miller. München: Hanser, 1959. 567–1087.
Jean Paul. „Hesperus" [1795]. *Sämtliche Werke 1.1: Die unsichtbare Loge. Hesperus* (=SW 1.1). Hrsg. von Norbert Miller. München: Hanser, 1960. 471–1235.
Naumann, Barbara. *Musikalisches Ideen-Instrument. Das Musikalische in der frühromantischen Poetik und Sprachtheorie*. Stuttgart: Metzler, 1990.
Naumann, Barbara (Hrsg.). *Die Sehnsucht der Sprache nach der Musik. Texte zur musikalischen Poetik um 1800*. Stuttgart: Metzler, 1994.
Novalis. „Das Allgemeine Brouillon (Materialien zur Enzyklopädistik 1798/99)". *Schriften 3: Das philosophische Werk 2* (=S 3). Hrsg. von Richard Samuel, in Zusammenarbeit mit H.-J. Mähl und G. Schulz. Darmstadt: Wissenschaftliche Buchgesellschaft, 1968. 207–480.
Novalis. „Aufzeichnungen aus dem Sommer und Herbst 1800". *Schriften 3: Das philosophische Werk 2* (=S 3). Hrsg. von Richard Samuel, in Zusammenarbeit mit H.-J. Mähl und G. Schulz. Darmstadt: Wissenschaftliche Buchgesellschaft, 1968. 654–691.
Novalis. „Novalis an Friedrich Schlegel in Berlin" [1798]. *Schriften 4: Tagebücher, Briefwechsel, Zeitgenössische Zeugnisse* (=S 4). Hrsg. von Richard Samuel, mit H.-J. Mähl und G. Schulz. Darmstadt: Wissenschaftliche Buchgesellschaft, 1975. 253–254.

Novalis. „Heinrich von Ofterdingen" [1802]. *Schriften 1: Das dichterische Werk* (=S 1). Hrsg. von Paul Kluckhohn (†) und Richard Samuel, unter Mitarbeit von Heinz Ritter und Gerhard Schulz. Darmstadt: Wissenschaftliche Buchgesellschaft, 1977. 183–369.
Novalis. „Vorarbeiten zu verschiedenen Fragmentsammlungen" [1798]. *Schriften 2: Das philosophische Werk 1* (=S 2). Hrsg. von Richard Samuel, in Zusammenarbeit mit H.-J. Mähl und G. Schulz. Darmstadt: Wissenschaftliche Buchgesellschaft, 1981. 507–651.
Schelling, Friedrich Wilhelm Joseph. *Philosophie der Kunst* [1802/1803]. Unveränderter Nachdruck der Ausgabe von 1859. Darmstadt: Wissenschaftliche Buchgesellschaft, 1980.
Schlegel, Friedrich. „Über Goethes Meister" [1798]. *Kritische Friedrich-Schlegel-Ausgabe 2: Charakteristiken und Kritiken I (1796–1801)* (=KFSA 2). Hrsg. von Hans Eichner. München, Paderborn, Wien: Verlag Ferdinand Schöningh und Zürich: Thomas-Verlag, 1967. 126–146.
Schlegel, Friedrich. „[II] Von der Schönheit der Dichtkunst" [1796]. *Kritische Friedrich-Schlegel-Ausgabe 16: Fragmente zur Poesie und Literatur. Erster Teil* (=KFSA 16). Hrsg. von Hans Eichner. München, Paderborn, Wien: Verlag Ferdinand Schöningh und Zürich: Thomas-Verlag, 1981. 15–32.
Schlegel, Friedrich. „[VIII] Ideen zu Gedichten (S. 40–55)" [1798/1799]. *Kritische Friedrich-Schlegel-Ausgabe 16: Fragmente zur Poesie und Literatur. Erster Teil* (=KFSA 16). Hrsg. von Hans Eichner. München, Paderborn, Wien: Verlag Ferdinand Schöningh und Zürich: Thomas-Verlag, 1981. 227–252.
Schlegel, Friedrich. „[III] Philosophische Fragmente. Erste Epoche. III" [1797–1801]. *Kritische Friedrich-Schlegel-Ausgabe 18: Philosophische Lehrjahre 1796–1806. Erster Teil* (=KFSA 18). Hrsg. von Ernst Behler. München, Paderborn, Wien: Verlag Ferdinand Schöningh und Zürich: Thomas-Verlag, 1981. 121–194.
Schubart, Christian Friedrich Daniel. *Ideen zu einer Ästhetik der Tonkunst*. Hildesheim: Olms, 1990 [1777/1778].
Reichardt, Johann Friedrich. *Reichardts musikalisches Kunstmagazin*. Berlin: Im Verlage des Verfassers, 1782.
Ritter, Johann Wilhelm. *Fragmente aus dem Nachlasse eines jungen Physikers. Ein Taschenbuch für Freunde der Natur*. Hrsg. von Arthur Henkel. 2 Bde. Heidelberg: Lambert Schneider, 1969 [1810].
Solger, Karl Wilhelm Friedrich. *Erwin. Vier Gespräche über das Schöne und die Kunst*. Berlin: Realschulbuchhandlung, 1815.
Stegbauer, Hanna. *Die Akustik der Seele. Zum Einfluss der Literatur auf die Entstehung der romantischen Instrumentalmusik*. Göttingen: Vandenhoeck & Ruprecht, 2006.
Strässle, Thomas. „Johann Wilhelm Ritter and the Aesthetics of Music". *Music and Literature in German Romanticism*. Hrsg. von Siobhan Donovan und Robin Elliott. Rochester: Camden House, 2004. 27–41.
Tieck, Ludwig. *Franz Sternbalds Wanderungen. Eine altdeutsche Geschichte*. Hrsg. von Alfred Anger. Stuttgart: Reclam, 1979 [1798].
Wackenroder, Wilhelm Heinrich. „Herzensergießungen eines kunstliebenden Klosterbruders" [1796]. *Historisch-kritische Ausgabe. Sämtliche Werke und Briefe 1: Werke* (=SW 1). Hrsg. von Silvio Vietta. Heidelberg: Winter, 1991. 51–146.
Wackenroder, Wilhelm Heinrich. „Phantasien über die Kunst für Freunde der Kunst" [1799]. *Historisch-kritische Ausgabe. Sämtliche Werke und Briefe 1: Werke* (=SW 1). Hrsg. von Silvio Vietta. Heidelberg: Winter, 1991. 147–252.

III.12. Das Kunstlied als musikalische Lyrik
Hans-Joachim Hinrichsen

Die Kunstform des gesungenen Liedes, in der sich Literatur (Text) und Musik (Gesang) begegnen, kann als Paradigma einer „Medienkombination" oder „Medien-Fusion" gelten (Rajewsky 2002, 15), in der allerdings die für diese Diagnose notwendige „Kombination mindestens zweier, konventionell als distinkt wahrgenommener Medien" in ihrer jeweils präsent bleibenden „Materialität" (Rajewsky 2002, 15) enorme historische Wandlungen durchlaufen hat. Die Medienkombination unterliegt zudem wechselnden Graden ästhetischer Bewusstheit, was bereits selbst dem (vermeintlich spontanen) Volkslied ein erhebliches Ausmaß an Artifizialität zukommen lässt. Es ist daher zu bedenken, dass auch das hier zu erörternde ‚Kunstlied' (in seiner Reinform phänomenologisch wie terminologisch eine Hervorbringung der deutschsprachigen Kultur des 19. Jahrhunderts) nur eine besondere historische Ausprägung innerhalb eines langen Kontinuums der Kombinationsformen von Lyrik und Musik darstellt. Allerdings kann es nach allgemeinem Konsens insofern exemplarische Geltung beanspruchen, als nirgends so intensiv wie hier die prinzipiellen Probleme dieser besonderen Medienfusion diskutiert worden sind, und zwar sowohl im zeitgenössischen ästhetischen als auch im epochenübergreifenden wissenschaftlichen Diskurs. Es wird daher im Folgenden darum gehen, die Grenzen einer Systematisierbarkeit dieser Problematik zwischen den Extremen der nivellierenden Generalisierung einerseits und der isolierenden Kasuistik andererseits auszuloten.

1. Geschichtliche und terminologische Prämissen

1.1. Arten, Formen und Ästhetik des Liedes

Die in der Musikhistoriographie lange tradierte Vorstellung von der Schaffung des ‚Kunstlieds' durch die einsame Pioniertat Franz Schuberts (1797–1828) verdankte ihre Prominenz in erster Linie der nur mangelhaften Kenntnis der gattungsgeschichtlichen Voraussetzungen und der institutionellen Entstehungskontexte, wenngleich auf dem durch Schuberts Lied-Œuvre eingetretenen Qualitätssprung durchaus zu bestehen ist. Vor allem im Blick auf Schuberts bereits seit den 1830er Jahren zunehmend über den deutschen Sprachraum hinaus in Frankreich, wenig später auch in England verbreitete Lieder ist der Terminus ‚Lied' seit 1833 als deutsches Lehnwort im Französischen (*le lied*), seit 1852 auch im Englischen (*the *lied*) nachweisbar (Danuser 2004, 1, 11) und seitdem der prominenteste (wenn nicht gar der einzige) in anderen europäischen Sprachen eingebürgerte deutsche Beitrag zur musikalischen Gattungsterminologie geblieben. ‚Lied' bezeichnet dort daher – und zwar in stillschweigender Zuspitzung auf die Erscheinungsform des ‚Kunstlieds' – als fremdsprachiger Terminus einen Idealtypus, von dem sich die einheimischen Gattungsbeiträge samt ihren (weiterhin verwendeten Namen) wie *chanson, romance, mélodie, song, canzona* unterscheiden lassen, soweit sie sich nicht ohnehin am ‚Lied' orientieren.

Die mit Schuberts Liedschaffen eingetretene Innovation lässt sich nur vor der Folie ihrer Vorgeschichte angemessen würdigen. Diese reicht (ohne dass einschlägige Kenntnisse auf Seiten Schuberts vorauszusetzen sind) im weitesten Sinne bis zum Generalbasslied des frühen 17. Jahrhunderts zurück (Braun 2004), im engeren Sinne aber jedenfalls bis zum Wiederaufblühen der Liedgattung bei Valentin Görner oder Georg Philipp Telemann gegen Mitte des 18. Jahrhunderts, vor dessen Hintergrund sowohl die Produktions- als auch die ästhetische Diskurskultur der ‚ersten' (Marpurg, Krause, C. Ph. E. Bach) und der ‚zweiten' Berliner Liederschule (J. A. P. Schulz, Reichardt, Zelter) bis gegen Ende des Jahrhunderts an Einfluss gewannen.

In der zweiten Jahrhunderthälfte bildet sich ein Liedideal heraus, das bezeichnenderweise zwischen Poesie und Musik gerade nicht im Sinne einer ‚Medienkombination' unterscheidet, sondern Lyrik und Gesang zusammendenkt: „[...] das Lied allezeit müßte zum Singen und so eingerichtet seyn, daß die Melodie einer Strophe sich auch auf alle übrigen schikte." (Sulzer 1967–1970 [1793], 3, 252) Hier wird bereits – mit dem Definitionskriterium der Strophigkeit (siehe unten, 1.2) – das Lied terminologisch klar von der Ode geschieden, die noch für Gottsched „ein allgemeiner Namen aller Lieder" gewesen war (Gottsched 1962 [1751], unpaginierter Registerverweis unter ‚Ode'). Doch wird das Lied a priori als auf den Gesang hin konzipiertes gedacht, nicht als für sich bestehende Dichtungsform. Sofern sie nicht von vornherein als Kompositionen publiziert wurden, zeigen die Verbreitungsformen auch von gedichteten Liedern wie Almanachdrucke und Zeitschriftenbeilagen meist Text und Musik; dies häufig sogar dort, wo sie etwa im Roman als Bestandteile der Handlung begegnen (siehe die Frühdrucke von Goethes *Wilhelm Meisters Lehrjahre* oder der Romane Achim von Arnims). In dieser medialen Kombination wurde ihre angemessene Existenzform gesehen. Zum Status einer literarischen Gattung gelangten Lieder im letzten Drittel des 18. Jahrhunderts; Goethe etwa ist erst im Rahmen seiner ersten Werkausgabe auf den Gedanken gekommen, auch seine vorher nur verstreut und eher zufällig publizierten Lieder in den Lyrikband (1790) aufzunehmen.

Im musikalischen Liedschaffen der Epoche vor Schubert, die in der Gattungshistoriographie gern als ‚mittlere Goethezeit' rubriziert wird (Schwab 1971

[1965]), ist die erneute Pflege der im Barockzeitalter vernachlässigten Gattung (wobei hier die besondere Geschichte und Problematik des geistlichen Liedes unberücksichtigt bleibt) gekennzeichnet durch eine enorme Proliferation der ästhetischen Formen und eine Diversifizierung der sozialen Funktionen, die eine Einbettung des Singens in soziologisch erfassbare Kontexte indizieren (Trink-, Wiegen-, Kinder-, Frauen-, Männer-, Zunftlieder usw.) und die Gattung auf einem widersprüchlich verlaufenden Weg zur Autonomisierung zeigen. Sie werden in den Drucktiteln der seit 1770 zahlreich erscheinenden Sammlungen sichtbar. Dabei bildet sich unter den diversen Begriffen wie Ode, Hymne, Gesang etc. erst allmählich eine Zuspitzung auf den Liedbegriff heraus (siehe unten, 2.1). Neu ist, dass diese sprunghaft wachsende Produktion durch eine reichhaltige und zunehmend öffentlich geführte ästhetische Debatte sekundiert wird, die sich in den Textgattungen gedruckter Vorreden, ausführlicher Rezensionen und einschlägiger Grundsatzartikel der musikalischen Fachzeitschriften (etwa Leipziger *Allgemeine musikalische Zeitung*, seit 1798) niederschlägt. Prominenteste Diskursgegenstände sind die Ideale der ‚Sangbarkeit' und der ‚Popularität' (Schwab 1971 [1965]), die einhergehen mit der Entdeckung des alsbald ideologisch stilisierten und in seinem ästhetischen Wert kontrovers diskutierten ‚Volkslieds'. Allgemeine Zugänglichkeit und niedrige ästhetische Ambition stehen im Vordergrund des so verhandelten Lied-Ideals. Eine Konsequenz ist die Reflexion auf die Adäquatheit der diversen lyrischen Gattungen für die Vertonung (siehe unten, 2.1), mit der Folge einer Favorisierung der musikalischen Behandlung des Textes in konsequent strophischer Form. Nicht nur Goethe – aber er zweifellos am einflussreichsten und nachhaltigsten – hat in zahlreichen Äußerungen für die Strophenform auch des musikalischen Liedes plädiert und gegen „ein sogenanntes Durchkomponieren" polemisiert (Goethe an W. v. Humboldt, 14.3.1803; FA 32, 331). Seine Idealkomponisten waren bis zum jeweiligen Zerwürfnis Kayser, Reichardt und Zelter; besonders dem letzteren attestierte er die Fähigkeit, „den Hörer in die Stimmung zu versetzen, welche das Gedicht angibt" (an Zelter, 2.5.1820; Goethe FA 36, 47). Der Begriff „Durchkomponieren" war spätestens 1802 so eingebürgert, dass er auch lexikalisch erfasst wurde (Koch 1802, 510); Goethe lehnte aber dieses Prinzip kompromisslos ab, weil dadurch „eine falsche Theilnahme am Einzelnen gefordert und erregt wird" (Goethe 1801, FA 17, 72).

Bei dem für die Epoche typischen Beharren auf dem Strophenlied, das in der zeitgenössischen Diskussion aufgrund seiner unterstellten melodischen Monotonie nicht unkritisch blieb, muss allerdings die hochentwickelte Vortragskultur stets mitbedacht werden, durch die erst das scheinbar Immergleiche der Musik dem Ideen- und Empfindungsgang des Gedichts subtil angepasst wurde; vereinzelt hat sich diese (ansonsten verschollene und verklungene) Praxis sogar in einzelnen Drucken in der mehrfachen, mit verzierten Melodievarianten angereicherten Wiedergabe der Strophenmelodie niedergeschlagen. Das Durchkomponieren hingegen, das im mittleren 18. Jahrhundert am ehesten für die nicht liedhafte Gattung der Ode als adäquat empfunden wurde, begann sich gegen 1800 als Vertonungsprinzip für die Ballade durchzusetzen, deren zwischen Lyrik und Epik changierende Gattungszugehörigkeit allerdings strittig war. Hier schmiege die Musik, so ein Rezensent in der Leipziger *Allgemeinen musikalischen Zeitung* 1803, „sich traulicher an die Brust ihrer Schwester, der Poesie, der langweiligen Eintönigkeit wird ausgewichen" (Anonym 1803, Spalte 494).

1.2. Das „Kunstlied" im engeren Sinne

Aus der Klärung, Konsolidierung und Überwindung dieser Prämissen ist das ‚Kunstlied' im eigentlichen Sinne hervorgegangen. Es ist musikgeschichtliche Realität so gut wie historiographisches Konstrukt; letzteres etwa nach Art eines Idealtypus im Sinne Max Webers. Zu seinen Merkmalen zählen die Sorgfalt bei der Auswahl der Textvorlagen, die idiosynkratische und das traditionelle Ideal der Schlichtheit sprengende Melodik, ein autonom strukturierter Klaviersatz (mit dem Klavier als alternativlos eingesetztem Instrument), eine anspruchsvolle satztechnische Faktur, eine zwischen Strophigkeit und Durchkomposition subtil changierende Struktur und eine weit über die bloßen Grundstufen hinausgreifende Harmonik. Für den Schweizer Verleger, Musikpädagogen und Komponisten Hans Georg Nägeli, der damit ein Ideal theoretisch postulierte, dem etwa zur gleichen Zeit Schubert praktisch näherkam, entsteht durch die Anwendung solcher Kunstmittel das Lied als „ein neues Kunstganzes", also als ein über Gedicht und Musik hinausreichendes Neues, „dem kein anderes gleicht, als es nie zwey Gedichte geben kann, wozu dieselbe Musik passen würde" (Nägeli 1817, Spalte 766).

Auch wenn Schuberts Lieder seit den 1810er Jahren die meisten dieser Kriterien geradezu idealtypisch integrieren, so ist doch daran festzuhalten, dass viele dieser Eigenschaften schon vor 1800 bereits im späten Liedschaffen Reichardts und Zelters sowie zunehmend ebenfalls in den Liedern der Wiener Klassiker Haydn, Mozart und Beethoven ausgebildet sind, auch wenn in deren Gesamtwerk dem Lied stets nur eine marginale Position zukam. Und trotz der überragenden gattungsgeschichtlichen Position Schuberts ist die auf ihn folgende Geschichte des Liedes eher als breite Diversifizierung denn als lineare Fortsetzung seines Konzepts zu beschreiben.

Der Terminus ‚Kunstlied' ist in der musikästhetischen Diskussion erst seit den frühen 1840er Jahren nachzuweisen (Schwab 1971 [1965], 137); 1865 bildet er erstmals das Lemma eines Fachlexikons (Dommer 1865, 513). Das in dieser Hinsicht für die Gattungshistoriographie so bedeutende Liedschaffen Schuberts hat dazu beigetragen, das Lied im System der musikalischen Gattungen nachhaltig aufzuwerten (und zwar bis in die Veränderung der Gesangspraxis und Konzertkultur hinein, die das Lied im Laufe des 19. Jahrhunderts aus dem privaten Salon auf das öffentliche Podium holte). Mit einem Umfang von ca. 600 Exemplaren beansprucht es im Œuvre des in sämtlichen Gattungen universal tätigen Komponisten, anders als etwa noch bei Haydn, Mozart oder Beethoven, einen herausragenden Rang, und Generationen späterer Komponisten waren der Auffassung, dass nur noch auf diesem Felde, eben durch Schubert, ein wirklicher musikalischer Fortschritt über Beethoven hinaus erreicht worden sei. Nach nur vereinzelten Vorläufern bürgert sich 1821 mit Schuberts Lied-Publikationen die Opus-Zählung ein (op. 1: *Erlkönig*, op. 2: *Gretchen am Spinnrade*, 1814/15 entstanden). Bezeichnend für den neuartigen Status des Kunstlieds ist ferner, dass Schuberts *Gretchen*-Vertonung die traditionelle, von Goethe im fiktionalen Kontext des *Faust*-Dramas noch mitbedachte Funktion (Arbeitslied) nun entschieden „ästhetisiert" (Danuser 2004, 1, 26).

1.3. Grenzphänomene

Während das an seinem Ursprung als Klavierlied konzipierte Kunstlied seit dem späten 19. Jahrhundert zunehmend auch als Orchesterlied erscheint und damit lediglich hinsichtlich des Aufführungsapparats erweitert wird, konnten weitere Exempel einer Fusionierung von Lyrik und Musik auch andere Gattungen erzeugen. Zu denken ist etwa an den durch Mendelssohn berühmt gewordenen Typus der *Lieder ohne Worte*, die insgesamt zum Genre des seit dem Beginn des 19. Jahrhunderts an Beliebtheit gewinnenden ‚Lyrischen Klavierstücks' zählen. Einen ausdrücklichen Bezug auf vorhandene Lyrik müssen sogenannte lyrische Klavierstücke nicht aufweisen (obwohl sie es, oft in Form eines vorangestellten Mottos, nicht selten tun); die Gattungsbenennung geht vielmehr generell auf das in der romantischen Poetik ausgeprägte Empfinden für die ‚lyrische' (und nicht dramatische) Qualität einer absichtlich klein dimensionierten, für die intime Ausführung am Klavier gedachten Instrumentalmusik zurück. Von dieser Tradition profitiert auch die im 19. Jahrhundert beliebte Gattung des zum Klavierstück umgewandelten Liedes, wie sie etwa Liszt am Beispiel seiner transkribierten Schubert-Lieder popularisierte. Hingegen ist das Melodram, das nicht gesungene, sondern rezitierte Lyrik mit komponierter Klavierbegleitung kombiniert, trotz der gelegentlichen Pflege durch prominente Komponisten (Schumann, *Der Heideknabe* nach Hebbel; Liszt, *Der traurige Mönch* nach Lenau; E. Grieg, *Berg-*

liot; R. Strauss, *Enoch Arden*) eine Randgattung geblieben; es scheint fraglich, ob man hier überhaupt im strikten Sinne von ‚Vertonung' sprechen soll.

Im 20. Jahrhundert intensivieren sich vergleichbare Relationen zwischen Lyrik und Instrumentalmusik, ohne sich aber zu einer besonderen Gattung zu verdichten. A. v. Zemlinskys *Dehmel-Fantasien* für Solo-Klavier op. 9 mit voranstehend abgedruckten Gedichten bieten dafür ein Beispiel ebenso wie Max Regers *Romantische Suite* op. 125, für deren Aufführung der Komponist auf den Abdruck der die Komposition auslösenden Eichendorff-Gedichte im Programmheft bestand. Debussys Orchesterkomposition *Prélude à l'après-midi d'un faune* (mit Bezug auf Mallarmé) ist wahrscheinlich das heute bekannteste Beispiel. Die Grenzen zur Programmmusik werden hier fließend, wie etwa auch im Falle von Schönbergs Streichsextett *Verklärte Nacht* nach dem gleichnamigen, in der Partitur abgedruckten Gedicht von Dehmel. Solche Verfahren, die das Gedicht nicht als vertontes Textsubstrat nutzen, sondern es zwischen Paratext und Werktext changieren lassen, reichen von Paul Hindemiths 1937 komponierter erster Klaviersonate (mit Hölderlins Ode *Der Main* als Motto) über Pierre Boulez' *Le marteau sans maître* (1955) bis zu Luigi Nonos Hölderlin-Streichquartett *Fragmente – Stille. An Diotima* (1980).

2. Systematische Fragen

2.1. Eignung von Lyrik zur Vertonung

Die Definitionskriterien für ein ‚Lied' sind in der germanistischen Forschung (Müller 1959) und im musikwissenschaftlichen Schrifttum (Friedländer 1903, Wiora 1971, Jost 1996) parallel, aber partiell auch ohne Übereinstimmung verhandelt worden. In dieser Situation schreibt sich eine Bandbreite der Bedeutungen und Kriterien fort, die schon in der Diskussion des 18. Jahrhunderts für Kontroversen sorgte. Solange ‚Sangbarkeit' und ‚Popularität' die Basis der literarischen wie musikalischen Liedästhetik bildeten, standen die Qualitätskriterien für vertonbare Lyrik, die sich nicht auf den Typus des Lieds beschränken musste, kaum zur Diskussion. Goethe etwa unterschied zwischen mehr oder weniger ‚singbaren' Gedichtformen: „Hier sind einige Epigramme; Gedichte die sich am weitesten vom Gesang entfernen; unter meinen Elegien finden Sie eher etwas Singbares" (an Reichardt, 8.11.1790; Goethe FA 30, 561). Reichardt hat diese engen Vorgaben anfänglich respektiert, sich dann aber über sie hinweggesetzt und in einem exklusiven Goethe-Liederheft 1794 nach eigenen Kriterien „alle sangbaren Gedichte aus dem achten Band von Göthe's Werken" vertont (Reichardt 1796, 166), damit also die Beschränkung auf einen einzigen Lied- und Gedichttypus aufzuheben versucht. Spätere Komponisten von Schubert bis zu Hugo Wolf haben sich, wie schon Reichardt, immer wieder auch um Goethes freirhythmische Gedichte im Hymnenstil (etwa *Prometheus* oder *Ganymed*) bemüht.

Zweifellos gibt es Dichter, deren lyrisches Œuvre für musikalische Innovationsschübe gesorgt hat. Der erste, für den dies uneingeschränkt gilt, dürfte Klopstock gewesen sein, an dessen sperriger freirhythmischer Poesie sich Komponisten wie Neefe und Gluck, später auch der junge Schubert abgearbeitet haben. Modellbildend für das gesamte 19. Jahrhundert und noch darüber hinaus war zunächst die Lyrik Goethes (allerdings zunehmend in der Beschränkung auf den Typus des sogenannten ‚Erlebnisgedichts'); von ähnlich fundamentaler Bedeutung ist wohl später nur noch in Russland die Lyrik Alexander Puschkins gewesen, vielleicht auch in Frankreich diejenige Verlaines und Mallarmés. In der Perspektive Schumanns war 1843 „eine neue Dichterschule" (Eichendorff, Heine, Rückert, Uhland) verantwortlich für „jene kunstvolle und tiefsinnigere Art des Liedes, von der natürlich die Früheren nichts wissen konnten, denn es war nur der neue Dichtergeist, der sich in der Musik widerspiegelte" (Schumann GS 2, 147). Eine vergleichbare Rolle spielte ein knappes Jahrhundert später Stefan George für die Experimente der Komponisten der Wiener Schule, allen voran Schönbergs selbst, der nicht zufällig auf dieser Textbasis den Schritt in die Atonalität anvisierte (Streichquartett op. 11, *Das Buch der hängenden Gärten* op. 15). Der exakte Nachweis allerdings, wie (und ob) sich, so ja Schumanns oben zitierte Formulierung, „der neue Dichtergeist" jeweils „in der Musik widerspiegelt", gehört zu den schwierigsten Deutungsproblemen der Medienkombination Kunstlied überhaupt.

Seit dem späten 19. Jahrhundert liegt dem Kunstlied nicht mehr ausschließlich Lyrik zugrunde. Brahms vertont 1896 in seinen *Vier ernsten Gesängen* op. 121 Prosatexte der Luther-Bibel; im frühen 20. Jahrhundert folgen etwa Alban Bergs Lieder nach Postkarten von Peter Altenberg op. 4 oder Hanns Eislers *Zeitungsausschnitte* op. 11 (1925–27). Dennoch bleiben bei aller Innovation im Einzelnen Komponisten wie Berg oder Eisler zutiefst dem Kunstlied-Modell des 19. Jahrhunderts verpflichtet (vgl. die Beiträge in Heinemann/Hinrichsen/Ottner 2009).

2.2. Dominanzverhältnisse. Musikalische Vollendung contra produktive Zerstörung

Im Zeitalter der Spätaufklärung ließen sich Kriterien für die Angemessenheit einer Vertonung noch rational verhandeln. Reichardts Bemühen darum, „daß der grammatische, logische, pathetische und musikalische Akzent so gut miteinander verbunden sind, daß die Melodie richtig und angenehm singt" (Reichardt 1779, Vorbericht), beschreibt die sorgfältige Ausbalancierung der substanziellen Parameter beider Medien. Die Idee eines ausgewogenen Gleichgewichts zwischen den im Kunstlied präsenten Medien beschreibt freilich eher eine Ideologie als eine Realität, die vielmehr weit eher durch historisch variable Aspekte der „Dominanzbildung" (Wolf 2001, 284) gekennzeichnet ist. Daher ist es wichtig, eine systematische Typologie der Relationen zwischen Dichtung und Musik – etwa Lawrence Kramers Optionen „assimilation", „appropriation", „deconstruction" und „relative independence" (Kramer 1993, 305) – durch die Erfassung epochentypischer wie auch individueller Variabilität zu ergänzen.

Vor 1800 galt die Vertonung im besten Sinne als eigentliche Vollendung des gedichteten Liedes, das ohne sein Klanggewand nicht zu realer Existenz finden könne. Zahlreiche Äußerungen von Komponisten wie J. A. Hiller, J. A. P. Schulz oder Reichardt, aber auch die für die Liedästhetik prägende Position Goethes verweisen für die Vertonung auf das Ideal eines gleichsam musikalisch gesteigerten Gedichtvortrags. Damit erhält die Musik innerhalb der Mediengemeinschaft die Rolle der zur Ergänzung des Gedichts zwar notwendigen, aber auch der lediglich dienenden Kraft zugeschrieben. Nach dem mit dem Kunstlied einerseits, der romantischen Poetik andererseits erfolgten Paradigmenwechsel ist die auf die Verdeutlichung zielende Dimension des Vortrags dem liedästhetischen Diskurs als Problem zwar erhalten geblieben, aber in eine eher sekundäre Dimension verlagert worden.

Die Anforderungen der korrekten Deklamation sind zudem je nach vertonter Sprache von unterschiedlicher Reichweite. Im Liedschaffen Antonín Dvořáks oder Leoš Janáčeks sind sie bis ins frühe 20. Jahrhundert hinein, mit Auswirkungen für die musikalische Faktur, eng an die besondere Prosodie des Tschechischen gebunden; in Russland hat die Beachtung der Sprachgenauigkeit einen eigenen Traditionsstrang neben der Romanze entstehen lassen (Dargomyschski, Mussorgski). Im deutschen Sprachbereich etwa provozierten jeweils die freirhythmischen Experimente Klopstocks die Komponisten schon vor 1800 zur systematischen Erweiterung ihrer musikalischen Syntax (vgl. die Beiträge in Wollny 2005), und für das Selbstverständnis Hugo Wolfs bildete das Lied noch gegen 1900 gar keine musikalische, sondern eine die poetisch-deklamatorische Dimension des Gedichts zur eigentlichen Geltung bringende Kunstform. Den strukturellen Primat des Musikalischen hingegen verteidigte dezidiert sein Generationsgenosse Gustav Mahler: „[...] ich verlange: Thema, Durchführung des Themas, thematische Arbeit, Gesang, nicht De-kla-ma-tion!" (Decsey 1910/11, 144)

Im eigentlichen ‚Kunstlied' geht es ohnehin um mehr und um anderes als nur um Fragen der Deklamation und der Prosodie. Schon bei Schubert, spätestens seit Schumann dann auch durch zahllose Selbstkommentare belegt, ist ein

Bestreben der Komponisten zu beobachten, ihren musikalischen Tonfall auf die Besonderheiten von dichterischen Stilen einzustellen. Schuberts Musik reagiert unterschiedlich auf Schiller, Novalis oder Heine, und Schumann beansprucht explizit, für Rückert geradezu „einen besonderen Ton gefunden zu haben" (Schumann 2013, 55). Andererseits haben Komponisten durchaus auf die prekäre Situation des Musikers, dessen Freiraum gerade durch ein vollkommen scheinendes Gedicht stark limitiert zu werden drohe, reagiert – so etwa, wenn Schumann Rückert als den „geliebten Dichter" apostrophiert, „der, großer Musiker in Worten und Gedanken, dem wirklichen leider oft gar nichts hinzuzutun übrigläßt" (Schumann GS 1, 496). Die planvolle Vermeidung einer bloßen deklamatorischen (und damit tendenziell tautologischen) Verdoppelung des Gedichts kann aber umgekehrt auch das Existenzrecht des Gedichts als ästhetisches Gebilde in Frage stellen. Kontrovers geblieben ist der Deutungsansatz von Thrasybulos Georgiades, der die Liedgeschichte in ein vor-schubertsches „Gehäuselied" (Georgiades 1979 [1967], 69) und ein nach-schubertsches „Stimmungslied" (Georgiades 1979 [1967], 39) einteilt – mit dem Typus des Schubert-Lieds als dem einzigen historisch geglückten Idealfall echter musikalischer Lyrik. Nach diesem Ansatz besteht Schuberts Leistung darin, das Gedicht – im vorliegenden Fall Goethes *Über allen Gipfeln* – geradezu in seiner ästhetischen Faktur zu destruieren (zu „tilgen", Georgiades 1979 [1967], 34) und als musikalische Lyrik neu erstehen zu lassen. Schubert stellt für ihn den historisch singulären Fall dar, in dem „Lyrik als musikalische Struktur" (Georgiades 1979 [1967], 78) gelungen sei, so wie zwei Jahrhunderte früher Heinrich Schütz das einzige Paradigma geglückter deutscher Prosa-Vertonung bilde. Diese umstritten gebliebene Deutung ist denkbar weit entfernt von der Vorstellung einer wie immer auch gearteten ‚Medienkombination', aber sie kann sowohl Goethes Abneigung gegen Schuberts Lieder als auch den irritierenden Umstand erklären, dass „die nun entstehende musikalische Lyrik einen von der Qualität des Gedichts unabhängigen Rang erreicht" (Georgiades 1979 [1967], 63) und daher zwischen der literarischen Qualität einer Gedichtvorlage und der Qualität der vertonenden Musik nicht mehr zwingend eine lineare oder gar kausale Relation postuliert werden muss.

Ausgehend von der Frage, „inwiefern sich eine bedeutende Komposition [...] mit einem in sich vollkommenen Gedicht [...] verträgt" (Georgiades 1979 [1967], 17), hat die Idee der Vertonung als einer produktiven Zerstörung, obwohl sich für sie in Schuberts Œuvre mehr Gegenbeispiele als Belege finden lassen dürften, eine problemgeschichtliche Kontinuität erlangt. Hugo Wolf etwa bescheinigte der Musik, obwohl er die Poesie stets als „die eigentliche Urheberin meiner musikalischen Sprache" empfand (Wolf 2010, 463), zugleich „etwas Vampyrartiges": „Es liegt etwas Grausames in der innigen Verschmelzung von Poesie und Musik, wobei eigentlich nur der letzteren die grausame Rolle zufällt. [...] Sie krallt sich unerbittlich an ihr Opfer und saugt ihm den letzten Blutstropfen aus." (Wolf 2010, 463) Gustav Mahler hat 1905 aus ähnlichen Überlegungen heraus gesprächsweise seine Abneigung gegen die Vertonung vollkommener Lyrik und seine Textwahlentscheidung für *Des Knaben Wunderhorn* begründet: „Es käme ihm auch immer wie Barbarei vor, wenn Musiker es unternähmen, vollendet schöne Gedichte in Musik zu setzen. Das sei so, als wenn ein Meister eine Marmorstatue gemeißelt habe und irgendein Maler wollte Farbe darauf setzen." (Tagebuch Ida Dehmels, 22.3.1905, zit. bei Mahler-Werfel 1978, 121) Wenn hingegen Arnold Schönberg 1912 programmatisch behauptet, er schreibe seine Lieder „berauscht von dem Anfangsklang der ersten Textworte", ohne sich „um den weiteren Verlauf der poetischen Vorgänge zu kümmern" (Schönberg 1976, 5), dann ist damit ein Extrem der musikalischen Vereinnahmung des Gedichts formuliert.

Ansätze, welche die poetisch-musikalische ‚Medienkombination' als dezidiert agonales Verhältnis fassen, reichen denn auch mit dem Anspruch auf generelle Geltung bis weit ins 20. Jahrhundert hinein: „When words and music come together in song, music swallows words [...]; song is music." (Langer 1953, 152) Dem hat Lawrence Kramer sein „incorporation model" (Lodato 1999, 99) entgegenzusetzen versucht: „A poem is never assimilated into a composition; [...] it retains its own life, its own ‚body', within the body of music." (Kramer 1984, 127) Inzwischen beginnt bei Komponisten auch der Begriff der ‚Vertonung' in Verdacht zu geraten, so etwa 2013 bei Heinz Holliger: „Schon das Wort ‚vertonen' hat etwas Brutales, etwas wirklich Aggressives: etwas zerstören, ‚zertonen'. Ich hoffe, ich habe nie in meinem Leben etwas ‚ver-tont'." (Holliger/Zimmermann 2014, 17)

2.3. Vertonung als Interpretation

Das Verhältnis der Komponisten zu den Dichtern (und *vice versa*) darf man sich im Bezug auf die Medienkombination ‚Kunstlied' nur selten als das einer friedlichen Koexistenz vorstellen, schon gar nicht als das einer gezielten Kooperationsgemeinschaft oder einer (in den Epochen vor 1800 gar nicht so seltenen) Personalunion des Dichter-Komponisten (das gilt im späteren 19. Jahrhundert fast nur noch für den aus dem Liszt-Umkreis stammenden Peter Cornelius oder für den jungen Gustav Mahler). Das ist eine Konsequenz aus der nach 1800 beschleunigten Autonomisierung von Lyrik und Musik. Paradoxerweise werden sie aber erst dadurch recht eigentlich zu den „konventionell als distinkt wahrgenommene[n] Medien", die sich als Voraussetzung für eine Medienfusion beschreiben lassen (Rajewsky 2002, 15). Klagen der Dichter über die Art ihrer Behandlung durch Komponisten sind seit dem späten 18. Jahrhundert zu belegen (Matthisson über Beethoven, Goethe über Beethoven und Schubert).

Im späten 18. Jahrhundert galt es als kompositorisches Ideal, aus einem Gedicht die treffende Melodie gleichsam herauszuhören. Zahlreiche Werkstattberichte besonders der Komponisten der zweiten Berliner Liederschule bezeugen ein entsprechendes Vorgehen (Reichardt 1779, unpaginierter Vorbericht: „Meine Melodien entstehen jederzeit aus wiederholtem Lesen des Gedichts von selbst, ohne daß ich darnach suche") – eine poetische Idee, die später als Vorstellung einer Befreiung der latenten Musik zu manifestem Dasein sogar zur Großmetapher romantischer Weltdeutung aufsteigen konnte: „Schläft ein Lied in allen Dingen, / Die da träumen fort und fort, / Und die Welt hebt an zu singen, / Triffst Du nur das Zauberwort." (Eichendorff W 1, 328) Ihren Illusionscharakter erweist diese ästhetische Vorstellung vom treffenden Erlösen der Melodie aus dem dichterischen Wort allerdings angesichts der im späten 18. Jahrhundert gern praktizierten Parodie- und Kontrafakturtechnik (Erfindung von Gedichten auf präexistente Melodien, Übertragung bekannter Melodien auf neue Texte) sowie, vor allem, angesichts der Mehrfachvertonung eines Gedichts durch denselben Komponisten (häufig bei Reichardt, fast ein Standardverfahren beim jungen Schubert) oder des zunehmend an Verbreitung gewinnenden Phänomens der Parallelvertonung eines Gedichts über mehrere Komponistengenerationen hinweg. Mehrfachvertonungen stellen dabei nicht einfach lineare Versuche der zunehmenden Optimierung dar, sondern können auch als musikalische Erfassung verschiedener Facetten des Gedichts und damit als differierende Interpretationen gelten; unter seinen drei Kompositionen von Schillers *Des Mädchens Klage* wählte Schubert 1826 nicht etwa die letzte, sondern die mittlere für die spätere Druckpublikation aus. Dass eine Gedichtvertonung als so sakrosankt und vollkommen gilt, dass spätere Komponisten von neuerlichen Versuchen Abstand nehmen, ist eher die Ausnahme als die Regel (so etwa bei Schumanns Vertonung von Eichendorffs *Mondnacht*); häufig bildet gerade die abermalige Vertonung ausdrücklich den Reiz eines neuerlichen Interpretationsansatzes. Hugo Wolfs Anspruch war es, mit seinen schon allein vom Umfang her nicht mehr für eine integrale Aufführung gedachten Liederheften (Goethe, Eichendorff, Mörike) ausgesprochene Dichter-Porträts zu liefern – im Falle seiner Eichendorff-Lieder beispielsweise ausdrücklich eines, das sich zum Eichendorff-Zyklus Robert Schumanns nicht kontrastiv, sondern komplementär verhält. Diesen Ansatz hat bis zur Mitte des 20. Jahrhunderts etwa Othmar Schoeck weitergeführt und um weitere Dichter-Porträts komplettiert (Keller, C. F. Meyer, Hesse).

In der Forschungsliteratur zum Kunstlied des 19. und 20. Jahrhunderts stehen daher Aspekte der Interpretation des Gedichts durch die Vertonung im Zentrum. Dabei bilden Parallelvertonungen ein als besonders ergiebig erachtetes Untersuchungsfeld. Ob Vertonung allerdings stets Interpretation impliziert oder ob ein Komponist auf Interpretation auch willentlich verzichten kann, bliebe zu diskutieren (Bernhart 1988). Spätestens seit den sehr unterschiedlichen Heine-Vertonungen Robert Schumanns und Johann Hovens (alias Johann Vesque von Püttlingen) wird nicht nur in der wissenschaftlichen Literatur, sondern schon im zeitgenössischen Ästhetik-Diskurs auch die Frage erörtert, ob Musik über die Möglichkeit eines uneigentlichen Sprechens verfügen und etwa literarische Phänomene wie Ironie adäquat zur Darstellung bringen oder gar zu ihrer Vorlage in einen produktiven Widerspruch treten kann (vgl. Synofzik 2006) – Fragen, die sich in der Lied-Produktion des 20. Jahrhunderts verstärkt an der Fähigkeit der Musik zur Satire weiterdenken ließen.

2.4. Lyrische Musikalität

Wie weit bewegt sich Lyrik auf die Musik von sich aus zu? Für Schiller geht sogar „[d]as Musikalische eines Gedichts" dem Nachdenken über den „Innhalt [sic!]" voraus (Brief an Körner, 25.5.1792; Schiller WB 11, 604). In der Poetik der Frühromantiker wird diese musikalische Qualität der Poesie – analog dazu: die poetische Qualität der Musik – zu einem Topos. Während sich die Neigung der Lyrik zur Musik im späten 18. Jahrhundert noch zwanglos als programmatische Ergänzungsbedürftigkeit deuten ließ (ein Lied wird erst durch seine Musikalisierung vollkommen), lassen sich im 19. Jahrhundert zunehmend Tendenzen der Lyrik zur Immunisierung gegen Musik und damit eine Stärkung ihrer Autonomie beobachten. Die Affinität von Lyrik zur Musik ist oft als deren immanente, also ihr eigene ‚Musikalität' beschrieben worden, wobei die akustische Qualität – Klang, Metrum, Rhythmus – die wichtigste Rolle spielt (siehe III.8 HILLEBRANDT). Es fällt aber auf, dass damit nicht zwingend eine Eignung zur Vertonung einhergeht; im Gegenteil kann sie offenbar eine Medienfusion geradezu abweisen. Die Lyrik Clemens Brentanos etwa, deren protomusikalische Klangqualität häufig betont worden ist, ging in nennenswertem Maße erst im 20. Jahrhundert in größere Liedwerke ein (R. Strauss, op. 68, 1918); dasselbe gilt noch ausgeprägter für die in ihrer idiosynkratischen Rhythmik gleichsam von sich aus musikalische Lyrik Hölderlins, für die, von seltenen Ausnahmen im 19. Jahrhundert abgesehen, offenbar erst die emanzipierte musikalische Syntax des 20. Jahrhunderts einen Ansatzpunkt gefunden hat. Eine Regel lässt sich daraus nicht ableiten. Andere Dichter nämlich gehören gerade aufgrund der ihnen von Komponisten bescheinigten Musikalität zu den meistvertonten Poeten des 19. Jahrhunderts: zum Beispiel Rückert (vgl. Fricke 1990; Fricke 200, 75–97), den Robert Schumann als „Musiker in Worten und Gedanken" bezeichnete (Schumann GS 1, 496). Gerade von Rückert aber ist bekannt – untrügliches Indiz einer zunehmenden medialen Emanzipation der Lyrik von der Musik –, dass ihn das Interesse seiner komponierenden Zeitgenossen oft eher störte als erfreute (vgl. Wiener 2015). In Frankreich haben auf der immanenten Perfektion ihrer Lyrik insistierende Dichter wie Verlaine oder Mallarmé dennoch Komponisten (Fauré, Debussy, Ravel) zu Vertonungen gereizt. Erst im späteren 20. Jahrhundert wird Lyrik auch als entsemantisiertes Lautmaterial vertont (vgl. Gruhn 1978, 10), oft dafür sogar eigens zubereitet und fragmentiert, womit die musikalische Reaktion auf deren immanente Musikalität fraglos einen neuen Modus der Medienkombination ‚Kunstlied' markiert. Im 20. Jahrhundert wird aber auch – in deutlicher Reflexion auf die Klangqualität von Lyrik – zunehmend die Originalsprachlichkeit der vertonten Gedichte bewahrt, wenn Komponist und Dichter aus verschiedenen Sprachräumen stammen (Korngold, *Shakespeare-Lieder* op. 29, 1939; Britten, *Hölderlin-Fragmente* op. 61, 1958).

3. „Musikalische Lyrik" als begriffliche Alternative

Aus dem Unbehagen heraus, dass eine Gattungsgeschichte des Liedes mit einem Terminus arbeiten muss, der einerseits seinen deutschen Ursprung nicht verleugnen kann und zudem „die logische Mißlichkeit" aufweist, „daß derselbe Ausdruck zugleich die Funktionen eines Teil- und eines Oberbegriffs einer Gattung zu erfüllen" habe, sind als terminologische Alternative Konzept und Begriff einer „musikalischen Lyrik" ins Spiel gebracht worden (Danuser 2004, 1, 13). Dieser Vorschlag ist allerdings strikt abzugrenzen gegen das von Georgiades entwickelte und auf Schuberts singuläre Einzelleistung gemünzte gleichnamige Konzept (siehe oben, 2.2). Weil mit der Begriffsbildung ‚musikalische Lyrik' im weiten Sinne nun ein neuer Oberbegriff zur Verfügung steht, wird der Lied-Begriff für eine Gattungshistoriographie im engeren Sinne verfügbar und lässt Raum für die entsprechend terminologisch eingerichteten Narrative über die nicht-deutschsprachigen Kulturen. Andererseits wird mit dem Begriff „musikalische Lyrik" eine „Supragattung" imaginiert (Danuser 2004, 1, 16), die selbst keine kohärente Geschichte aufweist, sondern jeweils nur konkrete historische Ausfaltungsformen ihrer individuell zu benennenden Unterkategorien kennt. Doch ist die positive Kehrseite der ins Vage reichenden Weite eine Flexibilität, die auch Prosa-Vertonungen (siehe oben, 2.1) und unorthodoxe Text-Musik-Relationen (siehe oben, 1.3) als ‚musikalische Lyrik' zu rubrizieren erlaubt. Ob sich der Terminus, immerhin prominent und titelbildend im Kontext des *Handbuchs der musikalischen Gattungen* exponiert, wirklich als Gattungsbegriff einbürgern wird, bleibt abzuwarten.

Literatur

Anonym. „Recension" [Wilhelm Schneider, *Arion, Romanze von A. W. Schlegel*]. *Allgemeine musikalische Zeitung* 5, 20. April 1803, Nr. 30. Sp. 493–499.
Bernhart, Walter. „Setting a Poem: The Composer's Choice For or Against Interpretation". *Yearbook of Comparative and General Literature* 37 (1988): 32–46.
Braun, Werner. *Thöne und Melodeyen, Arien und Canzonetten. Zur Musik des deutschen Barockliedes.* Tübingen: Niemeyer, 2004.
Danuser, Hermann (Hrsg.). *Handbuch der musikalischen Gattungen 8: Musikalische Lyrik.* 2 Bde. Laaber: Laaber, 2004.
Decsey, Ernst. „Stunden mit Mahler". *Die Musik* 10 (1910/11): 144–153.
Dommer, Arrey von. *Musicalisches Lexikon.* Heidelberg: Mohr, 1865.
Eichendorff, Joseph von. „Wünschelrute" [1835/1838]. *Werke 1: Gedichte, Versepen* (=W 1). Hrsg. von Hartwig Schultz. Frankfurt am Main: Deutscher Klassiker Verlag, 1987. 328.
Fricke, Harald. „Rückert und das Kunstlied. Literaturwissenschaftliche Beobachtungen zum Verhältnis von Lyrik und Metrik". *Rückert-Studien* 5 (1990): 14–37.
Fricke, Harald. *Gesetz und Freiheit. Eine Philosophie der Kunst.* München: Beck, 2000.
Friedländer, Max. *Das deutsche Lied im 18. Jahrhundert. Quellen und Studien.* 3 Bde. Stuttgart und Berlin: Cotta, 1902.
Georgiades, Thrasybulos. *Schubert. Musik und Lyrik.* 2. Aufl. Göttingen: Vandenhoeck & Ruprecht, 1979 [1967].
Goethe, Johann Wolfgang. „Brief an Johann Friedrich Reichardt [8.11.1790]". *Sämtliche Werke 30: Italien – im Schatten der Revolution. Briefe, Tagebücher und Gespräche (1786–1794)* (=FA 30). Hrsg. von Karl Eibl. Frankfurt am Main: Deutscher Klassiker Verlag, 1991. 561.
Goethe, Johann Wolfgang. „1801" [1801]. *Sämtliche Werke 17: Tag- und Jahreshefte* (=FA 17). Hrsg. von Irmtraut Schmid. Frankfurt am Main: Deutscher Klassiker Verlag, 1994. 70–92.
Goethe, Johann Wolfgang. „Brief an Wilhelm von Humboldt [14.3.1803]". *Sämtliche Werke 32: Goethe mit Schiller II. Briefe, Tagebücher und Gespräche (1800–1805)* (=FA 32). Hrsg. von Volker C. Dörr und Norbert Oellers. Frankfurt am Main: Deutscher Klassiker Verlag, 1999. 330–332.
Goethe, Johann Wolfgang. „Brief an Carl Friedrich Zelter [2.5.1820]". *Sämtliche Werke 36: Goethe zwischen Weimar und Jena II. Briefe, Tagebücher und Gespräche (1819–1822)* (=FA 36). Hrsg. von Dorothea Schäfer-Weiss. Frankfurt am Main: Deutscher Klassiker Verlag, 1999. 46–49.
Gottsched, Johann Christoph. *Versuch einer critischen Dichtkunst.* 4. Aufl. Reprint. Darmstadt: Wissenschaftliche Buchgesellschaft, 1962 [1751].
Gruhn, Wilfried. *Musiksprache – Sprachmusik – Textvertonung. Aspekte des Verhältnisses von Musik, Sprache und Text.* Frankfurt am Main i. a.: Moritz Diesterweg, 1978.
Heinemann, Michael, Hans-Joachim Hinrichsen und Carmen Ottner (Hrsg.). *Öffentliche Einsamkeit. Das deutschsprachige Lied und seine Komponisten im frühen 20. Jahrhundert.* Köln: Dohr, 2009.
Holliger, Heinz und Heidy Zimmermann. „Ich hoffe, ich habe nie in meinem Leben etwas ‚ver-tont'. Heidy Zimmermann im Gespräch mit Heinz Holliger". *Holligers Walser. Der Komponist und sein Dichter.* Hrsg. von Heidy Zimmermann. Mainz: Schott, 2014. 15–39.
Koch, Heinrich Christoph. *Musikalisches Lexikon.* Reprint. Kassel i. a.: Bärenreiter, 2001 [1802].
Jost, Peter. „Lied". *Die Musik in Geschichte und Gegenwart.* Sachteil 5. 2. Aufl. Kassel i. a.: Bärenreiter, 1996. Sp. 1259–1328.

Kramer, Lawrence. *Music and Poetry: The Nineteenth Century and After*. Berkeley, Los Angeles und London: University of California Press, 1984.

Kramer, Lawrence. „Beyond Words and Music. An Essay on Songfulness". *Word and Music Studies. Defining the Field. Proceedings of the First International Conference on Word and Music Studies at Graz, 1997*. Hrsg. von Walter Bernhart et al. Amsterdam und Atlanta: Rodopi, 1999. 303–319.

Langer, Susanne K. *Feeling and Form. A Theory of Art. Developed from „Philosophy in a New Key"*. New York: Charles Scribner's Sons, 1953.

Lodato, Suzanne M. „Recent Approaches to Text/Music Analysis in the Lied. A Musicological Perspective". *Word and Music Studies. Defining the Field. Proceedings of the First International Conference on Word and Music Studies at Graz, 1997*. Hrsg. von Walter Bernhart et al. Amsterdam und Atlanta: Rodopi, 1999. 95–112.

Mahler-Werfel, Alma. *Erinnerungen an Gustav Mahler*. Frankfurt a. M. i. a.: Ullstein, 1978.

Müller, Günther. *Geschichte des deutschen Liedes*. Bad Homburg: Gentner, 1959.

Nägeli, Hans Georg. „Historisch-kritische Erörterungen und Notizen über die deutsche Gesangs-Cultur. I. Die Liederkunst". *Allgemeine musikalische Zeitung* 13 (1811): Sp. 629 ff.; „Fortsetzung und Beschluß". *Allgemeine musikalische Zeitung* 19 (1817): Sp. 761 ff.

Rajewsky, Irina O. *Intermedialität*. Tübingen und Basel: Francke, 2002.

Reichardt, Johann Friedrich. *Oden und Lieder von Klopstock, Stolberg, Claudius und Hölty*. Berlin: Joachim Pauli, 1779

Reichardt, Johann Friedrich. „Neue deutsche Lieder. Kurz angezeigt". *Musikalischer Almanach*. Berlin: Friedrich Unger, 1796. 151–168.

Schiller, Friedrich. „Brief an Christian Gottfried Körner [25.5.1792]". *Werke und Briefe 11: Briefe I (1772–1795)* (=WB 11). Hrsg. von Georg Kurscheidt. Frankfurt am Main: Deutscher Klassiker Verlag, 2002. 603–605.

Schönberg, Arnold. „Das Verhältnis zum Text". Arnold Schönberg. *Stil und Gedanke. Aufsätze zur Musik*. Hrsg. von Ivan Vojtěch. Frankfurt am Main: Fischer, 1976. 3–6.

Schumann, Robert. „Drei gute Liederhefte". *Gesammelte Schriften über Musik und Musiker 1* (=GS 1). Hrsg. von Martin Kreisig. 5. Aufl. Leipzig: Breitkopf & Härtel, 1914. 494–496.

Schumann, Robert. „Lieder und Gesänge" [von Karl Koßmaly, Karl Helsted und Robert Franz]. *Gesammelte Schriften über Musik und Musiker 2* (=GS 2). Hrsg. von Martin Kreisig. 5. Aufl. Leipzig: Breitkopf & Härtel, 1914. 144–148.

Schumann, Robert und Clara. *Ehetagebücher 1840–1844*. Hrsg. von Gerd Nauhaus und Ingrid Bodsch. 2. Aufl. Bonn und Frankfurt am Main: StadtMuseum Bonn/Stroemfeld, 2013.

Schwab, Heinrich W. *Sangbarkeit, Popularität und Kunstlied. Studien zu Lied und Liedästhetik der mittleren Goethezeit 1770–1814*. 2. Aufl. Regensburg: Gustav Bosse, 1971 [1965].

Schwab, Heinrich W. „Musikalische Lyrik im 18. Jahrhundert". *Handbuch der musikalischen Gattungen 8.1: Musikalische Lyrik. Von der Antike bis zum 18. Jahrhundert*. Hrsg. von Hermann Danuser. Laaber: Laaber, 2004. 349–407.

Sulzer, Johann Georg. *Allgemeine Theorie der schönen Künste*. 4 Bde. 2. Aufl. Reprint. Hildesheim: Olms, 1967–1970 [1792–1799].

Synofzik, Thomas. *Heinrich Heine – Robert Schumann. Musik und Ironie*. Köln: Dohr, 2006.

Wiener, Claudia. „Vom Dichter, der nicht vertont sein wollte... Rückerts poetisches Selbstverständnis und Tendenzen der Rezeption seines Werks". *„Lyrik aus erster Hand". Mahler und Rückert*. Hrsg. von Hans-Joachim Hinrichsen, Erich W. Partsch und Ivana Rentsch. Würzburg: Königshausen & Neumann, 2015. 11–27.

Wiora, Walter. *Das deutsche Lied. Zur Geschichte und Ästhetik einer musikalischen Gattung*. Wolfenbüttel und Zürich: Möseler, 1971.
Wolf, Hugo. *Briefe 1: 1873–1890*. Wien: Musikwissenschaftlicher Verlag, 2010.
Wolf, Werner. „Intermedialität". *Metzler Lexikon Literatur- und Kulturtheorie. Ansätze – Personen – Grundbegriffe*. Hrsg. von Ansgar Nünning. 2. Aufl. Stuttgart und Weimar: Metzler, 2001. 284–285.
Wollny, Peter (Hrsg.). *Klopstock und die Musik*. Beeskow: Ortus Musikverlag, 2005.

III.13. Die Rezeption des romantischen Musikparadigmas bei Honoré de Balzac

John T. Hamilton

1. Musikalische Transzendenz und Musikneid

Der folgende Beitrag untersucht die Karriere eines literarischen Darstellungsideals, das sich an der Vorbildlichkeit der Musik orientiert, im Ausgang von E. T. A. Hoffmann und seiner Rezeption der klassischen Instrumentalmusik. Als exemplarisch für den Übergang in die Prosa der bürgerlichen Verhältnisse wird Balzacs Komponisten-Novelle *Gambara* analysiert, welche die Leitvorstellung eines musikalischen Sprechens in die Form des Erzählens überführt, indem sie die flüchtige Präsenz eines unerhörten Meisterwerks evoziert.

Die Macht einer Kunst geht oft einher mit der Ohnmacht einer anderen. So standen sich Musik und Literatur lange Zeit in einem Konkurrenzverhältnis gegenüber. Gegen Ende des 18. Jahrhunderts betrachtete man Musik nicht mehr als eine defizitäre, sondern als eine besonders machtvolle Kunst (Naumann 1990; Lubkoll 1995; Caduff 2003; Gess 2006). Das frühere Urteil, dass ein rein musikalischer Stoff nicht dazu geeignet sei, die Absichten und die Gefühle eines Komponisten präzise auszudrücken – ein Urteil, das Fontenelles berühmtes Wort „Sonate, que me veux-tu?" (Rousseau Œc 5, 1060) gleichsam exemplarisch verdichtet hat –, wich der Überzeugung, dass Musik etwas Höheres, Erhabeneres, vielleicht sogar Unsagbares vermitteln könne (vgl. III.14 Pankow). Nach Joseph Berglinger, Wackenroders ‚merkwürdigem' Komponisten, eröffnet diese Neubewertung ungekannte Zugänge zu emotionalen Zuständen, die auf anderem Wege verwehrt blieben: „Ein andermal wieder wirkten die Töne eine wunderbare Mischung von Fröhlichkeit und Traurigkeit in seinem Herzen, [...] eine Empfindung, [...] die keine Kunst geschickter ist auszudrücken, als die Musik." (Wackenroder SW 1, 133–134) Für Wackenroders empfindsamen Jüngling übertrifft die gefühlvolle Verwirrung die präzise Klarheit, wie sie für eine sprachliche Mitteilung notwendig wäre, und evoziert demnach den Diskurs des Erhabenen: Beim Einsetzen der Musik „war es ihm, als wenn auf einmal seiner Seele große Flügel ausgespannt, als wenn er von einer dürren Heide aufgehoben würde, der trübe Wolkenvorhang vor den sterblichen Augen verschwände, und er zum lichten Himmel emporschwebte" (Wackenroder SW 1, 132).

In der Beschreibung spiritueller Entzückung, die im Übrigen in einer Linie mit Pseudo-Longinos' *Peri hypsous* steht, wird der Musik eine seelische Qualität beigemessen, welche die verstandesmäßigen Kategorien der Sprache in ihre Grenzen verweist. Die Qualitäten der Musik demonstrieren die Beschränkungen der Literatur – und nicht nur der Literatur: Fast jede Kunst erweist sich vor diesem Hintergrund als defizitär.

Innerhalb von zwei Jahrzehnten hat E. T. A. Hoffmann ein Verständnis der Musik entwickelt, das alles Begriffliche übersteigt. In einer Schlüsselpassage aus seinem berühmten Aufsatz *Beethovens Instrumental-Musik* (1814) schreibt Hoffmann: „Die Musik schließt dem Menschen ein unbekanntes Reich auf, eine Welt, die nichts gemein hat mit der äußern Sinnenwelt, die ihn umgibt, und in der er alle *bestimmten* Gefühle zurücklässt, um sich einer unaussprechlichen Sehnsucht hinzugeben." (Hoffmann SW 2.1, 52; Hervorhebung original) Ähnlich wie in Wackenroders Darstellung wird die hier beschriebene musikalische Transzendenz vom Alltäglichen in nicht weniger als drei Gesichtspunkten unterschieden: im Kognitiven, im äußerlich Sinnlichen und im verbal Ausdrückbaren. In extremer Konsequenz wird die sich offenbarende Macht der Musik immer wieder als ‚wahnsinnig' dargestellt, als eine Kunst, die in Opposition zu den gängigen und vertrauten Auffassungen der Menschen steht (vgl. Caduff 2003, 116–150; Gess 2006, 334–356; Hamilton 2011, 238–244). Hoffmanns prächtige Reihe von exzentrischen und oft grotesken Figuren – der Ritter Gluck, der an einer neurotischen Phantasie leidet, und Johannes Kreisler, der „verrückte Musikus *par excellence*" (Hoffmann SW 2.1, 370), Theodor aus *Die Fermate* und die Baronin aus *Das Majorat*, Rat Krespel und seine Tochter Antonie – unterstreicht diese Tendenz der Musik zum Wahnsinn oder zur Krankheit und veranschaulicht ein in der deutschen Romantik beliebtes Thema (vgl. II.2.3 WOLF). Davon zeugen unzählige literarische Beispiele von Karl Philipp Moritz und Jean Paul über Novalis, Ludwig Tieck bis hin zu Heinrich von Kleist, Joseph von Eichendorff und Clemens Brentano. Insgesamt zeigt die romantische Epoche eine beständige Tendenz, musikalische Komposition, Aufführung und Rezeption mit kraftvollen Schilderungen von rauschhaften und wahnsinnigen Erfahrungen zu verknüpfen; und was diese Tendenz bekräftigt, ist die Tatsache, dass Schriftsteller zu dieser Zeit Musik als eine Kunst begreifen, die eine beinah unmittelbare, mithin gewalttätige Wirkung auf das emotionale Leben und die Einbildungskraft hat, eine Wirkung, die die Grenzen der Sprache erprobt.

In ihrer ausführlichen Studie zu diesem Thema unterscheidet Nicola Gess drei Arten von Musik, die in den Diskursen um 1800 über die *Gewalt der Musik* zum Tragen kommen: 1. „angenehme" Musik, „die dem Hörer große sinnliche Lust bereitet"; 2. Musik, „die die Einbildungskraft unwillkürlich zur Produktion gestaltloser und sinnlich-sinnleerer Bilderfolgen anregt"; und 3. „erhabene Musik, die den Hörer körperlich und emotional überwältigt" (Gess 2006, 15). Alle drei überzeugend belegten Erfahrungsweisen sind auf einer greifbaren Macht begründet, die bei jenen Schriftstellern Neid erwecken könnte, die sich dieselbe Kommunikationsfähigkeit für die Literatur aneignen wollten, um auf diese Weise die ‚kalten Abstraktionen' der Sprache ‚aufzuwärmen'. Musik wird damit zum Faszinosum vieler Schriftsteller, indem sie als eine Kunst des Unsagbaren betrachtet und „zur Sprache aller Sprachen" erhoben wird, „der gegenüber die Wortsprache defizitär erscheint" (Caduff 2003, 44).

Die Blüte der deutschen Romantik wäre unvorstellbar ohne die entscheidenden Bemühungen, musikalische Erfahrung und Effekte in die Dichtung einzubeziehen. Demgegenüber war die literarische Tradition in Frankreich mehr oder weniger taub gegenüber der Kraft der Musik; es dauerte, bis man *outre-Rhin* anfing, den romantischen Tönen Gehör zu schenken. Mit dem Erscheinen der vom Komparatisten Adolphe Loève-Veimars übersetzten vollständigen Werke Hoffmanns (Hoffmann [1829–1833]) erhielt jedoch auch die Pariser Kultur der Restauration ein konkretes Programm und viele Beispiele für die künstlerische Entwicklung der musikalischen Macht in der Literatur. Die vielleicht größte Rolle für diese Entwicklung und ihre Abwandlung spielte Honoré de Balzac.

2. Musik Sprechen

In einem an seine Vertraute Madame Hanska gerichteten Brief von 1833 kann Balzac seinen Neid auf Hoffmanns Talent und Reputation nur schwer verdecken, wenngleich er skeptisch hinzufügt: „J'ai lu Hoffmann en entier, il est au-dessous de sa réputation, il y a quelque chose, mais pas grand-chose; il parle bien musique." [Ich habe den ganzen Hoffmann gelesen, er kommt nicht an seinen Ruf heran, es gibt etwas, aber nichts Großes; er spricht gut Musik.] (Balzac LH 1, 84) Balzac spricht mit einer gewissen Professionalität über den deutschen Romantiker, seine Einschätzung Hoffmanns klingt, als würde ein Handwerker die Begabung eines Kollegen anerkennen. Er sagt nicht, dass Hoffmann gut *über* Musik spreche, sondern er behauptet, er ‚spricht gut Musik' („il parle bien musique", nicht „il parle bien *de* la musique"), wie bei einem Fachgespräch. Balzacs moderate Kritik („pas grand-chose") verbirgt seine tiefe Bewunderung und Zuneigung nicht, welche sich in seinen Romanen und Novellen deutlich manifestiert. Nach Balzac hat Hoffmann nicht nur das Vermögen der Musik am eigenen Leib erfahren, sondern er kann, was noch viel wichtiger ist, diese Erhabenheit auch in seinem literarischen Werk artikulieren: Hoffmann besitzt die geradezu beneidenswerte Fähigkeit, Erfahrungen von Komponisten, Künstlern oder Zuhörern mit psychologischer Schärfe und Präzision literarisch zum Ausdruck zu bringen. Daher rührt Balzacs unnachgiebiger Wunsch, Hoffmann nachzustreben und seinem deutschen Vorbild an Fachkenntnis gleichzukommen. Balzac will also ‚Musik sprechen' wie ein Mann des Fachs, ein Eingeweihter, dem die Beherrschung der literarischen Klaviatur alle Möglichkeiten musikalischen Ausdrucks bietet.

Vier Jahre später berichtet Balzac einem Freund, dem Musikredakteur Maurice Schlesinger – der später als Inspiration für die Figur des Jacques Arnoux in Gustave Flauberts *L'Éducation sentimentale* dienen wird –, von einem denkwürdigen Abend bei George Sand, an dem er selbst und die anderen Gäste ‚Musik sprachen' („nous parlâmes musique", zit. nach Brunel 1994, 40). Er habe, so schreibt er, „timidement [ses] idées sur [Gioachino Rossinis] *Mosè*" formuliert und damit ein „mot d'initiation" bei Sand hervorgerufen: „Vous devriez écrire ce que vous venez de dire!" [Sie müssen aufschreiben, was Sie eben gesagt haben!] Nicht mehr gezwungen, in der Vorhalle zu verweilen, verschafft sich Balzac Zutritt zum Tempelbezirk der Musik, zu einem Ort, der den Privilegierten vorbehalten ist und wo er seine Initiation – seine Leistung des Hineingehens (*in-ire*) – feiern kann. Wie Hoffmann hat auch Balzac die Fähigkeit unter Beweis gestellt, obgleich schüchtern, ‚Musik zu sprechen', als jemand, dem es nicht mehr verboten ist, von Mysterien dieser heiligen Kunst zu profitieren.

Wie Balzac in seinem Brief an Schlesinger erwähnt, war das Thema seines musikalischen Gesprächs Rossinis 1818 komponiertes Oratorium *Mosè in Egitto*, das seit seiner Uraufführung 1822 in Paris regelmäßig im *Théâtre Italien* aufgeführt wurde. Ermutigt durch seinen Erfolg bei George Sand, die zu dieser Zeit ein Liebesverhältnis mit Frédéric Chopin pflegte, nahm Balzac seinen improvisierten Kommentar zu Rossinis *Mosè* zur Grundlage für seine Novelle *Massimilla Doni* (1837), die er schließlich in seine *Études philosophiques* integrierte. In dieser Novelle läßt er die Protagonistin über die qualitativen Unterschiede zwischen Musik, Sprache und den anderen schönen Künsten reflektieren: „Cette langue [de la musique, J. H.], mille fois plus riche que celle des mots, est au langage ce que la pensée est à la parole; elle réveille les sensations et les idées sous leur forme même, là où chez nous naissent les idées et les sensations, mais en laissant ce qu'elles sont chez chacun. Cette puissance sur notre intérieur est une des grandeurs de la musique." [Solche Art der Mitteilung, tausendmal reicher als die der Worte, verhält sich zur Sprache wie der Gedanke zum Wort: sie erweckt die Sensationen und die Ideen in ihrer Urform, dort, wo bei uns die Ideen und Sensationen entstehen – sie lässt sie aber zugleich so, wie sie bei jedem gewachsen sind: Diese Macht über unser Innerstes ist eine Größe, wie sie nur der Musik eignet. Übersetzung hier und im Folgenden nach: Honoré de Balzac: Massimila Doni. Übersetzt von Heinrich E. Jacob. Das ungekannte Meisterwerk. Erzählungen. Zürich: Diogenes, 1977. 136–260, hier 209.] Insbesondere hebt sie Deutungsoffenheit der Musik hervor: „Là où les autres arts cerclent nos pensées en les fixant sur une chose déterminée, la musique les déchaine sur la nature entière qu'elle a la pouvoir de nous exprimer." [Dort, wo die andern Künste unsere Gedanken eng einzirkeln und auf bestimmte Grenzen festlegen, lässt die Musik unsre Seelenkraft auf die ganze Natur los, die auszudrücken sie die Kraft hat.] (Balzac LCh 10, 587–588; H. E. Jacob 209–210)

Einerseits wiederholt Balzac hier die mittlerweile selbstverständlich gewordene literarische Einstellung zur Musik, wie sie von Hoffmann gewissermaßen kodifiziert worden war. Die Reihe von Antithesen – zwischen musikalischer Unmittelbarkeit und sprachlicher Vermittlung, zwischen Vagheit und Bestimmtheit, Unendlichkeit und Begrenzung, Innerlichkeit und Äußerlichkeit – lässt sich in den meisten theoretischen Schriften der deutschen Romantik wiederfinden. Andererseits erprobt und qualifiziert Balzacs Novelle die Auswirkungen der genannten Ideen. Indem er der Opposition zwischen Musik und Wort einen erzählerischen Ort bietet, stößt Balzac die Überlegung an, was wohl entstünde, wenn sich Musik und Literatur wechselseitig bereicherten. Diese Fragen scheinen auch Theodor Adornos Überlegungen zu Balzac und zur grundsätzlichen Musikalität im Projekt des Realismus zu bewegen: „Ist Musik die im Innenraum entgegenständlichte Welt noch einmal, dann ist der als Welt nach außen projizierte Innenraum von Balzacs Romanen die Rückübersetzung von Musik ins Kaleidoskop." (Adorno GS 11, 143) Inwieweit das hier angesprochene Verfahren einer internalisierenden Aufnahme und anschließenden ‚Rückübersetzung' gelingen kann, hängt von der Begabung des Schriftstellers ab, Musik zu sprechen. Aber was genau leistet diese literarische Fähigkeit? Was trägt sie zum großen gesellschaftlichen Unternehmen der *Comédie humaine* bei? Wie kann sie unser Verständnis der Gesellschaft – oder besser noch: unsere Beschäftigung mit ihr – fördern?

In der oben zitierten Musikbeschreibung von *Massimilla Doni* geht es um eine Idee von Freiheit („la musique [...] déchaine"). Für die Novelle ist diese Idee insofern wichtig, als sie in Venedig spielt, das zu dieser Zeit infolge der österreichischen Besetzung verarmt ist. Die Macht der Musik besitzt auch eine politische Dimension. Das junge Liebespaar, Emilio Memmi und Massimilla Doni, ist Teil der venezianischen Aristokratie, die ihre politische Autonomie zunächst an Napoléon und anschließend an die österreichische Souveränität abgeben musste. Wie Elicia, die hebräische Prinzessin von Rossinis *Mosè*, müssen Emilio und Massimilla dabei zusehen, wie ihr adeliger Stand durch die Unterwerfung ihrer Nation herabgestuft wird. Während der Aufführung des Oratoriums formuliert Massimilla eine ausführliche politische Allegorie, die sie ihrem französischen Gast – einem Arzt aus Paris – näher erläutert: „Moïse est le libérateur d'un peuple esclave! [...] souvenez-vous de cette pensée, et vous verrez avec quel religieux espoir la Fenice tout entière écoutera la prière des Hébreux délivrés, et par quel tonnerre d'applaudissements elle y répondra!" [Moses ist der Befreier eines Volkes von Sklaven! Vergessen Sie diesen Gedanken nicht – Sie werden sehen und genießen mit einem wie religiösen Verlangen, mit welcher inneren Erwartung das ganze Teatro Fenice das Gebet der befreiten Hebräer anhören und welch ein Erdbeben von Applaus den Gesängen antworten wird!] (Balzac LCh 10, 588; H. E. Jacob 210) Natürlich weicht Massimillas Auslegung in hohen Maße von den Auffassungen des Pariser Arztes ab; denn Massimilla träumt von der Wiederkehr der Aristokratie, von Italiens herrlicher Vergangenheit, und nicht unbedingt von einem Aufstieg der Bourgeoisie, deren Guillotinen ihrer Meinung nach nicht nur den Adel, sondern auch die Hochkultur enthauptet haben. Wenn Massimilla behauptet, in Rossinis Werk sei eine ganz bestimmte politische Nachricht zu finden, so zementiert sie das, wovon sie selbst behauptet hat, dass es eben gerade nicht bestimmbar oder zumindest nicht zu vereindeutigen sei: „Nous sommes obligés d'accepter les idées du poète, le tableau du peintre, la statue de sculpteur; mais chacun de nous interprète la musique au gré de sa douleur ou de sa joie, de ses espérances ou de son désespoir." [Wir sind gezwungen, die Ideen des Dichters, das Bild des Malers, die Statue des Bildhauers als etwas Festes aufzunehmen, die Musik aber darf ein jeder nach seinem Schmerz und nach seiner Freude interpretieren, nach seinen Hoffnungen, seiner Verzweiflung.] (Balzac LCh 10, 588, H. E. Jacob 209) Massimilla lokalisiert damit die Macht des Oratoriums in einer spezifisch politischen Bedeutung und eröffnet einen Weg, den Zuhörern eine ebenso eindeutige wie einheitliche Rezeption zu unterstellen. Massimilla spricht Musik, und sie spricht gut Musik – aber um welchen Preis? Lässt sich die Musik über ihren kontinuierlichen Kommentar hören? Oder ist ihre Auslegung der Oper als die Geschichte einer Befreiung eher heuchlerisch, weil sie die Musik zu einer Dienerin des Wortes macht?

Obgleich Massimilla eine definitive Interpretation anstrebt, verbleibt die Möglichkeit eines zweifachen Überrests. Der Hermeneutik, mit der sie die Macht der Musik zu bestätigen versucht, bleibt ein hermetischer, sinnkonstituierender Effekt versagt: Den von der Bühne kommenden Klang kann sie durch ihre eigene Stimme nicht zum Verstummen bringen. Eine sinnhafte Einengung ist kein Schallschutz. Massimilla hat sehr wohl eine Stimme, aber ihre Stimme ist nur eine unter vielen in Balzacs so vielfältig räsonierendem wie resonierendem Text. Beispielsweise liegt die Macht der Musik für Capraja, einen italienischen Melomanen, in der formvollendeten Aufführung einer *roulade* – der melismatischen Darstellung eines Virtuosen, die die sprachliche Bedeutung eher trübt als mitteilt. Jede Figur in Balzacs Novelle versteht die Macht der Musik anders, als läge die Macht der Musik in ihrer Fähigkeit, verschiedene Auslegungen anzuregen.

3. Ursache und/ohne Wirkung

Am Schluss seiner von einem so brillanten wie verrückten Komponisten handelnden Novelle *Gambara* (1837) lässt Balzac den in tiefe Armut geratenen Musiker eine Eigendiagnose stellen: „Ma musique est belle, mais quand la musique passe de la sensation à l'idée, elle ne peut avoir que des gens de génie pour auditeurs, car eux seuls ont la puissance de la développer." [Meine Musik ist schön ; aber wenn die Musik von dem Gefühl zu dem Gedanken übergeht, so kann sie nur Menschen von Genie als Zuhörer haben, denn sie allein haben die Macht, sie zu entwickeln. Übersetzung hier und im Folgenden nach: Honoré de Balzac: Gambara. Übersetzt von Heinrich E. Jacob. Das ungekannte Meisterwerk. Erzählungen. Zürich: Diogenes, 1977. 7–94.] (Balzac LCh 10, 516)

Wenn man Gambara für etwas verantwortlich machen will, dann dafür, dass er zu viel Vertrauen in die Menschheit gehegt hat. Eine gescheiterte Karriere, in der ihm jede Anerkennung verwehrt blieb, lässt ihn schließlich realisieren, auf welche Abwege er geraten ist. Hier aber, am Ende der Geschichte, ist es zu spät, um den missglückten Verlauf seiner Karriere noch zu korrigieren, zumal er seine Hingabe um keinen Preis der Welt mehr aufgeben will. Gambara ist, kurz gesagt, ein Idealist; und sein Ideal ist die himmlische, nicht-sinnliche und daher, streng genommen, ungehörte Musik: „Mon malheur vient d'avoir écouté les concerts des anges et d'avoir cru que les hommes pouvaient les comprendre." [Mein Unglück kommt daher, daß ich den Engelskonzerten zugehört habe und geglaubt, daß die Menschen sie verstehen könnten.] (Balzac LCh 10, 516, H. E. Jacob 210) Diese Musik, ‚Engelkonzerte', lässt sich nicht in ihrer puren Reinheit hören, zumindest nicht durch gewöhnliche Zuhörer, für die es notwendig ist, eine Idee in eine sinnlich erfahrbare, materielle Form zu kleiden. Nur geniale Komponisten wie Gambara sind fähig, die Idee in ihrer bloßen, unverhohlenen Wahrheit zu hören, und haben die Kraft, sie zu entwickeln. Nach Gambara betrifft diese *puissance* die Potenz und die Potentialität der musikalischen Erleuchtung, einer offenbarenden Enthüllung, die – ebenso wie die Figur des Künstlers Gambara selbst – fortwährend leidet, wenn sie gezwungen wird, sich in Materie zu realisieren.

Gambaras musikalische Misere, der (auch schon bei Wackenroder als Motiv bekannte) Fluch jedes Idealisten, benennt den Kern von Balzacs Ästhetik. Wie kann ein Künstler einem Publikum eine immaterielle Idee mitteilen, wenn es nur materialisierte Werke begreift? Wie kann ein Kunstwerk – Musik oder Literatur – das Ungehörte vernehmbar machen, ohne die Reinheit des Ungehörten zu beeinträchtigen? Muss die Kunst zu einer zweitklassigen Kopie herabgestuft werden, zur bloßen Wirkung einer höheren, unzugänglichen Ursache? Muss ein sinnlicher Ausdruck, der die Idee in einen materiellen Stoff einkleidet, zwangsläufig zum Scheitern verurteilt sein? Und was schließlich sagen diese ästhetischen Prämissen über das Verhältnis von Musik und Literatur?

In der Zueignung, welche die Novelle einleitet, zollt Balzac der Quelle seines wunderlichen musikalischen Protagonisten gnädige Anerkennung. Wie Balzac erklärt, geht die ursprüngliche Inspiration für die Geschichte auf ein Gespräch mit dem Marquis de Belloy, Balzacs ehemaligem Sekretär, zurück. Der Schriftsteller beschwört die Szene, in der die Figur entstanden sei – „au coin du feu, [...] par une matinée arrosée de thé" [am Kaminfeuer beim morgendlichen Tee] –, in der er die Rolle eines Kostümbildners annimmt, der, wie Gambara, die nackte Idee hört, aber im Gegensatz zum delirierenden Komponisten – „ce pèlerin assis à la porte du Paradis, ayant des oreilles pour écouter les chants des anges, et n'ayant plus de langue pour les répéter" [dieser Pilger, der an der Pforte des Paradieses sitzt, der Ohren hat, um die Gesänge der Engel zu vernehmen, aber keine Stimme, sie zu wiederholen] –, nicht zögert, sie fein einzukleiden: „Vous avez créé GAMBARA, je ne l'ai qu'habillé. Laissez-moi rendre à César ce qui appartient à César [...]." [Sie waren es, der Gambara schuf, ich habe ihm nur die Kleider angelegt. Lassen Sie mich also dem Kaiser geben, was des Kaisers ist. Übersetzung: Alexander Honold] (Balzac LCh 10, 459)

Mit dem ihm typischen Elan nimmt Balzac in einer verwinkelten, aber zielstrebigen *tour de force* eine Menge von spezifischen Details auf, um den Absatz mit der Einführung des titelgebenden Helden kulminieren zu lassen. Die Sequenz führt klar vom Element des Feuers (*feu*) zu dem der Flüssigkeit (*thé*), von der Hitze einer verzehrenden Flamme zum Verzehr von angenommener Wärme. Die Szene, die eine Linie der Inspiration verfolgt, von der externen Quelle hin zur Internalisierung, ist gewissermaßen durchnässt – „arrosée" – d. h. tautriefend. Man spürt den *ros* (‚Tau') im Verb *adrorare*, das nicht nur das Triefen von Tau bezeichnet, sondern auch auf die Göttin der Morgenröte (*Aurora*) anspielt – und damit auf den Titel einer Oper von Hoffmann. Durch die pseudo-etymologische Figur kreieren die beiden Freunde einen fruchtbaren Boden, der die Feuchtigkeit aufsaugt, um die Früchte der folgenden Geschichte zu tragen. Die Metapher der Flüssigkeit, eines kontinuierlichen Flusses, der keine Schnitte oder Brüche leidet, dient als eine der vorherrschenden Figuren für wirksame Mitteilung, für die Vermittlung einer feurigen Quelle an ein aufnahmefähiges Publikum.

Entsprechend Balzacs ästhetischem Diktum entfaltet sich die Geschichte von *Gambara* in Begleitung einer Allegorie, der Idee, die auf ihren materiellen Stoff harrt. Es geht um einen merkwürdigen und möglicherweise wahnsinnigen Komponisten, der ähnlich wie Hoffmanns Ritter Gluck oder Johannes Kreisler („ce personnage digne d'Hoffmann" [eine wahrhaft Hoffmannsche Existenz; Übersetzung A. Honold]; Balzac LCh 10, 459) in einer Zwickmühle steckt. Zwar oberhalb der alltäglichen Welt, aber noch immer unterhalb der himmlischen Sphäre angesiedelt, somit noch zur profanen Welt gehörend, ist Gambara unfähig, einer tatsächlichen Epiphanie teilhaftig zu werden. Es handelt sich hier um ein grundsätzliches Problem der Vermittlung oder Übersetzung: Gambara hat die Ohren, um die Gesänge der Engel zu hören, aber er besitzt nicht die Zunge oder die Sprache – *la langue* –, diese Melodien zu vermitteln. Die Finger, die das Instrument schlagen, sind „par les contractions de l'inspiration divine" (Balzac LCh 10, 459), also ‚durch die Wehen der göttlichen Inspiration' gebrochen worden. Der inspirierte Fluss ist ins Stocken geraten.

Demgegenüber hat Balzac die Sprache, um zu vermitteln, was in seiner Dachwohnung zu hören ist. Schnell beginnt er damit, von seinen gescheiterten Anfängen zu erzählen, indem er die Wirkungen einer nicht mehr hörbaren Ursache aufnimmt. „Vous avez créé GAMBARA" – beichtet er dem Marquis – „je ne l'ai qu'habillé" (Balzac LCh 10, 459). Als Zuhörer und Dichter verfertigt Balzac den sprachlichen Mantel. Er stellt die Sprache zur Verfügung, um die Idee begreiflich zu machen. Wie es sich für Aneignungen gehört, wird auch Balzacs Vorwort von dem schlechten Gewissen getrieben, eine Schuld zu begleichen. Um aber durch diese Dankbarkeit die eigene Rolle als Schriftsteller nicht zu verdunkeln, zitiert er den christlichen Erlöser, der, als Inkarnation des Wortes, behauptet hat, alle Schuld zu absolvieren: „Laissez-moi rendre à César ce qui appartient à César [...]" (Balzac LCh 10, 459) – eine Zeile, die, auch durch die Ellipse, kaum die entscheidende Implikation verbergen kann, dass nämlich Balzac, dem Anschein nach ein Kleiderhändler, in Wirklichkeit der Gott seiner literarischen Schöpfung ist.

4. Das ungehörte Meisterwerk

Balzac leitet *Gambara* mit den Worten ein: „Le premier jour de l'an mil huit cent trent et un [...]." [Der erste Tag des Jahres 1831 [...]. H. E. Jacob 7.] (Balzac LCh 10, 459) Obgleich der Neujahrstag normalerweise als ein Neuanfang fungiere, habe sich der 1. Januar 1831 doch besonders erlebnisreich angefühlt, soweit er unter der Schirmherrschaft der frisch konstituierten Julimonarchie des Bourgeois-Königs Louis-Philippe stand. Die Bedeutung dieses Neujahrs erschöpft sich aber nicht in der veränderten politischen Landschaft. Die Abdankung Charles' X. bezeichnet auch zwei maßgebliche, persönlichere Momente, nämlich den Zeitpunkt, an dem Balzac als ein anerkannter Schriftsteller erstmals in Erscheinung trat, und den Zeitpunkt, an dem sich Gioachino Rossini aus dem Komponistendasein endgültig verabschiedete, nachdem das neue Regime seine Rückkehr nach Paris durch massive Hürden verhindert hatte. Abgesehen von Balzacs anhaltender Bewunderung für Rossini und ihrer engen Freundschaft, wurde die Verbindung zwischen den zwei Männern durch die Gegenwart der bezaubernden Sopranistin Olympe Pélissier geprägt. 1830 machte Balzac ihr einen Heiratsantrag. Pélissier lehnte das Angebot ab und inspirierte Balzac damit zu der Figur der Foedora, der herzlosen Kurtisane in seinem ersten großen Roman, *La peau de chagrin*. Wenig später wurde sie Rossinis zweite Ehefrau. Interessanterweise begann Balzacs literarische Karriere genau dann, als Rossinis musikalische Karriere endet. Balzac interpretierte Rossinis Schweigen als Symptom, das für ein größeres gesellschaftliches Problem steht. Balzac glaubte nämlich, dass die Absetzung der Bourbonenmonarchie ein Ausdruck der Taubheit der französischen Gesellschaft sei, und dies insofern, als sich ihr Verfall unter dem schädlichen Einfluss von Individualismus und Materialismus vollzog. Als der *roi des Français* – im Gegensatz zum Bourbon *roi de France* – schien Louis-Philippe ein zutiefst weltliches, den gierigen Massen höriges Regime zu etablieren. Rossinis Exil entsprach also dem Verlust einer souveränen Perspektive; und Balzac – das Finale des Komponisten ist der Auftakt für seinen eigenen Einsatz – fand sich selbst damit beauftragt, das Grundübel des neuen Materialismus zu untersuchen und ihn dadurch zu korrigieren.

Balzac konzipiert die Musik als Teil eines metaphysischen Reiches von *Ursachen*, die Anlass zu einer Literatur geben, welche infolgedessen als *Wirkung* der Musik zu verstehen ist. Man denkt an Hoffmanns „serapiontisches Prinzip", das empfiehlt, jeder Dichter „strebe [...] recht ernstlich darnach, das Bild, das ihm im Innern aufgegangen, recht zu erfassen mit allen seinen Gestalten, Farben, Lichtern und Schatten, und dann, wenn er sich recht entzündet davon fühlt, die Darstellung ins äußere Leben zu tragen" (Hoffmann SW 4, 69). Für Balzac beginnt der Prozess des Schreibens mit dem Hören auf ebendiese Ursachen. Die Fähigkeit zur Unterscheidung zwischen Ursachen und Wirkungen spielt eine strukturbildende Rolle in Balzacs Übersichtsplan der *Comédie humaine*, in der die *Études philosophiques* sich um die Ursachen einer tieferen Wirklichkeit kümmern, im Gegensatz zu den Wirkungen, die die *Études des mœurs* behandeln. Am Wichtigsten ist der Wunsch, den menschlichen ‚Willen' (*volonté*) zu verstehen, soweit der Wille die Hauptursache der sozialen Auswirkungen ist. Als er noch Jurastudent war, entwarf Balzac eine ‚Theorie des Willens', die er später Raphael, dem Protagonisten von *La peau de chagrin*, zuschrieb. Hier wird mit nahezu platonischer Klarheit formuliert, dass der Wille uns verzehrt und die Macht uns zerstört. Glücklicherweise gibt es die einen Mantel von ‚ewiger Ruhe' bietende Kraft des Wissens, durch sie kann das Leben vor Willen und Macht geschützt werden. Als eine der *Études philosophiques* behandelt *Gambara* jene äußerst problematischen Ursachen, welche Kräfte ohne angemessene Wirkungen auslösen. Umgelegt auf die Novelle ist das der willentliche, verzehrende Eigensinn des Komponisten, der sein Leben zum Scheitern bringt.

Die Novelle beginnt mit dem Anfang, aber nicht mit dem Hauptakteur. Stattdessen wird zunächst der reiche Milaneser Graf Andrea Marcosini eingeführt, der am Neujahrstag durch die Straßen von Paris spaziert. Seine Aufmerksamkeit ist von einer schönen Frau gefesselt worden, der er nun folgt. Seine leichtsinnige Eskapade bringt ihn so zu einem Haus, wo er ihren Namen, Marianna, erfährt, sowie dass sie die Ehefrau des genialen Musikers Gambara ist. Sie arbeite als Näherin für hiesige Prostituierte, um Kost und Logis bezahlen zu können. Denn Gambara, der tagsüber an einer Oper arbeitet, ist unfähig, auch nur einen Pfennig zu verdienen. Nachdem Marcosini dem ausgezehrten, über musikalische Themen referierenden Mann zuhört, entschließt er sich, dem armen Ehepaar als Wohltäter zu dienen. Obwohl er durchaus an Gambaras Genie zu glauben scheint, fasst er zugleich den Gedanken, ein amouröses Verhältnis mit dessen Frau zu beginnen.

Die einseitige Präferenz Marcosinis ist offensichtlich. In der Tat scheint der Graf hier in die Rolle des Erzählers zu schlüpfen (Delattre 1984). Er ist in jeder Hinsicht eine *literarische* Figur, genauso konventionell, wie Gambara unkonventionell ist. Während Gambara als Musiker zum Reich der Ursachen gehört, ist Marcosini eine Inkarnation der literarischen Auswirkungen. Ebenso wie die Literatur, die an alltägliche Erscheinungen gebunden ist, beginnt *Gambara* mit einer langen Betrachtung über das Verhalten von Marcosini in den Straßen der französischen Hauptstadt. Außer seiner Stellung als banalisierter Dichter wird sein Aussehen explizit ‚theatralisch' geschildert: Er äfft den ‚Botschaftergang' nach und kippt seinen Chapeau „peut-être un peu trop sur l'oreille droite" [vielleicht ein bisschen zu weit über das rechte Ohr; H. E. Jacob, 7] (Balzac LCh 10, 459–460). Nicht nur sein banales Stalking einer faszinierenden Beauté entspricht dem Stereotyp; er übernimmt auch direkt Motive aus Rossinis *Barbier von Sevilla*: Marcosini stellt sich, als er die ausweichende „Rosina" sucht (Balzac LCh 10, 461), als „drapé dans le manteau d'Almaviva" vor. Nach Balzac ist das Theater eine Welt der Auswirkungen, das, wie ein Mantel, eine tiefere Realität verdeckt (Teodorescu 2004). Es kann daher kaum überraschen, dass Marcosini, wie wir erfahren, sich dazu entschließt, seine Abende in der Italienischen Oper zu verbringen. Daher betont der Erzähler Marcosinis Kleidung, besonders „son manteau doublé de velours": Draußen vor der Tür, hinter der Marianna verschwindet, versucht er sich in diesem schändlichen Bezirk zu verstellen und zieht seinen Mantel hoch, ‚bis zum Schnurrbart' (Balzac LCh 10, 463).

Im Kontrast hierzu befindet sich das verruchte Haus der Gambaras in der Nähe des Palais-Royal, in der rue ‚Froidmanteau' – ein Name, der einen fadenscheinigen Mantel kennzeichnet, eine schäbige Abdeckung, die ihren Träger äußerlichen Elementen aussetzt, indem sie das Darunterliegende aufdeckt. Zu

Balzacs Zeit verlief die rue Froidmanteau senkrecht zur rue Saint-Honoré, die den Namenspatron des Schriftstellers evoziert; genau hier kreuzen sich auch Marcosinis Welt der theatralischen Auswirkungen und Gambaras erwünschte, ersehnte Welt der Musik. Es wird ausdrücklich betont, dass Marcosini seinen Mantel auszieht, als er in das schmuddelige Zimmer eintritt, um Gambaras musikalische Thesen zu hören (Balzac LCh 10, 465). In dieser „étude philosophique" inszeniert Balzac, der die Idee seines Freundes bekleidet hat („habillé"), nun ein Entkleiden, das dem Leser die Hauptursache vor Augen führen soll.

Nachdem er betont hat, wie wichtig die italienische Sinnlichkeit und der deutsche Idealismus für die Entwicklung des musikalischen Stils waren, wendet sich Gambara seinem eigenen Leben zu und erklärt, wie seine Arbeit durch eine tiefe Leidenschaft für die Wahrheit motiviert wurde. Dass sie sich aus der Physik und Mathematik heraus entwickelt hat, macht die Musik zu einer Wissenschaft; aber erst durch die Inspiration (Balzac LCh 10, 478) wird sie auch zu einer Kunst. Gambaras Ansicht nach sind nur die ‚mathematischen Gesetze' streng studiert worden, um genauer zu sein, jene, welche die harmonischen Leistungen von ‚Haydn, Mozart, Beethoven und Rossini' hervorgebracht haben. Um Musik zum nächsten Stadium voranzubringen, suggeriert Gambara, müsse man die ‚physischen Gesetze' besser verstehen. Seine Schlussfolgerung: „Si chaque son modifié répond à une puissance, il faut la connaître pour marier toutes ces forces d'après leurs véritables lois. [...] Jusqu'ici l'homme a plutôt noté les effets que les causes! S'il pénétrait les causes, la musique deviendrait le plus grand de tous les arts." [Wenn jeder veränderte Ton einer Macht entspricht, dann ist es auch nötig, sie zu kennen, um alle diese Kräfte nach ihren wirklichen Gesetzen zu vereinigen. [...] Bis jetzt hat der Mensch mehr die Wirkungen als die Ursachen gemerkt. Wenn er die Ursachen durchdringen könnte, würde die Musik die größte Kunst werden. H. E. Jacob, 37–38] (Balzac LCh 10, 479)

Ganz ähnlich wie Schopenhauer behauptet auch Gambara, dass die Musik der Malerei und Dichtung überlegen sei, da letztere lediglich die beobachtbare Welt reflektierten. Die Musik hingegen kanalisiere die ätherische Substanz, die unsere Gedanken bildet. Gambara ist überzeugt, dass Musik eine Kunst des Unendlichen, des Absoluten ist – der substantielle Grund für alle endlichen Phänomene.

Marcosini, der jedem Wort aufmerksam zugehört hat, bestätigt seinen Entschluss, den Komponisten zu stützen, indem er einen eigennützigen Pakt mit dessen Frau schließt. In diesem Moment zeigt Gambara großen Scharfsinn und entschuldigt sich umgehend: „Je vois une mélodie qui m'invite, elle passe et danse devant moi, nue et frissonnant comme une belle fille qui demande à son amant les vêtements qu'il tient cachés. Adieu, il faut que j'aille habiller une maîtresse, je vous laisse ma femme." [Ich sehe eine Melodie, welche mich einlädt;

sie geht und tanzt vor mir, nackt und zitternd wie ein schönes Mädchen, welches ihren Liebhaber um ihre Kleider bittet, die er versteckt hält. Leben Sie wohl, ich eile eine Geliebte ankleiden zu gehen – und überlasse Ihnen meine Frau. H. E. Jacob, 42] (Balzac LCh 10, 482)

Anders als die Literatur hat Musik nämlich Schwierigkeiten, die nackte Quelle der Inspiration zu bekleiden. Balzac unterstreicht das Problem durch eine starke Antithese: Marcosini, ein hochstrebender Dichter, reich und voller Leben, erhält eine lebendige Frau, während Gambara, ein erfolgloser Komponist, arm und todesbleich, mit einem unterkühlten, schaudernden Mädchen flirtet, dessen Kleidungsstücke opak bleiben.

Am folgenden Tag verspricht Gambara, seine laufende Arbeit, eine Oper über den Propheten Mohammed, zu präsentieren. Zwar ist er durchaus in der Lage, die Schönheit und die Größe des Stücks durch eine rein sprachliche Beschreibung zu vermitteln, doch als er am Klavier sitzt, um die Musik zu spielen, hört man nichts außer einer „réunion de sons discordants jetés au hasard qui semblait combinée pour déchirer les oreilles les moins délicates" [Vereinigung von mißtönenden, aufs Geratewohl hingeworfenen Tönen [...], welche verschworen schienen, die am wenigsten empfindlichen Ohren zu zerreißen; H. E. Jacob, 59] (Balzac LCh 10, 493). Die Ursache für Gambaras Armut wird damit evident: Seine Musik versetzt die Zuhörer in einen fassungslosen Zustand des Entsetzens. Der Erzähler fährt fort: „Il est difficile d'exprimer cette bizarre exécution, car il faudrait des mots nouveaux pour cette musique impossible." [Es ist schwer, diese eigenartige Kunstübung auszudrücken: man sollte für solche unmögliche Musik neue Worte haben. H. E. Jacob, 59] (Balzac LCh 10, 493) Wie Gambara erklärt, beruhte musikalischer Erfolg bisher lediglich auf der Fähigkeit, die Auswirkungen von mathematischen Verhältnissen zu vermitteln; Gambara will aber weiter gehen: Er will die kausale, physische Energie im Kern der musikalischen Erfahrung anzapfen. Er strebt danach, eine neue Ästhetik zu entwickeln, jenseits der herkömmlichen Funktion, die nur darstellt, was wahrgenommen wird (die *aisthēta* der sinnlichen Erfahrung), um stattdessen die kausalen Ideen zu präsentieren, die sich nie sehen, nie hören, sondern nur denken lassen (die *noēta* des Gemüts). Theoretisch fasziniert diese ‚noetische Ästhetik' als Verbindung von Sinn und Sinnlichkeit gerade solche Personen, die anfällig für ehrwürdige Projekte sind, auch wenn in der Praxis solche Projekte letzten Endes scheitern müssen, insofern, als sie zu der Unmöglichkeit verurteilt sind, das Unbemerkbare bemerkbar zu machen. Was dabei misslingt, ist der Übergang von der Ausführung zur Rezeption: „Les étranges discordances qui hurlaient sous ses doigts avaient évidemment résonné dans son oreille comme de célestes harmonies." [Die sonderbaren Dissonanzen, die unter seinen Fingern brüllten, hatten offenbar ihm im Ohr eine himmlische Melodie hervorgebracht. H. E. Jacob, 60] (Balzac LCh 10, 494) Die von dem Komponisten vorgestellte Erhabenheit läuft jeder begreifbaren Ausdrucksform zuwider. An deren Stelle tritt die Macht der Musik, die alle Verständlichkeit übersteigt.

Der äußerlichen Erscheinung nach, also in der empirischen Welt der Wirkungen, ist Gambara sehr wohl ‚wahnsinnig', wie es dem romantischen Musikparadigma entspricht; aber der Komponist ist klug genug, um die innewohnenden Verwirklichungsprobleme einer noetischen Ästhetik zu erkennen. Er arbeitet sorgfältig an seiner neuesten musikalischen Erfindung, die er ein ‚Panharmonicon' nennt, ein großes, kompliziertes Instrument, bestehend aus mehreren Klaviaturen, Rohren und Mechanismen, das – so hofft er – jene Musik vermitteln könnte, die seine Einbildungskraft entzündet: „L'esprit [...] quand il apparait, tout me semble en feu. Je vois les mélodies face à face, belles et fraîches, colorées comme des fleurs; elles retentissent, et j'écoute, mais il faut un temps infini pour les reproduire." [Der Geist! [...] Wenn er erscheint, sehe ich alles im Feuer. Ich sehe die Melodien von Angesicht zu Angesicht, schön und frisch gefärbt wie Blumen; sie strahlen, sie klingen; ich höre zu, aber es fordert unendlich lange Zeit, ehe die Wiedergabe gelingt. H. E. Jacob, 64] (Balzac LCh 10, 497) Das fatale Oxymoron des Idealisten – ‚eine unendliche Zeit' („un temps infini") – drückt kraftvoll seinen feurigen, verzehrenden Willen aus. Vielleicht nur durch ein neues Instrument ließe sich das Unmögliche möglich und das Ungehörte hörbar machen. Und im ersten Augenblick, obgleich sehr kurz, hat Marcosini die Gelegenheit, ein Beispiel zu hören, das die Hoffnung auf eine zukünftige Leistung erfüllen würde. Am Abend, nachdem Gambara ausgiebig Wein getrunken hat, sitzt er am Panharmonicon: „La musique la plus pure et la plus suave que le comte eût jamais entendue s'éleva sous les doigts de Gambara comme un nuage d'encens au-dessus d'un autel." [Die reinste und süßeste Musik, die der Graf jemals gehört hatte, entstieg den spielenden Fingern Gambaras wie eine Wolke von Weihrauch über einem Altar. H. E. Jacob, 63] (Balzac LCh 10, 496) Die Aufführung ist entsprechend kurz und unhaltbar: Das Instrument leidet an mechanischen Problemen und lässt so die Vorführung scheitern. Marcosini bewertet diesen Defekt als einen Triumph der Kunst: „N'est-ce pas le procès gagné par l'esquisse contre le tableau fini, au tribunal de ceux qui achèvent l'œuvre par la pensée, au lieu de l'accepter toute faite?" [Ist das nicht der Prozeß, welchen die Skizze gegen das fertige Bild gewinnt – vor dem Tribunal derjenigen, denen ein unvollendetes Kunstwerk, das sie mit eigenen Gedanken vollenden, lieber ist als ein fertiggestelltes? H. E. Jacob, 63] (Balzac LCh 10, 496) Wie der Name suggeriert, scheint das Panharmonicon auf Gambaras Wunsch nach Totalität zu reagieren; das Begehren, die kausalen Kräfte, die das Weltall antreiben, direkt in Musik darzustellen. Aber diese Absicht scheitert, weil das Unaussprechliche nicht mehr unaussprechlich wäre, sobald es ausgesprochen würde.

Indem er die Macht der Musik allein in ihrer Wahrnehmung lokalisiert, stößt Marcosini auf die Möglichkeit der Heilung. Für ihn ist Musik machtvoll, nicht, weil sie uns die physischen Ursachen selbst zugänglich macht, sondern weil sie die Auswirkungen in uns hervorbringt – in Zuhörern wie Marcosini und folglich auch durch den Autor selbst. Balzac vermag eine schöpferische Energie in Worte zu fassen, die sonst ungehört bleiben würde. Marcosinis abschließende Diagnose zielt auf eine Heilung: „L'intelligence de cet homme a deux fenêtres, l'une fermée sur le monde, l'autre ouverte sur le ciel: la première est la musique, la seconde est la poésie; jusqu'à ce jour il s'est obstiné à rester devant la fenêtre bouchée, il faut le conduire à l'autre." [Der Verstand dieses Mannes hat zwei Fenster: das eine ist für die Welt geschaffen, das andere offen für den Himmel: das erste ist die Musik, das zweite ist die Dichtung; bis heute ist er hartnäckig vor dem geschlossenen Fenster verblieben, man muß ihn zu dem anderen führen. H. E. Jacob, 65] (Balzac LCh 10, 497) Um Gambara zum geöffneten Fenster der Mitteilung hinzuführen, um zu sichern, dass seine Musik eine Wirkung hat, ist es darum nötig, seinen Eigensinn zu brechen. Das zur Verfügung stehende Mittel ist der Wein, der den Willen schwächt, sodass seine feurige Inspiration in einer verständlichen und poetischen Form ausfließen und auf den Zuhörer übergehen kann. Wie Balzac es in der Zueignung beschrieb, muss die verzehrende Flamme der Inspiration zur flüssigen Wärme werden, die alle verzehren kann. Das Weintrinken schaltet die Metapher der Flüssigkeit ein, die den Eigensinn des Komponisten schwächt und es dadurch der Macht seiner Musik ermöglicht, sich zu verströmen.

Wenn man Musik mit der vergangenen Aristokratie und Literatur mit der gegenwärtigen Bourgeoisie zu Zeiten Balzacs vergleicht, besteht der Erfolg der Kunst in der Vereinigung beider zu einer Ästhetik, die dem Geist der Julimonarchie entspricht. Um seine These auf die Probe zu stellen, nimmt Marcosini den völlig betrunkenen Gambara zur Uraufführung von Meyerbeers *Robert le Diable* mit. Gambaras brillante Analyse demonstriert, dass er eher ein Dichter als ein Musiker ist. Der Sieg der Musik hält nicht lange an. Am Ende der Geschichte gelobt Gambara, die Finger vom Wein zu lassen. Er hält dermaßen entschlossen an seinem Ideal fest, dass sein Schaffen zur Undurchdringlichkeit verurteilt wird.

In einem kurzen Epilog, der sechs Jahre später spielt, erfahren wir, dass Gambara nun als Reparateur von Instrumenten arbeitet. Das Panharmonicon ist bei einer öffentlichen Versteigerung in Châtelet verkauft worden, zusammen mit den Manuskripten seiner Kompositionen, die man auf dem Markt dazu verwendet, Fische und Gemüse, also alltäglichste Nahrungsmittel, einzupacken. Als Gambaras Werk für die Bourgeoisie recycelt wird, kehrt Marianna zurück, zerrauft, ausgezehrt und mit gebrochenem Herzen. Es heißt, sie sei mit einem Grafen von Mailand (Marcosini selbst) weggelaufen. Jetzt verdient das Ehepaar etwas Geld dadurch, in den Champs-Elysées zu singen. Auf einer armseligen Gitarre begleitet der angetrunkene Gambara Marianna, die Stücke aus einer unbekannten Oper singt, welche das Publikum irrtümlicherweise für Arien von Rossini hält. Die Geschichte endet tränenvoll, mit dem ‚salzigen Tau', der die Wangen des Komponisten befeuchtet: „L'eau est un corps brûlé." [Das Wasser ist ein Verbrennungsprodukt. H. E. Jacob, 94] (Balzac LCh 10, 516) Die rätselhafte Phrase ist als ‚berührend' beschrieben. Der Musiker, der nach den Ursachen forschte, bleibt am Ende mit der Wirkung zurück. Das Feuer der erhabenen Inspiration hat sein Leben zerstört, aber es ergießt sich letzten Endes in warme Tränen. Sein Meisterwerk wird in seiner Totalität für immer ungehört bleiben, aber seine Auswirkungen werden gespürt worden sein.

Literatur

Adorno, Theodor. „Noten zur Literatur II: Balzac-Lektüre" [unveröffentlicht]. *Gesammelte Schriften 11: Noten zur Literatur* (=GS 11). Hrsg. von Rolf Tiedemann. Frankfurt am Main: Suhrkamp, 1974. 139–157.
Balzac, Honoré de. „Gambara" [1837]. *La Comédie humaine 10 : Études philosophiques* (=LCh 10). Hrsg. von René Guise. Paris: Gallimard, 1979. 459–516. Dt: „Gambara". Übers. von Heinrich E. Jacob. *Das ungekannte Meisterwerk*. Zürich: Diogenes, 1977. 7–94.
Balzac, Honoré de. „Massimilla Doni" [1842]. *La Comédie humaine 10: Études philosophiques* (=LCh 10). Hrsg. von René Guise. Paris: Gallimard, 1979. 543–619. Dt: „Massimila Doni". Übers. von Heinrich E. Jacob. *Das ungekannte Meisterwerk*. Zürich: Diogenes, 1977. 136–260.
Balzac, Honoré de. „Brief an Madame Hanska [2. Nov. 1833]". *Lettres à Madame Hanska 1* (=LH 1). Hrsg. von Roger Pierrot. Paris: Laffront, 1990. 84.
Brunel, Pierre. „Mosè dans Massimilla Doni." *L'année balzacienne* 15 (1994): 39–54.
Caduff, Corina. *Die Literarisierung von Musik und bildender Kunst um 1800*. München: Fink, 2003.
Delattre, Geneviève. „Andrea Marcosini et les tribulations du romancier dans ‚Gambara'". *L'année balzacienne* 4 (1984): 79–91.
Gess, Nicola. *Gewalt der Musik: Literatur und Musikkritik um 1800*. Freiburg im Breisgau: Rombach, 2006.
Hamilton, John. *Musik, Wahnsinn und das Außerkraftsetzen der Sprache*. Übers. von Andrea Dortmann. Göttingen: Wallstein, 2011.
Hoffmann, E. T. A. „Beethovens Instrumental-Musik" [1814]. *Sämtliche Werke 2.1: Fantasiestücke in Callot's Manier. Werke 1814* (=SW 2.1). Hrsg. von Hartmut Steinecke unter Mitwirkung von Gerhard Allroggen und Wulf Segebrecht. Frankfurt am Main: Deutscher Klassiker Verlag, 1993. 52–61.
Hoffmann, E. T. A. „Kreislers musikalisch-poetischer Clubb" [1814]. *Sämtliche Werke 2.1: Fantasiestücke in Callot's Manier. Werke 1814* (=SW 2.1). Hrsg. von Hartmut Steinecke unter Mitwirkung und Gerhard Allroggen und Wulf Segebrecht. Frankfurt am Main: Deutscher Klassiker Verlag, 1993. 370–418.

Hoffmann, E. T. A. „Rat Krespel" [1814]. *Sämtliche Werke 4: Die Serapionsbrüder* (=SW 4). Hrsg. von Wulf Segebrecht unter Mitarbeit von Ursula Segebrecht. Frankfurt am Main: Deutscher Klassiker Verlag, 2001. 39–71.

Hoffmann, E. T. A. *Contes fantastiques*. Übers. v. Adolphe Loève-Veimars. Paris: Renduel, 1829–33.

Lubkoll, Christine. *Mythos Musik. Poetische Entwürfe des Musikalischen in der Literatur um 1800*. Freiburg im Breisgau: Rombach, 1995.

Naumann, Barbara. „*Musikalisches Ideen-Instrument*". *Das Musikalische in Poetik und Sprachtheorie der Frühromantik*. Stuttgart: Metzler, 1990.

Rousseau, Jean-Jacques. „Dictionnaire de musique" [1768]. *Œuvres complètes 5: Écrits sur la musique, la langue et le théâtre* (=Œc 5). Hrsg. von Bernard Gagnebin, Marcel Raymond et al. Paris: Gallimard 1995. 605–1191.

Teodorescu, Daniela. „Deux personnages dans ‚Gambara' de Balzac: Les effets et les causes". *Symposium* 58 (2004): 29–42.

Wackenroder, Wilhelm Heinrich. „Das merkwürdige musikalische Leben des Tonkünstlers Joseph Berglinger. In zwey Hauptstücken" [1797]. *Historisch-kritische Ausgabe. Sämtliche Werke und Briefe 1: Werke* (=SW 1). Hrsg. von Silvio Vietta und Richard Littlejohns. Heidelberg: Winter, 1991. 130–145.

III.14. Musikphilosophie im 19. Jahrhundert. Unsagbarkeit und Sprache der Musik

Edgar Pankow

Das Verhältnis der Musik zur Sprache und Literatur ist eines der zentralen Probleme der Musikphilosophie. Regelmäßig haben Musikphilosophen versucht, Antworten zu geben auf Fragen wie: Ist die Musik eine Sprache? Wie verhält sich die Musik zur Sprache der Dichtung? Gibt es spezifische nicht-sprachliche Erkenntnisleistungen der Musik und der Kunst (vgl. II.1.1 HINDRICHS)? Beobachten lässt sich an diesen Bemühungen immer wieder: Die Philosophie der Musik hat direkte Konsequenzen für die Ästhetik der Literatur. Und: Die Positionierung der Musik als Erkenntnismedium impliziert in der Regel eine Definition des Erkenntnisvermögens der Sprache.

Für weite Bereiche der Musikphilosophie des 19. Jahrhunderts ist es bezeichnend, dass sie sich nicht darauf beschränken möchte, Teil einer Theorie der schönen Künste zu sein. Gerade in ihren wirkungsmächtigsten Ausprägungen, den Werken von Arthur Schopenhauer und Friedrich Nietzsche, geht es ihr nicht mehr nur um einen Beitrag zu einer philosophischen Teildisziplin neben anderen. Abgezielt wird auf eine grundsätzliche Neuverhandlung des Verhältnisses von Philosophie und Musik. Das in der neuzeitlichen Philosophie vorherrschende Interesse an der Musik als einem ‚Gegenstand' der Erkenntnis erfährt in diesem Zuge eine radikale Transformation: In den Blick rückt nunmehr die Musik als Wahrheit und Wirklichkeit der Philosophie selbst, als erstes und eigentliches Organon des wesentlichen Weltwissens. Die Musikphilosophie durchläuft damit und durchaus nicht zum ersten Mal einen fundamentalen Wahrnehmungswandel, und dieser besagt in der von Schopenhauer und Nietzsche pointierten Form: Musik ist Philosophie (vgl. auch II.3.4 KÄUSER). Zentrales Scharnier der Reorientierung der Musikphilosophie im 19. Jahrhundert ist das Verhältnis der Musik zur Sprache. Das Sagbare und das Unsagbare, das man der Musik zutraut, wird nun nicht mehr – wie in den Systementwürfen von Immanuel Kant und Georg Friedrich Wilhelm Hegel – vor dem Hintergrund der paradigmensetzenden Leistungsfähigkeit des Begriffs verhandelt. Die neu programmierten Geltungsansprüche nehmen ihr Maß an der Musik als einem Erkenntnismedium *sui generis*.

Mit der Inanspruchnahme der Musik als Erkenntnismedium nimmt die Musikphilosophie des 19. Jahrhunderts Motive und Wertschätzungen auf, die weit in die Philosophiegeschichte zurückreichen. *Mousiké* meinte im attischen Bildungssystem die Gesamtheit dessen, was der Ausbildung des Geistes dient: In ihren Bereich fiel, im Gegenzug zur gymnastischen Leibesübung, die Ausbildung im Lesen und Schreiben, im Gesang und im Spiel der Lyra (Scholtz 1984). Musik wurde zugleich als Kunst und als Wissenschaft begriffen, als poetische Praxis der Tonerzeugung und als eine der Mathematik nahestehende Philosophie der Akustik (Pythagoras) und der Harmonik (Aristoxenos). Zwar hatte bereits Aristoteles die Musik auf den Bereich der Tonkunst eingeschränkt, diese aber – als Werke hervorbringendes Wissen – weiterhin der praktischen Philosophie zugeordnet.

Zu einer grundsätzlichen Umcodierung des Erkenntnisvermögens der Musik kommt es im Kontext des neuzeitlichen Rationalismus. Schon die musiktheoretische Frühschrift des René Descartes, *Musicae compendium* (1618), weist jene Elemente auf, die den *Discours de la méthode* (1637) und die *Meditationes de prima philosophia* (1642) prägen und die für die Entwicklung der modernen Philosophie maßgeblich werden sollten: den Dualismus von Körper und Geist und die damit zusammenhängende Schematisierung der Wahrnehmung als ein Verhältnis von Subjekt und Objekt. Descartes war an den mathematischen und physischen Eigenschaften der Musik interessiert und machte sie zum Gegenstand einer rationalistischen Affektenlehre, die ganz auf die lenkende Kraft der Reflexion vertraut (Augst 1965; Lohmann 1979). Die Distinktion von *res cogitans* und *res extensa* ist für die weitere Entwicklung der Musikphilosophie ausschlaggebend, da sie nicht nur dem rationalistischen Musikverständnis den Weg weist (,Sinn ohne Sinnlichkeit'), sondern auch dessen Kehrseite, dem affektiv aufgeladenen Subjektivismus (,Sinnlichkeit ohne Sinn'). Folgenreich ist zudem, dass sich der Charakter des philosophischen Aktes – das Denken – zur ,Reflexion' des Verhältnisses von Subjekt und Objekt wandelt und die Musik in die Position eines Reflexionsgegenstands einrückt (Moreno 2004). Damit ist die Transformation der Musik vom Erkenntnismedium zum Erkenntnisgegenstand komplettiert und für die rationalistische Agenda der nachfolgenden Philosophengenerationen systematisch befestigt.

Innerhalb des Rahmens einer systematischen Unterscheidung der Erkenntnisvermögen wird erst Alexander Gottlieb Baumgarten Bedenken gegen den rationalistischen Zugriff auf die Musik anmelden. Unter dem Namen ,Ästhetik' stellte er der rational angeleiteten Erkenntnis die sinnliche Wahrnehmung gleichberechtigt an die Seite (Baumgarten 1961 [1750]). Die Etablierung der Musik als ein Phänomen der sinnengeleiteten Ästhetik ist ein Vorgang, der sich noch ganz innerhalb des cartesianischen Dualismus vollzieht, doch wird die Musik, zusammen mit den anderen Künsten und der sinnlichen Erfahrung insgesamt, erkenntnistheoretisch aufgewertet und mit einem eigenen Wahrheitsanspruch versehen. Baumgarten sieht in der ästhetischen Erfahrung eine eigengesetzliche Analogie zur Rationalität (*analogon rationis*). Ins Spiel kommt mit dieser Konstellation die Wahrnehmung der Musik als ein Medium begriffsloser Erkenntnis.

Die von Baumgarten angestoßenen Überlegungen zur Ästhetik sind für große Teile der Entwicklung der Musikphilosophie des 19. Jahrhunderts entscheidend. Sie bahnen den Weg dafür, dass bei der Abschätzung des Wahrheitsgehalts der Musik nicht in erster Linie die Komposition beziehungsweise das regelgeleitete Verhältnisspiel der Formen in Betracht kommt (wie noch in der attischen Philosophie), sondern deren Nähe oder Ferne zu den Elementen Sprache und Begriff.

Oft wird in den musikphilosophischen Entwürfen des 19. Jahrhunderts eine starke Differenzierung der erkenntnistheoretischen Geltungsansprüche begleitet von einer geringen Differenzierung des musikalischen Materials. Beispielhaft dafür ist die umstrittene Bewertung der „Unsagbarkeit" der musikalischen Erfahrung. Die Auseinandersetzung mit ihr beschreibt Extrempunkte philosophischer Mutmaßungen über die Bedeutung der Musik – so figuriert die ‚Unsagbarkeit' in verschiedenen philosophischen Kontexten mitunter als Hoffnungsformel für die Möglichkeit absoluter Erkenntnis und mitunter als finale Schwundstufe des Begriffs.

1. Kant und Hegel

Die Stellung der Musik innerhalb der Systemphilosophie Kants und Hegels wird im Wesentlichen bestimmt durch ihren Beitrag zur Bildung von Urteil und Begriff. Kant, der sich gerne und oft auf Baumgarten berief, ordnete die Untersuchung der Musik, im Rahmen der *Kritik der Urteilskraft* (1790), dem Bereich der Ästhetik zu – ein Umstand, der heutzutage selbstverständlich klingen mag, es aber keinesfalls gewesen ist, wenn man bedenkt, dass noch Descartes und Leibniz die Musik in erster Linie mit der Mathematik beziehungsweise der Arithmetik in Verbindung brachten. Die in die Musik eingelagerte Regelmäßigkeit der „mathematischen Form" ist für Kant zwar eine notwendige Bedingung des „Wohlgefallens" (Kant WA 10, §53, 268). Doch findet er diese formale *conditio sine qua non* überlagert von „dem Reize und der Gemütsbewegung" (Kant WA 10, §53, 269), welche die Musik im Hörer hervorruft. Hierin liegt der Grund dafür, dass Kants Musikästhetik keine Kritik der Formen und keine Analyse des musikalischen Materials liefert: Die Musik wirke durch „lauter Empfindungen ohne Begriffe" (Kant WA 10, §53, 268). Kant sieht in der Musik gleichwohl eine Sprache. Die Musik sei eine „redende" Kunst und ihre Sprache eine nicht-begriffliche, non-verbale „Sprache der Affekte" (Kant WA 10, §53, 268). Zum einen rückt der Sprachcharakter die Musik in die Nähe der Dichtkunst. Zum anderen ordnet Kant die Musik der Dichtkunst – mit Hinweis auf die Dominanz transitorischer Affekte – unter. „Nach der Dichtkunst würde ich, wenn es um Reiz und Bewegung des Gemüts zu tun ist, diejenige, welche ihr unter den redenden am nächsten kommt [...], nämlich die Tonkunst, setzen." (Kant WA 10, § 53, 267) Im Vergleich mit den anderen Künsten attestiert Kant der Musik einen Mangel an Vernunft und Kultur. Durch die Vernunft beurteilt, habe sie „weniger Wert, als jede andere der schönen Künste", und auch hinsichtlich ihrer Stellung in der Kultur nehme sie den „untersten" Platz ein, „weil sie bloß mit Empfindungen spielt" (Kant WA 10, § 53, 269). Mit Blick auf ihren kulturellen Mangel vergleicht Kant die Musik mit dem Geruch.

Zu den Kollateralschäden der *Kritik der Urteilskraft* zählt die Verbannung der Instrumentalmusik aus dem Bereich der schönen Künste. Musik gewinne Schönheit erst durch den poetischen Zusatz der Worte. Sie sei, so führt Kant in der *Anthropologie in pragmatischer Hinsicht* (1798) aus, „nur darum schöne (nicht bloß angenehme) Kunst, weil sie der Poesie zum Vehikel dient" (Kant WA 12, § 68, 575). Tatsächlich blieb aus der Perspektive einer Kritik, die das Vermögen der Urteilskraft an die Entfaltung der Begriffe bindet, nur festzustellen, dass Musik ohne Worte nichts „zum Nachdenken übrig lässt" (Kant WA 10, § 53, 267). Das mochte angenehm sein, schön sei es nicht. Carl Dahlhaus vermutet einen geschichtlichen Hintergrund der systematischen Deduktion: Die schroffe Trennung des Schönen vom Angenehmen sei eine Reaktion auf den Sentimentalismus des Rokoko, gleichsam eine Rechtfertigung des Klassizismus gegenüber einer vornehmlich durch „Reiz" und „Rührung" bestimmten Kunstpraxis (Hegel 1986, 50).

Kant verbindet mit der Fähigkeit der Musik, als „Vehikel" der Worte zu dienen, einen Zugewinn an Urteilskraft und des „ästhetischen Werts" (Kant WA 10, § 53, 269). Die Assoziation mit der Poesie der Worte weise der Musik den Weg vom bloßen Genuss zur Kultur (Dahlhaus 1986, 49). Doch hat Kants Definition einen durchaus zweischneidigen Charakter. Die Musik erweitert sich zwar durch Koalition mit den Worten, entspricht nun aber nicht mehr ihrer primären Definition als „Sprache bloßer Empfindungen" (Kant WA 12, § 16, 448): Es ist erst die Selbstaufgabe der Musik als Spielzeug der Affekte, die sie schön und kulturell verträglich werden lässt.

Wie die Ästhetik Kants sind auch Hegels *Vorlesungen über die Ästhetik* (1835–1838) Teil einer umfassenden philosophischen Systemarchitektur. Anders jedoch als Kant beschränkt Hegel die Ästhetik – unter Ausschluss des Naturschönen – ganz auf den Bereich der Philosophie der schönen Künste. Auch geht es Hegel nicht allein um eine Analyse der durch die Kunst bewirkten Empfindungen und Urteile, sondern um eine Philosophie der Kunstwerke selbst. Der von Kant angenommene feste „Gegensatz von subjektivem Denken und objektiven Gegenständen" (Hegel W 13, 84) soll im Zuge einer geschichtsphilosophischen Rekonstruktion überwunden werden, die die Entstehung und die Vergänglichkeit dieses Widerspruchs reflektiert und der Kunst zugleich ihren Ort innerhalb dieses Prozesses zuweist. Für den idealistischen Philosophen sind Kunstwerke im Wesentlichen Begriffe: Gestalten der Selbstentfaltung des absoluten Geistes, die von den reflektierteren Artikulationsformen der Religion und schließlich der Philosophie überholt und zurückgelassen werden. Hegels berühmt-berüchtigte These vom „Ende der Kunst" zielt darauf ab: „[...] ihre Form hat aufgehört, das höchste Bedürfnis des Geistes zu sein." (Hegel W 13, 142) Als besonders inferior erweise sich in dieser Hinsicht die Musik; Hegel meint, sie habe „wenigen oder keinen geistigen Stoff im Bewußtsein vonnöten" (Hegel W 13, 47).

Trotz dieser systematischen Deklassierung gegenüber der Poesie, der Religion und der Philosophie sind die der Musik gewidmeten Teile der *Vorlesungen über die Ästhetik* außerordentlich reich an materialen Differenzierungen. Gerade im Vergleich zu den in dieser Hinsicht überaus dürftigen Ausführungen Kants zeigt sich Hegels Absicht, den konkreten Begriff der Musik nicht systematisch zu deduzieren, sondern erst im Durchgang durch ihre realen geschichtlichen Erscheinungen zu bilden. Ob dies letztlich gelang, darf als umstritten gelten (Schnädelbach 2003). Doch schreiten die *Vorlesungen* tatsächlich einen weiten Bogen ab vom Instrumentenbau über die Analyse einzelner Parameter (Zeitmaß, Takt, Rhythmus, Melodie, Harmonie) bis zur Aufführungspraxis und der Wirkung der Musik.

Hegel sieht die wesentliche Aufgabe der Musik darin, die „Sphäre der subjektiven Innerlichkeit" (Hegel W 15, 149) zum Klingen zu bringen: „Dieses in sich eingehüllte Leben und Weben in Tönen widerklingen zu lassen [...], ist das der Musik zuzuteilende schwierige Geschäft." (Hegel W 15, 149) Damit ist die Musik als eigentlich romantische Kunst definiert. Mehr noch: Der „Grundton des Romantischen" selbst sei „musikalisch" (Hegel W 14, 141). Die Definition ist durchaus zeittypisch und steht im – von Hegel unerwähnten – Zusammenhang mit der Entwicklung der symphonischen Formensprache seit Haydn und Mozart. Ähnlich wie E. T. A. Hoffmann in den Beethoven gewidmeten Seiten der *Kreisleriana* (Hoffmann SW 2.1, 52–61) sieht Hegel die Instrumentalmusik als Höhepunkt der romantischen Kunst (Hegel W 15, 227). „Will die Musik aber rein musikalisch sein", so seine Schlussfolgerung, so müsse sie sich „von der Bestimmtheit des Wortes durchgängig lossagen" (Hegel W 15, 214). In der Beschränkung auf die „rein musikalischen Mittel", losgelöst von jedem „gegebenen Text", sieht Hegel die höchste Gestalt der Musik (Hegel W 15, 214). Die Musik avanciert damit zur non-verbalen „Seelensprache" (Hegel W 15, 185) und wird nicht mehr nur als ‚Sprache der Affekte' aufgefasst, wie noch von Kant.

Unter den musikalischen Mitteln selbst privilegiert Hegel die Melodie. Nur ihr traut er zu, die „wahrhaft freie Entfaltung und Einigung der Töne" (Hegel W 15, 185) zu leisten. Rhythmus und Harmonie figurieren als miteinander unzusammenhängende Momente, die durch die Melodie zu einem musikalisch sinnvollen Ganzen organisiert werden. Insofern bringt allererst die Melodie das für die Musik wesentliche Prinzip der subjektiven Innerlichkeit ganz zur Geltung: „[...] das freie Tönen der Seele im Felde der Musik ist erst die Melodie." (Hegel W 15, 185)

Für die dialektische Bestimmung der Musik im System der Ästhetik ist entscheidend, dass mit der Verwirklichung ihrer ‚rein musikalischen' Potentiale zugleich eine Beschränkung des geistigen Gehalts angenommen wird. Dass die Musik „um so mehr zur Musik und zur selbstständigen Kunst" wird, je mehr sich die subjektive Innerlichkeit auf die Organisation der musikalischen Mittel konzentriert und nicht auf den Bereich der Begriffe (Hegel W 15, 227), war eine geläufige Auffassung, die bereits in zahlreichen Schriften von E. T. A. Hoffmann nachgelesen werden konnte (Hoffmann SW 2.1). Hoffmann verband mit der nichtbegrifflichen Orientierung der Musik außerordentlich weitreichende Erkenntniserwartungen und erhoffte sich nicht weniger als einen direkten Zugang zum absoluten Reich des Geistes. Ganz anders Hegel, der den Erkenntnisfortschritt an die Entfaltung der Begriffe bindet. Zwar situiert er die Musik nicht prinzipiell jenseits der Begriffe. Die Musik gehöre, wie die Kunst insgesamt, zum „Bereich des begreifenden Denkens" (Hegel W 13, 28). Doch ist die spezifisch begriffliche Leistung der Musik auf einen engen Umkreis beschränkt. Sie erfülle sich darin, „die Innerlichkeit dem Inneren faßbar zu machen" (Hegel W 15, 149). Darüber hinaus soll sie nicht gelangen können: Die Musik bleibe bei der „unbestimmteren Innigkeit des Gemüts" (Hegel W 15, 227) stehen. Insofern ist die Autonomie, die Hegel der Musik als Kunstform zubilligt, letztlich an ihre Inferiorität als Erkenntnismedium gebunden.

2. Anti-Hegelianische Reminiszenzen: Schelling und Kierkegaard

Ähnlich wie Hegel bestimmt Schelling die Ästhetik als Philosophie der Kunst – und nicht wie Baumgarten und Kant als eine Philosophie der sinnlichen Wahrnehmung. Doch rückt Schelling die Kunst an eine erkenntnistheoretisch ungleich anspruchsvollere Stelle, als Hegel dies tat. Im *System des transcendentalen Idealismus* (1800) weist er ihr ein schlechthin unüberbietbares Erkenntnisvermögen zu und beschreibt sie als „das einzige wahre und ewige Organon" (Schelling AS 3, 627) der Philosophie. Die Kunst sei „dem Philosophen das Höchste, weil sie ihm das Allerheiligste gleichsam öffnet" (Schelling AS 3, 628). Sie führe nicht nur ein „Bruchstück des Menschen" zur Erkenntnis, wie die Philosophie, sondern bringe „den ganzen Menschen, wie er ist, dahin, nämlich zur Erkenntnis des Höchsten, und darauf beruht der ewige Unterschied und das Wunder der Kunst" (Schelling AS 3, 630). Zentrales Scharnier der Musikästhetik und ihrer Verankerung im

System ist der Begriff des Rhythmus. Mit ihm verbindet Schelling nicht nur die Wahrnehmung der Musik als sequentiell organisierter Zeitkunst (Naumann 2005, 126), sondern das Wesen der Musik schlechthin: „Der Rhythmus ist die Musik in der Musik." (Schelling AS 5, 494) Die metaphysische Bedeutung des Rhythmus sieht Schelling in der allgemeinen Fähigkeit zur „Einbildung der Identität in die Differenz" (Schelling AS 5, 636). Der Rhythmus erhält damit eine universelle metaphysische Valenz. Konsequent wird er in den 1802/1803 in Jena gehaltenen, aber erst posthum publizierten Vorlesungen zur *Philosophie der Kunst* (1859) als das wesentliche Formprinzip von Natur, Wissenschaft und Kunst dargestellt: Die Einheit von Denken und Sein wird relativ zum Prinzip des Rhythmus dargestellt. Auch der Erkenntnisanspruch der Musik leitet sich von der übergreifenden Verbindlichkeit rhythmisch analoger Verhältnisse ab. Für die *Philosophie der Kunst* ist Musik „nichts anderes als der vernommene Rhythmus und die Harmonie des Universums selbst" (Schelling AS 5, 501).

Man hat zeigen können, dass die im engeren Sinne musikwissenschaftlichen Ausführungen Schellings zum Rhythmus mitunter fragwürdig sind (Dahlhaus 1988, 250–253). Gleichwohl bilden sie einen Höhepunkt der begriffsskeptischen romantischen Kunstphilosophie. Zur romantischen Zeittendenz gehört weiterhin, dass der mit dem Rhythmus verbundene Universalitätsanspruch den Begriff der Musik als ‚Tonkunst' weit hinter sich lässt. Die Definition der Musik wird porös und beginnt metaphorisch zu wuchern. Letztlich ging es Schelling um die Qualitäten einer nicht von Menschen geschaffenen „himmlischen Musik, die im ganzen Universum, im Licht und in den Sphären ist" (Schelling 2005 [1802], 73).

Die Ästhetik des dänischen Philosophen Søren Kierkegaard ist primär eine Auseinandersetzung mit der Musik. In den gängigen musikwissenschaftlichen Kompendien spielt sie hingegen kaum eine Rolle; bis heute ist ihre Rezeption in erster Linie auf Philosophen, Schriftsteller und das allgemeine Publikum beschränkt (Hannay und Marino 1998). Zu diesem absonderlichen Umstand mag die vertrackte ‚Konstruktion des Ästhetischen' (Adorno GS 2) beigetragen haben, die Kierkegaard seinen Lesern präsentierte. Umwegige Strategien des rhetorischen Vorbehalts wie Pseudonyme, Herausgeberfiktionen, eingeschobene Narrationen, fiktive Tagebücher und allegorische Vignetten unterlaufen die klare Trennung von Philosophie und Literatur und stellen sich der umstandslosen Extraktion eines thetisch greifbaren musikwissenschaftlichen Gehalts entgegen. Die in dem frühen Hauptwerk *Entweder – Oder* (1843) entfaltete Theorie der Musik – vorgetragen durch den ‚Ästhetiker' A – macht von dieser Regel keine Ausnahme. Die Perspektive von A ist dezidiert anti-hegelianisch. Hatte Hegel die Schönheit als „das sinnliche *Scheinen* der Idee" (Hegel W 13, 151) definiert und das schöne Kunstwerk als „das erste versöhnende Mittelglied zwischen dem bloß Äußerlichen, Sinnlichen [...] und dem reinen Gedanken" (W 13, 21), so visiert A die Musik jenseits aller Vermittlungsansprüche des Begriffs: Musik sei Darstellung der unmittelbaren Sinnlichkeit. „Die Musik drückt nämlich stets das Unmittelbare in seiner Unmittelbarkeit aus." (Kierkegaard 2009 [1843], 85) Dem entspricht die Auffassung der Musik als Augenblickskunst, die nicht in der Notation, sondern ausschließlich während ihres Vortrags existiert. Wird die Musik ästhetisch – und nicht ethisch – fokussiert, liegt ihr Brennpunkt im verführerischen Erscheinen einer Sinnlichkeit ohne Zukunft und Vergangenheit. „Sinnliche Genialität ist also der absolute Gegenstand der Musik", lässt Kierkegaard seinen Ästhetiker sagen (Kierkegaard 2009 [1843], 86). Zumal in der Oper finde „die unreflektierte, substantielle Leidenschaft ihren Ausdruck" (Kierkegaard 2009 [1843], 143). Der Musik wird – noch vor Nietzsche – ein wesentlich a-moralischer Charakter zugesprochen und ihre Sinnlichkeit in eins gesetzt mit ethischer Rücksichtslosigkeit. Zentraler und im strengen Sinne einzig möglicher Zeuge dieser Musikauffassung ist Mozarts *Don Giovanni*. Nur im *Don Giovanni* sieht A die „Begierde absolut als Begierde bestimmt" (Kierkegaard 2009 [1843], 103), nur in dieser Oper finde die Sinnlichkeit der Musik den ihr entsprechenden Gegenstand. „Der Ausdruck für diese Idee [der sinnlichen Genialität] ist *Don Juan*, und der Ausdruck für *Don Juan* ist einzig und allein Musik." (Kierkegaard 2009 [1843], 103)

3. Musik als metaphysische Tätigkeit: Schopenhauer und Nietzsche

Der mit Abstand folgenreichste Beitrag zur Musikphilosophie des 19. Jahrhunderts stammt von Arthur Schopenhauer. Musik avanciert für Schopenhauer zum eigentlichen Medium der Erkenntnis – nicht nur vor allen anderen Künsten, sondern ebenso vor der Philosophie. Eingebettet ist die prominente Stellung der Musik in einen radikalen begriffskritischen Skeptizismus. Schopenhauer misstraute den formalen Ordnungsprinzipien der Kausalität, des Raums und der Zeit. Im „Satz vom Grunde", der die Vorstellungen, die man von der Welt haben kann, nach Grund und Folge organisiert, sah er einen durch Begriffe gewebten Verblendungszusammenhang (Schopenhauer SW 2, §§ 1–16). Verdeckt durch diesen kategorial erzeugten „Schleier der Maja" (Schopenhauer SW 2, § 51, 299) würde gerade das Allerbedenklichste: jener die Welt durchherrschende über-individuelle „Wille", der das Dasein zu einer unaufhörlichen Geschichte des Leidens werden lässt. Diesen doppelten – erkenntnistheoretischen und lebensweltlichen – Pessimismus, den Schopenhauer in seinem Hauptwerk, *Die Welt als Wille und Vorstellung* (1819), entwirft, kompensiere die Musik in zweifacher Weise: Sie leiste Einsicht in den Willen und befreie temporär vom Druck des Leidens.

Schopenhauer versteht Musik als eine unmittelbare Darstellung des Willens und begründet damit ihre Sonderstellung als Erkenntnismedium. „Die Musik ist nämlich eine so *unmittelbare* Objektivation des ganzen *Willens*, wie die Welt selbst es ist [...]. Die Musik ist also keineswegs gleich den anderen Künsten das Abbild der Ideen; sondern *Abbild des Willens selbst*." (Schopenhauer SW 2, § 52, 310) Die Beschaffenheit der Musik und der Welt werden strukturell als identisch gesetzt: „Man könnte demnach die Welt eben so wohl verkörperte Musik, als verkörperten Willen nennen." (Schopenhauer SW 2, § 52, 310) Damit hängt zusammen, dass die Erkenntnisleistung der Musik auf ganz anderen Wegen erfolgt als auf denen der tradierten Philosophie. Als unmittelbare Konkretion des Willens bedarf sie der Vermittlung durch die Agenturen der Begriffe und der Ideen nicht. Suspendiert wird zudem das *principium individuationis*; die Einsichten der Musik werden nicht durch und nicht für ein Individuum generiert, vielmehr fallen Subjekt und Objekt in der Musikwahrnehmung zusammen. Durchgängig wird von Schopenhauer der Erkenntnisgewinn der Musik verknüpft mit der Auflösung der klassischen Kausalität. Einher damit geht ihre Wertschätzung als Antidot zum Leiden: Musik entlaste von der Anstrengung, überhaupt ein Subjekt zu sein. Letztlich biete sie eine nicht an das Bewusstsein gebundene Form der Erkenntnis. Bereits Gottfried Wilhelm Leibniz verknüpfte die Schönheit und Wirksamkeit der Musik mit der unwillkürlichen Wahrnehmung ihrer rational konstruierten Proportionen durch das Unbewusste. In einem Brief an Christian Goldbach aus dem Jahr 1712 erklärte er: „Musica est exercitium arithmeticae occultum nescientis se numerare animi." [Die Musik ist eine unbewusste arithmetische Übung, bei welcher der Geist nicht weiß, dass er zählt.] (Leibniz 1734, 240) Leibniz geht so weit, dem musikalisch Unbewussten ein größeres arithmetisches Fassungsvermögen (Perzeption) zuzusprechen als der genau unterscheidenden Apperzeption (Leibniz 1965 [1714], 436). Schopenhauer nahm die von Leibniz geprägte Formel auf, verlagerte aber das Exerzitium der Musik von der Arithmetik auf das Feld der Metaphysik: „Musica est exercitium metaphysices occultum nescientis se philosophari animi." (‚Die Musik ist eine unbewusste metaphysische Übung, bei welcher der Geist nicht weiß, dass er philosophiert.') (Schopenhauer SW 2, § 52, 313)

Schopenhauer schätzt Musik als Erkenntnis *sui generis* des Willens selbst. Mit kritischem Blick betrachtet er die „mit bewußter Absichtlichkeit, durch Begriffe vermittelte Nachahmung" (Schopenhauer SW 2, § 52, 311) und nennt in diesem Zusammenhang Haydns Oratorien *Die Jahreszeiten* und *Die Schöpfung*. Unter den technischen Mitteln der Musik bevorzugt er die Melodie. In ihrem umwegigen Verlauf sieht er eine Analogie zum mäandrierenden Geschick des Menschen und qualifiziert sie als „die höchste Stufe der Objektivation des Willens" (Schopenhauer SW 2, §52, 306); Schopenhauers private Vorliebe für die Kompositionen Rossinis mag damit in Verbindung gestanden haben.

Was die Stellung der Musik zur Sprache betrifft, so differenziert Schopenhauer zwischen der Sprache der Musik und der Sprache der Worte. Auch in diesem Fall liegt der erkenntnistheoretische Vorzug bei der Musik; sie spricht eine „allgemeine Sprache, deren Deutlichkeit sogar die der anschaulichen Welt selbst übertrifft" (Schopenhauer SW 2, §52, 302). Der wesentliche Unterschied zur Wortsprache liegt im Umgang mit der Nachahmung: Anders als die Wortsprache generiere die Musik nicht-mimetisch ausgerichtete Orientierungen und erziele ihre kommunikative Wirksamkeit jenseits von Repräsentation und Referenzialität. Es ist diesem Umstand geschuldet, dass die Musik zugleich „so ganz verständlich und doch so unerklärlich ist" (Schopenhauer SW 2, §52, 312). Entsprechend kritisch ist Schopenhauers Kommentar zum Verhältnis von Musik und Text. Musik, die sich den Worten anzuschließen suche, laufe Gefahr „eine Sprache zu reden, welche nicht die ihrige ist" (Schopenhauer SW 2, §52, 309); den Opernkomponisten rät er, dass der Text eine „untergeordnete Stellung nie verlassen sollte" (Schopenhauer SW 2, §52, 309). Es gehört zur Systemanlage dieser Musikästhetik, dass sie die Instrumentalmusik privilegiert. Schopenhauer verweist ausdrücklich auf die Symphonien Beethovens; gleichwohl findet er ebenso Lob für Rossini, da dieser verstanden habe, die Bedeutung der Worte in der Musik gering zu halten. Zu den signifikantesten Schopenhauerrezeptionen des 19. Jahrhunderts zählt diejenige Richard Wagners. So hat man zu Recht darauf hingewiesen, dass sich unter Schopenhauers Einfluss „die theoretische wie kompositorische Stellung der Musik in Wagners reformatorischer Opernästhetik und -praxis von der Rolle eines Mittels im Musikdrama zu dessen Mitte und Ziel" (Zöller 2003, 112; vgl. auch III.16 WISSMANN) wandelte.

„Metaphysische Tätigkeit": Die griffige, an Schopenhauer erinnernde Formulierung stammt aus dem „Vorwort an Richard Wagner", das Friedrich Nietzsche der *Geburt der Tragödie aus dem Geiste der Musik* (1872) voranstellte. Dort wird die Kunst als „höchste Aufgabe" und „eigentlich *metaphysische* Tätigkeit dieses Lebens" definiert (Nietzsche KSA 1, 24). ‚Metaphysische' Tätigkeit meint, wie schon für Schopenhauer: Die Kunst tritt an die Stelle der Philosophie. Und zugleich: Die Kunst unterläuft alle *als* Philosophie artikulierten Wahrheitsansprüche. Tatsächlich geht es Nietzsche nicht darum, die überlieferten Formen der Musikphilosophie durch logische Einsichten oder bessere Argumente zu bereichern. Der Autor der *Geburt der Tragödie* möchte seine Leser vielmehr dazu anleiten, zur „unmittelbaren Sicherheit der Anschauung" (Nietzsche KSA 1, 25) zu kommen, und er beruft sich dafür auf Erfahrungen und Hypothesen, die sich gegen ihre logische Reproduktion sperren.

Im Fokus des Nachdenkens liegt – und auch dies ist eine Übereinstimmung mit der *Welt als Wille und Vorstellung* – der „bild- und begriffslose Widerschein des Urschmerzes in der Musik, mit seiner Erlösung im Scheine" (Nietzsche KSA 1, 37). Die von der Musik gewährte Einsicht in den ‚Urschmerz' ist für Nietzsche stets an die Kategorie des Scheins gebunden: Im Schein konvergieren die Möglichkeit und die Verblendung des Erkennens mit der Distanzierung – der ‚Erlösung' – vom Erkannten. Die Funktion der Musik sowie die „höchste und wahrhaft ernst zu nennende Aufgabe der Kunst" insgesamt ist damit vorgegeben: Sie besteht darin, „das Auge vom Blick in's Grauen der Nacht zu erlösen und das Subject durch den heilenden Balsam des Scheins aus dem Krampfe der Willensregungen zu retten" (Nietzsche KSA 1, 108). Nietzsche versteht Kunst und insbesondere die Musik „als die zum Weiterleben verführende Ergänzung und Vollendung des Daseins" (Nietzsche KSA 1, 36).

Keine dieser Aussagen Nietzsches darf Originalität für sich beanspruchen; alle lassen sich mehr oder weniger direkt aus der Musikästhetik Schopenhauers ableiten. Anders aber als Schopenhauer beschränkt Nietzsche die Erlösung im Schein nicht auf seltene Augenblicke der Rezeption musikalischer Kunstwerke. Auch wird der Umkreis möglicher musikalischer Wirkungen deutlich erweitert. Insbesondere traut Nietzsche der Musik eine entscheidende generative Kraft zu für die Formation von Kultur und Gesellschaft. Beispielhaft dafür ist die Deutung der Tragödie: Geboren aus dem ‚Geist' der Musik, wird sie nicht nur als Form der Darstellung, sondern als tatsächliche Klammer und phantasmatische Vermittlung der Grundwidersprüche der griechischen Antike in Anspruch genommen. Auch die frühe Wertschätzung der Musik Richard Wagners ist mit der Vision eines neuen Gesellschaftsmodells verbunden. Nietzsches Gebrauch des Terminus ‚Musik' reicht insofern über den Bereich der Tonkunst weit hinaus. In seiner radikalsten Form bezeichnet er Weltverhältnisse, die das konkrete Kunstwerk übersteigen und zurückweisen auf Annahmen zum basalen Antagonismus der Kultur überhaupt, auf das ursprüngliche Agon des Apollinischen und Dionysischen (vgl. III. 16 WISSMANN).

Von Schopenhauer unterscheidet sich Nietzsche auch insofern, als er die Konsequenzen der im Kern bild- und begriffslosen musikalischen Erfahrung für die Form des philosophischen Diskurses mit größerer Entschiedenheit entfaltet. Schopenhauers Musikästhetik bleibt noch ganz an die klassische Architektur einer Systemphilosophie gebunden. Anders Nietzsche: Die großen Schriften nach der *Geburt der Tragödie* brechen radikal mit den tradierten Bauformen der philosophischen Darstellung. Das Unternehmen, mit dem Hammer zu philosophieren, wird gleichsam begleitet durch den Versuch, mit der Feder zu tanzen. Der Einsatz von Metaphern, Fabeln, Gleichnissen, rhetorischen Wegen und Umwegen, kurz: Die Inszenierung des kritischen Räsonnements als Maskenspiel zielt auf nicht weniger als die Musikalisierung des philosophischen Diskurses (vgl. dazu auch II.2.3 WOLF; II.3.4 KÄUSER). Entsprechend selbstkritisch fällt Nietzsches Rückblick auf die noch eher konventionelle Darstellungsform der *Geburt der Tragödie* aus: „Sie hätte *singen* sollen, diese ‚neue Seele' – und nicht reden!" (Nietzsche KSA 1, 15) Zuversichtlicher ist seine Einschätzung der philosophischen Dichtung *Also sprach Zarathustra* (1883–1885): „Man darf vielleicht den ganzen Zarathustra unter die Musik rechnen [...]." (Nietzsche KSA 6, 335)

In genealogischer Hinsicht geht die Musik dem Wort, dem Begriff und der Philosophie voraus. Nietzsche ist der Auffassung, dass die Musik Bilder aus sich hervorbringen könne, die durch Gewohnheit und Gebrauch zu Metaphern und dann zu Begriffen würden (Nietzsche KSA 7, 359–368). Auch für die Dichtung konstatiert er den Primat der Musik: Die „*musikalische Stimmung*" (Nietzsche KSA 1, 43) präludiert der Entstehung des Gedichts. Das Verhältnis von Musik und Wort ist insofern asymmetrisch. Das Wort ist für Nietzsche ein Effekt und zugleich eine ferne musikalische Erinnerung; es ist eine Schwundstufe der Musik, nicht ihr gleichberechtigter Partner. Konsequent beharrt er darauf, dass bei der Liedkomposition der Musiker nicht durch die Bilder und die Gefühlssprache des Textes angeregt wird –, „sondern eine aus ganz anderen Sphären kommende Musikerregung *wählt* sich jenen Liedertext als einen gleichnißartigen Ausdruck ihrer selbst" (Nietzsche KSA 7, 366). Das Fazit über das Verhältnis Wort und Ton in der Oper hält die *Fröhliche Wissenschaft* (1882/1887) fest: „Es soll den Personen der Oper eben nicht ‚aufs Wort' geglaubt werden, sondern auf den Ton." (Nietzsche KSA 3, 437)

Der Bruch des späten Nietzsche mit Richard Wagner beinhaltet eine Abkehr vom Gebrauch der Musik im Drama. „‚Dramatische Musik' [...] ist einfach schlechte Musik." (Nietzsche KSA 12, 522) In den Vordergrund des Interesses rückt nun die von der Narration befreite Melodie, die er in Bizets *Carmen* umgesetzt sieht. Carl Dahlhaus (1984, 325) hat darauf hingewiesen, dass viele der musiktheoretischen Motive, die Nietzsche gegen Wagner mobilisierte, bereits in den frühen Schriften zu finden sind. Biographie und musikphilosophische Orientierung Nietzsches verlaufen nicht jederzeit synchron.

4. Nachspiele im 20. Jahrhundert

Versuche, den Gehalt und die Funktion der Musik innerhalb einer Systemphilosophie zu lokalisieren, gehören seit Nietzsches Lob des Perspektivismus und des Fragmentarismus der Vergangenheit an. Gleichwohl ragen systemphilosophische Reste in Form der Geschichtsphilosophie vom 19. ins 20. Jahrhundert und prägen bedeutende Stellungnahmen zur Musik. Gemeinsam ist ihnen, dass die Bearbeitung des musikalischen ‚Materials' bezogen wird auf den geschichtlichen Entwicklungsstand von Gesellschaften. Gleichsam im Windschatten der *Theorie des Romans* (1916) des ungarischen Philosophen Georg Lukács (1885–1971) präsentierte Ernst Bloch mit der Studie *Geist der Utopie* (1918) den Versuch, die Musik als Vorausklang gesellschaftlicher Prozesse zu deuten. Seine wesentlich von der Musik informierte Ästhetik des ‚Vor-Scheins' möchte kein Kategoriensystem des ‚Geistes' sein, sondern Antizipation einer konkret noch ausstehenden Freiheit: Emblematisch dafür gilt Bloch etwa das Trompetensignal in Beethovens *Fidelio* (1985 [1918], 1295–1297) (vgl. II.1.1 HINDRICHS).

Unter den Bedingungen einer nicht-hegelianischen, ‚negativen' Dialektik und im engen Kontakt zur zweiten Wiener Schule (Schönberg, Berg, Webern) entwickelte Theodor W. Adorno eine Ästhetik, die auch dann, wenn sie über Literatur und andere Künste spricht, im Wesentlichen um Erfahrungen kreist, die mit der Konzeption der *Philosophie der Neuen Musik* (1949) zusammenhängen. Dem Systemzwang der Begriffe und dem analogen Systemzwang der fatal durchrationalisierten Gesellschaft sucht er durch Insistenz auf dem ‚Nicht-Identischen' Einhalt zu gebieten. Mit Blick auf die technischen Verfahrensweisen – Konfiguration, Nicht-Linearität, Schriftcharakter – diagnostiziert Adorno eine Konvergenz von Musik und Malerei (Adorno GS 16). Sein Interesse richtet sich jedoch nicht nur auf das Konzept einer neuen Ästhetik der Musik; vielmehr zielt er auf eine dezidiert *ästhetische* Theorie (Adorno GS 7). Letztlich ging es Adorno um eine Schreibweise beziehungsweise um eine Konstellation der Begriffe, die die musikalische Erfahrung zur Darstellung bringt. Noch der Titel seiner Essaysammlung *Noten zur Literatur* (Adorno GS 11) legt davon Zeugnis ab (vgl. II.3.4 KÄUSER).

Die Auseinandersetzung mit der Musikphilosophie ist innerhalb der Musikwissenschaft die Ausnahme geblieben (Carl Dahlhaus). Neue Akzente setzt in den einschlägigen Arbeiten von Klaus Theweleit (1988, 1994a, 1994b) und Slavoj Žižek (2002, 2010) die Bedeutung der Psychoanalyse für die musikphilosophische Begriffsbildung. Thematisch in den Fokus rückt damit die Musik als Produzentin und als Aggregatszustand kultureller und ideologischer Phantasmen. Insbesondere ist es die Oper, die mit anderen, nicht zuletzt literaturtheoretisch geschulten Augen gesehen wird (Levin 1994). Die alte philosophische Frage nach dem Verhältnis von Sprache und Unsagbarkeit in der Musik durchläuft in diesem Zuge eine weitere Transformation. In ihren Horizont rückt nun nicht mehr nur das Verhältnis von Musik und Wort. Hinzu treten die Musik als Text und Kontext und der Hörer als ein Leser der Klänge.

Literatur

Adorno, Theodor W. „Über einige Relationen zwischen Musik und Malerei" [1965]. *Gesammelte Schriften 16: Musikalische Schriften I–III* (=GS 16). Hrsg. von Rolf Tiedemann. Frankfurt am Main: Suhrkamp, 1978. 251–256.

Adorno, Theodor W. „Musik, Sprache und ihr Verhältnis im gegenwärtigen Komponieren" [1956]. *Gesammelte Schriften 16: Musikalische Schriften I–III* (=GS 16). Hrsg. von Rolf Tiedemann. Frankfurt am Main: Suhrkamp, 1978. 649–664.

Adorno, Theodor W. „Über das gegenwärtige Verhältnis von Philosophie und Musik" [1953]. *Gesammelte Schriften 18: Musikalische Schriften V* (=GS 18). Hrsg. von Rolf Tiedemann und Klaus Schulz. Frankfurt am Main: Suhrkamp, 1984. 149–176.

Adorno, Theodor W. *Gesammelte Schriften 2: Kierkegaard. Konstruktion des Ästhetischen* [1933] (=GS 2). Hrsg. von Gretel Adorno und Rolf Tiedemann. Frankfurt am Main: Suhrkamp, 2003.

Adorno, Theodor W. *Gesammelte Schriften 7: Ästhetische Theorie* (=GS 7). Hrsg. von Gretel Adorno und Rolf Tiedemann. Frankfurt am Main: Suhrkamp, 2003.

Adorno, Theodor W. *Gesammelte Schriften 11: Noten zur Literatur* [1958] (=GS 11). Hrsg. von Rolf Tiedemann. Frankfurt am Main: Suhrkamp, 2003.

Adorno, Theodor W. *Gesammelte Schriften 12: Philosophie der neuen Musik* (=GS 12). Hrsg. von Gretel Adorno und Rolf Tiedemann. Frankfurt am Main: Suhrkamp, 2003 [1960].

Adorno, Theodor W. „Mahler. Eine musikalische Physiognomik" [1960]. *Gesammelte Schriften 13: Die musikalischen Monographien* (=GS 13). Hrsg. von Gretel Adorno und Rolf Tiedemann. Frankfurt am Main: Suhrkamp, 2003. 149–319.

Augst, Bertrand. „Descartes's Compendium on Music". *Journal of the History of Ideas* 26.1 (1965): 119–132.

Baumgarten, Alexander Gottlieb. *Aesthetica*. Unveränd. reprograf. Nachdruck der Ausgabe Frankfurt 1750. Hildesheim: Olms, 1961.

Bloch, Ernst. *Gesamtausgabe 3: Geist der Utopie* [1918]. Bearbeitete Neuaufl. der zweiten Fassung 1923. Frankfurt am Main: Suhrkamp, 1964.

Bloch, Ernst. *Gesamtausgabe 5: Das Prinzip Hoffnung* [1954–1959]. 3 Teilbde. Frankfurt am Main: Suhrkamp, 1985.

Dahlhaus, Carl und Michael Zimmermann (Hrsg.). *Musik zur Sprache gebracht. Musikästhetische Texte aus drei Jahrhunderten*. München: dtv, 1984.

Dahlhaus, Carl. „Zu Schellings Theorie des musikalischen Rhythmus". *Klassische und romantische Musikästhetik*. Laaber: Laaber, 1988. 248–256.

Dahlhaus, Carl. „Musik als Text" [1979]. *Gesammelte Schriften 1*. Hrsg. von Hermann Danuser in Verbindung mit Hans-Joachim Hinrichsen und Tobias Plebuch. Laaber: Laaber, 2000.

Descartes, René. „Discours de la méthode". *Œuvres de Descartes 6*. Hrsg. von Charles Adam und Paul Tannery. Paris: Librairie Philosophique J. Vrin, 1996 [1637]. 1–78.

Descartes, René. *Meditationes de prima philosophia*. *Œuvres de Descartes 7*. Hrsg. von Charles Adam und Paul Tannery. Paris: Librairie Philosophique J. Vrin, 1996 [1642].

Descartes, René. „Compendium musicae". *Œuvres de Descartes 10*. Hrsg. von Charles Adam und Paul Tannery. Paris: Librairie Philosophique J. Vrin, 1996 [1618]. 79–151.

Hannay, Alastair und Gordon D. Marino. *The Cambridge Companion to Kierkegaard*. Cambridge: Cambridge University Press, 1998.

Hegel, Georg Wilhelm Friedrich. *Werke in zwanzig Bänden 13–15: Vorlesungen über die Ästhetik* [1835–1838] (=W 13–15). Hrsg. von Eva Moldenhauer und Karl Markus Michel. Frankfurt am Main: Suhrkamp, 1977.

Hoffmann, E. T. A. „Beethovens Instrumental-Musik" [1813]. *Sämtliche Werke 2.1: Fantasiestücke in Callot's Manier. Werke 1814* (=SW 2.1). Hrsg. von Hartmut Steinecke. Frankfurt am Main: Deutscher Klassiker Verlag, 1993. 52–61.

Kant, Immanuel. *Werkausgabe 10: Kritik der Urteilskraft* [1790] (=W 10). Hrsg. von Wilhelm Weischedel. Frankfurt am Main: Suhrkamp, 1977.

Kant, Immanuel. „Anthropologie in pragmatischer Hinsicht" [1798]. *Werkausgabe 12: Schriften zur Anthropologie, Geschichtsphilosophie, Politik und Pädagogik 2* (=W 12). Hrsg. von Wilhelm Weischedel. Frankfurt am Main: Suhrkamp, 1977. 396–690.

Kierkegaard, Sören. *Entweder – Oder*. Hrsg. von Hermann Diem und Walter Rest. Aus dem Dänischen von Heinrich Fauteck. München: dtv, 2009 [1843].

Leibniz, Gottfried Wilhelm. *Epistolae ad diversos, theologici, iuridici, medici, philosophici, mathematici, historici et philologici argumenti 1*. Hrsg. von Christian Kortholt. Lipsiae [Leipzig]: Breitkopfus [Breitkopf], 1734.

Leibniz, Gottfried Wilhelm. „Principes de la nature et de la Grâce fondés en raison" [1714]. *Kleine Schriften zur Metaphysik. Opuscules métaphysiques*. Hrsg. von Hans Heinz Holz. Frankfurt am Main: Insel, 1965. 414–438.

Levin, David J. *Opera Through Other Eyes*. Stanford: Stanford University Press, 1994.

Lacoue-Labarthe, Philippe. *Musica ficta*. Paris: Bourgois, 1991.

Lohmann, Johannes. „Descartes' ‚Compendium musicae' und die Entstehung des neuzeitlichen Bewußtseins". *Archiv für Musikwissenschaft* 36.2 (1979): 81–104.

Lukács, Georg. *Die Theorie des Romans*. Darmstadt: Luchterhand, 1977 [1916].

Moreno, Jairo. „The Representation of Order: Perception and the Early Modern Subject in Descartes's Compendium musicae". *Musical Representations, Subjects, and Objects: The Construction of Musical Thought in Zarlino, Descartes, Rameau, and Weber*. Bloomington: Indiana University Press, 2004. 50–84.

Naumann, Barbara. *„Musikalisches Ideen-Instrument"*. Stuttgart: Metzler, 1990.

Naumann, Barbara. „Kopflastige Rhythmen. Tanz ums Subjekt bei Schelling und Cunningham". *Rhythmus. Spuren eines Wechselspiels in Künsten und Wissenschaften*. Hrsg. von Barbara Naumann. Würzburg: Königshausen & Neumann, 2005. 123–139.

Nietzsche, Friedrich. „Die Geburt der Tragödie aus dem Geiste der Musik" [1827]. *Sämtliche Werke. Kritische Studienausgabe 1: Die Geburt der Tragödie* (=KSA 1). Hrsg. von Giorgio Colli und Mazzino Montinari. München: dtv, 1980. 9–156.

Nietzsche, Friedrich. „Die fröhliche Wissenschaft" [1882/1887]. *Sämtliche Werke. Kritische Studienausgabe 3: Morgenröte* (=KSA 3). Hrsg. von Giorgio Colli und Mazzino Montinari. München: dtv, 1980. 343–651.

Nietzsche, Friedrich. „‚Also sprach Zarathustra'. Nachgelassene Schriften (August 1888–Anfang Januar 1889)". *Sämtliche Werke. Kritische Studienausgabe 6: Der Fall Wagner* (=KSA 6). Hrsg. von Giorgio Colli und Mazzino Montinari. München: dtv, 1980. 335–351.

Nietzsche, Friedrich. „Nachgelassene Fragmente 1869–1874" [Frühjahr 1871]. *Sämtliche Werke. Kritische Studienausgabe 7: Nachgelassene Fragmente 1869–1874* (=KSA 7). Hrsg. von Giorgio Colli und Mazzino Montinari. München: dtv, 1980. 359–369.

Nietzsche, Friedrich. *Sämtliche Werke. Kritische Studienausgabe 12: Nachgelassene Fragmente 1885–1887* (=KSA 12). Hrsg. von Giorgio Colli und Mazzino Montinari. München: dtv, 1980.

Schelling, Friedrich Wilhelm Joseph von. „System des transcendentalen Idealismus" [1800]. *Ausgewählte Schriften 1: 1794–1800* (=AS 1). Hrsg. von Manfred Frank. Frankfurt am Main: Suhrkamp, 1995. 327–634.

Schelling, Friedrich Wilhelm Joseph von. „Philosophie der Kunst" [1859]. *Ausgewählte Schriften 2: 1801–1803* (=AS 2). Hrsg. von Manfred Frank. Frankfurt am Main: Suhrkamp, 1995. 276–736.

Schelling, Friedrich Wilhelm Joseph von. *Bruno oder über das göttliche und natürliche Prinzip der Dinge. Ein Gespräch*. Hrsg. von Manfred Durner. Hamburg: Meiner, 2005 [1802].

Schnädelbach, Herbert. „Hegel". *Musik in der deutschen Philosophie*. Hrsg. von Stefan Lorenz Sorgner und Oliver Fürbeth. Stuttgart: Metzler, 2003. 55–75.

Scholtz, Gunter. „Musik". *Historisches Wörterbuch für Philosophie 6*. Hrsg. von Joachim Ritter, Karlfried Gründer und Gottfried Gabriel. Basel: Schwabe, 1984. Sp. 242–257.

Schopenhauer, Arthur. *Sämtliche Werke 2 und 3: Die Welt als Wille und Vorstellung* [1819] (=SW 2 und 3). Hrsg. von Arthur Hübscher. Wiesbaden: Brockhaus, 1972.

Sorgner, Stefan Lorenz und Oliver Fürbeth (Hrsg.). *Musik in der deutschen Philosophie*. Stuttgart: Metzler, 2003.

Theweleit, Klaus. *Buch der Könige 1: Orpheus und Eurydike*. Basel: Stroemfeld, 1988.

Theweleit, Klaus. *Buch der Könige 2: Orpheus am Machtpol*. Basel: Stroemfeld, 1994a.

Theweleit, Klaus. *2y. Recording Angel's Mysteries*. Basel: Stroemfeld, 1994b.

Žižek, Slavoj. *Opera's Second Death*. London und New York: Routledge, 2002.

Žižek, Slavoj. *„Ich höre Dich mit meinen Augen": Anmerkungen zu Oper und Literatur*. Paderborn: Konstanz University Press, 2010.

Zöller, Günter. „Schopenhauer". *Musik in der deutschen Philosophie*. Hrsg. von Stefan Lorenz Sorgner und Oliver Fürbeth. Stuttgart: Metzler, 2003. 99–114.

III.15. Das Gesamtkunstwerk von der Antike bis ins 20. Jahrhundert

Martin Schneider

1. Definition

Der Begriff ‚Gesamtkunstwerk' findet sich erstmals in der 1827 erschienenen Schrift *Aesthetik oder Lehre von der Weltanschauung und Kunst* des Philosophen Karl Friedrich Eusebius Trahndorff (1827, 312), doch erst durch die Schriften Richard Wagners avanciert er zu einem der wichtigsten ästhetischen Termini des 19. und 20. Jahrhunderts. Seither dient er zur Bezeichnung völlig unterschiedlicher Phänomene. Nicht nur Kunstwerke wie die Musikdramen Wagners, das antike Theater, die Barockoper oder der Film gelten als Gesamtkunstwerke, sondern auch historische Persönlichkeiten wie der sowjetische Diktator Josef Stalin (Groїs 1988) oder soziale Phänomene wie der Fußball (Hammelmann 2010).

Von dieser Entgrenzung des Begriffs zeugt auch die herkömmliche Auffassung, nach der sich ein Gesamtkunstwerk in erster Linie durch die Vereinigung verschiedener Künste auszeichne. Historisch betrachtet ist es die Regel, dass Literatur, Musik und bildende Kunst aufeinander bezogen werden und zusammenwirken, weshalb die Rede vom Gesamtkunstwerk hier keinen heuristischen Mehrwert bietet. Um die Formen der Verbindung zwischen verschiedenen ästhetischen Ausdrucksformen zu unterscheiden und zu systematisieren, sind die Konzepte der Intermedialität und der Medienkombination geeigneter (Rajewsky 2002, Wolf 2008 [1998]). Einen guten Ausgangspunkt für die wissenschaftliche Definition des Gesamtkunstwerks bieten dagegen die vier „Strukturelemente", die Roger Fornoff entwickelt hat (2004, 20–21). Laut Fornoff ist Multimedialität allein kein ausreichender Grund, um von einem Gesamtkunstwerk zu sprechen, es muss noch eine begleitende Theorie, eine geschlossene Weltanschauung, ja sogar ein utopisches Element hinzukommen. Jedoch ist dieses Modell, ebenso wie darauf aufbauende Modelle (Schmidt 2011, 273–276), noch zu eng gefasst, besonders im Hinblick auf die offenen Konzepte des Gesamtkunstwerks im 20. Jahrhundert.

Deshalb wird hier eine flexible Definition vorgeschlagen, die aus zwei notwendigen und fünf optionalen Komponenten besteht. Zu den notwendigen Komponenten eines Gesamtkunstwerks zählen 1. die Kombination verschiedener Medien in einem Kunstwerk sowie 2. das Ziel, durch dieses Kunstwerk eine neue Form von Gemeinschaft zu stiften. Zu 1: Die Medienkombination muss mehrere, aber nicht sämtliche existierende Medien einbeziehen. Dabei ergeben sich folgende Kategorien, differenziert nach dem Grad der Synthese: 1a: Die Medien verschmelzen zu einem neuen, noch nicht dagewesenen Medium (die Entstehung des Films); 1b: Die Medien lösen sich in ein gegebenes Medium auf (Friedrich Schlegels Konzept der progressiven Universalpoesie); 1c: Es kommt innerhalb eines gegebenen Mediums zu Hierarchie und Dominanzbildung (Wagners Festspieltheater; Wolf 2008 [1998], 327; Fornoff 2004, 554; Kremer 1994, 11); 1d: Die Autonomie der beteiligten Medien wird so weit wie möglich beibehalten, sie treten als Fragmente auf oder in ein dialektisches Wechselverhältnis zueinander (die Ästhetik der Romantik; Schmidt 2011, 274). Zu 2.: Das Gesamtkunstwerk bezieht sich nicht auf die Repräsentation und Bestätigung der bestehenden Gesellschaftsverhältnisse, sondern will durch eine neue Kunst eine neue Form von Gemeinschaft stiften (Roberts 2011, 3; Schmidt 2011, 275; Storch 2001, 731). Dabei muss es sich nicht um ein holistisches politisches Projekt handeln, sondern kann auch einen ephemeren Zustand der gemeinschaftsstiftenden Rezeption, etwa in einem Zuschauerraum, bezeichnen. Entscheidend ist dabei die angestrebte Verwandlung der Rezipienten in ein noch nicht oder nicht mehr existierendes Kollektiv (,Zuschauer' werden zum ,Volk' etc.). Die Gemeinschaftsstiftung kann entweder emanzipatorisch ausgerichtet sein (der frühe Wagner, Erwin Piscator) oder völkisch-regressiv (der späte Wagner, das Thingspiel des Dritten Reiches; Roberts 2011, 232–254).

Zu den optionalen Komponenten zählen hingegen: 1. Realisierung: Es gibt Gesamtkunstwerke, die nie verwirklicht wurden, wie das von Walter Gropius für Erwin Piscator entworfene „Totaltheater" (Woll 1984, 109–149). Die Verallgemeinerung des Projektstatus in Bezug auf das Gesamtkunstwerk (Finger 2006, 13–14) lässt sich daraus jedoch nicht ableiten. 2. Performanz: Gesamtkunstwerke in Architektur und Poesie müssen keinen Aufführungscharakter haben und auf theatrale Realisierbarkeit hin angelegt sein. 3. Theorie: Der Einbezug eines Theoriesystems tritt zwar gehäuft auf, ist aber nicht zwingend notwendig oder spielt, wie im Fall Max Reinhardts, eine nur untergeordnete, aus der Praxis abgeleitete Rolle. 4. Rückbezug auf frühere Epochen: Die diskursive Legitimierung von Gesamtkunstwerken geschieht nicht immer unter Berufung auf idealisierte Epochen der Vergangenheit, sondern kann auch ahistorisch begründet werden, etwa durch den Rekurs auf Natur oder Technik (Fornoff 2004, 557–558). 5. Aufhebung der Grenze zwischen Kunst und Leben. Diese von Odo Marquard (1983, 40) behauptete Komponente des Gesamtkunstwerks spielt historisch gesehen nur bei wenigen Konzepten eine Rolle, etwa in der Kunsttheorie der Romantik.

Der folgende historische Überblick konzentriert sich auf theatrale und musiktheatrale Formen des Gesamtkunstwerks. Dies ermöglicht nicht nur einen genaueren Blick auf das Zusammenwirken von Dichtung und Musik, sondern auch eine

Überprüfung der notorischen Idee, der zufolge bereits das Theater der Antike und das Musiktheater des 17. und 18. Jahrhunderts als Gesamtkunstwerke bezeichnet werden können. Konzeptionen und Realisierungen architektonisch, poetisch oder filmisch fundierter Gesamtkunstwerke müssen zum großen Teil unberücksichtigt bleiben, was ihre Bedeutung für das zu untersuchende Phänomen aber nicht in Abrede stellen soll.

2. Theater der griechischen Antike

Nicht nur Romantiker wie F. W. J. Schelling und Friedrich Schlegel, sondern auch Theaterreformer wie Richard Wagner, Max Reinhardt und Wsewolod Meyerhold leiteten ihre Vorstellung einer idealen Gemeinschaft aus der attischen Polis ab (Mejerchol'd 2009 [1907], 165; Dawidowski 2005, 240; Bermbach 2004 [1994], 130–150; Hiß 2000, 185). Exemplarisch hierfür ist Wagners Beschreibung der griechischen Tragödie als „Volkskunstwerk", das aus der Revolution gegen „die trübsinnigen Söhne" des Tyrannen Peisistratos entstanden sei (Wagner SD 3, 104–105).

Diese Darstellung erscheint in Anbetracht des heutigen historischen Kenntnisstandes (Seidensticker 2010, 11–81; Brauneck 1993, 4–73) fragwürdig. Nicht das Volk, sondern Peisistratos war der Gründer der Großen Dionysien Athens, in deren Rahmen die Tragödien aufgeführt wurden. Ziel des Tyrannen war die Etablierung seiner Herrschaft durch Kulturpolitik. Das fünftägige heilige Fest der Großen Dionysien, das Ende März abgehalten wurde, sollte die Polis nach innen integrieren und nach außen den Machtanspruch Athens demonstrieren. Bundesgenossen brachten Tribute, Generäle Opfer, verdiente Bürger wurden ausgezeichnet. Zwar diente das attische Theater nicht nur als Stätte für religiöse Fest-, sondern auch für politische Volksversammlungen und ermöglichte einen hohen Grad an Öffentlichkeitsbildung und gesellschaftlicher Selbstreflexion. Dabei ging es jedoch um die Stabilisierung bestehender Herrschaftsstrukturen. Folgerichtig lag die bürokratisch komplexe Organisation der Großen Dionysien in der Hand des Staates. Im Zentrum stand ein Wettkampf verschiedener Aufführungen von Tragödien, die Übernahme einer Choregie versprach öffentliches Ansehen und wurde deshalb gerne von jungen Adligen übernommen, die auf eine politische Karriere hofften. Die 16.000 Zuschauer fassende Cavea des Dionysos-Theaters in Athen war während der Aufführungen kein Abbild einer klassenlosen Gesellschaft, sondern spiegelte die soziale Hierarchie. Um die Orchestra saßen Priester und hohe Beamte in Ehrensesseln, es folgten in den dahinterliegenden Rängen Ratsmitglieder und dann die Vollbürger der Polis. Während Wagners Idee des

Gesamtkunstwerks auf die Überwindung der Politik und vor allem des Staates durch Kunst und die Emanzipation des Volkes zielt, waren die Großen Dionysien Athens als rituelles Fest in das Gefüge von Staat und Politik integriert.

Auch die durch Wagner popularisierte Theorie einer ursprünglichen Vereinigung von Tanz-, Dicht- und Tonkunst im griechischen Drama (Wagner SD 3, 67) muss differenziert werden. Zwar bildeten alle drei tatsächlich eine Einheit, diese beruhte aber auf der Dominanz des Wortes, das nicht, wie Wagner glaubte, „auf den Schultern der Tanz- und Tonkunst" ruhte (Wagner SD 3, 103), sondern seinerseits die rhythmische Zeitordnung durch Silben, Vers und Strophe vorgab. Zudem war der Einsatz der Instrumente (vor allem Aulos, aber auch Flöte und Kithara) reglementiert und folgte lange Zeit ausschließlich der Gesangsmelodie (Seidensticker 2010, 80–81; Brauneck 1993, 52). Es ging in der musikalischen Aufführung nicht um die Erzeugung eines dionysischen Rausches (Gödde 2012, 52–60), sondern um die Abbildung von Eunomia, der guten Ordnung (Brauneck 1993, 59).

3. Musiktheater des 17. und 18. Jahrhunderts

„Die Oper ist nun einmal ein Gesamtkunstwerk, nicht etwa seit Wagner [...], sondern seit ihrer glorreichen Entstehung: seit dem XVII., und kraft ihrer Grundtendenz: Wiedergeburt des antiken Gesamtkunstwerkes zu sein." Diese These Hugo von Hofmannsthals (Strauss und Hofmannsthal 1964 [1952], 442) steht stellvertretend für eine Rezeptionslinie nicht nur in der Kunst, sondern auch in der Forschung, derzufolge das Musiktheater des 17. und 18. Jahrhunderts als Gesamtkunstwerk gelten könne (Fischer 2012b, XIV; Bermbach 2004 [1994], 210; Fornoff 2004, 539–541). Zwei Gründe werden hierfür hauptsächlich angeführt: Die ‚Geburt' der Oper aus dem Geist der antiken Tragödie im Umfeld der Florentiner Camerata sowie der Charakter der Barockoper als Universalkunstwerk, das sämtliche Künste der Zeit auf spektakuläre Weise vereint. Doch die historischen Fakten sind hier weit weniger eindeutig. Wie Silke Leopold gezeigt hat (2004, 49–56), fanden die Theoretiker und Komponisten der Camerata das Vorbild für den von ihnen bevorzugten Sologesang mit Instrumentalbegleitung nicht in der attischen Tragödie. Auch ist die Entstehung der Oper im Kontext der Etablierung und Konsolidierung fürstlicher Herrschaft durch Repräsentation zu sehen (Leopold 2004, 14). Diese Verbindung von Musiktheater und absolutistischer Machtdemonstration war bis ins 18. Jahrhundert von zentraler Bedeutung. Durch die Finanzierung kostspieliger Opernaufführungen zeigten die Höfe ihre ökonomische und politische Potenz, zugleich wurde dieses Repräsentationsbedürfnis in zahlreichen Opernhandlungen der Zeit reflektiert (Jahn 1995, 124–127). Auch das Verhältnis von Aufführung, Publikum und Öffentlichkeit gilt es differenziert zu betrachten. Zahlreiche Opernaufführungen waren ein einmaliges Ereignis, das exklusiv für ein höfisches Publikum reserviert war. Daneben gab es auf Wiederholung angelegte Inszenierungen, die einem breiteren Publikum zugänglich waren und der Repertoirebildung dienten (Leopold 2004, 129; Jahn 1995, 139–140). Die Sitzordnung des Publikums bildete wie schon im antiken Theater die soziale Hierarchie ab (Mücke 2012).

Hinsichtlich des Zusammenspiels der Künste orientierte sich das Musiktheater der Zeit an der rhetorischen Tradition des *decorum* und wurde auf der Bühne in Paragone-Prologen verhandelt (Jahn 2012). Im Vordergrund dieser Prologe stand nicht die Idee einer ursprünglichen Einheit der Künste, die es wiederherzustellen gelte, sondern ihr Wettstreit und die pragmatische Einigung auf Zusammenarbeit. Das Leitmedium, das dem Zusammenspiel der Künste während der Aufführung einen gemeinsamen Hintergrund bot, war nicht die Musik, sondern das Bühnenbild. Hier jedoch öffnet sich die Barockoper durchaus der Idee einer gemeinschaftsstiftenden Utopie. Denn in den Schlusstableaux des *lieto fine* findet sich eine räumlich, nicht zeitlich konzipierte utopische Ordnung dargestellt, die sowohl Bühnenfiguren als auch das Publikum einbezieht und die soziale und politische Realität des Hofes übersteigt.

Zwar ist es hinsichtlich des sozialhistorischen Kontextes fragwürdig, das Musiktheater des 17. und 18. Jahrhunderts pauschal als Gesamtkunstwerk zu bezeichnen (Roberts 2011, 3; Borchmeyer 1995, 1288), dennoch enthalten die Werke selbst utopische Elemente, die auf die Möglichkeit einer anderen Gemeinschaftsordnung verweisen.

4. Romantik

Die Forschung tendiert seit geraumer Zeit dazu, das Gesamtkunstwerk in der Romantik beginnen zu lassen (Picard 2006, 24–26; Fornoff 2004, 25–96; Kwon 2003; Rummenhöller 1965). In jüngster Zeit wurde jedoch die These stark gemacht, dass die gemeinschaftsstiftenden Feste des revolutionären Frankreichs und die sie begleitenden Schriften Idee und Umsetzung des Gesamtkunstwerks im 19. Jahrhundert bereits vorwegnehmen (Roberts 2011, 15–33; Würffel 2006, 119–121).

Das Zusammenwirken zweier Elemente rechtfertigt es, von einem romantischen Gesamtkunstwerk zu sprechen: Zum einen die Vorstellung eines Ineinanderwirkens der einzelnen Künste, zum anderen die Idee einer ‚Neuen Mythologie' (Frank 1982). Letztere stellt ein triadisches Geschichtsmodell aus idealisierter

Vergangenheit, defizitärer Gegenwart und Wiederherstellung des Idealzustands in der Zukunft bereit, das es erlaubt, das Projekt einer neuen Kunst mit dem Projekt einer neuen Gemeinschaft zu verschränken. Exemplarisch kommt dies am Schluss von Schellings *Philosophie der Kunst* zum Ausdruck. Dort wird die „vollkommenste Zusammensetzung aller Künste" auf das „Drama des Alterthums" zurückgeführt, das allein durch eine höhere und edlere Form der gegenwärtigen „Oper" wiederbelebt werden könne; diese These verbindet Schelling mit der Forderung, das Drama müsse „das Volk vereinigen" (Schelling SW 1.5, 736).

Jedoch gilt es zu beachten, dass die Vorstellungen vom Zusammenwirken der Künste innerhalb der romantischen Theoriebildung divergieren und nicht zwangsläufig auf Verschmelzung zielen. Friedrich Schlegels bekanntes Diktum, dass es die Bestimmung der „Universalpoesie" sei, „alle getrennte Gattungen der Poesie wieder zu vereinigen" (Schlegel KFSA 2, 182) sollte nicht verdecken, dass es in der Romantik zuallererst um die Neujustierung der einzelnen Künste und ihrer Wirkung auf die Sinne ging. Die Kritik der aufklärerischen Sinneshierarchie und ihrer Dominanz des Sehsinns (Utz 1990, 184–186) führt zur Konzeption eines höheren, alle Sinne vereinigenden Organs, das eine potenzierte, vornehmlich in die Innenwelt des Subjekts gerichtete Wahrnehmungsleistung garantieren soll. In den ästhetischen Schriften fällt auf, dass dieses gesteigerte Rezeptionsvermögen sowohl von der Malerei, der Musik als auch einer neuen poetischen Sprache ausgelöst werden kann (Wackenroder SW 1, 55–58; 97–100; 132–133). Von Bedeutung ist hier der Gedanke einer wechselseitigen Verstärkung der Künste. Diese ergibt sich aus der Tatsache, dass es zwischen Musik, bildender Kunst und Poesie verbindende Elemente wie Rhythmus, Klang und Farbe gibt (Schlegel KFSA 2, 306–307; Novalis S 3, 297; 309) und die „Mischung" der Künste, wie Novalis in seinen Fragmenten schreibt, „zu mannichfaltigen Gesammtwirkungen" führen kann, die auf das Gemeinschaftserlebnis in einem „schönen Schauspielhause" oder in „Kirchen" zielen (Novalis S 2, 538). Wenn Novalis in diesem Kontext Oper und Ballett als „plastisch poëtische Koncerte" (Novalis S 2, 575) bezeichnet, gilt es zu bedenken, dass die einzelnen Künste bestehen bleiben und lediglich auf eine neue Art miteinander in Berührung kommen. Novalis betont, ebenso wie Joseph Görres in seinen *Aphorismen über die Kunst*, nicht nur die Möglichkeit einer theatralen Verbindung der Künste, sondern auch den Unterschied zwischen Musik und Malerei (Novalis S 2, 575; Görres 1932 [1800–1803], 151–152; Kwon 2004, 237–238). Dennoch deutet sich bei Novalis bereits der Gedanke an, der bei Schelling und später auch in E. T. A. Hoffmanns *Der Dichter und der Komponist* im Zentrum stehen wird: das Zusammenwirken der Künste im Musiktheater im Dienst einer anderen, durch die Idee der Neuen Mythologie begründeten Gemeinschaft, in der „Dichter und Musiker" als „die innigst verwandten Glieder einer Kirche" fungieren (Hoffmann SW 4, 102).

Wie diese Beispiele zeigen, besitzt das Gesamtkunstwerk in der Romantik vornehmlich theoretischen Status. Es ist eine noch zu verwirklichende Idee, ein angestrebtes, aber nur in einer unendlichen Annäherung zu erreichendes Kunstideal. Jedoch gibt es auch praktische Versuche dieser Annäherung. Friedrich Schlegels Forderung, der Roman solle „gemischt" sein „aus Erzählung, Gesang und andern Formen" (Schlegel KFSA 2, 336) findet sich in Texten wie Novalis' *Heinrich von Ofterdingen* umgesetzt und in das triadische Modell der Neuen Mythologie eingefügt, allerdings nicht, wie im Musiktheater, in Form einer Medienkombination, sondern in der eines bloßen intermedialen Bezuges innerhalb des eigenen semiotischen Systems (Rajewsky 2002, 15–16). Genannt werden in diesem Zusammenhang auch Ludwig Tiecks Drama *Kaiser Octavianus* (1828), das zahlreiche Versarten und eingelegte Arien miteinander kombiniert (Nienhaus 2005, 104), die romantischen Opern E. T. A. Hoffmanns und Carl Maria von Webers (Schmidt 2011, 254–256) sowie Philipp Otto Runges Zyklus von Grafiken *Die Zeiten* (Fornoff 2004, 25–96). Allerdings wäre noch zu untersuchen, ob diese Werke mit dem Ziel der Gemeinschaftsstiftung verbunden werden oder nicht.

5. Richard Wagner

Die Schriften und Musikdramen Richard Wagners sowie seine Gründung der Bayreuther Festspiele sind bis heute zentrale Referenzen der Rede vom Gesamtkunstwerk. Besonders der älteren Forschung galt Wagner als der Erfüller romantischer Utopien (Fries 1952; Loos 1952; Knopf 1932). Diese Zuschreibung übersieht jedoch, dass Wagners Konzeption des Gesamtkunstwerks von Rissen zwischen Theorie und Praxis, Anspruch und Wirklichkeit, Früh- und Spätwerk durchzogen wird. Auch wurde Wagner nicht nur von der Neuen Mythologie der Romantik beeinflusst (Schneider 2013, 103–129; Frank 2008), sondern auch von der Geschichtsphilosophie des Linkshegelianismus und des Frühsozialismus (Bermbach 2004 [1994]; Kreckel 1986).

Wie in *Das Kunstwerk der Zukunft* deutlich wird, geht Wagner von einer ursprünglichen Einheit von „Tanzkunst, Tonkunst und Dichtkunst" (Wagner SD 3, 67) im griechischen Drama aus. Die Aufhebung der „Schranken" zwischen den Gattungen habe zu deren Auflösung in eine einzige, „gemeinsame, unbeschränkte Kunst" (Wagner SD 3, 70) geführt. Dennoch betont Wagner die „Selbständigkeit" der drei Künste (Wagner SD 3, 67) und widmet jeder ein eigenes Kapitel. Grundlegend ist dabei der Gedanke, dass jede Kunst nur im Zusammenwirken mit den anderen Künsten ihr spezifisches Potential entfalten kann, Ziel ist das „gegenseitige Durchdringen, Erzeugen und Ergänzen aus sich selbst und durch einander" (Wagner SD 3, 75). Ins Zentrum rückt die Tanzkunst. Ihre sinnlich-leibliche Präsenz und der durch sie erzeugte Rhythmus garantieren, dass Ton- und Dichtkunst dem „hörenden" und „sehenden" Menschen erst „verständlich" werden (Wagner SD 3, 71). Wie die weitere Ausarbeitung in *Oper und Drama*, aber auch in der späteren Schrift *Beethoven* zeigt, ist Wagners Ästhetik in erster Linie eine Wirkungsästhetik, welche die visuelle, akustische und kognitive Rezeption des Musiktheaters durch ein neues Zusammenspiel der Künste modifizieren und potenzieren will (Schneider 2013, Kap. 4; Stollberg 2006, Kap. II). In *Beethoven* wird dieses Zusammenspiel dann vor allem akustisch bzw. auditiv motiviert, indem aus dem Hören eine innere, ontologische Bilderwelt erwachsen soll (Gess 2015).

Zudem unterlegt Wagner seiner Theorie einen geschichtsphilosophischen Dreischritt aus ursprünglicher Einheit von Kunst und Gemeinschaft in der Antike, deren Zersplitterung in der Gegenwart und angestrebter „Wiedervereinigung" im „Gesammtkunstwerk" der Zukunft (Wagner SD 3, 60). Ziel der Kunst ist „die Gemeinschaft der Menschen", verstanden als „Kommunismus", nicht als moderne „Öffentlichkeit" (Wagner SD 3, 68; 70; 60). Daraus ergibt sich, dass der „Künstler der Zukunft" nur „das Volk" (Wagner SD 3, 169) sein kann.

Während die ästhetischen Schriften der Jahrhundertmitte noch vom Einfluss linksradikaler Theorien zeugen, vertritt Wagner in seinen späteren Schriften einen essentialistischen Begriff des ‚Deutschen'. Zwar gibt er nicht das Ziel des gemeinschaftsstiftenden Gesamtkunstwerks und auch nicht alle Ideen seiner revolutionären Phase auf, wendet sich aber ab Mitte der 1860er Jahre und dann vor allem in seinen so genannten ‚Regenerationsschriften' verstärkt nationalkonservativen (Bermbach 2004 [1994], 337–359) und rassistischen Positionen zu. Dadurch öffnete er der späteren Erweiterung, Verzerrung und Verfälschung seiner politischen Ästhetik durch Houston Stewart Chamberlain, Hans von Wolzogen und die Nationalsozialisten Tür und Tor (Bermbach 2011).

Wagners musikdramatische Praxis ist von seinen theoretischen Schriften zu unterscheiden (Borchmeyer 1994, 1286). Schon ein erster Blick in die nach den Züricher Kunstschriften entstandenen Werke zeigt, dass die Tanzkunst in ihnen keine Rolle spielt. Damit reduziert Wagner gegenüber der Barockoper und der Grand Opéra die am Musiktheater beteiligten Kunstformen. Was er reformiert, ist das Zusammenspiel von Ton, Wort und Bild innerhalb der Oper: durch die Einführung der Leitmotive, die veränderte Kompositionsweise, die Ausdehnung narrativer Passagen im Libretto, die detaillierte Beschreibung von Bühnenbildern im Nebentext. Die verschiedenen beteiligten Medien verschmelzen nicht zu einem neuen Medium, sondern bleiben während der Aufführung materiell präsent. Zudem fällt auf, dass Wagner auf inhaltlicher Ebene seine Idee einer Gemeinschaftsstiftung durch Kunst reflektiert. Dies ist vor allem in den *Meistersingern von Nürnberg* und im *Parsifal* der Fall, die beide mit einer feierlichen, sich um ein Kunstwerk (Walthers Lied, der Gral) konstituierenden Festversammlung schließen.

Das letzte Element in Wagners Konzeption des Gesamtkunstwerks ist der Bau des Bayreuther Festspielhauses. In ihm verbinden sich Wagners frühe und späte Ästhetik zu einer paradoxen Theaterarchitektur. Während der amphitheatralische Zuschauerraum an das antike Theater erinnert und den Gedanken einer gleichberechtigten und gemeinschaftlichen Rezeption aufrechterhält, betonen die Verdunkelung des Zuschauerraumes, dessen strikte Trennung von der Bühne und der unsichtbare Orchestergraben die Illusionswirkung des Musikdramas und damit die Passivität der Rezeptionshaltung. Die Zuschauer bleiben von der direkten Kunstproduktion ausgeschlossen bzw. werden nur im identifizierenden Nachvollzug an ihr beteiligt.

6. Die Theaterreformbewegung zu Beginn des 20. Jahrhunderts

In den ersten Jahrzehnten des 20. Jahrhunderts beginnt eine junge Generation von Theatermachern, eine erneute Reform der Bühne anzustoßen. Es ist eine disparate Bewegung, in die so unterschiedliche Künstler wie Adolphe Appia, Georg Fuchs, Edward Gordon Craig, Max Reinhardt, Wsewolod Meyerhold, Hugo von Hofmannsthal und Erwin Piscator involviert sind. Dennoch bestehen zahlreiche Gemeinsamkeiten zwischen den verschiedenen Positionen, zu denen nicht zuletzt die Idee des Gesamtkunstwerks zählt – ein Begriff, der in den theoretischen Schriften der Reformer explizit verwendet wird (Roberts 2011, 165). Das Theater galt ihnen vor allem in Verbindung mit dem Festspielgedanken „als *das* Gemeinschaft stiftende Gesamtkunstwerk schlechthin" (Woll 1984, 109). Richard Wagners Vorstellungen bilden dabei nicht nur einen zentralen Bezugspunkt, sondern werden auch einer kritischen Revision unterzogen. Die Diagnose einer Zersplitterung der modernen Gesellschaft wird nun in die Rede vom Gesamtkunstwerk integriert, der fragmentarische Charakter der einzelnen Künste gilt als ästhetischer Mehrwert (Roberts 2011, 185). Das Gesamtkunstwerk erscheint nun nicht mehr unbedingt als ein organisches, aus der Natur des Volkes gewachsenes, sondern wird häufig als künstlerische Umsetzung technischer Errungenschaften verstanden. Die Möglichkeiten der Medienkombination auf dem Theater werden durch die Einführung innovativer Beleuchtungstechniken und der Filmprojektion erweitert (Heibach 2011; Hiß 2005, 147). In diesem Kontext entstehen wegweisende Bauten wie das von Georg Fuchs und dem Architekten Max Littmann konzipierte Münchener Künstlertheater, das den amphitheatralischen Zuschauerraum mit der Bühne in direkte Verbindung setzt (Koss 2010, 147–157; Brauneck 1999, 647). Indem so der Illusionscharakter der Darstellung durchbrochen wird und die Zuschauer aktiv in die Aufführung einbezogen werden, sollte das Publikum in eine neue Gemeinschaft verwandelt werden. Die dahinter stehenden politischen Vorstellungen konnten entweder, wie bei Georg Fuchs, ins Völkische tendieren (Hiß 2005, 171), oder, wie bei Erwin Piscator, kommunistisch fundiert sein.

Wie sich diese Vorstellungen in die Praxis umsetzen ließen, zeigt das Beispiel Max Reinhardts. Seine Werke wurden bereits von seinen Zeitgenossen als „Gesamtkunstwerk" bezeichnet (Hiß 2005, 150). Reinhardt verband mit seinen Inszenierungen in erster Linie einen ästhetischen, keinen politischen Anspruch (Fischer-Lichte 2012a, 11). Dennoch bediente er sich, um seine Arbeit theoretisch zu flankieren, des Diskurses von einer Rückkehr zur antiken Bühne und forderte, dass das Publikum wieder zum Volk werde (Roberts 2011, 166; Hiß 2005, 185). Im Großen Schauspielhaus in Berlin entwickelte Reinhardt dank elaborierter Bühnentechnik und eines großen Auditoriums von 3500 Plätzen ein Massentheater, das auf dem Zusammenspiel von Raum, Chor, Musik und Licht beruhte und die Zuschauer in die Inszenierung einbezog. Einer der Höhepunkte dieser Theaterform war das 1911 in der Londoner Olympia Hall unter Mitwirkung von über 1000 Darstellern und 5000 Zuschauern uraufgeführte Massenspektakel *Mirakel* (Hiß 2005, 183–198).

Ein weiteres Beispiel für die Entwicklung des Gesamtkunstwerks innerhalb der Theaterreformbewegung ist der Einfluss des Bauhauses, das von 1921 bis 1929 über eine Bühnenabteilung verfügte (Roberts 2011, 159–164; Koss 2010, 207–243; Smith 2007, 48–70; Fornoff 2004, 369–475). Bereits 1919 bezog sich Walter Gropius in seinem *Manifest und Programm des Staatlichen Bauhauses* auf die Idee des Gesamtkunstwerks. 1927 konzipierte er mit Erwin Piscator ein „Totaltheater", dessen variable Gestaltung des Theaterraumes durch mobile Plattformen und die Einrichtung von Filmprojektoren für die Immersion des Publikums sorgen sollte (Smith 2007, 51; Hiß 2005, 256–257; Woll 1984, 109–149). Gropius' Assistent László Moholy-Nagy, der ebenfalls mit Piscator zusammenarbeitete, entwarf 1924 seine Vision eines „Theaters der Totalität" (Moholy-Nagy 2009 [1924]). Dieses sollte durch die Verwendung von Filmprojektoren, Bogenlampen, Phonographen und Lautsprechern nicht nur simultan, sondern auch synoptisch und synakustisch auf die Sinne des Rezipienten wirken. Auch Moholy-Nagy plante eine Aufhebung der Trennung von Bühne und Zuschauerraum durch die Installation von Hänge- und Zugbrücken bzw. einer Laufbahn.

7. Karlheinz Stockhausen

Dass die Idee des Gesamtkunstwerkes auch in der zweiten Hälfte des 20. Jahrhunderts noch virulent war, zeigt das Werk Karlheinz Stockhausens (Stoianova 2011; Fornoff 2004, 262–265; Hübler 1984). In diesem verbindet sich ein Interesse für ein einheitliches Zusammenwirken von Raum, Klang und Licht mit einer esoterischen, aus New Age, indischer Philosophie und spiritueller Evolution bestehenden Ideenwelt. Ähnlich wie Wagner plante Stockhausen, ein Zentrum für seine Musik zu errichten, dessen Verwirklichung in Darmstadt jedoch scheiterte. Dass Stockhausens Kompositionen auf eine sinnliche Gesamtwirkung zielten, zeigte sich in seinem Projekt *Hinab-Hinauf*, das er 1970 für die Weltausstellung in Osaka verwirklichte. In einem Kugelauditorium sollten die Zuhörer in eine Art Tonraum eintauchen, der mit Hilfe zahlreicher Lautsprecher und Scheinwerfer ein synästhetisches Erlebnis mit der Darstellung des Kosmos verband. Vor allem jedoch in seiner siebenteiligen Oper *Licht*, an der er von 1977 bis 2004 arbeitete, versuchte Stockhausen, Musik, Raum, Licht und Bewegung mit diversen mythologischen und symbolischen Elementen in eine einheitliche Form zu bringen.

8. Ausblick

Aus der Bestimmung des Gesamtkunstwerks als einer Verbindung von Medienkombination und Gemeinschaftsstiftung lassen sich neue Forschungsperspektiven gewinnen. Besonders Studien zu den vormodernen Ausprägungen des Gesamtkunstwerks sind weiterhin ein Desiderat. Die Mysterienspiele des Mittelalters sind in dieser Hinsicht kaum erforscht, in Bezug auf das Musiktheater des 17. und 18. Jahrhunderts konzentrieren sich die Untersuchungen zu sehr auf dessen intermedialen Charakter und lassen das Phänomen der Gemeinschaftsbildung meist außer acht (Fischer 2012a). Im Gegenzug beziehen sich Studien zu theatralen Formen der Gemeinschaftsstiftung meist auf den Begriff des Festes (Fischer-Lichte et al. 2012, Primavesi 2008) und lenken ihre Aufmerksamkeit kaum auf das spezifische Zusammenwirken von Intermedialität und Kollektivbildung, die das Gesamtkunstwerk auszeichnet. Wie einzelne Studien zeigen, sind auch jene theatralen Formen des Gesamtkunstwerks von Interesse, die sich nicht von einem romantischen Geschichtsmodell herschreiben, wie etwa die Inszenierungen der Weimarer Klassik (Heeg 2000, 411–433).

Zudem bilden literarische Gesamtkunstwerke weiterhin eine *terra incognita*. Zu fragen wäre hier, ob sich die Fähigkeit literarischer Texte, visuell und akustisch fundierte Kunstformen mimetisch nachzubilden, auf wissenschaftliche

Modellierungen der literarischen Kommunikation beziehen ließe. Inwieweit trägt die Inszenierung von Bild und Musik in Texten dazu bei, die öffentliche Wirkung von Literatur zu verstärken? Inwieweit greift eine Ästhetik, die durch Lektüre eine neue Form von Gemeinschaft stiften will, immer auch auf Intermedialität zurück? Nicht nur die romantische Idee der ‚Universalpoesie' wäre hier zu untersuchen, sondern auch spätere Projekte wie Stéphane Mallarmés unvollendet gebliebenes *Livre*. So populär die Rede vom Gesamtkunstwerk im öffentlichen Diskurs auch ist: In der Wissenschaft bleibt sie immer noch mit vielen Fragezeichen versehen.

Literatur

Bermbach, Udo. *Der Wahn des Gesamtkunstwerks. Richard Wagners politisch-ästhetische Utopie*. 2. Aufl. Stuttgart und Weimar: Metzler, 2004 [1994].
Bermbach, Udo. *Richard Wagner in Deutschland. Rezeption – Verfälschungen*. Stuttgart und Weimar: Metzler, 2011.
Borchmeyer, Dieter. „Gesamtkunstwerk". *Die Musik in Geschichte und Gegenwart 3*. Hrsg. von Ludwig Finscher. Kassel und Basel: Bärenreiter, 1995. 1282–1289.
Brauneck, Manfred. *Die Welt als Bühne. Geschichte des europäischen Theaters 1*. Stuttgart und Weimar: Metzler, 1993.
Brauneck, Manfred. *Die Welt als Bühne. Geschichte des europäischen Theaters 3*. Stuttgart und Weimar: Metzler, 1999.
Brauneck, Manfred (Hrsg.). *Theater im 20. Jahrhundert. Programmschriften, Stilperioden, Kommentare*. Reinbek bei Hamburg: Rowohlt, 2009.
Dawidowski, Christian. „‚Triumph der Möbelpoesie'. Intermedialität und Gesamtkunstwerksutopie in der Literatur um 1900". *Sprachkunst* 36.2 (2005): 239–261.
Finger, Anke. *Das Gesamtkunstwerk der Moderne*. Göttingen: Vandenhoeck & Ruprecht, 2006.
Finger, Anke und Danielle Follett (Hrsg.). *The aesthetics of the total artwork. On borders and fragments*. Baltimore: Johns Hopkins University Press, 2011.
Fischer, Christine (Hrsg.). *Oper als „Gesamtkunstwerk" – zum Verhältnis der Künste im barocken Musiktheater*. Winterthur: Amadeus, 2012a.
Fischer, Christine. „Vorwort". *Oper als „Gesamtkunstwerk" – zum Verhältnis der Künste im barocken Musiktheater*. Hrsg. von Christine Fischer. Winterthur: Amadeus, 2012b. VII–XIX.
Fischer-Lichte, Erika. „Das ‚Gesamtkunstwerk'. Ein Konzept für die Kunst der achtziger Jahre?". *Dialog der Künste. Intermediale Fallstudien zur Literatur des 19. und 20. Jh*. Hrsg. von Maria Moog-Grünewald. Frankfurt am Main i. a.: Peter Lang, 1989. 61–74.
Fischer-Lichte, Erika. „Einleitung: Theater und Fest in Europa. Perspektiven von Identität und Gemeinschaft". *Theater und Fest in Europa. Perspektiven von Identität und Gemeinschaft*. Hrsg. von Erika Fischer-Lichte, Matthias Warstadt und Anna Littmann. Tübingen und Basel: Francke, 2012a. 9–19.
Fischer-Lichte, Erika, Matthias Warstadt und Anna Littmann (Hrsg.). *Theater und Fest in Europa. Perspektiven von Identität und Gemeinschaft*. Tübingen und Basel: Francke, 2012b.
Fornoff, Roger. *Die Sehnsucht nach dem Gesamtkunstwerk. Studien zu einer ästhetischen Konzeption der Moderne*. Hildesheim i. a.: Olms, 2004.

Frank, Manfred. *Der kommende Gott. Vorlesungen über die Neue Mythologie 1*. Frankfurt am Main: Suhrkamp, 1982.
Frank, Manfred. *Mythendämmerung. Richard Wagner im frühromantischen Kontext*. München: Fink, 2008.
Fries, Othmar. *Richard Wagner und die deutsche Romantik. Versuch einer Einordnung*. Zürich: Atlantik, 1952.
Gess, Nicola. „‚Geistersehen' in der ‚Schallwelt'. Richard Wagners antitheatrales Musiktheater". *Das Bildliche und das Unbildliche. Nietzsche, Wagner und das Musikdrama*. Hrsg. von Matteo Nanni, Matthias Schmidt und Arne Stollberg. München: Fink, 2015.
Gödde, Susanne. „Identität und Entgrenzung: Modelle von Gemeinschaft bei den Großen Dionysien im antiken Athen". *Theater und Fest in Europa. Perspektiven von Identität und Gemeinschaft*. Hrsg. von Erika Fischer-Lichte, Matthias Warstat und Anna Littmann. Tübingen und Basel: Francke 2012. 47–67.
Görres, Joseph. *Naturwissenschaftliche, kunst- und naturphilosophische Schriften I (1800–1803)*. Köln: Gilde, 1932.
Groїs, Boris. *Gesamtkunstwerk Stalin. Die gespaltene Kultur in der Sowjetunion*. München: Hanser, 1988.
Hammelmann, André. *Gesamtkunstwerk Fussball. Auf der Spur einer Metapher*. Berlin und Münster: Lit, 2010.
Heeg, Günther. *Das Phantasma der natürlichen Gestalt. Körper, Sprache und Bild im Theater des 18. Jahrhunderts*. Frankfurt am Main: Stroemfeld, 2000.
Heibach, Christiane. „Avant-Garde Theater as Total Artwork? Media-Theoretical Reflections on the Historical Development of Performing Art Forms". *The Aesthetics of the Total Artwork. On Borders and Fragments*. Hrsg. von Anke Finger und Danielle Follett. Baltimore: Johns Hopkins University Press, 2011. 209–226.
Hiß, Guido. *Synthetische Visionen. Theater als Gesamtkunstwerk von 1800 bis 2000*. München: Epodium, 2005.
Hoffmann, E. T. A. *Sämtliche Werke 4: Die Serapionsbrüder [1819–1821] (=SW 4)*. Hrsg. von Wulf Segebrecht. Frankfurt am Main: Deutscher Klassiker Verlag, 2001.
Hübler, Klaus-K. „‚Und doch bin ich Mensch geworden'. Karlheinz Stockhausen, oder der Komponist als ‚Gottessohn'". *Unsere Wagner. Joseph Beuys, Heiner Müller, Karlheinz Stockhausen, Hans Jürgen Syberberg: Essays*. Hrsg. von Gabriele Förg. Frankfurt am Main: Fischer, 1984. 85–111.
Jahn, Bernhard. „Zwischen Festgemeinschaft und Partiturdruck. Kommunikationstheoretische und mediengeschichtliche Überlegungen im Kontext barocker Opernaufführungen". *IASL* 20.2 (1995): 116–154.
Jahn, Bernhard. „Die Künste als Schwestern? Das Zusammen- und Gegeneinanderwirken der Künste in der Oper als Problem für die zeitgenössische Operntheorie und -praxis". *Oper als ‚Gesamtkunstwerk' – zum Verhältnis der Künste im barocken Musiktheater*. Hrsg. von Christine Fischer. Winterthur: Amadeus, 2012. 53–65.
Knopf, Kurt. *Die romantische Struktur des Denkens Richard Wagners*. Jena: G. Neuenhahn, 1932.
Koss, Juliet. *Modernism after Wagner*. Minneapolis: University of Minnesota Press, 2010.
Kreckel, Manfred. *Richard Wagner und die französischen Frühsozialisten. Die Bedeutung der Kunst und des Künstlers für eine neue Gesellschaft*. Frankfurt am Main i. a.: Peter Lang, 1986.

Kremer, Detlef. „Ästhetische Konzepte der ‚Mythopoetik' um 1800". *Gesamtkunstwerk. Zwischen Synästhesie und Mythos.* Hrsg. von Hans Günther. Bielefeld: Aisthesis, 1994. 11–27.
Kwon, Chung-Sun. *Studie zur Idee des Gesamtkunstwerks in der Frühromantik. Zur Utopie einer Musikanschauung von Wackenroder bis Schopenhauer.* Frankfurt am Main i. a.: Peter Lang, 2003.
Leopold, Silke. *Die Oper im 17. Jahrhundert.* Laaber: Laaber, 2004.
Loos, Paul Arthur. *Richard Wagner. Vollendung und Tragik der deutschen Romantik.* München: Leo Lehnen, 1952.
Marquard, Odo. „Gesamtkunstwerk und Identitätssystem. Überlegungen im Anschluß an Hegels Schellingkritik". *Der Hang zum Gesamtkunstwerk.* Hrsg. von Harald Szeemann. Aarau i. a.: Sauerländer, 1983. 40–49.
Mejerchol'd, Vsevolod E. „Das stilisierte Theater (1907)". *Theater im 20. Jahrhundert. Programmschriften, Stilperioden, Kommentare.* Hrsg. von Manfred Brauneck. Reinbek bei Hamburg: Rowohlt, 2009. 163–165.
Moholy-Nagy, László. „Das kommende Theater: Theater der Totalität (1924)". *Theater im 20. Jahrhundert. Programmschriften, Stilperioden, Kommentare.* Hrsg. von Manfred Brauneck. Reinbek bei Hamburg: Rowohlt, 2009. 179–183.
Mücke, Panja. „Öffentlichkeit und Kommunikationssystem. Das Publikum höfischer Opern". *Oper als ‚Gesamtkunstwerk' – zum Verhältnis der Künste im barocken Musiktheater.* Hrsg. von Christine Fischer. Winterthur: Amadeus, 2012. 123–132.
Nienhaus, Stefan. „Ludwig Tiecks ‚Kaiser Octavianus' als romantisches Gesamtkunstwerk". *Das „Wunderhorn" und die Heidelberger Romantik. Mündlichkeit, Schriftlichkeit, Performanz: Heidelberger Kolloquium der Internationalen Arnim-Gesellschaft.* Hrsg. von Walter Pape. Tübingen: Niemeyer, 2005. 101–109.
Novalis. „Abteilung VI: Vorarbeiten zu verschiedenen Fragmentsammlungen" [1798]. *Schriften 2: Das philosophische Werk I (=S 2).* Hrsg. von Richard Samuel. In Zusammenarbeit mit Hans-Joachim Mähl und Gerhard Schulz. Darmstadt: Wissenschaftliche Buchgesellschaft, 1981. 507–651.
Novalis. „Abteilung IX: Das Allgemeine Brouillon (Materialen zur Enzyklopädistik 1798/99)" [1798–1799]. *Schriften 3: Das philosophische Werk II (=S 3).* Hrsg. von Richard Samuel. In Zusammenarbeit mit Hans-Joachim Mähl und Gerhard Schulz. Darmstadt: Wissenschaftliche Buchgesellschaft, 1968. 207–478.
Picard, Timothée. *L'art total. Grandeur et misère d'une utopie (autour de Wagner).* Rennes: Presses universitaires de Rennes, 2006.
Primavesi, Patrick. *Das andere Fest. Theater und Öffentlichkeit um 1800.* Frankfurt am Main: Campus, 2008.
Rajewsky, Irina O. *Intermedialität.* Tübingen und Basel: Francke, 2002.
Roberts, David. *The Total Work of Art in European Modernism.* Ithaca, New York: Cornell University Press, 2011.
Rummenhöller, Peter. „Romantik und Gesamtkunstwerk". *Beiträge zur Geschichte der Musikanschauung im 19. Jahrhundert.* Hrsg. von Walter Salmen. Regensburg: Bosse, 1965. 161–170.
Schelling, Friedrich Wilhelm Joseph. „Philosophie der Kunst (aus dem handschriftlichen Nachlass)" [1802–1803]. *Sämtliche Werke 1.5 (=SW 1.5).* Hrsg. von K. F. A. Schelling. Stuttgart und Augsburg: Cotta, 1859. 353–736.

Schlegel, Friedrich. „Athenäums-Fragmente" [1798]. *Kritische Friedrich-Schlegel-Ausgabe 2: Charakteristiken und Kritiken I (1796–1801)* (=KFSA 2). Hrsg. von Hans Eichner. München, Paderborn und Wien: Ferdinand Schöningh; Zürich: Thomas-Verlag, 1967. 165–255.
Schlegel, Friedrich. „Gespräch über Poesie" [1800]. *Kritische Friedrich-Schlegel-Ausgabe 2: Charakteristiken und Kritiken I (1796–1801)* (=KFSA 2). Hrsg. von Hans Eichner. München, Paderborn und Wien: Ferdinand Schöningh; Zürich: Thomas-Verlag, 1967. 284–351.
Schmidt, Wolf Gerhard. „Was ist ein ‚Gesamtkunstwerk'? Zur medienhistorischen Neubestimmung des Begriffs". *Literaturwissenschaftliches Jahrbuch* 52 (2011): 251–278.
Schneider, Martin. *Wissende des Unbewussten. Romantische Anthropologie und Ästhetik im Werk Richard Wagners*. Berlin, Boston: De Gruyter, 2013.
Seidensticker, Bernd. *Das antike Theater*. München: Beck, 2010.
Smith, Matthew Wilson. *The total work of art. From Bayreuth to cyberspace*. London: Routledge, 2007.
Söring, Jürgen. „Gesamtkunstwerk". *Reallexikon der deutschen Literaturwissenschaft 1*. Hrsg. von Georg Braungart, Harald Fricke, Klaus Grubmüller et al. Berlin: De Gruyter, 2007. 710–712.
Stoianova, Ivanka. „Gesamtkunstwerk and Formelkomposition. The Formal Principles of the Multiple Work-Totality in Karlheinz Stockhausen's ‚Light'". *The Aesthetics of the Total Artwork. On Borders and Fragments*. Hrsg. von Anke Finger und Danielle Follett. Baltimore: Johns Hopkins University Press, 2011. 346–369.
Stollberg, Arne. *Ohr und Auge – Klang und Form. Facetten einer musikästhetischen Dichotomie bei Johann Gottfried Herder, Richard Wagner und Franz Schreker*. Stuttgart: Steiner, 2006.
Storch, Wolfgang. „Gesamtkunstwerk". *Ästhetische Grundbegriffe 4*. Hrsg. von Karlheinz Barck, Martin Fontius, Dieter Schlenstedt et al. Stuttgart und Weimar: Metzler, 2001. 730–791.
Strauss, Richard und Hugo von Hofmannsthal. *Briefwechsel. Gesamtausgabe*. Dritte erweiterte Aufl. Im Auftrag von Franz und Alice Strauss. Zürich: Atlantis Verlag, 1964 [1952].
Szeemann, Harald (Hrsg.). *Der Hang zum Gesamtkunstwerk*. Aarau i. a.: Sauerländer, 1983.
Tieck, Ludwig. *Schriften 1: Kaiser Octavianus*. Berlin: G. Reimer, 1828.
Trahndorff, K. F. E. *Aesthetik oder Lehre von der Weltanschauung und Kunst*. Berlin: Mauersche Buchhandlung, 1827.
Utz, Peter. *Das Auge und das Ohr im Text. Literarische Sinneswahrnehmung in der Goethezeit*. München: Fink, 1990.
Wackenroder, Wilhelm Heinrich. „Herzensergießungen eines kunstliebenden Klosterbruders" [1796]. *Historisch-kritische Ausgabe. Sämtliche Werke und Briefe 1: Werke* (=SW 1). Hrsg. von Silvio Vietta. Heidelberg: Winter, 1991. 51–146.
Wagner, Richard. „Das Kunstwerk der Zukunft" [1850]. *Sämtliche Schriften und Dichtungen 3* (=SD 3). Volksausgabe. Leipzig: Breitkopf & Härtel, 1911. 42–177.
Wolf, Werner. „Intermedialität". *Metzler Lexikon Literatur- und Kulturtheorie. Ansätze – Personen – Grundbegriffe*. Hrsg. von Ansgar Nünning. 4. Aufl. Weimar: Metzler, 2008 [1998]. 327–328.
Woll, Stefan. *Das Totaltheater. Ein Projekt von Walter Gropius und Erwin Piscator*. Berlin: Gesellschaft für Theatergeschichte, 1984.
Würffel, Stefan Bodo. „,Den Trümmern allein trau ich was zu ...'. Zur Kritik des Gesamtkunstwerks". *Totalität und Zerfall im Kunstwerk der Moderne*. Hrsg. von Reto Sorg und Stefan Bodo Würffel. München: Fink, 2006. 117–132.

III.16. Richard Wagner, Friedrich Nietzsche und die Folgen. Zu einem intermedialen Paradigma der Rezeption zwischen Musik und Philosophie

Friederike Wißmann

Friedrich Nietzsche hat in seiner späten Schrift *Der Fall Wagner* die Behauptung aufgestellt, dass „man um so mehr Philosoph wird, je mehr man Musiker wird" (Nietzsche KGW 6.3, 8). Nietzsche selbst ist in seinem Philosophieren maßgeblich durch die Auseinandersetzung mit der Musik und der Person Richard Wagners beeinflusst worden. Das gilt auch für viele spätere Autoren, bei denen die Wagner-Rezeption allerdings wiederum durch Nietzsche gefiltert wurde und sich so eine topische Konstellation herausbildete, bei der vor allem Nietzsches von Wagner inspirierte Musikphilosophie im Zentrum der Betrachtung stand. Die Rezeptionslinien, die von Wagner und Nietzsche ausgehen, überschneiden sich an vielen Punkten. Zu den für die Fortschreibung dieser Konstellation wirkungsvollen Literaten zählten Gottfried Benn, Albert Camus, Alfred Döblin, Stefan George, André Gide, Hugo von Hofmannsthal, James Joyce, Franz Kafka, die Brüder Heinrich und Thomas Mann, Robert Musil, Marcel Proust, Rainer Maria Rilke und Robert Walser, um nur einige von ihnen zu nennen. Der Artikel unternimmt die Darstellung dieses eng verwobenen, intermedialen Netzes aus Rezeptionslinien, die sich zwischen Wagner, Nietzsche und späteren Adepten aufspannen.

Nietzsche hat die Musik als „Sprache des Pathos" definiert, die, „mit Beethoven eben erst begonnen", dafür prädestiniert sei, „[die Vorgänge] des leidenschaftlichen Wollens [...] im Innern des Menschen zu finden" (Nietzsche KGW 4.1, 63). Maßgeblich beeinflusst wurde er dabei auch durch Schopenhauers Musikphilosophie. Bereits in seinem Erstlingswerk *Die Geburt der Tragödie aus dem Geiste der Musik* von 1872 steht die Musik im Zusammenhang mit der für Nietzsche später zentralen metaphysischen Idee des „*Willen[s] zum Leben*" (Nietzsche KGW 4.1, 216), den die griechische Kultur in den Tragödien immer wieder wach gerufen habe. Der Musik kommt dabei eine zentrale Rolle zu, da sie vom Menschen durch die „erschütternde Gewalt des Tones" (Nietzsche KGW 3.1, 29) Besitz ergreife und ihn in einen ‚dionysischen' Rausch versetze, in dem er in einen präindividuellen Zustand zu regredieren drohe (Nietzsche KGW 3.2, 47). Dieser Entgrenzung entgegen wirkten die äußere Form sowie auch die konkrete Handlung des Dramas und die fassbaren Bilder der Bühne – das ‚apollinische' Element der Tragödie. Nietzsche sieht das Ende der tragischen Epoche mit den philosophischen Schriften von Sokrates und den Tragödien des Euripides erreicht, die den ‚Wissenschaftsmenschen' hervorgebracht und die Gemeinschaft um ihre rituelle Lebensfeier gebracht hätten. In Wagners Musikdramen feiert Nietzsche dann die Wiedergeburt der Tragödie aus dem Geist der dionysischen Musik; begleitet ist diese Feier von euphorischen Parolen, die das Wiedererwachen eines deutsch-dionysischen Geistes verkünden, dem Wagners Musikdramen als „Genesungstrank" im deutsch-französischen Krieg dienen würden (Nietzsche KGW 3.1, 128).

Prägend für die Rezeption des Verhältnisses von Nietzsche zu Wagner ist die tiefe Ambivalenz des ersteren gegenüber dem gefeierten Komponisten. Auf die frühe Begeisterung des Philosophen folgte eine fundamentale Kritik, die bereits mit dem Befremden in Nietzsches Text über *Richard Wagner in Bayreuth* (1876) ihren Ausgang nimmt. In dieser Schrift werden unter anderem Wagners Vermarktungsstrategien kritisch in den Blick genommen. Deutlich zeichnet sich zudem jener zentrale Kritikpunkt ab, den Nietzsche bereits 1874 als Wagners „Tyrannensinn" bezeichnete (Nietzsche KGW 3.4, 379). Zugleich irritiert Nietzsche schon bald Wagners Vermengung von Musikdrama und Gottesdienst im *Parsifal*; so kritisiert er in einem Brief vom 4. Januar 1878 an den Maler und Schriftsteller Reinhart von Seydlitz den *Parsifal* als bei zwar „höchster Poesie" doch insgesamt „zu christlich" und „zeitlich beschränkt" (Nietzsche KGB 2.5, 300). Die gänzlich mit Wagner abrechnende Schrift *Der Fall Wagner* erschien im Herbst 1888. Trotz ihres aggressiv-polemischen Stils, der eine konstruktive inhaltliche Auseinandersetzung beinahe verunmöglicht, waren Nietzsches Wagnerkritiken von ebenso großem Einfluss auf spätere Autoren wie seine frühe Wagner-Apologetik. So schreibt etwa Thomas Mann ganz in diesem Sinne über Wagner: „Ja, er ist Hanswurst, Lichtgott und anarchistischer Sozialrevolutionär auf einmal, – das Theater kann nicht mehr verlangen." (Mann GW 9, 407)

1. Forschungsüberblick

Die Literatur zur Rezeption der von Wagner beziehungsweise Nietzsches Blick auf Wagner geprägten Musikphilosophie ist so umfangreich, dass der folgende Forschungsüberblick sich auf einige Hauptlinien beschränken muss. Zahlreiche Studien richten den Fokus entweder auf Nietzsche oder auf Wagner und behandeln den jeweils anderen eher am Rande oder im Subtext.

Die Frage nach dem Einfluss von Nietzsches Musikphilosophie ist in der Forschung untrennbar mit seiner Wagner-Rezeption verbunden, während das Nachwirken Wagners als solches häufig nur in Hinblick auf die Musik diskutiert wird (vgl. Steinke 2011). Dieser Tendenz entgegen wirkt das 2008 erschienene Handbuch *Wagner und Nietzsche. Kultur – Werk – Wirkung*, in dem Tobias Janz die Rezeption in der Musikgeschichte und David Wachter und Günter Seubold die Folgen für die Philosophiegeschichte in den Blick nehmen. Hier gelangt vielleicht erstmalig komprimiert das Nachwirken beider zur Darstellung. Die Problematik, einen Wirkungsradius zu definieren, formuliert Janz mit Blick auf Nietzsches Auswirkungen auf die Musik dahingehend, dass dessen Einfluss keineswegs auf die Vokalwerke und Vertonungen zu beschränken sei, vielmehr habe Nietzsche zahlreiche musiktheoretische, analytische und philosophische Abhandlungen zur Musik in starkem Maße beeinflusst. David Wachter und Günter Seubold stellen einzelne Autoren vor, die von Nietzsche und/oder Wagner beeinflusst wurden. Ausgehend von Ludwig Klages, Ernst Bertram und Rudolf Steiner, schlagen sie einen Bogen zu Oswald Spengler, aber auch zu Ernst Bloch und Martin Heidegger. Thomas Manns Verhältnis zu Wagner, das er selbst als „enthusiastische[...] Ambivalenz" (Mann GW 10, 928) charakterisierte, wird treffend im Spannungsfeld von Verherrlichung und Überwindung nachgezeichnet.

In der Forschungsliteratur zu Wagner und Nietzsche finden sich viele Studien, die das konfliktreiche biographische Verhältnis der beiden zueinander aufgreifen. Eine grundlegende Textsammlung hierzu bietet *Im Schatten Wagners. Thomas Mann über Richard Wagner. Texte und Zeugnisse 1895–1955*, die Hans Rudolf Vaget ausgewählt und kommentiert hat (Vaget 2000). Das oft zitierte, materialreiche Buch *Nietzsche und Wagner* von Martin Vogel heißt im Untertitel „ein deutsches Lesebuch", was deutlich macht, dass es dem Autor nicht in erster Linie um die Analyse des Wechselverhältnisses von Kunst und Philosophie geht. Die umfangreiche Studie von Manfred Eger, *Nietzsches Bayreuther Passion* (2001), bezieht den philosophischen und musikästhetischen Kontext stärker mit ein, während die wagnerkritische Studie von Franz-Peter Hudek (*Die Tyrannei der Musik*, 1989) danach fragt, welche Kritikpunkte Nietzsches die Wagner-Diskussion konstruktiv bereicherten. In jüngeren Untersuchungen wie beispielsweise derjenigen von Jutta Georg-Lauer richtet sich das Interesse insgesamt stärker auf die künstlerisch-philosophischen Analogien (*Dionysos und Parsifal. Eine Studie zu Nietzsche und Wagner*, 2001). In der Arbeit von Armin Wildermuth *Nietzsche und Wagner. Geschichte und Aktualität eines Kulturkonflikts* (2008) wird der Nietzsche-Wagner-Konflikt aus kulturkritischer Perspektive analysiert. Die Studie von Rudolf Kreis über das Verhältnis der Autoren zum Judentum ist auch deshalb lesenswert, weil sie differenziert auf die unterschiedlichen politischen Auffassungen beider eingeht (*Nietzsche, Wagner und die Juden*, 1995): Im Gegensatz zu Nietzsches Griechenland-Bild vertrat Wagner in seinen pseudo-kulturhistorischen Abhandlungen dezidiert nationalistische Ansprüche. Während bei Nietzsche in diesem Punkt eine Erneuerungsidee im Vordergrund steht, versuchte Wagner den „deutschen Geist" aus der griechischen Antike abzuleiten (Wagner

GSD 10, 36–53) und in einer „Feier und Verherrlichung des Deutschtums" (Mann GW 9, 417) als überlegen zu behaupten.

Mit Blick auf ein umfassendes Rezeptionsstudium zu Nietzsche muss Bruno Hillebrand genannt werden, der nicht nur den Artikel zur literarischen Rezeption im *Nietzsche-Handbuch* von 2000 verfasst hat, sondern auch eine Sammlung zum Einfluss Nietzsches auf die deutsche Literatur veröffentlichte (*Nietzsche und die deutsche Literatur*, 1978). In dem 2012 publizierten *Wagner-Handbuch* (hrsg. von Laurenz Lütteken) findet Wagners Einfluss auf die Literatur indirekt Erwähnung, etwa in einem unter dem Stichwort ‚Lebenswelten' rubrizierten Aufsatz zu Wagner und Italien von Michele Calella. Das ebenfalls 2012 erschienene *Wagner-Lexikon* führt diejenigen Autoren an, bei denen sich ein Einfluss Wagners explizit nachweisen lässt: Für die literarische Rezeption von Interesse sind unter anderem die Einträge zu Charles Baudelaire, Heinrich Heine, Stéphane Mallarmé und natürlich Thomas Mann. Auch hier spielt diejenige Literatur, welche von Wagners Musik beeinflusst wurde, eine viel größere Rolle als die Folgen seines literarisch-theoretischen Werkes. Wie stark der Einfluss Wagners auf die französischsprachige Literatur im 20. Jahrhundert ist, geht auch aus der Publikation von Simon Harel hervor, in der Antonin Artauds theatrales Konzept aus dem Wagner'schen Begriff des Musikdramas hergeleitet wird.

Eine eigene Sparte der literarischen Rezeption Nietzsches und Wagners bildet die Auseinandersetzung mit dem Künstlerroman. In der Nachfolge von Franz Werfels 1924 erschienenem ‚Roman der Oper' *Verdi* finden sich unterschiedlichste Erzählungen, deren Protagonisten nicht nur Wagner oder Nietzsche zur Vorlage haben, sondern die, wie Thomas Manns Roman *Doktor Faustus*, verschiedene Biographien verbinden (wie die von Friedrich Nietzsche und die des Komponisten Arnold Schönberg) und fiktional überformen.

2. Folgen für die Literatur

2.1. Wagner

2.1.1. Musiker und Dichter

Thomas Mann äußerte über Wagner, dieser sei „Musiker als Dichter und Dichter als Musiker", insofern als „sein Verhältnis zur Musik […] nicht rein musikalisch [war], sondern dichterisch auf die Weise, daß das Geistige, die Symbolik der Musik, ihr Bedeutungsreiz, ihr Erinnerungswert und Beziehungszauber dies Verhältnis entscheidend bestimmten" (Mann GW 9, 520). Tatsächlich hat Wagner wie kaum ein zweiter Komponist Literatur und Musik als Einheit aufgefasst.

Er konzipierte seine Musikdramen als Gesamtkunstwerk aus Literatur, Musik, Schauspiel und Bühne. Dabei ist nicht unerheblich, dass Wagner seine Libretti selbst verfasste, doch noch entscheidender ist seine Übersetzung literarischer Formen in musikalische Texturen. Auch in seinen kunsttheoretischen Reflexionen setzte sich Wagner ausführlich mit literarischen Gattungen auseinander, wie etwa im zweiten Teil seiner Schrift *Oper und Drama* (1851), in der der „ästhetisch defizitäre Charakter des Romans" (Berghahn 2012, 179) ihn überhaupt erst dazu veranlasste, sich dem mythischen Drama zuzuwenden. Den modernen realistischen Roman verurteilte Wagner als zu journalistisch (Wagner GSD 4, 96). Ihn interessierte das von ihm selbst mit Nachdruck beschworene rein- oder allgemeinmenschliche Anliegen des Kunstwerks (vgl. Leetgen 2012, 556–558). Wagner befasste sich intensiv mit E. T. A. Hoffmann und Heinrich Heine; daneben las er Walter Scott, Lord Byron und Honoré de Balzac, Victor Hugo, Iwan Turgenjew und Edgar Allan Poe. Besonderes Interesse zeigte er für das Versepos, das er nicht nur las, sondern sich, beispielsweise in seinen Lektüren des *Don Juan* von Lord Byron, analytisch aneignete. Während er sich intensiv der Prosa zuwandte, ist in Bezug auf das Theater bzw. auf dramatische Texte ein deutlich geringeres Interesse zu bemerken. In den Schriften eines Victor Hugo beispielsweise sah der Komponist Parallelen zu der von ihm so scharf verurteilten „Effektdramaturgie der Grand Opéra" (Berghahn 2012, 172). So intensiv Wagners diskursive Beschäftigung mit den verschiedensten Literaturen war, so subjektiv, ja tendenziös blieben dabei seine Einschätzungen. Das zeigen insbesondere seine Kommentare zu den Texten von Heinrich Heine, die er zunächst positiv als seismographische Reaktionen auf seine Zeitgenossenschaft hervorhob, um Heine in den Jahren nach 1850 dann aus einer antisemitischen Haltung heraus zu diskreditieren. Auch Wagners Goethe-Lektüren veranschaulichen, wie stark der Komponist die von ihm gelesene Literatur ausschließlich auf seine eigenen Interessen befragte. Da Wagners Lektüren seinen intermedialen Schaffensprozess maßgeblich prägten, verständigte man sich in der Wagner-Rezeption auf den Begriff der „Beziehungsfelder" (Borchmeyer 2002, 337), der die Komplexität eines äußerst subjektiven Rezeptionsprozesses impliziert.

Dass Wagners Kompositionen auf literarischen Konzepten beruhen, beeinflusste die schriftstellerische Auseinandersetzung mit ihm in hohem Maße. Thomas Mann verwies darauf bereits in seiner frühen Abhandlung *Geist und Kunst* (1909). Er rezipierte intensiv den Wagner'schen *Ring* und das ihm innewohnende Spannungsfeld von Macht und Ohnmacht. Darüber hinaus faszinierte ihn die Musikalisierung des Mythos. Dazu zählen die Verquickung von Eros, Religion und Thanatos im *Tannhäuser* oder *Parsifal*, aber auch die ästhetischen wie moralischen Grenzübertretungen in Werken wie *Tristan und Isolde*. Entscheidend für Mann ist hierbei nicht nur der Grenzgang zwischen Literatur und Musik, sondern auch die Verbindung von Psychologie und Mythos, die Theodor W. Adorno in seinem *Versuch über Wagner* (1939/1952) als das „Rätselhafte" beschrieb (Adorno GS 13, 7–148), das sich bewusst dem analytischen Erkennen entzöge. Vor allem aber übernahm Thomas Mann in seinen Texten die bei Wagner vorgezeichnete Verbindung der musikdramatischen Faktur mit motivischen und personellen Konstellationen. Mann charakterisierte die Musik Wagners insgesamt aus der Perspektive des aktiven Hörers, für den das emotional-sinnliche Moment nicht nur bewegend sei, sondern als eine Art Klangrausch zur Passion werde.

Nietzsches Vorbehalte beeinflussten auch Thomas Manns Wagner-Bild. Einerseits teilte Mann Nietzsches Kritik an Wagners Überwältigungsstrategien, relativierte sie aber zugleich, indem er Wagner als ein der Reflexion vorgängiges Erlebnis charakterisierte (vgl. Mann GW 9, 363–426). Claudius Reinke verortet Manns ambivalente Haltung zu Wagner sogar zwischen „Wagner-Krise und Wagner-Apologie" (Reinke 2002, 161). Wagners Musikdrama sei „der vielleicht wichtigste Subtext von Manns Œuvre" (Borchmeyer 2012, 435). Richard Wagner verkörpert damit für Thomas Mann – ähnlich wie für Adorno – den Wegbereiter der Moderne (Adorno GS 13, 115).

2.1.2. Leitmotiv

Zentral für die literarische Wagner-Rezeption ist dessen Leitmotivtechnik. Die Zusammenhang stiftende Funktion dieses motivischen Verfahrens sah nicht erst Wagner, doch entwickelte er die sogenannten Erinnerungsmotive, wie sie schon in romantischen Opern vorkommen, zu komplexen Systemen weiter: Bei Wagner ist das Leitmotiv nicht an das Bühnengeschehen gekoppelt, sondern hat einen viel weiteren Bedeutungsradius. Wagners Motive beschränken sich nicht auf die Figuren seiner Opern, sondern stehen in Beziehung zu Objekten (wie etwa dem Ring) oder emotionalen Zuständen. Es ging dem Komponisten darum, „musikalische Gestalten mehr oder weniger fest mit einem ‚außermusikalischen' Gehalt" (Fuhrmann 2012, 387) zu verbinden. Der Komponist spricht in seiner Schrift *Oper und Drama* von „Ahnung" und „Erinnerung", die sich im Rezeptionsprozess mit dem Motiv verknüpfen, wobei Zukünftiges, Vergangenes und Gegenwärtiges sich durchdringen (Wagner GSD 4, 228–233). Auf musikalischer Ebene ist für Wagner entscheidend, dass die Motive Verwandtschaften ausbilden und sich entwickeln.

Während sich der Komponist selbst in charakteristischer Deutlichkeit von dem Terminus Leitmotiv distanzierte („[...] am Ende glauben die Leute, daß solcher Unsinn auf meine Anregung geschieht!", Wagner 1982, 772), wurden in der Rezeption die Leitmotive – besonders in der Literatur von Thomas Mann – zum Inbegriff für den „Beziehungszauber" in Wagners Musik (Mann GW 9, 520). Formal adaptierte Mann die zugleich memorierenden wie antizipierenden Motive

Wagners, wobei der Schriftsteller dessen leitmotivisches Komponieren in epische Texturen und komplexe Beziehungsgeflechte übertrug. Manns Verwendung der Leitmotive zeichnet eine deutliche Entwicklung nach: Vergleicht man zum Beispiel die literarische Sprache in den *Buddenbrooks* mit der Leitmotivtechnik im *Tod in Venedig*, so ist eine Verdichtung insofern erkennbar, als Mann sein Schreiben zunehmend als Komposition auffasst.

Die fast kontinuierliche literarische Auseinandersetzung Manns mit Wagner wird an keiner Stelle so offensichtlich wie in den Wagner-Titeln *Tristan* und *Wälsungenblut*, in denen der Autor die Sphären von Eros und Thanatos als sich wechselseitig bedingende beschreibt. Hier kommt Manns literarische Produktion der Perspektive, die Nietzsche auf Wagners Schaffen eröffnet hatte, besonders nahe. So liest sich Nietzsches Kommentar zu Wagners Frauenfiguren wie ein vorausschauender Hinweis auf die äußerst fragile, kränkliche Pianistin Gabriele Klöterjahn aus Thomas Manns *Tristan*-Novelle: „Die Heldinnen Wagners kennzeichnet überhaupt ein Zug von Edelhysterie, etwas Somnambules, Verzücktes und Seherisches, das ihre romantische Heroik mit eigentümlicher und bedenklicher Modernität durchsetzt." (Mann GW 9, 371; vgl. Nietzsche KGW 6.3, 16: „[...] die Wahl seiner Helden und Heldinnen [...] – eine Kranken-Galerie!") Auch die Novelle *Der Tod in Venedig* (1912) ist – nicht nur über den Todesort des Komponisten – auf vielen Ebenen eng mit Wagner verbunden. Der Verfall spielt hier eine zentrale Rolle, und mit ihm die ambivalente Verquickung von Vergehen und Erwachen, die Mann keiner Kunstform so eindrücklich andichtet wie der Musik. Schon in den *Buddenbrooks* ist der musikalisch begabte Hanno dem Alltäglichen entrückt. Wer mit der Musik zu eng in Berührung kommt, so legt Manns Darstellung nahe, steht unter dem Verdacht, von ihr infiziert zu werden. Es scheint so, als verführe die Musik dazu – dies legt übrigens auch die Protagonistin in der *Tristan*-Novelle nahe –, sich vom Leben ab- und der Musik und mit ihr dem Tode zuzuwenden. Musik ist bei Mann übersinnlich konnotiert und, wie bei Nietzsche, einerseits befreiend, andererseits aber auch lebensbedrohlich. Wenn sie Wagners Handschrift trägt, steht sie im Spannungsfeld von transzendenter Bestimmung und irdischer Begrenzung. In *Wälsungenblut* ist nicht nur das Wagner'sche Thema der Geschwisterliebe literarisiert, das Werk bringt auch die symbolische Ambivalenz von Lebenswillen und Todeslust zum Ausdruck.

Neben Mann, der Wagners Leitmotivtechnik zunächst als Zitattechnik und später als vielschichtiges Motivgewebe aufnahm, griffen zuvor auch Autoren wie Theodor Fontane (mit skeptischem Unterton) und Marcel Proust auf Wagner zurück (Betz 1999, 433–444). Ein wichtiger Aspekt in Hinblick auf Wagner ist für Proust das Spannungsfeld zwischen der Zeitlichkeit der Musik und der Überzeitlichkeit des Mythos (Brinkmann 1978). Sowohl Proust wie auch Wagner beschwören mit je unterschiedlichen künstlerischen Mitteln den Eindruck einer verlorenen Entität. Plastisch nachvollziehbar ist dies im Hörerlebnis der Sonate Vinteuils in *À la recherche du temps perdu* gestaltet, wo die akustische Orientierungslosigkeit mit einem tatsächlichen Erlebnis des Sich-Verlaufens in eins gesetzt wird. Ein Beispiel für die kalkulierte Orientierungslosigkeit als kompositorische Strategie ist der Anfang der *Rheingold*-Oper. Wagner hat jenes Sich-Verlieren in der musikalischen Faktur noch dadurch unterstrichen, dass er eine Ouvertüre und auch das ritualisierte Auftreten des Dirigenten bewusst aussparte. Sogar die Lichtdramaturgie und die Bühnenkonstruktion intensivieren das Hörerlebnis einer nicht zu verortenden Musik. Die literarische Hervorhebung der Themenkreise ‚Suche' und ‚Initiation' zeugt von jener Nähe zu Wagners Musikdramen.

2.1.3. Gesamtkunstwerk

Anders als der Leitmotiv-Begriff ist derjenige des Gesamtkunstwerks (vgl. III.15 SCHNEIDER) tatsächlich von Wagner selbst geprägt worden, unter anderem in seiner Schrift *Die Kunst und die Revolution* (1849). Der Komponist bezeichnete mit dem Begriff Gesamtkunstwerk zunächst die attische Tragödie. In seiner musikdramatischen Schrift *Das Kunstwerk der Zukunft* (1849–1852) entwickelte er dann seine Idee des integralen Kunstwerks, um in *Oper und Drama* (1852) die ineinander wirkenden Wechselbeziehungen der Künste exemplarisch auszudifferenzieren. Während sich Thomas Mann bei aller Bewunderung distanziert zu Wagners Konzept vom Gesamtkunstwerk verhielt – er fand, dass man in der Kunst „nicht ihre Gattungen zu summieren [brauche], um sie vollkommen zu machen" (Mann GW 9, 374) –, hat Wagners Idee von der Vergegenwärtigung der antiken *mousiké* verschiedene künstlerische Disziplinen und auch politische Praktiken des 20. Jahrhunderts nachhaltig beeinflusst. Für die Wagner-Nachfolge von besonderem Interesse ist hier die Parallelsetzung künstlerisch-ästhetischer Konzepte mit gesellschaftlichen Zuständen. Während Wagner in der neuzeitlichen Vereinzelung des Menschen eine Parallele zur französischen Grand Opéra sah, an der er vor allem ihren oberflächlichen Inhalt, aber auch die Kluft zwischen den Libretti und einer aufgesetzten Musik kritisierte, stand seine Vision von der Universalität der Kunst im Verbund mit der Idee einer „Genossenschaft aller Künstler" (Wagner GSD 3, 162). Wagner avisierte eine über das Gesamtkunstwerk zu erzielende Vereinigung des Publikums als Volksgemeinschaft, wie sie auch Nietzsche in der *Geburt der Tragödie* entwarf. Dementsprechend wurde das Konzept des Gesamtkunstwerks nicht nur auf dem Theater, sondern auch auf allen anderen Feldern der Kunst und im Bereich der politischen Inszenierung wirksam (vgl. Bermbach 2004). Wassily Kandinsky zum Beispiel knüpfte an Wagners Erneuerungsidee an und erweiterte die Idee des Gesamtkunstwerks um eine theoretische Reflexion der Synästhesie, wobei er konkret Sinneseindrücken Farben zuordnete. Seine zunehmend abstrakten Bilder nannte er ‚Kompositionen' und ‚Farbsymphonien'.

2.2. Nietzsche

2.2.1. Apollo, Dionysos und Zarathustra

Eine entscheidende Voraussetzung für Nietzsches Musikphilosophie ist der konzeptionelle Dualismus der Götter Apollo und Dionysos, die als komplementäre Prinzipien bald einander kontrastierend, bald ergänzend und überlappend die Vollkommenheit der griechischen Tragödie ausmachen. Apoll ist bei Nietzsche der Gott der Harmonie, der schönen Künste und der Plastik, Dionysos der des Rausches, der das Naturhafte und den ‚Urwillen' repräsentiert.

Zentral ist Nietzsches Gedanke von der als lustvoll empfundenen „musikalischen Dissonanz" (Nietzsche KGW 3.1, 148), die das „Urphänomen der dionysischen Kunst" exemplifiziere und mit dem tragischen Lebensgefühl der Hellenen korrespondiere, das erst den „Bund zwischen Mensch und Mensch" wieder zusammenschließe (Nietzsche KGW 3.2, 47).

In der *Geburt der Tragödie aus dem Geiste der Musik* ist die Polarität ‚apollinisch vs. dionysisch' als eine dynamische interpretiert. Entscheidend ist nicht die Vormachtstellung eines der beiden Prinzipien, sondern ihre Wechselwirkung und ihr Zusammenspiel. Nietzsche erkennt einen „ungeheure[n] Gegensatz", der „nach Ursprung und Zielen, zwischen der Kunst des Bildners, der apollinischen, und der unbildlichen Kunst der Musik, als der des Dionysus, besteht"; der „Zwiespalt" wirke jedoch fortwährend produktiv, „um in ihnen den Kampf jenes Gegensatzes zu perpetuieren, den das gemeinsame Wort ‚Kunst' nur scheinbar überbrückt" (Nietzsche KGW 3.1, 21).

Die berühmteste Neuschöpfung in der Musik unter diesem Einfluss ist wohl Richard Strauss' Sinfonische Dichtung *Also sprach Zarathustra* (1896). Auch hier liegt eine intermediale Rezeption insofern im Stück selbst begründet, als Nietzsche den Text als Dionysischen Dithyrambus komponierte und ihn formal in Anlehnung an eine viersätzige Sinfonie auffasste.

2.2.2. Musik, Überwindung und Destruktion

Nietzsches dualistische Konzeption hat besonders in der Literatur breite Aufnahme gefunden: In seinen *Betrachtungen eines Unpolitischen* entwirft Thomas Mann, ähnlich wie dies Nietzsche im Kontext des deutsch-französischen Krieges schon in der *Geburt der Tragödie* getan hat, einen spezifisch deutschen, ‚unpolitischen' Typus, der sich in der Musik verliere und dem Dionysischen affin sei.

Mann verbindet dieses Charakterporträt insofern mit einer mentalitätsgeschichtlichen Konsequenz, als er impliziert, dass dieser Typus den Krieg als ästhetische Grenzerfahrung bejahe. Im *Doktor Faustus* konstruierte Mann aus der Neigung der Deutschen zur Musik dann eine Prädestination für den Nationalsozialismus. Positiv beschrieb der Autor hingegen, dass sich mit Nietzsche die Philosophie von der „kalten Abstraktion" hin zum „Erleben, Erleiden", sogar als „Opfertat für die Menschheit" öffne (Mann GW 9, 712). Heinrich Mann las Nietzsches Schriften, anders als Thomas Mann, weniger aus kunstphilosophischem Interesse als vielmehr unter dem Blickwinkel sozialer Utopien. Beiden Brüdern gemein ist die moralische Perspektive, wobei Heinrich Mann eine intelligente Sinnlichkeit und die Affinität des Künstlers zum Eros positiv bewertete, den hypertrophen Individualismus aber deutlich kritisierte (H. Mann 1947).

Nietzsches antichristliche Kulturkritik und seine Polemik gegen das Philistertum griffen Künstler aller Disziplinen auf. Die fatale Ineinssetzung von Nietzsches Denken mit Rassen- und Züchtigungsideologien, die sich in der späteren Rezeption ereignete, ist undenkbar ohne die vorausgegangenen Vereinfachungen, auf die Heinrich Mann in der Exilzeitschrift *Maß und Wert* 1939 aufmerksam machte. Bei aller Verteidigung des Philosophen gegen sich selbst und gegen extreme Adepten sahen auch Autoren wie Arno Holz das Problem nicht nur ästhetischer, sondern auch ethischer Verantwortlichkeit und kritisierten vor allem an Nietzsches Spätwerk dessen zweifelhafte Prophetie. Nietzsches ‚Übermensch' wurde in darwinistischem Sinne missinterpretiert; gleichwohl liegt in seinen Schriften auch die Option des Fehllesens insofern begründet, als Nietzsches biologistische Terminologie die Unterscheidung zwischen Wert und vermeintlichem Unwert des menschlichen Lebens provoziert.

2.2.3. Ästhetisches Leben

So wie die Existenz des Menschen bei Nietzsche (nur) als ästhetisches Phänomen gerechtfertigt ist, so begreift Richard Wagner seine Musikdramen zugleich als „Mutterschoß" des Dramas wie als „Idee der Welt" (Dahlhaus 1971, 150). Nietzsche verknüpft in seinen Ausführungen Musik mit einer quasi vorprädikativen Seinsform. Die symbolischen Kräfte der Musik in „Rhythmik, Dynamik und Harmonie" (Nietzsche KGW 3.1, 33 f.) sind für ihn Teil jenes existenziellen Urzustandes. In seiner Schrift *Über Wahrheit und Lüge im außermoralischen Sinne* von 1872 wendet er diese ursprüngliche Konzeption in eine Kritik an der Begriffssprache: Jeder Begriff entstehe durch das Gleichsetzen von ‚Nichtgleichem' und zerstöre damit die individuelle Sinnlichkeit des ersten Weltbezugs. Dem ebenso anmaßenden wie verblendeten Anspruch auf begriffliche Wahrheit setzt er das übermütige ästhetische Spiel des intuitiven Menschen mit den Metaphern der Sprache entgegen.

Die literarische Rezeption der Idee des ästhetischen Lebens ist so vielstimmig wie spannungsreich. Dies ist einerseits in Nietzsches dynamischer Philosophie begründet, die Begrifflichkeiten aus unterschiedlichsten Epochen und Disziplinen zusammenbringt, es liegt aber auch an Nietzsches Vermengung von philosophischer Reflexion und lebenspraktischen Ausführungen. Während Literaten wie Heinrich und Julius Hart Nietzsches Erneuerungsphilosophie zur Verbesserung einer oberflächlichen Gesellschaft in Anschlag brachten, galt Nietzsche Autoren wie Paul Ernst als Modephilosoph, der die tatsächlichen gesellschaftlichen Missstände eher verdecke denn zur Veränderung beitrage. Auch bei divergierenden Lesarten ist den meisten literarischen Adaptionen die Begeisterung für einen physisch empfundenen Vitalismus und die Ästhetisierung des Lebens gemein.

Während die Zusammenarbeit Hugo von Hofmannsthals mit Richard Strauss vielfach zum Thema wurde, ist die Frage nach dem philosophisch-ästhetischen Rekurs Hofmannsthals auf Wagner selten (etwa Ciora 1999, 91–168) und mit Blick auf Friedrich Nietzsche fast gar nicht gestellt worden (eine Ausnahme ist Steffen 1978). Dabei las Hofmannsthal besonders aufmerksam gerade diejenigen Texte von Nietzsche, in denen musikalische Ideen mit allgemeinen poetologischen Konzepten zusammengedacht sind. Wenn Hofmannsthal die Grenzen der Sprache auslotet, betont er gegenüber Strauss den Vorteil der Musik, nicht an Begrifflichkeiten gebunden zu sein. Hofmannsthal bezeichnete Nietzsche als „Kritiker der Nerven und des Nihilismus" (Steffen 1978, 5), der zur Selbstüberwindung ermutige. Ihn faszinierte, wie seine Zeitgenossen, Nietzsches Gedanke einer körperlich erfahrbaren Totalität des Lebens. Zwar äußerte er sich selten direkt zu Nietzsche, doch in Abhandlungen wie *Das Schrifttum als geistiger Raum der Nation* von 1927 ist durch die Figur des Sinnsuchenden indirekt von Nietzsche die Rede. In seinen literarischen Werken ist Hofmannsthal in *Der Tod des Tizian* (1891) Nietzsche deshalb verwandt, weil das Motiv der künstlerisch produktiven Isolation Analogien zu Nietzsches Ausführungen zum ästhetischen Leben aufzeigt.

Anders als Hofmannsthal, der sich in gewisser Distanz zu Nietzsche hielt, folgte Stefan George dem Philosophen auch in dessen prophetischer Haltung. Von Nietzsche übernahm er das Rauschhafte seiner Sprachschöpfungen, die weit mehr sind als expressive Texturen. Kurt Hildebrandt, ein Autor aus dem weiteren George-Kreis, kam zu der Einschätzung, dass nicht Wagner, sondern eigentlich erst George das ästhetische Leben realisierte, welches Nietzsche angestrebt hatte. Der wohl deutlichste Unterschied ist die bei George in symbolistischer Überzeichnung zelebrierte Spiritualität, die, ganz anders als in Wagners *Parsifal*, eine eindeutig religiöse Handschrift trägt. Mit Wagner verbindet George eine „dämonische Natur des Wortes: Erlösung und Bannung", der etwas „Priesterliche[s]" innewohne (Kommerell zit. nach Wunberg 1978, 1).

Josef Rattner charakterisiert die Abwendung von der christlichen Heilslehre als eine Parallelität, die Friedrich Nietzsche und Rainer Maria Rilke verbinde: „Nietzsche und Rilke sind Bahnbrecher eines Diesseitsglaubens und einer Weltverherrlichung, die eine schroffe Antithese zu den 2000 Jahren christlicher Überlieferung darstellt." (Rattner 2000, 294) Im 20. Jahrhundert ist Nietzsches Anspruch an ein philosophisch-ästhetisches Aufbruchskonzept aufgegriffen in Hermann Hesses *Peter Camenzind* (1904) und noch erkennbar in Adoleszenzromanen wie Jack Kerouacs *On the Road* (1951) oder J. D. Salingers im selben Jahr publiziertem *The Catcher in the Rye*. Die Musik steht hier ein als Symbol für den unabhängigen Lebensentwurf. Die Gitarre wird zum Requisit des Aussteigers und des Rock'n Roll, der in seiner ausgesprochenen Körperlichkeit als Synonym von Freiheit interpretiert wurde. So wie Nietzsche die dionysische Musik untrennbar mit erotischen Konnotationen verband, so steht die Rockmusik in Verbindung mit der sexuellen Revolution – deshalb wurde sie zum Soundtrack einer Generation, die sich engstirnigen Lebenskonzepten widersetzte.

2.2.4. Kunst, Moral und Metaphysik

Nicht abstrakt, sondern dem Leben zugewandt las Gottfried Benn Nietzsches Philosophie als Überführung des Ästhetischen ins Anthropologische. Es ist bemerkenswert, wie häufig Benn in seinen kunsttheoretischen Äußerungen auf Nietzsche rekurriert. Griff er zunächst vor allem das Konzept des dionysisch-kreativen Rausches auf, so verfolgte der Dichter seit den 1920er Jahren zunehmend die Idee der ‚wesenhaften Form' und den ‚artistischen Stil'. In der Nachfolge Nietzsches erhob Benn die Kunst zur letzten metaphysischen Tätigkeit des Menschen, wobei die schöpferische Lust als transzendentes Phänomen aufgefasst ist. Benn spricht hier nicht nur von einer „Metaphysik der Form", sondern schreibt von der „Moral der Form" (Benn GW 1, 159; 252), welche die Kunst zum Lebenssinn und zur Lebensbestimmung mache, wobei sich der Dichter eines Zitates aus Nietzsches *Geburt der Tragödie* bedient, wenn er postuliert: „Nur als ästhetisches Phänomen ist das Dasein und die Welt ewig gerechtfertigt." (Benn GW 1, 292)

Auch in Albert Camus' sensuell-affirmativem Ansatz (*Le mythe de Sisyphe*) besteht eine Verbindung zu Nietzsche, indem dieser als ein Vertreter des für den Existentialismus als Voraussetzung bedeutsamen Nihilismus wahrgenommen wurde. Doch während Nietzsche die Kunst als Ausweg verstand („*Wir haben die Kunst*, damit wir nicht an der Wahrheit zu Grunde gehn"; Nietzsche KGW 8.3, 296), werden in existentialistischen Werken die bestehenden Abgründe eher verschärft als durch die Kunst gelindert. Beiden Ansätzen gemein ist die von Wagner artikulierte Emphase für die Kunst als Korrelat des Lebens. In diesem Sinne formulierte Camus mit Nietzsche den Satz „Schaffen heißt – zweimal leben." (Camus 1982 [1942], 79) André Gide hingegen interpretierte Nietzsches Philosophie als Antwort auf Schopenhauers Pessimismus (vgl. Kramer 2006). Er beschrieb sein Verhältnis zu Nietzsche als ein destruktives: „Nicht Anregung fand ich in ihm, sondern, im Gegenteil, Behinderung." (zit. nach Hillebrand 2000, 467) Der Konflikt um christliche Glaubenssätze bedeutet auch in Gides Roman *L'Immoraliste* (1902) einen zentralen Aspekt. Eine Linie zu Nietzsches abstrakter Moralphilosophie zeigt sich noch in Konzepten eines Antonin Artaud und dessen ‚Theater der Grausamkeit', wo moralische und ästhetische Fragen diffundieren (Harel 1995, 63–72).

2.2.5. Literarisierung der Biographie

Deutlich zu unterscheiden ist in der Nietzsche-Rezeption zwischen dem musikalisch-philosophischen Diskurs und der Literarisierung der Philosophen-Biographie. Wie Nietzsche in Thomas Manns *Faustus*-Roman in der Künstler-Figur aufscheint, so evozierte Robert Musil in seinem Roman *Der Mann ohne Eigenschaften* das Paradigma von Nietzsche und Wagner. Das ambivalente Verhältnis von Sinnsuche und erkenntniskritischer Leidenschaft findet hier eine literarische Umsetzung. Musil rezipierte nicht in erster Linie Nietzsches Metaphysik, wohl aber dessen Ausführungen zu einem moralisch und gesellschaftlich verantwortungsvollen Handeln. Die Trennlinien zwischen Leben und Werk sind, das zeigte bereits Hans Wollschlägers *Ecce Homo. Zur Krankheit Friedrich Nietzsches* (1968), durchaus nicht leicht zu ziehen. „[...] die Herkunft eines Zeitalters der Dekadenz [...] und des Schauspielers [...], der Demokratie [...] und des Herdenmenschen scheint Musil ganz im Sinne von Nietzsches Prophezeiungen erlebt und beurteilt zu haben." (Seidler 1978, 175) Mit Nietzsche argumentierte Musil sogar gegen den Sozialismus und schrieb voller Ironie von der „Bosheit des Schicksals, Nietzsche und den Sozialismus einem Zeitalter zu schenken" (Musil GW 2, 240; Hillebrand 2000, 105).

In der Nachfolge von Musils Figuren Walter und Clarisse sind Nietzsche und Wagner häufig zur Vorlage von Künstlerbiographien und Fiktionen geworden; nicht selten durch eine vergröberte Perspektive, die Nietzsches philosophische Thesen unreflektiert mit dessen Krankheit in Zusammenhang stellen – oder aber Wagners Biographie auf seine Intendantentätigkeit in Bayreuth reduzieren. Robert Walser sah Nietzsches Idee der Herrenmoral (*Jenseits von Gut und Böse*, 1886) als Resultat seiner Biographie. Besonders in seinen späten Fragmenten lasse sich Nietzsches persönliches Leiden an der Welt nicht mehr von dessen philosophisch-abstrakten Ausführungen trennen.

2.2.6. Prosodie/Sprachmacht/sprachliche Virtuosität

Ein interessanter Aspekt der literarischen Nietzsche-Rezeption ist, dass die inspirierende Wortmacht des Philosophen viele Literaten prosodisch beeinflusste. Bereits bei Wilhelm Weigand (*Welt und Weg. Aus meinem Leben*, 1940), einem Nietzsche-Leser der ersten Stunde, sind es – neben den einschlägigen philosophischen Thesen – auch die Dynamik und der Sprachrhythmus, die der Schriftsteller von Nietzsche geerbt hat. Während Nietzsche noch Jahrzehnte nach dem Ende seiner wissenschaftlichen Laufbahn kaum akademische Anerkennung erfuhr, bezogen sich verschiedene Autoren explizit auf seine Stilistik. In den 1950er Jahren lobte Gottfried Benn Nietzsche nicht nur als Philosophen, sondern auch als „Sprachgenie" (Benn GW 1, 483). Das gereichte Nietzsche nicht immer zum Vorteil, denn es beförderte die Reduktion auf den Sprachvirtuosen, der wegen seines rhetorischen Überschwangs als Philologe, aber auch in Hinblick auf sein philosophisches Denken als fragwürdig eingestuft wurde.

2.3. Kritik und Abgrenzung

Eine inhaltlich kritische Beschäftigung mit Nietzsches Philosophie beginnt, ebenso wie die analytische Auseinandersetzung mit Wagner, erst im Laufe des 20. Jahrhunderts. Wenn schon in Bezug auf die Wagner-Rezeption die Frage lohnt, welche Aspekte seiner Musik oder seiner Schriften eine Aneignung in der Literatur erfahren haben – und ob diese tatsächlich auf Wagner zurückzuführen sind –, so zeichnet sich die Nietzsche-Rezeption in noch viel stärkerem Ausmaß durch ihren eklektischen Zugang aus. Die Problematik, welche Voraussetzungen ideologischer Funktionalisierung in den Texten der Autoren ihre gültige Begründung finden, wurde in der wissenschaftlichen Aufarbeitung in den letzten beiden Jahrzehnten umfassend diskutiert.

Als Reaktion auf die Wagner-Begeisterung des späten 19. Jahrhunderts stellte sich jedoch bereits ab den 1920er Jahren eine kritische Auseinandersetzung sowohl mit Wagner wie auch mit Nietzsche ein. Kein Autor hat sich dabei so vehement vom Wagner'schen Werk abgegrenzt wie Bertolt Brecht (Körber 2006; vgl. III.18 LUCCHESI). Ob sein Lehrstückkonzept aber tatsächlich Wagners musikdramatischen Entwürfen so fremd ist, wurde in der jüngeren Brecht-Rezeption zu Recht in Frage gestellt (vgl. Krabiel 2001, 28–38). Tatsächlich fand Brecht über Wagner zu seinem Gegenkonzept, das sich – analog zu Wagners Kritik an der Oper des 19. Jahrhunderts – aus einer Fundamentalkritik des zeitgenössischen Theaters entwickelte. Auch das gemeinsame Interesse für die griechische Tragödie ist kein Zufall. Als literarische Form griffen sowohl Wagner wie auch Brecht auf das szenische Epos zurück, um diesem im Verbund mit einem Reformgedanken ein neues soziales Potential zu verleihen. So verschieden beide mit der Wechselwirkung von individueller Vorbestimmung, Aufgabe und gesellschaftlichem Kontext umgingen, so ist doch ihre Haltung zur Kunst ähnlich in der Vorstellung, diese habe utopisches Potential und die Aufgabe, gesellschaftliche Neuerungen vorzubereiten. Brecht stellte Wagners Konzept von der unendlichen Melodie das der bewussten Unterbrechung entgegen. An die Stelle der Illusion setzte Brecht die intellektuelle Teilhabe (Calico 2008). Brechts Theaterreform steht mit Nietzsches Wagner-Kritik also insofern in Zusammenhang, als der vermeintlichen Generalabsage ein ambivalentes Moment innewohnt. Auch den wagnerkritischen Schriften von Hanns Eisler ist die Autorität des Komponisten insofern eingeschrieben, als sich der Komponist nicht nur von Wagner distanzierte, sondern sich gegen dessen Wirkungsmacht nachgerade zur Wehr setzte.

Durch die Perspektive von Autoren wie Georg Lukács, der Nietzsche als Vordenker rassistischer Ideologie kritisierte (vgl. Jung 1990), wurde Nietzsche in der DDR-Literatur entweder scharf kritisiert oder ganz gemieden. Während Wagner immerhin einen festen Platz in den Spielplänen hatte, stand Nietzsches Denken auch bei differenziert argumentierenden Rezipienten wie Hans Mayer unter dem Verdacht, für faschistoide Ideologie brauchbar zu sein. In der DDR-Literatur wurde Nietzsches Wagner-Interpretation nur sehr verhalten rezipiert. Erst Autoren wie Heiner Müller fanden zu einem konstruktiven Umgang mit Nietzsche.

Wie schon zur Zeit des *Wagnérisme* ist auch in der zweiten Hälfte des 20. Jahrhunderts Frankreich ein Zentrum der Wagner-Nietzsche-Rezeption. Jacques Derrida etwa stellte mit seinem Denken der ‚Différance' die Wandelbarkeit des Sinnhaften heraus, das – mit Bezug auf Nietzsche – auch Einfluss nahm auf Peter Sloterdijks Konzept einer dezentrierten Subjektivität. Philippe Lacoue-Labarthe betrieb mit *Musica ficta. Figures de Wagner* (1991) eine intensive Auseinandersetzung mit Wagner und seiner Rezeption durch u. a. Baudelaire, Mallarmé, Heidegger und Adorno. Herbert Schnädelbach datiert das Ende des Nietzscheanismus gleichwohl schon auf die 1980er Jahre. Danach sei Nietzsche als ‚Klassiker' in die Denkmäler aufgenommen worden (2004, 148). In der jüngeren Literatur verwischen sich die rezeptiven Spuren, wobei Peter Handke als Folgeautor insofern zu nennen ist, als dieser den Zusammenhang von Kunstschaffen und Lebenssinn im Geiste Nietzsches aufgreift. Populär geworden ist Slavoj Žižeks philosophisch-psychoanalytische Verortung von Wagners Musikdramen *Tristan*, *Meistersinger* und *Parsifal* in den Koordinaten einer ödipalen Matrix. Eine der jüngsten literarischen Auseinandersetzungen mit Wagner findet in Elfriede Jelineks *rein GOLD* (2013) statt, das die Musik aus Richard Wagners *Ring der Nibelungen* verarbeitet. Jelinek verwendet Wagners Vorlage als Material, das montiert, überschrieben und neu zusammengesetzt wird, um den Erlösungswahn im Kapitalismus zu persiflieren. So entfaltet Wagners Opernwelt weiterhin identifikatorische wie kritische Projektionsmöglichkeiten und Reibungsflächen, die in gewisser Weise den Extremspannungen Nietzsches auch dort noch verpflichtet sind, wo sie sich nicht mehr ausdrücklich auf dessen Prämissen zurückführen lassen.

Literatur

Adorno, Theodor W. „Versuch über Wagner" [1938]. *Gesammelte Schriften 13: Die musikalischen Monographien* (=GS 13). Hrsg. von Rolf Tiedemann unter Mitwirkung von Gretel Adorno, Susan Buck-Morss und Klaus Schulz. Frankfurt am Main: Suhrkamp, 2003. 7–148.
Benn, Gottfried. „Dorische Welt: Eine Untersuchung über die Beziehung von Kunst und Macht" [1933]. *Gesammelte Werke 1: Essays, Reden, Vorträge* (=GW 1). 2. Aufl. Hrsg. von Dieter Wellershoff. Wiesbaden: Limes, 1959, 1962. 263–294.
Benn, Gottfried. „Nietzsche – nach fünfzig Jahren" [1950]. *Gesammelte Werke 1: Essays, Reden, Vorträge* (=GW 1). 2. Aufl. Hrsg. von Dieter Wellershoff. Wiesbaden: Limes, 1962. 482–493.
Berghahn, Cord-Friedrich. „Wagner und die Literatur seiner Zeit". *Wagner-Handbuch*. Hrsg. von Laurenz Lütteken. Kassel i. a.: Bärenreiter, 2012. 168–172.
Bernbach, Udo. *Der Wahn des Gesamtkunstwerks. Richard Wagners politisch-ästhetische Utopie*. 2. Aufl. Stuttgart und Weimar: Metzler, 2004.
Bernbach, Udo et al. (Hrsg.). *Wagner und Italien*. Würzburg: Königshausen & Neumann, 2010.
Betz, Albrecht. „Der junge Proust als Wagnerianer". *Von Wagner zum Wagnérisme*. Hrsg. von Annegret Fauser und Manuela Schwartz. Leipzig: Universitäts Verlag, 1999. 433–444.
Borchmeyer, Dieter. *Richard Wagner. Ahasvers Wandlungen*. Frankfurt am Main: Insel, 2002.
Borchmeyer, Dieter. „Thomas Mann". *Wagner-Lexikon*. Laaber: Laaber, 2012. 433–435.
Brandenburg, Daniel, Rainer Franke und Anno Mungen (Hrsg.). *Das Wagner Lexikon*. Laaber: Laaber, 2012.
Braun, Stephan. *Topographien der Leere – Friedrich Nietzsche. Schreiben und Schrift*. Würzburg: Königshausen, 2007.
Brinkmann, Reinhold. *Von der Oper zum Musikdrama. 5 Vorträge von Reinhold Brinkmann*. Hrsg. von Stefan Kunze. Bern und München: Francke, 1978.
Calico, Joy Haslam. *Brecht at the Opera*. Berkeley: California Press, 2008.
Camus, Albert. *Der Mythos von Sisyphos*. Reinbek bei Hamburg: Rowohlt, 1982 [1942].
Cicora, Mary A. „Brunnhilde on Naxos: A Study of the Wagnerian Influence on Hofmannsthal's Dramas and the Hofmannsthal-Strauss Dramas". *„Ring" and German drama : comparative studies in mythology and history in drama*. Westport i. a.: Greenwood Press, 1999.
Dahlhaus, Carl. *Richard Wagner. Werk und Wirkung*. Regensburg: Bosse, 1971.
Däubler, Theodor. „Expressionismus". *Dichtungen und Schriften*. Hrsg. von Friedhelm Kemp. München: Kösel, 1956. 853–859.
Edschmid, Kasimir. „Über den dichterischen Expressionismus". *Frühe Manifeste. Epochen des Expressionismus*. Hamburg: Wegner, 1957. 31–34.
Eger, Manfred. *Nietzsches Bayreuther Passion*. Freiburg im Breisgau: Rombach, 2001.
Fauser, Annegret und Monika Schwartz (Hrsg.). *Von Wagner zum Wagnérisme. Musik, Literatur, Kunst, Politik*. Leipzig: Leipziger Universitäts Verlag, 1999.
Fischer, Jens Malte. *Richard Wagner und seine Wirkung*. Wien: Zsolnay, 2013.

Foucault, Michel. *Die Ordnung der Dinge. Eine Archäologie der Humanwissenschaften*. Aus dem Französischen von Ulrich Köppen. Frankfurt am Main: Suhrkamp, 1983.
Friedrich, Sven. „Wagner als Ideologe". *Wagner-Handbuch*. Kassel i. a.: Bärenreiter, 2012. 454–458.
Fuhrmann, Wolfgang. „Leitmotiv". *Wagner-Lexikon*. Laaber: Laaber, 2012. 387–390.
Geck, Martin. *Wagner*. München: Siedler, 2012.
Georg-Lauer, Jutta. *Dionysos und Parsifal. Eine Studie zu Nietzsche und Wagner*. Würzburg: Königshausen & Neumann, 2001.
Harel, Simon. „Artaud et Nietzsche: une métaphysique des forces". *Antonin Artaud. Figures et portraits vertigineux*. Hrsg. von Simon Harel. Montréal: XYZ éditeur, 1995. 63–72.
Hillebrand, Bruno. *Nietzsche und die deutsche Literatur*. 2 Bde. München i. a.: dtv, 1978.
Hillebrand, Bruno. *Nietzsche: Wie ihn die Dichter sahen*. Göttingen: Vandenhoeck & Ruprecht, 2000.
Hintz, Hans. *Liebe, Leid und Größenwahn. Eine integrative Untersuchung zu Richard Wagner, Karl May und Friedrich Nietzsche*. Würzburg: Königshausen & Neumann, 2007.
Hofmann, Werner. „Nietzsche und die Kunst des 20. Jahrhunderts". *Schopenhauer und die Künste*. Hrsg. von Günther Baum und Diether Birnbacher. Göttingen: Wallstein, 2005. 308–323.
Hudek, Franz-Peter. *Die Tyrannei der Musik. Nietzsches Wertung des Wagnerischen Musikdramas*. Würzburg: Königshausen & Neumann, 1989.
Jung, Werner. „Das Nietzsche-Bild von Georg Lukács. Zur Metakritik einer marxistischen Nietzsche-Deutung". *Nietzsche-Studien* 19 (1990): 419–430.
Kaufhold, Bernhard. „Zur Nietzsche-Rezeption in der westdeutschen Philosophie der Nachkriegszeit". *Beiträge zur Kritik der gegenwärtigen bürgerlichen Geschichtsphilosophie*. Hrsg. von Robert Schulz. Berlin: Deutscher Verlag der Wissenschaften, 1958. 279–409.
Keith, Thomas. *Nietzsche-Rezeption bei Gottfried Benn*. Köln: Teiresias, 2001.
Körber, Thomas. *Nietzsche in der deutschsprachigen Nachkriegsliteratur*. Würzburg: Königshausen & Neumann, 2006.
Koppen, Erwin. *Dekadenter Wagnerismus. Studien zur europäischen Literatur des Fin de Siècle*. Berlin i. a.: De Gruyter, 1973.
Koss, Juliet. *Modernism after Wagner*. Minneapolis: University of Minnesota Press, 2010.
Kramer, Anett. *Kultur der Verneinung. Negatives Denken in Literatur und Philosophie des 19. Jahrhunderts*. Frankfurt am Main i. a.: Peter Lang, 2006.
Krause, Jürgen. *„‚Märtyrer' und ‚Prophet'". Studien zum Nietzsche-Kult in der Bildenden Kunst der Jahrhundertwende*. Berlin und New York: De Gruyter, 1984.
Kreis, Rudolf. *Nietzsche, Wagner und die Juden*. Würzburg: Königshausen & Neumann, 1995.
Lacoue-Labarthe, Philippe. *Musica ficta. Figures de Wagner*. Paris: Bourgois, 1991.
Laroche, Bernd. *Der fliegende Holländer. Wirkung und Wandlung eines Motivs. Heinrich Heine – Richard Wagner – Edward Fitzball – Paul Foucher und Henry Revoil/Pierre-Louis Dietsch*. Frankfurt am Main i. a.: Peter Lang, 1993.
Leetgen, Daniel. „Das Reinmenschliche". *Wagner Lexikon*. Hrsg. von Daniel Brandenburg, Rainer Franke und Anno Mungen. Laaber: Laaber, 2012. 556–558.
Lethen, Helmut. *Verhaltenslehren der Kälte. Lebensversuche zwischen den Kriegen*. Frankfurt am Main: Suhrkamp, 1994.
Lütteken, Laurenz (Hrsg.). *Wagner-Handbuch*. Kassel i. a.: Bärenreiter, 2012.

Mallarmé, Stéphane. *Oeuvres complètes*. Hrsg. von Henri Mondor und Georges Jean-Aubry. Paris: Gallimard, 1956.

Mann, Heinrich. *Ein Zeitalter wird besichtigt*. 2. Aufl. Berlin, 1947.

Mann, Thomas. „Leiden und Größe Richard Wagners" [1933]. *Gesammelte Werke 9: Reden und Aufsätze* (=GW 9). Hrsg. von Hans und Ernst Bürgin und Peter de Mendelssohn. Frankfurt am Main: Fischer, 1960. 363–426.

Mann, Thomas. „Richard Wagner und der ‚Ring des Nibelungen'" [1937]. *Gesammelte Werke 9: Reden und Aufsätze 1* (=GW 9). Hrsg. von Hans und Ernst Bürgin und Peter de Mendelssohn. Frankfurt am Main: Fischer, 1960. 502–527.

Mann, Thomas. „Nietzsches Philosophie im Lichte unserer Erfahrung" [1947]. *Gesammelte Werke 9: Reden und Aufsätze 1* (=GW 9). Hrsg. von Hans und Ernst Bürgin und Peter de Mendelssohn. Frankfurt am Main: Fischer, 1960. 675–712.

Mann, Thomas. „Meistersinger" [1935]. *Gesammelte Werke 10: Reden und Aufsätze 2* (=GW 10). Hrsg. von Hans und Ernst Bürgin und Peter de Mendelssohn. Frankfurt am Main: Fischer, 1960. 928–929.

Mann, Thomas. *Im Schatten Wagners. Thomas Mann über Richard Wagner. Texte und Zeugnisse 1895–1955*. Ausgewählt, kommentiert und mit einem Essay von Hans Rudolf Vaget. Frankfurt am Main: Fischer Taschenbuch Verlag, 1999.

Möller, Joachim. *Wagner – Nietzsche – George. Das Ende von Musik, Philosophie, Dichtung*. Essen: Die Blaue Eule, 1994.

Musil, Robert. „Tagebuch, Heft 8. Allgemeines." [1920]. *Gesammelte Werke in Einzelausgaben 2: Tagebücher, Aphorismen, Essays und Reden* (=GW 2). Hrsg. Adolf Frisé. Reinbek bei Hamburg: Rowohlt, 1955. 225–252.

Nietzsche, Friedrich. „Richard Wagner in Bayreuth (Unzeitgemäße Betrachtungen IV)" [1876]. *Werke. Kritische Gesamtausgabe 4.1: Richard Wagner in Bayreuth (Unzeitgemäße Betrachtungen IV). Nachgelassene Fragmente Anfang 1875–Frühling 1876* (=KGW 4.1). Hrsg. von Giorgio Colli und Wolfgang Müller-Lauter. Berlin und New York: De Gruyter, 1967. 3–82.

Nietzsche, Friedrich. „Der Fall Wagner" [1888]. *Werke. Kritische Gesamtausgabe 6.3: Der Fall Wagner. Götzen-Dämmerung. – Nachgelassene Schriften (August 1888 – Anfang Januar 1889): Der Antichrist. Ecce homo. Dionysos-Dithyramben. – Nietzsche contra Wagner* (=KGW 6.3). Hrsg. von Giorgio Colli und Wolfgang Müller-Lauter. Berlin und New York: De Gruyter, 1969. 1–47.

Nietzsche, Friedrich. „Die Geburt der Tragödie" [1872]. *Werke. Kritische Gesamtausgabe. 3.1: Die Geburt der Tragödie. Unzeitgemäße Betrachtungen I–III (1872–1874)* (=KGW 3.1). Hrsg. von Giorgio Colli und Mazzino Montinari. Berlin und New York: De Gruyter, 1972. 5–152.

Nietzsche, Friedrich. „Die Kunst in der ‚Geburt der Tragödie'" [1888]. *Werke. Kritische Gesamtausgabe 8.3: Nachgelassene Fragmente Anfang 1888 bis Anfang Januar 1889* (=KGW 8.3). Hrsg. von Giorgio Colli und Mazzino Montinari. Berlin und New York: De Gruyter, 1972. 296–302.

Nietzsche, Friedrich. „Die dionysische Weltanschauung" [1870]. *Werke. Kritische Gesamtausgabe 3.2: Nachgelassene Schriften 1870–1873* (=KGW 3.2). Hrsg. von Giorgio Colli und Mazzino Montinari. Berlin und New York: De Gruyter, 1973. 43–69.

Nietzsche, Friedrich. „Unzeitgemäße Betrachtungen. Zweites Stück: Vom Nutzen und Nachtheil der Historie für das Leben" [1874]. *Werke. Kritische Gesamtausgabe. 3.1: Die Geburt der Tragödie. Unzeitgemäße Betrachtungen I–III (1872–1874)* (=KGW 3.1). Hrsg. von Giorgio Colli und Mazzino Montinari. Berlin und New York: De Gruyter, 1978. 239–330.

Nietzsche, Friedrich. „Richard Wagner in Bayreuth" [1874]. *Werke. Kritische Gesamtausgabe 3.4: Nachgelassene Fragmente Sommer 1872 bis Ende 1874* (=KGW 3.4). Hrsg. von Giorgio Colli und Mazzino Montinari. Berlin und New York: De Gruyter, 1978. 374–389.

Nietzsche, Friedrich. „Brief an Reinhart von Seydlitz" [1878]. *Briefwechsel. Kritische Gesamtausgabe 2.5: Briefe von Friedrich Nietzsche Januar 1875–Dezember 1879* (=KGB 2.5). Hrsg. von Giorgio Colli und Mazzino Montinari. Berlin und New York: De Gruyter, 1980. 300.

Ottman, Henning. „Aspekte der Rezeption und Wirkung", darin: „Musik". *Nietzsche-Handbuch. Leben – Werk – Wirkung*. Hrsg. von Henning Ottmann. Stuttgart: Metzler, 2000. 468–478.

Rattner, Josef. „Rainer Maria Rilke und Friedrich Nietzsche". *Nietzsche-Handbuch. Leben – Werk – Wirkung*. Hrsg. von Henning Ottmann. Stuttgart i. a.: Metzler, 2000. 284–294.

Reinke, Claudius. *Musik als Schicksal. Zur Rezeptions- und Interpretationsproblematik der Wagnerbetrachtung Thomas Manns*. Osnabrück: Rasch, 2002.

Schneider, Manfred. „Der Parsifal-Komplex. Wagner bei Nietzsche und Proust". *Ton-Sprache. Komponisten in der deutschen Literatur*. Hrsg. von Gabriele Brandstetter. Bern i. a.: Paul Haupt, 1995. 143–170.

Seidler, Ingo. „Das Nietzschebild Robert Musils". *Nietzsche und die deutsche Literatur 2*. Hrsg. von Bruno Hillebrand. München und Tübingen: dtv, 1978. 160–185.

Shapiro, Gary. *Archeologies of Vision. Foucault and Nietzsche on Seeing and Saying*. Chicago und London: University Press, 2003.

Sorgner, Stefan Lorenz. *Wagner und Nietzsche: Kultur – Werk – Wirkung*. Reinbek bei Hamburg: Rowohlt, 2008.

Steffen, Hans. „Hofmannsthal und Nietzsche". *Nietzsche und die deutsche Literatur 2*. Hrsg. von Bruno Hillebrand. München und Tübingen: dtv, 1978. 4–11.

Steinke, Tim. *Oper nach Wagner*. Kassel i. a.: Bärenreiter, 2011.

Thorau, Christian. *Semantisierte Sinnlichkeit – Studien zu Rezeption und Zeichenstruktur der Leitmotivtechnik Richard Wagners*. Stuttgart: Steiner, 2003.

Vogel, Martin. *Nietzsche und Wagner. Ein deutsches Lesebuch*. Bonn: Verlag für systematische Musikwissenschaft, 1984.

Wagner, Cosima. *Die Tagebücher IV: 1881–1883*. Hrsg. von Martin Gregor-Dellin und Dietrich Mack. 2. Aufl. München i. a.: Piper, 1982.

Wagner, Richard. „Zukunftsmusik" [1861]. *Gesammelte Schriften und Dichtungen 7* (=GSD 7). Hrsg. von Wolfgang Golther. Berlin i. a.: Deutsches Verlagshaus Bong & Co, 1907. 87–137.

Wagner, Richard. „Das Kunstwerk der Zukunft" [1850]. *Gesammelte Schriften und Dichtungen 3* (=GSD 3). Hrsg. von Wolfgang Golther. Berlin i. a.: Deutsches Verlagshaus Bong & Co, 1914. 42–177.

Wagner, Richard. „Oper und Drama" [1852]. *Gesammelte Schriften und Dichtungen 4* (=GSD 4). Hrsg. von Wolfgang Golther. Berlin i. a.: Deutsches Verlagshaus Bong & Co, 1914. 1–229.

Wagner, Richard. „Was ist deutsch" [1865/1878]. *Gesammelte Schriften und Dichtungen 10* (=GSD 10). Hrsg. von Wolfgang Golther. Berlin i. a.: Deutsches Verlagshaus Bong & Co, 1914. 36–53.

Weigand, Wilhelm. *Welt und Weg. Aus meinem Leben*. Bonn: Röhrscheid, 1940.

Weismüller, Christoph. *Musik, Traum und Medien. Philosophie des musikdramatischen Gesamtkunstwerks. Ein medienphilosophischer Beitrag zu Richard Wagners öffentlicher Traumarbeit*. Würzburg: Königshausen & Neumann, 2001.

Wildermuth, Armin. *Nietzsche und Wagner. Geschichte und Aktualität eines Kulturkonflikts*. Zürich: Orell-Füssli, 2008.

Winckelmann, Johann Joachim. *Gedanken über die Nachahmung der griechischen Werke in der Malerey und Bildhauerkunst*. 2. Aufl. Dresden und Leipzig: Walther, 1756.

Zimmermann, Michael. „Träumerei eines französischen Dichters". *Stéphane Mallarmé und Richard Wagner*. München und Salzburg: Emil Katzbichler, 1981.

III.17. Klangwelten literarischer Avantgarden – Virginia Woolf, T. S. Eliot und Samuel Beckett

Claudia Olk

In der ästhetischen Theorie des ausgehenden 19. Jahrhunderts erlangte die Aussage des Kritikers und Essayisten Walter Pater – „all art constantly aspires towards the condition of music" (1924, 111) – paradigmatische Bedeutung. Pater, der Lehrer Oscar Wildes, beschreibt damit eine durch die Musik inspirierte Transgressionsdynamik im medialen Bewusstsein der Avantgarde. Die Auseinandersetzung der literarischen Avantgarde mit der Musik zielt auf die experimentelle Erkundung der Möglichkeiten wie der Grenzen künstlerischer Repräsentation, die auf ein gewandeltes Verhältnis zwischen der Wirklichkeit und ihrer Darstellung sowie der Sinneserfahrung und der Sprache reflektieren. Die modernistische Einsicht in die Nicht-Repräsentierbarkeit der Wirklichkeit bedingt eine intensivierte Reflexion über die Relationen der Künste zueinander.

Dieses Wechselspiel der Künste sowie die Erkundung der Grenzbereiche der Materialität und Medialität finden in der jüngeren Forschung verstärkt Beachtung (Martin 1991; Bryden 1998; Laws 2003; Humm 2010). Insbesondere in Bezug auf die Moderne manifestierte sich darin eine zunehmende intermediale Orientierung und Neugewichtung der Repräsentationssysteme untereinander. Der Dialog der Literatur mit der Bildenden Kunst wie mit der Musik rekonfigurierte das Verhältnis zwischen den Künsten und resultierte ebenso in Neukonzeptionen der Wahrnehmung, die den mimetischen Effekt von Sprache problematisieren.

Innerhalb dieser Strukturdynamik der Moderne, die auf mediale Entgrenzung zielt, erscheint die Musik nicht nur als ein Modus der Reflexion, der Einsichten in die Differenzverhältnisse der Künste zueinander zugänglich macht und ihre Vermittlungsstrukturen freilegt, sondern als schöpferisches Prinzip, das einen unabschließbaren Prozess aus Formgebung und Formauflösung initiiert.

Pater rekurriert auf diese Dynamik, die sich insbesondere im Bereich der Sprache manifestiert. Musikalisierung der Sprache bedeutet mithin einerseits, dass klangliche Phänomene nicht nur beschrieben, sondern auch mit einem semantischen oder affektiven Sinn versehen werden. Andererseits enthält die Musikalisierung der Sprache aber gerade keine Annäherung an eine semantisierte Variante der Musik, sondern beschreibt die Ablösung des Klangs von aller definiten semantischen Referenz (vgl. II.1.1 HINDRICHS; III.8 HILLEBRANDT). Musikalische Strukturprinzipien wie Rhythmus, Phrasierung, Echo und Wiederholung werden zu bevorzugten Mitteln der Darstellung, die das Kunstwerk ostentativ als Entzug von Anschaulichkeit inszenieren. Musik wird darin als nicht-referentieller Diskurs wirksam, der neue Korrelationen der Bedeutungsvermittlung hervorbringt.

Wegbereitend für den Dialog der literarischen Avantgarde mit der Musik sowie Ausweis ihrer romantischen Prägung war Richard Wagners Konzept des Gesamtkunstwerks (vgl. III.15 SCHNEIDER; III.16 WISSMANN). Laut Friedrich Nietzsche kann das künstlerische Projekt der Moderne in seiner gesamten Komplexität und Ambivalenz nur mit Wagner verstanden werden: „Wagner resümirt die Modernität. Es hilft nichts, man muss erst Wagnerianer sein." (Nietzsche KSA 6, 12)

Nietzsche, der seine ästhetische Philosophie in der Auseinandersetzung mit der Musik Richard Wagners entwickelte, beschreibt in *Die Geburt der Tragödie aus dem Geiste der Musik* (1872) das Grundmotiv der „Duplicität des Apollinischen und des Dionysischen" (Nietzsche KSA 1, 25), aus dem sich die Spannung zwischen dem formstiftenden apollinischen Prinzip und der Diffusion jeglicher Formprinzipien im dionysischen Rausch entfaltet. Die Schrift, die als romantische Kritik an der Aufklärung gelesen wurde, verfolgt die zentrale These, dass die Entstehung des Tragischen an zwei abstrakte, ineinander verschränkte ästhetische Prinzipien und nicht eindeutig an das Phänomen Sprache gebunden ist.

Wie Nietzsche begreift auch Charles Baudelaire in seinem Essay *Richard Wagner et Tannhäuser à Paris* (1861) die Kunst Wagners als paradigmatisch für seine Epoche. Baudelaire identifiziert anhand der musikalischen Struktur des *Tannhäuser* den Widerstreit des spirituell-geistigen wie des materiell-körperlichen Prinzips und beschreibt die aus diesen Kontrasten erwachsende Dynamik des Wagner'schen Kunstwerks, das schöpferische Energien jenseits sprachlich formaler Ordnungen freisetzt. Baudelaires Essay über den *Tannhäuser* (1861) löste einen Wagner-Kult aus, der sich u. a. in Édouard Dujardins *Revue Wagneriénne* (1885–1887), in der poetische Grundsatzartikel der Avantgarde wie die Dichtung Jules Laforgues und Stéphane Mallarmés veröffentlicht wurden, fortsetzte.

Baudelaire schildert die Wirkung der musikalischen Kunst der Avantgarde primär in Metaphern der Vibration und des Bebens, die die ästhetische Erfahrung als energetisch-organisches Zusammenspiel mit der Melodie begreift: „Dès les premières mesures, les nerfs vibrent à l'unisson de la mélodie; toute chair qui se souvient se met à trembler." (ŒC 2, 795) Er vergleicht das ästhetische Erlebnis der Wagner'schen Oper mit einem Rausch („ivresse") und assoziiert es mit Szenarien der Immersion und des Versinkens unter Verwendung einer dominanten Metaphorik von Wellen („vague") und Flut („onde") (ŒC 2, 783; 785; 794).

Wie die deutsche und französische Avantgarde, so war auch die englische Literatur der Moderne fasziniert von der in erster Linie durch Beethoven, Wagner und Strawinsky repräsentierten deutschen Tradition der Klassik und Romantik

(Di Gaetani 1978, 12–20). Im Folgenden sollen exemplarisch ausgewählte Werke Virginia Woolfs, T. S. Eliots sowie Samuel Becketts betrachtet werden, welche die Musik in strukturell-kompositorischer sowie thematisch-intertextueller Hinsicht in den Gattungen des Romans, der Lyrik sowie des Dramas reflektieren.

1. Virginia Woolf

1.1. „This fellow Wagner" (Woolf 1992a, 94) – modernistische Ästhetik und die Musik des 19. Jahrhunderts

Nach einem Besuch der Bayreuther Bühnenfestspiele im Jahr 1909 beschreibt die junge Virginia Woolf ihre Eindrücke: „[...] the audience at Bayreuth, pilgrims many of them from distant lands, attend with all their power. [...] they rustle into their seats, and scarcely stir till the last wave of sound has ceased; when a stick falls, there is a nervous shudder [...] through the entire house." (Woolf, *Essays* I, 289) Die energetisch aufgeladene Aura des Festspielhauses als Pilgerstätte wird ironisch als Form religiöser Ergriffenheit bezeichnet und wie bei Baudelaire mit Metaphern des Wassers, der sich fortsetzenden nervösen Schwingungen belegt.

Die Verbindung von Sprache und Musik prägte Woolfs literarisches Schaffen. So widmete sie bereits ihre frühesten Essays, *Street Music* (1905), *The Opera* (1906) und *Impressions at Bayreuth* (1909), der Musik in ihren unterschiedlichsten Formen – der Straßenmusik, den Klangfarben der Großstadt London ebenso wie monumentaleren Genres wie den Wagner'schen Musikdramen, die den Kunstgeschmack der oberen Mittelschicht prägen. Kennzeichnend für diese frühen Texte ist bereits die Beobachtung der konzeptionellen Herausforderung, sich der Musik mit sprachlichen Mitteln zu nähern: „[...] we are miserably aware how little words can do to render music." (Woolf, *Essays* I, 288) Woolf fokussiert bereits in diesen frühen Essays das Problem der Vermittlung, der Übersetzbarkeit von Musik in Literatur: „[...] its [d. h. music's, C. O.] scope is much less clearly defined than the scope of the other arts. [...] its statements have all the majesty of a generalisation, and yet contain our private emotions." (Woolf, *Essays* I, 291)

Musik, in der sich das Allgemeine wie das Individuell-Private durchdringen, war ein wichtiger Bestandteil des häuslichen und gesellschaftlichen Lebens der viktorianischen Familie Stephen. Die Schwestern Virginia und Vanessa Stephen erhielten Klavier- und Gesangsunterricht (Woolf, *Letters* II, 144), nicht selten zählten mehrmals wöchentliche Konzert- und Opernbesuche zu den zahlreichen von der Familie wahrgenommenen öffentlichen Anlässen (Sutton 2013, 8), und zu den Freunden und Bekannten der Familie gehörten namhafte Musiker wie der

Komponist Sir Hubert Parry (Sutton 2013, 5) und später Woolfs enge Freundin, die Komponistin Ethel Smyth, an die sie 1940 schreibt: „I want to investigate the influence of music on literature. But there's not a book on music that gives me a hint – Parry al padding. What about Tovey? Too metaphysical." (*Letters* VI, 450) Über ihre Jugend resümiert Woolf lakonisch, dass sie diese weitgehend im Opernhaus in Covent Garden verbracht habe (*Letters* I, 333; 331; *Letters* III, 56).

Sie verehrte insbesondere Beethoven, Mozart und Wagner. Bis zum Jahr 1914 hatte sie Aufführungen nahezu aller Wagner'schen Musikdramen gesehen, davon allein den *Ring* mindestens fünfmal sowie die *Meistersinger* zweimal innerhalb von einer Woche (Sutton 2013, 8). Dennoch stand sie den Inszenierungen nicht nur unkritisch ehrerbietend gegenüber, sondern bemerkt über den *Ring* in Bayreuth: „[...] the actual performances [...] have been below the level of many that have been given in London." (*Essays* I, 292) Ebenso waren dezidiert teutonische Stereotypisierungen Gegenstand ihres Spottes: „I can never quite get over the florid Teuton spirit, with its gross symbolism and its flaxen tresses." (*Letters* I, 407)

„I always think of my books as music before I write them", schreibt Woolf in einem Brief aus dem Jahr 1940. Wenngleich sie selbigen Satz mit der Eingangsbemerkung „I'm not regularly musical" (*Letters* VI, 426) relativiert, so verwendet die Autorin vielfach Metaphern aus der Musik, um Prozesse des Lesens und Schreibens zu veranschaulichen, und reflektiert ihr künstlerisches Schaffen wie ihre Ästhetik mit Rückgriff auf die Musik. Während sie *Mrs. Dalloway* schreibt, vergleicht sie sich in einem Eintrag in ihrem Tagebuch mit einer Sängerin: „It strikes me that in this book I practise writing; do my scales; yes & work at certain effects." (*Diary* II, 319) Die frühen Arbeitsphasen an *To the Lighthouse* im Jahr 1925 werden als Improvisationen am Klavier betrachtet: „I have sat here, like an improviser with his hands rambling over the piano." (*Diary* III, 37)

1.2. *The Voyage Out* – musikalische Expression und die Grenzen der Sprache

In Woolfs erstem Roman *The Voyage Out* wird Musik, speziell das Klavierspiel, als befreiende Erfahrung für die viktorianisch erzogene Protagonistin Rachel Vinrace eingeführt. Rachel, Tochter eines Kapitäns, wächst in der Obhut ihrer Tante Helen in der südamerikanischen Enklave Santa Maria auf und erfährt sich zunehmend als Außenseiterin in der kolonialen Gesellschaft. Ihre jugendlich markierte Perspektive auf die Dinge wird durch ihre unzureichende Fähigkeit, sich sprachlich zu artikulieren, gekennzeichnet. Sie sucht und findet Zuflucht in der Musik. Bachs Fugen und insbesondere Beethovens Klaviersonate Op. 111 bieten ihr die expressiven Möglichkeiten, ihre Empfindungen in anderen als den sprachlich kodierten Formen auszudrücken. In *The Voyage Out* finden sich überdies zahlreiche intertextuelle Referenzen auf das Werk Wagners. Woolf ironisiert die Haltung der mondänen Mrs. Dalloway, die Wagner so elitebewusst-oberflächlich wie rührselig rezipiert und den Musikgeschmack der englischen oberen Mittelschicht repräsentiert. Anspielungen insbesondere auf *Tristan und Isolde* weisen auf das Ende des Romans voraus, wenn Rachel und ihr Jugendfreund, der angehende Schriftsteller Terence Hewett, den Protagonisten der Wagner-Oper ähnlich werden. Auf einer Bootsfahrt in die abgeschiedene Gegenwelt des Urwalds gestehen sie sich ihre Liebe, doch Rachel erkrankt nach ihrer Rückkehr und Terence, analog zu Tristan in der Liebesnacht, reflektiert an ihrem Totenbett darüber, dass ihre Liebe – „the union which had been impossible while they lived" (Woolf 1992b [1915], 334) – sich nur in der Ewigkeit erfüllen kann. Im Gegensatz zu Tristan aber überlebt Terence, der Schriftsteller. Seine Sehnsucht nach Vollendung bleibt unerfüllt und der Roman versagt dem Motiv des Liebestods seine melodramatische Komponente.

1.3. *The Waves* – Formwerdung und Diffusion

Seit seiner Veröffentlichung im Jahr 1931 gilt *The Waves* als Woolfs besonders von der Musik inspirierter Roman (Sutton 2013, 137), der diese wie auch die impressionistische Malerei in einen Dialog mit der Erzählung eintreten lässt. In einem Brief an Ethel Smyth bezeichnet Woolf *The Waves* entsprechend als ein „impossible book" (*Letters* IV, 187), das, anstatt einem konventionellen Handlungsgang zu folgen, entlang eines Rhythmus komponiert ist, über den Woolf bemerkt, er sei „in harmony with the painters" (*Diary* III, 316). Der Roman beginnt mit einem Schöpfungsszenario, dem erzählerischen Nachvollzug eines Sonnenaufgangs über dem Meer: „The sun had not yet risen. The sea was indistinguishable from the sky." (Woolf 2000 [1931], 1) Der von Woolf beschriebene Rhythmus des Romans ist durch das Motiv der Wellen, einer rekursiven Strukturbewegung des Aufbaus und des Rückgangs, des Werdens und Vergehens, gekennzeichnet, die sich mit der Symbolik des Wassers als lebensspendendem wie zugleich todbringendem Element verbindet. Der in den Naturdarstellungen der sogenannten ‚Interludien' bestehende äußere Rahmen des Romans ist durch den Lauf der Sonne an einem Tag bestimmt und kehrt am Schluss in einer zyklischen Bewegung zu dem Bild der Untrennbarkeit von Meer und Himmel zurück: „Now the sun had sunk. Sky and sea were indistinguishable." (Woolf 2000 [1931], 157)

Die zirkuläre Struktur des Romans ist häufig in Bezug auf Wagners *Ring* gelesen worden (Di Gaetani 1978, 119; Sutton 2013, 138), und in der Tat verarbeitet der Roman den *Ring* leitmotivisch auf vielen seiner Ebenen. Sowohl der äußere ‚Ring' des Romans wie auch sein innerer, der Zirkel von sechs Freunden, weisen deutliche Affinitäten zu Wagners Tetralogie auf (Di Gaetani 1978, 119 f.). Der Ring wird zum zentralen Kompositionsprinzip des Romans, der zugleich auf der Ebene des Visuellen wie des Auditiven markiert ist. So artikulieren die sechs Freunde in einem zweiten Beginn des Romans ihre Sinneswahrnehmungen: „'I see a ring', said Bernard, ,hanging above me. It quivers and hangs in a loop of light.'" (Woolf 2000 [1931], 2) Ihre Zusammentreffen und Abschiede werden in einer Dynamik aus Konzentration und Expansion beschrieben: „The circle is unbroken; the harmony complete. Here is the central rhythm; here the common mainspring. I watch it expand, contract; and then expand again. Yet I am not included." (Woolf 2000 [1931], 60) Der Kreis der Freunde versammelt sich um die Leerstelle des abwesenden, schweigenden Freundes Percival. Anders als Parsifal kehrt Percival jedoch nicht von seiner Reise nach Indien zurück, und das durch ihn repräsentierte Zentrum der Gruppe bleibt ein Fluchtpunkt der Imagination in einer wechselseitig konstitutiven Beziehungsrelation zwischen Diffusion und Formwerdung: „[I] shall try to-night to fix into words, to forge a ring of steel, though Percival destroys it [...]. Yet it is Percival I need; for it is Percival who inspires poetry." (Woolf 2000 [1931], 23) Die Heldendarstellung des Romans bleibt gebrochen. Percival wird zu einer anachronistischen Figur und der Rekurs auf den Mythos als sinngebende wie holistische Einheit erscheint als vergebliche Geste und verdeutlicht die Ambivalenz, die in Woolfs intertextuellen Bezügen auf Wagner hervortritt.

2. T. S. Eliot – Musik und Mythos

„Eliot dined last Sunday & read his poem. He sang & chanted it rhymed it. It has great beauty & force of phrase: symmetry & tensity. What connects it together, I'm not sure. [...] One was left, however, with some strong emotion." (Woolf, *Diary* II, 178) Virginia Woolf spielt in dieser Schilderung eines Besuchs T. S. Eliots auf sein Werk *The Waste Land* (1922) an.

Deutlicher als *The Voyage Out*, wo das Schiff als eine Braut in Erwartung ihres Bräutigams beschrieben wird – „a bride going forth to her husband, a virgin unknown of men" (Woolf 1992b [1915], 25) –, ist *The Waste Land* von Zitaten aus Wagners *Tristan* geprägt: „Frisch weht der Wind / Der Heimat zu / Mein Irisch Kind, / Wo weilest du?" (Eliot 2002 [1922], 31–43) Der Sprecher verbindet die überzeitlich-idealistischen Konnotationen dieser Passagen mit Metaphern des Wassers, der Endlichkeit, Erinnerung und Vergänglichkeit – „I will show you fear in a handful of dust" (Eliot 2002 [1922], 30) – und lässt sie zum objektiven Korrelat seiner subjektiven Gestimmtheit werden: „Oed' und leer das Meer." (Eliot 2002 [1922], 42) Die zahlreichen Referenzen auf *Tristan und Isolde* sowie die *Götterdämmerung* erweitern nicht nur den Deutungskontext von Eliots Werk, in dem die Stimmen der Sprecher füreinander durchlässig werden, sondern sie integrieren die *sujets* der Wagner'schen Musikdramen als Resonanzgründe einer unvergänglichen Substanz in die modernistische Perspektive des vereinzelten flüchtigen Moments.

Neben Wagner, der mit der Romantik wie dem französischen Symbolismus grundlegend für Eliots Ästhetik wurde, waren es vor allem Beethoven und Strawinsky, die seiner Dichtung wichtige Impulse verliehen (Fuller 2011, 134). Mit Beethoven setzte sich Eliot in *Four Quartets* auseinander und stand mit seinem Zeitgenossen Strawinsky in intensivem Dialog. Strawinsky beschreibt das Kunstschaffen beider als eine Form der Wiederbelebung vergangener Inhalte: „Were Eliot and myself merely trying to refit old ships while the other side – Joyce, Schoenberg – sought new forms of travel? [...] the true business of the artist is to refit old ships. He can say again in his way only what has already been said." (Strawinsky 1965, 92)

Mythen, historische Fragmente und religiöse Anspielungen sind Teil dieser Versatzstücke, die vor allem in *The Waste Land* zum Gegenstand einer Kritik an der zeitgenössischen Kultur wurden. Insbesondere *Tristan und Isolde* als Verbindung von romantischer Liebe mit geheimem Wissen sowie die *Götterdämmerung* als Epos der Erlösung und Apokalypse besitzen besondere Relevanz für dieses Werk und seinen Versuch einer Wiederbelebung des Mythos unter den Bedingungen der Moderne.

Eliots kritische Schriften wie seine Dichtung beruhen auf einem intensiven Studium der Klangführung, der Motivik wie den Kompositionsprinzipien klassischer wie zeitgenössischer Musik. Seine poetische Imitation musikalischer Formen wird insbesondere in *Four Quartetts* deutlich. Eliot betrachtete Beethovens Quartett in a-Moll (Op. 132) als unerschöpflich für die Interpretation und unternahm in seinem Werk den Versuch, in der Poesie die Formen der Erfahrung auszudrücken, die er mit Beethovens Musik verband. Er betonte zugleich, im Sinne Paters, dass die Musik darin Teil einer grenzüberschreitenden Dichtung sei: „[...] the poet is occupied with frontiers of consciousness beyond which words fail, though meanings still exist." (Eliot 1957, 30) Die Annäherung der Dichtung an die Musik besteht laut Eliot in ihrem Versuch, das Unaussprechliche auszudrücken. Darin wird die künstlerische Geschlossenheit des Gedichts, werden seine Harmonien und Kontrapunkte, Reime, Rhythmen, Assonanzen und Alliterationen, in struktureller Ähnlichkeit zur Musik bestimmbar. In seinem Essay *The Music of Poetry* (1942) beschreibt Eliot weitere Analogien zwischen der Dichtung, der Sprache und der Musik. Er begreift zunächst den Gesang als Form des Sprechens:

„[...] singing is another way of talking." (Eliot 1957, 31) Die der Dichtung inhärente Musik findet er auch in der Alltagssprache vor, deren Prosodie, Rhythmus und wechselnde Intensität nicht notwendig melodisch konzipiert sein müssen: „The music of poetry, then, must be a music latent in the common speech of its time." (Eliot 1957, 31) Vielmehr befindet sich die Poesie analog zur Sprachentwicklung in einer fortwährenden Dynamik aus Formwerdung und Brechung der Form: „Forms have to be broken and remade." (Eliot 1957, 37) Die Musik der Dichtung wird in diesem Prozess sowohl auf der Ebene der Klangmuster wie auf der Ebene der sekundären Wortbedeutungen wirksam: „It is a music of imagery as well as sound." (Eliot 1957, 36)

3. Samuel Beckett – Musik und die Grenzen der Repräsentation

Samuel Beckett schließt seinen 1931 erschienenen Essay *Proust* mit den Worten: „[...] music was the catalytic element in Proust's work." (Beckett 1931, 71) Wie für Proust, so wurde auch für Becketts Werk die Musik zu einem konstitutiven Bestandteil seiner Ästhetik. Durch sein gesamtes Werk hindurch, beginnend mit seinem ersten Stück *Eleutheria* (1947) hin zu *Ohio Impromptu* (1981) über *Krapp's Last Tape* (1958), bringen Becketts Dramen verschiedenste Formen von Musik und Musikalität ins Spiel. In ihrer Struktur wie in ihrer Wirkung reflektieren sie sein ausgeprägtes Bewusstsein für Rhythmik, Dynamik sowie eine besondere Sensibilität für musikalische wie diskursive Klangwelten. Sie exponieren musikalische Techniken wie Serialität, Echo und Resonanz, Kontrapunkt und Pause, die als grundlegend für Becketts kreative Prozesse gelten können (Albright 2006, 26–27).

Becketts Fernsehstücke *Ghost Trio* (1976) und *Nacht und Träume* (1982) integrieren beispielsweise Fragmente aus Beethoven und Schubert, und in seinen für das Radio produzierten Hörspielen *Words and Music* (1962) und *Cascando* (1962) treten die Musik und die Stimme als *dramatis personae* auf. *Quad I+II* (1982) präsentieren ein synästhetisches Amalgam aus Farbe, Tanzbewegung und Tönen. Der Schauspieler Horst Bollmann erinnert sich an Becketts Produktion von *Endgame* aus dem Jahr 1967: „He is a musician, preoccupied with the rhythm, the choreography, the overall shape of the production. [...] the sound of the steps can be used as a form of percussion, an additional instrument, adding another language to the dialogue." (Knowlson und Knowlson 2006, 180)

Die poetische Musikalität seiner Dramen zeigt sich nicht nur in ihrer Choreographie der Bewegungen der Schauspieler auf der Bühne oder in der Gleichzeitigkeit von Sprache und außersprachlichen Geräuschen und Klängen, sondern

Musik erscheint überdies in den rhythmischen Mustern und Formationen von Anspannung und Entspannung, Kontraktion und Expansion, die Stücke wie *Breath* (1969) durchziehen und verbunden sind mit physiologischen Mechanismen wie dem systolischen und diastolischen Herzschlag, dem Rauschen des Atems oder dem Pulsieren des Blutes.

Klänge, Musik und Gesang werden vielfach zu strukturellen Elementen, wenn z. B. Krapp, der sich fragt „Did I ever sing?", zweimal im Stück singt und damit die Bewegungen der Wiederholung und Variation als elementare Bestandteile seiner dramatischen Figur markiert. In *Waiting for Godot* (1956) führt Vladimirs Lied über den Hund, der in die Küche kam, in den zweiten Akt ein, Ham und Clov in *Endgame* (1958) räsonieren darüber, dass alles in einem Lied enden sollte, und in *Happy Days* (1961) beendet Winnies ‚Liebeslied' aus Franz Lehárs *Die lustige Witwe* das Stück.

Anders als Eliot oder Joyce, z. B. in der Sirenen-Episode des *Ulysses*, ging es Beckett nicht um die Imitation spezifischer musikalischer Formen, sondern um das Experiment mit den Grenzen und Schwellen des künstlerischen Mediums, das dessen Potential zum Ausdruck bringt. Beckett betrachtete die Musik als immaterielle Kunst, „the most unmaterial of all the arts" (1931, 92), als nicht-referentiellen Diskurs, der traditionelle semantische Zuschreibungen grundsätzlich in Frage stellt. Beckett betonte die enge Verbindung der Musik zur Sprache, sah jedoch die Bindung der Sprache an referentielle Bedeutung als ein Dilemma an, dem er in seinen Sprachspielen durch die Reduktion der Sprache auf ihren wörtlichen Sinn begegnete.

In *Endgame* experimentiert Beckett performativ mit der Musikalität der Sprache sowie mit ihren Klang- und Bewegungsmustern. Gabriele Schwab bemerkt über *Endgame*, „the play is not anchored in referential meaning, but rather in the strategies guiding aesthetic response" (Schwab 1996, 88). Bevor die Figuren zu sprechen beginnen, parallelisiert das Stück menschliche Geräusche, wie die Schritte und kurzes Lachen, mit Objektgeräuschen, wie dem Öffnen der Vorhänge. Die Szenerie des Einakters ist eine von oben nach unten wie von innen nach außen gekehrte Welt: Die beiden Fenster sind zu hoch, um hindurchzuschauen, und der Raum enthält nur ein der Wand zugewendetes Bild. Die beiden Hauptfiguren sind kontrapunktisch durch unterschiedliche Grade körperlicher Immobilität charakterisiert: Hamm ist blind und nicht fähig zu laufen, während Clov sich nicht setzen kann. Die das Stück durchziehende Parallelisierung von Ende und Anfang – „The end is the beginning" (Beckett 1986 [1958], 126) – bestimmt eine rhythmische Struktur, innerhalb derer der Text Referenzen etabliert und auslöscht. Darin erzeugt die Spannung zwischen dem Verlangen nach bedeutungsvollem Ausdruck und dessen Unmöglichkeit einen gleichsam musikalischen Effekt.

Die Handlung strukturiert sich durch steigende und fallende Momente sich aufbauender und wieder verebbender Erwartungen. In einem Spiel, das die Möglichkeit von Sinnstiftung und Bedeutung zugleich evoziert und negiert und sich darin der Möglichkeit der Nicht-Referenz annähert, wird die Musik zu einem metatheatralen Reflexionsmodus der Handlung:

> CLOV: [*Impatiently.*] What is it?
> HAMM: We're not beginning to ... to ... mean something?/
> CLOV: Mean something! You and I, mean something [*Brief laugh.*] Ah that's a good one! (Beckett 1986 [1958], 107).

Das Stück spielt mit der Möglichkeit der Unmöglichkeit einer Welt, die sich ostentativ jeglicher Bedeutung entledigt und semantische Optionen kontinuierlich suspendiert. Wolfgang Iser (1986, 58) hat dies Becketts Strategie der „Dekomposition" genannt.

Der semantische Rhythmus von Evokation und Subtraktion von Signifikanz wird durch die musikalische Orchestrierung der Bewegungen parallelisiert. Während Hamm weitestgehend statisch in seinem Rollstuhl verbleibt, tritt Clov auf und ab, seine Bewegungen vollziehen sich mit dem wie gegen den Uhrzeigersinn. Ähnlich wie Vladimir und Estragon, die in *Waiting for Godot* am Ende beschließen zu gehen, sich jedoch nicht von der Stelle bewegen, ist Clovs wiederholte Drohung an Hamm „I'll leave you" (Beckett 1986 [1958], 110; 120; 125) von instantaner Immobilität begleitet. Das Stück präsentiert in seiner Choreographie von Statik und Dynamik eine musikalische Figuration, die einem gleichmäßigen Rhythmus folgt.

Komponisten wie Philip Glass, György Kurtág, Morton Feldman, Earl Kim, Jean-Yves Bosseur wie auch Becketts Cousin John Beckett haben seither die sprachliche Musikalität in Becketts Prosa zum Anlass genommen, musikalische Analogien zu Becketts kompositionellen Strategien zu schaffen und in ihren Werken neue Einsichten in Becketts Ästhetik zu vermitteln.

4. Konklusion

Die Entgrenzung der literarischen Avantgarde hin zur Musik ist durch eine intensive Auseinandersetzung mit der Musik des 19. Jahrhunderts geprägt. Autorinnen wie Virginia Woolf betonen den Dialog der Künste untereinander, widmen sich dem Verhältnis von Musik und Sprache und beziehen zahlreiche thematisch-motivische wie strukturelle Impulse aus dem Werk Richard Wagners. Handlungsmuster und Figurenkonstellationen werden darin allerdings im Blick auf totalisierende Mytheme und Heroisierungen ironisch gebrochen. Wagner wie Beethoven und Strawinsky inspirierten die Dichtung T. S. Eliots und werden in Techniken der Leitmotivik sowie generell im Rahmen einer Kulturkritik aufgegriffen. Im Werk Samuel Becketts wird die Musik als nicht-referentieller Diskurs zu einer Grundlage seiner Ästhetik. Seine Prosa wie seine Dramen widmen sich in ihrer Exploration von Klangwelten den Grenzbereichen der Referentialität wie den Ausdrucksmöglichkeiten der jeweiligen künstlerischen Medien. Musik beschreibt darin eine Dynamik, in der die Unmöglichkeit zu repräsentieren zu einer poetischen Notwendigkeit wird. Weitere Perspektiven der Forschung bestehen u. a. im Blick auf das Spätwerk Becketts, das weder in Gänze noch hinsichtlich seiner Exploration intermedialer Grenzbereiche hinreichend erforscht ist. Kritische Ausgaben modernistischer Werke, welche die zahlreichen Referenzen an die Musik einbeziehen, liegen gegenwärtig nur in begrenztem Umfang vor. Überdies ist auch eine genauere Bestimmung der Rolle wechselseitiger Transformationen der Künste für die Entwicklung der Literatur in der zweiten Hälfte des 20. Jahrhunderts aus komparatistischer Perspektive weiterhin Zukunftsmusik.

Literatur

Albright, Daniel. *Beckett and Aesthetics*. Cambridge: Cambridge University Press, 2003.
Baudelaire, Charles. „Richard Wagner et Tannhäuser à Paris" [1861]. *Œuvres complètes 2* (=ŒC 2). Hrsg. von Claude Pichois. Paris: Bibliothèque de la Pléiade, 1975–1976. 779–815.
Beckett, Samuel. *Proust. Three Dialogues with Georges Duthuit*. New York: Grove, 1931.
Beckett, Samuel. *The Complete Dramatic Works*. London: Faber & Faber, 1986.
Bryden, Mary. *Samuel Beckett and Music*. Oxford: Clarendon Press, 1998.
Di Gaetani, John Louis. *Richard Wagner and the Modern British Novel*. Rutherford: Fairleigh Dickinson University Press und London: Associated University Press, 1978.
The Edinburgh Companion to Virginia Woolf and the Arts. Hrsg. von Maggie Humm. Edinburgh: Edinburgh University Press, 2010.
Eliot, Thomas Stearns. *On Poetry and Poets*. London: Faber and Faber, 1957.
Eliot, Thomas Stearns. *Collected Poems 1909–1962*. London: Faber and Faber, 2002.
Fuller, David. „Music". *T. S. Eliot in Context*. Hrsg. von Jason Harding. Cambridge: Cambridge University Press, 2011. 134–144.
Iser, Wolfgang. „When is the End not the End? The Idea of Fiction in Beckett". *On Beckett. Essays and Criticism*. Hrsg. von Stanley E. Gontarski. New York: Grove, 1986. 46–67.
Knowlson, James und Elizabeth Knowlson (Hrsg.). *Beckett Remembering, Remembering Beckett: Uncollected Interviews with Samuel Beckett and Memories of those who knew him*. London: Bloomsbury, 2006.
Laws, Catherine. „Beethoven's Haunting of Beckett's *Ghost Trio*". *Drawing on Beckett. Portraits, Performances and Cultural Contexts*. Hrsg. von Linda Ben-Zvi. Tel Aviv: Assaph Books, 2003. 197–213.

Martin, Timothy. *Joyce and Wagner: A Study of Influence*. Cambridge: Cambridge University Press, 1991.
Nietzsche, Friedrich. „Die Geburt der Tragödie" [1872/1886]. *Sämtliche Werke. Kritische Studienausgabe 1: Die Geburt der Tragödie. Unzeitgemässe Betrachtung I–IV. Nachgelassene Schriften 1870–1873* (=KSA 1). Hrsg. von Giorgio Colli und Mazzino Montinari. 3. Aufl. München, Berlin und New York: dtv und De Gruyter, 1999. 9–156.
Nietzsche, Friedrich. „Der Fall Wagner. Ein Musikanten-Problem" [1888]. *Sämtliche Werke. Kritische Studienausgabe 6: Der Fall Wagner. Götzen-Dämmerung. Der Antichrist. Ecce homo. Dionysos-Dithyramben. Nietzsche contra Wagner* (=KSA 6). Hrsg. von Giorgio Colli und Mazzino Montinari. 3. Aufl. München, Berlin und New York: dtv und De Gruyter, 1999. 9–54.
Pater, Walter. *The Renaissance. Studies in Art and Poetry*. London: Macmillan, 1924. 135–161.
Schwab, Gabriele. „On the Dialectic of Closing and Opening in Endgame". *New Casebooks: „Waiting for Godot" and „Endgame"*. Hrsg. von Steven Connor. Houndmills: Macmillan, 1996. 87–99.
Stravinski, Igor. „Memories of Eliot". *Esquire* 64 (1965): 92–93.
Sutton, Emma. *Virginia Woolf and Classical Music. Politics, Aesthetics, Form*. Edinburgh: Edinburgh University Press, 2013.
Woolf, Virginia. *The Letters of Virginia Woolf I–VI*. Hrsg. von Nigel Nicholson und Joanne Trautmann. London: The Hogarth Press, 1975–1980.
Woolf, Virginia. *The Essays of Virginia Woolf I: 1904–1912*. Hrsg. von Andrew McNeillie. London: The Hogarth Press, 1986.
Woolf, Virginia. *A Passionate Apprentice. The Early Journals 1897–1909*. Hrsg. von Mitchell A. Leaska. San Diego, New York und London: Harcourt Brace Jovanovich, 1990.
Woolf, Virginia. *Jacob's Room*. Oxford: Oxford University Press, 1992a [1922].
Woolf, Virginia. *The Voyage Out*. London: Penguin, 1992b [1915].
Woolf, Virginia. *The Waves*. London: Vintage, 2000 [1931].

III.18. Bertolt Brecht und die Musik
Joachim Lucchesi

Ein halbes Jahr nach Brechts Tod stellte der Komponist Paul Dessau die etwas spitzfindige Frage: „War Brecht nun ein musikalischer Dichter, weil er sogar beim Notieren seiner Prosa sang, oder sang er seine Prosa, weil er musikalisch war?" (Dessau 1974, 47)

Bertolt Brecht, der einflussreichste Lyriker und Dramatiker des 20. Jahrhunderts, ist ohne die Musik in seinem Gesamtwerk nicht denkbar. Ein Großteil seiner Lyrik-Produktion, seine 48 abgeschlossenen Theaterstücke sowie die meisten der rund 50 Stückfragmente weisen auf eine Verbindung zur Musik hin. Kaum ein anderer Schriftsteller oder Dramatiker des 20. Jahrhunderts (ausgenommen Hugo von Hofmannsthal) hat sein Schaffen derart entschieden in das komplexe Beziehungsgefüge musikalisch-lyrischer und musikdramatischer Zusammenhänge gestellt wie Bertolt Brecht. Weltweit wird die mit seinen Texten verbundene Musik aufgeführt und medial verbreitet, von den Plattenaufnahmen des singenden jungen Brecht bis hin zu den heute nicht mehr überschaubaren Bearbeitungen der *Moritat von Mackie Messer*, die der globalisierte Musikmarkt im Pop-, Rock- und Jazzbereich bereitstellt.

Brechts Biographie liest sich wie ein Musiklexikon der Moderne: Er war in erster Ehe mit der Opernsängerin Marianne Zoff verheiratet, arbeitete Mitte der 1920er Jahre zuerst mit dem Kabarettkomponisten Franz Bruinier zusammen, begegnete dem Stummfilmkomponisten Edmund Meisel, begann ab 1927 mit Kurt Weill und Paul Hindemith die europäischen Musikfeste der Avantgarde zu erobern, schuf mit dem Schönberg-Schüler Hanns Eisler in den letzten Jahren der Weimarer Republik bedeutende Werke von politisch-provozierender Schärfe, kam im skandinavischen und amerikanischen Exil mit den Dirigenten und Komponisten Simon Parmet, Hilding Rosenberg und dem großen Innovator Arnold Schönberg zusammen, ließ wegen der Vertonung seiner *Lukullus*-Oper vergeblich bei Igor Strawinsky anfragen, begegnete bei seiner Rückkehr aus dem Exil in Salzburg Gottfried von Einem, setzte die in den USA begonnene Arbeit mit Paul Dessau lebenslang fort und arbeitete in der DDR auch mit Komponisten wie Rudolf Wagner-Régeny, Boris Blacher und Kurt Schwaen zusammen.

Keinesfalls konzentriert auf die verbale Gestaltung musikbezogener Themen (wie es Brechts Intimfeind Thomas Mann in Romanen und Erzählungen beispielhaft vorführt), wendet sich Brecht von Anbeginn besonders jenen Gattungen zu, die ihm eine enge Verbindung zur hör- und sichtbaren Musikausübung ermöglichen: Lyrik und Dramatik. Gleichzeitig widersetzt er sich der Vereinnahmung und Dominierung seiner Texte durch die Wirkungsmacht von Musik ebenso wie einer zu unverbindlich-tönender Kulisse degradierten musikalischen Begleitung, sei es im Gedicht oder Theaterstück. Stattdessen verlangt er seinen Komponisten eine auf Wortsinn und Textverständlichkeit gerichtete Musik ab, wünscht sich von ihnen ein die gesellschaftlichen Brüche und geschichtlichen Umbrüche reflektierendes Komponieren, das auch in politischen Appellen keineswegs bar jeglicher Poesie, Zartheit und Kunstfertigkeit ist – Eislers Lieder, Balladen und Songs sind hierfür Beleg.

1. Augsburger Anfänge: Der Sänger mit der Gitarre

In Brechts Biographie lassen sich schon früh Ansätze eines offenen, breit gefächerten und zugleich pragmatischen Musikinteresses entdecken, das bald über die behüteten Räume bürgerlicher Musiktradition zu neuen Ufern vorstößt. Einerseits noch Augsburger und Münchner Opernbesuche, Promenadenkonzerte, liturgischer Gesang bei Gottesdiensten, Klavierstunden, Vaters Männergesangsverein, Repräsentation und glänzend ausgestellter Konzertbetrieb, andrerseits schon der bittere „Absinth kleiner Vorstadtmusiken" (*10. Psalm*, Brecht GBA 11, 23), also das Singen von Arbeiterinnen in Fabriken und Hinterhöfen, Küchenlieder des Dienstpersonals, Stummfilmmusiken in kleinen Kinos sowie Moritatengesang und Tingeltangel des Augsburger Plärrers: „[D]avon blieb Kaffeesatz in mir" (Brecht GBA 11, 23), bekennt er und erobert sich auf ungeschulte und zugleich kunstvolle Weise sein musikalisches Terrain.

Der junge Brecht tritt in eine vorerst noch kleine Öffentlichkeit, welche ihm die Personalunion von Dichter, Musiker und Sänger ermöglicht (vgl. auch III.1 KOCH). Mit Liedern und Balladen, die zu selbst ersonnenen oder ausgeborgten Melodien mit Gitarrenbegleitung vorgetragen werden, beeindruckt er immer wieder seinen Augsburger Freundeskreis. Er gibt später an, „in der Lyrik [...] mit Liedern zur Gitarre angefangen und die Verse zugleich mit der Musik entworfen" (Brecht GBA 26, 316) zu haben, und noch etwa 150 überkommene Notenskizzen im Berliner Bertolt-Brecht-Archiv zeugen davon. Es sind schnell komponierte Lieder, skizzenhaft-flüchtig notiert, die das Stegreifhafte der Moritatensänger andeuten. Dem entspricht Brechts individuelle, normabweichende Notenschrift, die – vergleichbar einer verkürzenden Stenogrammschrift – vom eiligen Notieren der Melodien und Begleitakkorde künden, nur für einen memorierenden Gebrauch gedacht: Viertelnotenköpfe für kurze und Kreuze – ähnlich der Schlagzeugnotation – für lange Notenwerte; darunter Buchstaben als Akkordsymbole. Zäsierende Taktstriche fehlen meist, die rhythmisch-metrische Strukturierung gibt der unterlegte oder hinzugedachte Text an. 1939 teilte Brecht rückblickend mit: „Mein erstes Gedichtbuch enthielt fast nur Lieder und Balladen, und die Versformen sind verhältnismäßig regelmäßig; sie sollten fast alle singbar sein, und zwar auf einfachste Weise; ich selber komponierte sie." (*Über reimlose Lyrik mit unregelmässigen Rhythmen*, Brecht GBA 22.1, 358)

1.1. Kollektive Musik und öffentliche Vorführungen

Warum melodisiert und singt Brecht seine frühen Gedichte, warum belässt er sie nicht in ihrer schriftlich fixierten Form? Er argwöhnt, dass ein gelesenes oder mit Klavierbegleitung gesungenes Gedicht dem von ihm attackierten bürgerlichen Kunstkonsum, dem Genuss in der Abgeschiedenheit privater Musiksalons und klassizistischer Theatertempel gefährlich nahe kommen kann. Er will diese Verhältnisse umstülpen und sich der Musik als „Schmutzaufwirblerin, Provokatorin und Denunziantin" (*Über die Verwendung von Musik für ein episches Theater*, Brecht GBA 22.1, 157) bedienen, wie er später die Musik zur *Dreigroschenoper* charakterisieren wird. Seine gesungene Lyrik, so wünscht er, soll in ihrer Vorführung auf öffentlichen Straßen und Plätzen auch eine sozial entgrenzende Funktion besitzen: „Denn ich spiele mitunter in viel Gesichten Gitarre" (*Die Sterbenden*, Brecht GBA 13, 242), lautet eine Zeile aus dem Gedicht *Ich, Bertold Brecht*. Dem entspricht ein bestimmter ‚kollektiver' Typus von Musik, den er für seine Texte benutzt: Volkslied und Ballade, Moritat und Bänkel, Küchenlied und Schlager, Operette und Kirchenchoral – all das, was den plebejischen und kleinbürgerlichen Musikalltag ausmacht. Auch die gewählten Orte seiner Liedvorträge tragen dem Rechnung, denn es sind die Gassen und Plätze Augsburgs, auf denen er seine Lieder, Serenaden und Ständchen darbietet, oder die Lokale, in denen er sich mit seinem Freundeskreis trifft, Räume der Begegnung also, die er bevorzugt, um vor seinem ersten Publikum zu singen. Nach der Übersiedlung in die kalte Asphaltstadt Berlin finden diese Auftritte bald ihr Ende, scheinen also an süddeutsches Milieu und historisch geprägte Urbanität gebunden zu sein.

Öffentlich erprobt Brecht an seinen Zuhörern die Wirkung seiner musikalisierten Texte; verschiedentlich haben Zeitgenossen wie Carl Zuckmayer den Reiz dieser Liedvorträge beschrieben: „Man kann über seine Stimme, wenn er sang, das gleiche sagen, was Herbert Jhering über die Sprache seiner Frühwerke geschrieben hat: ‚Sie ist brutal sinnlich und melancholisch zart. Gemeinheit ist in ihr und abgründige Trauer. Grimmiger Witz und klagende Lyrik.'" (Zuckmayer 1987, 375) In öffentlichen Selbstversuchen erprobt er, was er später Komponisten, Musikern und Schauspielern im Theater abverlangt – eine Musik so zu schreiben und darzubieten, dass eine Öffnung des Textes hin zu neuen Deutungsperspektiven ebenso möglich wird wie dessen intensivierende Darbietung mit der stimmlichen und gestisch-mimischen Darstellungskraft des Interpreten. Erst der vertonte Text, das vorgetragene Lied entfalten Brechts Begabungen vollständig: die poetischen wie die musikalischen, die sängerischen wie die darstellerischen, also Literatur, Musik und darstellende Kunst. Die Freunde Brechts bilden bei seinen Vorträgen das ihn umgebende, Mittelpunkt schaffende Publikum. Eine imaginäre Bühne ist das, eine Kleinkunstbühne, auf der Brecht seine Zuhörer und Zuschauer erprobt, um sie sogleich zu erobern: die Freunde wie die Freundinnen. Was hier im Rahmen einer vokalmusikalischen Einzeldarbietung geschieht, ist nicht mehr und nicht weniger als der erste Vorschein seines späteren Theaters. Hier spielt sich der Autor im Kleinen modellhaft durch, was er im Großen später schaffen wird: die Theaterstücke, deren besondere Spielweise, die Gewinnung neuer Darstellungsmuster, das Epische, das Verfremdende, die Hinwendung zu einem anderen, kritischen Publikum. All das, was wir mit Brechts gesellschaftskritischem Theater assoziieren, hat seinen fruchtbaren, noch unentfalteten Keim in dem frühen Augsburger Laborversuch, nämlich in seinen Auftritten als Dichter, Komponist, Sänger, Instrumentalist, Schauspieler und Regisseur, zusammengefasst in der Personalunion des Liedermachers. Brecht – für empirische Resultate durchaus zu haben, wenn sie einen erhellenden Umschlag ins gesellschaftlich Verallgemeinerbare ermöglichen und zugleich nützlich für das eigene Schaffen sind – hat das Sich-zur-Schau-Stellen der Moritatensänger aufmerksam studiert. Ihr Gesang zur eigenen Drehorgelbegleitung, ihr simultanes, ausgestelltes Zeigen der den Text illustrierenden Schautafeln und ihre den Vortrag kommentierende und konterkarierende Mimik wie Gestik – aus diesen Keimzellen entwickelt er seine Überlegungen zur Musik für ein episches Theater.

1.2. Die Musik am Anfang: produktionsästhetische Reflexionen und editorische Konsequenzen

Brechts Aufmerksamkeit gegenüber Musik setzt jedoch keineswegs erst mit dem nachträglich Hinzukomponierten ein, sondern weit früher: wenn er bereits im Entstehungsprozess seiner Texte deren Musikalisierungsmöglichkeiten simultan ‚mitdenkt' und ‚durchspielt'. So weist er im dänischen Exil darauf hin, dass seine ‚reimlosen Texte mit unregelmäßigen Rhythmen' für Vertonungen brauchbar seien: „Sie eigneten sich, wie mir Komponisten verschiedenster Richtung versicherten und wie ich selber feststellen konnte, vorzüglich für die Musik." (Brecht GBA 22.1, 359) Immer wieder erzeugen seine Verse in ihrer kunstvollen Lakonie und gestisch aufgeladenen Genauigkeit musikalische Entscheidungen im Kompositionsprozess, die kaum beliebig viele Vertonungsmöglichkeiten zulassen. Wie sehr er aber auch das Rezitieren oder die Bühnensprache des Schauspielers –

also richtiges oder falsches Sprechen, gestische Intonationen, Kadenzierungen, rhythmische Gestaltungssensibilität oder Verschliffe – in ein großflächiges musikalisches Bezugsfeld stellt, zeigt ein davon handelnder Aufsatz, dem er den Titel *Musik* gibt (Brecht GBA 22.1, 673).

Die Beschreibung von Brechts früher Lyrik als eine mit und für Musik entstandene ist in ihrer Konsequenz bisher kaum wahrgenommen worden. Denn ein für den Wortgebrauch konzipiertes Gedicht ist etwas anderes als ein mit oder zur Musik entstandenes. Wenn so zu unterscheiden ist, dann wäre dies folgenreich bis in die Editionspraxis hinein. So dürften die frühen Gedichte nicht nur in ihrer puren Textgestalt erscheinen, wie dies in Brecht-Ausgaben bis heute üblich ist, sondern es müssten die ursprünglich komplexeren Strukturen wieder kenntlich gemacht werden: als ein mit Noten versehenes Gedicht (z. B. die *Ballade von den Abenteurern*, Brecht GBA 11, 78), ein mit einer Notenskizze verbundenes Gedicht (z. B. das *Lied der müden Empörer*, Brecht GBA 11, 9) oder ein nach ‚fremder' Melodie strukturiertes Gedicht (z. B. *Erinnerung an die Marie A.*, Brecht GBA 11, 92 f.). Hinzu kommen Gedichte, die Brecht und seine Freunde der Überlieferung nach gesungen haben (z. B. *Der Himmel der Enttäuschten*, Brecht GBA 13, 100 f.). Wäre es demnach noch zutreffend, von Brechts früher Lyrik zu sprechen? Oder sollte nicht vielmehr von frühen Liedern die Rede sein, einem Werkbestand, dem die Musik überwiegend abhanden kam oder die in fragmentarischer Form überliefert ist?

Walter Brecht, der ältere Bruder, wies darauf hin, dass Brecht seinen musikalischen Einfall für die erste Gedichtstrophe als Impuls benutzte, um sich zu nachfolgenden Versen und Strophen anregen zu lassen oder um die einmal gefundene rhythmisch-metrische Struktur im Schreibprozess konsequent zu verfolgen (vgl. Lucchesi/Shull 1988, 64, Anm. 16). Dieser Hinweis offenbart einen tiefen Einblick in Brechts Werkstatt, in die Komplexität des poetisch-kreativen Prozesses und die Rolle der den Text hervortreibenden und gestaltenden Musik darin. Darüber hinaus wusste der Schauspieler Erwin Faber zu berichten, dass Brecht während der Arbeit am Stück *Im Dickicht* Schallplatten mit amerikanischer Unterhaltungsmusik abspielte, um sich in die Atmosphäre der Stadt Chicago besser hineinschreiben oder einfühlen zu können (Lucchesi/Shull 1988, 318 f.). Er ist kein ‚stiller' Dichter in Abgeschiedenheit, er ist vom Klang der Musik wie der Wortfolgen und ihrer Rhythmen inspiriert, seine Texte diktiert er bevorzugt inmitten des gesprochenen und abwägenden Ausprobierens durch Mitarbeiter und Schüler. Der Regisseur Ludwig Berger, der mit Brecht an einer Aufführung von *Maß ist Maß* im November 1931 zusammenarbeitete, hat beschrieben, „wie konzentriert und locker zugleich, wie ernst und vergnügt zugleich, wie musikalisch und wie zelebral, wie kritisch und wie schöpferisch zugleich der Geist der Arbeit in ihm tätig war" (zit. nach Knopf 2012, 203). Er hebt Brechts „unfehlbares

Gefühl für Rhythmus" hervor, „das, wenn er diktierte, am stärksten zum Ausdruck kam" (zit. nach Knopf 2012, 203).

2. Anarchische Verfahren

2.1. Montage und Zitat

Brechts poetische Werkstatt enthält auch ein mentales Archiv, in dem ganz unterschiedliche Musik, Melodien, Melodiesegmente, rhythmische Einfälle oder Vorlieben für den Klang bestimmter Musikinstrumente abgespeichert sind. Je nach Bedarf wird dieses Material memoriert und in einen neuen Gedicht- oder Stücktext integriert, der später dem Zuhörer den Eindruck einer idealen, maßgeschneiderten Wort-Ton-Verbindung vermittelt. Doch nicht nur das Musikmaterial, sondern auch seine Texte setzt Brecht zur Wiederverwendung ökonomisch ein. Diese Materialökonomie generiert eine umfassende Arbeitsmethode, die auch szenische Einfälle steuert. Man denke an die mehrfach verwendeten Bühnen-Boxringe im Songspiel *Mahagonny*, in der Oper *Aufstieg und Fall der Stadt Mahagonny* sowie der *Maßnahme*, an die betont ‚künstlichen' Musikembleme in der *Dreigroschenoper* (die Orgelattrappe im Bühnenhintergrund) und in *Mutter Courage und ihre Kinder* (das vom Schnürboden heruntergelassene Emblem mit Trompete, Trommel, Fahnentuch und aufglühenden Lampen) oder an die sichtbare Platzierung von Musikern in der *Dreigroschenoper*, der Oper *Mahagonny* und in *Mutter Courage*. Brecht vermag es, dem bereits in anderen Zusammenhängen Zitierten und Gebrauchten eine neue Qualität zu geben; dies ist ein früher Schritt in die Moderne der zweiten Hälfte des 20. Jahrhunderts. Zugleich ist dieses vervielfältigende Streuen seiner Texte in die Bereiche der Musik hinein wie sein Wunsch nach Mehrfachvertonungen ein Potenzieren von Möglichkeiten, ein ‚Zu-Hause-sein-Wollen' in verschiedenen Kunst- und Präsentationsformen. All dies verbindet Brecht listig mit marktstrategischen Überlegungen, die er in die spätere, immer wieder dringend verlangte Zusammenarbeit mit Komponisten einbringt und lebenslang vertritt. Dem entspricht eine Vielfalt von zitierten oder adaptierten Musikgattungen und Genres: Ballade und Volkslied, Choral und Küchenlied, Song und Schlager, Moritat und Bänkel, Oper, Operette und Ballett.

2.2. Rezeption: Bach, Mozart – Wagner

Brechts Verständnis von Musik ist radikal im aufgehobenen Widerspruch von ‚hoher' und ‚niederer' Musik, im Bewusstsein von der Überholtheit bürgerlicher Konzert- und Musiktheaterinstitutionen sowie in der kurzzeitigen Hoffnung (Mitte bis Ende der 1920er Jahre), das neue Medium Rundfunk möge auch die Musikrezeption im breitesten Sinne demokratisieren. Er will ein ‚Musikpädagogium' über die Rundfunkanstalten verbreiten lassen und setzt sich in seinen Vorschlägen an den Rundfunkintendanten konsequent für die Verbreitung zeitgenössischer Musik ein. Doch während Brecht erst in der beginnenden Zusammenarbeit mit Weill, Hindemith und Eisler ab 1927 ein deutliches Interesse für zeitgenössische Musik zu entwickeln beginnt, ist sein Bezug auf Komponisten des 18. Jahrhunderts schon frühzeitig ausgeprägt und erfährt keinen Wandel mehr. Immer wieder nennt er Bach und Mozart als Modelle für seine Theatermusik, die er sich in vergleichbar gestisch-dramatischer und sozial-charakterisierender Figurenzeichnung komponiert wünscht. Hier wird sicher auch Ferruccio Busonis Forderung nach einer „jungen Klassizität" von Einfluss gewesen sein, vermittelt über den Busoni-Schüler Weill (vgl. Lucchesi 2015, 203–211). Oder er erinnert sich im amerikanischen Exil an das „wilde Koma" (Brecht GBA 27, 200), das ihn als Kind beim Hören der *Matthäus-Passion* befallen hat. Eisler muss ihm immer wieder aus Bachs Passionen auf dem Klavier vorspielen und auf das Spannungsverhältnis von Wort- und Tonverbindungen verweisen. Nicht nur in der *Maßnahme* kommt der Rückgriff auf Bach eindringlich zum Tragen.

Doch auch Richard Wagner entbehrt nicht der Aufmerksamkeit Brechts – allerdings kann dessen vehemente Polemik gegen den Komponisten keineswegs die lebenslang andauernde Auseinandersetzung verdecken. „Er bemängelt, wen er eigentlich bewundert", schrieb Alfred Kerr über Brecht. Auffällig ist, dass sich zentrale Aspekte der Kunstproduktion Wagners bei Brecht wiederfinden. Sein Unterfangen, das in so vielfältige Richtungen drängende Werk Wagners –kritisch – wahrzunehmen, es in Teilen umzuformen, sich produktiv anzueignen oder durch strikte Ablehnung in etwas Anderes, Neues zu verkehren, ist erstaunlich. Brecht und vor ihm Wagner entwickeln ihr Lebenswerk mit einer allumfassenden Produktionsbegabung, die ansonsten im künstlerischen Bereich hoch spezialisiert ist: Sie schreiben ihre Libretti und Theatertexte selbst und komponieren die auf das eigene Wort maßgeschneiderte Musik hinzu – Brecht zu seinem Leidwesen nur in bescheidenem Maße. Ihrem eigenen Theater, das sich beide schon in jungen Jahren wünschen, begegnen sie in höchst praktischer Weise, sind sie doch zugleich auch wirkungsmächtige Regisseure ihrer dort inszenierten Werke. Darüber hinaus beziehen sie in der Öffentlichkeit mit zahlreichen Schriften zu Theater, Kunst und Politik Stellung. Mit dieser ungewöhnlichen Begabungs-

und Tätigkeitsbündelung beherrschen sie alle Komponenten: den Stücktext, die Musik, die Sänger-Schauspieler, das Bühnenbild, das Orchester, die Inszenierung, den verzweigten Theaterbetrieb, die Musik- und Literaturverlage, das Marketing – und damit auch das zahlende Publikum. Aus dieser Begabungsvielfalt Wagners wie Brechts entwickeln sich mächtige, für die Theaterentwicklung des 19. und 20. Jahrhunderts folgenreiche ‚Imperien', die mit ehrgeizigen, kanonisierten Inszenierungen nach dem Willen Wagners oder mit genau dokumentierten ‚Modellinszenierungen' Brechts weit in die Zukunft hineinwirken sollen, mögen sie Berliner Ensemble heißen oder als Festspielhaus auf dem Grünen Hügel Bayreuths angesiedelt sein, wo Familienclans mit dem Markenlabel ‚Wagner' und ‚Brecht' agieren und von Einfluss sind. Königliche Potentaten und sozialistische Präsidenten gehen in ihren Spezialtheatern ein und aus; ihre an der Gesellschaft Kritik übenden Werke werden aufmerksam begleitet von hohen, ja höchsten Vertretern staatlicher Macht; sie werden dort verhandelt, wohlwollend gefördert, kritisiert oder abgesetzt. Es muss gefragt werden, ob Brechts Wagner-Rezeption nicht höchst differenziert ist und jenseits der immer wieder beschworenen kritischen Abgrenzung gegenüber Wagner vielmehr produktiv in alle Arbeitsbereiche hineinreicht, sichtbar an der Modellierung des eigenen ‚Gesamtkunstwerks' (vgl. auch III.15 SCHNEIDER), welches die Herkunft von Wagner – den starken Rezeptionsimpuls wie die Kritik an ihm – in sich birgt (vgl. Lucchesi 2013, 169–178).

3. Produktion: Theater, Oper, Operette, Oratorium

3.1. Libretti

Brechts intensive Hinwendung zum musikverbundenen Theater zeigt sich nicht nur in den weltweit aufgeführten Werken, etwa dem Songspiel *Mahagonny*, der *Dreigroschenoper* oder der Oper *Aufstieg und Fall der Stadt Mahagonny*. Auch in den unvollendeten Projekten und Entwürfen, an denen sein Gesamtschaffen reich ist, ist eine musikbezogene Perspektive deutlich ausgeprägt. So sieht er im Schreiben von Libretti für Opern und Oratorien „eine zu Unrecht vernachlässigte Absatzmöglichkeit für Lyrik" (Witt 1966, 27). Vor allem zieht es ihn zur Operette, deren unverhohlener Warencharakter – der Handel mit billigem Genuss – ihn stets gereizt hat und deren deutliche Zweckbestimmung er den nur scheinbar der ‚reinen Kunst' huldigenden Opernhäusern vorzieht. Ab 1919 entstehen Pläne und Entwürfe für Opern- und Operettenlibretti, oder es wird als Gegenreaktion auf Pfitzners Oper *Palestrina* ein Oratorium in Prosaform verfasst. Doch stets hat Brecht es abgelehnt, auf eine Librettisten-Funktion reduziert zu werden: Er sei nicht „zum Bierholen" da (Brecht GBA 29, 272), teilt er Weill mit. Seine Empfindlichkeit gegenüber dem Abliefern und beliebigen Benutzen von Libretti gründet sich auf dem Misstrauen, man könne über den Anspruch seiner Texte, über „politische Fragen" (Brecht GBA 29, 272) ignorant hinwegmusizieren, sie durch artistische, auf sich selbst zurückgeworfene Kompositionstechniken zuschütten und durch solcherart Unkenntlichmachung ihrer aufklärerisch-gesellschaftlichen Dimensionen entheben. „Ein sehr begabter jüngerer Komponist", so Brecht vermutlich 1934, „sagte mir einmal in sehr dringlichem Ton, am besten eigneten sich Wörter wie ‚libellenflügelzart' für musikalische ‚Zwecke'. [...] Da die Musik nach diesen Leuten ihren eigenen Sinn hat, würde ein Sinn des Textes sehr leicht störend wirken." (*[Texte für Musik]*, Brecht GBA 22.1, 32) Aufklärerisch zu wirken bedeutet für ihn somit auch, Wortverständlichkeit nicht zu beschädigen und ein Komponieren sowie Interpretieren zu fordern, das an keinem Punkt des Werkes auf Durchsichtigkeit und Bezüglichkeit verzichtet. Auch diesen scheinbar pragmatischen Aspekt schließt seine Theorie von der Trennung und Gleichberechtigung der theatralischen Elemente mit ein.

3.2. Die Zusammenarbeit von Brecht und Eisler

Im Berlin der Weimarer Republik begegnet Brecht dem Schönberg-Schüler Hanns Eisler; hier treffen zwei kongeniale Persönlichkeiten aufeinander, die sich in den komplizierten politischen Verhältnissen ihrer Zeit übereinstimmend bewegen, die ihre Kunst einem gemeinsamen Ziel widmen, nämlich Sozialismus und Kommunismus, und sie auch in den Dienst des kompromisslosen Widerstands gegen Hitler und den international erstarkenden Faschismus stellen. Sie sind sich einig in ihrer Kunstästhetik, ihrem Materialgebrauch und ihrem Bezug auf das Kunsterbe. Ihre Produktivität ist einzigartig: trotz Flucht, Exil, Krieg und gesinnungspolitischer Überwachung (reichend vom amerikanischen Geheimdienst, dem Verhör vor dem „Ausschuss für unamerikanisches Verhalten" bis zu den ihre Werke scharf ablehnenden Kulturfunktionären in der DDR) schaffen sie ein gemeinsames Œuvre, das entgegen allen Unkenrufen zum Bleibenden in der Geschichte des 20. Jahrhunderts gehören wird. Es reicht von Liedern, Songs, Chören bis zu szenischen Werken und bedient dabei immer wieder ganz unterschiedliche Bereiche: Agitprop und Arbeitermusikbewegung, bürgerliches Theater, Kabarett und Konzertsaal, Avantgardefestival und linke Massenveranstaltungen, Film, Schallplatte und Rundfunk.

Als Eisler 1928 die Zusammenarbeit und Freundschaft mit Brecht beginnt, zählt dieser nicht nur zu den hoffnungsvollsten jungen Autoren, Dramatikern und Regisseuren der Zeit. Zuvor hat er bereits mit anderen Komponisten seiner

Generation Werke geschaffen, die von prägendem Einfluss waren: so mit Paul Hindemith (*Das Badener Lehrstück vom Einverständnis*) sowie mit Hindemith und Weill (*Lindberghflug*) oder mit Weill (Songspiel *Mahagonny*, *Die Dreigroschenoper*). Diese neuartigen Werke stellen hinsichtlich ihrer Texte, der in ihnen verwendeten Musik, der theatralischen und radiophonen Strukturen, ihrer auf die Erschütterung traditioneller Kunstinstitutionen gerichteten Funktionalität sowie der formal-ästhetischen Konsequenzen eine prägende Erfahrung für junge Komponisten dar. Brecht tritt nicht nur für sein eigenes Kunstmetier bestimmend und fordernd auf, sondern konfrontiert zugleich seine Komponisten mit klar umrissenen Aufgaben, was Musik im Kontext seiner Texte zu leisten – aber auch nicht zu leisten – habe. Dies bedeutet für die gemeinsame Arbeit, dass sich die Komponisten ganz bestimmten Konsequenzen der Brecht'schen Texte und Werkstrukturen zu stellen haben.

Eisler trifft sofort den spröden, antiromantischen wiewohl appellativ-mitreißenden Ton in ihrem ersten und zugleich großen gemeinsamen Werk, der oratorischen *Maßnahme*. Der Komponist bringt nicht nur sein durch die Schönberg-Schule und durch politische Musikpraxis entwickeltes Handwerk mit ein, sondern auch eine die Zusammenarbeit prägende Eigenschaft, mit der er sich von allen bisherigen Brecht-Komponisten unterscheidet. Es ist die politische Konsequenz seines Denkens und Handelns, die Brecht enorm stimuliert und zu Neuem anregt. Brechts spätere Mitarbeiterin und Geliebte Margarete Steffin hat dies früh erkannt: „Schade, dass brecht durchaus nichts von der kpd wissen will. in seiner unkenntnis der arbeiterschaft sind die unklarheiten der ‚maßnahme' begründet. so kann er nie wirklich etwas für uns schaffen. wenn der den eisler nicht dabei gehabt hätte, wäre er von vornherein erledigt gewesen." (zit. nach: Dümling 1985, 313) Noch vor ihrer Zusammenarbeit übt Eisler deutliche Kritik an Brecht, die sich ausgerechnet gegen ein Werk richtet, das mit großem Erfolg in ganz Europa aufgeführt wird: die 1930 mit Weill geschriebene Schuloper *Der Jasager*. Eisler erinnert sich: „Denn wir haben dem Brecht gesagt: Das ist sehr schöne Musik und so, aber das ist doch ein schwachsinniges feudalistisches Stück." (zit. nach Notowicz 1971, 191–192) Eislers Kritik wandelt sich zum Schaffensimpuls für ein neues Stück: „Und das muß an Brecht gerühmt werden: Welcher Dichter wird nach einem schallenden Erfolg wütend und schreibt ein Gegenstück. Das ist doch ein großartiges Verhalten, nicht wahr, fabelhaft." (zit. nach Notowicz 1971, 191–192) Brecht lädt seinen Kritiker ein, mit ihm gemeinsam die *Maßnahme* als ein Gegenstück zu entwickeln. Darüber hinaus lässt er Eislers Mitgestalten am Text der *Maßnahme* in einem bisher ungekannten Maße zu. Sie treffen sich täglich ein halbes Jahr lang, in dem Brecht Sätze produziert, die Eisler umgehend akzeptiert, kritisiert oder durch Gegenvorschläge ersetzt (Notowicz 1971, 189–190). Mit der *Maßnahme* setzt die Akzeptanz Eislers als dem in praktischer Politik Überlegenen ein, der sich darüber hinaus mit intellektueller und poetischer Kompetenz legitimiert. Doch Eisler lobt nicht nur Brechts Änderungsbereitschaft als hervorstechende Eigenschaft eines großen Denkers, sondern tadelt sie zugleich, da „Brecht sich von [dem kleinsten Kulturfunktionär] oft die schönsten Verse [hat] ruinieren lassen", so dass „aus einer lyrischen Zeile [...] oft etwas ziemlich Zusammengestocheltes" geworden sei (Notowicz 1971, 188–189). Anschließend hätten Eisler und andere Mitarbeiter „die größte Mühe gehabt, sie wiederherzustellen" (Notowicz 1971, 188). Eisler erfährt nicht nur Akzeptanz für seine kritischen Einwände, sondern wird durch Brecht darin ausdrücklich bestärkt: „Ein anderer hätte mich entweder herausgeworfen oder hätte gesagt: ‚Hören Sie zu, ich kann so nicht arbeiten!' Brecht hat das zum Arbeiten angeregt. Das Erstaunliche war, daß diese Debatten, dieser lebendige Widerspruch, den er in seinem Zimmer sitzen hatte, ihn anregte." (Notowicz 1971, 190)

Die Freundschaft zwischen dem Stückeschreiber und dem Komponisten hält den Herausforderungen in Zeiten des Exils stand, etwa in der Bewertung politischer Strategien und Taktiken im Kampf gegen Hitler. Als 1935, nach dem Scheitern der proletarisch orientierten Einheitsfront-Politik, eine neue Volksfrontstrategie alle gegen Hitler gerichteten Bevölkerungsgruppen vereinigen will, hält Brecht konsequent an dem Konzept der Einheitsfront fest, damit auch ein Bündnis mit bürgerlich-antifaschistischen Kreisen entschieden ablehnend. Eisler dagegen begrüßt den Volksfrontgedanken als eine undogmatische, breitenwirksamere und effiziente Strategie, zumal sie auch bürgerliche Kunstkonzepte miteinbezieht. Dass Eisler um 1935 wieder auf ganz unterschiedlichen Ebenen zu komponieren beginnt, reichend vom tonalen *Einheitsfrontlied* bis zur begonnenen *Deutschen Symphonie* (in der er auch Reihentechnik verwendet), hat sicher mit seiner Volksfront-Position zu tun (vgl. Hermand 2000). Zwischen Eisler und Brecht kommt es in diesen Fragen vermutlich zu Auseinandersetzungen, doch besteht nie die Notwendigkeit, um der Freundschaft willen versöhnlerische Kompromisse finden zu müssen.

4. Reflexion: Musikalische Schriften und Zuhörkunst

Brechts Anmerkungen und Aufsätze zur Musik haben in ihrer publizistischen Verstreutheit den beträchtlichen Umfang eher verborgen als erhellt. Als aufschlussreich erweist sich, die Unausgewogenheit zwischen Phasen marginaler Reflexion über Musik und denen ausführlicher Darlegung in den biographischen Kontext zu stellen. Jene großen Aufsätze, die mithin für seine Musikanschauung genommen werden – so *Über Bühnenmusik* (Brecht GBA 23, 21 f.), *Über die Verwendung von*

Musik für ein episches Theater (Brecht GBA 22.1, 155–164), *Über gestische Musik* (Brecht GBA 22.1, 329–331) oder *Über Filmmusik* (Brecht GBA 23, 10–20) –, entstehen allesamt im Exil. Ohne direkten Zugang zum Theater der Exilländer und bestenfalls bekannt als Co-Autor Weills in der *Dreigroschenoper*, sieht Brecht sich in der Situation, umfassend Rückblick zu halten auf die Inszenierungen seiner Stücke in der Weimarer Republik, auf das theoretisch Entwickelte und praktisch Erprobte. Zugleich ist dies aber nicht nur eine theoretische Selbstverständigung, vielmehr will Brecht auch künstlerisch-ästhetische Positionen bewahrt, rezipiert und weiterentwickelt wissen, die dem Faschismus zum Opfer gefallen und im Ausland kaum bekannt sind. Der Impetus des Bewahrens und Auskunftgebens über die Arbeiten mit Weill und Eisler ist somit auch in diesen Aufsätzen angelegt. Jene theoretische Dichte und Ausführlichkeit, mit denen Brecht in den 1930er und 1940er Jahren Positionen zur Musik bezieht, hat er nach seiner Rückkehr aus dem Exil nicht mehr erreicht. Nunmehr steht die praktische Theaterarbeit im Vordergrund seines Interesses. Die Bedingungen hierzu sind erstmals gegeben: ein eigenes Theater in einer Gesellschaft, die sich eben bildet, sowie die erprobte, wieder aufgenommene oder neue Zusammenarbeit mit Hanns Eisler, Paul Dessau, Boris Blacher, Rudolf Wagner-Régeny und Kurt Schwaen, also mit Komponisten sehr unterschiedlicher Herkunft und Handschrift.

Auch das Hören von Musik gehört zu Brechts immer wieder beschriebener und vor allem praktizierter Lebenskunst. Dessau hat diese Eigenschaft sehr genau charakterisiert: „Brecht als Zuhörer zu beobachten war für mich immer ein großer Genuß, ein gleichzeitiges Lernen. Um durch nichts abgelenkt zu werden, schloß er die Augen. Ein einmaliges Zuhören genügte ihm nicht. [...] Er nahm sich Zeit [...]." (Dessau 1974, 37 f.) Brecht habe häufig bei „Vokalwerken" zunächst „die Singstimme allein" angehört (Dessau 1974, 37 f.). Dessau hebt insbesondere Brechts „Aufmerksamkeit" für musikalische Details hervor: „[...] daß ein Laie das heraushörte!" (Dessau 1974, 37 f.) Diese und ähnlich lautende Äußerungen über diese ‚Zuhörkunst' finden sich nicht nur bei Dessau, sondern auch bei anderen Komponisten und bestätigen eine erstaunliche, ungeschulte Professionalität. Brechts scheinbar naives, oft den ‚Punkt' treffendes Fragen war sprichwörtlich, denn sein Zuhören war kein passives. Indem er mit – nicht immer bequemen, aber meist akzeptierten – Vorschlägen zur Musik eingriff, war er ein großer Anreger für die mit ihm arbeitenden Komponisten. Sowohl jenen, die seinen Weg nur kreuzten, als auch jenen, die ihm lebenslang verbunden blieben, entlockte er Anschauungen über Musik – darin seinem berühmten Zöllner aus dem Gedicht *Legende von der Entstehung des Buches Taoteking auf dem Weg des Laotse in die Emigration* gleichend.

Literatur

Brecht, Bertolt. *Werke. Große kommentierte Berliner und Frankfurter Ausgabe 11: Gedichte 1. Sammlungen 1918–1938* (=GBA 11). Hrsg. von Werner Hecht, Jan Knopf, Werner Mittenzwei und Klaus-Detlev Müller. Berlin und Weimar: Aufbau. Frankfurt am Main: Suhrkamp, 1988.
Brecht, Bertolt. *Werke. Große kommentierte Berliner und Frankfurter Ausgabe 13: Gedichte 3. Sammlungen 1913–1927* (=GBA 13). Hrsg. von Werner Hecht, Jan Knopf, Werner Mittenzwei und Klaus-Detlev Müller. Berlin und Weimar: Aufbau. Frankfurt am Main: Suhrkamp, 1993.
Brecht, Bertolt. *Werke. Große kommentierte Berliner und Frankfurter Ausgabe 22.1: Schriften 2. Teil 1* (=GBA 22.1). Hrsg. von Werner Hecht, Jan Knopf, Werner Mittenzwei und Klaus-Detlev Müller. Berlin und Weimar: Aufbau. Frankfurt am Main: Suhrkamp, 1993.
Brecht, Bertolt. *Werke. Große kommentierte Berliner und Frankfurter Ausgabe 23: Schriften 3* (=GBA 23). Hrsg. von Werner Hecht, Jan Knopf, Werner Mittenzwei und Klaus-Detlev Müller. Berlin und Weimar: Aufbau. Frankfurt am Main: Suhrkamp, 1993.
Brecht Bertolt. „Dänemark 20.7.38–15.3.39". *Werke. Große kommentierte Berliner und Frankfurter Ausgabe 26: Journale 1* (=GBA 26). Hrsg. von Werner Hecht, Jan Knopf, Werner Mittenzwei und Klaus-Detlev Müller. Berlin und Weimar: Aufbau. Frankfurt am Main: Suhrkamp, 1994. 309–333.
Brecht, Bertolt. „Amerika 20.6.44–5.11.47". *Werke. Große kommentierte Berliner und Frankfurter Ausgabe 27: Journale 2* (=GBA 27). Hrsg. von Werner Hecht, Jan Knopf, Werner Mittenzwei und Klaus-Detlev Müller. Berlin und Weimar: Aufbau. Frankfurt am Main: Suhrkamp, 1995. 193–251.
Brecht, Bertolt. „1060. An Ruth Berlau, Poststempel: Los Angeles, 23. Juni 1943." *Werke. Große kommentierte Berliner und Frankfurter Ausgabe 29: Briefe 2* (=GBA 29). Hrsg. von Werner Hecht, Jan Knopf, Werner Mittenzwei und Klaus-Detlev Müller. Berlin und Weimar: Aufbau. Frankfurt am Main: Suhrkamp, 1998. 272.
Dessau, Paul. *Notizen zu Noten*. Leipzig: Reclam, 1974.
Dümling, Albrecht. *Laßt euch nicht verführen. Brecht und die Musik*. München: Kindler, 1985.
Hermand, Jost. „‚Manchmal lagen Welten zwischen uns!' Brecht und Eislers ‚Deutsche Symphonie'". *Brecht und seine Komponisten*. Hrsg. von Albrecht Riethmüller. Laaber: Laaber, 2000. 111–132.
Knopf, Jan. *Bertolt Brecht. Lebenskunst in finsteren Zeiten*. München: Hanser, 2012.
Lucchesi, Joachim. „‚Verachtet mir die Meister nicht'. Brechts Wagner". *Verfremdungen. Ein Phänomen Bertolt Brechts in der Musik*. Hrsg. von Jürgen Hillesheim. Freiburg im Breisgau, Berlin und Wien: Rombach, 2013. 169–178.
Lucchesi, Joachim. „Brecht und Busoni. Entwürfe zu einem Theater der Gegenwart". *„Man muß versuchen, sich einzurichten in Deutschland!" Brecht in den Zwanzigern*. Hrsg. von Jürgen Hillesheim. Würzburg: Königshausen & Neumann, 2015. 203–211.
Lucchesi, Joachim und Ronald K. Shull. *Musik bei Brecht*. Frankfurt am Main: Suhrkamp, 1988.
Notowicz, Nathan. *„Wir reden hier nicht von Napoleon. Wir reden von Ihnen!" Gespräche mit Hanns Eisler und Gerhart Eisler*. Berlin: Verlag Neue Musik, 1971.
Witt, Hubert (Hrsg.). *Erinnerungen an Brecht*. Leipzig: Reclam, 1966.
Zuckmayer, Carl. *Als wär's ein Stück von mir. Horen der Freundschaft*. Frankfurt am Main: Fischer, 1967.

III.19. Das Rauschen modernistischer Form: John Dos Passos, Zora Neale Hurston und die Soundscapes der Moderne und frühen Postmoderne

Philipp Schweighauser

Dieser Artikel thematisiert den *acoustic turn* in der Literatur- und Kulturwissenschaft. Ein solcher *turn* deutete sich erstmals in den späten 1960er Jahren an, als der Komponist und Kulturwissenschaftler R. Murray Schafer das World Soundscape Project an der Simon Fraser University lancierte. Schafers Monografie *The Tuning of the World* (1977) und das Werk *Acoustic Communication* (1984) seines Schülers Barry Truax läuteten die Frühphase des Forschungsfeldes ein, welches man heute als Sound Studies bezeichnet. Diese frühen Texte waren von einer ernsten Besorgnis über die zunehmende Lärmbelastung innerhalb und außerhalb der Städte angetrieben und brachten eine Reihe von Musikern und Forschenden aus unterschiedlichen Disziplinen mit dem Ziel zusammen, Kontinuitäten und Veränderungen in den akustischen Räumen der Vergangenheit und Gegenwart wissenschaftlich zu untersuchen. Weiterentwicklungen der *Soundscape Studies* in diesem ursprünglichen, Schafer'schen Sinne lassen sich in der Zeitschrift *Soundscape: The Journal of Acoustic Ecology* verfolgen.

Die neuere Forschungsliteratur wendet sich weitgehend von Schafers und Truax' Fokussierung auf die akustische Ökologie ab und bettet die Untersuchung von Klanglandschaften und -technologien stärker in ihre gesellschaftlichen und kulturellen Kontexte ein. In den 1990er Jahren und der ersten Dekade des 21. Jahrhunderts erschienen mehrere wegweisende Werke, welche die Sensibilisierung unseres Hörsinns beförderten. Auch hier zeigt sich die Interdisziplinarität des Feldes, welches von Texten wie dem des Historikers Alain Corbin (*Les cloches de la terre: Paysage sonore et culture sensible dans les campagnes au XIXe siècle*, 1994), des Literaturwissenschaftlers Bruce R. Smith (*The Acoustic World of Early Modern England: Attending to the O-Factor*, 1999), der Wissenschaftshistorikerin Emily Thompson (*The Soundscape of Modernity: Architectural Acoustics and the Culture of Listening in America, 1900–1933*, 2002) und des Kommunikationstheoretikers Jonathan Sterne (*The Audible Past: Cultural Origins of Sound Reproduction*, 2003) geprägt wurde. Wie auch mein eigener Beitrag, *The Noises of American Literature: Toward a History of Literary Acoustics, 1890–1985* (2006), bezogen sich viele dieser Werke auf die in Jacques Attalis bahnbrechender Publikation *Bruits: Essai sur l'économie politique de la musique* (1977) gelegten theoretischen Grundlagen. Mittlerweile hat sich das Feld der Sound Studies konsolidiert, was sich an der Veröffentlichung eines Handbuchs, Trevor Pinchs und Karin Bijstervelds *The Oxford Handbook of Sound Studies* (2012), und vierer gewichtiger Sammelbände ablesen lässt: Michael Bull und Les Backs *The Auditory Culture Reader* (2003), Petra Maria Meyers *Acoustic Turn* (2008), Jonathan Sternes *The Sound Studies Reader* (2012) und Michael Bulls vierbändiges Kompendium *Sound Studies: Critical Concepts in Media and Cultural Studies* (2013). Diese Werke fordern uns auf, das zu hinterfragen, was Sterne als „visualistische Definition der Moderne" (Sterne 2003, 3) bezeichnet. Dabei zeigen sie auch die Grenzen sowohl des *linguistic* als auch des *iconic/pictorial turn* auf, welche letztlich beide vom Primat des Sehsinns ausgehen; die Moderne soll nicht nur besichtigt, sondern auch gehört werden.

1. Moderne: Neuer Lärm und neue Aufnahmetechniken

In diesem Sinne widmet sich dieser Aufsatz den Formen und Funktionen modernistischer literarischer Praxis im Kontext der akustischen Moderne. Die literarische Moderne kann zumindest teilweise als Antwort auf zwei parallele Entwicklungen der akustischen Welt des späten 19. und frühen 20. Jahrhunderts betrachtet werden: erstens die quantitative Zunahme von Lärmquellen, welche den Prozess der Modernisierung begleitete; zweitens die Erfindung von Medien zur Tonaufnahme und -wiedergabe, welche neue Formen der Kommunikation akustischer Phänomene ermöglichte.

Unsere Klangwelt hat sich seit der Erfindung der Dampfmaschine in der ersten industriellen Revolution Mitte des 18. Jahrhunderts und der Verbreitung der Elektrotechnik in der zweiten industriellen Revolution Mitte des 19. Jahrhunderts drastisch verändert. Im Amerika des frühen 20. Jahrhunderts hallt das akustische Vermächtnis der Carnegies, der Rockefellers und der Fords noch immer durch die Straßen der Städte. Autos, Hochbahnen, Dampfschiffe und Flugzeuge führten neue Formen des Lärms und Rauschens in die US-amerikanische Klangwelt ein. Dies gilt ebenso für die Verbreitung der elektrischen Straßenbeleuchtung und die Einführung elektrischer Geräte in die Haushalte der oberen gesellschaftlichen Schichten in den USA (vgl. Tarr 2005).

Diese und weitere neue Technologien trugen signifikant zum Aufkommen einer akustischen Moderne bei, welche weitreichende Auswirkungen auf die Lebensqualität amerikanischer Bürgerinnen und Bürger hatte. In *The Soundscape of Modernity* hält Thompson fest, dass amerikanische Städter des frühen 20. Jahrhunderts ihre Umwelt als beispiellos laut empfanden (Thompson 2002,

6). Im Jahr 1925 beschreibt ein Journalist der *Saturday Review of Literature* das von ihm wahrgenommene akustische Chaos in all seiner Intensität: „Die Luft gehört dem stetigen Surren des Motors, dem regelmäßigen Scheppern der Hochbahn und dem Zwitschern des Stahlbohrers. [...] Die wiederkehrenden Explosionen des Verbrennungsmotors und das rhythmische Durchrütteln der Körper in schneller Bewegung bestimmen das Tempo und den Klang der Welt, in der wir leben müssen." (zit. in Thompson 2002, 117) In *The Tuning of the World* (1977) beschreibt Schafer den historischen Übergang von der agrarischen zur industriellen Produktion als Wechsel von einer *hi-fi* zu einer *lo-fi* Klanglandschaft. In einer „lo-fi Soundscape", so Schafer, „verschwinden akustische Signale in einer überdichten Population von Klängen", was bewirkt, dass „die gewöhnlichsten Geräusche und Klänge zunehmend verstärkt werden" müssen, „damit man sie hören kann" (Schafer 1994 [1977], 43) und die Orientierung im Zusammenspiel aller Klänge nicht gänzlich verliert.

Während vor der Zeit des Bürgerkriegs noch manch ein Beobachter fasziniert war ob des „Brummens der Industrie" (Smith 2001, 119–146), nahmen Beschwerden über die Lärmbelästigung gegen die Jahrhundertwende signifikant zu. Ambrose Bierces Definition von Lärm in *The Devil's Dictionary* hält die neue Einstellung auf prägnante Weise fest: „Lärm, *Subst.* Ein Gestank im Ohr. Ungezähmte Musik. Das Kernprodukt und authentifizierende Zeichen von Zivilisation." (Bierce 1911, 169) Um 1900, so scheint es, gibt es ein Verlangen nach der Domestizierung von industriellem Lärm und dem Rauschen der Großstadt. Tontechniker und Akustiker hatten bereits seit den 1920er Jahren in systematischer Weise auf dieses akustische Problem reagiert, und ab 1926 benutzte der Akustiker Edward Elway Free den neu entwickelten Audiometer, um die Lautstärke der Klänge zu messen, welche auf die Ohren der New Yorker einprasselten. Free bestimmte dabei unterschiedlichste Formen des privaten und öffentlichen Verkehrs wie Autos, Pferdefuhrwerke und Hochbahnen als Hauptquellen des Lärms in New York City (Thompson 2002, 148 f.).

Am Beispiel Frees zeigt sich, wie eine neue Technologie benutzt wurde, um die ungebärdige Akustik der Moderne zu quantifizieren und sie dadurch unter eine gewisse epistemische Kontrolle zu bringen. Seit dem späten 19. Jahrhundert kamen zudem neue Medien auf, die einen rationalen, präzisen und wissenschaftlichen Umgang mit Klängen versprachen. Innerhalb von 60 Jahren, zwischen 1870 und 1930, wurden der Phonograph, das Telefon, das Radio, das Mikrofon, der Verstärker und der Tonfilm erfunden (Kahn 1999, 10). Im selben Zeitraum wurde das interaktive Medium des Phonographen allmählich durch das Einwegmedium des Grammophons ersetzt (Picker 2003, 112; 142–145). Anders als der Audiometer wurde keines dieser neuen Medien als unmittelbare Reaktion auf das zunehmend hörbare Lärmproblem der Moderne entwickelt. Dennoch ist ihr Verhältnis zu Klängen Ausdruck des modernen „Verlangens nach klarem, kontrolliertem, signal-ähnlichem Klang" (Thompson 2002, 3). Diese Medien waren Teil des Bestrebens, die akustische Welt unter technologische Kontrolle zu bringen. Als Apparate, die es ihren Benutzern erlauben, Klänge zu speichern und zu operationalisieren, versprachen sie möglichst rauschfreie akustische Beherrschung in Zeiten des klanglichen Chaos. Die neuen Medien riefen auf eindringliche Weise ein Begehren nach akustischer Kontrolle und kommunikativer Transparenz hervor, dessen Grenzen den Bewohnern lärmender, rauschender Städte wie Chicago und New York tagtäglich aufgezeigt wurden. Dieses Begehren äußerte sich in den unterschiedlichsten Bereichen. Im Falle des Phonographen manifestierte es sich etwa in Edisons Behauptung vom Juli 1877, dass das neue Medium „die menschliche Stimme zu jedem künftigen Zeitpunkt perfekt speichern und automatisch reproduzieren können wird" (zit. in Millard 1995, 25).

2. Das Rauschen modernistischer Literatur

Die modernistische Literatur der ersten Hälfte des 20. Jahrhunderts entwickelte sich aus dieser grundlegend veränderten Medienlandschaft heraus. Man kann sie zumindest teilweise sowohl als eine Reaktion auf die veränderte Klanglandschaft der Moderne verstehen wie auch als einen Beitrag dazu. Wie aber verhandeln literarische Texte die akustische Moderne und in welchem Verhältnis stehen sie zu den Tonwiedergabemedien und deren Verarbeitung der neuen Klangwelt? Mit der Erfindung des Phonographen und des Films, so Friedrich Kittler, veränderte sich die gesellschaftliche Rolle des Schreibens grundlegend (1986). Die Präzision, mit welcher die neuen Medien akustische und optische Daten aufzeichnen können, steht der alten Technologie des Schreibens schlicht nicht zur Verfügung. Infolgedessen verliert das Schreiben sein Monopol auf die Datenspeicherung und wird nun als ein Medium neben anderen Medien sichtbar. Gemäß Kittler blieben den Schriftstellern nur zwei Alternativen im Zeitalter des Phonographen und Films: Sie konnten entweder ihr Augenmerk auf das Medium der Schrift selbst richten und – ganz im Sinne der Modernisten – einen „Kult von und für Buchstabenfetischisten" ins Leben rufen, oder aber Songtexte schreiben und dadurch die „imaginären Stimmen" der Literatur hinter sich lassen, um sich den „realen" Stimmen der Tonaufzeichnung zu widmen (Kittler 1986, 125 f.). Kittlers pauschaler Behauptung muss man mit Vorbehalten gegenübertreten, vor allem, weil sie die Vermitteltheit der von den neuen Medien reproduzierten Klänge ignoriert und dadurch auf unkritische Weise dem oben angesprochenen Begehren nach kommunikativer Transparenz Ausdruck verleiht. Und doch regt uns Kittlers medienarchäologischer Blick an, eine entscheidende Frage bezüglich der literarischen Darstellung akustischer Phänomene im Allgemeinen und insbesondere von Lärm, Geräuschen und Rauschen – drei möglichen Übersetzungen von *noise* – zu stellen: Wie kann Literatur überhaupt *noise* darstellen, wenn sie – zwangsläufig – den außerhalb der Sprache liegenden, ungebärdigen Lärm auf die Ordnung des Alphabets reduzieren muss? Wie N. Katherine Hayles anmerkt, ist „Rauschen [*noise*], wenn es in den Bereich der Sprache rückt, immer schon Sprache und nicht Rauschen" (Hayles 1990, 29). Lärm, Rauschen und Geräusch sind das, wogegen sich Sprache selbst definiert; sie sind das Andere, das stummgeschaltet werden muss, damit Sprache hervortreten kann. Streng genommen ist es deshalb unmöglich, über Lärm, Geräusche und Rauschen zu sprechen oder zu schreiben. Jede Untersuchung literarischer Darstellung von *noise* sieht sich deshalb mit der komplexen Frage der Darstellbarkeit eines Undarstellbaren konfrontiert. Darüber hinaus muss sich eine solche Untersuchung der Frage stellen, inwiefern jeglicher Versuch, *noise* darzustellen, immer schon ein Akt der Bändigung oder Eingrenzung ist.

Modernistische Schriftsteller beantworten diese Frage mit einer bewussten Absage an das Versprechen kommunikativer Transparenz, welches die neuen Klangmedien so wirkungsmächtig evozieren. Stattdessen lassen ihre Repräsentationen der modernen Klanglandschaft deren Lärm und Rauschen in die formale Organisation ihrer Texte sickern, wobei versucht wird, die Alterität der nicht-textlichen Phänomene zumindest teilweise zu erhalten. Durch ihre formalen Innovationen und Verfremdungen, durch ihre Negativität und ihre schiere Schwierigkeit verzögern, hemmen und stören modernistische Texte Kommunikationsprozesse (zwischen Texten und Lesern, aber ebenso zwischen Texten und dem weiteren kulturellen Umfeld, in dem Texte entstehen, zirkulieren und ausgetauscht werden) in einem derartigen Ausmaß, dass die Behauptung angemessen scheint, dass *noise* im informationstheoretischen Sinne – als Gegenteil von Redundanz und sowohl informationsreichstes als auch unverständlichstes Signal (Shannon und Weaver 1963, 13) – eines der konstitutiven formalen Prinzipien modernistischer Texte ist.

Informations- und systemtheoretisch betrachtet kann man die literarische Moderne womöglich am besten als eine Art kulturelle Störung begreifen, als eine Infusion von Rauschen ins Meer der Redundanz, die von den neueren Massenmedien gefüttert wird. Um es in William R. Paulsons Worten zu sagen: „Die Literatur ist das Rauschen der Kultur [*noise of culture*], der reichhaltige und unbestimmte Randbereich, in den Mitteilungen gesendet werden und nie wieder in identischer Form zurückkehren, in dem die Signale nie ganz so empfangen werden, wie irgend etwas gesendet wurde." (Paulson 1988, 180) Paulsons faszinierende Untersuchung bildet einen wichtigen Ausgangspunkt für diesen Artikel, wobei zu betonen ist, dass Paulsons zentrale These von der marginalen kulturellen Position der Literatur – „Die Literatur ist nicht und wird nie wieder im Zentrum der Kultur stehen, sollte sie dies jemals getan haben" (Paulson 1988, 180) – historisiert werden muss. Schlussendlich sind modernistische literarische Texte sowohl Orte der Darstellung als auch der kulturellen Produktion von *noise*.

2.1. John Dos Passos: *Manhattan Transfer*

Es gibt nur wenige modernistische Texte, die das Getöse der städtischen Moderne mit einer derartigen Intensität aufrufen wie *Manhattan Transfer*. Dos Passos' fiktionale Soundscape ist durchsetzt vom „ohrenbetäubende[n] Rasseln" der Hochbahn und ihren „[z]ackige[n] Streifen grellen Lärms", „von knirschendem Rädergerassel, vom Geklapper der Hufe", vom „dumpfe[n] Stoß" ablegender Schiffe und deren „Gerassel der Ankerketten", vom „wirren Lärm des Verkehrs, der Menschenstimmen, des Baugetöses, der aus den Straßen der Innenstadt emporqu[illt]", von einer Dampfwalze, die „auf der frisch geteerten Schotterung der Straße [...] auf und ab" rasselt, und vom „unaufhörlich zischende[n] Geschlitter" von Autos (Dos Passos 1986 [1925], 15; 170; 54; 73; 103; 121; 176). Die Straßen in Dos Passos' New York sind „lärmend wie ein Blasorchester" und die Fifth Avenue „pocht mit grell anschwellenden Schmerzen" (Dos Passos 1986 [1925], 321; 184). In der modernen Metropole, so legt Dos Passos nahe, ist Lärm zu einer Art akustischen Gewalt geworden.

Dos Passos zeichnet jedoch den Lärm New Yorks nicht auf dieselbe Weise auf, wie dies Edward Elway Free mithilfe des Audiometers im Jahr nach der Veröffentlichung von *Manhattan Transfer* (1925) tat. In seinen Darstellungen der Großstadt versucht Dos Passos nicht, den Lärm darstellerisch einzudämmen. Stattdessen nimmt er die Herausforderung an, das darzustellen, was letztlich undarstellbar bleibt, indem er *noise* zum strukturellen Prinzip seiner eigenen literarischen Praxis macht. So beginnt etwa der Roman mit einer impressionistischen Schilderung der Ankunft von Immigranten in einem maschinenähnlichen New York: „Handwinden wirbeln herum mit hellem Kettengeklirr. Gittertore öffnen sich, Füße trappeln über den Spalt, Menschenscharen wälzen sich durch den mistverpesteten hölzernen Tunnel des Fährhauses, zusammengequetscht und kollernd und stoßend wie Äpfel, die man in die Rutsche einer Obstpresse schüttelt." (Dos Passos 1986 [1925], 7) Diesem ersten panoramisch-fragmentierten Blick auf die Stadt folgt unvermittelt eine düstere Geburtsszene: „Das Neugeborene krümmte sich kläglich in der Watte wie ein Knäuel Regenwürmer." (Dos Passos 1986 [1925], 7) Und schon finden wir uns, noch immer auf der ersten Seite des Buchs und ebenso unvermittelt, auf einem „Fährboot", wo ein „alter Mann Violine [spielt]" und „mit der Spitze eines rissigen Lackschuhs [...] den Takt [klopft]" (Dos Passos 1986 [1925], 7). In Analogie zu Werner Wolfs (1999) Begriff der *musicalization of fiction* kann man hier von einer *noisification of fiction* sprechen – ein Begriff, der stärker als Wolfs Terminus die modernistische *Störung* der Harmonie hervorhebt. Dos Passos' rapide Perspektivenwechsel, seine formalen Brechungen und seine Auflösungen linearer Erzählstrukturen verweigern sich den Codes der instrumentellen Kommunikation. Dos Passos träumt nicht den Traum kommunikativer Transparenz; stattdessen erhebt er *noise* zu einem ästhetischen Prinzip und kann dadurch die Alterität und Unsagbarkeit des Lärms, den er darstellt, zu einem gewissen Grad erhalten. Ein hoch experimenteller Text wie *Manhattan Transfer* (1925) stört und behindert Kommunikationsprozesse zwischen Texten und Lesern und injiziert damit *noise* in die Kanäle kultureller Kommunikation. In Hörweite des physischen, hörbaren *noise* der Moderne wetteifert Dos Passos nicht mit den neuen Klangmedien um die akustische Beherrschung der modernen Klangwelt. Stattdessen entwickelt er eine Ästhetik des Rauschens, welche die formale und mediale Verfasstheit der Literatur, die physische Anordnung von Worten auf dem Papier, in einer derart radikalen Weise rekonfiguriert, dass die kommunikative Funktion der Literatur nicht mehr gesichert scheint.

2.2. Zora Neale Hurston: *Their Eyes Were Watching God*

Wenn wir uns von der städtischen Welt des Romans *Manhattan Transfer* von Dos Passos (1925) ins ländliche Eatonville von Zora Neale Hurstons *Their Eyes Were Watching God* (1937) begeben, kommen wir nicht umhin, die großen Unterschiede zwischen diesen beiden Texten zu konstatieren. Die relativ simple Plotstruktur, die realistische Oberfläche und der ländliche Schauplatz von Hurstons Roman scheinen wenig mit der narrativen Diskontinuität, den impressionistischen Techniken und der ausgeprägten Urbanität von *Manhattan Transfer* gemein zu haben. So kurz und unvollständig diese Liste von Unterschieden sein mag, drängt sich hier bereits die Frage auf, ob wir es hier nicht mit zwei völlig unterschiedlichen Schreibtraditionen zu tun haben. Und tatsächlich neigen Literaturhistoriker dazu, die afroamerikanische Moderne – die Harlem Renaissance – allgemein und Hurstons Werk im Besonderen weitgehend unabhängig oder gar in Absetzung zum angloamerikanischen Modernismus zu behandeln (Baker 1987; Hutchinson 2001).

Sobald wir jedoch gewahr werden, dass sowohl Dos Passos' Auflösung narrativer Kontinuität als auch die Interferenzen, die Hurston zwischen afroamerikanischer Mündlichkeit (Geschichtenerzählen, Gesang, ritualisierte Beleidigungen, der Klatsch auf der Veranda) einerseits und der schriftlichen Form des Romans andererseits generiert, zu einer literarischen Strömung gehören, welche die Störung vorherrschender Kommunikationsformen im Blick hat, werden Gemeinsamkeiten zwischen den beiden Texten evident, welche die offensichtlicheren Unterschiede überlagern. Henry Louis Gates Jr. (1993) betrachtet *Their Eyes Were Watching God* (Hurston 1937) als den ersten *speakerly text* der US-amerikanischen Literaturgeschichte – als den ersten Text, der die Muster und Klänge des Sprechens im geschriebenen Medium zu reproduzieren vermag. Gates' (1993) Erörterung von Hurstons Innovationskraft verortet diese überzeugend innerhalb der afroamerikanischen Kultur. Gleichzeitig gilt es jedoch festzuhalten, dass es gerade Hurstons kulturell spezifische Brechungen sind, ihr Einbringen afroamerikanischer Formen der Mündlichkeit ins Schreiben, welche vorherrschende Formen literarischer Kommunikation infrage stellen und dadurch ihre Verwandtschaft mit der angloamerikanischen Moderne aufzeigen. Gegen den Schluss des Romans ist auch die zu Beginn eher nüchtern-distanzierte Erzählerstimme von den Rhythmen und Wiederholungen mündlichen Ausdrucks geprägt: „Der Tag des Schusses und des blutigen Körpers und des Gerichtssaals kam, und aus jeder Zimmerecke, aus jedem Stuhl und allem fing ein Schluchzen und Seufzen zu singen an. Zu singen, zu schluchzen und seufzen, singen und schluchzen." (Hurston 2011 [1937], 254) Hurstons literarische Verarbeitung des Klangs afroamerikanischer Mündlichkeit lässt ihren Text selbst zu einer jegliche Reinheitsgebote unterlaufenden, lärmenden, rauschenden Kommunikationsform werden.

In Hörweite des *noise* der Moderne lehnen es sowohl angloamerikanische als auch afroamerikanische Modernisten ab, zeitgenössischen Toningenieuren und Akustikern nachzueifern, welche die Welt des Klangs zu regulieren, kodifizieren und bändigen versuchen. Stattdessen lassen sie die formale Organisation ihrer Texte vom *noise* durchdringen. Hurstons Ästhetik knüpft in diesem Sinne an zentrale darstellerische Strategien des angloamerikanischen Modernismus an: Verfremdung, Negativität und der Wille zur Erneuerung: „MAKE IT NEW." (Pound 1972, 265) Ich verstehe Hurstons *antiphonales Spiel* (vgl. Sundquist 1993) mit Buchstaben und Lauten als Quelle einer semiotischen Störung, die analog zu Dos Passos' strategischer Unterbrechung des Erzählverlaufs funktioniert. Paradoxerweise ist es gerade im kulturell spezifischen Zusammenspiel von Mündlichkeit und Schriftlichkeit, in welchem Hurstons Vorhaben am deutlichsten mit der Ästhetik des *noise* und kommunikativen Widerstands ihrer weißen Zeitgenossen zusammentrifft.

Gleichzeitig gilt es, Folgendes festzuhalten: Wenn Dos Passos und Hurston auch eine modernistische Ästhetik des Rauschens gemein haben, beziehen sich ihre Texte auf unterschiedliche akustische Umgebungen. Wenn die Verfremdungen, Brechungen und Fragmentierungen von *Manhattan Transfer* zumindest teilweise als Reaktion auf eine urbanisierte und industrialisierte moderne Klanglandschaft betrachtet werden können, muss man sich zugleich bewusst sein, dass die technologische Moderne und ihre akustischen Begleiterscheinungen Hurstons fiktionalisiertes Dorf im ländlichen Süden kaum tangierten. Die Klänge, die wir in Hurstons Florida hören, sind nicht diejenigen von Hochbahnen, Flugzeugen oder Verbrennungsmotoren, sondern das „[S]chreien" (Hurston 2011 [1937], 80) von Matts Esel, das „Kreischen des Windes" (Hurston 2011 [1937], 210), der einen Wirbelsturm ankündigt, und vor allem die Klänge der mündlichen afroamerikanischen Tradition: das Geschichtenerzählen und ‚signifyin(g)' – eine Vielzahl von Wortspielen in der afroamerikanischen Alltagssprache, von ritualisierten Beleidigungen bis zu Parodien von Sprech- und Musikstilen – in Eatonville; die Musik, der Gesang sowie die ausgelassen laute Stimmung in den Everglades.

Hurstons Roman erinnert uns daran, dass die für angloamerikanische Modernisten zentrale Bezugnahme auf die sozioökonomische und technologische Moderne nur teilweise adäquat für literaturwissenschaftliche Besprechungen des afroamerikanischen Modernismus genutzt werden kann – obwohl dieser Bezugsrahmen selbstverständlich auch für die Harlem Renaissance relevant ist, man denke an die nördlichen, städtischen Passagen von Jean Toomers *Cane* (1923) oder an Sterling A. Browns Gedicht *Strong Men* (1931), welches die Sklavenökonomie als Kernpunkt der westlichen Moderne betrachtet (vgl. Wilks 2005). Wenn es, wie Houston A. Baker Jr. (1987) und Paul Gilroy (1993) dies fordern, einen Begriff der schwarzen/afroamerikanischen Moderne braucht, dann braucht es ebenso einen Begriff der schwarzen/afroamerikanischen akustischen Moderne. Jene akustische Moderne beinhaltet Laute der mündlichen Tradition, welche den etablierten kommunikativen Netzwerken der angloamerikanischen Moderne teils fremd sind. Diese Laute, diese Geräusche, dieses Rauschen signalisieren eine Alterität, deren Ursprünge in Afrika und in der Sklaverei liegen; sie kennzeichnen ein Anderssein, das von einer Geschichte kolonialer Ausbeutung geprägt ist. Diesen Klängen das Ohr zu leihen, mag uns helfen, die Spezifizität der afroamerikanischen Moderne zu verstehen, und sollte uns davon abhalten, zwei verwandte und doch verschiedene Ästhetiken des *noise* innerhalb des US-amerikanischen literarischen Modernismus zu vermischen.

3. Literatur der Postmoderne: Ästhetik des Rauschens bei Pynchon und Reed

Im Übergang von der literarischen Moderne zur frühen Postmoderne, zu Texten wie Thomas Pynchons *Die Versteigerung von No. 49* (1966) und des afroamerikanischen Schriftstellers Ishmael Reeds *Mumbo Jumbo* (1972), lassen sich sowohl thematische Veränderungen als auch ästhetische Kontinuitäten beobachten (vgl. Schweighauser 2006, 143–171). Noch sehr viel stärker als bei Dos Passos rückt bei Pynchon das Rauschen elektrischer Apparate (Klimaanlagen, Neonröhren, Bürogeräusche) und Kommunikationsmedien (Fernseher, Radio, Muzak) ins Zentrum des Interesses. Während die akustische Welt von Dos Passos' *Manhattan Transfer* (1925) regelmäßig von schrillen Klängen zerrissen wird, hören wir bei Pynchon (1966) oft ein konstantes Hintergrundrauschen, ein Meer von Redundanz, welches bereits zu Beginn des Romans explizit mit einem Zustand maximaler Entropie, der Erreichung eines thermodynamischen Gleichgewichts, an dem die Welt zum Stillstand kommt, gleichgesetzt wird. An die Texte von Dos Passos und Hurston muss man ein theoretisches Verständnis von *noise* noch herantragen, um das Verhältnis zwischen literarischer und sozioökonomischer Moderne kommunikationstheoretisch zu bestimmen; bei Pynchon ist dies bereits in die diegetische Welt eingeschrieben. Dies gilt insbesondere für „W. A. S. T. E.", das (zumindest in einer Lesart) alternativ-subversive Kommunikationssystem in Pynchons Roman, sowie die Untergrund-Radiostation „KCUF" (1966, 9) und Rockbands wie „Sick Dick and the Volkswagens" (1966, 14) und die „Paranoids" (1966, 23–25), welche den thermodynamischen Zustand maximaler Entropie von Oedipa Maas' Vorstadtwelt der *Tupperware parties* mit einer Injektion maximaler Entropie im informationstheoretischen Sinne, kurz *noise*, entgegentreten (Shannon und Weaver 1963). So sind denn W. A. S. T. E. und die Repräsentanten der Gegenkultur der 1960er Jahre Chiffren für das, was der Roman mit seiner eigenen Innovationskraft selbst tut: Er stört die geregelten Kommunikationsabläufe der Kultur mit einer Ästhetik der Negativität und des Rauschens, welche die frühe Postmoderne weitgehend von der Moderne übernimmt.

In seinem Spiel mit Text und Bildern, seiner Jazz-Ästhetik (vgl. III.21 VON AMMON), seiner Verarbeitung einer Vielzahl literarischer Gattungen, seinem parodistischen Gebrauch von Fußnoten und gelehrten Zitaten und seiner nichtlinearen Erzählweise ist Reeds *Mumbo Jumbo* (1972) von einem gleich starken Willen zur ästhetischen Erneuerung geprägt. Bereits der Titel kündigt jedoch an, dass der Autor auch ein spezifisch afroamerikanisches Anliegen hat: Es geht ihm um eine Umwertung afroamerikanischer Sprach- und Musikformen, die von vielen Weißen als *mumbo jumbo*, als Kauderwelsch, abgetan wurden. Reeds postmoderner historischer Roman führt uns vorwiegend in die 1920er Jahre der Harlem Renaissance, also in Zora Neale Hurstons Epoche zurück und zelebriert die Energie und Widerständigkeit afrikanischen und afroamerikanischen Ausdrucks, von haitianischem Voodoo, ägyptischer Mythologie, Blues, Ragtime, Jazz, Tanz und afroamerikanischer Literatur. Reed inszeniert eine Konfrontation zwischen zwei kulturellen Bewegungen: dem ‚atonistischen Weg' des ‚Wallflower Order', welcher für eine als apollinisch, steril und zerstörerisch verstandene jüdischchristliche Kultur steht, und dem ‚Jes Grew' (einfach so gewachsen), welches die Vitalität und kreativ-dionysische, rauschend laute Energie emergenter schwarzer Kultur verkörpert: „Jes Grew war das Durchgeknallte im Künstler, der lieber in Zungen redete als ‚gepflegt, sauber und deutlich' zu sein." (Reed 1972, 211) Letztlich untergräbt der Roman diese essentialistischen Dichotomien in postmoderner Manier, aber die strukturelle Zentralität dieser Konfrontation im Roman erinnert uns daran, was bereits in der Besprechung von Dos Passos' *Manhattan Transfer* und Hurstons *Vor ihren Augen sahen sie Gott* klar wurde: Die angloamerikanische und afroamerikanische Literatur der Moderne und frühen Postmoderne ist von einer gemeinsamen, widerständigen Ästhetik des Rauschens geprägt, welche sich der Forderung nach kommunikativer Transparenz verweigert und gängige, zur Redundanz neigende Kommunikationspraktiken stört. Gleichzeitig manifestiert sich diese Ästhetik in kulturell spezifischer Weise, Zeugnis davon ablegend, dass die Segnungen und Flüche der sozioökonomischen Moderne schon immer ungleich verteilt waren.

Literatur

Vorbemerkung: Dieser Text ist eine von Daniel Allemann ins Deutsche übersetzte und vom Autor erweiterte Version von Schweighauser 2008. Mit Ausnahme der Romane Dos Passos' und Hurstons, die in der deutschen Übersetzung zitiert werden, wurden sämtliche Zitate aus englischsprachigen Texten von Allemann ins Deutsche übersetzt. Der Autor dankt Sixta Quaßdorf für ihre sorgfältige Korrekturlektüre.

Attali, Jacques. *Bruits: Essai sur l'économie politique de la musique.* Paris: Presses Universitaires de France, 1977.
Baker, Houston A., Jr. *Modernism and the Harlem Renaissance.* Chicago: University of Chicago Press, 1987.
Bierce, Ambrose. *The Unabridged Devils Dictionary.* Hrsg. von David E. Schultz und S. T. Joshi. Athens: University of Georgia Press, 2000 [1911].
Brown, Sterling A. „Strong Men" [1931]. *The Collected Poems of Sterling A. Brown.* Hrsg. von Michael S. Harper. Evanston: Northwestern University Press, 1980. 56–58.
Bull, Michael (Hrsg.). *Sound Studies: Critical Concepts in Media and Cultural Studies.* 4 Bde. London: Routledge, 2013.
Bull, Michael und Les Back (Hrsg.). *The Auditory Culture Reader.* Oxford: Berg, 2003.
Corbin, Alain. *Les cloches de la terre: Paysage sonore et culture sensible dans les campagnes au XIXe siècle.* Paris: Albin Michel, 1994.
Dos Passos, John. *Manhattan Transfer.* Übers. von Paul Baudisch. Mit einem Nachwort von Günther Klotz. Reinbek bei Hamburg: Rowohlt, 1986.
Dos Passos, John. *Manhattan Transfer.* London: Penguin, 1987 [1925].

Gates, Henry Louis, Jr. „'Their Eyes Were Watching God'. Hurston and the Speakerly Text". *Zora Neale Hurston: Critical Perspectives Past and Present*. Hrsg. von Henry Louis Gates Jr. und Kwame Anthony Appiah. New York: Amistad, 1993. 154–203.
Gilroy, Paul. *The Black Atlantic: Modernity and Double Consciousness*. Cambridge: Harvard University Press, 1993.
Hayles, N. Katherine. *Chaos Bound: Orderly Disorder in Contemporary Literature and Science*. Ithaca: Cornell University Press, 1990.
Hurston, Zora Neale. *Their Eyes Were Watching God*. London: Virago, 1997 [1937].
Hurston, Zora Neale. *Vor ihren Augen sahen sie Gott*. Übers. und mit einem Nachwort von Hans-Ulrich Möhring. Gräfelfing: Edition Fünf, 2011.
Hutchinson, George. „Identity in Motion: Placing *Cane*". *Jean Toomer and the Harlem Renaissance*. Hrsg. von Geneviève Fabre und Michel Feith. New Brunswick: Rutgers University Press, 2001. 38–56.
Kahn, Douglas. *Noise, Water, Meat: A History of Voice, Sound, and Aurality in the Arts*. Cambridge: MIT Press, 1999.
Kittler, Friedrich A. *Grammophon Film Typewriter*. Berlin: Brinkmann & Bose, 1986.
Millard, Andre J. *America on Record: A History of Recorded Sound*. Cambridge: Cambridge University Press, 1995.
Paulson, William R. *The Noise of Culture: Literary Texts in a World of Information*. Ithaca: Cornell University Press, 1988.
Picker, John M. *Victorian Soundscapes*. Oxford: Oxford University Press, 2003.
Pinch, Trevor und Karin Bijsterveld (Hrsg.). *The Oxford Handbook of Sound Studies*. New York: Oxford University Press, 2012.
Pound, Ezra. *The Cantos of Ezra Pound*. New York: New Directions, 1972.
Pynchon, Thomas. *Die Versteigerung von No. 49*. Übers. von Wulf Teichmann. Reinbek bei Hamburg: Rowohlt, 1973.
Pynchon, Thomas. *The Crying of Lot 49*. London: Picador, 1979 [1966].
Reed, Ishmael. *Mumbo Jumbo*. New York: Scribner, 1996 [1972].
Schafer, R. Murray. *The Soundscape: Our Sonic Environment and the Tuning of the World*. Rochester: Destiny, 1994 [1977].
Schweighauser, Philipp. *The Noises of American Literature, 1890–1985: Toward a History of Literary Acoustics*. Gainesville: University Press of Florida, 2006.
Schweighauser, Philipp. „The Noises of Modernist Form: Dos Passos, Hurston, and the Soundscapes of Modernity". *American Studies as Media Studies*. Hrsg. von Frank Kelleter und Daniel Stein. Heidelberg: Winter, 2008. 47–55.
Shannon, Claude Elwood und Warren Weaver. *The Mathematical Theory of Communication*. Chicago: University of Illinois Press, 1963.
Smith, Bruce R. *The Acoustic World of Early Modern England: Attending to the O-Factor*. Chicago: University of Chicago Press, 1999.
Smith, Mark M. *Listening to Nineteenth-Century America*. Chapel Hill: University of North Carolina Press, 2001.
Sterne, Jonathan. *The Audible Past: Cultural Origins of Sound Reproduction*. Durham: Duke University Press, 2003.
Sterne, Jonathan (Hrsg.). *The Sound Studies Reader*. New York: Routledge, 2012.
Sundquist, Eric J. *To Wake the Nations: Race in the Making of American Literature*. Cambridge: The Belknap Press of Harvard University Press, 1993.

Tarr, Joel A. „The City and Technology". *A Companion to American Technology*. Hrsg. von Carroll Pursell. Oxford: Blackwell, 2005. 97–112.
Thompson, Emily. *The Soundscape of Modernity: Architectural Acoustics and the Culture of Listening in America, 1900–1933*. London: MIT Press, 2002.
Toomer, Jean. *Cane*. New York: Liveright, 1993 [1923].
Truax, Barry. *Acoustic Communication*. 2. Aufl. Westport: Ablex, 2001.
Wilks, Jennifer. „Writing Home: Comparative Black Modernism and Form in Jean Toomer and Aimé Césaire". *Modern Fiction Studies* 51.4 (2005): 801–823.
Wolf, Werner. *The Musicalization of Fiction: A Study in the Theory and History of Intermediality*. Amsterdam: Rodopi, 1999.

III.20. Kontrapunkt. Zur Geschichte musikalischer und literarischer Stimmführung bis in die Gegenwart

Alexander Honold

1. Musikgeschichtliche Grundlagen

‚Punctus contra punctum': Note gegen Note, so lautet in den Musiktraktaten des 14. bis 17. Jahrhunderts die elementare und folgenreiche Definition der Technik des Kontrapunkts (u. a. Bellermann 1901, 129 f.). Der seit 1330 belegte Begriff *contrapunctus* stellt die satztechnische Form der Verknüpfung zweier Stimmen bzw. Stimmlinien dar, welche in der Ausübung kirchlicher Vokalmusik damals bereits gängige Praxis war. Die Anfänge geordneter vokaler Mehrstimmigkeit lassen sich bis ins 9. Jahrhundert zurückverfolgen, wo sie im Traktat der *Musica Enchiriadis* eine erste Beschreibung unter dem Konzept des parallel geführten Organums erhalten hatten. Als Organum wiederum fungiert in der mittelalterlichen Musiklehre die Praxis der Verbindung (Mixtur) auseinanderliegender Stimmen respektive Töne zu einem gemeinsamen, zusammenklingenden musikalischen Verlauf; hierbei werden die gegensätzlichen Tonwahrnehmungen des Auseinanderklingens (*diaphon*) und des Zusammenklingens (*symphon*) miteinander in eine spannungsvolle Einheit gebracht. Als ein Grundelement mittelalterlicher Polyphonie lässt sich daher der diaphone „Zusammenklang des Verschiedenartigen" (Forner und Wilbrandt 1979, 8) bezeichnen. Alle kontrapunktalen Techniken, die im Hoch- und Spätmittelalter mit differenzierten Regelwerken und Anweisungen versehen wurden, kommen entstehungsgeschichtlich darin überein, dass sie im gregorianischen Gesang eine Erweiterung der texttragenden Hauptstimme (*cantus*) durch eine zusätzliche zweite Stimme vornehmen (*discantus*), die zudem mit anreichernden Figuren (Melismen) meistens über der Hauptstimme angeordnet war, aber auch tiefer als die Hauptstimme gesetzt werden konnte, wie es im Organum mit der als Unterquarte gesetzten *vox organalis* der Fall gewesen war.

Der einfache Kontrapunkt, wie er im 13. und 14. Jahrhundert in Traktaten und Notationen festgeschrieben wurde (Bellermann 1901, 129–144), rechnete noch „mit rhythmisch identischen Stimmen" (RML 3, 99), so dass hier die Verbindung beider Stimmen tatsächlich „notam contra notam" geschieht. Dabei ist jeder aus der Zweistimmigkeit entstehende Zusammenklang in systematischer Hinsicht durch die eigene Zeitstelle innerhalb des Gesamtgebildes in vertikaler (paradigmatischer) und in horizontaler (syntagmatischer) Richtung definiert, d. h. als ein

Schnittpunkt zweier Koordinaten angelegt. Komplexe und sich in der gregorianischen Vokalpraxis sowie deren Reflexion fortlaufend weiter ausdifferenzierende Konsonanzregeln und Konsonanzfolgeregeln legten fest, welche Intervalle auf welchen Positionen als ‚konsonant' zulässig bzw. als ‚dissonant' zu vermeiden waren. Vorausgesetzt (aber noch lange nicht ästhetisch systematisiert) war dabei ein harmonisch-tonales System, in dem sich die möglichen Intervall-Kombinationen der Tonreihe untergliedern in a) perfekte Konsonanzen: Einklang, reine Quinte, Oktave, b) imperfekte Konsonanzen: kleine und große Terz, Sext, sowie c) Dissonanzen: Sekunde, Septime, bis ins 14. Jahrhundert auch die Quart – ganz zu schweigen vom Tritonus (vgl. Krehl 1912; Schwind 2009, 24). So kommen innerhalb dieses Regelwerks etwa für die jeweiligen Klauseln respektive Kadenzen zur Bildung des Schluss- oder Zieltones nur reine, vollkommene Intervalle in Betracht (Einklang oder Oktave), während auf der *Paenultima*, der vorletzten Tonsilbe, imperfekte Konsonanzen erwünscht sind, um ein zum Zielpunkt hinstrebendes Verlangen nach Auflösung anzuregen.

Doch erst mit dem für die weitere Praxis der Vokalpolyphonie grundlegenden Werk des Brabanter Komponisten und Musiklehrers Johannes Tinctoris (1435–1511), dem 1477 erschienenen *Liber de arte contrapuncti*, wurden in systematisierender Weise auch die jeweiligen Zeitstellen respektive Melodiepositionen eines entstehenden Zusammenklangs für die Frage der Intervall-Lizenzen berücksichtigt (RML 3, 99). Der *Liber de arte contrapuncti* trägt mit diesen dynamischen, temporalisierten Satzregeln einer Sanges- und Musizierpraxis Rechnung, in der nicht mehr die strikte Eins-zu-eins-Entsprechung der Notenwerte vorausgesetzt ist.

2. Analytische und poetologische Implikationen der Kontrapunktik

Die epochale Zäsur, welche das Konzept intrinsischer Mehrstimmigkeit in der Vokalpolyphonie markiert (vgl. Besseler 1931; Jeppesen 1963), kann in ihrer folgenreichen Bedeutung für das neuzeitliche abendländische Musikwesen kaum überschätzt werden: „Mit der Erfindung einer zweiten Stimme lag erstmals ein bewußter schöpferischer Akt vor, ein Eingreifen [...] in sakrosankte Überlieferung." (Forner und Wilbrandt 1979, 8) Der Begriff der „polyphonen Mehrstimmigkeit" akzentuiert dabei die in der kontrapunktischen Kunst des 16. Jahrhunderts nochmals an Prägnanz zunehmende „melodisch-rhythmische Eigenständigkeit" der zusammengeführten diaphonen Stimmen (RML 4, 183), so dass die konsequent polyphone Stimmenbehandlung der Renaissance und des Barock sich von der um die Mitte des 18. Jahrhunderts dominant werdenden Homophonie (und damit auch von der homophon geführten Mehrstimmigkeit) kategoriell unterscheiden lässt (vgl. auch Adorno GS 16, 144–148).

Im weiteren theoretischen Explikations- und Differenzierungsprozess – und vor allem aus der musikologischen Retrospektive – wurde die Kontrapunktik mehr und mehr auf diesen spannungsvollen Gegensatz von punktuellem Klangbild und transitorischer Tonreihe hin gelesen. Damit setzte sich der sogenannte ‚lineare Kontrapunkt' als Maßgabe und verbindliche Auffassung kontrapunktischen Geschehens überhaupt durch, bei dem nicht mehr das parallele Gefüge von Einzelnoten (und die vertikale Momentaufnahme des jeweiligen Intervalls) als Strukturdominante galten, sondern die melodietragende Stimmführung über einen längeren horizontalen Verlauf hin. Diese (im Hinblick auf die mittelalterliche Vokalpolyphonie allerdings anachronistische) Perspektive wird bündig von Knud Jeppesen formuliert: „Für uns zerfällt die Musik in zwei große Gruppen: Die Polyphonie, in der wir alle Hauptgeschehnisse gleichsam auf dem Wege der melodischen Linien, also in horizontaler Dimension erleben, und die Homophonie, in der sich alles Wesentliche in senkrechter Richtung vollzieht." (Jeppesen 1963, 1) Statt aber die beiden Strukturachsen des simultanen Zusammenklangs und des linearen Fortschreitens paradigmatisch und historisch gegeneinander abzugrenzen im Sinne polyphoner und homophoner Stilepochen, hat eine musikpoetologische Betrachtung eher die jeweils unterschiedliche Kombinatorik beider Gestaltungsdimensionen in den Blick zu nehmen und dabei die Interdependenz von Intervallbildung, Melodik und Kontrapunktik zu betonen. Dabei sind als Komponenten zu unterscheiden „a) Melodie (Folge von Einzeltönen), b) Kontrapunkt (Intervallbeziehung zwischen Einzelmelodien, daher dem Wesen nach zweistimmig, c) Klang (Proportionen simultan erklingender Einzelintervalle im Akkord, daher mindestens dreistimmig)" (Hermelink 1959, 134). Dahlhaus (1967) führte anstelle des linearen Kontrapunkts die Begrifflichkeit des „Intervallsatzes" ein; er plädierte für ein Verständnis des Kontrapunkts als „Vermittlung zwischen dem melodischen und dem klanglichen Element" (Dahlhaus 1990, 96). Statt von einer „Dichotomie" beider Größen auszugehen, gelte es vielmehr, die „Dialektik von Linearität und Klanglichkeit" zum methodisch anleitenden Prinzip der Materialanalyse zu machen (Dahlhaus 1990, 96).

Die Aufmerksamkeit auf die in der Stimmführung gegebene Kombinatorik zu richten ist schon deshalb sinnvoll, weil dieser Ansatz in musikgeschichtlicher Perspektive ein besseres Verständnis der aus dem spätmittelalterlichen Kontrapunkt-Paradigma hervorgegangenen Entwicklungslinien erlaubt; darüber hinaus hilft der kombinatorische Gedanke, in systematischer Hinsicht auch die konzeptionellen Errungenschaften und Auswirkungen zu verdeutlichen, die aus dem bidirektionalen Aufbau eines musikalisch-kompositorischen Konstrukts resultieren. Aus den parallel geführten, standardisierten Stimmlagen der Vokalpolyphonie und ihrer Anordnung zu einem in vertikaler und horizontaler Linie jeweils bedeutungstragenden, wohlgeordneten Gebilde ergaben sich zwanglos die Tätigkeit und der Begriff des Komponierens (Schwind 2009, 191; 198). Sowohl das experimentell gestützte Nachdenken über die grundsätzliche Natur und Wirkungsweise von Ton-Intervallen als auch die regelgeleitete Nuancierung von Konsonanz- und Dissonanzeffekten, tragenden und unbetonten Tönen wurden durch die komplexitätssteigernde Dimension der Zweistimmigkeit in entscheidender Weise befördert. Das Satzsystem der Kontrapunktik gab überdies erstmals dem Zusammenspiel von synchroner und diachroner musikalischer Achse durch seine Kombinatorik von vertikaler Intervallbildung und horizontaler Tonbewegung einen verbindlichen, schriftbasierten Ausdruck. Insofern stellte die spätmittelalterliche kontrapunktische Polyphonie (vor allem in Verbindung mit den Weiterentwicklungen der Notationstechnik) jene Matrix bereit, in der sich die ephemere Zeitkunst Musik mit ihren je punktuellen akustischen Präsenzen zugleich als verflochtene Textur, als ein der ikonisch-geometrischen Betrachtung zugängliches Gebilde, zu formieren begann (vgl. Roland Barthes' Begriff der Partitur-Lektüre, 1976, 33–35).

3. Palestrina, Bach, Beethoven – drei musikalische Paradigmen

3.1. Palestrina

Von der praktischen Ausübung der vokalen Mehrstimmigkeit leitete sich, angeregt durch die erwähnten kategoriellen Muster- und Regelbildungen, im 15. und 16. Jahrhundert vermehrt auch die Entwicklung weiter ausgreifender Satztechniken und Kompositionsweisen ab. Diese führten schließlich zur für über drei Jahrhunderte lang anhaltenden Blütezeit vokaler und instrumentaler Kontrapunktik, die wiederum in den Werken von Giovanni Pierluigi da Palestrina (1525–1594) und Johann Sebastian Bach (1685–1750) ihre beiden musikgeschichtlich und kompositionsästhetisch phänotypischen Höhepunkte zu verzeichnen hatte. Die Musik Palestrinas verbindet das Regelwerk kontrapunktisch geführter Mehrstimmigkeit, wie es die franko-flämische Schule (Josquin, Ockeghem, Lasso) ausgearbeitet hatte, mit einem ‚italienischen' Sinn für harmonische Klangwirkung, stimmliche Ausgewogenheit und phrasierende Eleganz.

Die geschichtliche Situation von Palestrinas musikalischem Wirken war gekennzeichnet durch die Bewegung der Gegenreformation, bei der im Rahmen einer Liturgiereform auch kirchenmusikalische Aspekte, insbesondere die Problematik der Wort-Ton-Beziehung, neu reflektiert wurden (RML 4, 101). Die Frage, ob innerhalb der vokalpolyphonen Musik hinreichende Textverständlichkeit gegeben war (respektive ob letztere einen gegenüber der Klangwirkung übergeordneten Wert darstellen sollte), wurde für die Kompositionsweise Palestrinas zu einer produktiven Herausforderung. Wirkungsgeschichtlich ist Palestrinas der Reformbewegung abgetrotztes Festhalten an der Vokalpolyphonie des strengen Satzes als ‚Palestrina-Stil' in die musikalische Kompositionslehre und Aufführungspraxis eingegangen.

E. T. A. Hoffmann stellt in einer Studie von 1814 (die 1819 auch in die Novellen-Sammlung der *Serapionsbrüder* Eingang fand) Palestrinas *Missa Papae Marcelli* als Meisterwerk des alten und strengen Kirchenstils den neueren Tendenzen einer musikalischen Emanzipation von religiösen Vorgaben gegenüber: „Ohne allen Schmuck, ohne melodischen Schwung" folgten in Palestrinas Messe „vollkommene, konsonierende Akkorde auf einander, von deren Stärke und Kühnheit das Gemüt mit unnennbarer Gewalt ergriffen [...] wird" (Hoffmann SW 2.1, 508). „Übergänge" und „Zwischennoten", wie sie die neuere Musik beständig hervortreibe, müssten vor allem in „weithallenden" Kirchengebäuden der Klangwirkung und Textverständlichkeit abträglich sein (Hoffmann SW 2.1, 509). Der „hohe, einfache Styl Palestrina's" erscheint in der Retrospektive desto verklärter, als die jüngere Entwicklung gekennzeichnet sei „durch den allmähligen Abfall von der alten Wahrhaftigkeit und Kraft zur modernen Geziertheit und Weichlichkeit" (Hoffmann SW 2.1, 512). Doch steckt in Hoffmanns Absage an die „künstlichen Modulationen" (Hoffmann SW 2.1, 509) der Moderne ein unüberhörbares Moment von Ironie, das damit selbst wiederum einem kontrapunktischen Artikulationsprinzip folgt.

‚Palestrina' ist darüber hinaus in der Musikliteratur und Kulturgeschichte zu einer mit unterschiedlichen Bedeutungen aufgeladenen Chiffre geworden, deren Motivkern die Situation des ästhetisch freien, aber sozial abhängigen Künstlers in einer von gesellschaftlichen Spannungen durchzogenen Umbruchphase bildet. Der in Latium gelegene Herkunftsort dieses Namens, selbstgewähltes Schreib-Refugium der jungen Schriftsteller Heinrich und Thomas Mann zur vorvergangenen Jahrhundertwende, kehrt in vielschichtiger Motivfunktion im späteren *Doktor-Faustus*-Roman wieder: als Schauplatz der Teufelsbegegnung des Tonsetzers Adrian Leverkühn und als direkte musikalische Namens-Referenz. Thomas Mann, der sich seinerseits schon während des Ersten Weltkriegs in einer künstlerischen Übergangsphase verortet hatte, nutzte in den *Betrachtungen eines Unpolitischen* die 1917 uraufgeführte *Palestrina*-Oper seines Münchner Künstlerfreundes Hans Pfitzner, um das heroische Standhalten eines in seiner unzeitgemäss gewordenen Kunstauffassung unbeugsamen Geistesmenschen zu verklären: „In der Atmosphäre eines Zeitalters reif geworden zu sein und dann plötzlich ein neues anbrechen zu sehen" (Mann GKFA 13.1, 456), das war einerseits die perspektivische Situation Palestrinas an der Schwelle zur Renaissance, und das war andererseits die Ausgangslage Thomas Manns am Ende des bürgerlichen 19. Jahrhunderts. An der Strenge der Kunst Palestrinas begrüßt Thomas Mann einen geistesverwandten Impuls des Standhaltens, im deutschen Musikdrama Pfitzners den „Grabgesang der romantischen Oper" (Mann GKFA 13.1, 463).

3.2. Bach

Das immense musikalische Œuvre Johann Sebastian Bachs mit seinem Formenreichtum instrumentaler und vokaler Kompositionen lässt sich nicht eindimensional auf die Anwendung kontrapunktischer Gestaltungsmittel verkürzen. Dennoch ist festzustellen, dass in Bachs musikalischer Entwicklung und in seiner Wirkung auf Mit- und Nachwelt die Auseinandersetzung mit der Tradition polyphoner Kontrapunktik eine bestimmende, charakteristische Rolle spielte (Wolff 2005). In seinen Lehrjahren und Anfängen als Hofkapellmeister (u. a. Lüneburg, Weimar) hatte Bach Anschluss an die virtuose Konzertkultur des frühen 18. Jahrhunderts gefunden und deren Stilvorgaben in seinem eigenen Werk aufgegriffen. So bediente er das Formenrepertoire der Instrumentalmusik (Präludien und Fugen, Toccaten und Fantasien) und behandelte im Sinne der lutherischen Textreform auch die geistlichen Werke nach den Vorgaben und Mustern des musikdramatischen Genres, so dass in den Gottesdienst-Kantaten Arien und Rezitative wie in der höfischen Oper zum Einsatz gelangten. Mit der Köthener Anstellung zwischen 1717 und 1723 wurde das orchestrale und kammermusikalische Schaffen ausgeweitet, aus dem u. a. die sogenannten *Brandenburgischen Konzerte* hervorgingen. In dieser Werkphase setzte Bach das Repertoire kontrapunktischer Satztechnik und Kompositionsweise im Rahmen eines eleganten, primär harmonisch-tonal orientierten Musizierens ein, das (zumal bei Hofe) dezidiert weniger der Tradition gleichberechtigt polyphoner Stimmenbehandlung verpflichtet war, sondern eher demjenigen eines mehrstimmig gleichgeordneten Klangbildes. Gerade darin zeichnet Bachs konzertanter Stil der mittleren Zeit die dominante musikalische Entwicklungsrichtung der nahen Zukunft vor.

Mit dem Wechsel auf die Position des Leipziger Thomaskantors nahmen die geistlichen Kantaten wieder größeren Raum innerhalb des Werkschaffens ein; neben den zum Ablauf des Kirchenjahres verfertigten Kantatenreihen entstanden auch die den Höhepunkten kirchlicher Festtage gewidmeten Oratorien und Messen, ferner einige musterhaft angelegte Werksammlungen u. a. für Orgel und Klavier, deren harmonischer Reichtum in unerhörte, innovative Dimensionen vorstieß. Der Thomaskantor und vor allem der Bach der spätesten Werkphase (u. a. *Goldberg-Variationen, Musikalisches Opfer, Kunst der Fuge*) wurde von den Zeitgenossen als formstrenger, rückwärtsgewandter Präzeptor einer überkommenen polyphonen Tradition wahrgenommen, der sich in der eigenen Vita gleichsam ‚gegen den Strom' bewegt, durch seine Rückkehr zur handwerklichen Regelgebundenheit des *stile antico* sich gegen die Zeittendenz, gegen den musikalischen Entwicklungstrend zum höfisch-galanten Musizierstil, gestellt habe (Wolff 1968; kritisch dazu Öchsle 1999). Die sowohl formale wie harmonische Kühnheit der im Spätwerk verwirklichten *Ars Canonica*, der Kunst und Lehre des Kanons also, verbindet sämtliche konstitutiven Bestandteile der etablierten Kontrapunktik, also „Cantus firmus-, Kanon-, Fugen- und Variationsprinzip" (RML 1, 129).

Bach orientierte sich desto weniger an oberflächlich-sensualistischer Klangwirkung und an gefälligem Musizierstil, je mehr diese Vorgaben das dominante Erwartungsmuster höfischer Auftraggeber und des musikalischen Publikums bildeten (Fubini 2008, 182f.). Für sein der Zeitrichtung entgegenstehendes Beharren auf der mathematisch-architektonischen Verfugung musikalischer Gebilde, für die grüblerische Verstiegenheit und die bis zum Zerreißen angespannte Radikalisierung auseinanderstrebender Vielstimmigkeit wurde Bach wiederholt kritisiert. Besonders vehement geriet der Angriff durch einen polemischen Artikel des Musikers und Kritikers Johann Adolph Scheibe in dessen 1737 gegründeter Zeitschrift *Der Critische Musicus*. Darin zollt Scheibe zwar der Kunst- und Spielfertigkeit Bachs einige Anerkennung, die allerdings den Porträtierten schon ins Absonderliche zu rücken geeignet ist: „Man erstaunt bey seiner Fertigkeit, und man kann kaum begreifen, wie es möglich ist, daß er seine Finger und Füsse so sonderbar und so behend in einander schrencken, ausdehnen, und damit die weitesten Sprünge machen kann." (Scheibe 1737, 2, 400; zit. nach Fubini 2008, 182) Doch dann und hauptsächlich stellt Scheibe der Kompositionskunst Bachs aufgrund ihrer kontrapunktischen Verschlingungen ein höchst abwertendes, ablehnendes Zeugnis aus, sie wird geradezu als Inbegriff des Barock-Verworrenen stigmatisiert: „Alle Manieren, alle kleine Auszierungen, und alles, was man unter der Methode zu spielen verstehet, druckt er mit eigentlichen Noten aus; und das entziehet seinen Stücken nicht nur die Schönheit der Harmonie, sondern macht auch den Gesang durchaus unvernehmlich." (Scheibe 1737, 2, 400; zit. nach Fubini 2008, 182)

Scheibe, dessen Name dank dieser nachmals berühmt-berüchtigten Kontroverse dem Gedächtnis der Nachwelt erhalten geblieben ist, setzt Bach mit dem in gleicher pejorativer Weise abqualifizierten ‚Schwulst' des Barockdichters Lohenstein gleich, mit einem Trauerspieldichter also, der in seinen Dramen die Figurenrede intensiv mit rhetorischen Wendungen, Allegorien und Bildern durchsetzt hatte: „Die Schwülstigkeit hat beyde von dem Natürlichen auf das Künstliche, und von dem Erhabenen auf das Dunkle geführet; und man bewundert an beyden die beschwerliche Arbeit [...], die doch vergebens angewendet ist, weil sie wider die Natur streitet." (Scheibe 1737, 2, 400; zit. nach Fubini 2008, 182) Die Negativ-Epitheta des Schwülstigen, Dunklen und Überladenen stiften indes keine sehr weitreichende strukturelle Analogie zwischen der Poetik barocker Trauerspiele und der kontrapunktischen Satz- und Kompositionstechnik. Höchstens ließe sich als verbindendes Merkmal anführen, dass die bildreiche, mit rhetorischem Ornat aufgeladene Sprache der Dramenfiguren bei Lohenstein oder auch schon bei Gryphius ein sperriges, antimimetisches Element von philosophischer Abstraktion in den Handlungsduktus einbrachte und dass ebenso die konstruktive Rationalität der harmonisch und thematisch aufs Äußerste ausgespannten Stimmführung bei Bach als eine vergleichbare Beschwerung des musikalischen Handlungsganges aufgefasst werden konnte. Während aber die figurative Eigenlogik der Lohenstein'schen Tropen die semantische Reintegrationskraft der jeweiligen dramatischen Gesamtanlage oftmals zu überlasten oder aufzubrechen droht, steht die polyphone Architektonik der Bach'schen Kompositionen auf dem unerschütterlichen Fundament strikter kontrapunktischer Maßgaben.

Es handelt sich bei J. S. Bachs Kompositionen um eine durch harmonisch-tonale, rhythmische und figurative Binnenbeziehungen sowohl ausgereizte wie auch domestizierte Vielstimmigkeit (Gárdonyi 1991), die mitunter die Grenzen des Durchhörbaren und Mitverfolgbaren überschreitet. Hatte Palestrina den letztlich statisch bleibenden Wahrheitsbegriff vertikaler Konsonanz über die melodisch-thematischen Bewegungen hinweg aufrechtzuerhalten gesucht, so wächst Bachs kompositorische Gestaltungsgabe gerade an den in ihr wie entfesselt auflebenden, zentrifugalen Kräften. Nicht zuletzt aber durch die dazumal im Namen des ‚leichten' Rokoko-Stilideals erhobenen kritischen Anwürfe avancierte Bach, während er den Zeitgenossen zunehmend als verworren, manieristisch und obsolet galt, für die Nachwelt zum Inbegriff der vom ‚schwierigen' Genie trotzig verfochtenen ‚deutschen' Kunst schlechthin, deren Gütesiegel in der den sozialen Gebrauchszwecken wuchtig entgegenstehenden kontrapunktischen Komplexität bestand. Vom Standpunkt der Wiener Klassik her betrachtet, war Bach – dessen Lebensende nur zwei Jahrzehnte von der Geburt Beethovens trennen –, „nicht veraltet, sondern zu *schwer*" (Adorno NS 1.1, 117). Obwohl es vor dem Hintergrund klassisch-romantischer Ausdruckskunst nahegelegen hätte, das Verdikt gegen die ‚mechanische' Kontrapunktik Bachs im kulturellen Symbolsystem des 19. Jahrhunderts (mit seiner Basis-Dichotomie ‚Maschine' kontra ‚Organismus') zu erneuern, fand im Gegenteil geradezu eine Bach-Renaissance statt, die ganz im Zeichen einer positiven Umwertung von Bachs kontrapunktischer Größe und ihrer „lebendigen" Binnenspannungen stand (Link 2010, 93).

Das zu Lebzeiten Bachs als Gegenmodell entworfene Ideal eines natürlichen Stils ist (unausgesprochen) vom Musizierstil galanter Wohlgefälligkeit geprägt, der auf den bei Hofe geschätzten Qualitäten von Klangharmonie, einfachem Ausdrucksregister und klaren Verlaufslinien basierte. An diesem öffentlich ausgetragenen Richtungsstreit, in dem Bach übrigens durchaus auch kollegiale Unterstützung erfuhr, ist einerseits die systematische Divergenz rezeptionsästhetischer und kompositionstechnischer Erwägungen ablesbar, die wiederum letztlich auf die alte Differenz zwischen dem pythagoreisch-mathematischen Musikmodell und der u. a. von Aristoteles vertretenen mimetischen Musikauffassung zurückgreift. Zum zweiten aber lässt sich an der Selbstverständlichkeit, mit welcher ein Kritiker die Manier und Komplexität des Bach'schen Kontrapunkts ins Abseits zu stellen vermochte, erkennen, wie stark sich der Hauptstrom zeitgenössischen Komponierens bereits von der Tradition der aus der Polyphonie gespeisten kontrapunktischen Stimmführung entfernt hatte.

Tatsächlich kann um die Mitte des 18. Jahrhunderts die mit Jean-Philippe Rameaus Abhandlung *Traité de l'harmonie réduite à ses principes naturels* von 1722 auf eine neue systematische Basis gestellte Harmonielehre als konsequente und folgerichtige Ablösung der polyphonen Kontrapunktik durch die homophone Tonalität und die hierarchische Dominanz einer Melodiestimme betrachtet werden. Rameau argumentiert hierbei mit der akustischen Obertonreihe und den von ihren Partialtönen gleichsam in natürlicher Abfolge generierten Intervall-Beziehungen. Von dieser harmonisch-paradigmatischen Strukturvorgabe freilich sind Bachs kontrapunktische Kompositionen seit dem ‚neuen Testament' des ebenfalls 1722 erschienenen *Wohltemperierten Klaviers* nicht weit entfernt (zur zeitgenössischen Diskussion um die temperierte Stimmung vgl. Previšić 2012), lassen sich doch in seinen Präludien und Fugen die kanonisch-polyphonen Entfaltungen als gleichsam arpeggierte, entzerrte Akkordmuster auffassen, die das vertikal zusammenklingende Potential der Vieltönigkeit in die Breite eines horizontalen Verlaufsgeschehens auslegen. Das synchrone Paradigma der harmonisch geordneten (ob nun kon- oder dissonanten) Tonverhältnisse wird durch kompositorische Verfugung im weiteren Sinne, d. h. durch sämtliche kontrapunktischen Formen des Kanons und der Fuge sowie auch durch Variation und Sequenzbildung in eine temporale Sukzession übersetzt und auf den Zeitstrahl der Notenlinien abgebildet. Damit aber erhalten die Implikationen eines jeden tonalen Harmonie-Gefüges, in den syntagmatischen Progress überführt, eine nicht mehr nur logische, sondern (im Ansatz jedenfalls) auch schon narrative Abfolge, eine Geschichte.

3.3. Beethoven

Die mit Bach vollendete Ausfaltung und Verdichtung der Polyphonie im Sinne durchgängiger thematischer Fortentwicklung würde es tendenziell ermöglichen – obwohl genau dieses Scharnier musikgeschichtlich durch den fast vollständigen Rezeptionsabriss in der Wiener Klassik zunächst ungenutzt bleiben sollte –, im Kontrapunkt nicht mehr nur statische Spiegelungs- und Oppositionseffekte zu sehen, sondern ein dialogisches Wechselspiel von Frage und Antwort oder Behauptung und Widerspruch. Insofern steht die alte Schule des Kontrapunkts dem neuen, triadischen Modell der klassischen Sonate weniger fremd gegenüber, als es die stilgeschichtlichen Absetzbewegungen der klassisch-romantischen Epoche teilweise glauben zu machen versuchten.

Ludwig van Beethoven durchlief, was für die musikalisch-kompositorische Ausbildung seiner Zeit schon nicht mehr üblich war, eine ausführliche Schulung im Kontrapunkt (1794, im Anschluss an seine Wiener Lehrjahre bei Haydn); bereits in der Jugend hatte sich Beethoven an der Bonner Hofkapelle anhand eines handschriftlichen Exemplars des *Wohltemperierten Klaviers* mit dem Kosmos der Bach'schen Fugen-Tonalität vertraut machen können (RML 1, 185). Sein kompositorisches Ideal der freien, formüberschreitenden Prozessualität distanziert sich jedoch weitgehend vom überkommenen Regelwerk kontrapunktischer Satzstrenge. Wenn klassische Musik im philosophischen Sinne als die Sprache des sich selbst bestimmenden Subjekts verstanden werden konnte (Adorno NS 1.1), so beruht dies wesentlich auf den von Beethoven vorangetriebenen, beispiellosen Errungenschaften thematischer Durcharbeitung. Weit konsequenter noch als Haydn und Mozart setzte Beethoven a) auf das Existenzmodell des freien Komponisten, der vom Erfolg seiner Werke lebt, b) auf die Entwicklung einer autonomen Instrumentalmusik und c) auf die dramatische Zuspitzung der hierbei als Hauptgattung eingesetzten Sonatenform. Beethoven wird zum Musterfall kompositorischer Werkästhetik, was sich auch im vergleichsweise geringen Umfang seines Schaffens, der ausgeprägten Individualität der Einzelwerke und der Zunahme auktorialer Spielanweisungen niederschlägt.

Der erst in der zweiten Jahrhunderthälfte einem verbindlichen Gattungsmuster und Formgesetz unterworfene Aufbau des Sonaten-(Haupt)Satzes wird besonders in Beethovens Symphonik, seinen Klaviersonaten und Streichquartetten dynamisiert durch den Dualismus respektive die Dialektik kontrastierender Themen, deren Antagonismus einer spannungsvollen Verbindung oder Vermittlung zugeführt wird und dadurch auch Einzelelement und Strukturganzes auf eine neue Ebene der Synthese bezieht. In metaphorisierender Theoriebildung ist diese Themendualität der Sonatenhauptsatzform retrospektiv durch A. B. Marx' Lehre von der musikalischen Komposition (Bd. 3, 1845) als einem Drama vergleichbares Kräftemessen antagonistischer Charaktere interpretiert worden, bei dem im Verlauf des Geschehens eine Tendenz über die andere obsiegt. Doch vernachlässigt diese Lesart die erzählenden, pro- und digressiven Linien des musikalischen Geschehens und überakzentuiert stattdessen den als Resultat des Konfliktaustrags verstandenen Rückweg zur Reprise und damit das formale Korsett dreiphasiger Geschlossenheit. Die Affirmation derartigen klassischen Formzwangs aber wird in Beethovens Sonatensätzen vielfach und vehement in Frage gestellt: durch Einführung eines dritten Themas (in der *Eroica*), durch reihenbildende experimentelle Muster der Drei-, Vier- oder Zweisätzigkeit (in den Klaviersonaten), durch die Hinwendung zu Variations- und Fantasiesätzen, vor allem aber durch die formsprengende Ausweitung der Durchführung und ihrer freien thematischen Arbeit. Beethovens Durchführungen evozieren mit ihrer sich selbst generierenden Prozessualität den Vergleich zu der von Hegel als treibendes Weltprinzip statuierten Arbeit des absoluten Geistes (Adorno NS 1.1, 33), und sie setzen dezidiert zwei gegenüber dem klassisch-triadischen Formschema oppositionelle Tendenzen in Kraft: einerseits die ‚quasispontane' Gestaltungslizenz der improvisierenden Fantasie, andererseits die Rückkehr zum fugierenden, kontrapunktischen Duktus mehrstimmiger Verflechtungen. Nicht so sehr der thematische Dualismus des Expositionsteils gibt folglich Beethovens Sonaten das gattungsbildende Muster vor, sondern die in der Eigendynamik der Durchführung zu beobachtende Polarität von „Kadenz und Fuge"; hierbei folgen einander in zweiteiliger Anlage „eine gleichsam unverbindliche Phantasie-Sektion und ein durch Entschluß herbeigeführter, straff motivischer, meist ein Modell sequenzierender Teil" (Adorno NS 1.1, 100, 101).

Wenn Thomas Mann im *Doktor-Faustus*-Roman den Musik-Autodidakten Wendell Kretzschmar über das vom Biographen Anton Schindler (vgl. GKFA 10.2, 270 f.) berichtete Verdikt räsonieren lässt, Beethoven habe „keine Fuge schreiben können" (GKFA 10.1, 86), um sodann die trotzig-leidenschaftlichen Versuche des Komponisten darzustellen, die dieses Vorurteil entkräften sollten – mit den prominenten Beispielen aus den letzten Klaviersonaten, der *Missa Solemnis*, den späten Streichquartetten –, so nimmt diese romanintern geführte Diskussion damit einen kritischen Punkt innerhalb der musikhistorischen Entwicklung auf. Form- und stilgeschichtlich lebt die Klassik aus dem Anspruch, die ‚mechanische' Architektur der barocken Kontrapunktik zugunsten eines originär thematischen Ausdrucksrepertoires hinter sich gelassen zu haben. Warum also sollte ausgerechnet Beethoven, der entschiedenste Verfechter musikalischer Gedankenkunst, sich unter das Joch kontrapunktischen Kalküls beugen? Und doch findet in seinem Spätwerk genau diese gegen den gesamten Entwicklungsweg der Klassik gerichtete Wendung zur (meist dreistimmigen) Fuge statt. Mit Adorno, der für den musikphilosophischen Problemhorizont des *Doktor Faustus* bekanntlich als Gewährsmann und Materialspender fungierte, wäre zu fragen: „[...] was hat Beethoven an den integralen Werken" (also der ‚klassischen' mittleren Schaffensperiode, der 3., 5., 7. und 9. Symphonie, der *Appassionata*-Klaviersonate) „vermißt?" (Adorno NS 1.1, 171)

Hier musste, so die Deutung Thomas Manns und seines Romanprotagonisten, ein untergründiger Konflikt am Werk gewesen sein. Denn scheint es nicht ganz so, als habe der durch das homophon-melodische Denken der Wiener Klassik verdrängte Bach'sche Kontrapunkt die Tonkünstler verfolgt wie eine Heimsuchung? Die späte Wendung Beethovens zur Fuge, die rhetorische Wertschätzung auch anderer zeitgenössischer Komponisten gegenüber dem Kontrapunkt, sie sah, so der Kommentar Adrian Leverkühns, „nach schlechtem Gewissen aus – nach dem schlechten Gewissen der homophonen Musik vor der Polyphonie" (Mann GKFA 10.1, 116). In der Polyphonie habe man, so das Argument, geradezu ein Gütesiegel handwerklicher Redlichkeit, die von den auf lineare Klangwirkungen abzielenden Komponisten des subjektiven Selbstausdrucks willkürlich vernachlässigt worden sei. ‚Homophonie' erscheint hier wie eine angemaßte, unstatthafte Wunscherfüllung, der gegenüber die strenge kontrapunktische Fügung ein Exerzitium der Demut bildet; als deren zeitgemäße Ausdrucksform wiederum kann im musikgeschichtlichen Horizont des *Faustus*-Romans die spätromantisch-moderne Toleranz gegenüber dem Dissonanten gelten. „Je stärker ein Akkord dissoniert, je mehr voneinander abstechende und auf differenzierte Weise wirksame Töne er in sich enthält, desto polyphoner ist er." (Mann GKFA 10.1, 112)

Nach Adornos Kommentaren zu Beethovens Spätwerk nimmt in der letzten Werkphase die prozessuale Subjektivität des Werdens (welche Schopenhauer als Willensausdruck, Hanslick als ‚tönend bewegte Form' verstand) ihren Abschied aus dem kompositorischen Geschehen, in welchem statt dessen die „freigegebene [...] Floskel" walte, „vom Schein ihrer subjektiven Beherrschtheit" gelöst (Adorno GS 17, 16). Beim Üben der Klaviersonate op. 101 hatte der Musikphilosoph als Erkenntnis seines praktischen Selbststudiums über diesen „Prototyp des Spätstils" als „eine Art Urphänomen" festgehalten: „Neigung zur Polyphonie (die Exposition durchwegs im doppelten Kontrapunkt, Vorbereitung der Fuge)." Des Weiteren aber: „Das Kahle. Oktavierte Zweistimmigkeit." (Adorno NS 1.1, 185) Das Spätwerk bewegt sich, so die interpretatorische Folgerung, „zwischen den Extremen", ohne dass eine Balancierung oder gar Synthese noch angestrebt werde, und zwar zwischen den die klassische tonale Harmonik gleichermaßen aufkündigenden Extremwerten – „hier der Einstimmigkeit, dem Unisono, der bedeutenden Floskel, dort der Polyphonie, die unvermittelt darüber sich erhebt" (Adorno GS 17, 16).

4. Ästhetisch-philosophische Bedeutung der Polyphonie und des Kontrapunkts

4.1. *concordia discors*

Nicht von ungefähr waren in den skizzierten Narrativen die ‚Heroen' des Kontrapunkts jeweils in eine Form der Dissidenz gegenüber dem jeweiligen Zeitgeist gestellt. Im Begriff des *Kontra*punkts, obwohl er ästhetischer Herkunft ist und eine künstlerische, satztechnische Errungenschaft des mittelalterlichen und frühneuzeitlichen Kompositionshandwerks beschreibt, klingt die Semantik des ‚Gegen', des Widerständigen und Oppositionellen mit an. Dies macht das musikalische Modell der diaphon gegliederten, aus einer harmonischen Grundspannung entfalteten mehrstimmigen Satzweise zu einem faszinierenden ästhetischen Muster der Einheit des Widerstrebenden, eines mit dem Begriff der Harmonie im Wortsinne genuin verbundenen Spannungspotentials.

Prägnante Formel dieser paradoxen Einheit von Auseinander- und Zusammenklingendem ist die schon aus der Antike (z. B. in Lucans *Pharsalia*) überlieferte Wendung von der „concordia discors", mit der auch J. S. Bachs zweistimmiger Kanon BWV 1086, sinnprägend „auf die Kunst des Kanons überhaupt gemünzt" (Geck 2010, 6), überschrieben ist. Das darin artikulierte stimmtechnische Prinzip wird ebenfalls explizit deklariert in der Kantate *Vereinigte Zwietracht der wechselnden Saiten* (BWV 207), deren mutmaßlicher Librettist Schellhafer damit explizit an die Formel Lucans angeknüpft haben dürfte (vgl. Geck 2010, 7). Als ideengeschichtliches Brückenglied zwischen der pythagoreischen Denkfigur der sich in wohlgeordneten Tonverhältnissen ausdrückenden kosmischen Zahlenharmonie und dem barocken Demiurgen der Vielstimmigkeit können die neuplatonische Philosophie und die Versöhnung von wissenschaftlicher und mythologischer Weltsicht im Denken der Renaissance betrachtet werden. Leitend ist hierbei auch die orphische Tradition, derzufolge die Götter „ausnahmslos sowohl als antreibende wie auch mäßigende Kräfte" erscheinen (Wind 1981, 107). Auch im Zeitalter Bachs blieb „der Pythagoreismus [...] in der Tradition Kirchers und Keplers weiterhin lebendig" (Geck 2010, 15). Die Einheit des auseinanderstrebend Vielen als ein in sich gegliedertes Ganzes im musikalischen Prozess darzustellen, darin bestand die ideelle Leistung des Kontrapunkts, der damit nicht nur das elementare Vehikel zur Ausführung vokaler und instrumentaler Polyphonie abgab, sondern darüber hinaus auch ein kulturgeschichtlich weit verbreitetes und langanhaltendes Modell der gelungenen Synthese von Einheit und Differenz.

4.2. Dramatische und musikalische Mehrstimmigkeit

Grundform der Polyphonie zumindest in theoretischer und regelbildender Hinsicht bleibt dabei stets die Zweistimmigkeit, da diese satztechnisch gesehen für sämtliche Effekte und Optionen der Pluralisierung von Stimmen als Konzept unbedingt notwendig ist, aber auch für die meisten der strukturellen Gestaltungsformen des Kontrapunkts bereits eine hinreichende Matrix liefert. Entscheidendes Movens der musikalischen Praxis und ihrer Weiterentwicklung ist seit der Antike schon die Frage der tonalen Eigenständigkeit, der instrumentalen Begleitfunktion oder des konzertanten Zusammenspiels. Die Leier Apolls obsiegte im mythischen Wettstreit mit dem Aulos des Satyrs Marsyas, weil das Saiteninstrument des Musenbändigers sich mit dem Wortgesang der menschlichen Stimme zu einer akustischen Wirkung verbinden ließ und dadurch unerschöpfliche Kombinationsmöglichkeiten von Ton und Wort bzw. von Klang und Sinn eröffnete (vgl. III.2 WELSH). Dass gleichzeitig mehrere Instrumente (oder mehrere melodische Stimmen desselben Instruments) bei ihrem gebundenen Zusammenspiel simultan Verschiedenes ‚sagen' können, wird zu einem gattungs- und medienkonstitutiven Merkmal der Musik gegenüber der ‚bloß' linearen, einsinnigen Sprache. Auf einem (bzw. jedem) synchronen Klangmoment mehrere Tonsignale senden und verarbeiten zu können, die jeweils im Fortgang noch Aufmerksamkeit für die je eigene Verlaufsgeschichte fordern, macht die genuine Pluralität des musikalischen Geschehens respektive der Kunstform Musik aus.

Die im gregorianischen Chorgesang erfolgte Etablierung einer (zunächst noch hierarchisch gebundenen) Zweitstimme und der weitere Prozess hin zur Drei- und Vierstimmigkeit kann mit der weit früher vollzogenen Einführung des zweiten und dritten Schauspielers im griechischen Tragödienspiel verglichen werden. Hypokrisie, der gemeinsame Dachbegriff für die Semantik sowohl des Schauspiels wie der Heuchelei, ist aus dem Vorgang der Einführung des zweiten Schauspielers (*hypokrites*) abgeleitet. Die polyphone (also synchron gefügte) musikalische Mehrstimmigkeit korrespondiert insofern der Redeordnung des mit alternierenden Einsätzen voranschreitenden Dialogs der attischen Tragödie, während die homophone Mehrstimmigkeit dem Prinzip des kollektiven gemeinsamen Sprechens folgt und insofern der theatralen Institution des Chors vergleichbar ist. Das Modell eines maskengestützten Rollenspiels und der daraus sich ergebenden dialogischen Wechselrede ist ohne die Konfrontation (mindestens) zweier Akteure nicht denkbar. Aus der szenischen Differenz von Sprechhaltungen (die Sprache des Gesetzes, des Orakels, der Gemeinschaft, des Subjekts usf.) gewinnt das Theater der Tragödie überhaupt erst die Möglichkeit, mit Worten zu handeln und durch das Sprechen eine wirklichkeitsverändernde Kraft auszuüben.

Innerhalb der antiken Bühnendramatik ermöglichte es die alternierende Sukzession gegeneinandergesetzter Stimmen, Vollzug und Betrachtung eines Artikulationsgeschehens durch dessen Pluralisierung voneinander abzuspalten und dadurch schon im Vorgang der Aufführung ein Formbewusstsein der künstlerischen Hervorbringungsweise auszubilden. Desto mehr wird ein solches Potential der Selbstreflexion durch die sowohl syn- wie diachronen Vervielfältigungsfiguren des polyphonen Gesangs und des kontrapunktischen Instrumentalsatzes angeregt. Gleichzeitigkeit (Antithese) und Abfolge (Alternation) begegnen und überkreuzen einander, weil im Register der *dramatis personae* wie in der Partitur die treibenden Kräfte des fortlaufenden Gegenspiels je schon paradigmatisch enthalten sind.

Wie der griechische Dialog konstitutiv wurde für das agonale Prinzip von Rede und Gegenrede – und den sich daraus wiederum ergebenden Austausch und Wettstreit der Argumente –, so eröffnete die Polyphonie den Weg, innerhalb der Vokalmusik selbst eine potentielle Trennung zwischen dem Sagen des Wortes und dem Singen des Tons zumindest anzudeuten, indem entweder mehrere Stimmen zugleich dieselben Tonsilben artikulierten oder mit unterschiedlichen Tonsilben einen Einklang erzeugten. Die primäre Sinnhaftigkeit eines monodisch gesungenen Textes jedenfalls wurde durch die vervielfältigende Steigerung des Melodie- und Klanggeschehens zugunsten einer musikästhetischen Selbstbezüglichkeit des akustischen Artefakts tendenziell relativiert. Damit wuchs auch die Notwendigkeit, dem akustischen Darbietungsvorgang eine über die flüchtige Realisierung hinaus verbindliche dauerhafte Gestalt (durch die schriftliche Notation, durch Tempo, Dynamik und Phrasierung bezeichnende Artikulationsanweisungen, durch modellbildende Festigung einer musterhaften Aufführungsweise) zu verleihen (vgl. III.3 HAAS/NANNI).

4.3. Rameau und der Buffonistenstreit

Es ist bemerkenswert, dass die ästhetisch-philosophische Bedeutung des kontrapunktischen Verfahrens just in dem geschichtlichen Moment zum Gegenstand der theoretischen Reflexion und der literarischen Darstellung wurde – nämlich um die Mitte des 18. Jahrhunderts –, als die homophonen Melodielinien des galanten Stils die polyphone Kompositionsweise definitiv in den Hintergrund drängten. Mit der in den 1730er und 1740er Jahren dominanten Harmonielehre Jean-Philippe Rameaus erfuhr das harmonisch-tonale Gerüst des Komponierens eine neue, systematische Grundlegung, in der zwar auch Dissonanz-Effekte innerhalb des harmonischen Gefüges eine gewisse Rechtfertigung erhielten, gleichwohl aber die natürliche Ordnung des Dreiklangs als verbindliches Grundmodell aller Modulatorik und Melodiebildung deklariert wurde. Die Reduktion auf eine einzige Grundform, auf das Prinzip der Partialtöne, ergibt den tragenden Gestus der Theoriebildung Rameaus: „All diese vielen Akkorde, die vielen Melodien, diese unendliche Vielfalt, diese schöne und treffende Expressivität, [...] all das geht aus zwei oder drei zu Terzen geordneten Intervallen hervor, deren Prinzip in einem einzigen Ton enthalten ist." (Jean Philippe Rameau: *Nouveau système de musique theoretique*, Paris 1726; zit. nach Fubini 2008, 158) Rameau, dessen Opernmusik von den Anhängern seines Vorgängers Lully zunächst als „barock und barbarisch" (Jean Benjamin de La Borde: *Essai sur la musique ancienne et moderne* [Paris 1780], zit. nach Fubini 2008, 156) bekämpft worden war, avancierte bis zur Jahrhundertmitte zum Präzeptor des französischen Stils schlechthin. Seine Musiklehre wie seine musikalische Praxis betonen den „Primat der Harmonie über die Melodie" (Fubini 2008, 159), infolgedessen auch die Dominanz der vertikalen Intervallordnung über deren horizontale, syntagmatische Entwicklungslinien.

Damit geriet die akademische französische Musiksprache in einen manifesten Gegensatz zur kantablen, eingängigen Melodieführung der italienischen Oper, die vor allem mit ihren Pariser Buffo-Gastspielen einen veritablen Musikstreit heraufbeschwor, den sogenannten Buffonistenstreit, der 1753 im Anschluss an die Aufführung von Pergolesis *La serva padrona* entbrannte. Zum Wortführer einer sprach- und affektbetonten, expressiven Melodik, wie sie (vor allem von den Philosophen der *Encyclopédie*) als Vorteil der italienischen Oper und Opernsprache in polemischer Absicht dem gelehrten französischen Stil entgegengehalten wurde, machte sich Jean-Jacques Rousseau, der Sprache wie Musik grundsätzlich auf die gemeinsame Wurzel von ursprünglichen, affektiven Naturlauten zurückführen zu können glaubte. Da Rousseau von einer kreatürlichen Basis der musikalischen Klangrede ausging (und an dieser normativ festhielt), musste er konsequent alles ‚Gekünstelt-Artifizielle', insbesondere Instrumentalmusik, Polyphonie und Kontrapunkt, vehement ablehnen. Um einiges differenzierter fielen in dieser Kontroverse die musikologischen Beiträge d'Alemberts (der 1752 eine Zusammenfassung der Harmonielehre Rameaus vorlegte) und vor allem Diderots aus.

Denis Diderot, die geistige Triebkraft der Enzyklopädisten, wurde in seinen vielerlei Rollen – als Natur- und Humanwissenschaftler, als Philosoph und Literat, als Kritiker und Publizist – vornehmlich von dem dialektischen Prinzip des Widerstreits und der Wechselrede, der Grenzüberschreitung und paradoxalen Zuspitzung geleitet. In seinem Œuvre verbinden sich die theatralen und musikalischen Errungenschaften des Dialogs und des Kontrapunkts zu neuartigen, experimentellen Anordnungen von oftmals gattungsüberschreitender formaler Innovationskraft. Seine anthropologischen Schriften erkunden die Tätigkeitsmerkmale des Sehsinns, des Gehörs und des Sprachvermögens, indem sie die Arbeit der je betroffenen Sinne gleichsam experimentell stillstellen; seine Dramen und Dramentheorie, insbesondere das *Paradoxe sur le comédien* (1777), analysieren mit materialistischer Konsequenz die sinnlichen, medialen und semiotischen Voraussetzungen des Theater-Dispositivs als eines illusionserzeugenden Fiktionsvertrages, der jeweils authentische und artistische Ansprüche auf widersprüchliche Weise vereinigt. Sinnesphysiologischer Ausgangspunkt für Diderots Musikästhetik wiederum ist die physikalische Akustik der Saitenschwingungen; er knüpft hierbei sowohl an die pythagoreische Lehre der proportionalen Zahlenverhältnisse wie auch an das ebenfalls bereits aus der Antike bekannte Modell der psychophysischen Resonanz an (vgl. Reichel 2012, 76–80; 91–93).

5. Literarische Transformationen (Diderot, E. T. A. Hoffmann, Thomas Mann)

5.1. Diderot

Mit hohem Formbewusstsein ordnete Diderot seine Arbeiten zu paarweisen Konfigurationen: So respondieren einander bei inverser Genealogie die als häusliche Trauerspiele (*tragédies domestiques*) angelegten Dramen *Der Natürliche Sohn* und *Der Hausvater* (1757/1758) sowie die den beiden Stücken beigefügten theoretischen Abhandlungen. Und während in den stark textbetonten Theaterstücken jeweils ein genuin diegetischer Rahmen die Fiktion zusammenhält, erweisen sich die in den 1760er Jahren entstandenen Dialogromane *Jacques le fataliste* und *Le Neveu de Rameau* als durch die Romangattung transportierte Spielhandlungen szenischer Wechselrede. Überkreuz vermischen, verfremden und kommentieren einander die Genres, und ebensolches tut ihr jeweiliges antagonistisches Figurenpersonal. Jacques und sein Herr widersprechen einander jeweils auf dem Fuße, sie sind als Voraus- und Folgestimme so unzertrennlich wie Don Quijote und Sancho Pansa – oder eben: wie Thema und Kontrapunkt. Genau besehen hat Diderot in *Jacques le fataliste* mit dem überkommenen Modell des auf eine Basis-Handlung gegründeten, kohärenten Narrativs (in diesem Falle: der Abenteuergeschichte) Schluss gemacht und es durch eine Verflechtung von mehreren, nicht mehr hierarchisch gegliederten Handlungsebenen abgelöst, deren einzelne Sequenzen einander beständig variieren und imitieren, ablösen und unterbrechen. Diderot hat damit ein partiturartiges Romangebilde geschaffen, das voller Ambivalenzen, Spiegelungs- und Umkehrbeziehungen steckt (Warning 1965, 103) und dessen je einzelne Figuren und Handlungslinien durch nichts als Intervalle und Unterbrechungen ineinandergefügt sind – ganz wie in einer kontrapunktischen Fugen-Komposition. Darüber hinaus spielt die Erzähler-Instanz mit den Lektüregewohnheiten und Erwartungen des Publikums, indem sie die philosophische Grundproblematik von (fatalistischer) Providenz und (aleatorischer) Kontingenz als tragendes Verknüpfungsprinzip des Romans ausweist (vgl. Köhler 1992).

Dass der Autor damit originär musikalische Bauformen in die ‚Kompositionsweise' sowohl des Dramas als auch der Narration überführt, reflektiert der Musik-Roman *Rameaus Neffe* bereits durch seine auf den Gewährsmann der Harmonielehre und die musikalischen Kontroversen der Zeit anspielende Figuren- und Themenwahl (Albert 2002). *Rameaus Neffe* ist, als Porträt einer sekundären Berühmtheit, ein Postskriptum im Wortsinne, Nachschrift und Nachspiel zu der von Charles Palissot 1760 eröffneten Theaterfehde gegen die *Philosophen* (so der Titel seines Schmähstücks), die ihrerseits gleichsam die Retourkutsche zum von den Enzyklopädisten ‚gewonnenen' Buffonistenstreit des Jahres 1752 bildete. Mit dem berühmten, inzwischen allerdings schon abgewerteten Namen des Komponisten Rameau verbindet Diderot zunächst den Zweck, das Thema des Konflikts von Genie und Mittelmäßigkeit aufzugreifen. „A quoi bon la médiocrité", fragt „Lui", der Titelheld also, in dem mit „Moi", dem Philosophen und Erzähler dieses Dialogs, sich wie zufällig im Café de la Regence entspinnenden Gespräch (Diderot 1984 [1805], 16). Doch gerade der Kontrast zur „multitude" und dem konventionellen Gemeinsinn gehört, wie sich in der Folge erweist, zu den Auftritts- und Wirkungsbedingungen von geistiger respektive künstlerischer Größe; letztere ist nichts anderes als ein im sozialen Raum hervorgebrachter Diskurseffekt.

Der depravierte Neffe kennt die exklusiven Entstehungsbedingungen und Folgelasten des ihm entzogenen Ruhms nur allzu gut: Er ist als ‚seitlicher' Verwandter des Komponisten sowohl dessen Schattengewächs wie dessen Epigone; und die Musik fungiert als dasjenige Medium, in dem die ungleiche Rivalität, der Abstand und die Abhängigkeit zwischen beiden ausgetragen wird. Rameaus Neffe steigert sich im Laufe des Dialogs in eine ganze Reihe von enthusiastischen Musik-Pantomimen hinein, wahre Rhapsodien des durch Gestik, Mimik und Getöse in Aufwallung gebrachten Körperspiels, die sich zu den tönenden Vorbildern augenscheinlich verhalten wie eine ironische Karikatur zu ihrem klassischen Muster. Doch umgekehrt wird gerade die Subalternität des Nachahmers in der kontrapunktischen Perspektivumkehr dieses Romans zur Hauptstimme und eigentlichen Begabung der Zeit, die nicht etwa durch das Geniale des Schöpfertums, sondern vielmehr durch das Mediokre der Allgemeinplätze zusammengehalten wird. Hegel hat deshalb im ‚Neffen' (den er unmittelbar nach Erscheinen der Übersetzung Goethes 1805 rezipierte) die Verkörperung des Zeitalters der ‚Bildung' schlechthin erkannt. In der *Phänomenologie des Geistes* (1807) belegen die Figur des Neffen und ihr epigonaler, imitatorischer Status die Zustandsdiagnose des Geistes im Stadium äußerster Verdinglichung, die von Diderots Protagonisten ungeschminkt, d. h. eben in grotesker Verzerrung zur Sprache gebracht worden sei: „Der Inhalt der Rede des Geistes von und über sich selbst ist also die Verkehrung aller Begriffe und Realitäten, der allgemeine Betrug seiner selbst und der anderen; und die Schamlosigkeit, diesen Betrug zu sagen, ist eben darum die größte Wahrheit. Diese Rede ist die Verrücktheit des Musikers, der ‚dreißig Arien, italienische, französische, tragische, komische, von aller Art Charakter, häufte und vermischte; bald mit einem tiefen Baß stieg er bis in die Hölle, dann zog er die Kehle zusammen, und mit einem Fistelton zerriß er die Höhe der Lüfte ..., wechselweise rasend, besänftigt, gebieterisch und spöttisch'." (Hegel W 3, 386 f.)

Die Musikpantomime des Neffen spaltet instrumentalen Körper und musikalischen Ausdruck zu voneinander getrennten, gegenläufigen Zeichenformen, so wie sie den Epigonen insgesamt in ein parodistisches Sekundärverhältnis zur musikalischen Meisterschaft des Onkels setzt. Julia Kristeva betont in Fortschreibung Hegels die Zugehörigkeit dieses Dialogromans zur Tradition der menippischen Satire. Doch während die antike Übertreibungskunst aus einer Position moralischer Kritik heraus formulieren konnte, bewegt sich der Neffe Rameaus längst in einem Kontext, in dem weder desavouierende Kritik *ad hominem* noch die Enthüllung gesellschaftlicher Doppelmoral in der Lage sind, an eine Schiedsrichter-Position appellieren zu können, die sich über den disparaten Einzelstimmen befände. Kristeva wirft, im Hinblick auf die durch Goethes Übersetzung und Hegels Deutung doppelt vertretene ‚zweite Stimme' zu Diderot, die Frage auf, ob nicht Frankreich „auch weiterhin das Land der Kultur – im Hegelschen Sinne der ‚Verkehrung' – par excellence geblieben ist" (Kristeva 1990, 161).

5.2. E. T. A. Hoffmann

Notwendigerweise rückte mit der idealistischen und romantischen Perspektive auf sozialantagonistische Verhältnisse auch die politische Dimension der ‚Gegen'-Stimmen des Kontrapunkts ins Bewusstsein. So auch bei E. T. A. Hoffmann, der in diesem Zusammenhang nicht nur als ein in mehreren Künsten begabter Romantiker, sondern auch als einer der ersten Musikschriftsteller hervorzuheben ist. Er warf die Frage auf, inwiefern im Kontrapunkt nicht nur eine Satztechnik, sondern auch eine „Repräsentation gesellschaftlichen Seins" (von Massow 2010, 33) vorliege. In einer seiner Musikkritiken sah er eine mögliche soziale Wirkungsimplikation polyphoner Kirchenmusik darin, „daß durch das allmählige Eintreten der verschiedenen Stimmen in den beständigen harmonischen Verschlingungen derselben, auf das lebhafteste ein Volk oder eine Gemeinde dargestellt werde, deren Glieder sonst in Meinung und Charakter merklich verschieden, doch wie von einer Idee begeistert, eins und dasselbe, nur nach ihrer individuellen Art, aussprechen" (Hoffmann SW 2.1, 462).

Auf den in Diderots *Rameau* inszenierten Kontrast von schöpferischem Einzelnen und gesellschaftlicher Konvention greift Hoffmanns frühe Erzählung vom *Ritter Gluck* (1814) fast ausdrücklich zurück, indem sie den als Revenant durch den Berliner Tiergarten schweifenden Meister mit einer seine Werkideen verhunzenden zeitgenössischen Opernpraxis konfrontiert – so dass der wahre Komponist in phantastisch-bizarrer Konsequenz zum Musizieren aus leeren Blättern genötigt wird (Hoffmann SW 2.1, 29).

Das romantische Künstlertum gilt Hoffmann als Radikalisierung und Steigerungsform des in der Spätaufklärung angelegten ästhetischen Eigensinns; im Hinblick auf die fantastische Freisetzung musikalischen Entwicklungsgeschehens veranschaulicht dies besonders die mehrfach dargestellte Figur des Kapellmeisters Johannes Kreisler. In der Textreihe der *Kreisleriana*, die erzählte Anekdoten mit kleinen musikalischen Abhandlungen mischt (Gess 2015), wird die überschießende musikalische Gestaltungskraft des ausübenden Künstlers eng an zwei bedeutende musikalische Vorbilder rückgebunden, an Bachs *Goldberg-Variationen* mit ihrer „Baß-Fortschreitung" (Lubkoll 1995, 72 f.) und an die „kontrapunktische Behandlung" (Hoffmann SW 2.1, 56) des Materials in Beethovens *5. Symphonie*.

Kaum ein literarisches Erzählwerk kann größeren Anspruch auf die Transformation kontrapunktischer Satztechnik in das Gebiet der Sprachkunst erheben (Schmidt 1999; Slusser 1975) als Hoffmanns in zwei Bänden 1819 und 1821 erschienener Doppelroman um Kater Murr und Kapellmeister Kreisler. Dieser Roman, ein Gattungshybrid mit dem verschlungenen Titel *Lebens-Ansichten des Katers Murr, nebst fragmentarischer Biographie des Kapellmeisters Johannes Kreisler in zufälligen Makulaturblättern* (Hoffmann SW 5), gibt sich formal wie materiell als ein Manifest der Vielstimmigkeit, besteht der Text doch einesteils aus der linear und kohärent erzählten Autobiographie des gelehrten, künstlerisch ambitionierten Katers Murr, anderenteils aber aus den Fragmenten eines ebenfalls biographisch angelegten Berichts über den Musiker und Kapellmeister Johannes Kreisler. Die durch einander widersprechende Vorwörter mehrstimmig inszenierte Herausgeber-Fiktion suggeriert eine Druckgeschichte, bei der einzelne, herausgerissene Seiten der bereits vorliegenden Lebensbeschreibung Kreislers vom Kater für dessen eigene Schreibzwecke als Makulaturblätter missbraucht und dann versehentlich in die Publikation der Murr-Autobiographie miteingebunden wurden. Dass Herausgeber ihre angeblichen Textzeugen für schadhaft (und insofern desto authentischer) erklären, ist noch kein origineller Kniff; erst der Umstand, dass der Herausgeber den Irrtum zwar noch bemerkt haben will, diesen aber nicht etwa rechtzeitig behoben hat, sondern durch einen Meta-Kommentar letzter Hand im druckfertigen Text ausdrücklich thematisiert, erhebt die zu einem Werk zusammengezogene, verwirrende Mehrstimmigkeit zu einem wohlkalkulierten ästhetischen Paradoxon (Wirth 2008, 384–389).

In der Lektüre des polyphonen Werks müssen die abgerissenen (Kreisler) wie die unterbrochenen (Murr) Partien zu einem gemeinsamen Sinn-Gefüge zusammengesetzt, im eigentlichen Sinne also durch den Rezipienten nochmals zum Roman komponiert werden, in dem dann tatsächlich zwei kontrapunktisch gefügte Handlungsstränge (plus die weiteren Stimmen des Herausgebers und des Erzählers) einander wechselseitig erhellen. Die Vita Kreislers berichtet über des Kapellmeisters musikalische Auffassungen, sein Leben bei Hofe, seine Arbeitsweise und seine Künstlerfreunde, zu denen auch ein gewisser Meister Abraham zählt, der in seinem Haushalt wiederum den Kater Murr als noch junges, herrenloses Kätzchen aufgenommen hatte. Während Murrs gelebtes autodidaktisches Projekt – seine Selbsterziehung zum Gelehrten und Künstler – das affirmativ nachgeahmte Programm des klassischen Bildungsromans fortschreibt, freilich in unfreiwillig epigonaler und vergröbernder Komik, steht das abhängige und prekäre Künstlertum Kreislers an einem von Dekadenz, Verarmung und mechanischem Leerlauf gekennzeichneten Duodez-Hof ganz im Zeichen einer sozialkritischen Desillusions-Romantik.

Meister Abraham, Komponist Kreisler und Schriftsteller Murr verkörpern, als dreifach verfremdete Künstlerfigur, die objektiven Entfremdungen zwischen Leben und Geist, Geist und Kunst, Kunst und Gesellschaft. Das zweifache, gespaltene ‚Selbst', mit dem sich das Subjekt des Lebens und des Schreibens in einer gattungsmäßig dem Muster des Bildungsromans folgenden Doppel-Erzählung über Kreisler und vom Kater zu Wort meldet, stempelt sowohl die Geschichte des tierischen Gelehrten wie auch diejenige des romantischen Künstlers zu Mitschriften einer wiederholten Verfehlung oder Verkehrung. Beide Figuren, beide Lebensentwürfe sind je für sich genommen von elementarer Defizienz: die Schreibweise Murrs ist zweifach kontaminiert sowohl durch animalische Triebe wie durch die wilde ‚griffure' seiner Krallen (Kofman 1985), das Verständnis Kreislers von den ihn umgebenden Figurenkonstellationen und Handlungszusammenhängen wiederum ist doppelt beschränkt durch seine mangelhafte Anamnese schuldhafter Vergangenheit wie durch die Radikalität seiner künstlerischen Einbildungskraft. Denn in Kreisler porträtiert Hoffmann (der eigene Musikbeiträge unter diesem Pseudonym publizierte) eine Kippfigur der absoluten Musik, bei der das freie musikalische Phantasieren die Grenze zum Wahn zu überschreiten droht. Der vom Boden der Tatsachen und der gesellschaftlichen Konvention abgehobene Kreisler wurde, nicht zuletzt durch Robert Schumanns emphatische Weiterentwicklung der Figur in den Klavierstücken *Kreisleriana* (1838), zum Inbegriff überdrehter, gefährdeter Selbstbezüglichkeit (vgl. II.2.2 LUBKOLL).

5.3. Thomas Mann

Zu den ästhetischen Distinktionsgewinnen der Romantik zählt die Einsicht, dass vom Tun und Wesen der Musik innerhalb des Mediums Sprache ohnehin nur in exzentrischer oder verfremdender Form die Rede sein könne. Dem entsprechend ist in Thomas Manns *Doktor-Faustus*-Roman über das Leben des deutschen Tonsetzers Adrian Leverkühn durch den Zusatz „erzählt von einem Freunde" ein arbeitsteiliges Zusammenspiel von diskursivem Erzählvorgang und musikalischem Leben formuliert, bei dem freilich beide Protagonisten – der des Wortes und derjenige der Tat – auf ihre Weise dem schlimmen Schicksal einer heroisch vergeblichen Anspannung ihrer Kräfte unterworfen sind. Serenus Zeitblom, Freund und Biograph des großen musikalischen Meisters, muss von Hitler-Deutschland aus die Perversion und den Niedergang seiner bürgerlich-humanistischen Welt verzeichnen, indem er sich erzählend und mit letztem Formwillen gegen diesen Untergang stemmt. Adrian Leverkühn seinerseits, der Schöpfer einer neuen, an Schönbergs Zwölftonmusik erinnernden Kompositionskunst, verhält sich demonstrativ ironisch, asketisch, gefühlskalt zu den entfesselten Dämonen der in seinen Werken mobilisierten musikalischen Urgewalt. In seinem Denken und bei seiner Arbeitsweise spielt die wiederentdeckte Formstrenge des Kontrapunkts eine bestimmende Rolle. Der Rückgriff auf die formale Tradition Bachs und die Zukunftsmusik des Zwölftonkalküls entfremden Leverkühns kompositorische Ziele gleichermaßen jener spätromantischen Ausdrucksästhetik, die auch für die musikalischen Stilvorstellungen Thomas Manns leitend gewesen war. Im *Faustus* unterzieht sich der Schriftsteller, gegenüber Herkunft und Publikum durch das Exil selbst in eine exzentrische Lage geraten, der angesichts seines ansonsten gepflegten Parlando-Tonfalls eher undankbaren Aufgabe, unter Aufbietung des polyphonen Formrepertoires von Kanon, Fuge und Kontrapunkt vom Werden der Neuen Musik zu erzählen.

6. Ausblick und Forschungsperspektive: Die Politik des kontrapunktischen Lesens (Edward Said)

Das musikalisch-technische Wissen um die (richtige) Entfaltung und Verfugung mehrstimmiger Tonverläufe hat in der Lehre vom Kontrapunkt eine kanonische

Fassung erhalten, die in unterschiedlichen Phasen der abendländischen Musikgeschichte mehr oder minder hohe poetologische Verbindlichkeit beanspruchen konnte. In der literarisch-philosophischen Rezeption gewann das Modell der zu einer *concordia discors* gestalterisch verbundenen Mehrstimmigkeit eine Vielzahl semantischer Explikations- und Applikationsmöglichkeiten.

Der postkoloniale Literaturtheoretiker Edward Said, bekannt geworden durch sein kritisches Konzept des Orientalismus, hat in seinem Spätwerk eine Form des Umgangs mit dem vorherrschenden literarischen Kanon vorgeschlagen, die er als Methode des kontrapunktischen Lesens (*contrapuntal reading*) bezeichnet. Mit dieser Devise ist das sowohl analytisch wie auch kämpferisch ausgerichtete Prinzip umschrieben, innerhalb des machtgestützten Diskurses der westlichen Metropolen zugleich die Gegenstimmen der Marginalisierten, der durch Kolonialismus und Globalisierung an die Peripherie Gedrängten, mit zur Geltung zu bringen. Kennzeichnend für dieses Programm kontrapunktischer Lektüre scheint zweierlei: erstens die Verbindung eines ästhetischen Konzeptes mit der energischen politischen Richtungsangabe des ‚contra'; und zweitens die unerwartete und in den Fachdisziplinen Anstoß erregende Zusammenfügung von unterschiedlichen Kunstformen und Tätigkeiten zu einem gemeinsamen, übergreifenden Konzept, das den Anspruch erhebt, metaphorisch und methodisch zugleich zu sein. Saids Methode zielt auf die Einsicht, dass Kultur ein Vehikel sein kann, welches auch schwerste politische Belastungen zur Darstellung bringt und sie damit auf nicht-gewaltsame Weise bearbeitbar macht.

Der Band *Culture and Imperialism* (1993), von Said als Nachfolgeprojekt seiner epochemachenden Studie *Orientalism* (1978) vorgestellt, widmet sich den Beziehungen zwischen geschichtlichen und politischen Determinanten in den Kolonialimperien und ihrer kulturellen, in erster Linie künstlerischen Produktion. Die Maxime eines kontrapunktischen Lesens wird in diesem Zusammenhang entwickelt, um die Kluft zwischen Kultur und Imperialismus nachzuzeichnen und das Problem ihrer ‚Vermittlung' zu lösen: „In practical terms, ‚contrapuntal reading' as I have called it means reading a text with an understanding of what is involved when an author shows, for instance, that a colonial sugar plantation is seen as important to the process of maintaining a particular style of life in England." (Said 1993, 78) Die europäischen Kolonialimperien sind eine Rahmenbedingung des zeitgenössischen Romanschaffens. Doch auch die Geschichte der Befreiung und Entkolonisierung ist, jedenfalls aus heutiger Sicht, in solch raumgreifenden Bezügen mit enthalten. Und sie kann durch kontrapunktisches Lesen als eine mehrstimmige, kontradiktorische Geschichte freigelegt werden: „The point is that contrapuntal reading must take account of both processes, that of imperialism and that of resistance to it, which can be done by extending our reading of the texts to include what was once forcibly excluded." (Said 1993, 79)

Durch die Komposition von distinkten Sprachgebärden, Erzählmustern, Stilen und Rollenreden gewinnt das literarische Werk ein mehrschichtiges, plastisches Eigenleben. In dieses Mit- und Gegeneinander von Stimmen und Sprechweisen tritt die Lektüre als ein eigenständiger Resonanzraum hinzu. Daraus folgt die Erkenntnis, dass politischer Widerspruch und intellektuelle Einrede gegen eine dominante Überlieferungslinie paktieren können mit den gegenstrebigen Elementen der künstlerischen Artefakte selbst. Die ursprüngliche Werkstatt solcher Einsichten ist für Said nicht das globale Spielfeld der politischen Kämpfe und wirtschaftlichen Interessen; es sind vielmehr die Formgesetze der klassischen Tonkunst und des Kontrapunkts.

Inwiefern kann das Neben- und Gegeneinander von Tonverläufen dem politischen Spannungsverhältnis zwischen Zentrum und Peripherie, dem kulturellen Antagonismus von Kolonisierenden und Kolonisierten, zum Modell dienen? Und vor allem: Weshalb soll ausgerechnet das Formgerüst des Kontrapunkts eine Perspektive politischer Befreiung eröffnen? Aus den Bemerkungen Saids lassen sich folgende Überlegungen entwickeln: Dieselben Faktoren, die den Wirkungsraum einer Stimme konstituieren (Harmonik, Rhythmik, Melodik), kommen auch in der geordneten Mehrstimmigkeit zum Zuge, freilich in potenzierter und darum sich selbst zum Gegenstand werdender Form. Von der bloßen Wiederholung bis zum vollständigen Gegensatz reichen dabei die Möglichkeiten der antwortenden oder abwandelnden Bezugnahme zwischen zwei (und weiteren) Stimmen. Bewegungsteile einer Melodie können versetzt, verkürzt, erweitert, gedehnt, gestaucht und gespiegelt werden, letzteres wiederum sowohl in der vertikalen wie der horizontalen Dimension. Die wohl einfachste der kontrapunktisch wirksamen mehrstimmigen Formen ist der Kanon, eine der komplexesten die Fuge. Gemeinsam ist beiden, dass sie vertikale harmonische Spannung und horizontale rhythmisch-melodische Korrespondenz-Effekte durch kalkulierte Verschiebungen gewinnen.

Das Wiederholen und Nebeneinandersetzen von Stimmen, so die verblüffende Entdeckung, die mit dem Kontrapunkt systematische Fassung gewinnt, ist immer schon mehr als nur eine tautologische Verdoppelung des Ausgangsmaterials. Kompositionstechnisch angelegt sind im Kontrapunkt zwei herausragende, für die Entwicklung der abendländischen Musik gleichermaßen bahnbrechende Entwicklungsmöglichkeiten: Erstens die Emanzipation aus dem hierarchischen Ordnungsgefüge der klassischen Harmonik (das der Weg, den etwa die Wiener Moderne mit Schönberg beschreiten wird), zweitens und allgemeiner die Freisetzung des musikalischen Materials im Modus seiner Durcharbeitung (*elaboration*); in ihr wiederum verbinden sich die Möglichkeiten der thematischen und der formalen Emanzipation.

Literatur

Adorno, Theodor W. „Die Funktion des Kontrapunkts in der neuen Musik" [1957]. *Gesammelte Schriften 16: Musikalische Schriften I–III* (=GS 16). Hrsg. von Rolf Tiedemann. Frankfurt am Main: Suhrkamp, 1978. 144–168.
Adorno, Theodor W. *Nachgelassene Schriften 1: Fragment gebliebene Schriften 1: Beethoven. Philosophie der Musik. Fragmente und Texte* (=NS 1.1). Hrsg. von Rolf Tiedemann. Frankfurt am Main: Suhrkamp, 1994.
Adorno, Theodor W. „Spätstil Beethovens" [1934]. *Gesammelte Schriften 17: Musikalische Schriften IV* (=GS 17). Hrsg. von Rolf Tiedemann. Frankfurt am Main: Suhrkamp, 2003. 13–17.
Albert, Claudia. „Auftakt im Zeichen der Dissonanz: Musik in Diderots Dialog Rameaus Neffe". Dies. *Tönende Bilderschrift. ‚Musik' in der deutschen und französischen Erzählprosa des 18. und 19. Jahrhunderts*. Heidelberg: Synchron, 2002. 3–17.
Barthes, Roland. *S/Z*. Übers. von Jürgen Hoch. Frankfurt am Main: Suhrkamp, 1976 [1970].
Bellermann, Heinrich. *Der Kontrapunkt*. 4. Aufl. Reprint der Ausgabe Berlin 1901. Hildesheim: Olms, 2001.
Besseler, Heinrich. *Die Musik des Mittelalters und der Renaissance*. Potsdam: Athenaion, 1931.
Dahlhaus, Carl. *Untersuchungen über die Entstehung der harmonischen Tonalität*. Kassel 1967.
Dahlhaus, Carl. „Die maskierte Kadenz. Zur Geschichte der Diskant-Tenor-Klausel". *Neue Musik und Tradition. Festschrift Rudolf Stephan zum 65. Geburtstag*. Hrsg. von Josef Kuckerts et al. Laaber: Laaber, 1990. 89–98.
Diderot, Denis. *Rameaus Neffe. Ein Dialog*. Übersetzt von Goethe. Hrsg. und mit einem Nachwort von Horst Günther. Frankfurt am Main: Insel, 1984.
Forner, Johannes und Jürgen Wilbrandt. *Schöpferischer Kontrapunkt*. Leipzig: Verlag für Musik, 1979.
Fubini, Enrico. *Geschichte der Musikästhetik. Von der Antike bis zur Gegenwart*. Aus dem Italienischen von Sabina Kienlechner. Stuttgart und Weimar: Metzler, 2008.
Gárdonyi, Zsolt. *Kontrapunkt: dargestellt an der Fugentechnik Bachs*. Wolfenbüttel: Möseler, 1991.
Geck, Martin. „Concordia discors. Bachs Kontrapunktik gegen die Pythagoreer unter seinen Liebhabern verteidigt". *Philosophie des Kontrapunkts*. Hrsg. von Ulrich Tadday. München: Edition Text + Kritik, 2010. 5–20.
Gess, Nicola. „Kreisleriana Nro. 1–6 (1810–14); Kreisleriana (1814/15)". *E. T. A. Hoffmann Handbuch. Leben – Werk – Wirkung*. Hrsg. von Christine Lubkoll und Harald Neumeyer. Stuttgart: Metzler, 2015. 16–20; 35–39.
Hegel, Georg Wilhelm Friedrich. *Werke in zwanzig Bänden 3: Phänomenologie des Geistes* [1807] (=W 3). Hrsg. von Eva Moldenhauer und Karl Markus Michel. Frankfurt am Main: Suhrkamp, 1970.
Hermelink, Siegfried. „Zur Geschichte der Kadenz im 16. Jahrhundert". *Bericht über den Siebenten Internationalen Musikwissenschaftlichen Kongress Köln 1958*. Hrsg. von Gerald Abraham et al. Kassel i. a.: Bärenreiter, 1959. 133–136.
Hoffmann, Ernst Theodor Amadeus. „Lebens-Ansichten des Katers Murr, nebst fragmentarischer Biographie des Kapellmeisters Johannes Kreisler in zufälligen Makulaturblättern" [1819/1821]. *Sämtliche Werke 5: Lebens-Ansichten des Katers Murr. Werke 1820–1821* (=SW 5). Hrsg. von Harmut Steinecke unter Mitarbeit von Gerhard Allroggen. Frankfurt am Main: Deutscher Klassiker Verlag, 1992. 9–458.

Hoffmann, Ernst Theodor Amadeus. „Kreisleriana" [1810–1814]. *Sämtliche Werke 2.1: Fantasiestücke in Callot's Manier. Werke 1814* (=SW 2.1). Hrsg. von Hartmut Steinecke unter Mitarbeit von Gerhard Allroggen und Wulf Segebrecht. Frankfurt am Main: Deutscher Klassiker Verlag, 1993. 32–82.

Hoffmann, Ernst Theodor Amadeus. „Alte und neue Kirchenmusik" [1814/1819]. *Sämtliche Werke 2.1: Fantasiestücke in Callot's Manier. Werke 1814* (=SW 2.1). Hrsg. von Hartmut Steinecke unter Mitarbeit von Gerhard Allroggen und Wulf Segebrecht. Frankfurt am Main: Deutscher Klassiker Verlag, 1993. 503–531.

Hoffmann, Ernst Theodor Amadeus. „Oratorium: Christus, durch Leiden verherrlicht" [1814]. *Sämtliche Werke 2.1: Fantasiestücke in Callot's Manier. Werke 1814* (=SW 2.1). Hrsg. von Hartmut Steinecke unter Mitarbeit von Gerhard Allroggen und Wulf Segebrecht. Frankfurt am Main: Deutscher Klassiker Verlag, 1993. 459–472.

Hoffmann, Ernst Theodor Amadeus. „Ritter Gluck. Eine Erinnerung aus dem Jahre 1809". *Sämtliche Werke 2.1: Fantasiestücke in Callot's Manier. Werke 1814* (=SW 2.1). Hrsg. von Hartmut Steinecke unter Mitarbeit von Gerhard Allroggen und Wulf Segebrecht. Frankfurt am Main: Deutscher Klassiker Verlag, 1993. 19–31.

Jeppesen, Knud. *Kontrapunkt*. Wiesbaden: Breitkopf & Härtel, 1963 [1935].

Köhler, Erich. „Est-ce que l'on sait où l'on va? – Zur strukturellen Einheit von Diderots ‚Jacques le Fataliste et son maître'". *Denis Diderot*. Hrsg. von Jochen Schlobach. Darmstadt: Wissenschaftliche Buchgesellschaft, 1992. 245–273.

Kofman, Sarah. *Autobiogriffures du chat Murr d'Hoffmann*. Paris: Galilée, 1984. Dt.: *Schreiben wie eine Katze. Zu E. T. A. Hoffmanns „Lebens-Ansichten des Katers Murr"*. Hrsg. von Peter Engelmann. Aus dem Franz. von Monika Buchgeister und Hans-Walter Schmidt. Graz: Böhlau, 1985.

Krehl, Stephan. *Kontrapunkt. Die Lehre von der selbständigen Stimmführung*. Leipzig: Göschen, 1912.

Kristeva, Julia. *Etrangers à nous-mêmes?* Paris: Fayard, 1988. Dt.: *Fremde sind wir uns selbst*. Aus dem Französischen von Xenia Rajewsky. Frankfurt am Main: Suhrkamp, 1990.

Link, Jürgen. „Johann Sebastian Bach und der Kontrapunkt als paradoxe Gegenstände in der Kollektivsymbolik des Zweiten deutschen Reichs". *Philosophie des Kontrapunkts*. Hrsg. von Ulrich Tadday. München: Edition Text + Kritik, 2010. 88–100.

Lubkoll, Christine. „‚Basso ostinato' und ‚kontrapunktische Verschlingung': Bach und Beethoven als Leitfiguren in E. T. A. Hoffmanns *Kreisleriana*". *Ton – Sprache. Komponisten in der deutschen Literatur*. Hrsg. von Gabriele Brandstetter. Bern i. a.: Paul Haupt, 1995. 71–98.

Mann, Thomas. *Große kommentierte Frankfurter Ausgabe 10.1 [Text]* [1947] *und 10.2 [Kommentar]: Doktor Faustus. Das Leben des deutschen Tonsetzers Adrian Leverkühn, erzählt von einem Freunde* (=GKFA 10.1 und 10.2). Hrsg. und kommentiert von Ruprecht Wimmer unter Mitarbeit von Stephan Stachorski. Frankfurt am Main: Fischer, 2007.

Mann, Thomas. *Große kommentierte Frankfurter Ausgabe 13.1 [Text]* [1918] *und 13.2 [Kommentar]: Betrachtungen eines Unpolitischen* (=GKFA 13.1 und 13.2). Hrsg. und kommentiert von Hermann Kurzke. Frankfurt am Main: Fischer, 2009.

Marx, Adolph Bernhard. *Lehre von der musikalischen Komposition, praktisch theoretisch*. 4 Bde. Leipzig: Breitkopf & Härtel, 1837–1847.

Massow, Albrecht von. „Kontrapunkt als menschliches Kunstsystem". *Philosophie des Kontrapunkts*. Hrsg. von Ulrich Tadday. München: Edition Text + Kritik, 2010. 21–36.

Öchsle, Siegfried. „Johann Sebastian Bachs Rezeption des *stile antico*. Zwischen Traditionalismus und Geschichtsbewußtsein". *Bach und die Stile*. Hrsg. von Martin Geck. Dortmund: Klangfarben Musikverlag, 1999. 103–122.

Previšić, Boris. „Gleichschwebende Stimmung und affektive Wohltemperierung im Widerspruch. Literarisch-musikalische Querstände im 18. Jahrhundert". *Concordia discors. Ästhetiken der Stimmung zwischen Literaturen, Künsten und Wissenschaften*. Hrsg. von Hans-Georg von Arburg, Sergej Rickenbacher. Würzburg: Königshausen & Neumann, 2012. 127–142.

Reichel, Kristin. *Diderots Entwurf einer materialistischen Moral-Philosophie (1745–1754). Methodische Instrumente und poetologische Vermittlung*. Würzburg: Königshausen & Neumann, 2012.

Riemann Musik Lexikon. Hrsg. von Wolfgang Ruf in Verbindung mit Annette van Dyck-Hemming. 5 Bde. 13. überarb. Aufl. Mainz: Schott, 2012 (zitiert als RML); Art. „Bach, Johann Sebastian", 1, 126–133; Art. „Beethoven", 1, 185–192; Art. „Kontrapunkt", 3, 99–102; Art. „Palestrina", 4, 101–102; Art. „Polyphonie", 4, 163.

Said, Edward W. „On the Transgressive Elements in Music". Ders.: *Musical Elaborations*. London: Chatto and Windus, 1991. 35–72.

Said, Edward W. *Culture and Imperialism*. New York: Alfred A. Knopf, 1993.

Said, Edward W. *Music at the Limits*. New York: Columbia University Press, 2008.

Scheibe, Johann Adolf. *Der critische Musicus*. Leipzig 1737.

Schmidt, Ricarda. „Ahnung des Göttlichen und affizierte Ganglien. Die kontrapunktische Erzähltechnik des Kater Murr auf der Schwelle von Romantik zu Moderne". *Schwellen. Germanistische Erkundungen einer Metapher*. Hrsg. von Nicholas Saul et al. Würzburg: Königshausen & Neumann, 1999. 138–151.

Schwind, Elisabeth. *Kadenz und Kontrapunkt. Zur Kompositionslehre der Klassischen Vokalpolyphonie*. Hildesheim: Olms, 2009.

Slusser, George Edgar. „Le Neveu de Rameau and Hoffmann's Johannes Kreisler: Affinities and Influences". *Comparative Literature* 27.4 (1975): 327–343.

Stackelberg, Jürgen von. *Diderot. Eine Einführung*. München, Zürich: Artemis Verlag, 1983.

Warning, Rainer. *Illusion und Wirklichkeit in Tristram Shandy und Jacques Le Fataliste*. München: Fink, 1965.

Wind, Edgar. *Heidnische Mysterien in der Renaissance*. Übers. von Christa Münstermann unter Mitarbeit von Bernhard Buschendorf und Gisela Heinrichs. Frankfurt am Main: Suhrkamp, 1981 [1958].

Wirth, Uwe. *Die Geburt des Autors aus dem Geist der Herausgeberfiktion. Editoriale Rahmung im Roman um 1800: Wieland, Goethe, Brentano, Jean Paul und E. T. A. Hoffmann*. Paderborn: Fink, 2008.

Wolff, Christoph. *Der Stile antico in der Musik Johann Sebastian Bachs*. Studien zu Bachs Spätwerk. Wiesbaden: Steiner, 1968.

Wolff, Christoph. *Johann Sebastian Bach*. Aktualisierte Neuausgabe. Frankfurt am Main: Fischer, 2005.

III.21. Von Jazz und Rock/Pop zur Literatur
Frieder von Ammon

Seit Ende des 19. bzw. Anfang des 20. Jahrhunderts sind massive Veränderungen innerhalb der westlichen Musikkultur (und darüber hinaus) zu verzeichnen: Man könnte von einer Pluralisierung der Musik sprechen, da um 1900 mit dem Jazz und in der zweiten Jahrhunderthälfte mit der Rock- und Popmusik neue, distinkte Musikstile entstanden und zunehmend – und nicht selten in Konkurrenz zu der ‚klassischen Musik' – in den Fokus des öffentlichen Interesses getreten sind. Diese Pluralisierung ist zugleich eine Globalisierung der Musik, denn die neuen Stile haben sich als kommerziell äußerst erfolgreich und zudem sowohl transnational als auch transkulturell kompatibel erwiesen; entsprechend haben sie sich in kürzester Zeit über die gesamte Welt ausgebreitet.

Es liegt auf der Hand, dass diese Veränderungen auf dem Gebiet der Musik auch Veränderungen auf dem der Literatur gezeitigt haben: Jazz wie Rock- und Popmusik haben sofort auch die Aufmerksamkeit von Schriftstellern auf sich gezogen, es sind literarische Texte entstanden (und entstehen weiterhin), die auf Jazz bzw. Rock- und Popmusik Bezug nehmen. Ebenso entstehen mit diesen Veränderungen weltweit neue Formen der Kombination von Jazz bzw. Rock- und Popmusik und Literatur sowie literaturbezogenem Jazz bzw. literaturbezogener Rock- und Popmusik.

Für die Literatur und Musik-Forschung ist dieser bislang wenig erforschte Bereich von großer Bedeutung (vgl. für eine erste Übersicht die Überblicksartikel von Sandner 2005, 264–272; Schaal 1997; Schultz 2009; außerdem die Sammelbände von Lock/Murray 2009; Krick-Aigner/Schuster 2013 und die Anthologien von Buch 1995; Feinstein/Komunyakaa 1996; Feinstein/Rife 2009; Heidkamp 1991; Lange/Mackey 1993; Young 2003; Young 2006), und zwar in historischer wie in systematischer Hinsicht gleichermaßen. Bereits die Zahlen sprechen für sich: Der (Literatur und Popmusik kombinierende) Pop-Song hat – um nur ein Beispiel zu nennen – sein Pendant aus dem Bereich der ‚klassischen Musik', das Kunstlied (vgl. III.12 HINRICHSEN), im Hinblick auf die quantitativen Dimensionen sowohl auf der Ebene der Produktion als auch der der Rezeption längst weit hinter sich gelassen. Doch auch systematisch ist die Relevanz musiko-literarischer Intermedialität im Bereich von Jazz und Rock- und Popmusik nicht zu unterschätzen: Denn jeder distinkte Musikstil weist eigene strukturelle, semantische und ästhetische Besonderheiten auf, mit denen sich der intermedial auf ihn Bezug nehmende literarische Text auseinandersetzen muss (sofern er es nicht beim *namedropping* belassen will). Infolgedessen hat die Frage, ob sich ein literarischer Text auf ein Werk der ‚klassischen Musik' oder zum Beispiel auf eine

Big-Band-Komposition Duke Ellingtons oder einen Song Bob Dylans bezieht (und wiederum nicht bei einer bloßen Nennung stehen bleiben will), elementare Auswirkungen auf den Bezug nehmenden Text selbst. Dies gilt umgekehrt natürlich auch für die komplementären Fälle intermedialer Bezugnahmen von Jazz bzw. Rock- und Popmusik auf Literatur sowie für die Kombinationen von entsprechender Literatur mit entsprechender Musik.

Insofern ist musiko-literarische Intermedialität im Bereich von Jazz und Rock- und Popmusik von großer Bedeutung für die Literatur- und Musik-Forschung. Der Artikel möchte einen ersten Überblick über diesen bisher vernachlässigten Bereich bzw. diese Bereiche verschaffen.

Um einen solchen ersten Überblick zu ermöglichen, erschien eine Gliederung des Artikels erstens nach den beiden Musikstilen Jazz bzw. Rock- und Popmusik sinnvoll (ohne damit suggerieren zu wollen, es gäbe keine Überschneidungen zwischen ihnen), und zweitens nach der gängigen (und auch diesem Handbuch zugrunde gelegten) Systematik intermedialer Bezüge (vgl. II.2.2 LUBKOLL; II.2.3 WOLF): Die beiden Teile des Artikels wurden entsprechend jeweils in intermediale ‚Transformationen' untergliedert, d. h. in literarische Texte, die auf Jazz bzw. Rock- und Popmusik referieren, sowie den umgekehrten Fall: Fälle von Jazz bzw. Rock- und Popmusik, in denen auf literarische Texte Bezug genommen wird, und bimediale ‚Kombinationen' von Literatur und Jazz bzw. Rock- und Popmusik.

1. Jazz

Schon kurze Zeit nach dem Bekanntwerden des Jazz auch außerhalb seines Entstehungsortes New Orleans (die erste Jazz-Schallplatte erschien 1917) haben Schriftsteller produktiv auf diese Musik reagiert: Mit den *Tales of the Jazz Age* von F. Scott Fitzgerald und dem Gedichtband *The Weary Blues* von Langston Hughes sind 1922 und 1926 zwei literarische Texte erschienen, die unterschiedliche Möglichkeiten der Referenz von Literatur auf Jazz repräsentieren und sich jeweils als einflussreich erwiesen haben: Während ‚Jazz' bei Fitzgerald eine kulturelle Chiffre ist und weniger für einen spezifischen Musikstil als für ein neues Lebensgefühl steht (weswegen der Begriff des *Jazz Age* auch zur Bezeichnung für eine Epoche der US-amerikanischen Kulturgeschichte werden konnte), zelebriert der afroamerikanische Lyriker Hughes die neue Musik ganz konkret, in dem er Instrumente, Musiker, Orte, Szenen und *tunes* des Jazz in seine Gedichte integriert und diese Gedichte auch in formaler Hinsicht dem Jazz annähert. Seitdem sind in der US-amerikanischen Literatur zahllose Texte entstanden, die sich mit Jazz auseinandersetzen, darunter – aus dem Bereich der Erzählliteratur (*Jazz*

Fiction; Grandt 2004; Rife 2008) – so prominente Romane wie *Invisible Man* von Ralph Ellison, *On the Road* von Jack Kerouac und *Jazz* von Toni Morrison. Auch aus dem Bereich der Lyrik (*Jazz Poetry*; Feinstein 1997; von Ammon 2013) sind prominente Texte zu nennen: so zum Beispiel *Jazz Fantasia* von Carl Sandburg und *The Day Lady Died* von Frank O'Hara (das durch die Übersetzung Rolf Dieter Brinkmanns auch im deutschsprachigen Raum bekannt geworden ist). Und nicht nur in der Literatur der Vereinigten Staaten, sondern auch in der Europas und darüber hinaus spielt Jazz seitdem eine große Rolle: Zu nennen sind – neben vielen anderen – der Argentinier Julio Cortázar, der Engländer Philip Larkin, der Kanadier Michael Ondatjee und der Franzose Boris Vian sowie – aus der deutschsprachigen Literatur – Bertolt Brecht, Günter Grass, Ernst Jandl und Peter Rühmkorf; auch die skandinavischen Literaturen sind in diesem Zusammenhang zu erwähnen (Strauß 2003). Umgekehrt haben sich aber auch Jazzmusiker auf Literatur bezogen: so etwa Duke Ellington und der US-amerikanische Pianist Brad Mehldau. Und nicht zuletzt haben sich Formen der Kombination von Literatur und Jazz entwickelt: so vor allem das Genre ‚Lyrik und Jazz'.

1.1. Transformationen I (Jazz in Literatur)

Wie bereits deutlich wurde, können literarische Texte in unterschiedlicher Weise auf Jazz Bezug nehmen. Im Hinblick auf eine systematische Ordnung des Materials könnte man mit Werner Wolf (vgl. II.2.3 WOLF) danach unterscheiden, ob Jazz in einem literarischen Text *thematisiert* oder *imitiert* wird (*Showing*, II.2.3 WOLF vs. *Telling*, II.2.2 LUBKOLL). In der literarischen Praxis werden diese beiden Formen allerdings in der Regel miteinander kombiniert. Ein einschlägiges Beispiel aus der *Jazz Poetry* ist der Gedicht-Zyklus *Montage of a Dream Deferred* von Langston Hughes aus dem Jahr 1951, in dessen Vorrede es heißt: „[...] this poem on contemporay Harlem, like be-bop, is marked by conflicting changes, sudden nuances, sharp and impudent interjections, broken rhythms, and passages sometimes in the manner of the jam session, sometimes the popular song, punctuated by the riffs, runs, breaks, and disctortions of the music if a community in transition." (Hughes 1995 [1951], 387) Dieses Programm einer inhaltlich und formal umfassend vom Bebop beeinflussten Lyrik wird in den Gedichten des Zyklus dann auf vielfältige Weise realisiert, unter anderem durch die Thematisierung musikalischer (und anderer) Spezifika dieses Musikstils, durch Nennung und Zitation entsprechender Stücke sowie insbesondere durch die Imitation des Bebop in struktureller, semantischer und ästhetischer Hinsicht. So verweist etwa das Gedicht *Flatted Fifths* bereits in seinem Titel auf ein Intervall, das als besonders charakteristisch für den Bebop gilt: die verminderte Quinte. Des Weiteren wird im Gedicht der Text eines bekannten Bebop-Stücks (*Ool-Ya-Koo* von Dizzy Gillespie) zitiert, und mittels gezielter ‚Störungen' der Metrik werden die rhythmischen Extravaganzen des Bebop imitiert.

Ein Beispiel aus dem Bereich der *Jazz Fiction* ist *But Beautiful* von dem englischen Schriftsteller Geoff Dyer, wo der Versuch unternommen wird, über die Biographien bekannter Jazzmusiker literarisch so zu improvisieren, wie diese Musiker es mit ihren Instrumenten getan haben (Dyer 1991); auch hier wird Jazz also sowohl thematisiert als auch imitiert.

Ein weiterer, spezifischer Teilbereich von ‚Jazz in Literatur' ist Jazz-Publizistik von Schriftstellern. Exemplarisch hierfür ist der englische Lyriker Philip Larkin, der von 1961 bis 1971 Jazz-Schallplatten rezensiert und diese Rezensionen dann auch in Buchform publiziert hat. Beispielhaft ist dieser Fall unter anderem deshalb, weil es Zusammenhänge gibt zwischen Larkins Poetik als Lyriker und seiner Ästhetik als Jazzkritiker: Auf beiden Gebieten hat er eine dezidiert konservative, modernismusfeindliche Position vertreten (was etwa in seinen Rezensionen der Schallplatten von Miles Davis und John Coltrane zum Ausdruck kommt [Larkin 1985]). Von großer Bedeutung ist auch die Jazz-Publizistik des US-amerikanischen Romanciers Ralph Ellison, der mit *Richard Wright's Blues* unter anderem einen einflussreichen Essay über den Blues geschrieben hat (Ellison 2001), und die des französischen Schriftstellers Boris Vian, der unter anderem mit seinen Radiosendungen für den New Yorker Sender WNEW die Pariser Jazz-Szene der Nachkriegszeit publizistisch begleitet hat (Vian 1997).

1.2. Kombinationen (Jazz und Literatur)

Eine Kombination von Jazz und Literatur ist vor allem in zwei Genres anzutreffen: zum einen im (oft auf einem *Popular Song* basierenden) ‚Jazz-Song' und zum anderen in ‚Lyrik und Jazz' bzw. ‚Jazz und Lyrik'. Von zentraler Bedeutung für den Jazz-Song sind die Songs von George und Ira Gershwin, bei denen sich – zumal im Vergleich zum Kunstlied (vgl. III.12 HINRICHSEN) – ein höchst flexibles Verhältnis von Text und Musik beobachten lässt, und zwar sowohl im Hinblick auf die Genese der Songs als auch auf die Integration von Text und Musik. Im Fall von *I Got Rhythm* etwa hatte zuerst George die Musik komponiert, woraufhin sein Bruder einen passenden Text dazu schrieb (Furia 1996). Dass in diesem Fall die Integration von Musik und Text nicht allzu weit geht, zeigt sich schon allein daran, dass der Song zu einem der wichtigsten Standards des Jazz wurde – allerdings (zumeist) ohne Text. Für beides gibt es jedoch auch Gegenbeispiele. Häufig anzutreffen ist in diesem Genre der Typus des Komponisten und Textdichters in Personalunion; prominente Vertreter dieses Songwriter-Typus sind unter anderem Irving Berlin und Cole Porter. Was die literarische Qualität der Texte von Jazz-Songs betrifft, ist das Spektrum sehr breit: Es reicht von Kitsch bis Kunst. Auf keinen Fall sollten die *lyricists* des Jazz aber unterschätzt werden (Furia 1992).

Als Sonderfall des Jazz-Songs ist des Weiteren der Scat-Gesang anzuführen, eine Form der Vokalimprovisation, die „mit Hilfe sinnleerer Silben (*nonsense syllables*) instrumentale Improvisation" simuliert (Jost 2009b, 672); berühmte Scat-Sänger waren zum Beispiel Louis Armstrong, Ella Fitzgerald und Dizzy Gillespie. Aufgrund der Nähe des Scat-Gesangs zur Lautpoesie haben sich Lyriker immer wieder für diese Tradition interessiert, wie es zum Beispiel in den *Frankfurter Poetikvorlesungen* des österreichischen Lyrikers Ernst Jandl deutlich wird (Jandl PW 11, 222).

Anders als beim Jazz-Song wird der Text bei Lyrik und Jazz nicht gesungen, sondern zu Jazzbegleitung vorgetragen; dabei sind unterschiedliche Formen der Kombination möglich (Jost 2009a). Wiederum figuriert Langston Hughes als Pionier des Genres, der bereits in den 1920er Jahren gemeinsam mit Jazzmusikern in Harlem aufgetreten ist und diese Praxis bis in die 1960er Jahre fortgesetzt hat; dabei sind auch Schallplatten entstanden (u. a. *Weary Blues* mit Leonard Feather und Charles Mingus). Einen regelrechten Boom erlebte das Genre durch die Auftritte und Schallplatten der *Beat Poets*, vor allem Lawrence Ferlinghettis (u. a. *Poetry Readings at the Cellar*) und Jack Kerouacs (u. a. *Poetry for the Beat Generation*). Auch im deutschsprachigen Raum sind daraufhin Beiträge zu Lyrik und Jazz entstanden; darunter verdienen es vor allem die Kooperationen Ernst Jandls mit der NDR Bigband unter der Leitung des österreichischen Jazzmusikers Dieter Glawischnig (u. a. *laut und luise*) und mit dem Vienna Art Orchestra unter der Leitung des Schweizer Jazzmusikers Mathias Rüegg (u. a. *lieber ein saxophon*) sowie des deutschen Lyrikers Peter Rühmkorfs mit dem deutschen Jazzpianisten Michael Naura und dem deutschen Jazzvibraphonisten Wolfgang Schlüter (u. a. *Kein Apolloprogramm für Lyrik*) hervorgehoben zu werden. Die Integration von Text und Musik ist hier oft außergewöhnlich intensiv (von Ammon 2013).

Zuletzt ist auf eine so spezifische wie seltene Ausprägung der Kombination von Jazz und Literatur hinzuweisen: auf Doppelbegabungen, also auf Schriftsteller, die auch als Jazzmusiker tätig sind (und umgekehrt), wobei es häufig, aber nicht immer, zu Interferenzen zwischen den Bereichen kommt. Beispiele für solche Doppelbegabungen sind Günter Grass, Boris Vian und der österreichische Schriftsteller Oswald Wiener, die in den 1950er Jahren alle als Schriftsteller *und* Jazzmusiker aktiv waren. Bei Grass ist ein Zusammenhang zwischen seinem Roman *Die Blechtrommel* und seiner Tätigkeit als Jazzschlagzeuger unverkennbar.

1.3. Transformationen II (Literatur in Jazz)

Der Fall, dass im Jazz auf Literatur Bezug genommen wird, ist zwar ebenfalls selten, doch sind auf diesem Gebiet einige höchst interessante Fälle zu verzeichnen: Ein herausragendes Beispiel ist Duke Ellingtons und Billy Strayhorns Suite *Such Sweet Thunder*: Jeder der zwölf Sätze dieser großangelegten Big-Band-Komposition bezieht sich im Sinne einer Einzeltextreferenz auf ein (oder mehrere) Dramen William Shakespeares, von *The Taming of the Shrew* bis *A Midsummer Night's Dream* (Schiff 2012, 165–187). Darunter finden sich sogar instrumentale Sonette: Kompositionen, die in ihrem Aufbau der Sonettform folgen. *Sonett for Caesar* etwa ist analog zu der Gliederung des Shakespeare-Sonetts in drei Quartette und ein abschließendes *couplet* aufgebaut, darüber hinaus enthält jede melodische Phrase – in Analogie zu den zehn Silben des von Shakespeare verwendeten *iambic pentameter* – zehn Noten. Anders geht Brad Mehldau vor, der sich mit den auf seiner CD *Ode* enthaltenen Instrumentalstücken für Klavier-Trio im Sinne einer Systemreferenz auf die literarische Gattung der Ode bezieht: „Most of them [the tunes, F. v. A.] are tributes to others, and I began to think of them as odes to the extent that the odes call to mind poems that might be sung; in our case here it's the singing only without all those pesky words." (Mehldau 2012, Booklet) Diese Stücke wären also als eine Art ‚Oden ohne Worte' zu beschreiben.

2. Rock- und Popmusik

Wie im Fall des Jazz haben sich Schriftsteller auch frühzeitig produktiv mit Rock- und Popmusik auseinandergesetzt; für eine internationale literarische Bewegung seit den 1960er Jahren – die sogenannte Pop-Literatur – kann der Bezug auf Rock- und Popmusik sogar als konstitutiv gelten (Kaulen 2009). Umgekehrt haben sich (wenn auch nicht in demselben Ausmaß) Rock- und Popmusiker mit Literatur auseinandergesetzt, und nicht anders als im Fall des Jazz ist es auch hier zu Kooperationen zwischen Schriftstellern und Rock- und Popmusikern gekommen.

Bedauerlicherweise gilt aber auch für diesen Bereich (sogar in einem gesteigerten Maße), dass er von der Forschung bislang wenig erschlossen ist. Erste Untersuchungen liegen jedoch vor (Schumacher 2003; Seiler 2006; Tillmann 2012).

2.1. Transformationen I (Rock- und Popmusik in Literatur)

Wie bei jazzbezogener Literatur kann man auch hier unterscheiden zwischen literarischen Texten, die Rock- und Popmusik thematisieren, und solchen, die sie imitieren, wobei auch hier die beiden Formen in der literarischen Praxis selten getrennt voneinander vorkommen. Ein Beispiel ist der deutsche Schriftsteller Thomas Meinecke, der in seinen Romanen Rock- und Popmusik aller Art ausgiebig thematisiert, zugleich aber die musikalische Technik des *Sampling* durch den Einsatz avancierter intertextueller Verfahren imitiert (Birnstiel 2012). Ein anderes Beispiel ist die Erzählung *Rave* des deutschen Schriftstellers Rainald Goetz: In diesem Text wird die Rave-Kultur der 1990er Jahre thematisiert, wobei Goetz die Techno-Musik stellenweise aber auch literarisch imitiert (Wicke 2011).

Wie im Bereich des Jazz waren und sind Schriftsteller vielfach auch als Rock- und Popmusik-Publizisten tätig. Ein Beispiel ist der englische Romancier Nick Hornby, der eine Kolumne für den *New Yorker* geschrieben hat, welche auch in sein Buch *31 Songs* eingegangen ist: Hornby behandelt hier seine Lieblingssongs und -alben, denen er jeweils einen kurzen Text widmet, wobei er die Grenzen zwischen Feuilleton und Literatur bewusst verwischt und zwischen den Zeilen auch seine eigene Poetik formuliert (Hornby 2003). Ein Beispiel aus der deutschsprachigen Publizistik ist wiederum Thomas Meinecke, der als Kolumnist unter anderem für die *ZEIT* tätig war.

Ein weiterer, spezifischer (und über die Grenzen der Musik hinaus gehender) Fall der Bezugnahme von Literatur auf Rock- und Popmusik lässt sich auf dem Gebiet schriftstellerischer Inszenierungspraktiken ausmachen: Wenn etwa Peter Handke 1966 bei seiner Lesung vor der Gruppe 47 in Princeton mit einer ‚Pilzkopf'-Frisur auftritt, wenn Rolf Dieter Brinkmann 1975 bei seiner Lesung beim *Cambridge Poetry Festival* davon spricht, ein Lyriker müsse auftreten wie eine Rock'n'Roll-Band (Brinkmann 2005, track 24), dann ist deutlich erkennbar, dass diese Schriftsteller ihre öffentlichen Auftritte nach dem Modell von Rock- und Popmusikern inszeniert haben, was allerdings nicht zwangsläufig heißt, dass sich dies – wie es bei Handke und Brinkmann der Fall ist – auch in den jeweils vorgetragenen Texten zeigt.

2.2. Kombinationen (Rock- und Popmusik und Literatur)

Das weite Feld des Rock- und Pop-Songs bildet den Kernbereich der Kombinationen von Rock- und Popmusik und Literatur. Zwar gibt es auch hier den Typus des Textdichters, Komponisten (und Performers) in Personalunion – ein Musterbeispiel dafür ist der *Song & Dance Man* Bob Dylan (Gray 2000) –, doch dürfte insgesamt die Arbeitsteilung überwiegen. In jedem Fall ist auch in diesem Genre das Verhältnis von Text und Musik in jeder Hinsicht überaus flexibel, wie auch die Unterschiede im Hinblick auf die literarische Qualität der Songtexte äußerst groß sind: Während am einen Ende der Skala poetisch ambitionierte, komplexe Texte stehen, die auch ohne Musik bestehen könnten – ein Musterbeispiel wäre wiederum Bob Dylan, der seine Songtexte nicht ohne Grund auch in Buchform publiziert hat (Detering 2009) –, stehen am anderen Ende der Skala triviale Lyrics, die ohne Musik nicht ‚überlebensfähig' wären und entsprechend auch nicht in schriftlicher Form publiziert werden.

Anders als im Bereich von Literatur und Jazz hat sich im Hinblick auf die Kombination von vorgetragener Literatur und Rock- und Popmusik bislang kein festes Genre ausgebildet, was jedoch nicht heißt, dass es nicht die verschiedensten Formen von Kooperationen zwischen Schriftstellern und Rock- und Popmusikern gegeben hätte und weiterhin gäbe: Beispielhaft steht dafür einmal mehr Rainald Goetz, der gemeinsam mit DJs aufgetreten ist und auch entsprechende Hörbücher produziert hat (Schmidt 2011).

Auch im Bereich der Rock- und Popmusik gibt es den Sonderfall der Doppelbegabung: also Schriftsteller, die zugleich als Rock- und Popmusiker aktiv sind (und umgekehrt). Zu nennen sind etwa der deutsche Romancier Sven Regener, der zugleich Sänger, Gitarrist und Trompeter der Band Element of Crime ist, und der bereits mehrfach genannte Thomas Meinecke, der auch als Sänger der Band F. S. K. und als DJ aktiv ist; zumal bei letzterem sind die Interferenzen zwischen den Bereichen offensichtlich.

2.3. Transformationen II (Literatur in Rock- und Popmusik)

Rock- und Popmusik kann in verschiedensten Formen auf Literatur Bezug nehmen. Neben der Möglichkeit der Referenz in Songtexten – ein Beispiel (das sich auf den Roman *The Sheltering Sky* von Paul Bowles bezieht) ist *Tea in the Sahara* von The Police – gibt es die Möglichkeit der paratextuellen Referenz: So bilden etwa The Beatles Edgar Allan Poe und weitere Autoren auf dem Cover ihres Albums *Sgt. Pepper's Loneley Hearts Club Band* ab und so haben The Doors ihren Namen mit Aldous Huxleys Essay *The Doors of Perception* in Verbindung gebracht, was in beiden Fällen als ein Versuch der (Selbst-)Nobilitierung zu verstehen ist, sich aber nicht in dieser Funktion erschöpft. Ein Beispiel, bei dem ein Bezug auf Literatur in der Musik selbst vorliegt, ist das Album *Edgar Allan Poe. Tales of Mystery and Imagination* der Progressive Rock-Band The Alan Parsons Project: Auf diesem Konzeptalbum werden Poes Gedicht *The Raven* sowie einige seiner Erzählungen vertont, teilweise in groß dimensionierten Instrumental-

Stücken. Auf *The Fall of the House of Usher* bezieht sich etwa eine fünfsätzige Komposition (*Prelude – Arrival – Intermezzo – Pavane – Fall*) für Rock-Band und Orchester, die in mancher Hinsicht an Symphonische Dichtungen des 19. Jahrhunderts erinnert (The Alan Parsons Project 1976).

3. Ausblick

Wie in diesem Überblick gezeigt wurde, ist der Bereich der Transformationen von Jazz bzw. Rock- und Popmusik in Literatur und umgekehrt sowie ihrer Kombinationen so produktiv wie komplex und umfangreich und sollte in der Literatur- und Musik-Forschung entsprechend künftig verstärkt Berücksichtigung finden. Wünschenswert wären, neben Materialsammlungen (insbesondere im noch weniger erschlossenen Bereich der Rock- und Popmusik), Untersuchungen, die signifikante Einzelfälle detailliert in ihren jeweiligen kulturellen und historischen Kontexten analysieren und interpretieren. Ein Desiderat wären darüber hinaus aber auch komparatistische Untersuchungen, und zwar zum einen im Hinblick auf verschiedene nationale Ausprägungen der jeweiligen Bezugnahmen und zum anderen im Hinblick auf die Unterschiede (und Gemeinsamkeiten), die sich im Vergleich zu anderen Musikstilen ergeben. Es ist davon auszugehen, dass von derartigen Untersuchungen neue Impulse für die Literatur- und Musik-Forschung insgesamt ausgehen könnten.

Literatur und Tonträger

The Alan Parsons Project. *Edgar Allan Poe. Tales of Mystery and Imagination*. 20th Century Records, 1976.
Ammon, Frieder von. *Fülle des Lauts. Aufführung und Musik in der deutschsprachigen Lyrik seit 1945: Das Werk Ernst Jandls in seinen Kontexten*. Unveröffentlichte Habilitationsschrift München 2013. (Druck in Vorbereitung).
Birnstiel, Klaus. „Bücher zu Schallplatten? Zu einer Schreibweise von Theorie in Literatur". *Literatur und Theorie seit der Postmoderne*. Hrsg. von Klaus Birnstiel und Erik Schilling. Mit einem Nachwort von Hans Ulrich Gumbrecht. Stuttgart: Hirzel, 2012. 93–106.
Brinkmann, Rolf Dieter. *The Last One. Autorenlesungen Cambridge Poetry Festival 1975*. Hrsg. von Herbert Kapfer. München: Intermedium Records, 2005.
Buch, Hans Christoph (Hrsg.). *Black and Blue. Literatur aus dem Jazz-Zeitalter*. Frankfurt am Main: Suhrkamp, 1995.
Detering, Heinrich. *Bob Dylan*. 3., durchgesehene und erweiterte Aufl. Stuttgart: Reclam, 2009.
Dyer, Geoff. *But Beautiful. A Book About Jazz*. London: Jonathan Cape, 1991.
Ellison, Ralph. „Richard Wright's Blues". *Living With Music. Ralph Ellison's Jazz Writings*. Edited and with an introduction by Robert G. O'Meally. New York: Modern Library, 2001. 101–119.

Feinstein, Sascha. *Jazz Poetry. From the 1920s to the Present.* Westport, Connecticut: Praeger Publishers, 1997.
Feinstein, Sascha und Yusef Komunyakaa (Hrsg.). *The Second Set. The Jazz Poetry Anthology 2.* Bloomington und Indianapolis: Indiana University Press, 1996.
Feinstein, Sascha und David Rife (Hrsg.). *The Jazz Fiction Anthology.* Bloomington und Indianapolis: Indiana University Press, 2009.
Furia, Philip. *The Poets of Tin Pan Alley. A History of America's Great Lyricists.* New York i. a.: Oxford University Press, 1992.
Furia, Philip. *Ira Gershwin. The Art of the Lyricist.* New York i. a.: Oxford University Press, 1996.
Grandt, Jürgen E. *Kinds of Blue. The Jazz Aesthetic in African American Narrative.* Columbus: The Ohio State University Press, 2004.
Gray, Michael. *Song & Dance Man III. The Art of Bob Dylan.* London und New York: Continuum, 2000.
Heidkamp, Konrad (Hrsg.). *In the Mood. Jazz-Geschichten.* Hamburg und Zürich: Luchterhand, 1991.
Hornby, Nick. *31 Songs.* London: Penguin Books, 2003.
Hughes, Langston. *The Collected Poems of Langston Hughes.* Edited by Arnold Rampersad and David Roessel. New York: Vintage Books, 1995.
Jandl, Ernst. „,Das Öffnen und Schließen des Mundes'. Frankfurter Poetikvorlesungen" [1985]. *Poetische Werke 11: Autor in Gesellschaft. Aufsätze und Reden* (=PW 11). Hrsg. von Klaus Siblewski. München: Luchterhand, 1999. 203–290.
Jost, Ekkehard. „Jazz und Lyrik". *Reclams Jazzlexikon.* Personenlexikon hrsg. von Wolf Kampmann, Sachlexikon von Ekkehard Jost. 2., erweiterte und aktualisierte Aufl. Stuttgart: Reclam, 2009. 645–646.
Jost, Ekkehard. „Scat-Gesang". *Reclams Jazzlexikon.* Personenlexikon hrsg. von Wolf Kampmann, Sachlexikon von Ekkehard Jost. 2., erweiterte und aktualisierte Aufl. Stuttgart: Reclam, 2009. 672–673.
Kaulen, Heinrich. „Pop-Literatur". *Metzler Lexikon Avantgarde.* Hrsg. von Hubert van den Berg und Walter Fähnders. Stuttgart: Metzler, 2009. 258–260.
Krick-Aigner, Kirsten und Marc-Oliver Schuster (Hrsg.). *Jazz in German-language Literature.* Würzburg: Königshausen & Neumann, 2013.
Lange, Art und Mackey Nathaniel (Hrsg.). *Moment's Notice. Jazz in Poetry and Prose.* Minneapolis: Coffee House Press, 1993.
Larkin, Philip. *All What Jazz. A Record Diary 1961–1971.* Revised Edition. London: Faber and Faber, 1985.
Lock, Graham und Murray, David (Hrsg.). *Thriving On a Riff. Jazz & Blues Influences in African American Literature and Film.* New York i. a.: Oxford University Press, 2009.
Mehldau, Brad. *Brad Mehldau Trio. Ode.* New York: Nonesuch Records, 2012.
Rife, David. *Jazz Fiction. A History and Comprehensive Reader's Guide.* Lanham, Maryland: Scarecrow Press, 2008.
Sandner, Wolfgang. „Der Jazz und die Künste". *Jazz.* Hrsg. von Wolfgang Sandner. Laaber: Laaber, 2005. 255–311.
Schaal, Hans Jürgen. „Humanität und Widerstand. Das Bild des Jazz in der Literatur". *That's Jazz. Der Sound des 20. Jahrhunderts. Eine Musik-, Personen-, Sozial-, Kultur- und Mediengeschichte des Jazz von den Anfängen bis zur Gegenwart.* Hrsg. von Klaus Wolbert. Ungekürzte Sonderausgabe für Zweitausendeins. Frankfurt am Main: Jürgen Häusser, 1997. 635–641.

Schiff, David. *The Ellington Century*. Berkeley i. a.: University of California Press, 2012.
Schmidt, Mirko F. „Techno im Raum der Sprache. Rainald Goetz' Hörbücher". *Rainald Goetz*. München: Edition Text + Kritik, 2011. 68–76.
Schultz, Joachim. „Jazz". *Metzler Lexikon Avantgarde*. Hrsg. von Hubert van den Berg und Walter Fähnders. Stuttgart: Metzler, 2009. 161.
Schumacher, Eckhard. *Gerade Eben Jetzt. Schreibweisen der Gegenwart*. Frankfurt am Main: Suhrkamp, 2003.
Seiler, Sascha. *‚Das einfache wahre Abschreiben der Welt'. Pop-Diskurse in der deutschen Literatur nach 1960*. Göttingen: Vandenhoeck & Ruprecht, 2006.
Strauß, Frithjof. *Soundsinn. Jazzdiskurse in den skandinavischen Literaturen*. Freiburg im Breisgau: Rombach, 2003.
Tillmann, Markus. *Populäre Musik und Pop-Literatur. Zur Intermedialität literarischer und musikalischer Produktionsästhetik in der deutschsprachigen Gegenwartsliteratur*. Bielefeld: transcript, 2012.
Vian, Boris. *Jazz in Paris. Chroniques de jazz pour la station de radio WNEW, New York (1948–1949)*. Edition bilingue. Texte etabli et traduit avec préface, notes et index par Gilbert Pestureau. Discographie par Claude Rameil. Paris: Pauvert, 1997.
Wicke, Andreas. „‚Brüllaut, hyperklar'. Rainald Goetz' Techno-Erzählung ‚Rave'". *Rainald Goetz*. München: Edition Text + Kritik, 2011. 41–51.
Young, Kevin (Hrsg.). *Blues Poems*. New York i. a.: Alfred A. Knopf, 2003.
Young, Kevin (Hrsg.). *Jazz Poems*. New York i. a.: Alfred A. Knopf, 2006.

III.22. Das (französische) Chanson: Eine Mischgattung *par excellence*

Ursula Mathis-Moser

Das Chanson erfreut sich zurzeit in den deutschsprachigen Ländern besonders regen Interesses: Drei Archive in Österreich und Deutschland widmen sich seinen vielfältigen Erscheinungsformen, das Lexikon *Moderne Mythen* sieht einen eigenen Eintrag vor und in den *Europäischen Erinnerungsorten*, einer dreibändigen europäischen Kulturgeschichte in Stichwörtern, findet es seinen Platz im Kapitel „Gemeinsames Erbe" (Mathis-Moser 2012). Wie lässt sich das Chanson beschreiben, wie definieren? Ist es ein ausschließlich französisches Phänomen? Wie vor allem gestaltet sich im Chanson das Verhältnis von Text und Musik?

1. Das Chanson, eine Mischgattung

Im breiten Spektrum der möglichen Interferenzen zwischen Text und Musik situiert sich das Chanson nicht dort, wo die Literarisierung von Musik oder die Musikalisierung von Literatur betrieben wird, wie dies in der Programmmusik oder aber in Steven Paul Schers ‚word music', ‚verbal music' und Strukturparallelen geschieht (Scher 1984; vgl. II.2.3 WOLF), sondern dort, wo sich Text und Musik unmittelbar miteinander verbinden, ohne dass ein Medienwechsel erfolgt. Das Chanson ist also eine jener Mischgattungen, in der sich die beteiligten Künste Literatur und Musik unmittelbar und gleichzeitig ‚manifestieren', und es ist mehr als bimedial, da seine ideale Erscheinungsform nicht etwa eine Partitur mit Text, sondern das Hörerlebnis darstellt, das als dritter Komponente der aufführenden Interpretation bedarf. Schon 1966 stellte Wolfgang Ruttkowski in *Das literarische Chanson in Deutschland* fest, dass das Chanson nur „in der Schallform, im Vortrag mit Musik und Mimik [...], wirklich erforscht und beschrieben werden" kann (Ruttkowski 1966, 166). 1984 entwickelte Ursula Mathis in *Existentialismus und französisches Chanson* ein triadisches Modell, das Text, Musik und Interpretation als die das Chanson konstituierenden Elemente ausweist und das im wissenschaftlichen Diskurs der deutschsprachigen Länder immer wieder aufgegriffen wurde (Oberhuber 1995; Klenk-Lorenz 2006). In Frankreich verwies Louis-Jean Calvet 1981 in *Chanson et société* auf die Bedeutung der Interpretation, auf Körperlichkeit, Gestik und die Stimme als semantisches Medium (vgl. II.3.4 KÄUSER). Stéphane Hirschi, Erfinder der ‚Cantologie' und führender Vertreter der Chansonforschung in Frankreich, spricht schließlich die Frage der dritten

Säule noch deutlicher an und die Erfahrung gibt ihm Recht: Das Publikum hält ein Chanson wie *Milord* oder *Non, je ne regrette rien* für ‚ein Chanson der Piaf', auch wenn der Text von Georges Moustaki bzw. Michel Vaucaire und die Musik von Marguerite Monnot bzw. Charles Dumont stammen. Und wenn das bekannte Chanson *Nathalie* aus Pierre Delanoës Feder Gilbert Bécaud zugeordnet wird, so geschieht dies nicht, weil Bécaud der Komponist des Chansons ist, sondern weil er es durch seine Interpretation unsterblich gemacht hat.

Für Hirschi und für die Chansonforschung ganz allgemein setzt also jedes Chanson notwendigerweise „une rencontre entre un texte, une musique et *une interprétation*" (Hirschi 2008, 25) voraus. Das Chanson entsteht erst durch die Interpretation, durch die Präsenz einer Stimme, einer ‚Körperlichkeit', die – Mimik und Gestik einschließend – in der Aufführung Gestalt annimmt und in der Regel aufgezeichnet wird. Auch der Kunstcharakter des Chansons selbst hängt auf das Engste mit der Interpretation zusammen: „C'est à partir [de l'interprétation] que la chanson peut être pensée comme un art à part entière." (Hirschi 2008, 30) Was die Aufzeichnungstechniken betrifft, die sich ab dem Ende des 19. Jahrhunderts rasant entwickeln, so erlauben erst sie es, „de passer d'une appréhension écrite de l'œuvre (paroles et musiques sur une partition) à sa conservation globale en tant que forme spécifique dans laquelle la dimension vocale et sonore contribue au premier chef à la propagation de l'ensemble dans son unicité d'œuvre" [von einem schriftbezogenen Werkverständnis (Wort und Musik in Partitur-Notation) überzugehen zu einer ganzheitlichen Konservierung der eigenständigen künstlerischen Form des Chansons, bei der Stimme und Klang wesentlich zu seiner Wahrnehmung als Werkganzes beitragen; Übersetzung: Ursula Mathis-Moser] (Hirschi 2008, 30). Parallel zu diesem technischen Wandel wird die Praxis der Kontrafaktur aufgegeben und es macht sich die Vorstellung der Autorschaft breit, alles Bedingungen, um die qualitativen Veränderungen zu beschreiben, die das Chanson im Laufe des 19. Jahrhunderts erfährt. Im Wesentlichen sind es jedoch die drei Komponenten Text, Musik und Interpretation, verbunden mit den neuen Techniken der Aufnahme, Konservierung und Wiedergabe, die es erlauben, eine alte Praxis des Singens (vgl. 3.1) neu zu definieren und auf diese Weise die Grundlagen eines ‚erneuerten' Genres zu liefern: „De divertissement populaire, qui s'était séparé de la musique savante et élitiste à la Renaissance en particulier, avec l'essor du chant polyphonique, le genre chanson peut redevenir œuvre d'art, comme au temps des troubadours." [Nachdem sich speziell in der Renaissance – mit dem Aufschwung der Polyphonie – das Chanson als volkstümliche Unterhaltung von der elitären und gelehrten Musikkunst getrennt hatte, kann es heute – wie zu Zeiten der Troubadours – wieder zum Kunstwerk werden. Übersetzung: Ursula Mathis-Moser] (Hirschi 2008, 31)

2. Der Begriff und wie er (miss)verstanden wird

2.1. Das Chanson und die *École de Paris*

Auch wenn Ruttkowski (1966) von einem ‚literarischen Chanson in Deutschland' spricht, verbindet das deutschsprachige Publikum den Begriff Chanson in der Regel mit Frankreich und der besonderen Blütezeit des französischen Chansons, die mit der Epoche Saint-Germain-des-Prés einhergeht. Bereits zwischen 1938 und 1940 waren das Viertel und insbesondere das Café de Flore zum Treffpunkt von Intellektuellen und Künstlern geworden, allen voran Jean-Paul Sartre und Simone de Beauvoir. Nach der *libération* versammeln sich in Saint-Germain-des-Prés neben den großen Namen aus Literatur, Kunst und Musik auch die ersten *Auteurs-Compositeurs-Interprètes* und die Nachkriegsjugend, die eine Neuorientierung sucht, „sich für Jazz und für das Chanson [begeistert]" und „sich in den Caves von Saint-Germain zu Hause [fühlt]" (Mathis 1984, 27). Dass sich in diesem Klima Literatur und Chanson auf mannigfaltige Weise berühren, überrascht nicht: *Auteurs-Compositeurs-Interprètes* wie zum Beispiel Georges Brassens beginnen ihre Karriere als Schriftsteller, Schriftsteller wie Jean-Paul Sartre oder Boris Vian etc. verfassen Texte von Chansons (Sartre etwa für Juliette Gréco das Chanson *La rue des Blancs-Manteaux*). Boris Vian macht zudem als *animateur* im Tabou und im Club Saint-Germain-des-Prés Furore (Mathis 1984, 30). Zahlreiche *Auteurs-Compositeurs-Interprètes* oder *Compositeurs-Interprètes* vertonen Gedichte von Baudelaire, Verlaine, Rimbaud, die surrealistisch inspirierten Dichter Apollinaire, Aragon, Cocteau und Desnos bis hin zu den Zeitgenossen Prévert und Queneau, wobei sich der ‚Nur'-Komponist Joseph Kosma als eben solcher einen unvergesslichen Namen macht. Schließlich nimmt der Verleger und Dichter Pierre Seghers in seine 1944 gegründete Reihe „Poètes d'aujourd'hui" neben Paul Éluard, Louis Aragon und Max Jacob auch Léo Ferré, Georges Brassens und Jacques Brel mit auf, die in der Kollektion „Poésie et chansons" 1966 sodann zu den Nummern 1, 2 und 3 werden (Lindner 1972, 119–124; Mathis 1984, 14).

Das Chanson von Saint-Germain-des-Prés gilt also nicht zu Unrecht als ein literarisch und musikalisch anspruchsvolles Chanson, das sich thematisch und motivisch durchaus auch mit der philosophischen Strömung des (keineswegs einheitlichen) Existentialismus im Dialog befindet, das intertextuelle Bezüge zu literarischen Traditionssträngen herstellt bzw. sich textkonstitutiver Verfahren bedient, die hohen ästhetischen Ansprüchen genügen. Dennoch erscheint es problematisch, diese historische Form des Chansons der *École de Paris* mit dem Chanson *tout court* gleichzusetzen (Mathis-Moser 2011). Das Chanson als ‚erneuertes' Genre „à visée esthétique" (Hirschi 2008, 32) kennt ein Davor und ein Danach, und es ist weniger homogen als gemeinhin angenommen. Das Davor ist u. a. verbunden mit den für das 19. und die erste Hälfte des 20. Jahrhunderts stellvertretend zu nennenden Namen Pierre-Jean de Béranger, Aristide Bruant oder Charles Trenet, das Danach charakterisiert sich durch eine Fülle von Neuschöpfungen, in denen nicht der Text als solcher, wohl aber das ausgewogene Verhältnis von Text und Musik im Mittelpunkt steht (Hirschi 2008, 25). Dieses Danach stellt sich dar als ein Spiel von „[t]radition und mutation" (Calvet 1995, 56; Mathis-Moser 2011), wobei die Ebenen Text, Musik und Interpretation jeweils unterschiedliche Akzentuierungen erfahren können. Es zeigt, wie musikalische Moden das Chanson aufmischen, wie Interpretationsstile – etwa die Kunst des Sprechgesangs – neu entdeckt werden (vgl. Rap; III.23 HÖRNER) oder aber wie der Textbezug wieder neu an Bedeutung gewinnt, wenn man an die *nouvelle chanson française* bzw. die *nouvelle nouvelle chanson* denkt. In diesem Spiel von Tradition und Veränderung kann es durchaus auch zur ‚Gleichzeitigkeit von Ungleichzeitigem' kommen, wenn etwa große Künstler der *École de Paris* noch jahrzehntelang auf der Bühne stehen oder ihre Chansons neu eingespielt werden. Dass die *École de Paris* selbst aber nur scheinbar homogen ist und im Übrigen eine ganze Reihe von ursprünglich nicht in Frankreich beheimateten Künstlern einschließt, zeigt allein ein Vergleich der Chansons und Interpretationsstile von Charles Trenet, Georges Brassens, Jacques Brel und Edith Piaf, die zur selben Zeit ihre großen Auftritte feiern.

Das Chanson von Saint-Germain-des-Prés ist also weder ‚einmalig' noch homogen, wenngleich die aktuelle Abfragestatistik einer neuen Datenbank von ins Deutsche übersetzten Chansons belegt, dass auch heute noch von 45 erfassten französischen Chansonautoren Brel und Brassens und das eingangs erwähnte Chanson *Nathalie* – also die für die *École de Paris* typischen *Auteurs-Compositeurs-Interprètes* und Chansons – am meisten nachgefragt werden. Die Erklärung für dieses Phänomen stützt sich auf Vermutungen und Beobachtungen zugleich. So ist es eine Tatsache, dass Frankreich schon sehr bald nach dem Zweiten Weltkrieg in Westeuropa wieder als große Kulturnation wahrgenommen wurde bzw. dass Paris gerade auch in den besetzten Gebieten Deutschlands (1945–1949) und Österreichs (1945–1955) eine gezielte Kulturpolitik betrieb (Radio, Tourneen). Dabei spielte in Deutschland das *Bureau des Spectacles et de la Musique* in Baden-Baden eine zentrale Rolle, zu dessen Aufgabenbereich zumindest anfänglich auch „deutsche und französische Varietés" (Linsenmann 2010, 63) zählten: 1945 organisierte das BMS beispielsweise eine höchst erfolgreiche Tournee mit Edith Piaf und den Compagnons de la Chanson, bevor ab 1947 Varieté-Tourneen in der Besatzungszone abgestellt wurden (Linsenmann 2010, 187). In Österreich, um ein Beispiel aus dem Bereich des Rundfunks zu nennen, war der spätere Chansonexperte von *Radio Saarbrücken*, Pierre Seguy, Kontrolloffizier von *Radio Vorarlberg*, das ab 1946 im Rahmen der *Sendergruppe West* jeden Sonntag eine deutschsprachige Sendung zum französischen Chanson ausstrahlte (Gourlet 2002, 80).

Das Chanson in seiner ‚klassischen Form' erreicht aber auch auf einem anderen Weg das deutschsprachige Publikum. Ruttkowski weist darauf hin, dass es in Deutschland ein literarisches Chanson nach französischem Vorbild gab, für das ab 1901 „viele bedeutende Autoren geschrieben haben" (Ruttkowski 1966, 5) und das die französische *Cabaret*-Tradition mit der deutschen – bis hin zu den Brecht'schen Songs – verbindet. Wie Hirschi macht Ruttkowski den Umbruch in der Geschichte des Chansons an den *Cafés chantants* und *Cafés-concerts* des ausgehenden 19. Jahrhunderts fest, gefolgt von den *Cabarets* in Montmartre, Aristide Bruant und Yvette Guilbert, der berühmten *diseuse* und Erfinderin des Sprechgesangs. In letzterem erblickt Ruttkowski sodann den zentralen Wesenszug einer sozusagen vierten Gattung, des Chansons. Über Guilberts Schülerin Marya Delvard habe diese Kunst schließlich bei den „Elf Scharfrichtern" in München Eingang gefunden. Als „Voraussetzungen für die Entwicklung des Chansons" nennt Ruttkowski den „intime[n] Rahmen (60 Personen)", den „Hörerkontakt des Solisten", das „Verständnis des Publikums und die reflektierende Bewusstheit des Vortragenden" (Ruttkowski 1966, 53 f.). „Man griff bewusst auf literarische Traditionen zurück [...][,] gab ihnen aber teilweise im Vortrag einen neuen, bewussteren, pointierten, eben den Chansoncharakter." (Ruttkowski 1966, 53 f.)

Die Merkmale, die Ruttkowski diesem ‚literarischen' Chanson in Deutschland zuschreibt, sind in der Tat weitgehend mit denen des Chansons von Saint-Germain-des-Prés identisch, und es gilt in der Folge zu fragen, wie sich das Chanson aus heutiger Sicht, zu einem Zeitpunkt, wo der Aufstieg der Quartärmedien bereits vollzogen ist, beschreiben und definieren lässt.

2.2. Das (französische) Chanson aus heutiger Sicht

Die große Leistung der Forschung in Frankreich wie in den deutschsprachigen Ländern bis zu Beginn des neuen Jahrtausends bestand vor allem darin, dass sie sich von einer allzu eng an literarische Traditionen gebundenen Definition des Chansons distanziert hat (Mathis 1984; Oberhuber 1995; Hirschi 1995; Weiss 2003; Klenk-Lorenz 2006; Hirschi 2008). Ohne zu leugnen, dass in der Literatur beheimatete Textverfahren selbstverständlich auf die Textebene des Chansons Einfluss nehmen, geht es nicht um den Nachweis der Literarizität eines Chansons, sondern um die Erfassung ästhetischer Strukturen und Strategien, die gattungsbildend, also für das Chanson charakteristisch sind, bzw. um die Frage, wie die Ebenen Text, Musik und Interpretation in ihrer Interaktion Sinn konstituieren. Diese klare Differenzierung zwischen den Gesetzmäßigkeiten einer Mischgattung (vgl. z. B. auch für das Melodram II.2.1 STOLLBERG) und denjenigen, welche die ‚eindimensionalen' Künste Literatur und Musik je für sich genommen bestimmen, darf auch dann nicht in Vergessenheit geraten, wenn die forschungsleitende Frage aus dem komplexen Bereich neuer intermedialer Herausforderungen stammt, wie sie zunehmend die Diskussion bestimmen (Hörner und Mathis-Moser 2015).

Die ‚qualitative' Interdisziplinarität der Trias Text, Musik und Interpretation, wie wir sie soeben beschrieben haben und die sich nach Zurbrugg sehr wohl von einer rein additiven ‚quantitativen' Interdisziplinarität unterscheidet (vgl. z. B. die Technik der Kontrafaktur; Zurbrugg 1981), kann und darf nicht losgelöst von ihrer medialen Realisierung bzw. ‚Aufladung' betrachtet werden (Faulstich 2002; Klenk-Lorenz 2006), wobei es üblich ist, vier mediale Ebenen zu unterscheiden (Pross 1972; Faßler 1997; Faulstich 2002 und 2004). So sind unter dem Titel Primär- oder Humanmedium alle Performanzsituationen angesprochen, in denen kein technisches Gerät zum Einsatz kommt, im Chanson etwa vom Troubadour über den Sänger des Pont-Neuf, des *Café-concert* bis hin zum Straßensänger. Das Sekundärmedium, auch Schreib- oder Printmedium genannt (Klenk-Lorenz 2006, 183), das eines technischen Hilfsmittels zur Kodierung bedarf, präsentiert uns ein ‚stummes' Chanson als gedruckten Text oder Künstlerporträt, als Partitur, im 19. Jahrhundert als *Petit format*, und genau um dieses Chanson geht es im vorliegenden Beitrag nicht. Spätestens ab 1857 mit Édouard-Léon Scott de Martinvilles Phonautograph, 1877 mit Thomas Alva Edisons Phonographen und schließlich 1887 mit Emil Berliners Grammophon und Schallplatte beginnt das Zeitalter der Tertiär- oder elektronischen Medien, die zum Kodieren wie Dekodieren auf technische Apparate angewiesen sind und ein ‚hörbares' bzw. in der Folge auch sichtbares Chanson (‚audiovisuell') vermitteln. Es folgen Radio, Magnetophon, Audio- und Videokassette, Videoclip, Fernsehen und vieles mehr. Sie erlauben es erstmals, die *live performance* des Chansons, die inzwischen auch technische Hilfsmittel wie das Mikrophon kennt, als lebendige Kunst zu kodifizieren, zu konservieren und unverändert wiederzugeben. Dass das Chanson als ‚erneuertes Genre mit ästhetischem Anspruch' untrennbar mit dieser Entwicklung verbunden ist, wurde bereits erwähnt, nicht jedoch, dass es eines seiner Charakteristika einem medialen Zwang verdankt: Wenn auf einer 78-Tours, dem beliebtesten Konservierungsformat zwischen 1920 und 1950, auf jeder Seite ein Musikstück von im Schnitt drei Minuten Platz hat, so erklärt dies, warum das Chanson zur berühmten „Drei-Minuten-Kunst" geworden ist, was im Übrigen erwiesenermaßen auch der Memorisierung durch den Hörer entgegenkommt (Hirschi 2008, 34). Die Quartär- oder viel zu vage als ‚neu' bezeichneten Medien – elektronische Medien, die mit digitalen Codes arbeiten – konservieren und reproduzieren das Chanson im World Wide Web, aber auch dort, wo Text, Musik und Interpretation auf CD digital gespeichert und am PC abgespielt werden. Schließlich sind sie es, die die Gattungsgrenzen wieder permeabel machen, indem sie das Chanson in ständig neue Multimedia-Zusammenhänge integrieren, ja neue Gesamtkunstwerke entstehen lassen, mit subtilsten Einkreuzungen von (digitaler) Fotografie, Grafik und Animation. Dem Chanson eröffnen sich so ständig neue Ausdruckshorizonte, wie einst im Videoclip und Film, so nun auch im multimedialen Spektakel, wo die Verbindung von Tanz, Performance, Technik und nicht zuletzt Kommerz besonders eklatant erscheint. Mehr denn je präsentiert sich also das Chanson aus heutiger Sicht tatsächlich als „genre performatif, relevant du champ de l'intermédialité" (Oberhuber 2010, 273).

Qualitative Interdisziplinarität, mediale Aufladung und ein geradezu sensationeller Aufstieg der Gattung seit Beginn des 20. Jahrhunderts, wobei durchaus unterschiedliche Spielarten des Chansons koexistieren – so könnte eine erste Bilanz aus heutiger Sicht aussehen. Diese Spielarten, die in Weiterentwicklung von *Café-concert* und *Cabaret* (Hirschi 2008, 137) sowohl den Aspekt des Spektakulären, Visuellen und Unterhaltsamen als auch den der Komplizität mit dem Publikum, des Intimen und nicht selten des Pathetischen kennen, sind verbunden mit zahllosen großen Namen, von denen stellvertretend neben Aristide Bruant und Yvette Guilbert die Stars des Music-Hall – Mistinguett, Maurice Chevalier, Tino Rossi –, aber auch die großen Stimmen des ‚realistischen' Chansons der 1930er Jahre – Marie Dubas, Damia und Edith Piaf – genannt seien, bevor Charles Trenet – gern als erster *Auteur-Compositeur-Interprète* neuen Stils bezeichnet – der *École de Paris* den Weg bahnt. Die Geschichte des Chansons als Spiel von ‚Tradition und Veränderung' geht auch in den Folgejahrzehnten weiter, um heute mit der sogenannten *World Music* und dem Rap an jene Grenzen zu stoßen, wo sich erneut die Frage nach einer verbindlichen Definition des Genres stellt.

Die Frage, ob auch der Rap zum Chanson gerechnet werden soll, ist in der Tat der Punkt, wo sich die Schulen unterscheiden. Während in der deutschsprachigen Forschungsliteratur im Anschluss an Werner Faulstich gerne mit dem Begriff ‚Textmusik' operiert wird, der alle genannten Entwicklungen inkludiert und einen weiten Chansonbegriff voraussetzt, besteht eine andere Möglichkeit im Versuch, eine für das Chanson spezifische Interpretationshaltung zu definieren. Im erstgenannten Fall müsste konsequenterweise auch der Rap als eine besondere Art der Interferenz von Text, Musik und Interpretation, die sich in der Darbietung konkretisiert und mit dem jeweiligen Medium und der jeweiligen sozio-historischen Situation wandelt, einbezogen werden, und gerade die jüngsten Entwicklungen sprechen dafür: Am Beispiel von Abd Al Malik, der seit einigen Jahren mit Brels Pianisten Gérard Jouannest zusammenarbeitet, weist Michaela Weiß nach, dass vermeintliche Genregrenzen brüchig werden und Rap und andere Formen des Chansons tatsächlich eine neue und vitale Synthese eingehen (Weiß 2010, 321). Im zweitgenannten Fall, in der französischsprachigen Forschungsliteratur, betont dagegen Hirschi – bei gleichzeitiger Anerkennung nahezu aller populärer Musikstile –, dass im Chanson „le *phrasé naturel* n'[y] est ni lyrique (ce qui distingue la chanson tant de la mélodie que de l'air d'opéra), ni déclamé comme dans le rap" [die natürliche Phrasierung weder lyrisch überformt ist wie beim Lied und der Opernarie noch in betonter Weise deklamiert wie etwa beim Rap; Übersetzung: Ursula Mathis-Moser] (Hirschi 2008, 11). Das Wort müsse sich im Chanson – anders als im englischen Song – klar von der Musik abheben bzw. umgekehrt mit der Musik in einer „position équivalente" (Hirschi 2008, 25) stehen. Damit würde der Rap nicht mehr unter das Genre ‚Chanson' fallen.

Über alle Unterschiede der Schulen hinweg besteht jedoch Einhelligkeit in der Ansicht, dass das ‚erneuerte Genre' Chanson ‚mit ästhetischem Anspruch' wie eingangs erwähnt untrennbar mit der Frage der Autorschaft verbunden ist. Schon unter Béranger, der für den Text und teilweise auch für die Interpretation seiner Chansons verantwortlich zeichnete, zeigt sich deutlich, dass das Chanson nunmehr als eine eigenständige und einmalige Schöpfung wahrgenommen wird, als „création individuelle", die sich in zweiter Instanz einer ‚Wiederaneignung' durch das Kollektiv anbietet (Serge Lacasse, s. i., nach Hirschi 2008, 135) und somit Breitenwirksamkeit erzielt. Dass der Beginn dieser Entwicklung mit der Gründung der Autorenrechtsgesellschaft SACEM im Jahre 1851 zusammenfällt, ist kein Zufall: Sie gewährt den ideellen und materiellen Schutz geistigen Eigentums und verändert den Status des Sängers. Kein Zufall ist es aber auch, dass sich allmählich ein neuer Künstlertypus, der *Auteur-Compositeur-Interprète*, herauskristallisiert, der zum Markenzeichen der *École de Paris* wird und auch die Folgejahrzehnte bestimmt: Bénabar (*1969), Vincent Delerm (*1976), Dominique A (*1968), Thomas Fersen (*1963), La Grande Sophie (*1969), Juliette (*1962) oder Miossec (*1964) sind nur einige wenige der zahllosen Namen, die sich heute als *Auteurs-Compositeurs-Interprètes* verstehen. Anders als beim für kommerzielle Zwecke mechanisch-arbeitsteilig hergestellten ‚Schlager' schreibt, komponiert und interpretiert der *Auteur-Compositeur-Interprète* seine Chansons selbst und verbürgt so die subtile Inbezugsetzung von Text und Musik, die in der Interpretation durch den Künstler selbst ihre Vollendung erfährt. Dabei sind Abweichungen vom Grundmodell des ACI in Richtung *Auteur-Interprète*, *Compositeur-Interprète* oder *Auteur-Compositeur* durchaus möglich, wobei die Künstler dann jedoch häufig ganz oder längere Zeit mit einem zweiten Künstler zusammenarbeiten und so einen ‚kollektiven' *Auteur-Compositeur-Interprète* bilden (Hermelin 1970, 6–19; z. B. Piaf). Interessant ist schließlich, dass die erste Generation der ACI ein Profil entwickelt, das ebenfalls genrebildend wirkt: Der *Canteur* verkörpert ein marginalisiertes, durchaus selbstironisches Ich (vgl. im Folgenden Mathis-Moser 2012, 257), das sowohl die eigene Position als auch die (gewählte) Kunstform problematisiert („Metachanson") und in der Art der *poètes maudits* des ausgehenden 19. Jahrhunderts aus eben dieser Marginalisierung Selbstwert bezieht, sich umgekehrt aber auch mit Gleichdenkenden gegen das ‚träge' Kollektiv (z. B. ‚la bourgeoisie', ‚les militaires' etc.) solidarisiert. Er lässt sich dabei kaum auf ein konkretes politisches Engagement ein, spielt aber durchaus die Pole Authentizität versus Inauthentizität gegeneinander aus. Insgesamt darf also behauptet werden, dass das Chanson der ACIs der Nachkriegszeit nach der ersten Euphorie der *Libération* die kollektive Erfahrung einer Zeit der existentiellen Unruhe und Verunsicherung widerspiegelt und die Enttäuschung „über eine Gesellschaft des republikanischen Scheins" (Mathis-Moser 2012, 259) artikuliert: „Der Canteur weiß um die Unzuverlässigkeit der hehren Ideale. Er feiert den 14. Juli im Bett (Georges Brassens, ‚La mauvaise réputation'), verweigert den Krieg (Boris Vian, ‚Le déserteur'), verspottet Institutionen (Georges Brassens, ‚Le Gorille') und geht auf Distanz zur ‚guten' Gesellschaft [...] (Georges Brassens, ‚Les croquants') [...]." (Mathis-Moser 2012, 259)

Damit ist ein weiteres Gattungsmerkmal angesprochen, das auch für die Zeit nach Saint-Germain-des-Prés verbindlich scheint: Das Chanson vermittelt zwischen Individuum und Kollektiv oder – wie es der Titel der Tagung „L'intime et le collectif dans la chanson des XXe et XXIe siècles" in Aix-en-Provence (2014) formulierte – zwischen „l'intime" und „le collectif". So gesehen stellt sich das Chanson als eine Fiktion dar, die ein individueller Sender und ein multipler Empfänger miteinander teilen, wobei der Effekt des Intimen nicht etwa nur auf thematischer Ebene generiert wird, mit Themen wie Einsamkeit, Nostalgie, Liebe oder Tod, sondern vor allem im Akt der *énonciation* selbst, dem Sprechakt, welcher Stimme, Körper und Musik zum Schwingen bringt und letztlich Empathie erzeugt. Das Chanson *Je suis seule ce soir* zum Beispiel, aus der Feder von Charles Trenet und 1941 mit großem Erfolg von Lucienne Delyle interpretiert, wird auf diese Weise zu einem beeindruckenden Zeugnis der Hilflosigkeit des Ich im Angesicht eines Leids, das sich in der Situation eines Weltkriegs als intersubjektive Erfahrung erweist. Ob in diesem Kommunikationsprozess zwischen Sender und Empfänger das Kollektiv dabei namentlich angesprochen wird, ist aus rezeptionsästhetischer Sicht letztlich von sekundärer Bedeutung.

Das Chanson filtert also gesellschaftliche Erfahrung und bedient individuelle wie kollektive Bedürfnisse, und genau hier ist der Punkt, wo es erneut in zeit- und raumübergreifenden Zusammenhängen gesehen werden sollte. An anderer Stelle konnte nachgewiesen werden, dass zwischen der hier diskutierten ‚erneuerten Gattung' Chanson und dem Liedermacher, dem *Cantautore*, dem *Cantautor*, ja sogar dem *Singer-Songwriter* durchaus Parallelen bestehen (Mathis-Moser 2012). Erinnert sei aber auch an das historische Modell des Dichter-Sängers (vgl. III.1 KOCH sowie III.4 RUPP) und ganz besonders an das ‚Chanson' der Troubadours, das in vielfacher Hinsicht als Vorläufer des heutigen Chansons ‚mit ästhetischem Anspruch' gilt und auf das sich auch zeitgenössische ACIs noch beziehen. Auch der Troubadour – sei es als Vertreter des Standes der kleinen verarmten Ritter, sei es als Vertreter unterschiedlicher sozialer Schichten – vermittelt zwischen Individuum und Kollektiv, wobei aus dem Ich des Troubadours zwar nicht dieselbe Subjektivität wie aus dem Ich des *Canteur* spricht, dennoch aber frappierende Parallelen gegeben sind (vgl. Mathis-Moser 2012, 258).

Durch welche ‚Sekundärmerkmale' lässt sich nun aber das Chanson schärfer von anderen Formen der Textmusik abgrenzen? Soweit sie Text und Musik betreffen – Strophenform, Refrain, Reim, die ‚unaufdringliche' musikalische Begleitung, der kleine Instrumentenpark –, sollen sie im folgenden Teil besprochen werden. Was den Vortrag anlangt – Solovortragsform, der Interpret als musikalischer Dilettant –, so gelten sie weitgehend als verbindlich, allerdings deutlich weniger, wenn von Mimik, Gestik oder dem ‚überschaubaren' Aufführungsort die Rede ist. Die Aufführungsorte haben sich nämlich verändert und mit ihnen der Bezug zum Publikum und wohl auch das Publikum selbst, wenn man an ausverkaufte Massenkonzerte denkt. Die Studioaufnahme ist anders als das Live-Konzert und die knisternde Nähe zum Interpreten im *Cabaret*, greifbar fast, hält auch einer Nahaufnahme auf der Leinwand eines Stade olympique nicht stand. Was freilich bleibt, ist die beschränkte Dauer, auf der Hirschi ganz besonders insistiert. In ihr inkarniert sich der *souffle* des Interpreten, die Memorisierfähigkeit des Zuhörers und schließlich das Chanson selbst als „gelebtes Instantané vielfältigsten Inhalts, vielfältigster Form, mit vielfältiger Funktion" (Mathis-Moser 2012, 261).

3. Die Ebenen Text und Musik

Wie aber sind im Chanson die Ebenen Text und Musik beschaffen? Was ist unter einer allfälligen ‚literarischen' Qualität eines Chansontexts zu verstehen? Dabei drängt sich zum einen die Frage nach einer möglichen Gattungszugehörigkeit auf – entspricht das Chanson einer lyrischen, dramatischen oder erzählenden Grundhaltung? –, zum anderen die Frage nach konkreten Textverfahren, wie sie auch im literarischen Werk zu finden sind. Erneut muss jedoch betont werden, dass nicht die Textstrategien als solche über die Qualität eines Chansons entscheiden, sondern deren Interaktion mit den musikalischen und interpretatorischen Gegebenheiten, wie dies dem Prinzip der ‚qualitativen Interdisziplinarität' entspricht. Zu glauben, „une chanson de qualité serait de la poésie mise en musique" [ein wirklich gutes Chanson sei nichts anderes als in Musik gesetzte

Poesie; Übersetzung: Ursula Mathis-Moser], ist eine Verkennung seiner Eigenheit oder, wie Hirschi es formuliert, „un malentendu" (Hirschi 2008, 65).

3.1. Textverfahren

Dessen ungeachtet scheint es legitim, aus dem weiten Feld literarischer Praktiken zunächst die Sprache der Lyrik herauszugreifen und sie mit der des Chansons zu vergleichen, existieren doch tatsächlich Parallelen, sei es in Vers und Klangtechnik, sei es auf den Ebenen Morphosyntax und Bildlichkeit (vgl. III.8 HILLEBRANDT). Allerdings – und dies ist entscheidend – kennt der Text des Chansons insofern seine eigenen Gesetze, als er sich – ganz abgesehen von seiner Symbiose mit Musik und Interpretation – stets im gattungstypischen Spannungsfeld von ‚Poetizität' und Kommunikationsgerechtigkeit bewegt (Mathis 1984, 239–242). Wie eingangs dargelegt, lebt das Chanson durch die Interpretation und ist an die am Prinzip der Pragmatizität sich orientierenden Parameter der oralen Kommunikationssituation gebunden.

Die Ähnlichkeiten zwischen Chanson und Gedicht betreffen zunächst die im Chanson dominante strophische Gliederung und den Refrain – letzterer eine Formkonvention, die allerdings weniger aus der Lyrik als aus dem Volkslied stammt. Architektonisch ermöglicht die Strophenstruktur, die in der Lyrik als ein übliches, aber wenig innovatives Gestaltungsmittel gilt, wie in dieser die Ausrichtung sowohl auf das jeweilige Strophenende – etwa in G. Brassens' *La mauvaise réputation* oder in L. Ferrés *Thank you Satan* – als auch auf das Textende selbst, dem das Chanson dann in ‚dramatischer' Zielgerichtetheit entgegenstrebt. Als Beispiel sei Félix Leclercs berühmtes Chanson *L'alouette en colère* zitiert, das die Geschichte einer Revolte mit einem schrillen Schrei in der letzten Verszeile enden lässt:

> Mon fils est en prison
> Et moi je sens en moi
> Dans le tréfonds de moi
> Pour la première fois
> Malgré moi, malgré moi
> Entre la chair et l'os
> S'installer la colère. (Chamberland-Gaulin 1994, 148)

Was den Refrain betrifft, der gattungsuntypisch im zitierten Chanson fehlt, so gilt er im Chanson generell als Ort semantischer Verdichtung mit stark assoziativer Komponente und zeichnet sich durch seine Kürze aus. Je mehr Raum der Refrain im Vergleich zum Liedkörper einnimmt, umso mehr geht der Effekt der Konzentration verloren und reduzieren sich die im Korsett der Dreiminutenkunst gefangenen Gestaltungsmöglichkeiten der Strophen. Exzellente Beispiele für die Kürze liefern die Minimalrefrains „La solitude" oder „Les Flamandes / Les Flamandes / Les Fla / Les Fla / Les Flamandes" in den gleichnamigen Chansons von Barbara oder Jacques Brel, während ein langer Refrain generell als Merkmal des Schlagers angesehen wird (Lindner 1972, 130).

Doch auch in Metrik und Vers lassen sich Querverbindungen zur Lyrik herstellen. Wie an anderer Stelle dargelegt (Mathis 1984, 236), dominieren die traditionellen metrischen Schemata, unter deutlicher Lockerung der konventionellen Silbenzählung. Der „Vers fürs Auge" wird durch den „Vers fürs Ohr" ersetzt (Weinrich 1971, 131), metrische Lizenzen sind an der Tagesordnung, um der gesprochenen Sprache möglichst nahe zu kommen. Dabei ist der Rückgriff auf das Ordnungsschema Metrum stets auf das Engste mit dem musikalischen Rhythmus verflochten, was auf sprachlicher Ebene zu unerwarteten Verfremdungseffekten führen kann. Ein vielzitiertes Beispiel ist der Refrain von G. Brassens' *La mauvaise réputation*, der – dem Rhythmus der Musik folgend – die letzte Tonstelle des Verses mit einem tonlosen Morphem (*que*) besetzt und damit erst recht auf die zentrale Aussage des Chansons verweist: „Mais les brav's gens n'aiment pas *que* / L'on suive une autre route qu'eux [...]." Das Chanson schöpft aber auch andere metrische Möglichkeiten aus: So wählt Jacques Brel in *Les vieux* einen nicht enden wollenden 18-Silbler, um den langen und beschwerlichen Weg des Alters zu suggerieren, während Léo Ferré in seinem wortgewaltigen *Poète... vos papiers!* poetische Prosa als Chanson gestaltet und Colette Magny in *Vietnam 67* oder auch schon in *Monangamba* – wie in vielen anderen Chansons – mit dem gelockerten ‚vers libéré' bzw. dem ‚vers libre' spielt.

Gespielt wird auch auf lautlicher Ebene. Stellt nach Weinrich der Endreim „eines der ausnahmelosesten Gattungsmerkmale" dar (Weinrich 1971, 132), so beeinflussen auch im Inneren des Verses Klangtechniken die Aussagequalität. Die Alliteration – und generell die simple Häufung identischer Laute – spielt dabei eine zentrale Rolle. So unterstreicht die Verdichtung der Verschlusslaute in Jacques Brels *Les bigotes* erbarmungslos die Beschränktheit der wohltätigen Damen:

> Elles vieillissent à petits pas
> De petits chiens en petits chats
> Les bigotes [...]
> Elles processionnent à petits pas
> De bénitier en bénitier
> Les bigotes [...]
> Puis elles meurent à petits pas
> A petit feu en petit tas

> Les bigotes
> Qui cimetièrent à petits pas
> Au petit jour d'un petit froid
> De bigotes. (Brel 1982, 224–225)

Gerade hier wird schließlich deutlich, wie wenig Sinn es ergibt, die ‚poetische' Qualität eines Chansons allein auf der Textebene zu suchen: Sie wird erst in der stimmlichen Realisierung durch den Interpreten greifbar, in der Überartikulation etwa der *p*, *b* und *t*, aber auch in der interpretatorischen Verzerrung des Wortes „bigotes", die die Protagonistinnen in groteske Gestalten verwandelt. Auch die zunächst harmlos wirkende Häufung von Nasalen in Jacques Brels *Les Flamandes* entpuppt sich im Vortrag als parodistischer Seitenhieb auf Hochnäsigkeit und Selbstgefälligkeit der „Flamandes" und liefert ein gelungenes Beispiel für St. P. Schers ‚word music', mit der er eine Facette der ‚Musikalisierung' eines Texts umschreibt (Scher 1984).

Ähnlich wie auf der klanglichen Ebene bzw. der strukturellen des Refrains zeichnet sich das Chanson im morphosyntaktischen Bereich durch die Präferenz für Stilfiguren der Wiederholung aus. Geminatio, Reduplicatio, Anapher und Epipher tauchen immer wieder an prominenter Stelle auf, ja die Anapher und die parallele Anordnung von Satzteilen oder Sätzen sind gattungsbestimmend. Sie geben Relief und setzen Akzente, so etwa, wenn in Georges Brassens' *Les croquants* eine dreifache Geminatio „das fassungslose Staunen des inauthentischen Durchschnittsbürgers ob einer nicht profitorientierten Handlung karikiert" (Mathis 1984, 231):

> Les croquants ça les attriste, ça
> Les étonne, les étonne,
> Qu'une fille une fill' bell' comm' ça,
> S'abandonne, s'abandonne (Bonnafé 1963, 81),

oder wenn Sapho in *Arabe* die heterometrischen Verse mit Wiederholungsmustern auflädt, die die emotionale Überforderung des ‚lyrischen Ich' widerspiegeln:

> Ce mec ce blanc bec
> Ce blanc ce blanc ce malheur
> Ce vierge de malheur ce sang malheur
> Je vais le tuer je vais le tuer je vais le tuer. (Sapho CD)

Figuren der Wiederholung verdichten die Aussage, zugleich aber dienen sie der besseren Memorisierbarkeit, womit das Prinzip der Kommunikationsgerechtigkeit letztendlich die Wahl der poetischen Mittel präjudiziert. Am Rande sei angemerkt, dass gerade die Wiederholung bzw. die Wiederholung mit Variation in der Debatte um die „Musikalisierung von Literatur" als ein Beispiel der Adaption und Transformation genuin musikalischer Formen im Medium der Literatur gilt (Scher 1984).

Was schließlich die Bildlichkeit anlangt, so spielt auch sie im Chanson eine gewichtige Rolle, doch steht sie generell im Zeichen der Verdeutlichung, nicht der Verschlüsselung. In der Regel speist sie sich aus Vergleich, Personifizierung und Metapher, die nur in den seltensten Fällen – wie bei Léo Ferré – zu einer „kühnen" Metapher wird (Mathis 1984, 241; 227; Lindner 1972, 129). So beginnt Richard Desjardins' berühmtes Chanson *Nataq* mit der eindringlichen, doch keineswegs verfremdenden Anrufung „Toi, tu es ce soleil aveuglant les étoiles / Quand tu parles au mourant sa douleur est si douce", und Miossec sucht in seinem *Chanson dramatique* letztlich Klarheit mehr denn Subtilität:

> Quand on a connu trop de drames
> On se demande si ça se voit
> Comme le nez au beau milieu du visage
> Comme le Christ cloué sur la croix.
> (http://www.paroles.net/miossec/paroles-chanson-dramatique)

Zu den genannten Überschneidungen mit der Sprache des Gedichts gesellen sich weitere ebenfalls in der Literatur beheimatete Verfahren: So ist im Chanson wie im Gedicht und im Roman zwischen der empirischen Person des Autors oder ACI und der abstrakten Instanz des *Canteur* (bzw. der Erzählinstanz) zu unterscheiden. Der Begriff *Canteur* dient dazu, „pour désigner dans une chanson l'équivalent du narrateur dans un roman. Personnage ou point de vue, il convient de le distinguer du *chanteur*, à savoir l'interprète, qui, lui, prête son corps et sa voix le temps d'une chanson, et endosse un nouveau rôle de canteur au morceau suivant" [im Chanson wie im Roman eine Art Erzähler-Instanz zu bezeichnen, also eine Rolle oder Blickweise, die vom Vortragenden (dem Chanteur) klar zu unterscheiden ist, welcher mit jedem Lied eine neue solche Canteur-Rolle übernimmt; Übersetzung: Ursula Mathis-Moser] (Hirschi 2008, 281).

Wie die Literatur thematisiert das Chanson aber auch die eigene Gattung – und dies selbst im Rap. Es zitiert sich selbst, vielfach sogar ironisierend, wenn der *Canteur* in Jacques Brels *Vieillir* sich seinen Tod „en chantant ‚Amsterdam'" vorstellt, und es zollt lebenden wie toten Vertretern der Gattung Tribut (Mathis 1984, 14). Es kennt die Mise en abyme des Chansons im Chanson, beispielsweise in Jacques Brels *Les bourgeois*, und „knüpft auch vermittels des wörtlichen oder in ironischer Verfremdung übernommenen Zitats oder allgemein bekannter Motive an andere, im weiten Sinne literarische Traditionsstränge an" (Lindner 1972, 122). Gerade die Vertreter der jüngeren Generation sind hier zu erwähnen, die in ihren Texten häufig ein hybrides Nebeneinander von Literarischem und Nichtliterarischem zulassen oder zumindest ein gelehrtes Name-Dropping inszenieren. „Ils lisent Houellebecq ou Philippe Djian, Les Inrocks et Télérama, / Leur livre de chevet c'est Cioran / Près du catalogue Ikea", heißt es in Vincent Delerms Chanson *Les bobos*.

3.2. Gattungsfragen

Seit das Chanson Gegenstand wissenschaftlicher Analyse ist, war es immer wieder Ort schillernder Gattungszuweisungen, wobei auf unterschiedlichen Ebenen argumentiert wird, wie sich an einem Beispiel von Jacques Brel zeigen lässt. Wenn Brel als Meister des ‚dramatischen' Chansons gepriesen wird (Hongre-Lidsky 1998, 99–115), so zunächst deshalb, weil er immer wieder Protagonisten schafft, die kämpfend in einer aussichtslosen Situation gefangen sind; ihre tragikomischen Geschichten gewinnen allmählich an Relief und erschließen sich dem Hörer von Strophe zu Strophe, bevor ihre Aspirationen an der räumlichen Enge (der Kleinstadt, einer Bar etc.) zerschellen. Mit der Verdichtung des Raums geht die Verdichtung der Zeit einher, da sich die Problematik eines Lebens – im Präsens evoziert – in drei Minuten kondensiert. Schließlich gesellt sich zu den inhaltlichen und strukturellen Argumenten das Lob von Brels Fähigkeiten als Akteur und Interpret, der mit dem stimmlichen Gestus und in Interaktion mit der Begleitmusik jeden einzelnen seiner Charaktere ‚in Szene' zu setzen weiß. Ein großartiges Beispiel für diesen ‚dramatischen' Brel liefert das Chanson *Ces gens-là*. Dieselbe Spannung zwischen im Text liegenden Indizien einer Gattungszugehörigkeit und denen, die mit der Ebene des Vortrags zusammenhängen, zeigt sich im Modus des Episch-Narrativen, dessen Ziel es ist, eine Geschichte zu erzählen, mit Chronologie und Erzählgeschwindigkeit als auf Textebene gestaltbaren Variablen und einem *point of view*, den im Wesentlichen wieder der *Canteur* gestaltet. So lässt sich G. Brassens' *Pauvre Martin* als ein narratives Chanson beschreiben, wobei der distanzierte, in gewisser Weise fast leichte Vortragston des *Canteur* mit der Dramatik der geschilderten existentiellen Situation kontrastiert. Als Beispiel für ein lyrisches Chanson im Sinne des unmittelbaren Gefühlsausdrucks eines lyrischen Ich sei Barbaras Chanson *Pierre* zitiert, das auf Textebene mit Heterometrie, unterschiedlichsten Formen der Wiederholung und nicht zuletzt mit die subjektive Perspektive verstärkenden Interjektionen arbeitet („Oh Pierre"), im interpretatorischen Bereich dagegen mit Echolalien und einer fast zerbrechlich anmutenden Musik. Dennoch ist dem Zuhörer bewusst, dass dieses lyrische Chanson aus der inneren Dramatik lebt.

Wenn also bei der Charakterisierung eines Chansons die Nähe zu einer der drei traditionellen Gattungen der Literatur beschworen wird, ist in mehrfacher Hinsicht Vorsicht geboten. Zum einen stellen Gattungen offene Systeme dar, zum anderen reichen Formalia, die sich auf die Textebene beziehen wie Strophenform, Dialog, Erzählelemente etc., nicht aus, um dem Chanson eine lyrische, dramatische oder episch-narrative Dimension zuzuordnen. Die ‚poetischen Grundhaltungen' des Lyrischen, Epischen und Dramatischen queren die formalen Gattungen, und sie queren sogar die vier Sprechhaltungen des Chansons, die Ruttkowski als „Selbstdarstellung", „Handlungsdarstellung", „Reflexion" und „Stimmungs- und Zustandsschilderung" (Ruttkowski 1966, 12 f.) beschrieben wissen will. Dabei haben die Beispiele gezeigt, welch zentrale Rolle dem *Canteur* und Interpreten zukommt, ist es letztlich doch er, der im Bewusstsein des Rollenspiels und der Rollenflexibilität – Ruttkowski fordert Distanz in der Sprechhaltung – in unterschiedliche Masken schlüpfen kann, um die Dimensionen des Lyrischen, Epischen und Dramatischen auszuloten. So erklärt sich schließlich auch die Tatsache, dass die Interpretationen ein und desselben Chansons durch unterschiedliche Künstler vom Hörer auf durchaus unterschiedliche Weise als ‚lyrisch', ‚dramatisch' oder ‚episch-narrativ' wahrgenommen werden können.

3.3. Die Ebene der Musik

Ähnlich wie beim Text hat die isolierte Betrachtung der Musik lediglich heuristischen Wert, ist die Musik doch untrennbar mit der Gestalt des Chansons verbunden. So beschreibt Hirschi das Chanson zunächst nur als „un air fixé par des paroles" (Hirschi 2008, 29), als kurze musikalische Einheit, die einlädt, memoriert zu werden. Wie der Text lässt sich aber auch die Musik auf chansontypische Merkmale befragen, wobei insbesondere die unterschiedliche Gewichtung und Funktion der sogenannten Primär- (Melodie, Rhythmik, Harmonik, Form, Takt, Tempo), Sekundär- (Instrumentation, Arrangement) und Tertiärkomponenten (Interpretation, Aufnahme- und Wiedergabetechniken) in den Blickpunkt rücken. Dabei darf zweifelsohne behauptet werden, dass sich der Tertiärsektor als der im Chanson schöpferischste erweist, als Ort, an dem eine für den Gesang nicht eigens ausgebildete Stimme am Schnittpunkt von Text und Musik im Vortrag jene intime Verbindung zwischen Individuum und Kollektiv bewirkt, von der eingangs die Rede war. Was die Primär- und Sekundärkomponenten betrifft, so bewegen sie sich – ähnlich wie der Text zwischen Kommunikationsgerechtigkeit und ‚Poetizität' – zwischen Vertrautem und Fremdem, so dass das Chanson im Unterschied zur Popmusik mit den Attributen „tonal, homophon, harmonisch, melodisch und formal redundant" (Hartwich-Wiechell 1974, 6) ganz sicher noch nicht hinlänglich beschrieben ist.

In den wissenschaftlichen Analysen des musikalischen Habitus des Chansons bleibt anfänglich die Epoche Saint-Germain-des-Prés naturgemäß der unausgesprochene Bezugspunkt – so, wenn die simple Gitarren- oder Klavierbegleitung, die auf Untertreibung und Nuancierung ausgerichtete Mimik und Gestik des Interpreten oder generell die nur ‚leise' ausdeutende Rolle der Musik gepriesen werden. Doch das Chanson wechselt Raum und Gesicht – mit Big-Band-Stil und großem Orchester, mit Studioaufnahmen und neuen medialen Praktiken –, die seine musikalische Gestalt nicht unbeeinflusst lassen. Parallel dazu wächst das Bewusstsein, dass sich das Chanson keineswegs auf einen simplen 4/4 oder 3/4 Takt reduzieren lässt, sondern in Rhythmus und Orchestrierung von den unterschiedlichsten musikalischen Stilen inspiriert ist. Bereits das Chanson der *École de Paris* begleiten „eine Reihe von musikalischen Strömungen und Moden, seien dies Swing, Bepop, ‚südliche' Melodien oder der amerikanische Cowboy- und Country-Sound", und ab den 1960er Jahren wird das Chanson „musikalisch aufgemischt" durch vielfältige Einflüsse der Pop- und Rockmusik sowie regionaler Musiken „bis hin zu den Sample-Techniken des Rap" (Mathis-Moser 2011, 196).

Dabei stellen Rock und Rap „die kritischsten Punkte dar, was ihre Zuordnung zu einer im breitesten Sinn verstandenen Tradition des ‚französischen Chansons' betrifft", auch wenn „Brückenschläge möglich" sind (Mathis-Moser 2011, 196): Vielfältige Assimilationsprozesse prägen das Feld, Hybridformen bilden sich, die so lange noch als Chanson zu bezeichnen sind, wie der Text als „suffisamment distinct [...] de [son] habillage musical" wahrgenommen wird (Hirschi 2008, 11).

4. Forschungsperspektiven

Das Chanson ist also eine Mischgattung *par excellence* und es ist mehr als bimedial, da es sich erst in der Performanz vollendet. Als ‚erneuertes' Genre mit ästhetischem Anspruch erlebt es parallel zur Entwicklung der analogen und digitalen Medien einen ungeahnten Aufschwung und ist untrennbar mit der Idee der Autorschaft – im Idealfall einem *Auteur-Compositeur-Interprète* – verknüpft. Es kennt Vorläufer und entwickelt insbesondere seit der Epoche Saint-Germain-des-Prés eine Fülle neuer Spielarten, die die Lebensfähigkeit der Gattung bezeugen. Die Produktions- und Rezeptionsbedingungen mögen sich dabei verändern, dennoch hat auch heute noch Beaumarchais' berühmter Satz „Tout finit par des chansons..." seine Gültigkeit. Dies beweisen nicht zuletzt eine neue elektronische Fachzeitschrift der Universität Innsbruck – *ATeM* (2016) –, die sich aus interdisziplinärer Perspektive mit den vielfältigen Verbindungen von Text und Musik auseinandersetzt, sowie eine neue, breitflächig angelegte Forschungsinitiative der Universität Aix-Marseille, die unter dem Projekttitel „Chanson. Les ondes du monde" (2015) Forscher und Forscherinnen französischer Universitäten sowie einer Reihe von europäischen und einer außereuropäischen Universitäten zu einem Forschungsverbund zusammenführt.

Literatur

Bonnafé, Alfonse (Hrsg.). *Georges Brassens*. Paris: Seghers, 1963.
Brel, Jacques. *Oeuvre intégrale*. Paris: Robert Laffont, 1982.
Calvet, Louis-Jean. *Chanson et société*. Paris: Payot, 1981.
Calvet, Louis-Jean. „Quel temps fera-t-il sur la chanson française? À propos des courants actuels de la chanson française". *La chanson française contemporaine. Politique, société, médias*. Hrsg. von Ursula Mathis. Innsbruck: Institut für Sprachwissenschaft, 1995. 55–61.
Chamberland, Roger und André Gaulin (Hrsg.). *La chanson québécoise de la Bolduc à aujourd'hui. Anthologie*. Québec: Nuit blanche éditeur, 1994.
Ebert, Juliane. „Chanson, französisches". *Metzler-Lexikon Moderne Mythen*. Hrsg. von Stephanie Wodianka und Juliane Ebert. Stuttgart: Metzler, 2014.
Faßler, Manfred. *Was ist Kommunikation?* München: Fink, 1997.
Faulstich, Werner. *Einführung in die Medienwissenschaft*. München: Fink, 2002.
Faulstich, Werner. *Medienwissenschaft*. Paderborn: Fink, 2004.
Gourlet, Myriam. *Die französische Medienpolitik in Österreich während der Besatzungszeit 1945–1949*. Angers: Université Catholique de l'Ouest, 2002. http://www.univie.ac.at/geschichte/oefb/Pdf-Dateien/Gourlet_Memoire.pdf (8. August 2014).
Hartwich-Wiechell, Dorte. *Pop-Musik. Analysen und Interpretationen*. Köln: Arno Volk Verlag, 1974.
Hermelin, Christian. *Ces chanteurs que l'on dit poètes*. Paris: L'École des Loisirs, 1970.
Hirschi, Stéphane. *Jacques Brel. Chant contre silence*. Paris: Nizet, 1995.
Hirschi, Stéphane. *Chanson. L'art de fixer l'air du temps. De Béranger à Mano Solo*. Paris: Presses Universitaires de Valenciennes, 2008.
Hongre, Bruno und Paul Lidsky. *L'univers poétique de Jacques Brel*. Paris: L'Harmattan, 1998.
Hörner, Fernand und Ursula Mathis-Moser (Hrsg.). *Das französische Chanson im Licht medialer (R)evolutionen*. Würzburg: Königshausen & Neumann, 2015.
Klenk-Lorenz, Renate. *Chansondidaktik: Wege ins Hypermedium. Impulse für den modernen Französischunterricht*. Hamburg: Verlag Dr. Kovač, 2006.
Lindner, Hermann. „Zwischen Schlager und ‚poésie absolue': Das ‚literarische' Chanson in Frankreich". *Zeitschrift für französische Sprache und Literatur* 82 (1972): 116–140.
Linsenmann, Andreas. *Musik als politischer Faktor. Konzepte, Intentionen und Praxis französischer Umerziehungs- und Kulturpolitik in Deutschland 1945–1949/50*. Tübingen: Narr, 2010.
Mathis, Ursula. *Existentialismus und französisches Chanson*. Wien: Verlag der Österreichischen Akademie der Wissenschaften, 1984.

Mathis, Ursula. „Text + Musik = Textmusik? Theoretisches und Praktisches zu einem neuen Forschungsbereich". *Sprachkunst* 18 (1987): 265–275.

Mathis-Moser, Ursula. „Das ‚französische' Chanson, nationales Aushängeschild auf Europakurs?" *Frankreich Jahrbuch 2010. Frankreichs Geschichte: Vom (politischen) Nutzen der Vergangenheit*. Wiesbaden: VS-Verlag, 2011. 189–209.

Mathis-Moser, Ursula. „Das Chanson". *Europäische Erinnerungsorte 2: Das Haus Europa*. Hrsg. von Pim Den Boer, Heinz Duchhardt, Georg Kreis und Wolfgang Schmale. München: Oldenbourg Wissenschaftsverlag, 2012. 265–272.

Oberhuber, Andrea. *Chanson(s) de femme(s). Entwicklung und Typologie des weiblichen Chansons in Frankreich. 1968 – 1993*. Berlin: Schmidt, 1995.

Oberhuber, Andrea. „La chanson, un genre intermédial". *Cultures à la dérive – cultures entres les rives. Grenzgänge zwischen Kulturen, Medien und Gattungen*. Hrsg. von Doris Eibl, Gerhild Fuchs und Birgit Mertz-Baumgartner. Würzburg: Königshausen & Neumann, 2010. 273–289.

Pross, Harry. *Medienforschung. Film, Funk, Presse, Fernsehen*. Darmstadt: Deutsche Buchgemeinschaft, 1972.

Ruttkowski, Wolfgang Victor. *Das literarische Chanson in Deutschland*. Bern: Francke, 1966.

Scher, Steven Paul (Hrsg.). *Literatur und Musik. Ein Handbuch zur Theorie und Praxis eines komparatistischen Grenzgebiets*. Berlin: Schmidt, 1984.

Weinrich, Harald. „Ein Chanson und seine Gattung". Weinrich, Harald: *Literatur für den Leser. Essays und Aufsätze zur Literaturwissenschaft*. Stuttgart: Kohlhammer, 1971. 124–136.

Weiß, Michaela. *Das authentische Dreiminutenkunstwerk. Léo Ferré und Jacques Brel – Chanson zwischen Poesie und Engagement*. Heidelberg: Winter, 2003.

Weiß, Michaela. „Das französische Chanson um 2010. Stile, Moden und Entwicklungstendenzen im Gegenwartschanson". *Cultures à la dérive – cultures entres les rives. Grenzgänge zwischen Kulturen, Medien und Gattungen*. Hrsg. von Doris Eibl, Gerhild Fuchs und Birgit Mertz-Baumgartner. Würzburg: Königshausen & Neumann, 2010. 307–322.

Wodianka, Stephanie und Juliane Ebert (Hrsg.). *Metzler Lexikon moderner Mythen: Figuren, Konzepte, Ereignisse*. Stuttgart: Metzler, 2014.

Zurbrugg, Nicholas. „Quantitative or Qualitative? Towards a Definition of Interdisciplinary Problems". *Literature and the Other Arts*. Hrsg. von Zoran Konstantinović. Innsbruck: AMOE, 1981. 339–343.

Websites

Archiv für Textmusikforschung der Universität Innsbruck. http://www.uibk.ac.at/romanistik/institut/textmusik-in-der-romania/index.html.fr (12. Juli 2014).

ATeM. https://webapp.uibk.ac.at/ojs2/index.php/ATeM

Chansonarchiv der Universität Saarbrücken. http://www.uni-saarland.de/fachrichtung/musikwissenschaft/projekte/cas/infos.html (12. Juli 2014).

Französische Chansontexte auf Deutsch. http://deutsche-chanson-texte.de/index.php/Spezial:Alle_Seiten. (12. Juli 2014).

Miossec. http://www.paroles.net/miossec/paroles-chanson-dramatique (12. Juli 2014).

Zentrum für Populäre Kultur und Musik der Universität Freiburg. http://www.zpkm.uni-freiburg.de (12. Juli 2014).

CD

Sapho. *Sapho live au Bataclan* (disque 1). Celluloid / Antigel CEL 6800. 1987.

III.23. Rap, orale Dichtung und Flow
Fernand Hörner

1. Definition HipHop und Rap

Rhythmisiertes Sprechen im HipHop wird als Rap bezeichnet. Unter dem Begriff HipHop wiederum wird eine (Sub)Kultur verstanden, die sich aus den Elementen Rap, DJing (musikalischer Komposition mithilfe von Plattenspielern und mittlerweile digitalen Geräten wie Samplern etc., vgl. Béthune 1999, 10), Graffiti-Writing und Breakdance zusammensetzt, also sowohl Text-, Musik-, Bild- und Performance-Elemente beinhaltet. Im Vordergrund steht hier der Rap in seinem Zusammenspiel musikalischer und literarischer Formen, das sich in drei Spielarten äußert: Erstens der Boasting Rap, ein verbales Duell, in dem es um die wortreiche und originelle Selbstanpreisung auf Kosten des Gegenübers geht, spontan im Rahmen von Wettkämpfen oder medial inszeniert auf Tonträgern. Zweitens der Party Rap, bei dem es um die Interaktion mit dem Publikum geht. Drittens der Reality Rap, der als Conscious Rap den Anspruch erhebt, soziale Missstände zu beschreiben oder weniger intentional als Storytelling Rap die eigene (oder eine fiktionalisierte prototypische) Lebensgeschichte zu thematisieren und die eigene lokale und regionale Herkunft performativ zu inszenieren (vgl. Krims 2000).

2. Forschungsstand

Kaum eine Musikrichtung wird in ihren Ursprüngen so widersprüchlich beschrieben wie Rap. Dies liegt einerseits an der typischen Selbstreflexivität, die dazu führt, dass in vielen Raps unterschiedliche Vorbilder und Einflüsse beschworen und unterschiedliche Rap-Philosophien postuliert werden, und andererseits an der akademischen Verortung der Forschung über HipHop und Rap. So wird in Bezug auf die Sprache wahlweise der soziodialektale Aspekt – Flüche, Schimpfwörter, Slang etc. – oder – mit ebenso viel Berechtigung – der kreative, rhetorisch versierte, poetische Umgang mit der Sprache untersucht. Rap wird dadurch einerseits zum Objekt soziolinguistischer Analysen (Alim 2009) und andererseits als avancierte Form der Poesie verstanden, die in einschlägigen Anthologien vertreten ist (vgl. exemplarisch Clune 2013). Dadurch wird Rap einerseits als eine Weiterführung afrikanischer oder afroamerikanischer Musiktraditionen verortet (Rose 1994), andererseits als eine typisch urbane und globalisierte Kultur beschrieben. Da HipHop-Studien zunächst nur in den USA und dort in den Instituten für African-American Studies angesiedelt waren, spielte der Bezug zu afrikanischen Erzähl- und Musiktraditionen die zentrale Rolle. Auch wenn die Untersuchung von HipHop als ‚black postmodern' (Walcott 1999) oder wahlweise ‚black noise' (Rose 1994) zumeist als ästhetische und nicht als ethnische Kategorie verstanden wird, etabliert sich zunehmend ein Konsens, der die Gefahr solcher kultureller Essentialismen und ‚Kurzschlüsse' thematisiert (Ismaiel-Wendt 2011; Klein und Friedrich 2003) und HipHop zunehmend weniger als ‚black noise', denn als ‚global noise' (Mitchell 2001) versteht (vgl. Alim 2009, 3 f.). Dies trägt natürlich auch der Tatsache Rechnung, dass Rap lange kein regionales Phänomen der New Yorker Bronx ist, sondern eine in allen Ländern verbreitete und die umsatzstärkste Musikrichtung überhaupt.

3. Oralität, Multimedialität, Literalität

Die Ursprünge des Rap siedeln sich gleichsam in musikalischen, mündlichen und schriftlichen Ausdrucksformen an. Rap zeigt also Eigenschaften primärer Oralität, als spontanes und unvorbereitetes sportliches Kräfte- bzw. Wortemessen, sowie sekundärer Oralität, falls die Raps vorher schriftlich erarbeitet (Ong 1987) und auf Tonträgern aufgenommen werden; hier ließe sich auch von mediatisierter Oralität sprechen (Zumthor 1994, 32). Schließlich kann Rap auch ein literarischer Umgang mit Sprache zugestanden werden.

3.1. Der kämpferische Ton mündlicher Dichtung

Die auch von Austin selbst geäußerte Vorstellung, dass Literatur nur einen uneigentlichen Sprechakt vollziehe, Sprechakte „nicht ernsthaft verwendet" würden (Austin 1998, 121), gilt unter zwei Aspekten nicht für den Rap. Zum einen, weil man mit Frank Zipfel Texte grundsätzlich als zerdehnte Sprachhandlungssituationen sehen kann, bei denen der Text als Bindeglied eines vom Autor vollführten Sprechaktes einerseits und einem Akt der Rezeption durch den Leser andererseits fungiert (Zipfel 2001, 34 f.). Zum anderen lässt sich neben dem Leser ein weiterer Adressat des Sprechaktes identifizieren, eine Art lyrisches Du als fiktionale oder reale Person, an die der (Rap)Text gerichtet ist. Dies kann auf den sogenannten Battles, dem Wettstreit von Rappern auf der Bühne, sehr deutlich werden und wird auch auf Tonträgern häufig als Duell inszeniert, entweder als spielerischer Wettstreit von Rappern in einem Song, durch Adressierung eines fiktiven lyrischen Du (Clune 2013) oder zwischen konkurrierenden Bands (Sokol 2004, 146), wobei sich Attacke und Replik über mehrere Alben hinziehen können.

Dabei benutzen Rapper das Wort als Waffe. Raps drücken also nicht nur etwas aus, sondern haben gleichzeitig die Funktion, das fiktive oder reale Gegenüber mundtot zu machen oder von den eigenen Fähigkeiten zu überzeugen. Diesbezüglich wird Rap zumeist afroamerikanischen mündlichen Traditionen zugerechnet, obwohl der kämpferische Ton auch in anderen Formen mündlicher Dichtung, etwa in der *Ilias* oder in *Beowulf*, zu finden ist (Ong 1987, 48 f.). Ein direkter Vorläufer des Rap ist der *Jive Talk*, der in den 1920er Jahren im urbanen Norden der USA entstand. Der auf der Straße gesprochene *Jive* war ein das Gegenüber schmähender, wortreicher Slang, der von Predigern und Radiokommentatoren medialisiert und von Autoren der Harlem Renaissance (wie etwa in Langston Hughes' Kurzgeschichte *Simple Speaks his Mind*) literarisiert wurde. Ursprünglich bedeutete Rap in der amerikanischen Umgangssprache ‚schlagen', und die übertragene Bedeutung im Wortsinn von schlagenden Argumenten wurde durch den Spitznamen von Hubert „Rap" Brown verbreitet, einem *Jive Talker*, der in den 1960er Jahren dafür berüchtigt war, sein Gegenüber mit Worten zu zerstören (zit. in Keyes 2002, 32). Eine stärker formalisierte Variante des *Jive Talk* wurde in den 1960er Jahren der *Dozens* (oder *Playing the Dozens*), den auch Ong als Variante oraler Kultur untersucht (Ong 1987, 49). Dies war ein weitgehend formalisiertes Rededuell mit bekanntem Repertoire, bei dem die eröffnenden Attacken als Raps und die Repliken als Caps bezeichnet wurden (Sokol 2004, 132). Eine andere Variante ist das *Signifying* (oder *Signifying Monkey*; Bradley 2009, 181; Rappe 2010, 19–72). Solche verbalen Wettstreite wurden im sogenannten *Cypha* oder *Cypher*, einem Kreis, der sich um die Duellanten bildete, ausgetragen (Spady et al. 2006). Wissenschaftlich werden diese Formen seit den 1960er Jahren unter dem Namen ‚Verbal Duelling' untersucht (Sokol 2004, 117).

Literarische Vorläufer sind im Black Art Movement zu finden, programmatisch fordert das 1966 entstandene Gedicht *Black Art* von Amiri Baraka: „We want ‚poems that kill.' / Assasin poems, Poems that shoot / guns. Poems that wrestle cops into alleys [...]." (zit. n. Somers-Willett 2009, 60) Der mit Allen Ginsberg befreundete Poet Baraka setzt sich hier verbal gegen die Unterdrückung der Schwarzen in den USA zur Wehr (Beach 2003, 132), das lyrische Ich bzw. Wir wird allerdings nicht selbst aktiv, sondern schafft mit der Allegorisierung des Gedichts als Person einen Akteur. Andere Künstler des Black Art Movements, wie die Last Poets, kombinierten auch das erste Mal den skandierten Vortrag mit musikalischer Untermalung durch z. B. Congatrommeln und verwendeten auch für den Rap typische Gestaltungsmittel wie Alliterationen, Wiederholungen, Flüche etc. Dabei sahen sich diese Akteure, wie etwa die Last Poets of Harlem, wie der Name schon sagt, in erster Linie als Dichter, die in der Tradition von Ginsbergs *Howl* neue Präsentationsformen für ihre Gedichte suchten (Keyes 2002, 34). Rapper der ersten Stunde, wie etwa Afrika Bambaataa, beziehen sich explizit auf die Last Poets. Die Last Poets oder auch Gil Scott-Heron, Autor des berühmten Gedichtes *The Revolution will not be televised* (1970), das er ebenfalls zu Musikbegleitung vortrug, verorteten sich in einem Spannungsfeld zwischen Dichter, Musiker und Komponist (Pfeiler 2003, 120–123).

In dialogischer Form zeigt sich diese kämpferische Performativität auf sogenannten Battles, in denen zwei Rapper gegeneinander antreten und ihre Schlagfertigkeit unter Beweis stellen, indem sie sich und ihre Fähigkeiten rühmen und das Gegenüber schmähen. Der Versuch, sich gegenseitig immer wieder zu übertreffen, gipfelt in Tabubrüchen wie der Bezichtigung von Inzest und anderen stigmatisierten Praktiken, Androhung von Gewalt, Benennen von tabuisierten Körperzonen etc. (Sokol 2004, 122). Dabei geht es nicht um den Referenzcharakter dieser Aussagen, sondern lediglich um den performativen Akt des verbalen Duellierens, also um das, was mit den Worten getan wird, nicht um das, was damit gesagt wird (Béthune 1999, 14).

3.2. Rap als sekundär orale Dichtung

Die Eigenschaften oraler Dichtung werden im Rap durch die Aufnahmetechnik in moderne Technologie eingebettet (Rose 1994, 85), sodass Rap zwischen Oralität, Literalität und Multimedialität oszilliert. Literal ist Rap insofern, als die meisten Raps in der Regel vorher schriftlich fixiert und in einem *book of rhymes* notiert sowie in den CD-Booklets (und auf unzähligen Homepages) als Transkription abgedruckt werden. Zudem wird in vielen Raps die schriftliche Fixierung selbst thematisiert, wenn von den eigenen *lines*, also wörtlich ‚Zeilen' die Rede ist. Auch in zahlreichen Online-Foren steht bei der Produktion von Rap das Schreiben im Vordergrund (vgl. www.wikihow.com/Write-Lyrics-to-a-Rap-or-Hip-Hop-Song). Wie in der gesamten populären Musik werden die Liedtexte als *lyrics* bezeichnet.

Eine Form multimedial inszenierter Oralität stellen die HipHop Skits dar: kurze Einspieler vor den Musikstücken, in denen fingierte Dialoge zu hören sind (vgl. Neumann 2008). Als einer der bekanntesten und umstrittensten Skits ist Ice Ts *Copkiller* zu nennen, in dem das lyrische Ich nach kurzem Wortgefecht zwei Polizisten erschießt, was in dem Song dann auch thematisiert wird.

Rap erscheint so als Oszillation zwischen Mündlichkeit und Schriftlichkeit (Béthune 1999, 40), als eine sekundäre Oralität, welche auf Basis der Schriftlichkeit ihre Mündlichkeit inszeniert (Ong 1987, 136). Nach Koch und Oesterreicher zeichnet Rap somit eine Sprache der Nähe im phonischen Code aus, wobei sich der phonische Code nicht nur als mündliche Sprechsituationen (etwa im Konzert) manifestiert, sondern vor allem auch durch audiotechnische Übertragungs- und Speichermedien (Koch und Oesterreicher 1985). Diese medialisierte Oralität wird auf den Tonträgern auch durch Selbstreflexivität explizit thematisiert, ein Topos ist dabei das Mikrofon im Sinne einer Körperextension des Rappers (vgl. McLuhan 1992). In Eric B. & Rakims *Microphone Fiend* etwa heißt es: „I was a microphone fiend before I became a teen" (vgl. Rose 1994, 55), oder in Public Enemys *Prophet of Rage*: „With vice I hold the mike device." Audiotechnik ist somit nicht einfach ein ‚transparentes' oder unsichtbares Medium, dessen einzige Aufgabe in der Verbreitung und Reproduktion der Musik im Benjamin'schen Sinne dient, sondern wird bereits im Akt der Musikerzeugung mitgedacht und thematisiert. Das Original ist somit das auf Reproduktion angelegte audiotechnische Endprodukt und nicht eine vermeintlich vorgängige und mündliche Sprechsituation (vgl. Hörner 2011).

3.3. Literarische Stilfiguren des Rap

Rap eignet ein virtuoser Umgang mit Sprache, der durch Reime, Assonanzen, Wortspiele, Metaphern und Vergleiche, Mischung von Hoch- und Umgangssprache und – insbesondere in nicht-englischsprachigen Raps – kreative Mehrsprachigkeit gekennzeichnet ist. Ein typisches Gestaltungsmittel des Rap sind ungewöhnliche Vergleiche und Metaphern, die mitunter über mehrere Sätze hin durchgezogen werden (Bradley 2009, 95; 101). Neben aller Art von Wortspielen (vgl. ebd., 85–120) zeichnet sich Rap gleichzeitig auch durch die Vermischung von kreativer, dichterischer Sprache mit nicht-standardisierter Umgangssprache, im US-Amerikanischen als „vernacular" bezeichnet, aus (Bradley 2009, 125) und erweist sich so als eine im Bachtin'schen Sinne polyphone Gattung (Bachtin 1971, 206–207).

4. Flow

Auch wenn Rap durch die dichterischen Gestaltungmittel im Gegensatz zu anderer populärer Musik eine eigene poetische Textur erhält (Bradley 2009, xvi), lässt sich Rap erst im Zusammenspiel mit der Musik vollständig beschreiben. Zentraler Aspekt von Rap ist der Flow, worunter in der Psychologie die harmonische Balance zwischen Anforderung und Handlungsfähigkeit verstanden wird (Csikszentmihalyi 2000, 381; Kautny 2009, 166). Auch wenn der Begriff des Flow in diesem Sinne im Rap auch die Kompetenz und Schaffensfreude des Rappers bezeichnen kann, bezeichnet er vor allem einen intersubjektiv nachvollziehbaren ästhetischen Eindruck bei den Rezipienten. Durch das Rappen wird die Metrik im poetischen Sinne hörbar, aber der Flow als unverwechselbarer akustischer Fingerabdruck eines jeden Rappers (Bradley 2009, 30) entsteht erst durch das intentionale Zusammenwirken von Sprechgesang, Musik und Text.

In der gebundenen Poesie entsteht die Rhythmik durch das Zusammenspiel von Metrik und Sprechrhythmus, durch die Metrik wird eine Erwartungshaltung eines bestimmten Versmeters erzeugt, das durch die konkrete Sprache bestätigt, variiert und gebrochen wird. Im Rap gesellt sich dazu der musikalische Rhythmus sowie die erklingende Stimme des Rappers, welche gleichzeitig Träger von Bedeutung und ein Instrument mit, in erster Linie, rhythmischem Gehalt ist.

Es handelt sich also nicht nur um eine doppelte Rhythmik, bei der der Rap die in der Poesie nur innerlich gehörte Beziehung zwischen Metrik und Sprachklang (Bradley 2009, 7) hörbar macht, sondern um eine dreifache rhythmische Beziehung, bei der erwartete Metrik und Sprechrhythmus, hörbarer Rap und begleitende Beats mit ihrer jeweils eigenen Rhythmik zusammenspielen.

4.1. Metrik, Sprechrhythmus und Rap

Insbesondere in den ersten Raps der 1980er Jahre waren die Texte nach Muster klassischer Verse aufgebaut, mit einer gleichen Anzahl von Silben und Endreimen, wobei das Pendant zur Zeile in der Regel ein Takt war, sodass die Raps in Strophenform gestaltet wurden, die beispielsweise einer Balladenform glichen. *Rappers Delight* etwa, der erste erfolgreiche Rap überhaupt, hat die Form vierzeiliger Strophen mit Kreuzreimen (abab oder abcb) und mit Abweichungen durchgängig jambische Betonung (vgl. Bradley 2009, 18 f.). Ein anderes Mittel sind Kettenreime (aaaa) (vgl. ebd., 75). Insofern unterscheiden sich Raps auch signifikant von der sprachlichen Gestaltung im Spoken Word, welches mit den „free verses" einen viel freieren Umgang mit Metrik und Form kennzeichnet (Somers-Willett 2009, 104).

Im Verlauf der Rapgeschichte wurde der Umgang damit immer kreativer, auch wenn die Balladenform das Grundschema bleibt, gegen das es sich kreativ abzugrenzen gilt. Eine Variation ist etwa das Erhöhen der Silbenanzahl innerhalb einer Taktgruppe, dessen Ende nicht nur musikalisch durch den Rhythmus, sondern auch textlich durch Endreime markiert wird. Etwa bei Eminems *Drug Ballad* wird mit dramaturgischem Effekt die Silbenzahl von 9 auf 17 Silben und dabei auch Rapgeschwindigkeit, Stimmhöhe und -lautstärke gesteigert. Insbesondere in Battle Raps wird die Fähigkeit, möglichst viele Silben pro Zeile, d. h. Takt, unterzubringen, durchaus als kompetitiver Maßstab gesehen (Bradley 2009, 25).

Zwar spielen Reime und Assonanzen eine besondere Rolle, doch werden diese anders als in der gebundenen Sprache verwendet. Betrachtet und hört man Raps in Zeilenform, fallen zwar häufig Endreime auf, die in der Regel aber nur in einer Reihe von Binnenreimen, Alliterationen und Assonanzen stehen. Einer der schulbildenden Rapper war Rakim, der einen „innovativen, auf Mehrfachreimen basierenden Flow" hervorbrachte (Forman 2009, 30).

Die rhythmische Matrix lässt sich mit Oliver Kautny zweidimensional betrachten, also sowohl vertikal (Reime am Ende der Zeile) als auch horizontal (möglichst viele hintereinander gereihte Reime und Assonanzen) (Kautny 2009, 165). Unreine Reime werden weder vermieden noch als bewusstes Gestaltungsmittel benutzt, vielmehr dienen insbesondere die horizontalen Assonanz- und Reimkaskaden einer klangfarblichen Akzentuierung, bei denen Gleich- und Regelmäßigkeit keine relevanten ästhetischen Kategorien darstellen. Der Rap erscheint als ein langer Sprachfluss mit abwechselnd gerafften und gedehnten Silbenketten (ebd., 165).

Im Unterschied zur geschriebenen Poesie, wo Stimmklang und Rhythmus vom Leser imaginiert werden, zeichnen sich Raps auch durch einen kreativen Umgang mit der Aussprache aus, etwa durch transformative Reime, die erst durch ungewöhnliche Betonung und Aussprache entstehen (Bradley 2009, 71) oder überhaupt durch ungewöhnliche individuelle Silbenbetonung außerhalb der Reime (vgl. ebd., 26). So erhält jeder Rap eine eigene, unverwechselbare Prosodie, die durch die Verbindung von Sprechrhythmus, Sprachmelodie und dichterischen Gestaltungsmitteln entsteht (Middleton 2003, 166).

4.2. Beat und Rap

Die Musik spielt im Rap – im Vergleich zu anderer populärer Musik – eine besondere Rolle. Zum einen, da durch den in der Regel gesprochenen und nicht gesungenen Rap ein zentrales melodisches Gestaltungsmittel wegfällt. Zum anderen, da auch das harmonische Material äußerst variantenarm ist, sodass man mit Volkmar Kramarz von einer allgemeingültigen HipHop-Formel sprechen kann, die in Variationen aus der Akkordfolge a-Moll–G-Dur–F-Dur besteht (Kramarz 2008, 18–21). Auch in Bezug auf die Taktart herrscht der binär oder ternär gespielte 4/4-Takt vor. Viel wichtiger und variationsreicher bei der musikalischen Gestaltung sind insofern neben dem Klang die rhythmische Gestaltung durch Schlagzeug und Perkussion, hier zusammenfassend als Beat bezeichnet, und ihr Zusammenspiel mit dem Rap.

Insbesondere in frühen Songs war der Backbeat, die Betonung auf der zweiten und vierten Zählzeit, der Standard, dabei fielen in *Rapper's Delight* und anderen schulbildenden Songs wie *The Message* die betonten Silben in der Regel auf die betonten Schläge der Musik. Ein Takt bildete eine Verszeile, sodass die Reimpaare (aabb) auf die 4 als letzten betonten Schlag im Takt fielen. Die Reime waren insofern überdeterminiert, als sowohl Rhythmus und Metrik wie auch Semantik das Reimwort verlangten (Bradley 2009, 70).

Rapper's Delight im Reimschema (abcb), thematisiert dies explizit:

> Now what you hear is not a test
> I'm rapping to the beat
> And me, the groove, and my friends
> Are gonna try to move your feet.

Der strikte auftaktige Jambus wird so lange durchgehalten, bis von dem Bewegen der Füße, als Aufruf zum Tanzen, die Rede ist: Die Versfüße geraten dann analog zu den Füßen des lyrischen Du in Bewegung. Explizit angesprochen wird das Rappen auf dem Beat, also das Zusammenfallen der Betonungen von Beat und Sprechrhythmus, welches allerdings im Mikro- wie im Makrotiming variiert wird. Fallen die Worte „hear" und „test" (und später „groove", „friends") noch auf die betonten Taktzählzeiten 2 und 4, wird „beat" vorgezogen. Wie in der Lyrik die Metrik erst durch die Abweichungen des Zusammenspiels von Versfuß und Sprachrhythmus spürbar wird, variiert der Rap nicht nur die Metrik in diesem Sinne, sondern auch das Zusammenspiel von Metrik und Beat. Das Zusammenfallen von Reimworten, Betonungen im Sprachklang und der Metrik mit den Zählzeiten 2 und 4 wird immer wieder umspielt und aufgelöst, bleibt aber als Erwartungshaltung des Zuhörers präsent.

Dieses Zusammenspiel von Reim, Metrik, Rhythmus, von Rap und Musik, das hier explizit thematisiert wird, war typisch für die ersten Raps (Kautny 2009, 144). Mittlerweile prägt den Flow indes keineswegs mehr die rhythmische Übereinstimmung (oder dessen spielerische Variation) zwischen Rap und Beat, also das ‚to the beat rappen' (Bradley 2009, 6), vielmehr wird die metrische Struktur des Flow immer komplexer (Krims 2000, 49). Adam Krims zufolge zeichnete sich das Rappen zunächst durch ein nahe am Singen orientiertes Rappen aus, dessen Sprachakzente auf musikalische Betonung fallen und sich an der musikalischen Struktur orientieren, bei denen Taktgruppen und Texteinheiten zusammenfallen – der sogenannte ‚sung-rhythmic style' (Krims 2000, 49–50). Diese Kongruenz von Sprachmelodie, poetischer Struktur und musikalischem Rhythmus zeigt sich paradigmatisch bei *Rapper's Delight*, wo auch dem Rap Tonhöhen zugeordnet werden können und die Tonhöhe am Ende der Zeile auf dem Reimwort angehoben wird. Dieser Stil hat sich in zwei Richtungen aufgelöst – Krims verwendet dafür den Begriff ‚effusive' im Sinne eines wörtlich zu verstehenden Überflusses: Der ‚speech-effusive style' bezieht sich auf das Aufbrechen der erwähnten Kongruenz mithilfe sprachlicher Betonung (Krims 2000, 50 f.), der ‚percussion-effusive style' auf rhythmische Verschiebungen, durch die die Rapstimme eine eigenständige Rhythmik erhält und zu einem Instrument komplexer rhythmischer Gestaltung wird (ebd.).

Der sprachbezogene Überfluss im Sinne Krims' beinhaltet, dass nicht mehr in Analogie zur Metrik gerappt wird, d. h. betonte und unbetonte Silben stimmen nicht mit betonten und unbetonten Rhythmen der Musik überein. Zudem zeichnen sich Raps, zumindest in deutscher und englischer Sprache, dadurch aus, dass sie keinem klassischen Metrum entsprechen, die Verteilung von unbetonten und betonten Silben also ungleichmäßig ist. Die Reime fallen dabei auch auf die unbetonten Schläge (Pfleiderer 2006, 322), sodass sie von der für Sprache gültigen Definition von Reim (Übereinstimmung ab der letzten betonten Silbe) abweichen und so mit der Erwartungshaltung zumindest des an Lyrik geschulten Zuhörers, welcher die Reimsilben auf den betonten Zählzeiten erwartet, spielt.

Der perkussive Überfluss im Sinne Krims' wiederum beinhaltet, dass der Rap zu einem eigenen rhythmischen Instrument wird, das sich zur begleitenden Musik kreuzrhythmisch verhält. Während die Beats in der Regel durchgängig entweder im Sechzehntel-, Triolen- oder Achtelfeeling gestaltet sind, zeichnet sich die Rhythmik des Raps durch unregelmäßige Abfolgen gerader und triolischer Phrasierung aus (Pfleiderer 2006, 322). Kennzeichnend für den Flow ist folglich eine kreuzrhythmische Verbindung von Rap und dem zugrunde gelegten Beat, wonach beide ihre eigenen rhythmischen Akzente besitzen, die mal aufeinander fallen, mal abweichen.

5. Forschungsdesiderat

Durch diese rhythmische Komplexität besitzt jeder gute Rapper einen eigenen Flow, zu dessen Unverwechselbarkeit auch der individuelle Stimmklang gehört, wobei das Zusammenspiel von Flow und Stimmklang bislang kaum untersucht wurde (Forman 2009, 24), auch weil kulturwissenschaftliche Instrumente zur Beschreibung etwa vom Stimmtimbre noch fehlen (Krims 2000, 53).

Genauer zu untersuchen wäre, wie der Stimmklang zum Träger eigener Bedeutung (Forman 2009, 25; Middleton 1990, 228) wird, der die semantische Ebene ergänzt oder diese auch komplett ersetzt, etwa im häufig vorkommenden Fall der Rezeption fremdsprachlichen Raps.

6. Ausblick: Der Einfluss von Rap auf Literatur

Ein Einfluss des Rap auf die Literatur ist in der Slam Poetry zu sehen, welche sich das Prinzip des kompetitiven dichterischen Wettstreits zu eigen gemacht hat (Somers-Willett 2009, 101). Insbesondere in den USA ist die Slam Poetry wie auch der Rap stark in der afroamerikanischen Kultur verwurzelt (vgl. ebd., 11). In Deutschland weisen beide einige gemeinsame Akteure wie Nina Sonnenberg (als Fiva MC) oder Bas Böttcher (als Zentrifugal) auf. Außerhalb der Slam Poetry verkörpert der Schweizer Raphael Urweider die Verwandtschaft von Rap und Poesie. Ausführlicher zu untersuchen wäre die Frage, ob das Sampling, also mittels Audiotechnik in Songs eingebaute Musikzitate, als ein spezifisch postmodernes Verfahren (Bonz 2006) und künstlerisches Gestaltungsmittel in literarische Texte Eingang findet.

Literatur

Alim, H. Samy. „Straight Outta Compton. Straight aus München. Global Linguistic Flows, Identities, and the Politics of Language in a Global HipHop Nation". *Global linguistic flows. Hip hop cultures, youth identities, and the politics of language.* Hrsg. von H. Samy Alim, Awad Ibrahim und Alastair Pennycook. New York: Routledge, 2009. 1–24.
Austin, John L. *Zur Theorie der Sprechakte.* Bearb. und übers. von Eike von Savigny. Stuttgart: Reclam, 1998.
Bachtin, Michail. *Probleme der Poetik Dostojewskis.* München: Hanser, 1971.
Beach, Christopher. *The Cambridge Introduction to Twentieth-Century American Poetry.* Cambridge und New York: Cambridge University Press, 2003.
Béthune, Christian. *Le Rap. Une esthétique hors la loi.* Paris: Autrement. Série Mutations, 1999.
Bonz, Jochen. „Sampling. Eine postmoderne Kulturtechnik". *Kulturschutt: Über das Recycling von Theorien und Kulturen.* Hrsg. von Christoph Jacke, Eva Kimminich und Siegfried J. Schmidt. Bielefeld: transcript, 2006. 333–352.
Bradley, Adam. *Book of rhymes. The poetics of hip hop.* New York: Basic Civitas Books, 2009.
Clune, Michael W. „Rap, Hip Hop, Spoken Word". *The Cambridge Companion to American Poetry Since 1945.* Hrsg. von Jennifer Ashton. Cambridge: Cambridge University Press (Cambridge companions to literature), 2013. 202–215.
Forman, Murray. „Machtvolle Konstruktionen: Stimme und Autorität im HipHop". *Die Stimme im HipHop. Untersuchungen eines intermedialen Phänomens.* Hrsg. von Fernand Hörner und Oliver Kautny. Bielefeld: transcript, 2009. 23–50.
Hörner, Fernand. „Wenn das Original ins Wohnzimmer kommt. Musik und Reproduktion im Zeitalter von Walter Benjamin". *Original und Kopie.* Hrsg. von Nils Grosch und Fernand Hörner. Münster: Waxmann, 2011. 13–41.
Ismaiel-Wendt, Johannes. *Tracks'n'treks. Populäre Musik und postkoloniale Analyse.* Münster: Unrast, 2011.

Kautny, Oliver. „Ridin' The Beat. Annäherungen an das Phänomen Flow". *Die Stimme im HipHop. Untersuchungen eines intermedialen Phänomens*. Hrsg. von Fernand Hörner und Oliver Kautny. Bielefeld: transcript, 2009. 141–169.

Keyes, Cheryl Lynette. *Rap music and street consciousness*. Urbana: University of Illinois Press, 2002.

Klein, Gabriele und Malte Friedrich. *Is this real? Die Kultur des HipHop*. 1. Aufl. Frankfurt am Main: Suhrkamp, 2003.

Koch, Peter und Wulf Oesterreicher. „Sprache der Nähe – Sprache der Distanz. Mündlichkeit und Schriftlichkeit im Spannungsfeld von Sprachtheorie und Sprachgeschichte". *Romanistisches Jahrbuch* 36 (1985): 16–43.

Kramarz, Volkmar. *Die HipHopFormeln*. Bonn: Voggenreiter, 2008.

Krims, Adam. *Rap Music and the Poetics of Identity*. Cambridge und New York: Cambridge University Press, 2000.

McLuhan, Marshall. *Die magischen Kanäle – Understanding Media*. Düsseldorf: Econ, 1992.

Mitchell, Tony (Hrsg.). *Global Noise. Rap and Hip-Hop Outside the USA*. Middletown, Connecticut: Wesleyan University Press, 2001.

Ong, Walter J. *Oralität und Literalität. Die Technologisierung des Wortes*. Übers. von Wolfgang Schömel. Opladen: Westdeutscher Verlag, 1987.

Pfeiler, Martina. *Sounds of Poetry. Contemporary American Performance Poets*. Tübingen: Narr, 2003.

Rappe, Michael. *Under construction. Kontextbezogene Analyse afroamerikanischer Popmusik*. Köln: Dohr, 2010.

Rose, Tricia. *Black Noise. Rap music and Black Culture in Contemporary America*. Hanover: University Press of New England, 1994.

Sokol, Monika. „Verbal Duelling: Ein universeller Sprachspieltypus und seine Metamorphosen im US-amerikanischen, französischen und deutschen Rap". *Rap. More than Words*. Hrsg. von Eva Kimminich. Frankfurt am Main: Peter Lang, 2004. 113–150.

Somers-Willett, Susan B. A. *The cultural politics of slam poetry. Race, Identity, and the Performance of Popular Verse in America*. Ann Arbor: University of Michigan Press, 2009.

Walcott, Rinaldo. „Performing the (Black) Postmodern: Rap as Incitement for Cultural Criticism". *Sound Identities. Popular Music and the Cultural Politics of Education*. Hrsg. von Cameron McCarthy. New York: Peter Lang, 1999. 97–117.

Zipfel, Frank. *Fiktion, Fiktivität, Fiktionalität. Analysen zur Fiktion in der Literatur und zum Fiktionsbegriff in der Literaturwissenschaft*. Berlin: Schmidt, 2001.

III.24. Experimentelles Musiktheater mit Literatur

Lore Knapp

Das Musiktheater ermöglicht Verbindungen von Literatur und Musik im multimedialen Zusammenhang. Die jeweiligen Inszenierungen integrieren oder interpretieren verschiedene Aspekte literarischer Texte, indem sie sich auf deren Handlungen, Figuren, Motive, poetische Programme oder Formen beziehen und musikalische mit literarischen Sprachen kombinieren.

Verbindungen mit Märchen, Mythen, Dramen und Erzählungen ist das Musiktheater seit den Anfängen der Gattung eingegangen. Davon sprechen die ersten Opern *Daphne* sowie *Orpheus und Eurydike*, Wagners Musikdrama mit der Aufwertung des Librettos gegenüber der seinerzeit üblichen, die Stimmakrobatik betonenden Belcanto-Oper sowie die besonders seit dem 19. Jahrhundert verbreiteten Literaturopern. Indem die neu entstehenden Formen des Musiktheaters mit der Einbindung literarischer Elemente in die anderen Künste, Medien und Sprachen experimentieren, bergen sie zugleich ein Erkenntnispotential bezüglich der Eigenheiten von Literatur.

Der Begriff Musiktheater bezieht sich auf alle Arten von Theater, „die sich durch eine besondere Hervorhebung des musikalischen Elements auszeichnen" (Risi und Sollich 2005, 110), und geht von einer „prinzipiellen Gleichberechtigung der unterschiedlichen an der Aufführung beteiligten Elemente" aus (Risi und Sollich 2005, 112). Dabei kommt der Literatur eine Sonderstellung zu, insofern sie häufiger als die Musik bereits unabhängig von der Produktion existiert. Finden sich im Musiktheater literarische Anteile, so sind sie in den meisten Fällen nicht nur in einen neuen medialen, sondern auch in einen neuen historischen oder kulturellen Kontext übertragen.

Experimentelle Formen, die in Performances und im wahrnehmungsbetonten Regietheater fort von den Textvorlagen geführt haben, ermöglichen im Musiktheater neue Kombinationen mit literarischen Elementen. Der hohe Anteil von Literatur betrifft strukturelle und atmosphärische sowie stofflich-motivische, also visuelle, akustische oder dramaturgische Aspekte der Produktionen. Er zeigt, dass die Entwicklung zu Performativität, Prozesshaftigkeit und Offenheit auch mit einer Bereicherung der Inszenierungen an zeichenhaften Elementen verbunden ist, die Sinn und Bedeutung vermitteln, zu Assoziationen anregen und Gedankenanstöße liefern.

Generell lassen sich drei Formen der zeitgenössischen Musiktheater-Experimente mit literarischem Anteil unterscheiden. Die erste Form folgt dem Trend

DOI 10.1515/9783110301427-035

zur Collage, zum Zitieren und Überschreiben, der in der Bildenden Kunst seit Jahrzehnten die Konzepte bestimmt und in den letzten Jahren für Diskussionen im Literaturbetrieb gesorgt hat. In musiktheatralen Literaturcollagen wie David Martóns *Die Heimkehr des Odysseus* (Erstaufführung 2011) oder Christoph Marthalers *Maeterlinck* (2007) werden literarische Texte meistens mehrerer Autoren in akustischer oder visueller Vermittlung mit den anderen Künsten, Medien und Sprachen kombiniert.

Die zweite Form bilden verschiedene Varianten der klassischen Literaturoper wie *Linkerhand* von Moritz Eggert (2009) oder *Die Schachnovelle* von Cristóbal Halffter (2013), in denen ein literarischer Stoff zum bestimmenden Handlungs- oder Motivgeber wird und das Libretto, die Musik oder die Inszenierung thematisch bestimmt. Die Grenzen zu Programmmusik wie Michel Roths *Im Bau. Fünfzehn Klangräume nach Franz Kafka* (2012) sind dann fließend, wenn auch im Rahmen der Instrumentalmusik mit den Aufführungsmodalitäten gearbeitet wird.

Eine dritte Form bildet die konzeptuelle Verbindung von Literatur und Musiktheater, wenn sich eine Performance wie *Stifters Dinge* von Heiner Goebbels (2007) an der Programmatik oder dem Stil eines Schriftstellers orientiert und wenn ein poetisches Konzept oder eine literarisch tradierte Erzähl- oder Dramenform zur ästhetischen Vorlage wird. Generell treffen sich in jedem Aufführungsereignis ein performativer und ein narrativer Grundzug.

Besonders bezogen auf den Entstehungsvorgang der ersten beiden Formen sind zusätzliche Unterscheidungen zu treffen. Es gibt kompositionsbasiertes Theater mit Literatur, literaturbasiertes Theater mit Musik sowie regie- oder aufführungsbetonte Arbeiten. Häufig erhalten die literarischen Anteile erst während der Proben Eingang in die Produktion, werden also erst im Prozess der Inszenierung und im Blick auf mediale Wechselwirkungen ausgewählt oder geschrieben. Ob eine Neuinszenierung oder ein Reenactment möglich ist und daher werkästhetisch von einer Uraufführung gesprochen werden kann, entscheidet sich im Einzelfall. Entsteht die Produktion auf der Basis eines Textes, so geht dem Probenprozess dessen Auswahl, Bearbeitung oder Niederschrift voraus, wobei beispielsweise bezogen auf das Libretto zu Enno Poppes Oper *IQ. Testbatterie in 8 Akten* (2012), das Marcel Beyer im Vorfeld schrieb, die Literarizität des Textes zur Diskussion steht. Allgemein gesagt, unterscheiden sich literarische von außerästhetischen Texten durch eine Bedeutungsoffenheit und durch strukturell performative, also klangliche, rhythmische, atmosphärische und damit nicht zuletzt musikalische Eigenschaften (Häsner 2011, Velten 2009, Seel 2004). Gerade die Ästhetik des Textanteils wird in einigen Produktionen durch die anderen Künste und Medien überblendet. In anderen Fällen präsentieren sich die semantische

Komplexität oder der sprachlich-ästhetische Wert der Literatur dagegen besonders wirkungsvoll.

Ein elementarer Bestandteil aller drei Formen sind die Aufführungsdynamiken und inszenatorischen Umsetzungen. Meistens hat das multimediale Musiktheater mehrere Urheber, so dass mit dem jeweiligen Titel je nach Gewichtung der Einzelelemente der Regisseur, der Komponist oder der Autor verbunden wird. Der literarische Anteil entsteht je nach Produktionsweise im Auftrag des Regisseurs oder des Komponisten, wird von diesen selbst eingerichtet oder ist als Impuls eines Schriftstellers überhaupt ausschlaggebend für die Entwicklung eines Musiktheaterabends, wie im Fall der selbstreflexiven Libretti von Elfriede Jelinek.

Im Folgenden werden die Funktionen von Literatur sowie das Verhältnis der literarischen Sprache zur Musik und den anderen visuellen, akustischen und konzeptionellen Teilen ausgewählter Kompositionen und Aufführungen beschrieben.

1. Die musiktheatrale Literaturcollage

Für die Collage *AscheMOND oder The Fairy Queen* (2013) hat Stefanie Wördemann Auszüge aus den Tagebüchern von Sylvia Plath mit kürzeren Texten von Shakespeare, Heine und Stifter kombiniert, die gelesen, gespielt, gesungen und an die Wand projiziert werden. Dazu erklingen Henry Purcells lebensfrohe Musik zu Shakespeares *Sommernachtstraum* und neue Klänge von Helmut Oehring im Wechsel, so dass sich das aus verschiedenen Jahrhunderten zusammengesetzte Libretto in einer Mischung der barocken Tonsprache (vgl. III.5 KRONES) mit Klängen des Jazz (vgl. III.21 VON AMMON) und Neuer Musik spiegelt. Die Spannungen zwischen den Stilen und Epochen bewirken das Empfinden einer Widersprüchlichkeit und Unzuverlässigkeit der verschiedenen Sprachen, die komplex zusammenspielen und jeweils semiotisch-konnotative und performative Funktionen erfüllen. Erinnernd an die Variationsbreite stimmlich-sprachlicher Äußerungsformen, wie sie in der Lautpoesie, in Soundperformances oder anderen Formen des Composed Theatre ausgetestet werden (Rebstock und Roesner 2012), wechseln rhythmische Sprecheinlagen Einzelner mit denen des Chores. Die Sprache wird zum kompositorischen Material. Sie wird zur Musik und bewirkt gleichzeitig, dass die Musik zur Sprache wird. Begrifflich und bildlich angeregte Bedeutungen werden vom Zuschauer in die Töne und Klänge hineinprojiziert und mit deren emotionaler Wirkung verbunden. Wie in anderen Inszenierungen arbeitet Claus Guth auch mit der Choreographie einer Gebärdensprache, die ausformuliert in Ermangelung von Verben eine poetisch-abstrakte Wirkung entfaltet

(„Du Nacht Liebe Mein / Ach Macht Fluch Dein"). Sie ergänzt die literarischen Wortsplitter und philosophischen Gedankenanstöße, die als Vorlagen für die Themen und Handlungsbögen fungieren und den Anlass für szenische Andeutungen sozialer Gefüge und psychischer Zustände schaffen. Im Wechselspiel mit der emotionalen Musik erhöhen sie den Assoziationsreichtum. Ähnlich wie in Christoph Schlingensiefs Collagen *Mea Culpa* (2009) oder *Sterben lernen!* (2009) werden hier Zustände der Überreizung und Überforderung ausgelöst. Klang und Rhythmus der Verse verlieren sich in den eindringlicheren musikalischen und visuellen Effekten, doch die poetischen Botschaften gewinnen gerade durch den ästhetischen Wahrnehmungsmodus, in den die Rezipienten geraten, an Aussagekraft. Bedeutung vermittelt sich hier vor allem „im und als Akt der Wahrnehmung" (Fischer-Lichte 2004, 245) von Stimmen, von Sprache und der auf Flächen projizierten Kalligraphie. Die Stimmen flüstern, sie murmeln und stoßen, klingen elektronisch verzerrt, live und vom Band. Zum klangvollen, opernhaften Singen addieren sich der Laiengesang – ein Mittel des Strebens nach Lebensnähe – und der Sprechgesang, der spätestens seit Schönbergs *Gurreliedern* als eine musikalische Steigerungsform etabliert ist.

Die gesprochenen Passagen von *AscheMOND* sind gut verständlich, zumal hier auf deutsche Übersetzungen zurückgegriffen wird. Fremd- und mehrsprachige Texte sind im Musiktheater häufig nur mit Hilfe der Obertitelrezeption verständlich. In einem Stück wie Salvatore Sciarrinos *Vanitas. Natura morta in un atto* (1981) für Sopran, Cello und Klavier werden so viele Sprachen gemischt, dass die kammermusikalische Funktion des Gesangs deutliche Priorität vor der Erzählung hat, die der Inszenierung überlassen ist.

Bezogen auf die Entwicklungstendenz fort von Pathos und Metaphysik, hin zu Psychologie, Lakonie und Witz, die sich operngeschichtlich im 20. Jahrhundert abgezeichnet hat, gehen die Musiktheater-Experimente zwei verschiedene Wege. Haben die kurzen sprachlichen Äußerungen und Zitate in einem Tanzstück wie Meg Stuarts *Build to Last* (2012) die Funktion, die pathetische Stimmung zu ironisieren, so bildet die Literatur in der Uraufführungsinszenierung von *AscheMOND* den romantischen, aufwühlenden und dramatischen Gegenpol zur positiv heiteren, wenn auch ebenfalls mitreißenden Barockmusik. Gedichte werden auf einen Waldhintergrund projiziert, und der einsame Leser auf der Bühne steht so wie die traurige Schriftstellerin Sylvia Plath dem Chor und der geselligen Barockmusik gegenüber.

Zwischen Collage und Oper bewegt sich das Projekt *Metanoia – über das Denken hinaus*, für das Christoph Schlingensief zuerst den Text und dann die Musik in Auftrag gab. Da der geplante Probenbeginn mit Schlingensiefs Tod im August 2010 zusammenfiel, wurde die Inszenierung auf die Kostüme und Requisiten reduziert, die vor Probenbeginn bereits fertig geworden waren. Auf diese

Weise demonstrierte das verwaiste Produktionsteam bei der Premiere die entscheidende Relevanz des Regisseurs für die Gesamtwirkung. Der Einordnung der Produktion als Literaturoper oder als Collage geht die Frage voraus, ob das Libretto als Literatur gilt. Es wurde im Probenprozess aus einem Text entwickelt, den René Pollesch für diesen Zweck geschrieben hatte. Schlingensiefs Weise des Inszenierens – dass er beispielsweise in *Mea Culpa* von Arno Waschk gezielt komponierte Musik noch in den Proben wieder strich und ersetzte – hätte die gesprochenen und gesungenen Sätze vermutlich zu einem Element unter vielen und die Produktion zu einer Collage gemacht.

2. Zeitgenössische Literaturoper

Auch das Zusammenspiel von Sprache und Musik in der zeitgenössischen Literaturoper ist von den Stilmitteln Improvisation, Zufall und Spontaneität geprägt. Beispielsweise ließ Detlev Glanert aus der unvorhersehbaren Probendynamik mit den mitwirkenden Schauspielern, Tänzern und Instrumentalisten einen Musiktheaterabend auf der Basis von Elias Canettis Schauspiel *Die Befristeten* von 1955 (2014) entstehen. Unter Aussparung des Singens geht es um das gegenseitige Reagieren zwischen gesprochenen, melodramatischen und rein instrumentalen Passagen.

Viel Gesang bestimmen dagegen Péter Eötvös' Opern nach Anton Tschechow (1998), *Le Balcon* nach dem Schauspiel von Jean Genet (2002), *Angels in America* nach dem gleichnamigen Schauspiel von Tony Kushner (2004) sowie *Love And Other Demons* nach dem Roman von Gabriel García Márquez (2008). Zu nennen sind in diesem Zusammenhang auch *The Tempest* von Thomas Adès (2004) oder *Mac Beth* (2002) von Salvatore Sciarrino, der das dichte, metaphernreiche Libretto zu seiner Oper *Luci mie Traditrici* (*Die tödliche Blume*, 1998) unter Verwendung von *Il tradimento per l'onore* (1664) des Dramatikers Giacinto Andrea Cicognini selbst schrieb. Ähnliches gilt für Emmanuel Nunes' *Das Märchen* nach Goethe (2007) oder Oliver Rudlands *Pincher Martin* nach William Golding (2014).

Neben dramatischen und erzählenden Vorlagen kann der literarische Opernanteil auch lyrisch sein. Für das Libretto in einem Akt *Da Gelo a Gelo* (*Kälte*, 2006) hat Sciarrino dem Tagebuch der japanischen Dichterin Izumi Shikibu 65 Gedichte aus dem Jahr 1002–1003 entnommen, die in der Aufführung gesprochen werden. Die sparsame, aber farbenreiche Instrumentierung entspricht der fragmentierten Sprache und ermöglicht eine Begegnung mit dem Fremden, wobei sich der historische Abstand zur Entstehungszeit der Gedichte in einer an mittelalterlichen Gesängen orientierten Melodieführung spiegelt: punktierte Verläufe und liegende Töne, die sich dann in kurze, rasche Bewegungen auflösen.

Durch eine wechselseitige Befruchtung von Musik und Lyrik stellt die assoziative Szenenfolge *Wasser* (2012), parallel entwickelt von dem Komponisten Arnulf Herrmann und dem Lyriker Nico Bleutge, die Musikalität der Sprache aus. Während in Literaturcollagen häufig der Gedankenanstoß im Vordergrund steht, verbinden sich hier Sprachklang und -rhythmus mit der Musik.

Die Kombination kurzer lyrischer Texte führt zu Formen zwischen der Collage und der Literaturoper, die mehrere Texte eines Autors kombinieren wie Elena Mendozas und Matthias Rebstocks *La ciudad de las mentiras* über Texte von Juan Carlos Onetti (2013). Zu dieser Zwischenform zählt auch *Hoffmann* (2013) von Anne Champert und Jakop Ahlbom. Die Handlung beginnt mit einer Choreographie von Männern, die sich den Vergnügungen auf einem Rummel hingeben. Da wird gezecht, getanzt und gesungen. Nach einer Runde im Autoscooter sammeln sich alle am Schießbudenstand, der mit bunten Papierrosen lockt. Auf der Ablage des Standes liegen die Preise. Es sind Puppen, mit denen der Schießbudenbesitzer allerlei obszöne und unterhaltsame Gesten vorführt – eine Art Kasperlespiel zum Einstieg, bevor die Herren zu schießen beginnen. Als Gewinne gibt es zuerst ein kleines Püppchen, dann ein riesiges rosa Plüschschwein und schließlich eine große Puppe, die sogar stehen kann. Der sie gewonnen hat, wird von allen beneidet, denn mit einer menschenähnlichen Puppe lässt sich einiges anstellen. Das Röckchen der Figur wird zurechtgezupft, ihre Arme umgebogen und der Gewinner kann sich mit ihr sehen lassen. Die Puppe kann sogar einige Schritte machen, wirkt nahezu lebendig, ist also ein idealer Gewinn für die Projektionen der Männer, die sich an ihrem automatischen und zugleich grazilen Gang erfreuen. Hoffmann verliebt sich in sie, ohne den Automatismus seiner unwillkürlichen Gefühle zu bemerken, und ohne zu bemerken, wie leblos das Objekt seiner Begierde ist. Die Parallele zu der Automatenpuppe Olimpia aus E. T. A. Hoffmanns Erzählung *Der Sandmann* ist dem Publikum aus Offenbachs Oper *Les Contes d'Hoffmann* bekannt, über deren Melodien und musikalische Einfälle hier frei verfügt wird, indem Champert die musikalische Vorlage als Steinbruch oder *objet trouvé* behandelt. Beeinflusst von dramaturgischen Impulsen wird im Probenprozess eine ganz neue Version für nur drei Sänger, vier Instrumentalisten und Chor erstellt. So wie in den vergangenen Jahrhunderten literarische Werke zu Libretti verarbeitet wurden, entsteht hier die Partitur, wobei sich eine aus der strukturalistischen und poststrukturalistischen Literaturtheorie kommende Haltung überträgt, welche die vorliegenden Werke in ihre Mosaiksteine zerlegt und für neue Bedeutungen öffnet.

Verarbeitet das dem französischen Libretto zugrundeliegende Theaterstück bereits Einflüsse aus Hoffmanns Erzählungen vom *Sandmann*, vom *verlorenen*

Spiegelbilde, von *Rat Crespel, Johannes Kreisler* und *Klein Zaches* (Hadlock 2000, Brandstetter 1988), so ist die Neukomposition mehr noch als einfallsreiche Offenbach-Inszenierungen auf ein Weiterschreiben der literarischen Vorlagen ausgerichtet. Ein Überraschungseffekt von Ahlboms Inszenierung des Stoffes liegt darin, dass dem Zuschauer mit zunehmender selbstständiger Beweglichkeit der Puppe im kurzen gelben Kleid ganz allmählich bewusst wird, dass diese Puppe tatsächlich lebt. Der unheimliche Effekt erinnert an die leblosen Frauen und sehnsüchtigen Automatenaugen in Hoffmanns *Sandmann*, schafft aber auch eine Verbindung mit der Ästhetik des Unheimlichen, Subtilen bei David Lynch. Auch die makabren Puppenbeine, die einzeln an den Ecken der Schießbudenmarkise baumeln, haben ihre Vorbilder in Lynchs bizarren, subtil bedrohlichen Traumwelten, während surrealistisch überdimensionale Augäpfel auf Nathanaels Feuerfantasie rekurrieren.

Der Einfall, alle Lieben Hoffmanns zu einer großen unglücklichen Liebe verschmelzen zu lassen, wird hier umgekehrt in die Vervielfachung seiner austauschbaren Frauen. Kaum scheint die hübsche, gelbe Puppe ihre Lebendigkeit singend unter Beweis zu stellen, tritt ein beinahe identisches Mädchen mit mechanischen Bewegungen auf die Bühne und es wird deutlich, dass es diese zweite Frau ist, die singt. Im Spiel der Puppen um und mit Hoffmann kritisiert die literarische Motivik des Wahns, der Doppelgänger, Masken und Spiegelbilder die Wunschvorstellung von einer möglichst passiven, puppenhaften Frau. Das Automatenmotiv dient bereits im *Sandmann* zur Parodie des künstlichen Operngesangs (Olimpia trug „eine Bravourarie mit heller, beinahe schneidender Glasglockenstimme vor. Nathanael war ganz entzückt"; Hoffmann SW 3, 38). Hier werden der Glanz und die Künstlichkeit der stimmlichen Virtuosität durch eine automatenhaft komponierte und interpretierte Arie kommentiert.

Andere Varianten der zeitgenössischen Oper, die vom Stoff eines literarischen Werkes bestimmt sind, kommen ganz ohne Text aus, wie Helmut Lachenmanns *Das Mädchen mit den Schwefelhölzern* (1997) oder wie Michael Hirschs fünfteilige, freie musikdramatische Reaktion auf die Lektüre eines Textes von Franz Kafka mit dem Titel *Beschreibung eines Kampfes* (EA 1991). Im szenischen Konzert *Nicht Ich – Über das Marionettentheater von Kleist* (2012), das die Komponistin Isabel Mundry in Zusammenarbeit mit dem Choreografen und Tänzer Jörg Weinöhl entwickelt hat, erklingt Kleists Essay aus dem Off. Der Text über das Ringen um die Kunst als Ausdruck von Perfektion bietet das philosophische Grundgerüst der abstrakten Klangcollage und des körperlichen Ausdrucks. Ebenfalls mit Tanz, aber auch Musik, Literatur, Schauspiel und Video arbeiten Thomas Ostermaier und Maja Zade in *Tod in Venedig/Kindertotenlieder* mit Kompositionen von Timo Kreuser (2013). Eingangs wird der Entstehungsprozess aus der Lektüre angedeutet, indem aus der Erzählung vorgelesen wird, während sich die Tänzer auf der

Bühne aufwärmen und die Schauspieler geschminkt werden. Die Inszenierung kommentiert den Montagecharakter von Thomas Manns Text, indem die isolierte Phaidros-Passage die Bühnenhandlung unterbricht und damit die Eigenständigkeit der ästhetischen und philosophischen Abhandlungen innerhalb der Geschehnisse zwischen Aschenbach, Tadzio und der Cholera hervorhebt. Die literarische Komplexität wird ebenso ausgestellt wie die Musikalität des romantischen und nietzscheanisch dionysischen Stoffes um Italien, Einsamkeit, Rausch, Begehren und Tod. In einer besonders rhythmischen Szene der Inszenierung stoppt die Lesung plötzlich, das Lachen der italienischen Familie wird kurz eingeblendet, und dann beginnt das Klavier mit Neuer Musik.

Schließlich ist Elfriede Jelinek zu erwähnen, deren fünf bisherige Operntexte alle auf literarischen, filmischen oder musikalischen Vorlagen basieren und sich ironisch auf das Formenrepertoire und Gefühlsarsenal der Libretto-Tradition beziehen (vgl. Janke 2013, 231–232). Den Text des Tanztheaters *Der Tod und das Mädchen II* (2000) bearbeitete Jelinek für ihren gleichnamigen Dramenzyklus, der drei Jahre später erschien. Während die Libretti *Bählamms Fest* (1999) und *Der tausendjährige Posten* (2012) durch ihren Inhaltsreichtum und ihre komplexe Zeitkritik auffallen, sind in Jelineks Zusammenarbeit mit der Komponistin Olga Neuwirth Film und Video wesentlich (vgl. u. a. Hochradl 2010). Im Zuge der Verarbeitung von David Lynchs Film *Lost Highway* zur Oper (2003) sei die Musik, so Jelinek, „das einzige", was „man einem so verrückten und alogischen Stoff noch entgegensetzen kann" (Sichrovsky 2003).

3. Strukturelle Orientierung an der literarischen Form

In Jelineks *Lost Highway* bildet eine anti-narrative Erzählweise die strukturelle Vorlage der Inszenierungen. Auch für andere Literaturopern sind narrative Besonderheiten formgebend. Es kommt zu einer Orientierung des Musiktheaters an der literarischen Form. So sind die Spiel- und Improvisieranleitungen der *Räuber-Fragmente* (2011) von Michel Roth an der narratologischen und semantischen Offenheit von Robert Walsers Roman orientiert. Das Ineinander von Autor und Erzähler, Fakt und Fiktion oder Zufall und Komposition wird durch Spielregeln spontaner Interaktionen imitiert. Freie Improvisation ist einkomponiert und Komponiertes wird improvisatorisch interpretiert. Der Solist, quasi der Räuber, klaut sich sein Material spontan aus den auskomponierten Parts der anderen Musiker (Gitarre, Saxophon und Kontrabass) und wird dafür von den übrigen Beteiligten mit Walser'schen Invektiven beschimpft. Ein anderes Beispiel ist Sciarrinos Oper *La porta della legge* (2009), in der er die Szene der Begegnung zwischen dem Türhüter und dem Einlasssuchenden aus Kafkas *Vor dem Gesetz* wiederholen und mit Variationen in Besetzung, Musik, Text und Szene ein drittes Mal beginnen lässt. Die Interpretation der Parabel als kreisender Monolog sinnlosen Wartens und Kafkas spezifische Schreibweise bilden die Grundlage der Komposition mit dem Untertitel *quasi un monologo circulare*, deren Stil an permanente Repetitionen in der *minimal music* erinnert.

In der performativen Installation *Stifters Dinge* (2007) macht Heiner Goebbels die Poetik des österreichischen Schriftstellers zum ästhetischen Programm. Eine große Maschine, bestehend aus fünf offenen Klavieren, Rohren, Baumstämmen, Computern ohne Hüllen, (davor drei große Flächen voller Wasser nebst Kanistern, Zahnradbahnen, Lautsprechern) bringt sich, einmal angestoßen, selbst in Bewegung, zum Tönen und Scheppern. Wie die Figuren in Stifters Erzählung *Die Mappe meines Urgroßvaters*, die zu Beginn zu hören ist, sehen die Teilnehmer der Performance kahle Äste, dunkle Öffnungen, weißes Eis, wie Sand gestreut, hören wiederholt den Klang eines dumpfen Falls und schließlich ein sehr seltsames Geräusch. Auf den Schall folgt die Stille, dann ein schwaches, sonderbares Rauschen – etwas Unbestimmtes. Romantische, realistische und phänomenologische Züge der Naturbeschreibungen Stifters, seine Konzentration auf das Hör- und Sichtbare und die poetische Verwandlung der Dinge in rätselhafte, teils in ihrer Schönheit bemerkenswerte Phänomene werden hier imitiert. Die scheinbar selbstständig agierende Musiktheatermaschine ist wie Stifters Poetik durch einen Mangel an Menschen, Emotionen und zwischenmenschlichen Dynamiken gekennzeichnet. Die Dinge im Bühnenraum sind mechanische Illusionen von Schnee, Regen, Seen und Bäumen. Doch die technische Erzeugung einer Regenakustik bewegt sich auf einer vergleichbaren Stufe der Ästhetisierung wie eine literarische Regenbeschreibung und reflektiert auf diese Weise das Verhältnis des Technischen, Kulturellen und Ästhetischen zu dem, was hier als Natur imaginiert wird. Die Äste auf der Bühne sind nicht künstlicher als Bäume in der Literatur oder auf einem Waldbild niederländischer Landschaftsmalerei von van Ruisdael, das im Verlauf der Performance durch Lichteffekte verändert und zum Teil des modernen Spiels mit den Farben und Formen wird.

Unterscheidet der Prozesscharakter der performativen Ästhetik, der mit einer größeren Flüchtigkeit und eingeschränkten Wiederholbarkeit verbunden ist, das zeitgenössische Musiktheater von den meisten literarischen Werken, so markieren *Stifters Dinge* eine Wende. Denn das programmierte Eigenleben der Maschine garantiert die Wiederholbarkeit der musiktheatralen Aufführung und nähert sie in dieser formalen Hinsicht wieder den ausformulierten literarischen Texten an, auf deren Entstehungsprozess am Ende der Inszenierung durch die Projektion von Stifters Handschrift verwiesen wird.

4. Forschungsperspektiven

Zum zeitgenössischen Musiktheater gibt es abgesehen von einigen hier zum Teil erwähnten Einzelstudien auffallend wenig Forschung. Begriffe und Ordnungen der häufig experimentellen Formen des Musiktheaters müssen erst gefunden und systematisch verfolgt werden. Dabei bringen die inszenierten Kunstereignisse laufend neue ästhetische Formen und Texte sowie neue Interpretationen literarischer Werke hervor. Zu erforschen sind besonders die Wechselwirkungen der theatralen Medienkombinationen mit der Entstehung literarischer Texte. Collagenhafte und konzeptuelle Verbindungen von Musik und Literatur kreieren und präsentieren Variationen im Verhältnis von Musik und Sprache. Um mit den jeweiligen Aufführungen und Inszenierungen arbeiten zu können, sind deren Erlebnis und deren Beschreibung sowie häufig ein interdisziplinärer Zugriff nötig. Eingehende Analysen zeitgenössischer Musiktheater-Experimente lohnen sich sowohl aus literatur- als auch aus musik-, theater- oder kulturwissenschaftlicher Perspektive.

In ihrer Aktualität spiegeln und kommentieren die Musiktheaterarbeiten technische, mediale, soziale und politische Entwicklungen der Gegenwart. Bei der Entwicklung ästhetischer Ausdrucksformen im Spannungsfeld von Semantik, Rhythmus und Klang der Aufführungen gehen traditionelle und innovative Anteile kreative Verbindungen ein, deren Beschreibung auch über die Auseinandersetzung mit den ästhetischen Formen hinaus zu weitreichenden kulturanalytischen Ergebnissen führen kann. Dies betrifft die Bereiche der Mehrsprachigkeit, der kulturellen Diversität sowie gesellschaftspolitisch aktuelle Themen wie Gentechnik, Anonymität oder den Umgang mit Krankheit, Tod und Trauer. Im Zeitalter der Medialisierung bilden die Theatersituationen in ihrer Unmittelbarkeit und Intensität der Atmosphären und Wahrnehmungsangebote produktive Gegengewichte mit hohem Wirkungspotential, nicht ohne dabei auch die neuen Medien auf Leinwänden, Bildschirmen und Tablets zu integrieren.

Literatur

Fischer-Lichte, Erika. *Ästhetik des Performativen*. Frankfurt am Main: Suhrkamp, 2004.
Hagmann, Peter. „Schönheit der Abstraktion. Salvatore Sciarrinos neue Oper ‚Da gelo a gelo' in Schwetzingen". *Neue Zürcher Zeitung* (24. Mai 2006): 44. http://www.nzz.ch/aktuell/startseite/articleE5D7W-1.34665 (2. Januar 2014).
Hartmann, Dorothea und Anne Oppermann. „Doppelbelichtungen. Interview mit Anne Champert". *Tischlerei-Zeitung, Deutsche Oper Berlin* (September 2013): 8–11.

Häsner, Bernd, Henning S. Hufnagel, Irmgard Maassen und Anita Traninger. „Text und Performativität". *Theorien des Performativen. Sprache – Wissen – Praxis*. Hrsg. v. Klaus Hempfer. Bielefeld: transcript, 2011. 69–96.
Hochradl, Karin. *Olga Neuwirths und Elfriede Jelineks gemeinsames Musiktheaterschaffen: Ästhetik, Libretto, Analyse, Rezeption*. Bern: Peter Lang, 2010.
Hoffmann, E. T. A. „Der Sandmann" [1816]. *Sämtliche Werke 3: Nachtstücke, Klein Zaches, Prinzessin Brambilla. Werke 1816–1820* (=SW 3). Hrsg. von Hartmut Steinecke, unter Mitarbeit von Gerhard Allroggen. Frankfurt am Main: Deutscher Klassiker Verlag, 1985. 11–49.
Janke, Pia (Hrsg.). *Jelinek-Handbuch*. Stuttgart: Metzler, 2013.
Kayser, Sibylle. *Wenn man nicht mehr weiß, was man macht, oder: Der Reiz der Unsicherheit. Interview mit dem Schweizer Komponisten Michel Roth*. Ricordi 2011. http://www.ricordi.de/roth-interview-2011.0.html (2. Januar 2014).
Nauck, Gisela. „Weder Musik noch Theater. Michael Hirschs Musiktheaterprojekt Beschreibung eines Kampfes". *Positionen. Beiträge zur neuen Musik* 14 (1993): 14–18.
Rebstock, Matthias und David Roesner (Hrsg.). *Composed Theatre, Aesthetics, Practices, Processes*. Bristol und Chicago: Intellect, 2012.
Reinighaus, Frieder (Hrsg.). *Experimentelles Musik- und Tanztheater*. Laaber: Laaber, 2004. 207–210.
Risi, Clemens und Robert Sollich. „Musik". *Metzler-Lexikon Theatertheorie*. Hrsg. von Erika Fischer-Lichte. Stuttgart: Metzler, 2005. 209–214.
Rodatz, Christoph: „The Reduction of Action in Exhibition and Theatre Spaces. A Case Study of ‚Stifters Dinge'". *Experience Space – Spacing Experience*. Trier: Wissenschaftlicher Verlag Trier, 2014. 231–239.
Roesner, David. *Theater als Musik: Verfahren der Musikalisierung in chorischen Theaterformen bei Christoph Marthaler, Einar Schleef und Robert Wilson*. Tübingen: Narr, 2003.
Salzmann, Eric und Thomas Desie (Hrsg.). *The New Music Theatre*. Oxford: Oxford University Press, 2008.
Seel, Martin. „Über die Reichweite ästhetischer Erfahrung". *Ästhetische Erfahrung im Zeichen der Entgrenzung der Künste*. Hrsg. von Gert Mattenklott. Sonderheft der Zeitschrift für Ästhetik und Allgemeine Kunstwissenschaft (2004): 73–81.
Sichrovsky, Heinz. „Alptraumklang, Mordgedanken. Elfriede Jelinek und Olga Neuwirth bringen in Graz einen alptraumhaften Opern-Thriller heraus". *News* 43 (23. Oktober 2003): 116.
Velten, Hans Rudolf. „Performativitätsforschung". *Methodengeschichte der Germanistik*. Hrsg. von Jost Schneider. Berlin: De Gruyter, 2009. 549–572.

IV. Glossar

Acoustic turn → III.19 SCHWEIGHAUSER

Affekt/Emotion → III.7 TORRA-MATTENKLOTT

Akzent – Ein Akzent (von lat. *accentus, ad + canere, accinere,* ‚Zugesang', das ‚Beitönen', als Übersetzung von griech. *προσῳδία* → PROSODIE) bezeichnet das Betonen eines Wortes (bzw. einer Silbe), eines Tones oder Klanges durch das Verstärken von exspiratorischem (Sprach-)Druck (Lautstärke), Tonhöhe oder Tonlänge; dementsprechend spricht man von Druckakzent, melodischem oder agogischem Akzent. In den germanischen und romanischen Sprachen herrscht eher der Druckakzent vor, in anderen der melodische (wobei hier, wie etwa im Chinesischen, auch verschiedene Bedeutungen entstehen können). In den meisten Sprachen werden die (Betonungs-)Akzente nicht geschrieben, die sogenannten ‚Akzente' sind hier vor allem diakritische Zeichen. Im Griechischen bezeichneten die (geschriebenen) Akzente Akut (*ὀξεῖα*), Gravis (*βαρεῖα*) und Circumflex (*περισπωμένη*) zunächst einen Hochton (bzw. steigenden Sprachklang), Tiefton (bzw. fallenden Klang) sowie eine Abfolge von Hochton und Tiefton (bzw. geschleiftem Ton), ehe sie (im Lateinischen dann endgültig) zu Druck- oder agogischen Akzenten wurden. In der lateinischen liturgischen Vokalmusik erhielten aber die betonten Silben nach wie vor primär höhere Töne (Psalmtöne, Lektionstöne, noch 1563 bei L. Lossius als an Luther anschließender *accentus ecclesiasticus*), ein Prinzip, das später vor allem auch die Rezitative sowie andere → DEKLAMATORISCH gestaltete Musik (auch Instrumentalmusik) prägte. Im übrigen gab es frühe ‚Akzentschriften', antike und lateinische Vorläufer der Notenschrift, die die beim Vortrag sakraler Texte gebrauchten melodischen Figuren bezeichneten.

Bei in Versen abgefassten Dichtungen ist in Sprachen, die dem quantitierenden Versprinzip folgen, der Versakzent (*ictus*, Schlag) von dem natürlichen (grammatikalischen) Sprachakzent unabhängig, da er von der Quantität der Vokale bestimmt wird. Dadurch wird das jeweilige Versmaß entscheidend, das auch die (den sechs literarischen Grundmetren verpflichtete) mittelalterliche Modalmusik beherrschte, bis sich in der Mensuralmusik und schließlich in der in Takte gegossenen Musik regelmäßige Akzentuierungen ergaben. Für außergewöhnliche oder spezielle Akzentgebungen wurden eigene Zeichen entwickelt. Angesichts des Deutschen als Akzentsprache unterschied J. G. Sulzer 1792 für den Vortrag der ‚redenden Künste' (nur) zwischen grammatischem, oratorischem (den Sinn hervorhebendem) und pathetischem (emotional gesteigertem, interpretatorisch charakterisierendem) Akzent, wobei er die Begriffe sinngemäß auch für die Musik und den Tanz anwandte.

‚Akzent' nennt man schließlich eine (meist geographisch oder kulturell bedingte) Sprach-Färbung, die klangliche oder phonetische Aussprache- bzw. Betonungsgewohnheiten der primär gesprochenen (Erst-)Sprache auf eine andere (Fremdsprache) überträgt. Auch das Übertragen von regionalen Färbungen auf die Hochsprache wird als Akzent bezeichnet. (Hartmut Krones)

Aufführung → PERFORMANCE, PERFORMATIVITÄT

Chor – griech. *chorós* bezeichnete ursprünglich einen für kultische Tänze hergerichteten Platz; der Begriff wurde dann auf die Gruppe der Tanzenden und ihren Gesang übertragen. Chöre waren ein wesentlicher Bestandteil der griechischen Festkultur. Bei den Großen Dionysien Athens im 5. Jahrhundert v. Chr. traten jedes Jahr mehr als 1000 Bürger als Chorsänger und -tänzer auf. Die griechische Chorlyrik geht zurück auf Kultlieder zu Ehren bestimmter Götter (Apollo, Dionysos) und wird bei Dichtern wie Alkman und Pindar zu einer hochrepräsentativen Gesellschaftskunst: Chöre verliehen Festen verschiedener Art – Hochzeiten, Siegesfeiern – erst ihren eigentlichen, den Alltag transzendierenden Glanz. In der attischen Tragödie ist der Chor die Instanz der Öffentlichkeit *im* Spiel. Er bleibt während des ganzen Stücks auf seinem Tanzplatz, der Orchestra, präsent und vermittelt als teilnehmender Beobachter zwischen dem Bühnengeschehen und dem Publikum. – Die christliche Ächtung des Tanzes führte zum neuen Verständnis von Chor als reiner Gesangsdarbietung, zunächst der ganzen Gemeinde, dann besonderer Sängergruppen, die dann auch in einem eigenen, ebenfalls ‚chorus' genannten Platz im Kirchenraum aufgestellt wurden. Einen bewegten, prozessionsartig schreitenden Theaterchor gab es hingegen im Geistlichen Spiel des Mittelalters. In der Neuzeit kommt es zu einer immer deutlicheren Trennung von Musik- und Sprechtheater. Trotz wiederholter Restitutionsversuche verschwand der Chor aus dem reinen Wortdrama, selbst da, wo antike Vorbilder zugrunde lagen (z. B. Goethe: *Iphigenie auf Tauris*). Im Musiktheater entwickelten sich dagegen aus der Oper moderne Formen wie das Musical, das zumindest in der Präsentation eines singenden und erregt tanzenden Chors dem antiken Schauspiel nahe kommt. (Manfred Koch)

Dada – auch Dadaismus, durch Hugo Ball, Hans Arp und andere 1916 in Zürich begründete, später internationale Kunstbewegung, deren elementares Ziel die Durchbrechung künstlerischer Konventionen war. Schon die Selbstbezeichnung „Dada", deren Bedeutung sich in der materiellen Lautkombination erschöpft, die ganz auf der Objektebene verweilt, nimmt auf diese Zielsetzung Bezug. Neben der

Literatur fand die dadaistische Strömung auch Ausformungen in der bildenden Kunst und Performance (→ INTERMEDIALITÄT; Tanz, Lautdichtung → KONKRETE POESIE) und entwickelte ein heterogenes, schwer zu definierendes Programm. Dada negierte nicht nur bestehende Traditionen, sondern im gleichen Zug auch immer wieder sich selbst. Die Konzentration auf die → MATERIALITÄT der Sprache, die Ausschöpfung insbesondere akustischer Möglichkeiten ohne Rücksicht auf Semantik und die sinnlich orientierte Unmittelbarkeit verunmöglichten die Bildung eines deutlich umrissenen programmatischen Konsensus; dennoch hatte Dada großen Einfluss auf die Kunstszene und ebnete den Weg für andere Strömungen wie z. B. den Surrealismus oder die → KONKRETE POESIE. Beispielhaft für die Fokussierung auf die Objektebene und die Gewichtung der → ONOMATOPOETIK ist Hugo Balls intermediales Lautgedicht *Karawane*, welches auf der Performance-Ebene unter Einbezug eines kubistisch anmutenden Kostüms und Tänzerinnen sowie unter Begleitung unterschiedlicher Instrumente verschiedene Kunstformen kombiniert. (Anne-Sophie Heer)

Deklamation → III.10 DUPREE

Ekphrasis – gr. *ek*: aus; gr. *phrázein*: sagen, sprechen, erklären; pl. *Ekphraseis*, die verbale (v. a. literarische) Repräsentation einer visuellen Repräsentation. Ursprünglich ein Begriff der antiken Rhetorik für die detaillierte Beschreibung eines Gegenstandes (paradigmatisch in der homerischen Beschreibung des Achilles-Schildes in der *Ilias*), erfuhr ‚Ekphrasis' in der zweiten Hälfte des 20. Jahrhunderts eine Bedeutungseinengung und wurde für die literaturwissenschaftliche Analyse fruchtbar gemacht. Für die heute vorherrschende Begriffsverwendung waren die Arbeiten u. a. von James Heffernan und W. J. T. Mitchell prägend. Als ein Phänomen der → INTERMEDIALITÄT grenzt sich die Ekphrasis ab von Ikonizität (formale Imitation) und Piktorialismus, der Erzeugung bildlicher Effekte durch literarische Techniken wie Fokussierung und Rahmung. Im Kontext der Visual Culture Studies wurde zudem die ideologische Dimension der literarischen Repräsentation bildender Kunst untersucht und eine profunde Ambivalenz gegenüber dem Ikonischen diagnostiziert. Ekphrastische Beschreibungen setzen zwar eine grundsätzliche Vereinbarkeit von Wort und Bild voraus; doch wird stets ein hierarchisches Verhältnis zwischen verschiedenen Künsten ausgehandelt. Theoretiker des sich auf diese Weise manifestierenden Wort-Bild-Verhältnisses positionieren sich meist zwischen der horazischen *Ut-pictura-poesis-Tradition* und Lessings strikter Trennung von Poesie und Malerei (→ LAOKOON-DEBATTE/PARAGONE).

In Anlehnung an diese in der Literaturwissenschaft dominante, sich auf eine Wort-Bild-Relation beziehende Verwendung des Ekphrasis-Begriffs wurde ein Begriff der ‚musikalischen Ekphrasis' geprägt, der die verbale (v. a. literarische) Repräsentation musikalischer Werke bezeichnet. Obwohl sich der auf diese Weise definierte Terminus stark mit dem von Steven Paul Scher geprägten Begriff der ‚verbal music' überschneidet, erweist sich die Übertragung des Ekphrasis-Begriffs auf Wort-Musik-Relationen als gewinnbringend. So setzt ein Konzept der musikalischen Ekphrasis diese Relationen nicht nur diachron in Verbindung zu einer langen Tradition des Beschreibens nonverbaler Zeichen und Kunstwerke, sondern auch zu synchron auftretenden intermedialen Phänomenen zwischen anderen Kunstformen. Folglich erweitert sich das über ekphrastische Beschreibungen verhandelte Verhältnis zweier Künste zu einem multidirektionalen Beziehungsgeflecht zwischen Literatur, Musik und bildender Kunst vor dem Hintergrund historischer Kunstvergleiche (→ PARAGONE). Fragen nach Differenzen zwischen den Künsten und nach deren Komplementärfunktionen lassen sich dadurch nicht mehr durch vereinfachende Dualismen wie die Unterscheidung zwischen räumlichen und zeitlichen Künsten beantworten. Berühmte Beispiele für musikalische Ekphrasis finden sich in E. T. A. Hoffmanns *Ritter Gluck*, E. M. Forsters *Howards End* und Thomas Manns *Doktor Faustus*. (Elisabeth Reichel)

Erzählung – Begriff zur Beschreibung des Untersuchungsgegenstandes der Narratologie. Die Definitionen variieren. Im engen Sinn ist Erzählung ein gattungstheoretischer Obergriff für literarische Texte, die reale oder fiktive Vorgänge durch eine Erzählinstanz vermitteln. Einer weiteren Auffassung zufolge umfasst Erzählung ein transgenerisches und interdisziplinäres Untersuchungsfeld, das fiktionale und faktuale, mündliche und schriftliche Texte genauso einschließt wie andere Medien (Film, Tanz und Pantomime). Während gemäß dieser weiten Definition Musikgattungen, welche die Wortsprache einbeziehen (→ LIED, Oper, → PROGRAMMMUSIK), ebenfalls ein erzählerisches Potenzial aufweisen, wird die Erzählfähigkeit autonomer Musik (Instrumentalmusik) kontrovers beurteilt; gleichzeitig bildet diese Debatte seit ca. 2000 ein bevorzugtes Gebiet der musikalisch-literarischen Intermedialitätsforschung. Ein Konsens über narrative Elemente autonomer Musik hat sich bislang nicht ausgebildet. Jedoch stehen aufgrund der semiotischen Eigenschaften der Musik Aspekte der *Discours*-Narratologie im Vordergrund. Umgekehrt regte die Gleichzeitigkeit verschiedener Stimmen in der Musik Rückübertragungen auf Erzähltheorien literaturwissenschaftlicher Provenienz an (→ POLYPHONIE). (Silvan Moosmüller)

Freie Fantasie – Die Freie Fantasie ist ein im 18. Jahrhundert aus der improvisatorischen ‚Fantasia' entstehendes Instrumentalstück für ein Tasteninstrument, das sich auszeichnet durch Themen- und weitgehende Taktfreiheit, Freiheit von harmonischen Normen, periodischen Gliederungen und anderen herkömmlichen Formanordnungen sowie durch kontrastreiche Motiv- und Affektwechsel. Herausragender Vertreter der Freien Fantasie ist im 18. Jahrhundert Carl Philipp Emanuel Bach, der in seinem *Versuch über die wahre Art, das Clavier zu spielen* (1753/1762) der Freien Fantasie mehrere Teile widmete. Kongruent mit dem zunehmenden Interesse der zeitgenössischen Ästhetik und Poetik am Vermögen der Einbildungskraft tendiert Bach hier dazu, die Freie Fantasie als Ausdruck der ungebundenen Fantasietätigkeit des Musikers zu verstehen. Heinrich Christoph Koch definiert die Freie Fantasie in seinem *Musikalischen Lexikon* (1802) entsprechend als „das durch Töne ausgedrückte und gleichsam hingeworfene Spiel der sich ganz überlassenen Einbildungs- und Erfindungskraft des Tonkünstlers" (Sp. 554). Für literarische Texte ist die Freie Fantasie in dreierlei Hinsicht interessant. Erstens als Erzählgegenstand, wenn etwa E. T. A. Hoffmann in den *Kreisleriana* die Figur des Johannes Kreisler beschreiben lässt, wie er sich beim Hören der ‚fantastischen' Instrumentalwerke Beethovens in den Irrgängen seiner Einbildungskraft verloren habe; zweitens als Modell literarischer Formen, wenn E. T. A. Hoffmann „Fantasiestücke" (so der Untertitel der *Kreisleriana*) schreibt und sich als Vorbild für deren „Zusammendrängen heterogenster Elemente zu einem Ganzen" nicht nur auf den Zeichner Callot, sondern ebenso sehr auf die Instrumentalmusik Beethovens beruft. Dieser Übergang von der musikalischen zur literarischen Freien Fantasie wird überdies in den *Kreisleriana* selbst vorgeführt, wenn Johannes Kreisler während des Fantasierens über ein Bachthema auf einer leeren Notenseite seine Erlebnisse bei einer Teegesellschaft niederschreibt. Drittens in Bezug auf die Verwandtschaft von Freier Fantasie und Innerem Monolog, wie sie u. a. Dujardin (*Le monologue intérieur*) und Schnitzler (*Fräulein Else*) nahe legen. Bei Freier Fantasie und Innerem Monolog würde es sich dann um eine zeitlich verschobene Parallelentwicklung handeln: um unterschiedliche künstlerische Ausprägungen des meta-künstlerischen Vorgangs eines regellosen Bilderflusses der Einbildungskraft bzw. des Bewusstseins, wie er in den philosophischen/psychologischen Konzepten des 18./des späten 19. Jahrhunderts konstruiert wird (vgl. Gess 2010). (Nicola Gess)

Gesamtkunstwerk → III.15 SCHNEIDER

Geste – Obwohl der Begriff häufig synonym zu ‚Gebärde' verwendet wird, richtet er sich gegenüber dem letztgenannten Terminus eher auf eine bewusste Aktion statt auf ein unbewusstes körperliches Hervortreten innerer Stimmungen oder Emotionen. Im engeren Sinne kann er eine ausdrucksvolle Bewegung, also ein genuin physisches Moment mit semantischen oder affektiven Implikationen, wie auch im erweiterten Sinne des lateinischen *gestus* eine (nicht unbedingt wörtlich, sondern auch figurativ verstandene) Haltung bezeichnen. Dies bestimmt vor allem die Kategorie des Gestischen bei Bertolt Brecht und – im Anschluss daran – bei Walter Benjamin: Beide verbinden damit den Modus des Zeigens, des bewussten Vorführens oder gar des Zitierens einer von gesellschaftlichen Zuständen geprägten Verhaltensweise, die durch das ‚gestische' Spiel im ‚epischen Theater' der vermeintlichen Authentizität enthoben und als Nicht-Selbstverständliches, potentiell Veränderbares kenntlich gemacht werden soll. Eine Übertragung auf die Musik ist hierbei stets mitgedacht, was allein der Umstand verdeutlicht, dass es zuallererst Kurt Weill war, der das Konzept des „Gestischen" formulierte, und zwar dezidiert als kompositorische Strategie. In neuerer Theoriebildung (Giorgio Agamben) wird das Modell dahingehend weitergeführt, die Geste überhaupt nur noch als selbstbezügliche Figur des Zeigens ohne Referenz aufzufassen, während sich der Körper unter den Auspizien postdramatischer Ästhetik umgekehrt auf seine schiere Materialität zurückgeworfen und vom ‚Signifikantendienst', also von der bloßen Verweisfunktion des Gestischen entlastet sieht (Hans-Thies Lehmann). Demgegenüber beruhen ältere, anthropologische Ausdruckstheorien stets auf der Prämisse, dass der Körper durch die Geste (bzw. Gebärde) zum Medium seelischer oder psychischer → AFFEKTE avanciert, wie sich andererseits diese Affekte auch durch Körperbewegungen, die ihnen analog sind, erzeugen lassen (psychophysische Wechselwirkung; *influxus corporis/influxus animae*). In solcher Deutung als Indikatoren oder – mit Nelson Goodman gesprochen – als metaphorische Exemplifikationen emotionaler Vorgänge konnten die Gesten auf dem Gebiet der Musiktheorie und Musikästhetik auch zum Bezugspunkt für die Bestimmung des Ausdrucksgehalts ‚gestisch' konturierter Klangfolgen werden: ein Gedanke, der in semiotischen Kontexten sowie aus der Perspektive musikalischer Narratologie bis heute höchste Relevanz besitzt. (Arne Stollberg)

Hören – Als organisch basierter Sinn changiert das Hören *anthropologisch* zwischen leiblichen und seelischen, physiologischen und epistemologischen Aspekten, es wurde als Fernsinn ohne Abstand (Plessner) oder mittlerer Sinn und einigendes Band aller Sinne (Herder), vor dem Hintergrund einer zeitgenössischen Elektro- und Galvanophysiologie gar als Code der Welt (Ritter) beschrieben. Eine *Soziologie der Sinne* (Simmel) konnte die ihm eigenen Vergegenständlichungsformen als Zutrag zu elementaren Formen der Vergesellschaftung analysieren. In einer *phänomenologisch* geprägten Tradition neigt man dazu, das sphärisch konfigurierte Hören dem direktional gerichteten, Subjekt und Objekt aufspaltenden Sehen entgegenzusetzen und Partei für den akustischen als den ereignishaft partizipativen Sinn zu nehmen. Die Kritik am Visualprimat konnte sich *medien-* und *kulturgeschichtlich* am Alphabet festmachen, das das Ohr depotenziert, ferner das Denken logifiziert und die Person individualisiert haben soll (McLuhan, Ong). Allerdings rückte man schon im 17. Jahrhundert das Hören als Resonanzsinn in die Nähe zur Vernunft. Seit Duverney 1683 die Ohrenmedizin begründet hatte, stehen die Physiologie des Hörens und die Physik der Klänge im Fokus des Wissens, einflussmächtig insbesondere im 19. Jahrhundert bei Helmholtz. Mittlerweile, insbesondere seit dem Aufkommen akustischer Aufzeichnungs- und Übertragungsmedien (→ TONTRÄGER), liegt es nahe, die These vom Visualprimat zu relativieren, die höchst heterogenen Modi des Hörens als *historische Kulturtechniken* zu beschreiben und die Frage nach seinem Beitrag zur Konstitution des Kollektivs zu reaktivieren. (Uwe C. Steiner)

Imitation/Mimesis – Zu unterscheiden ist Imitation (*imitatio*, lat. Nachahmung) als Kompositionstechnik von einem allgemeinen Begriff, der innerhalb von Kunst und Ästhetik, wenngleich in der Wirkungsgeschichte nur teilweise äquivalent, doch eng mit dem Begriff der Mimesis (griech. Darstellung, Nachahmung) verknüpft ist. – Als spezifisch musikalischer Begriff bezeichnet Imitation eine seit dem 12. Jahrhundert bekannte Satztechnik in der mehrstimmigen Musik, bei der eine melodische Gestalt unterschiedlicher Ausdehnung in verhältnismäßig kurzem Abstand von einer oder mehreren anderen Stimmen nachgeahmt wird. Gioseffo Zarlino legte im 16. Jahrhundert die Grundlage für einen engeren Imitationsbegriff, der im 18. Jahrhundert mit Rücksicht auf das Kriterium der Ungebundenheit als ‚freie Imitation' gegen die strengeren Satzarten Kanon und Fuge abgegrenzt wurde. – Als allgemein kunstphilosophisches Paradigma weist Imitation/Mimesis seit der Antike ein breites Bedeutungsspektrum auf und kann sowohl den Prozess des Hervorbringens als auch die verschiedenen ästhetischen Darstellungsformen bezeichnen, durch die der Künstler sein Verhältnis zur Welt und zu den ihm vorausliegenden ästhetischen Mustern bestimmt. Bezogen auf Literatur betont ‚Mimesis' als Gegenbegriff zu ‚Poiesis' die Fähigkeit zur Nachahmung einer vorkünstlerischen, außerliterarischen Wirklichkeit. In der Musiktheorie ist das Paradigma der Nachahmung vorwiegend in der Affekten- und Figurenlehre (→ AFFEKT/EMOTION) sowie der Tonmalerei einschlägig. (Silvan Moosmüller)

Improvisation – (lat. *improvisus*, ‚unvorhergesehen'): Formbegriff für nicht auf festgelegten kompositorischen Abläufen und schriftlichen → NOTATIONEN basierende (primär) musikalische, im weiteren Sinne auch rhetorische Darbietungen respektive Handlungen (vgl. Sandro Zanetti (Hrsg.): *Improvisation und Invention*, Zürich und Berlin 2014). Umgangssprachlich hingegen bezeichnet Improvisation eine noch weiter gefasste Tugend des pragmatischen Behelfs: Wenn vorab konzipierte Handlungsabläufe oder Strategien nicht mehr greifen (z. B. für eine Zubereitung nach Kochrezept eine bestimmte Zutat fehlt), ist man gezwungen, zu

‚improvisieren'. Gemeinsame semantische Basis des Begriffsverständnisses von Improvisation ist die spontane, dem Augenblick und der Situation angemessene, wenngleich außerhalb bestehender Muster oder Konventionen sich bewegende Handlungsweise.

In der musikalischen Tradition hat Improvisation bereits seit der Barockmusik einen systematischen, sogar formbegründenden Stellenwert; improvisationsartiges Spiel ist konstitutiv etwa für die ungebundenen Verlaufsformen von Toccata, → FANTASIE und diversen Verzierungsarten. Nur teilweise aber obliegt deren Ausführung dem gestalterischen Ermessen der Interpreten (→ INTERPRETATION), teilweise sind auch improvisiert anmutende Partien vorab auskomponiert und festgelegt. In der Instrumentalmusik der Klassik nimmt die für das Soloinstrument (v. a. am Ende des Sonatenhauptsatzes) vorgesehene Kadenz, die als Vorbereitung des Satzschlusses ihrerseits aus der frühneuzeitlichen Lehre der Formalklauseln entstanden war, die Stelle eines das geschlossene Artefakt öffnenden ‚Fensters' der Improvisation ein. Aufführende Interpreten konnten durch die eigenständige, originelle Ausgestaltung dieser Kadenz sowohl ihre spieltechnische Virtuosität wie ihre gegenüber den Komponisten kongeniale musikalische Kreativität unter Beweis stellen. Die Wirkung mustergültiger Kadenzen unterlag jedoch dann selbst wiederum den reintegrierenden Prozessen der Notation und Kanonisierung.

E. T. A. Hoffmann und andere romantische Autoren sahen in der Figur des improvisierenden Musikers den Prototyp des von genialem Schaffensgeist erfüllten, aber deshalb zugleich potentiell dem Wahnsinn nahen Künstlers schlechthin. In Parallele zum spätromantischen Paradigma musikalisch-artistischer Virtuosität etabliert sich auch in der literarischen Prosa ein auf lebendige Performanz setzendes Rollenverständnis des rhetorischen Improvisators (u. a. Hans Christian Andersen, Gabriele d'Annunzio), an das in der Moderne auch Figurenmodelle des Lebenskünstlers oder Hochstaplers (wie Thomas Manns Felix Krull) anschließen.

Eine besondere, für Aufführungsgestus und Zusammenspiel prägende Rolle gewinnt die Improvisation in der Jazz-Musik. Innerhalb eines gewissen Grundgerüsts harmonisch-rhythmischer Abläufe besitzen die Solisten/Interpreten einen erheblichen individuellen und situativen Gestaltungsspielraum; hierdurch wird die traditionelle Trennung zwischen verfassenden Musikern (Komponisten) und reproduzierenden Aufführungskünstlern (Interpreten) tendenziell aufgelöst. Im Solo-Spiel des Jazzpianisten Keith Jarrett (*1945) seit Anfang der 1970er Jahre kristallisiert sich der Gestus des freien Improvisierens zu einer selbständigen konzertanten Form der induktiven, fortlaufenden Bearbeitung musikalischer Materialelemente mithilfe von ostinatohaften Verkettungen. Eine vergleichbar induktive Rhetorik des wie improvisiert vorangehenden Schreibens kennzeichnet die aus der → WIEDERHOLUNG und → VARIATION phraseologischen Materials gespeiste Erzählweise zahlreicher Romane des Schriftstellers Thomas Bernhard (1931–1989). (Alexander Honold)

Intermedialität – (lat. *inter*: zwischen; lat. *medius*: vermittelnd, Mittler) Begriff, der Anfang der 1980er Jahre in literaturwissenschaftliche Diskurse eingeführt wurde und in seiner weitesten Bedeutung die Überschreitung konventioneller Mediengrenzen bezeichnet. Im engeren Sinne beschreibt I. die Teilnahme mehrerer Medien an der Bedeutungskonstitution eines Artefaktes und hebt sich ab von Phänomenen der ‚Transmedialität', d. h. medienunspezifischen Qualitäten wie Narrativität (→ ERZÄHLUNG), die in mehreren Medien erscheinen. Der zu Grunde liegende Medienbegriff umfasst Kommunikationsmittel, die sich durch spezifische technische und institutionelle Kanäle, eine kulturelle Konventionalisierung und die Verwendung eines oder mehrerer semiotischer Systeme auszeichnen. Er schließt Künste und Kunstformen ein und erzeugt dadurch eine Nähe zwischen Intermedialitäts- und ‚Interart'-Studien. Es wird zudem eine Interdependenz zwischen Medium und vermitteltem Inhalt angenommen, die jeder Überschreitung von Mediengrenzen auch semantische Bedeutsamkeit verleiht. Im Vordergrund intermedialer Forschung stehen Untersuchungen zu Wort-Bild- und Wort-Musik-Relationen, die literarische Techniken wie → EKPHRASIS, Evokation, formale Imitation, Referenz, Plurimedialität, Teilreproduktion, Thematisierung, → *VERBAL MUSIC* und *WORD MUSIC* betrachten. Nachdem die Funktionen intermedialer Verfahren in der frühen Intermedialitätsforschung wenig Beachtung fanden, lässt sich derzeit ein wachsendes Interesse an diesen beobachten. Zudem nehmen seit der Jahrtausendwende die transnationalen Diskussionen zu, die unter dem Lemma ‚intermediality' geführt werden, während zuvor der Intermedialitätsbegriff allein in der deutschsprachigen Wissenschaft Anwendung fand. Für die Verbreitung und Ausdifferenzierung des Feldes waren u. a. Werner Wolf (vgl. II.2.3 WOLF) und Irina O. Rajewsky wegweisend. (Elisabeth Reichel)

Interpretation – Während die Interpretation in der Literaturwissenschaft das Resultat eines methodengeleiteten Verstehens- bzw. Auslegungsprozesses von Texten meint (ebenso wie diese deutende Tätigkeit selbst), zeichnet den Begriff in der Musik – wie in den bildenden Künsten – eine Zweifaltigkeit aus, wenn zur hermeneutischen eine ‚aufführungspraktische' (Danuser 1992; → AUFFÜHRUNG) Bedeutungsdimension tritt. Letztere ist vom musikalischen Interpretationsbegriff nicht zu trennen, in dem die unbedingte Notwendigkeit des mimetischen Vollzugs für das Verstehen von Musik aufgehoben ist. „Sprache interpretieren heißt: Sprache verstehen; Musik interpretieren: Musik machen", formuliert Adorno in seinem *Fragment über Sprache und Musik* (Adorno GS 16, 253).

Die unhinterfragte Übertragung eines am → LESEN von Schrift orientierten Verstehensbegriffes auf die Musik muss – im Sinne einer medientheoretischen Abgrenzung – grundsätzlich problematisiert werden: Als nicht-repräsentationale Kunst kann Musik – verstanden als organisierter Schall bzw. komponierte Töne – nicht von einem Thema handeln oder irgend eine Form von Inhaltsbezogenheit leisten. Aus formallogischer Sicht ist ihr also eine vollkommene ‚Bedeutungslosigkeit' zu unterstellen, weil es sich bei Tönen, Klängen und Melodien nicht um ein Zeichensystem von *meinenden*, semantisch fixierten Symbolen handelt (Ausnahmen bilden Bedeutungsfixierungen wie sie in der am Paradigma der Sprache orientierten barocken Klangrede bzw. → AFFEKTENLEHRE oder der → LEITMOTIV-Technik des 19. Jahrhundert begegnen). Entsprechend ist auch die Rede von einer dem literalen Lesen bzw. der philologischen Exegese analogen Rezeption von Musik insofern irreführend, als dass keine vergleichbare semantische Syntheseleistung erfolgt, wie es bei der Lektüre von Texten der Fall ist. Hingegen birgt die Konzeption eines performativen Zum-Tönen-Bringens sprachlicher resp. musikalischer Zusammenhänge gerade im intermedialen Forschungsbereich großes rezeptionstheoretisches Potential (→ II.2.1 STOLLBERG). Hier nähert sich der hermeneutische Terminus einem Begriff des musikalischen ‚Vortrags' an, der in spezifischer Weise über die bloße praktische Ausführung der Noten hinausgeht, indem er die Aufführung (‚Reproduktion') des musikalischen ‚Textes' aufs Engste mit dessen Deutung und Vermittlung verschränkt.

Die aktive Teilnahme des Lesenden an der Produktion des Werks (→ REZEPTIONSÄSTHETIK) wird in dieser Annäherung zur Voraussetzung für einen prozessualen Interpretationsbegriff, wenn versucht wird, in Analogie zur musikalischen Praxis dem begrifflich-textuellen Gebilde in seiner Konfiguration (Adorno) gerecht zu werden. In einer weiteren reflexiven Volte gewinnt schließlich gerade der (vermeintlich stumme) individuelle Leseprozess in seiner performativen Bedeutung auch für die Rezeption von musikalischen Werken paradigmatische Funktion. In Adornos Notaten *Zu einer Theorie der musikalischen Reproduktion* verbindet sich das Paradigma der (prozessual-rekonstruktiven) Lektüre beispielhaft mit der radikalen Kritik an allzu eingeschliffenen ‚Interpretationen' (→ AUFFÜHRUNGSPRAXIS) musikalischer Werke. Das Hinterfragen der Aufführung als der dominanten Rezeptionsform von Musik kulminiert in der Spekulation, ob „nicht das Ideal stummen Musizierens, schließlich des Lesens musikalischer Texte" (Adorno GS 14, 110) die notwendige Konsequenz sei? (Sina Dell'Anno)

Klang → II.1.2 PREVIŠIĆ/II.3.4 KÄUSER

Komposition – (lat. *componere*, zusammensetzen) gehört in der antiken Rhetorik zum Bereich der *elocutio* und bezieht sich auf das gelungene Zusammenfügen von Sinneinheiten. Unabhängig von diesem wirkungsorientierten Terminus hat sich ein musikalischer Begriff von Komposition entwickelt, der produktionsorientiert zunächst auf das mechanische Zusammensetzen, seit dem 18. Jahrhundert auf das schöpferisch-kreative Schaffen hinweist. Komposition ist zum einen ein Vorgang, dessen Spektrum vom Zusammensetzen von Tongruppen zu Melodien über die Hinzufügung weiterer Stimmen zu einem polyphonen Gefüge hin zur Schaffung mehrsätziger Werke reicht. Zum anderen ist Komposition das Ergebnis des Schaffensprozesses und wird emphatisch mit dem schriftlich fixierten, einmaligen, systematisch nicht erfassbaren Kunstwerk gleichgesetzt. Für die Literatur ist der musikalische Begriff mit seiner Verankerung auf der Schaffensebene bedeutender als der rezipientenorientierte Begriff der → RHETORIK. Fragen der Komposition betreffen das Verhältnis zwischen Teilen und Ganzem (etwa in einer Gedichtsammlung oder im Verfahren des *close reading*), die formale und inhaltliche Ausarbeitung eines Stoffes oder (anhand minutiöser Untersuchung der Autographe) den künstlerischen Prozess der Textentstehung. In der Erzähltheorie spricht man von kompositorischer Motivierung, wenn die Ereignisse eine rein künstlerische Funktion in der Gesamtkonzeption erfüllen. (Laure Spaltenstein)

Konkrete Poesie – Sprachlich-experimentelle Kunstform, die in den 1950ern zu ihrem Namen fand, internationale Bedeutung hatte und als Konsequenz künstlerischer Bewegungen wie des Dadaismus (→ DADA) entstand. Ihr Ziel war die Konkretisierung der Sprache und die Abwendung vom Abstrakten herkömmlicher Kunst. Konkrete Poesie konzentrierte sich vorrangig auf die → MATERIALITÄT des Wortes und war nicht-linear strukturiert, wobei sie sich grundsätzlich in die visuelle und die Lautpoesie teilt. Eines der bekanntesten Beispiele der visuellen Poesie ist Reinhard Döhls *apfel* (1965), das aus dem wiederholten Wort Apfel zugleich die visuelle Darstellung eines Apfels formt. In ihrer akustischen Dimension, der Lautpoetik, ist besonders Ernst Jandl mit Gedichten wie *schtzngrmm*, das im Zeichen der → ONOMATOPOETIK steht, oder *etude in f*, in welchem jeder Buchstabe ‚w' durch ein ‚f' ersetzt wird, hervorzuheben. (Anne-Sophie Heer)

Kontrapunkt – Der Begriff des Kontrapunkts umgreift die satz- und kompositionstechnischen Prinzipien der selbständigen Stimmführung polyphoner musikalischer Gebilde. Nach der Blütezeit kirchlicher Vokalmusik in Mittelalter und Renaissance entwickelten sich die Formen kontrapunktischer Stimmenführung in den konzertanten und solistischen Gattungen der Instrumentalmusik weiter, wurden aber mit der Klassik zwischenzeitlich verdrängt durch ein homophon ausgerichtetes Klang- und Melodieideal, um im 20. Jahrhundert wieder an kompositorischer Relevanz zu gewinnen. Als transformative Anwendungsfelder kontrapunktischen Gestaltens lassen sich philosophische Konzepte der Einheit des

Verschiedenartigen (*concordia discors*) und literarische Formexperimente mit mehrstimmigen Narrationslinien (→ POLYPHONIE) verstehen, auf die sich auch das politische Konzept eines kontrapunktischen Lesens berufen kann. Mit einsinnigen entwicklungsgeschichtlichen Vorstellungen ästhetischen ‚Fortschritts' sind die alte und moderne Konjunktur des Kontrapunkts sowie seine paradoxe Verbindung sakraler und mathematischer, formstrenger und improvisatorischer Züge kaum zu vereinbaren. (Alexander Honold → III.20 HONOLD)

Laokoon-Debatte/Paragone – Mit Paragone (ital. ‚Vergleich') bzw. Laokoon-Debatte bezeichnet man den Diskurs um den Wettstreit und die Vergleichbarkeit der ‚schönen Künste'. Klassischerweise werden dabei deren spezifische Darstellungsleistungen in ein Konkurrenzverhältnis gebracht und im Hinblick auf ihre Anschaulichkeit (*enargeia*) gegeneinander ausgespielt.

Zielscheibe von G. E. Lessings *Laokoon oder über die Grenzen der Mahlerey und Poesie* (1766) ist die *Ut-pictura-poesis-Tradition* – benannt nach einer Formulierung aus Horaz' *Ars poetica* –, welche Lessing auf den Simonides von Keos zugeschriebenen Ausspruch zurückführt, wonach die Malerei stumme Poesie, die Poesie aber eine redende Malerei sei. An Vordenker wie Diderot, Dubos, Mendelssohn und Harris anknüpfend, arbeitet Lessing an einer zeichen- bzw. medientheoretisch fundierten Differenzierung von Malerei und Poesie, wobei er sich insbesondere gegen die ‚Schilderungssucht' der Dichtung wendet, wie sie aus deren generalisierendem Selbstverständnis resultiert. Die Klagen über die systematische Lücke, welche Lessing im Hinblick auf die Frage nach den Grenzen zwischen Musik und Dichtung (bzw. Malerei) hinterlassen hat, finden sich prominent an jenen Orten, wo über die Hierarchie unter den textuellen und musikalischen Bestandteilen in Mischgattungen wie Oper oder Melodram (→ II.2.1 STOLLBERG; III.6 JAHN) räsoniert wird, so z. B. in den *Paragone*-Prologen der Barockoper. Eine Fortsetzung der von Lessing wirkungsvoll wiederbelebten Reflexionen findet sich in den sogenannten ‚Interart Studies' bzw. in der jüngeren Intermedialitätsforschung, welche vermehrt moderne semiotische Ansätze für die Bestimmung und Differenzierung der Künste in ihrer schwer zu definierenden Medialität fruchtbar zu machen sucht. (Sina Dell'Anno)

Lärm – Lärm ist ein Sammelbegriff für akustische Sensationen am oberen Grenzwert organisch verträglicher Wahrnehmungsintensität. Lärm umfasst Phänomene, welche geeignet sind, sowohl durch die schiere Schallstärke wie auch durch die Zusammensetzung oder Wirkungsweise des akustischen Reizes eine unangenehme oder sogar schmerzhafte Wirkung hervorzurufen. Lärm gilt in der gegenwärtigen ökologischen Debatte als krankmachende Form der lebensweltlichen Belastung durch zivilisatorische Folgeerscheinungen (,Lärmschutz') und rechnet insofern eher unter die ,an-ästhetischen' Phänomene.

Gleichwohl ist Lärm ein nicht wegzudenkender Bestandteil der musikalischen und literarischen Kulturgeschichte. In humoristischer Pointierung setzt Wilhelm Busch die musikalische Betätigung schlechthin, statt sie als künstlerische Hervorbringung zu goutieren, mit einer Lärmbelästigung gleich, in dem geflügelten Wort: „Musik wird oft nicht schön gefunden, / Weil sie stets mit Geräusch verbunden." (W. Busch: *Der Maulwurf*, 1872). Literatur und Musik unterscheiden sich bezüglich des Phänomens Lärm landläufig durch das auf ungestörte Ruhe pochende Arbeits- und Rezeptionsmodell des stillen Schreibens und Lesens, während die Komponenten musikalischer Kommunikation hingegen im manifesten akustischen Ereignis (dem erklingenden → Klang, dem ertönenden Geräusch) ihren eigentlichen Existenzmodus haben. Zu unterscheiden ist Lärm von älteren Begriffen und Bezeichnungen für ungeordnete, naturwüchsige akustische Wucht (Brausen, Pfeifen, Rauschen), und zwar durch die kulturelle, soziale und technische Herkunft des jeweiligen Schallandrangs (es gibt keinen ,Naturlärm') sowie durch die (spezifisch moderne) semantische Interaktion des Rezeptionsphänomens mit den abjekten Vorstellungsbereichen des Schmutzes, des Abfalls, der akustischen Gewalt sowie dem negativ-ästhetischen Phänomencluster des Hässlichen.

Im Altertum (Posaunen von Jericho) und in der Vormoderne sind Phänomene und Schauplätze musikalisch induzierten Lärms hauptsächlich im Anwendungsbereich des Kriegs- und Schlachtenlärms notorisch. Die wirkungsorientierte Spezifizierung des Phänomens ,Lärm' ist eine Errungenschaft der ästhetischen Reflexionen des 18. Jahrhunderts. In der Literatur wird die Aussendung respektive Eindämmung des Lärms vielfach zum Anlass kritischer, teils misanthropischer, teils humoristisch-parodistischer Situationsbeschreibungen und Verhaltensmuster. In Jean Pauls Roman *Siebenkäs* (1796/97) vergällen dem gleichnamigen Armenadvokaten zu Kuhschnappel vielerlei Geräuschemissionen des häuslichen Wirtschaftens die Muße seines Ehestandes. Schuld an den Störungen hat seine Ehefrau Lenette, die als „lebendige Waschmaschine und Fegemühle" apostrophiert wird. Doch bereitet die ausführliche Schilderung der alltäglichen Lärmquellen desto größeres Lesevergnügen, je intensiver deren schädliche, nervenzerrüttende Wirkung auf den zum „Lärm-Abpasser" mutierten Firmin Siebenkäs sich ausnimmt (*Siebenkäs*, 5. Kapitel). Der Dichter karikiert in diesem Zwist selbstironisch die legendäre Lärmempfindlichkeit geistig schaffender Schriftsteller, die in der bekannten Störungsphobie Marcel Prousts oder auch in Franz Kafkas Klage über die Familienwohnung als „Hauptquartier des Lärms" zu geradezu paranoiden Szenarien sich auswächst.

Eine dezidierte musikalische Innovationsqualität wird dem artistisch hervorgebrachten Lärm in der vor allem durch den Futuristen Luigi Russolo (*L'arte dei rumori*, 1913) vertretenen künstlerischen Richtung des ‚Bruitismus' zuerkannt, wobei Russolo Gewalttätigkeit der urbanen und industriellen Lärmemissionen aus künstlerisch-rebellischen Motiven erklärtermaßen affirmiert. John Cage (*Silence. Lectures and Writing*, 1973, 3) hingegen gibt zu bedenken, dass die diversen Geräuschquellen des modernen Großstadtlebens nur so lange als Lärm erscheinen, bis man ihnen aktive Aufmerksamkeit zuwendet und dadurch ihre intrinsische Schönheit zu entdecken lernt. Für die musikgeschichtliche Einordnung zahlreicher klanglicher Innovationen des 20. Jahrhunderts (betreffend Dissonanzeffekte, Klangfarbe, Lautstärke und Rhythmus) bildet die (Ab-)Qualifizierung als ‚Lärm' einen stets mitlaufenden, geschmacksbildenden Grenzwert (vgl. Alex Ross: *The rest is noise*, 2007), während er für die noch junge Disziplin der Sound Studies zu einem zentralen Terminus avancierte (vgl. III.19 SCHWEIGHAUSER). (Alexander Honold)

Leitmotiv – Obwohl bei seiner mutmaßlich ersten Verwendung 1860 durch den Musikhistoriker August Wilhelm Ambros und noch in den Jahren danach keineswegs exklusiv auf Richard Wagner bezogen, wurde der Begriff alsbald für dessen Schaffen reklamiert und monopolisiert. Wagner selbst gebrauchte den Terminus in seinen Schriften nur ein einziges Mal, und zwar in Anführungszeichen, d. h. bereits als Reaktion auf die um ihn herum sich formierende Apologetik und deren Ansinnen, mit regelrechten ‚Leitmotivführern' die Semantik der Musikdramen für das breite Publikum aufzuschlüsseln – ein Verfahren der sprachlichen Festlegung und fixierten Bedeutungszuweisung, das die flexiblen Klanggebilde zu tönenden Signifikanten erstarren ließ und an dem sich nicht zuletzt das Klischee der tautologischen Verdopplung des Handlungsverlaufs durch wiederkehrende „Bildchen" (Adorno) oder „Visitenkarten" (Debussy) entzündete (→ INTERPRETATION). In Wagners Theorie selbst ist dagegen von „Gefühlswegweisern" und „melodischen Momenten" die Rede, die sich in Anlehnung an die „Einheit des Symphoniesatzes" zu einem das ganze Drama umspannenden „Gewebe von Grundthemen" entfalten. Gemeint ist damit zweierlei: einerseits die von der Leitmotivtechnik ermöglichte und getragene Strategie einer musikalisch-dramatischen Formgebung, die sich nicht mehr auf die prädisponierte Architektur einer Nummernfolge nach dem Modell der traditionellen Oper stützen muss und – zumindest idealiter – alle unverbindlichen Begleitfloskeln aus der ‚Orchestermelodie' tilgt; andererseits jener durch vielfältige Verknüpfung, Ableitung und Kombination der Motive erreichte „Beziehungszauber", den Thomas Mann an Wagner rühmte und laut eigener Aussage in der latent musikalischen Konfiguration seiner Romane nachzubilden suchte (wie er umgekehrt gerade dem *Ring des Nibelungen* eine epische Erzähldramaturgie zusprach; vgl. III.16 WISSMANN). Ebenso realisiert sich in der Leitmotivik eine spezifische Zeitstruktur (→ MUSIKALISCHE ZEIT), die Wagner mit den Kategorien von Vergegenwärtigung, Ahnung und Erinnerung beschrieb. Demnach weisen die Leitmotive die Präsenz einer affektiven Gebärde (→ GESTE) auf, lösen jedoch deren Verwurzelung in der Gegenwart: Indem sie auf Vergangenes bezogen sind, rufen sie dieses Vergangene nicht nur abstrakt (als Gedanken) in Erinnerung, sondern geben es den Sinnen wiederum unmittelbar (als Vergegenwärtigung) zu erfahren – ein Konzept, das in Prousts *mémoire involontaire* und ihrer ebenfalls als Adaption der Leitmotivtechnik deutbaren Ausgestaltung im Romanwerk *À la recherche du temps perdu* literarisch nachwirkte. (Arne Stollberg)

Lesen – (lat. *legere*; urspr. suchen, sammeln, auflesen) bezeichnet die Wahrnehmung und Interpretation visueller Elemente als Zeichen. Beim Lesen werden schriftlich fixierte Zeugnisse aufgenommen und verstanden.

Bis in die Antike geht eine Konzeption des Lesens zurück, welche dieses als ein Zurückverwandeln schriftlicher Sprachzeichen in gesprochene, klingende Rede begreift (Augustinus). Unter dem Stichwort der ‚Verlebendigung' des ‚toten Buchstabens' (Gadamer) wird diese Vorstellung zum zentralen Theorem der Hermeneutik, welche sich ihrerseits als Theorie des Lesens, Verstehens und Interpretierens schriftlicher Äußerungen versteht. Die Wiederherstellung der akustischen Dimension von Sprache als fundamentaler Akt der Lesetätigkeit bleibt als ‚Subvokalisation' bzw. als ‚inneres Sprechen' Gegenstand auch der neueren, kognitionspsychologischen Forschungen. Fasst man also auch das (erst seit der Neuzeit etablierte) stille Lesen in diesem Sinne als schriftbedingte subjektinterne Vokalisierungstätigkeit (vgl. Weimar 2010, 54: „Lesen heißt aufgrund von Schrift zu sich selbst sprechen."; → II.2.1 STOLLBERG), ergibt sich in der Differenz zwischen symbolischer → NOTATION und tönender Sprache eine augenfällige Parallele zum Verhältnis von Notentext und erklingender Musik: Die → PARTITUR klingt so wenig, wie der Text spricht; es bedarf einer lesenden Aktualisierung der Symbole, wobei gerade der dabei implizierte komplexe Prozess eines performativen Nachvollzugs des (klingenden) Ganzen zum Faszinosum einer literatur- wie musikwissenschaftlichen Theorie der → INTERPRETATION wird. Auch die stille Lektüre rückt damit in die Nähe des performativen Vorlesens (→ DEKLAMATION), das sich als ein sprachliches Analogon für das praktische Erfahren der musikalischen Zusammenhänge im Spiel (‚Reproduktion') erweist. (Sina Dell'Anno)

Lied → III.12 HINRICHSEN

Literaturoper – Unter dem Begriff der Literaturoper werden Musiktheaterstücke verstanden, bei denen „das Libretto auf einem bereits vorliegenden literarischen Text (Drama, Erzählung) basiert, dessen sprachliche, semantische und ästhetische Struktur in einen musikalisch-dramatischen Text (Opernpartitur) eingeht und dort als Strukturschicht kenntlich bleibt" (Petersen/Winter, Büchner-Opern, 1997, 10). Der letzte Punkt ist wesentlich, um die Literaturoper von anderen Opern abzugrenzen, die sich zwar – wie seit Anbeginn der Oper üblich – auf den Stoff bereits vorliegender Texte berufen, letzteren aber strukturell vollständig aus dem Blick verlieren. Die Gattung der Literaturoper entsteht im 19. Jahrhundert; eine Voraussetzung für ihre Entstehung ist das Schwinden von Libretto-Konventionen, die vor allem durch die musikalische Entwicklung durchkomponierter Großformen überflüssig werden; ein paradigmatisches Beispiel für die Literaturoper ist *Wozzek* von Alban Berg nach *Woyzeck* von Georg Büchner. Die Untersuchung von Literaturopern erfordert immer eine doppelte, literatur- und musikwissenschaftliche Perspektive, insofern man sich zum einen mit der Transformation des dramatischen oder narrativen Textes zum Libretto, zum anderen mit der Beschaffenheit des musikalischen Teils der Oper und der Frage, wie dieser sich gegenüber Libretto/Handlung positioniert, beschäftigen muss. Insbesondere bei Literaturopern, die auf Erzähltexte zurückgehen, besteht die zentrale Herausforderung darin, diejenige strukturelle Schicht herauszuarbeiten, auf der/als die die sprachliche, semantische und ästhetische Struktur des Ausgangstextes kenntlich bleibt. Das kann beispielsweise in der Beobachtung münden, dass die Funktion des Erzählers, der bei der Transformation von Erzähltext in dramatischen Librettotext verloren gehen musste, vom musikalischen Teil der Oper aufgefangen wird, insofern dieser verweisend und kommentierend ‚wie ein Erzähler' agiert. Zwei gute Beispiele hierfür – und zugleich Grenzfälle der Gattung Literaturoper – wären zum einen die *Ring*-Opern Richard Wagners, zu denen er selbst zuvor einen Prosa-Entwurf geschrieben hatte, zum anderen die Oper *Les Contes d'Hoffmann* von Jacques Offenbach, dessen Libretto von Jules Barbier auf dem gleichnamigen Drama von Barbier und Michel Carré beruht, welches seinerseits auf Erzählungen E. T. A. Hoffmanns zurückgreift. (Nicola Gess)

Lyrik – Nach einer weit verbreiteten Auffassung diejenige literarische Gattung, die alle Gedichte einschließt. Ein Gedicht ist eine in mündlicher oder schriftlicher Form vorliegende Rede in Versen, die nicht zur Aufführung als Rollenspiel oder als längere → ERZÄHLUNG angelegt ist. Versform liegt dann vor, wenn das Sprachmaterial entweder metrisch (→ METRUM) oder außermetrisch reguliert ist (z. B. durch lose Orientierung an metrischen Ordnungsprinzipien wie im freien Vers, durch gestische Rhythmisierung (→ RHYTHMUS) oder durch die typographische Anordnung). Als typische Eigenschaften von Gedichten gelten eine über die Versform hinausgehende, von der Alltagssprache abweichende Form der Sprachverwendung z. B. auf bildlicher, lautlicher, orthographischer, syntaktischer Ebene (→ METAPHER, → ONOMATOPOETIK, Rhetorik, → WIEDERHOLUNG), stilistische Konzision, skizzenhafte Konturierung des Informationsgehalts, Selbstreflexivität, eine strukturell einfache, unvermittelte Redesituation (z. B. die suggerierte Nähe zwischen textinternem Sprecher und Urheber des Gedichts in der Erlebnislyrik), die Direktheit der Kommunikation (z. B. durch Apostrophe an den Hörer/Leser) sowie Liedhaftigkeit (→ LIED). Gattungspoetologisch ist Lyrik immer wieder als die Schwesterkunst der Musik angesehen worden, z. B. im Hinblick auf ihre Klangwirkung (→ KLANG/Klangfarbe), ihre mediale Vermittlung (Akustik) oder die besondere Eignung zum Ausdruck von Emotionen (→ AFFEKT/EMOTION). Diese angenommene Affinität zwischen Lyrik und Musik schlägt sich neben der ausgeprägten Formenvielfalt der musikalischen Lyrik und Musikthematisierungen und -imitationen in Gedichten auch im Gattungsnamen nieder: ‚Lyrik' ist etymologisch von ‚Lyra' – einem antiken, lautenartigen Saiteninstrument – abgeleitet. (Claudia Hillebrandt)

Materialität – Bezeichnet im Allgemeinen die physischen, *materiellen* Bedingungen des spezifischen Erscheinens von Dingen. Im Bezug auf die Kunst ist insbesondere die mediale Funktion des Materials von weitreichender Bedeutung. So ergibt sich z. B. aus den technischen Möglichkeiten der Reproduktion (Phonograph, Schallplatte, CD, Mp3 etc.) eine beinahe universelle Verfügbarkeit des musikalischen Materials, das nicht zuletzt in seiner sinnlich-geräuschhaften Dimension hervortritt. Indem der (vormals abstrakte) → KLANG durch die mediale Speicherung eine beinahe objekthafte Konkretion annimmt, wird er zum Material einer Montage- oder Bricolage-Technik, welche aus ihrem ursprünglichen Kontext herausgerissene Klangfragmente und Geräuschfetzen in neuen Zusammenhängen arrangiert. Wie die → KONKRETE POESIE richtet die *musique concrète* (P. Schaeffer) die Aufmerksamkeit auf die Erfahrungsqualitäten des ästhetischen Materials, um dadurch die automatisierten Rezeptionsgewohnheiten eines an Informationsüberschuss und Reizüberflutung leidenden Publikums nachhaltig zu irritieren. (Sina Dell'Anno)

Melodram – Als Gattungsbegriff wie als Begriff für einen spezifischen Modus der Wort-Ton-Kombination verweist der Terminus auf die meistens sukzessiv entfaltete, zuweilen aber auch simultane Kopplung von gesprochener Deklamation und instrumentaler Musik. Im eigentlichen Sinne erfunden durch Jean-Jacques Rousseau, der damit jene Form des von ihm so bezeichneten *récitatif obligé* kreiert zu haben glaubte, die der – vermeintlich für Musik ungeeigneten – französischen Sprache allein adäquat sei, wurde die Gattung des Melodrams inklusive ihrer typischen Ingredienzen (Kürze; Konzentration der Handlung auf wenige Personen oder sogar eine einzige, meistens weibliche Hauptfigur sowie auf emotionale Siedepunkte; exzessiv ausgespielte, bis zur Raserei gehende Affektivität) vor allem durch zwei Werke Georg Anton Bendas geschichtsmächtig definiert: *Ariadne auf Naxos* und *Medea* (beide 1775). Deren Modellhaftigkeit führte bei den nachfolgenden Melodramen zu einer gewissen Stereotypie, die wesentlich für die Kurzlebigkeit des Genres verantwortlich gewesen sein dürfte. Die Technik des Melodrams wanderte freilich, nun auf herausgehobene Momente begrenzt, in die Oper sowie in die Bühnenmusik bei Schauspielen ein und erlebte später eine Revitalisierung durch das Konzertmelodram, das bis zum Ersten Weltkrieg kontinuierlich gepflegt wurde und erst ins Abseits geriet, als die für Melodramen konstitutive, hochpathetische Deklamationsweise aus der Mode kam. Die bis heute übliche Charakterisierung eines (theatralen, literarischen oder filmischen) Geschehens als ‚melodramatisch' rührt eher von der Gattung des – zunächst in Frankreich beheimateten – Boulevardmelodrams im 19. Jahrhundert her, das sich, aufgrund seiner starken Musikanteile gleichsam zwischen Schauspiel und Oper angesiedelt, primär durch spektakuläre Effekte und rührselige oder kolportagehafte Handlungen, mithin wirkungspsychologisch definierte, ohne im engeren Sinne noch an die Ursprünge bei Rousseau und Benda anzuknüpfen, wenngleich auch dort das Moment emotionaler Verausgabung bereits eine prägende Facette dargestellt hatte. (→ II.2.1 STOLLBERG) (Arne Stollberg)

Metapher → II.3.2 THORAU

Metrum – Im literaturwissenschaftlichen Kontext bezeichnet Metrum die periodische Ordnung des phonetischen Materials eines Gedichtes (→ LYRIK) – sei dieses nach Silben gezählt, nach Größen geordnet oder nach Reimen gebunden. Das kleinste metrische Segment ist der Versfuß; Strophen und ggfs. auch Gedichtformen bilden größere metrische Segmente. Metrische Systeme sind zu unterscheiden von sprachlichen Systemen einerseits sowie vom → RHYTHMUS eines einzelnen Gedichtes und dessen sprachlicher Realisierung andererseits. Roman Jakobson hat hierfür eine begriffliche Differenzierung in ‚verse design' (abstraktes metrisches Schema), ‚verse instance' (konkrete sprachliche Realisation eines metrischen Schemas) und ‚delivery instance' (Rezitation beziehungsweise Skansion eines metrisch regulierten Sprachgebildes) vorgeschlagen (→ AKUSTIK, → IMPROVISATION, → PERFORMANCE, → SOUND, → STIMME, → TON). Die Beschreibung und Unterscheidung verschiedener Formen der metrischen Versifikation konstituiert den Aufgabenbereich der theoretischen Metrik als Teilgebiet der allgemeinen Literaturtheorie. Die metrische Struktur eines versifizierten Textes baut auf der natürlichen → PROSODIE einer Sprache auf. Dabei lassen sich in idealtypischer Vereinfachung gewichts- und nicht-gewichtssensitive Sprachen (wie z. B. das Französische) unterscheiden, innerhalb der gewichtssensitiven wiederum Quantitätssprachen wie etwa das Griechische und Akzentsprachen (→ AKZENT) wie z. B. das Deutsche. Die Erforschung einzelner sprachlicher und historischer Realisierungen von metrischen Versifikationsformen fällt in den Bereich der deskriptiven Metrik und damit in die Zuständigkeit je einer bestimmten Literaturwissenschaft. Neben prosodischen Merkmalen und literarischen Konventionen werden sprachlich realisierte metrische Systeme auch von der Wechselwirkung mit der musikalischen Metrik, z. B. im Bereich der musikalischen Lyrik, geprägt (→ LYRIK, → KLANG/Klangfarbe, → VERTONUNG, → WIEDERHOLUNG). (Claudia Hillebrandt)

mousiké → II.1.1 HINDRICHS; III.1 KOCH

Musikalische Zeit – bezeichnet jene mit der ontologischen und historischen Zeit vermittelte, in dem Neben- und Nacheinander ihrer Einzelmomente strukturierte Eigenzeit, die die Musik bei ihrem Erklingen einnimmt und akustisch gestaltet. Wenngleich sich eine Reihe formaler Charakterisierungen musikalischer Elemente als Anfänge, mittlere Entfaltungen oder Abschlüsse konventionalisiert haben, verfügt die Musik nicht über die semantischen Voraussetzungen für einen Zeit-Dualismus, der jenem zwischen ‚Erzählzeit' und ‚erzählter Zeit' in der Literatur analog wäre. Vielmehr ist die musikalische Zeit eine homogene Eigenschaft aller Teile des musikalischen Prozesses, der von der Verlaufsform der akustischen Signale und Zeichen nicht grundsätzlich abweicht. Desto unmittelbarer ist der musikalische Produktions- und Rezeptionsvorgang an die absolut gesetzte, unumkehrbare Zeitlichkeit gebunden, die die Musik über Tempo, → METRUM und → RHYTHMUS festlegt. Diesen Modus der Zeitlichkeit teilt Musik mit literarischen Formen, insofern diese performativ dargeboten werden (→ PERFORMANZ), wobei die Affinität umso enger ausfällt, je mehr ein literarischer Text die materiale Seite der Sprache gegenüber seinen semantischen Anteilen betont (→ KONKRETE POESIE). Ein für Übertragungen in Literatur und Literaturtheorie besonders produktives Faszinosum musikalischer Zeitgestaltung liegt in der Simultaneität verschiedener Ebenen und Stimmen (→ POLYPHONIE). (Silvan Moosmüller)

Notation – (lat. *nota*: Zeichen, *notatio*: Bezeichnung) Begriff, der zugleich die symbolhafte Aufzeichnung bestimmter Zusammenhänge und das zur Aufzeichnung verwendete, konventionelle Zeichenrepertoire bezeichnet. Allen Notationen gemeinsam ist, dass sie einen in der menschlichen Wirklichkeit verhafteten Gegenstand vermittels bestimmter Wahrnehmungsfilter zweidimensional abbilden. Während die Begriffe *nota* und *notatio* seit der Antike einerseits im Sinne einer Inskription jeglicher Art von Zeichen, andererseits für die metaphorisch verstandene (→ METAPHER) Bezeichnung von Gegenständen verwendet wurden, erfährt der lat. Begriff der *nota* mit dem Aufkommen musikalischer Notation im 9. und 10. Jahrhundert eine Verengung und beschreibt in der Folge zumeist die Aufzeichnung musikalischer Sachverhalte. Mit der modernen Semiotik nach Charles S. Peirce wird die Notation zum Gegenstand philosophischer Untersuchungen. Am eingehendsten hat Nelson Goodman (*Languages of Art*, 1968, dt. 1973 und 1997) notationale Systeme beschrieben. Goodman stellt fünf Bedingungen an ein Notationssystem: Sowohl auf syntaktischer als auch auf semantischer Ebene muss dieses disjunkt und endlich differenziert sein. Hinzu kommt die Bedingung der semantischen Eindeutigkeit. Während die heute gängige Standardnotation für Musik (→ PARTITUR) für Goodman diese Eigenschaften weitgehend erfüllt, ist die Alphabetschrift für ihn nur in ihrer phonetischen Dimension ein annähernd notationales System. Natürliche Sprachen und damit die Literatur zählt Goodman zu den diskursiven Sprachen, die die semantischen Bedingungen eines Notationssystems nicht erfüllen. Im Bereich der Musik ist an den Notationsbegriff seit dem 19. Jahrhundert eng die Vorstellung des (Kunst-)Werkes geknüpft, was für lange Zeit in der Musikwissenschaft die vorrangige Beschäftigung mit notierter Musik zur Folge hatte. Erkenntnisse der Aufführungspraxis (→ AUFFÜHRUNG) und der Erforschung musikalischer → PERFORMANCE stellen dieses Paradigma zunehmend in Frage. (Jonas Alexander Löffler)

Onomatopoetik – Onomatopoesie (griech.: *ónoma*: Name; *poíēsis*: Erschaffen, Verfertigen), häufig auch schlicht als ‚Lautmalerei' bezeichnet. Natürliche akustische Eindrücke werden in mündlicher oder schriftlicher Weise nachgebildet. In ihrer einfachsten Form kann dies eine direkte mimetische Nachahmung (→ IMITATION) tierischer Geräusche oder bestimmter mechanischer Vorgänge sein (etwa das ‚Miau' einer Katze), aber auch die Nachahmung unbekannter Wörter oder ganzer Sprachen; darüber hinaus funktionieren Onomatopoetika im weitesten Sinn auch auf assoziativer Ebene, indem sie beim Rezipienten einen bestimmten Sinneseindruck evozieren. Wichtig ist hierbei, dass diese direkte oder abgewandelte Reproduktion von Gehörtem eng an sprachliche bzw. kulturelle Dimensionen gebunden ist und deshalb stark variieren kann. Onomatopoetische Ausdrücke und ihre weiteren Abwandlungen waren durch ihre intrinsische Fokussierung auf den Wortklang besonders in den Lautgedichten der → KONKRETEN POESIE und des → DADA vertreten. (Anne-Sophie Heer)

Partitur – bezieht sich in erster Linie auf die verschriftlichte Form von Musik. Insbesondere der Werkbegriff der Genieästhetik konzentriert sich auf die P. Durch sie wird die Werkinterpretation im produktiven wie im rezeptionsästhetischen Sinn ermöglicht, reproduzier- und somit überprüfbar gemacht. Die visuelle Fixierung des Akustischen erlaubt entsprechende rhetorisch-musikalische Figuren, z. B. der Hyperbolé, welche nicht hörbar werden muss. Im Unterschied zur einzelnen Sing- bzw. Instrumentalstimme gibt die Partitur Aufschluss über die harmonische und polyphone Verflechtung aller Partien. Sowohl die Literatur als auch die Literaturtheorie entdecken darin ein Modell, die zeitliche Linearität aufzubrechen und verschiedene ‚Ereignisse' in Struktur und Semantik aufeinander zu beziehen und in eine Neuordnung, in eine Sinnstruktur zu bringen. Die Zweidimensionalität erlaubt nicht nur einen visuellen Überblick, sondern auch eine Relation zwischen harmonikaler Vertikale (Synchronität, Paradigmatik) und melodieorientierter Horizontale (Diachronität, Syntagmatik) – ein (post)strukturalistisches Phantasma, welches ihre modellhafte Funktionalität paradoxerweise gerade aus ihrer *nicht*-akustischen, sondern aus ihrer rein visuellen Realisierung gewinnt. (Boris Previšić)

Performance/Performativität – Theorien der Performativität (von *to perform* – vollziehen) ergänzen semiotische und hermeneutische Verständnisse von Kultur als Text, indem sie anknüpfend an John L. Austins Sprechakttheorie die Dynamiken, die Prozesshaftigkeit, die Inszenierungs- und Erlebnisdimensionen kultureller Phänomene hervorheben und transformative Produktions- und Rezeptionsprozesse der Künste erforschen. In Abgrenzung vom linguistischen Begriff der Performanz für ein Modell der Sprachverwendung geht es in der Ästhetik des Performativen um transitorische Aufführungsereignisse in ihrer → Materialität, in der Kopräsenz von Akteuren und Zuschauern sowie im Hinblick auf Bedeutung, die im und als Akt der Wahrnehmung entsteht (Fischer-Lichte 2004). So wie die Musik semiotische Anteile hat, weist die primär zeichenhafte Literatur performative Eigenschaften auf, wobei hier zwischen funktionaler und struktureller Performativität unterschieden wird (vgl. etwa Häsner, in: Hempfer: *Performance, Performanz, Performativität*, 2011). Es geht um die sich im Akt des → Lesens und über die Wirkung von Texten ergebende Wirklichkeitskonstituierung, um Äußerungen, mit denen sich Texte autopoetisch inszenieren, oder um Strukturen, mit denen → Klang, → Rhythmus, Körperlichkeit, Mündlichkeit, Präsenz und Ereignishaftigkeit simuliert oder suggeriert werden (Fischer-Lichte 2012). (Lore Knapp)

Polyphonie – Der Begriff, der seit der Antike im Zusammenhang mit der → Stimme des Menschen und damit mit der Sprache als ‚Vielstimmigkeit' verwendet wurde, findet erst im 19. Jahrhundert als musikalische Technik und Epochenbezeichnung Eingang in die Musiktheorie, in der sie den Begriff des Kontrapunkts ergänzt oder teilweise ersetzt. Mit Bachtins Konzept der ‚Redevielfalt' findet das Konzept wieder Eingang in die Literaturwissenschaft. In Absetzung von einer zentripetalen Epos-Tradition greift er mit seinen Überlegungen zum ‚zentrifugal' organisierten, ‚mehrstimmig orchestrierten' Roman auf die musikalische Technik des Über- und Nebeneinanders verschiedener Stimmen zurück. Dabei unterscheidet er zwar auf der Ebene des Sprachzustands, der *langue,* zwischen ‚Gegensprachigkeit' und ‚Mehrsprachigkeit', beschränkt sich aber auf der Ebene der konkret realisierten Sprache, der *parole,* auf die ‚Mehrredigkeit'. Daran anschließend ist innerhalb der *langue* von einer latenten Kontrapunktik auszugehen – wie sie in der Linguistik für die semantische Mehrdeutigkeit auf der paradigmatischen Achse (Metonymie, → METAPHER, Parodie) operationalisiert wird. In der Literaturwissenschaft kann in Bezug auf Diglossie bzw. Heteroglossie, auf Dialogizität und Intertextualität von Polyphonie gesprochen werden. Die Flexibilität des Begriffs zwischen Sprache und Musik erlaubt, komplexe Stimmen- und Redeverhältnisse jenseits definitorischer Vereindeutigung in bestimmten musikalischen Formen (wie Fuge oder Kanon) zu konzeptualisieren. (Boris Previšić)

Programmmusik → II.2.4 SCHMIDT

Prosodie – Unter Prosodie (von griech. προσῳδία, ᾄδειν πρός τι, Hinzugesang) versteht man den Vortrag von Werken der Dichtkunst und Musik gemäß den von der Metrik bestimmten Höhen-, Dauer- oder Akzent-Verhältnissen der Silben bzw. Töne. Da die griechischen → AKZENTE ursprünglich Tonhöhenakzente waren, war προσῳδία (noch bei Platon) teilweise deckungsgleich mit ‚Gesang', jedenfalls aber mit Sprachmelodie. Und obwohl προσῳδία bereits bei Aristoteles nur mehr den Wortakzent bezeichnet, sieht noch Varro (1. Jahrhundert v. Chr.) die Musik gemäß alter Tradition als Abbild der Prosodie. Während der Tonhöhenakzent in den erhaltenen Quellen der altgriechischen Musik (und teilweise auch noch im lateinischen gregorianischen Choral) deutlich melodisch konstitutiv bleibt, schwindet er in der gesprochenen Sprache vollends, und bereits die lateinische Übersetzung des Begriffs, *accentus,* entbehrt jedweder musikalischen Konnotation. Dementsprechend bezeichnet Prosodie in der heutigen Metrik meist nur mehr den versadäquaten Vortrag von metrisch gebundener Dichtung bzw. von ‚sprechender', in versähnlichen → RHYTHMEN gestalteter Musik (u. a. Sulzer 1793).

In der Linguistik und Phonetik bezeichnet Prosodie über die (dichterische) Silbenquantität bzw. -qualität hinaus noch die (umgangssprachliche) Akzentuierung (auch aus semantischen, zu ‚Sprechweisen' führenden Gründen), Tempo und Rhythmus des Sprechens, die Pausensetzung sowie die (vor allem bei unterschiedlichen Satztypen jeweils andere) Satz-‚Melodie' (nicht im engeren musikalischen Sinn). (Hartmut Krones)

Prosopopoiia – Die rhetorische Figur der Prosopopoiia verleiht toten Personen, abstrakten Wesenheiten, aber auch Tieren, Pflanzen und Gegenständen eine Stimme; häufig wird sie auch als Personifikation bzw. als Unterart der Personifikation übersetzt. Sinnbilder der Prosopopoiia sind zum Beispiel die klingende Memnon-Säule oder auch das Tönen der Nymphe Echo aus den Felsen. Die Prosopopoiia ist für das Verhältnis von Literatur und Musik relevant, insofern sie es als ein Verhältnis von stummem/totem Text und klingendem/lebendigem Sprechen, als ein ‚Stimme-Geben' versteht. Als poetologische Meta-Trope war sie vor allem in der Romantik von großer Bedeutung. Bettine Menke (2000) hat in der Prosopopoiia zum einen *die* rhetorische Figur für das „romantische Projekt" gesehen, „Absenz in Präsenz", Schweigen in eine „Stimme für das Tote" zu konvertieren (Menke 2000, 10). Dabei kommt der Musik eine hervorragende Rolle zu, wenn einerseits in vielen Texten Musik als Ausdruck ebenso wie als Auslöser der ersehnten Verlebendigung beschrieben wird und wenn anderseits die Texte selbst, etwa durch eine Hervorhebung ihrer lautlichen gegenüber ihrer semantischen Ebene, auf ein ‚Stimme-Werden' zielen. Zum anderen hat Menke in der Prosopopoiia ein Modell von Lektüre gesehen, die im → LESEN bestrebt ist, dem Text ein ‚Gesicht' zu verleihen. Auch hier kann einerseits auf die Lektürepraxis der Deklamation um 1800 verwiesen werden, sowie anderseits auf die Praxis der Liedvertonung, die sich vor dem Hintergrund der Prosopopoiia als ein musikalisches ‚Stimme-Geben' an den stummen Text verstehen lässt. Dabei ist die Präsenz, auf die die Prosopopoiia zielt, immer schon von der Absenz der verlorenen Stimme geprägt, die nie da bzw. immer schon Effekt der Prosopopoiia war. (Nicola Gess)

Resonanz – Unter Resonanz (von lat. *resonare* – widerhallen) wird in der Akustik das Mitschwingen eines Systems verstanden, wenn dessen Eigenfrequenz mit der Anregungsfrequenz einer äußeren Kraft annähernd übereinstimmt. Ausgehend von seiner Erforschung in Physik, Instrumentenbau und Kompositionslehre wandelte sich das innermusikalische Resonanzphänomen im 18. Jahrhundert, vermittelt über die Nerven- und Hirnphysiologie, zu einer akustischen Figur, die modellhaft, metaphorisch oder methodologisch in andere Disziplinen wie Wahrnehmungstheorie, Ästhetik und künstlerische Praxis übertragen wurde. Mit der semantischen Akzentuierung eines durch materiale Eigenschaften bedingten Changierens zwischen Eigen- und Fremddynamik eignete sich das Resonanzmodell insbesondere zur Erklärung unsichtbarer, präreflexiver Wirkungs- und Übertragungsprozesse, die jedoch zwischen unmittelbarer Affizierung und transformierender Modifikation graduell variieren können. In Literatur und Literaturtheorie hat das Resonanzmodell vorwiegend Eingang in wirkungsästhetische Konzeptionen gefunden. In einem weiteren Sinn spielt *resonance* (Kontextualisierung) als Gegenbegriff zu *wonder* (Staunen) in Stephen Greenblatts kulturwissenschaftlichem Ansatz eine wesentliche Rolle, wobei Greenblatt letztlich zu einem Modell von Kultur gelangt, das diese insgesamt als Resonanzraum begreift. (Silvan Moosmüller)

Rhetorik → III.5 KRONES

Rhythmus – Begriff, der in Musik, Tanz, Dichtung und Biologie Verwendung findet. Unklar bleibt bis heute die Bezugnahme entweder zu wiederkehrenden oder einmaligen Zeitfigurationen, geht doch die antike Bedeutung sowohl auf Sprach- als auch Körperbewegung zurück. Inzwischen hat sich vor allem vor dem Hintergrund musikalischer Definitionen der Gegensatz zwischen feststehendem Takt- bzw. Metrumschema (→ METRUM) einerseits und individuellem Rhythmus andererseits etabliert. Der Rhythmus bildet Akzentmuster über oder gegen den Takt bzw. das Metrum. Typisches Beispiel gegenmetrischer Akzentuierung bildet die Synkope, welche sprachlich und musikalisch produzier- und rezipierbar ist. In der Dichtungslehre hingegen wird als Rhythmus insbesondere der freie Vers erfasst, der sich entweder bewusst vom metrischen Schema abhebt oder aber einen Eigenrhythmus ausbildet – der sich in antikisierenden Strophen bei Klopstock, Hölderlin, Mörike, Leopardi etc. aus griechischen Oden oder Chören speist. Dabei löst sich die ‚moderne' skandierende Dichtung von einer durchgetakteten oder metrisierten Vorlage, indem sie die quantifizierende unregelmäßige antike Silbenzählung übernimmt, umspielt oder erweitert, womit der Rhythmus eine ihm genuine und unverwechselbare Schwebung erhält. (Boris Previšić)

Sound/Sound Studies (engl. *sound*: → KLANG/Klangfarbe; engl. *studies*: Studien, Wissenschaft), Studien zum Klang bilden in den 2000er Jahren ein signifikantes Korpus in den Geistes- und Sozialwissenschaften weltweit (*acoustic turn*) und konstituieren ein Forschungsfeld, für das sich der Name ‚Sound Studies' durchgesetzt hat (gegen z. B. ‚Sonic Culture' und ‚Auditory Culture'). Einflussreiche Vorreiter der Sound Studies finden sich in dem von R. Murray Schafer in den späten 1960er Jahren an der Simon Fraser University gegründeten World Soundscape Project und in filmwissenschaftlichen Studien zu Sound und Musik in Fernsehen und Film. Das schnell wachsende Feld ist gekennzeichnet durch eine Vielzahl an beteiligten Disziplinen und Forschungsrichtungen (u. a. Medien- und Kommunikationswissenschaften, Wissenschafts- und Technikforschung, Kunst-, Musik-, Literatur- und Kulturwissenschaft, Kulturgeographie, Urbane Studien, Musikethnologie und die Anthropologie der Sinne) und durch eine Heterogenität der verwendeten Methoden und Ansätze. Besonders stark vertreten sind empirische und naturwissenschaftliche Zugänge sowie kulturhistorische Studien, insb. zum → HÖREN, zu auditiven Praktiken und zu Audiotechnologien. Ein auf den

Sound Studies fußender Musikbegriff berücksichtigt sowohl den Konstruktcharakter musikalischer Hörerfahrung als auch deren spezifische → MATERIALITÄT. Auf Grund der Bestrebungen vieler Sound-Forscher, mit dem Primat des Sehens zu brechen und den Hörsinn zu rehabilitieren, wird jedoch Letzterem häufig ein besonders hoher Stellenwert beigemessen. Dadurch kann es zu essentialistischen und universalistischen Tendenzen kommen; zugleich gehören Arbeiten, die in ihrem Musikbegriff die komplexen Beziehungen zwischen soziokulturellen und materiellen Aspekten berücksichtigen, zu den Desiderata der Forschung. Ein auf den Sound Studies fußender Literaturbegriff wurde von Philipp Schweighauser (vgl. III.19 SCHWEIGHAUSER) geprägt. Das von ihm eröffnete Feld der Literary Acoustics umfasst Studien, die die literarische Produktion von Klängen und Geräuschen untersuchen und diese in einem doppelten Sinn als die Inszenierung akustischer Welten innerhalb literarischer Texte und außertextuell als Teil der kommunikativen und kulturellen Funktion von Literatur verstehen. (Elisabeth Reichel)

Stimme – Als menschliches Organ der Äußerung (auch wenn sie streng genommen kein eigenständiges Organ darstellt) ist die Stimme in Literatur und Musik omnipräsent, die Erscheinungsformen reichen von Gesang über den Sprechgesang zur Deklamation. In der Musikwissenschaft beschreibt der Terminus Stimme seit dem Mittelalter zunächst nur gesungene, dann aber auch instrumentale Tonfolgen in ihrem Zusammenspiel (→ POLYPHONIE). Zudem wird der konkrete Stimmklang unter individuellen und körpergebunden Aspekten wie Anregung und Signalformung sowie unter gattungsspezifischen Gesichtspunkten wie Gesangs- und Phrasierungstechniken (Vibrato, Falsett, Glissandi etc.) untersucht. In der Literaturwissenschaft spielt die Analyse des Stimmklangs in auditiven Medien wie Lesungen, Oral Poetry oder Slam Poetry allerdings kaum eine Rolle, sondern allenfalls die Stimme im Medium des geschriebenen Textes (→ PROSOPOPOIIA). Dabei sind die Grenzen fließend zwischen klanglich-ästhetischen Dimensionen von Literatur als Sprachkunst und abstrakteren und metaphorischen Dimensionen der Stimme, etwa auch als Organ der Repräsentation, wie es sich im politikwissenschaftlichen Gebrauch (Stimmrecht) zeigt. Bachtin beschreibt mit dem Konzept der fremden Stimme intertextuelle Bezüge in Erzähler- und Figurenrede. Die Narratologie verwendet den Begriff zur Differenzierung von Erzählerperspektiven, bei Genette etwa in Bezug auf die zeitliche, räumliche und inhaltliche Positionierung des Erzählers zum erzählten Geschehen. (Fernand Hörner)

Synästhesie – von griech. *synaisthesis* (Zugleichempfinden) steht für gleichzeitige oder verschmelzende subjektive bzw. kulturspezifische Eindrücke, welche durch eine Sinneswahrnehmung stimuliert werden und die zugleich die Reizung eines anderen Sinnesbereichs auslösen. Eingeführt wurde der Begriff Synästhesie 1866 von Alfred Vulpian, der damit den Energietransfer zwischen unterschiedlichen Sinnesbereichen in der Neurophysiologie bezeichnete. Unterschieden wird die Synästhesie als unwillkürliche und unspezifische, klinisch diagnostizierbare Wahrnehmung von der künstlerischen Synästhesie. Erstere wird durch einen objektiven Stimulus erzeugt und hängt vermutlich mit dem limbischen System, dem für Emotionen und Gedächtnis zuständigen Bereich des Gehirns, zusammen; letztere wird in Kunst, Literatur und Musik als Stilmittel verwendet. Besonders im intermodalen Bereich der Musik wird die Wahrnehmung stark von subjektiven Vorstellungen und Gefühlen des Rezipienten geprägt und legt das Kombinieren von Musik mit anderen Medien- und Kunstformen im Spiel mit der synästhetischen Wahrnehmung nahe, was sich in zahlreichen Werken manifestiert. So ersetzt Louis Bertrand Castel in seinem erfundenen Musikinstrument *clavecin oculaire* im 18. Jahrhundert die den chromatischen Tönen entsprechenden Intervalle durch Farben. Anfang des 19. Jahrhundert provoziert die wissenschaftliche Erkenntnis über die Wellenförmigkeit von Schall und Licht den Versuch, den Tönen entsprechende Farben zuzuordnen, wie beispielsweise dem Ton C die Farbe Gelbgrün. Im 20. Jahrhundert fügt der russische Symbolist Alexander Nikolajewitsch Skrjabin seinem musikalischen Werk *Prométhée – Le Poème du Feu* op. 60 der Melodie eine weitere, visuelle Stimme aus farbigem Scheinwerferlicht hinzu; Arnold Schönberg kombiniert sein ‚Drama mit Musik' op. 28, *Die glückliche Hand*, mit Farbvorschriften, und Wassily Kandinsky vereint Farbe und Ton in seinen vier musikalischen Bühnenkompositionen *Der gelbe Klang*, *Schwarz und Weiss*, *Grüner Klang* und *Violett*. Die literarisch-rhetorische Synästhesie realisiert sich als eine Spielart der → METAPHER, bei der ein Sinnesbereich durch die Qualifikation über heteromodale Begriffe eine spezifische Prägnanz erhält (‚dunkler Ton', ‚Klangfarbe', ‚schreiendes Pink'). Eine Hochzeit der literarisch-rhetorischen Synästhesie ist die sogenannte Goethezeit, in der mit der sensualistisch geprägten Zuwendung der Ästhetik zur Aisthesis die intermodale Wahrnehmung (nicht nur) künstlerischer Phänomene das Interesse auf sich zieht. Die technologischen Möglichkeiten des 20. Jh. wiederum bringen multimediale Kunstwerke hervor, die in der freien Kombination unterschiedlicher Medien synästhetische Potentiale neu ausschöpfen. Im Hinblick auf neue → NOTATIONsmöglichkeiten werden hier auf der Grundlage früherer Ideen (bsp. ‚musikalische Graphik') Konzepte wie die ‚Bildpartitur' entwickelt (Bsp. John Cages *Aria for Voice (Any Range)*). (Dinah Suter)

Ton/Tonträger – Von Tonträgern kann man sprechen, wenn akustische Ereignisse nicht mehr nur symbolisch, etwa Sprache im Alphabet oder Musik in der

Notenschrift, sondern real als Klänge selbst gespeichert werden. Möglich wurde das erst, nachdem das 19. Jahrhundert die Physiologie des Hörsinns und die Überführbarkeit von mechanischer in akustische (oder elektrische) Energie und umgekehrt beschreiben konnte und so der Erfindung des Phonautographen, eines Geräts zur graphischen Visualisierung von Schallschwingungen durch Scott (1857), und des erstmals auch die Wiedergabe des aufgezeichneten Schalls ermöglichenden Phonographen durch Edison (1877) Vorschub leistete. Als reines Wiedergabemedium etablierte Berliners Grammophon (1887) rasch den Tonträger als Warenform und ließ einen Markt für aufgezeichnete Musik entstehen. Als Produktions- wie als Rezeptionsdispositiv sollte sich die Musikaufzeichnung bald auf Musik, Aufführungspraktiken und Hörverhalten auswirken. Die 1931 durch Blumlein patentierte, seit Ende der 1950er Jahre marktgängige Stereophonie löste im Verbund mit der Einführung der Vinyl-Langspielplatte zunächst einen Trend zur realistischen Vergegenständlichung, zum besseren → KLANG (High Fidelity), aber auch zum Aufnahmestudio als Instrument aus und förderte die Entstehung von Audiokulturen (Audiophilie, Populärmusik, Jugendkulturen). Mit der CompactDisc (seit 1982) setzten sich die digitale Aufzeichnung und Decodierung durch. Sie bedienten anfangs noch das Narrativ eines Klangfortschritts (‚perfect sound forever'), erleichterten de facto jedoch die Manipulation von Klängen. Dynamik- und vor allem Datenkompressionsverfahren (MP3) sowie Convenience-Technologien (mobiles Hören) etablierten ein mitunter als Low-Fidelity beschriebenes Dispositiv. Mit den durch das Internet ermöglichten Distributionsformen (Downloads, Streaming) scheinen physische Tonträger derzeit im Rückzug begriffen, ohne jedoch zu verschwinden. (Uwe C. Steiner)

Variation – Als Variation (von lat. *variare* „verändern", *variatio* „Verschiedenheit") wird die Veränderung einer vorgegebenen (Gestaltungs-)Einheit bezeichnet, eines primär Vorhandenen bzw. Gegebenen, sei dieses künstlerischer (musikalischer, literarischer, bildnerischer, kunsthandwerklicher etc.), naturwissenschaftlicher (biologischer, mathematischer, astronomischer etc.) oder sozialer (Mode, Sport, Verhaltensweisen etc.) Natur. In der Literatur bedeutet Variation die sprachliche Abwandlung eines Gedankens (Satzes, Wortes) oder einer Lautkombination mit Hilfe einer (partiellen) Veränderung; in der Linguistik die (vor allem soziologisch bedingte) Änderung des Stil- bzw. Sprachniveaus auf den Gebieten von Grammatik und Wortwahl, aber auch der Gebrauch von verschiedenen Allomorphen (z. B. bei der Pluralbildung).

In der Musik bezeichnet ‚Variation' zumeist die Abwandlung eines Motivs oder Themas, aber auch eines Akkordes, → RHYTHMUS' oder → KLANGES durch melodische, harmonische, rhythmische, dynamische, artikulatorische, instrumentatorische oder sonstige Veränderungen, doch auch unterschiedliche Vortragsarten bzw. Interpretationen fallen unter diesen Begriff. Das können kleine Unterschiede im Rahmen umfangreicher Werkgestaltungen sein, das kann aber auch zum satz- oder werktypischen kompositorischen Prinzip werden: als ‚Variationen über …' oder ‚Tema con variazioni' (Einzelsatz, ‚Variationensatz') bzw. als ‚Variationenreihe' oder ‚Variationenzyklus' (selbständiges Werk). Variation nennt man aber auch freie Gestaltungen einer oder mehrerer Stimmen über einem immer wiederkehrenden Bass (Basso ostinato), über (bzw. zu) melodischen bzw. rhythmischen Modellen oder auch ganzen Melodien, wodurch sich die Veränderung nicht auf ein Thema o. ä. bezieht, sondern auf den Gesamtsatz, der nun gleichbleibende (oder variierte) sowie neugestaltete Stimmen besitzt (ähnlich ist es bei der Veränderung einer Begleitung). Das gilt u. a. für die sogenannte ‚Figuralvariation', bei der ein Motiv bzw. Thema (z. B. ein *cantus firmus*) von ‚Figuren' anderer Stimmen umspielt wird. Wenn eine Variation die Vorlage stark in ihrem Charakter verändert, spricht man sogar von ‚Charaktervariation', doch auch hier ist wichtig, dass Grundelemente der variierten Vorlage erhalten und erkennbar bleiben. (Hartmut Krones)

Vertonung – Unter diesem Begriff wird in der Regel die Musikalisierung einer präexistenten wortsprachlichen Vorlage verstanden, sei es, dass ein Roman oder Theaterstück – zumeist nach vorheriger Umwandlung in ein Libretto – als Grundlage für die Opernkomposition firmiert, sei es, dass ein gegebener Text unmittelbar in Musik gesetzt wird, wie zum Beispiel beim Lied. Das Vertonte (der wortsprachliche Text) und die im Zeichensystem der Musik festgehaltene Vertonung lassen sich dabei im Sinne einer Medienkombination weiterhin unterscheiden und potentiell separat voneinander betrachten, wenngleich es zu verschiedenen Formen der Dominanzbildung innerhalb des künstlerischen Endresultats kommen kann: von der unangefochtenen Priorität des Wortes, dem sich die Musik durch exakten Nachvollzug der → PROSODIE und sparsame Begleitung unterordnet, bis hin zum Punkt einer klanglichen ‚Überflutung' des Textes, die den Grad der Verständlichkeit dessen, was gesungen wird, mitunter radikal herabsetzt. Gleichwohl liegt in solchen Fällen, bei denen der Wortlaut des Vertonten prinzipiell als eigenständige und zusammenhängende, wenn auch vielleicht im akustischen Vollzug nicht mehr distinkt wahrnehmbare Schicht erhalten bleibt, immer noch eine ‚Vertonung' vor. Avantgardistischen Formen der Lautkomposition im 20. und 21. Jh. hingegen, die den ihnen zugrunde liegenden Text wesentlich als phonetisches → MATERIAL ohne semantischen Kommunikationswert behandeln – als Material, das zwar strukturell konstitutiv sein mag, aber infolge der musikalischen Einverleibung keine durch sich selbst verständliche Sinnebene ausprägt –, können nur bedingt als ‚Vertonungen' angesprochen werden, zumindest dann, wenn man am Definitionskriterium der Trennbarkeit der Komponenten festhält. (Arne Stollberg)

Wiederholung – Musik ist ohne das Strukturprinzip der Wiederholung kaum denkbar; die Wiederholung ist hier omnipräsent, sei es in instrumentalen oder vokalen Großformen wie dem Rondo, dem Sonatenhauptsatz (dessen dritter Teil eine Reprise des ersten ist), dem Strophenlied und seiner modernen Variante, dem Pop-Song, sei es im Kleinen wie in der Periode (der Nachsatz wiederholt den Vordersatz) oder allgemeiner in der Wiederholung von Themen und Motiven. Die Wiederholung zielt dabei kaum jemals auf die identische Kopie. Ihr Reiz liegt in der Variierung des Bekannten; als Variante (→ VARIATION) ist die Wiederholung etwa stilbildend für den Verzierungsreichtum der Da-Capo-Arie. Das Strukturprinzip der Wiederholung spielt jedoch auch in der Literatur eine zentrale Rolle. Das gilt insbesondere für mündliche Literatur, die schon aus Gründen besserer Merkbarkeit auf Verfahren der Wiederholung, wie z. B. Reim, Metrum, Strophik, sowie Sprachformeln („es war einmal") angewiesen ist, von denen viele als Gattungsmerkmale schriftlicher Literatur erhalten bleiben (Reim und Metrum sind für Lyrik, Epik und Dramatik bis ins 18. Jahrhundert verbindlich). Auch in der Rhetorik spielt die Wiederholung als Figur der Repetitio eine wichtige Rolle, indem sie die Eindringlichkeit einer Aussage steigert. Dass die Wiederholung heute gleichwohl häufig als ‚Musikalisierung' eines Texte erlebt wird, liegt daran, dass sie in der modernen Prosa als Strukturprinzip an Bedeutung verloren hat. In ihr wird die Wiederholung vielmehr als gezieltes Stilmittel eingesetzt, um etwa die Obsessivität einer Figur zu betonen, dem Text einen mythisch anmutenden Charakter zu geben oder um tatsächlich eine Annäherung an musikalische Strukturen zu erzielen, wie etwa in Thomas Bernhards *Der Untergeher*. Auch moderne Lautgedichte setzen im Sinne einer ‚Musikalisierung' auf die Wiederholung, um eine Strukturierung des Klangmaterials ebenso zu erreichen wie auf den Reiz der Variante zu zielen. (Nicola Gess)

Zitat – Das Zitat (lat. *citare* – erregen; beschleunigen; rufen) bezeichnet in der seit dem 18. Jh. gängigen Verwendung des Begriffs eine in der Regel markierte, wortwörtliche Übernahme aus einem fremden Text. In dieser Bedeutung haben wir es beim Zitat mit einer spezifischen Form der Intertextualität zu tun, insofern es als buchstäblicher Verweis zwei Texte interferieren lässt. Ferner ist das Zitat als eine Beglaubigungs- bzw. Nachweispraxis insbesondere wissenschaftlichen Schreibens eng mit den Begriffen des geistigen Eigentums und des Urheberrechts verbunden. Durch seine etymologische Grundbedeutung behauptet das Zitat zugleich eine Nähe zur Invokation (vgl. ‚zitieren' im Sinne von heißen, aufrufen, erwecken). Die darin angedeutete Dimension akustischer, stimmlicher Performanz findet sich noch im Rezitieren (neulat. *re-citare* – laut vortragen, hersagen, vorlesen) bzw. der Rezitation (lautes → Lesen, Vorlesen, Vortrag) sowie dem dramatischen Sprechgesang in der Musik, dem Rezitativ.

Das verbale Zitat unterbricht die Ganzheit des zitierenden ebenso wie des zitierten Textes und oszilliert damit zwischen → Wiederholung und Aneignung. Im Sinne eines reflexiven Zeichengebrauchs formiert das Zitat also das dialogische In-Bezug-Setzen eines Textes zu externen bzw. vorgängigen Äußerungen. Im literarischen Text ist das Zitat eine zentrale Form der Auseinandersetzung mit der literarischen Tradition, die jedoch insbesondere unter einer originalistischen Ästhetik mit dem Vorwurf mangelnder Originalität belastet war und erst im 20. Jh. ihre volle Geltung entfalten konnte. Gegenüber diesen schriftlich-textuellen Erscheinungsformen begreift die klassische Rhetorik das Zitat im Sinne des Exempels als eine autorisierende Praxis, wobei die verlebendigende → Wiederholung sich als Figur der *Evidentia* ebenso wie der → Prosopopoiia vollziehen kann. Die *auctoritas*-Funktion von Zitaten kultivieren außerdem die schon in der Antike angelegten Sammlungen sogenannter ‚geflügelter Worte' (Sprichworte, Aphorismen, Apophthegmata).

In der Musik, die über keine Möglichkeit der typographischen Markierung (Anführungszeichen) oder der Quellenangabe verfügt, tritt das Zitat in der Funktion prägnanter Evokation auf. Dabei reicht der Referenzhorizont des musikalischen Zitats vom Verweis auf größere historische Zusammenhänge (z. B. die ‚Reformation' im Falle des „Ein' feste Burg"-Zitats in Mendelssohns *Reformationssymphonie*) bis zur quasi programmatischen Evokation eines unausgesprochenen Liedtextes und dessen semantischen Gehalts in der Instrumentalmusik (Brahms, Mahler). Besonders beliebt ist das Spiel mit Zitaten in der Populärmusik (*sampling*). Wie in der Literatur spannt sich das Spektrum der Bezugsmodalitäten zwischen den Polen von Hommage und parodistischer Verspottung. Dabei erweisen sich in sämtlichen Bereichen bzw. Medien, in denen das Zitat auftritt, diese polemischen oder parodistischen ‚Modi' des Zitierens als interpretatorisch anspruchsvoll. Im 20. Jh. gewinnt das Zitat als Element (→ Materialität) in Montage- und Collagetechniken eine besondere, transmediale Bedeutung. (Sina Dell'Anno)

V. Auswahlbibliographie

Abbate, Carolyn. *Unsung Voices: Opera and Musical Narrative in the Nineteenth Century.* Princeton, N. J.: Princeton University Press, 1991.
Ackermann, Max. *Die Kultur des Hörens. Wahrnehmung und Fiktion. Texte vom Beginn des 20. Jahrhunderts.* Nürnberg: Falkenberg, 2003.
Adami, Martina. *Der große Pan ist tot!? Studien zur Pan-Rezeption in der Literatur des 19. und 20. Jahrhunderts.* Innsbruck: Institut für Germanistik, 2000.
Adler, Hans und Ulrike Zeuch (Hrsg.). *Synästhesie – Interferenz – Transfer – Synthese der Sinne.* Würzburg: Königshausen & Neumann, 2002.
Adorno, Theodor W. *Gesammelte Schriften* (=GS). Hrsg. von Rolf Tiedemann unter Mitwirkung von Gretel Adorno, Susan Buck-Morss und Klaus Schultz. Frankfurt am Main: Suhrkamp, 1973–1986.
Adorno, Theodor W. *Nachgelassene Schriften.* Hrsg. von Rolf Tiedemann. Frankfurt am Main: Suhrkamp, 1994 f.
Aikin, Judith P. *A Language for German Opera: The Development of Forms and Formulas for Recitative and Aria in Seventeenth-Century German Libretti.* Wiesbaden: Harrassowitz, 2002.
Alder, Erik und Dietmar Hauck. *Music and Literature: Music in the Works of Anthony Burgess and E. M. Forster. An Interdisciplinary Study.* Tübingen und Basel: Francke, 2005.
Alewyn, Richard. „Clemens Brentano: ‚Der Spinnerin Lied'". *Probleme und Gestalten. Essays.* Frankfurt am Main: Insel, 1974. 198–202.
Alim, H. Samy, Awad Ibrahim und Alastair Pennycook (Hrsg.). *Global Linguistic Flows. Hip Hop Cultures, Youth Identities, and the Politics of Language.* Hrsg. von H. Samy Alim, Awad Ibrahim und Alastair Pennycook. New York: Routledge, 2009.
Almén, Byron. *A Theory of Musical Narrative.* Bloomington: Indiana University Press, 2008
Altenburg, Detlef. „Eine Theorie der Musik der Zukunft. Zur Funktion des Programms im symphonischen Werk von Franz Liszt". *Kongress-Bericht Eisenstadt 1975.* (Liszt-Studien 1). Hrsg. von Wolfgang Suppan. Graz: Akademische Druck- und Verlagsanstalt, 1977. 9–25.
Ammon, Frieder von. *Fülle des Lauts. Aufführung und Musik in der deutschsprachigen Lyrik seit 1945: Das Werk Ernst Jandls in seinen Kontexten.* [Unveröffentlichtes Manuskript der Habilitationsschrift.] München: [s. n.], 2013.
Arburg, Hans-Georg von (Hrsg.). *Stimmung – Mood. Themenheft. Figurationen. Gender, Literatur, Kultur* 11.2 (2010).
Arburg, Hans-Georg von und Sergej Rickenbacher (Hrsg.). *Concordia discors. Ästhetiken der Stimmung zwischen Literaturen, Künsten und Wissenschaften.* Würzburg: Königshausen & Neumann, 2012.
Arroyas, Frédérique. „When Is a Text Like Music?" *Proceedings of the Second International Conference on Word and Music Studies at Ann Arbor, 1999.* Hrsg. von Walter Bernhart, David Mosley und Werner Wolf. Amsterdam: Rodopi, 2001. 81–99.
Artsibacheva, Olga. *Die Rezeption des Orpheus-Mythos in deutschen Musikdramen des 17. Jahrhunderts.* Tübingen: Niemeyer, 2008.
Attali, Jacques. *Bruits: Essai sur l'économie politique de la musique.* Paris: Presses Universitaires de France, 1977.
Barthes, Roland. *S/Z.* Frankfurt am Main: Suhrkamp, 1987.

Barthes, Roland. *Die Körnung der Stimme. Interviews 1962–1980*. Frankfurt am Main: Suhrkamp, 2002 [1981].
Bauerle, Ruth. „Hodgart and Worthington: From Silence to Song". *Reviewing Classics of Joyce Criticism*. Hrsg. von Janet Egleson Dunleavy. Urbana und Chicago: University of Illinois Press, 1991.
Bäuml, Franz H. „Der Übergang mündlicher zur *artes*-bestimmten Literatur des Mittelalters". *Fachliteratur des Mittelalters. Festschrift für Gerhard Eis*. Hrsg. von Gundolf Keil, Rainer Rudolf, Wolfram Schmitt und Hans J. Vermeer. Stuttgart: Metzler, 1968. 1–10.
Becker, Alexander. „Die verlorene Harmonie der Harmonie. Musikphilosophische Überlegungen zum Stimmungsbegriff". *Concordia discors. Ästhetiken der Stimmung zwischen Literaturen, Künsten und Wissenschaften*. Hrsg. von Hans-Georg von Arburg und Sergej Rickenbacher. Würzburg: Königshausen & Neumann, 2012. 261–280.
Berghahn, Cord-Friedrich. „Wagner und die Literatur seiner Zeit". *Wagner-Handbuch*. Hrsg. von Laurenz Lütteken. Kassel i. a.: Bärenreiter, 2012. 168–172.
Bermbach, Udo. *Richard Wagner in Deutschland. Rezeption – Verfälschungen*. Stuttgart, Weimar: Metzler, 2011.
Bernhart, Walter. „Setting a Poem: The Composer's Choice For or Against Interpretation". *Yearbook of Comparative and General Literature* 37 (1988): 32–46.
Bernhart, Walter. „Aesthetic Illusion in Instrumental Music?" *Immersion and Distance: Aesthetic Illusion in Literature and Other Media*. Hrsg. von Werner Wolf, Walter Bernhart und Andreas Mahler. Amsterdam: Rodopi, 2013. 365–380.
Betz, Albrecht. „Der junge Proust als Wagnerianer". *Von Wagner zum Wagnérisme*. Hrsg. von Annegret Fauser und Manuela Schwartz. Leipzig: Universitäts Verlag, 1999. 433–444.
Bierl, Anton. *Der neue Sappho-Papyrus aus Köln und Sapphos Erneuerung: Virtuelle Choralität, Eros, Tod, Orpheus und Musik*. Harvard: Center for Hellenic Studies, 2008.
Birgfeld, Johannes. „Klopstock, the Art of Declamation and the Reading Revolution: An Inquiry into One Author's Remarkable Impact on the Changes and Counter-Changes in Reading Habits between 1750 and 1800". *Journal for Eighteenth-Century Studies* 31.1 (2008): 101–117.
Birnstiel, Klaus. „Bücher zu Schallplatten? Zu einer Schreibweise von Theorie in Literatur". *Literatur und Theorie seit der Postmoderne*. Hrsg. von Klaus Birnstiel und Erik Schilling. Mit einem Nachwort von Hans Ulrich Gumbrecht. Stuttgart: Hirzel, 2012. 93–106.
Blanchot, Maurice. „Der Gesang der Sirenen". *Der Gesang der Sirenen. Essays zur modernen Literatur*. München: Hanser, 1962. 11–40.
Blanchot, Maurice. *Der Blick des Orpheus*. Berlin: Potlatch Books, 2009.
Bogner, Ralf Georg: „Medienwechsel". In: Ansgar Nünning (Hrsg.): *Metzler-Lexikon Literatur- und Kulturtheorie*. Stuttgart: Metzler, 1998. 355.
Bollacher, Martin. „Wackenroders Kunst-Religion. Überlegungen zur Genesis der frühromantischen Kunstanschauung". *Germanisch-romanische Monatsschrift* 30.4 (1980): 377–394.
Bonz, Jochen. „Sampling. Eine postmoderne Kulturtechnik". *Kulturschutt: Über das Recycling von Theorien und Kulturen*. Hrsg. von Christoph Jacke, Eva Kimminich und Siegfried J. Schmidt. Bielefeld: transcript, 2006. 333–352.
Borchmeyer, Dieter. *Richard Wagner. Ahasvers Wandlungen*. Frankfurt am Main: Insel, 2002.
Borgeaud, Philippe. „The Death of the great Pan: The Problem of Interpretation". *History of Religions* 22 (1982): 254–283.
Borgeaud, Philippe. *The Cult of Pan in ancient Greece*. Chicago: University Press, 1988.

Bose, Mishtooni. „Humanism, English Music and the Rhetoric of Criticism". *Music & Letters* 77 (1996): 1–21.
Botstein, Leon. „Listening through Reading: Musical Literacy and the Concert Audience". *19th-Century Music* 16.2 (1992): 129–145.
Bradley, Adam. *Book of Rhymes. The Poetics of Hip Hop*. New York: Basic Civitas Books, 2009.
Brandenburg, Daniel, Rainer Franke und Anno Mungen (Hrsg.). *Das Wagner Lexikon*. Laaber: Laaber, 2012.
Braun, Werner. *Thöne und Melodeyen, Arien und Canzonetten. Zur Musik des deutschen Barockliedes*. Tübingen: Niemeyer, 2004.
Brinkmann, Reinhold. *Von der Oper zum Musikdrama. 5 Vorträge von Reinhold Brinkmann*. Hrsg. von Stefan Kunze. Bern und München: Francke, 1978.
Brock, Sebastian P. „Syriac and Greek Hymnography: Problems of Origin". *Papers Presented to the Seventh International Conference on Patristic Studies Held in Oxford 1975 II: Monastica et Ascetica, Orientalia, E Saeculo Secundo, Origen, Athanasius, Cappadocian Fathers, Chrysostom, Augustine*. Hrsg. von Elizabeth A. Livingstone. Berlin: Akademie, 1985. 77–81.
Brown, Calvin S.: „Theoretische Grundlagen zum Studium der Wechselverhältnisse zwischen Literatur und Musik". In: Steven Paul Scher (Hrsg.): *Literatur und Musik. Ein Handbuch zur Theorie und Praxis eines komparatistischen Grenzgebietes*. Berlin: Schmidt, 1984. 28–39.
Brown, Calvin S. *Music and Literature. A Comparison of the Arts*. Hanover und London: University Press of New England, 1987 [1948].
Bryden, Mary. *Samuel Beckett and Music*. Oxford: Clarendon Press, 1998.
Budde, Elmar. „Musikalische Form und rhetorische dispositio. Zum ersten Satz des dritten Brandenburgischen Konzertes". *Alte Musik und Musikpädagogik*. Hrsg. von Hartmut Krones. Wien, Köln und Weimar: Böhlau, 1997. 69–83.
Budde, Gudrun. „Fuge als literarische Form? Zum Sirenen-Kapitel aus ‚Ulysses' von James Joyce". *Musik und Literatur*. Hrsg. von Albert Gier und Gerold W. Gruber. Frankfurt am Main, Bern i. a.: Peter Lang, 1995. 195–213.
Bull, Michael und Les Back (Hrsg.). *The Auditory Culture Reader*. Oxford: Berg, 2003.
Bull, Michael (Hrsg.). *Sound Studies: Critical Concepts in Media and Cultural Studies*. 4 Bde. London: Routledge, 2013.
Busse Berger, Anna Maria. *Medieval Music and the Art of Memory*. Berkeley: University of California Press, 2005.
Butler, Gregory G. „Music and Rhetoric in Seventeenth-Century English Sources". *The Musical Quarterly* 66 (1980): 53–64.
Caduff, Corina. *„dadim dadam" – Figuren der Musik in der Literatur Ingeborg Bachmanns*. Köln i. a.: Böhlau, 1998.
Caduff, Corina. *Die Literarisierung von Musik und bildender Kunst um 1800*. München: Fink, 2003.
Calico, Joy Haslam. *Brecht at the Opera*. Berkeley: California Press, 2008.
Calvet, Louis-Jean. *Chanson et société*. Paris: Payot, 1981.
Calvet, Louis-Jean. „Quel temps fera-t-il sur la chanson française? À propos des courants actuels de la chanson française". *La chanson française contemporaine. Politique, société, médias*. Hrsg. von Ursula Mathis. Innsbruck: Institut für Sprachwissenschaft, 1995. 55–61.
Cattin, Giulio und F. Alberto Gallo (Hrsg.). *Un millennio di polifonia liturgica tra oralità e scrittura*. Bologna: Il Mulino, 2002.
Cavarero, Adriana. *For More than One Voice. Toward a Philosophy of Vocal Expression*. Stanford: Stanford University Press, 2005.

Chamberland, Roger und André Gaulin (Hrsg.). *La chanson québécoise de la Bolduc à aujourd'hui. Anthologie.* Québec: Nuit blanche éditeur, 1994.
Chaouche, Sabine (Hrsg.). *Sept traités sur le jeu du comédien et autres textes: de l'action oratoire à l'art dramatique, 1657–1750.* Paris: Honoré Champion, 2001.
Chion, Michel. „The Three Listening Modes". *Audio-Vision. Sound on Screen.* New York: Columbia University Press, 1994. 25–34.
Cicora, Mary A. „Brunnhilde on Naxos: A Study of the Wagnerian Influence on Hofmannsthal's Dramas and the Hofmannsthal-Strauss Dramas". *Wagner's „Ring" and German Drama: Comparative Studies in Mythology and History in Drama.* Westport i. a.: Greenwood Press, 1999. 91–129.
Cloot, Julia. *Geheime Texte. Jean Paul und die Musik.* Berlin: De Gruyter, 2001.
Clune, Michael W. „Rap, Hip Hop, Spoken Word". *The Cambridge Companion to American Poetry since 1945.* Hrsg. von Jennifer Ashton. Cambridge: Cambridge University Press (Cambridge Companions to Literature), 2013. 202–215.
Clüver, Claus. „Inter textus / Inter artes / Inter media". *Komparatistik. Jahrbuch der Deutschen Gesellschaft für Allgemeine und Vergleichende Literaturwissenschaft 2000/2001.* Heidelberg: Synchron Wissenschaftsverlag der Autoren, 2001. 14–50.
Cobbing, Bob. „Konkrete Klankpoëzie 1950–1970. Concrete sound poetry 1950–1970. Konkrete Lautdichtung 1950–1970". *Klankteksten. Konkrete poëzie? Vizuele Teksten. Sound Texts. Concrete Poetry? Visual Texts. Akustische Texte. Konkrete Poesie? Visuelle Texte.* Hrsg. von Wim Crouwel. Ausstellungskatalog des Amsterdamer Stedelijk Museum. Amsterdam: [s. n.], 1971. 25–34.
Cone, Edward T. *Music: A View from Delft. Selected Essays.* Hrsg. von Robert P. Morgan. Chicago und London: The University of Chicago Press, 1989.
Conrad, Peter. *Romantic Opera and Literary Form.* Berkeley, Los Angeles, London: University of California Press, 1977.
Cooper, John Xiros (Hrsg.). *T. S. Eliot's Orchestra: Critical Essays on Poetry and Music.* New York/London: Garland, 2000.
Corbin, Alain. *Les cloches de la terre: Paysage sonore et culture sensible dans les campagnes au XIXe siècle.* Paris: Albin Michel, 1994.
Corbineau-Hoffmann, Angelika. *Testament und Totenmaske: Der literarische Mythos Ludwig van Beethoven.* Hildesheim: Weidmann, 2000.
Culler, Jonathan. „Philosophy and Literature: The Fortunes of the Performative". *Poetics Today* 21.3 (2000): 503–519.
Cytowic, Richard E. „Wahrnehmungs-Synästhesie". *Synästhesie – Interferenz – Transfer – Synthese der Sinne.* Hrsg. von Hans Adler und Ulrike Zeuch. Würzburg: Königshausen & Neumann, 2002. 7–24.
Dahlhaus, Carl. „Musica poetica und musikalische Poesie". *Archiv für Musikwissenschaft* 23 (1966): 110–124.
Dahlhaus, Carl. „Thesen über Programmusik". *Beiträge zur musikalischen Hermeneutik.* Hrsg. von Carl Dahlhaus. Regensburg: Bosse, 1975. 187–204.
Dahlhaus, Carl. *Die Idee der absoluten Musik.* Kassel i. a.: Bärenreiter, 1978.
Dahlhaus, Carl. „Liszts Faust-Symphonie und die Krise der symphonischen Form". *Über Symphonien. Beiträge zu einer musikalischen Gattung. Festschrift für Walter Wiora zum 70. Geburtstag.* Hrsg. von Christoph Hellmut Mahling. Tutzing: Schneider, 1979. 129–139.
Dahlhaus, Carl. „Zur Dramaturgie der Literaturoper". *Für und Wider die Literaturoper. Zur Situation nach 1945.* Hrsg. von Sigrid Wiesmann. Laaber: Laaber, 1982. 147–163.

Dahlhaus, Carl und Michael Zimmermann (Hrsg.). *Musik zur Sprache gebracht. Musikästhetische Texte aus drei Jahrhunderten*. München: dtv, 1984.
Dahlhaus, Carl. „Zur Geschichtlichkeit der musikalischen Figurenlehre". *Festschrift Martin Ruhnke zum 65. Geburtstag*. Hrsg. von Mitarbeitern des Instituts für Musikwissenschaft der Universität Erlangen-Nürnberg. Neuhausen-Stuttgart: Hänssler, 1986. 83–93.
Dahlhaus, Carl. *Musikästhetik*. Laaber: Laaber, 1986.
Dahlhaus, Carl. *Klassische und romantische Musikästhetik*. Laaber: Laaber, 1988.
Dahlhaus, Carl. *Vom Musikdrama zur Literaturoper. Aufsätze zur neueren Operngeschichte*. Überarbeitete Neuausgabe. München und Mainz: Piper/Schott, 1989.
Dahlhaus, Carl. „Musik als Text" [1979]. *Gesammelte Schriften 1*. Hrsg. von Hermann Danuser in Verbindung mit Hans-Joachim Hinrichsen und Tobias Plebuch. Laaber: Laaber, 2000.
Danuser, Hermann. *Musikalische Interpretation*. Laaber: Laaber, 1992.
Danuser, Hermann (Hrsg.). *Handbuch der musikalischen Gattungen 8: Musikalische Lyrik*. 2 Bde. Laaber: Laaber, 2004.
Derrida, Jacques. *La voix et le phénomène*. Paris: Presses Universitaires de France, 1967.
Detering, Heinrich. *Bob Dylan*. 3., durchgesehene und erweiterte Aufl. Stuttgart: Reclam, 2009.
Di Gaetani, John Louis. *Richard Wagner and the Modern British Novel*. Rutherford: Fairleigh Dickinson University Press und London: Associated University Press, 1978.
Diller, Alex. *‚Ein literarischer Komponist?' Musikalische Strukturen in der späten Prosa Thomas Bernhards*. Heidelberg: Winter, 2011.
Ditschke, Stephan. „,,Wenn Ihr jetzt alle ein bisschen klatscht...' Text-Performance-Zusammenhänge als Faktoren für Publikumswertungen bei Poetry Slams". *IASLonline* 2007. http://www.iaslonline.de/index.php?vorgang_id=2716 (2. Oktober 2014).
Dobszay, László. „Two Paradigms of Orality: the Office and the Mass". *Music in Medieval Europe. Studies in Honour of Bryan Gillingham*. Hrsg. von Terence Bailey und Alma Colk Santosuosso. Aldershot: Ashgate 2007. 1–10.
Dommann, Monika. „Antiphon. Zu Resonanz des Lärms in der Geschichte". *Historische Anthropologie* 14.1 (2006): 133–146.
Dümling, Albrecht. *Laßt euch nicht verführen. Brecht und die Musik*. München: Kindler, 1985.
Dupree, Mary Helen. „From ‚Dark Singing' to a Science of the Voice: Gustav Anton von Seckendorff and the Declamatory Concert Around 1800". *Deutsche Vierteljahrsschrift für Literaturwissenschaft und Geistesgeschichte* 86.3 (2012): 365–396.
Dupree, Mary Helen. „Early Schiller Memorials (1805–1808) and the Performance of Literary Knowledge". *Performing Knowledge 1750–1850*. Hrsg. von Mary Helen Dupree und Sean Franzel. Berlin: De Gruyter, 2015. 137–165.
Dyer, Geoff. *But Beautiful. A Book About Jazz*. London: Jonathan Cape, 1991.
Eckel, Winfried. *Ut musica poesis. Die Literatur der Moderne aus dem Geist der Musik*. München: Fink, 2015.
Eger, Manfred. *Nietzsches Bayreuther Passion*. Freiburg im Breisgau: Rombach, 2001.
Eggebrecht, Hans Heinrich. „Musik als Tonsprache". *Archiv für Musikwissenschaft* 18 (1961): 73–100.
Eggebrecht, Hans Heinrich. „Das Ausdrucks-Prinzip im musikalischen Sturm und Drang" [1955]. *Musikalisches Denken: Aufsätze zur Theorie und Ästhetik der Musik*. Wilhelmshaven: Heinrichshofen, 1977. 69–111.
Eggebrecht, Hans Heinrich. „Vertontes Gedicht. Über das Verstehen von Kunst durch Kunst". *Dichtung und Musik. Kaleidoskop ihrer Beziehungen*. Hrsg. von Günter Schnitzler. Stuttgart: Klett-Cotta, 1979. 36–69.

Eggers, Katrin. „Musik als Medium. Metapher, Symbol und ‚narratographic effect'". *Der Komponist als Erzähler. Narrativität in Dimitri Schostakowitschs Instrumentalmusik*. Hrsg. von Melanie Unseld und Stefan Weiss. Hildesheim: Olms, 2008. 117–132.
Ellison, Ralph. „Richard Wright's Blues". *Living With Music. Ralph Ellison's Jazz Writings*. Edited and with an introduction by Robert G. O'Meally. New York: Modern Library, 2001. 101–119.
Emrich, Hinderk M. „Synästhesie als ‚Hyper-Binding'". *Synästhesie – Interferenz – Transfer – Synthese der Sinne*. Hrsg. von Hans Adler und Ulrike Zeuch. Würzburg: Königshausen & Neumann, 2002. 25–30.
Erlmann, Veit (Hrsg.). *Hearing Cultures. Essays on Sound, Listening and Modernity*. Oxford, New York: Berg Publishers, 2004.
Erlmann, Veit. *Reason and Resonance. A History of Modern Aurality*. New York: Zone Books, 2010.
Ernst, Wolfgang und Friedrich Kittler (Hrsg.). *Die Geburt des Vokalalphabets aus dem Geist der Poesie. Schrift, Zahl und Ton im Medienverbund*. München: Fink, 2006.
Erny, Richard. „Lyrische Sprachmusikalität als ästhetisches Problem der Vorromantik". *Literatur und Musik. Ein Handbuch zur Theorie und Praxis eines komparatistischen Grenzgebietes*. Hrsg. von Steven Paul Scher. Berlin: Schmidt, 1984. 180–208.
Fauser, Annegret und Monika Schwartz (Hrsg.). *Von Wagner zum Wagnérisme. Musik, Literatur, Kunst, Politik*. Leipzig: Leipziger Universitäts Verlag, 1999.
Favre, Georges. „Les Débuts de Paul Dukas dans la critique musicale. Les Représentations Wagnériennes à Londres en 1892". *Revue de Musicologie* 56.1 (1970): 54–85.
Fecker, Adolf. *Sprache und Musik 1: Phänomenologie der Deklamation in Oper und Lied des 19. Jahrhunderts*. Hamburg: Wagner, 1984.
Fecker, Adolf. *Sprache und Musik 2: Systematik der Vokalmusik*. Hamburg: Wagner, 1989.
Feinstein, Sascha. *Jazz Poetry. From the 1920s to the Present*. Westport, Connecticut: Praeger Publishers, 1997.
Feinstein, Sascha und Yusef Komunyakaa (Hrsg.). *The Second Set. The Jazz Poetry Anthology 2*. Bloomington und Indianapolis: Indiana University Press, 1996.
Feinstein, Sascha und David Rife (Hrsg.). *The Jazz Fiction Anthology*. Bloomington und Indianapolis: Indiana University Press, 2009.
Fekadu, Sarah. *Musik in Literatur und Poetik des Modernismus: Lowell, Pound, Woolf*. München: Fink, 2013.
Finger, Anke. *Das Gesamtkunstwerk der Moderne*. Göttingen: Vandenhoeck & Ruprecht, 2006.
Finger, Anke und Danielle Follett (Hrsg.). *The Aesthetics of the Total Artwork. On Borders and Fragments*. Baltimore: Johns Hopkins University Press, 2011.
Finnegan, Ruth. *Oral Poetry. Its Nature, Significance and Social Context*. Cambridge: Cambridge University Press, 1977.
Fischer, Andreas. „Strange Words, Strange Music: the Verbal Music of the Sirens Episode in Joyce's *Ulysses*". *On Strangeness*. Hrsg. von Margaret Bridges. Tübingen: Narr, 1990. 39–55.
Fischer, Christine (Hrsg.). *Oper als ‚Gesamtkunstwerk' – zum Verhältnis der Künste im barocken Musiktheater*. Winterthur: Amadeus, 2012a.
Fischer, Jens Malte. *Richard Wagner und seine Wirkung*. Wien: Zsolnay, 2013.
Fischer-Lichte, Erika. „Das ‚Gesamtkunstwerk'. Ein Konzept für die Kunst der achtziger Jahre?". *Dialog der Künste. Intermediale Fallstudien zur Literatur des 19. und 20. Jh*. Hrsg. von Maria Moog-Grünewald. Frankfurt am Main i. a.: Peter Lang, 1989. 61–74.
Fischer-Lichte, Erika. *Ästhetik des Performativen*. Frankfurt am Main: Suhrkamp, 2004.

Fischer-Lichte, Erika. *Performativität. Eine Einführung.* Bielefeld: transcript, 2012.
Fischer-Lichte, Erika, Matthias Warstadt und Anna Littmann (Hrsg.). *Theater und Fest in Europa. Perspektiven von Identität und Gemeinschaft.* Tübingen, Basel: Francke, 2012.
Forchert, Arno. „Vom ‚Ausdruck der Empfindung' in der Musik". *Das Musikalische Kunstwerk: Geschichte – Ästhetik – Theorie. FS Carl Dahlhaus zum 60. Geburtstag.* Hrsg. von Hermann Danuser. Laaber: Laaber, 1988. 39–50.
Forman, Murray. „Machtvolle Konstruktionen: Stimme und Autorität im HipHop". *Die Stimme im HipHop. Untersuchungen eines intermedialen Phänomens.* Hrsg. von Fernand Hörner und Oliver Kautny. Bielefeld: transcript, 2009. 23–50.
Fornoff, Roger. *Die Sehnsucht nach dem Gesamtkunstwerk. Studien zu einer ästhetischen Konzeption der Moderne.* Hildesheim i. a.: Olms, 2004.
Frank, Horst Joachim. *Handbuch der deutschen Strophenformen.* 2., durchgesehene Aufl. Tübingen: Francke, 1993.
Frank, Manfred. *Mythendämmerung. Richard Wagner im frühromantischen Kontext.* München: Fink, 2008.
Freeman, Robert S. *Opera without Drama. Currents of Change in Italian Opera, 1675–1725.* Ann Arbor: University of Michigan Research Press, 1981.
Fricke, Harald. „Schiller und Verdi. Das Libretto als Textgattung zwischen Schauspiel und Literaturoper". *Oper und Operntext.* Hrsg. von Jens Malte Fischer. Heidelberg: Winter, 1985. 95–115.
Fricke, Harald. „Rückert und das Kunstlied. Literaturwissenschaftliche Beobachtungen zum Verhältnis von Lyrik und Metrik". *Rückert-Studien* 5 (1990): 14–37.
Friedländer, Max. *Das deutsche Lied im 18. Jahrhundert. Quellen und Studien.* 3 Bde. Stuttgart und Berlin: Cotta, 1902.
Friedrich, Sven. „Wagner als Ideologe". *Wagner-Handbuch.* Kassel i. a.: Bärenreiter, 2012. 454–458.
Fries, Othmar. *Richard Wagner und die deutsche Romantik. Versuch einer Einordnung.* Zürich: Atlantik, 1952.
Furia, Philip. *The Poets of Tin Pan Alley. A History of America's Great Lyricists.* New York i. a.: Oxford University Press, 1992.
Furia, Philip. *Ira Gershwin. The Art of the Lyricist.* New York i. a.: Oxford University Press, 1996.
Gärtner, Markus. *Eduard Hanslick versus Franz Liszt. Aspekte einer grundlegenden Kontroverse.* Hildesheim: Olms, 2005.
Geck, Martin. *Zwischen Romantik und Restauration. Musik im Realismus-Diskurs der Jahre 1848–1871.* Stuttgart: Metzler, 2001.
Geck, Martin. *Wagner.* München: Siedler, 2012.
Gehring, Petra. „Die Wiederholungs-Stimme. Über die Strafe der Echo". *Stimme. Annäherung an ein Phänomen.* Hrsg. von Doris Kolesch und Sybille Krämer. Frankfurt am Main: Suhrkamp, 2006. 111–129.
Georg-Lauer, Jutta. *Dionysos und Parsifal. Eine Studie zu Nietzsche und Wagner.* Würzburg: Königshausen & Neumann, 2001.
Georgiades, Thrasybulos: *Musik und Sprache. Das Werden der abendländischen Musik dargestellt an der Vertonung der Messe.* Mit zahlreichen Notenbeispielen. Berlin i. a.: Springer, 1954.
Georgiades, Thrasybulos. *Musik und Rhythmus bei den Griechen. Zum Ursprung der abendländischen Musik.* Reinbek bei Hamburg: Rowohlt, 1958.

Georgiades, Thrasybulos G. *Schubert. Musik und Lyrik*. 2. Aufl. Göttingen: Vandenhoeck & Ruprecht, 1979 [1967].
Georgiades, Thrasybulos G. *Nennen und Erklingen. Die Zeit als Logos*. Göttingen: Vandenhoeck & Ruprecht, 1985.
Gerhard, Anselm. „Der Vers als Voraussetzung der Vertonung". *Verdi-Handbuch*. Hrsg. von Anselm Gerhard und Uwe Schweikert. 2., überarbeitete und erweiterte Aufl. Stuttgart und Weimar: Metzler, 2013. 201–222.
Gess, Nicola. „Intermedialität *reconsidered*. Vom Paragone bei Hoffmann bis zum Inneren Monolog bei Schnitzler". *Poetica. Zeitschrift für Sprach- und Literaturwissenschaft* 42 (2010): 139–168.
Gess, Nicola. *Gewalt der Musik. Literatur und Musikkritik um 1800*. 2., verbesserte Aufl. Freiburg im Breisgau: Rombach, 2011 [2006].
Gess, Nicola. „‚Geistersehen' in der ‚Schallwelt'. Richard Wagners antitheatrales Musiktheater". *Das Bildliche und das Unbildliche. Nietzsche, Wagner und das Musikdrama*. Hrsg. von Matteo Nanni, Matthias Schmidt und Arne Stollberg. München: Fink, 2015: 95–116.
Gess, Nicola. „Ideologies of Sound. Longing for Presence from the 18th century until today". *Journal for Sonic Studies* 10 (2015) [https://www.researchcatalogue.net/view/220291/220292].
Gess, Nicola. „Zur Geste bei Mahler. Unterbrechungen mit Benjamin". *Dirigentenbilder. Musikalische Gesten – verkörperte Musik*. Hrsg. von Florian Henri Besthorn, Arne Stollberg und Jana Weißenfeld. Basel: Schwabe, 2015. 255–289.
Gess, Nicola, Manuela Schulz und Florian Schreiner (Hrsg.). *Hörstürze. Akustik und Gewalt im 20. Jahrhundert*. Würzburg: Königshausen & Neumann, 2005.
Gier, Albert. „Musik in der Literatur. Einflüsse und Analogien". *Literatur intermedial. Musik – Malerei – Photographie – Film*. Hrsg. von Peter V. Zima. Darmstadt: Wissenschaftliche Buchgesellschaft, 1995. 61–92.
Gier, Albert. *Das Libretto – Theorie und Geschichte einer musikoliterarischen Gattung*. Frankfurt am Main und Leipzig: Insel, 2000.
Gier, Albert und Gerold W. Gruber (Hrsg.). *Musik und Literatur. Komparatistische Studien zur Strukturverwandtschaft*. 2., veränd. Aufl. Frankfurt am Main i. a.: Peter Lang, 1997.
Gisbertz, Anna-Katharina (Hrsg.). *Stimmung. Zur Wiederkehr einer ästhetischen Kategorie*. München: Fink, 2011.
Goodman, Nelson. *Sprachen der Kunst: Entwurf einer Symboltheorie*. 2. Aufl. Frankfurt am Main: Suhrkamp, 1995.
Goodman, Steve. „The Ontology of Vibrational Force". *Sonic Warfare: Sound, Affect and the Ecology of Fear*. Cambridge: MIT Press, 2010. 81–84.
Göttert, Karl-Heinz. *Geschichte der Stimme*. München: Fink, 1998.
Grage, Joachim (Hrsg.). *Literatur und Musik in der klassischen Moderne: Mediale Konzeptionen und intermediale Poetologien*. Würzburg: Ergon, 2006.
Grandt, Jürgen E. *Kinds of Blue. The Jazz Aesthetic in African American Narrative*. Columbus: The Ohio State University Press, 2004.
Gray, Michael. *Song & Dance Man III. The Art of Bob Dylan*. London und New York: Continuum, 2000.
Grey, Thomas S. *Wagner's Musical Prose. Texts and Contexts*. Cambridge: Cambridge University Press, 1995.

Grishakova, Marina und Marie-Laure Ryan (Hrsg.). *Intermediality and Storytelling*. Berlin und New York: De Gruyter, 2010.
Groddeck, Wolfram. „Nachwort". Rainer Maria Rilke. *Duineser Elegien. Die Sonette an Orpheus*. Stuttgart: Reclam, 1996. 137–155.
Gruber, Gernot. „Synästhesie, Simulationsindustrie und musikalische Phantasie". *Synästhesie in der Musik, Musik in der Synästhesie – Vorträge und Referate während der Jahrestagung 2002 der Gesellschaft für Musikforschung in Düsseldorf (25.–28. September 2002) an der Robert-Schumann-Hochschule*. Hrsg. von Volker Kalisch. Essen: Die blaue Eule, 2004. 105–109.
Gruhn, Wilfried. *Musiksprache – Sprachmusik – Textvertonung. Aspekte des Verhältnisses von Musik, Sprache und Text*. Frankfurt am Main i. a.: Diesterweg, 1978.
Gumbrecht, Hans Ulrich. „Musikpragmatik – Gestrichelte Linie zur Konstitution eines Objektbereichs". *Oper als Text. Romanistische Beiträge zur Libretto-Forschung*. Hrsg. von Albert Gier. Heidelberg: Winter, 1986. 15–23.
Gumbrecht, Hans Ulrich. *Stimmungen lesen. Über eine verdeckte Wirklichkeit der Literatur*. München: Hanser, 2011.
Günther, Hans. „Vorwort". *Gesamtkunstwerk – zwischen Synästhesie und Mythos*. Hrsg. von Hans Günther. Bielefeld: Aisthesis Verlag, 1994. 7–10.
Haas, Max. *Mündliche Überlieferung und altrömischer Choral. Historische und analytische computergestützte Untersuchungen*. Bern: Peter Lang, 1997.
Haas, Max. *Musikalisches Denken im Mittelalter. Eine Einführung*. Bern: Peter Lang, 2005.
Halliwell, Michael. „Narrative Elements in Opera". *Word and Music Studies. Defining the Field. Proceedings of the First International Conference on Word and Music Studies at Graz, 1997*. Hrsg. von Walter Bernhart et al. Amsterdam und Atlanta: Rodopi. 135–153.
Halperin, David. *Before Pastoral. Theocritus and the Ancient Tradition of Bucolic Poetry*. London: Yale University Press, 1983.
Hamilton, John. *Music, Madness, and the Unworking of Language*. New York: Columbia University Press, 2008.
Hamilton, John. *Musik, Wahnsinn und das Außerkraftsetzen der Sprache*. Übers. von Andrea Dortmann. Göttingen: Wallstein, 2011.
Häntzschel, Günter. „Die häusliche Deklamationspraxis: Ein Beitrag zur Sozialgeschichte der Lyrik in der zweiten Hälfte des 19. Jahrhunderts". *Zur Sozialgeschichte der deutschen Literatur von der Aufklärung bis zur Jahrhundertwende. Einzelstudien*. Hrsg. von Günter Häntzschel, John Ormrod und Karl N. Renner. Tübingen: Niemeyer, 1985. 203–233.
Hartwich-Wiechell, Dorte. *Pop-Musik. Analysen und Interpretationen*. Köln: Arno Volk Verlag, 1974.
Häsner, Bernd, Henning S. Hufnagel, Irmgard Maassen und Anita Traninger. „Text und Performativität". *Theorien des Performativen. Sprache – Wissen – Praxis*. Hrsg. von Klaus Hempfer. Bielefeld: transcript, 2011. 69–96.
Hatten, Robert. „Metaphor ‚in' Music". *Musical Signification: Essays in the Semiotic Theory and Analysis*. Hrsg. von Eero Tarasti. Berlin: De Gruyter, 1995. 373–391.
Hatten, Robert. *Interpreting Musical Gestures, Topics, and Tropes: Mozart, Beethoven, Schubert*. Bloomington: Indiana University Press, 2004.
Haufe, Eberhard. *Die Behandlung der antiken Mythologie in den Textbüchern der Hamburger Oper 1678–1738*. Diss. Jena 1964. Frankfurt am Main i. a.: Peter Lang, 1994.
Haug, Andreas. „Zum Wechselspiel von Schrift und Gedächtnis im Zeitalter der Neumen". *Cantus planus. Papers Read at the Third Meeting. Tihany, Hungary, 19–24 September 1988*. Budapest: Hungarian Academy of Sciences/Institute for Musicology, 1990. 33–47.

Hausmann, Carl. *Metaphor and Art. Interactionism and Reference in the Verbal and Nonverbal Arts*. Cambridge: Cambridge University Press, 1989.
Havelock, Eric A. *The Muse Learns to Write. Reflections on Orality and Literacy from Antiquity to the Present*. New Haven: Yale University Press, 1986.
Haverkamp, Michael. „Synästhetische Wahrnehmung und Design". *Synästhesie in der Musik, Musik in der Synästhesie – Vorträge und Referate während der Jahrestagung 2002 der Gesellschaft für Musikforschung in Düsseldorf (25.–28. September 2002) an der Robert-Schumann-Hochschule*. Hrsg. von Volker Kalisch. Essen: Die blaue Eule, 2004. 110–131.
Heibach, Christiane. „Avant-Garde Theater as Total Artwork? Media-Theoretical Reflections on the Historical Development of Performing Art Forms". *The Aesthetics of the Total Artwork. On Borders and Fragments*. Hrsg. von Anke Finger und Danielle Follett. Baltimore: Johns Hopkins University Press, 2011. 209–226.
Heinemann, Michael, Hans-Joachim Hinrichsen und Carmen Ottner (Hrsg.). *Öffentliche Einsamkeit. Das deutschsprachige Lied und seine Komponisten im frühen 20. Jahrhundert*. Köln: Dohr, 2009.
Helbig, Jörg (Hrsg.). *Intermedialität: Theorie und Praxis eines interdisziplinären Forschungsgebiets*. Berlin: Schmidt, 1998.
Hempfer, Klaus W. „Performance, Performanz, Performativität. Einige Unterscheidungen zur Ausdifferenzierung eines Theoriefeldes". *Theorien des Performativen. Sprache – Wissen – Praxis*. Hrsg. von Klaus Hempfer. Bielefeld: transcript, 2011. 3–41.
Henkel, Gabriele. *Geräuschwelten im deutschen Zeitroman*. Wiesbaden: Harrassowitz, 1996.
Herberichs, Cornelia et al. (Hrsg.). *Literarische Performativität. Lektüren vormoderner Texte*. Zürich: Chronos, 2008.
Hermand, Jost. „'Manchmal lagen Welten zwischen uns!' Brecht und Eislers ,Deutsche Symphonie'". *Brecht und seine Komponisten*. Hrsg. von Albrecht Riethmüller. Laaber: Laaber, 2000. 111–132.
Hermelin, Christian. *Ces chanteurs que l'on dit poètes*. Paris: L'École des Loisirs, 1970.
Hilmes, Carola. „Orpheus schweigt. Dramatische Bearbeitungen des Mythos im 20. Jahrhundert". *Komparatistik als Arbeit am Mythos*. Hrsg. von Monika Schmitz-Emans und Uwe Lindemann. Heidelberg: Synchron Wissenschaftsverlag der Autoren, 2004. 223–236.
Hilzinger, Klaus Harro. „Die Leiden der Kapellmeister. Der Beginn einer literarischen Reihe im 18. Jahrhundert". *Euphorion* 78 (1984): 95–110.
Hindrichs, Gunnar. *Die Autonomie des Klangs. Eine Philosophie der Musik*. Berlin: Suhrkamp, 2014.
Hintz, Hans. *Liebe, Leid und Größenwahn. Eine integrative Untersuchung zu Richard Wagner, Karl May und Friedrich Nietzsche*. Würzburg: Königshausen & Neumann, 2007.
Hirsbrunner, Theo. „Musik und Dichtung im französischen Fin die Siècle am Beispiel der *Proses Lyriques* von Debussy". *Dichtung und Musik. Kaleidoskop ihrer Beziehungen*. Hrsg. von Günther Schnitzler. Stuttgart: Klett-Cotta, 1979. 152–174.
Hirschi, Stéphane. *Jacques Brel. Chant contre silence*. Paris: Nizet, 1995.
Hirschi, Stéphane. *Chanson. L'art de fixer l'air du temps. De Béranger à Mano Solo*. Paris: Presses Universitaires de Valenciennes, 2008.
Hirschmann, Wolfgang. „Le monde renversé – Die verkehrte Welt. Zur Adaption und Transformation der Opéra comique auf deutschen Bühnen des frühen 18. Jahrhunderts". *Telemann und Frankreich / Frankreich und Telemann. Konferenzbericht Magdeburg 1998*. Hrsg. von Carsten Lange et al. Hildesheim und New York: Olms, 2009. 238–266.

Hiß, Guido. „Lied als Beispiel. Bausteine für eine multimediale Semantik". *Text und Musik. Neue Perspektiven der Theorie*. Hrsg. von Michael Walter. München: Fink, 1992. 243–252.
Hiß, Guido. *Synthetische Visionen. Theater als Gesamtkunstwerk von 1800 bis 2000*. München: Epodium, 2005.
Hochradl, Karin. *Olga Neuwirths und Elfriede Jelineks gemeinsames Musiktheaterschaffen: Ästhetik, Libretto, Analyse, Rezeption*. Bern: Peter Lang, 2010.
Hollander, John. *The Untuning of the Sky. Ideas of Music in English Poetry, 1500–1700*. Princeton: Princeton University Press, 1961.
Holliger, Heinz und Heidy Zimmermann. „Ich hoffe, ich habe nie in meinem Leben etwas ‚ver-tont'. Heidy Zimmermann im Gespräch mit Heinz Holliger". *Holligers Walser. Der Komponist und sein Dichter*. Hrsg. von Heidy Zimmermann. Mainz: Schott, 2014. 15–39.
Hongre, Bruno und Paul Lidsky. *L'univers poétique de Jacques Brel*. Paris: L'Harmattan, 1998.
Hornby, Emma. *Gregorian and Old-Roman Eighth-Mode Tracts: A Case Study in the Transmission of Western Chant*. Aldershot: Ashgate, 2002.
Hörner, Fernand. „Wenn das Original ins Wohnzimmer kommt. Musik und Reproduktion im Zeitalter von Walter Benjamin". *Original und Kopie*. Hrsg. von Nils Grosch und Fernand Hörner. Münster: Waxmann, 2011. 13–41.
Hörner, Fernand und Ursula Mathis-Moser (Hrsg.). *Das französische Chanson im Licht medialer (R)evolutionen*. Würzburg: Königshausen & Neumann, 2015.
Hubbard, Thomas. *The Pipes of Pan. Intertextuality and Literary Filiation in the Pastoral Tradition from Theocritus to Milton*. Ann Arbor: University of Michigan Press, 2001 [1998].
Huber, Martin. *Text und Musik. Musikalische Zeichen im narrativen und ideologischen Funktionszusammenhang ausgewählter Erzähltexte des 20. Jahrhunderts*. Frankfurt am Main i. a.: Peter Lang, 1992.
Huck, Oliver. „Schriftlichkeit, Mündlichkeit und Gedächtnis als Narrative und Denkfiguren einer Geschichte der Musik des Trecento". *Die Tonkunst* 2 (2008): 304–313.
Hucke, Helmut. „Toward a New Historical View of Gregorian Chant". *Journal of the American Musicological Society* 33.3 (1980): 437–467.
Hucke, Helmut. „Der Übergang von mündlicher zu schriftlicher Musiküberlieferung im Mittelalter". *Report of the Twelfth Congress Berkeley 1977*. Hrsg. von Daniel Heartz und Bonnie Wade. Kassel: Bärenreiter, 1981. 180–191.
Hudek, Franz-Peter. *Die Tyrannei der Musik. Nietzsches Wertung des Wagnerischen Musikdramas*. Würzburg: Königshausen & Neumann, 1989.
Hui, Alexandra, Julia Kursell und Myles W. Jackson (Hrsg.): *Music, Sound, and the Laboratory from 1750–1980*. Chicago: University of Chicago Press 2013.
Jacobs, Angelika. „Den ‚Geist der Nacht' sehen. Stimmungskunst in Hofmannsthals lyrischen Dramen". *Literatur und Musik in der klassischen Moderne. Mediale Konzeptionen und intermediale Poetologien*. Hrsg. von Joachim Grage. Würzburg: Ergon, 2006. 107–133.
Jahn, Bernhard. *Die Sinne und die Oper. Sinnlichkeit und das Problem ihrer Versprachlichung im Musiktheater des nord- und mitteldeutschen Raumes (1680–1740)*. Tübingen: Niemeyer, 2005.
Jahn, Bernhard. „Die Künste als Schwestern? Das Zusammen- und Gegeneinanderwirken der Künste in der Oper als Problem für die zeitgenössische Operntheorie und -praxis". *Oper als ‚Gesamtkunstwerk' – zum Verhältnis der Künste im barocken Musiktheater*. Hrsg. von Christine Fischer. Winterthur: Amadeus, 2012. 53–65.

Janz, Rolf-Peter. „Umdeutungen des Orpheus-Mythos in der Literatur: Rilke, Bachmann, Heiner Müller". *Der Orpheus-Mythos von der Antike bis zur Gegenwart.* Hrsg. von Claudia Maurer Zenck. Frankfurt am Main: Peter Lang, 2004. 193–204.
Kafalenos, Emma. „Overview of the Music and Narrative Field". *Narrative across Media. The Languages of Storytelling.* Hrsg. von Marie-Laure Ryan. Lincoln: University of Nebraska Press, 2004. 275–282.
Kahn, Douglas. *Noise, Water, Meat: A History of Voice, Sound, and Aurality in the Arts.* Cambridge: MIT Press, 1999.
Karp, Theodore. *Aspects of Orality and Formularity in Gregorian Chant.* Evanston: Northwestern University Press, 1998.
Katz, Ruth. *A Language of Its Own. Sense and Meaning in the Making of Western Music.* Chicago: Chicago University Press, 2009.
Käuser, Andreas. *Schreiben über Musik. Studien zum anthropologischen und musiktheoretischen Diskurs sowie zur literarischen Gattungstheorie.* München: Fink, 1999.
Käuser, Andreas. „Synästhesie und das ‚Verhältnis zum Text' – Historische Grundsätze und anthropologische Kontexte". *Synästhesie in der Musik, Musik in der Synästhesie – Vorträge und Referate während der Jahrestagung 2002 der Gesellschaft für Musikforschung in Düsseldorf (25.–28. September 2002) an der Robert-Schumann-Hochschule.* Hrsg. von Volker Kalisch. Essen: Die blaue Eule, 2004. 58–68.
Käuser, Andreas. „Medium – Musik – Text. Montage als Darstellungsform". *Zeitschrift für Literaturwissenschaft und Linguistik* 141 (2006): 159–173.
Kautny, Oliver. „Ridin' The Beat. Annäherungen an das Phänomen Flow". *Die Stimme im HipHop. Untersuchungen eines intermedialen Phänomens.* Hrsg. von Fernand Hörner und Oliver Kautny. Bielefeld: transcript, 2009. 141–169.
Kelly, Thomas Forrest (Hrsg.). *Oral and Written Transmission in Chant.* Aldershot: Ashgate, 2009.
Kerman, Joseph. *Opera as Drama.* New and Revised Edition. Berkeley und Los Angeles: University of California Press, 1988 [1955].
Keyes, Cheryl Lynette. *Rap Music and Street Consciousness.* Urbana: University of Illinois Press, 2002.
Kintzler, Catherine. *Poétique de l'Opera Français de Corneille à Rousseau.* Paris: Editions Minerve, 1991.
Kirkendale, Ursula. „The Source for Bach's Musical Offering. The Institutio oratoria of Quintilian". *Journal of American Musicological Society* 33 (1980): 88–141.
Kittler, Friedrich A. *Aufschreibesysteme.* München: Fink, 1985.
Kittler, Friedrich A. *Grammophon Film Typewriter.* Berlin: Brinkmann & Bose, 1986.
Kittler, Friedrich. „Weltatem. Über Wagners Medientechnologie". *Diskursanalysen 1. Medien.* Hrsg. von Friedrich Kittler, Manfred Schneider und Samuel Weber. Opladen: Westdeutscher Verlag, 1987. 94–107.
Kittler, Wolf. *Der Turmbau zu Babel und das Schweigen der Sirenen. Über das Reden, das Schweigen, die Stimme und die Schrift in vier Texten von Franz Kafka.* Erlangen: Palm und Enke, 1985.
Kivy, Peter. „A New Music Criticism?" *The Fine Art of Repetition. Essays in the Philosophy of Music.* Cambridge i. a.: Cambridge University Press, 1993. 296–323.
Kivy, Peter. *Introduction to a Philosophy of Music.* Oxford: Oxford University Press, 2002.
Klein, Gabriele und Malte Friedrich. *Is this real? Die Kultur des HipHop.* 1. Aufl. Frankfurt am Main: Suhrkamp, 2003.

Koch, Peter und Wulf Oesterreicher. „Sprache der Nähe – Sprache der Distanz. Mündlichkeit und Schriftlichkeit im Spannungsfeld von Sprachtheorie und Sprachgeschichte". *Romanistisches Jahrbuch* 36 (1985): 16–43.
Koebner, Thomas. „Vom Arbeitsverhältnis zwischen Drama, Musik und Szene (und ein Plädoyer für eine ‚Opera impura')". *Für und Wider die Literaturoper. Zur Situation nach 1945*. Hrsg. von Sigrid Wiesmann. Laaber: Laaber, 1982. 65–81.
Kohl, Katrin. *Metapher*. Stuttgart i. a.: Metzler, 2007.
Kolago, Lech. *Musikalische Formen und Strukturen in der deutschsprachigen Literatur des 20. Jahrhunderts*. Anif und Salzburg: Müller-Speiser, 1997.
Kolesch, Doris und Sybille Krämer (Hrsg.). *Stimme. Annäherung an ein Phänomen*. Frankfurt am Main: Suhrkamp, 2006.
Koller, Hermann. *Musik und Dichtung im alten Griechenland*. Bern und München: Francke, 1963.
Konstantinovič, Zoran, Steven P. Scher und Ulrich Weisstein (Hrsg.). *Literature and the Other Arts/La littérature et les autres arts/Literatur und die anderen Künste. Proceedings of the IXth Congress of the International Comparative Literature Association*. Innsbruck: Institut für Sprachwissenschaft, 1981.
Köppe, Tilmann. „Lyrik und Emotionen". *Zeitschrift für Germanistik* 22.2 (2012): 374–387.
Koppen, Erwin. *Dekadenter Wagnerismus. Studien zur europäischen Literatur des Fin de Siècle*. Berlin i. a.: De Gruyter, 1973.
Korten, Lars, Friederike Wißmann, Jan Stenger und Winfried Menninghaus. „Metrum, Rhythmus, Melodie. *Der Maiabend* von Johann Heinrich Voß und Fanny Hensel". *Poetica* 43 (2011): 81–102.
Košenina, Alexander. *Anthropologie und Schauspielkunst. Studien zur „Eloquentia Corporis" im 18. Jahrhundert*. Tübingen: Niemeyer, 1995.
Koss, Juliet. *Modernism after Wagner*. Minneapolis: University of Minnesota Press, 2010.
Kramarz, Volkmar. *Die HipHopFormeln*. Bonn: Voggenreiter, 2008.
Krämer, Jörg. *Deutschsprachiges Musiktheater im späten 18. Jahrhundert. Typologie, Dramaturgie und Anthropologie einer populären Gattung*. 2 Bde. Tübingen: Niemeyer, 1998.
Krämer, Jörg. „Auge und Ohr. Rezeptionsweisen im deutschen Musiktheater des späten 18. Jahrhunderts". *Theater im Kulturwandel des 18. Jahrhunderts. Inszenierung und Wahrnehmung von Körper – Musik – Sprache*. Hrsg. von Erika Fischer-Lichte und Jörg Schönert. Göttingen: Wallstein, 1999. 109–132.
Kramer, Lawrence. *Music and Poetry: The Nineteenth Century and After*. Berkeley i. a.: University of California Press, 1984.
Kramer, Lawrence. „Beyond Words and Music. An Essay on Songfulness". *Word and Music Studies. Defining the Field. Proceedings of the First International Conference on Word and Music Studies at Graz, 1997*. Hrsg. von Walter Bernhart et al. Amsterdam und Atlanta: Rodopi, 1999. 303–319.
Kremer, Detlef. „Ästhetische Konzepte der ‚Mythopoetik' um 1800". *Gesamtkunstwerk. Zwischen Synästhesie und Mythos*. Hrsg. von Hans Günther. Bielefeld: Aisthesis, 1994. 11–27.
Krick-Aigner, Kirsten und Marc-Oliver Schuster (Hrsg.). *Jazz in German-Language Literature*. Würzburg: Königshausen & Neumann, 2013.
Krims, Adam. *Rap Music and the Poetics of Identity*. Cambridge und New York: Cambridge University Press, 2000.

Krones, Hartmut. „Rhetorik und rhetorische Symbolik in der Musik um 1800". *Musiktheorie* 3 (1988): 117–140.
Krones, Hartmut. „‚Wiener' Symbolik? Zu musiksemantischen Traditionen in den beiden Wiener Schulen". *Beethoven und die Zweite Wiener Schule*. Hrsg. von Otto Kolleritsch. Wien und Graz: Universal Edition, 1992. 51–79.
Krones, Hartmut. „Das Fortwirken symbolhafter Traditionen im frühen Vokalschaffen Franz Liszts". *Der junge Liszt. Referate des 4. Europäischen Liszt-Symposions, Wien 1991*. Hrsg. von Gottfried Scholz. München und Salzburg: Musikverlag Emil Katzbichler, 1993. 43–57.
Krones, Hartmut. „Musik und Rhetorik". *Musik in Geschichte und Gegenwart. Allgemeine Enzyklopädie der Musik Sachteil 6*. Begr. von Friedrich Blume. Hrsg. von Ludwig Finscher. 2. Aufl. Kassel: Bärenreiter, 1997. Sp. 814–852.
Krones, Hartmut. „Musikalische Figurenlehre". *Historisches Wörterbuch der Rhetorik* 5. Hrsg. von Gert Ueding. Tübingen: Niemeyer, 2001. Sp. 1567–1590.
Krones, Hartmut. „Zum Weiterleben der Figurenlehre in Richard Wagners Musiksprache". *Richard Wagner. Persönlichkeit, Werk und Wirkung*. Hrsg. von Helmut Loos. Leipzig: Sax Verlag, 2013. 151–163.
Krummacher, Christoph. *Musik als praxis pietatis: Zum Selbstverständnis evangelischer Kirchenmusik*. Göttingen: Vandenhoeck & Ruprecht, 1994.
Krummen, Eveline. *Pyrsos Hymnon. Festliche Gegenwart und mythisch-rituelle Tradition als Voraussetzung einer Pindarinterpretation*. Berlin und New York: De Gruyter, 1990.
Kühlmann, Wilhelm. „Der Mythos des ganzen Lebens. Zum Pan-Kult in der Versdichtung des Fin de Siècle". *„Mehr Dionysos als Apoll". Antiklassizistische Antike-Rezeption um 1900*. Hrsg. von Achim Aurnhammer und Thomas Pittrof. Frankfurt am Main: Klostermann, 2002. 363–400.
Kühn, Ulrich. *Sprech-Ton-Kunst. Musikalisches Sprechen und Formen des Melodrams im Schauspiel- und Musiktheater (1770–1933)*. Tübingen: Niemeyer, 2001.
Kursell, Julia. „Sound Objects". *Sounds of Science – Schall im Labor (1800–1930)*. Hrsg. von Julia Kursell. Berlin: Max-Planck-Institut, 2008. 29–39.
Kurz, Gerhard. „Hölderlins poetische Sprache". *Hölderlin-Jahrbuch* 23 (1982/83): 34–53.
Küster, Ulrike. *Das Melodrama. Zum ästhetikgeschichtlichen Zusammenhang von Dichtung und Musik im 18. Jahrhundert*. Frankfurt am Main, i. a.: Peter Lang, 1994.
Kwon, Chung-Sun. *Studie zur Idee des Gesamtkunstwerks in der Frühromantik. Zur Utopie einer Musikanschauung von Wackenroder bis Schopenhauer*. Frankfurt am Main i. a.: Peter Lang, 2003.
Lacey, Kate. *Listening Publics. The Politics and Experience of Listening in the Media Age*. New York: John Wiley and Sons, 2013.
Lacoue-Labarthe, Philippe. *Musica ficta. Figures de Wagner*. Paris: Bourgois, 1991.
Lagerroth, Ulla-Britta. „Reading Musicalized Texts as Self-Reflexive Texts: Some Aspects of Interart Discourse". *Word and Music Studies: Defining the Field. Proceedings of the First International Conference on Word and Music Studies at Graz, 1997*. Hrsg. von Walter Bernhart, Steven Paul Scher und Werner Wolf. Amsterdam: Rodopi, 1999. 205–220.
Lampart, Fabian. „Statik und ‚Fatologie': Zur Kontamination musikalischer und narrativer Strukturen in Heimito von Doderers Romantheorie". *Literatur und Musik in der klassischen Moderne: Mediale Konzeptionen und intermediale Poetologien*. Hrsg. von Joachim Grage. Würzburg: Ergon, 2006. 207–226.
Lamping, Dieter. *Das lyrische Gedicht. Definitionen zu Theorie und Geschichte der Gattung*. 3. Aufl. Göttingen: Vandenhoeck & Ruprecht, 2000.

Lange, Art und Nathaniel Mackey (Hrsg.). *Moment's Notice. Jazz in Poetry and Prose*. Minneapolis: Coffee House Press, 1993.
Langer, Susanne K. *Feeling and Form. A Theory of Art Developed from „Philosophy in a New Key"*. New York: Scribner, 1953.
Laroche, Bernd. *Der fliegende Holländer. Wirkung und Wandlung eines Motivs. Heinrich Heine – Richard Wagner – Edward Fitzball – Paul Foucher und Henry Revoil – Pierre-Louis Dietsch*. Frankfurt am Main i. a.: Peter Lang, 1993.
Laws, Catherine. „Beethoven's Haunting of Beckett's *Ghost Trio*". *Drawing on Beckett. Portraits, Performances, and Cultural Contexts*. Hrsg. von Linda Ben-Zvi. Tel Aviv: Assaph Books, 2003. 197–213.
Leaver, Robin A. *Luther's Liturgical Music: Principles and Implications*. Grand Rapids, Michigan: Eerdmans, 2007.
Lees, Heath. *Mallarmé and Wagner: Music and Poetic Language*. Aldershot: Ashgate Publishing, 2007.
Lehmann, Hans-Thies. *Postdramatic Theatre*. Übers. von Karen Jürs-Munby. London and New York: Routledge, 2006.
Lentz, Michael. *Lautpoesie/-musik nach 1945. Eine kritisch-dokumentarische Bestandsaufnahme*. Wien: Edition Selene, 2000.
Levin, David J. *Opera Through Other Eyes*. Stanford: Stanford University Press, 1994.
Levinson, Jerrold. „Music as Narrative and Music as Drama". *Contemplating Art. Essays in Aesthetics*. Oxford: Clarendon Press, 2006. 129–142.
Lévi-Strauss, Claude. *Sehen, Hören, Lesen*. Frankfurt am Main: Suhrkamp, 2004.
Lindmayr-Brandl, Andrea (Hrsg.). *Oralität, klingende Überlieferung und mediale Fixierung: Eine Herausforderung für die Musikwissenschaft*. Wien: Praesens, 2005.
Lindner, Hermann. „Zwischen Schlager und ‚poésie absolue': Das ‚literarische' Chanson in Frankreich". *Zeitschrift für französische Sprache und Literatur* 82 (1972): 116–140.
Lock, Graham und David Murray (Hrsg.). *Thriving On a Riff. Jazz & Blues Influences in African American Literature and Film*. New York i. a.: Oxford University Press, 2009.
Lodato, Suzanne M. „Recent Approaches to Text/Music Analysis in the Lied. A Musicological Perspective". *Word and Music Studies. Defining the Field. Proceedings of the First International Conference on Word and Music Studies at Graz, 1997*. Hrsg. von Walter Bernhart et al. Amsterdam und Atlanta: Rodopi, 1999. 95–112.
Loos, Paul Arthur. *Richard Wagner. Vollendung und Tragik der deutschen Romantik*. München: Leo Lehnen, 1952.
Lösener, Hans. *Der Rhythmus in der Rede. Linguistische und literaturwissenschaftliche Aspekte des Sprachrhythmus*. Tübingen: Niemeyer, 1999.
Lubkoll, Christine. „Die heilige Musik oder die Gewalt der Zeichen". *Heinrich von Kleist – Kriegsfall, Rechtsfall, Sündenfall*. Hrsg. von Gerhard Neumann. Freiburg im Breisgau: Rombach, 1994. 337–364.
Lubkoll, Christine. *Mythos Musik. Poetische Entwürfe des Musikalischen in der Literatur um 1800*. Freiburg im Breisgau: Rombach, 1995.
Lubkoll, Christine. „Kontexte: Musik". *Handbuch Literaturwissenschaft 1: Gegenstände und Grundbegriffe*. Hrsg. von Thomas Anz. Stuttgart und Weimar: Metzler, 2007. 378–382.
Lubkoll, Christine. „Beethovens ‚Spätstil' und seine Mythisierung bei Adorno und Thomas Mann". *Altersstile im 19. Jahrhundert*. Hrsg. von Gerhard Neumann und Günter Oesterle. Würzburg: Königshausen & Neumann, 2014. 125–139.
Lucchesi, Joachim und Ronald K. Shull. *Musik bei Brecht*. Frankfurt am Main: Suhrkamp, 1988.

Lucchesi, Joachim. „,Verachtet mir die Meister nicht'. Brechts Wagner". *Verfremdungen. Ein Phänomen Bertolt Brechts in der Musik*. Hrsg. von Jürgen Hillesheim. Freiburg im Breisgau, Berlin und Wien: Rombach, 2013. 169–178.

Lucchesi, Joachim. „Brecht und Busoni. Entwürfe zu einem Theater der Gegenwart". *„Man muß versuchen, sich einzurichten in Deutschland!" Brecht in den Zwanzigern*. Hrsg. von Jürgen Hillesheim. Würzburg: Königshausen & Neumann, 2015. 203–211.

Lütteken, Laurenz. „,Die Tichter, die Fideler, und die Singer'. Zur Rolle Bodmers und Breitingers in der musikalischen Debatte des 18. Jahrhunderts". *Schweizer Jahrbuch für Musikwissenschaft* N. F. 20 (2000): 39–61.

Mahne, Nicole. *Transmediale Erzähltheorie. Eine Einführung*. Göttingen: Vandenhoeck & Ruprecht, 2007.

Mahrenholz, Simone. *Musik und Erkenntnis. Eine Studie im Ausgang von Nelson Goodmans Symboltheorie*. Stuttgart und Weimar: Metzler, 1998.

Mahrenholz, Simone. „Musik-Verstehen jenseits der Sprache. Zum Metaphorischen in der Musik". *Klang – Struktur – Metapher. Musikalische Analyse zwischen Phänomen und Begriff*. Hrsg. von Michael Polth et al. Stuttgart und Weimar: Metzler, 2000. 219–236.

Manuwald, Gesine. *Nero in Opera. Librettos as Transformations of Ancient Sources*. Berlin und New York: De Gruyter, 2013.

Marchenkov, Vladimir. *The Orpheus Myth and the Powers of Music*. New York: Pendragon Press, 2009.

Martin, Timothy. *Joyce and Wagner: A Study of Influence*. Cambridge: Cambridge University Press, 1991.

Masson, David I. „Sound and Sense in a Line of Poetry". *British Journal of Aesthetics* 3 (1963): 70–72.

Mathis, Ursula. *Existentialismus und französisches Chanson*. Wien: Verlag der Österreichischen Akademie der Wissenschaften, 1984.

Mathis, Ursula. „Text + Musik = Textmusik? Theoretisches und Praktisches zu einem neuen Forschungsbereich". *Sprachkunst. Beiträge zur Literaturwissenschaft* 18.2 (1987): 265–275.

Mathis-Moser, Ursula. „Das ‚französische' Chanson, nationales Aushängeschild auf Europakurs?" *Frankreich Jahrbuch 2010. Frankreichs Geschichte: Vom (politischen) Nutzen der Vergangenheit*. Wiesbaden: VS-Verlag, 2011. 189–209.

Mathis-Moser, Ursula. „Das Chanson". *Europäische Erinnerungsorte 2: Das Haus Europa*. Hrsg. von Pim Den Boer, Heinz Duchhardt, Georg Kreis und Wolfgang Schmale. München: Oldenbourg Wissenschaftsverlag, 2012. 265–272.

Mattenklott, Gert. „It's Orpheus When There's Singing. Die Rilke-Lektüre des Bildhauers Richard Deacon". *Die Erfahrung des Orpheus*. Hrsg. von Armen Avanessian, Gabriele Brandstetter und Franck Hofmann. München: Fink, 2010. 129–145.

Mehltretter, Florian. *Die unmögliche Tragödie. Karnevalisierung und Gattungsmischung im venezianischen Opernlibretto des siebzehnten Jahrhunderts*. Frankfurt am Main i. a.: Peter Lang, 1994.

Mellmann, Katja. „Die metrische Gestalt. Mit Überlegungen zur Sinnfälligkeit des Viertakters". *Journal of Literary Theory* 2.2 (2008): 253–272.

Menck, Hans Friedrich. *Der Musiker im Roman. Ein Beitrag zur Geschichte der vorromantischen Erzählliteratur*. Heidelberg: Carl Winters Universitätsbuchhandlung, 1931.

Menke, Bettine. *Prosopopoiia. Stimme und Text bei Brentano, Hoffmann, Kleist und Kafka*. München: Fink, 2000.

Menninghaus, Winfried. „Klopstocks Poetik der schnellen ‚Bewegung'". Friedrich Gottlieb Klopstock: *Gedanken über die Natur der Poesie. Dichtungstheoretische Schriften.* Hrsg. von Winfried Menninghaus. Frankfurt am Main: Insel, 1989. 259–361.

Mertens, Volker. „Elektrische Grammophonmusik im *Zauberberg* Thomas Manns". *Der Zauberberg. Die Welt der Wissenschaften in Thomas Manns Roman.* Hrsg. von Dietrich von Engelhardt und Hans Wißkirchen. Stuttgart und New York: Schattauer, 2003. 174–202.

Meschonnic, Henri. *Critique du rythme. Anthropologie historique de la langue.* Verdier: Lagrasse, 1990.

Meyer, Michael J. (Hrsg.). *Literature and Music.* Rodopi Perspectives on Modern Literature 25. Amsterdam und New York: Rodopi, 2002.

Meyer, Petra Maria (Hrsg.). *Acoustic turn.* Paderborn: Fink, 2007.

Meyer, Reinhart. „Metastasio". *Reinhart Meyer. Schriften zur Theater- und Kulturgeschichte des 18. Jahrhunderts.* Hrsg. von Matthias J. Pernerstorfer. Wien: Don Juan Archiv, 2012. 507–597.

Meyer-Kalkus, Reinhart. *Stimme und Sprechkünste im 20. Jahrhundert.* Berlin: Akademie, 2001.

Meyer-Sickendiek, Burkhard und Friederike Reents (Hrsg.). *Stimmung und Methode.* Tübingen: Mohr Siebeck, 2013.

Miall, David S. und Don Kuiken. „The Form of Reading: Empirical Studies of Literariness". *Poetics* 25 (1989): 327–341.

Micznik, Vera. „Music and Narrative Revisited: Degrees of Narrativity in Beethoven and Mahler". *Journal of the Royal Musical Association* 126 (2001): 193–249.

Millard, Andre J. *America on Record: A History of Recorded Sound.* Cambridge: Cambridge University Press, 1995.

Mitchell, Tony (Hrsg.). *Global Noise. Rap and Hip Hop Outside the USA.* Middletown: Wesleyan University Press, 2001.

Möller, Hartmut. „Die Schriftlichkeit der Musik und ihre Folgen". *Europäische Musikgeschichte* 1. Hrsg. von Sabine Ehrmann-Herfort, Ludwig Finscher und Giselher Schubert. Kassel: Bärenreiter, 2002. 109–144.

Möller, Joachim. *Wagner – Nietzsche – George. Das Ende von Musik, Philosophie, Dichtung.* Essen: Die Blaue Eule, 1994.

Morat, Daniel. „Zur Geschichte des Hörens. Ein Forschungsbericht". *Archiv für Sozialgeschichte* 51 (2011): 697–716.

Morris, Adalaide (Hrsg.). *Sound States. Innovative Poetics and Acoustical Technologies.* Chapel Hill: University of North Carolina Press, 1997.

Mücke, Panja. *Johann Adolf Hasses Dresdner Opern im Kontext der Hofkultur.* Laaber: Laaber, 2003.

Müller, Günther. *Geschichte des deutschen Liedes.* Bad Homburg: Gentner, 1959.

Müller, Jan-Dirk (Hrsg.). *‚Aufführung' und ‚Schrift' in Mittelalter und Früher Neuzeit.* Stuttgart: Metzler, 1996.

Müller, Ruth E. *Erzählte Töne. Studien zur Musikästhetik im späten 18. Jahrhundert.* Stuttgart: Steiner, 1989.

Müller-Zettelmann, Eva. *Lyrik und Metalyrik. Theorie einer Gattung und ihrer Selbstbespiegelung anhand von Beispielen aus der englisch- und deutschsprachigen Dichtkunst.* Heidelberg: Winter, 2000.

Müller-Zettelmann, Eva. „Lyrik und Narratologie". *Erzähltheorie transgenerisch, intermedial, interdisziplinär.* Hrsg. von Vera und Ansgar Nünning. Trier: Wissenschaftlicher Verlag Trier, 2002. 129–153.

Nahrebecky, Roman. *Wackenroder, Tieck, E. T. A. Hoffmann, Bettina von Arnim. Ihre Beziehung zur Musik und zum musikalischen Erlebnis*. Bonn: Bouvier, 1979.

Nattiez, Jean-Jacques. „Can One Speak of Narrativity in Music?" *Journal of the Royal Musical Association* 115 (1990): 240–257.

Nauck, Gisela. „Weder Musik noch Theater. Michael Hirschs Musiktheaterprojekt ‚Beschreibung eines Kampfes'". *Positionen. Beiträge zur neuen Musik* 14 (1993).

Naumann, Barbara. *Musikalisches Ideen-Instrument. Das Musikalische in Poetik und Sprachtheorie der Frühromantik*. Stuttgart: Metzler, 1990.

Naumann, Barbara (Hrsg.). *Die Sehnsucht der Sprache nach der Musik. Texte zur musikalischen Poetik um 1800*. Stuttgart: Metzler, 1994.

Naumann, Barbara. „Kopflastige Rhythmen. Tanz ums Subjekt bei Schelling und Cunningham". *Rhythmus. Spuren eines Wechselspiels in Künsten und Wissenschaften*. Hrsg. von Barbara Naumann. Würzburg: Königshausen & Neumann, 2005. 123–139.

Neubauer, John. *The Emancipation of Music from Language. Departure from Mimesis in Eighteenth-Century Aesthetics*. New Haven und London: Yale University Press, 1986.

Neubauer, John. „Tales of Hoffmann and Others on Narrativization of Instrumental Music". *Interart Poetics: Essays on the Interrelations of the Arts and Media*. Amsterdam i. a.: Rodopi, 1997. 117–136.

Niemöller, Klaus Wolfgang. *Untersuchungen zu Musikpflege und Musikunterricht an den deutschen Lateinschulen vom ausgehenden Mittelalter bis um 1600*. Regensburg: Bosse, 1969.

Nienhaus, Stefan. „Ludwig Tiecks ‚Kaiser Octavianus' als romantisches Gesamtkunstwerk". *Das ‚Wunderhorn' und die Heidelberger Romantik. Mündlichkeit, Schriftlichkeit, Performanz: Heidelberger Kolloquium der Internationalen Arnim-Gesellschaft*. Hrsg. von Walter Pape. Tübingen: Niemeyer, 2005. 101–109.

Noske, Frits. „Verbal and Musical Semantics in Opera: Denotation and Connotation". *Die Semantik der musiko-literarischen Gattungen. Methodik und Analyse. Eine Festgabe für Ulrich Weisstein zum 65. Geburtstag*. Hrsg. von Walter Bernhart. Tübingen: Narr, 1994.

Nöther, Matthias. *Als Bürger leben, als Halbgott sprechen. Melodram, Deklamation und Sprechgesang im wilhelminischen Reich*. Köln, i. a.: Böhlau, 2008.

Nünning, Vera und Ansgar Nünning (Hrsg.). *Erzähltheorie transgenerisch, intermedial, interdisziplinär*. Trier: Wissenschaftlicher Verlag Trier, 2002.

Oberhuber, Andrea. *Chanson(s) de femme(s). Entwicklung und Typologie des weiblichen Chansons in Frankreich. 1968–1993*. Berlin: Schmidt, 1995.

Oberhuber, Andrea. „La chanson, un genre intermédial". *Cultures à la dérive – cultures entres les rives. Grenzgänge zwischen Kulturen, Medien und Gattungen*. Hrsg. von Doris Eibl, Gerhild Fuchs und Birgit Mertz-Baumgartner. Würzburg: Königshausen & Neumann, 2010. 273–289.

Ong, Walter J. *Orality and Literacy. The Technologizing of the Word*. London und New York: Methuen, 1982.

Ong, Walter J. *Oralität und Literalität. Die Technologisierung des Wortes*. Übers. von Wolfgang Schömel. Opladen: Westdeutscher Verlag, 1987.

Ottenberg, Hans-Günter. „Aufklärung – auch durch Musik". *Der critische Musicus an der Spree. Berliner Schrifttum von 1748 bis 1799. Eine Dokumentation*. Hrsg. von Hans-Günter Ottenberg. Leipzig: Reclam, 1984. 5–54.

Paech, Joachim. „Intermedialität. Mediale Differenz und transformative Figuration". *Intermedialität. Theorie und Praxis eines interdiszipinären Forschungsgebiets.* Hrsg. von Jörg Helbig. Berlin: Erich Schmidt, 1998. 14–30.
Pasewalck, Silke. *Die fünffingrige Hand. Die Bedeutung der sinnlichen Wahrnehmung beim späten Rilke.* Berlin und New York: De Gruyter, 2002.
Pater, Walter. *The Renaissance. Studies in Art and Poetry.* London: Macmillan, 1924. 135–161.
Paulson, William R. *The Noise of Culture: Literary Texts in a World of Information.* Ithaca: Cornell University Press, 1988.
Penzenstadler, Franz. „Elegie und Petrarkismus. Alternativität der literarischen Referenzsysteme in Luigi Alamannis Lyrik". *Der Petrarkistische Diskurs. Spielräume und Grenzen. Akten des Kolloquiums an der Freien Universität Berlin, 23.10.–27.10.1991.* Hrsg. von Klaus W. Hempfer et al. Stuttgart: Steiner, 1993. 77–114.
Petermann, Emily. *The Musical Novel.* Rochester: Camden House, 2014.
Peters, Manfred. *Johann Sebastian Bach als Klang-Redner. Die Dispositio der römischen Oratorie als Beitrag zum Formverständnis ausgewählter Instrumentalfugen.* Saarbrücken: Pfau, 2005.
Pfeiler, Martina. *Sounds of Poetry. Contemporary American Performance Poets.* Tübingen: Narr, 2003.
Picard, Hans Rudolf. „Die Variation als kompositorisches Prinzip in der Literatur". *Musik und Literatur. Komparatistische Studien zur Strukturverwandtschaft.* Hrsg. von Albert Gier und Gerold W. Gruber. Frankfurt am Main, Bern i. a.: Peter Lang, 1995. 35–60.
Picard, Timothée. *L'art total. Grandeur et misère d'une utopie (autour de Wagner).* Rennes: Presses universitaires de Rennes, 2006.
Picker, John M. *Victorian Soundscapes.* Oxford: Oxford University Press, 2003.
Pinch, Trevor und Karin Bijsterveld (Hrsg.). *The Oxford Handbook of Sound Studies.* New York: Oxford University Press, 2012.
Plett, Heinrich. „Poeta Musicus – musikästhetische Konzepte in der elisabethanischen Literaturtheorie". *Musik in Humanismus und Renaissance.* Hrsg. von Walter Rüegg und Annegrit Schmitt. Weinheim: Acta Humaniora, 1983. 55–75.
Politzer, Heinz. *Das Schweigen der Sirenen.* Stuttgart: Metzler, 1968.
Previšić, Boris. *Hölderlins Rhythmus. Ein Handbuch.* Frankfurt am Main: Stroemfeld, 2008.
Previšić, Boris. „Gleichschwebende Stimmung und affektive Wohltemperierung im Widerspruch. Literarisch-musikalische Querstände im 18. Jahrhundert". *Concordia discors. Ästhetiken der Stimmung zwischen Literaturen, Künsten und Wissenschaften.* Hrsg. von Hans-Georg von Arburg und Sergej Rickenbacher. Würzburg: Königshausen & Neumann, 2012. 127–142.
Previšić, Boris. „1975 – Der Zufall improvisiert. John Cages ‚botanical music'". *Improvisation und Invention. Momente, Modelle, Medien.* Hrsg. von Sandro Zanetti. Zürich: Diaphanes, 2015. 161–168.
Prieto, Eric. *Listening In: Music, Mind and the Modernist Narrative.* Lincoln und London: University of Nebraska Press, 2002.
Prümm, Karl. „Berglinger und seine Schüler. Musikernovellen von Wackenroder bis Wagner". *Zeitschrift für deutsche Philologie* 105 (1986): 186–212.
Pucci, Pietro. „The Song of the Sirens". *Arethusa* 12.2 (1979): 121–132.
Pütz, Andreas. *Von Wagner zu Skrjabin – Synästhetische Anschauungen in Kunst und Musik des ausgehenden 19. Jahrhunderts.* Kassel: Gustav Bosse, 1995.

Rabinowitz, Peter. „Music, Genre, and Narrative Theory". *Narrative across Media: The Languages of Storytelling.* Hrsg. von Marie-Laure Ryan. Lincoln: 2004. 305–328.
Rachewiltz, Siegfried Walter. *De Sirenibus: An Inquiry into the Sirens from Homer to Shakespeare.* New York und London: Garland Publishing, 1987.
Rajewsky, Irina O. *Intermedialität.* Tübingen und Basel: Francke, 2002.
Rebstock, Matthias und David Roesner (Hrsg.). *Composed Theatre. Aesthetics, Practices, Processes.* Bristol und Chicago: Intellect, 2012.
Reinighaus, Frieder (Hrsg.). *Experimentelles Musik- und Tanztheater.* Laaber: Laaber, 2004. 207–210.
Reinke, Claudius. *Musik als Schicksal. Zur Rezeptions- und Interpretationsproblematik der Wagnerbetrachtung Thomas Manns.* Osnabrück: Rasch, 2002.
Rentsch, Ivana. „Literaturoper – ,veroperte' Literatur: Dahlhaus' Erklärungsmodell für das Musiktheater nach 1900 und seine analytischen Perspektiven". *Carl Dahlhaus und die Musikwissenschaft. Werk – Wirkung – Aktualität.* Hrsg. von Hermann Danuser et al. Schliengen: Edition Argus, 2011. 88–99.
Riedel, Herbert. *Die Darstellung von Musik und Musikerlebnis in der erzählenden deutschen Dichtung.* Bonn: Bouvier, 1959.
Riedel, Manfred. „Logik und Akroamatik. Vom zweifachen Anfang der Philosophie". *Philosophisches Jahrbuch* 91 (1984): 225–237.
Riedel, Manfred. *Hören auf die Sprache. Die akroamatische Dimension der Hermeneutik.* Frankfurt am Main: Suhrkamp, 1990.
Rieger, Dietmar. „Die altprovenzalische Lyrik". *Lyrik des Mittelalters: Probleme und Interpretationen* 1. Hrsg. von Heinz Bergner. Stuttgart: Reclam 1983, 197–390.
Rieger, Dietmar. *Von der Minne zum Kommerz: Eine Geschichte des französischen Chansons bis zum Ausgang des 19. Jahrhunderts.* Tübingen: Narr, 2005.
Riethmüller, Albrecht (Hrsg.). *Sprache und Musik. Perspektiven einer Beziehung.* Laaber: Laaber, 1999.
Rife, David. *Jazz Fiction. A History and Comprehensive Reader's Guide.* Lanham, Maryland: Scarecrow Press, 2008.
Rippl, Gabriele. „,If we want pure sound, we want music' (Ezra Pound): Zur intermedialen Ästhetik der angloamerikanischen klassischen Moderne". *Literatur und Musik in der klassischen Moderne: Mediale Konzeptionen und intermediale Poetologien.* Hrsg. von Joachim Grage. Würzburg: Ergon, 2006. 87–105.
Robbins, Emmet. „Famous Orpheus". *Orpheus. The Metamorphosis of a Myth.* Hrsg. von John Waerden. Toronto: University Press, 1982. 3–24.
Roberts, David. *The Total Work of Art in European Modernism.* Ithaca, New York: Cornell University Press, 2011.
Roesner, David. *Theater als Musik: Verfahren der Musikalisierung in chorischen Theaterformen bei Christoph Marthaler, Einar Schleef und Robert Wilson.* Tübingen: Narr, 2003.
Roesner, David. *Musikalisierung des Theaters: Entwicklungen, Ausprägungen, Analysen.* Tübingen: Narr, 2003.
Roesner, David und Matthias Rebstock (Hrsg.). *Composed Theatre. Aesthetics, Practices, Processes.* Bristol: Intellect, 2012.
Rosand, Ellen. *Opera in Seventeenth-Century Venice. The Creation of a Genre.* Berkeley, Los Angeles und Oxford: University of California Press, 1991.
Rösch, Nicole. „Theorien ohne Ende? Grenzen, Möglichkeiten und Perspektiven musikalischer Narratologie". *Musiktheorie* 27 (2012): 5–18.

Rose, Tricia. *Black Noise. Rap Music and Black Culture in Contemporary America.* Hanover: University Press of New England, 1994.
Rösing, Helmut. „Musik als Klangrede. Die französische Nachahmungsästhetik und ihre Auswirkungen bis hin zur musique concrète". *Musicologica Austriaca* 1 (1977): 108–120.
Rubin, David C. *Memory in Oral Traditions. The Cognitive Psychology of Epic, Ballads, and Counting-Out Rhymes.* Oxford: Oxford University Press, 1995.
Rühm, Gerhard. „Zur Geschichte und Typologie der Lautdichtung". *Acoustic Turn.* Hrsg. von Petra Maria Meyer. München: Fink, 2008. 215–247.
Rummenhöller, Peter. „Romantik und Gesamtkunstwerk". *Beiträge zur Geschichte der Musikanschauung im 19. Jahrhundert.* Hrsg. von Walter Salmen. Regensburg: Bosse, 1965. 161–170.
Rupp, Susanne. *Die Macht der Lieder: Kulturwissenschaftliche Studien zur Performativität weltlicher Vokalmusik der Tudorzeit.* Trier: Wissenschaftlicher Verlag Trier, 2005.
Ruttkowski, Wolfgang Victor. *Das literarische Chanson in Deutschland.* Bern: Francke, 1966.
Ryan, Lawrence J. *Hölderlins Lehre vom Wechsel der Töne.* Stuttgart: Kohlhammer, 1960.
Salzmann, Eric und Thomas Desie (Hrsg.). *The New Music Theatre.* Oxford: Oxford University Press, 2008.
Sandner, Wolfgang. „Der Jazz und die Künste". *Jazz.* Hrsg. von Wolfgang Sandner. Laaber: Laaber, 2005. 255–311.
Schaal, Hans Jürgen. „Humanität und Widerstand. Das Bild des Jazz in der Literatur". *That's Jazz. Der Sound des 20. Jahrhunderts. Eine Musik-, Personen-, Sozial-, Kultur- und Mediengeschichte des Jazz von den Anfängen bis zur Gegenwart.* Hrsg. von Klaus Wolbert. Ungekürzte Sonderausgabe für Zweitausendeins. Frankfurt am Main: Jürgen Häusser, 1997. 635–641.
Schafer, R. Murray. *The Soundscape. Our Sonic Environment and the Tuning of the World.* Rochester: Inner Traditions, 1994.
Scheit, Gerhard. „Die Oper als Gesamtkunstwerk". *Literatur intermedial. Musik – Malerei – Photographie – Film.* Hrsg. von Peter V. Zima. Darmstadt: Wissenschaftliche Buchgesellschaft, 1995. 93–125.
Scheitler, Irmgard. „Martin Opitz und Heinrich Schütz: Dafne – ein Schauspiel". *Archiv für Musikwissenschaft* 68 (2011): 205–226.
Scheitler, Irmgard. *Schauspielmusik. Funktion und Ästhetik im deutschsprachigen Drama der Frühen Neuzeit. Materialteil.* Tutzing: Hans Schneider, 2013.
Schenk, Klaus. *Medienpoesie. Moderne Lyrik zwischen Stimme und Schrift.* Stuttgart: Metzler, 2000.
Scher, Steven Paul. *Verbal Music in German Literature.* New Haven und London: Yale University Press, 1968.
Scher, Steven Paul. „Notes Toward a Theory of Verbal Music". *Comparative Literature* 22 (1970): 147–156.
Scher, Steven Paul (Hrsg.). *Literatur und Musik. Ein Handbuch zur Theorie und Praxis eines komparatistischen Grenzgebietes.* Berlin: Schmidt, 1984.
Scher, Steven Paul. „Einleitung: Literatur und Musik – Entwicklung und Stand der Forschung". *Literatur und Musik. Ein Handbuch zur Theorie und Praxis eines komparatistischen Grenzgebietes.* Hrsg. von Steven Paul Scher. Berlin: Schmidt, 1984. 9–25.
Scher, Steven Paul. „Da Ponte und Mozart: Wort und Ton in *Don Giovanni*". *Zwischen Opera buffa und Melodramma. Italienische Oper im 18. und 19. Jahrhundert.* Hrsg. von Jürgen Maehder und Jürg Stenzl. Frankfurt am Main, i. a.: Peter Lang, 1994. 119–134.

Schering, Arnold. „C. Ph. E. Bach und das ‚redende' Prinzip in der Musik". *Jahrbuch der Musikbibliothek Peters* 45 (1938): 13–29.

Schiff, David. *The Ellington Century*. Berkeley i. a.: University of California Press, 2012.

Schimpf, Wolfgang. *Lyrisches Theater. Das Melodrama des 18. Jahrhunderts*. Göttingen: Vandenhoeck & Ruprecht, 1988.

Schlaffer, Heinz. *Geistersprache. Zweck und Mittel der Lyrik*. München: Hanser, 2012.

Schmidt, Matthias. „Aspekte narrativer Identität in Liszts ‚Tasso'". *Musiktheorie* 27 (2012): 43–67.

Schmidt, Mirko F. „Techno im Raum der Sprache. Rainald Goetz' Hörbücher". *Rainald Goetz*. München: Edition Text + Kritik, 2011. 68–76.

Schmidt, Wolf Gerhard. „Was ist ein ‚Gesamtkunstwerk'? Zur medienhistorischen Neubestimmung des Begriffs". *Literaturwissenschaftliches Jahrbuch* 52 (2011): 251–278.

Schmidt-Garre, Helmut. *Von Shakespeare bis Brecht. Dichter und ihre Beziehungen zur Musik*. Wilhelmshaven: Heinrichshofen, 1979.

Schmitt, Arbogast. „Synästhesie im Urteil aristotelischer Philosophie". *Synästhesie – Interferenz – Transfer – Synthese der Sinne*. Hrsg. von Hans Adler und Ulrike Zeuch. Würzburg: Königshausen & Neumann, 2002. 109–147.

Schmitt, Gerhard. *Musikalische Analyse und Wahrnehmung: Grundlegung einer interdisziplinären Systematik zur semantischen Analyse von Musik und Sprache, dargestellt an ausgewählten Beispielen zeitgenössischer Klangkunst*. Osnabrück: Universität Osnabrück, 2010.

Schmitz-Emans, Monika. „Rhythmisierung als Musikalisierung: Zu Selbstbeschreibungen und ästhetischer Praxis in der experimentellen Dichtung des 20. Jahrhunderts". *Rhythmus. Schweizer Hefte für allgemeine und vergleichende Literaturwissenschaft* 32 (2002): 243–287.

Schneider, Herbert (Hrsg.). *Das Vaudeville. Funktionen eines multimedialen Phänomens*. Hildesheim und New York: Olms, 1996.

Schneider, Joh. Nikolaus. *Ins Ohr geschrieben. Lyrik als akustische Kunst zwischen 1750 und 1800*. Göttingen: Wallstein, 2004.

Schneider, Manfred. „Der Parsifal-Komplex. Wagner bei Nietzsche und Proust". *Ton-Sprache. Komponisten in der deutschen Literatur*. Hrsg. von Gabriele Brandstetter. Bern i. a.: Paul Haupt, 1995. 143–170.

Schneider, Martin. *Wissende des Unbewussten. Romantische Anthropologie und Ästhetik im Werk Richard Wagners*. Berlin und Boston: De Gruyter, 2013.

Scholz, Christian. „Anfänge der deutschen Lautpoesie". *Neue Zeitschrift für Musik* 5 (1998): 12.

Scholz, Christian und Urs Engeler (Hrsg.). *Fümms bö wö tää zää Uu. Stimmen und Klänge der Lautpoesie*. Basel i. a.: Engeler, 2002.

Schönberg, Arnold. „Das Verhältnis zum Text". Arnold Schönberg. *Stil und Gedanke. Aufsätze zur Musik*. Hrsg. von Ivan Vojtěch. Frankfurt am Main: Fischer, 1976. 3–6.

Schönert, Jörg, Peter Hühn und Malte Stein (Hrsg.). *Lyrik und Narratologie. Text-Analysen zu deutschsprachigen Gedichten vom 16. bis zum 20. Jahrhundert*. Berlin: De Gruyter, 2007.

Schueller, Herbert M. „‚Imitation' and ‚Expression' in British Music Criticism in the 18th Century". *Musical Quarterly* 34 (1948): 544–566.

Schulze, Holger. *Sound studies. Traditionen – Methoden – Desiderate. Eine Einführung*. Bielefeld: transcript, 2008.

Schwab, Heinrich W. *Sangbarkeit, Popularität und Kunstlied. Studien zu Lied und Liedästhetik der mittleren Goethezeit 1770–1814*. 2. Aufl. Regensburg: Gustav Bosse, 1971 [1965].

Schwab, Heinrich W. „Musikalische Lyrik im 18. Jahrhundert". *Handbuch der musikalischen Gattungen 8.1: Musikalische Lyrik. Von der Antike bis zum 18. Jahrhundert.* Hrsg. von Hermann Danuser. Laaber: Laaber, 2004. 349–407.
Schwabl, Hans. „Der homerische Hymnus auf Pan". *Wiener Schriften* 3 (1969): 5–14.
Schweighauser, Philipp. *The Noises of American Literature 1890–1985. Toward a History of Literary Acoustics.* Gainsville: University Press of Florida, 2006.
Schweighauser, Philipp. „The Noises of Modernist Form: Dos Passos, Hurston, and the Soundscapes of Modernity". *American Studies as Media Studies.* Hrsg. von Frank Kelleter und Daniel Stein. Heidelberg: Winter, 2008. 47–55.
Schweikle, Günther. *Minnesang.* 2. Aufl. Stuttgart: Metzler, 1989.
Schwindt, Nicole. „Musikalische Lyrik in der Renaissance". *Handbuch der musikalischen Gattungen 8.1: Musikalische Lyrik. Von der Antike bis zum 18. Jahrhundert.* Hrsg. von Hermann Danuser. Laaber: Laaber, 2004. 137–254.
Scott, Calvin. „*Ich löse mich in tönen...*" *Zur Intermedialität bei Stefan George und der Zweiten Wiener Schule.* Berlin: Frank & Timme, 2007.
Scruton, Roger. *The Aesthetics of Music.* Oxford: Oxford University Press, 1997.
Seebald, Christian. *Libretti vom „Mittelalter". Entdeckungen von Historie in der (nord) deutschen und europäischen Oper um 1700.* Tübingen: Niemeyer, 2009.
Seiler, Sascha. *‚Das einfache wahre Abschreiben der Welt'. Pop-Diskurse in der deutschen Literatur nach 1960.* Göttingen: Vandenhoeck & Ruprecht, 2006.
Shapiro, Gary. *Archeologies of Vision. Foucault and Nietzsche on Seeing and Saying.* Chicago und London: University Press, 2003.
Shockley, Alan. *Music in the Words: Musical Form and Counterpoint in the Twentieth-Century Novel.* Farnham und London: Ashgate, 2009.
Sichelstiel, Andreas. *Musikalische Kompositionstechniken in der Literatur: Möglichkeiten der Intermedialität und ihrer Funktion bei österreichischen Gegenwartsautoren.* Essen: Die Blaue Eule, 2004.
Smith, Bruce R. *The Acoustic World of Early Modern England: Attending to the O-Factor.* Chicago: University of Chicago Press, 1999.
Smith, Mark M. *Listening to Nineteenth-Century America.* Chapel Hill: University of North Carolina Press, 2001.
Smith, Mark M. *Sensing the Past. Seeing, Hearing, Smelling, Tasting, and Touching in History.* Berkeley und Los Angeles: University of California Press, 2007.
Smith, Matthew Wilson. *The Total Work of Art. From Bayreuth to Cyberspace.* London: Routledge, 2007.
Smyth, Gerry. *Music in Contemporary British Fiction: Listening to the Novel.* Houndmills und New York: Palgrave Macmillan, 2008.
Sokol, Monika. „Verbal Duelling: Ein universeller Sprachspieltypus und seine Metamorphosen im US-amerikanischen, französischen und deutschen Rap". *Rap. More than words.* Hrsg. von Eva Kimminich. Frankfurt am Main: Peter Lang, 2004. 113–150.
Somers-Willett, Susan B. A. *The Cultural Politics of Slam Poetry. Race, Identity, and the Performance of Popular Verse in America.* Ann Arbor: University of Michigan Press, 2009.
Sorgner, Stefan Lorenz. *Wagner und Nietzsche: Kultur – Werk – Wirkung.* Reinbek bei Hamburg: Rowohlt, 2008.
Sorgner, Stefan Lorenz und Oliver Fürbeth (Hrsg.). *Musik in der deutschen Philosophie.* Stuttgart: Metzler, 2003.

Speiser, Manuela. *Orpheusdarstellungen im Kontext poetologischer Programme.* Innsbruck: Institut für Germanistik Universität Innsbruck, 1992.
Spitzer, Michael. *Music and Metaphorical Thought.* Chicago: Chicago University Press, 2004.
Sprengel, Peter. „Orphische Dialektik. Zu Rilkes Sonett ‚Sei allem Abschied voran' (‚Sonette an Orpheus' 11, 13)". *Gedichte und Interpretationen. Vom Naturalismus bis zur Mitte des 20. Jahrhunderts.* Hrsg. von Harald Hartung. Stuttgart: Reclam, 2011 [1983]. 245–252.
Steege, Benjamin. *Helmholtz and the Modern Listener.* Cambridge: Cambridge University Press, 2012.
Stegbauer, Hanna. *Die Akustik der Seele. Zum Einfluss der Literatur auf die Entstehung der romantischen Instrumentalmusik.* Göttingen: Vandenhoeck & Ruprecht, 2006.
Steiner, Uwe C. „Soundscapes und Spiegelfluchten. Eichendorffs Dinge und Nichtdinge". *Du kritische Seele. Eichendorffs Epistemologien des Dichtens.* Hrsg. von Daniel Müller-Nielaba. Würzburg: Königshausen & Neumann, 2009. 109–125.
Steiner, Uwe C. „Des Dingseins leise Erlösung. Rilkes Ding-Poetik als Kontrafaktur zum Fetischismus-Diskurs". *Der Code der Leidenschaften. Fetischismus in den Künsten.* Hrsg. von Hartmut Böhme und Johannes Endres. München: Fink, 2010. 362–381.
Steiner, Uwe C. *Ohrenrausch und Götterstimmen. Eine Kulturgeschichte des Tinnitus.* München: Fink, 2012.
Steinke, Tim. *Oper nach Wagner.* Kassel i. a.: Bärenreiter, 2011.
Stenzel, Jürgen. „‚Si vis me flere...' – ‚Musa iocosa mea'. Zwei poetologische Argumente in der deutschen Diskussion des 17. und 18. Jahrhunderts". *Deutsche Vierteljahresschrift für Literaturwissenschaft und Geistesgeschichte* 48 (1974): 650–671.
Sterne, Jonathan. *The Audible Past. Cultural Origins of Sound Reproduction.* London: Duke University Press, 2003.
Sterne, Jonathan (Hrsg.). *The Sound Studies Reader.* New York: Routledge, 2012.
Stierle, Karlheinz. „Die Friedensfeier – Sprache und Fest im revolutionären und nachrevolutionären Frankreich und bei Hölderlin". *Das Fest.* Hrsg. von Walter Haug und Rainer Warning. München: Fink, 1989. 481–525 (Poetik und Hermeneutik XIV).
Stollberg, Arne. *Durch den Traum zum Leben. Erich Wolfgang Korngolds Oper „Die tote Stadt".* 2. Aufl. Mainz: Are Musik Verlag, 2004 [2003].
Stollberg, Arne. *Ohr und Auge – Klang und Form. Facetten einer musikästhetischen Dichotomie bei Johann Gottfried Herder, Richard Wagner und Franz Schreker.* Stuttgart: Steiner, 2006.
Stollberg, Arne. *Tönend bewegte Dramen. Die Idee des Tragischen in der Orchestermusik vom späten 18. bis zum frühen 20. Jahrhundert.* München: Edition Text + Kritik, 2014.
Stollberg, Arne. „‚Tut lieber nicht die Fenster auf'. Paul Dukas' Maeterlinck-Vertonung *Ariane et Barbe-Bleue* (1907) und die Selbstbefragung symbolistischer Poetik". *Die Tonkunst* 8.3 (2014): 363–372.
Stopka, Katja. *Semantik des Rauschens. Über ein akustisches Phänomen in der deutschsprachigen Literatur.* München: M Press, 2005.
Strässle, Thomas. „Johann Wilhelm Ritter and the Aesthetics of Music". *Music and Literature in German Romanticism.* Hrsg. von Siobhan Donovan und Robin Elliott. Rochester: Camden House, 2004. 27–41.
Strauß, Frithjof. *Soundsinn. Jazzdiskurse in den skandinavischen Literaturen.* Freiburg im Breisgau: Rombach, 2003.
Strub, Christian. „Odysseus hört die Argonautenmusik oder: Warum die Sirenen nicht singen". *Zeitschrift für Anglistik und Amerikanistik* 41. 4 (1993): 319–330.

Strunk, Oliver. „Chants of the Byzantine-Greek Liturgy". *Essays on Music in the Byzantine World*. Hrsg. von Kenneth Levy, New York: W. W. Norton, 1977. 297–330.

Stuby, Anna-Maria. „Sirenen und ihre Gesänge. Variationen über das Motiv des Textraubs". *Frauen: Erfahrungen, Mythen, Projekte*. Hrsg. von Anna Maria Stuby. Berlin: Argument-Verlag, 1985. 69–87.

Sutton, Emma. *Virginia Woolf and Classical Music. Politics, Aesthetics, Form*. Edinburgh: Edinburgh University Press, 2013.

Synofzik, Thomas. *Heinrich Heine – Robert Schumann. Musik und Ironie*. Köln: Dohr, 2006.

Szeemann, Harald (Hrsg.). *Der Hang zum Gesamtkunstwerk*. Aarau i. a.: Sauerländer, 1983.

Theilacker, Jörg. *Der erzählende Musiker. Untersuchungen von Musikerzählungen des 19. Jahrhunderts und ihrer Bezüge zur Entstehung der deutschen Nationalmusik*. Frankfurt am Main i. a.: Peter Lang, 1988.

Theweleit, Klaus. *2y. Recording Angel's Mysteries*. Basel: Stroemfeld, 1994b.

Thompson, Emily. *The Soundscape of Modernity: Architectural Acoustics and the Culture of Listening in America, 1900–1933*. London: MIT Press, 2002.

Thorau, Christian. „Metapher und Variation. Referenztheoretische Grundlagen musikalischer Metaphorizität". *Zeitschrift für Semiotik* 25.1–2 (2003): 109–124.

Thorau, Christian. *Semantisierte Sinnlichkeit – Studien zu Rezeption und Zeichenstruktur der Leitmotivtechnik Richard Wagners*. Stuttgart: Steiner, 2003.

Thorau, Christian. „,falten und fallen'. Metaphorisches Denken und Hören in der Musik Isabel Mundrys". *Isabel Mundry*. Hrsg. von Ulrich Tadday. München: Edition Text + Kritik, 2011. 37–50.

Thorau, Christian. *Vom Klang zur Metapher: Perspektiven der musikalischen Analyse*. Hildesheim: Olms, 2012.

Thorau, Christian. „Sounding Mappings, klingende Projektionen – Metapherntheorie als musikologisches Reflexionsmodell". *Die Metapher als ‚Medium' des Musikverstehens*. Hrsg. von Bernd Enders, Jürgen Oberschmidt und Gerhard Schmitt. Osnabrück: Epos, 2013. 271–284.

Till, Dietmar. *Transformationen der Rhetorik. Untersuchungen zum Wandel der Rhetoriktheorie im 17. und 18. Jahrhundert*. Berlin: De Gruyter, 2008.

Tillmann, Markus. *Populäre Musik und Pop-Literatur. Zur Intermedialität literarischer und musikalischer Produktionsästhetik in der deutschsprachigen Gegenwartsliteratur*. Bielefeld: transcript, 2012.

Toft, Robert. *‚Tune Thy Musicke To Thy Hart': The Art of Eloquent Singing in England 1597–1622*. Toronto: Toronto University Press, 1993.

Torra-Mattenklott, Caroline. *Metaphorologie der Rührung. Ästhetische Theorie und Mechanik im 18. Jahrhundert*. München: Fink, 2002.

Trabant, Jürgen. „Vom Ohr zur Stimme. Bemerkungen zum Phonozentrismus zwischen 1770 und 1830". *Materialität der Kommunikation*. Hrsg. von Hans Ulrich Gumbrecht und Karl Ludwig Pfeiffer. Frankfurt am Main: Suhrkamp, 1988. 63–79.

Trabant, Jürgen. „Parlare cantando: Language singing in Vico and Herder". *New Vico Studies* 9 (1991): 1–16.

Trabant, Jürgen. *Artikulationen. Historische Anthropologie der Sprache*. Frankfurt am Main: Suhrkamp, 1998.

Treichel, Hans-Ulrich. „Das Geräusch und das Vergessen. Realitäts- und Geschichtserfahrung in der Nachkriegstrilogie Wolfgang Koeppens". *Wolfgang Koeppen*. Hrsg. von Eckhard Oehlenschläger. Frankfurt am Main: Suhrkamp, 1987. 47–74.

Treitler, Leo. „Mündliche und schriftliche Überlieferung: Anfänge der musikalischen Notation". *Neues Handbuch der Musikwissenschaft 2: Die Musik des Mittelalters*. Hrsg. von Hartmut Möller und Rudolf Stephan. Laaber: Laaber, 1991. 54–93.
Treitler, Leo. *With Voice and Pen. Coming to Know Medieval Song and How it Was Made*. Oxford: Oxford University Press, 2003.
Treml, Reinhold. „Doderers *Sonatine:* ‚List' des Erzählers und Tiefe der Jahre". *„Erst bricht man Fenster. Dann wird man selbst eines." Zum 100. Geburtstag von Heimito von Doderer*. Hrsg. von Gerald Sommer und Wendelin Schmidt-Dengler. Riverside: Ariadne Press, 1997. 121–135.
Truax, Barry. *Acoustic Communication*. 2. Aufl. Westport: Ablex, 2001.
Tsur, Reuven. *Poetic Rhythm. Structure and Performance. An Empirical Study in Cognitive Poetics*. Bern: Peter Lang, 1998.
Tsur, Reuven. „Constraints of the Semiotic System. Onomatopoeia, Expressive Sound Patterns and Poetry Translation". *Heuristiken der Literaturwissenschaft. Disziplinexterne Perspektiven auf Literatur*. Hrsg. von Uta Klein, Katja Mellmann und Steffanie Metzger. Paderborn: mentis, 2006. 245–270.
Unger, Hans-Heinrich. *Die Beziehungen zwischen Musik und Rhetorik im 16.–18. Jahrhundert*. Würzburg: Konrad Triltsch, 1941.
Utz, Peter. *Das Auge und das Ohr im Text. Literarische Sinneswahrnehmung in der Goethezeit*. München: Fink, 1990.
Vajda, György M. „Ut pictura poesis – ut musica poesis". Horst Albert Glaser und György M. Vajda. *Die Wende von der Aufklärung zur Romantik 1760–1820. Epoche im Überblick*. Amsterdam und Philadelphia: John Benjamins, 2001. 475–488.
Valk, Thorsten. *Literarische Musikästhetik. Eine Diskursgeschichte von 1800 bis 1950*. Frankfurt am Main: Klostermann, 2008.
Velten, Hans Rudolf. „Performativitätsforschung". *Methodengeschichte der Germanistik*. Hrsg. von Jost Schneider. Berlin: De Gruyter, 2009. 549–572.
Vicari, Patricia. „The Triumph of Death: Orpheus in Spenser and Milton". *Orpheus. The Metamorphoses of a Myth*. Hrsg. von John Warden. Toronto: University Press, 1982. 207–230.
Viol, Claus-Ulrich. *Jukebooks: Contemporary British Fiction, Popular Music, and Cultural Value*. Heidelberg: Winter, 2006.
Vogel, Martin. *Nietzsche und Wagner. Ein deutsches Lesebuch*. Bonn: Verlag für systematische Musikwissenschaft, 1984.
Vöhler, Martin. *Pindarrezeptionen. Sechs Studien zum Wandel des Pindarverständnisses von Erasmus bis Herder*. Heidelberg: Winter, 2005.
Voorwinden, Norbert und Max de Haan (Hrsg.). *Oral Poetry. Das Problem der Mündlichkeit mittelalterlicher epischer Dichtung*. Darmstadt: Wissenschaftliche Buchgesellschaft, 1979.
Voß, Oliver. *Gesänge der Stille. Musik in der Literatur*. Norderstedt: Books on Demand, 2009.
Vratz, Christoph. *Die Partitur als Wortgefüge: Sprachliches Musizieren in literarischen Texten zwischen Romantik und Gegenwart*. Würzburg: Königshausen & Neumann, 2002.
Vuong, Hoa Hoï. *Musiques de roman: Proust, Mann, Joyce*. Brüssel: P. I. E und Frankfurt: Peter Lang, 2003.
Walcott, Rinaldo. „Performing the (Black) Postmodern: Rap as Incitement for Cultural Criticism". *Sound Identities. Popular Music and the Cultural Politics of Education*. Hrsg. von Cameron McCarthy. New York: Peter Lang, 1999. 97–117.
Wallrup, Erik. *Being Musically Attuned. The Act of Listening to Music*. Farnham: Ashgate, 2014.

Walter, Michael. „Musik und Sprache: Voraussetzungen ihrer Dichotomisierung". *Text und Musik. Neue Perspektiven der Theorie.* Hrsg. von Michael Walter. München: Fink, 1992. 9–31.
Weinrich, Harald. „Ein Chanson und seine Gattung". Weinrich, Harald: *Literatur für den Leser. Essays und Aufsätze zur Literaturwissenschaft.* Stuttgart: Kohlhammer, 1971. 124–136.
Weismüller, Christoph. *Musik, Traum und Medien. Philosophie des musikdramatischen Gesamtkunstwerks. Ein medienphilosophischer Beitrag zu Richard Wagners öffentlicher Traumarbeit.* Würzburg: Königshausen & Neumann, 2001.
Weiß, Michaela. *Das authentische Dreiminutenkunstwerk. Léo Ferré und Jacques Brel – Chanson zwischen Poesie und Engagement.* Heidelberg: Winter, 2003.
Weiß, Michaela. „Das französische Chanson um 2010. Stile, Moden und Entwicklungstendenzen im Gegenwartschanson". *Cultures à la dérive – cultures entres les rives. Grenzgänge zwischen Kulturen, Medien und Gattungen.* Hrsg. von Doris Eibl, Gerhild Fuchs und Birgit Mertz-Baumgartner. Würzburg: Königshausen & Neumann, 2010. 307–322.
Weisstein, Ulrich. „Librettology: The Fine Art of Coping with a Chinese Twin". *Literatur und die anderen Künste.* Bayreuth: Lorenz Ellwanger, 1982. 23–42.
Weisstein, Ulrich. „Die wechselseitige Erhellung von Literatur und Musik: Ein Arbeitsgebiet der Komparatistik?" *Literatur und Musik. Ein Handbuch zur Theorie und Praxis eines komparatistischen Grenzgebietes.* Hrsg. von Steven Paul Scher. Berlin: Schmidt, 1984. 40–60.
Weithase, Irmgard. *Anschauungen über das Wesen der Sprechkunst, von 1775–1825.* Berlin: Ebering, 1930.
Weithase, Irmgard. *Zur Geschichte der gesprochenen Deutschen Sprache.* Tübingen: Niemeyer, 1961.
Wellbery, David E. „Stimmung". *Ästhetische Grundbegriffe. Historisches Wörterbuch in sieben Bänden 5.* Hrsg. von Karlheinz Barck et al. Stuttgart und Weimar: Metzler, 2003. 703–733.
Wellmer, Albrecht. *Versuch über Musik und Sprache.* München: Hanser, 2009.
Wells, James Bradley. *Pindar's Verbal Art. An Ethnographic Study of Epinician Style.* Cambridge: Harvard University Press, 2009.
Welsh, Caroline. *Hirnhöhlenpoetiken. Theorien zur Wahrnehmung in Wissenschaft, Ästhetik und Literatur um 1800.* Freiburg im Breisgau: Rombach, 2003.
Welsh, Caroline. „Nerven – Saiten – Stimmung. Zum Wandel einer Denkfigur zwischen Musik und Wissenschaft 1750–1850". *Berichte zur Wissenschaftsgeschichte* 2 (2008): 113–129.
Welsh, Caroline. „Die ‚Stimmung' im Spannungsfeld zwischen Natur- und Geisteswissenschaften. Ein Blick auf die Trennungsgeschichte aus der Perspektive einer Denkfigur". *NTM Zeitschrift für Geschichte der Wissenschaften, Technik und Medizin* 17 (2009): 135–169.
Wicke, Andreas. „‚Brüllaut, hyperklar'. Rainald Goetz' Techno-Erzählung ‚Rave'". *Rainald Goetz.* München: Edition Text + Kritik, 2011. 41–51.
Wildermuth, Armin. *Nietzsche und Wagner. Geschichte und Aktualität eines Kulturkonflikts.* Zürich: Orell-Füssli, 2008.
Wilks, Jennifer. „Writing Home: Comparative Black Modernism and Form in Jean Toomer and Aimé Césaire". *Modern Fiction Studies* 51.4 (2005): 801–823.
Winn, James Anderson. *Unsuspected Eloquence: A History of the Relations between Poetry and Music.* New Haven: Yale University Press, 1981.

Wiora, Walter. *Das deutsche Lied. Zur Geschichte und Ästhetik einer musikalischen Gattung*. Wolfenbüttel und Zürich: Möseler, 1971.

Wittenbrink, Theresia. „Rundfunk und literarische Tradition". *Programmgeschichte des Hörfunks in der Weimarer Republik 2*. Hrsg. von Joachim-Felix Leonhard. München: dtv, 1997. 996–1097.

Wittenbrink, Theresia. „Zeitgenössische Dichter im Rundfunk". *Programmgeschichte des Hörfunks in der Weimarer Republik 2*. Hrsg. von Joachim-Felix Leonhard. München: dtv, 1997. 1098–1195.

Wolf, Werner. „The Musicalization of Fiction. Versuche intermedialer Grenzüberschreitung zwischen Musik und Literatur im englischen Erzählen des 19. und 20. Jahrhunderts". *Intermedialität. Theorie und Praxis eines interdisziplinären Forschungsgebiets*. Hrsg. von Jörg Helbig. Berlin: Schmidt, 1998. 133–164.

Wolf, Werner. „Musicalized Fiction and Intermediality. Theoretical Aspects of Word and Music Studies". *Word and Music Studies. Defining the Field. Proceedings of the First International Conference on Word and Music Studies at Graz, 1997*. Hrsg. von Walter Bernhart, Steven Paul Scher und Werner Wolf. Amsterdam und Atlanta: Rodopi, 1999. 37–58.

Wolf, Werner. *The Musicalization of Fiction. A Study in the Theory and History of Intermediality*. Amsterdam und Atlanta: Rodopi, 1999.

Wolf, Werner. „Intermedialität – ein weites Feld und eine Herausforderung für die Literaturwissenschaft". *Literaturwissenschaft – intermedial, interdisziplinär*. Hrsg. von Herbert Foltinek und Christoph Leitgeb. Wien: Verlag der Österreichischen Akademie der Wissenschaften, 2002a. 163–192.

Wolf, Werner. „Intermediality Revisited. Reflections on Word and Music Relations in the Context of a General Typology of Intermediality". *Word and Music Studies. Essays in Honor of Steven Paul Scher and on Cultural Identity and the Musical Stage*. Hrsg. von Suzanne M. Lodato, Suzanne Aspden und Walter Bernhart. Amsterdam und New York: Rodopi, 2002b. 13–34.

Wolf, Werner. „Das Problem der Narrativität in Literatur, Musik und bildender Kunst: Ein Beitrag zu einer intermedialen Erzähltheorie". *Erzähltheorie transgenerisch, intermedial, interdisziplinär*. Hrsg. von Ansgar und Vera Nünning. Trier: Wissenschaftlicher Verlag Trier, 2002c. 23–104.

Wolf, Werner. „Erzählende Musik? Zum erzähltheoretischen Konzept der Narrativität und dessen Anwendbarkeit auf Instrumentalmusik". *Der Komponist als Erzähler. Narrativität in Dimitri Schostakowitschs Instrumentalmusik*. Hrsg. von Melanie Unseld und Stefan Weiss. Hildesheim: Olms, 2008. 17–44.

Wolf, Werner. „Relations between Literature and Music in the Context of a General Typology of Intermediality". *Comparative Literature: Sharing Knowledge for Preserving Cultural Diversity. Encyclopedia of Life Support Systems (EOLSS)*. Hrsg. von Lisa Block de Behar, Paola Mildonian, Jean-Michel Dijan, Djelal Kadir, Alfons Knauth, Dolores Romero Lopez und Márcio Seligmann Silva. Oxford, UK: Eolss Publishers, 2008 [http://www.eolss.net].

Wolf, Werner (Hrsg.), in Zusammenarbeit mit Katharina Bantleon und Jeff Thoss. *Metareference across Media: Theory and Case Studies – Dedicated to Walter Bernhart on the Occasion of his Retirement*. Amsterdam: Rodopi, 2009.

Wolf, Werner (Hrsg.), in Zusammenarbeit mit Katharina Bantleon und Jeff Thoss. *The Metareferential Turn in Contemporary Arts and Media: Forms, Functions, Attempts at Explanation*. Amsterdam: Rodopi, 2011.

Wolf, Werner: „Intermedialität". In: Ansgar Nünning (Hrsg.): *Metzler Lexikon Literatur- und Kulturtheorie*. 5. akt. und erweiterte Aufl. Stuttgart: Metzler, 2013. 344–346.
Woll, Stefan. *Das Totaltheater. Ein Projekt von Walter Gropius und Erwin Piscator*. Berlin: Gesellschaft für Theatergeschichte, 1984.
Wollny, Peter (Hrsg.). *Klopstock und die Musik*. Beeskow: Ortus Musikverlag, 2005.
Würffel, Stefan Bodo. „'Den Trümmern allein trau ich was zu…'. Zur Kritik des Gesamtkunstwerks". *Totalität und Zerfall im Kunstwerk der Moderne*. Hrsg. von Reto Sorg und Stefan Bodo Würffel. München: Fink, 2006. 117–132.
Zaminer, Frieder. „Musik im archaischen und klassischen Griechenland". *Die Musik des Altertums*. Hrsg. von Albrecht Riethmüller und Frieder Zaminer. Laaber: Laaber, 1989. 113–206.
Zanetti, Sandro (Hrsg.). *Improvisation und Invention*. Zürich und Berlin: Diaphanes, 2014.
Zbikowski, Lawrence. „Musicology, Cognitive Science, and Metaphor: Reflections on Michael Spitzer's Metaphor and Musical Thought". *Musica Humana* 1 (2009): 81–104.
Zenck, Martin. „Musik über Musik in Michel Butors ‚Dialogue avec 33 variations de Ludwig van Beethoven sur une valse de Diabelli'". *Musik und Literatur. Komparatistische Studien zur Strukturverwandtschaft*. Hrsg. von Albert Gier und Gerold W. Gruber. Frankfurt am Main, Bern i. a.: Peter Lang, 1995. 283–291.
Zimmermann, Bernhard. *Europa und die griechische Tragödie. Vom kultischen Spiel zum Theater der Gegenwart*. Frankfurt am Main: Fischer Taschenbuch Verlag, 2000.
Zimmermann, Michael. „*Träumerei eines französischen Dichters*". *Stéphane Mallarmé und Richard Wagner*. München und Salzburg: Emil Katzbichler, 1981.
Žižek, Slavoj. *Opera's Second Death*. London, New York: Routledge, 2002.
Žižek, Slavoj. „*Ich höre Dich mit meinen Augen*": Anmerkungen zu Oper und Literatur. Paderborn: Konstanz University Press, 2010.
Zumthor, Paul. *Die Stimme und die Poesie in der mittelalterlichen Gesellschaft*. Übers. von Klaus Thieme. München: Fink, 1994 [1972].
Zurbrugg, Nicholas. „Quantitative or Qualitative? Towards a Definition of Interdisciplinary Problems". *Literature and the Other Arts*. Hrsg. von Zoran Konstantinović. Innsbruck: AMOE, 1981. 339–343.
Zymner, Rüdiger. *Lyrik. Umriss und Begriff*. Paderborn: mentis, 2009.
Zymner, Rüdiger. *Funktionen der Lyrik*. Münster: mentis, 2013.

VI. Register

Personenregister

Abbate, C. 116
Abd Al Malik [i.e. Fayette-Mikano, R.] 552
Adès, T. 581
Adorno, T.W. 34 f., 86, 117, 178, 197, 199–202, 204–210, 238, 334, 406, 425, 431, 455, 464, 510, 515, 517–519, 597 f., 602
Afrika Bambaataa [i.e. Aasim, L.] 569
Agamben, G. 594
Agawu, K. 58
Agrippa v. Nettesheim, H.C. 297
Ahlbom, J. 582
Aischylos 224, 250
Alfons II. v. Aragon 227
Alkaios 222, 250
Alkman 222, 590
Altenberg, P. 188, 392
Altenburg, D. 122, 124
Ambros, A.W. 602
Anakreon 222, 233
Andersen, H.C. 596
Apel, J.A. 62
Apollinaire, G. 548
Apollonius v. Rhodos 248
Appia, A. 443
Aragon, L. 548
Arion 222
Ariost, L. 318
Aristophanes 220, 247
Aristoteles 32, 159, 225, 291, 326, 420, 516, 610
Aristoxenos 420
Armstrong, L. 539
Arnaut Daniel 229
Arnim, A. v. 387
Arp, H. 138, 590
Arroyas, F. 110
Artaud, A. 453, 462
Assmann, A. 254 f.
Attali, J. 495
Augustinus 61, 179, 217, 251, 603
Austin, J.L. 280–282, 567, 609
Avison, C. 326

Bach, C.Ph.E. 45, 62, 301, 308, 325, 351, 387, 593
Bach, J.S. 32, 42, 47, 52, 90, 199, 303, 308, 353, 355, 473, 488, 511, 513–517, 519 f., 527, 529
Bachmann, I. 81, 87–91, 240–242, 266
Bachtin, M. 570, 609, 613
Back, L. 496
Bacon, F. 255, 304
Bakchylides 222
Baker, H.A., Jr. 501, 503
Ball, H. 138 f., 151, 154, 590 f.
Ballhorn, G.F. 364
Balzac, H. de 83, 402–417, 454
Baraka, A. 568
Barbara [i.e. Serf, M.A.] 557, 560
Barbier, J. 604
Barthes, R. 50 f., 118, 197, 206, 511
Batteux, C. 131, 339, 345
Baudelaire, C. 453, 464, 471 f., 548
Bauer, F. 188, 262
Baumgarten, A.G. 420 f., 424
Bäuml, F.H. 274, 282
Beattie, J. 326 f.
Beauvoir, S. de 548
Bécaud, G. 547
Beckett, J. 479
Beckett, S. 470, 472, 477–480
Beethoven, L. v. 29, 45, 62, 72, 82 f., 85–87, 89–91, 97 f., 101–103, 114, 122, 133, 153, 163 f., 171, 173, 260, 301, 308, 383, 389 f., 395, 403, 413, 423, 428, 431, 442, 450, 471, 473, 476 f., 480, 511, 515, 517–519, 527, 593
Bekker, P. 122
Belloy, A. de 409
Bénabar [i.e. Nicolini, B.] 553
Benda, G.A. 71 f., 368, 606
Benjamin, W. 199, 204, 209, 238, 380, 570, 594
Benn, G. 239, 241, 450, 461, 463
Béranger, P.-J. de 549, 553

Berardi, A. 298, 303
Berg, A. 6, 62, 207, 309, 392, 431, 604
Berger, L. 486
Berghahn, C.-F. 454
Berlin, I. 539
Berliner, E. 551, 615
Berlioz, H. 309
Bernd, A. 182
Bernhard, C. 298, 305
Bernhard, T. 52, 190, 597, 617
Berns, J.J. 255 f.
Bertram, E. 452
Besseler, H. 22, 509
Beyer, M. 190, 578
Bierce, A. 497
Bijsterveld, K. 496
Birgfeld, J. 362, 367, 370
Birken, S. v. 256
Birnbaum, J.A. 308
Bizet, G. 430
Blacher, B. 482, 493
Black, M. 169, 173
Blackwell, T. 230
Blair, H. 136
Blanchot, M. 260
Bleibtreu, K. 187
Bleutge, N. 582
Bloch, E. 25 f., 191, 431, 452
Blumenberg, H. 246, 251, 260
Blumlein, A. 615
Boccaccio, G. 255
Böcklin, A. 263
Bodmer, J.J. 48, 230
Boethius 291, 296
Bogner, R.G. 6
Boileau, N. 331
Boissier de Sauvages, F. 329
Bollmann, H. 477
Borchmeyer, D. 439, 442, 454 f.
Boretz, B. 118
Borromeo, C. 289
Bosseur, J.-Y. 479
Böttcher, B. 345, 575
Boucher, F. 263
Boulez, P. 60, 391
Bowles, P. 542
Bowra, M. 220

Bradley, A. 568, 570–573
Brahms, J. 199, 309, 392, 618
Brassens, G. 548 f., 554, 556–558, 560
Brecht, B. 5, 58, 63, 67, 199 f., 202, 204, 207, 218, 260, 346, 463 f., 482–493, 537, 550, 594
Brecht, W. 486
Breitinger, J.J. 48
Brel, J. 548 f., 552, 557–560
Brendel, F. 124
Brentano, C. 83, 150, 185, 261 f., 343 f., 397, 403
Brinkmann, R.D. 537, 541
Britten, B. 346, 398
Broch, H. 198, 203
Brockes, B.H. 49, 181, 353
Brown, C.S. 6, 58, 148
Brown, H. ‚Rap' 568
Brown, J. 136
Brown, S.A. 503
Bruant, A. 549 f., 552
Bruckner, A. 32, 309
Bruinier, F. 482
Brun, F. 365 f.
Büchner, G. 6, 604
Budde, G. 148
Bühler, K. 201 f.
Bull, M. 496
Bumke, J. 226, 228
Burckhardt, J. 220
Bürger, E. 365 f.
Bürger, G.A. 365
Burgess, A. 98
Burke, P. 294
Burkert, W. 223
Burmeister, J. 43, 299, 301, 303–305, 307
Busch, W. 601
Busenello, F. 318, 321
Busoni, F. 488
Busse Berger, A.M. 279 f.
Butler, J. 369
Butor, M. 153
Byron, G.G. 124, 454

Caduff, C. 81, 89, 100, 102, 110, 198, 253, 402–404
Cage, J. 46, 52, 602, 614

Calella, M. 453
Callcott, J.W. 299
Callot, J. 593
Calvet, J.-L. 546, 549
Calvin, J. 289
Calvisius, S. 304
Campion, T. 292, 298
Camus, A. 450, 461 f.
Canetti, E. 581
Carpentier, A. 150 f.
Carré, M. 604
Casper v. Lohenstein, D. 514 f.
Cassirer, E. 203–205
Castel, L.B. 614
Cavalcanti, G. 229
Cavalli, F. 317
Celan, P. 149
Chabanon, M.P.G. de 308
Chamberlain, H.S. 442
Champert, A. 582
Charles X. v. Frankreich 410
Charpentier, M.A. 316
Chausson, E. 64
Chevalier, M. 552
Chiabrera, G. 291
Chladni, E.F. 184, 210, 364
Chopin, F. 405
Cicero 251, 302
Cicognini, G.A. 322, 581
Cino da Pistoia 229
Claudius, M. 132
Clüver, C. 57 f., 60, 131
Cobbing, B. 139 f.
Cocteau, J. 548
Coignet, H. 71
Coltrane, J. 538
Condillac, É.B. de 49, 331
Cone, E.T. 65
Conrad, P. 70
Conradi, J.G. 318
Corbin, A. 495
Corneille, T. 321
Cornelius, P. 395
Cortázar, J. 537
Cowley, A. 230
Craig, E.G. 443
Czerny, C. 301, 309

Dahlhaus, C. 59, 68–70, 80, 83, 90, 121–125, 197, 209, 259, 286, 325, 327 f., 375, 377, 383, 422, 425, 430 f., 459, 510
d'Alembert, J.-B. la Rond 523
Damia [i.e. Damien, M.-L.] 552
Danchet, A. 321
d'Annunzio, G. 596
Dante 229
Danuser, H. 42, 339, 342, 346, 387, 390, 398, 597
Dargomyschski, A.S. 393
David [AT] 230, 232
Davis, M. 538
Debussy, C. 263, 347, 391, 398, 602
Dehmel, I. 395
Dehmel, R. 187, 391
Delanoë, P. 547
Delerm, V. 553, 560
DeLillo, D. 190
Delvard, M. 550
Delyle, L. 554
De Quincey, T. 148, 150
Derrida, J. 49 f., 181, 464
Descartes, R. 329, 353, 420 f.
Deschamps, E. 291
Desjardins, R. 559
Desnos, R. 548
Dessau, P. 482, 493
Diderot, D. 204, 374, 523–527, 600
Dihle, A. 224
Dische, I. 173
Djian, P. 560
Döblin, A. 51, 189, 198, 450
Doderer, H. v. 104, 106–109, 149
Doetes de Troyes 227
Döhl, R. 599
Dominique A [i.e. Ané, D.] 553
Donizetti, G. 182
Dos Passos, J. 495, 500–502, 504 f.
Dressler, G. 303
Dubas, M. 552
Dubos, J.-B. ,Abbe' 374, 600
Dujardin, É 102, 471, 593
Dukas, P. 67
Dumont, C. 547
Duverney, G.J. 180 f., 185, 595
Dvořák, A. 393

Dyer, G. 538
Dylan, B. 536, 541 f.

Eco, U. 43, 162, 296
Edison, T.A. 498, 551, 615
Eger, M. 452
Eger v. Kalkar, H. 301
Eggebrecht, H.H. 26, 47, 65, 80, 325
Eggert, M. 578
Eichendorff, J. v. 186, 391 f., 396, 403
Einem, G. v. 482
Eisenstein, S. 204
Eisler, H. 58, 63 f., 204, 207, 392, 464, 482 f., 488, 490–493
Ekelöf, G. 137, 149
Element of Crime 542
Elia [AT] 179
Eliot, T.S. 470, 472, 475–478, 480
Ellington, E.K. ‚Duke' 536 f., 540
Ellison, R. 537 f.
Éluard, P. 548
Eminem [i.e. Mathers, M.B.] 571
Engel, J.J. 328, 354
Engel, M. 266
Eötvös, P. 581
Ephraem (Syrus) 282
Erasmus v. Rotterdam 230, 290
Eric B. [i.e. Barrier, E.] 570
Ernst, P. 460
Euripides 225, 249, 451

Faber, E. 486
Fabian, R. 191
Fahlström, Ö. 140
Fauconnier, G. 165
Faulstich, W. 551 f.
Fauré, G. 398
Feather, L. 539
Fecker, A. 62–65
Feind, B. 320
Feldman, M. 479
Ferlinghetti, L. 539
Ferneyhough, B. 33, 45
Ferré, L. 548, 556 f., 559
Fersen, T. 553
Fichte, J.G. 355, 363, 375, 377, 379, 382
Ficino, M. 249

Filtz, A. 327
Fischer-Lichte, E. 444 f., 580, 609
Fitzgerald, E. 539
Fitzgerald, F.S. 536
Flaubert, G. 405
Fleer, A. 344
Fludernik, M. 117
Fontane, T. 456
Fontenelle, B. le Bovier de 402
Forkel, J.N. 71 f., 83, 299, 324, 327 f., 374
Forman, M. 572, 574
Forner, J. 508 f.
Fornoff, R. 435 f., 438 f., 441, 444 f.
Forster, E.M. 101–104, 108, 592
Frank, M. 199, 218, 439, 441
Franke, H.G.B. 364
Free, E.E. 497, 500
Friedrich II. [HRR] 229
Friedrich v. Hausen 227
Frye, N. 70
F.S.K. 542
Fuchs, G. 443 f.
Fuhrmann, W. 455
Furnival, J. 152

Gadamer, H.-G. 33, 603
Gaffurius, F. 297
Galliculus, J. 300
García Márquez, G. 581
García Morales, A. 262
Gärtner, M. 122, 124 f.
Gates, H.L., Jr. 502
Gaultier, D. 297
Geck, M. 188, 520
Gehring, P. 370
Gellert, C.F. 363
Genet, J. 581
George, S. 218, 240, 263, 392, 450, 460
Georgiades, T. 40, 42, 49, 61, 64 f., 70, 221, 394, 398
Georg-Lauer, J. 452
Gershwin, G. 538
Gershwin, I. 538
Gerstenberg, H.W. v. 61
Gess, N. 6 f., 11, 13, 45, 58, 78–80, 85, 87, 90, 95 f., 99, 101 f., 110, 115, 182, 184 f., 198,

258–260, 329, 382 f., 402 f., 442, 527, 593, 611
Ghislanzoni, A. 69
Gide, A. 147, 450, 462
Gier, A. 59, 68 f., 131, 319
Gillespie, J.B. ‚Dizzy' 538 f.
Gilroy, P. 503
Ginsberg, A. 568
Glanert, D. 581
Glarean, H. 302
Glass, P. 479
Glawischnig, D. 539
Gluck, C.W. 5, 65–67, 82, 319, 321, 392
Goebbels, H. 578, 585
Goethe, C. 366
Goethe, J.W. 41, 49, 124, 132, 137, 197, 218, 233, 254, 351, 365 f., 369, 374, 376, 378, 387 f., 390–396, 454, 525 f., 581, 590, 614
Goetz, R. 190, 541 f.
Goldbach, C. 427
Gomringer, N. 241
Goodman, N. 42, 120, 160, 169, 198, 594, 608
Goodman, S. 190
Görner, V. 387
Görres, J. 440
Göttert, K.-H. 367
Gottfried v. Straßburg 228
Gottsched, J.C. 48 f., 331, 345, 387
Goudimel, C. 297
Gräf, D. 266 f.
Grass, G. 537, 539
Gréco, J. 548
Greenberg, C. 103
Greenblatt, S. 611 f.
Gregor, J. 69
Grey, T.S. 67
Grieg, E. 390
Grillparzer, F. 186, 383
Grimm, J. u. W. 324, 350 f., 355
Grimmelshausen, H.J.C. v. 180
Gropius, W. 436, 444
Gruhn, W. 59–61, 63 f., 398
Grünbein, D. 172
Gryphius, A. 515
Guarini, G. 318

Guido v. Arezzo 61
Guilbert, Y. 550, 552
Guiot de Provins 227
Gumbrecht, H.U. 71, 359
Guth, C. 579

Hagedorn, F. v. 350, 353
Halffter, C. 578
Halliwell, M. 70
Hamann, J.G. 231
Handke, P. 190, 464, 541
Handschin, J. 205
Hanska, E. 404
Hanslick, E. 11, 31, 197, 333 f., 381, 519
Harel, S. 453, 462
Harnoncourt, N. 43
Harris, J. 326, 600
Harsdörffer, G.P. 180, 256
Hart, H. 460
Hart, J. 460
Hartley, D. 354
Hartwich-Wiechell, D. 562
Häsner, B. 578, 609
Hasse, J.A. 314
Hatten, R. 161–164, 169, 173
Hausmann, R. 138
Haverkamp, A. 160
Haydn, J. 85, 90, 389 f., 413, 423, 427, 517
Hayles, N.K. 499
Heaney, S. 151
Hebbel, F. 390
Heffernan, J. 591
Hegel, G.W.F. 10, 125, 204, 210, 308 f., 355, 357, 419, 421–425, 518, 525 f.
Heidegger, M. 22 f., 351, 356, 359, 452, 464
Heine, H. 392, 394, 397, 453 f., 579
Heinichen, J.D. 303
Heinrich v. Veldeke 227
Heinse, W. 81, 83, 85, 234 f., 383
Hellingrath, N. v. 235
Helmholtz, H. v. 185 f., 370, 595
Hendel-Schütz, H. 365 f.
Herder, J.G. 10, 24 f., 41, 48 f., 60, 69, 121, 136, 181, 183, 197, 199–204, 209, 232–234, 324, 328 f., 331–334, 344–346, 354–357, 594
Herman, D. 117

Hermelink, S. 510
Herodot 222, 253
Herrmann, A. 582
Hesiod 247
Hesse, H. 396, 461
Hettche, T. 190
Hildebrandt, K. 460
Hillebrand, B. 453, 462
Hiller, J.A. 393
Hindemith, P. 207, 391, 482, 488, 491
Hirsbrunner, T. 265
Hirsch, M. 583
Hirschi, S. 546–553, 555 f., 559, 561 f.
Hiß, G. 58 f., 437, 443 f.
Hitler, A. 490, 492
Hoffmann, E.T.A. 29, 45, 63, 68, 81–86, 90, 99, 121, 132 f., 137 f., 148, 153, 184 f., 197 f., 204, 259 f., 308, 381–383, 402–406, 409, 411, 423 f., 440 f., 454, 512, 524, 526–529, 582 f., 592 f., 596, 604
Hofmannsthal, H. v. 68, 200, 263 f., 355, 438, 443, 450, 460, 482
Hölderlin, F. 41 f., 49, 52, 218, 223, 232–237, 355–358, 391, 397 f., 612
Holliger, H. 395
Holz, A. 51, 459
Homer 178 f., 219–221, 223, 230, 232, 247, 250, 252 f., 258–261, 591
Honold, A. 260 f.
Horaz 131, 223, 225 f., 233, 297, 325, 591, 600
Horkheimer, M. 178, 238
Hornby, N. 541
Hoskyns, J. 306
Houellebecq, M. 560
Hoven, J. [i.e. Vesque v. Püttlingen, J.] 397
Hubbard, T. 255
Huber, M. 81
Hudek, F.-P. 452
Huelsenbeck, R. 154
Hughes, L. 536 f., 539, 568
Hugo, V. 124, 254, 454
Humboldt, W. v. 200–202, 351, 355, 388
Humperdinck, E. 62
Hurston, Z.N. 495, 501–505
Huxley, A. 109, 137, 149, 542

Ibykos 222, 246
Ice-T [i.e. Marrow, T.L.] 569
Iffland, A.W. 365
Ihering, H. 484
Illies, F. 201
Iser, W. 99, 479
Isidor v. Sevilla 296
Isou, I. 155

Jacob, M. 548
Jahnn, H.H. 149
Jakobson, R. 43, 50 f., 198 f., 606
Janáček, L. 393
Janco, M. 154
Jandl, E. 139, 149, 152, 155, 537, 539, 599
Janz, R.-P. 257 f., 266
Janz, T. 452
Jarrett, K. 596
Jean Paul 176 f., 182 f., 185 f., 198, 327 f., 382 f., 403, 601
Jelinek, E. 464, 579, 584
Jeppesen, K. 509 f.
Jesus Christus [NT] 236, 255, 309
Johnson, M. 160 f., 164, 167 f.
Jones, W. 136
Josipovici, G. 137, 149
Josquin des Prez 511
Jost, E. 539
Jouannest, G. 552
Joyce, J. 109, 137, 148 f., 188, 261 f., 265 f., 450, 476, 478
Juliette [i.e. Noureddine, J.] 553
Jünger, E. 189

Kafalenos, E. 117
Kafka, F. 188, 198, 202, 260–262, 450, 578, 583, 585, 601
Kandinsky, W. 131, 138, 154, 198, 457, 614
Kanne, F.A. 299, 308
Kant, I. 259, 333 f., 351, 375, 419, 421–424
Katz, R. 31
Käuser, A. 80, 136, 198 f., 201, 204, 209, 328
Kautny, O. 570, 572 f.
Kayser, P.C. 388
Keller, G. 396
Kellermann, B. 189
Kennedy, G. 362, 369

Personenregister — 655

Kepler, J. 20, 520
Kerle, J. de 290
Kerlen, D. 145
Kerman, J. 69 f.
Kerndörffer, H.A. 364
Kerouac, J. 461, 537, 539
Kerr, A. 488
Kierkegaard, S. 210, 424–426
Kim, E. 479
Kircher, A. 180, 298, 304, 329, 520
Kirnberger, J.P. 45
Kittler, F. 13, 41, 188, 190, 197 f., 203, 369, 498
Kittler, W. 188, 260
Kivy, P. 31, 116
Klages, L. 203, 205, 452
Kleist, H. v. 44 f., 184, 258, 260, 352, 383, 403, 583
Kling, T. 190
Klingemann, E.A.F. 365
Klopstock, F.G. 42, 49, 199, 218, 230–233, 235, 343 f., 350, 356–358, 362 f., 365, 367, 392 f., 612
Koch, H.C. 300, 302, 388, 593
Koch, P. 569 f.
Koeppen, W. 190
Kofman, S. 528
Kolago, L. 107 f.
Koller, H. 225
Kommerell, M. 237, 351, 461
Korngold, E.W. 66, 207, 398
Košenina, A. 362, 368
Kosma, J. 548
Kramer, L. 5, 64 f., 393, 395
Krause, C.G. 326, 329, 387
Kreis, R. 452
Kretzschmar, H. 122
Kreuser, T. 583
Krims, A. 566, 573 f.
Kristeva, J. 526
Krones, H. 43, 296, 301, 308 f.
Krüger, J.G. 354
Krutschonych, A.J. 138
Kuhnau, J. 302, 307, 352
Kuiken, D. 110
Kurtág, G. 479
Kurz, G. 235

Kushner, T. 581

La Borde, J.B. de 523
Lacan, J. 177
Lacasse, S. 553
Lachenmann, H. 32, 60, 583
Lacoue-Labarthe, P. 464
Laforgue, J. 471
La Grande Sophie [i.e. Huriaux, S.] 553
Lakoff, G. 160 f., 164, 167 f.
Lamy, B. 331
Langer, S. 65, 395
Larkin, P. 537 f.
Lasso, O. di 303, 511
Latacz, J. 221
Lausberg, H. 302, 304, 341
La Voye-Mignot, S. de 305
Leclerc, F. 556
Leech-Wilkinson, D. 58
Lehár, F. 478
Lehmann, H.-T. 369, 594
Leibniz, G.W. 30, 180, 421, 427
Lenau, N. 390
Leodiensis, J. 296, 301
Leopardi, G. 612
Leopold, S. 316, 318, 438 f.
Leroux, G. 96
Lessing, G.E. 48, 131, 141, 183, 362, 368, 377, 591, 600
Levesque de Pouilly, J.-L. 329
Lévi-Strauss, C. 50, 199
Lewis, D. 280–282
Lichtenberg, G.C. 182 f.
Ligeti, G. 60, 73, 309
Lindenberger, H. 59, 70 f.
Lindner, H. 548, 557, 559
Link, J. 515
Linsenmann, A. 549
Lippius, J. 299 f.
Listenius, N. 290
Liszt, F. 120, 122–125, 309, 390, 395
Littmann, M. 443
Loève-Veimars, A.F. 404
Löffler, J. 41
Lord, A. 220
Lossius, L. 589
Louis-Philippe I. v. Frankreich 410 f.

Lowth, R. 230
Lubbock, P. 95
Lubkoll, C. 80 f., 83, 85 f., 90, 150, 184, 198, 253, 257, 259, 346, 352, 402, 527
Lucan 520
Luhmann, N. 81
Lukács, G. 431, 464
Lully, J.-P. 315, 321, 523
Luther, M. 288 f., 392, 513, 589
Lütteken, L. 48, 453
Lynch, D. 583 f.

Machaut, G. de 32, 291
Macpherson, J. 232
Maeterlinck, M. 67, 578
Magny, C. 557
Mahler, G. 393, 395, 618
Mahne, N. 117
Mahrenholz, S. 120, 172
Mallarmé, S. 49 f., 263, 265, 347, 391 f., 398, 446, 453, 464, 471
Mann, H. 450, 459, 512
Mann, T. 6, 10, 80 f., 85–87, 90 f., 97, 99 f., 133 f., 137, 149 f., 188 f., 204, 450–459, 462, 482, 512 f., 518 f., 524, 529, 584, 592, 596, 602
Marchettus v. Padua 300
Marinetti, F. 154
Marpurg, F.W. 387
Marquard, O. 436
Marsh, C. 294
Marthaler, C. 578
Martón, D. 578
Marx, A.B. 517
Massow, A. v. 526
Mathis (-Moser), U. 59, 62, 546, 548–551, 553–559, 562
Mattenklott, G. 266
Mattheson, J. 47, 300, 302 f., 305, 325, 351
Matthisson, F. v. 395
Maus, F.E. 115
Mayer, H. 464
McLuhan, H.M. 176 f., 189, 570, 595
Mehldau, B. 537, 540
Meinecke, T. 541 f.
Meisel, E. 482
Mendelssohn, M. 600

Mendelssohn Batholdy, F. 390, 618
Mendoza, E. 582
Menke, B. 176, 178, 198, 256, 259, 611
Menninghaus, W. 340, 343
Mersenne, M. 305
Meschonnic, H. 41, 342
Metastasio, P. 314, 319
Meyer, C.F. 186, 396
Meyer, P.M. 496
Meyerbeer, G. 71, 416
Meyerhold, W. 437, 443
Meyer-Kalkus, R. 201, 206, 240, 367
Miall, D.S. 110
Micznik, V. 115, 117
Milán, L. 292
Miller, J.M. 327
Milton, J. 249
Mingus, C. 539
Miossec, C. 553, 559
Mistinguett [i.e. Bourgeois, J.F.] 552
Mitchell, T. 567
Mitchell, W.J.T. 591
Moholy-Nagy, L. 444
Momigny, J.-J. de 62
Monnot, M. 547
Monteverdi, C. 67, 318, 320
Monteverdi, G.C. 67
Morgenstern, C. 41, 154
Mörike, E. 396, 612
Moritz, K.P. 183, 327 f., 344, 403
Morley, T. 286, 293
Morrison, T. 135, 537
Moses [AT] 232
Mosse, G. 366
Moustaki, G. 547
Mozart, W.A. 5, 62, 65, 67, 72, 85, 88–91, 389 f., 413, 423, 426, 473, 488, 517
Müller, A. 184
Müller, H. 266, 464
Müller, J. 185
Müller, J.S. 320
Müller, R.E. 80, 324, 326 f.
Müller-Zettelmann, E. 119, 338 f.
Mundry, I. 172, 583
Musil, R. 188, 450, 462
Mussorgski, M.P. 393

Nägeli, H.G. 389
Napoléon I. v. Frankreich 406
Nattiez, J.-J. 116
Naumann, B. 80, 328, 346, 376, 381, 402, 425
Naura, M. 539
NDR Bigband 539
Neefe, C.G. 392
Neidhardt, J.G. 296
Neubauer, J. 117, 325 f.
Neuwirth, O. 584
Nietzsche, F. 9, 68, 80, 87, 188, 199 f., 202, 204, 209, 217 f., 225, 237, 247, 259, 263 f., 266, 355, 419, 426, 428–430, 450–453, 455–465, 471
Nijinsky, V. 263
Nono, L. 60, 391
Novalis 83, 137 f., 145 f., 184, 218, 236 f., 257 f., 261, 374–380, 382, 384, 394, 403, 440 f.
Nucius, J. 305
Nunes, E. 581

Oberhuber, A. 546, 550, 552
Oberschmidt, J. 161
Ockeghem, J. 511
Oehring, H. 579
Oesterreicher, W. 569 f.
Offenbach, J. 582 f., 604
O'Hara, F. 537
Ondatjee, M. 537
Onetti, J.C. 582
Ong, W.J. 177, 239, 567–569, 595
Opitz, M. 317, 339, 345
Ostermaier, T. 583
Ovid 177, 247, 249, 253, 266

Paech, J. 6, 140, 144
Palestrina, G.P. 165, 290, 511–513, 515
Palissot, C. 525
Parmet, S. 482
Parry, H. 473
Parry, M. 220
Pater, W. 470, 476
Paulson, W.R. 499 f.
Paz, O. 151
Peacham, H. (the Elder) 306

Peacham, H. (the Younger) 297, 305
Peirce, C.S. 162, 608
Peisistratos 437
Pélissier, O. 411
Penderecki, K. 309
Penzenstadler, F. 144 f.
Pergolesi, G.P. 523
Petersen, P. 604
Petrarca, F. 228 f.
Pfeffel, G.K. 365
Pfitzner, H. 489, 512 f.
Piaf, E. 547, 549, 552 f.
Pinch, T. 496
Pindar 178, 221–224, 230–235, 590
Piscator, E. 436, 443 f.
Plath, S. 579 f.
Platon 20, 41, 49, 178 f., 221, 247, 252, 257, 260, 263, 291, 411, 610
Plessner, H. 177, 199, 202, 205, 594
Plutarch 252, 291, 296
Poe, E.A. 454, 542
Pollesch, R. 581
Ponte, Lorenzo da 70
Poppe, E. 578
Porter, C. 539
Pound, E. 502
Pousseur, H. 153
Prévert, J. 548
Previšić, B. 46, 49, 235, 352 f., 516
Proust, M. 134, 188, 450, 456, 477, 601, 603
Ps.-Eratosthenes 250
Ps.-Longinos 180, 331, 357, 402
Public Enemy 570
Purcell, H. 579
Puschkin, A.S. 392
Pynchon, T. 503 f.
Pythagoras 20, 178 f., 186, 252 f., 257, 260, 263, 352, 377, 420, 516, 520, 524

Quantz, J.J. 308, 325
Queneau, R. 548
Quinault, P. 315, 321
Quintilian 40, 47, 301 f., 304

Raabe, W. 187
Rabinowitz, P. 114, 117
Rachewiltz, S.W. 250–252, 256

Racine, J. 49
Raimbaut v. Orange 227
Rajewsky, I.O. 6–8, 57, 78 f., 95, 97 f., 115, 141–144, 386, 395, 435, 441, 597
Rakim [i.e. Griffin, W.M.] 570, 572
Rameau, J.-P. 24, 329, 352–354, 356, 374, 516, 522–526
Rattner, J. 461
Ravel, M. 398
Rebstock, M. 73, 579, 582
Reed, I. 503–505
Regener, S. 542
Reger, M. 391
Reicha, A. 300, 309
Reichardt, J.F. 365, 375, 387–389, 391–393, 396
Reinhardt, M. 200, 436 f., 443 f.
Reinke, C. 455
Rheinberger, H.-J. 370
Ricœur, P. 120 f., 167–169
Riedl, J.A. 155
Rieger, D. 227, 291
Rilke, R.M. 27, 189, 218, 230, 237–241, 266–268, 344, 450, 461
Rimbaud, A. 548
Risi, C. 577
Ritter, J.W. 184 f., 379 f., 594
Roesner, D. 73, 110, 579
Rose, T. 566 f., 569 f.
Rosenberg, H. 482
Ross, A. 602
Rossi, C. ‚Tino' 552
Rossini, G. 405–407, 410–413, 417, 428
Roth, M. 578, 584
Rothmann, R. 190
Rousseau, J.-J. 10, 24 f., 49, 60, 71 f., 83, 139, 182, 200 f., 209, 230, 308, 329–334, 345, 353, 356, 374 f., 402, 523, 605 f.
Rückert, F. 392, 394, 397
Rüegg, M. 539
Ruffo, V. 290
Rühmkorf, P. 151, 537, 539
Ruhnke, M. 40, 302
Ruisdael, J. v. 585
Runge, P.O. 441
Russolo, L. 602

Ruttkowski, W. 546, 548, 550, 561
Ryba, J.J. 308

Sabbatini, L.A. 305
Said, E.W. 529–531
Salieri, A. 68, 314
Salinger, J.D. 461
Sand, G. 137, 149, 405
Sandburg, C. 537
Sapho [i.e. Ebguy, D.] 558
Sartre, J.-P. 548
Satie, E. 46
Saussure, F. de 149
Schaeffer, P. 140, 605
Schafer, R.M. 178, 188, 495, 497, 612
Schanze, H. 204
Scheibe, J.A. 298, 306, 308, 326, 514 f.
Schellhafer, H.G. 520
Schelling, F.W.J. 184, 357, 378, 424 f., 437, 440
Scher, S.P. 4–6, 10, 57, 59, 65, 78 f., 101, 104, 131, 147–149, 546, 558 f., 592
Scherstjanoi, V. 155
Schiller, F. 137, 183 f., 264, 350, 355, 365 f., 394, 396 f.
Schimpf, W. 72
Schindler, A. 301, 518
Schindler, K. 363
Schlaffer, H. 199, 202 f., 347
Schlegel, A.W. 344, 365
Schlegel, D. 378
Schlegel, F. 137, 145 f., 184, 200, 202, 204, 374 f., 377 f., 380, 382, 436 f., 440 f.
Schlesinger, M. 405
Schlingensief, C. 580 f.
Schlüter, W. 539
Schmidt-Dengler, W. 107, 109
Schmitt, G. 161
Schnädelbach, H. 423, 464
Schnebel, D. 60, 73, 155, 309
Schneider, H. 315, 317
Schneider, J.N. 343 f., 367
Schnitzler, A. 87, 102, 593
Schocher, C.G. 363–365, 370
Schoeck, O. 396
Schollum, R. 309
Scholz, C. 139

Schönberg, A. 62, 87, 89, 91, 122, 201, 205, 207, 309, 391 f., 395, 431, 453, 476, 482, 490 f., 529, 531, 580, 614
Schönherz, R. 344
Schopenhauer, A. 10, 29–31, 67 f., 121 f., 209, 263 f., 266, 309, 413, 419, 426–429, 450, 462, 519
Schottelius, J.G. 256
Schramm, I. 190
Schreker, F. 66
Schröder, E. 241
Schrott, R. 151
Schubart, C.F.D. 83, 300, 324–326, 374
Schubert, F. 32, 65, 79, 99 f., 132, 386 f., 389 f., 392–396, 398, 477
Schulte, J. 281
Schulz, J.A.P. 387, 393
Schumann, R. 122, 382, 390, 392–394, 396 f., 528
Schütz, H. 303, 317, 394
Schwab, G. 478
Schwaen, K. 482, 493
Schweighauser, P. 176, 504, 613
Schwitters, K. 104 f., 147, 151 f., 154
Sciarrino, S. 580 f., 584
Scott, C. 119
Scott, W. 454
Scott de Martinville, É.-L. 364, 551, 615
Scott-Heron, G. 569
Seckendorff, G.A. v. 364–366
Seel, M. 239, 578
Seghers, P. 548
Seguy, P. 549
Seidler, I. 462
Seifert, A. 234
Serres, M. 151, 177
Seubold, G. 452
Seydlitz, R. v. 451
Shakespeare, W. 20, 398, 540, 579
Shikibu, I. 581
Sichelstiel, A. 97, 99, 104–106
Simmel, G. 203, 205, 594
Simonides 131, 137, 222, 246, 600
Šklovsky, V. 43
Skrjabin, A.N. 132, 614
Sloterdijk, P. 178, 191, 464
Smith, B.R. 495

Smith, M.M. 191, 497
Smyth, E. 473 f.
Sokol, M. 568 f.
Sokrates 247, 451
Solbrig, K.F. 365 f.
Solger, K.W.F. 378
Sollich, R. 577
Somers-Willett, S.B.A. 568, 571, 575
Sonnenberg, N. 575
Sophokles 225, 235
Spengler, O. 452
Spitzer, L. 351
Spitzer, M. 161, 167–169
Staiger, E. 351
Stalin, J.W. 435
Stamitz, C.P. 328
Steffen, H. 460
Steffin, M. 491
Stegbauer, H. 383
Steiner, R. 452
Stephen, V. 472
Sterne, J. 176, 191, 495 f.
Stesichoros 222
Stierle, K. 228, 234
Stifter, A. 186, 578 f., 585
Stockhausen, K. 445
Stollberg, A. 5, 62, 66 f., 70, 442
Strabon 331
Strauß, B. 190
Strauss, R. 66, 68 f., 122, 391, 397, 438, 458, 460
Strawinsky, I. 205, 207, 471, 476, 480, 482
Strayhorn, W. ‚Billy' 540
Streim, G. 263 f.
Striggio, A. (d. Jüngere) 320
Stuart, M. 580
Stuckrad-Barre, B. v. 135
Sulzer, J.G. 62, 83, 136, 181 f., 324, 345, 387, 589, 610
Süßmilch, J.P. 49

Tacitus 318
Tansur, W. 299
Tasso, T. 120, 318
Telemann, G.P. 307, 316, 387
Terpander 222, 250
The Alan Parsons Project 542 f.

The Beatles 542
The Doors 542
Theokrit 233, 254 f.
The Police 542
Theweleit, K. 431
Thompson, E. 495–498
Thorau, C. 59, 161, 169 f., 173
Thuringus, J. 305
Tieck, L. 28, 83, 121, 133, 148, 185, 199, 259 f., 328, 380–383, 403, 441
Tiedge, C.A. 365
Till, D. 331, 367 f.
Tinctoris, J. 296, 301, 509
Tizian 263 f., 460
Tolstoj, L.N. 147
Toomer, J. 503
Torra-Mattenklott, C. 329, 333
Tovey, D.F. 473
Trabant, J. 48, 199, 201, 331
Trahndorff, K.F.E. 435
Treml, R. 107 f.
Trenet, C. 549, 552, 554
Tritonius, P. 297
Truax, B. 495
Tschaikowski, P.I. 132
Tschechow, A.P. 581
Turgenjew, I.S. 454
Türk, D.G. 301, 308
Turner, M. 165
Twining, T. 326
Tzara, T. 154

Ugorski, A. 173
Uhland, L. 392
Unger, H.-H. 43
Urweider, R. 575

Vaget, H.R. 452
Valk, T. 80, 198
Varro 610
Vaucaire, M. 547
Verdi, G. 68 f., 82, 132
Vergil 249, 254 f., 257, 321
Verlaine, P. 344, 392, 398, 548
Vian, B. 537–539, 548, 554
Vicentino, N. 296
Vico, G. 331

Vienna Art Orchestra 539
Viol, C.-U. 100, 110
Vogel, M. 452
Voß, J.H. 351, 365
Vratz, C. 110, 146
Vulpian, A. 614

Wachter, D. 452
Wackenroder, W.H. 28 f., 82, 85, 121, 133, 184 f., 259, 328, 380–383, 402 f., 408, 440
Wagenknecht, C. 341
Wagner, R. 5, 9, 60, 64, 66–71, 80, 121, 123, 132, 187 f., 199 f., 202, 209, 218, 263–265, 309, 327, 334, 428–430, 435–438, 441–443, 445, 450–457, 459–464, 471–476, 479 f., 488 f., 577, 602–604
Wagner-Régeny, R. 482, 493
Walcott, R. 567
Walser, R. 52, 450, 462, 584
Walter, M. 61
Walther, J.G. 301, 306 f.
Walther v. d. Vogelweide 228
Walzel, O. 10, 95, 131
Warburton, W. 230
Waschk, A. 581
Webb, D. 136, 329
Weber, C.M. v. 62, 441
Weber, M. 203, 389
Webern, A. 309, 431
Wegeler, F.G. 62
Wegmann, N. 324
Weigand, W. 463
Weigel, S. 266
Weill, K. 204, 207, 482, 488, 490 f., 493, 594
Weimar, K. 39, 603
Weinheber, J. 149
Weinöhl, J. 583
Weinrich, H. 557
Weiß, M. 552 f.
Weisstein, U. 66 f., 69, 131
Weithase, I. 366 f.
Wellbery, D.E. 351, 355 f., 358
Wellershoff, D. 262
Wellmer, A. 33 f., 198 f.
Welsh, C. 13, 182, 259 f., 262, 329, 354 f.

Wentz, J. 368
Werckmeister, A. 352, 356
Werfel, F. 82, 453
Wiener, O. 539
Wilbrandt, J. 508 f.
Wilde, O. 470
Wildermuth, A. 452
Wilhelm v. Aquitanien 227
Wille, G. 225
Wind, E. 520
Winter, H.-G. 604
Wittgenstein, L. 201, 204, 206, 208, 280 f.
Wolf, H. 122, 309, 392–396
Wolf, W. 5–8, 57 f., 78 f., 95 f., 98–101, 109, 115, 118, 134, 137, 141, 148, 393, 435 f., 501, 537, 597
Wolff, C. 46
Wolfram v. Eschenbach 226
Woll, S. 436, 443 f.
Wollschläger, H. 462
Wolzogen, H. v. 442
Wood, R. 230
Woolf, V. 109, 137, 149, 188, 470, 472–475, 479

Wördemann, S. 579
Wötzel, J.C. 364
Wulf, C. 177
Wurst, K. 368

Young, L.M. 46

Zade, M. 583
Zaminer, F. 60 f., 209
Zanetti, S. 595
Zarlino, G. 288, 296, 301, 595
Zbikowski, L. 59, 161, 164–167
Zedler, J.H. 181, 356
Zelter, C.F. 387–389
Zemlinsky, A. v. 391
Zimmermann, B. 224, 233
Zipfel, F. 567
Žižek, S. 431, 464
Zoff, M. 482
Zöller, G. 428
Zuckmayer, C. 484
Zwingli, U. 289
Zymner, R. 338 f., 343, 347

Sachregister

Absolute Musik 10, 45, 83, 85, 90, 197, 204, 210, 259, 327 f., 379, 381 f., 528
Accompagnato-Rezitativ 72
acoustic / sonic turn 191, 495 f., 589, 612
actio (Rhetorik) 180, 302, 304, 367
Affekt / Affektkontrolle 3, 26 f., 47 f., 61, 68, 71, 178–180, 227, 259, 292, 296 f., 301, 305 f., 317–319, 324, 326 f., 329, 331–334, 421–423, 589, 594 f., 605
Affektenlehre 182, 362, 420, 595, 598
Agitprop 490
Ähnlichkeit 8, 95, 97, 101 f., 107, 149, 209, 296, 305, 326 f., 476, 556
Aisthesis 1, 414, 614
Akustik 13, 44, 104, 190, 299, 338–340, 420, 497, 502, 524, 585, 605 f., 611
Akzent / accent 24–26, 36, 86, 139, 241, 330, 332 f., 341, 354, 356, 358, 374, 392, 558, 573 f., 589 f., 607, 610, 612
Allegorie 36, 149, 255, 261, 263, 327, 352, 406, 409, 425, 514, 568
Alliteration 233, 237, 265, 341, 345, 476, 557, 568, 572
Allomorphie 42, 615
Alphabet, -schrift 43, 154 f., 176, 178, 190, 219, 328, 499, 594, 608, 614
Amphitheater 443 f.
Analogie 2, 5, 23, 30, 50, 65, 101, 105, 115, 136–138, 142, 144–149, 151, 173, 206, 281, 305, 339, 364, 376, 420, 427, 452, 460, 476, 479, 501, 515, 540, 574, 598
Andacht 247, 296, 363
Anschaulichkeit 29, 48, 100 f., 115, 240, 309, 363, 370, 375, 428, 471, 600
Anthropologie 3, 13, 24 f., 136–140, 176, 181, 191 f., 199, 203, 209, 239, 328, 330 f., 334, 344, 368, 422, 461, 523, 594, 612
Antike 1 f., 7–9, 19, 60, 79, 180, 217–227, 230, 232, 235 f., 246–258, 260–262, 264–268, 287 f., 291 f., 296, 304, 318–320, 330 f., 333, 339, 341, 343, 345 f., 363, 368, 377, 429, 435, 437–439, 442–444, 452, 457, 520–522, 524, 526, 589–591, 595, 598, 603, 605, 607, 609, 612, 618
Antiphon 278, 502
Apollo / apollinisch 9, 68, 178, 222–224, 237 f., 246–248, 250, 259, 263 f., 266, 320, 429, 450, 458, 471, 504, 521, 590
Arabeske / arabesk 184 f., 259
Architektur 68, 131, 152, 163, 190, 229, 239, 422, 429, 436 f., 443, 514 f., 518, 556, 602
Arie 62, 65, 69, 72, 182, 225, 236, 314, 317, 417, 441, 513, 526, 583, 617
ars cantus 26
ars compositionis 26
ars subtilior 47, 287
artes liberales (→ *septem artes liberales*) 19
Artifizialität 224, 226, 386, 523
Artikulation 2, 9, 23, 33, 43, 45, 60, 136, 138, 147, 247, 288, 298, 364, 423, 512, 522
Assonanz 51 f., 237, 341, 476, 570, 572
Assoziation 64, 99 f., 132, 146, 150, 422, 556, 577, 580, 582, 608
Ästhetik / Ästhetisierung 1–3, 9, 27, 46, 63 f., 68, 80 f., 89–91, 103, 108, 114, 121, 134 f., 142 f., 152, 181, 183, 187 f., 259 f., 308, 318, 325, 327, 332, 334, 351 f., 359, 368 f., 374, 377, 380, 386–389, 391, 393, 397, 408, 414–416, 419–426, 428, 431, 436, 442 f., 446, 460, 472 f., 476 f., 479 f., 490, 501–505, 517, 538, 578, 583, 585, 593–595, 609, 611, 614, 618
auditive Dimension 176, 192
auditive Orientierung 278
Aufführung 1, 5 f., 10, 12, 36, 39, 43, 45 f., 48, 57–59, 73, 96, 154, 197, 200, 205, 207–209, 217, 222, 225 f., 229, 254, 281 f., 287 f., 293 f., 314–316, 321, 328, 338, 340, 342, 362, 365 f., 368 f., 390 f., 396, 403, 406 f., 415, 423, 436–439, 442, 444, 473, 486, 512, 522 f., 547, 555, 577–579, 581, 585 f., 590, 597 f., 604, 608
Aufklärung 11, 71, 114, 230, 237, 256, 328, 350, 352, 363, 369, 374, 381, 392, 440, 471, 490, 527
Aufnahmetechnik 12, 364, 370, 496–498, 569

Sachregister

Auge 1, 11, 24, 33, 39, 42, 69, 100 f., 176, 178, 182–185, 238, 402, 429, 493, 557, 583
Aulos 9, 178, 221, 223–225, 438, 521
Ausdifferenzierung der Künste 291
Ausdruck 2, 5, 10, 24–27, 33, 41, 43, 61, 64 f., 72, 79, 82, 84 f., 102, 121, 123, 134, 136 f., 139, 149–151, 163, 178, 198, 201–208, 224, 252, 264, 286, 293, 296, 299, 301, 304, 325–331, 333, 340, 342 f., 345 f., 354, 357, 364, 366, 380 f., 383, 398, 404 f., 408, 411, 415, 426, 430, 435, 440, 456, 478, 480, 487, 498, 502, 504, 511, 515 f., 518 f., 526, 538, 552, 567, 583, 586, 593 f., 605, 611
Ausdrucksästhetik 80, 309, 325, 327, 334, 383, 529
Auteurs-Compositeurs-Interprètes 548 f., 552–555, 559, 562
Autonomie / Autonomisierung 10, 61–63, 152 f., 155, 199, 202, 206, 208, 210, 259 f., 285 f., 291, 298, 365, 388 f., 395, 397, 406, 424, 436, 517, 592
Autorschaft 41, 73, 547, 553, 562

Ballade 63, 135, 363, 365, 389, 483 f., 486 f., 571
Ballad-Opera 317
Ballett 440, 487
Barde 232, 251, 291
Barock 42 f., 47, 151, 168, 180, 199, 324, 329, 342, 362, 388, 435, 438 f., 442, 509, 514 f., 518, 520, 523, 579 f., 596, 598, 600
Barockmusik 151, 580, 596
Barockoper 435, 438 f., 442, 600
Bayreuther Festspiele 441, 443, 472 f., 489
Beat 539, 571–574
Beat Poets 539
Bebop 537 f.
Begleitung 99, 124, 221 f., 340, 342 f., 390, 438, 483–485, 539, 555, 562, 569, 591, 616
Begriffskritik 29, 426
Belcanto-Oper 577
Berliner Liederschule 64, 387, 396
Bezug, intermedialer (→ intermedialer Bezug) 6

Bilder, poetische (→ Poetische Bilder) 101
Bildlichkeit 43, 162, 247, 259, 301, 375, 556, 559, 579, 591, 605
Blankvers 317
Bukolik 254–256, 263
Byzantinische Hymnographie 282

Camerata 292, 297, 438
Capriccio 68, 146, 148
Chanson 8, 135, 226, 346, 387, 546–563
Chor / Chorgesänge / Chorlied 9, 22, 221–225, 232, 235 f., 254, 264, 297, 366, 444, 490, 521, 579 f., 582, 590, 612
Choral / Choral (gregorianisch) 61, 273–275, 277 f., 282, 289, 297, 301, 484, 487, 610
Choreographie 57, 222, 253, 263, 477, 479, 579, 582 f.
Christentum 40, 61, 179, 217, 228, 230 f., 236 f., 247, 352, 410, 451, 461 f., 505, 590
christliche Liturgie 61, 228, 240
Chromatik 42, 64, 306, 309, 354, 614
Collage 578–583, 586, 618

Dacapo-Arien 317, 617
Dadaismus 105, 108, 139, 199, 346, 590 f., 599, 608
Daphne (Mythos) 317 f., 577
Darstellung 1, 3, 10, 13, 21, 33, 48, 61, 78, 85 f., 115, 119, 122–124, 131, 134, 141, 143, 148, 150, 154, 165, 201 f., 204, 208–210, 218, 225, 227, 232, 235 f., 239, 246 f., 259 f., 287, 307, 326, 375, 377–381, 383, 397, 402 f., 407, 411, 426 f., 429–431, 444 f., 456, 470, 474 f., 485, 499 f., 522, 530, 561, 595, 599 f.
decorum 288, 304, 439
Deklamation 4, 12, 59, 62, 71 f., 240, 297, 301, 309, 362–371, 393 f., 589, 591, 603, 605 f., 611, 613
Deklamatorisches Konzert 363, 365–369
Denotation 101, 169, 198, 281
Dialekt 223 f., 227, 275, 344, 566
Dialog / Dialog der Künste 9, 51, 68, 72, 117, 133, 224, 242, 305, 317, 383, 470 f., 474, 476 f., 479, 521–526, 548, 561, 569
Diastematik 280

Dichter- bzw. Sängerwettstreit 220, 248, 254, 267, 345, 575
Dichtersänger 8, 217–242, 246, 249, 252, 254, 256 f., 288, 344, 554
Dido 321
Dionysos / dionysisch / Dionysien 9, 68, 178, 180, 218, 220, 223 f., 237, 246 f., 250, 253 f., 259, 263–267, 429, 437 f., 450 f., 458, 461, 471, 505, 584, 590
Dirigent 44, 197, 205, 207, 457, 482
discours 5, 119, 592
dispositio 27, 302 f.
Dissonanz 64, 89, 163, 186, 210, 305, 307, 354, 356, 358, 375 f., 379, 382, 458, 509, 511, 516, 519, 522, 602
Dithyramben 9, 223 f., 231–233, 458
DJ / DJing 542, 566
Drama 5 f., 66–70, 86, 96, 109 f., 132, 169, 187, 200, 217, 224 f., 250, 264, 300, 322, 365, 390, 430, 438, 440–442, 450, 454 f., 457, 459, 472, 477, 480, 514 f., 517, 524 f., 540, 577 f., 584, 602, 604, 614
dramma giocoso 70
dramma per musica 317, 321 f.
Durchkomponieren 293, 388 f., 604
Dynamik 10, 45, 82, 84, 90, 120, 124, 132, 139, 148, 154, 183, 235, 239, 294, 297, 315, 324, 334, 356–358, 375–377, 458–460, 463, 470 f., 475, 477, 479 f., 509, 518, 522, 579, 581, 585, 609, 611, 615

Echo 139, 177, 179, 253, 256, 334, 470, 477, 611
Einbildungskraft 13, 121, 259, 299, 403, 415, 528, 593
Ekphrasis 10 f., 101, 133, 254 f., 591 f., 597
elaboratio 27, 302 f.
elocutio 302 f., 598
Emotion 3, 13, 64, 70, 99, 102 f., 114, 133, 161, 199, 206, 227, 301, 305, 324 f., 330, 334, 343, 358, 363 f., 378, 402 f., 455, 472, 475, 558, 579 f., 585, 589, 593–595, 605 f., 614
Empfindung / Empfindsamkeit 24, 80, 82, 136, 181 f., 184 f., 299 f., 308 f., 324, 326–329, 332–334, 339, 345 f., 354 f., 362, 364, 370, 381, 388, 390, 402, 421 f., 473, 579
Entgrenzung / Entgrenzung der Künste 123, 151, 237, 264, 435, 450, 470, 479, 484
Entsemantisierung 60, 199, 381, 398
Entwicklung 12 f., 21, 60, 69, 72, 90, 108, 116–118, 147, 221, 225, 241, 261, 273, 285, 287, 289–291, 309, 327, 330, 352, 363, 367 f., 370, 375 f., 382, 404, 413, 420 f., 423, 431, 444, 456, 477, 480, 489, 495 f., 510–514, 517 f., 521, 523, 527, 529, 531, 550–553, 562, 577, 579 f., 586, 593, 604
enunciation 119
Epik 108, 119, 204, 217, 220 f., 226, 252, 254, 366, 369, 389, 456, 485, 560 f., 594, 603, 617
Episches Theater 5, 204, 484 f., 493, 594
Ereignis / Ereignischarakter 2, 39, 46, 58 f., 116, 118 f., 133, 150, 152, 154, 177, 182, 187, 224, 234, 240, 281, 306, 320, 382, 439, 578, 586, 599, 601, 609, 614
Erfahrung 11, 48, 52, 107, 116, 122, 133, 142, 162, 167 f., 177, 182, 235, 238, 240, 249, 363, 380, 403 f., 414, 420 f., 428 f., 431, 459, 470 f., 473, 476, 491, 547, 554, 605, 613
Erhabene 28, 48 f., 102, 109, 122, 180, 230 f., 240 f., 258, 260, 331, 357, 402–404, 415, 417, 515
Erkenntnis / Erkenntniskritik / Erkenntnispotential 13, 116, 122, 210, 251, 289, 344, 375, 419–421, 424, 426 f., 462, 519, 531, 577, 608, 614
Erster Weltkrieg 103, 189, 512, 606
Erwartung 63, 116, 134, 280, 282, 318, 321, 424, 479, 514, 525, 571, 573 f.
Erzählung 5, 50, 70, 99, 106, 120, 124, 137, 149 f., 186, 188, 219–222, 246, 252, 256 f., 339, 382 f., 441, 453, 474, 482, 527 f., 541 f., 577, 580, 582 f., 585, 592, 597, 604
Evokation 79, 85, 91, 98, 101–103, 133, 232, 265, 479, 597, 618
Exegese 65, 598
Expressionismus 26, 189

Faktur / Faktur (musikalische) 124, 187, 285, 339–345, 389, 393 f., 455, 457
Fantasie 146 f., 325, 374, 391, 513, 518, 583, 592 f., 596
Farbe 21, 197 f., 350, 395, 411, 440, 458, 477, 581, 585, 614
Festspieltheater 436, 443, 472, 489
Feuilleton 541
figura 301, 304
Figur / Figur (literarische) / Figur (musikalische) / Figur (rhetorische) 26 f., 42 f., 51, 65 f., 70, 72, 80–85, 87 f., 90, 132 f., 146, 150, 164, 168, 182, 186, 190, 198, 205, 217, 219 f., 230–232, 236, 239, 247, 261, 263 f., 266–268, 299, 301, 303–309, 319, 321 f., 330 f., 341, 352–354, 366, 383, 403, 405, 407–409, 411 f., 439, 455 f., 460, 462, 475, 478 f., 488, 508, 515, 522, 524–529, 558, 570, 577, 582, 585, 589, 593 f., 596, 606, 609, 611, 616–618
Figurenlehre 26 f., 298, 307 f., 595
Flöte 9, 177 f., 180, 182, 223 f., 246 f., 253, 256, 263–265, 267, 327, 438
Form / Formen (musikalische, literarische) / Formprinzipien (ästhetische) / Formwerdung 1–4, 8–11, 19, 26 f., 31, 45, 47–49, 51 f., 60, 63, 67–71, 73, 78 f., 87, 89, 95–99, 101, 104 f., 108–110, 115–117, 119, 121, 124, 132–142, 144–152, 154, 172 f., 184, 197 f., 200, 202–206, 208 f., 217 f., 220 f., 224, 227–229, 233 f., 236, 239, 241, 246, 249, 251, 256, 259, 273, 275, 280, 290, 292, 297 f., 300, 305, 314, 316 f., 322, 324 f., 333 f., 339, 341–346, 353, 357, 365, 374–379, 381 f., 386–388, 391, 402, 408, 415 f., 421, 423, 425, 427–430, 435 f., 440 f., 445, 450, 454, 461, 463, 470–472, 474–478, 484, 486 f., 489, 495 f., 499, 501 f., 504, 508, 516–519, 521, 523, 525, 529, 531, 535, 537, 539–542, 546, 548, 550, 552, 555 f., 559–562, 566, 568 f., 571 f., 577–579, 582, 584–586, 590, 593, 596, 599, 604–608, 610, 613, 616 f.
Formel 59, 69 f., 89, 137, 147, 197, 220 f., 223, 277 f., 282, 421, 427, 520, 572, 617

Fragment 72, 89, 136 f., 146, 179, 197, 200, 203–205, 208, 225, 234, 247, 278–280, 332 f., 376–379, 391, 398, 436, 440, 443, 462, 476 f., 482, 486, 527, 584, 597, 605
Frühromantik 114, 121, 257–259, 264, 346, 374–377, 380, 397
Fuge 8, 32, 64, 133 f., 138, 143, 145–150, 298, 300, 303–307, 473, 513 f., 516–519, 525, 529, 531, 595, 610
Fundamentalbass 353 f.
Futuristen 154, 602

Gattung 3–5, 9, 11 f., 58 f., 64, 66, 70–72, 86, 96, 105, 132–135, 138, 140, 144–150, 198, 217, 226, 228, 230 f., 233, 254 f., 287, 289, 292 f., 298, 300, 314, 316–318, 322, 333, 338–340, 342–347, 368, 374, 377, 387–391, 398, 440 f., 454, 457, 472, 482, 504, 517, 524, 527, 540, 550, 552, 554 f., 557, 559–562, 570, 577, 599, 604–606, 617
Gattungsmischungen 318
Gebärde 64, 87, 199, 203 f., 531, 593 f., 603
Gedicht 43, 49–51, 58, 60, 64 f., 132, 134, 139, 149, 152, 154 f., 172, 181, 184, 186 f., 189, 199, 217 f., 223, 226, 228 f., 232–241, 254, 256, 263, 265 f., 286, 333, 338–342, 344, 346, 353, 365 f., 388 f., 391–398, 430, 476, 483 f., 486 f., 493, 503, 536–538, 542, 548, 556, 559, 568 f., 580 f., 591, 599, 604–606, 608, 617
Gefühl 24 f., 27, 29, 36, 123–125, 153, 173, 181–183, 208, 217, 225, 259, 305, 308 f., 324 f., 332, 334, 353, 366, 376 f., 381, 402 f., 430, 486, 582, 584, 602, 614
Gefühlsausdruck 36, 198, 325–327, 380, 560
Gehör 24, 59, 179, 181, 183, 185, 187, 189, 221, 239, 301, 352, 354, 356 f., 404, 524
geistliche Musik 135, 287 f., 309, 388, 513
Gemeinschaft 103, 176, 178, 181, 222, 234, 281, 330, 355, 393, 395, 435–437, 439–446, 451, 457, 521
Gemütsbewegung 324, 326, 332, 421
Generalbass, Grundbass 30, 303, 387
Genie 82, 100, 231, 412, 463, 515, 525
Genie-Ästhetik 39, 44–46, 231, 608

Geräusch 12, 138, 154, 176 f., 180, 182 f., 186–190, 326, 350, 477 f., 497, 499, 503 f., 585, 601 f., 605, 608, 613
Geräuschkulisse 51
Gesamtkunstwerk 9, 67, 149, 152, 200, 204 f., 207, 218, 222, 435–446, 454, 457 f., 471, 489, 552, 593
Gesang 9, 24, 26, 59, 62, 68 f., 71, 83 f., 114, 135–137, 139, 149, 152, 178, 217–222, 224 f., 228–238, 240 f., 246–248, 250–254, 256–258, 261 f., 265–267, 274, 278, 281 f., 289, 292, 296 f., 301, 304, 330 f., 339, 345, 363, 365 f., 368, 381, 386–388, 390 f., 393, 420, 438, 441, 472, 476, 478, 483, 485, 501, 503, 508, 514, 521 f., 539, 549 f., 561, 571, 580 f., 583, 590, 610, 613
Gesangscharakter 225, 229
Gestalt 26, 34, 65, 85, 123 f., 133, 143, 147 f., 178, 190 f., 197 f., 200, 204–206, 208, 210, 223, 226, 236 f., 247, 252, 255, 264, 279, 340, 411, 423, 455, 486, 522, 547, 561 f., 595
Geste 162, 197–201, 203–209, 238, 328, 475, 485 f., 488, 493, 582, 594, 603 f.
Gestik / Lautgebärde 60, 197, 199, 201, 204, 206 f., 485, 525, 546 f., 555, 562
Gewalt der Musik 11, 44, 58, 80, 258, 329, 403
Glasharmonika 182
Goethezeit 387, 614
Gottesdienst 27, 218, 231, 288 f., 307, 451, 483, 513
Gottesname 34–37
Grammatik / Grammatik (musikalische) 20 f., 114, 139, 201, 206, 274, 298–300, 302, 309, 328, 374, 589, 615
Grammophon 188 f., 205, 207, 497, 551, 615
Grand Opéra 442, 454, 457
Gregorianik 273–275, 282, 297, 508 f., 521, 610
Griechisches Theater 217, 224, 435, 437–439, 441, 443 f., 450, 457 f., 463, 521 f., 590

Halbschluss 63
Handlung 5 f., 9, 49, 67–69, 71, 86, 114, 119, 123 f., 148, 153, 187, 225, 264, 281, 315, 319–321, 362, 387, 438, 450, 474, 479, 515, 524, 528, 558, 561, 577 f., 580, 582, 584, 595, 604, 606
Harlem Renaissance 501, 503 f., 568
Harmonie / Harmonik 8, 13, 20, 24 f., 50, 64, 123, 146, 168, 180, 185 f., 202, 252 f., 299, 305 f., 329 f., 346, 350–354, 356–358, 374, 376, 378, 389, 414, 420, 423, 425, 458 f., 476, 501, 514, 516, 519 f., 522 f., 525, 531, 561
HipHop 566 f., 569, 572
histoire 5, 107, 119
Homophonie 290, 297, 306, 510, 516, 519, 521 f., 561, 599
Hör-Bilder 240, 259 f.
Hörbuch 201 f., 206, 241 f., 344, 542
Hören 3, 12 f., 23, 32, 46, 58, 168, 176–192, 197, 201 f., 205, 207–210, 226, 240, 259, 266, 273, 291, 334, 382, 411, 442, 488, 493, 593–595, 612, 615
Hörerlebnis 85, 91, 150, 457, 546
Hörwelten 185–189
Humanismus 287 f., 290–293, 296–298, 302, 364, 366, 529
Hybridität 58, 366, 368, 527, 560, 562
Hymne / hymnisch 178, 223, 231, 233, 236 f., 253 f., 282, 299, 388, 392
Hymnographie, byzantinische (→ Byzantinische Hymnographie) 282
Hyperbolé 43, 306, 609

iconic / pictorial turn 191, 496
Illusion 119, 187, 231, 396, 443 f., 464, 524, 585
Imagination / imaginieren 41, 43, 46, 70, 101, 152, 173, 184, 191, 203, 208, 210, 222, 262, 376, 398, 475, 572, 585
Imitation, Imitation (altermediale) 79 f., 95–99, 101, 104–110, 114, 133, 343, 376, 476, 478, 537, 591, 595, 597, 605, 608
Immersion 52, 444, 471
Impressionismus 263, 474, 500 f.
Improvisation, instrumentale / Improvisation, vokale 46, 220 f., 362, 473, 539, 581, 584, 595 f., 606
Improvisationskunst 220
Information 51, 177, 187, 277

Inhalt 6–8, 23, 79, 96, 100, 108, 114 f., 132, 142, 150, 199, 234, 248–250, 261, 264, 286, 292, 297, 301–303, 305, 307, 383, 457, 476, 526, 555, 584, 597 f.
Innerer Monolog 51, 102, 203, 593
Inneres Bild 102, 183, 411, 442
Innerlichkeit 25 f., 181–183, 191, 355, 364, 406, 423 f.
Inspiration 172, 405, 409 f., 413 f., 416 f.
Instrument 9, 20, 44, 46, 70, 117, 139, 178, 182, 217, 220, 222–225, 246–249, 267 f., 292, 324, 327, 339, 350, 352, 358, 370, 389, 410, 415 f., 438, 487, 521, 536, 538, 555, 571, 574, 591 f., 596, 605, 614 f.
Instrumentalbegleitung 221, 438
Instrumentalmusik 10, 40, 44 f., 59, 62, 70, 83, 97, 114–125, 132–134, 137, 147, 178, 197, 200, 208, 249, 259 f., 286, 291, 327, 375, 379, 381, 383, 390 f., 402 f., 422 f., 428, 513, 517, 523, 578, 589, 592 f., 596, 599, 605, 618
Instrumentenbau 44, 46, 248, 423, 611
Inszenierung 57, 95, 134, 362, 368 f., 371, 380, 429, 439, 444–446, 457, 473, 489, 493, 541, 577–580, 583–586, 609, 613
Inszenierungsanalyse 58
Inszenierungspraktiken 541
Intensität 11, 23–27, 327, 477, 497, 500, 586, 600
Interaktionstheorie 169
intermedialer Bezug 6–8, 12 f., 73, 78–81, 87, 89, 91, 95–98, 118, 141 f., 441, 536
intermediale Transposition 6, 96, 98
Intermedialität 1, 5–9, 12 f., 40, 52, 57–59, 73, 78–81, 85, 87, 89, 91, 95–101, 103–105, 109 f., 115–118, 140–145, 198, 206, 263–266, 328, 435, 441, 445 f., 450, 454, 458, 470, 480, 535 f., 551, 591 f., 597 f., 600
Intermezzi 321, 543
Interpretation 2, 11, 33–37, 41–47, 50, 65, 117, 132, 139, 143, 145 f., 149, 153, 173, 197, 251, 307, 325 f., 338–340, 342, 395–397, 407, 464, 476, 546 f., 549–553, 556, 561, 585 f., 596–598, 602 f., 608, 616

Intertextualität 64, 90–92, 97, 252, 255, 263–266, 472, 474 f., 541, 548, 610, 613, 617
Intervall 30, 63, 178, 252, 304, 306, 352 f., 356, 509–511, 516, 523 f., 537, 614
Intramedialität 78, 141
inventio 302 f.
Ironie 49, 65, 101, 107–109, 138 f., 149, 199, 382, 397, 462, 472, 480, 512, 525, 529, 559, 584

Jamben 317, 571
Jazz 22, 51, 110, 135, 151 f., 203, 482, 504, 535–543, 548, 579, 596

Kabarett 22, 241, 482, 490
Kadenz 63, 147, 300, 307, 341, 509, 518, 596
Kanon 146, 222, 307, 514, 516, 520, 529, 531, 595, 610
Kantate 59, 86, 513, 520
Kirchengesang 236, 296
Kithara 9, 221, 223, 438
Klage 84, 86 f., 90, 177 f., 249, 266, 327, 330, 396
Klang 11, 21 f., 25, 32, 36, 39–43, 45 f., 48, 51 f., 61, 65 f., 82–84, 114, 118, 133, 138, 153 f., 176 f., 179, 181, 186–188, 190, 197–210, 222 f., 229, 237, 239 f., 247, 250, 256–258, 260 f., 265, 299 f., 303, 307, 327 f., 340 f., 344, 356, 370, 376 f., 381, 395, 397, 407, 431, 440, 445, 470, 477 f., 486 f., 497 f., 502–504, 510, 521, 572, 579 f., 585 f., 589, 595, 598 f., 601, 605, 607, 609, 612–615
Klangereignis 46, 119, 240
Klangfarbe 21, 64, 205 f., 472, 572, 602, 605, 607, 612, 614
Klangfiguren / Klangfiguren (chladnische) 184, 205 f., 210, 340 f., 364
Klangorganisation 281
Klangrede 47, 62–64, 197, 199 f., 300, 523, 598
Klassik 42, 49, 66, 81, 88–90, 99 f., 103, 168, 197, 325, 389, 445, 471, 476, 515, 517–519, 535, 596, 599

Klavier 5, 62, 80, 82, 86, 90, 122, 163, 353, 355, 365, 382, 389–391, 414, 472 f., 483 f., 488, 513, 516–519, 529, 540, 562, 580, 584 f.
Klaviersatz 389
Kollektive, das 178
Kollektive Musik 484 f.
Koloratur 63, 225
Kombination / Kombination (bimediale) 3–5, 7, 12, 20, 35, 41, 57–73, 78, 80 f., 91, 95, 98 f., 134, 142, 163, 167, 169, 249, 257, 261, 356, 359, 365 f., 371, 386 f., 435, 509, 521, 535–539, 541–543, 577, 582, 590, 602, 605, 614 f.
Kommunikation 5, 35, 42 f., 109, 118 f., 141, 145, 182, 187 f., 190, 201 f., 262, 364, 371, 383, 404, 446, 496, 499, 501 f., 504 f., 554, 556, 558, 561, 597, 601, 605, 616
Komödie 224, 316, 321 f., 365
Komparatistik 4 f., 10, 12, 48, 78, 131, 294, 338, 404, 480, 543
Komposition 4–7, 22, 26, 59 f., 64, 73, 82, 85–87, 89, 99, 101 f., 106, 122, 131–134, 137, 145 f., 148 f., 151–155, 172, 199, 204, 208, 259, 290, 292, 296 f., 300–302, 304 f., 320, 326, 334, 382 f., 387, 389, 391, 394, 396, 403, 416, 421, 428, 430, 445, 454, 456, 458, 513, 515–517, 525, 531, 536, 540, 543, 566, 579, 583–585, 598 f., 614, 616
Konfiguration 36, 69, 120, 181, 431, 524, 598, 602
Konkrete Kunst 139 f.
Konkrete Musik 140
Konkrete Poesie 51, 140, 591, 599, 605, 607 f.
Konnotation 43, 229, 234, 281, 324, 461, 475, 610
Konsonanz 64, 252, 299, 306, 330, 354, 376, 379, 509, 511, 515
Kontrafaktur 1, 9, 282, 286, 396, 547, 551
Kontrapunkt 10, 32, 83, 148, 293, 304, 306, 358, 476–478, 508–531, 599 f., 609 f.
Kontrast 69, 95, 107, 109, 124, 148, 150, 163, 180, 187, 200, 236, 251, 341, 396, 412, 458, 471, 517, 525, 527, 560, 593

Konvention 3, 82–84, 105, 123, 134 f., 140, 145 f., 150, 226, 282, 317, 328, 527 f., 556, 590, 596 f., 604, 607
Konzeptalbum 542
Konzert 22, 47, 72, 101, 103, 145, 150 f., 153, 365 f., 390, 408, 472, 483, 488, 513, 555, 570, 583
Konzertbetrieb 122, 483
Konzert, deklamtorisches (→ Deklamatorisches Konzert) 363
Kopie 274–276, 408, 617
Körperlichkeit 168, 204, 369 f., 461, 546 f., 609
Kult / kultisch 9, 22, 61, 191, 197, 207, 222–224, 232, 234, 246, 248, 471, 498, 590
kultische Funktion 248
Kulturkritik 209, 218, 230, 452, 459, 480
Kulturpolitik 437, 549
Kunstcharakter 140 f., 547
Kunstdialekt 224
Kunstform 3, 9, 11, 25, 39, 47, 71, 80, 100, 114, 121 f., 135, 140, 142, 154, 167, 338, 345, 364–366, 371, 378, 386, 393, 424, 442, 445, 456, 521, 530, 553, 591 f., 597, 599, 614
Künstlerroman 453
Kunstlied 100, 346, 386–398, 535, 538
Kunstreligion 380 f.

Laokoon 131, 141, 183, 200, 591, 600
Lärm 102, 177, 187 f., 190, 266, 495–501, 600–602
Laut 4, 9, 33, 40, 60, 84, 134, 139, 147, 180, 188, 199, 201, 206, 254, 281, 306, 330, 332, 341, 379, 398, 502 f., 523, 557, 590, 608, 615
Lautenkomposition 297
Lautenlied 287, 292
Lautimitation 133
Lautpoesie 133, 138, 140, 149, 151 f., 154, 342, 346, 539, 579, 599
Leier 9, 178, 222–224, 248, 250, 257, 292, 521
Leitmotiv / Leitmotivik / Leitmotivtechnik 2, 9, 58, 70, 80, 122, 148, 150, 189, 209, 442, 455–457, 474, 480, 598, 602 f.

Lesen 39, 42, 49, 58, 106, 182, 186, 208, 210, 218, 226, 231, 235, 273, 367, 396, 420, 473, 529 f., 598, 600 f., 603, 609, 611, 618
Libretto 5, 12, 57, 65–71, 132 f., 264, 314–322, 338, 442, 454, 457, 488–490, 577–579, 581 f., 584, 604, 616
librettology 69
Libretto-Reform 315, 321
Lied 5, 9, 22, 58 f., 62, 64 f., 68, 78, 87, 96, 99 f., 108, 114, 120, 132–135, 142, 199, 217, 219–226, 228, 230 f., 233–237, 240 f., 248–252, 254, 257, 261, 273, 286 f., 289, 291 f., 294, 317, 343, 345 f., 350, 355, 362, 376, 386–398, 430, 443, 478, 483–487, 490, 492, 535, 538, 556, 569, 580, 590, 592, 603, 605, 616 f.
Liedermacher 227, 241, 485, 554
lieto fine 321, 439
Linearität 10, 48 f., 69, 123, 149, 153, 235, 389, 394, 396, 431, 501, 504, 510, 519, 521, 527, 609
Literalität 567, 569
Literarizität / Literarizität der Musik 114, 550, 578
Literaturkritik 70, 241
Literaturoper 6, 68, 577 f., 581–584, 604
Liturgie 61, 228, 240, 273 f., 281, 288, 290, 483, 512, 589
Lyra 9, 123, 222, 246 f., 249 f., 255, 267, 339, 420, 605
lyricist 539
lyrics 542, 569
Lyrik / lyrisch 2, 60, 71, 100, 104, 109 f., 119 f., 124, 133, 149, 151, 169, 180, 189, 199, 202 f., 217 f., 221–239, 241, 248–250, 259, 263 f., 266, 291, 333, 338–340, 342–347, 366, 379, 381, 386–392, 394 f., 397 f., 472, 482–484, 486, 489, 492, 536–539, 541, 555–558, 560 f., 567–569, 573 f., 581 f., 590, 604–607, 617
lyrisches Klavierstück 390

Macht der Musik 85, 178, 218, 246, 258, 292, 403, 406 f., 415 f.
Madrigal 286, 292 f., 317

Malerei 39, 42, 48, 109, 136 f., 168, 183, 198, 206 f., 299, 308, 341, 350, 352, 378, 413, 431, 440, 474, 585, 591, 595, 600
Männerchor 22, 224
männliche vs. weibliche Musik 248
Material 2, 4, 11, 40, 43 f., 46, 60, 64, 105, 138 f., 152, 205, 208, 237, 274, 280, 287, 289 f., 315, 340 f., 398, 421, 431, 464, 487, 490, 510, 519, 527, 531, 537, 543, 572, 579, 584, 596, 604–606, 616 f.
Materialität 52, 57, 142, 187, 209, 386, 470, 591, 594, 599, 605, 609, 613, 618
Medea (Mythos) 71 f., 322, 368, 606
Medialität 140 f., 143, 188, 380, 470, 600
Medienanthropologie 176, 209
Medienfusion 142, 386, 395, 397
Medienkombination 57 f., 60, 72 f., 78 f., 87, 95 f., 141 f., 386 f., 392, 394 f., 398, 435, 441, 443, 445, 586, 616
Medientheorie 136, 140, 144, 190, 260, 367, 598, 600
Medientransformation 7 f., 12 f., 78 f., 96 f., 115, 119, 131–155, 260
Medienwechsel 6 f., 51, 78, 96, 120, 141 f., 546
Medienwissenschaften 131, 140, 176, 369, 612
Meistersang 228, 345 f.
Melisma 61, 63, 275, 290, 407, 508
Melodie / Melodik 24 f., 30, 47, 62–64, 84, 87, 99, 120, 123, 146, 163, 168, 185, 220 f., 223, 225 f., 228, 248, 250, 274, 279 f., 282 f., 289, 300, 303, 306 f., 324, 326, 330, 332, 346, 350, 353, 363, 387–389, 393, 396, 410, 423 f., 427, 430, 438, 464, 471, 483, 486 f., 509 f., 516, 522 f., 531, 561 f., 572 f., 582, 598 f., 602, 610, 614, 616
Melodisierung eines Textes 62, 484
Melodram 4, 9, 59, 62, 71 f., 78, 114, 338, 366, 368, 390, 474, 551, 581, 600, 605 f.
Melos 61, 222
Metapher 8, 40 f., 66, 117, 120, 149 f., 160–165, 167–169, 172 f., 183, 229, 237, 304, 329, 350–359, 382, 396, 409, 416, 429 f., 460, 471–473, 475, 559, 570, 581, 605 f., 608, 610, 614

Metapherntheorie 13, 160–162, 164, 166–168
Metaphysik 25, 27 f., 30, 67 f., 121, 189, 198, 281, 327, 374, 380–382, 411, 425–430, 450, 461 f., 473, 580
Metrik 202 f., 217, 299, 341, 344, 346, 538, 557, 571–574, 606 f., 610
Metrum 43, 45, 52, 202, 217, 231, 249, 341, 344, 357, 397, 557, 574, 589, 604, 606 f., 612, 617
Mimesis / mimetisch 3, 7 f., 10, 64, 79, 114, 178, 180, 199, 206–209, 238, 305 f., 326, 343, 445, 470, 516, 595, 597, 608
Minnesang / Minnesänger 22, 226–230, 346
Mittelalter 19, 40, 217 f., 226–230, 232, 252, 255, 273–283, 290 f., 296, 298 f., 319 f., 343, 445, 508, 510 f., 520, 582, 589 f., 599, 613
Mixed-Media-Texte 57, 60
Mnemotechnik 48, 61, 180, 220, 277–280
Moderne 10, 47, 51, 80 f., 89, 91, 149, 186 f., 190, 198, 200–203, 207, 209 f., 218, 232, 237, 260 f., 263, 265 f., 358, 455, 470 f., 476, 482, 487, 495–505, 512, 531, 596
Modulation 47, 124, 249, 357, 512
Monodie 222, 297, 331, 522
Monolog, innerer (→ Innerer Monolog) 51
Montage 203 f., 487, 584, 605, 618
Morphem 39, 60, 557
Motette 32, 88, 303
Motiv 42, 47, 68, 70, 86, 105, 107, 123 f., 132, 150, 163, 249 f., 257 f., 260, 266, 306, 382, 408, 412, 419, 430, 455 f., 460, 474, 512, 559, 577 f., 583, 593, 602, 615–617
Motiventwicklung 382
mousikē, musikē 60 f., 221, 225, 419
Multimedialität 9, 57–59, 71, 73, 142, 435, 552, 567–570, 577, 579, 614
Multimedia-Spektakel 142, 552
Multimedia-Texte 57
Mündlichkeit / mündliche Dichtung 49, 201 f., 205, 218–221, 226, 231, 260–262, 273 f., 276, 278–280, 282 f., 338 f., 343–345, 501–503, 567–570, 592, 604, 608 f., 617
Musical 96, 135, 590
musica poetica 26, 47, 301 f.
musica practica 26

musica theorica 26
Musik (absolute) (→ Absolute Musik) 83
musikalische Lyrik 339, 342 f., 347, 386–398, 482, 605, 607
musikalische Mimikry 64
musikalische Prosa 197–210, 382
musikalische Rhetorik 26 f., 135, 165, 286, 296–309, 329, 354, 609
musikalische Unterredung 300
Musikästhetik 3 f., 12 f., 27, 31, 33, 80 f., 90, 97, 123, 150, 153, 187, 197–210, 268, 324–334, 381, 389, 421, 424, 428 f., 452, 522, 524, 594
Musikdrama 2, 187, 263, 265, 428, 435, 441–443, 451, 453–455, 457, 459, 463 f., 472 f., 476, 482, 513, 577, 583, 602
Musikkultur, westliche 203, 205, 535
Musiknarratologie 115–117
Musiknotation 41, 46 f., 221, 228
Musikphilosophie 30, 325, 419–431, 450 f., 458, 518 f.
Musikpraxis 35, 46, 83 f., 278, 352, 491
Musiksoziologie 205, 334
Musikstil 503, 535–537, 543, 553
Musiktheater 8, 10, 58, 66–71, 149, 202, 217, 317, 322, 436–442, 445, 488, 577–586, 590, 604
Musikwissenschaft 2, 12 f., 39 f., 42, 45, 83, 116 f., 161, 273 f., 368, 391, 425, 431, 603 f., 608, 613
musique artificiele 291
musique naturele 291
Mythos 8, 50, 80, 84, 90, 120 f., 123, 177 f., 191, 207, 220, 224, 230, 235, 240, 246–252, 254–262, 265–267, 318, 320, 322, 454–456, 475–477, 577

Nachahmung 43, 136, 146, 184, 205, 208, 231, 249, 255, 259, 264, 301 f., 305, 308, 326, 333, 339, 363, 369, 427 f., 525, 528, 595, 608
Narration 79, 83, 91, 119, 169, 172, 425, 430, 525, 600
Narrativität 7, 96, 115, 597
Nationalismus 366, 452
Nationalität 103
Nationalsozialismus 190, 240, 346, 442, 459

Natur 24 f., 83 f., 124, 178, 184, 187 f., 231 f., 238, 246–249, 254 f., 257, 264, 267, 332 f., 355, 376–381, 425, 436, 474, 515, 523, 585, 601
Nerven 181 f., 184–187, 205, 259, 329 f., 460, 611
Neue Musik 309, 431, 529, 579, 584
Neue Mythologie 218, 439–441
Neumen 44, 61, 228, 279 f.
Nicht-Referentielles Moment 71, 381, 471, 478–480
noise / noisification of fiction 43, 101, 499–504, 567, 602
Notation 33, 39–44, 46, 49, 61 f., 87, 153–155, 197, 203, 221, 228, 280, 282, 341, 364, 426, 508, 522, 595 f., 603, 607 f., 614
Notationstechniken 154, 511
Notenschrift 44, 61, 82, 280, 483, 589, 615
Notentexte 33 f., 44, 58, 154, 200, 603

Ode / Ode (Horazische) 136, 178, 222 f., 230 f., 233 f., 297, 332 f., 345, 387–389, 391, 540, 612
Ohr 1, 11, 24, 39, 107 f., 176 f., 179–188, 201, 210, 238, 257 f., 329, 367, 410, 412, 497, 503, 557, 594
Onomatopoesie 10, 48, 51, 139, 183, 201, 256, 341, 591, 599, 605, 608
Oper 5 f., 9, 13, 57–59, 61, 64–72, 78, 80, 99, 114, 134 f., 142, 145, 149, 187, 199 f., 204 f., 217, 224, 249, 292, 297, 314–322, 331, 353, 376, 407, 409, 412, 414, 417, 426, 428, 430 f., 435, 438–442, 445, 453–455, 457, 463, 471 f., 474, 482 f., 487, 489, 491, 512 f., 523, 527, 577 f., 580–584, 590, 592, 600, 602, 604, 606, 616
Opéra ballet 316
Opera buffa 70, 322, 331, 353
Opéra comique 317, 322
Opera seria 314, 322
Operette 135, 484, 487, 489
oral culture 362, 369
Oralität / primäre Oralität / sekundäre Oralität 49, 190, 201, 218, 221, 225, 230, 239, 274, 278, 280, 567–570

oral poetry 191, 220, 613
Oratorium, oratorisch 44, 59, 86 f., 99, 135, 231, 307, 405–407, 427, 489, 491, 513, 589
Orchester 66, 69 f., 186, 300, 489, 500, 543, 562
Orchestergraben 70, 443
Orchesterzwischenspiel 58
Orchestra 437, 590
Organismus 168, 515
ornatus 301, 303 f.
Orpheus (Mythos) / orphisch 178, 222, 237–240, 246–252, 254–258, 261, 263, 266–268, 287, 292, 316, 318, 320, 520, 577
Ouvertüre 58, 65, 82, 365, 457

Paragone 11, 39, 58, 66–68, 71, 109, 326, 439, 591 f., 600
Paratext 104, 133, 340, 342, 391, 542
Parlando 63, 529
Partitur 5, 33 f., 39, 44–52, 57, 59, 73, 124, 146, 154 f., 197, 317, 340, 368, 391, 511, 522, 524, 546, 551, 582, 603 f., 608, 614
Pause 300 f., 307, 477, 610
Performance / Performativität / Performanz 10, 58, 60, 71, 121, 135, 151, 176, 206, 226, 228, 241, 247, 281, 294, 339–342, 344, 347, 367–370, 436, 551 f., 562, 566, 569, 577–579, 585, 590 f., 596, 606–609, 618
Phantasieren 12, 184, 186, 327, 528
phonetische Schrift 176
Phonograph 46, 188, 344, 444, 497 f., 551, 605, 615
Phrase 63, 306, 382, 417, 475, 540
Phrasengliederung 63
Plurimedialität 96 f., 99, 597
Poesie 43, 51, 66–68, 71, 90, 132 f., 136–140, 146, 152, 154, 183 f., 186, 190, 198 f., 201, 217 f., 222 f., 230–232, 240, 242, 307, 314, 333, 342, 344, 346, 356 f., 362, 374–376, 378 f., 382, 387, 389, 392, 394, 397, 422 f., 436, 440, 446, 451, 476 f., 483, 539, 566, 571 f., 575, 579, 591, 599 f., 605, 607 f.

Poetik 50, 71, 89, 91, 139, 182, 186, 189 f., 192, 198, 202, 222, 225, 230, 234, 237, 239, 257, 259, 266, 291, 298, 318, 338 f., 343, 345 f., 350, 358, 367, 374 f., 378–380, 382, 390, 393, 397, 515, 538, 541, 585, 593, 599
Poetische Bilder 101 f.
Poetische Funktion 43, 50
Poetizität 556, 561
poetologische Funktion 80, 378
Poetry Slam 241, 345
Polyphonie 39, 49–51, 86, 90 f., 149, 160 f., 197, 207, 287, 289 f., 305, 358 f., 508–517, 519–524, 526, 528 f., 570, 592, 599 f., 607, 609 f., 613
Polyrhythmik 152, 287
Pop 100, 110, 135, 202, 241, 346, 482, 535 f., 540–543, 561 f., 617
Pop-Literatur 135, 198, 540
Pop-Song 78, 347, 535, 541, 617
Popularität, Popularisierung 205, 207, 263, 388, 390 f., 438
Populärmusik 22, 190, 615, 618
postdramatisches Theater 70, 369, 594
Postmodernismus 108
Postserialismus 45
Poststrukturalismus 381, 582
Präsenz 10 f., 65, 96, 99, 142, 179, 261, 283, 368 f., 402, 442, 511, 547, 603, 609, 611
Prima donna 319
Primat der Musik 65, 285, 314, 393, 430
Primat des Wortes 285, 293, 314, 317
Produktion 39, 42, 71, 108, 135 f., 142, 152, 180, 200, 259, 281 f., 286, 288, 329, 338, 344, 346 f., 355, 358, 387 f., 397, 403, 443, 456, 477, 482, 485, 488 f., 497, 500, 530, 535, 562, 569, 577–579, 581, 598 f., 607, 609, 613, 615
Programmmusik 4, 6 f., 10, 114 f., 121–123, 391, 546, 578, 592, 610
Progression 118, 210, 357
Progressive Rock 542
Prolog 320, 439, 600
pronuntiatio (Rhetorik) 180, 302, 304
Prosadialoge 317
Prosa (musikalische) (→ musikalische Prosa) 197

Prosodie 62, 297–299, 341, 393, 463, 477, 572, 589, 606 f., 610, 616
Prozess / Prozesshaftigkeit / Prozesscharakter der Werke / Prozessualität 10, 40, 42, 61, 70, 115–117, 119 f., 132–137, 142, 153–155, 166, 172 f., 186, 197, 205 f., 262, 277 f., 289, 293 f., 314, 339, 343, 350 f., 411, 422, 431, 454 f., 470, 473, 477, 485 f., 496, 499, 501, 510, 517–521, 530, 554, 562, 577 f., 581–583, 585, 595, 599, 603, 607, 609, 611
Publikum 63, 101, 121–124, 182, 220, 227, 237, 241 f., 333, 345, 362–365, 369, 408 f., 417, 425, 439, 444, 457, 484 f., 489, 514, 525, 529, 547 f., 550, 552, 555, 566, 582, 590, 602, 605
Punctum 279, 508
Pythagoreismus 20, 178 f., 186, 252 f., 257, 260, 263, 352, 377, 516, 520, 524

Quadrivium 20–22, 26, 36, 285, 298
Querelle des Bouffons 331, 522–525

Radio 190, 201 f., 205–207, 239–241, 344, 477, 497, 504, 538, 549, 551, 568
Rap 8, 10, 241, 347, 549, 552 f., 559, 562, 566–575
Rationalismus 191, 420
Rationalität 9, 28, 36, 114, 178 f., 420, 515
Rausch 178, 263 f., 395, 403, 438, 450, 455, 458, 460 f., 471, 584
Rauschen 10, 43, 45, 51, 176 f., 186–188, 191, 223, 239, 478, 495–505, 585, 601
Rave 190, 541
Realismus 3, 109, 185–189, 406, 454, 501, 552, 585
Referentialität 96, 119–121, 428, 480
Referenz / Dereferentialisierung 2, 6 f., 51, 78, 81, 89 f., 95, 97, 99–102, 104–108, 114 f., 124, 144, 149, 169, 179, 197–200, 319, 441, 470, 474, 476, 478, 480, 512, 536, 540, 542, 569, 594, 597
Reform 71, 274, 288–290, 315, 321, 362, 437, 443 f., 463 f., 512 f.
Reformation 27, 45, 287–289, 618
Refrain 63, 555–558

Reim 180, 226, 229, 237f., 341, 476, 555, 557, 570–574, 606, 617
Religion 80, 231, 236f., 362, 366, 368, 423, 454
Renaissance 9, 165, 236, 249, 255, 285–294, 296, 509, 513, 520, 599
Repertoire 2, 147, 219f., 254, 273f., 287–289, 291–294, 297, 363, 365f., 439, 513, 518, 529, 568, 584, 607
Repräsentation 3, 9f., 42, 119, 198, 227, 339, 428, 436, 438, 470, 477, 483, 499, 526, 591f., 613
Reproduktion 79, 99, 117, 122, 143f., 197, 205, 207–209, 279, 428, 498, 502, 551, 570, 596, 598, 603, 605, 608
Resonanz 9, 51, 178, 186, 189, 197, 201, 238, 265, 354f., 358, 370, 476f., 524, 531, 595, 611f.
Rezeption 39, 47f., 58, 85, 103f., 120, 122, 131, 133, 135, 154, 160, 182, 199, 206, 210, 220, 222, 230, 255f., 260, 263, 267, 291, 293, 296f., 334, 340, 342f., 345, 347, 358, 379, 402f., 407, 414, 425, 428f., 436, 438, 440, 442f., 450–465, 488f., 517, 530, 535, 562, 567, 574, 580, 598, 601, 605, 607, 609, 615
Rezeptionsästhetik 39, 42, 99, 110, 136, 516, 554, 598, 608
Rezeptionshaltung 296, 334, 443
Rezeptivität 266, 355
Rezitativ 9, 62f., 69, 72, 123, 217, 231, 236, 307, 309, 314, 317f., 513, 589, 618
Rhetorik / Rhetorizität 3, 10f., 20f., 26f., 32, 36, 40, 42–44, 47, 117, 146, 160, 163f., 168, 176, 180, 182, 188, 197–200, 221, 227, 235, 285, 297–305, 307–309, 325, 328f., 331, 340–342, 347, 352f., 362, 367, 369, 374, 378, 425, 429, 439, 463, 514f., 519, 566, 591, 595f., 598f., 605, 611f., 614, 617f.
Rhetorik, musikalische (→ musikalische Rhetorik) 26
Rhythmus / Rhythmik 13, 43, 45, 49, 52, 62, 101, 124, 132f., 139f., 146, 151f., 168, 180, 199, 201–205, 207, 221, 228, 231, 235, 237, 241, 248f., 262, 287, 340–342, 347, 357, 376f., 379, 397, 423, 425, 440, 442, 459, 463, 470, 474–477, 479, 484–487, 502, 531, 557, 561f., 571–574, 580, 582, 586, 602, 604, 606f., 609f., 612, 615

Rock / Rock'n'Roll 203, 241, 461, 482, 504, 535f., 540–543, 562
Roman 6, 10, 70, 81, 85–91, 96–98, 100–103, 108–110, 133, 135, 150f., 172f., 187, 190f., 198, 204, 217, 233f., 253, 261, 325–328, 352, 374, 376, 378–383, 387, 404, 406, 411, 431, 441, 453f., 461f., 472–475, 482, 500–505, 512, 518f., 524–530, 537, 539, 541f., 559, 581, 584, 597, 601–603, 610, 616
Romantik 5, 11, 13, 27–29, 31, 36, 66f., 80–82, 84, 90f., 99, 103, 109, 121, 133, 136–139, 145, 148, 150, 153, 168, 182, 184–187, 189, 198, 218, 236, 257, 259–261, 325, 327f., 344, 346, 365, 374–384, 390, 393, 396, 402–404, 406, 415, 423, 425, 436f., 439–441, 445f., 455f., 471, 476, 513, 515, 517, 526–529, 584f., 596, 611
romantische Musikästhetik 27, 80, 90, 153, 187, 198, 327
Romanze 134, 332, 393
Rondo 147, 317f., 617
Rührung 324f., 333f., 422

Säftemedizin, -Lehre, *Humoralpathologie* 179–182, 353
Saitenmusik 180
Sampling 541, 562, 566, 575, 618
Sangbarkeit 388, 391
Sänger, *Canteur*, *Cantor* 8f., 63, 81, 83f., 217–223, 225–227, 229–232, 236–238, 247–249, 261, 277–279, 282f., 286, 292, 320, 344, 368, 381, 473, 483, 485, 489, 539, 542, 551, 553–555, 559–561, 582, 590
Sängerwettstreit 220, 248, 254, 267, 345
Sappho 222, 225, 230, 241, 250
Satz 8, 28, 30, 32, 35, 47, 52, 62f., 72, 86, 97, 102, 106–108, 132, 147, 150, 163, 206, 233, 260, 281, 289, 300, 305–307, 309, 363, 365, 389, 426, 491, 509–512,

515, 517 f., 520, 522, 540, 558, 570, 581, 595, 599, 602, 610, 615–617
Satztechnik 64, 163, 302, 305 f., 389, 508, 511, 513, 520 f., 526 f., 595
Scat-Gesang 539
Schäferspiele 318
Schall 176, 181, 184, 186, 332, 585, 598, 614 f.
Schallplatte 486, 490, 536, 538 f., 551, 605
Schlager 241, 346, 484, 487, 553, 557
Schrift 1, 11, 33, 36, 39, 41, 43 f., 49, 52, 82, 87, 89, 176, 183, 185, 201 f., 206, 221, 225, 231, 256, 260–262, 279, 330, 344, 369, 431, 483, 498, 598, 603
Schriftkritik 179
Schriftlichkeit 33, 45 f., 51, 57, 59, 154, 176, 219–221, 226, 235, 260, 262, 273 f., 276, 278–280, 283, 286, 294, 338–340, 344, 484, 501 f., 522, 542, 567, 569, 592, 595, 599, 603 f., 608, 617 f.
Schwingung 138, 184–186, 189, 237–239, 329 f., 332, 357, 377, 379, 472, 524, 615
seconda prattica 298
Seele 20, 24, 35, 41, 66, 85, 124, 138, 179, 181–183, 200, 231 f., 234, 252, 258, 265, 309, 327–329, 353, 378 f., 402, 423 f., 430
Sehsinn 181, 237, 440, 496, 524
Selbstreferentialität 42, 106, 108, 198, 259, 318
Selbstreflexion 68, 109, 223, 251, 371, 375, 378, 382, 437, 522, 566, 570, 579, 605
Semantik / Semantik (musikalische) 9, 11, 31, 33, 39 f., 42, 47, 51, 62, 64–66, 90, 92, 104 f., 107, 114, 118, 139, 149–151, 154, 162–164, 173, 177, 199, 201, 208, 222, 229, 235, 237, 265, 280, 289, 296, 298, 300–302, 304, 308, 324, 341, 343 f., 350 f., 355, 358, 375, 383, 470, 478 f., 515, 520 f., 530, 535, 537, 546, 556, 573 f., 578, 584, 586, 591, 593, 596–598, 601 f., 604, 607–611, 616, 618
Semi-Opera 317
Semiotik 1, 58, 78, 97, 131, 141 f., 144, 167, 169, 172 f., 197–201, 204, 209, 330, 333, 377, 441, 502, 524, 579, 592, 594, 597, 600, 608 f.

septem artes liberales 19, 47, 298
Sequenz 148, 153, 290, 315, 321, 409, 516, 524
Serialismus 21 f.
Serialität 209, 477
showing 7 f., 79–81, 85, 91, 95–110, 134, 262, 537
Signifikanz 34–36, 61, 114, 479
Silbe 41, 152, 222, 275, 301, 341, 438, 539 f., 571–574, 589, 606, 610
Silbenstrecken 275, 277
Simulation 8, 79, 98, 117, 139, 143, 539, 609
Singbewegung 22
Singspiel 72, 135, 317
Sinn 1, 9, 11, 20, 24, 27–29, 31, 35–37, 39, 45, 50 f., 61, 64, 96, 102, 104, 107, 117, 119, 176–178, 181, 183 f., 189–192, 199, 205, 208, 218, 222, 239, 260, 264, 297, 331 f., 375, 403, 414, 420, 440, 444, 458, 460, 462, 464, 470, 490, 521 f., 524, 528, 550, 577, 589, 594, 603, 608, 612
Sinneserfahrung 240, 470
Sinneshierarchie 178, 440
sinnliche Wahrnehmung 182, 324, 420, 424
Sinnlichkeit 2, 9, 61, 180, 189, 203, 246, 383, 403, 413 f., 420, 426, 459
Sinnverweigerung 105, 107
Sirenen 137, 149, 178 f., 246–248, 250–253, 256–262, 265, 267, 478
Skansion 341, 606
Skits 569
Slam Poetry 345, 575, 613
Soloarie 225
Sonate 8, 32, 52, 59, 67, 86, 90, 133, 137 f., 143–147, 149, 163 f., 300, 391, 402, 457, 473, 517–519
Sonatenhauptsatzform 10, 108, 137, 300, 517, 596, 617
Sonatenprinzip 70
Sonatine 104, 106 f.
Sonett 229, 237–240, 266 f., 297, 540
Song 78, 204, 347, 387, 483, 487, 489–491, 535 f., 538 f., 541, 550, 553, 567, 569, 573, 575
Songtext 498, 542
Sonische Umwelt, *Sonosphäre* 176, 179, 186, 189–191

Sachregister

Sound History 176
Soundperformance 579
Sound Studies 12, 176, 369, 495 f., 602, 612 f.
Spannung 33, 36, 39, 82, 116, 168, 235, 289, 356, 358, 471, 478, 531, 560
Sphärenharmonie 247, 252 f., 257, 260, 263, 350, 352, 358
Sphärenmusik 20
Spoken Word 241, 571
Sprachähnlichkeit der Musik 8, 33, 43 f., 115, 198, 296, 383
Sprachbild 135
Sprache der Leidenschaften 24 f., 324–334
Sprache der Musik 23, 26 f., 29, 264, 381, 419–431
Sprachformen 9, 19, 339
Sprachklang 52, 133, 139, 199, 201, 339, 343 f., 346, 571, 573, 582, 589
Sprachkomposition 4, 59 f., 73
Sprachkrise 66
Sprachkritik 169
Sprachregelung 281
Sprechakt 162, 309, 369, 554, 567, 609
Sprechgesang 59, 135, 149, 217, 240, 297, 549 f., 571, 580, 613, 618
Spruchdichtung 228
Stanze 236
Stil 72, 133, 163 f., 203, 230 f., 233, 262, 298 f., 302, 316, 320, 341, 362, 382, 392, 394, 413, 451, 461, 503, 512–514, 516, 522 f., 529, 531, 535–537, 543, 549, 552 f., 562, 570, 574, 578 f., 585
Stimme 9, 20, 41, 49, 51 f., 60, 62, 83 f., 138 f., 148 f., 154, 176 f., 179 f., 187–190, 197 f., 201, 203, 206, 209, 228, 231 f., 239–241, 247–251, 258, 260–262, 292, 306 f., 309, 330, 340, 357, 362, 367, 369–371, 407, 476 f., 484, 493, 498, 500, 502, 508 f., 516, 521 f., 524–526, 528, 531, 546 f., 552, 554, 561, 571, 574, 580, 583, 592, 595, 599, 606 f., 609–611, 613 f., 616
Stimmführung 305, 508–531, 599
Stimmklang 572, 574, 613
Stimmlichkeit 52, 339
Stimmung / Stimmung (pythagoreisch) 2, 8, 30, 44, 82, 132, 182, 204, 232, 265, 329, 350–359, 383, 388, 394, 430, 503, 516, 561, 580, 593
Stimmungssystem 46
Störung 499, 501 f., 538, 601
stream of consciousness 102
Streichquartett 59, 62, 132, 172, 391 f., 517 f.
Strophe 100, 222, 226, 228 f., 238, 292, 387, 389, 438, 486, 557, 560, 571, 606, 612
Strophenform 286, 388, 555, 561, 571
Strophenlied 317, 388, 617
Strukturanalogien 104–109
Sujet 132, 315, 318–322, 476
Symbolismus 263, 265, 344, 460, 473, 476, 614
Sympathetik 185, 329, 332, 355, 357–359
Symphonik / Symphonie 13, 29, 59, 62, 69, 82, 85, 87, 89 f., 98, 101 f., 108, 114, 120–124, 145, 147 f., 260, 300, 308, 327 f., 376, 379, 381, 383, 423, 428, 458, 492, 517, 519, 527, 543
Symphonische Dichtung 120 f., 123 f., 458, 543
Synakustik 444
Synästhetik / Synästhesie 85, 121, 176, 185 f., 189, 198, 205, 328, 332, 382, 445, 458, 477, 614
Synoptik 444
Syntagmatik 50 f., 69, 508, 516, 523, 609
Syntax / Syntax (musikalische) 22, 33, 63 f., 235, 299, 309, 393, 397
Syrinx 9, 246 f., 253–255, 263
Systemreferenz 78, 90, 97, 99, 105, 144 f., 540

Takt 47, 63, 65, 83, 87 f., 123, 163, 202 f., 217, 248, 324, 423, 483, 501, 561 f., 571–573, 589, 593, 612
Tanz 9, 22, 131, 163, 197 f., 203, 205, 207, 217, 219, 221–224, 246, 253, 333, 438, 441 f., 477, 504, 552, 573, 581, 583, 590–592, 612
Tanztheater 580, 584
techne 364
Techno 541
Technologien 145, 176, 180, 188–191, 495–498, 503, 569, 612, 614 f.
Teilreproduktion 79, 98–101, 597

telling 7 f., 78–92, 95, 97, 134, 537
Temperatur / Temperierung 46, 253, 352–355, 358, 516 f.
Tempo 45, 63, 123, 324, 497, 522, 561, 607, 610
Terzine 297
Textedition 46, 52, 230, 486
Texttreue 44, 52
Textur 51, 206, 306, 454, 456, 460, 511, 570
Textverständnis 44, 135, 200, 224 f., 289, 338 f.
Theaterreform 362, 437, 443 f., 464
Thema 6, 30, 61, 66, 84, 86, 102 f., 123 f., 147 f., 153, 161, 163–165, 169, 172, 200, 206, 228, 239, 266, 293, 296, 300, 304–306, 318, 333, 354, 367 f., 383, 393, 403, 405, 412, 456, 460, 482, 517 f., 524 f., 554, 580, 586, 593, 598, 615–617
Thingspiel 436
Tinnitus 179–184, 188 f.
Ton 2, 9, 11, 20 f., 23–26, 28, 42, 48, 58–60, 62, 66 f., 82, 85, 100, 121, 141 f., 145, 164, 181–188, 191, 197–200, 204, 206, 217, 220, 222 f., 234, 237, 240, 252, 260, 275, 278, 285, 287 f., 292–294, 299, 306, 309, 327 f., 332 f., 346, 350 f., 353–358, 363 f., 370, 378 f., 394, 402, 404, 423 f., 430, 442, 450, 477, 487 f., 490 f., 508, 511 f., 519, 521–523, 567 f., 579, 582, 585, 589, 593, 598, 605 f., 610 f., 614
Tonalität 376, 516 f.
Tonart 30, 47, 235, 292, 297, 299, 353 f.
Tonartencharakteristik 352–354, 358
Tonaufzeichnung 46, 190, 197, 241, 344, 496, 498, 547, 615
Tonfilm 72, 497
Tonhöhe 20–22, 33, 45, 61 f., 123, 164 f., 273, 330, 573, 589, 610
Tonkunst 10, 45, 59, 71, 82, 137, 184, 200, 225, 258, 332, 357, 363, 374, 420, 422, 425, 429, 438, 441 f., 519, 531, 593
Tonraum 43, 278, 445
Tonsprache 23 f., 28, 30 f., 47, 579
Topos 80, 121, 225, 248 f., 255, 266, 397, 570
tragédie lyrique, - en musique 315–317, 319, 321, 331

tragisch 183, 249 f., 255, 315, 320 f., 450, 458, 471, 526
tragisches Element 315, 320–322
Tragödie 68, 183, 217 f., 220, 224 f., 237, 264, 292, 321, 428–430, 437 f., 450 f., 457 f., 461, 463, 471, 521, 590
Transfer (intermedialer) 2, 7, 132–136, 138 f., 145 f., 153 f., 229, 379 f.
Transformation / Transformation (intermediale) 1, 3, 6 f., 12, 78 f., 115 f., 124, 132, 134–139, 142, 145, 153 f., 246 f., 249, 260, 262, 266, 375, 419 f., 431, 480, 524, 527, 536 f., 540–543, 559, 604
Transgression 470
Transmedialität 78, 96, 99, 140, 143, 597, 618
Transzendenz 5, 25, 35, 37, 65, 91, 176 f., 180, 184, 186, 260, 376 f., 381, 402 f., 456, 461, 590
Trennung der Künste 290 f.
Trivium 20, 26, 285, 298
Trobador, *troubadour* 226–229, 346, 547, 551, 554 f.
Trope 8, 163 f., 304, 331, 515, 611
Tunes 103, 536, 540

Übersetzbarkeit 376–378, 381, 472
Überwältigung 180, 246, 249 f., 258, 403, 455
Unbewusste 66, 100, 102, 203, 264, 379, 427
Universalkunstwerk 438
Universalpoesie 90, 436, 440, 446
Unmittelbarkeit 11, 406, 426, 586, 591
Unsagbare 27–29, 36, 328, 402, 404, 419
Unsagbarkeit 419–431, 501
Unterredung, musikalische (→ musikalische Unterredung) 300
Ursprache 25
Ursprung der Sprache 10, 49, 201, 203, 329–333, 345, 356

Variation 9, 52, 140, 147 f., 150–153, 169, 172 f., 318 f., 378, 478, 514, 516, 518, 527, 559, 571–573, 579, 585 f., 596, 615–617
varietas 301
Vaudeville 317
Verbal Duelling 568

Verbal Music 4, 10, 78 f., 81, 85, 89, 91, 101, 131, 133, 546, 592, 597
Verfremdung 43, 63, 67, 154, 204, 485, 499, 502, 524, 528 f., 557, 559
Verklanglichung 40, 197, 199 f.
Vers 27, 41, 62 f., 68 f., 120, 217, 220–222, 224, 226, 231, 233, 235, 239 f., 249, 265, 278, 292, 317 f., 330, 338 f., 341 f., 344, 438, 483–486, 492, 556–558, 571, 573, 580, 589, 604, 612
Versarten 317, 441
Verschriftlichung 39–43, 48, 153–155, 201, 208, 260, 273, 279 f., 344, 608
Versepos 217, 220, 226, 320, 338, 454
vers mesurés 297
Versprachlichung 199 f., 206, 285 f., 291, 293
Verstärker 497
Vertonung, Textvertonung 4 f., 40, 58, 60–67, 69–71, 73, 132–135, 199, 217 f., 225, 263, 286, 289, 293, 297 f., 302 f., 315–318, 339, 346, 368, 388–398, 452, 482, 485, 487, 542, 548, 607, 611, 616
Vielstimmigkeit 50 f., 150, 161, 514 f., 520, 527, 609
Vierfacher Schriftsinn 36 f.
visuell 39–43, 47–49, 51 f., 61, 64, 142, 152, 155, 183, 189, 191, 197, 250, 253, 259, 261, 280, 314, 328, 363 f., 442, 445, 475, 552, 577–580, 591, 599, 603, 609, 614
Vokabel 64, 296
Vokalmusik 4, 12, 45, 59–61, 78, 96, 99, 132, 135, 259, 285–294, 296, 327, 485, 508, 522, 589, 599
Volkslied 120, 228, 355, 386, 388, 484, 487, 556
Volkssprache 226
Vorstellung 12 f., 29, 64, 85–87, 101, 121, 124 f., 142, 147, 149 f., 162, 164 f., 178, 206–208, 220, 235, 239, 254, 264, 267, 273, 287, 293, 297, 318, 327, 345 f., 375 f., 381, 386, 394, 396, 402, 426, 437, 439 f., 443 f., 464, 529, 547, 567, 583, 600 f., 603, 608, 614
Vortrag 86, 149, 151, 202, 205, 210, 217–220, 222, 228, 232, 239–241, 301, 303, 308, 341 f., 344 f., 393, 550, 561, 568, 589, 610, 618

Vortrag, musikalischer / Aufführung 10, 36, 45, 57–59, 73, 154, 197, 200, 205, 207, 209, 220, 225, 232, 240, 254, 281 f., 288, 293 f., 296, 298–300, 308 f., 314–316, 321, 328, 340, 342, 362, 365 f., 368 f., 391, 396, 403, 406, 415, 423, 426, 438 f., 473, 485, 512, 523, 546 f., 550, 555, 558, 560 f., 568, 578, 585 f., 598, 610
Vortragskultur 388

Wagnérisme 464
Wagner-Kult 463, 471
Wahn / Wahnsinn 80–82, 84, 179, 182, 186, 258, 321, 403, 409, 415, 528, 583, 596
Wahrheitsgehalt 421
Wahrnehmung 47, 52, 58, 69, 115, 118 f., 151, 164, 168, 172, 176, 180–182, 187, 242, 261, 265, 324, 331 f., 338 f., 353–355, 368, 370, 416, 420, 424 f., 427, 440, 470, 475, 508, 577, 580, 586, 600, 603, 607, 609, 611, 614, 616
Wahrnehmungspsychologie 58
Werkinterpretation 44 f., 608
Werktext 391
Wettkampf der Rapper / *Battle* 567–569, 572
Wettstreit der Künste 109, 198, 314, 439, 600
Wiederholung 1, 9, 105, 108, 117, 125, 138, 147 f., 150, 152, 233, 278, 305–307, 341, 378, 439, 470, 478 f., 502, 531, 558–560, 568, 585, 596, 617 f.
Wiener Klassik 88, 90, 197, 325, 389, 515, 517, 519
Wiener Schule 197, 309, 392, 431
Wirkung 3, 9, 45, 71, 99, 101, 107, 119 f., 125, 176, 180, 183, 197, 200–202, 205, 208, 222 f., 225, 228, 231 f., 234, 239 f., 246, 248–251, 256–262, 264, 266–268, 288 f., 291 f., 296 f., 308, 325 f., 329 f., 332, 334, 340, 342, 345, 354, 369, 377, 382 f., 403, 408, 410 f., 415–417, 423, 429, 440, 442 f., 446, 452, 464, 471, 477, 482, 484, 511–513, 521, 525 f., 531, 579, 586, 595 f., 600 f., 609, 611
Wissen 12 f., 19 f., 49, 89, 117, 133–136, 176 f., 180 f., 185, 189, 191, 238, 250 f.,

255, 261, 266, 366, 368–370, 411, 420, 476, 529, 595
Wortmusik / *word music* 4, 78 f., 104–109, 133 f., 154, 265, 346, 546, 558, 597
Wortspiele 239, 265, 503, 570

Zeichen 2, 11, 34–37, 41, 45, 48 f., 58, 83 f., 90, 141, 150, 154, 161, 164, 166, 169 f., 172, 183, 186, 197, 199, 203, 255, 279, 327 f., 344, 371, 375, 378 f., 381, 497, 526, 589, 592, 603, 607 f., 618
Zeichensystem 37, 79, 97, 114, 116, 118, 150, 162, 198, 328, 598, 616
Zeichentheorie 83, 136, 162, 208, 328, 377, 600
Zeitkunst 39, 48 f., 82, 378, 425, 511
Zeitlichkeit 48, 116, 456, 607
Zeitmaß 124, 423
Zeremoniell 318, 321
Zitat 9, 81, 86–89, 96, 99 f., 109, 153, 232, 263, 456, 461, 475, 487, 504, 537, 559, 575, 578, 580, 617 f.
Zwölftontechnik 90, 133, 201, 205, 207, 209 f., 529

VII. Autorinnen und Autoren

Mary Helen Dupree, Ph.D., ist Associate Professor of German am Department of German an der Georgetown University.

Nicola Gess, Dr. phil., ist Professorin für Neuere deutsche Literaturwissenschaft an der Universität Basel.

Max Haas, Dr. phil., ist emeritierter Professor für Musikwissenschaft an der Universität Basel.

John Hamilton, Ph.D., ist Professor of German and Comparative Literature an der Harvard University, Cambridge, Massachusetts.

Claudia Hillebrandt, Ph.D., ist wissenschaftliche Mitarbeiterin am Institut für Germanistische Literaturwissenschaft der Friedrich-Schiller-Universität Jena.

Gunnar Hindrichs, Dr. phil., ist Professor am Philosophischen Seminar der Universität Basel.

Hans-Joachim Hinrichsen, Dr. phil., ist Professor für Musikwissenschaft an der Universität Zürich.

Alexander Honold, Dr. phil., ist Ordinarius für Neuere deutsche Literaturwissenschaft an der Universität Basel.

Fernand Hörner, Dr. phil., ist Professor für Kulturwissenschaften am Fachbereich Sozial- und Kulturwissenschaften der Hochschule Düsseldorf.

Bernhard Jahn, Dr. phil., ist Professor für Literatur des Spätmittelalters und der Frühen Neuzeit am Institut für Germanistik der Universität Hamburg.

Andreas Käuser, Dr. phil., ist apl. Professor für Neuere deutsche Literaturwissenschaft am Germanistischen Seminar der Universität Siegen.

Lore Knapp, Dr. phil., ist Akademische Rätin auf Zeit im Fach Literaturwissenschaft an der Universität Bielefeld.

Manfred Koch, Dr. phil., ist Titularprofessor für Neuere deutsche Literaturwissenschaft sowie Allgemeine und Vergleichende Literaturwissenschaft an der Universität Basel.

Hartmut Krones, MMag. art., Dr. phil., ist emeritierter o. Universitäts-Professor für Musikalische Stilkunde und Aufführungspraxis an der Universität für Musik und darstellende Kunst Wien.

Christine Lubkoll, Dr. phil., ist Professorin für Neuere deutsche Literaturgeschichte am Department Germanistik und Komparatistik der Friedrich-Alexander-Universität, Erlangen-Nürnberg.

Joachim Lucchesi, Dr. phil., ist Professor am Institut für Sprachen der Pädagogischen Hochschule Ludwigsburg.

Ursula Mathis-Moser, Dr. phil., ist emeritierte Professorin für französische und spanische Literaturwissenschaft an der Leopold-Franzens-Universität Innsbruck.

Matteo Nanni, Dr. phil., ist Professor für historische Musikwissenschaft an der Universität Gießen.

Barbara Naumann, Dr. phil., ist Ordinaria für Neuere deutsche Literatur an der Universität Zürich. 2016 forschte sie als IFK_Senior Fellow am IFK Internationales Forschungszentrum Kulturwissenschaften in Wien.

Claudia Olk, Dr. phil., ist Professorin für Anglistik und Allgemeine und Vergleichende Literaturwissenschaft am Peter Szondi-Institut für Allgemeine und Vergleichende Literaturwissenschaft der Freien Universität Berlin.

Edgar Pankow, Dr. phil., ist Professor für Allgemeine und Vergleichende Literaturwissenschaft am Institut für Allgemeine und Vergleichende Literaturwissenschaft der Goethe-Universität, Frankfurt am Main.

Boris Previšić, Dr. phil., ist SNF-Förderprofessor für Literatur- und Kulturwissenschaft an der Universität Luzern mit dem Forschungsschwerpunkt „Musikalische Paradigmen in Literatur und Kultur".

Susanne Rupp, Dr. phil., ist Professorin für Britische Literatur und Kultur (Schwerpunkt Mittelalter – 18. Jahrhundert) am Institut für Anglistik und Amerikanistik der Universität Hamburg.

Matthias Schmidt, Dr. phil., ist Professor für Neuere und Neueste Musikgeschichte am Seminar für Musikwissenschaft der Universität Basel.

Monika Schmitz-Emans, Dr. phil., ist Professorin für Allgemeine und Vergleichende Literaturwissenschaft an der Ruhr-Universität Bochum.

Martin Schneider, Dr. phil., ist wissenschaftlicher Mitarbeiter am Institut für Germanistik der Universität Hamburg. Dort vertritt er derzeit die Juniorprofessur für Neuere deutsche Literatur.

Philipp Schweighauser, Dr. phil, ist Associate Professor am Englischen Seminar der Universität Basel.

Uwe C. Steiner, Dr. phil., ist Professor für Neuere deutsche Literatur und Medientheorie an der FernUniversität in Hagen.

Arne Stollberg, Dr. phil., ist Professor für Historische Musikwissenschaft am Institut für Musikwissenschaft und Medienwissenschaft der Humboldt-Universität zu Berlin.

Christian Thorau, Dr. phil., ist Professor für Musikwissenschaft an der Humanwissenschaftlichen Fakultät der Universität Potsdam.

Caroline Torra-Mattenklott, Dr. phil., ist Professorin für Germanistische und Allgemeine Literaturwissenschaft mit dem Schwerpunkt Wissensformen an der RWTH Aachen.

Frieder von Ammon, Dr. phil, ist Professor für Neuere deutsche Literatur am Institut für Germanistik der Universität Leipzig.

Caroline Welsh, Dr. phil., ist Privatdozentin am Department Germanistik und Komparatistik der FAU Erlangen-Nürnberg.

Friederike Wißmann, Dr. phil., ist Vertretungsprofessorin für Musikwissenschaft/Sound Studies an der Universität Bonn.

Werner Wolf, Dr. phil., ist Professor für englische Literaturwissenschaft am Institut für Anglistik der Universität Graz.

www.ingramcontent.com/pod-product-compliance
Lightning Source LLC
Chambersburg PA
CBHW030557230426
43661CB00053B/1755